INTERPRÉTATION DES LOIS

3e édition

INTERPRÉTATION DES LOIS

3e édition

Pierre-André Côté
Professeur titulaire à la
Faculté de droit
de l'Université de Montréal

 Les Éditions Thémis

Données de catalogage avant publication (Canada)

    Côté, Pierre-André

    Interprétation des lois

    3ᵉ éd.

    Comprend des réf. bibliogr. et des index.
    Comporte du texte en anglais.

    ISBN 2-89400-115-0

    1. Droit – Canada – Interprétation. 2. Droit – Québec (Province) – Interprétation.
I. Titre.

KE482.S84C67 1999   349.71   C99-941034-2

Graphisme : Claude Lafrance
Composition : Frisson design inc.

Nous reconnaissons l'aide financière du gouvernement du Canada par l'entremise du Programme d'Aide au développement de l'Industrie de l'Édition pour nos activités d'édition.

On peut se procurer le présent ouvrage aux

Éditions Thémis
Faculté de droit
Université de Montréal
C.P. 6128, Succursale Centre-ville
Montréal, (Québec)
H3C 3J7

Téléphone : (514) 343-6627
Télécopieur : (514) 343-6779
Courriel : themis@droit.umontreal.ca
Site Internet : http://www.themis.umontreal.ca

IMPRIMÉ AU CANADA

AVANT-PROPOS

Cet ouvrage constitue la mise-à-jour de l'édition de 1990, qui a été revue et augmentée. Revue pour faire état des productions jurisprudentielles, législatives et doctrinales les plus significatives. Augmentée pour étendre notamment la portée de l'ouvrage à l'interprétation et à l'application de la loi en droit civil.

Pour ce qui concerne les contributions doctrinales, je tiens à souligner l'apport remarquable au droit transitoire des travaux du doyen Jacques Héron de la Faculté de droit de Caen. Je suis, comme tous ceux qui l'ont connu et qui ont apprécié la finesse de son esprit, consterné pas son décès prématuré survenu le 28 juin dernier, à l'âge de 50 ans.

Quant à l'interprétation en droit civil, qui n'était pour ainsi dire pas abordée dans les éditions précédentes, elle fait l'objet de nombreux développements disséminés ça et là dans l'ouvrage et que l'on pourra repérer grâce à l'index. Je remercie la Fondation du Barreau du Québec d'avoir soutenu financièrement la recherche qui a permis de donner à ce livre une portée qui reflète plus fidèlement la place de la législation dans le droit québécois. Je remercie également Sylvie Parent qui m'a assisté dans cet aspect de l'ouvrage.

Merci à Mathieu Devinat, étudiant au doctorat, qui a collaboré avec moi pour mettre à jour la documentation pour ce qui concerne le droit statutaire. Mes collègues Katherine Lippel, Danielle Pinard et Robert Tétrault m'ont fait bénéficier de leurs commentaires sur la mise à jour, et je leur exprime ici ma très sincère reconnaissance.

Enfin, je tiens à témoigner ma gratitude à l'équipe des Éditions Thémis dirigée par Josée Martin. À Sabrina Grant et Marie-Pierre Robert, qui ont vérifié textes et notes. À Émilie Bachand, Amélie Chollet, Joséane Chrétien, Lucilia Da Silva Santos, Ginette Fortuné et Pierre-Paul Persico, qui ont travaillé à la confection des tables. À mon collègue Jean-Maurice Brisson, qui m'a fait l'amitié de revoir les aspects formels du texte et à Benoît Martin et France Lamarre, qui ont assuré la mise en page.

Pierre-André Côté
le 2 août 1999

TABLE DES MATIÈRES

CHAPITRE 2

LES PRINCIPES D'INTERPRÉTATION DES LOIS

PREMIÈRE PARTIE
LA STRUCTURE FORMELLE ET L'EFFET DE LA LOI

CHAPITRE 1
L'IMPACT DE LA STRUCTURE FORMELLE DE LA LOI SUR SON INTERPRÉTATION

DEUXIÈME PARTIE
LES MÉTHODES D'INTERPRÉTATION

CHAPITRE 1

LA MÉTHODE GRAMMATICALE OU LES ARGUMENTS DE TEXTE

CHAPITRE 2
LA MÉTHODE SYSTÉMATIQUE ET LOGIQUE OU LES ARGUMENTS DE
COHÉRENCE

CHAPITRE 3

LA MÉTHODE TÉLÉOLOGIQUE OU LES ARGUMENTS DE FINALITÉ

CHAPITRE 4
LA MÉTHODE OU LES ARGUMENTS HISTORIQUES

CHAPITRE 6

LES AUTORITÉS

INTRODUCTION

Ce livre traite des principes qui, au Canada, régissent l'interprétation des textes législatifs autant dans le domaine du droit qu'on
appelle au Québec « statutaire » qu'en droit civil.

L'interprétation des textes législatifs fait partie du quotidien de
tous les juristes même si, pour des raisons évidentes, on est surtout
conscient de celle à laquelle se livrent les tribunaux judiciaires. Ceux-
ci, en effet, consacrent une bonne partie de leurs énergies à
l'herméneutique juridique et, parce qu'ils sont en principe seuls aptes
à trancher de façon définitive les litiges interprétatifs qui peuvent
surgir entre justiciables, leur méthode d'interprétation s'impose à ces
derniers.

L'interprétation des textes législatifs procède, en effet, selon une
méthode. Avant d'aborder l'étude détaillée des principes que celle-ci
regroupe, il importe d'abord de s'interroger sur la nature de
l'interprétation des lois (1), puis d'indiquer, quant aux principes
d'interprétation, quel est leur champ d'application, quelles sont leurs
sources et quelles sont leurs fonctions (2).

CHAPITRE 1
LA NATURE DE L'INTERPRÉTATION DES LOIS

Qu'est-ce qu'interpréter un texte? Voilà une question que l'on trouve depuis quelques années au centre des réflexions des juristes. Ce que certains ont appelé le « virage interprétatif »[1] de la théorie du droit a suscité, aussi bien en Amérique du Nord qu'en Europe, une production doctrinale abondante et variée, sous forme d'ouvrages[2], de parties d'ouvrages[3] ou d'articles de revue[4], tout en fournissant le

---

[1] Voir : David KENNEDY, « The Turn to Interpretation », (1985) 58 *S. Cal. L. Rev.* 251; Michael S. MOORE, « The Interpretive Turn in Modern Theory : a Turn for the Worse? », (1989) 41 *Stan. L. Rev.* 871.

[2] Claude THOMASSET et Danièle BOURCIER (dir.), *Interpréter le droit : le sens, l'interprète et la machine*, Bruxelles, Bruylant, 1996; Dennis R. KLINCK, *The Word of the Law, Approaches to Legal Discourse*, Ottawa, Carleton University Press, 1992; Paul AMSELEK (dir.), *Interprétation et droit*, Bruxelles, Bruylant, 1995; William N. ESKRIDGE, Jr., *Dynamic Statutory Interpretation*, Cambridge, Harvard University Press, 1994; D. Neil MACCORMICK et Robert S. SUMMERS (dir.), *Interpreting Statutes : a Comparative Study*, Dartmouth, Aldershot, 1991; Gérard TIMSIT, *Les noms de la loi*, Paris, Presses universitaires de France, 1991; François OST et Michel van de KERCHOVE, *Entre la lettre et l'esprit – Les directives d'interprétation en droit*, Bruxelles, Bruylant, 1989; Peter GOODRICH, *Reading the Law : a critical interpretation to legal method and techiques*, Oxford, Basil Blackwell, 1986; Peter GOODRICH, *Legal Discourse : studies in linguistics, rhetoric and legal analysis*, New York, St. Martin's Press, 1987; W.J.Thomas MITCHELL (dir.), *The Politics of Interpretation*, Chicago, University of Chicago Press, 1983; Bernard S. JACKSON, *Semiotics and Legal Theory*, Londres, Routledge and Kegan Paul, 1985; William TWINING et David MIERS, *How to Do Things With Rules : a primer of interpretation*, 2ᵉ éd., Londres, Weidenfeld and Nicolson, 1982.

[3] François OST et Michel van de KERCHOVE, *Jalons pour une théorie critique du droit*, Bruxelles, Publications des Facultés universitaires Saint-Louis, 1987, Quatrième partie, « L'interprétation en droit »; Michel van de KERCHOVE, « La théorie des actes de langage et la théorie de l'interprétation juridique », dans Paul AMSELEK (dir.), *Théorie des actes de langage, éthique et droit*, Paris, Presses universitaires de France, 1986, p. 211; Allan C. HUTCHINSON, *Dwelling on the Threshold : a critical essay on modern legal thought*, Toronto, Carswell, 1988, chap. 5 : « Doing Interpretive Numbers »; David MIERS, « Legal Theory and the Interpretation of Statutes », dans William TWINING (dir.), *Legal Theory and Common Law*, Oxford, Basil Blackwell, 1986, chap. 7; Ronald DWORKIN, *A Matter of Principle*, Cambridge, Harvard University Press, 1985, 2ᵉ partie : « Law as Interpretation ».

[4] Ruth SULLIVAN, « Statutory Interpretation in the Supreme Court of Canada », (1998-99) 30 *Ott. L. Rev.* 175; Luc B. TREMBLAY, « La norme de retenue

thème de nombreux colloques[5]. Cet intérêt des juristes pour
l'interprétation des textes est lié à un mouvement analogue que l'on
observe tant en philosophie et dans le domaine des études littéraires
que dans les sciences sociales en général.

Dans un ouvrage dont le principal objectif est de rendre compte
des principes d'interprétation et d'application des textes législatifs
auxquels ont recours les juristes canadiens, l'auteur ne peut se déro-
ber à l'obligation de répondre à cette question fondamentale.

Envisagée au plan strictement terminologique, la question de la
définition de l'interprétation des textes législatifs (lois et règlements)
fait apparaître au moins trois sens à ce terme. Il désigne d'abord le
processus par lequel sont déterminés le sens et la portée des règles
énoncées dans le texte. Ainsi, interpréter un texte législatif consiste,
pour le juriste, à établir le contenu de la règle dont le texte fournit le
support matériel ainsi qu'à fixer le domaine d'application (temporelle, territoriale, personnelle, etc.) de cette règle. Dans ce premier
sens, l'acte d'interprétation d'un texte se distingue de l'acte
d'application de ce texte. Une fois précisés le contenu et le domaine
d'une règle, il faudra souvent l'appliquer, c'est-à-dire la rapporter à
des faits pour en tirer les conséquences juridiques. Bien que distinctes
au plan conceptuel, l'interprétation et l'application constituent deux

---

judiciaire et les "erreurs de droit" en droit administratif : Une erreur de droit?
Au-delà du fondationalisme et du scepticisme », (1996) 56 *R. du B.* 141; Brian
SLATTERY, « Law's Meaning », (1996) 34 *Osgoode Hall L.J.* 553; Paul AMSELEK,
« La teneur indécise du droit », (1991) 107 *Rev. dr. publ.* 1199; Jerzy
WROBLEWSKI, « An Outline of a General Theory of Legal Interpretation and
Constitutional Interpretation », (1987) *Acta Universitatis Lodziensis-Folia
juridica* 32, 33; Owen M. FISS, « Objectivity and Interpretation », (1982) 34 *Stan.
L. Rev.* 739; Michael S. MOORE, « The Semantics of Judging », (1981) 54 *So. Cal.
L. Rev.* 151; H. Wade MACLAUGHLAN, « Judicial Review of Administrative
Interpretations of the Law : How Much Formalism Can We Reasonably Bear? »,
(1986) 36 *U.T.L.J.* 343; Roderick A. MACDONALD, « On the Administration of
Statutes », (1987) 12 *Q.L.J.* 488; Robert YALDEN, « Deference and Coherence in
Administrative Law : Rethinking Statutory Interpretation », (1988) 46 *U.T. Fac.
L. Rev.* 136; Rosemary J. COOMBE, « "Same As It Ever Was" : Rethinking
Statutory Interpretation », (1989) 34 *R.D. McGill* 603.

5   On verra notamment : « Symposium : Law and Litterature », (1982) 60 *Tex. L.
Rev.* 373; Christopher D. STONE, « Interpretating the Symposium », (1985) 58 *So.
Cal. L. Rev.* 1; « Colloquium on legal Reasoning and Legal Interpretation »,
(1985) 4 *Law and Philosophy* 143.

activités en interaction : l'interprétation influe sur l'application, mais, comme on le verra plus loin, l'application influe également sur l'interprétation.

Le terme interprétation, dans un second sens, plus restreint, ne désigne pas tout processus de détermination du sens et de la portée des règles de droit qu'un texte législatif énonce, mais fait référence à ce processus dans la seule hypothèse où il demande au lecteur un effort particulier, effort exigé par la présence d'une obscurité qu'il faut élucider. C'est dans ce second sens qu'on affirmera qu'il n'est pas nécessaire, ni indiqué, d'interpréter un texte clair, car sa seule lecture suffirait à en faire apparaître le sens et la portée.

Dans un troisième sens, « interprétation » désigne le résultat du processus d'interprétation. On dira, par exemple, que telle interprétation est préférable à toute autre.

Ces définitions, quoique utiles, restent cependant à la surface du phénomène : elles ne nous disent pas grand-chose sur la nature de cette entreprise qu'on appelle l'interprétation d'une loi. Pour cela, il faut plutôt interroger les théories de l'interprétation. L'interprétation d'un texte juridique apparaît en effet comme un phénomène extrêmement complexe et difficile à cerner. Il est cependant possible de déduire des principes d'interprétation que consacre la pratique juridique une certaine conception du phénomène de l'interprétation.

On analysera donc d'abord cette conception qui constitue ce qu'on peut appeler « la théorie officielle de l'interprétation des lois » (1). On constatera que la théorie officielle, comme théorie descriptive ou explicative du phénomène de l'interprétation, est l'objet de critiques, dont certaines apparaissent bien fondées (2). On examinera alors certaines alternatives à la doctrine officielle de l'interprétation des lois (3).

SECTION 1 : LA THÉORIE OFFICIELLE DE L'INTERPRÉTATION DES LOIS

Tout le processus par lequel le juriste canadien recherche le sens et la portée des textes législatifs repose sur une théorie implicite de l'interprétation des lois que l'on appellera la « théorie officielle de l'interprétation ». C'est en effet une théorie officielle puisqu'elle est consacrée par des autorités reconnues, en l'occurrence par les tribunaux, et, dans une moindre mesure, par le législateur lui-même. Toute personne qui veut manifester qu'elle procède à l'interprétation d'une loi ou d'un règlement en suivant les pratiques admises par les juristes doit connaître cette théorie et y conformer son discours. C'est elle qui fournit ses présupposés à l'argumentation des avocats et à la justification des décisions de justice. Elle représente l'orthodoxie en la matière[6].

On exposera d'abord les traits dominants de cette théorie (1), puis on mettra en relief le fait qu'il s'agit d'une théorie normative (2).

Sous-section 1 : Les traits dominants de la théorie officielle de l'interprétation des lois

Voici, brièvement résumés sous forme de propositions, ce que l'on peut considérer comme les traits dominants de la théorie officielle.

L'activité législative est une activité de communication

L'interprétation est vue, dans la théorie officielle, comme un élément d'une activité de communication entre l'auteur du texte législatif et le lecteur de celui-ci. L'auteur d'un texte législatif (le Parlement, le Gouvernement, le conseil municipal, le ministre, etc.) a adopté un texte en vue de transmettre à un destinataire une idée, plus précisément pour lui communiquer une règle de droit. L'interprétation d'une loi ou d'un règlement consistera, en partant du texte, à reconstituer l'idée que son auteur a voulu transmettre, la règle qu'il a voulu décréter.

---

[6]   Cette théorie étant d'abord une théorie normative, elle prétend moins expliquer comment les choses se passent en réalité que prescrire comment elles devraient se passer, en tout cas au plan de l'argumentation. Bien des juristes, tout en se conformant dans leur discours de plaideur, de conseiller juridique, de juge ou d'auteur de doctrine, au modèle fourni par la théorie officielle, reconnaîtront que cette théorie officielle et orthodoxe présente une vision partielle et déformée, sinon caricaturale, de la réalité de l'interprétation telle qu'eux-mêmes la conçoivent.

L'interprétation a pour objectif la découverte de l'intention du législateur

Puisque l'interprétation se comprend dans un cadre communicationnel, l'objectif de l'interprétation, c'est la recherche de l'intention de l'auteur du message, du législateur[7].

Cette notion d'intention du législateur, centrale dans la théorie officielle, soulève de nombreuses difficultés. Il faut particulièrement souligner l'ambiguïté de l'expression. Elle désigne tantôt le sens que l'auteur du texte a voulu donner à celui-ci, tantôt l'objectif pratique recherché par l'auteur en édictant le texte[8]. C'est dans le premier de ces sens, synonyme de sens voulu par le législateur, qu'elle sera ici entendue.

Pour le juriste, l'intention du législateur ne s'identifie pas à la pensée réelle, subjective, psychologique et historique qui a pu habiter l'esprit des personnes (rédacteurs, parlementaires, conseillers municipaux) qui ont contribué à l'élaboration et à l'adoption du texte. Rechercher cette pensée subjective serait déjà une entreprise difficile lorsque le texte procède formellement de la volonté d'une seule personne, comme c'est le cas lorsqu'il faut interpréter un arrêté ministériel. Elle se révèlerait cependant proprement irréalisable lorsque le texte traduit une volonté collective (celle du Parlement, du Gouvernement, d'un conseil municipal), volonté qui n'a aucun lien

---

[7] « La tâche des tribunaux à qui l'on demande d'interpréter une loi consiste à rechercher l'intention du législateur. » : *R. c. Multiform Manufacturing Co.*, [1990] 2 R.C.S. 624, 630 (j. Lamer); « découvrir la véritable intention du Parlement [...] est l'objet principal de l'interprétation des lois. » : *R. c. Ali*, [1980] 1 R.C.S. 221, 235 (j. Pratte)). D'ailleurs, si l'on en croit un auteur, « l'intention du législateur [...] constitue la base de l'interprétation dans tous les systèmes de droit. » : Harold Cooke GUTTERIDGE, *Le droit comparé*, Paris, L.G.D.J., 1953, p. 137. On peut trouver des références à cette notion dans la loi elle-même. Par exemple, la *Loi sur la refonte des lois et des règlements*, L.R.Q., c. R-3, art. 2, dispose : « Lorsqu'il refond les lois, le ministre, en respectant l'intention du législateur, peut notamment [...]. » *Le Code civil du Bas Canada*, (aujourd'hui remplacé) énonçait, à l'article 12 : « Lorsqu'une loi présente du doute ou de l'ambiguïté, elle doit être interprétée de manière à lui faire remplir l'intention du législateur [...]. »

[8] À propos de cette distinction : Gerald C. Mac CALLUM, Jr., « Legislative Intent », (1965-66) 75 *Yale L. J.* 754.

nécessaire avec l'état d'esprit des personnes qui ont effectivement contribué à l'élaboration et à l'adoption du texte.

L'intention du législateur se révèle donc plutôt une construction de la doctrine juridique, un « concept technique »[9], un « fait institutionnel »[10] plutôt qu'un « fait brut »; c'est un fait dont l'existence est affirmée par la pratique juridique afin de répondre à des impératifs méthodologiques[11].

L'intention que le juriste recherche, c'est en pratique celle qu'il conviendrait d'attribuer à une personne raisonnable qui aurait rédigé le texte dans le contexte dans lequel il a été effectivement rédigé. En dernière analyse, l'intention du législateur, c'est l'intention du texte, l'intention que le texte manifeste[12]. On suppose (peut-on vraiment agir autrement?) que l'intention que le texte ma-

---

[9]   L'expression est proposée par François OST et Michel van de KERCHOVE, « Le jeu de l'interprétation en droit. Contribution à l'étude de la clôture du langage juridique », (1982) 27 *Arch. Phil. Dr.* 395, 398.

[10]   C'est le terme proposé par John R. SEARLE, *Les actes de langage. Essai de philosophie du langage*, trad. H. Panchard, Paris, Hermann, 1972, pp. 91-94. Le fait institutionnel n'existe que dans le cadre d'une institution comme, par exemple, le fait de marquer un but au hockey, ou le fait, aux échecs, de mettre le roi en échec. Comme d'autres, j'ai déjà utilisé le terme de « fiction » en rapport avec le concept d'intention du législateur. L'emploi de ce terme me semble aujourd'hui discutable, car il faudrait alors qualifier aussi de « fiction » tous les faits, tels le contrat de vente ou le mariage, qui n'ont pas d'existence dans la réalité et qui ne prennent sens que dans le cadre de l'institution juridique. L'intention du législateur est un fait construit par l'institution juridique, par la doctrine juridique, pour répondre à ses besoins méthodologiques. Voir, à ce sujet : P. GOODRICH, *Reading the Law, op. cit.*, note 2, p. 123.

[11]   On trouvera une discussion de la notion d'intention législative dans Reed DICKERSON, *The Interpretation and the Application of Statutes*, Toronto, Little, Brown, 1975, pp. 67-86. On verra aussi : Max RADIN, « Statutory Interpretation », (1929-30) 43 *Harv. L. Rev.* 863; James A. CORRY, « The Use of Legislative History in the Interpretation of Statutes », (1954) 32 *R. du B. can.* 624, 625.

[12]   « Il est élémentaire de dire que les cours doivent dégager l'intention du législateur et l'appliquer quand elles interprètent les lois. C'est en examinant les mots employés dans la loi que l'on doit dégager l'intention, car c'est à l'intention exprimée par le législateur qu'il faut donner effet. » *Goldman c. La Reine*, [1980] 1 R.C.S. 976, 994 et 995 (j. McIntyre).

nifeste correspond à la volonté de ses rédacteurs, de ses promoteurs en Chambre ou de ceux qui ont voté en faveur de son adoption.

Reconnaître que l'intention du législateur constitue un fait institutionnel ou un concept technique ne diminue en rien l'importance primordiale de ce concept pour l'interprétation en droit. Il donne à celle-ci son but principal et détermine par conséquent la plupart de ses méthodes. Il établit clairement la suprématie de la volonté de l'auteur du texte, volonté qui s'impose au juge comme au justiciable, favorisant ainsi la prévisibilité des décisions de justice et la sécurité juridique[13].

Le sens que l'on recherche, c'est celui qu'a voulu le législateur à l'époque de l'adoption

La doctrine officielle pose que l'intention recherchée par l'interprète est celle du législateur historique, c'est-à-dire d'une personne qui aurait rédigé le texte dans un contexte historique déterminé. On doit donc en principe donner au texte législatif le sens qu'il aurait reçu le lendemain même de son adoption.

Cette intention historique se trouve ainsi fixée une fois pour toutes et ne peut se modifier avec le passage du temps. Le travail de l'interprète s'assimilerait ainsi à celui d'un historien ou d'un archéologue parti à la recherche d'une pensée ancienne dont le texte aurait gardé la trace.

Le sens du texte repose dans celui-ci : il y est prédéterminé

Puisque l'interprétation constitue un élément d'une activité de communication, la théorie officielle postule que le sens d'un texte existe avant même que le texte n'ait fait l'objet d'interprétation et indépendamment de celle-ci. Le sens est censé reposer dans le texte, en attente d'être découvert. Le rôle de l'interprète consiste à faire

---

13 F.E. HORACK, « In the Name of Legislative Intention », (1932) 38 *W. Virg. L.Q.* 119, 127 et 128; John M. KERNOCHAN, « Statutory Interpretation : An Outline of Method », (1976-77) 3 *Dal. L.J.* 333, 346-348.

surgir, à dégager, à déceler le contenu de pensée que l'auteur a confié au texte.

Dans cette perspective, le processus d'interprétation apparaît comme purement déclaratif du sens que recèle le texte. Plus précisément, il se conçoit comme une activité de compréhension du texte, une activité cognitive et déductive et non pas comme un acte créateur.

Chaque texte possède un sens véritable et un seul

Pour chaque texte, la théorie officielle suppose qu'il existe un sens et un seul. C'est le « sens véritable » auquel les lois d'interprétation font référence[14].

Ce « sens véritable », que l'interprète doit rechercher et découvrir, sert d'étalon de l'interprétation correcte ou vraie : toute interprétation qui conduit à un sens autre que le « sens véritable » sera qualifiée d'erronée.

L'interprétation et l'application de la loi constituent deux phénomènes successifs et dissociés

Interpréter un texte, c'est établir le sens et la portée de la règle qu'il énonce. Cette activité est préalable à l'activité d'application du texte, qui consiste à tirer, de la survenance de faits concrets, les conséquences prescrites par la règle.

Dans la théorie officielle, l'activité d'interprétation précède l'application et détermine les résultats de celle-ci. Par contre, les résultats de l'application ne doivent pas, en principe, influer sur l'interprétation, car l'interprète, en portant un jugement de valeur sur les conséquences de l'application, se substituerait alors au législateur. Si le « sens véritable » d'un texte, le sens voulu par le législateur conduit, dans un cas donné, à des résultats anormaux, le remède

---

14   *Loi d'interprétation* du Québec, L.R.Q., c. I-16, art. 41 (ci-après citée : « loi québécoise »); *Loi d'interprétation* du Canada, L.R.C. (1985), c. I-21, art. 10 (version anglaise) (ci-après citée : « loi canadienne »).

consiste, selon la doctrine officielle, à s'adresser au législateur pour obtenir la modification du texte[15].

Le sens du texte peut être clair. Sinon, il peut être découvert par recours aux principes d'interprétation

L'objectif de l'interprétation, la découverte de l'intention du législateur, s'atteint tantôt facilement, lorsque le texte est clair, tantôt difficilement, lorsqu'il est obscur. Dans ce dernier cas, la découverte de l'intention fait appel à une méthode de découverte du sens qui permet de surmonter la difficulté rencontrée. Cette méthode regroupe des principes d'interprétation qui sont censés conduire au sens véritable du texte.

Le processus de recherche du sens est réputé mener le juriste, dans tous les cas, à la découverte de la volonté de l'auteur. Le juge ne peut renoncer à découvrir l'intention du législateur : il « ne peut refuser de juger sous prétexte du silence, de l'obscurité ou de l'insuffisance de la loi »[16].

Ce bref exposé de la théorie officielle de l'interprétation aura sans doute fait sourire bien des juristes, qui y verront une vision caricaturale de la façon dont ils conçoivent eux-mêmes le processus d'interprétation des lois. Cela s'explique par le caractère normatif plutôt que descriptif de la théorie officielle : elle cherche moins à décrire comment les choses se passent qu'à prescrire comment elles devraient se passer.

---

[15] C'est le principe de la séparation des pouvoirs législatifs et judiciaires qui justifierait la passivité de l'interprète lorsque le respect du sens voulu par l'auteur conduit à un résultat anormal : *Duport Steel Ltd.* c. *Sirs*, [1980] 1 W.L.R. 142, 157 (Lord Diplock) (H.L.).

[16] Loi québécoise, précitée, note 14, art. 41.2.

Sous-section 2 : Le caractère normatif de la théorie officielle de l'interprétation des lois

La théorie officielle de l'interprétation doit être vue d'abord comme une théorie normative, comme une doctrine[17], c'est-à-dire comme une construction intellectuelle qui prescrit la manière de concevoir le phénomène de l'interprétation de la loi, fixe les objectifs que l'interprète doit poursuivre et prévoit les moyens qu'il peut ou doit utiliser de même que ceux qu'il ne doit pas ou ne peut pas mettre en oeuvre. Cette théorie sert ainsi de modèle à l'action du juriste, soit dans la recherche du sens d'un texte (c'est ce qu'on appelle la fonction heuristique de la théorie), soit dans la justification du sens retenu dans un cas donné (c'est ce qu'on appelle la fonction justificatoire de la théorie). La théorie officielle ne tend donc pas tant à décrire ou à expliquer le phénomène de l'interprétation qu'à imposer à la communauté des juristes un modèle théorique affirmé comme vrai, une doctrine, une orthodoxie.

Cette doctrine trouve son fondement principal dans d'autres doctrines, soit celles de la souveraineté du Parlement et de la séparation des pouvoirs. Le juge, interprète ultime des lois, n'est pas revêtu de la légitimité que confère l'élection démocratique. En conséquence, il doit se limiter à n'être, selon l'expression de Montesquieu, que « la bouche qui prononce les paroles de la loi ». C'est au Parlement, ou à ceux à qui le Parlement a délégué son pouvoir législatif, qu'incombe la responsabilité des choix de nature politique qu'exige l'activité législative.

Ces principes postulent donc la prédétermination du sens par le Parlement, la passivité de l'interprète au plan politique et sa soumission à la volonté souveraine qu'exprime le texte. On peut aussi voir dans la doctrine officielle l'expression d'un souci de certitude et de sécurité juridiques : la prédétermination du sens et la passivité de l'interprète, en particulier du juge, assurent la sécurité dans les relations juridiques. Le respect du sens voulu par l'auteur permettrait ainsi à chaque sujet de droit d'ordonner ses affaires en fonction du « sens objectif » des règles que le texte énonce, sans risque de se voir

---

[17]   « Doctrine. 1. Ensemble de notions qu'on affirme être vraies et par lesquelles on prétend fournir une interprétation des faits, orienter ou diriger l'action. » Paul ROBERT, *Le Petit Robert*, Paris, Société du Nouveau Littré, 1991, p. 563.

opposer en justice un sens différent qu'il n'aurait pu prévoir. Non seulement la doctrine officielle est-elle garante de la sécurité juridique : elle assure aussi la stabilité du droit en affirmant l'immutabilité du sens qu'avait le texte à l'époque de l'adoption, à moins d'une intervention formelle du législateur.

La doctrine officielle répond également à des impératifs de justice formelle. En mettant l'accent sur le respect de l'intention du législateur, critère présenté comme objectif plutôt que laissé à l'appréciation de chacun, elle cherche à assurer que la conduite du justiciable soit jugée par référence à des règles qu'il aura pu connaître lui-même d'avance et que des cas semblables soient traités de façon semblable même si des juges différents en sont saisis.

La doctrine officielle révèlerait, selon l'expression de Jerzy Wroblewski, une « idéologie statique de l'interprétation », c'est-à-dire une conception où prédominent des préoccupations de stabilité des lois, de sécurité et de certitude juridiques[18]. À cette idéologie, Wroblewski oppose « l'idéologie dynamique de l'interprétation », qui « a pour valeur fondamentale la satisfaction des besoins actuels de la vie, c'est-à-dire qu'elle vise à donner aux problèmes d'interprétation la solution la plus favorable aux besoins de la vie dans le sens le plus large de ce mot »[19]. Dans l'idéologie dynamique, le sens du texte est construit en fonction des besoins identifiés au moment de l'application de la règle, soit par référence à la volonté du législateur actuel plutôt qu'historique, soit par référence au jugement porté par l'interprète, dans le cas d'espèce, sur ce que réclame la justice, la raison, l'utilité, l'efficacité ou toute autre valeur[20].

---

[18] Jerzy WROBLEWSKI, « L'interprétation en droit : théorie et idéologie », (1972) 17 *Arch. Philo. Dr.* 51, 63-68; Jerzy WROBLEWSKI, « Interprétation juridique », dans André-Jean ARNAUD (dir.), *Dictionnaire encyclopédique de théorie et de sociologie du droit*, 2ᵉ éd., Paris, L.G.D.J., 1993, p. 316 : « L'idéologie statique a pour valeurs de base la stabilité des lois, la sécurité et la certitude juridiques; elle est liée aux constructions sémiotiques et juridiques du sens de la loi comme volonté du législateur historique. Ce sens ne change pas malgré les changements qui interviennent dans le contexte d'application de la loi. »

[19] J. WROBLEWSKI, « Interprétation juridique », *loc. cit.*, note 18, 316.

[20] *Id.*

Wroblewski observe que les idéologies réelles de l'interprétation se présentent comme des compromis entre ces deux types extrêmes. « Ce sont des compromis pratiques, peu conséquents, changeant selon les situations et les caractéristiques des normes interprétées »[21]. Cette observation se vérifie très bien en droit canadien.

En effet, si la théorie officielle domine dans l'argumentation des avocats et dans la justification des décisions de justice, on y trouvera aussi des idées qui remettent en cause la vision orthodoxe que la doctrine officielle cherche à imposer. De ces dérogations à la doctrine officielle, voici quelques exemples tirés de la jurisprudence.

Il arrive que le juge admette que, dans certaines circonstances, on ne puisse pas affirmer qu'un sens donné est le seul qui soit « correct » ou « véritable » : la loi pourrait donc, à l'occasion, donner lieu à plus d'une interprétation « raisonnable »[22]. On voit aussi des cas où le juge avoue que la recherche de l'intention du législateur s'est avérée vaine et qu'au terme d'un effort raisonnable de compréhension, il n'a pu dégager un sens dont il soit relativement certain[23].

Il est admis que l'on puisse, dans l'interprétation d'une loi obscure, tenir compte de l'interprétation administrative de la loi en question[24]. Cette pratique est difficile à justifier rationnellement si l'interprétation a pour seul objectif la découverte de l'intention du Parlement. En effet, l'interprétation administrative ne fait pas partie de la loi, non plus que de son contexte d'élaboration et on ne voit pas en quoi elle pourrait être pertinente. L'autorité des précédents en matière d'interprétation des textes constitue également une réa-

---

[21] *Id.*

[22] « On ne peut, dans de nombreux cas, affirmer péremptoirement qu'une interprétation est bonne et l'autre, mauvaise. » *Jones* c. *Secretary of State for Social Services*, [1972] 1 All E.R. 145, 149 (Lord Reid) (H.L.) (traduction); « Il n'y a pas [dans les circonstances] une interprétation unique dont on puisse dire qu'elle est la « bonne » [en anglais : « *right* »]. » *S.C.F.P.* c. *Société des alcools du Nouveau-Brunswick*, [1979] 2 R.C.S. 227, 237 (J. Dickson). Pour une critique de ce point de vue : L. B. TREMBLAY, *loc. cit.*, note 4.

[23] On verra, par exemple, les notes du juge Lamer dans *Abbas* c. *La Reine*, [1984] 2 R.C.S. 526, 529.

[24] Voir, *infra*, p. 690.

lité dont la théorie officielle ne peut rendre compte de façon tout à fait adéquate. Les décisions antérieures des tribunaux, rendues après l'adoption du texte et donc inconnues du législateur historique, ne seraient pas pertinentes si la seule préoccupation de l'interprète devait être la recherche de l'intention de l'auteur du texte.

On reconnaît aussi que l'interprétation constitutionnelle échappe pour partie au cadre fourni par la doctrine officielle. Elle est présentée comme l'exception qui confirme la règle. Elle doit être dynamique plutôt que statique, et s'analyser comme la recherche, moins de la pensée des personnes qui, dans le passé, ont contribué à élaborer le texte, que de la règle qui, au moment de l'application de la Constitution, permettra d'apporter, au problème soulevé devant le tribunal, la solution qui sera alors jugée la plus adéquate[25].

Dans plusieurs cas, il apparaît très clairement que l'application de la loi est déterminante de son interprétation, et non l'inverse. Comment expliquer autrement qu'un juge écrive que « c'est l'interprétation la plus pratique et la plus efficace qu'il faut retenir lorsque les termes utilisés par le législateur le permettent [...] »[26]? Comme on le verra plus loin, si l'interprétation a, en droit canadien, pour objectif explicite la découverte de l'intention du législateur, elle poursuit aussi un objectif implicite : la recherche d'une solution raisonnable à un problème réel et concret.

Selon la doctrine officielle, la réforme d'une loi désuète doit être laissée au législateur : le juge devrait appliquer celle-ci même au prix de ce qui peut paraître, au moment de l'application, comme une solution injuste ou même absurde. Tous les juges ne sont toutefois pas disposés à appliquer aveuglément cette directive : à la fidélité au législateur historique, certains préféreront la justice dans le cas d'espèce[27].

Toutes ces dérogations aux préceptes de la théorie officielle confirment à la fois le caractère dominant de l'idéologie statique

---

25   *Renvoi sur la Motor Vehicle Act (C.B.)*, [1985] 2 R.C.S. 486.

26   Le juge Estey dans *Berardinelli* c. *Ontario Housing Corp.*, [1979] 1 R.C.S. 275, 284.

27   On comparera *Harrison* c. *Carswell*, [1976] 2 R.C.S. 200 et *Paul* c. *La Reine*, [1982] 1 R.C.S. 621.

dans la conception de l'interprétation que prône la doctrine officielle et la présence d'autres conceptions, moins affirmées, et qui se rattachent plutôt à l'idéologie dynamique de l'interprétation. On peut considérer que les dérogations à la théorie officielle que l'on peut observer constituent des motifs sérieux de critiquer la valeur explicative de celle-ci.

SECTION 2 : LA CRITIQUE DE LA THÉORIE OFFICIELLE DE L'INTERPRÉTATION DES LOIS

Dans quelle mesure la théorie officielle de l'interprétation des lois donne-t-elle une représentation adéquate de la démarche suivie par les juristes canadiens lorsqu'ils procèdent à l'interprétation d'un texte législatif? À mon avis, cette théorie n'est pas dénuée de toute valeur explicative : elle contient une part de vérité (1). Toutefois, la théorie officielle ne rend pas compte convenablement de l'ensemble du phénomène de l'interprétation. Ainsi, deux réalités particulièrement importantes sont négligées, sinon occultées, par le modèle officiel : l'élément subjectif dans le processus d'interprétation et l'impact de l'application sur l'interprétation. En cela, la théorie officielle comporte des lacunes (2).

Sous-section 1 : La part explicative de la théorie officielle de l'interprétation des lois

Le modèle communicationnel que l'on trouve au centre de la théorie officielle, ainsi que la notion d'intention du législateur qui lui sert de fondement, ont été l'objet, ces dernières années, de critiques quelquefois radicales[28]. Qualifiant de formaliste l'approche proposée par ce modèle, un auteur a écrit que l'on devrait lui préférer une méthode dite fonctionnelle[29]. Certains vont même jusqu'à rejeter complètement la notion d'intention du législateur, qui, disent-ils, ne saurait servir de « pierre de touche » à l'interprétation[30].

---

28 On verra un résumé des discussions de cette question aux États-Unis dans A.C. HUTCHINSON, *op. cit.*, note 3, pp. 125-181.

29 H.W. MACLAUGHLAN, *loc. cit.*, note 4.

30 R.A. MACDONALD, *loc. cit.*, note 4, 493 (note 10).

Tout en partageant certains éléments des critiques que l'on adresse à la théorie officielle, je ne puis suivre ceux qui, déniant à celle-ci toute valeur explicative, seraient prêts à écarter complètement le modèle communicationnel et la notion d'intention du législateur.

Il semble notamment plutôt futile d'attaquer cette notion pour le motif qu'une assemblée législative est incapable de former une intention[31]. Comme on l'a dit plus haut, l'intention du législateur (qui correspond en fait au sens du texte) constitue un construit juridique, un concept technique, et non un donné de la nature. Écarter cette notion parce qu'elle n'a pas d'existence dans la réalité équivaut à contester l'existence de la vente pour le motif que cette institution n'existe pas en dehors du champ juridique.

Si l'on veut décrire en quoi consiste l'interprétation de la loi par le juriste, on ne peut mettre complètement de côté la notion d'intention du législateur, car cette notion fait, à tort ou à raison, partie des stratégies de rédaction et d'interprétation adoptées par la communauté des juristes canadiens. On ne peut pas décrire et expliquer ce que font ces juristes lorsqu'ils rédigent ou lorsqu'ils interprètent des textes tout en écartant du revers de la main la conception qu'ils mettent eux-mêmes au coeur de leur activité.

Il suffit à cet égard d'observer ceux qui rédigent les textes : ils y procèdent avec le sentiment (justifié ou non : c'est là, me semble-t-il, une tout autre question) qu'ils participent à un processus impliquant, du moins en partie, la communication d'idées. Ils agissent selon la croyance qu'il est possible, grâce au langage, de communiquer une pensée et d'exercer une contrainte sur le sens qui sera donné au texte par ceux qui le liront[32]. Ils travaillent parfois de longues heures à fignoler les textes afin d'exprimer le plus clairement et le plus précisément possible les règles que le texte édicte, de manière à être bien compris de ceux qui le liront. Ce travail serait absurde si l'on devait admettre l'impuissance du rédacteur à influer sur le sens que

---

31   On verra, en ce sens : M. RADIN, *loc. cit.*, note 11, 870 et H. Wade MACLAUGHLAN, « Approaches to Interpretation in Administrative Law », (1987-88) 1 *C.J.A.L.P.* 293, 302.

32   Sur cette question : Anthony D'AMATO, « Can Legislatures Constrain Judicial Interpretation of Statutes? », (1989) 75 *Virg. L. Rev.* 561.

l'interprète donnera au texte. Si la notion d'intention du législateur n'existait pas, il faudrait sans doute l'inventer.

Le modèle communicationnel explique cependant certains phénomènes mieux qu'il n'en explique d'autres. Il explique mieux l'interprétation dans les cas simples que dans les cas problématiques, et donc mieux, en général, l'interprétation quotidienne et routinière que l'interprétation judiciaire, notamment par les juridictions d'appel. Il est également plus convaincant pour expliquer l'interprétation des lois fiscales, par exemple, qu'il ne l'est pour l'interprétation des textes constitutionnels.

Et si la théorie officielle a quelque valeur explicative, elle n'explique pas tout le phénomène. Ainsi, la recherche de l'intention du législateur peut sembler un objectif légitime de l'interprétation, mais on ne saurait admettre que ce soit là le seul objectif de cette activité, ni que cet objectif puisse être toujours atteint. Alors que la théorie officielle prétend expliquer tout le phénomène de l'interprétation grâce au modèle communicationnel, elle donne en réalité de ce phénomène une vision partielle et déformante. Elle comporte effectivement de graves lacunes.

Sous-section 2 : Les lacunes de la théorie officielle de l'interprétation des lois

La théorie officielle passe notamment sous silence deux éléments de la plus haute importance pour la compréhension du processus d'interprétation des juristes : la part du subjectif dans l'interprétation et l'influence de l'application sur l'interprétation.

Paragraphe 1 : La part du subjectif dans l'interprétation et le rôle créateur de l'interprète

La doctrine officielle de l'interprétation présente cette activité comme dépourvue de toute dimension créatrice : le texte prédétermine le sens et l'interprétation posséderait un caractère purement déclaratif de l'intention qui s'y trouve exprimée.

Cette représentation de l'interprétation comme oeuvre de pure déduction dans tous les cas est, de nos jours, rejetée par la plupart des juristes[33]. L'indétermination du droit en général et de la loi en particulier est devenue un des principaux thèmes de la théorie du droit actuelle[34]. Les sources de cette indétermination sont nombreuses[35]. D'une part, le texte de la loi fait appel à des termes souvent imprécis, parfois ambigus. Les règles qu'énoncent les lois peuvent entrer en conflit. La loi peut présenter des lacunes ou proposer, pour un cas donné, une solution qu'il serait impossible de rattacher à la volonté d'une personne raisonnable. D'autre part, la méthode d'interprétation usuelle ne permet pas toujours de venir à bout des difficultés qui se présentent. Elle regroupe des principes contradictoires, non hiérarchisés et dont le poids relatif fait souvent difficulté.

Cela étant, on ne peut pas expliquer l'interprétation de la loi sans admettre que cette activité puisse exiger de l'interprète qu'il procède à des choix qui engageront sa personnalité, ses croyances, ses valeurs. Pourtant, la théorie officielle fait le silence le plus total là-dessus. Elle postule, ce qui tient de la fiction, que le recours à l'intention du législateur permet de rendre compte entièrement du phénomène de l'interprétation de la loi[36]. La « fiction déclarative » conduit ainsi au « refoulement de l'interprétation »[37], c'est-à-dire à la négation de l'élément personnel et subjectif dans l'interprétation.

---

[33]   Parmi les nombreux textes portant sur le pouvoir créateur du juge, on verra : Louis-Philippe PIGEON, « The Human Element in the Judicial Process », (1970) 8 *Alta. L.R.*, 301, 304; Lord REID, « The Judge as Law Maker », (1972) 12 *J.S.P.T.L.* (N.S.) 22; Jules DESCHÊNES, « Le rôle législatif du pouvoir judiciaire », (1974) 5 *R.D.U.S.* 1; Dale GIBSON, « Judges as Legislators : Not Whether But How », (1986-87) 25 *Alta. L. Rev.* 249; Rosalie S. ABELLA, « Public Policy and the Judicial Role », (1989) 34 *R.D. McGill* 1021.

[34]   Pour un exposé de diverses thèses relatives à l'indétermination du droit et de la loi, on verra : Lawrence B. SOLUM, « On the Indeterminacy Crisis : Critiquing Critical Dogma », (1987) 54 *U. Chi. L. Rev.* 462.

[35]   On trouvera une étude particulièrement pénétrante des principales sources des difficultés d'interprétation dans l'ouvrage de W. TWINING et D. MIERS, *op. cit.*, note 2, pp. 218-231, chap. 6, « The Conditions of Doubt ».

[36]   L'intention du législateur n'est pas une fiction : c'est un concept technique. Ce qui tient de la fiction, c'est que ce concept puisse, à lui seul, rendre compte de tous les aspects de l'interprétation.

[37]   Ces expressions sont de F. OST et M. van de KERCHOVE, *op. cit.*, note 3, pp. 382 et 383.

Cette négation, qui a pour fonction de légitimer la décision du juge qui procède à l'interprétation d'un texte, de le dégager de toute responsabilité apparente pour le sens qu'il retient et de reporter toute décision sur le chef du législateur, n'est pas la seule que l'on puisse relever. La doctrine officielle gomme aussi l'influence qu'exerce l'application de la loi sur son interprétation.

Paragraphe 2 : L'influence de l'application sur l'interprétation

L'interprétation en droit n'a pas pour unique déterminant la découverte d'une vérité historique. Le juge, en particulier, n'interprète pas la loi pour le seul plaisir intellectuel de ressusciter la pensée qui a présidé à la rédaction du texte. Il l'interprète en vue d'une action : l'application de la loi. L'interprétation en droit se révèle ainsi bien souvent une « interprétation opérative »[38], c'est-à-dire liée à la solution de cas concrets. Or, la plupart des auteurs le reconnaissent, l'application de la loi rétroagit sur son interprétation[39]. Il suffit en effet de lire attentivement la jurisprudence pour déceler ce que certains ont appelé l'« inversion du raisonnement »[40], c'est-à-dire le phénomène selon lequel la conclusion du raisonnement judiciaire (l'application) influe sur la détermination des prémisses de celui-ci, notamment sur la détermination du sens du texte à appliquer[41].

---

[38]   L'expression est de J. WROBLEWSKI, « L'interprétation en droit : théorie et idéologie », *loc. cit.*, note 18, 54.

[39]   F. OST et M. van de KERCHOVE, *op. cit.*, note 3, « Création et application du droit. Structure linéaire ou circulaire du système juridique », p.183; James A. CORRY, « Administrative Law and the Interpretation of Statutes », (1936) 1 *U. of T.L.J.* 286, 291; R. DICKERSON, *op. cit.*, note 11, p. 29 et suiv. La tension entre le passé et le présent, entre l'interprétation et l'application, est bien mise en évidence dans les travaux de l'herméneutique philosophique : Hans-Georg GADAMER, *Vérité et méthode – Les grandes lignes d'une herméneutique philosophique*, Paris, Éditions du Seuil, 1976, p. 148 et suiv.; Gerald L. BURNS, « Law as Hermeneutics : a Response to Professor Dworkin », dans W.J.T. MITCHELL (dir.), *op. cit.*, note 2, p. 315; P. GOODRICH, *Reading the Law, op. cit.*, note 2, p. 159 et suiv.

[40]   Jacques GHESTIN et Gilles GOUBEAUX, *Traité de droit civil : Introduction générale*, 4ᵉ éd. Paris, L.G.D.J., 1994, p. 42. On parle aussi de « récursivité juridique » et de « syllogisme ascendant » ou « régressif ».

[41]   À titre d'exemple, on verra : *R. c. Stewart*, [1988] 1 R.C.S. 963.

Les juristes d'expérience témoigneront de la rétroaction de l'application de la loi sur la détermination de son juste sens. On n'a, à cet égard, qu'à évoquer le malaise qu'ils éprouvent à procéder à l'interprétation d'un texte en dehors de tout contexte factuel. L'impossibilité où ils se trouvent alors d'apprécier de façon précise les conséquences de l'interprétation rend celle-ci particulièrement malaisée et périlleuse. L'interprétation juridique suppose en effet un va-et-vient constant entre la loi et les faits, un arbitrage entre les exigences du passé, celles du texte, et les exigences du présent, qui se manifestent dans une appréciation des faits au moment de l'application[42]. La tension évoquée tantôt entre idéologie statique et idéologie dynamique de l'interprétation traduit bien la nature fondamentalement ambiguë des objectifs de l'interprétation en droit.

Pourtant, si ce phénomène apparaît difficilement contestable, il n'est pas convenable d'en parler. Ost et Van de Kerchove ont, fort justement, souligné « un trait essentiel de la récursivité en droit : son caractère honteux, et donc très largement refoulé et occulté. La rétroaction de l'application sur la création du droit est un phénomène qui ne s'avoue pas dans le discours et la pratique juridiques »[43].

La doctrine officielle contribue à ce refoulement, à cette occultation de l'influence de l'application. Elle y parvient en partie grâce à la notion de « législateur raisonnable » : si une interprétation d'un texte conduit, par exemple, à un résultat anormal, on écartera cette interprétation en invoquant la volonté présumée du « législateur raisonnable » de ne pas vouloir de tels résultats[44].

Parce qu'elle escamote ainsi un élément fondamental de la pratique interprétative des juristes, la doctrine officielle ne saurait fournir, de cette pratique, un modèle explicatif convaincant. Il faut chercher ailleurs de nouveaux modèles.

---

[42]   On ne peut s'empêcher, à cet égard, de comparer le juge à Janus, ce dieu de la mythologie romaine que l'on représente avec deux visages. L'un est tourné vers le passé, vers le moment de l'élaboration du texte; l'autre regarde vers le futur pour apprécier les conséquences éventuelles de l'application du texte.

[43]   F. OST et M. van de KERCHOVE, *op. cit.*, note 3, p. 218.

[44]   À ce sujet, on se référera au chapitre 5 de la seconde partie de cet ouvrage, *infra*, p. 562 et suiv.

SECTION 3 : LES ALTERNATIVES À LA THÉORIE OFFICIELLE DE L'INTERPRÉTATION DES LOIS

Si un nouveau modèle de l'interprétation des lois doit être retenu, il faut qu'il satisfasse au moins aux trois conditions suivantes : il doit reconnaître la possibilité d'une rédaction législative qui oriente de manière plus ou moins déterminante le sens qui sera donné au texte par ceux qui le lisent; il doit rendre compte du rôle actif de l'interprète dans le processus d'interprétation; il doit refléter la rétroaction de l'application de la loi sur son interprétation.

On examinera ici deux modèles susceptibles de remplir ces conditions. Le premier reconnaît à l'interprète un pouvoir créateur, mais à titre supplétif seulement (1). Le second propose de voir toute interprétation comme une création, soumise toutefois à des contraintes (2).

Sous-section 1 : La théorie du rôle supplétif de l'interprète

Un premier modèle théorique propose une révision et une relativisation du modèle officiel. Tout en réaffirmant que l'interprétation gagne à être conçue dans un cadre communicationnel et qu'elle peut avoir pour objectif principal la recherche de l'intention du législateur, on admettra que cet objectif ne puisse toujours être atteint dans la réalité. Il y aurait des cas où, pour diverses raisons, le sens du texte ne peut être découvert, où il reste obscur et indéterminé malgré un effort raisonnable de compréhension. À défaut alors d'avoir pu *découvrir* le sens d'un texte, l'interprète sera réduit à lui *attribuer* un sens.

Il conviendrait donc de distinguer, dans l'interprétation, un double aspect, cognitif et créateur. Au plan méthodologique, l'interprétation devrait commencer par la recherche du sens voulu par l'auteur. Si cette étape cognitive est infructueuse, alors seulement pourra-t-on passer à l'étape créatrice. Le rôle créateur de l'interprète se trouve reconnu, mais il s'agirait d'un rôle supplétif seulement.

De nombreux auteurs ont préconisé cette façon de concevoir l'interprétation ainsi que la part de l'objectivité et de la subjectivité dans cette activité[45]. C'est vraisemblablement cette théorie qui, parmi les juristes canadiens, serait susceptible de trouver les appuis les plus nombreux. Pourtant, à plus d'un égard, cette théorie, à laquelle j'avais souscrit dans la première édition de cet ouvrage, ne m'apparaît plus aujourd'hui comme entièrement satisfaisante.

Elle est en effet fondée sur une opposition, me semble-t-il discutable, entre les cas simples, où le sens du texte serait entièrement prédéterminé, et donc indépendant de la personnalité de l'interprète, et les cas difficiles, où la détermination du sens ferait appel au pouvoir créateur de ce dernier. On peut penser cependant que, dans la réalité, il n'y a pas de brusque rupture entre les cas simples et les cas difficiles et qu'on passe plutôt de façon continue et progressive des cas les plus simples aux cas les plus difficiles. Selon les circonstances, l'interprétation se révélera plus ou moins contrainte et plus ou moins libre.

Même dans les cas les plus simples, lorsque la loi est claire, la relativité du sens doit néanmoins être reconnue : une loi est claire, non dans l'absolu, mais d'abord pour quelqu'un en particulier[46]. Et même dans les cas les plus difficiles, l'interprète n'est pas affranchi de toute contrainte : la gamme des sens qu'il peut donner au texte reste limitée. Une théorie satisfaisante devrait rendre compte à la fois de l'élément personnel présent dans les cas les plus simples et

---

[45] L'opposition entre la découverte de sens et la création de sens a été notamment préconisée par François GÉNY, qui distinguait l'« interprétation de la loi proprement dite » de la « libre recherche scientifique » : *Méthode d'interprétation et sources en droit privé positif*, 2e éd., Paris, L.G.D.J., 1954, t. 1, p. 265 et t. 2, pp. 77 et 78. Elle l'a été aussi par Pierre CARIGNAN, qui distinguait, dans l'interprétation, un aspect exégétique et statique et un aspect créateur et dynamique : « De l'exégèse et de la création dans l'interprétation judiciaire des lois constitutionnelles », (1986) 20 *R.J.T.* 27. R. DICKERSON, pour sa part, oppose la dimension cognitive de l'interprétation (*The Ascertainement of Meaning*) à sa dimension créatrice (*Judicial Lawmaking Through the Assignment of Meaning*) : *op. cit*, note 11, p. 13 et suiv. On connaît également l'opposition décrite par Herbert L. A. Hart entre les cas simples (*easy cases*), où la solution découle de la loi, et les cas problématiques (*hard cases*), où l'interprète doit exercer une discrétion dans l'attribution d'un sens : Herbert L. A. HART, *The Concept of Law*, Oxford, Clarendon Press, 1961, c. VII.

[46] On reviendra plus loin sur cette question, *infra*, p. 361 et suiv.

des contraintes qui jouent dans les cas les plus difficiles, ce que ne fait pas la théorie du rôle supplétif de l'interprète.

De plus, cette théorie se concilie mal avec la reconnaissance de l'influence de l'application de la loi sur son interprétation. Elle suppose en effet le maintien du modèle communicationnel de l'interprétation dans tous les cas où l'intention de l'auteur peut être décelée. Dans une première étape, donc, la recherche du sens serait exclusivement orientée vers le passé, vers la découverte de la pensée historique du législateur. On voit bien que cette théorie ne peut pas expliquer convenablement l'interprétation opérative en droit, car elle néglige les préoccupations pragmatiques qui, dans tous les cas et non seulement lorsque la loi est obscure, risquent de peser sur le choix du sens.

La théorie du rôle supplétif de l'interprète présente la création du sens par l'interprète comme un phénomène avec lequel il faut compter, mais qui reste somme toute exceptionnel. Une autre théorie, qui me paraît plus séduisante, suggère plutôt que l'on conçoive toute interprétation comme une création, mais comme une création soumise à des contraintes.

Sous-section 2 : La théorie de la création soumise à des contraintes

Un second modèle voit l'interprétation comme impliquant un processus de création encadrée du sens des textes[47]. Il prend comme point de départ l'idée que le sens d'un texte n'est jamais simplement « découvert » par l'interprétation : c'est plutôt l'interprétation d'un texte qui lui confère son sens[48]. Le sens d'un texte ne repose pas à

---

[47]   Un auteur a écrit que l'interprétation supposait l'exercice d'une compétence « semi-discrétionnaire » : Denys SIMON, *L'interprétation judiciaire des traités d'organisations internationales*, Paris, Pédone, 1981, p. 143.

[48]   Ce modèle a été mis de l'avant entre autres par O. FISS, *loc. cit.*, note 4, et repris par D. MIERS, dans W. TWINING (dir.), *op. cit.*, note 3, p. 115. Fiss s'est lui-même inspiré des travaux effectués, dans le domaine des études littéraires, par Stanley FISH, *Is There a Text in This Class? : The Authority of Interpretive Communities*, Cambridge, Harvard University Press, 1980. Une conception analogue est également préconisée par William N. ESKRIDGE et Philip P. FRICKEY, « Statutory Interpretation and Practical Reasoning », (1990) 42 *Stan. L. Rev.* 321. Voir également: W.N. ESKRIDGE, *op. cit.*, note 2.

l'état latent dans le texte : c'est le processus même d'interprétation qui l'élabore, qui le « construit »[49]. « Le sens d'un texte, a écrit Paul Ricoeur, n'est pas derrière le texte, mais devant lui »[50]. La construction du sens par le lecteur n'apparaît toutefois pas entièrement libre. Il y procède en effet dans un cadre plus ou moins déterminant : diverses contraintes, issues des traditions et des méthodes d'interprétation en usage, vont peser sur la création du sens.

Puisque le sens d'un texte est construit par celui qui procède à son interprétation, ce modèle conduit à reconnaître la relativité du sens et des normes[51] : on ne peut dès lors négliger l'élément personnel et subjectif de l'activité interprétative. Pourtant, cette construction du sens par l'interprète comporte un aspect social important : il n'est pas libre d'agir à sa fantaisie. Son appartenance à une « communauté d'interprétation »[52], son obligation de convaincre un « auditoire »

---

[49]   Il est à cet égard significatif que les Anglo-Saxons désignent l'interprétation des lois par l'expression « *construction of statutes* ».

[50]   « *The sense of a text is not behind it, but in front of it* ». Paul RICOEUR, *Interpretation Theory; Discourse and the Surplus of Meaning*, Forth Worth, The Texas Christian University Press, 1976, cité par M. van de KERCHOVE, *loc. cit.*, note 3, 240.

[51]   Paul AMSELEK, « Le droit dans les esprits », dans Paul AMSELEK et Christophe GRZEGORCZYK (dir.), *Controverses autour de l'ontologie du droit*, Paris, Presses universitaires de France, 1989, p. 27, aux pages 44-49; P. AMSELEK, *loc. cit.*, note 4. Dans ce dernier texte, Amselek écrit (à la page 1203): « C'est par le sas de notre propre subjectivité que l'oeuvre du législateur nous est donnée. [...] il y a un déjà là des paroles proférées par le législateur; il n'y a pas de déjà là de leur sens qui se trouverait, en quelque sorte, objectivement "déposé" en tant que tel en elles sous une forme déjà constituée et qu'on n'aurait plus qu'à cueillir. C'est là une illusion qui a été longtemps entretenue par le positivisme juridique. En réalité, il n'y a jamais de déjà là du sens indépendamment du sujet qui le construit. » Dans l'arrêt *R. c. Nova Scotia Pharmaceutical Society*, [1992] 2 R.C.S. 606, le juge Gonthier, à la page 638, souscrit à la thèse d'Amselek quant à la non-objectivité des règles de droit. Il se déclare par ailleurs en désaccord avec l'idée que le rôle du juge serait nul dans le cas de dispositions claires et précises et que seules les dispositions floues ouvriraient la porte à une intervention créatrice du juge : « Le pouvoir judiciaire joue toujours un rôle de médiateur dans l'actualisation du droit, encore que l'étendue de ce rôle puisse varier. » (p. 641)

[52]   Sur cette notion de « communauté d'interprétation », on verra les textes cités à la note 48 ainsi que Martin KRYGIER, « The Traditionality of Statutes », (1988) 1 *Ratio Juris* 21, 31-34.

de l'acceptabilité du sens qu'il propose[53], vont faire peser sur le processus d'interprétation des contraintes plus ou moins déterminantes selon les circonstances.

Le juriste canadien élabore le sens des textes législatifs dans un cadre préétabli constitué de directives d'interprétation qui indiquent en particulier les objectifs qu'il doit poursuivre (notamment, un objectif explicite : la recherche de l'intention du législateur et un objectif tacite : l'application raisonnable du texte) et les facteurs qui peuvent ou qui doivent être pris en considération dans l'interprétation (notamment : la formulation du texte interprété, le système juridique dont la règle interprétée fait partie, l'historique du texte, ses finalités, les conséquences de son application, les autorités).

Ce modèle, tout en faisant une place à l'influence de la personnalité de l'interprète, permet de rendre compte de la possibilité, pour le rédacteur, d'orienter l'interprétation. En effet, le rédacteur, conscient des stratégies d'interprétation qui seront suivies pour construire le sens d'un texte, pourra rédiger en tenant compte des contraintes qui pèseront sur le lecteur et il pourra déterminer avec le degré de précision voulu la marge de manoeuvre de ce dernier[54]. Le rédacteur ne peut certes exercer de contrôle sur l'interprétation : tout au plus devra-t-il tenter de la prévoir, en tenant compte des contraintes linguistiques, systémiques et fonctionnelles qui se feront sentir au moment futur de l'interprétation[55].

La représentation de l'interprétation comme une construction encadrée du sens, plutôt que comme la découverte du sens latent d'un texte, influe sur la définition de l'erreur d'interprétation. Selon la théorie officielle, il y aurait un sens « correct », celui qui correspond à

---

53   Les principes d'interprétation des lois peuvent se concevoir comme des arguments grâce auxquels le juriste cherchera à gagner un auditoire à une thèse interprétative présentée comme préférable à une autre. Voir, *infra*, p. 52 et suiv.

54   Sur la possibilité pour le rédacteur d'orienter l'interprétation : A. D'AMATO, *loc. cit.*, note 32.

55   Cette classification des facteurs qui orientent l'interprétation est celle proposée par J. WROBLEWSKI, *loc. cit.*, note 18, 60. L'interprète devrait favoriser le sens qui, tout à la fois, s'accorde avec le sens des termes interprétés (contexte linguistique), avec les autres règles du système juridique (contexte systémique) et avec les exigences du raisonnable dans le cas d'espèce (contexte fonctionnel).

l'intention du législateur, et une multitude de sens « erronés ». Selon le modèle ici étudié, on devrait distinguer, dans chaque cas, entre la ou les interprétations raisonnables du texte et les interprétations déraisonnables du même texte, c'est-à-dire les interprétations injustifiables au regard des directives d'interprétation admises.

Un même texte pourrait ainsi se prêter à l'élaboration de plusieurs sens acceptables, dans la mesure où les contraintes qui pèsent sur la création du sens se révéleront incapables d'orienter l'interprète vers une seule interprétation[56]. Entre les diverses interprétations raisonnables d'un texte, le juge choisira celle qui lui paraît la meilleure, compte tenu des objectifs qu'il est censé poursuivre (être fidèle à l'intention de l'auteur; favoriser les résultats les plus équitables et les plus utiles ; éviter de tromper les attentes de sens nées chez le lecteur ; etc.) et des facteurs (le texte, les autorités, les objectifs, l'histoire, etc.) dont il est censé tenir compte.

Ce modèle alternatif rend mieux compte que le modèle officiel de la dynamique des rapports entre le rédacteur et l'interprète d'un texte, de l'interaction entre la rédaction et l'interprétation[57]. La loi ne fixe pas le sens, car ce dernier naît de l'interprétation. Par contre, la loi peut encadrer le sens, lui fixer des limites : selon la marge de manoeuvre que le rédacteur veut laisser à l'interprète, sa rédaction se fera plus ou moins précise[58].

---

[56] Cette façon de concevoir l'erreur d'interprétation s'observe dans la jurisprudence. On verra les arrêts cités *supra*, note 22. L'idée que l'interprétation puisse laisser place à plus d'un sens valable est combattue notamment par Ronald Dworkin dont la thèse de la « *one right answer* » est bien connue : Ronald DWORKIN, *L'empire du droit*, Paris, Presses universitaires de France, 1994. Pour une défense de cette thèse : L.B. TREMBLAY, *loc. cit.*, note 4.

[57] Alain-François BISSON, « L'interaction des techniques de rédaction et des techniques d'interprétation des lois », (1980) 21 *C. de D.* 511.

[58] On rappellera, à ce sujet, la remarque de Felix FRANKFURTER : « Si les tribunaux ne se limitent plus au texte, ils sont encore limités par le texte. » « Some Reflexions on the Reading of Statutes », (1947) 47 *Col. L. Rev.* 527, 543 (traduction). On verra également Charles P. CURTIS, « A Better Theory of Legal Interpretation », (1949-50) 3 *Vand. L. Rev.* 407, 426 : « La formule, du moins dans les documents juridiques, ne fixe pas le sens. Elle délimite le sens. L'interprétation juridique s'intéresse non pas au sens des mots, mais seulement à leurs limites » (traduction).

À ce propos, on oppose parfois l'interprétation d'une charte des droits à celle d'une loi ordinaire, en laissant entendre que la première serait créatrice et la seconde, non. À mon avis, c'est là une opposition bien discutable, qui contribue d'ailleurs au refoulement de l'élément personnel présent dans toute entreprise d'interprétation. Ce n'est pas dans l'existence ou l'inexistence de création que réside essentiellement la distinction entre l'interprétation d'une charte des droits et l'interprétation d'une loi fiscale, par exemple. Toutes deux exigent une création de sens, mais les contraintes qui pèsent sur la création du sens d'une charte des droits ne sont pas de la même ampleur ni tout à fait de la même nature que celles qui orientent l'interprétation en matière fiscale.

L'interprétation d'une charte des droits fait appel de façon plus importante au rôle créateur de l'interprète, et les contraintes fonctionnelles, liées aux finalités et aux valeurs, prennent le pas sur les contraintes linguistiques qui, sans être totalement absentes[59], sont reléguées au second plan. Le rédacteur de la loi fiscale, au contraire, grâce à une formulation détaillée et précise des règles, restreint le plus possible la marge de manoeuvre de l'interprète. Les contraintes linguistiques et systémiques, c'est-à-dire celles qu'impose le système que forme l'ensemble de la loi fiscale, sont prédominantes, et les contraintes fonctionnelles, sans être exclues[60], se font peu sentir.

On a déjà eu recours à la métaphore de l'interprétation musicale pour rendre compte de l'interprétation juridique[61]. L'interprète d'une loi peut en effet être comparé au récitaliste. L'artiste, lorsqu'il s'installe au piano, par exemple, reste théoriquement libre de jouer ce qui lui plaît, mais la convention veut qu'il joue les oeuvres annoncées au programme, et qu'il les exécute dans l'ordre dans lequel elles ont été annoncées. La musique ne gît pas dans son instrument sous forme de rouleaux perforés grâce auxquels, par une action pu-

---

59   L'interprète d'une charte des droits n'est pas libre d'ignorer les termes du texte qu'il applique : R. c. *Kalanj*, [1989] 1 R.C.S. 1594, 1609 (j. McIntyre).

60   Sur le recours aux arguments téléologiques en matière fiscale, voir, *infra*, p. 622 et suiv.

61   Jerome FRANK, « Words and Music : Some Remarks on Statutory Interpretation », (1947) 47 *Col. L. Rev.* 1259. On a aussi fait appel, pour illustrer les libertés et les contraintes de l'interprétation, au modèle du jeu : F. OST et M. van de KERCHOVE, *loc. cit.*, note 9.

rement mécanique, il pourrait faire jaillir le son : il n'y aura pas de musique tant qu'il n'aura pas commencé à jouer. En ce sens, l'interprétation d'une oeuvre musicale constitue une création qui porte, à sa source même, la marque de l'interprète.

Cette création se déroule cependant dans un cadre social qui va l'orienter. L'auditoire venu écouter un impromptu de Schubert exigera que l'artiste s'en tienne au programme, ce qui dirige en partie l'exécution de l'oeuvre vers ce qu'il est convenu de considérer comme la pensée du compositeur. L'artiste, comme l'interprète des lois, se tourne ainsi vers le passé, vers les idées dont la partition musicale se veut l'expression. Pourtant, il doit aussi se soucier du présent : le public exigera non seulement que le musicien respecte le programme, mais aussi qu'il réponde à ses attentes esthétiques. Il est loin d'être évident que l'interprétation parfaitement conforme à la pensée d'un compositeur qui a vécu il y a 200 ans soit effectivement celle qui procurera à l'auditoire d'aujourd'hui les émotions les plus sublimes[62].

Le regretté Pierre Carignan a mis en exergue au texte qu'il consacrait à la création dans l'interprétation constitutionnelle[63] une citation de Paul Valéry que je lui emprunte pour clore cette longue mais nécessaire discussion de la théorie de l'interprétation :

« on n'y insistera jamais assez : *il n'y a pas de vrai sens d'un texte*. Pas d'autorité de l'auteur. Quoi qu'il ait *voulu dire*, il a écrit ce qu'il a écrit. Une fois publié, un texte est comme un appareil dont chacun se peut servir à sa guise et selon ses moyens : il n'est pas sûr que le constructeur en use mieux qu'un autre. »[64]

On peut rapprocher cette citation de l'observation de Gustav Radbruch selon laquelle « la loi est souvent plus sage que son auteur ». Cette phrase n'apparaîtra comme paradoxale que si l'on partage les vues réductrices de l'interprétation proposées par la doctrine officielle. Si, au contraire, on accepte d'adopter la perspective nouvelle proposée par la théorie de la création encadrée du sens, on se rend compte alors que la boutade de Radbruch recèle une profonde

---

62 Il suffit d'écouter de vieux enregistrements d'opéra, par exemple, pour constater combien les conventions esthétiques peuvent évoluer.
63 P. CARIGNAN, *loc. cit.*, note 45, 29.
64 Paul VALÉRY, *Variété III*, 41e éd., Paris, Gallimard, 1936, p. 68 (italiques dans l'original).

vérité, car elle évoque d'une manière imagée l'autonomie relative du sens de la loi par rapport à la volonté de son auteur de même que l'influence des considérations pragmatiques sur l'interprétation en droit.

CHAPITRE 2
LES PRINCIPES D'INTERPRÉTATION DES LOIS

Le processus d'interprétation des textes législatifs suit une méthode faite d'un ensemble de principes : ces principes sont le principal objet d'étude de cet ouvrage. Avant de procéder à cette étude, toutefois, il est nécessaire de préciser le champ d'application de ces principes, d'en indiquer les sources et d'en examiner les fonctions.

SECTION 1 : LE CHAMP D'APPLICATION DES PRINCIPES D'INTERPRÉTATION DES LOIS

Le terme de « loi » tel qu'il est ici employé est susceptible de porter à confusion : il donne une vue trop étroite du champ d'application des principes que nous entendons étudier, puisque ces principes s'appliquent non seulement aux lois proprement dites, mais aussi, en règle générale, aux règlements. Par ailleurs, il y a lieu de s'interroger sur l'opportunité d'établir une distinction, en droit québécois, entre l'interprétation en droit civil et en droit dit statutaire.

Sous-section 1 : Lois et règlements

Les principes qu'étudie cet ouvrage s'appliquent non pas seulement à l'interprétation des lois proprement dites, c'est-à-dire des textes normatifs édictés par le Parlement, mais, plus généralement, à l'interprétation des textes législatifs, lois et règlements.

Cela ne fait pas de doute pour ce qui est des principes consacrés par les tribunaux : les principes jurisprudentiels d'interprétation des lois sont appliqués et sont applicables à l'interprétation des textes réglementaires, soit pour déterminer leur sens[65], soit pour préciser leur portée[66] :

---

65 Par exemple : *Dubuc* c. *Cité de Rouyn*, [1973] C.A. 1128.

66 Par exemple : *Hodgins* c. *The King*, (1921) 20 R.C. de l'É. 454.

« Les règlements édictés en vertu d'une loi sont sujets aux mêmes règles d'interprétation que la loi elle-même. »[67]

Cela ne doit pas surprendre : toute autre règle serait difficile à justifier. Qu'il s'agisse d'une loi ou d'un règlement, l'objectif principal de l'interprétation reste le même, découvrir l'intention du législateur, et on voit mal pour quel motif cette recherche du sens se ferait suivant des techniques différentes selon que l'on a affaire à un texte adopté par le Parlement ou édicté par une autorité revêtue d'un pouvoir réglementaire.

En admettant donc le principe de l'application aux règlements des méthodes d'interprétation des lois consacrées par les tribunaux, il faut toutefois souligner certaines particularités de cette application. Dans le cas de textes émanant du législateur, les principes d'interprétation ne se présentent généralement que comme des moyens de découverte de sa volonté. Par exemple, le principe de la non-rétroactivité de la loi n'est, en règle générale, qu'une présomption simple, qui peut être écartée par une manifestation contraire de la volonté du législateur. Dans le cas d'un règlement, toutefois, le principe de la non-rétroactivité est susceptible d'être davantage qu'un simple principe d'interprétation du texte. En effet, il pose, dans le cas du règlement, non seulement la question de la volonté de l'auteur du règlement de donner à celui-ci une portée rétroactive, mais aussi celle de son pouvoir de le faire, question qui, elle, dépend de la volonté du législateur de conférer un tel pouvoir, telle qu'exprimée dans la loi habilitante. En rapport avec des règlements, le même principe pourra donc être invoqué à deux niveaux : à l'égard du règlement, pour déterminer le domaine temporel que son auteur a voulu lui donner, et à l'égard de la loi habilitante pour préciser l'étendue du pouvoir que le législateur a voulu conférer.

Une autre particularité de l'application aux textes réglementaires des principes d'interprétation des lois est attribuable à la multiplicité des sources réglementaires. La règle voulant qu'en cas de conflit on

---

67   *Union Gas Co. of Canada Ltd.* c. *Township of South Cayuga*, [1952] O.W.N. 201 (Ont. Co. Ct) 203 (j. Kinnear) (traduction). Dans le même sens : *McCaffry* c. *Law Society of Alberta*, [1941] 1 D.L.R. 213, 222 (j. McGillivray) (Alta C.A.); *Martin* c. *Beef Stabilization Appeal Committee*, (1986) 48 Sask. R. 89 (Sask. Q.B.); *C.S.P. Foods Ltd.* c. *Canadian Transportation Commission*, (1982) 42 N.R. 123 (C.A.F.).

donne préséance à la loi la plus récente se comprend bien lorsque les textes en conflit sont l'oeuvre d'un auteur commun : on peut supposer que, dans le plus récent, le législateur a entendu déroger au plus ancien. Par contre, l'application sans nuance du même principe est absurde au cas de conflit entre règlements issus de deux sources distinctes : il n'y a aucune raison logique de préférer le plus récent au plus ancien[68].

En ce qui concerne non plus les principes jurisprudentiels, mais ceux que le législateur a promulgués dans ses lois d'interprétation, il faut distinguer le cas de la loi fédérale de celui de sa contrepartie provinciale.

La *Loi d'interprétation* fédérale[69] énonce des principes d'interprétation qui s'appliquent, règle générale, « à tous les textes » (art. 3(1)), « texte » étant défini, à l'article 2(1) de la loi, comme « Tout ou partie d'une loi ou d'un règlement ». L'examen de la loi montre effectivement que la très grande majorité de ses dispositions énonce des principes applicables à des « textes » et donc aux règlements fédéraux. Certaines[70] ne visent toutefois que les « lois », c'est-à-dire les « lois fédérales » (art. 2(1)).

La *Loi d'interprétation* du Québec[71] est malheureusement obscure quant à son applicabilité aux règlements. L'article 1 la rend applicable « à toute loi du Parlement du Québec ». Encore qu'à première vue, l'expression « loi du Parlement » puisse s'interpréter comme ne désignant que les textes législatifs édictés par le Parlement lui-même et non par ses délégataires, on peut aussi l'entendre dans un sens large de manière à rendre la loi applicable à tout texte législatif qui tire son autorité des pouvoirs du Parlement[72].

Quel sens faut-il retenir? Cela dépend de l'objet et du texte de chacun des articles de la loi. L'article 12 vise nommément les effets

---

68 Cette question est étudiée en détail plus loin, voir *infra*, p. 459 et suiv.

69 Loi canadienne, précitée, note 14.

70 Par exemple : *id.*, art. 4, 5, 9, 20 et 39.

71 Loi québécoise, précitée, note 14.

72 L'arrêt *P.G. de la Province de Québec* c. *Blaikie*, [1979] 2 R.C.S. 1016, peut être cité à l'appui de l'interprétation extensive de l'expression « loi du Parlement ».

de l'abrogation d'un règlement. L'article 13, qui parle de
« disposition législative », est applicable sans difficulté à des règlements. Par contre, le mot « loi » à l'article 5 désigne exclusivement la
loi au sens formel. En somme, on peut affirmer que les règles posées
dans la *Loi d'interprétation* du Québec s'appliquent aux règlements,
sauf indication contraire découlant du texte de cette loi ou du
contexte[73]. Cela semble justifié non seulement en raison de
l'interprétation large qu'on peut donner à l'article 1, mais davantage
encore par la présomption, qu'il paraît raisonnable de poser, que
l'auteur d'un règlement québécois connaît les principes qu'énonce la
Loi d'interprétation et rédige ses textes en les ayant à l'esprit.

Sous-section 2 : Droit civil et droit statutaire

Les éditions antérieures de ce livre portaient, pour l'essentiel, sur
les principes d'interprétation issus du droit anglais et applicables
dans le domaine du droit que l'on appelle au Québec « statutaire »,
pour rendre l'expression anglaise « *statute law* » et distinguer ce
domaine du droit civil. Il est reconnu que les textes législatifs qui
relèvent du droit statutaire, comme par exemple la *Loi sur les cités et
villes*[74], s'interprètent selon les règles d'interprétation prenant leur
source en droit anglais. Par contre, c'est plutôt vers les sources et les
méthodes françaises qu'il faudrait se tourner afin d'interpréter le
Code civil du Québec[75].

---

[73] Nous n'ignorons pas que l'article 12 de la loi québécoise, en parlant « d'une loi
ou de règlements faits sous son autorité », donne un sens étroit au mot « loi ».
Normalement, un terme devrait avoir, dans une loi, partout le même sens. Ce
principe d'interprétation n'est cependant jamais décisif et il l'est d'autant moins
qu'on a des raisons de croire qu'il n'a pas été respecté dans la rédaction du
texte. Or, la loi québécoise emploie une terminologie très variée pour désigner
les textes législatifs : « loi du Parlement » (art. 1); « loi ou règlements » (art. 12);
« disposition législative » (art. 13); « disposition légale » (art. 50).

[74] *Loi sur les cités et villes,* L.R.Q., c. C-19.

[75] Sur la dualité des méthodes d'interprétation au Québec et l'autonomie du droit
civil, on verra notamment : Frederick Parker WALTON, *Le domaine et
l'interprétation du Code civil du Bas-Canada*, Toronto, Butterworths, 1980,
particulièrement l'introduction de Maurice Tancelin, p. 10 et suiv.; Pierre Basile
MIGNAULT, « Le Code civil de la province de Québec et son interprétation »,
(1935-36) 1 *U. of T.L.J.* 104.

Le caractère mixte du droit québécois trouverait ainsi un écho dans la coexistence de deux méthodes d'interprétation, l'une valable en droit statutaire et donc surtout en droit public, et l'autre en droit civil, et donc en droit privé.

Il n'y a cependant pas lieu, à notre avis, d'envisager en termes d'opposition tranchée la démarche interprétative suivie en droit civil et celle qui a cours en droit statutaire. Il n'y a pas deux méthodes d'interprétation distinctes. Le juriste québécois suit plutôt une méthode d'interprétation à contenu variable, modulée selon la nature du texte qui en est l'objet. Il n'interprète pas le Code civil comme la *Loi de l'impôt sur le revenu*, certes, mais il n'interprète pas non plus une loi favorable comme il interpréterait une loi pénale, ni une loi ordinaire comme une loi constitutionnelle.

Les auteurs qui ont abordé l'étude des méthodes d'interprétation législative dans une perspective comparative ont, c'est bien normal, cherché à mettre en relief les différences entre les techniques anglaises d'interprétation et celles qui prévalent en France et, de façon plus générale, sur le Continent[76]. Pourtant, il paraît opportun de souligner d'abord qu'il y a, entre la méthode suivie sur le Continent et la méthode anglaise, beaucoup plus de points communs que de différences, surtout si l'on examine la façon dont ces démarches se réalisent en droit québécois[77].

---

[76]   Sur ce sujet, voir notamment : Norman S. MARSH, *Interpretation in a National and International Context*, Bruxelles, U.G.A., 1974; Harold C. GUTTERIDGE, « A Comparative View of the Interpretation of Statute Law », (1933-34) 8 *Tul. L. Rev.* 1; H.A. SMITH, « Interpretation in English and Continental Law », (1927) 9 *J. Comp. Leg.* (3d) 153; Shael HERMAN, « Quot Judices Tot Sententiae : a Study of the English Reaction to Continental Interpretive Techniques », (1981) 1 *J. Soc. Pub. Teachers L.* 165; Rupert Granville GLOVER, « Statutory Interpretation in French and English Law », (1982) *Canterbury L. Rev.* 385.

[77]   Une étude comparative des méthodes d'interprétation en usage dans neuf pays, de tradition aussi bien civiliste que de common law, a fait ressortir la grande similitude des traits fondamentaux des procédés de justification de l'interprétation dans les divers pays étudiés. On a observé que tous ces pays partageaient une même conception générale de ce qui constitue une raison valable de préférer une interprétation à une autre. Voir: Robert S. SUMMERS et Michele TARUFFO, « Interpretation and Comparative Analysis », dans D.N. MACCORMICK et R.S. SOMMERS, *op. cit.*, note 2, p. 461, à la page 462.

Il ne faut pas oublier, d'abord, que les principes d'interprétation énoncés par le législateur québécois dans la *Loi d'interprétation* ont une application générale à toutes les lois du Parlement du Québec, aussi bien en droit civil qu'en droit dit statutaire. D'autre part, les méthodes suivies par les tribunaux en droit civil et en droit statutaire ne peuvent manquer d'être semblables, car elles puisent toutes deux à la tradition juridique de l'Occident. En France et en Angleterre, les méthodes d'interprétation des lois civiles se sont en effet développées à partir des méthodes ayant cours en droit romain et en droit canonique. Ces méthodes étaient enseignées dans les universités dès le Moyen-Âge, aussi bien en France qu'en Angleterre, à Oxford et à Cambridge, et elles ont tout naturellement été transposées en France, à l'interprétation des lois en général, et en Angleterre, à l'interprétation des « statutes »[78].

L'objectif principal de l'interprétation, dans les deux systèmes, est le même : à partir d'un texte, diagnostiquer l'intention du législateur. L'identité d'objectif commande une certaine identité des méthodes : dans les deux systèmes, le juge devra rechercher l'intention en tenant compte du texte, du contexte, de la finalité, de l'histoire, des autorités doctrinales et jurisprudentielles, en faisant l'hypothèse que le législateur ne se contredit pas, qu'il est logique, qu'il ne légifère pas sans raison, et ainsi de suite.

S'il y a un fonds commun extrêmement important aux deux systèmes, la façon de procéder dans chacun présente aussi des traits qui lui sont spécifiques. En ce qui concerne le Code civil, la spécificité de son interprétation s'explique, pour l'essentiel, par trois facteurs[79].

---

[78] Pierre-André CÔTÉ, « L'interprétation en droit civil et en droit statutaire: communauté de langue et différences d'accents », (1997) 31 *R.J.T.* 45.

[79] Au sujet des traits spécifiques de l'interprétation du droit civil, on verra notamment: John E.C. BRIERLEY et Roderick A. MACDONALD (dir.), *Quebec Civil Law – An Introduction to Quebec Private Law*, Toronto, Emond Montgomery Publications, 1993, pp. 98-152; Pierre-André CÔTÉ (dir.), *Le nouveau Code civil – Interprétation et application*, Les journées Maximilien-Caron 1992, Montréal, Éditions Thémis, 1993; Sylvie PARENT, *La doctrine et l'interprétation du Code civil*, Montréal, Éditions Thémis, 1997; Alain-François BISSON, « Nouveau Code civil et jalons pour l'interprétation; traditions et transitions », (1992) 23 *R.D.U.S.* 1; Charlotte LEMIEUX, « Éléments d'interprétation en droit civil », (1994) 24 *R.D.U.S.* 221.

Premièrement, le *Code civil du Québec* établit le droit commun dans les matières dont il traite. Dans ces matières (il s'agit principalement de droit privé), il constitue le droit de principe, l'équivalent fonctionnel de la common law dans les autres provinces. Dans les ressorts de common law, les « *statutes* » ont été traditionnellement perçus comme le droit d'exception, donc d'interprétation stricte : en principe, les dispositions d'un « *statute* » ne sont pas susceptibles d'extension par analogie à des cas qui ne sont pas formellement prévus[80]. Ces cas, lorsqu'ils se présentent, doivent plutôt être résolus grâce à la common law, le droit de principe. Par contre, lorsque l'on interprète une disposition qui établit le droit commun et qui constitue le fondement des autres lois, il faut, de toute nécessité, disposer de la possibilité d'étendre les règles par analogie à des situations qui n'ont pas été spécifiquement envisagées. Droit commun et non droit d'exception, le droit qu'édicte le Code civil est d'interprétation large et, comme l'a exprimé le juge Pratte, « une interprétation littérale et rigoriste des textes [...], si elle peut être acceptable en droit fiscal, n'a certes pas sa place en matière de droit civil »[81]. Droit commun, le Code civil s'interprète de façon large plutôt qu'étroite ; on peut raisonner par analogie à partir des principes qu'il expose[82] ; le juge peut favoriser une approche évolutive et dynamique des textes plutôt qu'une approche statique[83]. Les tribunaux ont d'ailleurs considéré que le Code civil occupait une place à part dans le droit québécois[84].

La disposition préliminaire du *Code civil du Québec* invite effectivement l'interprète à appliquer les règles que le Code énonce à toutes les matières visées non seulement par la lettre du Code et par son esprit, mais aussi par l'objet de ses dispositions. Il est à noter que ces matières se rapportent principalement au droit privé, mais que

---

[80] Roscoe POUND, « Common Law and Legislation », (1907-08) 21 *Harv. L. Rev.* 383.

[81] *General Motors Products of Canada Ltd.* c. *Kravitz*, [1979] 1 R.C.S. 790, 813.

[82] *Laverdure* c. *Du Tremblay*, [1937] A.C. 666, 677 (Lord Maugham). Aussi : J.E.C. BRIERLEY et A. MACDONALD, *op. cit*, note 79, pp. 118 et 119.

[83] *Id.*, pp. 142-146. On comparera, en droit civil : *Lumberland Inc.* c. *Nineteen Hundred Tower Ltd.*, [1977] 1 R.C.S. 581, et en droit statutaire : *Clarkson Co.* c. *Ace Lumber Ltd.*, [1963] R.C.S. 110.

[84] Par exemple : *Exchange Bank of Canada* c. *The Queen*, (1886) 11 A.C. 157, 164 (Lord Hobhouse).

certaines dispositions traitent de questions de droit public (par exemple : les articles 1376 et 1464) tandis que d'autres échappent à toute classification en termes de droit privé ou de droit public (par exemple : les dispositions relatives à la prescription). Commentant la portée de la disposition préliminaire, le juge Gonthier a écrit :

> « Cette disposition édicte en termes explicites que le Code civil constitue le droit commun du Québec. Ainsi, contrairement au droit d'origine législative des ressorts de common law, le Code civil n'est pas un droit d'exception et son interprétation doit refléter cette réalité. Il doit recevoir une interprétation large qui favorise l'esprit sur la lettre et qui permette aux dispositions d'atteindre leur objet[85]. »

Deuxièmement, l'interprétation des « *statutes* » a été, pour des raisons historiques, marquée de formalisme et caractérisée aussi par l'interprétation restrictive au nom, notamment, de la protection des valeurs de liberté et de libre usage de la propriété[86]. L'interprétation en droit civil a traditionnellement été moins exclusivement centrée sur le texte, plus ouverte à des arguments faisant appel à des éléments extrinsèques tels les rapports des codificateurs ou les oeuvres de la doctrine[87]. Elle n'a pas recours à des principes d'interprétation restrictive. Tout au plus y trouvera-t-on un principe d'interprétation stricte (c'est-à-dire non extensive) des dispositions d'exception, principe qui vient en quelque sorte confirmer que les dispositions de principe peuvent être étendues à des situations non formellement prévues par le texte.

Troisièmement, certaines différences découlent non pas de la place qu'occupe le Code civil dans le droit québécois et de l'attitude

---

85   *Doré* c. *Verdun (Ville de)*, [1997] 2 R.C.S. 862, 874. La Disposition préliminaire du *Code civil du Québec* est appelée à jouer un rôle fondamental dans l'interprétation du Code. Pour une étude absolument fascinante de la genèse de cette disposition et de sa portée symbolique, normative et organisatrice, on verra : Alain-François BISSON, « La Disposition préliminaire du Code civil du Québec », texte à paraître dans (1999) 44 *R.D. McGill* nº 4.

86   Voir *infra*, p. 587.

87   Il faut noter que le formalisme qui a marqué l'interprétation des *statutes* au Canada s'atténue de façon significative de nos jours. Comme on le verra, les tribunaux canadiens préconisent de plus en plus une interprétation soucieuse des objectifs de la loi et sont beaucoup plus ouverts qu'ils ne l'étaient encore récemment à des arguments faisant appel à des éléments extrinsèques comme les travaux préparatoires ou les travaux de la doctrine.

libérale que cela commande, mais bien plutôt de la facture même des textes de droit civil. Les techniques de composition des lois exercent nécessairement une influence déterminante sur les techniques d'interprétation[88]. Or, c'est une évidence, le Code n'est pas, dans son ensemble, rédigé en style statutaire. Un texte conçu de manière à énoncer de façon claire et concise certains grands principes ne se prête pas aisément à une approche purement grammaticale : ce sont les autres méthodes (systématique et logique, téléologique, historique) qui auront tendance à s'imposer davantage. En somme, le style de composition législative influera sur le dosage entre les diverses techniques heuristiques.

Étant admis qu'on n'interprète pas exactement de la même façon les textes législatifs québécois selon qu'on se trouve en droit civil ou en droit statutaire, il faut être conscient de la difficulté de tracer précisément la frontière entre ces deux domaines.

Cette difficulté tient d'abord au fait de l'interpénétration, certains diront du métissage, des techniques d'interprétation[89]. La doctrine de droit civil a bien montré les influences statutaires dans l'interprétation du Code civil[90] et l'étude de la jurisprudence fait voir des cas évidents où, pour interpréter le Code civil ou une modification qui lui est apportée, le juge recourt à un « canon » d'interprétation statutaire[91] ou à des oeuvres de doctrine sur l'interprétation statutaire comme l'ouvrage de Maxwell[92]. Les débats parlementaires n'ont, en général, pas été consultés dans l'interprétation du Code civil ou de lois le modifiant[93].

---

[88]   A.-F. BISSON, *loc. cit.*, note 57.

[89]   Jean-Louis BAUDOUIN, « The Impact of the Common Law on the Civilian Systems of Louisiana and Quebec », dans Joseph DAINOW (dir.), *The Role of Judicial Decisions and Doctrine in Civil Law and Mixed Jurisdictions*, Baton Rouge, L.S.U.P., 1974, p. 1, à la page 8.

[90]   Par exemple : Jean-Louis BAUDOUIN, « L'interprétation du Code civil québécois par la Cour suprême du Canada », (1975) 53 *R. du B. can.* 715.

[91]   Par exemple : la règle *ejusdem generis* : *Grover Knitting Mills Ltd.* c. *Tremblay*, (1936) 60 B.R. 414, 417 (j. Bond).

[92]   *Lafond* c. *Runciman*, [1952] C.S. 181; *Thibault* c. *Paradis*, [1981] C.A. 134.

[93]   Sylvio NORMAND, « Les travaux préparatoires et l'interprétation du Code civil du Québec », (1986) 27 *C. de D.* 347; *Jean* c. *Pétroles Irving Inc.*, [1974] C.A. 279, 284 et 285 (j. Gagnon). Cette attitude est en voie de changer, en droit civil

À l'inverse, l'interprétation statutaire au Québec a subi l'influence civiliste. Pour le juriste québécois, le fossé entre le droit civil et le droit statutaire n'est pas aussi profond que ne l'est, pour ses collègues common lawyers, celui qui sépare la common law de la *statute law* : le droit civil et le droit statutaire sont tous deux des droits écrits, édictés par le même législateur. Effectivement, il me semble que le droit statutaire a été interprété au Québec de façon moins restrictive qu'il ne l'a été ailleurs au Canada[94]. De plus, il me paraît aussi que l'interprétation des statuts au Québec a été moins marquée de littéralisme que cela ne fût le cas ailleurs : les juristes québécois, formés principalement aux méthodes civilistes, ont eu tendance à accorder plus d'importance à la méthode téléologique, à la *ratio legis*. On dénombre par ailleurs de nombreux cas de recours aux règles françaises pour résoudre des problèmes de droit statutaire transitoire[95], et l'importance donnée à la doctrine dans l'interprétation des lois au Québec est tout à fait particulière[96].

L'autre cause des difficultés de tracer la frontière entre le domaine des techniques civilistes et celui des techniques statutaires provient de l'absence d'une délimitation nette du concept de droit civil par opposition au droit statutaire. En 1867, cette délimitation pouvait être relativement facile à faire : d'un côté le droit civil, soit le Code civil et le *Code de procédure civile*, et de l'autre, le reste, droit statutaire. Aujourd'hui, une part du droit civil n'est pas dans l'un ou l'autre des Codes. Par exemple, la *Loi sur la protection du consommateur*[97] énonce certaines règles qui, d'un point de vue matériel, sont de droit civil, mais qui sont contenues dans une loi ordinaire, dans un statut. Comment devrait-on interpréter ces lois particulières traitant de droit civil?

Des questions de ce genre n'ont jamais retenu longtemps l'attention des tribunaux. Cela se comprend bien si l'on considère

---

comme en droit statutaire: *Doré* c. *Verdun (Ville de)*, précité, note 85. Voir *infra*, p. 40 et suiv.

[94] La fréquence de citation de l'article 41 de la loi québécoise constitue un indice de cette attitude plus libérale face aux statuts.

[95] Par exemple : *De Varennes* c. *Cité de Québec*, (1907) 31 C.S. 444; *Blais* c. *Association des architectes de la Province de Québec*, [1964] C.S. 387.

[96] Par exemple : *P.G. du Québec* c. *Healey*, [1979] C.S. 286.

[97] *Loi sur la protection du consommateur*, L.R.Q., c. P-40.1.

que, sur un plan pratique, il est rarement essentiel ou même important de répondre à de telles questions, soit parce que les principes d'interprétation des lois ne sont que des guides et que le juge jouit d'une certaine latitude à leur endroit, soit parce qu'aux yeux de bien des magistrats, il n'y a pas de différences significatives entre les techniques civilistes et les techniques statutaires d'interprétation législative[98]. Ce sentiment semble de plus en plus justifié dans la mesure où l'interprétation statutaire au Canada tend à se rapprocher de l'interprétation de type civiliste par l'accent qu'elle met sur le recours aux objectifs de la loi (« *purposive interpretation* ») et par l'emploi plus répandu du recours aux travaux préparatoires ou aux oeuvres de la doctrine.

Sur certains points, pourtant, comme en droit transitoire, le droit français et le droit anglo-canadien présentent des divergences importantes[99] et il peut s'avérer essentiel de savoir avec précision à quelles sources puiser les principes d'interprétation applicables à un texte législatif donné.

Le fait que le droit civil ait largement débordé le cadre des codes ne paraît pas, si l'on se reporte à la jurisprudence, avoir remis en cause la définition du droit statutaire comme celui qui est édicté par des lois particulières, quelle que soit la matière sur laquelle elles portent. Par exemple, la *Loi sur la protection du consommateur*[100], bien qu'elle énonce certaines règles de pur droit civil, a, comme un statut, été soumise à certains principes d'interprétation restrictive à titre de loi exorbitante du droit commun[101], de loi pénale[102] ou, tout simplement, de loi « statutaire »[103].

---

[98] Dans ce sens : *Association of Architects of the Province of Quebec* c. *Gariépy*, (1916) 50 C.S. 134, 144 (j. McDougall).

[99] Voir *infra*, p. 143.

[100] *Loi sur la protection du consommateur*, précitée, note 97.

[101] *Roy Caisses enregistreuses Ltée* c. *Majianesi*, [1977] C.A. 569, 575 (j. Paré, diss.); *General Motors Acceptance Corporation of Canada* c. *Boucher*, [1979] C.A. 250, 254 (j. Lajoie).

[102] *P.G. du Québec* c. *General Motors Acceptance Corp. of Canada Ltd.*, [1979] C.A. 244, 246 (jj. Crête et Owen).

[103] *Aluminium Alpha Inc.* c. *Archambault*, [1978] C.S. 1128, 1130 (j. Deslandes). Il convient d'ajouter que la même loi a été souvent déclarée d'interprétation large et libérale à titre de loi réformatrice. Par exemple : *P.G. du Québec* c.

En dernière analyse, il nous apparaît que, sur un plan pratique, la distinction la plus importante est sans doute moins celle qu'il convient de faire entre le droit civil et le droit statutaire que celle qui s'impose entre les dispositions qui, dans une certaine matière, établissent le droit commun à caractère fondamental et celles qui ont la nature de lois particulières, qui dérogent au droit commun ou qui le complètent. Il est, à cet égard, intéressant de noter que les méthodes d'interprétation préconisées pour l'interprétation des chartes des droits ne sont pas très éloignées de celles qui ont traditionnellement cours en droit civil : interprétation large, évolutive, qui met l'accent sur les objectifs des règles, qui a abondamment recours à des éléments étrangers au texte même comme les principes généraux du droit, le droit comparé, la doctrine et les travaux préparatoires. Ce qui unit ces textes, et qui explique la similitude des méthodes d'interprétation qu'on leur applique malgré que les chartes appartiennent au droit public et le Code civil principalement au droit privé, c'est leur nature fondamentale qui se reflète, notamment, dans la façon dont ils sont rédigés.

Plutôt que de tenter de circonscrire le domaine du droit civil et celui du droit statutaire, ce qui nous paraît un exercice passablement artificiel, il conviendrait donc de moduler l'interprétation en tenant compte d'abord de la place qu'occupe le texte à interpréter dans l'ensemble du système juridique.

Précisons, en terminant, que la nécessité d'interpréter de façon large des dispositions qui établissent le droit commun ne permet pas de conclure, a contrario, que les lois particulières doivent recevoir une interprétation étroite ou même restrictive. Il est vrai que certaines d'entre elles, par exemple les lois pénales, sont ainsi interprétées, mais d'autres, comme les lois sociales, reçoivent une interprétation large et même extensive.

Marchand, [1978] C.A. 279, 281 (j. Turgeon); *P.G. du Québec* c. *General Motors Acceptance Corp. of Canada Ltd.*, précité, note 102, 246 (j. Crête).

SECTION 2 : LES SOURCES DES PRINCIPES D'INTERPRÉTATION DES LOIS

Au plan chronologique, ce sont d'abord les tribunaux qui ont consacré des principes pour guider l'accomplissement de leur tâche d'interprétation des textes législatifs. Le Parlement cependant ne s'est pas désintéressé de la question et, très tôt, il a pris l'initiative de promulguer des lois d'interprétation. De nos jours, l'interprète peut donc puiser à deux sources principales : la source législative et la source jurisprudentielle.

Sous-section 1 : Les principes législatifs

Lorsqu'on pense à des principes législatifs d'interprétation des lois, on a généralement à l'esprit ces lois appelées loi d'interprétation qui, en droit fédéral et dans le droit de chaque province, réunissent, dans un texte consacré principalement ou exclusivement à cette question, un ensemble plus ou moins élaboré de règles et de principes applicables à l'interprétation des textes législatifs. Il ne faudrait cependant pas négliger le fait que presque tous les textes législatifs énoncent, sous forme de définitions à caractère supplétif, des principes régissant leur propre interprétation. Certaines lois, d'autre part, peuvent édicter des principes généraux devant présider à la détermination de leur sens ou de leur portée[104]. Ajoutons qu'au Québec, les tribunaux se sont souvent inspirés, pour interpréter des textes législatifs, des dispositions des articles 1425 et suivants du Code civil relatifs à l'interprétation des contrats.

Tous les principes législatifs d'interprétation des lois ne se trouvent donc pas exclusivement rassemblés dans les lois dites d'interprétation. Ces lois, cependant, en raison de leur ampleur et de leur portée générale, sont les plus importantes pour notre étude et il faut s'y arrêter.

La *Loi d'interprétation* canadienne[105] et la *Loi d'interprétation* québécoise[106] énoncent, sous forme principalement de définitions

---

104   Par exemple : la *Loi sur les jeunes contrevenants*, L.R.C. (1985), c. Y-1, art. 3(2).

105   Loi canadienne, précitée, note 14. On en trouvera le texte en annexe, p. 705 et suiv.

106   Loi québécoise, précitée, note 14. On en trouvera le texte en annexe, p. 780 et suiv.

ou de directives, un certain nombre de principes d'interprétation des lois. Ces lois tirent toutes deux leur origine d'un même texte, soit une loi de la province du Canada de 1849[107] dont le titre annonce bien l'objet :

> « Acte pour donner une interprétation législative à certains mots employés dans les Actes du Parlement, et pour se dispenser de la répétition de certaines dispositions et expressions y contenues, et constater la date et le jour où ils prendront effet, et pour d'autres fins ».

Au lendemain de la Confédération, le Parlement fédéral et la Législature québécoise s'empressèrent d'édicter une loi d'interprétation : ces textes sont à l'origine des lois actuelles[108].

Comme l'indique le titre de la *Loi d'interprétation* de 1849, ces lois ont pour objectif la précision dans la formulation et l'interprétation des textes législatifs. En définissant des concepts, en précisant des règles, on espère éviter les litiges. La concision des textes législatifs se présente aussi comme un objectif important : en édictant des règles générales applicables, sauf mention contraire, on veut former un droit commun de la législation susceptible d'alléger les textes. Le législateur veut aussi, par ces lois, influer sur les techniques d'interprétation : il consacre certaines règles jurisprudentielles comme la *Mischief Rule*[109] et en écarte d'autres[110].

107　*Acte pour donner une interprétation législative à certains mots employés dans les Actes du Parlement, et pour se dispenser de la répétition de certaines dispositions et expressions y contenues, et constater la date et le jour où ils prennent effet, et pour d'autres fins*, (1849) 12 Vict., c. 10 (Province du Canada).

108　*Acte d'interprétation* (Canada), (1867) 31 Vict., c. 1; *Acte d'interprétation* de Québec, (1868) 31 Vict., c. 7. La Législature du Québec édictait également le même jour un *Acte concernant les Statuts de cette province*, (31 Vict., c. 6) dont la teneur fut incorporée à la *Loi d'interprétation* québécoise en 1886 (49-50 Vict., c. 95). Au niveau fédéral, la question de la publication des lois est traitée dans une loi distincte de la *Loi d'interprétation* : *Loi sur la publication des lois*, L.R.C. (1985), c. S-21.

109　Loi canadienne, précitée, note 14, art. 12; loi québécoise, précitée, note 14, art. 41.

110　Par exemple : loi canadienne, précitée, note 14, art. 45(4).

Les principes qu'énoncent les lois d'interprétation n'ont généralement que valeur supplétive : ils doivent être mis de côté si une intention contraire apparaît soit explicitement, soit tacitement en raison du contexte ou de l'objet (loi canadienne, art. 3(1) ; loi québécoise, art. 1).

En cas de conflit, les principes législatifs l'emportent sur les principes jurisprudentiels. Cependant, le fait que le législateur ait jugé bon de réunir dans un texte un ensemble de principes d'interprétation ne doit pas être considéré comme l'expression d'une volonté d'exclure l'application des principes non codifiés : ceux-ci continuent de s'appliquer dans la mesure où ils ne sont pas contraires aux principes énoncés dans les lois d'interprétation (loi canadienne, art. 3(3) ; loi québécoise, art. 38).

Sous-section 2 : Les principes jurisprudentiels

Il s'est écoulé maintenant plus de six siècles depuis qu'écartés de l'entourage immédiat du monarque, les juges anglais ont commencé d'assumer, en toute indépendance, la fonction d'interprètes officiels des lois[111]. Dans l'exercice de cette fonction, les tribunaux ont été conduits à invoquer des principes pour justifier leurs décisions. Ces principes, les juges les ont puisés pour une large part dans le « droit commun » occidental, fortement influencé par le droit romain et, encore davantage, par le droit canonique[112]. La formulation latine

---

111 Sur l'émergence, au XIVe siècle, du pouvoir des juges d'interpréter les lois, voir Theodore F.T. PLUCKNETT, *A Concise History of the Common Law*, 5e éd., Londres, Butterworth., 1956, p. 328 et suiv. Sur le développement des pratiques et règles interprétatives jurisprudentielles : Théodore F.T. PLUCKNETT, *L'interprétation des lois (statuts)*, Études Lambert, Paris, L.G.D.J., 1938, p. 434; J.A. CORRY, *op. cit.*, note 39, 293 et suiv.

112 P.-A. CÔTÉ, *loc. cit.*, note 78. Selon F. OST et M. van de KERCHOVE, *op. cit.*, note 2, pp. 24 et 25,« on ne peut négliger le fait essentiel que de nombreuses directives d'interprétation appartiennent à la *tradition* juridique occidentale et se trouvent encore constamment invoquées aujourd'hui sous la forme d'adages, de maximes, de brocards ou de *regulae iuris* empruntées au Digeste ou au droit canon ». Sur l'histoire de l'interprétation des lois et l'importance du « droit commun » et de la tradition occidentale : Peter GOODRICH, « Historical Aspects of Legal Interpretation », (1985-86) 61 *Ind. L. J.* 331; M. KRYGIER, *loc. cit.*, note 52; John E.C. BRIERLEY, « Quebec's "Common Laws" (droits communs) : How

de certaines directives traduit d'ailleurs cette influence[113]. L'autorité dont jouissent les précédents en droit anglais a amené la répétition de certains arguments d'interprétation, répétition favorisée d'ailleurs par le style argumentatif de la motivation des décisions de justice en droit anglais, où le juge emprunte un style discursif qui se distingue peu de celui de l'avocat[114]. Par la répétition, certains arguments interprétatifs ont été élevés au rang de principes pour être éventuellement colligés dans des ouvrages doctrinaux.

On s'entend généralement pour reconnaître que la façon dont les tribunaux ont abordé l'interprétation en droit statutaire se caractérise par une tendance à restreindre l'effet des lois et à insister d'abord et avant tout sur la formule légale : l'interprétation des statuts a été dominée par l'attitude restrictive et littérale.

Au plan historique, il est indéniable que les statuts ont été reçus par les tribunaux d'une façon restrictive plutôt que large. Deux facteurs principaux peuvent être invoqués pour expliquer cela : le caractère d'exception de la statute law par rapport à la common law et le rôle de protecteurs des droits et libertés que les tribunaux se sont donné.

En droit anglais, la grande majorité des principes fondamentaux du droit n'ont pas reçu forme législative : le droit fondamental, c'est la common law telle que l'ont établie les tribunaux. Le droit statutaire fait figure de droit accessoire ou de droit d'exception : il a été souvent reçu par les juges comme « un intrus dans la demeure de la common law »[115]. Droit d'exception, donc d'interprétation stricte, le

---

Many Are There? », dans Ernest CAPARROS (dir.), *Mélanges Louis-Philippe Pigeon*, Montréal, Wilson et Lafleur, 1989, p. 109.

[113] Par exemple : le principe de la non-rétroactivité de la loi ainsi que celui de la préséance des lois nouvelles ou de portée particulière. Voir : Robert Joseph POTHIER, *Les Pandectes de Justinien mises dans un nouvel ordre*, t. II, Paris, Dondey-Dupré, 1819, p. 242 et suiv. (Partie I, Livre I, Titre III, art. II et V).

[114] D. Neil MacCORMICK, « The Motivation of Judgments in the Common Law », dans Chaïm PERELMAN et Paul FORIERS (dir.), *La motivation des décisions de justice*, Bruxelles, Bruylant, 1978, p. 167.

[115] Harlan F. STONE, « The Common Law in the United States », (1936-37) 50 *Harv. L. Rev.* 4, 15. Voir: Reinhardt ZIMMERMANN, « Statuta sunt stricte interpretanda? Statutes and the Common Law: a Continental Perspective », (1997) 56 *Camb. L.J.* 315.

droit statutaire n'aurait de raison d'être que comme palliatif des lacunes de la common law[116]. En cela le droit statutaire se démarque des règles énoncées au Code civil : celui-ci a un caractère fondamental et on ne peut concevoir sa fonction comme étant limitée à la correction du droit existant[117].

Le caractère d'exception du droit statutaire constitue sans doute le facteur le plus important expliquant son interprétation stricte. Un second facteur se rapporte au rôle de protecteurs de la vie, de la liberté et de la propriété des citoyens que les tribunaux se sont donné particulièrement au XVIIIe siècle, après que fût reconnue la souveraineté du Parlement. Le Parlement pouvait attenter aux droits et libertés du citoyen, mais il fallait présumer que telle n'était pas son intention. D'où toute une série de règles d'interprétation restrictive des lois portant atteinte aux droits des citoyens (par exemple, le droit de propriété) ou à ses libertés (par exemple, la liberté contractuelle).

L'interprétation restrictive a amené le Parlement à rédiger ses lois de manière extrêmement détaillée. Comme l'a relevé un juge[118], il ne suffisait pas de rédiger la loi avec suffisamment de précision pour qu'une personne de bonne foi puisse comprendre : il fallait atteindre un degré de précision tel que même une personne de mauvaise foi ne puisse pas ne pas comprendre. La rédaction très prolixe des lois au XVIIIe siècle, jointe à l'influence de la théorie de la séparation des pouvoirs, a nettement favorisé la prédominance de l'approche littérale.

Le Parlement, en rédigeant ses lois de façon très détaillée, invitait en quelque sorte les tribunaux à limiter leur rôle à l'étude minu-

---

[116] Sur ce sujet : Roscoe POUND, « Common Law and Legislation », (1907-08) 21 *Harv. L. Rev.* 383.

[117] À l'occasion de la réforme du Code civil, l'article 41 de la *Loi d'interprétation* du Québec a été modifié pour bien refléter le fait que le droit commun du Québec en droit privé est, pour l'essentiel, un droit écrit et que la fonction de la loi québécoise ne se limite donc pas, contrairement à ce qui pourrait être le cas dans les autres provinces, à apporter des correctifs au droit commun, mais que la fonction de la loi est aussi, par le Code civil, d'établir le droit commun, c'est-à-dire « de reconnaître des droits, d'imposer des obligations ou de favoriser l'exercice des droits ».

[118] *Re Castioni*, [1891] 1 Q.B. 149, 167 (J. Stephen).

tieuse du texte légal. Les tribunaux, en interprétant les lois de façon restrictive et littérale, obligeaient le législateur à tout prévoir et à tout préciser. Ainsi est-on entré, au XVIIIᵉ siècle, dans un cercle vicieux dont le droit statutaire commence à peine à s'extirper[119].

Aujourd'hui, certains motifs donnent lieu d'espérer que ce qu'un auteur[120] a appelé l'état de guerre qui a régné entre le législateur et le juge va céder la place à une collaboration des pouvoirs législatif et judiciaire. Depuis longtemps, le législateur réclame des tribunaux qu'ils donnent à ses lois une interprétation large et libérale, soucieuse de leur faire réaliser leur objet. Effectivement, la règle de l'interprétation littérale subit un certain déclin et la méthode téléologique gagne la faveur d'un nombre de plus en plus grand de juges. Les nombreux principes justifiant l'interprétation restrictive d'une foule de lois (lois pénales, lois fiscales, lois qui dérogent à la common law, lois qui limitent la liberté ou le libre usage de la propriété, etc.) sont relégués au second plan au profit d'une recherche loyale de l'intention du législateur.

SECTION 3 : LES FONCTIONS DES PRINCIPES D'INTERPRÉTATION DES LOIS

Les principes d'interprétation des lois exercent deux fonctions principales dans la vie juridique[121]. D'une part, ils forment une méthode de découverte (une heuristique) du sens et de la portée « véritables », « corrects » d'un texte législatif. D'autre part, ils se présentent comme une méthode d'argumentation (une rhétorique) des solutions données aux problèmes d'interprétation des lois.

Un exemple tiré du quotidien des juristes permet de mieux comprendre la nature de ces fonctions. Un conseiller juridique, saisi par

---

119   Sur ce sujet : A.-F. BISSON, *loc. cit.*, note 57.

120   Rupert CROSS, *Statutory Interpretation*, 2ᵉ éd. par John Bell et George Engle, Londres, Butterworths, 1987, p. 112.

121   Nous reprenons ici les idées déjà exposées dans le texte suivant : Pierre-André CÔTÉ, « Les règles d'interprétation des lois : des guides et des arguments », (1978) 13 *R.J.T.* 275. Sur la nature et les fonctions des directives d'interprétation, on verra aussi F. OST et M. van de KERCHOVE, *op. cit.*, note 2, pp. 25-34.

un client d'un problème d'interprétation, va étudier ce problème à la lumière de l'ensemble des principes admis par les tribunaux afin de découvrir le sens ou la portée « véritables » du texte, c'est-à-dire ceux qu'un juge retiendrait probablement s'il en était saisi. Dans ce cas, les principes servent de guides susceptibles d'indiquer, d'une part, s'il y a problème véritable d'interprétation et, si c'est le cas, d'autre part, de permettre l'évaluation des chances de succès de telle thèse interprétative ou de telle autre. Si l'affaire est portée devant un tribunal, l'avocat n'invoquera le plus souvent devant le juge que ceux des principes d'interprétation qui militent en faveur de la thèse qu'il entend défendre, son objectif étant de convaincre le juge que cette thèse est la bonne et de lui donner les moyens de motiver une décision en sa faveur. Dans cette hypothèse, les principes d'interprétation ont fonction d'argument propre à convaincre de la justesse d'une thèse interprétative donnée.

On aura donc avantage à concevoir les principes d'interprétation des lois à la fois comme des guides et comme des arguments.

Sous-section 1 : Les principes d'interprétation conçus comme des guides

Le juriste a recours aux principes d'interprétation des lois comme des guides aptes à le conduire au sens et à la portée voulus par le législateur. Ces principes se justifient principalement soit à titre de règles applicables à toute communication par voie de langage (par exemple : les dispositions d'une loi doivent être interprétées les unes au regard des autres), soit à titre de règles fondées sur l'observation des pratiques et préférences du législateur (par exemple : dans la loi, le même terme a partout un sens identique).

Ces règles se distinguent des règles de droit ordinaires à plusieurs égards et, pour cette raison, bien des auteurs préfèrent employer à leur sujet le terme de « principe » plutôt que celui de « règle »[122]. Elles se distinguent des règles ordinaires d'abord parce qu'elles ex-

122 Ronald M. DWORKIN, « The Model of Rules », (1967) 35 *U. of Ch. L.R.* 14, 41; Paul WEILER, « Two Models of Judicial Decision Making », (1968) 46 *R. du B. can.* 406, 433; R. CROSS, *op. cit.*, note 120, pp. 35-37; W. TWINING et D. MIERS, *op. cit.*, note 2, pp. 246 et 255.

priment une simple probabilité et non une certitude. Si une personne capable de discerner le bien du mal cause, par sa faute, un dommage à autrui, elle en est responsable et le juge n'a d'autre choix que de lui ordonner d'indemniser la victime. La règle de droit ordinaire pose une règle de conduite qu'il est généralement impératif de suivre. Les principes d'interprétation des lois, eux, ne sont pas « absolus »[123] : ils suggèrent une conclusion, mais n'y obligent point. Cela est évident pour ces principes qui se présentent comme de simples présomptions (par exemple, la présomption de non-rétroactivité de la loi) et c'est vrai également de la plupart des autres principes[124]. Par exemple, la règle voulant qu'on donne aux mots d'une loi le sens qu'ils ont dans le langage courant n'est pas « absolue ». Il peut y avoir des raisons valables de s'écarter du sens courant (par exemple : pour éviter un résultat absurde) et cette règle pourrait être reformulée ainsi : entre deux interprétations, celle qui respecte le sens courant des mots est plus susceptible de traduire l'intention du législateur que celle qui s'en écarte.

Les principes d'interprétation des lois exprimant des probabilités, ces probabilités peuvent être plus ou moins fortes selon le principe en cause. Par exemple, le principe de la non-rétroactivité des lois est plus difficile à écarter, il énonce une présomption plus forte que le principe voulant que, dans le texte d'une loi, un même mot ait partout le même sens : ce dernier principe énonce une présomption faible[125]. Les règles de droit ordinaires obligeant généralement de manière absolue n'ont donc pas cette dimension d'intensité relative.

Enfin, au contraire des règles de droit ordinaires, les principes d'interprétation des lois agissent rarement seuls sur la décision : la conclusion à laquelle ils mènent n'est, le plus souvent, pas dictée par

---

[123]   Le juge Pratte dans *R. c. Compagnie immobilière B.C.N.*, [1979] 1 R.C.S. 865, 872, et dans *R. c. Ali*, précité, note 7, 235. Dans *Cutler c. Wandsworth Stadium Ltd.*, [1949] A.C. 398, 410 (traduction) Lord du Parcq a écrit, au sujet des règles d'interprétation, qu'elles ne sont pas des « règles rigides, mais des principes qu'on a jugés susceptibles de servir de guides lorsque l'on cherche à découvrir l'intention du Parlement ».

[124]   Font exception les règles d'admissibilité de preuve, par exemple, celle qui exclut le recours aux débats parlementaires pour l'interprétation judiciaire des textes législatifs.

[125]   *Sommers c. The Queen*, [1959] R.C.S. 678, 685 (j. Fauteux).

un seul principe mais par un ensemble de principes agissant en synergie. La bonne solution n'est pas celle qu'indique tel principe isolé, mais plutôt celle qui paraît la plus probablement conforme à l'intention du législateur compte tenu de l'ensemble des principes applicables. Un seul indice de volonté n'est généralement pas suffisant. Au contraire, lorsqu'il s'agit de règles de droit ordinaires, il suffira d'identifier la règle applicable puis de qualifier les faits pour que le litige soit tranché.

Le recours aux principes d'interprétation des lois pour déterminer le sens ou la portée d'un texte suppose que le texte soit étudié à la lumière de tous les principes applicables. Cette étude donne lieu à un bilan. Il peut bien arriver que la quasi-totalité des principes indiquent, dans un cas donné, que telle interprétation est indubitablement celle qu'un juge retiendrait : le sens qui se dégage d'une lecture strictement littérale du texte est confirmé par le sens des dispositions connexes, c'est celui qui est le plus apte à assurer la réalisation de l'objet de la loi, il découle également de la considération de l'historique législatif, il ne mène à aucun résultat absurde ou manifestement injuste, et ainsi de suite. Dans ce cas, on peut dire que la communication légale a réussi, que le législateur est parvenu à transmettre clairement sa pensée à son auditoire. Ce cas n'est pas typique de ceux que l'on portera devant les tribunaux, car l'une des parties aurait peu ou pas d'espoirs de l'emporter.

Par contre, il peut arriver que les indices de volonté législative tirés du texte à l'aide des principes soient contradictoires, certains éléments suggérant un sens alors que d'autres militent plutôt en faveur d'une autre solution. Ici, on trouvera facilement des principes d'interprétation pour justifier l'une ou l'autre des thèses en présence : telle partie invoquera la rédaction du texte, telle autre sa finalité. Ce cas est typique de ceux dont les tribunaux sont saisis : la communication légale n'a pas entièrement réussi, la loi est obscure et il faut demander au juge de trancher. Dans cette hypothèse, la fonction heuristique des principes d'interprétation des lois passe au second plan, et c'est alors surtout pour convaincre qu'on y aura recours.

Sous-section 2 : Les principes d'interprétation conçus comme des arguments

Nombreux sont les auteurs qui ont souligné le rôle d'argument joué, dans les débats judiciaires, par les principes d'interprétation des lois. Le professeur John Willis, par exemple, affirmait que les tribunaux usaient des principes comme d'expédients pour atteindre le résultat concret désiré : le juge invoquerait celui des principes qui lui permet de justifier la conclusion à laquelle il lui semble équitable d'arriver[126].

Karl Llewellyn, pour sa part, notait que, « pour chaque problème d'interprétation ou presque, on trouvera deux règles d'interprétation opposées. [...] Tout avocat doit les connaître : ce sont encore des moyens d'argumentation indispensables »[127].

Nous ne saurions admettre que les principes d'interprétation des lois ne sont jamais que des arguments servant à rationaliser après coup les conclusions auxquelles l'interprète croit bon d'en arriver. En convenir serait admettre l'impossibilité de la communication légale. Il y a pourtant des cas où la loi est assez claire pour décourager le recours aux tribunaux. Par contre, lorsqu'une question est suffisamment obscure pour qu'on la porte jusqu'en Cour suprême, par exemple, chaque thèse en présence pourra probablement s'appuyer sur des principes admis d'interprétation. Si le juge, dans son opinion motivée, fait état de ces principes, c'est sans doute autant pour nous expliquer comment il en est venu à sa conclusion que pour nous convaincre que celle-ci doit recueillir notre adhésion.

Il nous paraîtrait aussi inutile de nier la fonction argumentative de principes d'interprétation des lois qu'excessif de croire, comme certains tenants de l'école philosophique réaliste américaine ont pu le

---

126   John WILLIS, « Statutory Interpretation in a Nutshell », (1938) 16 *R. du B. can.* 1, 11 et 16.

127   Karl N. LLEWELLYN, « Remarks on the Theory of Appellate Decision and the Rules or Canons About How Statutes Are to Be Construed », (1949-50) 3 *Vand. L. Rev.* 395, 401 (traduction). En annexe à son livre *The Common Law Tradition : Deciding Appeals*, Toronto, Little, Brown, 1960, p. 521 et suiv., on trouvera un catalogue d'arguments et de contre-arguments interprétatifs tirés des principes d'interprétation.

donner à penser, que c'est là leur seule fonction. Chaque principe d'interprétation peut en effet être envisagé soit comme règle, soit comme argument. Par exemple, à la règle voulant qu'on ne s'écarte pas sans motif du sens courant des mots correspond l'argument de texte; à la règle voulant que l'on doive présumer que l'auteur de la loi est un être raisonnable et équitable correspond l'argument « pragmatique » ou « conséquentialiste », et ainsi de suite.

Envisagés comme arguments, les principes d'interprétation forment un corps de « raisons bonnes en droit » de trancher un litige interprétatif dans un sens ou dans un autre. L'auteur de la 12ᵉ édition du réputé *Maxwell on the Interpretation of Statutes* a écrit que cet ouvrage pourrait fort bien être sous-titré « l'arsenal du praticien » et il exprime le souhait que tout avocat présentant sa cause au tribunal puisse trouver dans l'ouvrage en question des arguments à l'appui de son point de vue[128].

Avec les raisons qu'ils puisent dans cet arsenal, l'avocat et le juge tissent une argumentation qu'ils espèrent propre à convaincre l'auditoire auquel ils s'adressent. En partant de ce que l'auditoire admet, c'est-à-dire des principes d'interprétation des lois, l'orateur va tenter de renforcer l'adhésion à la thèse qu'il défend et d'affaiblir l'adhésion à la thèse qu'il combat[129]. Telle thèse doit être retenue parce qu'elle est compatible avec l'idée du législateur juste et raisonnable; telle autre doit être rejetée parce qu'elle fait violence au texte, ou parce qu'elle mène à des résultats absurdes.

En somme, les principes d'interprétation des lois peuvent être envisagés comme un ensemble d'arguments interprétatifs standardisés, agréés par la communauté juridique, plus ou moins convaincants selon le cas, et auxquels le juriste peut recourir pour montrer que telle interprétation, qui est raisonnable, est également justifiable en droit.

---

128 Peter St. John LANGAN, *Maxwell On the Interpretation of Statutes*, 12ᵉ éd., Londres, Sweet & Maxwell, 1969, p. V.

129 Sur l'argumentation en droit, on verra : Chaim PERELMAN et Lucie OLBRECHTS-TYTECA, *Traité de l'argumentation – La nouvelle rhétorique*, 3ᵉ éd., Bruxelles, Éditions de l'Université de Bruxelles, 1976; Chaim PERELMAN, *Logique juridique – Nouvelle rhétorique*, 2ᵉ éd., Paris, Dalloz, 1979; Neil MACCORMICK, *Legal Reasoning and Legal Theory*, Oxford, Clarendon Press, 1978; Robert ALEXY, *A Theory of Legal Argumentation*, Oxford, Clarendon Press, 1989.

PREMIÈRE PARTIE
LA STRUCTURE FORMELLE ET
L'EFFET DE LA LOI

Dans la première partie de cet ouvrage, on examinera d'abord le cadre formel de rédaction des textes législatifs, dans la mesure où les éléments de ce cadre influent sur l'interprétation de la loi. Puis on étudiera les questions reliées à l'effet de la loi dans le temps, dans l'espace et à l'égard des personnes.

CHAPITRE 1
L'IMPACT DE LA STRUCTURE FORMELLE DE LA LOI SUR SON INTERPRÉTATION

Le légiste doit être averti des règles qui gouvernent l'interprétation des lois. Comme on l'a dit, le rédacteur ne peut exercer de contrôle sur l'interprétation : il ne peut que tenter de la prévoir. Il doit donc tenir compte des règles d'interprétation.

À l'inverse, l'interprète des lois doit être conscient du cadre formel qui s'impose à l'activité du légiste. Par exemple, le mode conventionnel de présentation du texte législatif, de division et d'agencement de ses divers éléments, intéresse évidemment celui qui rédige, mais l'interprète ne peut négliger ces considérations, car la structure formelle de la loi a un impact sur son interprétation. Il n'est pas indifférent pour l'interprétation, par exemple, qu'une idée soit énoncée dans le titre de la loi, dans son préambule ou dans une annexe.

C'est cet impact de la structure formelle de la loi sur son interprétation que ce premier chapitre veut analyser. Il étudie d'abord la distinction qu'il faut opérer entre les lois selon qu'elles visent à modifier le droit ou simplement à en donner une nouvelle formulation. Il s'intéresse ensuite à la structure générale de la loi et à l'usage interprétatif des éléments qui composent un texte législatif. Il s'arrête enfin à l'examen de diverses règles techniques de rédaction.

SECTION 1 : CLASSIFICATION DES LOIS SELON LEUR OBJET

Les lois peuvent faire l'objet d'autant de classifications qu'on peut imaginer de principes de classification. Certaines classifications des lois sont particulièrement utilisées par l'interprète et ont reçu la sanction des tribunaux[1]. Parmi ces classifications, certaines sont à peu près désuètes : par exemple, il est très rare que l'on rencontre de nos jours la distinction entre les lois prohibitives et celles qui ne le sont

---

1   Pour une nomenclature partielle de ces classifications, voir William F. CRAIES, *On Statute Law*, 7e éd. par S.G.G. Edgar, Londres, Sweet & Maxwell, 1971, pp. 54-63.

pas². D'autres classifications sont encore d'usage courant et feront l'objet d'une étude particulière plus loin³. Pour l'instant, on étudiera la distinction qui évoque le plus directement les principes de composition législative, soit celle qu'on peut faire entre les lois qui veulent réformer le droit et celles qui entendent simplement lui donner une nouvelle formulation.

Sous-section 1 : Les textes législatifs qui visent la réforme du droit

Pour le profane, l'adoption d'une nouvelle loi s'interprète généralement comme la manifestation de la volonté du Parlement de modifier l'ordonnancement juridique de manière à améliorer le droit. Pour lui, nul n'est besoin de préciser que la loi a pour objet « de remédier à quelque abus ou de procurer quelque avantage »⁴ : sa raison d'être semble politique et non purement technique.

Cette impression que la loi est généralement réformatrice est partiellement justifiée si l'on considère que les textes votés par le Parlement ont le plus souvent pour objet de réformer le droit en réponse aux besoins sociaux tels qu'ils sont perçus. Pour l'interprète, le constat du caractère réformateur de la loi appelle une interprétation déterminée, soit l'interprétation propre à promouvoir la réforme voulue par le législateur.

Et pourtant, au plan formel, la plupart des textes de loi en vigueur aussi bien en droit fédéral qu'en droit québécois n'ont pas pour premier objet de réformer le droit antérieur : ces lois dites refondues ou révisées ont un objectif technique plutôt que politique, soit la reformulation du droit ancien.

---

2   L'article 14 du *Code civil du Bas Canada* faisait référence à la catégorie des lois prohibitives. Cette disposition est maintenant reproduite à l'article 41.3 de la *Loi d'interprétation* du Québec, L.R.Q., c. I-16 (ci-après citée : « loi québécoise »).

3   Par exemple : loi « impérative », « obligatoire » ou « indicative », « habilitante » (p. 287); loi publique-loi privée (p. 285); loi pénale (p. 598); loi fiscale (p. 613).

4   Art. 41 de la loi québécoise, précitée, note 2.

Sous-section 2 : Les textes législatifs qui visent la reformulation du droit

Parmi les textes législatifs qui se présentent simplement comme de nouvelles formulations du droit ancien, il convient de distinguer trois catégories : les textes interprétatifs ou déclaratoires, les textes codifiés et les textes refondus.

Paragraphe 1 : Le texte interprétatif ou déclaratoire

On qualifie de loi déclaratoire (ou de loi d'interprétation dans la tradition du droit français) le texte dont l'objet est d'écarter un doute quant au sens ou à la portée du droit en vigueur, écrit ou non[5]. L'intérêt d'identifier ce type de disposition réside dans l'effet rétroactif qu'on lui reconnaît en principe. L'étude des lois déclaratoires est faite plus loin[6].

Paragraphe 2 : Le texte codifié

La codification désigne généralement, dans la tradition de la common law, cette opération qui consiste à faire passer une règle de droit du domaine du droit non écrit (essentiellement coutumier ou jurisprudentiel) à celui du droit écrit, de la législation.

En common law, le terme « codification » peut s'appliquer pour désigner aussi bien l'effet d'une disposition législative isolée (un article d'une loi, par exemple) que d'une loi entière. Appliqué à une disposition législative isolée, le terme « codification » dénote que la disposition en question a simplement inscrit dans un texte législatif une règle que la common law contenait déjà. Dans ce sens, on peut considérer que l'article 41 de la *Loi d'interprétation* du Québec « codifie » la *Mischief Rule* de la common law.

Appliqué à une loi entière, le terme « codification » désigne la réunion dans un texte législatif d'un ensemble de règles de droit

---

5   W.F. CRAIES, *op. cit.*, note 1, p. 58.
6   *Infra*, p. 651.

portant sur une matière donnée. Les auteurs du code ont pu puiser
aussi bien dans le droit écrit que dans la common law. Leur oeuvre
est censée donner une vue cohérente et parfois même exhaustive du
droit dans une matière particulière[7]. La *Loi sur les lettres de change*[8],
le *Code criminel*[9] et le *Code du travail*[10] sont, en ce sens, des
codifications. Notons toutefois qu'une loi peut, pour partie, codifier
le droit antérieur et pour partie le réformer.

Pour l'interprète, le texte codifié soulève le problème du recours
au droit antérieur à la codification pour interpréter le code : doit-on,
pour interpréter une loi de codification, avoir recours au droit que le
code est censé reproduire? Admettre le recours au droit antérieur
comporte le risque de porter atteinte à l'efficacité même de la
codification et peut paraître contraire à l'objet de celle-ci qui est de
rendre le droit plus accessible en présentant un tableau cohérent et
directement intelligible de règles jusque-là éparpillées dans de
multiples décisions judiciaires. Le respect du texte du code doit
d'autant plus être encouragé que la tradition juridique de la
common law a pu porter le juriste à se méfier du code et à le
contester systématiquement au nom de la common law antérieure[11].

---

7   En common law, le mot « code » est souvent employé au sens d'« ensemble de
        règles à caractère exhaustif ». Voir par exemple : *Marcotte* c. *Sous-procureur
        général du Canada*, [1976] 1 R.C.S. 108, 111; *Morgentaler* c. *La Reine*, [1976] 1
        R.C.S. 616, 676. On notera que la notion de codification est bien différente dans
        la tradition civiliste, où il est impensable de la restreindre à la seule idée de
        passage d'une règle du droit non écrit au droit écrit et où la conception du
        code n'implique pas l'idée de complétude ou d'exhaustivité. Sur la conception
        civiliste de la codification, voir Alain-François BISSON, « Effet de codification et
        interprétation », (1986) 17 *R.G.D.* 359 et « Dualité de système et codification
        civiliste », dans *Conférences sur le nouveau Code civil du Québec*, Cowansville,
        Éditions Yvon Blais, 1992, p. 39.

8   *Loi sur les lettres de change*, L.R.C. (1985), c. B-4.

9   *Code criminel*, L.R.C. (1985), c. C-46.

10   *Code du travail*, L.R.Q., c. C-27.

11   Pour l'étude de cette question de l'autorité respective du texte codifié et des
        sources antérieures du droit en contexte de droit civil, où la question de
        l'affirmation de l'autorité du texte du code ne semble pas se poser avec autant
        d'acuité, on verra, en ce qui concerne le *Code civil du Bas Canada* : André
        MOREL, « L'émergence du nouvel ordre juridique instauré par le Code civil du
        Bas Canada (1866-1890) », dans Pierre-André CÔTÉ (dir.), *Le nouveau Code civil
        – Interprétation et application*, Les journées Maximilien-Caron 1992, Montréal,
        Éditions Thémis, 1993, p. 49; en rapport avec le *Code civil du Québec* :

Par contre, interdire absolument le recours au droit antérieur ne paraît pas justifiable : l'interprète, tout au moins en cas de doute, doit choisir l'interprétation la plus conforme à l'intention du législateur. S'agissant d'une codification, c'est le droit antérieur qui doit être d'abord considéré pour écarter les doutes soulevés par le texte nouveau.

Il faut donc affirmer l'autorité du texte nouveau sans renoncer à l'assistance que peut procurer le recours au droit antérieur.

C'est Lord Hershell, dans l'arrêt *Bank of England* c. *Vagliano Brothers*[12], qui a le mieux exprimé l'objectif d'équilibre entre l'autorité du texte nouveau et l'autorité du droit ancien. Commentant la démarche des juges de la cour d'appel qui consistait à interpréter le *Bills of Exchange Act* à la lumière de la jurisprudence antérieure, il écrit :

« Je ne puis croire que ce soit là la façon appropriée d'interpréter une loi comme le *Bills of Exchange Act*, qui a été conçue comme une codification du droit cambiaire. Je pense que la bonne méthode consiste à examiner d'abord le texte de la loi et à en rechercher le sens naturel, sans tenir compte d'aucune considération dérivée de l'état antérieur du droit, et non pas à commencer par se demander quel était l'état antérieur du droit, pour voir ensuite, en supposant qu'on avait probablement voulu le maintenir inchangé, si les termes du texte peuvent se prêter à une interprétation conforme à cette supposition.

Si on traite ainsi une loi conçue pour intégrer dans un code un domaine particulier du droit, il me semble qu'on la dépouille presque entièrement de son utilité et qu'on trahit l'objet en vue duquel elle a été adoptée.

[...] Je ne vais évidemment pas jusqu'à affirmer que l'on ne puisse jamais se reporter au droit antérieur en vue d'aider à l'interprétation des dispositions du code. Si, par exemple, la signification d'une disposition était douteuse, le recours au droit antérieur serait parfaitement légitime... Ce sur quoi j'ose insister,

---

Madeleine CANTIN CUMYN, « Le recours à l'ancien Code pour interpréter le nouveau », dans P.-A. CÔTÉ (dir.), *op. cit.*, p. 161 et Albert MAYRAND, « Le recours aux précédents comme moyen d'interprétation du nouveau Code civil », dans P.-A. CÔTÉ (dir.), *op. cit.*, p. 253.

12   *Bank of England* c. *Vagliano*, [1891] A.C. 107.

c'est que la première étape à suivre devrait être l'interprétation du texte de la loi et que seules des raisons particulières peuvent justifier le recours à la jurisprudence antérieure. »[13]

Le principe d'interprétation proposé par Lord Hershell a été appliqué en jurisprudence canadienne à quelques reprises[14].

Dans la mesure où ce principe invite l'interprète à négliger le droit antérieur lorsque le texte du code est « clair en lui-même », il procède de la règle de l'interprétation littérale (*Literal Rule*) et on doit lui adresser les mêmes critiques qu'à cette dernière[15]. On dira, en particulier, que la clarté d'un texte doit être appréciée en contexte, et que le droit antérieur, faisant partie du contexte d'énonciation du code, est toujours pertinent à son interprétation.

Il paraît préférable de retenir de l'arrêt *Bank of England* c. *Vagliano Brothers* l'idée que, dans l'interprétation d'un texte codifié, l'interprète doit promouvoir l'objet du code en accordant un poids important à la formulation retenue par le législateur : l'autorité du code et l'accessibilité du droit codifié exigent qu'il ne soit pas contesté indûment au nom du droit antérieur. Quant à l'autorité qu'il faut reconnaître au droit antérieur, elle variera nécessairement selon les circonstances et nous ne croyons pas qu'il soit possible d'énoncer de règle qui préciserait d'une manière rigoureuse les cas où on peut avoir recours au droit antérieur ou le poids qu'il convient d'accorder aux éléments que cette considération a pu révéler[16].

---

13 *Id.*, 144 et 145 (traduction).

14 *S.S. Industries Inc.* c. *Rowell*, [1966] R.C.S. 419, 425 (j. Martland); *Northern Crown Bank* c. *International Electric Co.*, (1911) 24 O.L.R. 57 (Ont. C.A.); *Wilkinson Sword (Canada) Ltd.* c. *Juda*, [1968] 2 R.C. de l'É. 137. Il a été également invoqué dans l'interprétation du Code civil : *Quebec Railway Light, Heat & Power Co.* c. *Vandry*, [1920] A.C. 662, 672; *Kruco Inc.* c. *Kruger Inc.*, [1987] R.J.Q. 1071 (C.S.). Voir cependant : *MacLeod Saving and Credit Union Ltd.* c. *Perrett*, [1981] 1 R.C.S. 78.

15 *Infra*, p. 359.

16 Voir *Bergstrom* c. *La Reine*, [1981] 1 R.C.S. 539.

Paragraphe 3 : Le texte refondu

Refondre un texte législatif, c'est donner aux règles qu'il contient une nouvelle expression, un nouveau support formel. On peut refondre une disposition isolée (un article, un paragraphe), une portion de loi, une loi entière ou même l'ensemble des lois de caractère général et permanent. Lorsque la refonte porte sur un tel ensemble, on l'appelle générale. Seule la refonte générale sera ici étudiée.

La refonte générale peut être définie comme un processus qui consiste à établir une compilation officielle des lois de caractère général et permanent qui sont en vigueur à un moment donné. Le terme désigne également le produit de cette opération, c'est-à-dire le texte refondu.

Il ne saurait être question d'exposer en détail les règles relatives à la refonte des lois et des règlements au niveau fédéral ou provincial[17]. Après une brève description de la marche générale de la refonte, il sera fait état des difficultés d'interprétation que soulève l'application des lois refondues.

Sous-paragraphe 1 : L'élaboration de la refonte générale

La refonte générale des lois et celle des règlements font l'objet de mesures législatives qui précisent l'objet de la refonte, son ampleur, son mode d'exécution et son effet[18].

C'est l'Administration (une commission administrative à Ottawa, une direction du ministère de la Justice à Québec) qui est chargée de la refonte. La loi précise les textes qui doivent être refondus ou le mode de détermination de ces textes. Elle précise aussi les pouvoirs des personnes responsables de la refonte. Voici, à titre d'exemple, les

---

[17] À ce sujet, on pourra lire : Denis LE MAY, « La (dernière) refonte des lois du Québec », (1976) 36 *R. du B.* 718; Maurice OLLIVIER, « The Revised Statutes of Canada », (1948) 26 *Can. Bar Rev.* 797.

[18] Pour les lois et les règlements provinciaux : la *Loi sur la refonte des lois et des règlements*, L.R.Q., c. R-3; pour la refonte des lois et règlements fédéraux : *Loi sur la révision des lois*, L.R.C. (1985), c. S-20.

pouvoirs accordés à la Commission de révision des lois fédérales par l'article 6 de la *Loi sur la révision des lois* :

« 6. Dans son travail de révision, la Commission peut :

a) exclure les lois ou parties de loi périmées, abrogées ou suspendues, ou ayant rempli leur objet;

b) exclure les lois ou parties de loi qui, bien qu'édictées comme lois d'intérêt public, ne visent qu'un pays, une province, une localité, un lieu ou une personne morale en particulier ou qui, sous tout autre rapport, ne sont pas d'application générale;

c) inclure les lois ou parties de loi qui, bien qu'édictées comme lois d'intérêt privé, ou considérées comme des lois ou des textes législatifs d'intérêt local, sont d'une nature telle qu'elles imposent au public des obligations ou en limitent les droits ou privilèges;

d) modifier la numérotation et l'économie des lois et de leurs parties, articles ou autres subdivisions;

e) apporter à la forme des lois les changements nécessaires à l'uniformité de l'ensemble, sans en modifier le fond;

f) apporter à la forme des lois les améliorations mineures nécessaires pour mieux exprimer l'intention du Parlement ou pour harmoniser la formulation d'une loi dans l'une des langues officielles avec sa formulation dans l'autre langue officielle, sans en modifier le fond;

g) apporter aux lois les changements nécessaires à la concordance de textes législatifs apparemment incompatibles; et

h) corriger les erreurs de présentation, de grammaire ou de typographie dans les lois. »

L'autorité chargée de la refonte est dotée de pouvoirs dont la mise en oeuvre peut exiger de longs et délicats travaux mais qui sont expressément limités à la forme du texte législatif : elle peut élaguer les dispositions mortes, améliorer le style, réconcilier les dispositions apparemment incompatibles, mais elle n'est pas censée modifier le fond.

Une fois ce travail terminé, le texte de la refonte peut entrer en vigueur. Cette entrée en vigueur opère abrogation des lois refondues dans la mesure indiquée dans une annexe de la refonte.

Sous-paragraphe 2 : L'interprétation de la refonte

Le texte refondu est une nouvelle formulation de la loi ancienne : c'est une « compilation qui fait autorité »[19]. Comme compilation, la refonte est tournée vers le passé qu'elle vise à reproduire. Comme compilation officielle, elle aura toutefois seule autorité dans l'avenir. De là les difficultés que son interprétation soulève.

Alinéa 1 :   À compter de son entrée en vigueur, seule la refonte a force de loi

Compilation officielle, la refonte se distingue de la « codification administrative » par son autorité absolue à l'égard des faits postérieurs à son entrée en vigueur. Les lois antérieures sont abrogées et seule la refonte est désormais applicable[20] : elle a force de loi.

Pour l'interprétation, le caractère officiel de la refonte a deux conséquences principales. D'abord, il justifie l'application aux lois refondues du principe d'interprétation formulé par Lord Hershell dans l'arrêt *Bank of England* c. *Vagliano Brothers*[21]. La refonte a pour objet de faciliter l'accès au droit en vigueur : l'interprète devrait donc s'efforcer de donner effet au texte de la refonte et éviter de le contester indûment au nom du droit antérieur.

Dans l'arrêt *R.* c. *Popovic et Askov*[22], M. le juge Pigeon rédigea l'opinion majoritaire. En vue d'interpréter l'article 213 du *Code*

---

[19]   Louis-Philippe PIGEON, *Rédaction et interprétation des lois*, 3ᵉ éd., Québec, Les Publications du Québec, 1986, p. 144.

[20]   La *Loi sur la refonte des lois et des règlements* prévoit une mise à jour permanente de la refonte (précitée, note 18, art. 20). Cette mise à jour a valeur officielle et opère abrogation des textes refondus. Voir Denis LE MAY, « La refonte permanente des lois du Québec : implications et modalités », (1977) 18 *C. de D.* 213. La loi fédérale envisage également la mise à jour d'une « codification » des lois fédérales : cette « codification » a toutefois le caractère d'une « codification administrative » : son texte ne fait pas foi du droit en vigueur (*Loi prévoyant la codification et la révision permanentes des lois et des règlements du Canada*, L.R.C. (1985), c. S-20, art. 9(4)).

[21]   *Bank of England* c. *Vagliano*, précité, note 12.

[22]   *R.* c. *Popovic et Askov*, [1976] 2 R.C.S. 308.

criminel, il procéda à l'étude de l'histoire législative de cette disposition en montrant comment, de refonte en refonte, le texte du *Code criminel* de 1892 concernant le meurtre imputé s'était transformé pour devenir celui qu'il devait appliquer. Se défendant de violer par là le principe énoncé par Lord Hershell, le juge Pigeon s'exprima ainsi :

> « par suite de l'imprécision des refontes successives, il faut malheureusement remonter à la loi originaire qui seule permet de comprendre la véritable signification du texte actuel. Une pareille situation est certes très déplorable quand la règle est qu'il faut faire l'impossible pour savoir l'intention du Parlement par le seul examen du Code présentement en vigueur. En l'espèce, cependant, la disposition est tellement ambiguë qu'on doit de toute nécessité se référer aux lois antérieures. »[23]

Deuxièmement, la refonte sera applicable même dans l'hypothèse où la commission de refonte aurait excédé son mandat et modifié le fond du texte :

> « en cas de différence entre les lois refondues et les lois ou dispositions qu'elles remplacent, les lois refondues prévalent sur les lois remplacées pour tout événement survenu à compter de la date d'entrée en vigueur des lois refondues, mais les lois remplacées prévalent sur les lois refondues pour tout événement survenu avant cette date. »[24]

À certains égards donc, la loi de refonte est une loi nouvelle. Cependant, pour les besoins de l'interprétation, on ne doit pas la considérer comme une loi nouvelle.

---

[23] *Id.*, 322 et 323. Dans le même sens : *Ouellette c. Canadian Pacific Railway Co.*, [1925] A.C. 569, 574 et 575 (Lord Shaw).

[24] *Loi sur la refonte des lois et des règlements*, précitée, note 18, art. 10. Cette règle a été appliquée dans *Waldie Brothers Ltd. c. Fullum*, (1908-09) 12 R.C. de l'É. 325 et dans *Re Gloucester Properties Ltd. and the Queen*, (1981) 116 D.L.R. (3d) 596 (B.C.S.C.). Voir aussi : *Minister of National Revenue c. Molson*, [1938] R.C.S. 213, arrêt sévèrement critiqué par le juge Thorson dans *Fasken c. Minister of National Revenue*, [1948] R.C. de l'É. 580, 600 et suiv. Notons que cette règle de l'applicabilité de la refonte malgré une erreur ne vaut que pour le futur. Bien que la refonte ait pour fonction de déclarer le droit existant, on ne devrait pas lui reconnaître l'effet rétroactif associé aux lois déclaratoires.

Alinéa 2 : Le texte refondu est censé n'être pas une loi nouvelle

Le texte refondu ne doit pas être considéré, pour les besoins de l'interprétation, comme une loi nouvelle. Il est censé donner simplement une nouvelle expression au droit antérieur :

> « Les lois refondues ne font pas office de lois nouvelles, mais sont interprétées et ont force de loi à titre de refonte des lois qu'elles remplacent. »[25]

Cette règle a plusieurs conséquences pratiques assez importantes.

i) Le texte refondu n'est pas censé modifier la substance du droit

Compte tenu de l'objet de la refonte et du mandat limité des personnes chargées de la refonte, mandat dont on doit présumer qu'il a été respecté, les tribunaux auront tendance à considérer que le texte refondu n'a pas modifié le fond du droit antérieur. Plus particulièrement, le tribunal sera porté à considérer que les changements terminologiques apportés par une refonte ont un simple caractère technique ou esthétique et qu'ils n'ont pas eu pour effet de changer le droit[26]. La présomption que la refonte ne change pas les règles antérieures s'applique avec encore plus de force lorsque, à l'occasion de la refonte, seule l'une des deux versions linguistiques de la loi a subi des modifications[27].

---

[25] *Loi sur la refonte des lois et des règlements*, précitée, note 18, art. 10. Dans le même sens : *Loi sur les Lois révisées du Canada (1985)*, L.C. 1987, c. 48, art. 4.

[26] *Stratton* c. *Burnham*, (1909) 41 R.C.S. 410; *A.G. for Canada* c. *Giroux Bouchard*, (1916) 53 R.C.S. 172; *Jones et Maheux* c. *Gamache*, [1969] R.C.S. 119, 132; *Bell* c. *P.G. de l'Île-du-Prince-Édouard*, [1975] 1 R.C.S. 25; *R.* c. *Popovic et Askov*, précité, note 22; *R.* c. *Verrette*, [1978] 2 R.C.S. 838; *Fasken* c. *Minister of National Revenue*, précité, note 24; *Re Layzel and Parr*, [1923] 4 D.L.R. 1197 (Alta. C.A.); *Boutilier* c. *Nova Scotia Trust Co.*, [1940] 2 D.L.R. 221 (N.S.S.C.); *Malo* c. *St-Georges*, [1988] R.J.Q. 2149 (C.S.); *Ammerlaan* c. *Drummond*, (1982) 136 D.L.R. (3d) 571 (B.C.S.C.). Une telle présomption ne s'appliquerait pas à la refonte que le juge Pigeon appelle « législative », c'est-à-dire celle qui est l'oeuvre du Parlement lui-même plutôt que d'une commission administrative.

[27] *Flota Cubana de Pesca* c. *Canada*, [1998] 2 C.F. 303 (C.A.); *Shannon* c. *P.G. du Canada*, [1993] 1 C.F. 331 (C.A.); *Boulay* c. *P.G. du Canada*, J.E. 95-902 (C.S.).

D'autre part, le texte refondu n'étant qu'une reformulation de l'ancienne loi, il est normal que l'on recoure à cette dernière pour dissiper une difficulté réelle dans l'interprétation de la refonte[28].

ii) Les règles contenues dans le texte remplacé par la refonte générale sont censées être demeurées toujours en vigueur malgré l'abrogation

L'abrogation pratiquée lors d'une refonte générale n'a pas les effets habituels d'une abrogation. La loi ancienne n'est abrogée que formellement : matériellement, les règles qu'elle énonce continuent de s'appliquer comme s'il n'y avait eu aucune abrogation. Autrement dit, l'abrogation qui accompagne une refonte générale ne produit pas de césure entre la loi abrogée et celle qui la remplace : il s'agit, comme l'a exprimé le juge Bissonnette, d'une « abrogation relative, et, en réalité, c'est là un simple moyen technique d'amender la loi alors existante »[29].

> « Bien que la refonte, du point de vue formel, abroge les lois sur lesquelles elle porte, son effet véritable est de les maintenir sans aucune discontinuité. »[30]

On a ainsi jugé[31] qu'il y avait récidive dans le cas de violation de deux textes successifs, le second n'étant qu'une nouvelle formulation de l'ancien : il n'y avait qu'une seule règle de droit sous deux expressions distinctes.

---

28   *Farquharson* c. *Imperial Oil Co.*, (1899) 30 R.C.S. 188; *R.* c. *Popovic et Askov*, précité, note 22; *Laberge* c. *Carbonneau*, (1921) 30 B.R. 385; *Roy* c. *Davidson*, (1899) 15 C.S. 83; *Registrar of North Alberta* c. *Northern Agency Ltd.*, [1938] 2 D.L.R. 434 (Alta. C.A.).

29   *Cité de Québec* c. *Bérubé*, [1949] B.R. 77, 88.

30   *License Commissioners of Frontenac* c. *County of Frontenac*, (1887) 14 O.R. 741, 745 (Ont. Ch.D.) (j. Boyd). Cet extrait a été cité avec approbation par M. le juge Duff dans *Minister of National Revenue* c. *Molson*, précité, note 24, 219. Décision également citée dans *Bell* c. *P.G. de l'Île-du-Prince-Édouard*, précité, note 26, 30 (j. Pigeon).

31   *Re Green, Re Jamael*, [1936] 2 D.L.R. 153 (N.S.S.C.). Voir aussi : *Campbell* c. *La Reine*, (1949) 95 C.C.C. 63 (P.E.I.S.C.); *R.* c. *Johnston*, (1977) 37 C.R.n.s. 234 (N.W.T.C.A.), confirmé par [1978] 2 R.C.S. 391.

iii) Le texte refondu ne doit pas être considéré comme une loi nouvelle

Le texte de la refonte générale n'est pas adopté comme tel par le Parlement : il entre en vigueur sans que le Parlement n'intervienne directement. On ne doit pas le considérer comme une nouvelle manifestation de l'intention du législateur. En ce sens, la refonte n'opère pas novation des lois remplacées.

Par exemple, une loi fédérale adoptée en 1974 et refondue le 12 décembre 1988 dans le cadre de la dernière refonte générale ne devient pas, de ce seul fait, une loi postérieure à une autre loi fédérale édictée, elle, en 1982. La version refondue en 1988 n'est pas une nouvelle loi du point de vue de l'interprétation. Pour établir la date d'une loi aux fins de l'interprétation, il faut se reporter à l'époque de l'adoption par le Parlement de la loi remplacée par les lois refondues[32].

SECTION 2 : LES PRINCIPALES COMPOSANTES D'UNE LOI ET LEUR EMPLOI INTERPRÉTATIF

Parmi les éléments qui forment la loi, on peut distinguer : le titre, le préambule, les définitions, le dispositif et l'annexe.

Sous-section 1 : Le titre

Jusqu'au milieu du XIXe siècle, le titre de la loi n'était pas considéré par les tribunaux comme partie intégrante de la loi et, pour ce motif, on n'en tenait pas compte dans l'interprétation de la loi. Cette pratique trouvait sa source soit dans le fait que les anciennes lois n'étaient pas dotées de titres, ceux-ci étant ajoutés par les éditeurs, soit dans la procédure parlementaire qui ne prévoyait pas la possibilité d'amender le titre de la loi[33].

---

[32]   Voir, par exemple : *Villeneuve* c. *Pageau*, [1956] B.R. 847. Voir aussi *infra*, p. 130.

[33]   W.F. CRAIES, *op. cit.*, note 1, pp. 190-195. Voir : *R.* c. *Washington*, (1881) 46 U.C.Q.B. 221 (U.C.C.A.).

Au Canada, les lois sont depuis longtemps coiffées d'un titre[34] et il est aujourd'hui bien établi que le titre fait partie de la loi et peut servir à son interprétation.

Dans l'arrêt *O'Connor* c. *Nova Scotia Telephone Co.*[35], le titre a été invoqué pour limiter le champ d'application d'une loi concernant la propriété de l'emprise des chemins publics de manière à exclure de son effet le territoire de la ville de Halifax. Dans l'affaire *DeWare* c. *The Queen*[36], le juge Locke s'autorise du titre donné à une loi au moment de son adoption pour fonder la qualification constitutionnelle de celle-ci[37].

Si le titre fait partie de la loi, il n'en constitue cependant qu'un des éléments et il peut bien se produire que les indices d'intention du législateur tirés du titre soient contredits par les informations fournies par d'autres parties de la loi. Quel poids l'interprète doit-il reconnaître au titre comme source d'interprétation?

On trouve souvent affirmé en jurisprudence que le titre ne doit être pris en considération que dans la mesure où le dispositif de la loi est ambigu :

> « comme chacun le sait, s'il est parfois utile de recourir au titre ou au préambule d'une loi lorsque cela est nécessaire pour en tirer une lumière sans laquelle on ne pourrait pas voir l'intention du législateur, on ne peut cependant pas s'en autoriser pour restreindre ou étendre la portée d'une disposition par ailleurs bien définie. »[38]

---

34   Des directives impériales auraient fait obligation aux législatures coloniales de donner un titre à leurs lois et de s'en tenir, dans le corps de celles-ci, aux matières indiquées dans le titre : *O'Connor* c. *Nova Scotia Telephone Co.*, (1893) 22 R.C.S. 276, 292 et 293 (j. Sedgewick).

35   *Id.*

36   *De Ware* c. *The Queen,* [1954] R.C.S. 182, 194 et 195.

37   Voir aussi : *R.* c. *Lane*, [1937] 1 D.L.R. 212 (N.B.S.C.); *Sommers* c. *The Queen*, [1959] R.C.S. 678, 683; *R.* c. *Hauser*, [1979] 1 R.C.S. 984, 998; *Comité pour la République du Canada* c. *Canada*, [1991] 1 R.C.S. 139, 162.

38   *Contrôleur du revenu de la Province de Québec* c. *Boulet*, [1952] B.R. 598, 607 et 608 (j. Pratte). Dans le même sens : *Spray* c. *St-Clair*, [1928] R.C. de l'É. 56; *Schiell* c. *Morrison*, [1930] 4 D.L.R. 664 (Sask.C.A.); *Hudon* c. *United States Borax & Chemical Corp.*, (1971) 16 D.L.R. (3d) 578 (Sask.C.A.), infirmant (1970) 11 D.L.R. (3d) 345 (Sask.Q.B.).

Ce principe fait écho à la règle d'interprétation littérale (*Literal Rule*) selon laquelle il n'y a pas lieu d'interpréter lorsque le texte de loi est clair « en lui-même ». On peut opposer que l'appréciation de la clarté du texte doit se faire en tenant compte du contexte. Or, le titre fait partie de la loi et donc du contexte dont il faut toujours tenir compte lorsqu'on étudie une disposition particulière : « nul ne devrait prétendre avoir compris une quelconque partie d'une loi ou d'un autre document avant de l'avoir lu dans sa totalité. Aussi longtemps qu'on ne l'a pas fait, on n'est pas autorisé à dire si la loi, ou le document ou une de leurs parties sont clairs et sans ambiguïté »[39].

Il paraît préférable de dire simplement que le poids que l'interprète doit reconnaître au titre d'une loi est susceptible de varier avec les circonstances de chaque cas. Si le texte de la loi paraît clair et précis, l'interprète pourra bien négliger les termes généraux du titre. Si, au contraire, le texte est ambigu ou vague, le titre prendra davantage d'importance.

Le juge n'a pas à « témoigner au titre une obéissance servile »[40]. Le titre sacrifie nécessairement la précision à la concision. La loi peut bien aller plus loin que ce que le titre indique[41], il peut être évident soit que le titre a été rédigé avec maladresse, soit que l'évolution d'une loi a diminué la valeur descriptive du titre[42].

Dans les lois fédérales, on trouve souvent, en plus du titre ordinaire, un titre abrégé qui est attribué par un article de la loi et qui vise à faciliter la citation de celle-ci. Ce titre bref peut-il être utilisé pour interpréter la loi? Il en fait indubitablement partie encore que son poids devrait être affecté par son objet qui est d'abord technique, c'est-à-dire d'abréger la citation de la loi.

---

39 *Attorney General* c. *Prince Ernest Augustus of Hanover*, [1957] A.C. 436, 463 (Vicomte Simonds) (traduction).

40 *R.* c. *Berg*, (1957) 116 C.C.C. 204, 209 (j. Kinnear) (Ont.Co.Ct.) (traduction).

41 *Contrôleur du revenu de la Province de Québec* c. *Boulet*, précité, note 38.

42 *Johnston* c. *Canadian Credit Men's Trust Association*, [1932] 2 D.L.R. 462 (C.S.C.).

On a pu affirmer en jurisprudence que le juge devait ignorer ce « surnom législatif »[43], mais il nous semble que, encore une fois, la question en est une de pondération et qui varie selon les circonstances. Le titre abrégé a beau être d'abord une étiquette apposée à une loi pour faciliter la citation, il n'est pas sans lien avec l'objet ou la matière de la loi.

À notre avis, un interprète devrait toujours pouvoir prendre en considération un élément qui fait partie de la loi quitte à lui accorder le poids que les circonstances justifient[44]. L'extrait suivant paraît conforme à cette façon de voir :

> « Je partage l'idée que le tribunal devrait accorder moins d'importance au titre qu'au dispositif, et au titre abrégé qu'au titre ordinaire, car, le titre abrégé servant d'étiquette, la précision y est sacrifiée à la concision; mais je ne comprends pas en vertu de quel principe d'interprétation il faudrait s'interdire de consulter le texte même de la loi pour chercher à comprendre sa portée en vue d'interpréter les termes employés par le législateur à la lumière des circonstances dans lesquelles il a édicté ce texte. »[45]

Sous-section 2 : Le préambule

Il est rare de nos jours qu'un préambule précède le dispositif d'une loi publique. Lorsque c'est le cas, le texte du préambule est réputé faire partie de la loi et peut donc servir « à en expliquer l'objet et la portée »[46].

---

43   *Vacher & Sons Ltd.* c. *London Society of Compositors*, [1913] A.C. 107, 128 (Lord Moulton) (traduction).

44   Dans ce sens : *Comité pour la République du Canada* c. *Canada*, précité, note 37, 162 et 163.

45   *Re Boaler*, [1915] 1 K.B. 21, 40 et 41 (j. Scrutton) (traduction).

46   *Loi québécoise*, précitée, note 2, art. 40; *Loi d'interprétation* fédérale, L.R.C. (1985), c. I-21, art. 13 (ci-après citée : « loi canadienne »). Pour le point de vue du rédacteur : Alain-François BISSON, « Préambules et déclarations de motifs ou d'objets », (1980) 40 *R. du B.* 58.

On a, par exemple, invoqué le préambule d'une loi pour en établir l'objet général[47], le caractère interprétatif[48] ou d'ordre public[49], la portée à l'égard des personnes[50] ou l'effet territorial[51]. On a également fait état, à des fins d'interprétation, du préambule d'une loi connexe[52] ou antérieure[53] à celle interprétée. Le recours au préambule est aussi fréquent dans l'interprétation des textes de nature constitutionnelle[54].

Comme c'est le cas pour le titre de la loi, affirmer que le préambule fait partie du texte législatif ne règle pas la question de l'importance qu'on doit lui reconnaître dans chaque cas d'espèce. Une certaine école jurisprudentielle ne considère le recours au préambule comme admissible qu'en cas d'obscurité du sens ou de la portée d'une disposition : il s'agit encore ici d'une application de la règle de l'interprétation littérale. Par exemple, dans l'affaire *Fraser, Viger & Co. c. Cité de Lachine*, le juge Carroll énonce ainsi la règle applicable :

> « Il n'y a pas de doute que, lorsque les dispositions législatives d'un statut prêtent à ambiguïté, nous pouvons avoir recours au

---

47 *Canadian National Railway Co. c. Province of Nova Scotia*, [1928] R.C.S. 106; *Canadian Wheat Board c. Nolan*, [1951] R.C.S. 81, infirmé par [1952] A.C. 427; *Canadian Pacific Railway Co. c. Turta*, [1954] R.C.S. 427; *C.C.R.T. c. Ville de Yellowknife*, [1977] 2 R.C.S. 729; *Athabaska Tribal Council c. Compagnie de pétrole Amoco Canada Ltée*, [1981] 1 R.C.S. 699; *Finlay c. Canada (ministre des Finances)*, [1993] 1 R.C.S. 1080.

48 *Western Minerals Ltd. c. Gaumont*, [1953] R.C.S. 345.

49 *Pauzé c. Gauvin*, [1954] R.C.S. 15.

50 *Dupré c. Brossard*, (1934) 56 B.R. 256; *Corporation de garantie de titres et de fiducie du Canada c. Casselman*, (1938) 64 B.R. 229.

51 *Ireland c. Jacques et Bellemare Inc.*, [1959] C.S. 164.

52 *Mont-Bénilde Inc. c. Morin*, [1983] C.A. 443.

53 *Hills c. P.G. du Canada*, [1988] 1 R.C.S. 513.

54 *Renvoi : Résolution pour modifier la Constitution*, [1981] 1 R.C.S. 753; *R. c. Big M Drug Mart Ltd.*, [1985] 1 R.C.S. 295; *Renvoi : Droits linguistiques au Manitoba*, [1985] 1 R.C.S. 721. Dans le *Renvoi concernant la rémunération des juges de la Cour provinciale de l'Île-du-Prince-Édouard*, [1997] 3 R.C.S. 3, à la page 69, le juge en chef Lamer écrit, au sujet du préambule de la *Loi constitutionnelle de 1867* : « En tant que tel, le préambule est non seulement une clé permettant d'interpréter les dispositions expresses de la *Loi constitutionnelle de 1867*, mais également une invitation à utiliser ces principes structurels pour combler les lacunes des termes exprès du texte constitutionnel. »

préambule pour éclairer ce qui semble obscur. Mais il n'en est pas ainsi quand les termes employés dans le corps du statut sont lucides [sic]. »[55]

Dans l'arrêt *Midland Railway of Canada* c. *Young*, le juge Sedgewick a exprimé l'opinion suivante au sujet de l'autorité du préambule :

> « Je n'ignore pas le principe voulant que le préambule d'une loi ne peut commander le dispositif; que le dispositif, même si le préambule vise un problème ou un inconvénient particulier, peut avoir une portée plus étendue. Néanmoins, on peut légitimement le consulter pour ne pas excéder la portée véritable de la loi et, en général, pour préciser l'intention du législateur. C'est un bon moyen pour découvrir la signification de la loi et c'est, en quelque sorte, une clé pour la comprendre. »[56]

Cette seconde citation laisse entendre que la considération du préambule est toujours de mise bien que les circonstances d'une affaire, comme la clarté du dispositif, puissent justifier qu'on mette de côté les indices de volonté que le préambule peut fournir. C'est cette conception qui paraît aujourd'hui s'imposer, à l'encontre de la règle de l'interprétation littérale qui voudrait que l'interprète ne tienne compte du préambule qu'en cas d'obscurité dans la loi.

Dans l'arrêt *Attorney General* c. *Prince Ernest Augustus of Hanover*[57], les juges ont été unanimes à rejeter l'idée qu'on puisse interpréter correctement en faisant abstraction du préambule : il faut lire toute la loi[58], donc le préambule, avant de décider si le dispositif est ambigu. La clarté ou l'ambiguïté doit être appréciée en contexte[59]. La question n'est donc pas celle de la pertinence du

---

55   *Fraser, Viger & Co.* c. *Cité de Lachine*, (1919) 28 B.R. 181, 184. En droit anglais, l'arrêt de principe sur ce sujet est *Ellerman Lines Ltd.* c. *Murray*, [1931] A.C. 126.

56   *Midland Railway of Canada* c. *Young*, (1893) 22 R.C.S. 190, 200 (traduction).

57   *Attorney General* c. *Prince Ernest Augustus of Hanover*, précité, note 39.

58   *Id.*, 460 et 461, 463 (Vicomte Simonds); 465 (Lord Normand); 473 (Lord Somervell).

59   *Id.*, 474 (Lord Somervell) : « Par "non équivoque", il faut entendre non équivoque en contexte » (traduction).

préambule, mais celle de son poids dans les circonstances[60]. Dans cette affaire, toutefois, le tribunal a cependant jugé que les indices d'intention tirés du préambule ne pouvaient prévaloir contre le texte du dispositif.

Avant de conclure sur le recours au préambule, il convient de mentionner que l'on trouve parfois, dans le corps même de la loi, des dispositions dont la nature s'apparente à celle du préambule. Ce sont les déclarations de principes, d'objets, de motifs ou de statut[61]. Bien qu'elles fassent partie du dispositif de la loi, ces déclarations, comme les préambules, servent à interpréter les autres dispositions[62]. Comme elles ne font pas partie du préambule, cependant, se pose à leur sujet la question délicate de savoir si l'on doit leur attribuer une valeur normative propre, une force exécutoire autonome ou bien si elles n'ont d'effet qu'à travers les dispositions plus particulières qui les précisent[63].

---

[60]   *Id.*, 467 (Lord Normand) : « le préambule n'a pas, cependant, le même poids, comme moyen d'interprétation d'un article de la loi, que les termes employés dans le dispositif même de la loi [...] » (traduction).

[61]   Par exemple : *Loi sur la radiodiffusion*, L.R.C. (1985), c. B-9, art. 3; *Charte de la langue française*, L.R.Q., c. C-11, art. 1; *Loi sur les pensions*, L.R.Q. (1985), c. P-6, art. 2.

[62]   La fonction de guide pour l'interprétation de ces déclarations les rapproche des préambules. Comme elles sont énoncées dans le corps même de la loi, on peut y voir un motif de leur accorder davantage de poids interprétatif que celui que l'on reconnaît au préambule : *R. c. T. (V.)*, [1992] 1 R.C.S. 749, 765.

[63]   On verra à ce sujet : *Bureau métropolitain des écoles protestantes de Montréal c. Ministre de l'Éducation du Québec*, [1976] C.S. 430, 452; *Campisi c. P.G. du Québec*, [1977] C.S. 1067, 1072 et 1073; *Association des gens de l'air du Québec Inc. c. Lang*, [1977] 2 C.F. 22, 34 et 35, confirmé sur le fond par [1978] 2 C.F. 371, 379 (C.A.); *Joyal c. Air Canada*, [1976] C.S. 1211, 1215 et 1216, infirmé par [1982] C.A. 39. Aussi : A.-F. BISSON, *loc. cit.*, note 46. Les déclarations de motifs ou d'objets serviront notamment à apprécier la validité des décisions de nature discrétionnaire prises dans le cadre de la loi qui les contient : *CAIMAW c. Paccar of Canada Ltd.*, [1989] 2 R.C.S. 983; *Canadien Pacifique Ltée. c. Canada (Office national des transports)*, [1992] 3 C.F. 145 (C.A.).

Sous-section 3 : Les définitions

Il est devenu de pratique courante de nos jours de procéder, généralement au début des textes législatifs[64], à la définition de termes qui y sont employés. Cette pratique, qui présente certains avantages, est fort critiquée par les spécialistes de la rédaction en raison des difficultés qu'elle soulève souvent[65]. On recommande en général d'en faire un usage parcimonieux.

Par la définition, on peut viser à rendre le texte de loi plus précis; elle risque cependant d'ajouter de nouvelles imprécisions : « plus il y a de mots, plus il y a de mots au sujet desquels des doutes peuvent surgir »[66]. La définition, en particulier la définition extensive, peut avoir aussi la concision pour objet : elle permet d'éviter certaines répétitions. Mais, en donnant un sens artificiel aux mots, on risque d'induire en erreur le lecteur non averti et on exige parfois de l'usager de la loi une performance intellectuelle digne de l'ordinateur[67].

Pour l'interprétation des textes législatifs, l'emploi des définitions appelle quelques remarques. Premièrement, la *Loi d'interprétation* fédérale dispose que la définition donnée dans un texte[68] est, en principe, applicable à tous les autres textes législatifs concernant le

---

64   Contrairement à ce que d'aucuns pourraient croire, le Code civil énonce de très nombreuses dispositions ayant valeur de définition. Les définitions du Code se distinguent de celles que l'on trouve en droit statutaire en ce qu'elles sont disséminées dans le texte et non regroupées au début et en ce qu'il s'agit de définitions de notions ou de concepts et non pas de définitions de termes. Par exemple : art. 1378 C.c.Q. (la notion de contrat); art. 2130 C.c.Q. (la notion de mandat).

65   Michel SPARER et Wallace SCHWAB, *Rédaction des lois : rendez-vous du droit et de la culture*, Québec, Éditeur officiel du Québec, 1980, pp. 37-44; L.-P. PIGEON, *op. cit.*, note 19, pp. 58-60.

66   Lord Halsbury dans la préface de la première édition des *Laws of England*, Londres, Butterworths, 1907, p. CCXVI (traduction).

67   Il y aurait lieu de songer à faciliter la lecture des lois dont les termes sont définis en prévenant le lecteur de l'existence de ces définitions. Pourquoi pas une impression en italique ou un astérisque? M. SPARER et W. SCHWAB, *op. cit.*, note 65, p. 41.

68   Le terme « texte », dans la *Loi d'interprétation* fédérale, désigne « tout ou partie d'une loi ou d'un règlement » (art. 2 (1)).

même sujet (art. 15(2) b)); que la définition donnée dans une loi s'applique en principe aux règlements adoptés en vertu de cette loi (art. 16); et que « [l]es termes de la même famille qu'un terme défini ont un sens correspondant » (art. 33 (3))[69]. Ces règles ne sont que des applications particulières aux définitions de principes généraux d'interprétation et, bien que la *Loi d'interprétation* provinciale ne les contienne pas, elles seraient applicables en principe en droit québécois.

Deuxièmement, il faut toujours se rappeler que le sens d'un mot est en grande partie tributaire du contexte, si bien qu'une définition législative peut être ignorée si un contexte particulier l'exige[70]. Le plus souvent d'ailleurs, les définitions sont expressément formulées sous réserve d'indication contraire du contexte. La *Loi d'interprétation* fédérale a codifié ce principe (art. 15 (2) a)) :

« (2) Les dispositions définitoires ou interprétatives d'un texte :

a) n'ont d'application qu'à défaut d'indication contraire ».

Troisièmement, il faut bien prendre garde de distinguer la définition qui se veut exhaustive de celle qui ne l'est pas. Est exhaustive la définition qui prétend délimiter complètement l'extension d'un concept. Comme par exemple, lorsque la *Loi d'interprétation* du Québec (art. 61(9°)) édicte que « [l]e mot "session" signifie une session du Parlement [...] ».

Toutes les définitions législatives ne sont cependant pas exhaustives. La définition peut en effet viser à écarter des doutes quant à certaines dénotations d'un concept, comme dans l'exemple suivant, tiré, encore une fois, de la *Loi d'interprétation* québécoise (art. 61(9°)) : « Le mot "session"[...] comprend le jour de son ouverture et celui de sa prorogation ». La définition peut également viser à ajouter au sens courant d'un mot un sens artificiel, fictif, comme dans l'exemple suivant, tiré de la *Loi d'interprétation*

---

[69] Voir cependant *Calder* c. *Ministre de l'Emploi et de l'Immigration*, [1980] 1 C.F. 842 (C.A.).

[70] *City of London* c. *City of St-Thomas*, [1958] R.C.S. 249; *R.* c. *Scory*, (1965) 51 W.W.R. 447 (Sask.Q.B.); *Pacific Simpson Lumber Ltd.* c. *Kaisha*, (1982) 129 D.L.R. (3d) 236 (B.C.C.A.); *Wishing Star Fishing Co.* c. *B.C. Baron (Le)*, [1988] 2 C.F. 325 (C.A.).

fédérale (art. 35) : « "comté" Peut s'entendre de plusieurs comtés réunis pour l'application d'un texte ».

L'importance de la distinction entre la définition exhaustive et celle qui ne l'est pas réside dans le fait que lorsque le mot n'est pas défini de manière exhaustive, il conserve, dans la loi, son sens courant, sens cependant précisé ou étendu par la définition non exhaustive.

Dans l'arrêt *R. c. Verrette*[71], la Cour suprême était saisie de l'interprétation de la disposition suivante du *Code criminel* (art. 170 (2)) :

> « Est nu, aux fins du présent article, quiconque est vêtu de façon à offenser la décence ou l'ordre public. »

Une personne complètement dévêtue, donc aucunement « vêtue », pouvait-elle être jugée « nue » selon l'article en question? La Cour estima que oui : la définition de la nudité n'était pas exhaustive mais visait à ajouter au sens courant du mot « nu ». La disposition en question avait un caractère déterminatif :

> « une disposition déterminative donne à un mot ou à une expression un sens autre que celui qu'on leur reconnaît habituellement et qu'il conserve là où on l'utilise; elle étend la portée de ce mot ou de cette expression comme le mot "comprend" dans certaines définitions [...]. »[72]

Le caractère exhaustif ou non d'une définition apparaît généralement à sa seule lecture : en principe, la définition introduite par le mot « signifie » ou « désigne » (*means*) est réputée exhaustive[73]. Par contre, lorsque la définition est introduite par le mot « comprend » (*includes*), elle n'est qu'extensive ou illustrative.

---

71   *R. c. Verrette*, précité, note 26.

72   *Id.*, 845 (j. Beetz). Voir aussi *Barbeau c. La Reine*, [1976] C.S. 704 et *Canada Post Corp. c. Canadian Union of Postal Workers*, (1988) 82 N.R. 249 (C.A.F.).

73   *Yellow Cab Ltd. c. Board of Industrial Relations*, [1980] 2 R.C.S. 761; *R. c. Tilden Rent-A-Car System Ltd.*, [1976] C.S. 76.

Dans ce dernier cas, la définition ne fait qu'étendre ou préciser le sens courant du mot : elle ne l'écarte pas[74].

L'emploi des mots « comprend » ou « signifie » à lui seul permet le plus souvent de déterminer si une définition est exhaustive ou non. Dans certains cas cependant, on a jugé que le contexte ou l'historique législatif justifiaient qu'on considère exhaustive une définition introduite par le mot « comprend »[75]. Ces affaires illustrent encore une fois la nécessité de toujours situer un terme dans son contexte : le contexte peut souvent obliger à écarter le sens courant du mot pour réaliser l'harmonie de l'ensemble ou pour accorder un texte à son objet, tel que révélé, par exemple, par l'historique législatif.

Sous-section 4 : Le dispositif

En principe, tout élément du dispositif d'un texte législatif devrait pouvoir être pris en considération par l'interprète. Certains de ces éléments appellent toutefois des commentaires particuliers.

Paragraphe 1 : Les rubriques

Il est de nos jours admis que les rubriques ou intertitres font partie de la loi et qu'on peut y avoir recours pour l'interpréter[76]. Les

---

74 R. c. B.C. Fir & Cedar Lumber Co., [1932] A.C. 441; Ricard c. Lord, [1941] R.C.S. 1; Hayduk c. Pidoborozny, [1972] R.C.S. 879; Laidlaw c. Toronto métropolitain, [1978] 2 R.C.S. 736; R. c. Compagnie immobilière B.C.N., [1979] 1 R.C.S. 865; Nova c. Amoco Canada Petroleum Company Ltd., [1981] 2 R.C.S. 437; Canadien Pacifique Ltée c. P.G. du Canada, [1986] 1 R.C.S. 678; Picard c. La Reine, [1973] C.A. 262; R. c. McMorran, [1948] 3 D.L.R. 237 (Ont.C.A.); R. c. Girone, (1953) 106 C.C.C. 33 (B.C.C.A.); Huber c. La Reine, (1956) 19 W.W.R. 657 (Sask.Dist.Ct.).

75 Dillworth c. Commissioner of Stamp, [1899] A.C. 99; R. c. Loblaw Groceterias Co. (Manitoba), [1961] R.C.S. 138; Curé et les marguilliers de St-Gabriel de Brandon c. Sarrazin, (1935) 58 B.R. 123, confirmé par [1935] R.C.S. 419; Chaussé c. Association du bien-être de la jeunesse Inc., [1960] B.R. 413; R. c. Beru, (1936) 4 D.L.R. 805 (B.C.S.C.).

76 R. c. Lucas, [1998] 1 R.C.S. 439, 463; Law Society of Upper Canada c. Skapinker, [1984] 1 R.C.S. 357; Skoke-Graham c. La Reine, [1985] 1 R.C.S. 106; Canadien Pacifique Ltée c. P.G. du Canada, précité, note 74; Robins c. La Reine, [1982] C.A.

rubriques peuvent être utiles en permettant de situer une disposition dans la structure générale du texte : elles en montrent pour ainsi dire la charpente, l'ossature[77]. On peut également les considérer comme faisant fonction de préambule aux dispositions qu'elles introduisent[78] : elles constituent une « clé pour l'interprétation des articles qu'elles coiffent »[79].

Reste la question de l'autorité qu'il faut reconnaître aux rubriques par rapport à celle des autres dispositions de la loi. On a pu écrire que le recours à la rubrique n'était autorisé qu'en cas d'ambiguïté dans le dispositif de la loi[80]. Si l'on veut dire par là qu'on peut lire une loi correctement tout en faisant abstraction des rubriques qui en font partie, ces arrêts proposent un mode d'interprétation aujourd'hui rejeté. Puisqu'elles font partie de la loi, on doit les prendre en considération, à titre d'éléments contextuels, même dans l'hypothèse où le sens du texte paraît clair[81].

143; *Gall* c. *P.G. du Canada*, [1995] 2 C.F. 413, 425 (C.A.); *Canadian Turbo (1993) Ltd.* c. *Minister of National Revenue*, (1997) 206 N.R. 164 (C.A.F.); *Re African Lion Safari & Game Farm Ltd*, (1987) 37 D.L.R. (4th) 80 (Ont.C.A.); *Lawrie* c. *Rathburn*, (1876) 38 U.C.Q.B. 255 (U.C.C.A.); *A.G. of Canada* c. *Jackson*, [1945] 2 D.L.R. 438, 440 (N.B.S.C.), infirmé pour d'autres motifs : [1946] R.C.S. 489; *Stephenson* c. *Parkdale Motors*, [1924] 3 D.L.R. 663, 665 (Ont.S.C.). Dans certaines provinces, toutefois, la loi d'interprétation précise que les rubriques ne font pas partie de la loi, ce qui rend leur usage plus difficile à justifier. Voir : *Re Peters and District of Chilliwack*, (1988) 43 D.L.R. (4th) 523 (B.C.C.A.); *Re Langseth Estate*, (1991) 68 Man.R. (2d) 289 (Man.C.A.).

77   *R.* c. *Lovis*, [1975] 2 R.C.S. 294.

78   *Auger* c. *Paroisse de St-Paul l'Ermite*, [1942] B.R. 725; *Des Rosiers* c. *La Reine*, [1975] C.F. 91; *Re Clearwater Election*, (1913) 12 D.L.R. 598 (Alta.S.C.); *R.* c. *Rockert*, (1977) 74 D.L.R. (3d) 457 (Ont.C.A.); *Re Sam Richman Investments (London) Ltd.*, (1975) 52 D.L.R. (3d) 655 (Ont.H.C.).

79   *Acme Village School District* c. *Steele-Smith*, [1933] R.C.S. 47, 64 (j. Rinfret, dissident) (traduction).

80   *Connell* c. *Minister of National Revenue*, [1946] R.C. de l'É. 562, 566 (j. Thorson); *Fasken* c. *Minister of National Revenue*, précité, note 24, 595, (j. Thorson); *Saskatchewan Wheat Pool* c. *La Reine*, [1981] 2 C.F. 212, 217 (j. Heald).

81   Même lorsque le texte semble clair, « une cour ne doit pas, en adoptant une règle formaliste d'interprétation, se priver de l'avantage, si mince soit-il, de l'analyse de la rubrique [...] ». *Law Society of Upper Canada* c. *Skapinker*, précité, note 76, 377 (j. Estey).

Comme pour le titre et le préambule, l'importance qu'il faut reconnaître à une rubrique variera selon les circonstances :

> « Il est bien établi que l'on peut, pour interpréter les parties d'une loi, tenir compte des titres qui leur sont attribués, mais ces titres sont d'un secours très inégal. »[82]

Il peut en effet arriver que le dispositif aille au-delà ou en deçà de ce qu'exprime la rubrique. Par exemple, dans l'arrêt *A.G. for Canada* c. *Jackson*[83], on a minimisé l'importance de la rubrique en faisant appel à l'histoire législative de la disposition en cause, disposition qui ne faisait pas partie de la loi à l'origine et qui y avait été ajoutée par la suite à l'endroit sans doute le moins inopportun, mais sans qu'on fît les adaptations nécessaires dans la structure générale de la loi.

Lord Upjohn a bien exprimé, dans l'arrêt *Director of Public Prosecutions* c. *Schildkamp*[84], ce qui doit être dit au sujet de l'autorité des rubriques :

> « La rubrique n'est-elle qu'une indication ou une étiquette, ou bien peut-elle servir à interpréter, ou même commander, dans certains cas, la signification ou la portée des dispositions? Cela dépend nécessairement des circonstances de chaque cas et je ne pense pas qu'il soit possible d'établir la moindre règle. »

Paragraphe 2 : Les notes marginales

Les notes marginales ne peuvent être invoquées comme élément de la loi et à ce titre, servir à l'interpréter, car elles ne font pas partie du texte voté par le Parlement[85]. Elles ne sont introduites dans le

---

82   *United Buildings Corp.* c. *City of Vancouver*, [1915] A.C. 345, 351 (Lord Summer) (traduction).

83   *A.G. of Canada* c. *Jackson*, précité, note 76.

84   *Director of Public Prosecutions* c. *Schildkamp*, [1971] A.C. 1, 28 (traduction). On trouvera, dans l'arrêt *Law Society of Upper Canada* c. *Skapinker*, précité, note 76, 379, une énumération non exhaustive des facteurs susceptibles d'influer sur l'importance relative de la rubrique aux fins de l'interprétation d'une loi.

85   *Loi canadienne*, précitée, note 46, art. 14. La situation est la même au Québec, quoique la *Loi d'interprétation* soit muette sur le sujet : les notes marginales sont ajoutées aux textes de loi après leur sanction.

texte que pour en faciliter la consultation, elles y font figure de
points de repère.

La note marginale ne faisant pas partie du texte, est-ce à dire
qu'on ne peut, en aucune circonstance et d'aucune manière, en tenir
compte? Dans la jurisprudence, prévaut de plus en plus le point de
vue selon lequel les notes marginales sont admissibles, mais que leur
poids aux fins de l'interprétation est réduit en raison de leur statut.

Si on considère les décisions de la Cour suprême, on y trouve des
cas où le juge les mentionne[86]. Elles ont été invoquées dans
l'interprétation de la *Charte canadienne des droits et libertés*[87]. Par
contre, dans l'affaire *R. c. Popovic et Askov*, le juge Pigeon a rappelé
que les notes marginales ne font pas partie du texte[88]. En Cour
d'appel du Québec, on les a parfois exclues :

> « Il faut lire la disposition elle-même, et non le sens ou la
> signification qu'a pu lui donner le fonctionnaire chargé de la
> publication de la loi. »[89]

Dans d'autres cas, on en a tiré argument :

> « Sans en tirer un argument péremptoire, il est juste de noter qu'en
> marge de l'article 162, on note, en français [...]. »[90]

> « [...] cette interprétation semble être confirmée par la note
> marginale de la version française[...]. »[91]

Dans une autre espèce, enfin, la Cour d'appel s'est partagée sur le
sujet[92].

---

86   *A.G. for Canada* c. *Giroux Bouchard*, précité, note 26, 177; *Bell* c. *Ontario Human Rights Commission*, [1971] R.C.S. 756, 759.

87   *R. c. Wigglesworth*, [1987] 2 R.C.S. 541.

88   *R. c. Popovic et Askov*, précité, note 22, 322.

89   *R. c. Battista*, (1913) 9 D.L.R., 138, 141 (C.A. Qué.) (j. Archambeault) (traduction). Dans le même sens : *Robins* c. *La Reine*, précité, note 76.

90   *Andreoli* c. *La Reine*, [1969] B.R. 860, 861.

91   *Association des architectes de la Province de Québec* c. *Ruddick*, (1935) 59 B.R. 72, 76 (j. Hall) (traduction).

92   *Dupras* c. *Johnston*, (1937) 63 B.R. 496, 506 et 507.

En Cour de l'Échiquier[93] et en Cour fédérale[94], c'est plutôt la thèse visant à exclure la note marginale qui a prévalu. On y note cependant plus récemment un renversement de cette tendance[95].

Quelle devrait être la règle en la matière? Le seul fait que les notes marginales ne fassent pas partie du texte de loi ne nous paraît pas une raison suffisante pour leur dénier toute valeur dans l'interprétation. Évidemment, ne faisant pas partie du texte, la note marginale ne peut constituer un indice direct de la volonté du législateur. À titre d'élément de la loi, la note marginale n'a donc aucune valeur.

Cependant, à titre d'opinion sur le sens d'une disposition, la note marginale témoigne d'un point de vue qui, à lui seul, ne peut asseoir la conclusion du juge, mais qui pourrait contribuer à appuyer d'autres arguments, à confirmer une interprétation par ailleurs déduite. Cette opinion, rédigée par des fonctionnaires qu'on peut présumer compétents et souvent bien informés du contenu de la loi[96], ne saurait donc lier l'interprète, mais c'est aller trop loin, croyons-nous, que de dire que ce dernier ne doit en tenir aucun compte[97].

---

[93] *Waldie Brothers Ltd.* c. *Fullum*, précité, note 24; *Mountain Park Coals Ltd.* c. *Minister of National Revenue*, [1952] R.C. de l'É. 560.

[94] *Des Rosiers* c. *La Reine*, précité, note 78.

[95] *Insurance Corporation of British Columbia* c. *Le registraire des marques de commerce*, [1980] 1 C.F. 669; *Corbett* c. *Canada*, [1997] 1 C.F. 386, 396 (C.A.).

[96] Il faut, à cet égard, souligner une différence notable entre le statut des notes marginales en droit fédéral et en droit québécois. Les notes marginales des lois fédérales sont rédigées par les personnes mêmes qui sont responsables de la rédaction du projet de loi et elles font partie du texte déposé en première lecture au Parlement. Dans les lois québécoises, les notes marginales sont ajoutées au texte après sa sanction par les personnes responsables de la publication des lois. Ces différences justifieraient que l'on accorde plus de poids aux notes marginales en droit fédéral qu'en droit québécois.

[97] Au fond, il s'agit encore ici de savoir le poids qu'il convient d'attribuer à un élément jugé pertinent à l'interprétation. Au sujet de l'emploi du préambule, des intertitres et des notes marginales, Norman S. MARSH a écrit : « Pour notre part, nous croyons qu'ils doivent faire partie des éléments qu'on peut faire entrer en ligne de compte dans l'interprétation d'une loi, étant entendu qu'il incombe au tribunal d'apprécier le poids qu'il convient d'attribuer aux divers niveaux de contexte » : « The Interpretation of Statutes », (1966-67) 9 *J.S.P.T.L.* (N.S.) 416, 421. Au sujet des notes marginales et de leur usage en informatique

Paragraphe 3 : La ponctuation

Avant 1850, il n'y avait pas, en Angleterre, de ponctuation dans la minute des lois soumise à la sanction royale, si bien que s'est établie une règle excluant la ponctuation de l'interprétation des lois. Cette règle paraît avoir survécu aux raisons qui l'ont justifiée à l'origine : en 1960, en Angleterre tout au moins, on doutait encore de la possibilité d'utiliser la ponctuation pour fonder une interprétation[98].

Au Canada, la règle semble être que la ponctuation fait partie de la loi et peut servir à l'interpréter :

> « Je suis d'avis que, dans l'interprétation de la disposition, on peut prendre en considération la ponctuation[...]. La *ratio decidendi* des arrêts où il fut décidé qu'on ne devait pas tenir compte de la ponctuation du texte était que les lois, dans la minute, ne contenaient pas de signes de ponctuation. L'avocat nous informe que les lois, en Colombie-Britannique, sont présentées à la Législature et votées avec la ponctuation qu'on retrouve dans les exemplaires publiés par l'Imprimeur de la Reine; par conséquent, le fondement des décisions antérieures a disparu. »[99]

En admettant que la ponctuation fait partie du texte de la loi, il reste à décider de son importance dans l'interprétation. Comme c'est le cas d'autres éléments de la loi, la jurisprudence a montré que l'importance de la ponctuation varie avec les circonstances de chaque cas.

---

juridique : Jean GOULET, « Quelques gammes sur les notes marginales », (1975) 16 *C. de D.* 837.

[98] *Inland Revenue Commissioners* c. *Hinchy*, [1960] A.C. 748, 765 (Lord Reid).

[99] Le juge Cartwright, dans *R.* c. *Alaska Pine and Cellulose Ltd.*, [1960] R.C.S. 686, 691 et 692 (traduction). Dans le même sens : *A.G. of Nova Scotia* c. *Davis*, [1937] 3 D.L.R. 673, 677 (N.S.S.C.) (j. Graham); *Cardinal* c. *La Reine*, [1980] 1 C.F. 149, 154 et 155 (j. Mahoney), confirmé par [1980] 2 C.F. 400 (C.A.) et par [1982] 1 R.C.S. 508; *United Equities Ltd.* c. *Minister of National Revenue*, (1993) 57 F.T.R. 263 (C.F.); *715341 Ontario Ltd.* c. *Minister of National Revenue*, (1994) 162 N.R. 392, 394 (C.A.F.). Le législateur québécois a reconnu l'importance de la ponctuation en adoptant une disposition législative à seule fin d'enlever une virgule à la *Loi des pouvoirs spéciaux des corporations*, (art. 22) : *Loi modifiant la Loi des pouvoirs spéciaux de certaines corporations*, S.Q. 1964, c. 61, art. 2.

Le juge Mahoney de la Cour fédérale a exprimé ce qui, à notre avis, doit être l'attitude de l'interprète à l'égard de la ponctuation :

> « La ponctuation ne peut conférer à une interprétation un degré d'exactitude tel qu'il se révèle par la suite inutile de se reporter à la loi dans son ensemble pour interpréter l'une de ses dispositions; mais il reste que c'est un élément qui mérite très certainement d'être considéré. »[100]

La ponctuation, particulièrement l'emploi de la virgule, est un élément tout à fait important dans la communication écrite et les juges ne peuvent l'ignorer complètement[101]. Cependant, ils hésiteront parfois à faire reposer tout le poids d'une décision sur la présence ou l'absence d'un signe de ponctuation. Les raisons pour minimiser l'importance de la ponctuation sont diverses : « la ponctuation n'est pas soumise à des règles rigoureuses et déterminées »[102]. Ces règles, à supposer qu'il en existe, sont mal connues et peuvent n'être pas respectées, si bien qu'un document peut être « ponctué profusément sinon judicieusement »[103].

« Certes, les exemples sont fréquents de causes bien infimes qui ont produit des effets notables. Un point, une virgule peuvent changer, du tout au tout, le sens d'une phrase, d'un document ou d'une loi »[104]. Mais, un point-virgule qui est « peut-être l'erreur d'un correcteur d'épreuves ou de l'imprimeur » constitue une « fondation

---

100 *Cardinal* c. *La Reine*, précité, note 99.

101 Comme exemple d'arguments fondés sur la ponctuation, voir : *District Registrar of the Land Titles* c. *Canadian Superior Oil of California Ltd.*, [1954] R.C.S. 321, 343 (j. Kerwin); *Quebec North Shore Paper* c. *C.P. Ltée*, [1977] 2 R.C.S. 1054, 1057 (j. Laskin); *City of Montreal* c. *O'Sullivan College of Business Administration*, [1944] B.R. 26; *Stickel* c. *Ministre du Revenu national*, [1972] C.F. 672; *Re Associated Commercial Protectors Ltd.* c. *Mason*, (1971) 16 D.L.R. (3d) 478 (Man.C.A.); *Compagnie du Parc Jacques-Cartier* c. *Cité de Québec*, (1913) 43 C.S. 508, 510 (j. Lemieux).

102 *Compagnie du Parc Jacques-Cartier* c. *Cité de Québec*, précité, note 101 (j. Lemieux).

103 *Id.*

104 *Id.*

plutôt fragile[...]»[105] pour une décision qui peut avoir des conséquences très graves.

Outre le peu de fiabilité de la ponctuation comme instrument de communication, les tribunaux invoqueront également le contexte, l'objet de la loi pour écarter des arguments fondés sur la ponctuation : une « virgule égarée »[106] ne saurait prévaloir sur le sens qui découle de l'ensemble d'une disposition[107].

Paragraphe 4 : Éléments divers

En principe, tout ce qui fait partie du texte de loi publié par l'Éditeur officiel devrait pouvoir être pris en considération. L'emploi de la majuscule ou de la minuscule peut être significatif[108]. La numérotation des dispositions fait partie du texte[109]. À la limite, la façon dont le texte est disposé (division en paragraphes, espacement entre dispositions) devrait pouvoir être considérée, sous réserve, toujours, de l'importance à attribuer à ces éléments.

Notons cependant que les renvois aux dispositions antérieures que l'on trouve à la fin des articles des lois refondues ne sont pas censés en faire partie : leur rôle est assimilable à celui des notes marginales[110]. Il en va de même de certains éléments accessoires aux lois refondues tels la table des matières, la table de concordance ou l'index[111].

---

105   *Montreal Light, Heat & Power Cie.* c. *Cité de Montréal*, (1917) 26 B.R. 368, 375, (j. Pelletier) passage cité par le juge L'Heureux-Dubé dans *Laurentide Motels Ltd.* c. *Beauport (Ville)*, [1989] 1 R.C.S. 705, 755.

106   *Re Winding-Up Act*, [1923] 3 D.L.R. 1052, 1055 (B.C.C.A.) (j. MacDonald) (traduction). L'article 48 de la loi québécoise (précitée, note 2) offre un bel exemple de virgules « égarées ».

107   *Smart Hardware Co.* c. *Melfort*, (1917) 32 D.L.R. 552. Voir aussi : Cameron HARVEY, « The Significance of Punctuation in Statutory Interpretation », (1971) 4 *Man. L.J.* 354.

108   *Canadian Pacific Railway* c. *James Bay Railway*, (1905) 36 R.C.S. 42.

109   *Washington* c. *Grand Trunk Railway Co.*, (1897) 28 R.C.S. 184.

110   Loi canadienne, précitée, note 46, art. 14.

111   *Loi sur les Lois révisées du Canada* (1985), précitée, note 25, art. 17.

Sous-section 5 : L'annexe

L'annexe soulève deux types de problème d'interprétation. L'on peut d'abord s'interroger sur son autorité : a-t-elle la même autorité que le dispositif de la loi? On peut encore se poser des questions sur l'interaction entre l'annexe et le dispositif de la loi : une annexe influe-t-elle sur le sens ou la portée de la loi?

Paragraphe 1 : La force obligatoire de l'annexe

L'annexe a-t-elle « force de loi »? La réponse dépend de la formulation et de l'objet de chaque loi. Par exemple, il ne fait pas de doute que l'annexe des Lois refondues qui abroge les lois antérieures a la même autorité que la loi elle-même et que la présentation en annexe n'est qu'une question de pure forme : les abrogations auraient pu être édictées dans le corps même de la refonte. En ce sens, on peut dire que :

> « L'annexe d'une loi se réduit à une simple question de rédaction, à une simple question de terminologie. L'annexe fait tout autant partie de la loi et constitue tout autant une disposition législative que toute autre partie de la loi. »[112]

Le cas d'une annexe d'abrogation est simple. Plus complexe est celui de la reproduction, en annexe d'une loi, d'un texte tel un contrat ou un règlement : cela confère-t-il « force de loi » à ces textes? Tout dépend « du caractère que la législature a donné à cet appendice »[113] tel qu'on peut le déduire du texte et des circonstances[114].

---

[112] *Attorney General* c. *Lamplough*, (1878) 3 Ex. D. 214, 229 (Lord Brett) (traduction). Voir aussi : *Toronto métropolitain* c. *Atkinson*, [1978] 1 R.C.S. 918; *Truax* c. *Dixon*, (1889) 17 O.R. 366 (Ont.C.A.); *Montana Mustard Seed Co.* c. *Continental Grain Co.*, (1977) 15 N.R. 461 (Sask.C.A.), confirmé par la Cour suprême (1977) 15 N.R. 459.

[113] *Houde* c. *Commission des écoles catholiques de Québec*, [1978] 1 R.C.S. 937, 947 (j. Pigeon, dissident).

[114] On comparera : *Canadian Northern Pacific Railway* c. *New Westminster Corporation*, [1917] A.C. 602 et *Winnipeg* c. *Winnipeg Electric Railway*, (1921) 59 D.L.R. 251 (Man.C.A). Voir aussi : *P.G. de la Colombie-Britannique* c. *P.G. du Canada*, [1994] 2 R.C.S. 41; *Beattie* c. *Canada*, (1995) 89 F.T.R. 127 (C.F.).

La publication en annexe des lois de formules qui prescrivent la manière d'accomplir certains actes (formule de demande de permis, de serment, etc.) pose la question de l'autorité de ces formules. Leur emploi peut être facultatif. S'il est obligatoire, la loi précise cependant qu'il n'est pas nécessaire de les respecter à la lettre. Il suffit de respecter l'esprit ou le sens de la formule :

> « L'emploi rigoureux des formules édictées par une loi pour assurer l'exécution de ses dispositions, n'est pas prescrit, à peine de nullité, si les variantes n'en affectent pas le sens. »[115]

Paragraphe 2 : L'emploi interprétatif de l'annexe

Bien qu'elle n'ait pas nécessairement force de loi, l'annexe fait partie du texte de loi et on peut en principe y recourir pour interpréter celle-ci :

> « Une fois qu'on a établi qu'il y a lieu d'interpréter, il faut déterminer l'intention à partir de la loi dans sa totalité, ce qui comprend sûrement l'annexe à laquelle renvoie le dispositif et qui accompagne la loi. »[116]

Le recours à l'annexe pour interpréter la loi, s'il est admis, pose le problème de l'influence que l'annexe peut exercer : on admettra sans difficulté qu'elle puisse justifier que l'on préfère, de deux sens possibles d'une disposition, celui qui est compatible avec son contenu. Par contre, on hésitera à reconnaître qu'une formule en annexe puisse ajouter ou soustraire aux exigences de la loi[117].

L'influence d'une formule en annexe sur le sens d'une loi a été débattue dans un arrêt de la Cour suprême : *Houde* c. *Commission des écoles catholiques de Québec*[118]. La *Loi de l'instruction publique*

---

[115] Loi québécoise, précitée, note 2, art. 48. Dans le même sens : loi canadienne, précitée, note 46, art. 32.

[116] *C.A.P.A.C.* c. *Canadian Television Network Ltd.*, [1968] R.C.S. 676, 682 (j. Pigeon) (traduction). Voir aussi : *McHugh* c. *Union Bank of Canada*, [1913] A.C. 299; *McDonald* c. *Brunette Saw Mill Co.*, [1922] 1 W.W.R. 1163 (B.C.Co.Ct.); *Re Sam Richman Investments (London) Ltd.*, précité, note 78.

[117] *Overseers of the Poor* c. *Chase*, (1895-96) 28 N.S.R. 314 (N.S.C.A.); *City of Victoria* c. *British Colombia Electric Railway Co.*, (1910) 13 W.L.R. 336 (B.C.C.A.).

[118] *Houde* c. *Commission des écoles catholiques de Québec*, précité, note 113.

autorise-t-elle le vote des commissaires d'écoles au scrutin secret? Un règlement qui établit la possibilité du vote secret est-il nul? Pour répondre à ces questions, la Cour devait, entre autres éléments, considérer l'effet d'une formule, annexée à la *Loi de l'instruction publique*, qui fournit un modèle pour la tenue du procès-verbal des délibérations des commissaires ou des syndics d'écoles.

La formule dispose, en particulier, qu'en cas de partage des voix lors d'un vote, le secrétaire-trésorier inscrit le nom de ceux des commissaires ou syndics qui ont voté en faveur et de ceux qui ont voté contre. Il est évident qu'en cas de vote secret, le secrétaire-trésorier n'a aucun moyen de respecter la formule. Devrait-on en conclure que la *Loi de l'instruction publique* prohibe le vote secret? Notons que l'article 6 de la loi édicte :

> « Les formules de la présente loi en font partie et suffisent pour tous les cas où elles s'appliquent. Toutes autres formules, ayant la même signification, peuvent également être employées. »[119]

Le juge Pigeon rédigea l'opinion minoritaire selon laquelle on pouvait inférer de la formule (qui faisait partie de la loi et qu'il fallait respecter dans sa substance) une interdiction de procéder à un scrutin secret. À l'argument tiré de la formule s'ajoute le suivant : la loi (art. 197) faisait obligation aux commissaires de siéger en public et le vote secret violait l'esprit de cette obligation.

L'opinion majoritaire, rédigée par le juge Dickson, s'attacha à minimiser l'importance de la formule soit en insistant sur le fait que son respect n'était pas de rigueur soit en faisant ressortir que « le but de la formule 10 et son effet sont de fournir un modèle indiquant les renseignements qui doivent être enregistrés dans le procès-verbal de la session. Elle n'a pas pour effet de prescrire ce qui doit se produire ou ne doit pas se produire au cours d'une session »[120].

En réalité, le problème soulevé dans l'affaire *Houde* se serait posé dans les mêmes termes si la formule en question avait fait partie du dispositif de la loi. Pouvait-on voir dans une formule de caractère procédural des exigences de fond? La majorité a jugé que non : « la

---

[119] *Loi de l'instruction publique*, L.R.Q., c. I-14.

[120] *Houde* c. *Commission des écoles catholiques de Québec*, précité, note 113, 943.

forme ne doit pas être confondue avec le fond »[121]. La conclusion qu'on peut en tirer, pour la rédaction des textes législatifs, c'est qu'il n'est pas prudent de dissimuler des exigences de fond dans des formules, annexées à la loi, et dont le respect n'est pas de rigueur.

SECTION 3 : RÈGLES TECHNIQUES DE RÉDACTION

La rédaction des textes législatifs se pratique selon certaines règles formant un droit commun législatif, applicable chaque fois que l'intention contraire n'apparaît pas. Tout comme le Code civil à l'égard des contrats, ce droit commun législatif joue un rôle supplétif à l'égard des lois particulières.

Parmi ces règles, nous allons nous arrêter particulièrement à celles qui concernent le langage législatif, la technique du renvoi ainsi qu'à diverses conventions édictées dans les lois d'interprétation.

Sous-section 1 : Le langage législatif

L'énonciation des règles de droit dans les textes législatifs est régie par certaines conventions de langage : la loi parle au présent, au singulier et au masculin.

Ainsi, un règlement d'admission d'étudiants dans une université dira : « Est admis l'étudiant qui remplit les conditions suivantes : [...] » et non « Seront admis les étudiants et étudiantes qui rempliront les conditions suivantes : [...] ». Ces conventions de langage répondent à des impératifs d'uniformisation et de concision. Il ne faut pas, en principe, tirer de l'emploi du présent, du singulier ou du masculin des conclusions que n'autorisent pas les motifs purement techniques qui ont justifié l'adoption de ces conventions.

---

[121]   *Id.*, 944 (j. Dickson).

Paragraphe 1 : La loi s'exprime au présent

Les spécialistes de la rédaction des lois recommandent l'emploi du présent dans la formulation des règles de droit[122]. On peut, si l'occasion l'exige, recourir à d'autres temps : le passé ou le futur peuvent marquer l'antériorité ou la postériorité relative d'une proposition. La norme est cependant de s'en tenir au présent lorsque cela est possible.

Cette convention comporte maints avantages : elle assure qu'une expression uniforme contribuera à la clarté du texte. Elle permet de conserver aux temps autres que le présent une valeur propre qui pourra s'avérer utile dans l'expression de certaines nuances. Elle permet de rendre la loi présente à tout moment de sa durée[123].

Il arrive que l'on rencontre encore de nos jours des dispositions rédigées au futur. Il peut s'agir là de traductions maladroites du « shall » anglais, lequel marque généralement, en droit, le mode impératif plutôt que le temps futur[124]. L'emploi du futur peut donner à croire que la loi ne s'applique pas dès son entrée en vigueur[125].

La rédaction au présent étant justifiée par des motifs d'abord techniques, on ne doit pas en tirer certaines conclusions quant à la portée de la loi dans le temps. On ne doit pas, du simple fait que la

---

122 L.-P. PIGEON, op. cit., note 19, p. 30; M. SPARER et W. SCHWAB, op. cit., note 65, p. 256.

123 La loi est écrite au mode indicatif. L'indicatif présent peut être une façon d'exprimer le mode impératif : c'est l'indicatif présent comminatoire. La rédaction au présent de l'indicatif suffit à exprimer le caractère impératif d'une règle : Droit de la famille – 380, [1987] R.J.Q. 1663 (C.A.). L'indicatif futur peut également avoir la même fonction : « Tu ne tueras point ».

124 L.-P. PIGEON, op. cit., note 19, p. 30. Ainsi, « [c]haque fois qu'il est prescrit qu'une chose sera faite [...] »(« shall » be done) (Loi québécoise, précitée, note 2, art. 51).

125 Voir : Guay c. L'Institut du Bon Conseil, (1908) 34 C.S. 346; Commissaires d'écoles de St-Adelphe c. Charest, [1943] B.R. 504; F.W. Woolworth Co. c. Cité de Verdun, [1981] C.S. 119.

loi est écrite au présent, lui donner un effet rétroactif ou la considérer comme déclaratoire[126].

Il ne faut pas, non plus, parce que la loi est rédigée au présent, en limiter les effets dans l'avenir :

> « La loi parle toujours; et quel que soit le temps du verbe employé dans une disposition, cette disposition est tenue pour être en vigueur à toutes les époques et dans toutes les circonstances où elle peut s'appliquer. »[127]

On ne doit pas présumer que l'effet de la loi s'épuise par sa première application : elle doit en principe s'appliquer aussi souvent que les circonstances l'exigeront[128]. On ne doit pas non plus présumer que la loi ne s'applique qu'aux personnes ou aux biens qui existaient au moment de son adoption : elle peut régir des situations nouvelles si son esprit l'exige et son texte ne s'y oppose pas formellement[129].

Paragraphe 2 : La loi s'exprime au singulier

De la pratique qui consiste à rédiger la loi au singulier, on ne doit pas déduire automatiquement la volonté du législateur d'exclure le pluriel : le contexte de chaque disposition doit être étudié en vue de définir si l'emploi du singulier ou du pluriel est, dans les circonstances, significatif :

> « Le nombre singulier s'étend à plusieurs personnes ou à plusieurs choses de même espèce, chaque fois que le contexte se prête à cette

---

126 Loi québécoise, précitée, note 2, art. 50; *Joint Committee of the Men's and Boys' Clothing Industry* c. *A. Cohen & Co.*, [1951] 3 D.L.R. 133, [1951] C.S. 159 (C.S. Qué.); *Gravel* c. *Cité de St-Léonard*, [1978] 1 R.C.S. 660.

127 Loi québécoise, précitée, note 2, art. 49. Dans le même sens : loi canadienne, précitée, note 46, art. 10.

128 L'article 31 (3) de la *Loi d'interprétation* fédérale consacre ce principe dans son application aux textes qui confèrent des pouvoirs ou imposent des devoirs.

129 *Re Ontario Medical Act*, (1907) 13 O.L.R. 501 (Ont.C.A.). L'interprète doit-il se placer au moment de l'adoption d'une disposition ou à celui de son application pour lui donner sa portée? Cette question délicate est étudiée *infra*, p. 337.

extension. Le nombre pluriel peut ne s'appliquer qu'à une seule personne ou qu'à un seul objet si le contexte s'y prête. »[130]

« Le pluriel ou le singulier s'appliquent, le cas échéant, à l'unité et à la pluralité. »[131]

Ainsi que l'a écrit le juge Pratte, ces règles signifient qu'il ne faut « pas attacher trop d'importance à l'emploi du singulier [...] »[132] dans un texte législatif.

Dans certaines espèces, l'emploi du singulier[133] ou du pluriel[134] fut jugé non significatif. Dans d'autres affaires, les circonstances ont donné plus d'importance au nombre employé, singulier[135] ou pluriel[136].

---

[130] Loi québécoise, précitée, note 2, art. 54.

[131] Loi canadienne, précitée, note 46, art. 33(2). Voir : R. c. Strachan, [1988] 2 R.C.S. 980.

[132] Shell Canada Ltd. c. L'Administration de Pilotage des Laurentides, [1978] 1 C.F. 119, 123 (C.A.).

[133] Morin c. Morin, [1979] 2 R.C.S. 205; Alliance de la fonction publique c. Francis, [1982] 2 R.C.S. 72; Raymond c. Murray Hill Limousine Service Ltd., [1962] B.R. 725; Re Campbell et al. and Bell, (1980) 99 D.L.R. (3d) 322 (B.C.C.A.); Smith c. La Laurentienne Cie. mutuelle d'assurance, [1976] C.S. 463; Richter Gedeon Vegyészeti Gyar Rt c. Merck & Co., [1995] 3 C.F. 330 (C.A.); R. c. Healy, [1979] 1 C.F. 81.

[134] T. Eaton & Co. c. British Columbia, [1994] 52 B.C.A.C. 317 (B.C.C.A.); Soukhaniouk c. Minister of Employment and Immigration, [1995] F.T.R. 55 (C.F.); Credit Protectors (Alberta) Ltd. c. Minister of National Revenue, [1947] R.C. de l'É. 44; Minister of National Revenue c. Stovell Press Ltd., [1953] R.C. de l'É. 169.

[135] Bank of Montreal c. Gratton, (1988) 45 D.L.R. (4th) 290 (B.C.C.A.); Davis c. Minister of National Revenue, [1964] R.C. de l'É. 851; Pfizer Co. c. Sous-ministre du Revenu national, [1973] C.F. 3, 20 (C.A.) (j. Choquette) (arrêt infirmé par [1977] 1 R.C.S. 456); Gunn c. Yeomans, [1981] 2 C.F. 99; Lewis c. Surrey County Council, (1988) 79 N.R. 321 (H.L.).

[136] Montreal Gas Co. c. Cadieux, (1902) 11 B.R. 93; R. c. Noble, [1978] 1 R.C.S. 632 (dans cet arrêt, le texte avait été modifié en substituant le pluriel au singulier : cela a paru décisif).

Paragraphe 3 : La loi s'exprime au masculin

La rédaction d'un texte législatif au genre masculin ne permet pas, à elle seule, de conclure que la loi ne s'applique pas aux personnes de sexe féminin : « le genre masculin comprend les deux sexes, à moins que le contexte n'indique le contraire »[137].

Sans qu'on puisse dire que cette pratique de rédiger les lois au masculin ait été, en elle-même, la cause de discrimination à l'égard des femmes, il faut bien admettre qu'elle a pu en être l'occasion[138] et ce n'est pas sans raison que l'on a pu critiquer un style de rédaction qui fait comme si les femmes n'existaient pas[139]. En réponse à ces critiques, on note des efforts du législateur en vue d'éliminer le sexisme de la rédaction des lois par l'utilisation, lorsque cela se peut, de termes qui n'ont pas de connotation de sexe (par exemple : les droits de la personne). Il convient de signaler également que la *Loi d'interprétation* fédérale a été modifiée en 1992 pour ouvrir la voie à la rédaction au féminin ou au masculin[140].

Sous-section 2 : La technique du renvoi

Il y a renvoi lorsqu'une disposition d'un texte législatif oblige expressément le lecteur à se reporter à un autre texte.

137   Loi québécoise, précitée, note 2, art. 53. Aussi : loi canadienne, précitée, note 46, art. 33(1).

138   Voir, par exemple : *Langstaff* c. *Bar of the Province of Quebec*, (1916) 25 B.R. 11.

139   Sur la question du sexisme du langage du droit au Canada, on verra : Danielle PINARD, « Le langage et l'interprétation du droit : au masculin seulement ? », dans Hélène DUMONT (dir.), *Femmes et droit – 50 ans de vie commune... et tout un avenir*, Les journées Maximilien-Caron 1991, Montréal, Éditions Thémis, 1993, p. 199; Margaret E. RITCHIE, « Alice Through the Statutes », (1975) 21 *R.D. McGill* 685; Elmer A. DRIEDGER, « Are Statutes Written for Men Only », (1976) 22 *R.D. McGill* 666; Margaret E. RITCHIE, « The Language of Oppression – Alice Talks Back », (1977) 23 *R.D. McGill* 535; Karen BUSBY, « The Maleness of Legal Language », (1989) 18 *Man. L.J.* 191.

140   Loi canadienne, précitée, note 46, art. 33(1), tel que modifié par la *Loi corrective de 1991*, L.C. 1992, c. 1, art. 90.

La technique peut servir des fins très diverses : marquer la relation entre deux dispositions ou groupes de dispositions (« sous réserve de l'article 12 »); préciser le sens d'une expression (« salarié au sens du *Code du travail* »); indiquer le droit applicable (« la *Loi sur l'expropriation* s'applique aux expropriations prévues à la présente loi »); éviter de rédiger certaines dispositions (« la procédure d'élection est, en faisant les adaptations nécessaires, celle prévue aux articles x à y de telle loi »).

Utile au rédacteur et souvent même indispensable, par exemple pour établir la hiérarchie entre deux lois dont les dispositions peuvent être inconciliables, cette technique pose néanmoins des difficultés à l'interprète[141]. Ces difficultés se présentent tout particulièrement dans le cas de renvoi externe, c'est-à-dire de renvoi d'un texte à un autre : c'est ce cas qui nous intéresse d'abord ici.

Première difficulté, celle d'identifier exactement le texte auquel on renvoie. Cela se présentera spécialement lorsqu'une loi entend incorporer ou rendre applicables des dispositions qui ont été conçues et rédigées dans un tout autre contexte. Les dispositions incorporées ou rendues applicables peuvent être partiellement inconciliables avec celles de la loi qui y renvoie. Elles ne sont peut-être pas applicables sans procéder à certaines adaptations. Si le législateur n'a pas prévu qu'il y avait lieu d'adapter les dispositions auxquelles il renvoie, les tribunaux pourront refuser de le faire et donc de les appliquer[142]. Même si le législateur a prévu qu'il fallait procéder à des adaptations, l'ampleur même de ces adaptations peut faire problème[143].

---

141 La réprobation judiciaire à l'égard de la « législation *mutatis mutandis* » s'est manifestée assez souvent, parfois même ouvertement. Voir l'opinion dissidente du juge Davis dans *Northumberland and Durham* c. *Murray & Brighton School Trustees*, [1941] R.C.S. 204, 209.

142 *Conseil scolaire du Francis School District* c. *Conseil scolaire du Regina (East) School Unit*, [1974] R.C.S. 779; *Re Purdy and the Queen*, (1972) 28 D.L.R. (3d) 720 (N.B.C.A.).

143 *Robillard* c. *Commission hydroélectrique de Québec*, [1954] R.C.S. 695.

Il est acquis que le renvoi à une disposition comprend un renvoi aux modifications apportées à cette disposition au jour où est édicté le renvoi : il n'est pas nécessaire de les mentionner[144].

Quant aux modifications postérieures, elles nous amènent à considérer la deuxième grande difficulté liée à la technique du renvoi, soit celle causée par la modification, postérieure au jour du renvoi, de la disposition qui en fait l'objet.

À ce sujet, on doit distinguer selon que la disposition faisant l'objet du renvoi a été abrogée ou simplement modifiée. L'effet de l'abrogation d'une disposition faisant l'objet de renvoi dépend nécessairement de la nature du renvoi, de sa raison d'être. Si le renvoi indiquait le droit applicable à une opération, il est bien possible que l'opération ne puisse plus être réalisée, faute de dispositions applicables. Cette solution entraînant toutefois des conséquences radicales, elle ne devrait être retenue qu'en présence d'indices clairs de la volonté législative en ce sens.

Si le renvoi visait par contre à incorporer certaines dispositions dans d'autres, on pourra juger que l'effet de cette technique est de rendre autonomes les dispositions ainsi adoptées, de les couper de leur loi d'origine. Ainsi, il a été décidé à maintes reprises que l'abrogation d'une disposition incorporée par renvoi dans un texte ne portait pas atteinte à l'effet de celui-ci :

> « Si une loi nouvelle incorpore un article d'une loi ancienne, cet article devient partie de la loi nouvelle et n'est pas touché par l'abrogation ou la modification de la loi ancienne. »[145]

> « lorsqu'une loi est incorporée par renvoi dans une deuxième loi, l'abrogation de la première par une troisième n'affecte pas la deuxième. »[146]

---

144   Cité de Montréal c. Poulin, (1904) 25 C.S. 364; loi canadienne, précitée, note 46, art. 40(2).

145   Wilson c. Albert, [1943] 3 D.L.R. 129, 133 (Alta.C.A.) (j. Ewing) (traduction).

146   Harrisson Brothers Ltd c. Cité de St-Jean, (1937) 62 B.R. 357, 373 et 374 (j. Barclay) (traduction). Voir aussi : Clarke c. Bradlaugh, (1881) 8 Q.B.D. 63; Kilgour c. London Street Railway Co., (1914) 19 D.L.R. 827 (Ont.C.A.); Ruthardt c. Ruthardt, (1949) 23 M.P.R. 70 (P.E.I.S.C.); R. c. Raiche, (1976) 24 C.C.C. (2d) 16 (Sask.Q.B.) (par analogie); Re Hilborn and Killam, (1981) 121 D.L.R. (3d) 696 (B.C.S.C.). Contra : L.-P. PIGEON, op. cit., note 19, p. 140.

Le paragraphe h) de l'article 44 de la *Loi d'interprétation* fédérale prévoit une règle particulière en cas de remplacement d'un texte par un autre : si un texte nouveau entraîne la suppression d'une disposition à laquelle renvoyait un autre texte, cette disposition reste néanmoins en vigueur « dans la mesure nécessaire pour donner effet à l'autre texte ». La Cour d'appel fédérale a toutefois jugé que ce texte ne s'appliquait pas au cas où la disposition faisant l'objet du renvoi a été abrogée purement et simplement plutôt que remplacée[147].

Que se passe-t-il si la disposition faisant l'objet du renvoi est modifiée plutôt que simplement abrogée? Doit-on considérer le renvoi comme statique et figé ou comme évolutif et dynamique? C'est là une question fort délicate.

Distinguons selon que la question se pose en droit fédéral ou en droit québécois. L'article 44 h) de la *Loi d'interprétation* fédérale pose comme principe que le renvoi est dynamique ou évolutif lorsqu'une disposition est abrogée et remplacée par une autre : la loi qui renvoyait à la disposition abrogée est censée renvoyer à la disposition nouvelle portant sur le même sujet[148]. Sauf ce cas et ceux où le législateur aura expressément réglé les problèmes soulevés par

---

[147] *Shell Canada Ltd.* c. *L'Administration de Pilotage des Laurentides*, précité, note 132.

[148] La version française de l'article 40(2) de la *Loi d'interprétation* fédérale énonce que : « Les renvois à un texte ou ses mentions sont réputés se rapporter à sa version éventuellement modifiée ». Doit-on voir dans ce texte une règle générale faisant de tous les renvois effectués dans des textes fédéraux des renvois évolutifs? C'est ce que soutiennent Jacques DESJARDINS et Josée LEGAULT dans « L'incorporation par renvoi dans l'exercice du pouvoir réglementaire à l'échelon fédéral », (1991) 70 *R. du B. can.* 245, 252. Ce point de vue est discutable, pour deux raisons. D'abord, le texte de cette disposition a été modifié lors de la refonte générale de 1985 dans un sens peu compatible avec le texte antérieur, l'article 32(2), qui se lisait ainsi : « Une référence à un texte législatif ou une mention d'un texte législatif est réputée une référence au texte législatif ou une mention du texte législatif tel qu'il a été modifié. » La refonte n'étant pas censée modifier le droit et la version française antérieure ne visant clairement que les modifications apportées au texte passif avant le renvoi, on devrait tenir que seules ces modifications sont visées par l'article 40(2). En outre, si l'on devait conclure que les renvois, dans tous les textes fédéraux, sont réputés évolutifs, on verrait mal la raison d'être de l'article 44(h) qui vise, notamment, à déclarer évolutifs les renvois à un texte remplacé.

une modification d'une disposition faisant l'objet de renvoi, il faut s'en reporter à la doctrine et à la jurisprudence.

En doctrine, les opinions sont partagées. Pigeon enseignait que l'on devait présumer que les renvois étaient statiques[149] et ce point de vue reflétait à l'époque assez fidèlement l'attitude des tribunaux en la matière.

En jurisprudence, la tendance générale a en effet été de considérer que le renvoi était fermé, c'est-à-dire qu'il ne s'étendait pas aux modifications que peut subir le texte passif postérieurement au jour du renvoi. On a souvent considéré que le renvoi avait dissocié la disposition passive de son texte d'origine et que le sort de cette disposition n'était plus désormais lié au texte d'origine :

> « Le renvoi fait par une loi à une loi antérieure produit le même effet que si les dispositions visées par le renvoi, au lieu d'être adoptées par un renvoi à la loi antérieure, avaient été édictées dans le second texte de la manière ordinaire. Dans les deux cas, les dispositions adoptées font partie de la loi qui les adopte, et aucune addition à ces dispositions par la voie d'une modification du texte dont elles proviennent ne peut avoir pour effet d'ajouter à la loi qui contient le renvoi. »[150]

Outre ce motif, le tribunal a pu aussi invoquer, dans certains cas, le fait que le renvoi porte sur une loi qui relève de la compétence législative d'une autorité autre que celle qui a effectué le renvoi. Le renvoi interlégislatif ouvert n'est pas nécessairement interdit[151], mais

---

[149] L.-P. PIGEON, *op. cit.*, note 19, p. 41.

[150] *McKenzie* c. *Jackson*, (1898-99) 31 N.S.R. 70, 76 (N.S.C.A.) (j. Henry) (traduction); dans le même sens : *Mercier* c. *Belleau*, (1903) 23 C.S. 136; *Mainwaring* c. *Mainwaring*, [1942] 2 D.L.R. 377 (B.C.C.A.).

[151] *Coughlin* c. *Ontario Highway Transport Board*, [1968] R.C.S. 569; *R.* c. *Furtney*, [1991] 3 R.C.S. 89; *Meherally* c. *Ministre du Revenu national*, [1987] 3 C.F. 525 (C.A.). Voir aussi J. DESJARDINS et J. LEGAULT, *loc. cit.*, note 148, 250-252. Puisque la Cour suprême a statué à quelques reprises que le renvoi ouvert n'impliquait pas, à proprement parler, une délégation de pouvoirs, la jurisprudence qui voit dans un renvoi ouvert prévu dans un règlement une violation de la maxime *delegatus non potest delegare* apparaît discutable. À titre d'exemple : *Investissements St-Germain* c. *Cité de Rimouski*, (1983) 22 M.P.L.R. 121 (C.S.).

les tribunaux ont eu, par le passé, tendance à présumer qu'un tel renvoi ne visait pas les modifications postérieures[152].

Même si la tendance dominante en jurisprudence a pu être, dans le passé, de tenir les renvois pour fermés, il est important de souligner que cette conclusion n'a jamais été la seule possible : tout doit dépendre dans chaque cas de la nature et de la raison d'être du renvoi[153]. Par exemple, dans l'arrêt *Lacoste* c. *Cedars Rapids Manufacturing and Power Co.*[154], le Comité judiciaire du Conseil privé a jugé ouvert un renvoi qui rendait certaines dispositions de la *Loi des chemins de fer* (1903) applicables aux expropriations pratiquées par une entreprise créée par loi spéciale. Le tribunal estima que le but du renvoi était de rendre la *Loi des chemins de fer* applicable à l'entreprise de la même manière qu'à toute corporation régie par cette loi, c'est-à-dire avec les modifications qui pourraient y être apportées à l'occasion.

La présomption traditionnelle du caractère statique des renvois ne correspond plus, à notre avis, aux pratiques législatives actuelles. Si l'on prend en compte ces pratiques, on devrait, en ce qui concerne les renvois effectués dans des lois fédérales ou québécoises, tenir qu'ils sont, sauf indication contraire, dynamiques plutôt que statiques. Les présomptions d'intention doivent refléter les choix de principe du législateur. Or, de nos jours, la solution la plus souvent retenue dans la loi est celle d'attribuer au renvoi un caractère dynamique. En droit fédéral, ce choix se reflète notamment dans l'article 44(h) de la *Loi d'interprétation*. En droit québécois, on en trouve la manifestation dans la pratique législative consistant à

---

152   *Ministre du Revenu du Québec* c. *Lerner*, [1975] C.A. 844; *Bogaert* c. *Lambe*, (1894) 5 C.S. 457; *Lamoureux* c. *P.G. du Canada*, [1964] R.C. de l'É. 641; *R.* c. *McLean*, (1960) 127 C.C.C. 400 (B.C.C.A.); *Skaarup Shipping Corp.* c. *Hawker Industries Ltd.*, [1978] 2 C.F. 361. Voir cependant *Bell Canada* c. *Syndicat des travailleurs et travailleuses en communications et en électricité du Canada*, [1990] R.J.Q. 2808 (C.A.).

153   *Bell Canada* c. *Syndicat des travailleurs et travailleuses en communications et en électricité du Canada*, précité, note 152.

154   *Lacoste* c. *Cedars Rapids Manufacturing and Power Co.*, (1929) 47 B.R. 271 (C. privé).

prévoir expressément le caractère ouvert des renvois lorsqu'une loi est modifiée par remplacement de ses dispositions[155].

La présomption traditionnelle se justifiait notamment par la crainte que les effets de la loi active soient modifiés inopinément lors de la modification ou de l'abrogation de la loi passive. De nos jours, l'informatique réduit considérablement les risques de modification accidentelle de la loi active. La refonte permanente des lois pratiquée au Québec constitue également une technique qui se concilie mal avec le principe de statisme des renvois, car elle encourage son destinataire à se fier au texte refondu pour établir l'état actuel du droit. Or, si les renvois sont en principe tenus pour statiques, alors la refonte permanente risque de se révéler trompeuse puisque les renvois devraient s'analyser à la lumière du droit qui existait au moment où la loi active a été édictée et non à la lumière de celui qu'exprime la refonte.

Qu'il y ait ou non une présomption en la matière et quelle que soit celle-ci, la question de la nature ouverte ou fermée du renvoi demeure, en dernière analyse, une question de diagnostic de la volonté législative dans chaque cas. On peut tout au plus énumérer certains facteurs qui devraient être pris en considération par l'interprète. Parmi ces facteurs, les suivants semblent particulièrement importants :

---

[155] On trouvera un exemple d'une disposition ayant cet effet dans la *Loi sur le centre de recherche industrielle du Québec*, L.Q. 1997, c. 29, art. 41 : « La présente loi remplace la *Loi sur le Centre de recherche industrielle du Québec* (L.R.Q., chapitre C-8). Tout renvoi à cette loi ou à l'une de ses dispositions est un renvoi à la présente loi ou à la disposition correspondante de la présente loi. » À l'occasion du remplacement du *Code civil du Bas Canada* par le *Code civil du Québec*, on a prévu ce qui suit : « Dans les lois et leurs textes d'application, un renvoi à une disposition de l'ancien code est un renvoi à la disposition correspondante du nouveau code ». *Loi sur l'application de la réforme du Code civil*, L.Q. 1992, c. 57, art. 424. On verra aussi : Richard TREMBLAY, « Le renvoi », dans Légistique, *Bulletin de rédaction législative et réglementaire*, Québec, SOQUIJ, 1987, p. 17 : « La question de savoir si le renvoi est statique ou évolutif est donc essentiellement une question d'interprétation. Si une présomption devait être dégagée, ce serait, à notre avis, une présomption d'évolution. » Ne conviendrait-il pas de consacrer cette présomption dans la *Loi d'interprétation* du Québec ?

1) Quel est l'objectif du renvoi, quelle est sa raison d'être? Si, par exemple, le but recherché est d'assurer, par le renvoi, l'application générale et uniforme du texte passif, alors il serait contraire à ce but de tenir le renvoi pour statique, car l'uniformité recherchée par le législateur serait rompue dès la première modification du texte passif[156].

2) Le texte actif et le texte passif ont-ils ou non un auteur commun? Si les deux textes relèvent de la même autorité, cela milite en faveur de la conclusion que le renvoi est évolutif : l'auteur du renvoi conserve alors l'entière maîtrise de cette évolution, ce qui n'est pas le cas lorsque le texte passif relève d'une autre autorité.

3) Le texte passif énonce-t-il une disposition qui, par rapport au texte actif, forme le droit commun en la matière? Il arrive fréquemment qu'un renvoi soit fait à un texte qui énonce le droit commun dans une matière donnée, comme, par exemple, le *Code du travail*[157] en droit du travail ou le *Code des professions*[158] en droit professionnel. Lorsqu'une loi particulière de droit du travail renvoie au *Code du travail*, ou lorsqu'une loi professionnelle renvoie au *Code des professions*, la nature même de ce type de renvoi commande de le réputer évolutif, sous peine de faire perdre à la loi passive son caractère de droit commun. Il s'agit au fond de se demander si le renvoi a un caractère naturel, c'est-à-dire s'il est justifié par la nature des relations fonctionnelles entre les textes en cause, ou bien s'il n'a pas été fait uniquement par commodité de rédaction, auquel cas il présente un caractère artificiel qui milite à l'encontre de la conclusion qu'il s'agit d'un renvoi évolutif.

En terminant, il faut noter que l'un des problèmes les plus fréquemment soulevés par la technique du renvoi est celui des

---

156 Par exemple, si un renvoi a pour objectif d'assurer l'application générale et uniforme de la réglementation relative à la circulation routière, il serait contraire à cet objectif de tenir pour statique le renvoi fait à cette réglementation : *R. c. Glibbery*, [1963] 1 O.R. 232 (Ont.C.A.). Voir également : *Stuart c. Canada*, [1989] 2 C.F. 3.

157 *Code du travail*, L.R.Q., c. C-27.

158 *Code des professions*, L.R.Q., c. C-26.

répercussions, sur le renvoi, d'un changement de numérotation de la disposition passive. Ce problème est réglé expressément quand la renumérotation s'opère à l'occasion d'une refonte générale[159], encore que des difficultés puissent surgir au sujet de renvois interlégislatifs[160].

Le paragraphe h) de l'article 44 de la *Loi d'interprétation* fédérale permet, lorsqu'il est applicable, de régler ce genre de difficultés. Le problème ne se pose pas non plus si le renvoi est jugé non évolutif : aucune modification, y compris de numérotation, ne devrait changer l'effet d'un renvoi statique. Il y a d'ailleurs lieu de croire que si la jurisprudence a eu tendance, dans le passé, à considérer les renvois comme statiques, c'est justement pour éviter les problèmes de ce genre. Admettre qu'un renvoi est évolutif, c'est risquer que la loi active soit modifiée inopinément lors de la modification de la loi passive[161].

Si le problème se pose au sujet d'un renvoi ouvert et qu'il n'est pas expressément réglé, quelle devrait être la solution? La renumérotation d'une loi peut-elle avoir comme conséquence d'annuler ou, ce qui pourrait être plus grave, de modifier l'effet d'un renvoi? Dans ce cas, il nous semble qu'il faut choisir la solution qui paraît respecter l'intention du législateur. L'omission de faire les modifications de concordance qu'impose une renumérotation ne devrait pas justifier qu'on prive une loi de ses effets ou qu'on lui fasse produire des effets déraisonnables ou absurdes[162]. Dans un cas comme celui-là, les principes généraux d'interprétation permettent à l'interprète de suppléer aux omissions du rédacteur ou d'ignorer ses maladresses de manière à donner effet aux prescriptions de la loi « suivant leurs véritables sens, esprit et fin »[163].

---

[159] *Loi sur la refonte des lois et des règlements*, précitée, note 25, art. 9; *Loi sur les Lois révisées du Canada (1985)*, précitée, note 25, art. 5.

[160] *Bell c. P.G. de l'Île-du-Prince-Édouard*, précité, note 26.

[161] Comme on l'a indiqué plus haut, cette crainte se justifie peu à l'ère de l'informatique, puisqu'il est théoriquement possible d'identifier tous les renvois effectués à la loi passive lorsqu'elle est modifiée ou abrogée.

[162] *Bell c. P.G. de l'Île-du-Prince-Édouard*, précité, note 26.

[163] Loi québécoise, précitée, note 2, art. 41. Sur le pouvoir d'ignorer des erreurs évidentes de rédaction, voir *infra*, p. 494. Les lois d'interprétation contiennent diverses règles de caractère très technique sur la rédaction des dispositions qui

Sous-section 3 : Conventions de rédaction édictées par les lois d'interprétation

Soumise aux règles ordinaires du langage, la communication législative a également recours à des conventions qui lui sont propres. Certaines de celles-ci, à caractère purement technique, sont formulées dans les lois d'interprétation, québécoise ou fédérale.

En édictant ces règles, le législateur entend préciser le sens ou la portée de termes fréquemment employés dans les lois et abréger le texte de celles-ci en édictant un « droit commun de la législation ».

Cet ensemble de règles techniques peut soulever certains problèmes d'interprétation ou d'application, mais il semblerait que plus nombreuses encore soient les difficultés soulevées par une méconnaissance trop fréquente de ces règles.

Toutes proportions gardées, les lois d'interprétation énoncent des règles qui sont au droit statutaire ce qu'est le Code civil au droit civil : un droit de principe, applicable, sans qu'il soit besoin de le mentionner, chaque fois que l'intention contraire n'apparaît pas. Si l'interprète de la loi ignore ces conventions, il n'y a aucun indice dans le texte législatif pour le référer à la loi d'interprétation.

D'où l'extrême importance (et ceci vaut en particulier pour la *Loi d'interprétation* fédérale, plus abondante en conventions techniques que la loi québécoise) pour l'interprète d'être averti de l'existence de ces règles sinon d'en posséder le contenu de mémoire. On ne saurait donc trop encourager ceux qui fréquentent les lois à lire et relire les lois d'interprétation.

Il ne saurait être question de paraphraser ici les règles que les lois d'interprétation énoncent. Il suffira de signaler leur existence. On peut les regrouper sous les titres suivants : 1) les définitions; 2) les règles relatives à l'étendue de certains pouvoirs; 3) les règles relatives au temps; 4) les règles diverses.

---

comportent un renvoi : loi québécoise, précitée, note 2, art. 43, 44, 46 et 47; loi canadienne, précitée, note 46, art. 40 et 41.

Paragraphe 1 : Les définitions

La loi québécoise (art. 61) et la loi canadienne (art. 35, 36 et 37) contiennent des dispositions définitoires applicables, en principe, aux lois et aux règlements (*Loi d'interprétation* fédérale, art. 2(1)).

Ces dispositions ne sont applicables que si une intention contraire n'est pas manifestée (*Loi d'interprétation* québécoise, art. 61; *Loi d'interprétation* fédérale, art. 15(2) et 3(1)).

Parmi les plus importantes de ces définitions, signalons celle du mot « personne » (qui comprend, entre autres, les personnes morales) et celle des « jours fériés ».

Paragraphe 2 : Règles relatives à l'étendue de certains pouvoirs

Le principe des pouvoirs accessoires ou complémentaires (appelés aussi « ancillaires ») est énoncé à l'article 57 de la loi québécoise et à l'article 31(2) de la loi canadienne : une disposition qui confère un pouvoir est censée conférer également à titre accessoire l'autorité de faire les choses nécessaires à l'exercice du pouvoir conféré[164].

---

[164]   Ces textes codifient la common law. Pour des cas d'application de ce principe : *Chrysler Canada Ltd.* c. *Canada*, [1992] 2 R.C.S. 394; *Commission de transport de la Communauté urbaine de Québec* c. *Canada*, [1990] 2 R.C.S. 839; *Lyons* c. *La Reine*, [1984] 2 R.C.S. 633; *Canada (Directeur des enquêtes et recherches en vertu de la Loi relative aux enquêtes sur les coalitions)* c. *Newfoundland Telephone Co.*, [1987] 2 R.C.S. 466; *Interprovincial Pipe Line Ltd.* c. *Office national de l'énergie*, [1978] 1 C.F. 601 (C.A.); *Professional Institute of the Public Service of Canada* c. *Government of Canada*, (1981) 34 N.R. 443 (C.A.F.); *Ligue de la radiodiffusion canadienne* c. *C.R.T.C.*, [1983] 1 C.F. 182 (C.A.); *AGT Ltd.* c. *Canadian Radio-Television and Telecommunications Commission*, (1995) 178 N.R. 378 (C.A.F.). Il faut que le pouvoir dont l'attribution implicite est invoquée soit raisonnablement nécessaire à l'exercice du pouvoir expressément conféré : *Reference Re National Energy Board Act*, (1986) 69 N.R. 174 (C.A.F.). Le principe des pouvoirs subsidiaires est inapplicable lorsque la loi ne confère pas explicitement un pouvoir : *Dedman* c. *La Reine*, [1985] 2 R.C.S. 2. Dans certains cas, on exigera que le pouvoir soit exprès : *Colet* c. *La Reine*, [1981] 1 R.C.S. 2.

Les lois précisent aussi que l'exercice d'un pouvoir est facultatif ou non selon que la loi édicte qu'une chose doit être faite ou peut être faite (loi québécoise, art. 51; loi canadienne, art. 11)[165].

Les pouvoirs de nomination et de destitution ainsi que l'étendue de l'autorité des fonctionnaires publics font l'objet de règles générales : loi québécoise, art. 55 et 56; loi canadienne, art. 23, 24 et 31(1). Pareillement, les lois contiennent des règles concernant l'exercice de pouvoirs conférés à plus de deux personnes ou à des organismes à direction collégiale : majorité (loi québécoise, art. 59; loi canadienne, art. 22(1)), quorum (loi canadienne, art. 22(2)) et effet de vacances (loi québécoise, art. 60; loi canadienne, art. 22(2) c)).

La loi canadienne précise également qu'un pouvoir s'exerce selon les besoins et ne s'épuise pas à son premier exercice (art. 31(3)) et que le pouvoir de faire des règlements comprend celui de les modifier ou de les abroger (art. 31(4)).

Ces règles relatives aux pouvoirs, dont la liste qui vient d'être donnée n'est pas exhaustive, sont applicables à la condition que le législateur n'ait pas manifesté, expressément ou implicitement, une intention contraire (loi québécoise, art. 1; loi canadienne, art. 3(1)).

Paragraphe 3 : Règles relatives au temps

On trouve, en common law, une jurisprudence très abondante sur les problèmes causés par la référence au temps dans les lois ou les contrats. Les lois d'interprétation entendent résoudre certaines de ces difficultés lorsqu'elles se présentent dans l'interprétation de lois ou de règlements.

Les dispositions des lois d'interprétation n'épuisent cependant pas la question et l'interprète pourra trouver nécessaire de remonter à la common law pour déterminer la portée de certaines expressions contenues dans les textes législatifs, ceci étant particulièrement vrai

---

165   Bien que ces dispositions aient pu viser à le faire, elles n'ont pas réglé la question de savoir si le mot « peut » est, en lui-même, attributif d'un pouvoir discrétionnaire. Voir *infra*, p. 292.

en droit québécois puisque la *Loi d'interprétation* du Québec est bien loin d'être aussi complète sur le sujet que sa contrepartie fédérale[166].

Les règles relatives au temps se présentent, dans les lois d'interprétation, soit sous forme de définitions soit sous forme de règles relatives à la computation des délais.

Le mot « mois » désigne en principe un mois de l'année civile (dit « de calendrier ») et non un mois lunaire (loi québécoise, art. 61(24); loi canadienne, art. 35). Seule la loi fédérale définit, à l'article 37, les mots « année » et « année civile » et, à l'article 35, « heure locale » et « heure normale ». Pour compléter ces définitions, et pour y suppléer en droit québécois, il faut se référer à la common law[167].

Les termes « maintenant » et « prochain » s'entendent, dans une loi québécoise, par rapport au jour de l'entrée en vigueur de la loi (loi québécoise, art. 61(25)). Notons qu'il ne faut pas confondre l'entrée en vigueur d'une loi et celle de sa version refondue dans le cadre d'une refonte générale : il faudrait se reporter au jour de l'entrée en vigueur de la loi originaire[168].

En matière de computation des délais, les lois d'interprétation abordent deux questions : 1) doit-on tenir compte des jours fériés? 2) doit-on tenir compte du jour qui marque le point de départ du délai et de celui qui marque son point d'arrivée?

En principe, on doit tenir compte des jours fériés dans la computation des délais[169]; exceptionnellement, cependant, l'objet

---

166   On trouvera un exposé de la common law en matière de référence au temps dans *Halsbury's Laws of England*, 4e éd., vol. 45, Londres, Butterworths, 1985, pp. 525-554. Le *Code de procédure civile* (art. 7 et 8) contient des dispositions applicables à la computation des délais qu'il édicte ou qui sont impartis en vertu de ses dispositions. Ces textes ne sont pas d'application générale : *Ville de Montréal c. Vaillancourt*, [1977] 2 R.C.S. 849.

167   On pourra consulter, outre *Halsbury's Laws of England, op. cit.*, note 166, *The Digest*, vol. 46, Londres, Butterworths, 1986, pp. 162-219 et *The Canadian Abridgment*, 2e éd., vol. R34, Toronto, Carswell, 1993, sous la rubrique « Time ».

168   *Skaarup Shipping Corp. c. Hawker Industries Ltd.*, précité, note 152.

169   L'expression « jour férié » est définie dans la loi québécoise, précitée, note 2 (art. 61(23)) et dans la loi canadienne, précitée, note 46 (art. 35).

de la disposition pourra justifier qu'on ne compte pas certains jours fériés, comme le dimanche, par exemple[170]. Le principe général souffre également exception lorsque le délai imparti pour une procédure ou pour l'accomplissement d'une chose expire un jour férié; dans ce cas, les lois d'interprétation disposent que le délai est prolongé au jour non férié suivant (loi québécoise, art. 52 et loi canadienne, art. 26).

Ces textes ont donné lieu à des interprétations qu'il est malaisé de concilier. Dans l'affaire *Déchène* c. *City of Montreal*[171], le Comité judiciaire du Conseil privé refusa d'appliquer une version antérieure de l'actuel article 52 de la *Loi d'interprétation* québécoise actuelle (soit l'article 20 de la *Loi d'interprétation* québécoise de 1886 (c. 95)) de manière à prolonger d'un jour le délai imparti par la Charte de la Cité de Montréal pour contester certaines décisions de la Corporation.

L'article 20 de la *Loi d'interprétation* de 1886 fut considéré par le tribunal comme applicable uniquement aux délais d'un caractère strictement procédural :

> « Cet article apparaît à Leurs Seigneuries comme étant essentiellement une disposition de procédure : c'est, pour l'essentiel, une reproduction de l'article 3 du *Code de procédure civile*. Sa formulation ne donne pas à penser qu'un demandeur puisse intenter une action en revendication d'un immeuble après l'expiration du délai de prescription s'il établit que le ou les derniers jours de ce délai n'étaient pas ouvrables, et que sa demande est introduite le premier jour après l'expiration du délai. »[172]

En somme, l'article en question ne se serait appliqué qu'aux délais impartis aux plaideurs une fois l'action régulièrement intentée : il ne pouvait prolonger un délai de prescription ou de déchéance.

Cette décision ne fut pas suivie dans l'interprétation d'une disposition semblable de la *Loi d'interprétation* de Colombie-

---

170 *Carefoot* c. *Nichols & Shepard Co.*, (1922) 62 D.L.R. 495 (Sask.K.B.).
171 *Déchène* c. *City of Montreal*, [1894] A.C. 640, confirmant (1892) 1 B.R. 206.
172 *Id.*, 645 (traduction).

Britannique[173] ni dans celle de la disposition de la loi canadienne d'interprétation correspondant à l'actuel article 25(1). En effet, dans l'arrêt *Hamel* c. *Leduc*[174], la Cour suprême s'autorisa du paragraphe 27 de l'article 7 de la *Loi d'interprétation* fédérale de 1886 (S.R.C. 1886, c. 1) pour prolonger d'un jour un délai fixé par la loi pour contester une élection fédérale. L'arrêt *Déchène* n'est pas mentionné dans le jugement de la Cour suprême. On y trouve cependant l'opinion suivante :

> « Si nous n'appliquions pas le paragraphe 27 dans la présente affaire, nous consacrerions une interprétation qui rendrait cette disposition de la *Loi d'interprétation* inutile et inapplicable dans tous les cas où une loi exigerait l'accomplissement d'un acte à l'intérieur d'un délai déterminé. Nous priverions ainsi de tout effet cette utile règle d'interprétation. »[175]

En 1940, la Cour d'appel du Québec invoqua l'article 52 de la *Loi d'interprétation* québécoise pour prolonger d'un jour un délai de préavis d'accident[176]. Par contre, en 1955, elle refusa d'appliquer le même article de manière à prolonger un délai de prescription en cas de dommages[177] : citant l'arrêt *Déchène*, elle jugea que l'article 52 de la *Loi d'interprétation* québécoise ne pouvait avoir l'effet de prolonger un délai de prescription ou de déchéance. C'est également ce point de vue qui a prévalu dans l'arrêt *Progress Furniture Manufacturers Limited* c. *Eastern Furniture Limited*[178] et dans *Grégoire* c. *Fédération québécoise de la Montagne*[179].

---

[173] *Re Nelson City By-Law*, (1898) 6 B.C.R. 163 (B.C.S.C.).
[174] *Hamel* c. *Leduc*, (1898) 29 R.C.S. 178.
[175] *Id.*, 180 (traduction).
[176] *Blair* c. *Cité de Montréal*, (1940) 68 B.R. 255.
[177] *Bousquet* c. *Montreal Transportation Commission*, [1955] B.R. 246. Cet arrêt a été suivi dans *Commission scolaire St-Eustache* c. *Bernier*, [1976] C.S. 1292. Voir aussi : *Latulippe* c. *Bédard*, (1931) 69 C.S. 176 et comparer à *Arsenault* c. *Méthot*, (1929) 67 C.S. 172.
[178] *Progress Furniture Manufacturers Limited* c. *Eastern Furniture Limited*, [1960] R.C.S. 116.
[179] *Grégoire* c. *Fédération québécoise de la Montage*, [1981] C.S. 238, confirmé par J.E. 86-388, (C.A.), autorisation de pourvoi à la Cour suprême refusée le 27 novembre 1986.

Comment expliquer que deux textes substantiellement identiques (l'article 26 de la *Loi d'interprétation* fédérale et l'article 52 de la *Loi d'interprétation* québécoise) puissent être si différemment interprétés? L'interprétation proposée par le Conseil privé en 1894 ne ressort pas du texte de l'article 52 qui, manifestement, vise non seulement les délais de procédure mais aussi les délais « pour l'accomplissement d'une chose ». À cet égard, la décision de la Cour suprême dans l'arrêt *Hamel* c. *Leduc* semble davantage respecter l'intention du législateur telle qu'elle ressort des articles en question. Deux arrêts plus récents de la Cour d'appel retiennent d'ailleurs le sens large de l'article 52[180].

L'autre question importante soulevée par la computation des délais est celle de l'inclusion ou de l'exclusion des jours qui marquent le point de départ ou d'arrivée du délai.

En règle générale, la règle de common law veut que la computation d'un délai se fasse en excluant le jour qui marque le point de départ du délai et en incluant dans son entier le jour qui marque son point d'arrivée[181]. Ce principe est codifié au troisième paragraphe de l'article 27 (2) de la *Loi d'interprétation* fédérale. Il sera cependant écarté si le législateur en manifeste l'intention en recourant à des expressions du genre : « pas moins de tant de jours », « tant de jours au moins », « un minimum de tant de jours », « tant de jours francs » et ainsi de suite; dans ces cas, on ne compte ni le jour qui marque le point de départ (le *dies a quo*), ni celui qui marque le point d'arrivée du délai (le *dies ad quem*)[182].

En common law, en vertu du principe voulant qu'on ne tienne pas compte des fractions de jours dans la computation du temps, une personne était réputée atteindre un âge donné le premier instant du

---

180 *Dompierre* c. *Provost*, [1993] R.D.J. 78 (C.A.); *Banque nationale du Canada* c. *Québec (Sous-ministre du Revenu)*, J.E. 97-1835 (C.A.).

181 *Radcliffe* c. *Bartholomew*, [1892] 1 Q.B. 161; *Goldsmiths' Co.* c. *West Metropolitan Railway Co.*, [1904] 1 K.B. 1. Voir aussi : *Irwin* c. *Minister of National Revenue*, [1963] R.C. de l'É. 51.

182 *Loi canadienne*, précitée, note 6, art. 27(1); *Halsbury's Laws of England*, op. cit., note 166, par. 1133, p. 543; *McCutcheon* c. *J. Clark & Son Ltd.*, (1959) 16 D.L.R. (2d) 237 (N.B.C.A.); *Saskatchewan Wheat Pool* c. *City of Regina*, (1973) 31 D.L.R. (3d) 7 (Sask.C.A.).

jour qui précédait celui de son anniversaire. Cette règle est modifiée en droit fédéral par l'article 30 de la *Loi d'interprétation* fédérale qui fixe l'instant où une personne atteint un âge donné au commencement du jour anniversaire de sa naissance.

Paragraphe 4 : Règles diverses

Parmi les règles édictées par les lois d'interprétation et dont le lecteur de textes législatifs doit être averti, mentionnons celles qui touchent les points suivants :

- le serment, les personnes aptes à le recevoir (loi canadienne, art. 19; loi québécoise, art. 58) et la possibilité de le remplacer par une affirmation solennelle (loi canadienne, art. 35);

- les infractions. La loi canadienne (art. 34) distingue l'acte criminel de l'infraction punissable sur déclaration sommaire de culpabilité et leur rend applicables en principe les dispositions du *Code criminel*[183];

- les personnes morales. La loi canadienne énonce (art. 21) des règles générales concernant la dénomination, les pouvoirs et la gestion de personnes morales créées par un texte législatif fédéral;

- la preuve. La loi canadienne pose (art. 25) des règles relatives à la force probante de certains documents[184].

---

[183]   On a jugé que seules étaient applicables les dispositions du *Code criminel* qui pouvaient s'appliquer sans qu'il soit nécessaire de les adapter : *Re Purdy and the Queen*, précité, note 142.

[184]   Au sujet de la preuve du texte des lois, on a décidé (*R. c. Welsh and Iannuzzi (No 6)*, (1977) 74 D.L.R. (3d) 748 (Ont. C.A.)) qu'une copie certifiée conforme d'une loi fédérale constituait une meilleure preuve de la teneur de la loi que le texte publié par l'Imprimeur de la Reine et auquel la *Loi sur la preuve au Canada*, L.R.C. (1985), c. C-5, art. 19, reconnaît une force probante. En droit québécois, la *Loi sur l'Assemblée nationale*, L.R.Q., c. A-23, art. 40, confère le caractère d'acte authentique faisant foi de son existence et de son contenu à la copie d'une loi certifiée conforme à l'original par le secrétaire général de l'Assemblée nationale de même qu'au texte publié par l'Éditeur officiel du Québec.

CHAPITRE 2 :
L'EFFET DE LA LOI

Plusieurs problèmes dits d'interprétation des lois sont plutôt, à bien y regarder, des problèmes d'application des lois. Le sens d'une règle législative a beau être clair, l'application de la règle peut néanmoins faire problème.

Parmi les problèmes d'application de la loi, on peut distinguer ceux qui se rapportent à l'effet de la loi dans le temps, à son effet territorial et à son effet à l'égard des personnes.

SECTION 1 : L'EFFET DE LA LOI DANS LE TEMPS

Comme un organisme vivant, le texte d'une loi naît, il peut évoluer et, éventuellement, il disparaîtra. On peut en dire autant des règles de droit que le texte énonce : elles apparaissent, elles seront éventuellement modifiées puis supprimées. Au contraire des organismes vivants cependant, les règles de droit d'origine législative n'agissent pas uniquement à l'égard du temps qui s'écoule entre les moments qui marquent le début et la fin de leur existence : elles peuvent avoir effet avant leur naissance et après leur extinction.

D'où la nécessité, après avoir traité de la vie du texte de loi, de considérer l'action de la règle de droit dans le temps. Au préalable, il convient cependant de bien marquer la différence entre le texte législatif et la règle de droit dont il est l'expression.

Sous-section 1 : Texte de loi et règle de droit

Le terme « loi » est d'un emploi ambigu. On l'utilise le plus souvent pour désigner un texte législatif. C'est le cas lorsqu'il est fait référence à la sanction ou à l'abrogation de la loi : il s'agit bien de la sanction ou de l'abrogation d'un texte. Le terme « loi » est aussi employé pour faire référence non pas au texte de la loi, mais bien plutôt à la règle de droit que le texte énonce. Ainsi, lorsque l'on parle d'application des lois dans le temps, c'est bien de l'application dans le temps de règles de droit d'origine législative dont il s'agit.

Si la sanction d'un texte législatif par le Souverain marque la naissance d'un nouveau texte, il ne s'ensuit pas nécessairement qu'une
nouvelle règle de droit a vu le jour. Il se peut que le texte nouveau
ne soit que la réitération d'une règle déjà existante. La modification
d'un texte n'emporte pas nécessairement la modification de la règle
qu'il énonce : il se peut que l'on ait simplement voulu donner à la
règle une expression plus claire, plus correcte ou plus élégante.
L'abrogation d'un texte n'implique pas non plus nécessairement la
suppression de la règle qu'il énonce : il se peut que cette règle subsiste, comme c'est le cas, par exemple, dans l'hypothèse de la refonte
des lois : le texte ancien est abrogé, mais la règle continue de vivre
sous l'expression que lui donne le nouveau texte.

Dans les pages qui suivent, on prendra donc garde de ne pas
confondre le texte de la loi et la règle de droit qu'exprime le texte. Si
la sanction ou l'abrogation sont des phénomènes relatifs à la vie des
textes législatifs (1), l'effet rétroactif ou l'effet immédiat sont des
modalités d'application dans le temps des règles de droit d'origine
législative (2).

Sous-section 2 : La vie du texte législatif

La vie d'un texte de loi commence dès son adoption, mais son effet ne se fait sentir en principe qu'à compter de l'entrée en vigueur.
Par la suite, le texte pourra subir des modifications puis son existence
cessera lorsqu'il sera abrogé, remplacé ou qu'il aura expiré.

Paragraphe 1 : L'adoption et l'entrée en vigueur[1]

Le texte de la loi existe dès qu'il est adopté. Sa force exécutoire
commence cependant avec son entrée en vigueur. Après avoir distin-

---

[1]   Les lignes qui suivent ne concernent que l'adoption et l'entrée en vigueur des
        textes des lois proprement dites. L'adoption et l'entrée en vigueur des
        règlements sont régies par des règles particulières variées qu'il n'est pas permis
        d'étudier ici. À ce propos, on pourra se référer notamment à René DUSSAULT et
        Louis BORGEAT, *Traité de droit administratif*, 2ᵉ éd., t. 1, Québec, Presses de
        l'Université Laval, 1984, p. 485 et suiv. Voir aussi : Luc GAGNÉ, *Le processus
        législatif et réglementaire au Québec*, Cowansville, Éditions Yvon Blais, 1997.

gué la sanction de la loi de son entrée en vigueur, on verra les principales règles relatives à l'entrée en vigueur des textes de loi.

Sous-paragraphe 1 : La sanction du texte

Le texte de la loi naît dès qu'il est adopté par le Parlement. Comme c'est le Souverain qui, parmi les composantes du Parlement, est le dernier à signifier son assentiment à un projet de loi, c'est la sanction du projet par le représentant du Souverain, gouverneur général ou lieutenant-gouverneur, qui marque le début de l'existence d'un texte de loi.

Le texte n'est toutefois pas nécessairement exécutoire dès sa sanction : sanction et mise en vigueur peuvent souvent coïncider dans le temps, mais ce sont deux faits conceptuellement distincts. Le texte de la loi sanctionnée doit, en principe, entrer en vigueur pour produire ses effets[2]. Il faut dire « en principe » car une loi sanctionnée, mais non mise en vigueur, n'est pas entièrement démunie d'effet. Par exemple, l'article 55 de la *Loi d'interprétation* québécoise prévoit que :

> « Lorsqu'une loi ou quelque disposition d'une loi entre en vigueur à une date postérieure à sa sanction, les nominations à un emploi ou à une fonction qui en découle peuvent valablement être faites dans les trente jours qui précèdent la date de cette entrée en vigueur, pour prendre effet à cette date, et les règlements qui y sont prévus peuvent valablement être faits et publiés avant cette date.

---

2   Sur l'inapplicabilité du texte non mis en vigueur : *Potter Distilleries* c. *The Queen*, (1982) 132 D.L.R. (3d) 190 (B.C.C.A.); *Schneider* c. *La Reine*, [1982] 2 R.C.S. 112. Selon Richard Tremblay, il y aurait lieu de distinguer la force exécutoire de la loi, qui naît dès la sanction de celle-ci, de sa force obligatoire, qui naît à la date d'entrée en vigueur. Dès sa naissance, la loi s'imposerait à l'Administration : il s'agit de ce que Tremblay appelle la « force exécutoire » de la loi. Quant à la « force obligatoire » de la loi, elle commencerait au moment où la loi s'impose aux particuliers, c'est-à-dire au moment de l'entrée en vigueur. Tremblay admet (à la page 23) que cette distinction, tirée du droit continental européen, n'a pas, pour l'instant, d'écho en droit canadien. Richard TREMBLAY, *L'entrée en vigueur des lois – Principes et techniques*, Cowansville, Éditions Yvon Blais, 1997, pp. 17-47.

Toutefois, s'il s'agit d'une loi ou de quelque disposition d'une loi entrant en vigueur par suite d'une proclamation, ces nominations ne
peuvent se faire qu'à compter de la date de cette proclamation. »

L'article 7 de la *Loi d'interprétation* fédérale permet également de
prendre validement certaines mesures avant l'entrée en vigueur
d'une loi[3].

On peut s'interroger sur la possibilité de prendre en considération,
pour interpréter un texte de loi exécutoire, une disposition sanctionnée, mais non encore mise en vigueur. On devrait pouvoir se
référer à une loi qui n'est pas en vigueur pour écarter un doute
quant au sens ou à la portée d'une autre loi : le législateur est censé
maintenir une certaine cohérence dans l'ensemble des lois qu'il
adopte et, entre deux interprétations possibles d'une loi, il faut
préférer celle qui permet d'assurer cette cohérence. Ce n'est pas là
donner effet à la loi non promulguée pas plus que c'est donner effet
à un traité international que de préférer le sens d'une loi qui
s'accorde avec les termes du traité. Une loi non mise en vigueur ne
saurait cependant prévaloir sur le texte formel d'une loi exécutoire.

Le point de vue qui vient d'être exprimé fut celui qu'adopta le
juge Ritchie (à l'opinion duquel concoururent les juges Spence et
Pigeon) quant à l'admissibilité de l'interprétation d'un article déjà en
vigueur à la lumière de dispositions de la loi qui n'étaient pas encore
en vigueur. S'agissant d'interpréter l'article 120 de la *Loi de 1968-69
modifiant le droit pénal*[4], le juge Ritchie s'exprima ainsi :

> « On soutient que, bien que l'article 120 soit en vigueur, les autres
> articles de la Loi sont sans effet jusqu'à ce qu'ils soient promulgués
> et qu'en conséquence ces autres articles ne peuvent servir à décou-
> vrir quelle était l'intention du Parlement lorsqu'il a édicté l'art. 120.
> Je ne puis accepter cet argument parce que je crois que, promul-
> guées ou non, les dispositions de la *Loi modifiant le droit pénal* sont

---

3   *R. c. Leblanc*, (1972) 7 C.C.C. (2d) 525 (N.S.C.A.); voir aussi : *McKenzie c. Huybers*,
    [1929] R.C.S. 38; *Re B.C. Teachers Federation and Board of School Trustees of
    Burnaby*, (1978) 83 D.L.R. (3d) 190 (B.C.S.C.).

4   *Loi de 1968-69 modifiant le droit pénal*, S.C. 1968-1969, c. 38.

celles d'une loi du Parlement du Canada et doivent être considérées comme l'expression de l'intention et de la volonté du Parlement. »[5]

Il peut arriver que se pose la question de savoir s'il y a lieu, dans certains cas, de se reporter au jour de la sanction d'un texte ou bien au jour de son entrée en vigueur. Par exemple, lorsque deux lois ne sont pas conciliables, il faut donner priorité à la loi postérieure. De deux lois, laquelle est postérieure : celle qui est sanctionnée ou celle qui est promulguée la dernière?

Lorsque se pose une question de ce genre, l'interprète doit, à défaut de texte exprès[6], se référer au contexte, aux circonstances, à l'objet pour déterminer si une règle renvoie au moment de l'énonciation de la volonté du législateur ou à celui de sa mise à exécution. Par exemple, la prépondérance des lois postérieures est justifiée par la volonté présumée du Parlement de révoquer une loi antérieure lorsqu'il édicte une disposition qui lui est contraire. Il s'agit en somme de préférer la dernière volonté. Or, c'est la sanction qui marque le moment d'expression de la volonté du législateur, si bien qu'en cas de conflit entre deux lois, c'est celle qui est sanctionnée la dernière qui devrait prévaloir. D'ailleurs, admettre que c'est le jour de l'entrée en vigueur qui doit être considéré plutôt que celui de la sanction serait, dans le cas d'entrée en vigueur par proclamation, reconnaître à l'exécutif un pouvoir exorbitant, soit celui d'établir la hiérarchie entre des lois contraires.

Notons en terminant que la sanction d'un texte législatif marque souvent le moment de l'édiction d'une nouvelle règle de droit. Cette règle peut être entièrement nouvelle ou il peut ne s'agir que d'une version modifiée d'une règle antérieure. Toutefois, l'adoption d'un nouveau texte ne signifie pas nécessairement l'édiction d'une nouvelle règle : le texte nouveau peut n'avoir pour objet que la réitération d'une règle du droit antérieur. Lorsque la règle posée par le

---

5   *Dans l'Affaire des Questions soumises par le Gouverneur Général en Conseil Relatives à la Proclamation de l'Article 16 de la Loi de 1968-69 Modifiant le Droit Pénal*, [1970] R.C.S. 777, 797 et 798. M. le juge Ritchie était dissident : voir *infra*, p. 118.

6   Dans la *Loi d'interprétation* du Québec (L.R.Q., c. I-16, art. 61(25)) (ci-après citée : « loi québécoise »), il est précisé que les mots « maintenant » et « prochain » réfèrent à l'entrée en vigueur de la loi.

nouveau texte est une nouvelle règle, elle ne deviendra exécutoire qu'au moment de l'entrée en vigueur du texte qui l'énonce.

Sous-paragraphe 2 : L'entrée en vigueur du texte

Les lois d'interprétation édictent des règles de droit commun en matière d'entrée en vigueur du texte de la loi. Le législateur peut toutefois y déroger par des dispositions particulières.

Alinéa 1 :   Le droit commun

Les lois fédérales entrent en vigueur, en principe, le jour de leur sanction[7]. Les lois québécoises ont effet, en principe, le trentième jour après celui de leur sanction[8].

La règle du droit québécois mérite certains commentaires. Le premier texte sur le sujet en droit statutaire québécois est l'article 2 de *l'Acte concernant les statuts de cette province*[9] qui fixait au jour de la sanction le moment de l'entrée en vigueur de la loi. Cette règle fut modifiée par *l'Acte pour déterminer le temps où les statuts de cette province deviendront en force*[10], qui a formulé la règle que nous connaissons aujourd'hui. Cette règle, censée être de droit commun, donc d'application assez générale, est systématiquement écartée par le législateur québécois contemporain. Le droit commun de fait pour l'entrée en vigueur des lois québécoises veut que celles-ci entrent en vigueur le jour de leur sanction. On peut comprendre l'avantage pour le destinataire de la loi de disposer d'un délai pour en prendre connaissance avant sa mise à exécution[11], mais il est certain qu'une

---

7   *Loi d'interprétation* fédérale, L.R.C. (1985), c. I-21, art. 5(2) (ci-après citée : « loi canadienne »).

8   Loi québécoise, précitée, note 6, art. 5.

9   *Acte concernant les statuts de cette province*, (1868) 31 Vict., c. 6.

10   *Acte pour déterminer le temps où les statuts de cette province deviendront en force*, (1871) 35 Vict., c. 4, art. 1.

11   Les inconvénients pour les justiciables de l'entrée en vigueur des lois le jour de leur sanction (et donc avant leur publication) ont été soulignés : Jacques

règle de droit commun qui ne s'applique jamais doit être modifiée si on n'entend pas la respecter ne serait-ce qu'à l'occasion.

Dire que la loi entre en vigueur le jour de sa sanction, cela signifie qu'elle prend effet dès le premier instant du jour où elle a été sanctionnée. Selon la règle de common law reprise par l'article 6(1) de la *Loi d'interprétation* fédérale, on ne doit pas tenir compte, en cette matière, des fractions de jours[12]. La loi entre en vigueur à 0 heure, heure locale : comme le Canada et le Québec ont des territoires vastes couverts par plus d'un fuseau horaire, cela signifie qu'il y a en fait autant de moments d'entrée en vigueur que de fuseaux horaires[13].

Alinéa 2 :   Les dispositions particulières

Le législateur peut déroger aux règles prévues dans les lois d'interprétation et établir, pour une loi particulière, un mode spécial de mise en vigueur. Deux techniques principales sont employées : celle qui consiste à fixer, dans la loi, le moment où ses dispositions entreront en vigueur, et celle qui consiste à conférer au Gouvernement le pouvoir de décider de la promulgation de la loi ou même de l'une ou l'autre de ses dispositions : le jour de l'entrée en vigueur est alors fixé par proclamation.

Lorsqu'une loi entre en vigueur un jour autre que celui de sa sanction, elle est exécutoire dès le premier instant de la journée en question : on ne doit pas tenir compte, par exemple, de l'heure à laquelle une proclamation a été lancée[14]. Lorsqu'une disposition reporte

---

L'HEUREUX, « Du projet de loi No 39, de la loi des Douze Tables, de la mise en vigueur et de la publication des Lois », (1979) 39 *R. du B.* 961.

12   *Vassi* c. *Le Roi*, [1943] B.R. 309; *R.* c. *Sayward Trading and Ranching Co.*, [1924] R.C. de l'É. 15; *Cole* c. *Porteous*, (1892) 19 O.A.R. 111 (Ont.C.A.); *R.* c. *Rocco*, [1924] 1 D.L.R. 501 (Ont.Co.Ct.).

13   En matière fédérale, cette solution est dictée par l'effet conjugué des articles 6(2), 29 et 35 (définition d'« heure normale »). En droit québécois, la common law s'appliquerait : *R.* c. *Logan*, [1957] 2 Q.B. 589 (C.-M.A.C.).

14   Loi canadienne, précitée, note 7, art. 6(1). Voir aussi les arrêts cités à la note 12.

l'entrée en vigueur à un jour postérieur à celui de la sanction, cette disposition elle-même entre en vigueur le jour de la sanction[15].

La promulgation d'une loi par proclamation confère au Gouvernement des pouvoirs qui sont très importants puisque l'application d'une loi du Parlement dépend alors du jugement porté par l'exécutif sur l'opportunité de la mise en vigueur du texte législatif[16]. Ces pouvoirs sont particulièrement étendus lorsque le texte autorise le Gouvernement à promulguer la loi par étapes plutôt que de façon globale. En effectuant le découpage entre les dispositions de la loi en vue de son entrée en vigueur, le Gouvernement risque de dénaturer le texte, d'en modifier le sens. Toute loi formant un système, le fait de la mettre en vigueur par étapes peut en changer la signification[17].

Il semble bien qu'en l'absence d'un abus de pouvoir flagrant de la part de l'exécutif, les tribunaux hésiteront à intervenir pour déclarer invalide une proclamation au motif que le découpage opéré par le Gouvernement modifierait le sens de la loi. En 1970, le gouvernement fédéral référa à la Cour suprême[18] la question de la validité d'une proclamation mettant en vigueur les articles 16 et 17 de la *Loi de 1968-69 modifiant le droit pénal* (S.C. 1968-1969, c. 38), à l'exception de trois alinéas de l'article 224A du *Code criminel* qu'édictait l'article 16 en question.

L'article qui conférait le pouvoir de promulguer était le suivant :

---

15   Loi canadienne, précitée, note 7, art. 5(3). En droit québécois, on a jugé que la disposition qui autorise la mise en vigueur par proclamation devenait elle-même exécutoire le jour de la sanction de la loi : *P.G. du Québec* c. *David*, [1995] R.R.A. 287 (C.A.). La même solution devrait prévaloir pour toute disposition de report de l'entrée en vigueur.

16   Sur la portée du pouvoir ainsi conféré à l'exécutif et sur la possibilité d'un contrôle de ce pouvoir par le juge, on verra : *R.* c. *Secretary of State for the Home Department, ex parte Fire Brigades Union*, [1995] 2 All E.R. 244 (H.L.).

17   Voir, à titre d'exemple : Luc CHAMBERLAND, « L'absence de mise en vigueur des dispositions de la Loi sur la protection du consommateur qui excluent certains champs de l'application de la loi », (1982-83) 13 *R.D.U.S.* 411.

18   *Dans l'Affaire des Questons Soumises par le Gouverneur Général en Conseil Relatives à la Proclamation de l'Article 16 de la Loi de 1968-69 Modifiant le Droit Pénal*, précité, note 5.

« art. 120. La présente loi ou l'une ou plusieurs de ses dispositions entreront en vigueur à une date ou à des dates qui seront fixées par proclamation. »

Le Gouvernement avait mis en vigueur certaines dispositions concernant l'usage de l'alcootest pour démontrer l'état d'ébriété d'un conducteur sans toutefois promulguer certains alinéas qui exigeaient qu'on offre à l'accusé de lui remettre un échantillon de son haleine. Cet échantillon aurait pu être utilisé par l'accusé pour sa propre défense.

Une proclamation qui rendait exécutoires les moyens d'établir la culpabilité d'un conducteur, mais non un de ses moyens de défense excédait-elle les pouvoirs de l'exécutif? Parmi les neuf juges de la Cour suprême, quatre furent d'avis que la proclamation était invalide : le pouvoir de mettre en vigueur ne pouvait s'interpréter comme comprenant celui de modifier la loi par un découpage de celle-ci qui n'en respecterait pas l'esprit. La majorité des juges refusa toutefois de prononcer l'invalidité de la proclamation. Deux motifs paraissaient avoir justifié l'opinion de la majorité. Premièrement, un argument de texte : le terme « disposition » employé à l'article 120 de la loi permet la mise en vigueur pièce par pièce : son sens est suffisamment large pour autoriser le type de découpage qui a été opéré dans les circonstances. Deuxièmement, et cet argument complète le premier, la qualité de la proclamation regarde d'abord le Parlement : les termes qu'il a employés étant assez larges pour autoriser ce qui a été fait, c'est à lui, et non aux tribunaux, qu'il appartient de réagir si l'exercice du pouvoir de promulgation ne lui convient pas. S'agissant d'un contrôle d'opportunité et non de légalité, il reviendrait au Parlement de l'exercer et les tribunaux devraient faire preuve de retenue à ce sujet.

Paragraphe 2 : La modification du texte de loi

Un texte de loi peut être modifié par un autre texte, même par un texte adopté dans la même session[19]. La modification peut emprunter des formes diverses. Essentiellement, elle s'effectue par la sup-

---

19 Loi québécoise, précitée, note 6, art. 7; loi canadienne, précitée, note 7, art. 42(2).

pression, l'ajout ou le remplacement de termes précis ou de dispositions entières.

La modification d'un texte législatif peut produire des effets plus importants qu'il n'y paraîtrait à première vue. L'ajout d'un terme, par exemple, peut non seulement avoir des répercussions sur l'environnement immédiat de ce terme, qui se trouve à recevoir une nouvelle coloration du fait de l'ajout[20], mais la modification peut également changer le sens de dispositions inscrites dans d'autres parties de la loi : dans un texte législatif, la modification d'un seul élément peut se répercuter dans toute la loi. Inversement, le sens d'une modification doit se comprendre dans le contexte de la loi modifiée. Une expression ajoutée dans un article reçoit une partie de sa signification du contexte que constituent l'article, la section, la loi entière.

L'idée que le texte modificatif s'insère dans le texte qu'il veut modifier justifie également que l'on considère que l'abrogation d'une loi emporte abrogation des textes qui l'ont modifiée sans qu'il soit besoin de le préciser [21].

Il peut arriver toutefois que l'interprète doive dissocier un texte modificatif de son environnement législatif et déterminer son sens en faisant abstraction de certaines indications fournies par le contexte. La cohérence d'ensemble d'une loi ou d'un règlement est un objectif que le rédacteur doit poursuivre et il faut présumer que le législateur l'a atteint. Chacun sait néanmoins que l'objectif n'est pas toujours réalisé : un mot, une expression, un article peut être ajouté à une loi sans que certaines modifications de concordance ne soient faites. Dans de telles circonstances, le tribunal n'hésitera pas à interpréter un texte modificatif sans tenir compte de certains éléments de son contexte[22].

---

20   *Wilson* c. *Jones*, [1968] R.C.S. 554.

21   *Lancaster Board of Assessors* c. *City of St.John*, [1954] 4 D.L.R. 501 (N.B.C.A.); *R.* c. *Blake*, (1978) 39 C.C.C. (2d) 138 (P.E.I.C.A.); loi canadienne, précitée, note 7, art. 40(2).

22   *Gravel* c. *Cité de St-Léonard*, [1978] 1 R.C.S. 660, 666 : Un « défaut de rédaction ne saurait faire échec à la volonté du législateur » (J. Pigeon). Voir aussi : *Re*

La modification d'un texte législatif emporte généralement la modification de la règle de droit que le texte énonce. Plus rarement, la modification du texte n'est que de pure forme et laisse la règle inchangée. Lorsqu'il y a modification de la règle, elle s'analysera, en droit transitoire, comme opérant la suppression de la règle correspondant au texte ancien et l'édiction de la règle correspondant au texte nouveau. L'analyse de l'application temporelle de la modification devra donc s'intéresser autant aux effets de la suppression de la règle ancienne qu'aux effets de l'édiction de la règle nouvelle[23].

Paragraphe 3 : L'abrogation, le remplacement et l'expiration du texte de loi

Pour toute règle de droit de source législative, on doit distinguer la période pendant laquelle elle est exécutoire, sa « période d'observation », de la période à l'égard de laquelle elle est applicable, sa « période d'application ». Après avoir considéré cette distinction, les modes principaux d'extinction de la loi seront étudiés, soit l'abrogation, le remplacement et l'expiration.

Sous-paragraphe 1 : Période d'observation et période d'application des règles de droit

La règle de droit que le texte édicte a force exécutoire depuis le moment de l'entrée en vigueur du texte jusqu'au moment où le Parlement révoque le texte par abrogation ou remplacement, ou jusqu'au temps prévu pour son expiration. On peut appeler cette période la « période d'observation » : c'est la période pendant laquelle les règles que la loi énonce doivent être observées par les sujets de droit.

Les règles que la loi énonce peuvent cependant produire des effets en deçà et au-delà de leur période d'observation : leur « période

---

MacKenzie and Commissioner of Teachers' Pensions, (1992) 94 D.L.R. (4th) 532 (B.C.C.A.).

23   Sur l'importance de faire, en droit transitoire, la distinction entre les problèmes liés à la suppression de règles et ceux qui découlent de l'édiction de nouvelles règles, voir infra, p. 163 et suiv.

d'application » peut commencer avant leur « période d'observation » (c'est le phénomène de la rétroactivité) et se prolonger au-delà (c'est le phénomène de la survie)[24]. D'autre part, une règle peut rester inapplicable pendant toute la période où elle est exécutoire.

Ainsi, un texte législatif peut prévoir que certaines dispositions, bien qu'elles soient en vigueur, n'auront d'effet qu'à la réalisation de certains événements[25]. Il arrive aussi fréquemment qu'une loi qui n'a pas été abrogée ou remplacée et qui n'a pas expiré cesse néanmoins de produire ses effets. Songeons à la loi dont l'objet est complètement accompli[26] ou à celle que la Cour suprême aurait déclarée inconstitutionnelle[27].

Il est donc tout à fait indispensable de distinguer entre la force exécutoire d'une règle légale et son application. En cas de mise en vigueur d'une loi inconciliable avec une loi antérieure, la règle générale veut que l'on considère que la loi postérieure a priorité et que la loi antérieure cesse d'avoir effet dans la mesure où elle est contraire à la loi postérieure. Bien que la tradition veuille que l'on considère que la loi antérieure a été « abrogée tacitement », il faut souligner que l'emploi du terme « abrogée » est discutable : il fait image[28], mais il risque d'induire en erreur quant aux effets du phénomène qu'il entend décrire.

Abroger une loi, c'est en faire disparaître la forme même, c'est en effacer le texte. Légiférer à l'encontre d'une loi existante sans ce-

---

24   La rétroactivité et la survie sont étudiées *infra*, p. 155 et suiv.

25   La *Loi sur les mesures d'urgence* (L.R.C. (1985), c. 22 (4ᵉ supp.)) contient des dispositions qui n'ont effet qu'à compter de la date de la proclamation du Gouverneur en conseil déclarant que « se produit un sinistre justifiant en l'occurrence des mesures extraordinaires à titre temporaire » (art. 6).

26   Par exemple, une loi ayant pour objet d'imposer le retour au travail de grévistes telle la *Loi concernant les services de santé dans certains établissements*, L.Q. 1976, c. 29.

27   Il serait présomptueux de vouloir traiter ici de la délicate question des effets d'un jugement qui prononce l'inconstitutionnalité d'une loi ou la nullité d'un règlement. On verra, à ce sujet : Stéphane LÉTOURNEAU, « L'autorité d'un jugement prononçant l'inconstitutionnalité d'une loi », (1989) 23 *R.J.T.* 173.

28   Le juge Hansen dans *Mirfin c. Attwood*, (1869) L.R. 4 Q.B. 333, 340.

pendant l'abroger, c'est simplement la rendre inopérante, priver les règles qu'elle énonce de leurs effets, la rendre inapplicable dans la mesure du conflit entre les deux lois. Le texte subsiste et la règle qu'il édicte pourrait théoriquement reprendre effet si on supprimait la loi qui y fait obstacle[29].

Les notions de « prépondérance » et d'« inapplicabilité » conviennent mieux à la description des effets d'un conflit entre des textes législatifs que la notion d'abrogation. L'abrogation s'attaque au texte de la loi et elle est, pour ce motif, nécessairement absolue : un texte est abrogé ou il ne l'est pas, et l'abrogation vaut *erga omnes*. Lorsqu'une loi est rendue inopérante, le texte subsiste et les effets de la règle qu'il prévoit peuvent n'être supprimés qu'à l'égard de certaines personnes, de certains faits, de certains territoires : la règle ne devient inapplicable que dans la mesure du conflit avec les règles de la loi prépondérante.

Il paraît donc préférable de réserver le terme « abrogation » pour désigner la suppression expresse du texte d'une loi par le Parlement et de considérer qu'une règle légale privée d'effet par l'adoption d'une règle prééminente a été non pas abrogée implicitement, mais simplement rendue inopérante. L'identification et la solution des conflits de lois ou de règles seront étudiées au chapitre consacré à la méthode d'interprétation systématique[30].

Outre son intérêt théorique, la distinction entre un texte législatif abrogé et un texte dont les règles sont rendues inopérantes peut présenter un certain intérêt pratique. Les lois d'interprétation contiennent diverses règles relatives aux effets de l'abrogation des textes législatifs. Ces directives sont-elles applicables à un texte dont les règles ont été rendues inopérantes?

La réponse à cette question paraît simple en matière fédérale : le second paragraphe de l'article 2 de la *Loi d'interprétation* permet de considérer, pour l'application de cette loi, qu'une loi qui a cessé d'avoir effet a été abrogée. Tous les articles de cette loi qui traitent des effets de l'abrogation devraient donc s'appliquer en principe

---

29   *Re D. Moore Co.*, [1928] 1 D.L.R. 383, 393 et 394 (j. Middleton) (Ont.C.A.).
30   *Infra*, p. 441 et suiv.

lorsqu'un texte cesse d'avoir un effet en raison de la prépondérance d'un autre texte.

En droit québécois, il n'y a pas de disposition analogue et cela peut causer certaines difficultés. Une infraction commise à l'encontre d'une règle d'incrimination rendue depuis inopérante alors que le texte qui l'énonce n'a pas été formellement abrogé peut-elle néanmoins donner lieu à des poursuites? Compte tenu de l'objet de l'article 12 de la *Loi d'interprétation* et de la coutume de considérer abrogée tacitement une loi rendue inopérante, on pourrait justifier l'application de cet article même dans le cas où il n'y a pas eu abrogation expresse[31]. Par contre, l'article 9 de la *Loi d'interprétation* qui dispose : « Quand une disposition législative qui en abroge une autre est elle-même abrogée, la première disposition abrogée ne reprend vigueur que si la Législature en a exprimé l'intention » ne semblerait s'appliquer qu'au cas d'abrogation expresse d'une loi qui abrogeait expressément une autre loi. S'il s'agit au contraire de deux lois en vigueur qui sont en conflit, l'abrogation expresse de la loi prépondérante devrait, en principe, redonner effet à la règle antérieure qui était jusque-là inopérante. La cause du conflit ayant cessé, la règle un moment éclipsée devrait, en principe, reprendre tout son effet.

Un texte législatif peut donc cesser de produire ses effets de diverses manières. Il ne peut cependant cesser d'être exécutoire par la seule désuétude[32]. Maxwell rapporte qu'une loi prescrivant la couleur des bonnets de nuit des membres du clergé de l'Église d'Angleterre était toujours en vigueur en 1966[33].

Au Canada, la refonte générale donne l'occasion d'abroger les dispositions qui sont devenues sans objet. Toutefois, une loi qui aurait été omise de la refonte sans être par ailleurs abrogée continuerait cependant d'être exécutoire indéfiniment[34].

---

31   Voir cependant : *R.* c. *Stanley*, [1925] 1 W.W.R. 33 (Alta. S.C.).

32   *R.* c. *Ruddick*, [1928] 3 D.L.R. 208, 213 (j. Wright) (Ont. S.C.).

33   Peter St. John LANGAN, *Maxwell on the Interpretation of Statutes*, 12ᵉ éd., Londres, Sweet & Maxwell, 1969, p. 16.

34   L'article 10 de la première *Loi d'interprétation* du Québec, (1868) 31 Vict., c. 7, constitue un bel exemple de disposition qui s'est longtemps maintenue en vigueur tout en restant complètement méconnue. Omise des refontes

Une loi ne cesse d'être exécutoire que lorsque surviennent l'un ou l'autre des trois événements suivants : l'abrogation du texte, son remplacement ou son expiration[35].

Sous-paragraphe 2 : L'abrogation du texte de loi

Le pouvoir d'adopter une disposition législative ou réglementaire comprend celui de l'abroger[36], c'est-à-dire de la révoquer.

Normalement, l'abrogation du texte opère suppression de la règle qu'il exprime, mais il est possible que l'abrogation ne manifeste pas la volonté législative de supprimer la règle. C'est le cas, notamment, pour l'abrogation du texte ancien dans le cadre de la refonte législative : cette abrogation n'implique pas que la règle est supprimée. Elle continue d'exister et trouve son expression dans le nouveau texte.

En principe, la loi abrogée cesse de produire ses effets lorsque la loi d'abrogation commence à prendre les siens : il n'y a pas de vide législatif entre la loi ancienne et la nouvelle[37].

Quant aux effets de l'abrogation, on les trouve formulés dans la common law, dans les lois d'interprétation, ou dans les dispositions particulières à la loi abrogative.

---

successives des lois du Québec, elle est restée en vigueur jusqu'en 1986 alors qu'elle a été abrogée par une loi dont l'objet était justement de faire disparaître des dispositions de ce genre : *Loi portant abrogation de lois et dispositions législatives omises lors des refontes de 1888, 1909, 1925, 1941 et 1964*, L.Q. 1985, c. 37, art. 1. Voir toutefois : *Robin c. Collège de St-Boniface*, (1985) 15 D.L.R. (4th) 198 (Man.C.A.).

35   Nous n'ignorons pas l'existence des pouvoirs de réserve et de désaveu des lois auxquelles les articles 5 et 6 de la *Loi d'interprétation* du Québec réfèrent. Nous avons cependant jugé que l'étude des effets de l'exercice de ces pouvoirs n'était pas indiquée vu leur désuétude.

36   Loi québécoise, précitée, note 6, art. 11; loi canadienne, précitée, note 6, art. 31(4) et 42(1); *Re Certain Statutes of the Province of Manitoba Relating to Education*, (1894) 22 R.C.S. 577.

37   *Wright and Corson and Canadian Raybestos Co. c. Brake Service Ltd.*, [1926] R.C.S. 434; *Marcil c. Cité de Montréal*, (1893) 3 C.S. 346; loi québécoise, précitée, note 6, art. 8.

Alinéa 1 : Les effets de l'abrogation en common law

En common law, l'abrogation d'une loi avait pour effet de « l'effacer complètement des registres du Parlement, comme si elle n'avait jamais été adoptée »[38] :

> « lorsqu'une loi du Parlement est abrogée, on doit la considérer comme n'ayant jamais existé, sauf en ce qui concerne les opérations passées et accomplies »[39].

Plus précisément, l'abrogation de la loi a, en common law, les effets suivants :

i) la loi abrogée cessant de produire ses effets, les institutions qu'elle a créées sont éteintes. Les corporations n'ont plus d'existence[40] et les charges sont abolies. Les règlements édictés en application de cette loi sont également abrogés[41];

ii) les droits acquis peuvent toutefois être exercés, car la loi d'abrogation n'est pas censée les atteindre[42];

iii) les infractions commises avant l'abrogation ne peuvent donner lieu à des poursuites et les poursuites commencées doivent cesser[43];

iv) la loi abrogée étant réputée n'avoir jamais existé, l'abrogation d'une loi fait revivre les règles de droit révoquées par la loi abrogée.

---

38   Kay c. Goodwin, (1830) 6 Bing. 576, 582 (j. Tindal), 130 E.R. 1403, 1405 (traduction).

39   Surtees c. Ellison, (1829) 9 B. & C. 750, 752 (Lord Tenterden), 109 E.R. 278, 279 (traduction).

40   Régie des alcools du Québec c. Dandurand, [1972] C.A. 420.

41   Dupuy c. Déry, [1981] C.S. 516; Watson c. Winch, [1916] 1 K.B. 688; Cité de Montréal c. Royal Insurance Co., (1906) 15 B.R. 574, confirmant (1906) 29 C.S. 161; Motor Car Supply Co. of Canada c. A.G. of Alberta, [1938] 4 D.L.R. 489 (Alta.S.C.); Blakey & Co. c. The King, [1935] R.C. de l'É. 223.

42   Le concept de droit acquis est étudié infra, p. 198 et suiv.

43   R. c. McKenzie, (1820) Russ & Ry. 429, 168 E.R. 881.

Alinéa 2 :   Les effets de l'abrogation selon les lois d'interprétation

En ce qui concerne les effets de l'abrogation, les lois d'interprétation confirment ou modifient certaines règles de common law, et gardent le silence sur certaines autres[44].

i) Ne sont pas mentionnés les effets de l'abrogation sur les institutions et sur les règlements. En vertu de l'article 38 de la *Loi d'interprétation* québécoise et de l'article 3(3) de la *Loi d'interprétation* fédérale, les règles de common law sur le sujet continuent de s'appliquer, n'étant pas incompatibles avec les dispositions des lois d'interprétation.

ii) Le principe du maintien des droits acquis est confirmé (loi québécoise, art. 12; loi canadienne, art. 43 c)). On a signalé qu'il était peut-être même amplifié par la mention, à l'article 43 c) de la loi fédérale, non seulement des droits « acquis » mais aussi, dans la version anglaise du texte, des droits naissants (*accruing*)[45].

iii) En ce qui concerne les infractions, la règle de common law est écartée et les lois d'interprétation permettent, malgré l'abrogation, de poursuivre l'auteur des infractions commises avant celle-ci[46].

iv) Les lois d'interprétation écartent la règle voulant que l'abrogation d'un texte abrogatif fasse renaître le droit antérieur (loi québécoise, art. 9; loi canadienne, art. 43 a)). La disposition fédérale a une portée plus large que celle de la loi québécoise : elle s'oppose à la remise en vigueur du droit statutaire ou de la common law[47]. La loi québécoise (art. 9)

---

[44]   Voir la loi québécoise, précitée, note 6, art. 9 et 12 et la loi canadienne, précitée, note 7, art. 43.

[45]   Voir *infra*, p. 207.

[46]   Les lois d'interprétation évitent ainsi que soit donné effet rétroactif à l'abrogation par la suppression *a posteriori* de la responsabilité pénale encourue avant l'abrogation. Voir *infra*, p. 175 et suiv.

[47]   *R. c. Camp*, (1978) 79 D.L.R. (3d) 462 (Ont.C.A.); *R. c. Firkins*, (1978) 80 D.L.R. (3d) 63 (B.C.C.A.); *Schiell* c. *Coach House Hotel Ltd.*, (1982) 136 D.L.R. (3d) 470 (B.C.C.A.). On a jugé que cette règle s'appliquait aussi lorsqu'un texte est

empêche la remise en vigueur du droit statutaire[48], mais les règles de la common law abrogées par la loi pourraient revivre à moins que le législateur n'ait manifesté, expressément ou tacitement, une intention contraire.

Alinéa 3 :   Les effets de l'abrogation selon les dispositions particulières

Bien que, pour faciliter l'exposition, elles soient étudiées en dernier lieu, les dispositions particulières de chaque loi abrogative doivent être consultées en premier lieu par celui qui s'interroge sur les effets de l'abrogation. Tout comme la loi d'interprétation peut déroger à la common law, les dispositions particulières d'une loi abrogative peuvent écarter le droit commun et prescrire, pour une abrogation donnée, des conséquences exorbitantes[49].

Les dispositions particulières sur les effets de l'abrogation, dispositions qu'on appelle transitoires, peuvent avoir aussi pour objet de préciser l'application du droit commun dans les circonstances. La notion de droit acquis est, on le verra, très floue et le législateur peut juger opportun de délimiter précisément ses frontières dans un cas particulier.

Sous-paragraphe 3 :   Le remplacement du texte de loi

Une loi ou une disposition législative est remplacée lorsque, au moment même où il la révoque, le législateur lui substitue un nouveau texte portant sur le même sujet.

---

déclaré invalide : le texte que ce texte abrogeait ne renaîtrait pas : *Montreal General Hospital* c. *Ville de Montréal*, J.E. 82-911 (C.S.). Ce point de vue est contraire à celui exprimé par la Cour suprême, en *obiter*, dans *Renvoi : Droits linguistiques au Manitoba*, [1985] 1 R.C.S. 721, 747.

[48]   *Montreal Parquetry Floors Ltd.* c. *Comité conjoint des métiers de la construction de Montréal*, [1956] B.R. 142.

[49]   Les règles des lois d'interprétation s'appliquent uniquement en l'absence de dispositions contraires. (loi québécoise, précitée, note 6, art. 1; loi canadienne, précitée, note 7, art. 3(1)).

Au plan formel, le remplacement s'analyse comme une abrogation du texte remplacé et l'édiction d'un nouveau texte. Au plan matériel, le remplacement doit être considéré comme une simple modification du droit antérieur plutôt que comme sa suppression pure et simple.

En effet, le remplacement constitue une technique de modification du droit et s'il opère abrogation du texte antérieur, cette abrogation n'emporte pas tous les effets ordinaires d'une abrogation[50].

Quels sont les effets d'un remplacement? On les trouvera d'abord dans la loi même qui le prévoit. À défaut de dispositions particulières, ce sont les lois d'interprétation qui s'appliquent en principe, soit l'article 13 de la loi québécoise et l'article 44 de la loi canadienne. Ces textes doivent être complétés par certains principes qui découlent de la nature et du caractère du remplacement. À ce titre, il faut rappeler que, le remplacement opérant révocation de la loi remplacée, celle-ci doit, à certains égards, être considérée comme abrogée. Cela signifie donc que l'article 13 de la *Loi d'interprétation* québécoise doit être lu de concert avec l'article 12 qui traite de l'abrogation, tout comme l'article 44 de la loi fédérale doit être lu de concert avec l'article 43[51].

Pour cerner les effets du remplacement, il faut distinguer selon qu'il vise à reformuler le droit ou à le réformer.

---

[50]   *R. c. Crown Zellerbach Canada Ltd.*, (1954) 111 C.C.C. 54 (B.C.S.C.); *Cité de Québec c. Bérubé*, [1949] B.R. 77, 88 (j. Bissonnette). Cette technique de modification présente l'avantage très certain de rendre le texte modifié plus facilement accessible au justiciable qui n'a pas à s'armer de ciseaux et de colle pour saisir l'état du droit. À ce sujet, on pourra lire : *The Preparation of Legislation – Report of a Committee Appointed by the Lord President of the Council*, Londres, H.M.S.O., 1975, n° 6.15-6.19 et 13.1-13.20, pp. 32-33 et 76-82.

[51]   *Bell Canada c. Palmer*, [1974] 1 C.F. 186, 190 et 191 (C.A.) (j. Thurlow); *Mc Doom c. Ministre de la Main-d'oeuvre et de l'Immigration*, [1978] 1 C.F. 323. Il ne fait pas de doute qu'une loi remplacée est par le fait même abrogée : *Loi d'interprétation* fédérale, art. 2(2); Denis NADEAU, « Le remplacement d'une disposition législative : une abrogation méconnue? », (1987) 18 *R.G.D.* 377. Les décisions qui soutiennent le contraire nous semblent manifestement erronées, par exemple : *Doyon c. Crédit Ford du Canada Ltée*, [1980] C.S. 850.

Alinéa 1 :   Le remplacement ayant valeur de refonte

Si un texte est remplacé par un autre qui énonce des règles identiques à celles du texte remplacé, le remplacement a valeur de refonte, avec les conséquences qui suivent :

– le texte de remplacement n'est pas réputé de droit nouveau : on doit l'interpréter simplement comme une nouvelle expression des règles anciennes [52].

– le texte ancien doit être considéré, en vue de l'interprétation, comme n'ayant pas été abrogé véritablement. Plus précisément, les règles qu'il exprime sont censées être restées en vigueur sans interruption[53]. Cela implique que les règlements pris en vertu du texte ancien demeurent en vigueur et que les décisions de l'Administration donnant effet à la loi ancienne s'appliquent de manière à donner effet à la loi nouvelle[54].

Alinéa 2 :   Le remplacement ayant valeur de réforme

La loi nouvelle peut énoncer des règles différentes de celles que prévoit la loi ancienne. On a alors affaire à un remplacement qui opère réforme du droit.

---

52   *Trans-Canada Insurance Co.* c. *Winter*, [1935] R.C.S. 184; *Winnipeg School Division N° 1* c. *Craton*, [1985] 2 R.C.S. 150; loi canadienne, précitée, note 7, art. 44 f); *P.G. du Canada* c. *C.R.T.F.P.*, [1977] 2 C.F. 663 (C.A.). Dans l'arrêt *Ford* c. *P.G. du Québec*, [1988] 2 R.C.S. 712, on a jugé ce principe inapplicable dans le contexte particulier d'une charte des droits et libertés pourvue d'un mécanisme d'alerte pour les dérogations contenues dans une loi postérieure. On a estimé que, dans ce contexte, il y avait loi postérieure dès lors qu'il y avait texte postérieur, indépendamment du contenu novateur ou non du texte en question.

53   *Re Green, Re Jamael*, [1936] 2 D.L.R. 153 (N.S.S.C.); *Campbell* c. *La Reine*, (1949) 95 C.C.C. 63 (P.E.I.S.C.); *R.* c. *Johnston*, (1977) 37 C.R.n.s. 234 (N.W.T.C.A.), confirmé par [1978] 2 R.C.S. 391.

54   *License Commissioners of Frontenac* c. *County of Frontenac*, (1887) 14 O.R. 741 (Ont.Ch.D.).

Pour apprécier les effets du remplacement, il y a lieu de distinguer trois hypothèses.

Première hypothèse : le texte nouveau ne reprend pas une règle contenue dans la loi ancienne. L'effet du remplacement est alors assimilable à celui de l'abrogation pure et simple du texte ancien.

Deuxième hypothèse : le texte nouveau contient des règles qui peuvent s'analyser comme de simples modifications des règles antérieures. Au plan substantiel, un tel remplacement a les mêmes effets que la modification d'un texte : il opère suppression des règles correspondant au texte antérieur et édiction des règles correspondant au nouveau texte.

Troisième hypothèse : le texte remplaçant édicte des règles entièrement nouvelles. Le remplacement a alors le même effet que l'édiction d'un nouveau texte : il s'analyse comme l'édiction d'une nouvelle règle.

En cas de remplacement, les institutions créées par la loi ancienne, les personnes morales, les charges voient leur existence maintenue sans interruption et sont dorénavant régies par la loi nouvelle[55]. Pour que le remplacement ait cet effet cependant, il faut que la loi nouvelle prévoie l'existence des institutions, charges ou personnes morales dont il s'agit car, si ce n'est pas le cas, celles-ci se trouvent sans fondement législatif et doivent nécessairement disparaître avec le remplacement du texte législatif qui les créait, car le remplacement est alors assimilable à une abrogation pure et simple.

Le paragraphe a) de l'article 44 de la Loi d'interprétation fédérale dispose en outre que « [l]es titulaires des postes pourvus sous le régime du texte antérieur restent en place comme s'ils avaient été nommés sous celui du nouveau texte, jusqu'à la nomination de leurs successeurs ».

Les règlements pris en vertu de la disposition remplacée sont abrogés si le texte nouveau ne contient pas de disposition permettant d'édicter des règlements. Dans ce cas, tout se passe comme si le

---

55   Loi québécoise, précitée, note 6, art. 13.

texte ancien avait été simplement abrogé. Par contre, si la disposition nouvelle permet d'édicter des règlements, les règlements antérieurs sont maintenus en vigueur dans la mesure où leur contenu est conciliable avec la disposition habilitante nouvelle ainsi qu'avec les autres dispositions de la loi nouvelle.

C'est la solution qui est retenue par la *Loi d'interprétation* fédérale (art. 44 g)) et qui a été souvent appliquée par les tribunaux dans l'interprétation de cet article ou des dispositions équivalentes des lois d'interprétation des provinces[56]. En droit québécois, il faut distinguer selon que le remplacement est antérieur ou postérieur au 1er septembre 1986. L'article 13 de la *Loi d'interprétation* du Québec ne prévoyait pas, jusqu'à cette date, le maintien des règlements en cas de remplacement, ce qui fut cause de controverses doctrinales et jurisprudentielles[57]. Depuis, toutefois, il y est prévu que « [l]es règlements et autres textes édictés en application de la disposition remplacée ou refondue demeurent en vigueur dans la mesure où ils sont compatibles avec les dispositions nouvelles; les textes ainsi maintenus sont réputés avoir été édictés en vertu de ces dernières ».

Pour que les règlements demeurent en vigueur, ils doivent être compatibles avec la loi nouvelle. On peut, à cet égard, distinguer deux types d'incompatibilité. Le règlement sera incompatible avec la loi nouvelle si les règles qu'il énonce sont contraires à celles que contient cette dernière. Il y aura également incompatibilité si les dispositions habilitantes de la loi nouvelle ne permettent pas d'adopter un règlement portant sur les matières visées dans le règlement édicté sous la loi ancienne.

En ce qui a trait à l'exercice des droits acquis et à la poursuite des infractions pénales, les lois d'interprétation, sans remettre en cause les principes énoncés aux articles 12 (de la loi québécoise) et 43 (de la loi canadienne), assortissent ces principes de conditions particulières :

---

56   *Corporation de la paroisse de St-Michel de Mistassini* c. *Canadian National Railway Co.*, (1934) 72 C.S. 517; *Blakey & Co.* c. *The King*, [1935] R.C. de l'É. 223; *Brown* c. *Martineau*, [1966] R.L. 1 (C.S.); *Lincoln* c. *Port Dalhousie*, [1931] 4 D.L.R. 94 (C.J.C.P.); *R.* c. *National Grocers Co.*, (1957) 8 D.L.R. (2d) 308 (Ont.Mag.Ct.); *R.* c. *Parrott*, (1968) 3 C.C.C. 56 (Alta.M.C.).

57   Voir la première édition du présent ouvrage, pp. 89 et 90. Aussi : *Accomodation Micar Inc.* c. *Québec*, J.E. 85-579 (C.A.).

l'exercice des droits acquis sous l'empire de la loi ancienne et la poursuite des infractions commises pendant qu'elle était en vigueur sont
assujetties, dans la mesure où cela peut se faire, aux dispositions
procédurales de la loi nouvelle (*Loi d'interprétation* québécoise,
art. 13; *Loi d'interprétation* fédérale, art. 44 c) et d)).

Ainsi, les lois d'interprétation consacrent-elles le principe général
de l'effet immédiat des lois de pure procédure[58], principe qui est
également énoncé à l'article 13 de la loi québécoise dans son application aux dispositions relatives à la prescription.

Soulignons en terminant que si la loi ancienne avait besoin, pour
produire ses effets, d'une intervention de l'Administration (sous
forme de décret, de résolution, etc.), le remplacement nécessitera
une nouvelle intervention de l'Administration dans la mesure où la
disposition nouvelle est différente quant au fond de la disposition
ancienne et ne peut être vue comme une simple refonte de celle-ci[59].

Sous-paragraphe 4 : L'expiration du texte

Une loi peut prévoir qu'elle sera en vigueur pendant une période
de temps limitée[60]. Lorsque c'est le cas, on peut considérer que la loi
prend fin par auto-abrogation.

Distinguer l'expiration de l'abrogation ne présente pas d'intérêt
pratique en droit fédéral. En vertu de la *Loi d'interprétation* fédérale
(art. 2(2)), en effet, l'expiration de la loi entraîne les mêmes effets

---

[58] Sur ce sujet, voir *infra*, p. 222 et suiv.

[59] *Ville de Montréal* c. *ILGWU Center Inc.*, [1974] R.C.S. 59; *R.* c. *Konowalchuk*,
(1955) 112 C.C.C. 19 (Ont.C.A.).

[60] La *Loi concernant la régie des loyers* (S.Q. 1950-51, c. 20) est l'exemple
québécois le plus connu de loi temporaire. Dans le domaine fédéral, ce titre
reviendrait sans doute à la *Loi de 1970 concernant l'ordre public (mesures
provisoires)*, (S.C. 1970-71-72, c. 2). La loi temporaire doit être distinguée de la
loi dont l'effet se fait sentir pendant un temps limité (comme une loi
« spéciale » pour forcer un retour au travail). Une telle loi ne cesse pas d'être en
vigueur parce que son objet est accompli, sous réserve toutefois du second
paragraphe de l'article 2 de la *Loi d'interprétation* fédérale qui assimile, pour
son application, la loi caduque à une loi abrogée.

que son abrogation. Comme la loi québécoise ne contient pas de
disposition analogue, ses articles qui traitent de l'abrogation ne
s'appliquent pas en principe à l'expiration et c'est la common law qui
s'appliquerait alors.

Ceci pourrait avoir certaines conséquences importantes. Par exemple, les infractions à une loi temporaire ne pourraient donner lieu à
des poursuites et à une condamnation que pendant la vie de la loi[61] :
l'article 12 de la *Loi d'interprétation* ne serait pas applicable pour
autoriser une poursuite après l'expiration. Autre conséquence :
l'expiration d'une loi temporaire fait normalement revivre le droit
que la loi temporaire avait abrogé.

Sous-section 3 : L'application de la loi dans le temps

L'adoption d'une loi, son abrogation ou son remplacement soulèvent inévitablement la question de l'application de la loi dans le
temps, plus précisément, de l'application dans le temps des règles
juridiques d'origine législative. L'étude des questions soulevées par la
délimitation du domaine temporel des règles de droit relève du droit
transitoire.

L'abondance du contentieux de droit transitoire et l'importance
de la production doctrinale sur le sujet[62] témoignent de l'intérêt

---

61   *Spencer* c. *Hooton*, (1920) 37 T.L.R. 280.

62   En droit canadien, le professeur Driedger a manifesté un intérêt particulier
      pour cette question. Voir : Elmer A. DRIEDGER, « The Retrospective Operation
      of Statutes », dans J.A. CORRY, F.C. CRONKITE et E.F. WHITMORE (dir.), *Legal
      Essays in Honour of Arthur Moxon*, Toronto, University of Toronto Press, 1953,
      p. 3; Elmer A. DRIEDGER, « Statutes : Retroactive Retrospective Reflexions »,
      (1978) 56 *R. du B. can.* 264. Également : Raymond LANDRY, « L'application de la
      loi dans le temps », dans *Travaux du troisième colloque international de droit
      comparé*, Montréal, Wilson et Lafleur, 1966, p. 6; Marcel GUY, « Le droit
      transitoire civil », (1982) *C.P. du N.* 191. En droit français, le doyen Paul Roubier
      a écrit l'ouvrage capital : Paul ROUBIER, *Le droit transitoire (conflit des lois dans
      le temps)*, 2ᵉ éd., Paris, Dalloz et Sirey, 1960. Signalons aussi la contribution
      novatrice de Jacques HÉRON, « Étude structurale de l'application de la loi dans
      le temps », (1985) 84 *R. trim. dr. civ.* 277 et *Principes du droit transitoire*, Paris,
      Dalloz, 1996. Toujours en droit français : Thierry BONNEAU, *La Cour de
      cassation et l'application de la loi dans le temps*, Paris, Presses Universitaires de

pratique et théorique de la question. Après quelques considérations de portée générale sur le droit transitoire au Canada (1), on traitera de l'effet rétroactif de la loi (2), de son effet immédiat (général) (3) et du droit transitoire civil (4).

Paragraphe 1 : Considérations générales sur le droit transitoire au Canada

Sous-paragraphe 1 : La définition du problème de l'application de la loi dans le temps en common law

On a souvent affirmé que le droit transitoire constituait l'une des disciplines juridiques les plus difficiles. Cela tient, pour une bonne part, à la difficulté de définir convenablement le problème que soulève l'application de la loi dans le temps.

Dans la tradition de la common law, la façon classique de définir le problème a consisté à distinguer deux modes d'action de la loi dans le temps. La loi peut avoir un effet soit rétroactif, soit prospectif. L'effet est rétroactif si la loi s'applique à l'égard du passé, avant son entrée en vigueur; l'effet est prospectif si la loi régit le futur, c'est-à-dire la période qui s'écoule après son entrée en vigueur.

Quant à la notion de rétroactivité, elle recouvre, dans la théorie classique, deux hypothèses distinctes. Une loi sera rétroactive si elle s'applique à l'égard d'un fait survenu avant son entrée en vigueur. C'est la conception objective de la rétroactivité, exprimant un rapport entre la loi et des faits antérieurs. Une loi sera aussi jugée rétroactive si elle porte atteinte à un droit subjectif qui a été acquis avant son entrée en vigueur. C'est la conception subjective de la

---

France, 1990. On verra également mes textes : « La crise du droit transitoire canadien », dans Ernest CAPPAROS (dir.), *Mélanges Louis-Philippe Pigeon*, Montréal, Wilson et Lafleur, 1989, p. 177; « La position temporelle des faits juridiques et l'application de la loi dans le temps », (1988) 22 *R.J.T.* 207; « Contribution à la théorie de la rétroactivité des lois », (1989) 68 *R. du B. can.* 60; « Le juge et les droits acquis en droit public canadien », (1989) 30 *C. de D.* 359; « L'application dans le temps des lois de pure procédure », (1989) 49 *R. du B.* 625.

rétroactivité, exprimant un rapport entre la loi et des droits subjectifs préexistants.

La notion classique de rétroactivité se révèle ainsi porteuse d'un double sens, objectif et subjectif, qui a été source de beaucoup de confusion dans le passé. Un exemple le fera mieux ressortir. Supposons que soient modifiées des règles relatives à l'affichage commercial. Se pose alors la question de l'applicabilité de ces règles à une affiche déjà érigée. Si l'on décide que les nouvelles règles lui sont applicables dès leur entrée en vigueur, donnera-t-on à ces règles un effet rétroactif? On peut répondre oui, selon la conception subjective, au nom de l'atteinte aux droits acquis du propriétaire. On peut aussi répondre non, selon la conception objective, car la nouvelle règle n'a pas d'application à l'égard du passé : elle s'applique simplement de façon immédiate, pour l'avenir.

La conception classique de la rétroactivité, largement tributaire de la doctrine des droits acquis, a longtemps prévalu en droit anglo-canadien. Il y a également longtemps aussi que certains dénoncent ses lacunes, particulièrement l'équivoque qui entoure la définition de la rétroactivité. Ces critiques ont amené une révision de la définition du problème, révision qui a consisté à distinguer la question de la rétroactivité de la loi de celle de l'atteinte aux droits acquis.

L'arrêt *West* c. *Gwynne*[63] est le prototype de ces décisions réformatrices. L'affaire soulevait l'application d'une loi nouvelle à un bail en cours d'exécution. La question était de savoir si la loi nouvelle était d'application générale à tous les baux, ou bien si son application devait être limitée aux baux conclus après l'entrée en vigueur.

Le propriétaire, que l'application de la loi nouvelle défavorisait, plaida qu'appliquer celle-ci aux baux en cours d'exécution était lui donner un effet rétroactif. Cet argument fut rejeté par la Cour d'appel. Le juge Cozens-Hardy s'exprima ainsi :

> « On a plaidé avec force [...] qu'une loi est présumée ne pas avoir d'effet rétroactif, à moins que le contraire ne résulte d'une disposition expresse ou d'une implication nécessaire. Je souscris à cette proposition générale, mais je ne vois pas comment elle s'applique

---

63   *West* c. *Gwynne*, [1911] 2 Ch. 1 (C.A.).

en l'espèce. Le terme « effet rétroactif » est inexact. Presque toutes les lois portent atteinte à des droits qui auraient autrement été maintenus. [...] L'article 3 n'annule aucun contrat existant; il dispose seulement qu'à l'avenir, à moins de disposition expresse l'autorisant, il n'y aura aucun droit d'imposer une amende. »[64]

Le juge Buckley fut encore plus explicite :

« Les termes *retrospective* et *retroactive* [deux termes employés indifféremment pour signifier rétroactif] sont souvent revenus au cours des débats [...]. À mon avis, le terme « rétroactif » est impropre et la question n'est pas de déterminer si l'article est rétroactif. La rétroactivité est une chose. L'atteinte aux droits existants en est une autre. Si une loi dispose que le droit, à compter d'une date donnée dans le passé, est réputé être autre qu'il n'était en fait, je pense que cette loi est rétroactive. Or, ce n'est pas le cas en l'espèce. La question est de savoir si une disposition sur le contenu des baux vise tous les baux ou seulement certains baux, soit ceux qui ont été passés après l'adoption de la loi. La question concerne la portée de la loi, et non pas la date à partir de laquelle la disposition nouvelle, édictée par la loi, doit être considérée comme ayant été le droit. »[65]

Une loi qui ne prétendait pas régir le passé ne pouvait, selon la Cour, être considérée comme rétroactive à moins qu'on emploie ce terme d'une manière « inexacte » ou « impropre ». Il faudrait donc distinguer la rétroactivité et l'atteinte, pour l'avenir, à des droits acquis dans le passé; distinguer l'effet rétroactif de la loi de son effet, pour l'avenir, à l'égard de situations qui sont nées dans le passé; distinguer la présomption de non-rétroactivité de la loi de la présomption du maintien des droits acquis.

Cette distinction a été reçue dans plusieurs décisions au Canada[66] et la Cour suprême l'a entérinée à l'occasion de trois affaires très

---

64   *Id.*, 11 (traduction).

65   *Id.*, 11 et 12 (traduction).

66   Dans l'arrêt *Board of Trustees of the Acme Village School District* c. *Steele-Smith*, [1933] R.C.S. 47, 50 et 51, le juge Lamont distingue clairement les deux présomptions. Dans *Manitoba Government Employees Association* c. *Government of Manitoba*, [1978] 1 R.C.S. 1123, le juge Ritchie distingue les deux règles (pp. 1143-1145). Les juges de la Cour fédérale ont également fait état de la distinction : *Northern and Central Gas Corp.* c. *Office national de l'énergie*, [1971] C.F. 149, 168 et 169 (j. Gibson); *Ministre du Revenu national* c.

importantes : *Gustavson Drilling (1964) Ltd.* c. *Ministre du Revenu national*[67], *P.G. du Québec* c. *Tribunal de l'expropriation*[68] et *Venne* c. *Québec (Commission de protection du territoire agricole)*[69].

L'arrêt *Gustavson Drilling* posait le problème des effets d'une loi de 1962 sur le traitement fiscal d'une vente intervenue en 1960. Plus particulièrement, il s'agissait de savoir si une opération réalisée dans des conditions telles qu'une partie, la société appelante, avait conservé le droit de faire certaines déductions, pouvait être remise en cause par une loi postérieure dont l'effet était d'attribuer, à l'avenir, le droit aux déductions à l'autre partie au contrat.

Le juge Pigeon rédigea l'opinion minoritaire selon laquelle l'appelante avait acquis, par l'opération de 1960, un « droit précieux » auquel seule une loi rétroactive pouvait porter atteinte. L'opinion minoritaire reflète l'assimilation traditionnelle de la loi rétroactive à celle qui porte atteinte aux droits acquis :

> « Le principe de la non-rétroactivité des lois n'est qu'une règle d'interprétation. Sa force varie selon la nature du texte législatif, mais elle n'est jamais plus grande que lorsqu'une autre interprétation modifierait l'effet de contrats déjà conclus. »[70]

Gustavson Drilling (1964) Ltd., [1972] C.F. 92, 105 (j. Cattanach); *Zong* c. *Commissaire des pénitenciers*, [1976] 1 C.F. 657, 672 (j. Le Dain) (C.A.); *R.* c. *Beaton*, [1982] 1 C.F. 545 (C.A.). En droit québécois : *Magog (Ville de)* c. *Restaurants McDonald's du Canada Ltée*, [1996] R.J.Q. 570 (C.A.); *Ville de Québec* c. *Magasin Talbot Inc.*, [1977] C.A. 384, 386 (j. Bélanger) : « Une réglementation n'est pas rétroactive, même à l'égard des droits acquis, si elle ne les affecte que pour l'avenir ». *De Varennes* c. *Cité de Québec*, (1907) 31 C.S. 444, 452 (j. Lemieux); *Marchand* c. *Duval*, [1973] C.A. 635, 637 (j. Crête); *Gingras* c. *Gingras*, [1975] C.S. 656 (j. Jasmin). Pour le droit des autres provinces : *Board of Commissioners of Public Utilities* c. *Nova Scotia Power Corp.*, (1977) 75 D.L.R. (3d) 72, 81 (j. MacKeigan) (N.S.C.A.).

67   *Gustavson Drilling (1964) Ltd.* c. *Ministre du Revenu national*, [1977] 1 R.C.S. 271.

68   *P.G. du Québec* c. *Tribunal de l'expropriation*, [1986] 1 R.C.S. 732.

69   *Venne* c. *Québec (Commission de protection du territoire agricole)*, [1989] 1 R.C.S. 880.

70   *Gustavson Drilling (1964) Ltd.* c. *Ministre du Revenu national*, précité, note 67, 288. Le juge Pigeon ne distingue pas entre les effets passés et les effets à venir d'un contrat : la loi serait « rétroactive » dès qu'elle porte atteinte aux droits

L'opinion majoritaire fut rédigée par le juge Dickson qui s'appliqua à bien distinguer l'argument de la rétroactivité et celui de l'atteinte aux droits acquis. Quant à l'argument de la rétroactivité, après avoir énoncé qu'une loi était rétroactive au sens propre si elle prétendait « s'immiscer dans le passé »[71], il conclut que l'article en question n'était pas rétroactif, car il ne visait pas les années d'imposition antérieures à 1962. Autrement dit, la loi de 1962 ne s'en prenait pas aux effets déjà produits de l'opération de 1960 :

> « Pour autant que l'appelante soit concernée, cet article ne vise qu'à retirer *pour l'avenir* le droit de faire certaines déductions dont il était auparavant possible de tirer avantage; l'article n'a aucune incidence sur ce droit dans la mesure où il a été exercé à une date antérieure à l'adoption de la loi modificatrice. »[72]

Quant à l'argument de l'interférence avec les droits acquis, il l'étudia indépendamment de l'argument de rétroactivité et conclut qu'une loi pouvait, sans être rétroactive, porter atteinte à des droits acquis :

> « La présomption selon laquelle une loi ne porte pas atteinte aux droits acquis à moins que la législature ait clairement manifesté l'intention contraire, s'applique sans discrimination, que la loi ait une portée rétroactive ou qu'elle produise son effet dans l'avenir. »[73]

En l'occurrence, la majorité jugea que l'appelante n'avait, dans les circonstances, pas de droits acquis de bénéficier à l'avenir des déductions fiscales et que la loi modificatrice de 1962 ne l'avait privée que de l'« espoir que le droit fiscal demeure statique »[74].

Dans l'arrêt *P.G. du Québec* c. *Tribunal de l'expropriation*[75], la Cour suprême devait décider de l'applicabilité d'une loi de 1973

---

acquis. En cela, il se situe dans le courant jurisprudentiel traditionnellement prédominant. Voir : *R.* c. *Walker*, [1970] R.C.S. 649.

71   *Id.*, 279.

72   *Id.*, 279 et 280 (mes italiques).

73   *Id.*, 282.

74   *Id.*, 283.

75   *P.G. du Québec* c. *Tribunal de l'expropriation*, précité, note 68.

fixant les conditions selon lesquelles un expropriant peut se désister d'une expropriation. Le Gouvernement québécois avait exproprié un immeuble en 1970, à une époque où le droit applicable lui permettait de se désister de l'expropriation à sa seule discrétion. La loi de 1973 imposait, en cas de désistement, l'autorisation préalable du Tribunal de l'expropriation. Cette loi nouvelle de 1973 était-elle applicable à un désistement, effectué en 1979, à l'égard du bien exproprié en 1970? Le Gouvernement prétendait que la loi de 1973 ne pouvait s'appliquer dans les circonstances sans rétroagir.

La Cour jugea cependant que la loi nouvelle devait s'appliquer. Pour asseoir sa conclusion, elle distingua clairement la question des droits acquis de celle de la rétroactivité. D'une part, le Gouvernement n'avait, selon la Cour, aucun droit acquis à opposer à l'application de la loi de 1973 : ses attentes en matière de désistement constituaient de simples expectatives. D'autre part, il n'y avait pas de rétroactivité, selon la Cour, à appliquer la loi de 1973 au désistement de 1979 : l'effet était purement prospectif. Il fallait, selon la Cour, distinguer l'effet rétroactif de la loi de 1973 de son effet immédiat.

La Cour suprême a réitéré la distinction entre l'effet rétroactif et l'effet immédiat dans l'affaire *Venne*[76]. Le dénommé Venne avait, le 14 mai 1977, passé un contrat avec un promoteur immobilier, Winzen Land Corporation Ltd., en vue de l'achat de deux lots. En vertu de ce contrat, Venne s'engageait à payer le prix des terrains au moyen de 84 versements mensuels, Winzen conservant la propriété des lots jusqu'au paiement complet des mensualités. Avant que Venne n'obtienne un titre de propriété sur les lots en question, la *Loi sur la protection du territoire agricole*[77] est entrée en vigueur. Cette loi interdisait dorénavant, à peine d'annulation, l'aliénation des lots en question sans l'autorisation de la Commission de protection du territoire agricole. Le 25 mars 1982, Winzen transféra néanmoins la propriété des lots à Venne sans l'autorisation de la Commission. La

---

76   *Venne c. Québec (Commission de protection du territoire agricole)*, précité, note 69.

77   *Loi sur la protection du territoire agricole*, L.Q. 1978, c. 10. Cette loi est entrée en vigueur le 22 décembre 1978, jour de sa sanction, avec effet rétroactif au 9 novembre 1978, jour de sa présentation à l'Assemblée nationale.

loi nouvelle pouvait-elle s'appliquer de manière à rendre cette aliénation annulable?

La Cour conclut à l'applicabilité de la loi nouvelle : l'aliénation faite en contravention de ses dispositions était annulable, malgré que cette aliénation ait été faite en exécution d'un contrat conclu avant l'entrée en vigueur de la loi. La Cour distingua très nettement la question des droits acquis de celle de la rétroactivité. D'une part, les seuls droits acquis opposables à la loi étaient, selon la Cour, ceux que la Loi prévoyait elle-même expressément. Or, la situation de Venne n'était pas de celles que le législateur avait formellement protégées. Quant à la question de la rétroactivité, elle ne se posait pas, selon la Cour, parce qu'il ne pouvait y avoir d'effet rétroactif lorsqu'une loi entrée en vigueur le 22 décembre 1978 gouverne une aliénation de terrain faite à une date postérieure, le 25 mars 1982.

Le juge Beetz, qui rendit le jugement au nom de la Cour, insista sur le fait qu'une loi pouvait fort bien s'opposer à l'exécution d'un contrat conclu avant sa mise en vigueur sans être pour autant rétroactive. Il s'agissait alors de l'application immédiate de la loi (c'est-à-dire de son application à l'égard d'une situation en cours) plutôt que de son application rétroactive (c'est-à-dire de son application à l'égard d'un fait accompli). Voici comment, à la page 915 du jugement, il illustra cette notion d'effet immédiat :

> « On pourrait donner d'autres exemples où la Loi affecterait des conventions antérieures à la date où elle a pris effet, sans pourtant avoir d'effet rétroactif. Je pense à l'exemple suivant. L'article 70 et l'art. 72 de la Loi interdisent, en zone agricole, l'enlèvement du sol arable et du gazon pour fins de vente, à moins que la Commission n'ait délivré un permis à cette fin. Si, avant que la Loi ne prenne effet, le propriétaire d'une terre avait conclu avec un entrepreneur un contrat pour l'enlèvement du sol arable de sa terre, si la Loi avait pris effet avant que le contrat ne soit exécuté, et si la Commission refusait le permis requis, un tel contrat ne pourrait sûrement plus être licitement exécuté. Cette conséquence résulterait non pas de la rétroactivité de la Loi mais de son application immédiate. »

Les trois arrêts que nous venons d'évoquer, en proposant de distinguer le principe de la non-rétroactivité de la loi du principe du maintien des droits acquis, marquent une évolution fondamentale dans la façon dont on définit au Canada le problème de l'application temporelle des lois. Il ne s'agit plus, comme jadis, de choisir entre deux solutions, la rétroactivité et la prospectivité. Il faut désormais se livrer, dans chaque cas, à une analyse à deux niveaux : 1) La loi doit-elle ou non recevoir une application rétroactive, c'est-à-dire s'appliquer à l'égard du temps écoulé avant son entrée en vigueur ?; 2) La loi doit-elle ou non recevoir une application immédiate, c'est-à-dire s'appliquer pour l'avenir à l'égard des situations qui sont en cours au moment de sa prise d'effet?

Revenons à l'exemple donné plus haut relatif à l'entrée en vigueur d'une nouvelle réglementation sur l'affichage. Il est clair que les nouvelles règles ne devraient pas, en principe, s'appliquer rétroactivement, c'est-à-dire avoir effet à l'égard du temps écoulé avant l'entrée en vigueur. Il est également clair que les nouvelles règles s'appliqueraient sans difficultés aux affiches que l'on érigera dans l'avenir.

Comment devra-t-on traiter les situations en cours? Les nouvelles règles seront-elles applicables dès leur entrée en vigueur et pour l'avenir aux affiches antérieurement érigées et toujours en usage? Le principe du maintien des droits acquis pourrait s'opposer à l'application de la loi nouvelle, même pour l'avenir, de manière à remettre en cause les droits subjectifs des propriétaires des affiches. Il faudra alors choisir entre l'application immédiate de la loi nouvelle (son application pour l'avenir à l'égard de toutes les affiches, indépendamment de la date de leur installation) et le respect des droits acquis des propriétaires, qui implique la survie de la loi qui s'appliquait au moment où l'affiche a été érigée.

On ne saurait trop insister sur l'importance de distinguer l'effet rétroactif de l'effet immédiat, la présomption de non-rétroactivité de la présomption de respect des droits acquis. La rigueur que la distinction confère dans l'analyse de l'application de la loi dans le temps se révèle très précieuse dans un domaine qui, en lui-même, est suffisamment difficile sans qu'on fasse appel à un concept ambigu de rétroactivité.

D'ailleurs, la distinction s'impose d'autant plus que les deux présomptions, non seulement sont logiquement distinctes, mais encore ne possèdent pas toutes deux la même autorité. La présomption de non-rétroactivité de la loi est une présomption très forte, très intense : les juges sont très exigeants à l'égard du législateur lorsqu'il s'agit de rétroactivité véritable, car, de par sa nature même, la rétroactivité est et doit rester exceptionnelle. Au contraire, « il est évident que la plupart des lois modifient des droits existants ou y portent atteinte d'une façon ou d'une autre [...] »[78]. La rétroactivité est exceptionnelle, tandis que l'application de la loi nouvelle à l'égard de droits « existants » ou de situations juridiques en cours est chose beaucoup plus courante. Pour cette raison, la présomption de la non-rétroactivité serait considérée comme plus intense que celle qui assure le respect des droits acquis, cette dernière n'étant applicable que « lorsque la loi est d'une quelconque façon ambiguë et logiquement susceptible de deux interprétations »[79].

Pour fondamentale qu'elle soit, la distinction de l'effet rétroactif et de l'effet immédiat ou, si l'on préfère, de la non-rétroactivité et du respect des droits acquis, ne manque pas de soulever des difficultés d'application[80] et souvent le même problème est analysé par certains juges comme un problème de rétroactivité et par d'autres comme un problème d'effet immédiat[81]. Ces difficultés sont normales si on tient compte de la complexité de la matière et elles ne devraient pas remettre en cause l'évolution jurisprudentielle qui a mené la Cour suprême à adopter la distinction entre le principe de non-rétroactivité de la loi et celui du respect des droits acquis.

Sous-paragraphe 2 : Le droit transitoire québécois

La solution aux problèmes posés par l'effet de la loi dans le temps peut s'inspirer, en droit québécois, de principes tirés soit du droit

---

[78] *Gustavson Drilling (1964) Ltd.* c. *Ministre du Revenu national*, précité, note 67, 282 (j. Dickson).

[79] *Id.* Voir aussi : *R.* c. *Beaton*, précité, note 66, 548.

[80] En témoignent les affaires suivantes : *Harris* c. *Bosworthick*, [1966] C.S. 482; *Levin* c. *Active Builders Ltd.*, (1974) 40 D.L.R. (3d) 299 (Man.C.A.).

[81] Comparer les opinions majoritaires et minoritaires dans *Cumming* c. *Glassco*, [1976] C.A. 29. Comparer également *Re Metropolitan Toronto & Region Conservation Authority and Municipality of Metropolitan Toronto*, (1974) 39 D.L.R. (3d) 43 (Ont.H.C.) (effet immédiat) et (1974) 47 D.L.R. (3d) 191 (Ont.H.C.) (effet rétroactif).

civil[82], soit de la common law[83]. Y a-t-il lieu de déterminer le champ d'application respectif de ces deux systèmes et, dans l'affirmative, où passe la frontière?

Les règles de droit civil et celles de common law relatives à l'effet de la loi dans le temps sont, dans l'ensemble, assez semblables en raison, notamment, de l'influence, dans les deux cas, du droit romain[84]. Dans les deux systèmes, la notion de droits acquis joue un rôle central. On observe également que l'approche jurisprudentielle de ces questions est caractérisée par un empirisme très poussé. On peut toutefois noter des différences importantes, fondamentales même, entre les deux systèmes.

Ainsi, la common law ne connaît pas la distinction entre les situations contractuelles et les situations légales pour l'application du principe de l'effet immédiat de la loi nouvelle. La common law ignore également le principe de l'empire de la loi la plus douce en matière pénale. Non seulement les principes présentent-ils des différences notables mais leur application en France ne peut être invoquée ici sans certaines précautions, compte tenu des différences de droit positif entre les deux pays[85].

S'il n'est pas indifférent, en raison de ces divergences, de préciser le domaine respectif des deux systèmes de règles, il faut donc tracer la frontière entre eux. Avant l'entrée en vigueur, le premier janvier 1994, de la *Loi sur l'application de la réforme du Code civil* (L.Q. 1992, c. 57), la situation était passablement confuse.

---

82   Par exemple : François LANGELIER, *Cours de droit civil*, t. 1, Montréal, Wilson et Lafleur, 1905, pp. 23-29; Gérard TRUDEL, *Traité de droit civil du Québec*, t. 1, Montréal, Wilson et Lafleur, 1942, pp. 19-21.

83   Par exemple : P. St.J. LANGAN, *Maxwell on the Interpretation of Statutes*, *op. cit.*, note 33, pp. 215-227; William F. CRAIES, *Craies On Statute Law*, 7e éd., par S.G.G. Edgar, Londres, Sweet & Maxwell, 1971, pp. 387-406.

84   « Ce principe de la non-rétroactivité des lois [...] est le même dans le droit anglais que dans le droit français parce qu'il dérive d'une même source, le droit romain. » *Taylor* c. *The Queen*, (1877) 1 R.C.S. 65, 109 (j. Fournier).

85   Par exemple, quant à la nature de l'appel qui n'est pas une nouvelle instance mais un incident de l'instance initiale : *Compagnie de chemin de fer Québec et Lac St-Jean* c. *Vallières*, (1914) 23 B.R. 171, 181.

Alinéa 1 :   La situation avant le 1er janvier 1994

On ne s'étonne pas que la jurisprudence ait invoqué le droit français lorsque le Code civil fut modifié[86], car la pratique des tribunaux québécois a souvent été d'interpréter le Code civil suivant des techniques inspirées du droit français. Encore que l'on pourrait contester l'application ici du droit français en distinguant entre l'interprétation du Code civil et l'application dans le temps d'une loi qui modifie le Code civil.

La doctrine et la jurisprudence françaises ont été également invoquées par nos tribunaux pour résoudre les problèmes d'application dans le temps posés par des modifications au *Code de procédure civile*[87]. Cela ne surprend guère vu la coutume de ne pas considérer le *Code de procédure civile* comme un statut[88].

Par contre, on s'étonne de voir le droit français invoqué à l'égard de statuts concernant l'adoption[89], le droit municipal[90], le droit du travail[91], le droit professionnel[92] ou le droit judiciaire en matière d'appel à la Cour suprême du Canada[93].

L'application des techniques d'interprétation civilistes en dehors de leur domaine traditionnel (Code civil et *Code de procédure civile*) traduit, dans la jurisprudence, un malaise dont les tribunaux se sont montrés eux-mêmes conscients soit en mettant simplement en doute

---

[86]   *In re Bulmer*, (1902) 22 C.S. 46; (1903) 12 B.R. 334; *Royal Trust Co. c. Baie des Chaleurs Railway Co.*, (1908) 13 R.C. de l'É. 9.

[87]   *Schwob c. Town of Farnham*, (1901) 31 R.C.S. 471; *Goldsmith and Co. c. Bissonnette et Karo Inc.*, [1964] B.R. 312.

[88]   *Supra*, p. 33.

[89]   *Trudel c. Letarte*, (1924) 62 C.S. 381; *Marchand c. Duval*, précité, note 66.

[90]   *Reneault c. Gagnon*, (1900) 18 C.S. 127; *De Varennes c. Cité de Québec*, précité, note 66; *Trust and Loan Co. of Canada c. Picquet*, (1922) 60 C.S. 291.

[91]   *Benoist c. Sénécal*, [1943] B.R. 271; *Saumure c. Building Materials Joint Committee*, [1943] B.R. 426.

[92]   *Blais c. Association des architectes de la Province de Québec*, [1964] C.S. 387.

[93]   *Williams c. Irvine*, (1893) 22 R.C.S. 108, 111.

la pertinence du droit français en l'espèce[94], soit en écartant totalement celui-ci dès qu'il s'agit de l'effet dans le temps d'un statut.

Dans l'affaire *Beaubien* c. *Allaire*[95], il s'agissait de savoir si une loi nouvelle, permettant à l'avocat de prouver lui-même, par son propre serment, les services qu'il a rendus, pouvait être appliquée à des services rendus avant l'entrée en vigueur de la loi. En décidant pour l'affirmative, le juge Casault s'appuya sur des autorités anglaises. Quant aux autorités françaises citées par les parties, voici l'opinion qu'il exprime à ce sujet :

> « J'ai dit que la doctrine et la jurisprudence française ne pouvait [sic] pas régler ici la question de la rétroactivité des statuts adoptés par la législature, et j'ajoute que le Code Napoléon, que l'une commente et dont l'autre a fait application, ne saurait avoir plus d'autorité. Le pouvoir des législatures coloniales et l'effet des statuts qu'elles adoptent sont déterminés par leur constitution et le droit public anglais. »[96]

Cette affirmation du juge Casault peut avoir une portée très large, sinon démesurée. Elle implique que, dès qu'il s'agit de l'effet d'un statut (c'est-à-dire d'une loi particulière), le droit anglais est applicable, même si ce statut a pour objet de modifier le Code civil.

Cette solution a été nettement écartée par le législateur québécois. À l'occasion de la réforme du Code civil, il était confronté au problème du choix des principes devant guider l'application temporelle du droit issu de la réforme. Il a clairement rejeté l'approche de common law fondée sur les droits acquis et opté pour un système de solution de source française, le système dit de l'effet immédiat.

---

94   Le juge Bossé, dans *Association pharmaceutique de Québec* c. *Livernois*, (1900) 9 B.R. 243, 251 (infirmé par (1900) 31 R.C.S. 43), écrit qu'il est « fort douteux » que la doctrine française puisse être de « quelque utilité » pour établir l'effet dans le temps d'une loi qui supprimait une infraction en droit professionnel.

95   *Beaubien* c. *Allaire*, (1892) 1 C.S. 275 (j. Casault) (C.S. en Rév.).

96   *Id.*, 280.

Alinéa 2 : *Le droit transitoire relatif à la réforme du Code civil : un nouveau droit commun transitoire?*

Les articles 2 et 3 de la *Loi sur l'application de la réforme du Code civil* indiquent de façon claire que le droit transitoire relatif à la récente réforme du Code civil est fondé non pas sur les conceptions qui prévalent en common law, conceptions qui font une large place à la notion de droit acquis, mais sur un système fondé, pour l'essentiel, sur les travaux du juriste français Paul Roubier[97], ce système écartant nettement toute référence à la notion de droit acquis.

L'étude des principes qui animent le système de Roubier sera faite plus loin[98]. Pour l'instant, il convient de s'interroger sur le domaine d'application de ce nouveau droit transitoire. Doit-on le considérer comme constituant le droit commun en droit privé québécois, applicable à titre supplétif dès lors que la loi ne l'écarte pas, ou bien ne s'applique-t-il que dans les seuls cas où le législateur québécois y fait spécifiquement référence?

Il nous paraît clair que le système de Roubier a la faveur du législateur québécois et qu'à terme il a vocation à former le droit commun transitoire en droit privé et peut-être même en droit public[99]. Pour l'instant, toutefois, la jurisprudence hésite, avec raison, nous semble-t-il, à y avoir recours en l'absence de disposition législative le déclarant applicable. Ce point de vue prend notamment appui sur le fait que l'article 1er de la *Loi sur l'application de la réforme du Code civil* précise que les principes et les règles de droit transitoire que la loi énonce « ont pour objet de régler les conflits de lois résultant de l'entrée en vigueur du *Code civil du Québec* et des modifications corrélatives apportées par la présente loi ». Le nouveau droit transi-

---

97 P. ROUBIER, *op. cit.*, note 62.

98 *Infra*, p. 239 et suiv.

99 La législation québécoise récente contient certaines références explicites au système de Roubier, et il s'en trouve en contexte de droit public : *Loi sur l'application de la loi sur la Justice administrative*, L.Q. 1997, c. 43, art. 829 et 830.

toire ne s'appliquerait donc pas en dehors du cadre précis tracé par cette disposition[100].

Ce point de vue repose aussi sur le fait que le législateur n'a pas modifié la *Loi d'interprétation*, laquelle, à son article 12, fait référence au maintien des droits acquis en cas d'abrogation d'une loi ou d'un règlement. Cette référence au système des droits acquis dans une loi de portée on ne peut plus générale rend difficile de conclure que le système de l'effet immédiat ait, pour l'instant, valeur de droit commun. Sans doute faudra-t-il éventuellement modifier la *Loi d'interprétation* si l'on veut conférer ce statut au système de l'effet immédiat[101], à défaut de quoi le législateur devra faire expressément référence à ce système chaque fois qu'il souhaitera qu'on l'emploie pour régler des problèmes de droit transitoire.

En résumé, lorsque se pose un problème de droit transitoire en rapport avec un texte législatif québécois, il faut, en l'absence de dispositions transitoires particulières, faire appel au système de solution des conflits issu de la common law. Quant au système de l'effet immédiat, applicable notamment à la réforme du Code civil, il faudra s'y référer chaque fois que le législateur l'aura formellement rendu applicable.

Sous-paragraphe 3 : Les sources du droit transitoire canadien et québécois

En droit québécois et canadien, l'interprète peut puiser la solution aux conflits de lois dans le temps à deux sources principales : la loi et la jurisprudence.

---

100 *Commission de la construction du Québec* c. *Gastier Inc.*, J.E. 98-2264, DTE 98T-1175 (C.A.). Voir toutefois : *Centres jeunesse de Montréal* c. *Borduas*, J.E. 96-937.

101 Une suggestion en ce sens est faite par Marie-José LONGTIN, « Les incidences de la réforme du Code civil sur la législation », dans Service de la formation permanente, Barreau du Québec, *La réforme du Code civil, cinq ans plus tard*, Cowansville, Éditions Yvon Blais, 1998, p. 1, à la page 35.

Alinéa 1 :   La loi

La solution des conflits des lois dans le temps doit être d'abord recherchée dans la loi, particulièrement dans la loi nouvelle qui paraît causer le conflit. Conscient de ces problèmes, le législateur a pu, dans des dispositions dites transitoires, prévoir les modalités d'application dans le temps de la loi qu'il édicte. Ainsi, la loi peut prévoir expressément son application rétroactive, elle peut prévoir la survie temporaire ou permanente de la loi ancienne sous forme de droits acquis ou autrement, ou elle peut prescrire l'effet immédiat de la loi nouvelle dans un domaine où le droit commun admet normalement la survie de la loi ancienne.

Si le législateur a édicté des dispositions expresses quant aux effets de la loi dans le temps, la tâche de l'interprète s'en trouve facilitée, mais il n'est pas nécessairement à l'abri de toute incertitude, le sens et la portée de la disposition transitoire pouvant faire l'objet de controverses[102]. Il est en effet difficile de légiférer sur ces questions d'une manière à la fois brève et précise et le législateur pourra préférer s'en remettre, à ce sujet, au droit commun législatif ou jurisprudentiel.

Ce sont les lois d'interprétation qui contiennent les principales règles légiférées de droit transitoire. L'article 43 de la *Loi d'interprétation* fédérale et l'article 12 de la *Loi d'interprétation* québécoise, par exemple, consacrent le principe de la survie de la loi à l'égard des droits acquis sous l'empire d'une loi abrogée et celui de la non-rétroactivité des lois qui abolissent une infraction pénale. Les articles 13 de la loi québécoise et 44 de la loi canadienne sanctionnent implicitement le principe de l'effet immédiat des lois de procédure. Les articles 55 de la loi québécoise et 7 de la loi canadienne

---

102   À titre d'exemples : *Goodyear Employees Union Ltd.* c. *Keable*, [1967] B.R. 49; *Commander Nickel Copper Mines Ltd.* c. *Zulapa Mining Corp.*, [1975] C.A. 390. Pour un aperçu des techniques législatives auxquelles on peut avoir recours, voir Pierre FRANÇON, « Des dispositions transitoires dans la législation civile française », dans *Propos sur la rédaction des lois*, Québec, Conseil de la langue française, 1979, p. 150, ainsi que : Françoise DEKEUVER-DÉFOSSEZ, *Les dispositions transitoires dans la législation civile contemporaine*, Paris, L.G.D.J., 1977.

prévoient certains effets rétroactifs des lois qui entrent en vigueur à une date postérieure à leur sanction.

Il est à noter que le principe général de la non-rétroactivité de la loi n'est pas formulé comme tel dans les lois d'interprétation[103]. Le Code civil ne reproduit pas non plus la disposition de l'article 2 du *Code civil* français : « La loi ne dispose que pour l'avenir; elle n'a point d'effet rétroactif ». Cela n'empêche pas la jurisprudence de recourir abondamment, comme nous le verrons, au principe de la non-rétroactivité de la loi.

Notons enfin que la *Charte canadienne des droits et libertés*[104] ainsi que la *Charte des droits et libertés de la personne*[105] du Québec consacrent, comme on le verra plus loin, le principe de la non-rétroactivité des crimes et des peines ainsi que celui du droit de l'inculpé à la peine la plus légère.

Les textes dont il vient d'être fait état constituent le droit commun législatif en matière d'action de la loi dans le temps. Il est toujours loisible au législateur d'y déroger, sous réserve, cependant, des règles de forme qu'il doit observer s'il veut porter atteinte aux droits consacrés par les chartes des droits[106].

La présence de textes généraux[107] en droit transitoire, si elle permet la solution de nombreuses difficultés, ne permet toutefois pas d'éviter tous les litiges. Le législateur, en codifiant les règles jurispru-

---

103   L'article 50 de la loi québécoise (« Nulle disposition légale n'est déclaratoire ou n'a d'effet rétroactif pour la raison seule qu'elle est énoncée au présent du verbe ») a un objet technique bien particulier : *supra*, p. 91. On ne saurait y voir l'affirmation du principe de non-rétroactivité.

104   *Charte canadienne des droits et libertés*, partie I de la *Loi constitutionnelle de 1982* [annexe B de la *Loi de 1982 sur le Canada*, (1982, R.-U., c. 11)], art. 11 g) et i).

105   *Charte des droits et libertés de la personne*, L.R.Q., c. C-12, art. 37 et 37.2.

106   Voir *infra*, p. 175.

107   Principalement : loi québécoise, précitée, note 6, art. 12 et 13; loi canadienne, précitée, note 7, art. 43 et 44; *Charte canadienne des droits et libertés*, précitée, note 104, art. 11 g) et i); *Charte des droits et libertés de la personne* du Québec, précitée, note 105, art. 37 et 37.2.

dentielles, en a repris certains concepts flous comme celui de « droit acquis » ou de « procédure ». D'autres difficultés sont causées par la formulation même des dispositions. Que veut dire l'article 12 de la loi québécoise lorsqu'il dispose que l'abrogation de la loi n'atteint pas les « procédures intentées » : s'agit-il, comme le texte paraît le dire, de toute procédure quelconque, ou uniquement de celles qui sont relatives à un droit acquis ou à une infraction commise sous l'empire de la loi abrogée[108]?

L'existence des textes généraux ne rend donc pas sans intérêt le recours à la jurisprudence comme source de principes de droit transitoire : loin de dispenser l'interprète de puiser dans la jurisprudence, l'ambiguïté des textes et leur caractère très général semblent au contraire l'y inviter.

Alinéa 2 :   *La jurisprudence*

L'examen de la jurisprudence en matière d'effet de la loi dans le temps fait voir une multitude de décisions rendues sur le fondement de quelques principes très généraux et dont chacune paraît un cas d'espèce. Les décisions particulières sont souvent difficiles à réconcilier sur un plan logique[109] et le passage des principes à leur application est perçu, par les juges eux-mêmes, comme étant parsemé d'embûches :

> « La règle (de non-rétroactivité) paraît suffisamment claire, mais c'est son application à une loi donnée qui est souvent ardue. »[110]

> « Le principe du maintien des droits acquis [...] se comprend aisément mais les difficultés d'application qu'il soulève sont bien connues. »[111]

---

108   Comparer à l'alinéa d) de l'article 44 de la loi canadienne, précitée, note 7.

109   *Dixie* c. *Royal Columbian Hospital*, [1941] 2 D.L.R. 138, 139 (j. Sloan) (B.C.C.A.).

110   *Nadeau* c. *Cook*, [1948] 2 D.L.R. 783, 785 (j. Ford) (Alta.S.C.) (traduction).

111   *Lemyre* c. *Trudel*, [1978] 2 C.F. 453, 456 (j. Marceau), confirmé par [1979] 2 C.F. 362 (C.A.). Également : *Re Owners Strata Plan VR 29*, (1979) 91 D.L.R. (3d) 528, 534 et 535 (j. Trainor) (B.C.S.C.); *Upper Canada College* c. *Smith*, (1921) 61 R.C.S. 413, 423 (j. Duff).

Le premier principe qu'il faut citer domine tous les autres : en cette matière, tout comme dans l'interprétation des lois en général, l'intention du législateur est souveraine. Le rôle du juge, et donc de tout interprète, est de déceler cette intention grâce aux indices qui sont à sa disposition. Le texte, les présomptions, la considération des conséquences ne sont que des guides qui doivent mener à la découverte de l'intention[112].

Dans la recherche de l'intention du législateur, la formulation de la loi doit faire l'objet d'une attention toute particulière. Le législateur a pu trancher à l'avance les problèmes d'application dans le temps soulevés par la loi nouvelle : s'il l'a fait clairement, le juge doit se contenter de donner effet à la loi[113].

Même si le législateur n'a pas consacré de disposition expresse à l'effet dans le temps de la loi nouvelle, le juge pourra déduire du texte l'intention du législateur à ce sujet et, grâce au texte, déterminer les faits qui tombent sous l'empire de la loi et ceux qui y échappent. Nombreuses sont les décisions où le juge s'appuie, accessoirement ou principalement, sur la rédaction de la règle de droit pour justifier son application ou sa non-application au cas d'espèce. Par exemple, l'application immédiate de la loi nouvelle est souvent justifiée par l'argument de texte suivant : le texte ne distinguant pas entre les situations juridiques créées dans le passé et celles qui le seront dans l'avenir, le juge doit l'appliquer à toutes les situations, même à celles (par exemple, un contrat) qui ont été créées avant l'entrée en vigueur de la loi[114]. Dans d'autres cas, le texte est invoqué comme marque d'une volonté du législateur de ne donner à la loi qu'un effet prospectif. Par exemple, si la loi dit « [l]orsqu'il survient un accident [...] », on peut y voir la volonté de ne viser que les accidents à venir et non ceux qui sont déjà survenus[115]. Dans l'affaire

---

112   *R. c. Ali*, [1980] 1 R.C.S. 221, 235 (j. Pratte).

113   Par exemple, *Ozog c. Registrar of Motor-Vehicles*, (1980) 102 D.L.R. (3d) 147 (Ont. H.C.); *R. c. Beaton*, précité, note 66.

114   *Chapin c. Matthews*, (1915) 24 D.L.R. 457, 470 (Alta S.C.); *Prévost c. Prévost*, (1905) 27 C.S. 490, 492 (confirmé par [1905] 14 B.R. 309); *Benoist c. Sénécal*, précité, note 91.

115   *McMeekin c. Calder*, (1978) 84 D.L.R. (3d) 327, 330 (Alta. S.C.) 330. Voir aussi : *Geo. D. McLean and Associates Ltd. c. Leth*, [1949] 4 D.L.R. 282, 286 (B.C.Co.Ct.).

Upper Canada College c. *Smith*, la Cour suprême a rejeté l'application d'une disposition qui n'accordait d'action que si le contrat était écrit, en s'appuyant en partie sur la manière dont la règle était formulée[116].

Dans une autre affaire[117], le texte même de la *Loi de la qualité de l'environnement* a guidé la Cour d'appel du Québec dans une décision concernant l'obligation d'un exploitant de carrière d'obtenir un certificat d'autorisation. La loi[118] exigeant le certificat pour « entreprendre l'exploitation d'une industrie quelconque », la cour en déduisit que le certificat n'était pas exigé pour une exploitation « entreprise » avant l'entrée en vigueur de la loi. Dans *Venne* c. *Québec (Commission de protection du territoire agricole du Québec)*[119], l'applicabilité de la loi nouvelle à une situation en cours a été justifiée grâce à un raisonnement *a contrario* à partir des dispositions de la loi qui consacraient certains droits acquis.

Si le texte est muet ou si les indices qu'il fournit ne suffisent pas à asseoir solidement une conclusion, le juge peut faire appel aux présomptions d'intention du législateur. S'il a à choisir entre l'effet rétroactif et l'effet prospectif, la présomption de non-rétroactivité de la loi l'invite à préférer en principe l'effet simplement prospectif. Si le choix est entre l'application immédiate (ou générale) de la loi nouvelle et la survie de la loi ancienne, la présomption de respect des droits acquis pourra indiquer au juge quelle solution est, en principe, préférable.

Le rapport entre la formulation de la règle de droit et son effet dans le temps a été particulièrement étudié par le regretté professeur Elmer A. DRIEDGER. Voir, entre autres : « The Retrospective Operation of Statutes », *loc. cit.*, note 62.

116 *Upper Canada College* c. *Smith*, précité, note 111. L'expression « *the agreement* [...] *shall be in writing* » fut considérée par le juge Duff (p. 422) et par le juge Anglin (p. 439) comme se référant seulement à des contrats futurs.

117 *Constructions du St-Laurent Ltd.* c. *P.G. de la Province de Québec*, [1976] C.A. 635.

118 *Loi sur la qualité de l'environnement*, L.Q. 1972, c. 49, art. 22.

119 *Venne* c. *Québec (Commission de protection du territoire)*, précité, note 69.

Ces présomptions, de même que celle de l'effet immédiat (ou général) des lois de pure procédure, ne sont que des « jalons »[120] ou des « guides »[121] qui peuvent permettre de découvrir ce que fut vraisemblablement l'intention du législateur : elles n'ont aucun caractère absolu et ne dispensent pas l'interprète d'une étude d'ensemble du problème. En effet, la présomption peut être écartée non seulement en raison d'une intention contraire formellement exprimée mais également sur le fondement d'une volonté tacite du législateur déduite de facteurs nombreux comme les objectifs de la loi, les circonstances de son adoption, son mode d'entrée en vigueur, et ainsi de suite[122].

Parmi les éléments qui paraissent guider les tribunaux, hormis le texte et les présomptions, c'est la considération des conséquences de telle ou telle application de la loi qui paraît jouer un rôle déterminant. Conséquences individuelles : l'application de la loi, rétroactive ou immédiate, ne causera-t-elle pas à l'individu un préjudice excessif? Le législateur est réputé ne pas vouloir l'injustice[123] : en s'appuyant sur cette présomption, le juge pourra justifier de ne pas appliquer la loi de manière à produire des résultats « injustes »[124], « déraisonnables »[125], « préjudiciables »[126], « sévères »[127] ou simplement « incommodes »[128].

120   Beaubien c. Allaire, précité, note 95.

121   R. c. Ali, précité, note 112.

122   Voir infra, p. 189 et p. 215 et suiv.

123   P. St.J. LANGAN, Maxwell on the Interpretation of Statutes, op. cit., note 33, p. 215.

124   Board of Trustees of the Roman Catholic Separate Schools c. City of Toronto, [1924] R.C.S. 368, 374 (j. Duff) (infirmé par [1926] A.C. 81); Board of Trustees of the Acme Village School District c. Steele-Smith, précité, note 66.

125   R. c. Henderson, [1942] 3 D.L.R. 222, 224 (j. Robson) (Man.C.A.).

126   Trudel c. Letarte, précité, note 89, 387 (j. Lemieux); R. c. List, [1975] 4 W.W.R. 528, 530 et 531 (j. Andrews) (B.C.S.C.).

127   Beaulieu c. Barreau de la Province de Québec, [1974] C.S. 636 (j. Bard).

128   Goodyear Employees Union Ltd. c. Keable, précité, note 102, 54 (j. Tremblay).

Les conséquences sociales doivent aussi être envisagées. Par exemple, admettre la survie de la loi ancienne est-il compatible avec l'objectif d'uniformité poursuivi par le législateur[129]? Permettre la subsistance de droits acquis n'est-il pas de nature à causer des préjudices sociaux trop importants[130]?

La démarche judiciaire, on s'en rend compte, peut devenir extrêmement empirique sous des dehors apparemment exclusivement déductifs. Qu'on veuille l'avouer ou non, l'activité du juge paraît résolument créatrice lorsque, faute de directive précise dans la loi, il doit, à l'aide de vagues présomptions d'intention du législateur, trancher les conflits de lois dans le temps.

Le silence du législateur exige alors la collaboration du juge à l'achèvement de l'oeuvre législative. Si le passage des principes aux applications concrètes présente, comme il a été noté, tant de difficultés, c'est peut-être que l'application de la loi dans le temps fait appel au moins autant aux facultés créatrices du juge qu'à ses facultés cognitives, autant à sa volonté qu'à sa raison.

L'application d'une loi dans le temps suppose, d'une part, que l'on établisse le moment où celle-ci prend effet et, d'autre part, que l'on tranche la question de son applicabilité aux situations qui sont en cours au moment de sa prise d'effet. On étudiera donc successivement l'effet rétroactif de la loi et son effet immédiat. Suivra une brève analyse du système alternatif de droit transitoire retenu par le législateur québécois à l'occasion de la réforme du Code civil.

Paragraphe 2 : La loi nouvelle et les faits accomplis : l'effet rétroactif de la loi

La loi s'applique en principe à l'égard des faits qui se produisent entre le moment de son entrée en vigueur et celui de son abrogation. C'est là un principe innommé, que l'on pourrait appeler le principe de la « simulactivité » de la loi, ou de son « effet simultané ». Ce

---

[129] *Corporation de l'Hôpital Bellechasse* c. *Pilotte*, [1975] 2 R.C.S. 454.

[130] *Board of Trustees of the Acme Village School District* c. *Steele-Smith*, précité, note 66, 59 (J. Crockett).

principe est respecté lorsque la période d'application de la loi
coïncide avec sa période d'observation, c'est-à-dire avec la période
où elle est exécutoire.

Mais la loi peut régir des faits survenus entièrement avant qu'elle
ne soit exécutoire : on la qualifiera alors de rétroactive. Elle peut
aussi rester applicable malgré son abrogation; le phénomène de la
survie de la loi, qui sera étudié plus loin[131], illustre bien l'hypothèse
de la « postactivité » de la loi.

Le principe de l'« effet simultané » de la loi a donc pour corollaire
un principe de non-rétroactivité de la loi. Il s'agit d'un principe fondamental dont la portée est cependant difficile à cerner (1), que l'on
voit fréquemment appliqué (2), mais auquel le législateur est libre
d'apporter des dérogations (3).

Sous-paragraphe 1 : Le principe de la non-rétroactivité de la loi et sa portée

Les expressions du principe de la non-rétroactivité sont nombreuses, mais peu fournissent une définition vraiment opérationnelle de
la rétroactivité, si bien que l'on dénombre, dans la jurisprudence,
plusieurs cas de fausse rétroactivité.

Alinéa 1 : Les expressions du principe de la non-rétroactivité de la loi

Le principe général de la non-rétroactivité ne reçoit pas, en droit
canadien, de consécration dans un texte législatif de portée
générale. Principe fondamental issu du « *jus commune* » européen, il
eut sans doute été superflu de le consacrer dans un texte. La loi
rétroactive doit en effet rester exceptionnelle. Le besoin de sécurité
dans la vie juridique s'oppose à ce que des actes accomplis sous
l'empire d'une loi soient, après coup, appréciés par rapport à des
règles qui n'existaient pas jusqu'alors. « Il ne faut point exiger que

---

[131]   *Infra*, p. 191 et suiv.

les hommes soient avant la loi ce qu'ils ne doivent devenir que par elle »[132].

Si la loi est muette sur le principe général de non-rétroactivité, ses affirmations jurisprudentielles sont, elles, fort nombreuses, sinon toujours heureusement formulées, comme on le verra. Le *dictum* du juge Wright dans l'arrêt *Re Athlumney* est souvent cité à ce sujet :

> « Il se peut qu'aucune règle d'interprétation ne soit plus solidement établie que celle-ci : un effet rétroactif ne doit pas être donné à une loi de manière à altérer un droit ou une obligation existants, sauf en matière de procédure, à moins que ce résultat ne puisse pas être évité sans faire violence au texte. Si la rédaction du texte peut donner lieu à plusieurs interprétations, on doit l'interpréter comme devant prendre effet pour l'avenir seulement. »[133]

Le principe a été affirmé souvent par la Cour suprême :

> « Selon la règle générale, les lois ne doivent pas être interprétées comme ayant une portée rétroactive à moins que le texte de la loi ne le décrète expressément ou n'exige implicitement une telle interprétation. »[134]

La présomption de la non-rétroactivité de la loi doit être distinguée d'une autre présomption voisine avec laquelle elle a été le plus souvent confondue en jurisprudence, soit la présomption de respect des droits acquis. Selon la majorité des arrêts, la loi serait rétroactive non seulement si elle agit dans le passé, mais aussi si elle prétend régir, pour le passé ou l'avenir, l'exercice de droits acquis[135].

---

[132]   PORTALIS, cité par P. ROUBIER, *op. cit.*, note 62, p. 90.

[133]   *Re Athlumney*, [1898] 2 Q.B. 547, 551 et 552 (traduction puisée en partie à [1970] R.C.S. 667).

[134]   *Gustavson Drilling (1964) Ltd.* c. *Ministre du Revenu national*, précité, note 67, 279 (j. Dickson). Voir aussi : *Board of Trustees of the Acme Village School District* c. *Steele-Smith*, précité, note 66, 50 et 51 (j. Lamont).

[135]   C'est ce vocabulaire qui a traditionnellement dominé en jurisprudence. À ce sujet, on verra, par exemple, l'arrêt *R.* c. *Walker*, précité, note 70. En fait, le mot « rétroactif » a été utilisé en jurisprudence dans plusieurs sens différents, comme l'a noté M. le juge Maugham dans *Gardner & Co.* c. *Cone*, [1928] Ch. 955, 966.

Ainsi, Craies définit l'expression anglaise « *retrospective* » comme suit :

> « On considère comme rétroactive une loi qui supprime ou atteint un droit acquis sous l'empire des lois antérieures, ou qui crée une obligation nouvelle, impose un devoir nouveau ou ajoute une incapacité nouvelle à l'égard d'opérations ou de prestations déjà accomplies. »[136]

La confusion du principe de non-rétroactivité et du principe de respect des droits acquis devrait être évitée. Une loi qui porte atteinte aux droits acquis n'est pas nécessairement rétroactive; elle ne l'est pas du tout si elle ne règle que l'exercice futur de droits acquis dans le passé. Comme on l'a vu plus haut, la distinction entre rétroactivité et atteinte aux droits acquis est aujourd'hui consacrée dans la jurisprudence de la Cour suprême[137].

Le principe général de la non-rétroactivité n'est pas contesté et pourtant son application concrète suscite de nombreux litiges. Ces litiges traduisent le plus souvent la difficulté de définir ce qu'il faut entendre précisément par les termes « effet rétroactif ».

Alinéa 2 :   La définition de la rétroactivité

La loi a un effet rétroactif lorsqu'elle prétend agir dans le passé (*retro agere*). Roubier définit la loi rétroactive comme celle qui « prétend s'appliquer à des faits accomplis »[138] et la rétroactivité comme « le report de l'application de la loi à une date antérieure à sa promulgation, ou, comme on l'a dit, une fiction de la préexistence de la loi »[139].

---

136   W.F. CRAIES, *op. cit.*, note 83, p. 387.

137   Voir *supra*, pp. 135 à 143.

138   P. ROUBIER, *op. cit.*, note 62, p. 177.

139   *Id.*, p. 10. Pour une étude approfondie de la notion de rétroactivité, on verra mon texte « Contribution à la théorie de la rétroactivité des lois », *loc. cit.*, note 62.

Les tribunaux canadiens font parfois référence aux lois rétroactives sous le vocable de lois *ex post facto*, lois « après le fait ». Les définitions jurisprudentielles de la rétroactivité n'abondent pas, mais certains passages de l'opinion du juge Dickson, dans *Gustavson Drilling (1964) Ltd. c. Ministre du Revenu national*[140], peuvent constituer la base d'une définition de la rétroactivité véritable :

> « Une disposition modificatrice peut prévoir qu'elle est censée être entrée en vigueur à une date antérieure à son adoption, ou qu'elle porte uniquement sur les transactions conclues (*transactions occurring*) avant son adoption. Dans ces deux cas, elle a un effet rétroactif. »[141]

Plus loin, parlant d'un article d'une loi dont une partie alléguait l'effet rétroactif, le juge Dickson ajoute :

> « il [l'article] ne cherche pas à s'immiscer dans le passé et ne prétend pas signifier qu'à une date antérieure, il faille considérer que le droit ou les droits des parties étaient ce qu'ils n'étaient pas alors. »[142]

Comme le souligne le juge Dickson, la loi rétroactive procède par fiction. Elle prescrit aux sujets de droit et aux agents d'application du droit de faire comme si la loi avait été, dans le passé, autre qu'elle ne fut effectivement. Dans plusieurs lois fédérales canadiennes, on exprime d'ailleurs la rétroactivité en prescrivant que telle disposition « est réputée être entrée en vigueur » à une date antérieure à la sanction de la loi[143].

Il sera assez aisé, en pratique, de reconnaître la loi à laquelle le législateur a voulu conférer un effet rétroactif : elle contient une disposition qui lui donne effet à compter d'un jour antérieur à sa sanction. Par contre, il s'avère souvent très difficile de décider si une application donnée d'une loi implique ou non un effet rétroactif. Des personnes peuvent en effet s'entendre sur le fait que telle loi ne doit

---

140   *Gustavson Drilling (1964) Ltd. c. Ministre du Revenu national*, précité, note 67.

141   *Id.*, 279.

142   *Id.*

143   Par exemple : *Loi modifiant la Loi sur la taxe d'accise et la Loi sur l'accise*, S.C. 1985, c. 3, art. 44 et suiv.

pas recevoir d'application rétroactive et se trouver en désaccord sur les exigences concrètes de ce principe dans une situation particulière. Ainsi, un large consensus s'est fait sur la non-rétroactivité de la *Charte canadienne des droits et libertés* entrée en vigueur le 17 avril 1982, mais cela n'a pas empêché la naissance de nombreux litiges portant sur le caractère rétroactif ou non de telle ou telle application de la Charte.

Ce qui fait défaut actuellement au juriste canadien, ce n'est donc pas tant une définition de la rétroactivité qu'une méthode de qualification rationnelle et relativement sûre pour déterminer les cas où on a affaire à un effet rétroactif[144]. Pour tenter de combler cette lacune, on fera ici état d'une méthode de qualification largement inspirée des travaux du professeur Jacques Héron[145].

On peut définir ainsi l'effet rétroactif : il y a effet rétroactif lorsqu'une loi nouvelle s'applique de façon à prescrire le régime juridique de faits entièrement accomplis avant son entrée en vigueur. Pour déterminer si l'application d'une loi nouvelle conduit à lui donner un effet rétroactif, il est commode de procéder à une analyse en trois étapes : identification des faits juridiques, localisation temporelle de ces faits et qualification.

i) L'identification des faits juridiques

La première étape consiste à identifier les faits juridiques, c'est-à-dire les faits auxquels la loi attache des conséquences juridiques. Cela suppose que l'on reconstitue la règle de droit dont le texte est l'expression en distinguant, d'une part, les faits qui vont entraîner l'application de la loi et, d'autre part, les conséquences juridiques que la loi attribue à la survenance de ces faits. Par exemple, du texte « [c]hacun a le droit, en cas d'arrestation ou de détention [...] d'être informé dans les plus brefs délais des motifs de son arrestation ou de

---

[144]   Dans la pratique, on qualifie l'effet d'une loi de rétroactif en faisant appel, pour une large part, à l'intuition : la rétroactivité, on la « sent » sans que l'on puisse souvent justifier rationnellement ce sentiment.

[145]   J. HÉRON, *op. cit.*, note 62. On trouvera un exposé plus complet de cette méthode dans mon texte « La position temporelle des faits juridiques et l'application de la loi dans le temps », *loc. cit.*, note 62.

sa détention »[146], on peut dégager la règle de droit suivante : si une personne est arrêtée ou détenue (les faits), alors, elle a le droit d'être informée dans les plus brefs délais des motifs de son arrestation ou de sa détention (la conséquence juridique). En pratique, il existe une technique bien simple pour identifier les faits juridiques : ce sont les faits dont un plaideur devrait établir l'existence s'il voulait obtenir l'application du texte législatif en question.

Il convient de noter que les faits juridiques possèdent des dimensions temporelles fort variables. Tantôt, la survenance d'un fait momentané entraîne l'application de la loi. Que l'on songe, par exemple, à l'infraction de vol qui, généralement, ne dure qu'un moment. Tantôt, c'est plutôt à un fait durable que renvoie la loi, comme, par exemple, le recel d'un bien volé : la possession constitue un fait continu. Dans certains cas, un fait durable n'aura de conséquences juridiques que s'il a duré un certain temps. C'est le cas, notamment, de tous les textes portant délai : ils attachent un effet à un fait durable, par exemple, l'inaction d'une personne, à la condition cependant que ce fait ait duré un temps déterminé. Il arrive aussi que la loi ne s'applique que si sont survenus plusieurs faits successifs. Ainsi, une loi portant aggravation de peine en cas de récidive exige que soient survenus deux faits successifs, la première infraction, puis la seconde.

ii) La localisation temporelle des faits juridiques

La seconde étape consiste à situer dans le temps les faits concrets qui correspondent aux faits juridiques décrits de manière hypothétique par la loi. Ce sont les faits qui font naître, à l'égard d'un sujet de droit en particulier, des droits ou des obligations. Si on doit, par exemple, appliquer un texte qui accorde des droits « en cas d'arrestation », il faut, pour savoir si ce texte peut s'appliquer sans rétroactivité à X, se demander : « À quel moment X a-t-il été arrêté? ». Il faudra situer dans le temps le fait concret qui réalise l'hypothèse énoncée dans la loi, dans ce cas-ci, l'arrestation d'une personne, fait momentané.

---

[146] *Charte canadienne des droits et libertés*, précitée, note 104, art. 10 a).

Ce processus de localisation temporelle peut conduire, en pratique, à l'une des trois hypothèses suivantes : les faits juridiques ont pu se réaliser avant, pendant ou après l'entrée en vigueur. On comprendra aisément qu'un fait puisse se produire avant l'entrée en vigueur de la loi ou après celle-ci. L'arrestation de X aura eu lieu soit avant, soit après l'entrée en vigueur de la règle exposée plus haut. Qu'un fait ou que des faits se produisent « pendant » l'entrée en vigueur paraît toutefois heurter le sens commun, mais deux exemples montreront que cela peut fort bien se produire.

Un délai de prescription peut commencer à courir sous une loi ancienne et arriver à son terme sous une loi nouvelle. Le fait durable à durée déterminée qui entraîne l'application de la règle de prescription (par exemple, l'inaction d'un créancier pendant une période de trois années) se produira, dans cette hypothèse, « pendant » l'entrée en vigueur de la loi nouvelle : la période de délai chevauchera cette date. Il y a également « faits pendants » dans le cas où une règle nouvelle portant aggravation de peine en cas de récidive s'applique sur le fondement de deux infractions dont la première a été commise avant l'entrée en vigueur de la nouvelle règle et la seconde, après.

Une fois identifiés les faits juridiques et situés dans le temps les faits concrets qui réalisent ces faits dans un cas particulier, on peut passer à la troisième étape, celle de la qualification.

iii) La qualification de l'application de la loi

Il y a effet rétroactif lorsque la loi nouvelle définit le régime juridique d'un fait ou d'un groupe de faits entièrement survenus avant son entrée en vigueur. On peut donc exclure de la rétroactivité l'hypothèse où le ou les faits juridiques se réalisent après l'entrée en vigueur : il paraît évident qu'une loi n'est pas rétroactive si elle ne fait que tirer des conséquences de faits, momentanés, durables ou successifs, qui se produisent après qu'elle ait été mise en vigueur. On devrait également, bien que cela soit plus discutable, considérer comme non rétroactive l'application de la loi sur le fondement de faits survenus pour partie avant et pour partie après son entrée en vigueur, c'est-à-dire, de faits pendants. Dans ce cas, on a plutôt affaire à une application immédiate de la loi qu'à une application rétroactive[147].

Il y a par contre rétroactivité lorsqu'on applique la loi sur le fondement de faits entièrement survenus avant son entrée en vigueur. Notamment, on donne effet rétroactif 1) à une loi qui attache des effets à la survenance d'un fait momentané lorsqu'on l'applique à l'égard d'un tel fait survenu avant son entrée en vigueur[148]; 2) à une loi qui attache des effets à la survenance d'un fait durable lorsqu'on l'applique à l'égard d'un tel fait qui a cessé de se produire avant son entrée en vigueur[149]; 3) à une loi qui attache des effets à la survenance de faits successifs lorsqu'on l'applique à l'égard de tels faits tous survenus avant son entrée en vigueur[150].

Ces définitions de l'effet rétroactif seraient incomplètes si on n'y ajoutait, d'une part, la distinction qu'il faut faire entre les deux formes de la rétroactivité que sont la rétroactivité positive et la rétroactivité négative et, d'autre part, la distinction de l'effet rétroactif et de l'effet rétrospectif de la loi.

iv) Rétroactivité positive et rétroactivité négative

Comme on l'a dit plus haut, une loi reçoit une application rétroactive lorsqu'elle définit le régime juridique de faits accomplis avant qu'elle n'entre en vigueur. Or, elle peut parvenir à cette fin, soit de manière positive, soit de manière négative. La rétroactivité positive est celle qui découle de l'adoption d'une règle tandis que la rétroactivité négative est celle qui découle de la suppression d'une règle.

Lorsqu'une nouvelle règle est adoptée, elle ne doit pas être appliquée de façon à déterminer les effets de faits accomplis avant son entrée en vigueur. Il y aurait alors rétroactivité positive, en ce sens que la règle nouvelle établirait de façon positive les conséquences

---

147   *Infra*, p.191 et suiv.

148   Par exemple : *Maxwell* c. *Callbeck*, [1939] R.C.S. 440.

149   Par exemple : *Hardy* c. *Director of Welfare*, (1977) 72 D.L.R. (3d) 571 (Man.C.A.).

150   Par exemple : *R.* c. *Ali*, précité, note 112.

juridiques de faits entièrement accomplis avant son entrée en vigueur. Mais le principe de la non-rétroactivité de la loi doit s'appliquer non seulement lorsqu'une nouvelle règle est édictée, mais aussi lorsqu'une règle ancienne est supprimée. Cette suppression ne doit pas conduire à la négation des effets que cette règle avait déjà produits : il y aurait alors rétroactivité négative. En effet, on assisterait, là aussi, à une remise en cause du régime juridique d'un fait accompli.

La rétroactivité négative peut résulter de l'abrogation pure et simple d'une disposition, car celle-ci entraîne la suppression des règles énoncées dans cette disposition. La Loi d'interprétation fédérale interdit d'ailleurs de donner un effet rétroactif à l'abrogation d'un texte :

> « **art. 43.** L'abrogation, en tout ou en partie, n'a pas pour conséquence [...]
>
> b)   de porter atteinte à l'application antérieure du texte abrogé ou aux mesures régulièrement prises sous son régime. »

La rétroactivité négative peut aussi se produire lorsqu'un texte est modifié, car la modification d'un texte législatif, par remplacement de ses dispositions ou par quelque autre moyen, signifie le plus souvent qu'une règle nouvelle succède à une règle ancienne, qui est supprimée. Ainsi, l'adoption d'une nouvelle règle en matière de prescription peut exiger la suppression de la règle ancienne, mais cette suppression ne doit pas conduire à la négation des effets déjà produits par l'ancienne règle : les prescriptions acquises ne doivent pas être remises en cause[151]. De même, l'adoption de nouvelles règles en matière d'administration de tests d'alcoolémie aux conducteurs d'automobile implique la suppression des anciennes règles en la matière, mais on ne doit pas pour autant tenir pour irréguliers les certificats d'analyse validement dressés sous le régime des anciennes règles, car cela serait donner effet rétroactif à la suppression des règles anciennes[152].

---

151   *Martin* c. *Perrie*, [1986] 1 R.C.S. 41; *R.* c. *Ford*, (1994) 106 D.L.R. (4th) 325 (Ont.C.A.).

152   *R.* c. *Ali*, précité, note 112.

Un arrêt de la Cour suprême du Canada illustre bien la distinction entre rétroactivité positive et négative. Dans *R. c. Stevens*[153], on alléguait que l'accusé avait eu, avant l'entrée en vigueur de la *Charte canadienne des droits et libertés*, des relations sexuelles avec une jeune fille de 13 ans qui n'était pas son épouse, contrairement à la disposition suivante du *Code criminel*[154] :

> « Est coupable d'un acte criminel et passible de l'emprisonnement à perpétuité et de la peine du fouet, toute personne du sexe masculin qui a des rapports sexuels avec une personne du sexe féminin
> a)   qui n'est pas son épouse, et
> b)   qui a moins de quatorze ans, que cette personne du sexe masculin la croie ou non âgée de quatorze ans ou plus. »

Le procès eut lieu après l'entrée en vigueur, le 17 avril 1982, de la Charte, dont l'article 7 dispose :

> « Chacun a droit à la vie, à la liberté et à la sécurité de sa personne; il ne peut être porté atteinte à ce droit qu'en conformité avec les principes de justice fondamentale. »

En se fondant sur cette disposition, on a contesté la constitutionnalité de cette partie de l'article 146(1) qui dénie la défense d'erreur de fait quant à l'âge de la jeune fille. Pouvait-on invoquer la Charte, dans les circonstances, sans lui donner un effet rétroactif? À la majorité, la Cour a jugé que l'application de la Charte aurait eu un effet rétroactif.

Analysée sous l'angle de la rétroactivité positive et de l'application du seul article 7, on pouvait prétendre qu'il n'y avait pas de rétroactivité dans les circonstances. Le fait juridique qui entraîne l'application de l'article 7, c'est l'atteinte ou la menace d'atteinte à la vie, à la liberté ou à la sécurité de la personne autrement qu'en conformité des principes de justice fondamentale. Or, dans les circonstances, cette menace s'est produite au moment du procès, en raison du déni, au procès, de la défense d'erreur quant à l'âge de la victime. C'est à ce moment-là qu'on a menacé de porter atteinte à la liberté de Stevens autrement qu'en respectant les principes de la

---

[153]   *R. c. Stevens*, [1988] 1 R.C.S. 1153.

[154]   *Code criminel*, S.R.C. 1970, c. C-34, art 146(1).

justice fondamentale. Donc, l'application de l'article 7 dans les circonstances n'aurait pas été rétroactive puisqu'elle se serait fondée
sur la survenance d'un fait survenu au procès postérieur à l'entrée en
vigueur de la Charte. Voilà, de manière très succincte, le point de vue
exprimé dans l'opinion dissidente du juge Wilson.

Analysée, cette fois, sous l'angle de la rétroactivité négative, on
pouvait fort bien soutenir que l'application de l'article 7, dans les
circonstances, aurait remis en cause les effets déjà produits par
l'application antérieure d'une règle autre que celle édictée à l'article
7, soit celle contenue à l'article 146(1) du *Code criminel*. Le fait qui
amène l'application de cette disposition, c'est la conduite répréhen-
sible de l'accusé. Cette conduite avait, dans les circonstances, été
tenue avant l'entrée en vigueur de la Charte et elle avait alors produit son effet : faire naître la responsabilité pénale de l'accusé. Cette
responsabilité pénale ne pouvait, sans rétroactivité, être remise en
cause par modification *a posteriori* d'un des éléments de l'infraction.
Ce second point de vue rallia la majorité de la Cour suprême : on
refusa, à bon droit, d'appliquer la Charte de manière rétroactive.

En résumé : lorsque se pose la question de savoir si l'application
d'un texte entraîne un effet rétroactif, il faut envisager successivement la question de la rétroactivité positive du texte, puis celle de sa
rétroactivité négative. Le principe de la non-rétroactivité de la loi
s'applique en effet quelle que soit la forme de rétroactivité en cause.
Il faut en conséquence se demander, premièrement, si la règle que le
texte énonce s'appliquera ou non sur le fondement de faits survenus
entièrement avant son entrée en vigueur (y a-t-il rétroactivité positive?), puis, deuxièmement, si la suppression de règles qui découle de
l'adoption du nouveau texte entraînera ou non la remise en cause
des effets déjà produits en vertu des règles supprimées (y a-t-il
rétroactivité négative?).

v) Effet rétroactif et effet rétrospectif

Elmer Driedger[155] et, plus récemment, Jacques Héron[156] ont mis en évidence une modalité d'application de la loi dans le temps qu'ils ont appelée l'effet rétrospectif. La distinction entre l'effet rétroactif et l'effet rétrospectif est subtile, mais elle est importante, pour les raisons qui apparaîtront un peu plus loin.

Il y a effet rétroactif lorsque la loi nouvelle modifie les conséquences juridiques de faits accomplis avant son entrée en vigueur. L'effet rétroactif normal modifie *toutes les conséquences juridiques* des faits en questions, à quelque moment qu'ils se produisent. Le législateur peut cependant ne modifier *que les conséquences futures* de faits accomplis, en respectant les conséquences qui se sont réalisées antérieurement à l'entrée en vigueur : c'est ce qu'on appelle l'effet rétrospectif.

Pour expliquer cette notion, il convient de raisonner à partir d'un exemple. L'article 5 de la *Loi sur l'application de la réforme du Code civil* (L.Q. 1992, c. 57) prévoit ce qui suit :

> « Les stipulations d'un acte juridique antérieures à la loi nouvelle sont privées d'effet pour l'avenir. »

Cette disposition prévoit que certaines stipulations contenues dans des actes juridiques (par exemple, dans un contrat de travail) formés avant le 1er janvier 1994, date d'entrée en vigueur du nouveau Code civil, sont privées d'effet pour l'avenir; leurs effets passés ne sont cependant pas touchés. Ainsi, les effets passés d'un contrat de travail en cours le 1er janvier 1994 sont respectés, mais certains de ses effets futurs sont compromis, dans la mesure où ils seraient prévus dans des stipulations incompatibles avec des dispositions impératives de la loi nouvelle.

---

155   Elmer A. DRIEDGER, « Statutes : The Mischievous Literal Golden Rule », (1978) 59 *R. du B. can.* 780. Il est à noter que la jurisprudence de langue anglaise utilise les termes « *retroactive* » et « *retrospective* » de façon généralement interchangeable comme équivalent du français « rétroactif ». C'est le professeur Driedger qui a proposé d'en faire un emploi spécialisé dans la désignation d'une modalité de l'application de la loi dans le temps qui se distingue de l'effet rétroactif ordinaire.

156   J. HÉRON, *op. cit.*, note 62, p. 96 et suiv.

S'agit-il d'un effet rétroactif? La réponse est loin d'être évidente. D'une part, cette disposition revient nettement sur des faits accomplis, la formation de certains actes juridiques, et modifie les effets des actes en question. Sous cet angle, on peut dire que l'article 5 a un effet rétroactif : il définit le régime juridique d'un fait, la formation de l'acte juridique, qui a été accompli avant le 1er janvier 1994. Par contre, les effets passés des actes juridiques antérieurs à cette date ne sont pas modifiés. Or, une mesure rétroactive modifie normalement tous les effets des faits accomplis dont elle détermine le régime juridique, et non pas seulement leurs effets futurs. Sous cet angle, l'article 5 n'a pas la portée normale d'une disposition rétroactive. Tout au plus peut-on dire, avec Roubier, que s'il y a ici rétroactivité, il s'agit d'une rétroactivité particulière, qui est tempérée ou mitigée[157].

Le terme « effet rétrospectif » a été retenu par Elmer A. Driedger et Jacques Héron pour désigner cette modalité d'application de la loi dans le temps particulière selon laquelle la loi ne modifie que les effets à venir d'un fait accompli, sans remettre en cause le régime juridique antérieur de ce fait. L'effet rétrospectif suppose donc que la loi nouvelle opère une scission entre les effets d'un fait qui est accompli au moment du changement législatif : les effets antérieurs au changement sont régis par la loi ancienne, mais les effets postérieurs le sont par la loi nouvelle.

La jurisprudence fournit plusieurs illustrations de ce que peut représenter l'effet rétrospectif. En matière pénale, un principe veut qu'une personne régulièrement condamnée à une peine d'emprisonnement doive purger intégralement cette peine. Si un juge s'autorise d'une loi nouvelle pour écarter ce principe et suspendre, pour l'avenir, les effets d'un jugement d'emprisonnement régulièrement prononcé avant la loi nouvelle, il modifie les effets d'un fait accompli, le jugement, mais il ne les modifie que pour l'avenir[158].

---

157   P. ROUBIER, *op. cit.*, note 62, pp. 290 et 291.

158   Voir *R. c. Gamble*, [1988] 2 R.C.S. 595 et comparer à *R. c. Sarson*, [1996] 2 R.C.S. 223.

En matière fiscale, la loi peut conférer à la survenance de certains faits la conséquence d'attribuer à un contribuable un avantage dont il pourra se prévaloir au cours des années fiscales subséquentes. Si, après que soient survenus les faits en question, le législateur retire les avantages accordés par la loi antérieure, mais ne les retire qu'à l'égard de la période postérieure au jour de la modification, il revient sur des faits accomplis, mais seuls les effets fiscaux futurs de ces faits sont atteints, et non les effets passés[159].

En matière de protection du territoire agricole, la Cour suprême a jugé qu'une loi nouvelle n'avait pas un effet rétroactif du simple fait que son application avait compromis l'application future d'un contrat formé avant son entrée en vigueur[160]. Selon la Cour, il n'y aurait eu d'effet rétroactif que si les effets passés du contrat avaient été atteints. En touchant à l'exercice futur des droits contractuels, sans revenir sur leur exercice passé, la loi nouvelle avait donc un effet rétrospectif, identique à celui qui est prévu par l'article 5 de la *Loi sur l'application de la réforme du Code civil*.

L'intérêt de distinguer l'effet rétrospectif de l'effet rétroactif est pratiquement nul lorsque le législateur a énoncé clairement la portée qu'il a entendu donner à la loi nouvelle. S'il a manifesté une volonté nette que la loi nouvelle soit appliquée de telle ou telle façon, il importe peu de savoir si l'application ainsi décidée implique un effet rétroactif ou un effet rétrospectif.

Par contre, la distinction prend tout son intérêt lorsque le législateur n'a pas expressément réglé la question de l'application temporelle de la loi nouvelle. Pour suppléer à ce silence, l'interprète fait appel à deux principes, d'inégale autorité : le principe de la non-rétroactivité de la loi et le principe du maintien des droits acquis.

Or, selon la jurisprudence, lorsque la loi ne modifie que les effets futurs d'un fait passé, elle n'est pas vue comme étant rétroactive; son

---

159   Voir *Gustavson Drilling (1964) Ltd.* c. *Le Ministre du Revenu national*, précité, note 67. Voir aussi : *Re Apple Meadows Ltd. and Government of Manitoba*, (1985) 18 D.L.R. (4th) 58 (Man.C.A.).

160   *Venne* c. *Québec (Commission de protection du territoire agricole)*, précité, note 69.

effet est décrit comme simplement prospectif puisque le droit ne change que pour l'avenir. Seul alors le principe du maintien des droits acquis pourrait éventuellement être opposé à son application[161]. Comme l'a bien exprimé le juge Klebuc, une loi rétrospective est, en substance, une loi d'effet prospectif dont l'application porte atteinte à des droits acquis[162].

En pratique, cela signifie que, s'il y a une forte présomption à l'encontre de l'effet rétroactif, la présomption à l'encontre de l'effet rétrospectif se révèle plus faible, car elle se confond avec la présomption du maintien des droits acquis, laquelle possède un poids très relatif, ainsi qu'on l'a vu plus haut[163].

En somme, puisque la jurisprudence a tendance à ne pas considérer l'application d'une loi de façon rétrospective comme relevant du principe de la non-rétroactivité de la loi et puisque c'est généralement à travers le principe moins impérieux du maintien des droits acquis que cette question est analysée, on a intérêt à ne pas confondre effet rétroactif et effet rétrospectif[164].

Par ailleurs, il n'y a pas, en règle générale, un grand intérêt pratique à parler d'une « présomption de non-rétrospectivité de la loi » dans la mesure où cette présomption est généralement confondue avec le principe du maintien des droits acquis. Dans certaines matières, toutefois, comme en droit pénal, la présomption à l'encontre de l'effet rétrospectif conserve toute son utilité, car il est difficile d'analyser les problèmes qui s'y présentent en termes de droits subjectifs acquis et, partant, de les résoudre en faisant appel à la présomption du maintien des droits acquis.

---

161   *Gustavson Drilling (1964) Limited* c. *Ministre du Revenu national*, précité, note 67; *Venne* c. *Québec (Commission de protection du territoire agricole)*, précité, note 69.

162   *Cooperative Trust Co. of Canada* c. *Lozowchuk*, [1994] 4 W.W.R. 733, 742 (Sask. Q.B.).

163   Sur la différence entre l'autorité du principe de la non-rétroactivité et celle du principe du maintien des droits acquis, voir *supra*, p. 143.

164   La question du maintien des droits acquis est étudiée plus loin, voir *infra*, p. 195 et suiv.

Alinéa 3 :   La fausse rétroactivité

Après avoir tenté de préciser ce en quoi consiste l'effet rétroactif, il est sans doute indiqué de voir ce qu'il n'est pas, c'est-à-dire d'en tracer le portrait en négatif. À cette fin, on examinera ici des cas de fausse rétroactivité, des cas où la tentation est grande de conclure trop hâtivement à la rétroactivité de la loi.

i)   L'atteinte aux droits acquis

Est-il nécessaire de revenir sur cette question[165]? Une loi n'est pas rétroactive pour le seul motif que son application porte atteinte à des droits acquis. En général, d'ailleurs, ce sont des lois de portée purement prospective qui mettent en péril l'exercice futur de droits acquis avant leur entrée en vigueur. L'applicabilité des lois nouvelles au déroulement futur des situations en cours dépend de l'effet immédiat ou non de la loi, non de son effet rétroactif.

ii)   Les faits durables qui ont commencé avant l'entrée en vigueur

Lorsqu'une loi nouvelle attache des conséquences à un fait durable, ce fait peut justifier l'application de la loi dès lors qu'il se produit, ne serait-ce qu'un instant, après l'entrée en vigueur de la loi. Il est en principe indifférent, au point de vue du droit transitoire, que le fait ait commencé avant ou après l'entrée en vigueur. Ainsi, une loi nouvelle qui criminalise la possession de boissons alcooliques dans certains lieux s'applique sans rétroactivité dès lors qu'une personne se trouve, après l'entrée en vigueur de la loi, en possession de ces boissons en un lieu interdit : ce n'est pas une défense valable que de plaider que la possession a commencé avant l'entrée en vigueur de la loi[166]. De même, la *Charte canadienne des droits et libertés* garantit,

---

165   Sur la distinction entre l'effet rétroactif et l'atteinte aux droits acquis pouvant résulter de l'effet immédiat de la loi, voir *supra*, p. 135 et suiv.

166   *R. c. Levine*, (1926) 46 C.C.C. 342 (Man.C.A.). Dans *Lorac Transport Ltd. c. Atra (Le)*, [1987] 1 C.F. 108, on peut lire, sous la plume du juge Hugessen, à la page 117, que la présomption de non-rétroactivité « s'applique seulement lorsqu'une loi impute de nouvelles conséquences à un événement qui est survenu avant

depuis le 17 avril 1982, le droit d'être protégé contre l'emprisonnement ou la détention arbitraires (art. 9). Ce droit pourrait, sans problème de rétroactivité, être invoqué par une personne dont l'emprisonnement aurait commencé avant le 17 avril 1982, car l'emprisonnement arbitraire constitue un fait durable : il est indifférent qu'il ait commencé avant ou après l'entrée en vigueur de la Charte[167].

iii) Les faits pendants

La loi n'est pas appliquée de façon rétroactive lorsqu'elle l'est sur le fondement de faits survenus pour partie avant son entrée en vigueur et pour partie après. En droit pénal, on a décidé qu'un juge ne donnait pas à une loi portant aggravation de peine en cas de récidive un effet rétroactif en prenant en considération, à titre de première condamnation, un verdict prononcé avant l'entrée en vigueur de la loi portant aggravation[168]. En droit constitutionnel, on a appliqué la *Charte canadienne des droits et libertés* même dans l'hypothèse où certains des faits nécessaires à son application s'étaient produits avant le 17 avril 1982 : il était suffisant que certains de ces faits se soient produits après cette date pour que l'on puisse écarter la qualification de rétroactivité[169].

Ainsi que l'ont affirmé les tribunaux à de nombreuses reprises, une loi ne peut être qualifiée de rétroactive simplement parce que certains faits nécessaires à son application se sont produits avant son

---

son adoption; elle ne s'applique pas lorsqu'elle attribue des conséquences à un statut ou à une caractéristique qui a pu exister avant son adoption mais qui continue d'exister par la suite ».

[167]   R. c. *Konechny*, (1984) 6 D.L.R. (4th) 350 (B.C.C.A.); R. c. *Gamble*, précité, note 158. Voir également : *Benner* c. *Canada (Secrétariat d'État)*, [1997] 1 R.C.S. 358.

[168]   R. c. *List*, précité, note 126; R. c. *Johnston*, précité, note 53. Ces décisions nous paraissent mieux fondées que les suivantes, qui leur sont contraires : R. c. *Tod*, (1977) 34 C.C.C. (2d) 238 (B.C.C.A.) et Re *Cann and Superintendent of Motor Vehicles*, [1978] 82 D.L.R. (3d) 316 (B.C.S.C.).

[169]   *Dubois* c. *La Reine*, [1985] 2 R.C.S. 350; *Corporation professionnelle des médecins du Québec* c. *Thibault*, [1988] 1 R.C.S. 1033; *Mills* c. *La Reine*, [1986] 1 R.C.S. 863 (notes du juge Lamer).

entrée en vigueur[170]. Dès que des faits postérieurs doivent se produire pour que la loi s'applique, il n'y a pas de rétroactivité. Dans l'hypothèse de faits pendants, on a affaire à une situation en cours : l'applicabilité de la loi nouvelle dépend alors de l'effet immédiat et non de l'effet rétroactif.

iv) Les faits qui dénotent un état

Il peut arriver que la loi attache des conséquences à un état, à une certaine façon d'être d'une personne ou d'une chose. Par exemple, la loi nouvelle peut conférer un avantage à toute personne mariée. Dans ce cas, il importe peu de déterminer à quel moment telle personne s'est mariée : c'est le fait durable d'être marié et non le fait momentané du mariage qui justifie l'application de la loi. Dès lors qu'une personne a, après l'entrée en vigueur de la loi, le statut de personne mariée, elle peut réclamer les avantages prévus dans la loi : la date de son mariage n'est pas pertinente au point de vue du droit transitoire.

Il s'avère donc souvent très important de déterminer si la loi nouvelle attache des conséquences à un fait momentané ou à un état durable[171]. Il arrive aussi que la loi décrive un état par référence à des faits momentanés, successifs ou durables : le conducteur habile sera défini par référence à ses antécédents d'accidents routiers; l'employeur prudent, par référence aux antécédents de son entreprise en matière d'accidents du travail, et ainsi de suite. Lorsque la loi fait référence à des faits dans le but de dénoter un état, il est indifférent, au point de vue du droit transitoire, que ces faits se soient produits avant l'entrée en vigueur de la loi ou après, car ce ne sont pas

---

170   « [Une loi] ne peut proprement être qualifiée de rétroactive pour la raison que certaines des conditions nécessaires à son application remontent à une époque antérieure à sa passation. » *Inhabitants of St-Mary, Whitechapel*, (1848) 12 Q.B. 120, 121; 116 E.R. 811, 812 (Lord Denman) (traduction). Également, le juge Pigeon dans *Paton* c. *The Queen*, [1968] R.C.S. 341, 359.

171   Cette distinction entre le fait et l'état est bien étudiée par le professeur Elmer A. DRIEDGER, *loc. cit.*, note 62, 268 et suiv. Voir aussi : *In re a Solicitor's Clerk*, [1957] 1 W.L.R. 1219; *Brosseau* c. *Alberta Securities Commission*, [1989] 1 R.C.S. 301; *Bazile* c. *Fonds d'indemnisation en assurance de personnes*, J.E. 99-1 (C.A.).

ces faits qui justifient l'application de la loi, mais plutôt l'état qu'ils révèlent.

Ainsi, dans l'arrêt *Paton* c. *The Queen*[172], la majorité des juges de la Cour suprême a décidé que ce n'était pas donner un effet rétroactif à une loi concernant la détention préventive des repris de justice que de l'appliquer à un prévenu en prenant en considération un fait (une condamnation) survenu avant l'entrée en vigueur de la loi instituant la détention préventive :

> « L'objet des dispositions concernant les repris de justice n'est pas de créer une infraction nouvelle ni d'aggraver les peines à l'égard de crimes ayant déjà fait l'objet de sentences. L'objet est la prévention du crime. Le repris de justice n'est pas emprisonné en raison de ce qu'il a fait, mais plutôt en raison de ce qu'il est. La décision consiste simplement en une déclaration de son état (*status*) de repris de justice, état déterminé en partie par référence à son dossier antérieur. »[173]

On a aussi jugé que la règle de non-rétroactivité n'interdisait pas de faire découler, pour l'avenir, certaines conséquences de faits passés susceptibles de révéler les qualités d'un conducteur d'automobile[174], la productivité d'un aviculteur[175], les risques pour la sécurité des jeunes que peut présenter un individu[176] ou le risque que présente une entreprise au point de vue des accidents du travail[177].

---

172   *Paton* c. *The Queen*, précité, note 170.

173   *Id.*, 353 (opinion des juges Fauteux, Abbott, Martland, Judson et Ritchie) (traduction). Le juge Pigeon, dissident à d'autres égards, est d'accord avec cette solution (pp. 358-361). Comparer l'arrêt *Paton* à *R.* c. *Yanoshewski*, (1996) 104 C.C.C. (3d) 512 (Sask.C.A.).

174   *Re Ward and Manitoba Public Insurance Corp.*, (1975) 49 D.L.R. 638 (Man.C.A.). Permission d'en appeler à la Cour suprême refusée : (1975) 49 D.L.R. (3d) 638 (C.S.C.).

175   *Re Bedeshy and Farm Products Marketing Board of Ontario et al.*, (1976) 58 D.L.R. (3d) 484 (Ont.H.C.).

176   *Rogers* c. *Director of Child & Family Services (Man.)*, (1994) 90 Man R. (2d) 162 (Q.B.).

177   *Lemay Construction Ltée* c. *Commission de la santé et de la sécurité du travail*, [1982] C.S. 81.

Sous-paragraphe 2 : Cas d'application du principe de la non-rétroactivité de la loi

Alinéa 1 : Application législative

Bien que l'on ne puisse trouver, au Canada, de texte de portée générale consacrant le principe de la non-rétroactivité de la loi, il y a quelques dispositions législatives qui se font l'écho de ce principe à l'égard de certaines situations particulières.

Signalons d'abord les dispositions des chartes des droits qui, d'une part, interdisent la rétroactivité des lois d'incrimination[178] et, d'autre part, prohibent l'aggravation rétroactive des sanctions pénales[179]. Quoique d'application relativement rare, ces dispositions n'en possèdent pas moins une évidente valeur symbolique[180].

On doit également souligner l'article 43 b) de la *Loi d'interprétation* fédérale qui prévoit que l'abrogation d'un texte ne porte pas atteinte à l'application antérieure de ce texte : le régime juridique déjà imprimé à des faits par le texte ancien ne doit pas être remis en cause par l'abrogation[181].

Dans le même esprit, les lois d'interprétation prévoient que l'abrogation d'une loi n'a pas pour effet de faire disparaître la res-

---

[178] *Charte canadienne des droits et libertés*, précitée, note 104, art. 11 g) et *Charte des droits et libertés de la personne* du Québec, précitée, note 105, art. 37.

[179] *Charte canadienne des droits et libertés*, précitée, note 104, art. 11 i) et *Charte des droits et libertés de la personne* du Québec, précitée, note 105, art. 37.2.

[180] On trouvera une étude de la portée de ces textes dans François CHEVRETTE, « La protection lors de l'arrestation, la détention et la protection contre l'incrimination rétroactive », dans Gérald-A. BEAUDOIN et Edward RATUSHNY (dir.), *Charte canadienne des droits et libertés*, 2ᵉ éd., Montréal, Wilson et Lafleur, 1989, p. 441 et suiv. On verra également, sur la rétroactivité des lois en matière de crimes de guerre et de crimes contre l'humanité en rapport avec la notion de « principes généraux de droit reconnus par l'ensemble des nations » à laquelle l'article 11 i) de la Charte canadienne fait référence : *R. c. Finta*, [1994] 1 R.C.S. 701.

[181] On verra une application de cette disposition dans *Young c. Secrétaire d'État*, [1982] 2 C.F. 541 et dans *R. c. Ali*, précité, note 112.

ponsabilité pénale encourue avant l'abrogation : les infractions commises avant l'abrogation peuvent faire l'objet de poursuites comme s'il n'y avait pas eu abrogation (art. 43 d) de la loi canadienne et art. 12 de la loi québécoise). Ces poursuites seront toutefois régies, quant aux questions de pure procédure, par la loi nouvelle (art. 44 c) et d) de la loi canadienne et art. 13 de la loi québécoise).

En common law, lorsque la loi était abrogée, il n'était plus possible de procéder à la poursuite des infractions commises ou à l'imposition des peines encourues avant l'abrogation : la loi abrogée était réputée n'avoir jamais existé sauf à l'égard des infractions ayant déjà fait l'objet de condamnation[182]. Cette règle, qui confère en pratique un effet rétroactif à l'abrogation d'une disposition pénale[183], présente certains inconvénients. Premièrement, elle opère une distinction de fait entre les personnes qui ont violé une loi à un moment donné, les unes échappant, pour des raisons techniques, au châtiment qui a pu frapper les autres. Deuxièmement, la règle de common law a pour effet de priver pratiquement de sanction pénale une loi dont on sait qu'elle est sur le point d'être abrogée. Pour parer à cet inconvénient, le législateur pourrait, dans la loi d'abrogation, édicter des dispositions pénales rétroactives. Ce genre de loi étant particulièrement honni, et d'ailleurs proscrit par les chartes des droits, l'autre solution consiste à prévoir l'application de la loi abrogée pour juger les infractions commises avant l'abrogation.

Le principe voulant que la loi pénale reste applicable pour juger les infractions commises avant son abrogation a été appliqué par les tribunaux dans plusieurs instances[184]. Cette application soulève des difficultés particulières si le tribunal normalement compétent pour la poursuite a été supprimé par l'abrogation. Par exemple, que se

---

182 P. St.J. LANGAN, *Maxwell on the Interpretation of Statutes, op. cit.*, note 33, p. 16.

183 Le principe de non-rétroactivité exige en effet qu'une conduite délictueuse soit jugée selon le droit en vigueur au moment où elle fut tenue : *R. c. Stevens*, précité, note 153.

184 *A.G. of Canada* c. *McWilliams*, (1924) 36 B.R. 449; *Viger Co.* c. *Cloutier*, [1947] B.R. 120; *P.G. du Québec* c. *Fortin*, [1975] C.S.P. 371; *Protection de la jeunesse – 131*, [1984] T.J. 2054; *R. c. Carnation Co.*, (1968) 67 D.L.R. (2d) 215 (Alta.C.A.); *Re Yat Tung Tse and College of Physicians and Surgeons of Ontario*, (1978) 83 D.L.R. (3d) 249 (Ont.H.C.); *Ex parte Simeon*, [1982] 3 W.L.R. 289 (H.L.).

passera-t-il si, en matière disciplinaire, l'organisme professionnel jusqu'alors chargé d'imposer les peines a été supprimé lors de l'abrogation? Doit-on considérer qu'il reste en fonction artificiellement pour les infractions disciplinaires commises avant son abolition? Doit-on, au contraire, tenir que l'organisme désormais compétent est celui qui exerce les fonctions disciplinaires? S'agit-il là d'une question de simple procédure? Ne doit-on pas tenir au contraire que la suppression du tribunal doit s'interpréter, dans les circonstances, comme une manifestation de l'intention du législateur d'écarter le principe de la non-rétroactivité de l'abrogation de la loi pénale? On ne peut donner de réponse à ces questions qu'en pleine connaissance de toutes les circonstances entourant l'abrogation.

L'application de la loi pénale abrogée ne vaut que pour ses dispositions matérielles : la procédure de la poursuite sera, en principe, celle en vigueur au moment où celle-ci se déroule. La distinction entre ce qui est procédure et ce qui est droit matériel étant assez floue, l'abrogation d'une loi pénale pourra soulever des difficultés si la loi nouvelle prévoit des conditions nouvelles pour la mise en oeuvre de la poursuite[185].

La *Charte canadienne des droits et libertés* apporte un tempérament important au principe de la non-rétroactivité de l'abrogation de la loi en matière pénale. Son article 11[186] énonce que :

« Tout inculpé a le droit : [...]

i)   de bénéficier de la peine la moins sévère lorsque la peine qui sanctionne l'infraction dont il est déclaré coupable est modifiée entre le moment de la perpétration de l'infraction et celui de la sentence. »

La *Loi d'interprétation* fédérale contient une disposition qui va dans le même sens[187] et il en est de même de la *Charte des droits et*

---

[185]   *R. c. Coles*, (1970) 9 D.L.R. (3d) 65 (Ont.C.A.).

[186]   Pour l'analyse de la portée de cette disposition, on verra : F. CHEVRETTE, *loc. cit.*, note 180, 498-502.

[187]   Loi canadienne, précitée, note 7, art. 44 e). Dans *R. c. Dunn*, [1995] 1 R.C.S. 226, la Cour suprême a statué que l'accusé avait, en vertu de cette disposition, le droit de se prévaloir d'un adoucissement de la peine qui survient au moment où son procès est pendant en appel.

libertés de la personne du Québec[188]. Il est à noter que les chartes ne visent que le cas de l'adoucissement de la peine et non celui de l'abrogation pure et simple de l'infraction[189]. Cette distinction se comprend si l'on se rappelle l'un des objectifs de la règle de la non-rétroactivité de l'abrogation de la loi pénale : le législateur veut éviter qu'une loi, dont on anticipe l'abrogation prochaine, ne perde pour cette raison toute vertu dissuasive. Cet objectif peut être atteint si la loi nouvelle prévoit une sanction quelconque, même moins sévère, pour l'infraction commise sous l'empire de la loi ancienne.

Les principes énoncés dans les lois d'interprétation n'ont que valeur de présomption : celui de la non-rétroactivité de l'abrogation de la loi pénale peut, comme les autres, être écarté par la volonté du législateur manifestée expressément ou tacitement[190].

Même dans l'hypothèse où le législateur n'a pas manifesté l'intention d'y déroger, on note que les juges se montrent réticents à l'appliquer. Bien que l'on puisse comprendre les raisons qui ont amené le législateur à formuler le principe, il n'en demeure pas moins qu'il y a quelque chose d'anormal à exiger du juge qu'il condamne quelqu'un pour un acte qui, au moment de la condamnation, n'est plus un acte condamnable. On peut même croire que le législateur, lorsqu'il laisse planer la menace de poursuite malgré l'abrogation, mise sur la discrétion qui pourra intervenir dans la mise à exécution de cette menace soit lors de la décision d'intenter une poursuite soit lors de la décision de condamner.

Le principe de l'effet de la loi la plus douce, qui s'applique en droit français lorsqu'il s'agit de loi pénale, n'est pas sanctionné dans les lois générales sauf pour le cas de la mitigation ou de la réduction de peine. Pourtant, malgré les textes formels, il est arrivé à nos juges

---

188 *Charte des droits et libertés de la personne*, précitée, note 105, art. 37.2.

189 Voir : *R. c. Milne*, [1987] 2 R.C.S. 512, 527 (j. La Forest). L'article 11 i) de la Charte canadienne n'a pas d'application lorsque le législateur a modifié la substance d'une infraction : il ne vaut que pour la modification de la peine : *R. c. E.R.*, [1993] 77 C.C.C. (3d) 193 (B.C.C.A.). La question de savoir s'il y a eu ou non adoucissement de la peine peut exiger une appréciation *in concreto* : *R. c. Anderson*, (1996) 104 C.C.C. (3d) 215 (B.C.C.A.).

190 *LeBel c. Larochelle*, (1894) 5 C.S. 512; *R. c. Budic (No 2)*, (1977) 35 C.C.C. (2d) 333 (Alta.C.A.).

d'opter pour l'application de ce principe et de faire bénéficier un accusé d'un adoucissement législatif relatif, non pas à la peine, mais à la définition du crime.

Ainsi, dans l'affaire *Association Pharmaceutique de la Province de Québec* c. *Livernois*, Livernois était poursuivi en raison de prétendues infractions à une loi concernant la vente de produits pharmaceutiques. Entre le moment de l'infraction alléguée et celui du jugement en Cour supérieure, la loi fut modifiée de telle sorte que ce n'était plus une infraction que de vendre des « médecines patentées ou particulières » sans être pharmacien ou médecin.

On fit bénéficier Livernois de la loi nouvelle en Cour supérieure[191] et en Cour d'appel[192]. En Cour suprême, cependant, la majorité appliqua le principe de la non-rétroactivité de l'abrogation de la loi pénale établi par l'article 11 du titre préliminaire des Statuts refondus du Québec (équivalant à l'actuel article 12 de la *Loi d'interprétation*). Livernois fut cependant condamné à une amende symbolique de 25 dollars « seulement »[193].

Dans l'affaire *R. c. Maltais*[194], la Cour d'appel du Québec confirma un jugement acquittant l'accusé en raison d'une libéralisation de la loi intervenue entre la perpétration de l'infraction et le jugement. La Cour préféra raisonner par analogie avec le paragraphe e) de l'article 44 (alors 37) de la *Loi d'interprétation* fédérale (qui prévoit l'effet immédiat des lois qui mitigent ou réduisent la peine), plutôt qu'appliquer les paragraphes d) et e) de l'article 43 (alors 36), qui est seul applicable au cas où c'est le crime qui disparaît. Cette décision, contraire à celle de la Cour suprême dans l'affaire *Livernois*, paraît davantage inspirée par un sentiment d'équité que justifiée par les règles formelles applicables, règles qui ont été simplement ignorées.

---

191   *Association Pharmaceutique de la Province de Québec* c. *Livernois*, (1898) 16 C.S. 536.

192   *Association Pharmaceutique de la Province de Québec* c. *Livernois*, précité, note 94.

193   *Association Pharmaceutique de la Province de Québec* c. *Livernois*, précité, note 94.

194   *R. c. Maltais*, [1970] C.A. 596.

Cette pratique qui consiste à faire bénéficier un accusé de tout adoucissement législatif soit à l'égard de la peine, soit à l'égard des éléments qui définissent le crime, est conforme au principe de l'application de la loi la plus douce qui prévaut en droit français, mais elle est contraire, en ce qui concerne l'adoucissement qui se manifeste autrement que par réduction ou mitigation de peine, au texte formel des lois d'interprétation. Est-ce une pratique répandue? Certains arrêts donnent à penser que c'est le cas[195]. Si tel est le cas, cela témoigne de l'importance que le juge attache, lorsqu'il impose une peine, à l'existence, au moment de la condamnation, d'un texte qui l'autorise clairement à le faire. Bien que notre droit ne sanctionne pas, sauf exception, le principe de l'application, en droit pénal, de la loi la plus favorable à l'accusé, il faut croire qu'il s'agit là d'une idée profondément ancrée dans la magistrature et qu'il n'est pas facile de l'en chasser.

Alinéa 2 : Application jurisprudentielle

Les recueils font état d'applications nombreuses du principe de la non-rétroactivité de la loi aussi bien en droit privé et en droit public qu'en droit pénal.

En droit privé, en matière contractuelle, il a été jugé qu'une loi nouvelle ne pouvait, sans rétroactivité, rendre invalide[196] ou inopposable[197] un acte, ni en régler les effets passés[198], ni encore valider un contrat invalide[199].

---

195   *Letellier* c. *La Reine*, [1974] C.A. 345, 346 : « S'appuyant sur les articles 36 et 37 de la *Loi d'interprétation*, le premier juge exprime l'opinion que le nouvel article 309 C.cr. est plus favorable à l'accusé et il l'applique dans la présente cause »; *Droit de la jeunesse – 149*, [1984] T.J. 2092.

196   *Rowlands and Johnstone* c. *Holland*, (1920) 53 D.L.R. 652 (B.C.Co.Ct.); *Canipco Credit Union* c. *Gareau*, [1975] C.S. 95.

197   *Wenger* c. *LeMaster*, (1963) 36 D.L.R. (2d) 277 (B.C.S.C).

198   *Wilson* c. *B.C. Motorist Insurance Co. (No 2)*, (1980) 98 D.L.R. (3d) 324 (B.C.S.C.); *Strong* c. *Insurance Corp. of B.C.*, (1980) 107 D.L.R. (3d) 215 (B.C.S.C.).

199   *Paradis* c. *Landry et Paradis*, [1971] C.S. 120; *Ruttan* c. *Burks*, (1904) 7 O.L.R. 56 (Ont.C.A.).

En matière de responsabilité civile, les droits de la victime sont établis au jour de l'acte dommageable : une loi postérieure ne saurait après coup, ni restreindre la responsabilité[200], ni l'étendre[201].

Une sûreté nulle pour défaut de forme n'est pas confirmée par une loi postérieure[202]. Une telle loi ne peut non plus remettre en cause la validité d'un mariage[203] ou le partage des biens d'un testateur[204]. On a jugé également qu'une loi nouvelle ne pouvait, sans rétroagir, confirmer une action intentée par une personne incapable[205].

En droit public, le principe de la non-rétroactivité de la loi se prête à deux applications distinctes. Il signifie d'abord que les textes législatifs doivent s'interpréter, si possible, de manière à éviter tout effet rétroactif. Le principe a, toutefois, en droit public, une autre application : il signifie de surcroît que les textes habilitants doivent s'interpréter comme n'accordant pas la faculté d'exercer rétroactivement les pouvoirs conférés.

---

[200]   *Hudson and Hardy* c. *Township of Biddulph*, (1919) 49 D.L.R. 476 (Ont.C.A.); *Hopfe* c. *Canadian Pacific Railway Co.*, (1922) 66 D.L.R. 317 (Alta.S.C.); *McKim* c. *Pollard*, [1939] 4 D.L.R. 486 (Ont.S.C.).

[201]   *Maxwell* c. *Callbeck*, précité, note 148; *Angus* c. *Sun Alliance Compagnie d'assurance*, [1988] 2 R.C.S. 256; *Thiessen* c. *Manitoba Public Insurance Corp.*, (1990) 66 D.L.R. (4th) 366 (Man.C.A.); *Hemphill* c. *McKinney*, (1916) 27 D.L.R. 345 (B.C.C.A.); *Foy* c. *Foy*, (1979) 88 D.L.R. (3d) 761 (Ont.C.A.); *Yuill* c. *McMullen*, (1980) 100 D.L.R. (3d) 370 (Ont.H.C.), confirmé par (1980) 110 D.L.R. (3d) 256 (Ont. C.A.); *Lownds* c. *Kenley*, (1987) 30 D.L.R. (4th) 542 (N.S.C.A.); *Re Morais and Commercial Union Assurance Co.*, (1987) 36 D.L.R. (4th) 27 (N.B.C.A.); *Snider* c. *Smith*, (1989) 55 D.L.R. (4th) 211 (Alta. C.A.).

[202]   *Geo. D. McLean and Associates Ltd.* c. *Leth*, précité, note 115; *Re Margaritis*, (1979) 68 D.L.R. (3d) 234 (Ont.C.A.).

[203]   *Forsythe* c. *Forsythe*, (1966) 56 D.L.R. (2d) 322 (B.C.C.A.).

[204]   *Re Drewry*, (1917) 36 D.L.R. 197 (Alta.S.C.); *In Re Clement*, [1962] R.C.S. 235; *In Re Gage*, [1962] R.C.S. 241.

[205]   *Pelletier* c. *Bolduc*, [1946] C.S. 440. On verra aussi, en droit de la famille, *Yuill* c. *McMullen*, précité, note 201; *Re Murray and Murray*, (1980) 101 D.L.R. (3d) 119 (Ont.H.C.); *Husted* c. *Husted*, (1980) 103 D.L.R. 186 (Alta.S.C.), confirmé par (1980) 108 D.L.R. (3d) 328 (Alta.C.A.). Pour d'autres applications en droit privé : *Re Matejka*, (1984) 8 D.L.R. (4th) 481 (B.C.C.A.); *Lewis* c. *Lewis*, [1985] A.C. 828 (H.L.).

La loi, en droit public, s'interprète de manière à éviter la remise en cause des faits accomplis. L'application dans le temps de la *Charte canadienne des droits et libertés* a donné l'occasion aux tribunaux de réaffirmer fréquemment ce principe fondamental[206]. Le droit fiscal en fournit aussi de nombreux exemples d'application[207].

On a également interprété des lois de manière à écarter toute rétroactivité en matière de libertés publiques[208], de responsabilité publique[209], de droit du travail[210], d'accidents du travail[211], de régime de retraite[212], d'expropriation[213] ainsi qu'à l'égard d'une loi

---

[206] Pour ne citer que des arrêts de la Cour suprême : *R. c. Edwards Books*, [1986] 2 R.C.S. 713; *R. c. James*, [1988] 1 R.C.S. 669; *R. c. Stevens*, précité, note 153; *Reference Re Workers Compensation Act, 1983 (T.N.)*, [1989] 1 R.C.S. 922. La Cour suprême a cependant jugé la Charte applicable : 1) à l'égard de faits durables ayant commencé avant la Charte et s'étant poursuivis après (le fait continu de la détention : *R. c. Gamble*, précité, note 158; et à l'égard du fait continu d'être en attente de jugement : *Mills c. La Reine*, notes du juge Lamer, précité, note 169) et 2) à l'égard de faits successifs s'étant produits les uns avant et les autres après l'entrée en vigueur (*Dubois c. La Reine*, précité, note 169; *Corporation professionnelle des médecins du Québec c. Thibeault*, précité, note 169).

[207] *Anderson Logging Co. c. The King*, [1925] R.C.S. 45; *Minister of National Revenue c. Molson*, [1938] R.C.S. 213; *Fasken c. Minister of National Revenue*, [1948] R.C. de l'É. 580; *Minister of National Revenue c. Massawippi Valley Railway Co.*,[1961] R.C. de l'É. 191; *Agnew c. La Reine*, [1978] 2 C.F. 776 (C.A.). En matière de fiscalité locale : *Cité de Montréal c. Laberge*, (1922) 33 B.R. 189; *Corporation de la Paroisse St-Raphaël de l'île Bizard c. Immeubles Île Bizard Ltée*, [1971] C.A. 719; *Montreal Protestant Central School Board c. Town of Montreal East*, (1931) 69 C.S. 286; *Vancouver c. B.C. Telephone Co.*, [1950] 1 D.L.R. 207 (B.C.C.A.).

[208] *Latif c. Commission canadienne des droits de la personne*, [1980] 1 C.F. 687 (C.A.); *Nova Scotia (Workers' Compensation Board) c. O'Quinn*, (1997) 143 D.L.R. (4th) 259 (N.S.C.A.); *Gale c. Hominick*, (1997) 147 D.L.R. (4th) 53 (Man.C.A.).

[209] *R. c. Martin*, (1892) 20 R.C.S. 240.

[210] *Re F.W. Woolworth Co.*, [1948] 4 D.L.R. 872 (B.C.S.C.); *Re Canadian Association of Industrial, Mechanical and Allied Workers and Director, Employment Standards Branch*, (1993) 103 D.L.R. (4th) 146 (B.C.C.A.).

[211] *Martin c. Cape*, (1916) 27 D.L.R. 113 (C.Rev.Qué.).

[212] *Re MacKenzie and Commissioner of Teachers' Pensions*, précité, note 22.

[213] *The Queen in right of Manitoba c. Gillis Quarries Ltd.*, (1996) 136 D.L.R. (4th) 266 (Man.C.A.).

concernant la moralité des Administrations locales[214]. Les règlements, autant que les lois, doivent s'interpréter de manière à éviter leur effet dans le passé[215]. Cela vaut aussi pour les décisions individuelles[216]. Une loi qui étend des dispositions habilitantes n'a pas l'effet de confirmer des règlements antérieurement pris en excès de pouvoir : la validité d'un règlement s'apprécie selon le droit en vigueur au moment de son adoption[217].

Le principe de la non-rétroactivité de la loi, lorsqu'il est appliqué à une loi du Parlement, n'a, règle générale, que la valeur d'un guide destiné à mener à l'intention du législateur. Il n'est donc alors qu'affaire de volonté. Par contre, lorsque l'action de l'Administration est en cause, le principe de non-rétroactivité est en outre question de compétence, car, en principe, l'Administration n'a que les pouvoirs qui lui sont attribués. Elle ne pourra donner à ses actes d'effet rétroactif que si la loi habilitante lui confère ce pouvoir expressément ou tacitement.

À défaut d'une telle habilitation, la décision de l'Administration qui prétendrait rétroagir serait nulle. Cette règle a été appliquée en particulier à des décisions du gouvernement[218], d'un ministre[219], d'un tribunal administratif[220] et d'une corporation municipale[221].

---

214   *Seale* c. *Forget*, (1940) 69 B.R. 384.

215   *Gagnon* c. *Cité de Chicoutimi*, [1974] C.S. 187; *R.* c. *Henderson*, précité, note 125.

216   *Tremblay* c. *Ville de la Malbaie*, [1969] C.S. 318.

217   *Butler Metal Products Company* c. *Commission canadienne de l'emploi et de l'immigration*, [1983] 1 C.F. 790 (C.A.); *Montréal (Ville de)* c. *Magasins à rayons Maxi (1988) Inc.*, J.E. 92-1720 (C.M. Montréal).

218   *Manitoba Government Employees Association* c. *Gouvernement du Manitoba*, précité, note 66; *Lenoir* c. *Ritchie*, (1879) 3 R.C.S. 575; *Joint Committee of the Men's and Boy's Clothing Industry* c. *Cohen and Co.*, [1951] C.S. 159; *Martindale* c. *The Queen*, [1956-60] R.C. de l'É. 153.

219   *Re Rempel-Trail Transportation Ltd. and Neilsen*, (1979) 93 D.L.R. (3d) 595 (B.C.S.C.).

220   *Re Western Decalta Petroleum Ltd. and Public Utilities Board of Alberta*, (1978) 86 D.L.R. (3d) 600 (Alta.C.A.); *Société d'électrolyse et de chimie Alcan Ltée* c. *Tremblay*, [1979] C.S. 460.

221   *Hardy* c. *City of Edmonton*, [1925] 1 D.L.R. 256 (Alta.S.C.); *Ville d'Outremont* c. *Doucet*, [1981] C.P. 69.

La Cour suprême a de plus jugé que la présomption qu'une disposition habilitante ne permet pas de poser des actes rétroactifs devait s'appliquer également à l'article 33 de la *Charte canadienne des droits et libertés* : les dispositions dérogatoires dont cet article permet l'adoption ne sauraient avoir d'effet rétroactif[222].

En droit pénal, le principe de la non-rétroactivité de la loi interdit de donner à celle-ci l'effet de rendre délictueux un fait qui ne l'était pas au moment de sa réalisation[223]. L'article 11 g) de la *Charte canadienne des droits et libertés* de même que l'article 37 de la *Charte des droits et libertés de la personne* consacrent d'ailleurs ce principe fondamental. La loi nouvelle ne doit pas, non plus, aggraver les peines frappant un fait accompli avant son entrée en vigueur[224].

Sous-paragraphe 3 : Cas d'exclusion du principe de la non-rétroactivité de la loi

Au Canada, le principe de la non-rétroactivité de la loi « n'est pas d'ordre constitutionnel; le législateur peut y déroger[...] »[225]. Ce n'est qu'un « jalon qui doit les guider [les tribunaux] dans la recherche de l'intention du législateur »[226]. « Cette présomption n'est pas une règle de droit, mais seulement une règle d'interprétation »[227] :

> « une loi peut être rétroactive à condition de l'être clairement. [...] [L]e législateur souverain peut recourir à la rétroactivité lorsqu'il le juge nécessaire pour prévenir ou mettre fin à ce qu'il considère un danger ou une source d'injustice. »[228]

---

222 *Ford c. P.G. du Québec*, précité, note 52.

223 *Canadian Marconi Co. c. Cour des Sessions de la Paix*, [1945] B.R. 472; *Syndicat national des employés de filature c. J. & P. Coats (Canada) Ltée*, [1979] C.S. 83; *Zarruck c. Régie de l'assurance-maladie du Québec*, [1982] C.S. 1036.

224 *Barillari c. Registrar of Motor Vehicles*, (1982) 135 D.L.R. (3d) 269 (Ont.H.C.); *Charte canadienne des droits et libertés*, précitée, note 104, art. 11 i); *Charte des droits et libertés de la personne* du Québec, précitée, note 105, art. 37.2.

225 *Hum Bing You c. Séguin*, (1926) 40 B.R. 414, 418 (j. Létourneau).

226 *Beaubien c. Allaire*, précité, note 95, 281 (j. Casault).

227 *Paton c. The Queen*, précité, note 170, 358 (j. Pigeon) (traduction).

228 *Gagnon et Vallières c. La Reine*, [1971] C.A. 454, 462 (j. Brossard).

En règle générale, donc, la Constitution canadienne ne s'oppose pas à ce que le législateur adopte des lois rétroactives[229]. Avec l'avènement des chartes des droits, toutefois, la souveraineté parlementaire en matière de rétroactivité des lois a été restreinte. On a déjà fait état des dispositions des chartes qui interdisent de prendre des mesures ayant l'effet de rendre rétroactivement criminelle une conduite ou d'alourdir rétroactivement une peine[230]. Aux contraintes découlant de ces dispositions, il faudrait ajouter, notamment[231], celles qui sont implicites dans l'article 7 de la *Charte canadienne des droits et libertés*. Ce texte exige, pour qu'il puisse être porté atteinte à la vie, à la liberté et à la sécurité de la personne[232], que cette atteinte soit faite en respectant les « principes de justice fondamentale ». Ces principes exigent que le sujet de droit puisse être en mesure de déterminer à l'avance les conséquences juridiques de ses actes, ce qui est le plus souvent impossible dans le cas d'une loi rétroactive.

---

[229]   *Air Canada* c. *Colombie-Britannique*, [1989] 1 R.C.S. 1161; *Chambre des notaires du Québec* c. *Haltrecht*, [1992] R.J.Q. 947 (C.A.); *Atalla* c. *P.G. du Québec*, [1997] R.J.Q. 2376 (C.A.).

[230]   *Supra*, p. 177.

[231]   Pour une étude générale des aspects constitutionnels de la rétroactivité des lois, on verra : Elizabeth EDINGER, « Retrospectivity in Law », (1995) 29 *U.B.C. L. Rev.* 5, 16-23. On n'a certes pas encore entrevu toutes les virtualités de conflit entre la loi rétroactive et les chartes des droits. Par exemple, une loi peut-elle validement porter atteinte rétroactivement à un droit ou à une liberté consacrés par la *Charte canadienne des droits et libertés*? On peut en douter, car l'article premier de la Charte exige que les limites apportées aux droits et libertés garantis le soient par une « règle de droit ». Or, pour valoir comme règle de droit au sens de l'article 1er, le texte limitatif devrait, selon plusieurs, contenir des dispositions relativement précises afin que le sujet de droit puisse mesurer l'étendue des limites imposées. Or, par définition, le contenu des limites imposées par une loi rétroactive n'est généralement connu qu'*a posteriori*, une fois la loi édictée.

[232]   Pour que l'article 7 soit applicable, il faut une atteinte à la vie, à la liberté ou à la sécurité de la personne. Dans *Air Canada* c. *Colombie-Britannique*, précité, note 229, on a jugé (p. 1190) que le simple fait de l'imposition d'une taxe rétroactive ne comportait pas une atteinte de cette nature. La question de la validité des mesures rétroactives en matière fiscale, au regard de la *Charte canadienne des droits et libertés* et de la *Déclaration canadienne des droits*, a été bien étudiée par le juge Noël dans *Huet* c. *Ministre du Revenu national*, (1995) 85 F.T.R. 171 (C.F.) On verra également : *Forghani* c. *A.G. of Quebec*, (1998) 155 D.L.R. (4th) 599 (C.A.Q.).

La loi rétroactive présente effectivement certains caractères antijuridiques; elle se concilie difficilement avec le principe de la primauté du droit et son application peut être une source d'injustice. La loi rétroactive a pour effet qu'une même conduite se trouve successivement régie par deux règles : celle en vigueur au moment où elle a été tenue et celle édictée par la loi rétroactive. Le droit fait ainsi montre de duplicité. Il affiche un manque de droiture. Un recours trop répandu à ce procédé peut effectivement miner l'efficacité même du droit comme instrument de direction des conduites humaines. En remettant en cause le passé, la loi rétroactive est facteur d'insécurité pour l'individu. Portalis disait, avec beaucoup de justesse : « Le passé peut laisser des regrets, mais il termine toutes les incertitudes »[233].

Toutes les lois rétroactives ne sont pas causes d'iniquité, mais, lorsque c'est le cas, les tribunaux ne se reconnaissent pas l'autorité d'y remédier :

> « si d'un côté le législateur, organe des intérêts généraux de la société, peut régir le passé comme le présent, au nom de ces intérêts et de l'utilité sociale et que seul, il est responsable de la conséquence morale de telle loi rétroactive et des perturbations que la société peut en souffrir, d'un autre côté le juge n'a mission que d'appliquer telle loi et non de la juger ni de l'apprécier, ni de s'enquérir des effets funestes ou avantageux de telle loi, ni si telle loi affecte ou non des droits acquis. »[234]

Le juge n'est cependant pas entièrement démuni devant la rétroactivité : il pourra se montrer très exigeant à l'égard du législateur, soit en ne donnant d'effet rétroactif que si l'intention apparaît très clairement, soit en interprétant restrictivement la loi rétroactive[235].

---

233 Cité par P. ROUBIER, *op. cit.*, note 62, p. 90.

234 *Sweeney c. Lovell*, (1901) 19 C.S. 558, 560 (j. Lemieux). Dans le même esprit : *Murray c. West Vancouver*, [1937] 3 W.W.R. 269 (S.C.B.C.); *Holmes Foundry Ltd. c. Village of Point Edward*, (1963) 39 D.L.R. (2d) 621 (Ont.C.A.).

235 *Infra*, p. 647 et suiv.

Contrairement au législateur, l'Administration ne peut, en principe, adopter des textes législatifs rétroactifs : seule une habilitation législative pourrait lui donner ce pouvoir.

Cette habilitation doit-elle être expresse? Une loi peut-elle être rétroactive ou autoriser des règlements rétroactifs en l'absence de disposition formelle? Malgré certains *dicta* contraires[236], il paraît indubitable que la volonté du législateur à ce sujet n'a pas à être formulée expressément :

> « Or, dans l'arrêt *Moon* c. *Durden*, le baron Parke n'a pas posé comme une règle invariable qu'une loi ne peut être rétroactive à moins que les termes mêmes de l'article à interpréter ne le disent expressément. Il a dit que la question était, dans chaque cas, de juger si le législateur avait suffisamment exprimé son intention. En fait, on doit considérer la portée de la loi, la réforme introduite, l'état antérieur du droit et l'objet poursuivi par le législateur. »[237]

Cette idée a été reprise plus récemment par le juge Pigeon :

> « Il faut souligner qu'au Canada, cette présomption n'est pas une règle de droit, mais seulement une règle d'interprétation. En conséquence, il n'y a donc pas d'exigence à l'effet que l'intention de l'écarter doive être explicite. Il suffit que le libellé de la disposition soit tel qu'elle ne puisse raisonnablement être autrement interprétée »[238].

L'Administration peut prendre des mesures rétroactives valides même en l'absence de textes exprès l'y autorisant. L'économie

---

236 Par exemple : *Upper Canada College* c. *Smith*, précité, note 111, 419 et 420 (j. Duff).

237 *Pardo* c. *Bingham*, (1868-69) L.R. 4 Ch. App. 735, 740 (Lord Hatherley) (traduction).

238 *Paton* c. *The Queen*, précité, note 170, 358 (traduction). Voir également : *Upper Canada College* c. *Smith*, précité, note 111, 419 (j. Duff); *Gustavson Drilling (1964) Ltd.* c. *Ministre du Revenu national*, précité, note 67, 279 (j. Dickson); *P.G. du Québec* c. *Healy*, [1987] 1 R.C.S. 158, 177 et 178 (j. Chouinard).

générale de la loi habilitante[239] ou la nature même du pouvoir exercé[240] peuvent en effet justifier une telle conclusion.

L'exclusion du principe de non-rétroactivité sera donc le fait, soit de la volonté expresse du législateur, soit de sa volonté tacite.

Alinéa 1 :   La rétroactivité expresse

L'intention législative de donner effet rétroactif à la loi s'exprime de diverses façons. La pratique législative québécoise consiste à prévoir que la loi, ou l'une ou plusieurs de ses dispositions, auront effet à compter d'une date précise. On trouve aussi la mention que la loi, ou l'une ou plusieurs de ses dispositions, sont déclaratoires, ce qui fait remonter l'effet du texte en question au jour de prise d'effet du texte dont le sens est déclaré. Dans la législation fédérale, on procède généralement par création d'une fiction d'entrée en vigueur anticipée[241].

La rétroactivité peut encore découler de la mention claire, dans la loi, qu'elle est applicable à tel ou tel fait. Quelle que soit la technique employée par le législateur, si l'intention de rétroagir est formellement exprimée, le juge se considère tenu d'y donner effet[242].

---

[239]   *Nova* c. *Amoco Canada Petroleum Company*, [1981] 2 R.C.S. 437; *Bureau des écoles protestantes du Grand-Montréal* c. *P.G. du Québec*, [1980] C.A. 476.

[240]   *Bell Canada* c. *Canada (Conseil de la radiodiffusion et des télécommunications canadiennes)*, [1989] 1 R.C.S. 1722.

[241]   Cette technique me semble fort discutable au plan logique, car, dans le cas d'une loi rétroactive, la loi doit absolument prévoir deux dates : celle où elle doit devenir exécutoire (sa date d'entrée en vigueur) et celle où elle doit devenir applicable aux faits (sa date de prise d'effet). La fiction d'entrée en vigueur anticipée a pour effet de télescoper en une seule ces deux dates, qui devraient demeurer distinctes.

[242]   *R.* c. *Canadian Sugar Refining Co.*, (1897) 27 R.C.S. 395, confirmé par [1898] A.C. 735; *City of St-John* c. *New Brunswick Power Co.*, [1925] R.C.S. 554; *R.* c. *Richardson and Adams*, [1948] R.C.S. 57; *City of Edmonton* c. *Northwestern Utilities Ltd.*, [1961] R.C.S. 392; *Re Canada Trust Co. and Sachs*, (1993) 99 D.L.R. (4th) 209 (Ont.C.A.).

Alinéa 2 :   La rétroactivité implicite

L'intention de rendre une loi rétroactive « peut être manifestée par des termes exprès, peut se déduire, par implication nécessaire, des dispositions de la loi, ou encore la matière sur laquelle porte la loi ou les circonstances de son adoption peuvent être de nature à écarter la présomption voulant que la loi n'ait d'effet que pour l'avenir »[243].

L'objet de la loi est d'une importance capitale. Le cas des lois déclaratoires, étudié ailleurs, en témoigne abondamment[244]. Dans le même ordre d'idées, la Cour suprême a jugé qu'on pouvait inférer une volonté de rétroactivité lorsque la loi nouvelle n'est que la reproduction, sous une autre forme, de la loi ancienne[245].

L'objet de la loi a également été invoqué pour justifier l'application rétroactive de dispositions touchant le contrôle des salaires dans le cadre d'un programme national de lutte contre l'inflation[246].

Dans l'arrêt *P.G. du Canada* c. *Compagnie de Publication La Presse Ltée*[247], c'est le caractère des droits en cause qui a paru justifier la reconnaissance d'un pouvoir d'adopter des arrêtés en conseil rétroactifs. Par contre, dans l'arrêt *Levin* c. *Active Builders Ltd.*[248], on a plutôt fondé l'effet rétroactif d'une loi nouvelle en matière de baux sur un examen attentif de la formulation. L'intention implicite

---

243   *Upper Canada College* c. *Smith*, précité, note 111, 419 (j. Duff) (traduction). À titre d'exemple : *Campbell* c. *Campbell*, (1996) 130 D.L.R. (4th) 622 (Man.C.A.).

244   *P.G. du Québec* c. *Healy*, précité, note 238.

245   *Trans-Canada Insurance Co.* c. *Winter*, précité, note 52. Cette idée que la loi est réputée rétroactive lorsqu'elle reproduit la substance d'une loi antérieure étonne. En effet, puisque la loi nouvelle énonce les mêmes règles que l'ancienne, il n'y a pas de conflit de lois dans le temps et on peut se demander à quoi il sert de débattre si le fait x doit être régi par la règle y dans son expression ancienne ou dans son expression nouvelle : cela devrait généralement être indifférent.

246   *Re B.C. Teachers Federation and Board of School Trustees of Burnaby*, précité, note 3, confirmé par (1979) 95 D.L.R. (3d) 273 (B.C.C.A.).

247   *P.G. du Canada* c. *Compagnie de Publication La Presse Ltée*, [1967] R.C.S. 60.

248   *Levin* c. *Active Builders Ltd.*, précité, note 80.

8

d'autoriser la rétroactivité a également été déduite du fait que le refus de la rétroactivité, dans les circonstances, mènerait à des résultats qu'on ne pourrait raisonnablement attribuer à la volonté du législateur[249].

On peut relever plusieurs arrêts où la volonté de rétroactivité est attribuée au législateur en raison du caractère réformateur de la loi nouvelle. Une loi plus douce, plus libérale doit-elle pour cette raison seule être appliquée rétroactivement? Toutes les lois étant réputées réformatrices, cela pourrait conduire à les faire toutes rétroagir. Il ne faut pas que le remède soit pire que le mal! Une même disposition peut être réformatrice si on la considère à l'égard des droits de Jean mais elle pourra être préjudiciable aux droits de Paul[250]. Notons que la Cour suprême n'a pas cédé à ce type d'argument lorsqu'il a été question de déterminer la portée temporelle de la *Charte canadienne des droits et libertés*. Bien qu'il s'agisse d'une loi plus favorable, le principe de la non-rétroactivité a été, règle générale, respecté dans son application[251].

Quoi que l'on puisse penser de l'argument du caractère réformateur de la loi nouvelle, on l'a invoqué pour justifier d'appliquer rétroactivement des lois destinées à améliorer le sort d'enfants naturels[252], d'épouses adultères[253] ou de conducteurs d'automobiles victimes d'accidents[254] ou frappés de suspension de permis de

---

249 Re Eurocan Pulp and Paper Co. and B.C. Energy Commission Ltd., (1978) 87 D.L.R. (3d) 727 (B.C.C.A.). Comparer : Re Western Decalta Petroleum Ltd. and Public Utilities Board of Alberta, précité, note 220.

250 Ishida c. Itterman, [1975] 2 W.W.R. 142 (B.C.S.C.).

251 Voir les arrêts cités plus haut, supra, note 182. Il n'y a que dans l'arrêt Gamble, précité, note 206, où la majorité (bien qu'elle s'en défende) me paraît avoir cédé aux arguments fondés sur le caractère favorable de la Charte et avoir donné, pour des motifs d'équité, une application à tout le moins rétrospective à celle-ci.

252 Anderton c. Seroka, [1925] 2 D.L.R. 488 (Alta.C.A.); Re Molley, [1975] 1 W.W.R. 727 (B.C.S.C.).

253 Streight c. Smith, (1977) 1 B.C.L.R. 181.

254 Tomashavsky c. Young, [1955] 5 D.L.R. 451 (Alta.C.A.). Voir toutefois : Thiessen c. Manitoba Public Insurance Corp., précité, note 201.

conduire[255]. Il a par contre été écarté dans un arrêt de la Cour d'appel de l'Alberta où il fut notamment écrit que l'on ne pouvait déduire l'effet rétroactif d'une loi du simple fait qu'elle avait un caractère réformateur[256].

Paragraphe 3 : La loi nouvelle et les situations en cours : l'effet immédiat de la loi

Il y a effet immédiat de la loi nouvelle lorsque celle-ci s'applique à l'égard d'une situation juridique en cours au moment où elle prend effet : la loi nouvelle gouvernera alors le déroulement futur de cette situation. Si, par contre, la loi nouvelle ne s'applique pas à l'égard d'une situation en cours, en raison de l'existence de droits acquis, par exemple, cette situation restera régie par la loi ancienne : c'est le phénomène de la survie de la loi ancienne.

Après quelques considérations générales sur l'effet immédiat de la loi nouvelle et sur la survie de la loi ancienne (1), on examinera le principe du maintien des droits acquis, principe qu'on oppose souvent à l'application immédiate (2). On verra ensuite qu'il existe, en dehors des situations de droits acquis, d'autres situations en cours (3). On traitera, pour terminer, du cas particulier des lois à effet purement procédural (4).

Sous-paragraphe 1 : Considérations générales sur les situations en cours, sur l'effet immédiat et sur la survie

L'expression « effet immédiat » appartient au système doctrinal du doyen Paul Roubier[257]. Dans ce système, il désigne l'hypothèse où une loi nouvelle s'applique à l'égard d'une situation juridique en cours au moment où elle entre en vigueur. La loi nouvelle a effet immédiat lorsqu'elle régit le développement futur de la situation en cours, sans toucher toutefois ses éléments déjà accomplis, ce qui im-

---

255   R. c. *Rewniak*, (1968) 62 W.W.R. 627 (Alta D.C.).

256   *Snider* c. *Smith*, précité, note 201.

257   P. ROUBIER, *op. cit.*, note 62.

pliquerait un effet rétroactif. Si, au contraire, le développement à venir de la situation en cours reste régi par la loi ancienne, on dira que cette dernière « survit » : elle reste applicable malgré son abrogation.

La notion de situation juridique en cours est au coeur de l'effet immédiat. On peut tenter de la cerner en se reportant à la notion de règle de droit. On se rappellera que les règles de droit comportent deux éléments, l'un factuel (appelé présupposé, hypothèse ou condition) et l'autre juridique (appelé effet ou conséquence). Toute règle de droit peut se réduire au modèle suivant : si tels faits se produisent, alors en découle telle conséquence juridique. Le temps peut être présent autant dans les faits qui rendent la règle applicable que dans les effets de la survenance de ces faits. Une situation en cours peut ainsi s'analyser comme une règle de droit en cours, c'est-à-dire comme une règle de droit dont soit l'élément factuel, soit l'élément juridique est en train de se produire au moment de la modification du droit.

Voici un exemple. Imaginons qu'une municipalité en mal de contribuables offre un congé d'impôt foncier municipal de trois ans à l'égard de tout immeuble résidentiel nouvellement érigé sur son territoire. Si l'on veut exprimer ce régime fiscal incitatif sous forme de règle, on peut le faire ainsi : s'il est construit un nouvel immeuble résidentiel dans la municipalité (c'est le présupposé, la condition ou l'hypothèse de la règle) alors, pendant l'année de la fin des travaux et les deux années subséquentes, l'immeuble est exempté d'impôts fonciers municipaux (c'est la conséquence juridique).

Supposons maintenant qu'un conseil municipal nouvellement élu abolisse le régime en question. Cette abrogation va faire problème pour les situations en cours. Comment les décrire ? Soit qu'au moment de l'abrogation, un immeuble ait été en cours de construction; soit qu'au même moment, son propriétaire ait été en train de bénéficier du congé d'impôts pour un immeuble déjà construit. Dans la première hypothèse, c'est le présupposé de la règle (la construction de l'immeuble) qui était en train de se réaliser. Dans la seconde hypothèse, c'est la conséquence juridique de la règle qui était en cours : la période de congé d'impôts était en train de se dérouler.

Au plan théorique, il y a certes un intérêt à distinguer l'hypothèse où les faits qui correspondent au présupposé d'une règle sont en train de se produire de celle où ce sont les effets de la règle qui le sont[258]. En pratique, toutefois, cette distinction perd son intérêt dans la mesure où, dans les deux cas, on a affaire à une situation en cours qui sera, la plupart du temps, appréhendée par les tribunaux canadiens à partir de la notion de droits acquis. Ainsi, pour revenir à l'exemple donné il y a un instant, aussi bien le propriétaire qui était en train de construire sa résidence que celui qui était en train de jouir de l'exemption réclameront, au nom de la protection des droits acquis, le droit de continuer à se prévaloir du régime fiscal antérieur.

Lorsque la loi nouvelle est déclarée applicable, pour l'avenir, à une situation en cours, on dit qu'elle a un effet immédiat. Le terme est ici employé pour désigner aussi bien le cas où les faits envisagés par la règle sont en train de se produire au moment de la modification du droit (ce que Jacques Héron appelle l'effet général de la loi) que le cas où ce sont les effets juridiques de la règle qui sont en cours (ce que Jacques Héron appelle l'effet rétrospectif de la loi[259]).

Bien que le concept d'effet immédiat tire son origine du droit civil, la Cour suprême du Canada l'a, à deux reprises, utilisé en droit public[260]. D'ailleurs, la jurisprudence offre de nombreux exemples

---

258 Jacques Héron fait bien ressortir l'intérêt de la distinction entre la présence du temps dans les faits qui réalisent le présupposé d'une règle et sa présence dans les effets de la règle. La dispersion des faits de part et d'autre de l'entrée en vigueur conduit à choisir entre l'effet général de la loi nouvelle ou la survie de la loi ancienne. Si la loi nouvelle s'applique de manière à modifier pour l'avenir les effets de faits accomplis, Héron la qualifie de rétrospective. J. HÉRON, *op. cit.*, note 62, p. 81 et suiv.

259 Sur la notion d'effet rétrospectif, voir *supra*, p. 167.

260 *P.G. du Québec* c. *Tribunal de l'expropriation*, précité, note 68; *Venne* c. *Québec (Commission de protection du territoire agricole)*, précité, note 69. Comme d'autres, je crois que le terme « effet général » décrit de manière plus juste le phénomène de l'application des lois nouvelles aux situations en cours que le terme « effet immédiat ». Il ne s'agit pas, en effet, de décider si la loi nouvelle s'appliquera immédiatement ou plus tard, mais si on doit en faire, pour l'avenir, une application générale ou plutôt une application limitée, restreinte aux seules situations qui se constitueront dans l'avenir. Sur les motifs de préférer le vocable « effet général », on verra : Eugène Louis BACH, « Contribution à l'étude du problème de l'application de la loi dans le temps », (1969) *Rev. trim.*

d'application d'une loi nouvelle à l'égard de situations en cours. Situation contractuelle : une loi nouvelle concernant les conditions selon lesquelles on peut mettre fin au contrat d'un instituteur s'applique, pour l'avenir, à l'égard d'un contrat conclu antérieurement[261]. Situation extracontractuelle : une loi nouvelle concernant les effets de la révocation de la libération conditionnelle de détenus s'applique à l'égard de toutes les libérations révoquées après son entrée en vigueur, y compris à l'égard de celles qui avaient été accordées avant[262].

Quant à la notion de survie, elle n'est pas non plus très usitée en doctrine ou en jurisprudence canadiennes, mais elle n'en est pas non plus totalement absente. Par exemple, dans l'affaire *R. c. Coles*[263], le juge Laskin, alors membre de la Cour d'appel de l'Ontario, met en opposition la « vie naturelle » de la loi et une « vie artificielle » qui découle d'un article de la loi d'interprétation de l'Ontario en cas d'abrogation : cette « vie artificielle » prolonge la « vie naturelle » de l'ancienne loi au-delà de son terme normal[264].

Les exemples jurisprudentiels de la survie de la loi sont légion. La plupart des cas où des droits acquis sont reconnus impliquent que les règles applicables au moment où ces droits sont nés survivent pour en régir l'exercice futur. Ainsi, en droit de l'urbanisme, il est de jurisprudence constante que la nouvelle réglementation de l'usage des

---

dr. civ. 405; J. HÉRON, op. cit., note 62; P.-A. CÔTÉ, « La crise du droit transitoire canadien », loc. cit., note 62.

261 *Board of Trustees of the Acme Village School District c. Steele-Smith*, précité, note 66.

262 *Howley c. Sous-procureur général du Canada*, [1977] 2 R.C.S. 45; *Zong c. Commissaire des pénitenciers*, précité, note 66.

263 *R. c. Coles*, (1970) 9 D.L.R. (3d) 65 (Ont.C.A.).

264 *Id.*, 68 et 69. La survie peut effectivement s'analyser comme une fiction de non-abrogation de la loi qui prolonge de manière « artificielle » la vie de la loi ancienne. Voir aussi : *Abell c. Commissioner of Royal Canadian Mounted Police*, (1980) 49 C.C.C. (2d) 193, 202 (j. Bayda) (Sask. C.A.). Au Québec, en raison sans doute de l'influence du droit civil, le concept de survie de la loi est davantage usité. Voir, par exemple, *Boisclair c. Guilde des employés de la Cie Toastess Inc.*, [1987] R.J.Q. 807 (C.A.). Il est d'ailleurs opératoire en droit transitoire civil, la loi y faisant formellement référence : *Loi sur l'application de la réforme du Code civil*, L.Q. 1992, c. 57, art. 4.

sols soit inopposable aux usages légalement en cours au moment de la modification : ces usages, constitutifs de droits acquis, peuvent être maintenus malgré les nouvelles règles et malgré l'abrogation des textes qui les autorisaient[265]. L'arrêt de la Cour suprême *Commission canadienne de l'emploi et de l'immigration* c. *Dallialian*[266] ne peut s'expliquer sans recourir au phénomène de la survie : la Cour a jugé que restait applicable à l'égard de l'intimé, le 1er février 1976, une disposition de la *Loi sur l'assurance-chômage* qui avait été abrogée un mois plus tôt.

Le cas le plus fréquent de survie de la loi ancienne, c'est celui que l'on fonde sur l'existence de droits acquis.

Sous-paragraphe 2 : Les droits acquis[267]

La notion de droits acquis est centrale pour l'analyse, en droit canadien, du problème de l'effet de la loi dans le temps. L'approche jurisprudentielle de ces questions a traditionnellement été « subjective », c'est-à-dire que les problèmes de droit transitoire ont été posés en termes d'effet de la loi sur les droits subjectifs, et non « objective », c'est-à-dire en termes d'effet de la loi à l'égard des faits qui se produisent[268]. Cette approche traditionnelle est responsable de la confusion dont nous sortons à peine entre la loi rétroactive *stricto sensu* et celle qui, n'étant que prospective, régit néanmoins les

---

265   Sur les droits acquis en matière d'aménagement et d'urbanisme, on verra : Jean HÉTU, Yvon DUPLESSIS et Dennis PACKENHAM, *Droit municipal – Principes généraux et contentieux*, Montréal, Hébert Denault, 1998, pp. 685-691; Yvon DUPLESSIS et Jean HÉTU, *La Loi sur l'aménagement et l'urbanisme*, Montréal, Chambre des notaires du Québec, 1991, pp. 180-186; Lorne GIROUX, *Aspects juridiques du règlement de zonage au Québec*, Québec, Presses de l'Université Laval, 1979, pp. 369-481 et Jacques L'HEUREUX, *Droit municipal québécois*, t. 2, Montréal, Sorej, 1981, pp. 684-699.

266   *Commission de l'emploi et de l'immigration du Canada* c. *Dallialian*, [1980] 2 R.C.S. 582.

267   On trouvera une étude plus poussée des droits acquis dans mon texte « Le juge et les droits acquis en droit public canadien », *loc. cit.*, note 62.

268   Pour cette distinction entre la démarche subjective et objective : P. ROUBIER, *op. cit.*, note 62, pp. 166-174.

effets à venir de situations juridiques créées dans le passé[269]. Une loi peut, sans rétroactivité, atteindre des droits acquis et elle peut même rétroagir tout en respectant les droits acquis[270].

La notion de droits acquis ne saurait non plus rendre compte des solutions aux problèmes de droit pénal transitoire. On ne peut, dans l'hypothèse où le législateur aurait aboli une infraction, parler sérieusement du « droit acquis » d'un criminel d'être jugé et condamné selon la loi du jour du crime. D'autre part, comme on le verra plus loin, les situations en cours en matière pénale s'analysent mieux grâce à la notion de « faits pendants » ou d'effets en cours que grâce à celle de droit acquis.

Si importante que soit la notion de droit acquis, on ne saurait, sinon au prix de nombreuses difficultés, l'employer seule pour analyser tous les problèmes d'effet de la loi dans le temps en droit canadien. Cependant, elle conserve son domaine propre d'application lorsqu'une situation juridique qui s'est formée dans le passé est en cours d'effet au moment de la promulgation d'une loi nouvelle.

Le principe général retenu en jurisprudence veut que la loi nouvelle soit réputée respecter ces situations car la loi n'est pas censée porter atteinte aux droits acquis. On verra d'abord comment les tribunaux et le législateur ont énoncé ce principe et on en étudiera la portée, puis il sera fait état de cas de son application.

---

269   La distinction entre l'effet rétroactif et l'effet immédiat est étudiée *supra*, p. 135 et suiv.

270   Par exemple, la *Loi sur la protection du territoire agricole* (L.R.Q., c. P-41.1) est entrée en vigueur le 28 décembre 1978. En vertu de son article 25, elle a certains effets à compter du 9 novembre 1978 : elle a donc effet rétroactif. Cependant, aux articles 101 et suivants, le législateur a montré le souci de respecter les droits acquis au moment où la loi prend effet à l'égard d'un lot donné. Seuls sont atteints les droits acquis pendant la période intérimaire du 9 novembre au 28 décembre 1978.

Alinéa 1 : Le principe du respect des droits acquis et sa portée

i) Énoncés du principe

C'est au juge en chef Duff que l'on doit la formulation la plus souvent citée, en droit canadien, du principe du respect des droits acquis. L'affaire *Spooner Oils Ltd. c. Turner Valley Gas Conservation Board*[271] posait le problème de l'application d'un nouveau règlement à un bail en cours. Le principe du respect des droits acquis fut invoqué pour exclure l'application du règlement :

> « Il ne faut pas interpréter une disposition législative de façon à porter atteinte aux droits acquis ou à une « situation constituée » (*Main* c. *Stark*, (1890) 15 A.C. 384, à la page 388), à moins que sa formulation ne requière une telle interprétation. Coke appelle cette règle une « loi du Parlement » (2 Inst. 292), sans doute pour indiquer que c'est une règle fondée sur la pratique du Parlement; elle présuppose que le Parlement, quand il entend porter atteinte à de tels droits ou à une telle situation, manifeste son intention en termes exprès, à moins que, de toute façon, cette intention ne soit manifestée clairement par la voie d'une implication inévitable. »[272]

Ce principe d'interprétation a été énoncé fort souvent par les tribunaux[273] et les lois d'interprétation l'ont codifié dans son application à l'abrogation de textes législatifs :

> « L'abrogation d'une loi ou de règlements faits sous son autorité n'affecte pas les droits acquis [...]; les droits acquis peuvent être exercés nonobstant l'abrogation »[274].

> « L'abrogation, en tout ou en partie, n'a pas pour conséquence : [...]

---

271 *Spooner Oils Ltd.* c. *Turner Valley Gas Conservation Board,* [1933] R.C.S. 629.

272 *Id.*, 638 (traduction).

273 Pour ne citer que des arrêts de la Cour suprême : *Upper Canada College* c. *Smith*, précité, note 111; *Abell* c. *County of York*, (1921) 61 R.C.S. 345; *Board of Trustees of the Acme Village School District* c. *Steele-Smith*, précité, note 66; *Jones et Maheux* c. *Gamache*, [1969] R.C.S. 119; *R.* c. *Walker*, précité, note 70; *Gustavson Drilling (1964) Ltd.* c. *Ministre du Revenu national*, précité, note 67.

274 Art. 12 de la loi québécoise, précitée, note 6.

c) de porter atteinte aux droits ou avantages acquis, aux responsabilités contractées ou aux responsabilités encourues sous le
régime du texte abrogé [...].»[275]

Tout comme le principe de non-rétroactivité de la loi, celui du
maintien des droits acquis n'a que le caractère d'une présomption
susceptible d'être écartée selon les modes ordinaires, soit expressément, soit tacitement[276].

ii) Définition des droits acquis

Il faut beaucoup d'audace, et même un peu de témérité, pour risquer une définition de l'expression « droits acquis ». Selon le vocabulaire conventionnel, les « droits acquis » s'opposent aux simples
expectatives. Mais, qu'appelle-t-on droits acquis ?

Le juge Bissonnette, paraphrasant Mignault[277], a ainsi défini les
droits acquis :

> « Les droits acquis, on le sait bien, sont ces droits qui font partie de
> notre patrimoine et qui ne peuvent nous être enlevés, sans causer
> une grave injustice et sans nous dépouiller de ce qu'on avait raison
> d'en attendre. »[278]

Une pareille définition présente peu d'intérêt pour l'interprète car
elle est en quelque sorte redondante. Elle ne nous dit pas pourquoi
un droit est acquis alors qu'un autre ne l'est pas : elle « ne fait
qu'exprimer le résultat des recherches, et indiquer quels sont les
droits qui ne seront pas touchés par un changement de législation »[279].

---

275   Art. 43 de la loi canadienne, précitée, note 7.

276   *Infra*, p. 212 et suiv.

277   Pierre Basile MIGNAULT, *Droit civil canadien*, t. I, Montréal, Théoret, 1895,
p. 69.

278   *Syndics des écoles protestantes de la Cité d'Outremont* c. *Cité d'Outremont*,
[1951] B.R. 676, 692, confirmé par [1952] 2 R.C.S. 506.

279   P. ROUBIER, *op. cit.*, note 62, pp. 168 et 169. On verra la critique que fait de la
notion de droit acquis Michel KRAUSS, « Réflexions sur la rétroactivité des
lois », (1983) 14 *R.G.D.* 287.

La difficulté de définir le moment à partir duquel un droit est acquis a été reconnue en jurisprudence :

> « Mais, tout d'abord que veulent dire les mots "ayant des droits acquis"? Ni les requérants, ni l'intimée n'ont cité aucun texte de loi, ni arrêt de jurisprudence donnant une définition de ces termes. Les dictionnaires que j'ai consultés ne m'ont pas aidé davantage. Aussi, je ne tenterai pas de donner une définition d'une expression aussi vague et imprécise [...]. »[280]

Faute de définition jurisprudentielle suffisamment précise, comment le justiciable peut-il savoir si, dans certaines circonstances concrètes, il bénéficie ou non de droits acquis à l'encontre d'une législation nouvelle?

Certains cas ne présenteront pas de difficultés importantes, soit parce que le législateur aura disposé explicitement sur le sujet, soit parce que la question aura déjà été tranchée antérieurement par les tribunaux, soit encore parce que les circonstances seront telles que n'importe qui puisse, avec assez de certitude, prévoir quelle serait la décision d'un tribunal sur le sujet[281]. Hors ces cas, assez rares en pratique, le justiciable doit, dans une large mesure, s'en remettre au pouvoir d'appréciation du juge.

Quels sont les facteurs susceptibles d'influer sur l'exercice de cette discrétion et d'amener un juge à reconnaître des droits acquis et donc à admettre la survie de la loi ancienne, soit au contraire à nier leur maintien, et donc à affirmer l'effet immédiat de la nouvelle loi? Encore qu'il ne soit pas facile de généraliser et que chaque cas doive être vu en tenant compte de ses caractères propres[282], l'étude d'un grand nombre de décisions sur le sujet permet de croire que des

---

280   *Taylor Blvd Realties Ltd.* c. *Cité de Montréal*, [1963] B.R. 839, 844 (j. Taschereau), confirmé par [1964] R.C.S. 195.

281   Par exemple, si l'application immédiate de la loi conduit à des conséquences pratiques « déraisonnables » (par exemple, la démolition d'un édifice de grande valeur), l'interprète peut prévoir avec une précision convenable quelle serait la décision des tribunaux quant à l'existence de droits acquis.

282   *Re Teperman & Sons Ltd. and the City of Toronto*, (1975) 50 D.L.R. (3d) 675, 683 (Ont. H.C.) (j. Henry).

considérations de deux ordres jouent un rôle prépondérant dans l'appréciation du juge.

Pour décider s'il y a lieu de reconnaître des droits acquis dans des circonstances concrètes données, les tribunaux procèdent, le plus souvent implicitement, à une comparaison des coûts sociaux et individuels de leur décision. Reconnaître des droits acquis, c'est admettre que la loi nouvelle ne s'appliquera pas à certaines situations juridiques qui continueront d'être soumises, à certains égards, à la loi ancienne. Cette décision comporte certains inconvénients ou coûts sociaux : la loi nouvelle, réputée réformatrice, verra son effet différé et l'intérêt général risque d'être compromis par le fait que la loi nouvelle ne s'appliquera pas uniformément, ce qui, parfois, mettra en péril l'efficacité de la loi, même à l'égard de situations juridiques ne fondant pas de droits acquis.

Par contre, nier l'existence de droits acquis et opter pour l'application immédiate de la loi nouvelle comporte aussi sa part d'inconvénients pour l'individu ou, si l'on veut, implique des coûts individuels qui peuvent être très élevés. La vie juridique a besoin, pour s'épanouir, d'une certaine stabilité : la réforme du droit, si elle n'est pas menée progressivement, peut causer aux individus un grave préjudice.

On peut croire que le juge qui décide de reconnaître ou de ne pas reconnaître des droits acquis procède, le plus souvent sans le dire, à une appréciation comparative des coûts individuels et sociaux de sa décision. Plus grands sont les coûts individuels et plus grave le préjudice causé à l'individu par l'application immédiate de la loi, plus grandes sont les chances que des droits acquis soient reconnus. Par contre, si le coût individuel est jugé réduit (par exemple, lorsque la loi nouvelle ne prescrit qu'une règle de procédure), il est plus probable que la loi nouvelle soit appliquée immédiatement. D'autre part, si les inconvénients sociaux d'une application différée de la loi nouvelle sont perçus comme étant très lourds (par exemple, si cela met en cause la santé ou la sécurité publiques), il est probable que le juge hésitera à admettre des droits acquis. Au contraire, si la survie du droit ancien ne paraît pas menacer indûment l'intérêt social, il sera plus facile au juge d'admettre les droits acquis.

Il est rare que la démarche de comparaison des coûts que l'on vient de décrire apparaisse ouvertement dans la jurisprudence[283]. Nous croyons cependant qu'elle permet de comprendre comment le juge arrive, dans les cas d'espèce, à une décision raisonnable sur des questions qui font appel à une appréciation personnelle des conséquences, appréciation que des concepts flous, comme celui de droit acquis ou de loi de procédure par exemple, ne peuvent encadrer que d'une manière très lâche.

Notons en terminant que les tribunaux ne paraissent pas très empressés de reconnaître à l'Administration des droits acquis à l'encontre d'un administré : lorsque le droit change à l'avantage de ce dernier, les chances sont que l'on jugera pour l'application immédiate de la loi nouvelle[284].

iii) Critères de reconnaissance de droits acquis

La question de savoir si, dans une situation concrète, la loi nouvelle doit ou non s'appliquer immédiatement est, les juges eux-mêmes l'ont souligné, particulièrement difficile. Pour assister le justiciable, la jurisprudence a mis de l'avant certains critères de distinction entre le droit acquis et les simples expectatives.

Deux de ces critères méritent d'être étudiés plus attentivement. Pour reconnaître des droits acquis, les tribunaux exigent du justiciable qu'il puisse démontrer : 1) que sa situation juridique est individualisée et concrète, et non générale et abstraite, et 2) que sa

---

283 Voir cependant : *Trudel* c. *Letarte*, précité, note 89; *Beaulieu* c. *Barreau de la Province de Québec*, précité, note 127.

284 Le principe du maintien des droits acquis est un principe libéral fondé sur la volonté de protéger les sujets de droit contre des modifications du droit qui leur seraient préjudiciables. Lorsque le droit est modifié de manière à favoriser l'administré, on aurait mauvaise grâce à lui refuser le droit de se prévaloir de la loi la plus favorable. On peut sans doute expliquer certaines affaires par un principe innommé qui veut que l'Administration ne puisse, en se réclamant de la doctrine des droits acquis, priver un particulier des avantages d'une loi nouvelle. On verra : *Board of Trustees of the Acme Village School District* c. *Steele-Smith*, précité, note 66; *Corporation de l'Hôpital Bellechasse* c. *Pilotte*, précité, note 129; *P.G. du Québec* c. *Tribunal de l'expropriation*, précité, note 68.

situation juridique était constituée au moment de l'entrée en vigueur de la loi nouvelle[285].

- • Une situation juridique individualisée et concrète

Un sujet de droit ne se verra pas reconnaître de droits acquis s'il n'est pas en mesure de faire état d'une situation juridique individualisée, concrète, singulière : la seule possibilité de se prévaloir d'une loi ne saurait fonder de droits acquis.

Par exemple, le propriétaire d'un terrain peut bien rêver d'y ériger un jour un immeuble de 20 étages. Ce rêve, cet espoir, cette attente peut se concrétiser si le propriétaire met en branle les mécanismes administratifs qui transformeront son droit abstrait de construire en un droit concret. Si toutefois, avant qu'il n'ait pris de mesures concrètes pour mettre en oeuvre son droit, le règlement de zonage est modifié de manière à exclure la réalisation de son projet, il ne pourra faire valoir de droits acquis : la seule qualité de propriétaire, qualité qu'il partage avec tous les autres propriétaires de la zone, ne saurait à elle seule fonder des droits acquis[286]. Admettre le contraire serait condamner le droit à l'immobilisme absolu.

L'arrêt de principe concernant cette exigence de concrétisation et d'individualisation est celui du Comité judiciaire du Conseil privé dans l'affaire *Abbott* c. *Minister for Lands*[287]. Au moment où le dénommé Abbott avait acquis certaines terres de la Couronne, la loi prévoyait que l'acquisition en question lui donnait le droit de se porter également acquéreur sous condition de terrains adjacents sans être soumis à certaines exigences de résidence. Cette loi fut abrogée avant qu'Abbott ne se soit prévalu de la faculté qu'elle lui donnait. Cependant, la loi d'abrogation prévoyait le respect des « droits acquis » (« *rights accrued* »). Quelques années plus tard, Abbott

---

285   Le mode d'analyse suggéré ici a été suivi notamment dans l'arrêt *Re Scott and College of Physicians and Surgeons of Saskatchewan*, (1993) 95 D.L.R. (4th) 706 (Sask.C.A.).

286   *Canadian Petrofina Ltd.* c. *Martin and City of St-Lambert*, [1959] R.C.S. 453, 458 (j. Fauteux). Voir aussi : *Santilli* c. *Ville de Montréal*, [1977] 1 R.C.S. 334.

287   *Abbott* c. *Minister for Lands*, [1895] A.C. 425.

prétendit se prévaloir de la faculté d'acheter les terrains avoisinants, faculté qui lui avait été reconnue par la loi en vigueur au moment de l'acquisition, loi depuis abrogée. Cette faculté entrait-elle dans les « droits acquis » réservés expressément par la loi d'abrogation?

Le Comité judiciaire jugea que non. Voici comment le lord Chancelier s'exprima à ce sujet :

> « Il est devenu très courant de sauvegarder, dans les lois abrogatives, les droits acquis. Si l'on acceptait que cela entraîne la possibilité, pour celui qui aurait pu se prévaloir des dispositions abrogées, de s'en prévaloir encore, le résultat serait lourd de conséquences. Il se peut, comme le fait remarquer le juge Windeyer, que la faculté de se prévaloir d'un texte puisse, sans impropriété, être appelée un "droit". Mais la question est de savoir s'il s'agit d'un "droit acquis" au sens du texte à interpréter.

> Leurs seigneuries ne le pensent pas et leur opinion est confirmée par le fait que les termes invoqués sont reliés aux "obligations nées". Elles estiment que le simple droit (en supposant qu'il s'agisse à proprement parler d'un droit) pour les membres de la communauté ou pour une catégorie d'entre eux de se prévaloir d'un texte législatif ne peut proprement constituer un "droit acquis" au sens de la disposition, aussi longtemps qu'on n'a accompli aucun acte pour s'en prévaloir. »[288]

Cet arrêt a été cité et appliqué par la Cour suprême du Canada dans *Minister of National Revenue* c. *Molson*[289], dans *Gustavson Drilling (1964) Ltd.* c. *Ministre du Revenu national*[290] et dans *P.G. du Québec* c. *Tribunal de l'expropriation*[291].

Dans l'affaire *Gustavson Drilling*, la Cour devait décider si la faculté de procéder à certaines déductions en matière fiscale conférait des droits acquis à l'égard d'années fiscales postérieures. Le juge Dickson estima que ce n'était pas le cas :

---

288   *Id.*, 431 (traduction).

289   *Minister of National Revenue* c. *Molson*, précité, note 207.

290   *Gustavson Drilling (1964) Ltd.* c. *Ministre du Revenu national*, précité, note 67.

291   *P.G. du Québec* c. *Tribunal de l'expropriation*, précité, note 68.

> « Personne n'a le droit acquis de se prévaloir de la loi telle qu'elle
> existait par le passé [...]. Un contribuable est libre de planifier sa vie
> financière en se fondant sur l'espoir que le droit fiscal demeure sta-
> tique; il prend alors le risque d'une modification à la législation.
>
> Le simple droit de se prévaloir d'un texte législatif abrogé, dont
> jouissent les membres de la communauté ou une catégorie d'entre
> eux à la date de l'abrogation d'une loi ne peut être considéré
> comme un droit acquis [...]. »[292]

Autrement dit, « le droit doit être acquis à une personne en particulier et non pas à l'universalité des personnes »[293]. Ainsi, dans
l'arrêt *Starey* c. *Graham*[294], on a décidé que l'exercice de la simple
faculté de se livrer à une activité professionnelle non interdite ne
constituait pas un droit acquis à l'exercice de la profession. Le
« droit » de se livrer à une activité non défendue appartenant à tout
le monde, le juge estima que la situation de celui qui s'y livre en fait
n'était pas suffisamment individualisée.

L'exigence d'individualisation, de concrétisation, de singularisation
du droit n'est pas la seule cependant : il faut également que le droit
soit acquis, que la situation juridique soit suffisamment constituée.

- Une situation juridique suffisamment constituée

La jurisprudence exige non seulement que la situation juridique
alléguée par qui prétend à des droits acquis ne soit pas abstraite : il
faut aussi que cette situation ait atteint un certain degré de concrétisation, qu'elle soit, de l'avis du tribunal, suffisamment individualisée
et parfaite pour justifier une protection.

À quel moment une situation juridique devient-elle assez
concrétisée pour fonder des droits acquis? Question délicate où le
justiciable doit, dans bien des cas, essayer de deviner l'endroit où le

---

292   *Id.*

293   *Commander Nickel Copper Mines Ltd.* c. *Zulapa Mining Corp.*, précité, note 102,
       392 (j. Rinfret).

294   *Starey* c. *Graham*, [1899] 1 Q.B.D. 406.

juge fera passer la ligne entre l'expectative et le droit acquis[295]. « La distinction entre ce qui constitue "un droit" et ce qui n'en constitue pas un doit souvent être très subtile »[296].

Certains cas peuvent paraître poser moins de difficultés en raison du fait que la situation juridique en cause se crée d'une manière instantanée. Le décès du testateur transforme instantanément en droits les attentes des héritiers[297]. Un accord contractuel confère instantanément aux parties des droits et des obligations[298]. Un délit ou un tort fait naître sur-le-champ le droit à la réparation[299]; si une procédure est intentée, elle n'a pour fonction que de liquider la créance : ce n'est pas la procédure qui crée le droit ou qui lui confère la qualité de droit acquis[300].

D'autres droits exigent, pour leur naissance, l'intervention d'autorités judiciaires ou administratives. Il a ainsi été jugé à plusieurs reprises que le droit de recourir contre le Fonds d'indemnisation de victimes d'accidents d'automobile devient acquis le jour du jugement contre l'auteur du dommage et non le jour de l'accident[301]. Si la loi est modifiée entre la date de l'accident et celle du jugement, c'est la nouvelle loi qui s'appliquera à la réclamation contre le Fonds[302].

---

[295] « Ce n'est pas une tâche facile que de déterminer si, dans un cas particulier, on a suffisamment agi pour transformer des droits abstraits ou éventuels en droits acquis [...] » *Re Owners Strata Plan VR 29*, précité, note 111, 534 (j. Trainor) (traduction).

[296] *Free Lanka Insurance Co. c. Ranasinghe*, [1964] A.C. 541, 552 (Lord Evershed) (traduction).

[297] *Marchand c. Duval*, précité, note 66.

[298] *Township of Nepean c. Leikin*, (1971) 16 D.L.R. (3d) 113 (Ont.C.A.). Un droit contractuel sera généralement considéré comme un droit acquis. Voir, à titre d'exemple : *Location Triathlon Inc. c. Boucher-Forget*, [1994] R.J.Q. 1666 (C.S.).

[299] *Holomis c. Dubuc*, (1975) 56 D.L.R. (3d) 351 (B.C.S.C.); *Ishida c. Itterman*, précité, note 250.

[300] *McMeekin c. Calder*, précité, note 115.

[301] *Nadeau c. Cook*, précité, note 110; *Re Mercier and Mercier c. McCammon*, [1953] 4 D.L.R. 498 (Ont.H.C.); *Provincial Secretary Treasurer c. Hastie*, [1955] 3 D.L.R. 371 (N.B.C.A.).

[302] *Cross c. Butler & Sawyer*, [1955] 2 D.L.R. 611 (N.S.S.C.); *A.G. of Canada c. Murray*, (1968) 70 D.L.R. (2d) 52 (N.S.S.C.); *Canadian Pacific Ltd. c. Public Trustee*, (1973)

La loi exige souvent, pour la constitution ou l'exercice d'un droit, que le particulier s'adresse à l'Administration. Le processus comporte trois étapes principales, soit la demande présentée par l'administré, l'instruction de la demande par l'Administration et une décision. Encore qu'il soit toujours délicat de généraliser dans ce domaine, on peut affirmer qu'en thèse générale, la modification des lois applicables ne posera problème que si elle survient pendant l'instruction de la demande. En effet, aussi longtemps que la demande n'est pas présentée, on n'a généralement affaire qu'à des expectatives qui peuvent être emportées par la modification législative. Si, au contraire, la décision de l'Administration est rendue, on considérera en général que le droit en cause est tout à fait constitué et que la loi nouvelle ne saurait l'atteindre.

Que se passe-t-il si, au moment de la modification, une demande en est au stade de l'instruction? Le simple dépôt de la demande (de permis, de licence, de brevet, d'enquête, etc.) est-il suffisant pour concrétiser la situation du requérant et pour lui conférer le droit de voir sa demande instruite à la lumière du droit qui existait au jour de son dépôt?

Il paraît admis que l'on doive distinguer selon que l'instruction a trait à la reconnaissance d'un droit ou à la constitution d'un droit. Cette distinction a été mise de l'avant dans l'affaire *Director of Public Works* c. *Ho Po Sang*[303]. Il s'agissait pour le Conseil privé de décider si des démarches entreprises par un particulier pour obtenir une ordonnance d'expulsion des occupants d'un immeuble en vue d'une opération de rénovation urbaine avaient eu pour effet de créer en sa faveur des droits acquis. La décision d'accorder ou non l'ordonnance avait un caractère « administratif » plutôt que « quasi judiciaire » : elle pouvait s'inspirer de considérations de nature politique. Le processus avait donc pour objet la création d'un droit et non simplement sa reconnaissance.

Le Conseil privé devait interpréter un texte semblable à celui du paragraphe e) de l'article 43 de la *Loi d'interprétation* fédérale, texte qui disposait que l'abrogation n'était pas censée porter atteinte à

---

32 D.L.R. (3d) 122 (Alta.S.C.), confirmé par (1974) 43 D.L.R. (3d) 318 (Alta.C.A.); *contra* : *Curran & Curran* c. *Wood*, [1954] 1 D.L.R. 462 (Ont.H.C.).

303   *Director of Public Works* c. *Ho Po Sang*, [1961] A.C. 901.

une enquête relative à un droit acquis sous l'empire de la loi abrogée.

Voici en quels termes Lord Morris fit valoir cette distinction entre le processus déclaratif de droits et le processus constitutif de droits :

« Il se peut donc qu'un texte abrogé ait conféré un droit, mais qu'une enquête ou une instance soit nécessaire pour sa mise en oeuvre. Dans ce cas, le droit n'est pas atteint, il est sauvegardé. Il sera sauvegardé même s'il reste à fixer le quantum. Mais il y a une nette distinction entre l'enquête portant sur un droit et l'enquête visant à décider s'il faut ou non accorder un droit. Si le texte est abrogé, le droit est sauvegardé par la *Loi d'interprétation* dans le premier cas, mais non dans le second. »[304]

On a cependant décidé que même si le processus est constitutif de droit, le requérant peut avoir acquis, sinon le droit à une décision favorable, du moins le droit à une quelconque décision, favorable ou non[305].

On peut s'interroger sur l'applicabilité de la décision *Ho Po Sang* en droit fédéral compte tenu de la formulation de l'article 43 c) de la *Loi d'interprétation* fédérale. Le texte, dans sa version anglaise, protège les « *rights accruing* » (les « droits naissants »). La loi fédérale protégerait non seulement, comme la loi québécoise, les « droits acquis » mais aussi les droits ou privilèges « naissants » au moment de l'abrogation. Cette particularité a été soulignée à quelques reprises par les tribunaux[306] et elle a pu justifier qu'un juge soit plus libéral dans la reconnaissance de droits acquis lorsqu'une loi fédérale est en cause. Par contre, l'arrêt de la Cour suprême dans *R.*

---

304 *Id.*, 922 (traduction).

305 *Re Falconbridge Nickel Mines Ltd.*, (1981) 121 D.L.R. (3d) 403 (Ont.C.A.), infirmant (1980) 100 D.L.R. (3d) 570 (Ont.H.C.); *Ford c. Commission nationale des libérations conditionnelles*, [1977] 1 C.F. 359. En droit québécois, un arrêt confirme qu'un processus constitutif de droit (un décret de convention collective) doit être mené à son terme avant l'abrogation de la loi qui le régit : *Saumure c. Building Materials Joint Committee*, précité, note 91.

306 *In Re Kleifges*, [1978] 1 C.F. 734, 738 (j. Walsh); *Re Owners Strata Plan VR 29*, précité, note 111, 532 (j. Trainor); *Ford c. Commission nationale des libérations conditionnelles*, précité, note 305, 364 (j. Walsh); *Re Rai*, (1980) 106 D.L.R. (3d) 718, 724 (j. Weatherston) (Ont.C.A.).

c. *Puskas* appuie la thèse selon laquelle, malgré le libellé de la *Loi d'interprétation* fédérale, un droit n'est acquis que lorsque toutes les conditions de sa naissance sont accomplies et qu'il ne résistera pas au changement de législation s'il était simplement, à ce moment, en train de naître[307].

En droit québécois, il serait également possible d'écarter l'effet de l'arrêt *Ho Po Sang* en faisant appel à l'article 12 de la *Loi d'interprétation* qui dispose que les « procédures intentées » peuvent être continuées malgré l'abrogation d'une loi : l'article 12 ne précisant pas de quel genre de procédure il s'agit, un plaideur pourrait prétendre que même les procédures visant à la création d'un droit plutôt qu'à sa reconnaissance peuvent être continuées. À ceci on pourrait opposer que le terme « intentée » s'entend d'une procédure entreprise contre quelqu'un en matière civile ou pénale, mais qu'il ne saurait faire référence à une procédure administrative visant à créer un droit, procédure qui n'est pas, à proprement parler, intentée à l'Administration.

Hormis le cas où le processus administratif tend à la création d'un droit plutôt qu'à sa reconnaissance, peut-on dire que la seule production de la demande (de permis, de licence, etc.) est suffisante pour concrétiser le droit du particulier? Il n'est pas possible de donner à cette question une réponse générale. Certaines demandes ont été considérées comme suffisantes, d'autres non; il n'est pas du tout aisé d'expliquer les distinctions faites par les tribunaux, du moins en termes logiques.

Ainsi, le dépôt de la demande a été jugé suffisant pour concrétiser la situation juridique et conférer des droits acquis dans les cas suivants : en droit de l'urbanisme, une demande de permis de démolition[308] et des démarches en vue de réunir deux appartements en

---

307   *R. c. Puskas*, [1998] 1 R.C.S. 1207, 1216 (j. Lamer) : « quelque chose ne peut être considéré comme "accruing" que si, en bout de ligne, son acquisition est certaine et non tributaire d'événements futurs. [...] En d'autres mots, un droit ne peut pas être acquis tant que les conditions préalables à son exercice n'ont pas été remplies ». Dans le même sens : *Hutchins* c. *National Parole Board*, (1994) 156 N.R. 205 (C.A.F.).

308   *Re Teperman & Sons Ltd. and City of Toronto*, (1975) 55 D.L.R. (3d) 653 (Ont.C.A.), infirmant précité, note 282.

copropriété[309] ont été jugées suffisantes pour justifier la survie de la loi ancienne. En matière de permis de construire, la Cour suprême a affiché une attitude très nuancée qui vise à établir un équilibre entre les droits du propriétaire et ceux de l'autorité municipale : la demande de permis ne confère pas un droit « acquis »[310] mais un droit *prima facie* qui ne peut être écarté par l'autorité municipale que moyennant certaines conditions[311].

En droit du travail, le renvoi d'une question à un arbitre[312] et le dépôt d'une plainte en matière de discrimination dans l'emploi[313] ont suffi pour assurer la survie de la loi ancienne. En droit de la citoyenneté[314] et de l'immigration[315], les tribunaux se sont montrés également généreux dans la reconnaissance de droits acquis. En matière de brevet d'invention, on a jugé que le droit était acquis par le dépôt de la demande de brevet[316]. Il en a été de même en matière d'approbation de nouveaux médicaments : la Cour suprême a statué que le dépôt de la demande d'avis de conformité d'un produit pharmaceutique faisait naître un droit acquis[317].

Par contre, en matière de reconnaissance du statut de réfugié, on a statué que le droit applicable était celui en vigueur au moment de

[309] *Re Owners Strata Plan VR 29*, précité, note 111.

[310] *Canadian Petrofina Ltd.* c. *Martin and the City of St-Lambert*, précité, note 286.

[311] *City of Ottawa* c. *Boyd Builders Ltd.*, [1965] R.C.S. 408. Voir, à ce sujet, les textes cités à la note 265.

[312] *Picard* c. *Commission des relations de travail dans la fonction publique*, [1978] 2 C.F. 296 (C.A.).

[313] *Bell Canada* c. *Palmer*, [1974] 1 C.F. 186 (C.A.).

[314] *In Re Kleifges*, précité, note 306.

[315] *McDoom* c. *Ministre de la Main-d'oeuvre et de l'Immigration*, précité, note 50. Voir toutefois : *Cortez* c. *Canada (Secretary of State)*, (1994) 74 F.T.R. 9 (C.F.).

[316] *Canadian Westinghouse Co.* c. *Grant*, [1927] R.C.S. 625.

[317] *Merck & Co. and Merck Frosst Canada Inc.* c. *Apotex Inc.*, [1994] 3 R.C.S. 1100, confirmant l'arrêt de la Cour d'appel fédérale publié à [1994] 1 C.F. 742.

l'étude de la demande et non au moment de la revendication de statut[318].

La Cour fédérale, à deux reprises, a jugé que le dépôt d'une demande de permis ne faisait pas acquérir un droit à l'instruction de la demande selon la loi en vigueur au moment du dépôt. Dans l'affaire *Martinoff* c. *Gossen*[319], le juge Walsh a décidé qu'une demande de permis d'armurier n'avait pas l'effet de créer, en faveur du requérant, le droit acquis à l'instruction de sa demande en conformité d'une loi depuis abrogée. Dans l'affaire *Lemyre* c. *Trudel*[320], où il s'agit également de permis en matière d'armes, le juge Marceau a refusé de reconnaître au dépôt d'une demande d'enregistrement d'une arme à autorisation restreinte l'effet de conférer au requérant le droit à l'instruction de sa demande en conformité du droit existant au moment du dépôt. Ces affaires se concilient difficilement avec les arrêts *Abell* c. *Commissioner of Royal Canadian Mounted Police* [321] et *Haines* c. *A.G. of Canada*[322] où il fut jugé, également en matière de permis de possession d'armes à feu, que le dépôt de la demande d'autorisation était constitutif de droits acquis.

Alinéa 2 :   *Cas d'application du principe du respect des droits acquis*

Le principe du respect des droits acquis a été appliqué par les tribunaux aussi bien en droit privé qu'en droit public. En droit privé, par exemple, il a été à plusieurs reprises décidé que la loi nouvelle ne pouvait atteindre l'efficacité future d'une sûreté constituée sous l'empire d'une loi antérieure[323].

---

318   *McAllister* c. *Canada (Minister of Citizenship and Immigration)*, (1996) 108 F.T.R. 1 (C.F.).

319   *Martinoff* c. *Gossen*, [1979] 1 C.F. 327.

320   *Lemyre* c. *Trudel*, précité, note 111.

321   *Abell* c. *Commissioner of Royal Canadian Mounted Police*, précité, note 264.

322   *Haines* c. *A.G. of Canada*, (1979) 32 N.S.R. (2d) 271 (N.S.C.A.).

323   *Trust and Loan Co. of Canada* c. *Picquet*, précité, note 90; *Manufacturers' Life Insurance Co.* c. *Hanson*, [1924] 2 D.L.R. 692 (Alta.C.A.); *Minister of Railways and Canals* c. *Hereford Railway Co.*, [1928] R.C. de l'É. 223; *Gilmore* c. *Le Roi*, (1932)

En matière contractuelle, on a jugé qu'une loi nouvelle ne pouvait régir les effets en cours d'un contrat de vente[324], d'un contrat d'assurance[325] ou d'un contrat de bail[326]. La Cour suprême a également jugé que les droits acquis par l'obtention d'un brevet d'invention ne devaient pas être touchés par l'abrogation de la loi en vigueur au moment de la délivrance du brevet[327].

En droit public, le domaine d'application par excellence de la théorie des droits acquis est sans contredit le droit de l'urbanisme et, plus particulièrement, celui du zonage. Un nouveau règlement de zonage doit respecter les droits des propriétaires aux usages dérogatoires validement constitués, sauf si la loi habilitante confère le pouvoir d'abroger les droits acquis[328].

---

52 B.R. 346; *Mortgage Corporation of Nova Scotia* c. *Muir*, [1937] 4 D.L.R. 231 (N.S.S.C.); *Re Director of Employment Standards and Montreal Trust Co.*, (1981) 123 D.L.R. (3d) 58 (Man.C.A.); *Orca Investments Ltd.* c. *Vaugier*, (1983) 142 D.L.R. (3d) 327 (B.C.C.A.). *Contra* : *Ross* c. *Beaudry*, [1905] A.C. 570, infirmant la décision de la Cour d'appel du Québec ((1903) 12 B.R. 334) et rétablissant la décision de la Cour supérieure ((1902) 22 C.S. 46). L'arrêt *Ross* c. *Beaudry* s'explique sans doute par le caractère particulier de la sûreté en cause, le privilège du bailleur en cas de cession du locataire : l'assiette de ce privilège reste indéterminée et ne se « cristallise » que par la saisie ou la cession. *Allard et Robitaille Ltée* c. *La Reine*, [1956] B.R. 51.

324 *Location Triathlon Inc.* c. *Boucher-Forget*, précité, note 298; *Benson* c. *International Harvester Co.*, (1914) 16 D.L.R. 350 (Alta.S.C.); *Pitcher* c. *Shoebottom*, (1971) 14 D.L.R. (3d) 522 (Ont.H.C.); *Re Cadillac Fairview Corporation and Allin*, (1980) 100 D.L.R. (3d) 344 (Ont.H.C.). Voir, cependant *Massey-Ferguson Finance Company of Canada* c. *Kluz*, [1974] R.C.S. 474 où l'on a jugé que la modification aux procédures régissant la reprise de possession d'un bien vendu s'appliquait à l'égard d'une situation contractuelle créée avant l'entrée en vigueur des dispositions modifiées. Comme le fait observer le juge Forget dans l'affaire *Location Triathlon Inc.*, précitée, note 298, à la page 1674, cet arrêt peut s'expliquer par la nature simplement procédurale des modifications apportées par la loi nouvelle aux droits du créancier.

325 *Toronto General Trusts Corp.* c. *Gooderham*, [1936] R.C.S. 149; *Wawanesa Mutual Insurance Co.* c. *Buchanan*, (1977) 74 D.L.R. (3d) 330 (Ont.Co.Ct.); *Burke* c. *North British & Mercantile Insurance Co.*, (1977) 76 D.L.R. (3d) 737 (P.E.I.S.C.).

326 *Spooner Oils Ltd.* c. *Turner Valley Gas Conservation Board*, précité, note 271; *R.* c. *Walker*, précité, note 70; *Phillips* c. *Conger Lumber Co.*, (1912) 5 D.L.R. 188 (Ont.H.C.).

327 *Kaufman* c. *Belding-Corticelli Ltd.*, [1940] R.C.S. 388.

328 Voir les textes cités à la note 265.

212 INTERPRÉTATION DES LOIS

Le principe du respect des droits acquis a également été invoqué pour affirmer le maintien, malgré des lois ou règlements nouveaux, des droits d'un hôpital d'être payé pour les services rendus[329], des droits d'un pilote objet d'une reclassification[330], des droits d'un prisonnier à l'examen périodique de son dossier en vue d'une libération conditionnelle[331], des droits d'un chômeur aux prestations d'assurance-chômage malgré l'abaissement de la limite d'âge[332] ou des droits du titulaire de droits réels immobiliers[333].

Alinéa 3 : *Cas d'exclusion du principe du respect des droits acquis*

Comme tout principe d'interprétation des lois, le principe du respect des droits acquis ne constitue qu'une présomption de l'intention du législateur : il peut en conséquence être écarté soit expressément, soit tacitement[334]. Les lois d'interprétation, d'ailleurs, consacrent le pouvoir du législateur de retirer les avantages qui auraient pu être accordés par une loi ancienne[335].

Il a été signalé plus haut que le principe du respect des droits acquis semble s'imposer d'une manière moins impérieuse que le principe de la non-rétroactivité de la loi : il aurait moins de poids, moins d'autorité ou d'intensité que ce dernier et pourrait donc être écarté

---

329 *Parklane Private Hospital Ltd.* c. *City of Vancouver*, [1975] 2 R.C.S. 47.

330 *Jones et Maheux* c. *Gamache*, précité, note 273.

331 *Ford* c. *Commission nationale des libérations conditionnelles*, précité, note 305.

332 *Commission de l'emploi et de l'immigration du Canada* c. *Dallialian*, précité, note 266. La portée des droits acquis du bénéficiaire de l'assurance-chômage est toutefois limitée : *Côté* c. *Canada Employment and Immigration Commission*, (1986) 69 N.R. 126 (C.A.F.); *Bourdeau* c. *Canada*, (1988) 86 N.R. 394 (C.A.F.); *A.G. of Canada* c. *Kowalchuk*, (1990) 114 N.R. 275 (C.F.).

333 *Abell* c. *County of York*, précité, note 273; *Re Alfrey Investments Ltd. and Shefsky Developments Ltd.*, (1975) 52 D.L.R. (3d) 641 (Ont.H.C.).

334 *Board of Trustees of the Acme Village School District* c. *Steele-Smith*, précité, note 66, 51 (j. Lamont).

335 Loi québécoise, précitée, note 6, art. 11; loi canadienne, précitée, note 7, art. 42(1). Pour une application de ce principe : *Re Apple Meadows Ltd. and Government of Manitoba*, précité, note 159.

plus facilement. Cela s'explique bien si l'on se souvient que l'effet de la loi dans le passé est tout à fait exceptionnel, alors que l'effet immédiat dans le présent est normal : « il est évident que la plupart des lois modifient des droits existants ou y portent atteinte d'une façon ou d'une autre [...] »[336].

C'est le professeur Driedger qui a mis en évidence cette différence d'autorité entre les deux principes[337] et sa thèse a été reprise par la jurisprudence, notamment dans l'affaire *Board of Commissioners of Public Utilities* c. *Nova Scotia Power Corp.*[338].

Quand peut-on dire qu'une loi porte atteinte aux droits acquis? L'intention du législateur de porter atteinte aux droits acquis peut être expresse ou tacite.

i)   *Exclusion expresse du principe*

Si le législateur peut faire des lois rétroactives, il peut, *a fortiori*, édicter des lois qui portent atteinte à des droits acquis : la présomption de respect des droits acquis « s'applique seulement lorsque la loi est d'une quelconque façon ambiguë et logiquement susceptible de deux interprétations »[339]. Dans l'état actuel du droit positif canadien, il ne semble pas se trouver de règle de nature constitutionnelle ou quasi constitutionnelle susceptible de restreindre le pouvoir du législateur de déterminer si, et dans quelle mesure, une loi nouvelle aura ou non un effet immédiat[340].

---

336   *Gustavson Drilling (1964) Ltd.* c. *Ministre du Revenu national*, précité, note 67, 282 (j. Dickson).

337   Elmer A. DRIEDGER, *Construction of Statutes*, 2e éd., Toronto, Butterworths, 1983, p. 189.

338   *Board of Commissioners of Public Utilities* c. *Nova Scotia Power Corp.*, précité, note 70.

339   *Gustavson Drilling (1964) Ltd.* c. *Ministre du Revenu national*, précité, note 67, 282 (j. Dickson).

340   Au sujet des exigences du principe d'égalité devant la loi en rapport avec des dispositions transitoires visant à délimiter et à préserver des droits acquis : *R.* c. *Beauregard*, [1986] 2 R.C.S. 56.

Ce qui est pour le législateur une simple présomption se présente toutefois, pour l'Administration, comme une restriction à sa compétence : elle ne peut donner à ses règlements l'effet d'abroger les droits acquis, à moins que la loi habilitante ne lui confère ce pouvoir explicitement ou implicitement[341].

Les tribunaux ne se montrent pas particulièrement exigeants quant à la formulation de l'intention d'atteindre les droits acquis. À de nombreuses reprises, ils se sont contentés de constater que la formule de la loi paraissait viser indistinctement toutes les situations juridiques, qu'elles aient été constituées avant ou après l'entrée en vigueur de la loi. La méthode d'interprétation littérale conduit en effet à attribuer au législateur l'intention de porter atteinte aux droits acquis dès lors que la loi elle-même ne distingue pas entre les situations juridiques selon qu'elles ont été constituées avant ou après la loi nouvelle : le législateur n'ayant pas fait de distinction, le juge ne s'estime pas autorisé à en faire.

Ce genre de raisonnement a été tenu en vue de justifier l'application d'une loi nouvelle sans faire de distinction entre les contrats conclus avant ou après la loi[342], entre les créances nées avant ou après celle-ci[343] ou entre les enfants nés avant ou après l'entrée en vigueur de la loi nouvelle[344].

Dans l'arrêt *Venne* c. *Québec (Commission de protection du territoire agricole)*[345], la Cour a conclu à l'applicabilité immédiate de la loi grâce à un raisonnement *a contrario* fondé sur les dispositions de celle-ci qui prévoyaient expressément le respect de certains droits acquis.

---

341 *Parklane Private Hospital Ltd.* c. *City of Vancouver*, précité, note 329. On verra un exemple d'autorisation expresse dans *Magog (ville de)* c. *Restaurants McDonald's du Canada Ltée*, précité, note 66.

342 *Board of Trustees of the Acme Village School District* c. *Steele-Smith*, précité, note 66, 47; *Chapin* c. *Matthews*, précité, note 114; *Re A.G. for Alberta and Gares*, (1976) 67 D.L.R. (3d) 635 (Alta.S.C.).

343 *Allard et Robitaille Ltée* c. *La Reine*, [1956] B.R. 51.

344 *Karst* c. *Berlinski*, [1930] 4 D.L.R. 884 (Sask.C.A.).

345 *Venne* c. *Québec (Commission de protection du territoire agricole)*, précité, note 69.

ii) Exclusion tacite du principe

La loi peut porter atteinte aux droits acquis, ou autoriser l'Administration à le faire, si l'intention du législateur à cette fin se manifeste, même tacitement.

L'arrêt à n'en pas douter le plus significatif sur ce sujet est celui rendu par la Cour suprême dans l'affaire *Board of Trustees of the Acme Village School District* c. *Steele-Smith*[346].

Un contrat de travail liant un professeur et une commission scolaire stipulait que chaque partie pouvait y mettre fin à n'importe quel moment moyennant un avis de 30 jours. Le contrat stipulait également qu'avant de donner au professeur avis de révocation de son contrat, la commission scolaire devait lui donner l'occasion d'être entendu. Le 28 juin 1931, le contrat entre la commission scolaire et le professeur Steele-Smith était renouvelé pour un an. Le 4 juillet suivant, le professeur fut avisé que la commission scolaire entendait mettre fin à son contrat. Le 14 juillet, il fut entendu par la commission et le 18 du même mois, il lui fut donné avis de son congédiement.

Or, 1er juillet 1931 (soit après le renouvellement du contrat mais avant l'avis de congédiement), une loi, sanctionnée le 28 mars 1931, entrait en vigueur. Cette loi limitait le droit des parties de mettre fin au contrat. L'article 157 du *School Act, 1931* (S.A. 1931, c. 32) disposait que, sauf au mois de juin, une commission scolaire ne pouvait donner un avis de congédiement sans l'autorisation de l'inspecteur d'écoles. Le professeur, quant à lui, devait également obtenir cette autorisation pour donner avis de sa démission sauf pour l'avis donné pendant les mois de juin et de juillet.

L'objectif de cette nouvelle disposition paraissait être de limiter les mouvements de personnel pendant l'année scolaire et de promouvoir ainsi un enseignement de meilleure qualité.

---

[346] *Board of Trustees of the Acme Village School District* c. *Steele-Smith*, précité, note 66.

Cette nouvelle exigence en matière de congédiement pouvait-elle toutefois s'appliquer à des relations contractuelles instituées avant l'entrée en vigueur de la loi l'imposant? La commission scolaire n'avait-elle pas acquis le droit de congédier son professeur sur simple avis de fin d'emploi?

La majorité de la Cour suprême estima que, si droits acquis il y avait[347], ils étaient mis de côté en raison de la manifestation de l'intention du législateur à ce sujet. Les arguments pour justifier cette conclusion furent nombreux et divers. On invoqua le fait que la loi n'opérait aucune distinction entre les contrats selon qu'ils seraient antérieurs ou postérieurs à son entrée en vigueur : c'est l'argument de texte dont il a été fait mention plus haut.

D'autres arguments non liés au texte ont été invoqués : 1) s'agissant d'une loi réformatrice, il y avait lieu de présumer que le législateur voulait remédier immédiatement aux problèmes posés par des démissions ou des congédiements intempestifs[348]. 2) Le *School Act* avait le caractère d'une loi visant à assurer un régime uniforme dans tous les établissements scolaires : admettre la diversité provoquée par la survie de la loi ancienne aurait été non seulement contraire à l'objet de la loi[349], mais susceptible de conduire à des difficultés importantes dans son application, difficultés que le législateur n'a pas pu vouloir tolérer[350]. 3) Puisqu'il s'était écoulé un long délai entre l'adoption de la loi (le 28 mars 1931) et son entrée en vigueur (le 1er juillet 1931), la commission scolaire ne subissait pas de préjudice indû du fait de l'application immédiate de la loi : il lui aurait suffi de donner son avis avant le 1er juillet : *volenti non fit injuria*[351].

Cet arrêt illustre parfaitement le caractère extrêmement pragmatique de la démarche judiciaire en matière d'effet de la loi dans le

---

347   *Id.*, 60. Le juge Cannon estima que la commission scolaire n'avait que de simples expectatives (*mere potential rights*).

348   *Id.*, 52 (j. Lamont), 59 (j. Crocket).

349   *Id.*, 57 (j. Crocket).

350   *Id.*, 59 (j. Crocket).

351   *Id.*, 60 (j. Crocket).

temps : présumant que le législateur souhaite ce qui est « juste et raisonnable », le juge s'applique à découvrir la solution qui, dans les circonstances, paraît la moins onéreuse, celle qui réalise le meilleur compromis possible entre l'intérêt individuel qui appelle la survie de la loi ancienne et l'intérêt social qui justifie l'application immédiate de la loi nouvelle.

Les arguments mis de l'avant dans cet arrêt en faveur de l'effet immédiat sont assez courants. L'argument fondé sur le caractère réformateur de la loi est facile à comprendre : affirmer le respect des droits acquis, c'est retarder l'application d'une loi nouvelle censée avoir pour objet de remédier à des abus; c'est donc permettre que ce qui est maintenant considéré comme un mal persiste néanmoins[352]. Qu'il soit cependant permis de signaler que le caractère réformateur de la loi ne saurait être admis comme argument déterminant de l'effet immédiat d'une loi sans remettre en cause l'existence même du principe du respect des droits acquis. Ce principe repose en effet sur l'idée que, dans certaines circonstances, on produit un plus grand mal en appliquant tout de suite une loi, même réformatrice, qu'en suspendant son effet à certains égards. Il ne faut pas négliger non plus que l'avantage créé en faveur d'une personne peut se traduire par un préjudice nouveau causé à une autre[353].

L'argument tiré de la diversité introduite par le respect de droits acquis paraît plus sérieux. Admettre des droits acquis, c'est permettre la survie de la loi ancienne et donc souffrir que la même situation juridique soit diversement traitée selon qu'elle a pris naissance avant ou après la loi nouvelle. Cette diversité peut ne présenter que des inconvénients mineurs. Dans d'autres cas, cette diversité peut produire des inconvénients si graves que l'on puisse présumer que le législateur n'entendait pas la tolérer. D'ailleurs, le juge pourra déduire la volonté d'uniformiser les situations juridiques en étudiant l'objet même de la loi.

---

352   Voir *Chapin* c. *Matthews*, précité, note 114; *Re A.G. for Alberta and Gares*, précité, note 342; *Bank of Nova Scotia* c. *Desjarlais*, (1983) 143 D.L.R. (3d) 560 (Man.C.A.); *National Trust Co.* c. *Larsen*, (1989) 61 D.L.R. (4th) 270 (Sask.C.A.).

353   *Ishida* c. *Itterman*, précité, note 250, 146 (j. Fulton).

Ainsi, dans l'arrêt *Corporation de l'Hôpital Bellechasse* c. *Pilotte*[354], la Cour suprême a insisté sur le fait que la *Loi des hôpitaux du Québec* (S.R.Q. 1964, c. 164) avait pour objet d'uniformiser, de standardiser les modes d'administration des établissements hospitaliers du Québec : on pouvait en déduire l'intention du législateur d'autoriser l'Administration à passer des règlements qui soient applicables même à l'encontre de contrats en cours d'effet au moment de leur entrée en vigueur[355].

L'argument tiré du délai écoulé entre l'adoption de la loi et son entrée en vigueur est beaucoup plus contesté. Le sens de cet argument est le suivant : lorsque la loi prévoit qu'elle entrera en vigueur un jour postérieur à celui de sa sanction, on peut inférer une volonté du législateur de lui donner un effet immédiat. Le délai aura permis au sujet de droit de prendre, dans l'intervalle, les mesures nécessaires à la protection de ses intérêts et de minimiser sinon d'écarter totalement les effets préjudiciables à son endroit de l'entrée en vigueur de la loi. Cette présomption, parfois appliquée[356], a été le plus souvent rejetée par les tribunaux : son autorité est en effet très contestée[357].

En terminant cette étude des circonstances qui permettent d'inférer une volonté du législateur de donner à la loi l'effet de porter atteinte aux droits acquis, il convient de signaler le principe selon lequel il n'y aurait pas de droits acquis à maintenir des activités qui présentent le caractère de « nuisances ». Appliqué en matière d'hygiène publique[358] ou de protection de l'environnement[359], ce

---

354   *Corporation de l'Hôpital Bellechasse* c. *Pilotte*, précité, note 129.

355   Voir également : *Board of Commissioners of Public Utilities* c. *Nova Scotia Power Corp.*, précité, note 66, 83 (j. MacKeigan) et *Northern and Central Gas Corp.* c. *Office national de l'énergie et Trans-Canada Pipe Lines Ltd.*, précité, note 66.

356   Outre l'arrêt *Board of Trustees of the Acme Village School District* c. *Steele-Smith*, précité, note 66; *R.* c. *Leeds & Bradford Railway Co.*, (1852) 18 Q.B. 343, 118 E.R. 129; *Doucette* c. *Côté*, (1961) 30 D.L.R. (2d) 481 (Sask.Q.B.).

357   *R.* c. *Ali*, précité, note 112; *Sidback* c. *Field*, (1907) 6 W.L.R. 309 (Y.T.C.A.); *Thompson* c. *Zilkie*, [1951] 1 D.L.R. 31 (Sask.C.A.).

358   *Richstone Bakeries Inc.* c. *Carroll*, [1964] R.P. 363 (C.S.).

359   *Paroisse de St-Hippolyte* c. *Richer*, [1973] C.S. 1090; *P.G. du Québec* c. *Industrial Granules Ltd.*, [1974] C.S. 439; *P.G. du Québec* c. *Leduc*, [1980] C.P. 278.

principe paraît tout à fait justifié : on peut en effet présumer que les lois qui concernent la santé ou la sécurité publiques présentent, dans leur application, un certain caractère d'urgence et ne peuvent souffrir le retard qu'implique la survie de la loi ancienne.

Sous-paragraphe 3 : Autres situations en cours

Bien que la survie de la loi ancienne se fonde le plus souvent sur le respect des droits acquis, elle peut avoir d'autres justifications. Ainsi, le législateur a toujours le pouvoir, lorsqu'il adopte un texte législatif nouveau, de prévoir expressément la survie de la loi antérieure même dans des situations en cours qui ne seraient pas considérées par les tribunaux comme constitutives de droits acquis. Par exemple, les articles 101 à 105 de la *Loi sur la protection du territoire agricole*[360] définissent des droits acquis plus larges que ceux que reconnaîtrait la seule jurisprudence.

Le recours à la notion de droit acquis ne constitue d'ailleurs qu'une façon parmi d'autres de définir les situations en cours. C'est une doctrine que l'on hésitera à appliquer dans des contextes, tel celui du droit pénal, qui se prêtent mal à une analyse en termes de droits subjectifs. Et pourtant, il se trouve, en droit pénal, comme dans d'autres domaines, des situations en cours qu'il importe d'identifier aux fins de décider de l'application de la loi dans le temps.

Imaginons qu'un règlement municipal fasse interdiction de stationner un véhicule routier dans les rues de la ville pour une période excédant 72 heures consécutives. Ce règlement s'appliquerait-il dans l'hypothèse où un véhicule a été stationné 24 heures avant l'entrée en vigueur du règlement et l'est resté pendant 48 heures après? Le véhicule a été stationné 72 heures, mais une partie de cette période s'est déroulée avant l'entrée en vigueur et une partie après. Nous avons là une situation en cours qu'il serait malaisé d'analyser en faisant appel à la notion de droit acquis.

---

360 *Loi sur la protection du territoire agricole*, précitée, note 270.

La théorie mise de l'avant par Jacques Héron[361] permet, elle, d'appréhender ce type de cas et, s'il est illusoire de penser qu'elle puisse, à court terme, remplacer chez nous la doctrine des droits acquis, elle peut certes la compléter pour rendre compte de ces situations en cours réfractaires à une analyse en termes de droits subjectifs.

Le cas qui vient d'être décrit correspond, dans le système de Héron, à l'hypothèse de la « dispersion des faits » : les faits qui entraînent l'application du règlement ne se sont produits ni avant, ni après l'entrée en vigueur de celui-ci. Ce sont des faits « pendants », dispersés de part et d'autre de l'entrée en vigueur. Au moment où entre en vigueur une loi, il se peut également que des faits entièrement accomplis soient en train de produire leur effet. Si la loi nouvelle est appliquée à l'égard de ces effets en cours de façon à les modifier pour l'avenir, on a affaire à un effet rétrospectif qui, le plus souvent, sera analysé par référence à la notion de droit acquis. Il est cependant possible que la situation ne permette pas d'analyser le problème dans le cadre théorique des droits acquis.

Dans les cas de ce type, le principe de la non-rétroactivité de la loi ne peut servir de guide à l'interprète, car il n'y a pas de rétroactivité à appliquer un texte à l'égard de faits pendants ou à l'égard d'effets en cours[362]. On doit plutôt choisir alors entre l'application immédiate (c'est-à-dire application générale ou application rétrospective selon que sont en cours les faits ou les conséquences juridiques) de la règle nouvelle ou sa non-application dans ces circonstances.

On trouve ainsi, dans la jurisprudence, divers problèmes d'application d'une loi nouvelle à l'égard de faits survenus pour partie avant et pour partie après l'entrée en vigueur, sans que l'on puisse traiter la question en recourant à la notion de droits acquis. Il n'est pas étonnant que ces cas se retrouvent en matière pénale ou quasi pénale. On a, par exemple, beaucoup hésité dans l'hypothèse où une loi nouvelle avait aggravé une peine en cas de récidive : cette nouvelle règle pouvait-elle s'appliquer lorsque la première infraction était antérieure à sa promulgation? Dans ce cas, on a opté pour

---

361   J. HÉRON, op. cit., note 62.

362   Voir supra, pp. 167 et 172.

l'applicabilité immédiate ou générale de la nouvelle règle[363]. Elle devait s'appliquer même dans l'hypothèse où les deux infractions étaient dispersées de part et d'autre du moment de l'entrée en vigueur.

Dans l'application de la *Charte canadienne des droits et libertés*, les tribunaux ont été confrontés à plusieurs cas de dispersion des faits et c'est, là aussi, la thèse de l'application immédiate ou générale de la Charte qui a triomphé. Dans *Dubois* c. *La Reine*[364], on a jugé que l'article 13 de la Charte, qui protège un accusé contre l'utilisation incriminante d'un témoignage antérieur, s'appliquait malgré le fait que le témoignage antérieur de l'accusé Dubois ait été rendu avant l'entrée en vigueur de la Charte. Dans *Mills* c. *La Reine*[365], la Cour devait décider de l'applicabilité du paragraphe 11b) de la Charte qui consacre le droit de l'inculpé d'être jugé dans un délai raisonnable. Le juge Lamer a estimé que l'on pouvait appliquer cette disposition en tenant compte d'un délai d'attente de jugement ayant couru pour partie avant et pour partie après l'entrée en vigueur de la Charte.

Dans *R.* c. *Gamble*[366], la Cour a appliqué la Charte de façon à annuler, pour l'avenir seulement, l'effet d'une peine d'emprisonnement prononcée avant son entrée en vigueur. Ce faisant, elle modifiait, pour le futur, l'effet du prononcé de la sentence : il s'agissait donc d'un effet rétrospectif.

Dans ces divers cas, il eût été difficile sinon impossible de faire appel à la notion de droit acquis pour analyser la question soulevée. Il est, par exemple, malaisé d'invoquer le droit acquis du récidiviste à ce qu'on ne tienne pas compte de sa première infraction, tout comme il peut paraître incongru de reconnaître au poursuivant le droit acquis d'utiliser un témoignage incriminant ou d'exiger qu'un prisonnier purge entièrement sa peine.

---

363   *R.* c. *Johnston*, précité, note 53.

364   *Dubois* c. *La Reine*, précité, note 169.

365   *Mills* c. *La Reine*, précité, note 169.

366   *R.* c. *Gamble*, précité, note 158.

On ne s'étonnera pas que l'on ait fait une application immédiate de la Charte : cela est conforme à la politique judiciaire d'application large d'un texte favorable à l'accusé. Pour ce qui est de la récidive, l'application générale ou immédiate qu'on a fait de la loi nouvelle se justifie aussi rationnellement : la récidive est un attribut de la seconde infraction, qui a été commise entièrement après l'entrée en vigueur de la loi nouvelle, à un moment où l'accusé était théoriquement à même de prévoir les conséquences de ses actes.

Par contre, on devrait, à mon avis, faire une application restreinte d'une loi nouvelle qui créerait une infraction à durée déterminée, comme l'interdiction de stationnement prolongé évoquée plus haut. Le principe d'interprétation restrictive des lois d'incrimination exigerait alors que l'on considère qu'il n'y a pas d'infraction à moins que le fait délictueux ne se soit produit entièrement sous la loi nouvelle.

Sous-paragraphe 4 : Les lois à effet purement procédural[367]

Les lois qui régissent uniquement la façon d'exercer un droit, sans toucher au fond même de ce droit, sont d'application immédiate. Nul ne peut se prévaloir de droit acquis au maintien de règles de simple procédure :

> « il n'existe pas de droits acquis en procédure, pour autant que la mise en oeuvre de la nouvelle procédure soit, en pratique, possible.»[368]

On cite souvent à ce sujet l'extrait suivant :

> « il est de jurisprudence constante que, dès le moment où le législateur a établi une procédure nouvelle, il faut la respecter, et non suivre telle ou telle autre procédure; en ce cas, il est clair que les poursuites relatives aux opérations passées sont soumises à la procédure nouvelle. Les modifications de la procédure sont toujours rétroactives, à moins de quelque bonne raison qui justifie la solution contraire. »[369]

---

367   Pour une étude plus poussée de cette question, on verra mon texte « L'application dans le temps des lois de pure procédure », *loc. cit.*, note 62.

368   *Wildman* c. *La Reine*, [1984] 2 R.C.S. 311, 331 (j. Lamer).

369   *Gardner* c. *Lucas*, (1878) 3 A.C. 582, 603 (Lord Blackburn) (traduction).

Ce principe a aussi été exprimé fréquemment par notre Cour d'appel :

> « Personne ne conteste la règle générale que les lois n'ont pas d'effet rétroactif de manière à affecter les droits acquis, à moins que le législateur n'ait exprimé, avec clarté, une intention contraire. Font exception à cette règle les lois de pure procédure [...]. »[370]

> « les lois de procédure agissent dans le temps, c'est-à-dire qu'elles ont leur effet immédiatement et [...] nul ne peut prétendre à des droits acquis à une procédure antérieure ou à des dispositions qui existaient au moment de la naissance même du litige [...]. »[371]

Les lois d'interprétation reprennent cette règle pour le cas particulier du remplacement d'une loi par une autre : les dispositions procédurales de la loi nouvelle sont déclarées applicables à l'exercice des droits acquis ou à la poursuite des infractions commises sous l'empire de la loi ancienne, dans la mesure où cela peut en pratique se faire[372].

C'est dans le domaine de la procédure judiciaire que le principe a trouvé à s'appliquer le plus fréquemment en jurisprudence. Cela ne doit toutefois pas signifier que sa portée ne s'étend pas au-delà. Il n'y a pas de raison, notamment, d'en exclure l'application lorsqu'il s'agit d'une modification à la procédure dans le domaine administratif[373]. En matière administrative, toutefois, le processus est, plus souvent qu'en matière judiciaire, constitutif de droit plutôt que simplement déclaratif, si bien que l'abrogation de la loi qui prévoit une procédure administrative impliquera souvent l'interruption définitive de la procédure : il n'y a pas de « droit acquis » à la mise en

---

370 Goodyear Employees Union Ltd. c. Keable, précité, note 102 (j. en chef Tremblay). On notera que la loi qui porte atteinte aux droits acquis est qualifiée de rétroactive. Les lois de pure procédure seraient donc rétroactives plutôt que d'effet simplement immédiat. Sur cette question, voir infra, p. 224 et suiv.

371 McLaughlin c. Mills, [1945] B.R. 276, 279 (j. Bissonnette).

372 Loi québécoise, précitée, note 6, art. 13; loi canadienne, précitée, note 7, art. 44 par. c) et d). En n'imposant le respect de la loi procédurale nouvelle que dans la mesure où faire se peut, les lois d'interprétation dérogeraient à la common law : R. c. Ali, précité, note 112, 240 (j. Pratte).

373 Voir par exemple : Marcoux c. L'Heureux, (1922) 63 R.C.S. 263 et Pilote c. Roy, [1976] C.S. 831.

oeuvre duquel la procédure prévue dans la nouvelle loi pourrait s'appliquer[374].

On justifie généralement le principe de l'effet immédiat des lois de pure procédure en insistant sur le fait que c'est la volonté d'éviter un préjudice à l'individu qui justifie le principe du respect des droits acquis. Or, dira-t-on, le justiciable ne subit de préjudice que si la loi nouvelle s'attaque au fond de son droit. Si, au contraire, seule la manière d'exercer le droit est atteinte, il n'y a pas de préjudice et on peut présumer que le législateur a voulu donner à la loi un effet immédiat :

> « L'application de la loi de procédure nouvelle ne risque pas de compromettre les intérêts des plaideurs, puisqu'elle ne touche qu'aux moyens mis à leur disposition pour faire reconnaître leurs droits, et non à leurs droits eux-mêmes. »[375]

Ce principe, dont les applications jurisprudentielles sont très nombreuses, soulève deux questions fondamentales quant à sa portée. Ces deux questions, d'inégale importance, sont les suivantes : 1) l'effet des lois de procédure est-il rétroactif ou simplement immédiat? 2) quand une loi peut-elle être considérée comme ne traitant que de procédure?

Alinéa 1 :   Effet rétroactif ou immédiat?

En jurisprudence, il est fréquent de trouver l'affirmation que les lois de procédure sont rétroactives[376]. Souvent, on entend par là que ces lois s'appliquent même à l'égard des instances pendantes au moment de leur entrée en vigueur.

---

374 *Saumure c. Building Materials Joint Committee*, précité, note 91. Sur l'effet des lois nouvelles à l'égard d'une procédure constitutive de droit, voir *supra*, p. 206 et suiv.

375 Henri, Léon et Jean MAZEAUD, *Leçons de droit civil*, 4ᵉ éd., t. I, Paris, Montchrestien, 1967, n° 179, p. 152, cité dans *Pilote c. Roy*, C.A. Montréal, n° 500-09-000724-766, 12 octobre 1976, j. Mayrand, p. 8.

376 *R. c. Ali*, précité, note 112, 235 (j. Pratte); *Angus c. Sun Alliance Compagnie d'assurance*, précité, note 201, 262 (j. La Forest).

Cette terminologie est bien discutable, car l'application immédiate des lois de procédure n'implique en soi aucun effet rétroactif. La règle est simplement qu'il n'y a pas de droit acquis en matière procédurale. Il n'y a donc pas de survie de la loi ancienne et la loi nouvelle, intervenant même en cours d'instance, s'appliquera dès son entrée en vigueur de manière à régir uniquement le déroulement futur de celle-ci.

Deux causes paraissent expliquer la confusion terminologique signalée. Premièrement, la common law n'a pas de vocable pour désigner les lois qui, n'ayant d'effet que pour l'avenir, atteignent cependant des droits acquis : ces lois sont traditionnellement appelées « rétroactives » bien qu'elles n'agissent pas dans le passé. L'autre cause, propre aux lois de procédure, provient du fait que celles-ci sont d'application immédiate même à l'égard d'instances en cours. Or, cela n'implique pas nécessairement un effet rétroactif.

En principe, les lois nouvelles touchant le fond ne s'appliquent pas aux instances en cours[377], y compris celles qui sont en appel[378]. Le processus judiciaire étant généralement déclaratif de droit, le juge déclare les droits des parties tels qu'ils existaient le jour où la cause d'action a pris naissance : le jour du délit, le jour de la formation du contrat, le jour de la perpétration de l'acte criminel, et ainsi de suite. Par contre, une loi de fond nouvelle est applicable à une instance en cours lorsqu'elle modifie de façon rétroactive le droit qui existait le jour du délit, du contrat, de l'acte criminel, et ainsi de suite. Une instance en cours pourra donc être régie par une loi nouvelle rétroactive[379], ceci valant même pour la loi rétroactive adoptée pendant que l'instance est pendante en appel[380].

---

[377] Le principe a été clairement formulé dans l'arrêt *Williams* c. *Irvine*, précité, note 93, 110 (j. Fournier).

[378] *General Motors of Canada Ltd.* c. *Commission scolaire régionale des Deux-Montagnes*, [1976] C.A. 352; *Bubla* c. *Canada (Solicitor General)*, (1995) 179 N.R. 375 (C.A.F.). Pour un cas d'exception, on verra : *T.G. Bright & Co.* c. *Institut National des appellations d'origine des vins et eaux-de-vie*, [1981] C.A. 557.

[379] *A.G. of Nova Scotia* c. *Davis*, [1937] 3 D.L.R. 673 (N.S.S.C.); *Gruen Watch Co. of Canada* c. *A.G. of Canada*, [1950] 4 D.L.R. 156 (Ont.H.C.); *Quinn* c. *Rural Municipality of Prairiedale No 321*, (1958-59) 15 D.L.R. (2d) 399 (Sask.C.A.). Il y a controverse sur la question de savoir si la rétroactivité suffit à rendre une loi nouvelle applicable aux affaires pendantes : *R.* c. *General Commissioners of*

Les lois de procédure s'appliquant aussi aux instances en cours, on a appelé ce phénomène « rétroactivité » par analogie avec l'effet des lois concernant le fond. Or, les lois de procédure ne régissent pas le droit dont le juge déclare l'existence : elles concernent les procédés qui servent à faire valoir le droit, elles traitent du déroulement du procès. Il est donc normal qu'une loi touchant le déroulement du procès s'applique aux procès en cours pour ce qui concerne leur déroulement futur. Il n'y a pas là de rétroactivité, simplement un effet immédiat.

Des exemples illustreront l'importance pratique de la distinction sur laquelle j'insiste. La victime d'un délit n'a pas de droit acquis aux règles qui concernent la signification de l'action : si celles-ci viennent à changer avant l'introduction de l'action, la signification sera régie par la loi nouvelle, même si celle-ci est moins favorable que celle qui était en vigueur au moment du délit. Imaginons maintenant qu'une signification ait été faite sans respecter une condition essentielle à sa validité. Quelque temps plus tard, pendant le procès, cette condition est supprimée par une loi nouvelle. Cette modification aura-t-elle l'effet de valider la signification irrégulièrement faite? Non, car ce serait, en revenant sur un fait accompli, donner à la loi nouvelle un effet véritablement rétroactif, alors qu'elle n'a qu'un effet immédiat[381].

Les lois de procédure n'ont donc pas d'effet rétroactif; elles n'ont qu'un effet immédiat :

Income Tax for Southampton, [1916] 2 K.B. 249; Minchau c. Busse, [1940] 2 D.L.R. 282 (C.S.C.).

[380]   Western Minerals Ltd. c. Gaumont, [1953] 1 R.C.S. 345; Cusson c. Robidoux, [1977] 1 R.C.S. 650; Syndicat canadien des employés professionnels et techniques c. La Reine, [1979] 1 C.F. 553 (C.A.); Chambre des notaires du Québec c. Haltrecht, précité, note 229; Wightman c. Christensen, [1994] R.J.Q. 949 (C.A.); P.G. du Québec c. Fédération des producteurs d'oeufs de consommation du Québec, [1982] C.A. 313; Re Imperial Oil Ltd. and Board of Commissionners of Public Utilities, (1975) 52 D.L.R. (3d) 594. Voir cependant : Hornby Island Trust Committe c. Stormwell, (1989) 53 D.L.R. (4th) 435 (B.C.C.A.).

[381]   « [J]e n'ai trouvé aucune décision où, en l'absence d'un texte très explicite, l'on ait jugé qu'une procédure, irrégulière avant l'adoption d'une loi, aurait été confirmée rétroactivement [...]. » McLean c. Leth, [1950] 2 D.L.R. 238, 244 (j. Robertson) (B.C.C.A.) (traduction). Voir aussi Kearly c. Wiley, [1931] 2 D.L.R. 433, 436 et 437 (j. Rose) (Ont.S.C.), confirmé par [1931] 3 D.L.R. 68 (Ont.C.A.).

> « Ces règles de procédure s'appliquent dès qu'elles entrent en vigueur et régissent les situations en cours, les affaires déjà commencées. Il n'y a véritablement pas application rétroactive, mais plutôt application immédiate aux affaires en cours. »[382]

Mais, qu'est-ce qu'une loi de procédure au sens de ce principe?

Alinéa 2 :   Qu'est-ce qu'une loi de procédure?

Lorsqu'il est question de l'application des lois dans le temps, le terme « procédure » est employé dans un sens tout à fait particulier : pour savoir si une disposition est d'application immédiate, « il faut décider non seulement si le texte touche la procédure, mais aussi s'il ne touche que la procédure, sans toucher le fond du droit des parties »[383].

Il ne suffit pas que la loi soit une loi de procédure : elle doit, pour s'appliquer immédiatement, avoir, dans les circonstances concrètes où elle doit s'appliquer, un effet sur la « procédure seulement » (« *procedure only* »), elle ne doit être que de « simple procédure » (« *mere procedure* ») ou de « pure procédure ». Il est en effet des cas où un changement dans la procédure peut compromettre l'exercice d'un droit :

> « Les règles de procédure ne sont pas toujours de pures règles de forme, sans conséquence sur le fond ou la substance du droit. [L]a procédure, dans certains cas, s'associe si profondément au droit lui-même, l'affecte si radicalement, que la survie de la procédure existante devient une condition essentielle du droit lui-même. »[384]

---

382 *Pilote* c. *Roy*, précité, note 375 (j. Mayrand). Dans le même sens, *Pilote* c. *Roy*, précité, note 373, 832 (j. Hugessen) : « En matière de procédure, la Loi est claire que les nouvelles dispositions, même si elles n'ont aucun effet rétroactif, règlent, dès leur entrée en vigueur, les affaires pendantes ».

383 *DeRoussy* c. *Nesbitt*, (1920) 53 D.L.R. 514, 516 (j. Harvey)(traduction). Cet extrait a été cité avec approbation dans *Angus* c. *Sun Alliance Compagnie d'assurance*, précité, note 201, 265 (j. La Forest).

384 *Boisclair* c. *Guilde des employés de la Cie Toastess Inc.*, précité, note 264, 813 (j. LeBel).

Au Canada, l'arrêt de principe sur cette question est, sans conteste, celui rendu par la Cour suprême dans *Upper Canada College c. Smith*[385]. Smith avait procédé à la vente d'un immeuble à titre de mandataire du Upper Canada College. Son mandat n'était que verbal. Il poursuivit son mandant pour obtenir le paiement de la commission convenue mais se vit opposer une disposition du *Statute of Frauds* de l'Ontario qui exigeait, à peine de déchéance du droit d'action, que les contrats de courtage immobilier soient écrits.

Cette disposition était entrée en vigueur le 1er janvier 1917, soit quatre ans après le contrat de mandat allégué. Comme la disposition avait pour seul effet de supprimer le droit d'action et laissait subsister la créance, le collège plaida que la loi nouvelle s'appliquait même à l'égard de contrats antérieurs parce qu'elle n'avait d'effet que sur la manière de mettre en oeuvre un droit (l'action en justice) : elle n'atteignait pas le droit lui-même (la créance) qui subsistait, dépourvu cependant de sanction judiciaire.

Cet argument fut accueilli en première instance et en appel. En Cour suprême, il fut rejeté, le juge Idington étant dissident. Le juge Duff fit une étude très poussée du principe de l'effet immédiat des lois de procédure et montra que la jurisprudence ne s'arrêtait pas à la seule qualification d'une loi comme touchant ou non la procédure : il fallait que l'application immédiate de la loi ne cause pas d'injustice, que la loi « entre dans la catégorie des lois qui ont trait à la seule procédure [...] »[386]. Dans les circonstances, le juge Duff estima que l'application de la loi nouvelle, bien qu'elle ne fît pas disparaître le contrat en empêchant toute poursuite à son sujet, avait un effet qui débordait la seule procédure car, en termes pratiques, « le droit du demandeur était, au moment de l'adoption de la loi, un droit pécuniaire, un droit appréciable en argent; après l'adoption de la loi, il devint, s'il faut en croire l'interprétation du défendeur, dépourvu de toute valeur »[387].

Le juge Anglin insista sur le fait que la jurisprudence de droit international privé définissant le mot « procédure » en vue de la

---

385   *Upper Canada College* c. *Smith*, précité, note 111.

386   *Id.*, 424 (traduction).

387   *Id.*, 418 (traduction).

détermination du droit applicable ne pouvait être transposée sans
nuance en droit transitoire[388]. Après avoir mentionné certaines définitions du mot « procédure » applicables en droit international privé,
il écrivit :

> « Le terme "procédure", dans l'exception à la règle d'interprétation
> examinée [la règle de non-rétroactivité], est employé dans un sens
> plus restreint [qu'en droit international privé]. Il concerne le mode
> d'exercice d'un droit d'action qui existe, non la suppression d'un tel
> droit d'action [...]. La suppression d'un droit d'action déborde la
> simple procédure et une loi qui a cet effet tombe, à première vue,
> sous le coup de la règle générale, et non sous le coup de
> l'exception. »[389]

En résumé, une loi est de pure procédure si son application dans
un cas concret n'a d'effet que sur la manière d'exercer un droit. Si, au
contraire, l'application d'une loi de procédure a l'effet de rendre
pratiquement impossible l'exercice d'un droit, elle ne sera pas
considérée comme une loi de « pure procédure », car son application
toucherait alors des « droits de fond »[390].

On a jugé que les lois suivantes avaient, dans les circonstances, des
effets purement procéduraux : une loi touchant le mode de recouvrement d'une créance[391] ou le mode d'assignation d'une partie[392];
une loi concernant le mode d'instruction d'un procès[393] ou modifiant les conditions d'imposition du huis clos[394]; une loi modifiant les

---

[388] *Id.*, 442. Dans le même sens : le juge Duff, 431.

[389] *Id.*, 442 et 443 (traduction).

[390] Dans un autre contexte, le juge Pigeon a écrit : « lorsque la décision sur une
       question de forme a pour conséquence qu'un justiciable est privé d'un droit
       important, elle cesse d'être une question de forme et devient une question de
       droit [...] ». *Duquet* c. *Ville de Ste-Agathe-des-Monts*, [1977] 2 R.C.S. 1132, 1141.

[391] *A.G. of Canada* c. *City of Sydney*, (1915) 49 R.C.S. 148.

[392] *McLaughlin* c. *Mills*, précité, note 371.

[393] *Frères de la charité de St-Vincent-de-Paul de Montréal* c. *Martin*, (1909) 10 R.P.
       194 (C.A. Qué.); *Bilmes* c. *Percey Caplan & Co.*, [1968] B.R. 425; *Haffner* c.
       Weston, [1928] 1 D.L.R. 711 (Sask.C.A.).

[394] *Roseland Farms Ltd.* c. *Minister of National Revenue*, (1996) 192 N.R. 397
       (C.A.F.).

règles relatives à la péremption d'instance[395]; une loi relative à l'exécution des jugements[396]; une loi fixant la date à compter de laquelle courent les intérêts sur une somme accordée par jugement[397]; une loi modifiant le montant du cautionnement qu'un syndic doit fournir[398]; une loi portant sur certaines mesures provisionnelles en matière de contestation d'évaluation[399].

L'application du principe de l'effet immédiat des lois de pure procédure soulève dans certains secteurs un intérêt particulier. On peut distinguer quatre catégories de lois qui justifient une considération spéciale. Ce sont : 1) les lois relatives à l'existence d'un droit d'action; 2) les lois relatives à la compétence des tribunaux; 3) les lois relatives aux délais; 4) les lois relatives à la preuve.

i)   Les lois relatives à l'existence d'un droit d'action

Bien que l'action en justice ne soit qu'un moyen de faire valoir un droit, la jurisprudence est quasi unanime à conclure qu'une loi qui supprime un droit d'action ou qui crée un moyen de défense n'a pas un effet procédural seulement : de telles lois ne sauraient, sauf indication contraire, s'appliquer à des créances nées avant leur adoption[400]. La même règle vaut également pour les lois qui créent des droits d'action ou qui suppriment des moyens de défense : de tels droits d'action ne peuvent, sans rétroactivité, s'appliquer à l'égard de

[395]   Schwob c. Town of Farnham, précité, note 87; Goldsmith & Co. c. Bissonnette, précité, note 87. Contra : Charrette c. Howley, (1898) 14 C.S. 481.

[396]   Royer c. Loranger, (1899) 8 B.R. 119.

[397]   Leduc c. Laurentian Motor Products Ltd., [1961] B.R. 509.

[398]   General Accident Assurance Co. c. Manufacturers Life Insurance Co., (1935) 58 B.R. 305.

[399]   Bellevue Estates Ltd. c. Ville de Pincourt, [1972] C.A. 719. On verra aussi, quant à la suppression d'une règle de huis clos : Chénier c. Pouliot, [1989] R.J.Q. 1506 (C.S.).

[400]   Upper Canada College c. Smith, précité, note 385; Holomis c. Dubuc, précité, note 299; Meurer c. McKenzie, (1978) 81 D.L.R. (3d) 388 (B.C.C.A.); Snider c. Smith, précité, note 201; Gauthier c. McRea, (1978) 82 D.L.R. (3d) 671 (P.E.I.S.C.); McMeekin c. Calder, précité, note 115. Contra : l'opinion du juge Barclay dans Benoist c. Senécal, précité, note 91.

faits accomplis dans le passé. La suppression d'un moyen de défense ne doit pas non plus s'appliquer de manière à faire rétroactivement naître une obligation[401].

ii) Les lois relatives à la compétence des tribunaux

Les lois qui modifient la compétence des tribunaux ne sont pas, en règle générale, applicables aux instances en cours car « il est bien établi que la compétence n'est pas une question de procédure [...] »[402]. Ce principe, fréquemment appliqué par les tribunaux[403], vaut aussi bien pour la compétence du tribunal de première instance que pour celle des tribunaux compétents à l'égard des recours contre les décisions de première instance.

Une loi qui modifie un droit d'appel n'est pas applicable à une instance en cours au moment de l'entrée en vigueur de la loi[404]. Il en va de même pour une loi qui crée ou étend un droit de recours, évocation[405] ou appel[406].

---

[401] *Angus* c. *Sun Alliance Compagnie d'assurance*, précité, note 201.

[402] *Banque Royale du Canada* c. *Concrete Column Clamps (1961) Ltd.*, [1971] R.C.S. 1038, 1040 (j. Pigeon).

[403] *Loos* c. *La Reine*, [1971] R.C.S. 165; *Bastien* c. *Canada*, (1992) 53 F.T.R. 81 (C.F.); *Picard* c. *Commission des relations de travail dans la fonction publique*, précité, note 312; *Garcia* c. *Ministre de l'Emploi et de l'Immigration et la Commission d'appel de l'Immigration*, [1979] 2 C.F. 772 (C.A.); *Corporation de Mont Tremblant* c. *Calvé*, [1979] C.A. 482; *Goodyear Employees Union Ltd.* c. *Keable*, précité, note 102; *Royal Trust Corp. of Canada* c. *Arthur Andersen Inc.*, (1994) 96 B.C.L.R. (2d) 135 (B.C.S.C.); *Girard* c. *Compagnie de chemin de fer de la Baie des Ha Ha*, (1915) 47 C.S. 325; *Canadian National Railway Co.* c. *Lewis*, [1930] R.C. de l'É. 145; *Re Skitch*, [1931] R.C. de l'É. 12. Voir cependant : *Duke Price Power Co.* c. *Claveau*, (1927) 43 B.R. 181.

[404] « [U]ne loi restreignant un droit d'appel préexistant est, à moins qu'une intention contraire n'y soit manifestée de façon explicite ou nécessairement implicite, sans application à un jugement rendu dans une instance déjà introduite devant le tribunal inférieur lors de son adoption. » *Ville de Jacques-Cartier* c. *Lamarre*, [1958] R.C.S. 108, 111 (j. Fauteux); *Hyde* c. *Lindsay*, (1899) 29 R.C.S. 99.

[405] *City of Montreal* c. *Delisle*, (1913) 44 C.S. 412.

Après quelques hésitations[407], la Cour suprême a fixé au jour de l'introduction de l'action en première instance et non au jour du jugement ou de la mise en délibéré, la date de concrétisation du droit d'appel[408]. On a également jugé que le délai d'appel restait celui en vigueur au moment de l'introduction de l'action en première instance[409].

Cependant, l'arrêt de la Cour suprême dans *R. c. Puskas*[410] paraît remettre en question la jurisprudence antérieure de la Cour qui fixait au jour de l'introduction de l'action en première instance la date de référence pour la détermination du régime applicable à l'appel. Dans cette affaire, la loi nouvelle avait remplacé l'appel de plein droit à la Cour suprême par un appel sur permission seulement. La Cour a statué que cette modification était applicable à une instance pendante devant la Cour d'appel de l'Ontario au jour de l'entrée en vigueur de la modification législative. Cette conclusion repose sur le motif que, selon la Cour, le droit acquis d'en appeler du jugement de la Cour d'appel ne pouvait naître qu'au jour du jugement en question, jour où toutes les conditions de son existence sont réunies.

Bien que la Cour se défende de vouloir écarter sa jurisprudence antérieure en matière d'application dans le temps des lois qui modifient les droits d'appel, l'arrêt *Puskas* porte le germe d'une remise en question de cette matière. En effet, c'est sur la notion de droit acquis que repose le principe voulant qu'un plaideur puisse compter sur le maintien des règles d'appel existant au moment de l'introduction de l'action en première instance. Si ces droits acquis, comme l'affirme la

---

406   *R. c. Taylor*, (1878) 1 R.C.S. 65; *Hurtubise c. Desmarteau*, (1892) 19 R.C.S. 562;
       Williams c. Irvine, précité, note 93; *Sedwick c. Montreal Light, Heat & Power
       Co.*, (1908-09) 41 R.C.S. 639; *Fleming c. Atkinson*, [1956] R.C.S. 761; *Blais c. La
       Reine*, [1958] B.R. 191; *Luden c. Cité de Montréal*, [1964] B.R. 113; *Jubinville c.
       Bellerose*, [1979] C.A. 457; *Reneault c. Gagnon*, précité, note 90.

407   Par exemple : *Couture c. Bouchard*, (1892) 21 R.C.S. 281; *Cowen c. Evans*, (1893)
       22 R.C.S. 331.

408   *Williams c. Irvine*, précité, note 93; *Hyde c. Lindsay*, (1898) 29 R.C.S. 99; *Doran c.
       Jewell*, (1913-14) 49 R.C.S. 88.

409   *Compagnie de chemin de fer Québec et Lac St-Jean c. Vallières*, précité, note 85;
       Lefebvre c. Wilder, (1914) 23 B.R. 25; *Roessel & Cie c. Joron*, (1923) 35 B.R. 148.

410   *R. c. Puskas*, précité, note 307.

Cour, ne naissent qu'au jour du jugement dont est appel, ce qui paraît par ailleurs une solution tout à fait défendable, alors il n'y a pas de droits acquis à l'appel d'une décision aussi longtemps que cette décision n'a pas elle-même été rendue.

Enfin, il a été jugé à maintes reprises que le principe voulant qu'un droit d'appel nouvellement créé ne s'applique pas aux affaires pendantes devait être respecté même en matière pénale. Un accusé ne peut donc pas, en principe, se prévaloir d'un droit d'appel créé pendant son procès[411]. Cette règle vaudrait aussi en matière civile[412].

iii) Les lois relatives aux délais

La jurisprudence est très partagée quant à la qualification à donner aux lois qui modifient les délais d'action, de recours, de prescription, etc. On trouve des décisions difficilement conciliables au plan logique si bien qu'il est risqué, sinon impossible, de proposer une théorie qui permette de rendre compte de tous les arrêts.

Sous toute réserve, il semblerait que les lois qui modifient les délais sont considérées comme des lois de pure procédure si leur application à une espèce a pour seul effet d'abréger ou de prolonger un délai. Si, par contre, l'application de la loi nouvelle en matière de délai implique soit l'abrogation rétroactive d'un droit qui existait, soit la résurrection d'un droit qui n'existait plus, alors le tribunal sera plutôt porté à considérer que la loi en question n'a pas, dans les circonstances, le caractère d'une loi de pure procédure. Il faut donc,

---

[411] Singer c. The King, [1932] R.C.S. 70; Boyer c. The King, [1949] R.C.S. 89; Marcotte c. The King, [1950] R.C.S. 352; Cité de Verdun c. Viau, [1952] 1 R.C.S. 493; R. c. Vallières, (1974) 47 D.L.R. (3d) 378 (C.A.Qué.); Leclaire c. La Reine, [1975] C.A. 548; Re Trites, [1954] 2 D.L.R. 523 (N.B.C.A.). Voir cependant : Côté c. La Reine, [1973] C.A. 64. Pour une critique de cette règle surprenante, qui semble une perversion du principe du maintien des droits acquis puisqu'elle prive un accusé d'un nouveau droit créé en sa faveur, voir : M. KRAUSS, loc. cit., note 279. Ce courant jurisprudentiel est, me semble-t-il, remis en question dans son principe même par l'arrêt de la Cour suprême dans R. c. Puskas, précité, note 307.

[412] Protection de la jeunesse – 96, [1983] C.A. 266; Corporation municipale de St.-Honoré c. Commission de la protection du territoire agricole du Québec, J.E. 91-630 (C.A.).

dans chaque cas, se demander quel serait l'effet pratique de l'application de la nouvelle règle[413].

Ainsi, si un délai est prolongé par une loi nouvelle, ou si la loi supprime un délai, cette loi pourra s'appliquer aux délais en cours de manière à les prolonger[414]. Cependant, une loi qui étend un délai ou qui supprime un délai ne devrait pas s'appliquer de façon à faire revivre un droit éteint par l'écoulement du temps avant son entrée en vigueur[415]. Il y aurait en effet, dans ce dernier cas, un effet rétroactif négatif : l'application de la loi nouvelle remettrait en cause l'application antérieure de l'ancienne règle de délai.

Si un délai est abrégé, ou si un délai est institué là où il n'y en avait pas auparavant, le nouveau délai ne sera généralement pas appliqué de manière à faire disparaître rétroactivement un droit en existence au moment de l'entrée en vigueur de la loi portant abrè-

---

[413] Sur la nécessité d'une appréciation « *in concreto* » : *Yew Bon Tew* c. *Kenderaan Bas Mara*, [1983] 1 A.C. 553 (C.P.).

[414] *Sommers* c. *The Queen*, [1959] R.C.S. 678; *Trust and Loan Co. of Canada* c. *Picquet*, précité, note 90; *Bergeron* c. *Pitts Compagnie d'assurance*, [1980] C.P. 5; *Royal Trust Co.* c. *Baie des Chaleurs Railway Co.*, précité, note 86; *R.* c. *Brown*, (1971) 16 D.L.R. (3d) 350 (B.C. S.C.). En ce sens : l'article 13 de la loi québécoise, précitée, note 6.

[415] *Martin* c. *Perrie*, précité, note 151; *R.* c. *Ford*, précité, note 151; *Rowe* c. *British Columbia*, (1989) 56 D.L.R. (4th) 541 (B.C.S.C.); *Kearly* c. *Wiley*, précité, note 381; *R.* c. *Fournier*, (1956) 115 C.C.C. 387 (C.S.P.Qué.); *Merrill* c. *Fisher*, (1975) 66 D.L.R. (3d) 615 (Ont.C.A.); *Andersen* c. *Doctors Hospital*, [1976] 11 O.R. (2d) 716 (Ont.S.C.); *Yew Bon Tew* c. *Kenderaan Bas Mara*, précité, note 413. Contra : *Carlino* c. *Zimblarte*, [1927] 2 D.L.R. 945 (Ont.S.C.); *R.* c. *Plotnick*, (1954) 109 C.C.C. 385 (C.S.P.Qué.).

gement[416]. Par contre, cette loi s'appliquera aux délais en cours si son seul effet est, dans les circonstances, de hâter leur terme[417].

iv) Les lois relatives à la preuve

Les lois relatives à la preuve ne concernent pas directement l'existence même d'un droit : elles ont plutôt trait aux divers éléments susceptibles d'influer sur la conviction d'un juge quant à l'existence d'un droit. Elles déterminent donc la mise en oeuvre judiciaire du droit plutôt que son existence même. Ayant pour objet l'activité du juge ainsi que celles des parties à un procès, il paraît normal que les lois de preuve applicables soient en principe celles qui sont en vigueur au moment où l'activité qu'elles visent s'exerce, c'est-à-dire au moment où la preuve est présentée[418].

Dans bien des circonstances, les lois relatives à la preuve seront donc considérées comme de pure procédure et à ce titre applicables même à la preuve de faits antérieurs à leur adoption. Dans l'arrêt *Howard Smith Paper Mills Ltd.* c. *The Queen*[419], la Cour suprême a appliqué à la preuve de faits antérieurs une nouvelle disposition

---

[416]   R. c. *Ville de Montréal*, [1972] C.F. 382, 386; *Laquerre* c. *Murray and P.G. of Canada*, (1996) 100 F.T.R. 241 (C.F.); *Stephenson* c. *Parkdale Motors*, [1924] 4 D.L.R. 1201 (Ont.C.A.), confirmant [1924] 3 D.L.R. 663 (Ont.S.C.); *Steeves* c. *Dufferin Rur. Mun.*, [1935] 1 D.L.R. 203 (Man.C.A.); *Dixie* c. *Royal Columbian Hospital*, précité, note 109; *Metropolitan Toronto* c. *Reinsilber*, [1961] O.W.N. 330; *O'Quinn* c. *Monaghan*, (1980) 111 D.L.R. (3d) 558 (Nfld.S.C.); *MacInnis* c. *Saskatchewan (Department of Labour Standards)*, [1996] 4 W.W.R. 254 (Sask.Q.B.). Contra : *Worrid* c. *Medland Bros.*, [1924] 2 D.L.R. 1114 (Ont.Co.Ct.); *Re Demas* c. *Manitoba Labour Board*, (1977) 75 D.L.R. (3d) 607 (Man.Q.B.).

[417]   *The Ydun*, [1899] P. 236 (C.A.); *McGrath* c. *Scriven*, (1921) 56 D.L.R. 117 (C.S.C.); *Commission de la construction du Québec* c. *Gastier Inc.*, précité, note 100; *P.G. du Québec* c. *Steinberg Ltée*, [1981] C.S. 486; *Doucette* c. *Côté*, précité, note 356. Pour l'abrègement de délais d'appel, voir les arrêts cités à la note 409. Pour les délais de prescription : *Loi d'interprétation* du Québec, précitée, note 6, art. 13.

[418]   Pour une étude plus approfondie de l'application temporelle des lois de preuve : Paule BIRON, « L'effet dans le temps des lois sur la preuve », (1987) 47 *R. du B.* 365.

[419]   *Howard Smith Paper Mills Ltd.* c. *The Queen*, [1957] R.C.S. 403.

(art. 41) de la *Loi des enquêtes sur les coalitions*[420]. L'article 41 nouveau accordait valeur de preuve *prima facie* à des documents trouvés en possession d'une personne ou société soupçonnée d'avoir pris part à une coalition. Au sujet de l'effet de ce nouvel article, voici ce qu'écrivit le juge Cartwright :

> « Bien que l'art. 41 entraîne une modification majeure du droit de la preuve, il ne crée aucune infraction, il n'écarte aucun moyen de défense, il n'incrimine aucune conduite qui ne l'était pas déjà avant son adoption, il ne modifie la nature ou l'effet juridique d'aucune opération déjà complétée; il porte uniquement sur une question de preuve et, à mon avis, le savant juge de première instance a eu raison de conclure qu'il s'appliquait au procès sur l'accusation dont il était saisi. »[421]

La jurisprudence offre des exemples nombreux de lois concernant la preuve qui ont été jugées de pure procédure et donc d'application immédiate : une loi qui rend admissible en preuve un document qui ne l'était pas auparavant[422]; une loi qui modifie les règles relatives à la contraignabilité des témoins[423]; une loi qui opère un renversement du fardeau de la preuve[424]; une loi qui confère une valeur probante à un document[425] ou à un fait[426]; une loi qui modifie les

420   *Loi des enquêtes sur les coalitions,* S.R.C. 1927, c. 26, modifié par S.C. 1949, c. 12, art. 3.

421   *Howard Smith Paper Mills Ltd.* c. *The Queen,* précité, note 419, 420 (traduction puisée dans *R.* c. *Ali,* précité, note 112).

422   *Truman* c. *Wilkins,* (1972) 21 D.L.R. (3d) 302 (Ont.C.A.).

423   *Wildman* c. *La Reine,* précité, note 368.

424   *R.* c. *Bingley,* [1929] 1 D.L.R. 777 (N.S.S.C.); *R.* c. *Kumps,* [1931] 3 D.L.R. 767 (Man.C.A.); *Contra : R.* c. *McGlone,* (1977) 32 C.C.C. (2d) 233 (Alta.Dt.Ct.).

425   *R.* c. *Sailing Ship « Troop » Co.,* (1899) 29 R.C.S. 662; *Howard Smith Paper Mills Ltd.* c. *The Queen,* précité, note 419; *Eddy Match Co.* c. *The Queen,* (1953) 109 C.C.C. 1 (C.A.Qué.); *R.* c. *Allison,* [1950] R.C. de l'É. 269; *R.* c. *Pacific Bedding Co.,* [1950] R.C. de l'É. 456.

426   *Robertson* c. *Wright,* (1959) 16 D.L.R. (2d) 364 (Sask.C.A.).

règles relatives à l'exigence de corroboration[427]; une loi relative à la protection des témoins[428].

Les lois relatives à la preuve ne sont cependant pas toujours jugées de pure procédure : dans deux domaines, celui des preuves préconstituées et celui des présomptions légales, on trouve des arrêts qui refusent l'effet immédiat[429].

En général, les lois de preuve se rapportent à l'activité du juge au procès ainsi qu'à celle des parties au moment du procès. Il arrive toutefois qu'une loi relative à la preuve agisse sur les activités des justiciables en dehors de tout procès. Par exemple, la loi peut exiger qu'une preuve soit constituée avant le procès et elle peut entourer cette constitution de preuve de certaines formalités. Une loi qui, par exemple, assujettirait la preuve d'une convention à l'exigence d'un écrit agit sur le comportement du justiciable au moment de la conclusion du contrat. Il répugnerait à la raison d'appliquer à une convention passée cette exigence nouvelle de preuve écrite, car « c'est pratiquement la même chose de n'avoir point un droit ou de ne pouvoir le prouver »[430].

Pour rendre compte de la jurisprudence sur cette question, il faut distinguer selon que la loi nouvelle en matière de preuve préconstituée est plus exigeante que la loi ancienne ou moins exigeante que celle-ci. Si la loi nouvelle comporte des exigences plus sévères que l'ancienne, les tribunaux refuseront de l'appliquer car cela aurait pour effet de priver un fait de sa sanction judiciaire normale. En matière civile, l'arrêt *Upper Canada College* c. *Smith*[431] appuie cette affirmation.

---

427   *Re Wicks and Armstrong*, [1928] 2 D.L.R. 210 (Ont.C.A.); *R.* c. *Firkins*, précité, note 47; *R.* c. *Bickford*, (1990) 51 C.C.C. (3d) 181 (Ont.C.A.).

428   *Bell* c. *Montreal Trust Co.*, (1956) 4 D.L.R. (2d) 475 (B.C.S.C.), confirmé par (1956-57) 20 W.W.R. 273 (B.C.C.A.).

429   Sur cette question, voir P. ROUBIER, *op. cit.*, note 62, p. 234 et suiv.

430   P. ROUBIER, *op. cit.*, note 62, p. 235.

431   *Upper Canada College* c. *Smith*, précité, note 111.

En matière pénale, il a été décidé qu'une loi nouvelle qui impose des formalités pour la constitution d'une preuve ou qui alourdit celles qui existent déjà ne peut être appliquée de manière à priver d'effet probant des actes accomplis en respectant la loi qui était en vigueur au moment où la preuve a été recueillie. Un alcootest administré validement n'est pas privé de force probante par une loi postérieure qui alourdit les formalités de constitution de la preuve[432]. Une preuve obtenue par l'écoute électronique n'est pas rendue illégale par des dispositions qui sont postérieures au jour de sa constitution[433].

Lorsque la loi nouvelle libéralise les exigences en matière de preuve préconstituée, la jurisprudence est divisée. Dans certains cas, on a tenu que « [t]outes les lois qui ont eu pour objet de rendre la preuve plus facile, en en autorisant une verbale dans les cas où la loi antérieure ne la permettait pas [...] ont, toujours et de tous temps, été considérées, en Angleterre et ici, comme éminemment utiles et avantageuses, et comme offrant au public un bienfait d'un ordre beaucoup trop élevé pour en limiter l'application aux transactions et faits subséquents »[434]. Dans d'autres arrêts, on a jugé que la loi nouvelle ne pouvait dispenser des formalités de preuve qui existaient au moment où le lien de droit s'est créé[435].

Les lois qui créent, modifient ou abolissent des présomptions légales ne seraient pas des lois de pure procédure : elles toucheraient le fond du droit. Dans l'arrêt *Bingeman c. McLaughlin*[436], la Cour suprême devait juger si le transfert par un époux à son épouse de certains droits immobiliers avait constitué celle-ci fiduciaire ou propriétaire des immeubles. L'épouse appuyait sa prétention à la pleine propriété sur un principe de common law, la « présomption de dona-

---

432   *R. c. Ali*, précité, note 112; *R. c. Bourassa*, (1978) 38 C.C.C. (2d) 110 (Alta.C.A.).

433   *R. c. Gagnon*, [1975] C.S.P. 335; *R. c. Demeter*, (1975) 6 O.R. (2d) 83 (Ont.H.C.); *R. c. LeSarge*, (1976) 26 C.C.C. (2d) 388 (Ont.C.A.); *R. c. Irwin and Sansone*, (1976) 32 C.R.n.s. 398 (Ont.C.A.).

434   *Beaubien, c. Allaire*, précité, note 95, 281 (j. Casault); *Chagnon c. St-Jean*, (1893) 3 C.S. 459; *Karst c. Berlinski*, [1930] 4 D.L.R. 884 (Sask.C.A.).

435   *Platt c. Drysdale*, (1892) 2 C.S. 282; *Campbell c. Baxter*, (1896) 10 C.S. 191. Ce point de vue est celui que partage P. ROUBIER, *op. cit.*, note 62, p. 231.

436   *Bingeman c. McLaughlin*, (1977) 77 D.L.R. (3d) 25 (C.S.C.).

tion » qui s'attache au transfert de biens par l'époux à l'épouse et qui fait présumer une volonté de la part du mari d'avantager sa conjointe.

La « présomption de donation » fut abolie en Ontario par une loi de 1975 (*Family Law Reform Act*, S.O. 1975, c. 41) soit avant la décision de la Cour suprême. Le juge Spence, qui rédigea le jugement de la Cour, estima que l'abolition de la « présomption de donation » ne portait pas atteinte aux droits de l'épouse et que cette dernière pouvait encore invoquer cette présomption :

> « La présomption de donation n'est pas une simple règle relative à la recevabilité de la preuve; c'est une règle de droit positif et, à moins que la loi ne dispose expressément ou par interprétation nécessaire qu'elle doit s'appliquer à des circonstances nées avant son entrée en vigueur, il ne faut pas en tenir compte [...]. »[437]

Roubier justifie cette règle en montrant que les présomptions légales s'appliquent directement aux faits : elles n'exigent pas l'intervention d'un juge et les parties peuvent fort bien, sans procès, régler leur conduite en conformité des présomptions. « Ces règles, étant indépendantes de l'existence d'un litige, ne sont pas modifiées par la survenance d'un procès. »[438] Elles auraient donc le caractère de règles de fond plutôt qu'une nature simplement procédurale.

Paragraphe 4 : Éléments de droit transitoire civil

Pour gérer l'application temporelle du droit nouveau issu de la réforme du Code civil le 1er janvier 1994, le législateur québécois a innové en faisant appel à un système de droit transitoire qui se démarque du système appliqué en droit statutaire, aussi bien par la façon de poser le problème de l'application de la loi dans le temps que par les solutions qui sont données à ce problème.

Ce système, qu'on appelle le système de l'effet immédiat pour l'opposer au système plus traditionnel des droits acquis, est, pour l'essentiel, l'oeuvre du doyen Paul Roubier dans son traité intitulé *Le*

---

437   *Id.*, 32 (traduction).

438   P. ROUBIER, *op. cit.*, note 62, p. 237.

droit transitoire (conflits des lois dans le temps)[439]. Il est clair que le législateur s'est inspiré des travaux de Roubier, sans toutefois s'y laisser enfermer : aussi bien au plan de l'analyse des questions que des solutions retenues, le Parlement québécois doit avouer quelques infidélités à la pensée du doyen Roubier.

Il reste cependant que *Le droit transitoire civil* reste l'ouvrage fondamental pour comprendre le droit transitoire associé à la réforme du Code civil. Il ne saurait par conséquent être question de proposer ici une étude de cette matière qui prétende faire concurrence à l'oeuvre de Roubier, mais il convient d'en faire ressortir les éléments fondamentaux[440], en insistant sur ce qui distingue ce mode d'analyse et de solution des problèmes de droit transitoire de celui qui a cours en droit statutaire[441].

Ces traits distinctifs se manifestent dans la façon de poser et d'analyser le problème général de l'application de la loi dans le temps (1), dans les principes généraux de solution à ce problème (2) et dans les règles générales qui gouvernent la transition (3).

Sous-paragraphe 1 : La position du problème

En droit transitoire statutaire, l'analyse du problème de l'application d'une loi dans le temps combine deux modes d'approches complémentaires, l'un lié à la présomption de la non-rétroactivité et l'autre à la présomption du maintien des droits acquis. Lorsqu'il s'agit de déterminer si telle application de la loi entraîne un effet rétroactif, on se demandera à quel moment se sont produits les faits

---

439 P. ROUBIER, *op. cit.*, note 62.

440 On trouvera un exposé plus approfondi de cette matière dans le texte suivant : Pierre-André CÔTÉ et Daniel JUTRAS, *Le droit transitoire civil – Sources annotées*, Cowansville, Éditions Yvon Blais, 1994.

441 Bien que l'objet des mesures de droit transitoire énoncées dans la *Loi sur l'application de la réforme du Code civil* (L.Q. 1992, c. 57) soit en grande partie accompli, il nous paraît clair que l'étude du système de l'effet immédiat garde sa pertinence, car il y a tout lieu de croire que le législateur québécois y aura à nouveau recours dans l'avenir. Il l'a d'ailleurs fait en 1997 dans la *Loi sur l'application de la Loi sur la justice administrative*, L.Q. 1997, c. 43, art. 829 et 830.

auxquels la règle de droit attache des conséquences. S'il s'agit d'analyser l'application de la loi nouvelle à l'égard de situations en cours, on se demandera si, au moment où la loi a pris effet, il y avait, dans un cas donné, une situation subjective ayant fait naître des droits qu'on pourrait qualifier d'acquis.

Le mode d'approche des problèmes est bien différent dans le système de Roubier. La loi y est vue comme déterminant la formation, les effets et l'extinction de situations juridiques. Ni l'analyse fondée sur la structure de la règle de droit, ni celle qui fait appel à la notion de droit acquis n'ont de place dans l'analyse du problème. Devant une difficulté ne trouvant pas sa solution dans une règle particulière de droit transitoire, la première question à se poser est la suivante : à quelle situation juridique le texte dont l'application fait difficulté se rapporte-t-il ?

Cette notion de situation juridique est d'origine entièrement doctrinale. Elle sert à représenter les diverses qualités dans lesquelles une personne peut agir dans le cadre du droit : une même personne peut, selon les circonstances, agir en qualité de propriétaire, de tuteur, de vendeur, d'époux, de liquidateur, de locataire et ainsi de suite. Les règles du Code civil relatives à la vente, à titre d'exemple, seront conçues comme organisant la formation, les effets et l'extinction de la situation juridique de vendeur ou d'acheteur. De même pour les règles de la propriété : elles déterminent les modes de formation, les effets et les modes d'extinction de la situation juridique de propriétaire.

La création et l'extinction des situations juridiques dépendent de la survenance de certains faits : l'accord de volontés qui fait naître la situation juridique de vendeur; la chute de la neige d'une toiture qui fait naître la situation juridique de débiteur de l'obligation de réparer un préjudice, etc. Par contre, les effets des situations juridiques relèvent du droit : un accord de volontés (un fait) fait naître un réseau de droits et d'obligations; la nomination d'un tuteur (un fait) confère à celui-ci des pouvoirs et des obligations; la chute de neige (un fait) entraîne l'obligation de réparer. Droits, obligations, pouvoirs, devoirs : les effets des situations juridiques relèvent nettement du domaine du droit plutôt que des faits. On retrouve donc, dans le système de Roubier, la distinction fondamentale en droit transitoire entre le fait et le droit.

Le temps est présent dans la création, dans les effets et dans l'extinction des situations juridiques. Certaines vont naître ou s'éteindre de façon instantanée : la situation de débiteur de l'obligation de réparer le dommage causé par la chute de la neige d'une toiture naît de façon instantanée et elle s'éteindra de même façon au moment de l'indemnisation de la victime, lorsque celle-ci est effectuée au moyen d'un paiement unique. D'autres exigent, pour se créer ou pour s'éteindre, que s'écoule une certaine période de temps : la situation juridique d'époux qui s'éteint par le divorce ne s'éteint pas de façon instantanée : l'instance en divorce dure un certain temps; la création de la situation juridique de légataire se fait en deux temps : rédaction du testament, puis décès du testateur.

Le temps est également présent dans les effets des situations juridiques. Ainsi, la situation de vendeur ou d'acheteur a des effets instantanés se produisant éventuellement au moment même de la vente (par exemple : l'effet translatif de propriété), des effets durables (par exemple : l'obligation de garantie) et des effets successifs (par exemple : l'obligation d'acquitter par versements le solde du prix de vente).

L'analyse d'un problème de droit transitoire selon la méthode de Roubier exigera que soient situés dans le temps les faits qui entraînent la formation ou l'extinction d'une situation juridique. Il faudra aussi localiser, au plan temporel, les droits, obligations, pouvoirs et devoirs qui représentent les effets de la situation juridique. On devra se demander : à quel moment telle situation juridique s'est-elle formée? À quel moment tel ou tel effet s'est-il produit? Une fois que l'on aura trouvé réponse à ces questions, les principes de solution de problèmes pourront s'appliquer.

Sous-paragraphe 2 : Les principes de solution

Deux principes généraux gouvernent l'application des lois dans le temps dans le système de Roubier : le principe de la non-rétroactivité de la loi nouvelle et celui de son effet immédiat.

Le principe de la non-rétroactivité exige que tous les éléments d'une situation juridique donnée que l'on peut situer dans le temps avant l'entrée en vigueur de la loi nouvelle soient régis par la loi ancienne.

L'article 2 de la *Loi sur l'application de la réforme du Code civil* l'énonce ainsi :

> « La loi nouvelle n'a pas d'effet rétroactif : elle ne dispose que pour l'avenir.
>
> Ainsi, elle ne modifie pas les conditions de création d'une situation juridique antérieurement créée ni les conditions d'extinction d'une situation juridique antérieurement éteinte. Elle n'altère pas non plus les effets déjà produits par une situation juridique. »

À titre d'exemple, en ce qui a trait à la création ou à l'extinction des situations juridiques en matière d'assurance, le choix du tiers lésé, avant l'entrée en vigueur du nouveau Code civil le 1er janvier 1994, de poursuivre l'assuré emportait, selon la loi ancienne, renonciation à poursuivre l'assureur. La Cour d'appel a statué que la loi nouvelle ne pouvait, sans rétroactivité, revenir sur ce fait accompli[442]. En matière d'effets des situations juridiques, le même tribunal a décidé que la nouvelle disposition de l'article 1458 C.c.Q. interdisant le cumul des régimes contractuel et extracontractuel de responsabilité ne pouvait s'appliquer de manière à remettre en question les effets d'une situation juridique contractuelle qui s'étaient produits avant le 1er janvier 1994[443].

Le principe de la non-rétroactivité traite de l'action de la loi nouvelle sur les faits accomplis. Le principe de l'effet immédiat se rapporte, lui, au traitement des situations juridiques qui, au jour de l'entrée en vigueur de la loi nouvelle, sont en cours de formation, d'effets ou d'extinction. Il exige que les éléments de la situation juridique en cours qui se réalisent après l'entrée en vigueur de la loi nouvelle soient régis par celle-ci. Il exclut donc, en principe, la survie de la loi ancienne pour les situations en cours.

Voici en quels termes le législateur a consacré le principe de l'effet immédiat de la loi nouvelle à l'article 3 de la *Loi sur l'application de la réforme du Code civil* :

---

[442] *Certain Marine Underwriters at Lloyd's of London* c. *Royale Compagnie d'assurance du Canada*, [1996] R.J.Q. 40 (C.A.); *Wightman* c. *Richter & Associés Inc.*, [1996] R.R.A. 67 (C.A.).

[443] *Syndicat du garage du Cours le Royer* c. *Gagnon*, [1995] R.J.Q. 1313 (C.A.).

« La loi nouvelle est applicable aux situations juridiques en cours lors de son entrée en vigueur.

Ainsi, les situations en cours de création ou d'extinction sont, quant aux conditions de création ou d'extinction qui n'ont pas encore été remplies, régies par la loi nouvelle; celle-ci régit également les effets à venir des situations juridiques en cours. »

Pour les situations juridiques en cours, il faut donc faire appel à deux principes pour déterminer l'effet temporel de la loi à leur égard : en vertu du principe de la non-rétroactivité, les éléments de la situation juridique qui sont antérieurs à l'entrée en vigueur sont régis par la loi ancienne; en vertu du principe d'effet immédiat, les éléments postérieurs relèvent de la loi nouvelle : la loi ancienne ne survit pas.

L'arrêt de la Cour d'appel dans l'affaire *Allstate du Canada* c. *Compagnie d'assurance Wawanesa*[444] constitue une application du principe de l'effet immédiat à l'égard d'une situation en cours de création. En matière d'assurance, l'article 2501 C.c.Q. autorise le tiers lésé à poursuivre directement l'assureur et il écarte la règle antérieure selon laquelle la décision de poursuivre l'assuré emportait renonciation au droit de poursuivre directement l'assureur. La Cour d'appel a statué que cette nouvelle disposition était applicable à l'égard d'un dommage subi avant le 1ᵉʳ janvier 1994. Le lien de droit entre le tiers lésé et l'assureur naît en raison de deux faits : le dommage et l'institution de l'action contre l'assureur. En l'instance, le dommage était antérieur au 1ᵉʳ janvier 1994, mais l'institution de l'action, postérieure. On avait donc affaire à une situation juridique qui, le 1ᵉʳ janvier 1994, était en cours de création et, en vertu du principe de l'effet immédiat, la Cour a jugé que la loi nouvelle s'appliquait à cette situation en ce qui concerne les conditions de création non encore remplies.

Outre qu'elle énonce les deux principes généraux dont il vient d'être question, la *Loi sur l'application de la réforme du Code civil* pose quelques règles générales qu'il convient d'exposer brièvement.

---

[444] *Allstate du Canada* c. *Compagnie d'assurance Wawanesa*, [1995] R.R.A. 833 (C.A.).

Sous-paragraphe 3 : Les règles générales

Les règles générales de droit transitoire énoncées aux articles 4 à 10 de la *Loi sur l'application de la réforme du Code civil* traitent principalement des trois questions suivantes : l'application de la loi nouvelle aux actes juridiques en cours (1), l'application des règles relatives aux délais (2) et l'effet de la loi nouvelle sur les instances en cours (3).

Alinéa 1 : La loi nouvelle et les actes juridiques

En ce qui concerne les actes juridiques formés avant l'entrée en vigueur de la loi nouvelle, trois règles générales prévoient des dérogations aux principes de la non-rétroactivité et de l'effet immédiat de la loi.

i) L'effet rétrospectif des règles impératives de la loi nouvelle

Les stipulations d'un acte juridique en cours au moment de l'entrée en vigueur de la loi nouvelle qui se révèleraient incompatibles avec des règles impératives de celle-ci sont privées d'effet à compter de l'entrée en vigueur[445].

Il s'agit ici d'un effet rétrospectif au sens où je l'ai décrit précédemment[446], d'un effet que Roubier aurait lui-même qualifié d'effet « rétroactif tempéré »[447] : la loi nouvelle revient sur un fait accompli (la formation de l'acte), mais seuls les effets futurs de ce fait

---

[445]   *Loi sur l'application de la réforme du Code civil*, L.Q. 1992, c. 57, art. 5 : « Les stipulations d'un acte juridique antérieures à la loi nouvelle et qui sont contraires à ses dispositions impératives sont privées d'effet pour l'avenir. » Par hypothèse, un acte entièrement exécuté ne peut être touché par cette mesure, ou par une disposition particulière s'en inspirant : *Bélanger* c. *Banque Royale du Canada*, [1995] R.J.Q. 2836 (C.A.).

[446]   *Supra*, p. 167.

[447]   P. ROUBIER, *op. cit.*, note 62, pp. 290 et 291.

sont touchés. Il s'agit véritablement d'une annulation de ces stipulations, mais d'une annulation valant seulement pour l'avenir.

ii) *La survie de certaines règles supplétives dans les situations contractuelles en cours*

Dans le système de Roubier, le principe de l'effet immédiat est écarté pour ce qui est des règles supplétives applicables à une situation juridique contractuelle en cours, c'est-à-dire dont la création résulte d'un acte juridique consensuel, d'un contrat. Les effets futurs du contrat ainsi que les causes futures de résolution ou de résiliation demeurent régis par la loi du jour du contrat : il s'agit clairement d'un cas de survie[448].

Le législateur québécois a suivi Roubier sur ce point, mais pas entièrement. L'article 4 de la *Loi sur l'application de la réforme du Code civil* distingue en effet certains éléments du régime supplétif qui survivent et d'autres qui ont une application immédiate. Le droit supplétif ancien survit « pour déterminer la portée et l'étendue des droits et des obligations des parties, de même que les effets du contrat ». Par contre, c'est le droit supplétif nouveau qui s'appliquera pour la période postérieure à l'entrée en vigueur en ce qui concerne les règles relatives à « l'exercice des droits et à l'exécution des obligations, à leur preuve, leur transmission, leur mutation ou leur extinction ».

iii) *L'effet rétroactif de la suppression des motifs de nullité*

Normalement, la validité d'un acte juridique s'apprécie au regard du droit en vigueur au jour de la conclusion de l'acte. C'est ce qu'exige le principe de la non-rétroactivité de la loi. La loi nouvelle ne devrait donc pas remettre en question la non-formation d'une situation juridique sous la loi ancienne en raison d'un motif de nullité qui existait à ce moment.

---

448   *Id.*, p. 360 et suiv.

Opérant la régularisation de certains actes nuls, l'article 7 de la *Loi sur l'application de la réforme du Code civil*[449] fait interdiction au juge de prononcer la nullité d'un acte juridique antérieur à la loi nouvelle si le motif de nullité invoqué n'existe plus dans la loi nouvelle.

Il s'agit là d'un effet rétroactif très net, qui vise autant des actes unilatéraux tels les testaments[450] que les actes multilatéraux tels les contrats[451].

Alinéa 2 :   *Les délais en cours*

Les règles portant délai sont particulièrement sensibles aux changements législatifs, aussi le législateur a-t-il jugé utile d'énoncer trois règles générales à leur sujet. Ces règles se rapportent soit aux délais en cours lorsqu'ils sont allongés ou abrégés, soit aux délais entièrement nouveaux.

i)   *La modification des délais en cours*

Le législateur a envisagé l'hypothèse où un délai en cours au jour de l'entrée en vigueur de la loi nouvelle est prolongé et celle où il est abrégé.

La règle la plus simple se rapporte à la prolongation des délais qui sont en cours au moment de l'entrée en vigueur de la loi nouvelle : le nouveau délai s'applique, en tenant compte du temps déjà écoulé[452]. Cette solution, préconisée par Roubier[453], est identique à celle qui a cours en droit statutaire[454].

---

[449]   « Les actes juridiques entachés de nullité lors de l'entrée en vigueur de la loi nouvelle ne peuvent plus être annulés pour un motif que la loi nouvelle ne reconnaît plus. »

[450]   *Bertrand* c. *Mattia*, J.E. 95-1684 (C.A.).

[451]   *Wightman* c. *Christensen*, précité, note 380.

[452]   *Loi sur l'application de la réforme du Code civil*, précitée, note 445, art. 6, al. 1 : « Lorsque la loi nouvelle allonge un délai, le nouveau délai s'applique aux situations en cours, compte tenu du temps déjà écoulé ».

Si la loi nouvelle abrège un délai en cours, on appliquera, des deux délais suivants, celui qui expirera le premier : soit le nouveau délai, compté à partir de l'entrée en vigueur de la loi nouvelle, soit l'ancien, compté à partir de son point de départ normal[455]. Cette technique consistant à faire courir le nouveau délai plus court à compter de l'entrée en vigueur de la loi nouvelle est, elle aussi, empruntée à Roubier[456]. Elle est inconnue du droit statutaire[457].

ii) L'introduction de nouveaux délais

La loi nouvelle peut attribuer de nouveaux droits ou conférer de nouveaux pouvoirs et elle peut assujettir l'exercice de ces droits ou pouvoirs à des délais qui sont eux aussi nécessairement de nouveaux délais. Dans cette hypothèse, il se pourrait que l'un de ces nouveaux délais, prenant comme point de départ un événement qui s'est produit avant l'entrée en vigueur de la loi nouvelle, eût été en cours s'il eût existé sous la loi ancienne.

Dans ce cas précis, le législateur a permis que le droit ou le pouvoir, né en raison d'un fait antérieur à la loi nouvelle (par exemple, la fausse déclaration d'un locataire d'un logement à loyer modique, art. 1988 C.c.Q.), puisse être néanmoins valablement exercé, à la condition de l'être dans le nouveau délai. Ce nouveau délai courra à compter de l'entrée en vigueur de la loi nouvelle et non à compter de son point de départ normal[458].

---

453   P. ROUBIER, *op. cit.*, note 62, p. 300.

454   Voir *supra*, p. 233. Si un délai a déjà entièrement couru sous la loi ancienne, la loi nouvelle ne peut remettre en cause l'effet accompli de l'écoulement du temps, selon le principe de la non-rétroactivité.

455   *Loi sur l'application de la réforme du Code civil*, précitée, note 445, art. 6 al. 2 : « Si [la loi nouvelle] abrège un délai, le nouveau délai s'applique, mais il court à partir de l'entrée en vigueur de la loi nouvelle. Le délai prévu par la loi ancienne est cependant maintenu lorsque l'application du délai nouveau aurait pour effet de proroger l'ancien. »

456   P. ROUBIER, *op. cit.*, note 62, p. 300.

457   Voir *supra*, p. 234.

458   *Loi sur l'application de la réforme du Code civil*, précitée, note 445, art. 6, al. 3 : « Si un délai qui n'existait pas dans la loi ancienne, est introduit par la loi

Cette mesure a de quoi surprendre, car elle a pour effet de conférer à des dispositions qui attribuent des droits ou qui confèrent des pouvoirs un effet rétroactif pour le seul et unique motif que l'exercice de ces droits ou de ces pouvoirs est assorti d'un délai. À mon avis, il faut des raisons plus sérieuses pour déroger à un principe aussi fondamental que le principe de la non-rétroactivité de la loi.

Alinéa 3 : La loi nouvelle et les instances en cours

La détermination de l'effet de la loi nouvelle sur les instances en cours est délicate et le législateur y a consacré une disposition qui exprime avec une remarquable concision les principes qui s'appliquent en la matière :

« Les instances en cours demeurent régies par la loi ancienne.

Cette règle reçoit exception lorsque le jugement à venir est constitutif de droits ou que la loi nouvelle, en application des dispositions de la présente loi, a un effet rétroactif. Elle reçoit aussi exception pour tout ce qui concerne la preuve et la procédure. »[459]

Les solutions qu'exprime cette disposition sont dictées par deux ordres de facteurs, les uns relevant de la nature même de l'instance et du rôle qu'y joue le juge et les autres découlant des exigences des principes généraux de la non-rétroactivité et de l'effet immédiat de la loi nouvelle.

Parce que l'instance judiciaire est généralement déclarative de droit, elle n'est pas en principe touchée par un changement dans les règles substantielles que le juge doit appliquer. Son rôle consiste en effet à déclarer si et dans quelle mesure des faits accomplis avant l'introduction de l'action ont ou non entraîné la naissance ou l'extinction d'une situation juridique. Il consiste aussi à déterminer si certaines situations juridiques ont ou non, dans le passé, produit certains effets juridiques. Parce que le regard du juge est généralement tourné vers le passé et parce que la loi nouvelle, en règle

---

nouvelle et prend comme point de départ un événement qui, en l'espèce, s'est produit avant son entrée en vigueur, ce délai, s'il n'est pas déjà écoulé, court à compter de cette entrée en vigueur. »

[459] *Loi sur l'application de la réforme du Code civil*, précitée, note 445, art. 9.

générale, n'a pas d'effet rétroactif, l'instance en cours n'est en principe pas touchée par la loi nouvelle de nature substantielle.

Ce principe connaît trois exceptions. Même si l'instance est déclarative, elle risque d'être touchée par la loi nouvelle de fond lorsque celle-ci, par décision du législateur, doit recevoir une application rétroactive. Le regard du juge, tourné vers le passé, se trouve néanmoins modifié lorsque le législateur change rétroactivement le régime juridique de faits accomplis avant le début de l'instance. La loi nouvelle qui a effet à compter d'un jour antérieur à celui où le juge doit se placer pour apprécier les droits des parties s'applique donc en principe aux instances en cours[460].

La deuxième exception découle du principe de l'effet immédiat de la loi nouvelle. Dans certaines instances, le rôle du juge ne se borne pas à constater et à déclarer des effets de droit déjà produits au jour du début de l'instance. Dans les instances dites constitutives, le juge contribue, par son action, à la naissance ou à l'extinction de situations juridiques. C'est le cas, par exemple, d'une demande de divorce ou de séparation de corps ou encore d'une demande visant la constitution d'une servitude de passage ou la modification de l'assiette d'une servitude[461]. Lorsqu'une instance constitutive est en cours au jour de l'entrée en vigueur de la loi nouvelle, on a affaire à une situation juridique en cours de création ou d'extinction. Selon le principe général de l'effet immédiat de la loi nouvelle, cette instance est régie par la loi nouvelle pour les éléments de création ou d'extinction qui ne sont pas encore réalisés[462].

La troisième exception vise les règles de procédure et de preuve. Comme ces règles ont pour objet le déroulement de l'instance et les moyens de susciter la conviction du juge, le principe de l'effet immédiat commande leur application aux instances en cours pour ce qui concerne leur déroulement postérieur à l'entrée en vigueur de la loi

---

460 Elle s'appliquera même au procès en instance d'appel : *Wightman* c. *Christensen*, précité, note 380.

461 À titre d'exemple : *Entreprises Damath Inc.* c. *Tremblay*, [1997] R.D.I. 508 (C.A.).

462 P. ROUBIER, *op. cit.*, note 62, pp. 227-229.

nouvelle[463]. Une réserve s'impose toutefois, quant à la preuve. En matière de preuve préconstituée et de présomption légale, on appliquera la loi du jour de la survenance des faits ou de la conclusion de l'acte, et non la loi du jour du procès, évitant ainsi de donner à la loi nouvelle un effet rétroactif[464].

SECTION 2 : L'EFFET DE LA LOI DANS L'ESPACE

La portée spatiale des textes législatifs (lois et règlements) peut être abordée à diverses fins et à des points de vue variés. Le droit constitutionnel et le droit administratif considéreront la portée spatiale d'un texte dans une perspective objective, en vue surtout d'en apprécier la validité. Le droit international privé, quant à lui, s'intéressera également aux effets territoriaux des textes législatifs en vue d'identifier le droit applicable à la solution d'un problème, lorsque celui-ci implique des relations juridiques de droit privé où se rencontre un élément d'extranéité. Le droit international privé étudie donc l'effet spatial de lois dans une perspective subjective.

Au contraire, la perspective est objective lorsque se pose la question de la portée spatiale que le législateur a voulu donner à un texte. L'herméneutique juridique s'intéresse au phénomène de l'empire des lois dans l'espace dans une perspective (objective) et pour des fins (déterminer la portée d'un texte) qui lui sont propres. Sa démarche, semblable à celle des constitutionnalistes et des administrativistes (et d'ailleurs préalable à celle-ci) se distingue essentiellement de celle, par exemple, du droit international privé, bien que les principes élaborés dans cette branche du droit doivent, comme nous le verrons, être pris en considération pour qualifier l'application de la loi en termes d'effet territorial.

---

463   La notion de loi de procédure utilisée par Roubier est fort différente de la notion de loi d'effet purement procédural de common law étudiée *supra*, p. 227 et suiv. Sur les difficultés qui en découlent, voir : Odette JOBIN-LABERGE, « L'effet immédiat de la loi en matière de preuve et de procédure : quelle est l'intention du législateur? », (1995) 55 *R. du B.* 3.

464   P. ROUBIER, *op. cit.*, note 62, pp. 229-242; *Loi sur l'application de la réforme du Code civil*, précitée, note 445, art. 141. Les mêmes solutions valent en droit statutaire : voir *supra*, p. 237 et suiv.

On prête en principe au législateur la volonté de faire coïncider les limites spatiales de l'effet de ses lois avec les frontières du territoire soumis à sa compétence (1). Le législateur peut cependant, dans la mesure où il est souverain, déroger au principe général de la territorialité de ses lois (2).

Sous-section 1 : Le principe de la territorialité de la loi

En l'absence de disposition contraire, expresse ou implicite, on présumera que l'auteur d'un texte législatif entend qu'il s'applique aux personnes, aux biens, aux actes ou aux faits qui se situent à l'intérieur des limites du territoire soumis à sa compétence.

Cela signifie d'abord qu'il faut présumer que le législateur ne veut pas donner à ses lois une portée extraterritoriale : tout texte législatif doit, si c'est possible, être interprété et appliqué de manière à respecter cette intention présumée du législateur. Ce principe général a été souvent affirmé en droit canadien. Ainsi, dans l'arrêt *A.G. for Ontario* c. *Reciprocal Insurers*[465], il s'agissait d'apprécier la validité d'une loi ontarienne (*Reciprocal Insurance Act*, 1922, S.O. 1922, c. 62) contestée en raison, entre autres, d'un prétendu effet extraterritorial. Refusant de considérer que la loi en question avait pareil effet, le Comité judiciaire du Conseil privé, sous la plume du juge Duff, justifia ainsi sa conclusion :

> « Leurs Seigneuries ne trouvent, dans le texte de la loi, aucun élément qui donne nécessairement à ses dispositions un effet extra-territorial [...]. Dans son ensemble, le texte de la loi est, de l'avis de leurs Seigneuries, susceptible d'être interprété de manière à ce que ses dispositions, qu'elles soient habilitantes ou prohibitives, s'appliquent uniquement aux personnes et aux actes compris dans la compétence territoriale de la Province. À leur avis, la loi devrait être interprétée de manière à respecter la présomption qui prête au législateur l'intention de limiter l'effet direct de ses lois à de telles personnes et à de tels actes. »[466]

---

465   *A.G. for Ontario* c. *Reciprocal Insurers,* [1924] A.C. 328.

466   *Id.*, 344 et 345 (traduction).

Le même principe d'interprétation a été appliqué par le juge Dickson de la Cour suprême à une loi de Saskatchewan, la *Fatal Accidents Act* (R.S.S. 1965, c. 109) :

> « Si on attribue à la législature de la province de la Saskatchewan, comme il se doit, l'intention de légiférer pour l'intérieur de ses limites territoriales, alors l'article 3 [de la loi en question] doit être interprété comme se limitant à un acte préjudiciable, à une négligence ou à une omission qui est commis en Saskatchewan. »[467]

Ce principe voulant que le législateur n'entende pas donner d'effet extraterritorial à la loi se confond, en matière de lois provinciales, avec celui qui commande de préférer l'interprétation permettant d'affirmer la validité d'un texte à celle qui le rend invalide. En effet, les provinces n'ayant pas en principe le pouvoir de légiférer de façon extraterritoriale[468], on doit prêter aux législateurs provinciaux la volonté de respecter les limites que la Constitution impose à leurs pouvoirs.

Cette règle vaut également pour les administrations municipales dont la compétence ne s'étend en principe qu'aux limites de la municipalité[469].

---

[467] *Moran c. Pyle National (Canada) Ltd.*, [1975] 1 R.C.S. 393, 396. On pourra voir aussi : *R. c. Marchioness of Donegal*, [1924] 2 D.L.R. 1191, 1194 (j. Barry) (N.B.C.A.).

[468] *Royal Bank of Canada c. The King*, [1913] A.C. 283; *Interprovincial Cooperatives Ltd. et Dryden Chemicals Ltd. c. La Reine*, [1976] 1 R.C.S. 477; *La Reine du chef du Manitoba c. Air Canada*, [1980] 2 R.C.S. 303; Michael Terry HERTZ, « The Constitution and the conflict of Laws », (1977) 27 *U. of T. L.J.* 1; Elizabeth EDINGER, « Territorial Limitations of Provincial Powers », (1982) 14 *Ottawa L. Rev.* 57; R.E. SULLIVAN, « Interpreting the Territorial Limitations on the Provinces », (1985) 7 *Supreme Court L. Rev.* 511; John SWAN, « The Canadian Constitution, Federalism, and the Conflict of Laws », (1985) 63 *R. du B. can.* 271; Peter W. HOGG, *Constitutional Law of Canada*, 4ᵉ éd., Toronto, Carswell, 1997, p. 13-1 et suiv.; Jacques BROSSARD, *Les pouvoirs extérieurs du Québec*, Montréal, P.U.M., 1967; André TREMBLAY, *Les compétences législatives au Canada*, Ottawa, Éditions de l'Université d'Ottawa, 1967, p. 279 et suiv.; François CHEVRETTE et Herbert MARX, *Droit constitutionnel*, Montréal, P.U.M., 1982, p. 1175 et suiv.

[469] *Shawinigan Hydro-Electric Co. and Shawinigan Water & Power Co.*, (1912) 45 R.C.S. 585; *Compagnie électrique du Saguenay c. Village de St-Jérôme*, (1932) 52

En application du principe général qui vient d'être énoncé, la Cour d'appel du Québec a jugé que la *Loi des liqueurs alcooliques* n'avait pas d'effet extraterritorial qui l'aurait rendue applicable à un acte juridique intervenu à l'extérieur du Québec. Dans l'arrêt *Faucher* c. *Commission des liqueurs de Québec*[470], la Cour annula la condamnation d'une dame Faucher, accusée d'avoir vendu des liqueurs alcooliques contrairement aux dispositions de la loi. La pièce où la vente avait eu lieu faisait partie d'un édifice construit sur la frontière entre le Canada et les États-Unis et la frontière traversait en diagonale la pièce en question. Comme il n'y avait eu aucune preuve de l'endroit exact dans la pièce où la vente avait été effectuée, la Cour estima que la condamnation devait être cassée[471].

Dans l'affaire *Association pharmaceutique de la Province de Québec* c. *T. Eaton & Co.*[472], la majorité des juges de la Cour d'appel estima que la *Loi de pharmacie* ne pouvait s'appliquer à la vente de drogues si celle-ci avait lieu hors du Québec. Dans *Canadian Pacific Railway Co.* c. *Parent*[473], le Comité judiciaire du Conseil privé invoqua le principe de la territorialité de la loi pour limiter la portée spatiale de l'article 1056 du *Code civil du Bas Canada* et déclarer qu'il fallait présumer qu'il n'était applicable qu'à des délits ou quasi-délits commis dans les limites du territoire québécois[474].

Le principe de la territorialité de la loi veut également que l'on présume qu'un texte législatif s'applique sur l'ensemble du territoire

---

B.R. 305; *Vennes* c. *Cité de Grand-Mère*, [1968] C.S. 118. On peut également, à ce sujet, invoquer l'article 42, al. 2, de la loi québécoise, précitée, note 6, qui prescrit que « nulle loi d'une nature locale et privée n'a d'effet sur les droits des tiers à moins qu'ils n'y soient spécialement mentionnés ».

[470] *Faucher* c. *Commission des liqueurs de Québec,* (1931) 50 B.R. 13.

[471] Pour un cas analogue, voir : *Boivin, Wilson & Co.* c. *Lord*, (1925) 63 C.S. 318.

[472] *Association pharmaceutique de la Province de Québec* c. *T. Eaton Co.,* (1931) 50 B.R. 482.

[473] *Canadian Pacific Railway Co.* c. *Parent,* [1917] A.C. 195.

[474] Ce principe s'applique à la *Charte canadienne des droits et libertés* : *Spencer* c. *La Reine,* [1985] 2 R.C.S. 278. Pour son application à des lois fédérales : *Shields* c. *Peak,* (1882) 8 R.C.S. 579; *Button* c. *Ministre de la Main-d'oeuvre et de l'Immigration,* [1975] C.F. 277 (C.A.). On y aura aussi recours pour limiter l'effet, au Canada, de lois étrangères : *McIntyre Porcupine Mines Ltd.* c. *Hammond,* (1981) 119 D.L.R. (3d) 139 (Ont.H.C.J.).

assujetti à la compétence du législateur : on ne peut présumer qu'une loi a une portée purement locale ou qu'un règlement municipal ne s'applique qu'à une partie d'une municipalité. Cet aspect du principe de la territorialité est énoncé sous forme de présomption au premier paragraphe de l'article 8 de la *Loi d'interprétation* fédérale : « Sauf disposition contraire y figurant, un texte s'applique à l'ensemble du pays ».

Bien qu'on ne trouve pas de disposition analogue dans la loi québécoise, la présomption s'y appliquerait néanmoins en vertu des règles d'interprétation[475].

Un troisième principe peut être rattaché à la présomption générale de territorialité des lois, soit celui qui veut que des mots qui désignent des personnes, des biens, des actes ou des faits s'interprètent comme faisant référence à des personnes, des biens, des actes ou des faits situés à l'intérieur du territoire auquel s'étend la compétence de l'autorité législative ou réglementaire[476]. Par exemple, on a décidé que la mention du jugement d'une « cour d'appel » dans un article du *Code criminel* ne pouvait s'interpréter comme faisant référence à un jugement d'une cour d'appel anglaise. Le juge Rinfret, de la Cour suprême, estima que « le principe veut que des expressions générales dans une loi se rapportent uniquement à des personnes ou à des choses situées sur le territoire, à moins que l'intention contraire n'apparaisse »[477].

---

475   *Arrow River & Tributaries Slide & Boom Co.* c. *Pigeon Timber Co.*, [1932] R.C.S. 495, 509 (j. Lamont).

476   Ce n'est là qu'une présomption, dont il faut user avec précaution, puisque le simple fait que la loi prétende s'appliquer à l'égard d'un acte juridique posé à l'étranger n'implique pas nécessairement un effet extraterritorial. Ainsi, on a statué que la référence à un jugement dans une loi ontarienne pouvait s'interpréter comme la référence à un jugement étranger : *Jones* c. *Kansa General Insurance Co.*, (1992) 93 D.L.R. (4th) 481 (C.A.Ont.).

477   *Arcadi* c. *The King*, [1932] R.C.S. 158, 159 (traduction). Voir également, dans le même sens : *City of Detroit* c. *Township of Sandwich West*, [1970] R.C.S. 627.

Sous-section 2 : Les dérogations au principe de la territorialité de la loi

Jusqu'à maintenant, on tenait pour acquis qu'il était relativement facile de déterminer si une loi avait ou non un effet coïncidant avec les frontières du territoire soumis à l'autorité du législateur. Or, il n'en est rien et il est souvent, sinon toujours, plus délicat de déterminer si telle ou telle application d'une loi lui donne un effet extraterritorial que de savoir si le législateur a entendu lui donner cet effet. Ces difficultés de qualification rendent l'application du principe souvent délicate[478].

Pour cette raison, avant de faire état des dérogations au principe de la territorialité des lois, il convient de traiter des difficultés de qualification liées à la délimitation des effets territoriaux des lois.

Paragraphe 1 : Les difficultés de qualification liées à la délimitation de l'effet territorial des lois

Il est difficile d'établir avec certitude le champ d'application spatiale d'un texte législatif en raison des problèmes que suscite la localisation des personnes, des biens, des actes ou des faits que la loi prétend régir. D'une part, le lieu physique où se trouve une personne ou un bien, où se conclut un acte, où se produit un fait ne coïncide pas nécessairement avec le *situs*, le lieu, que lui assigne le droit. D'autre part, des considérations liées aux exigences de la courtoisie entre États influent sur la qualification de l'effet territorial d'un texte.

Un État peut juger inopportun ou contraire à la courtoisie entre États de régir des personnes ou des biens qui, matériellement situés à l'intérieur de ses frontières, n'entretiennent cependant avec lui que des liens superficiels ou accidentels. Ainsi, le *Code civil du Québec*

---

478   Ainsi, il n'est pas contesté que la *Charte canadienne des droits et libertés* n'a pas d'effet extraterritorial. Cela n'a pas empêché un contentieux important sur la question de savoir si, dans telles ou telles circonstances, l'application de la Charte aurait été contraire au principe de la territorialité de la loi. Voir, à titre d'exemples : *R. c. Cook*, [1998] 230 N.R. 83 (C.S.C.); *Schreiber c. Canada*, [1998] 1 R.C.S. 841; *R. c. Terry*, [1996] 2 R.C.S. 207; *R. c. Harrer*, [1995] 3 R.C.S. 562.

(art. 3083) prévoit-il que les lois québécoises sur l'état et la capacité des personnes physiques ne s'appliquent pas aux personnes qui se trouvent au Québec, mais qui sont domiciliées ailleurs.

Un État peut, au contraire, étendre l'effet de ses lois à des personnes ou à des biens qui, même s'ils sont situés physiquement à l'étranger, ont ou conservent avec lui un lien important. Ainsi, l'article 3083 du *Code civil du Québec* édicte-t-il que le droit québécois concernant l'état et la capacité suit une personne physique qui est domiciliée au Québec lorsque celle-ci se rend à l'étranger.

Il en découle qu'aux yeux du droit, une loi n'a pas d'effet extraterritorial simplement parce qu'elle prétend régir une personne, un bien, un acte ou un fait physiquement situés à l'étranger. C'est le *situs* aux yeux du droit qui doit être pris en considération. Ainsi, en matière d'accidents du travail, on a jugé à plusieurs reprises que la loi d'une province pouvait être applicable à un accident du travail survenu hors du territoire de celle-ci, sans qu'on doive considérer qu'il s'agissait là d'un effet extra-territorial : même survenu à l'étranger, l'accident avait avec la province en question un lien substantiel, compte tenu du lieu de résidence des parties au contrat de travail, du lieu de la conclusion du contrat, etc.[479] De même, une loi provinciale en matière d'accidents de travail n'a pas d'effet extraterritorial parce qu'elle confère un avantage, en cas de décès d'un travailleur, à une personne résidant à l'étranger[480]. En matière de déontologie professionnelle, les règles peuvent être applicables à des gestes posés à l'étranger[481].

En résumé, et en simplifiant, on peut dire que la loi d'un État a un effet extraterritorial lorsqu'elle entend régir des personnes, des

---

[479]   Workmen's Compensation Board c. Canadian Pacific Railway Co., [1920] A.C. 184; Vincent c. Compagnie de chemin de fer du Grand Tronc du Canada, (1914) 45 C.S. 353; Bonneau c. Live Fish Co., (1922) 60 C.S. 454.

[480]   Krzus c. Crow's Nest Pass Coal Co., [1912] A.C. 590.

[481]   Paquette c. Comité de discipline de la Corporation professionnelle des médecins du Québec, J.E. 95-425 (C.A.); Legault c. Law Society of Upper Canada, (1976) 58 D.L.R. (3d) 641 (Ont.C.A.); Underwood McLellan and Association of Professional engineers of Saskatchewan, (1980) 103 D.L.R. (3d) 268 (Sask.C.A.).

biens, des actes ou des faits juridiques qui n'ont pas un « lien réel et important » avec cet État[482].

Quand peut-on dire qu'un tel lien existe? Pour répondre à cette question, les tribunaux feront appel, pour les guider, principalement (mais non exclusivement) aux méthodes de rattachement développées en droit international privé[483]. La localisation d'une personne, d'un bien, d'un acte ou d'un fait juridiques exigera la qualification du problème juridique et l'application des diverses règles de rattachement qui indiquent le système juridique qui doit régir la situation.

Le résultat de ce processus de localisation devra être à son tour apprécié à la lumière des exigences de la courtoisie entre États, exigences qui, entre provinces canadiennes, peuvent prendre une forme différente de celle qu'elle empruntera dans les relations entre des États pleinement souverains[484].

Ces opérations de qualification sont délicates et peuvent donner lieu à des controverses qui, rappelons-le, ne portent pas sur l'intention du législateur de conférer ou non un effet extraterritorial à la loi : ce qui est discuté, c'est la question de savoir si telle application de la loi en constitue ou non une application extraterritoriale.

---

482   *Libman* c. *La Reine*, [1985] 2 R.C.S. 179, 213.

483   C'est également le cas lorsqu'il s'agit d'apprécier la validité constitutionnelle d'une loi provinciale attaquée pour cause d'extra-territorialité. Voir à ce sujet le *dictum* du juge Pigeon dans *Interprovincial Cooperatives Ltd. et Dryden Chemicals Ltd.* c. *La Reine*, précité, note 468, 513. Ces méthodes de rattachement doivent toutefois être adaptées aux exigences particulières des relations entre États fédérés : J. SWAN, *loc. cit.*, note 468; John SWAN, « Federalism and the Conflict of Laws », (1995) 46 *So. Carolina L. Rev.* 923; Jason HERBERT, « The Conflict of Laws and Judicial Perspectives on Federalism : A Principled Defence of Tolofson v. Jensen », (1998) 56 *U. of T. L. Rev.* 3.

484   *Morguard Investments Ltd.* c. *De Savoye*, [1990] 3 R.C.S. 1077; *Hunt* c. *T&N PLC*, [1993] 4 R.C.S. 289; *Tolofson* c. *Jensen*; *Lucas (tutrice à l'instance de)* c. *Gagnon*, [1994] 3 R.C.S. 1022. Sur le rôle de la Cour suprême dans la coordination des droits des diverses provinces canadiennes, on verra : Gérald GOLDSTEIN, « L'expérience canadienne en matière d'uniformisation, d'harmonisation et de coordination des droits », (1998) 32 *R.J.T.* 235, 308 et suiv.

L'arrêt *R. c. Thomas Equipment Ltd.*[485] fournit un exemple intéressant de ces difficultés de rattachement. Dans l'espèce, il s'agissait de localiser non pas un acte juridique mais (on conviendra que cela puisse être délicat) l'omission d'accomplir un acte. Les faits sont les suivants : la compagnie Thomas Equipment Ltd. (Thomas) fabrique au Nouveau-Brunswick du matériel agricole. Elle passe un contrat avec un commerçant de l'Alberta (Suburban) en vue de la vente de matériel et de l'éventuelle revente de ces marchandises en Alberta.

Vers le 11 juin 1975, Suburban avise son fournisseur Thomas qu'elle met fin au contrat qui les lie et lui demande de racheter le matériel agricole, les accessoires et les pièces qu'elle n'avait pas vendus. L'avis est donné par courrier recommandé reçu par Thomas au Nouveau-Brunswick. À la suite du refus de Thomas de procéder au rachat, une plainte est déposée contre cette entreprise qui aurait, par son refus, violé le troisième paragraphe de l'article 22 du *Farm Implement Act* de l'Alberta (R.S.A. 1970, c. 136). Thomas, trouvée coupable, est condamnée à une amende de 200 dollars par le juge de première instance, en appelle et a gain de cause aux deux niveaux d'appel dans la province. La Cour suprême, à la majorité, rétablira cependant la condamnation.

La question qui se pose est celle de savoir où il faut situer le refus et l'omission de Thomas de se conformer à l'avis de rachat : en Alberta ou au Nouveau-Brunswick? La majorité en Cour suprême va insister sur les éléments de la relation juridique entre les parties qui permettent de rattacher le comportement de Thomas au droit de l'Alberta : 1) le contrat a des éléments albertains importants : il a en vue non seulement la vente des marchandises, mais aussi leur revente en Alberta; son exécution a lieu en Alberta et il est, en raison de son objet, soumis au *Farm Implement Act*; 2) « Thomas n'est pas mise à l'amende en vertu de la Loi pour ce qu'elle a fait au Nouveau-Brunswick (c'est-à-dire le refus de se conformer à l'avis de rachat) mais pour ce qu'elle n'a pas fait en Alberta » (c'est-à-dire le rachat de la marchandise)[486]; 3) « la poursuite contre Thomas est fondée sur une disposition de la loi entièrement indépendante du contrat »[487] :

485   *R. c. Thomas Equipment Ltd.*, [1979] 2 R.C.S. 529.

486   *Id.*, 544 et 545 (j. Martland, pour la majorité).

487   *Id.*, 545.

il n'est donc pas pertinent de faire valoir que le contrat est régi, d'après ses termes mêmes, par le droit du Nouveau-Brunswick.

L'opinion dissidente, signée du juge Laskin, insiste, comme il se doit, sur les facteurs qui rattachent le comportement de Thomas au droit du Nouveau-Brunswick : 1) Thomas n'exerce pas d'activité en Alberta ni directement ni par mandataire : le contrat est un simple contrat de vente, conclu au Nouveau-Brunswick et, d'après ses propres termes, soumis au droit de cette province. 2) C'est au Nouveau-Brunswick que le contrat a expiré et c'est là qu'il faut situer le défaut ou le refus de Thomas : « Comment alors, se demande le juge Laskin, l'expiration au Nouveau-Brunswick d'un contrat conclu au Nouveau-Brunswick, [...] peut-elle donner à Suburban le droit d'invoquer unilatéralement un avantage que la loi albertaine lui accorde contre Thomas »[488]. Les dissidents estiment donc que l'application de la Farm Implement Act à Thomas « revient à donner une portée extraterritoriale à la loi albertaine »[489].

Dans l'affaire *Thomas*, aucune question d'ordre constitutionnel n'était soulevée et la seule question à trancher était l'interprétation de la loi par rapport aux faits. Toutefois, en pratique, les problèmes de rattachement sont le plus souvent posés en vue d'apprécier la validité constitutionnelle des lois provinciales[490]; comme on l'a indiqué, la Constitution limite le pouvoir des provinces de déroger au principe de la territorialité de la loi.

Paragraphe 2 : La dérogation au principe de la territorialité de la loi

Comme présomption d'intention du législateur, le principe de la territorialité de la loi est susceptible d'être écarté par une indication contraire de volonté, indication expresse ou tacite. Le principe de la territorialité n'est cependant pas, pour les autorités provinciales et

---

488   *Id.*, 533.

489   *Id.*, 533.

490   Voir, par exemple : *Workmen's Compensation Board* c. *Canadian Pacific Railway Co.*, précité, note 479; *Interprovincial Cooperatives Ltd. et Dryden Chemicals Ltd.* c. *La Reine*, précité, note 468; *Hunt* c. *T&N PLC*, précité, note 484.

municipales, qu'une simple règle d'interprétation : c'est, au surplus, une règle de compétence en ce sens que les législateurs provinciaux et municipaux n'ont pas, en principe, le pouvoir de donner à leurs lois des effets extraterritoriaux[491].

Les lois fédérales ne sont pas assujetties à cette limitation[492]. Ainsi, le *Code criminel*, après avoir affirmé, au paragraphe 6(2), le principe de la territorialité de la loi pénale y apporte, à l'article 7, de multiples dérogations en matière, notamment, d'infractions commises à bord d'un aéronef, d'infractions liée à la prise d'otages, de crimes de guerre ou de crimes contre l'humanité.

S'il s'agit de déroger au principe de la territorialité en adoptant des lois de portée locale, les provinces comme le fédéral ont pleine liberté d'action. Quant aux autorités municipales, un règlement qui ne s'appliquerait qu'à une partie de la municipalité pourrait être contesté si la pratique n'est pas autorisée expressément ou implicitement par la loi habilitante[493].

SECTION 3 : L'EFFET DE LA LOI À L'ÉGARD DES PERSONNES

Deux questions principales se soulèvent quant à l'application de la loi aux personnes : quelles personnes sont touchées par la loi? Quelle est la contrainte exercée par la loi sur les actes des personnes qui lui sont soumises? On traitera d'abord de l'effet des lois sur la Couronne et, s'il s'agit de la loi privée, sur les tiers, puis on examinera la force obligatoire de la loi.

---

491   Pour les provinces, voir les textes cités à la note 468. Pour les municipalités, voir la note 469.

492   *Croft* c. *Dunphy*, [1933] A.C. 156; *Statut de Westminster de 1931*, 22 Geo. V, R.-U., c. 4, art. 3. Cet article n'est pas rendu applicable aux provinces : art. 7(2). Le troisième paragraphe de l'article 8 de la *Loi d'interprétation* fédérale a pour objet d'écarter tout doute quant à la validité constitutionnelle des lois fédérales édictées avant l'entrée en vigueur du *Statut de Westminster* et qui auraient, expressément ou implicitement, une application extraterritoriale.

493   Pour des cas d'autorisation implicite, on verra Lorne GIROUX, *Aspects juridiques du règlement de zonage au Québec*, Québec, Presses de l'Université Laval, 1979, p. 173 et suiv.

Sous-section 1 : L'effet des lois à l'égard de la Couronne

La Couronne est une institution, distincte de la personne physique du Souverain, qui symbolise et en quelque sorte personnifie l'État canadien et l'État des diverses provinces. Alors que la Couronne est en principe soumise à la common law, elle bénéficie d'immunités à l'égard du droit statutaire. Les pages qui suivent entendent décrire la nature et la portée de ces immunités.

Avant toutefois de s'engager dans cette description, il faut signaler que la question des immunités de la Couronne à l'égard des lois se double, en droit canadien, d'un problème constitutionnel particulièrement délicat : celui des immunités dont les divers États canadiens, l'État fédéral et les États membres, bénéficient les uns à l'égard des autres. Une loi fédérale peut-elle contraindre la Couronne québécoise? À quelles conditions? Une loi québécoise est-elle applicable aux actes de l'État fédéral?

Les réponses à ces questions soulèvent bien certains problèmes d'interprétation des lois en question[494], mais il serait présomptueux de vouloir traiter ici d'un sujet aussi complexe et dont l'étude ressortit naturellement plutôt au droit constitutionnel. Il ne sera donc question que des immunités de la Couronne dans l'ordre interne[495].

---

[494]   Par exemple, les mots « Couronne » ou « Sa Majesté » dans une loi provinciale doivent-ils être interprétés de manière à désigner d'autres « Couronnes » que celle du chef de la province qui a édicté la loi? La même règle vaudrait-elle pour une loi fédérale? Voir, entre autres décisions : *Gauthier* c. *The King*, (1917) 56 R.C.S. 176; *Sa Majesté du Chef de l'Alberta* c. *Commission canadienne des transports*, [1978] 1 R.C.S. 61; *Alberta Government Telephones* c. *Canada (Conseil de la radiodiffusion et des télécommunications canadiennes)*, [1989] 2 R.C.S. 225; *Mitchell* c. *Bande indienne Peguis*, [1990] 2 R.C.S. 85; *Société des Alcools du Québec* c. *Steinberg Inc.*, [1992] R.J.Q. 2701 (C.A.).

[495]   Sur les immunités interétatiques en droit constitutionnel canadien, on pourra consulter : Colin H.H. McNAIRN, *Governmental and Intergovernmental Immunity in Australia and Canada*, Toronto, University of Toronto Press, 1977; Peter W. HOGG, *Constitutional Law of Canada*, 2e éd., Toronto, Carswell, 1985, p. 10.17 et suiv.; Patrice GARANT, *Droit administratif*, 4e éd., vol. 1, Cowansville, éditions Yvon Blais, 1996, p. 84 et suiv.; François CHEVRETTE et Herbert MARX, *Droit constitutionnel*, Montréal, Presses de l'Université de Montréal, 1982, p. 226 et suiv.

C'est la common law qui a d'abord reconnu à la Couronne le privilège de n'être pas assujettie à une loi. Ce privilège a cependant été en partie codifié dans les lois d'interprétation canadienne et québécoise. Après avoir considéré l'immunité de la Couronne à l'égard des lois telle qu'elle s'est élaborée en common law, on examinera les effets de la codification.

Paragraphe 1 : L'immunité de la Couronne à l'égard des lois en common law

Reconnue dès le XVe siècle[496], l'immunité de la Couronne à l'égard des lois a reçu des formulations diverses qui peuvent être regroupées sous deux modèles. La formulation que j'appellerai « objective » déclare que, en règle générale, la Couronne n'est pas liée par une loi qui ne la mentionne pas. La formulation « subjective » de l'immunité veut que les prérogatives, droits, titres ou intérêts de Sa Majesté ne soient pas, en règle générale, atteints par une loi sauf mention expresse dans celle-ci.

Voici comment le principe est formulé par Chitty dans son célèbre *Prerogatives of the Crown* :

> « La règle générale est claire : bien que le Roi puisse se prévaloir de toutes les lois du Parlement, il n'est pas lié par celles qui ne le mentionnent pas en particulier et de façon expresse [...]. Mais les lois du Parlement qui aboliraient ou restreindraient le moindrement les prérogatives, les droits ou les recours du Roi ne s'appliquent pas au Roi et ne le lient pas, à moins d'une disposition expresse à cet effet. »[497]

Plus récemment, cette immunité de la Couronne a été ainsi décrite par le Comité judiciaire du Conseil privé :

> « Le principe général à appliquer en examinant la question de savoir si la Couronne est liée par les dispositions générales d'une loi est

---

[496] En 1457, le juge Ashton déclarait : « Quant un remedy soit fait pur un statute ce ne serra entendu en contre le Roy s'il ne soit pas expressément reherse », Y.B. 35 H 6, f 62.

[497] Joseph CHITTY, *Prerogatives of the Crown*, Londres, Butterworths, 1820, pp. 382 et 383 (traduction).

bien connu. Selon l'ancienne maxime juridique, aucune loi ne lie la Couronne si celle-ci n'y est expressément mentionnée [...]. »[498]

On trouve, dans la jurisprudence, deux types de justification de cette immunité. La plus généralement répandue est celle qu'a invoquée le juge Alderson dans les termes suivants :

« C'est une règle bien établie, de façon générale, que, dans l'interprétation des lois, le Roi n'est pas inclus, à moins de termes exprès à cet effet; car on suppose, *prima facie*, que la loi édictée par la Couronne, avec l'assentiment des Lords et de la Chambre des Communes, s'adresse aux sujets et non à la Couronne. »[499]

Plus rarement, l'immunité est justifiée par référence au principe général qui veut qu'une loi soit présumée ne pas introduire plus de changement dans le droit qu'il n'y est expressément décrété. Les immunités de la Couronne sont consacrées par le droit et la loi nouvelle n'est pas censée y déroger :

« si l'intention est d'apporter au droit une modification nette et ferme, on s'attend à trouver des termes nets et fermes qui opèrent cette modification. »[500]

Destiné à mettre la Couronne à l'abri des textes législatifs qui la défavoriseraient, le principe de l'immunité à l'égard des lois serait sans effet s'il ne profitait pas aux personnes qui agissent exclusivement pour Sa Majesté et en son nom. Il est en conséquence admis que l'immunité à l'égard des lois peut être invoquée non seulement par la Couronne, mais aussi par ses mandataires et préposés lorsqu'ils agissent pour les fins de l'État[501].

---

[498] *Province of Bombay* c. *City of Bombay*, [1947] A.C. 58, 61 (Lord Du Parcq) (traduction).

[499] *A.G.* c. *Donaldson*, (1842) 10 M. & W. 117, 123 et 124; 152 E.R. 406, 408 et 409 (traduction).

[500] M.R. JESSEL, dans *Ex p. Postmaster General. In Re Bonham*, (1879) 10 Ch. D. 595, 601.

[501] *Canadian Broadcasting Corp.* c. *A.G. for Ontario*, [1959] R.C.S. 188; *R.* c. *Coleman*, [1939] 3 D.L.R. 493 (Man.C.A.); *Cooper* c. *Hawkins*, [1904] 2 K.B. 164. Voir cependant *Conseil des ports nationaux* c. *Langelier*, [1969] R.C.S. 60; *Compagnie d'assurance Fidélité du Canada* c. *Cronkhite Supply Ltd.*, [1979] 2 R.C.S. 27; *Bank of Montreal* c. *Bay Bus Terminal (North Bay) Ltd.*, (1972) 24

On aura noté que l'exigence d'une mention expresse pour que la Couronne soit liée est toujours présentée comme une règle générale[502]. En effet, la Couronne peut, en common law, être assujettie à une loi non seulement dans l'hypothèse d'une disposition expresse, mais également lorsque le contexte d'une disposition ou son objet font voir la volonté du législateur de lier la Couronne.

L'exclusion de l'immunité par disposition expresse ne soulève pas de difficulté particulière, sauf qu'on a décidé qu'il ne suffisait pas que la Couronne soit nommée dans une loi pour que toutes les dispositions de celle-ci s'appliquent à Sa Majesté : il faut que la mention de la Couronne puisse s'interpréter comme manifestant la volonté d'assujettir la Couronne[503]. Ajoutons qu'un règlement ne saurait validement déclarer s'appliquer à la Couronne que si la loi qui autorise l'adoption du règlement le permet.

L'immunité de la Couronne peut être exclue, en common law, même en l'absence de disposition expresse. C'est Coke dans l'affaire *Magdalen College Cambridge*[504] qui distingua trois catégories de lois qui s'appliquaient à la Couronne même sans mention expresse : 1) les lois qui visent le maintien de la religion, l'avancement de l'éducation et le soulagement des pauvres; 2) les lois édictées pour réprimer un abus; 3) les lois qui donnent effet à la volonté d'un donateur ou testateur. Matthew Bacon, dans son *Abridgment*, résume ainsi les exceptions :

> « Sur ce point, une règle a été établie, à savoir : lorsqu'une loi du Parlement est édictée pour le bien public, pour l'avancement de la religion et de la justice, et pour la prévention des préjudices et des

---

D.L.R. (3d) 13 (Ont.H.C.), confirmé par (1973) 30 D.L.R. (3d) 24 (Ont.C.A.) et par [1978] 1 R.C.S. 1148. Un mandataire de la Couronne peut cependant être, dans certaines circonstances, dépouillé de son immunité à l'égard de la loi : *Société Radio-Canada c. La Reine*, [1983] 1 R.C.S. 339; *R. c. Eldorado Nucléaire Limitée*, [1983] 2 R.C.S. 551.

502 *Supra*, p. 263.

503 *Ex p. Postmaster General. In Re Bonham*, précité, note 500.

504 *Magdalen College Cambridge*, (1616) 11 Co. Rep., 66 b; 77 E.R. 1235.

abus, le Roi est lié par une telle loi, même s'il n'y est pas spécifiquement nommé. »[505]

Bien qu'elles aient reçu quelques appuis jurisprudentiels[506], ces formulations archaïques des cas d'exception ont tendance à être délaissées à l'époque moderne : toutes les lois étant édictées « pour le bien public », on voit mal les cas où le principe général pourrait continuer de s'appliquer[507].

Il paraît préférable de dire que, selon la common law, la Couronne est liée par une loi si les termes, le contexte ou l'objet de celle-ci font voir une volonté d'assujettir Sa Majesté. Dans l'arrêt *Province of Bombay* c. *City of Bombay*[508], le Comité judiciaire du Conseil privé, après avoir rappelé le principe général de l'immunité, ajoute :

> « Mais cette règle souffre au moins une exception. La Couronne, comme on l'a souvent dit, peut être liée par la voie d'une "implication nécessaire". En d'autres termes, s'il est manifeste, d'après le texte même de la loi, que le législateur entendait lier la Couronne, le résultat est le même que si la Couronne était expressément nommée. »[509]

Plus loin, Lord du Parcq précise que l'un des cas où l'on peut présumer que la Couronne a entendu se soumettre à la loi est celui où, « au moment où la loi a été adoptée et a reçu la sanction royale, il ressortait clairement de son libellé qu'elle serait privée de tout effet salutaire si elle ne liait pas la Couronne [...]. »[510]

La Couronne, qui n'est pas liée par une loi sauf mention expresse ou « implication nécessaire », a toutefois la faculté de se prévaloir de

---

505   Matthew BACON, *A New Abridgment of the Law*, 6ᵉ ed., Dublin, White, 1793, Prerogative, E. 5 (traduction).

506   W.F. CRAIES, *op. cit.*, note 83, p. 439 et suiv.

507   *Province of Bombay* c. *City of Bombay*, précité, note 498, 62 et 63.

508   *Id.*

509   *Id.*, 61 (traduction).

510   *Id.*, 63 (traduction).

toute loi même si elle n'y est pas nommée[511]. Le législateur peut cependant nier cette faculté à la Couronne[512].

Lorsque la Couronne n'est pas assujettie directement à une loi, elle peut néanmoins, par son comportement, faire en sorte que les dispositions de cette loi lui soient applicables. C'est notamment le cas lorsque la Couronne entend se prévaloir des dispositions d'une loi : elle ne peut alors se considérer soustraite aux dispositions de cette loi qui lui seraient défavorables et qui forment la contrepartie des avantages dont elle se prévaut [513]. Autrement dit, la Couronne ne peut, en se prévalant d'une loi, choisir à sa guise les dispositions qui la régiront de manière à imposer à un sujet de droit des obligations plus lourdes que celles que lui impose la loi :

> « Qu'une responsabilité ne puisse pas être imposée à la Couronne, sauf par une loi où le Souverain est nommé, ou que toute autre prérogative ne doive pas être considérée comme abolie à moins que l'intention n'en ait été manifestement exprimée dans un texte qui nomme la Couronne, cela ne signifie pas que la responsabilité d'un sujet puisse être étendue au-delà de la limite expressément prévue par la loi. »[514]

---

[511]   J. CHITTY, op. cit., note 497, p. 382; Patrice GARANT, op. cit., note 495, p. 58; H. STREET, « The Effect of Statutes upon the Rights and Liabilities of the Crown », (1947-48) 7 U. of T. L.J. 357, 373 et 374; Toronto Transportation Commission c. The King, [1949] R.C.S. 510.

[512]   Nisbet Shipping Co. c. The Queen, [1955] 4 D.L.R. 1 (C.J.C.P.).

[513]   Sparling c. Québec (Caisse de dépôt et placement du Québec), [1988] 2 R.C.S. 1015; Alberta Government Telephones c. Canada (Conseil de la radiodiffusion et des télécommunications canadiennes), précité, note 494; Alberta c. Canadian Commercial Bank, (1990) 64 D.L.R. (4th) 363 (Alta.C.A.); Neary c. A.G. Nova Scotia, (1995) 119 D.L.R. (4th) 597 (N.S.C.A.); P.G. du Québec c. Dupont, J.E. 97-1411 (C.A.); A.G. of B.C. c. Royal Bank of Canada and Island Amusement Co., (1936) 51 B.C.R. 241 (B.C.C.A.), confirmé par [1937] R.C.S. 459; R. c. Murray, [1965] 2 R.C. de l'É. 663, confirmé par [1967] R.C.S. 262. Voir cependant : Toronto Area Transit Operating Authority c. Mississauga (City), (1996) 133 D.L.R. (4th) 257 (Ont.Gen.Div.).

[514]   Le juge Locke, dissident, dans Gartland Steamship Co. and LaBlanc c. The Queen, [1960] R.C.S. 315, 345 (traduction). Cet extrait a été cité et approuvé par M. le juge Martland parlant pour la Cour dans R. c. Murray, précité, note 513, 267.

Si la Couronne poursuit un particulier en se fondant sur une loi, le particulier dispose donc en principe contre la Couronne des moyens de défense que la loi prévoit.

La Couronne peut également se soumettre à une loi qui ne la lie pas directement lorsque la loi a pour objet la réglementation d'un contrat. En concluant ce contrat, on présumera que la Couronne a accepté non seulement celles de ses clauses qui sont spécialement prévues, mais également celles qui en font implicitement partie en vertu de la loi. La Cour suprême a eu l'occasion dans l'arrêt *Banque de Montréal* c. *P.G. de la province de Québec*[515] de préciser la distinction qu'il faut opérer entre la loi qui prétendrait lier directement la Couronne et celle qui ne s'applique à celle-ci que comme élément d'un contrat qu'elle a volontairement conclu.

Dans ce cas, la Couronne québécoise prétendait n'être pas soumise au troisième paragraphe de l'article 49 de la *Loi des lettres de change* (S.R.C. 1970, c. B-5) qui, dans le cas de faux endossement, exige du tireur qu'il donne avis du faux endossement au tiré dans l'année de la connaissance du faux, à peine de perdre son recours contre ce dernier. La Cour suprême, infirmant le jugement de la Cour d'appel, affirma l'application de cette disposition à la Couronne québécoise à titre de clause implicite du contrat bancaire conclu par la Couronne. Le juge Pratte, pour la Cour, exprima ainsi le principe de l'assujettissement de la Couronne aux lois qui réglementent les contrats conclus par elle :

> « Les règles relatives à la responsabilité de la Couronne sont donc différentes selon que la source de l'obligation est contractuelle ou législative. La Couronne est liée par une obligation contractuelle de la même manière qu'un particulier alors qu'en règle générale, elle ne l'est pas par une obligation qui découle de la loi seule à moins d'y être nommée. C'est dire également que sous la réserve possible d'un nombre limité d'exceptions qui de toute façon ne sauraient s'appliquer ici, les droits ou prérogatives de la Couronne ne peuvent être invoqués pour limiter ou modifier le contenu d'un contrat qui comprend non seulement ce qui y est expressément stipulé, mais

---

Banque de Montréal c. *P.G. de la province de Québec,* [1979] 1 R.C.S. 565.

également tout ce qui en découle normalement suivant l'usage ou la loi. »[516]

En terminant cette brève description de l'immunité de la Couronne à l'égard des lois telle qu'elle se présente en common law, il faut mentionner que, comme le Code civil et le *Code de procédure civile* du Québec occupent, *grosso modo*, le champ imparti à la common law dans les autres provinces, on trouve des arrêts où il est affirmé que « la Couronne est soumise aux Codes »[517].

Il faut se garder cependant de considérer ces textes comme l'affirmation d'un principe général voulant que la Couronne puisse être dépouillée de ses prérogatives, ou que celles-ci puissent être atteintes par une disposition du Code civil ou du *Code de procédure civile* qui ne mentionne pas la Couronne. Il faut en effet distinguer les droits de la Couronne qui sont de nature privée et qui doivent s'exercer selon les règles qui régissent les rapports entre particuliers (et donc selon les Codes), des droits de la Couronne qui lui appartiennent « comme attribution de la souveraineté »[518], droits qui ne sauraient en principe être atteints par une disposition des Codes qui ne les mentionne pas[519].

Le nouveau *Code civil du Québec* contient une disposition qui rend applicable en principe à l'État et à ses organismes les articles regroupés au livre des obligations[520]. On ne saurait, à notre avis,

---

516   *Id.*, 574. Voir aussi, *Bank of Montreal* c. *Bay Bus Terminal (North Bay) Ltd.*, précité, note 501.

517   *Exchange Bank of Canada* c. *The Queen*, (1886) 11 A.C. 157, 163; *Banque de Montréal* c. *P.G. de la Province de Québec*, précité, note 515.

518   *Campbell* c. *Judah*, (1884) 7 L.N. 147; *In re Colonial Pianos Ltd.*, (1927) 65 C.S. 316.

519   Toutes les prérogatives de la Couronne ne feraient cependant pas partie de ces droits qui appartiennent au Souverain comme attribution de la souveraineté. Voir à ce sujet : *Monk* c. *Ouimet*, (1874) 19 L.C.J. 71.

520   Art. 1376 C.c.Q. L'application du livre des obligations à l'État et à ses organismes (il s'agit des organismes que l'on qualifie en droit public de « mandataires de la Couronne, de l'État ou du Gouvernement ») est affirmée, « sous réserve des autres règles qui leur sont applicables ». Ces autres règles se trouvent soit en droit écrit (par exemple : le second alinéa de l'article 1672 C.c.Q.), soit en droit non écrit, dans la « common law publique » au sens de

raisonner *a contrario* à partir de cette disposition et affirmer que tous les articles qu'elle ne vise pas sont, par le fait même, inapplicables à l'État et à ses organismes, sauf indication contraire. En principe, les règles du Code civil, à titre de règles du droit commun, lient l'État, sauf si l'État peut opposer à l'application d'une disposition précise un privilège ou une immunité issus de la prérogative royale[521].

Paragraphe 2 : La codification du principe de l'immunité de la Couronne à l'égard des lois et son effet

Dès 1849, le Parlement du Canada-Uni a consacré législativement, dans la première Loi d'interprétation canadienne, le principe général de l'immunité de la Couronne à l'égard des lois :

> « **art. 5(25)** : Aucune disposition ou prescription contenue dans tout acte comme susdit, n'affectera ni ne sera interprêté [sic] de manière à affecter en aucune manière ou façon quelconque, les droits de Sa Majesté, ses Héritiers ou Successeurs, à moins qu'il ne soit expressément déclaré dans tel acte qu'elle obligera Sa Majesté [...]. »[522]

En droit fédéral, l'*Acte d'interprétation de 1867* (31 Vict., c. 1) consacra l'immunité dans les termes suivants :

> « **art. 7(33)** : Nulle disposition ou prescription contenue dans aucun acte, n'affectera en aucune manière les droits de Sa Majesté, ses Héritiers ou Successeurs, à moins qu'il n'y soit expressément déclaré qu'elle oblige Sa Majesté [...]. »

Sans modification substantielle, le texte s'appliqua jusqu'à l'entrée en vigueur, le 1ᵉʳ septembre 1967, de la *Loi révisant et codifiant la*

---

l'arrêt *Laurentide Motels* c. *Beauport (Ville)*, [1989] 1 R.C.S. 705. Les règles liées à la prérogative royale appartiennent à la « common law publique ».

521 L'assujettissement de principe de l'État au droit commun constitue une exigence du principe de la primauté du droit (*Rule of Law*), tel qu'il est compris dans la tradition britannique : Pierre-André CÔTÉ, « La détermination du domaine du droit civil en matière de responsabilité civile de l'Administration québécoise – Commentaire de l'arrêt Laurentide Motels », (1994) 28 *R.J.T.* 411, 421-424.

522 *Acte pour donner une interprétation législative* [...], (1849) 12 Vict., c. 10.

Loi d'interprétation [...] (S.C. 1967-68, c. 7). À ce moment, sa formulation était la suivante :

> « **art. 16.** Nulle prescription ou disposition d'une loi n'atteint de quelque façon les droits de Sa Majesté, de ses Héritiers ou de ses Successeurs, à moins qu'il n'y soit formellement stipulé que Sa Majesté y est soumise » (S.R.C. 1952, c. 158).

Par l'effet de la révision, elle devint :

> « **art. 16.** Nul texte législatif de quelque façon que ce soit ne lie Sa Majesté ni n'a d'effet à l'égard de Sa Majesté ou sur les droits et prérogatives de Sa Majesté, sauf dans la mesure y mentionnée ou prévue » (S.C.R. 1970, c. I-23).

La révision de 1985 lui a donné sa forme actuelle :

> « **art. 17.** Sauf indication contraire y figurant, nul texte ne lie Sa Majesté ni n'a d'effet sur ses droits ou prérogatives ».

En droit québécois, le principe fut consacré et par l'article 9 du *Code civil du Bas Canada* et par la *Loi d'interprétation*. Le *Code civil du Bas Canada* disposait [523] :

> « Nul acte de la Législature n'affecte les droits ou les prérogatives de la Couronne, à moins qu'ils n'y soient compris par une disposition expresse. »

La première *Loi d'interprétation* québécoise (L.Q. 1868, c. 7) édictait (art. 5) :

> « Nul acte n'affecte les droits de la Couronne, à moins qu'ils n'y soient expressément compris. [...] »

La *Loi d'interprétation* actuelle est, en substance, la même :

> « Nulle loi n'a d'effet sur les droits de la Couronne, à moins qu'ils n'y soient expressément compris » (L.R.Q., c. I-16, art. 42).

Pour résumer l'histoire législative de la codification du principe général de l'immunité de la Couronne à l'égard des lois, on peut constater que les dispositions actuellement en vigueur au Québec

---

[523]   Le nouveau *Code civil du Québec* ne contient pas de disposition équivalente.

reproduisent, pour l'essentiel, le texte de la première loi d'interprétation canadienne de 1849.

En droit fédéral, la disposition équivalente fut, jusqu'à 1967, substantiellement identique aux textes québécois. Depuis la révision de 1967, le texte de l'article 16 de la *Loi d'interprétation* fédérale présente, par rapport au droit québécois, des différences importantes sur le fond, comme il sera plus amplement démontré plus bas.

Quel a pu être l'effet de cette codification? On notera d'abord que les textes visent à déclarer l'immunité de la Couronne à l'égard des textes législatifs qui auraient un « effet sur » ses droits ou qui la lieraient : on peut en déduire que les textes n'excluent pas la faculté reconnue à la Couronne en common law de se prévaloir d'une loi même si elle n'y est pas nommée[524].

Si, à cet égard, la codification laisse la common law inchangée, il semble bien, au contraire, qu'elle ait eu quelque effet sur l'étendue de l'immunité de la Couronne et sur la possibilité que cette immunité soit exclue autrement que par une disposition expresse.

Sous-paragraphe 1 : L'effet de la codification sur l'étendue de l'immunité de la Couronne

On trouve, en common law, deux formulations de l'immunité : l'objective (« La Couronne n'est pas liée [...] ») et la subjective (« Les droits de la Couronne ne sont pas atteints [...] »). La *Loi d'interprétation* québécoise et la *Loi d'interprétation* fédérale, dans sa forme antérieure à 1967, ont retenu la formulation subjective.

Les tribunaux, qui n'ont pas manifesté une grande sympathie à l'égard d'un privilège de l'État qui est l'un des derniers vestiges de l'absolutisme monarchique, ont profité de la formulation subjective de l'immunité pour restreindre sa portée. Ainsi, dans l'arrêt *Domi-*

---

524   *Re Silver Brothers Ltd.*, [1932] A.C. 514.

nion Building Corporation c. *The King*[525], Lord Tomlin, qui interprétait l'article 10 de la *Loi d'interprétation* de l'Ontario[526], déclara :

> « Dans ce contexte, l'expression "les droits de Sa Majesté" signifie, de l'avis de leurs Seigneuries, les droits acquis de Sa Majesté et ne comprend pas de simples possibilités comme les droits qui, n'eût été de la modification apportée au droit commun par la disposition en question, auraient pu compéter à Sa Majesté en vertu de contrats futurs. »[527]

En d'autres termes, ce sont les droits de la Couronne que la disposition met à l'abri des effets de la loi : pour se prévaloir de l'immunité telle qu'elle a été codifiée, la Couronne doit démontrer que l'application de la loi atteint des droits préexistants.

C'est ce que la Cour suprême fut amenée à préciser dans l'arrêt *R. c. Board of Transport Commissioners*[528]. À la Couronne ontarienne qui prétendait qu'en vertu de l'article 16 de la *Loi d'interprétation* fédérale (version antérieure à 1967) elle n'était pas assujettie à la *Loi sur les chemins de fer* (S.R.C. 1952, c. 234) et n'avait donc pas à soumettre à la Commission canadienne des transports les tarifs exigés pour l'utilisation d'un service ferroviaire qu'elle exploitait, la Cour suprême fit remarquer :

> « Il faut souligner que cet article porte non pas qu'aucune disposition ne s'applique à Sa Majesté à moins qu'il n'y soit expressément dit que Sa Majesté est liée, mais bien que nulle disposition n'atteint les droits de Sa Majesté, à moins que cela ne soit prévu. En conséquence, pour invoquer la règle en vue de soustraire Sa Majesté à l'application d'une disposition, il faut démontrer que celle-ci atteint Ses droits. »[529]

---

525 *Dominion Building Corporation* c. *The King*, [1933] A.C. 533.

526 *Loi d'interprétation*, R.S.O. 1927, c. 1 : « *No act shall affect the rights of His Majesty, His Heirs or Successors, unless it is expressly stated therein that His Majesty shall be bound thereby* ».

527 *Dominion Building Corporation* c. *The King*, précité, note 525, 549 (traduction).

528 *R.* c. *Board of Transport Commissioners*, [1968] R.C.S. 118.

529 *Id.*, 123 (traduction).

On trouve le même raisonnement dans l'interprétation des textes québécois. Ainsi, le juge Tellier, dans l'arrêt *Cité de Montréal* c. *Société d'administration générale*[530], écrit :

> « Nul statut n'affecte les droits de la Couronne, à moins qu'ils n'y soient expressément compris (S.R.Q. 1909, art. 14). Sans doute, rien de ce que contient la charte de Montréal ne saurait affecter les droits de la Couronne. Mais ce n'est pas là la question. Il s'agit plutôt de savoir si la Couronne a des droits dans l'espèce. Si elle n'en a pas, le gouvernement, qui la représente, ne peut rien prétendre. »[531]

Plus récemment, en décidant que la Couronne québécoise n'avait pas le privilège de violer la *Loi constituant la Corporation des Agronomes de la Province de Québec* (L.Q. 1942, c. 61) en confiant à une personne non-membre de la Corporation des tâches réservées à ses membres, les juges de la Cour d'appel affirmèrent à plusieurs reprises que l'application de cette loi à un préposé de la Couronne ne portait pas atteinte aux « droits » de celle-ci et ne violait donc pas l'article 42 de la *Loi d'interprétation*.

Le jugement du juge Greenshields est très représentatif de l'opinion des membres du tribunal :

> « C'est un principe élémentaire que la Couronne est soumise à la loi, et non au-dessus de la loi; ce principe se fonde sur la théorie voulant que la Couronne gouverne conformément à la loi. Il est étrange qu'on prétende que la Couronne a le droit, abstraction faite de ses prérogatives, de méconnaître toutes les prescriptions de la loi qui réglementent certaines professions quand elle veut recourir aux services de membres de l'une de ces professions.
>
> À mon avis, l'article 42 [de la *Loi d'interprétation*] n'a aucune application en l'espèce. Cette loi n'atteint pas la Couronne, ni directement ni indirectement, et on ne peut invoquer cet article pour conférer à la Couronne le droit de méconnaître la loi. »[532]

---

[530]   *Cité de Montréal* c. *Société d'administration générale*, (1925) 38 B.R. 521. Comparer avec *Barreau de Montréal* c. *Wagner*, [1968] B.R. 235.

[531]   *Cité de Montréal* c. *Société d'administration générale*, précité, note 530, 528 (j. Tellier).

[532]   *Corporation des agronomes de la Province de Québec* c. *Mercier*, [1945] B.R. 59, 64 (traduction). Comparer à cet arrêt : *R.* c. *Lefebvre*, [1980] 2 C.F. 199 (C.A.). Les

On peut même faire état d'arrêts où seules les prérogatives de la Couronne (par opposition aux droits subjectifs, réels ou personnels, que la Couronne aurait pu acquérir en vertu du droit commun) sont considérées comme étant soustraites aux effets des lois[533]. Cette opinion est également celle qu'expose Pigeon. Au sujet de la portée de l'article 42 de la *Loi d'interprétation* québécoise, il écrit :

> « Cependant, il ne faut pas exagérer la portée du texte, il ne faut pas aller jusqu'à soutenir que le droit ordinaire ne s'applique pas à Sa Majesté. Le texte n'a pas pour effet d'empêcher les lois ordinaires de s'appliquer au Gouvernement comme aux citoyens. La règle ne s'applique qu'à l'égard des droits spéciaux du souverain en tant que tel : elle n'a d'application qu'en tant que le Gouvernement est soumis à un régime spécial ou, si l'on préfère, bénéficie d'un régime spécial. »[534]

Cette opinion n'est pas partagée par tous les auteurs. René Dussault et Gaston Pelletier ont écrit, au contraire, en parlant des textes québécois :

> « ces diverses dispositions législatives visent à protéger tant les droits acquis de la Couronne en vertu des lois, que ceux découlant de la prérogative [...]. »[535]

---

arrêts qui suivent illustrent également la tendance à exiger que la Couronne démontre que ses droits sont atteints : *Re Cummings*, [1938] 3 D.L.R. 611 (Ont.S.C.); *R. c. Sanford*, [1939] 1 D.L.R. 374 (N.S.S.C.); *R. c. Stradiotto*, [1973] 2 O.R. 375 (Ont.C.A.); *Re Doctors Hospital and Minister of Health*, (1976) 68 D.L.R. (3d) 220 (Ont.H.C.).

533 *Campbell c. Judah*, précité, note 518; *In re Colonial pianos Ltd.*, précité, note 518. Voir aussi le *dictum* de M. le juge Mignault dans *A.G. for Canada c. A.G. for Quebec (Silvers's Case)*, [1929] R.C.S. 557, 565 (infirmé par [1932] A.C. 514) : « Il paraîtrait probable que "les droits de Sa Majesté, Ses Héritiers et Ses Successeurs", que l'article 16 (de la *Loi d'interprétation* fédérale) a pour objet de protéger, sont ceux qui dérivent de la prérogative et non des droits créés par statut » (traduction). Aussi, dans l'arrêt *Gartland Steamship Co. and LaBlanc c. The Queen*, précité, note 514, le juge Locke exprima l'avis (p. 345) que l'article 16 ancien de la *Loi d'interprétation* fédérale avait pour objet d'empêcher l'empiètement sur les prérogatives de la Couronne.

534 Louis-Philippe PIGEON, *Rédaction et interprétation des lois*, 3ᵉ éd., Québec, Publications du Québec, 1986, p. 87.

535 René DUSSAULT et Gaston PELLETIER, « Le professionnel-fonctionnaire face aux mécanismes d'inspection professionnelle et de discipline institués par le Code des professions », (1977) 37 *R. du B.* 2, 10.

Je préfère ce dernier point de vue. En common law, l'immunité s'applique aux droits et intérêts de la Couronne aussi bien qu'à ses prérogatives et rien dans la rédaction de l'article 42 de la *Loi d'interprétation* ou encore moins dans celle de l'article 9 du *Code civil du Bas Canada*[536] ne donne à penser qu'on a voulu restreindre la règle de common law. L'arrêt *Campbell* c. *Judah*[537], où l'idée que seules les prérogatives étaient protégées a été pour la première fois exposée, mettait en cause l'application du Code civil. Or, on l'a vu, la Couronne n'est pas, vis-à-vis du Code civil, dans la même situation que vis-à-vis d'une autre loi[538].

Ce débat paraît, de toute façon, clos en ce qui concerne le droit fédéral : le texte actuel de l'article 17 de la *Loi d'interprétation* fédérale déclare en effet que nul texte n'a d'effet sur les « droits et prérogatives » de Sa Majesté. Ce texte me semble exclure la possibilité d'arguer que seules les prérogatives de la Couronne sont à l'abri des textes législatifs fédéraux.

Le modification apportée en 1967 à la formulation de l'article 16 (maintenant 17) de la *Loi d'interprétation* fédérale a introduit un autre changement important dans le droit fédéral en ce qui touche l'étendue de l'immunité de la Couronne : tout en reproduisant la formulation subjective de l'immunité (sont protégés les « droits et prérogatives » de Sa Majesté), le nouvel article 16 codifie également la formulation objective de l'immunité (« nul texte ne lie Sa Majesté »).

Il faut voir, dans l'introduction de la formulation objective, la volonté du législateur fédéral d'écarter les effets restrictifs de la jurisprudence qui exigeait que la Couronne, pour bénéficier de l'immunité, puisse faire état de droits acquis ou de prérogatives. La nouvelle formulation revient à dire que la loi n'atteint pas la Couronne ou, si l'on préfère, que la Couronne est, en principe, au-dessus des textes législatifs. Comme le juge Laskin l'a fait remarquer :

---

536   L'article 9 du *Code civil du Bas Canada* se lisait : « les droits ou prérogatives ».

537   *Campbell* c. *Judah*, précité, note 518.

538   *In re Colonial Pianos Ltd.*, précité, note 518.

« l'actuel art. 16 [...] protège mieux la Couronne que l'ancienne disposition d'un assujettissement à un texte législatif qui ne la mentionne pas expressément. Alors que [l'ancien texte] parlait d'une
atteinte aux droits de la Couronne (point retenu dans l'arrêt *Dominion Building Corporation* à l'égard d'une disposition semblable de
la Loi ontarienne, et à la base de la décision rendue), l'actuel art. 16
ne se limite pas aux droits, mais spécifie en outre que nul texte
législatif [...] ne lie Sa Majesté ni n'a d'effet à l'égard de Sa Majesté
[...] sauf dans la mesure y mentionnée ou prévue [...]. »[539]

L'article 17 de la *Loi d'interprétation* fédérale accorde donc une
immunité plus large à la Couronne que l'article 42 de la loi
québécoise, qui ne protège que les « droits de la Couronne ». Il reste
à se demander si l'un ou l'autre de ces deux textes admet que la Couronne puisse être liée par une loi qui ne la mentionne pas.

Sous-paragraphe 2 :   L'effet de la codification sur l'exception de « déduction nécessaire »

On se souviendra qu'en common law, l'immunité de la Couronne à
l'égard des lois est exprimée sous forme d'une règle générale (« la
Couronne n'est pas, en règle générale, liée sauf disposition expresse ») assortie d'une exception (« la Couronne peut être liée par
déduction nécessaire »)[540].

Les lois d'interprétation ont consacré la règle générale, mais ne disent mot de l'exception : peut-on en conclure que la codification a
transformé la règle générale, qui exige une mention expresse, en
une règle absolue, qui ne souffre pas l'exception de la déduction
nécessaire? Pour répondre à cette question, il faut distinguer le droit
québécois du droit fédéral.

---

539   *Sa Majesté du chef de l'Alberta* c. *Commission canadienne des transports*,
      précité, note 494, 75.

540   Se reporter aux extraits cités *supra*, p. 263.

Alinéa 1 :   Le droit québécois

La *Loi d'interprétation* ne prévoit pas formellement que les droits de la Couronne puissent être atteints par un texte lorsque la volonté du législateur de produire cet effet peut se déduire autrement que d'une disposition expresse. L'exception de déduction nécessaire n'est pas spécifiquement mentionnée. Que faut-il en conclure?

À mon avis, on ne peut conclure que le législateur québécois ait voulu ainsi exclure la possibilité d'un assujettissement de la Couronne par implication, pour les raisons suivantes : 1) Comme la jurisprudence le reconnaît[541], la *Loi d'interprétation* ne fait que codifier la règle qui se présentait en common law comme une règle générale. 2) En vertu d'un principe bien connu, une loi doit s'interpréter comme ne dérogeant pas à la common law au-delà de ce qui est indiqué[542] : or, non seulement les textes québécois n'interdisent pas formellement l'exception d'implication nécessaire, mais elle est même maintenue, en ce qui concerne la *Loi d'interprétation*, par une disposition expresse : l'article 1er de la *Loi d'interprétation* déclare que celle-ci ne s'applique pas à une loi lorsque l'objet ou le contexte s'y opposent. De plus, l'article 38 de la même loi déclare qu'une règle d'interprétation de common law n'est pas exclue simplement parce qu'elle n'est pas mentionnée dans la *Loi d'interprétation* : elle pourra s'appliquer si elle n'est pas incompatible avec une disposition de celle-ci. L'exception d'interprétation nécessaire n'est donc pas exclue du simple fait que l'article 42 ne la mentionne pas. Elle est en outre compatible avec le texte de l'article 42 si l'on interprète ce dernier comme énonçant une règle générale susceptible d'exceptions : or l'article 1er permet de soutenir cette conclusion et c'est également la conclusion qui découle du fait que l'article 42 reproduit une règle qui, en common law, était présentée comme une règle générale susceptible d'exceptions.

En somme, l'article 42, lu de concert avec les articles 1er et 38, devrait s'interpréter ainsi : l'absence d'une mention expresse fait présumer la volonté de ne pas porter atteinte aux droits de la Cou-

---

[541] *Cushing* c. *Dupuy*, (1880) 5 A.C. 409, 419 et 420; *Crombie* c. *The King*, [1923] 2 D.L.R. 542, 547 (Ont.C.A.); *Re W.*, [1925] 2 D.L.R. 1177, 1179 (Ont.S.C.).

[542] *Infra*, p. 639 et suiv.

ronne. Cette présomption peut cependant être écartée si le contexte ou l'objet l'exigent[543].

La thèse qui vient d'être présentée est celle que la doctrine favorise d'une manière très nette[544]. Toutefois, force est d'admettre que la jurisprudence, jusqu'à tout récemment, avait favorisé très majoritairement la thèse contraire.

Si l'on peut trouver certains arrêts où l'exception de déduction nécessaire est mentionnée mais non appliquée[545] ou d'autres où elle est appliquée sans être mentionnée[546], rarissimes sont ceux où il est affirmé que des textes rédigés comme l'article 42 de la *Loi d'interprétation* québécoise sont néanmoins compatibles avec l'exception de déduction nécessaire[547].

Par contre, les tribunaux ont, à de nombreuses reprises, déclaré que la formulation de dispositions semblables aux dispositions québécoises s'opposait à ce que les droits de la Couronne soient atteints autrement qu'en vertu d'une disposition expresse[548]. L'arrêt qui représente cette tendance avec le plus d'autorité est sans nul

---

543 Ce passage a été cité et approuvé dans *Commission des normes du travail* c. *Conseil régional des services de la santé et des services sociaux de la Montérégie*, [1987] R.J.Q. 841, 850 (j. Bisson) (C.A.).

544 R. DUSSAULT et G. PELLETIER, *loc. cit.*, note 535, 20 et suiv.; Patrice GARANT, « Contribution à l'étude du statut juridique de l'administration gouvernementale », (1972) 50 *R. du B. can.* 50, 74; P. HOGG, *op. cit.*, note 495, p. 10-14 et 10-15; C.H.H. McNAIRN, *op. cit.*, note 495, p. 18.

545 *Martinello & Co.* c. *McCormick*, (1919) 59 R.C.S. 394, 399 (j. Duff) et 402 (j. Brodeur); *Reference re Precious Metals*, [1927] R.C.S. 458, 478 (j. Anglin); *Gibbs* c. *Canadian Broadcasting Corp.*, [1953] R.L. 117.

546 *Théberge* c. *Laudry*, (1876) 2 A.C. 102.

547 *A.G. for B.C.* c. *Royal Bank of Canada and Island Amusement Co.*, (1936) 51 B.C.R. 241, 264 et 265 (j. MacDonald) (B.C.C.A.), confirmé par [1937] R.C.S. 459.

548 *R.* c. *Pouliot*, (1888) 2 R.C. de l'É. 49; *R.* c. *Kussner*, [1936] R.C. de l'É. 206; *Rankin* c. *The King*, [1940] R.C. de l'É. 105; *MacArthur* c. *The King*, [1943] R.C. de l'É. 77; *Minister of National Revenue* c. *Roxy Frocks Manufacturing*, (1937) 62 B.R. 113; *Crombie* c. *The King*, précité, note 541; *Re W.*, précité, note 541; *R.* c. *Rhodes*, [1934] O.R. 44 (Ont.H.C.).

doute celui du Conseil privé dans l'affaire *Re Silver Brothers Ltd.*[549].
Répondant à un argument du Procureur général du Canada selon
lequel les droits de la Couronne québécoise avaient été atteints par
« déduction nécessaire », le Vicomte Dunedin exprima l'opinion que
le texte de l'article 16 de la *Loi d'interprétation* fédérale[550] excluait
la possibilité que la Couronne soit liée par implication :

> « Pour répondre à [l'affirmation que la Couronne est liée par la voie
> de déduction irrésistible], il suffit de s'arrêter aux termes de l'article
> 16. On voit qu'il est contradictoire de prétendre qu'une "déduction
> irrésistible" constitue une disposition expresse. »[551]

Il faut signaler que, dans aucun des arrêts où il a été déclaré que la
codification avait eu pour effet d'écarter l'exception de « déduction
nécessaire », il ne s'agissait d'interpréter les textes québécois. D'autre
part, l'arrêt *Silver Brothers* était en matière interétatique, ce qui
pourrait constituer une raison d'en écarter l'autorité dans l'ordre
interne québécois.

Des arrêts plus récents confirment la possibilité d'un assujettissement de la Couronne québécoise par voie de déduction nécessaire.
Dans *P.G. du Québec* c. *Tribunal de l'expropriation*[552], on a déduit
l'applicabilité à la Couronne de la *Loi sur l'expropriation*[553] du fait
que cette loi remplaçait un texte formellement applicable à la Couronne. Dans *Commission des normes du travail* c. *Conseil régional des
services de la santé et des services sociaux de la Montérégie*[554], la
Cour d'appel a reconnu la subsistance de l'exception de déduction

---

549   *Re Silver Brothers Ltd.*, précité, note 524.

550   Il s'agit de l'ancien texte, voir *supra*, p. 271.

551   *Re Silver Brothers Ltd.*, précité, note 524, 523 (traduction).

552   *P.G. du Québec* c. *Tribunal de l'expropriation*, précité, note 68.

553   *Loi sur l'expropriation*, L.Q. 1973, c. 38.

554   *Commission des normes du travail* c. *Conseil régional des services de la santé et
       des services sociaux de la Montérégie*, précité, note 543. Cet arrêt a été suivi
       dans *Société des alcools du Québec* c. *Ville de Montréal*, J.E. 98-962 (C.A.). Le
       tribunal a conclu que la mention, dans une loi, que des corporations publiques
       désignées par règlement étaient exonérées de droits de mutation permettait de
       conclure, *a contrario*, que les corporations non désignées par règlement ne
       l'étaient pas.

nécessaire malgré la formulation de la *Loi d'interprétation* et elle a déduit l'applicabilité d'une loi à partir de dispositions qui dispensaient un mandataire de la Couronne de respecter certaines dispositions de la loi. On en a conclu que les autres dispositions de la loi étaient applicables. On doit enfin mentionner l'affaire *Alberta Government Telephones* c. *Canada (Conseil de la Radiodiffusion et des télécommunications canadiennes)*[555] qui portait, entre autres choses, sur la subsistance de l'exception de la déduction nécessaire en droit fédéral. La Cour suprême y a conclu que cette exception existait bel et bien, malgré le libellé de la *Loi d'interprétation* fédérale. Toutefois, le juge Dickson, comme on le verra bientôt[556], y a énoncé de façon relativement restrictive les cas où on peut conclure que la Couronne est assujettie à la loi en l'absence de disposition formelle. Bien que portant sur le droit fédéral, cet arrêt aura sans doute une influence sur la définition de l'immunité des Couronnes provinciales à l'égard des lois.

Alinéa 2 :   Le droit fédéral

La rédaction actuelle de l'article 17 de la *Loi d'interprétation* fédérale se distingue de celle d'avant 1967 particulièrement par la suppression des mots « à moins qu'il n'y soit formellement stipulé que Sa Majesté y est soumise » et leur remplacement par les mots « sauf indication contraire y figurant ». L'abolition de l'exigence d'une stipulation formelle a-t-elle eu l'effet, comme on l'a prétendu[557], d'« adoucir » l'article 16 (maintenant, 17)? À quatre reprises, la Cour suprême a eu l'occasion de répondre à cette question.

Dans l'affaire *Sa Majesté du chef de l'Alberta* c. *Commission canadienne des transports*[558], il s'agissait de savoir si la Couronne albertaine était assujettie à certains textes législatifs fédéraux en matière

---

555   *Alberta Government Telephones* c. *Canada (Conseil de la Radiodiffusion et des télécommunications canadiennes)*, précité, note 494.

556   *Infra*, p. 284.

557   P.W. HOGG, *op. cit.*, note 495, pp. 10-15, note 62.

558   *Sa Majesté du chef de l'Alberta* c. *Commission canadienne des transports*, précité, note 494.

de transport aérien. La Cour d'appel fédérale[559], consultée à ce sujet par la Commission canadienne des transports, opina[560] que la Couronne albertaine était assujettie à la réglementation fédérale bien que celle-ci ne mentionnât pas la Couronne. En invoquant la doctrine de l'interprétation nécessaire, le juge Heald, pour la Cour, fit ressortir les modifications apportées en 1967 à l'article 16 :

> « Selon moi, la modification apportée au libellé de l'article 16 est importante et permet d'appliquer l'argument dit de l'"interprétation nécessaire". »[561]

L'affaire fut portée en Cour suprême où le juge Laskin rejeta cette conclusion :

> « Je ne puis souscrire à la conclusion de la Cour d'appel fédérale selon laquelle la substitution de l'expression "sauf dans la mesure y mentionnée ou prévue" pour "à moins que l'intention n'y soit formellement exprimée d'y atteindre Sa Majesté" rétablit la doctrine de la "déduction nécessaire". Il me semble au contraire que la "déduction nécessaire" est exclue s'il faut que la Couronne soit mentionnée ou prévue dans le texte législatif pour y être assujettie. »[562]

Au sujet de cette opinion toutefois, il faut signaler que son autorité est réduite du fait que parmi les six juges au nom desquels le juge Laskin rendit jugement, cinq[563] ont également souscrit aux motifs du juge Spence. Ce dernier ayant estimé qu'il n'était ni nécessaire ni souhaitable de se prononcer sur la question de l'assujettissement de la Couronne albertaine à la réglementation fédérale, l'opinion du juge Laskin sur l'effet de la modification de l'article 16 a tout au plus valeur d'*obiter*.

---

[559]   *In Re la Loi nationale sur les transports* et *In Re la Pacific Western Airlines Ltd.*, [1976] 2 C.F. 52 (C.A.).

[560]   La possibilité de référer une question à la Cour fédérale était prévue à l'article 55 de la *Loi nationale sur les transports*, S.R.C. 1970, c. N-17.

[561]   *In Re la Loi nationale sur les transports* et *In Re la Pacific Western Airlines Ltd*, précité, note 559, 61.

[562]   *Sa Majesté du chef de l'Alberta* c. *Commission canadienne des transports*, précité, note 558, 75.

[563]   Les juges Martland, Judson, Ritchie, Dickson et Beetz.

Dans l'arrêt *R. c. Ouellette*[564], le juge Beetz, rendant le jugement unanime de la Cour suprême, estima que la rédaction de l'article 16 (aujourd'hui, 17) de la *Loi d'interprétation* fédérale ne s'opposait pas au recours à l'exception d'« implication nécessaire ». Il s'agissait de décider si la Couronne québécoise pouvait être condamnée à payer certains frais d'appel en matière pénale. Plus précisément, la Cour devait déterminer si les dispositions de l'article 758 du *Code criminel* et du 3ᵉ paragraphe de l'article 771 du même Code pouvaient, en l'absence de disposition expresse, s'interpréter de manière à restreindre le privilège traditionnel du Souverain en matière de frais de justice. La Cour suprême jugea que ces articles permettaient d'adjuger des frais contre la Couronne.

Après avoir mentionné que le texte de l'article 16 de la Loi d'interprétation fédérale ne contenait plus, depuis 1967, le mot « expressément », le juge Beetz ajouta :

> « Cet article n'exclut pas la règle selon laquelle les diverses dispositions d'une loi s'interprètent les unes à la lumière des autres, et il est possible que Sa Majesté soit implicitement liée par un texte législatif si telle est l'interprétation que ce texte doit recevoir lorsqu'il est replacé dans son contexte. »[565]

Effectivement, le tribunal en vint, dans l'espèce, à la conclusion que le Code contenait des indices formels permettant de déduire l'assujettissement de la Couronne aux dispositions relatives aux frais.

La question paraissait donc être réglée en faveur de l'exception de la déduction nécessaire, mais l'arrêt *R. c. Eldorado Nucléaire Limitée*[566] vint semer le doute à ce sujet. Sans mentionner l'affaire *Ouellette* et dans un passage nettement *obiter*, le juge Dickson affirma, à la page 558, que la *Loi d'interprétation* avait supprimé l'exception de déduction nécessaire. Dans un arrêt ultérieur toutefois, le juge Dickson fut amené à réviser ce point de vue. Dans ce qui constitue sans doute l'arrêt de principe sur l'exception de la déduction nécessaire au Canada, l'affaire *Alberta Government Telepho-*

---

564   *R. c. Ouellette*, [1980] 1 R.C.S. 568.

565   *Id.*, 575.

566   *R. c. Eldorado Nucléaire Limitée*, précité, note 501.

nes[567], le juge Dickson a jugé que l'assujettissement de la Couronne à la loi n'avait pas à être prévu de façon expresse : il suffit que cela soit clair. Pour déterminer si cette volonté d'atteindre la Couronne apparaît clairement, le juge Dickson a identifié trois éléments susceptibles de guider l'interprète :

> « Il me semble que les termes "mentionnée ou prévue" de l'article 16 peuvent comprendre : (1) des termes qui lient expressément la Couronne (« Sa Majesté est liée »); (2) une intention claire de lier qui, selon les termes de l'arrêt *Bombay*, "ressort du texte même de la loi", en d'autres termes, une intention qui ressort lorsque les dispositions sont interprétées dans le contexte d'autres dispositions, comme dans l'arrêt *Ouellette* précité; et (3) une intention de lier lorsque l'objet de la loi serait "privé [...] de toute efficacité" si l'État n'était pas lié ou, en d'autres termes, s'il donnait lieu à une absurdité (par opposition à un simple résultat non souhaité). »[568]

On aura noté que le juge Dickson a défini de façon relativement étroite les cas où l'on peut conclure à l'assujettissement de la Couronne en dehors d'une mention expresse que « Sa Majesté est liée ». Il faut, soit des indices formels de cette volonté dans le texte de loi, soit que le non-assujettissement de la Couronne conduise à des résultats absurdes, plutôt que simplement inopportuns.

En droit fédéral donc, il semble bien que la Couronne puisse être liée par un texte législatif qui ne la mentionne pas expressément. La nouvelle rédaction de l'article 17 aura donc à la fois étendu et restreint l'immunité de la Couronne : son champ d'application est étendu par une formulation objective, mais la disposition est assouplie par l'introduction de l'exception de « déduction nécessaire »[569].

---

567   *Alberta Government Telephones* c. *Canada (Conseil de la Radiodiffusion et des télécommunications canadiennes)*, précité, note 494.

568   *Id.*, 281.

569   Évidemment, s'il n'existe aucune indication, ni formelle, ni implicite, de la volonté de lier la Couronne, celle-ci n'est pas liée : *R.* c. *Navire M/V Alphonse Desjardins*, [1994] R.J.Q. 2825 (C.A.); *Fine Flowers Ltd.* c. *Fine Flowers Ltd. (Creditors)*, (1994) 108 D.L.R.(4th) 765 (Ont.C.A.).

Sous-section 2 : L'effet des lois d'intérêt privé sur les droits des tiers

La loi étend en principe ses effets à toutes les personnes qui se trouvent sur le territoire soumis à l'autorité du législateur. Nous avons déjà rencontré[570] une première exception à ce principe. Une loi peut avoir un effet territorial plus restreint : c'est la loi d'une nature locale telle, par exemple, la loi qui attribue la personnalité juridique aux habitants d'une municipalité et détermine les pouvoirs de cette entité.

La seconde exception notable est constituée des lois dites « privées » ou mieux, des lois d'intérêt privé ou de nature privée. Avant d'étudier la nature et la portée de cette seconde exception, il faut apporter quelques précisions terminologiques. Le mot « privé » lorsqu'il qualifie une loi, a au moins trois sens.

Dans un premier sens, une loi est dite privée, en matière de preuve, si elle doit être prouvée, le juge n'en prenant pas connaissance d'office. En droit fédéral, il n'existe pas de lois privées en ce sens, car l'article 18 de la *Loi sur la preuve au Canada*[571] dispose que « [s]ont admises d'office les lois fédérales d'intérêt public ou privé, sans que ces lois soient spécialement plaidées ».

En droit québécois, toutes les lois sont publiques, aux fins de preuve, à moins qu'elles ne soient déclarées privées (*Loi d'interprétation*, art. 39). Comme, en fait, on ne trouve pas de nos jours de pareilles déclarations, toutes les lois québécoises sont des lois publiques aux fins de preuve.

Parmi les lois publiques, on distingue celles qui sont d'intérêt public et général ou d'une nature publique et générale, et celles qui sont d'une nature locale et privée. Les premières établissent des règles de droit de caractère général et impersonnel applicables sur l'ensemble du territoire. Les secondes apportent aux premières des dérogations en faveur des habitants d'une portion de territoire (ce sont les lois d'une nature locale) ou de certains particuliers le plus

---

570   *Supra*, p. 260.

571   *Loi sur la preuve au Canada*, L.R.C. 1985, c. C-5.

souvent nommément désignés (ce sont les lois d'une nature privée)[572].

Ces lois d'une nature locale et privée sont adoptées à la requête des personnes dont elles affectent les droits selon une procédure parlementaire qui leur est propre. L'expression « loi privée » désigne donc aussi une loi adoptée selon cette procédure à la demande de promoteurs extra-parlementaires.

Une loi peut donc être à la fois une loi publique (en ce sens qu'on n'est pas tenu de la prouver) et une loi d'une nature privée (en ce sens qu'elle ne touche que les droits de certains particuliers). Il est de jurisprudence constante que l'article 39 de la *Loi d'interprétation* québécoise, qui décrète publique toute loi non spécialement déclarée privée, n'a d'effet qu'en matière de preuve[573].

On a même décidé qu'une loi pouvait être considérée comme étant de nature privée et sujette à ce titre à certaines règles particulières d'interprétation même si elle contenait une disposition expresse la déclarant loi publique[574].

Les lois d'intérêt privé appellent une interprétation stricte, c'est-à-dire non extensive : elles dérogent au droit commun et, leur rédaction étant l'oeuvre de leurs promoteurs, on leur appliquera le principe qui veut que l'on interprète un texte au détriment de son rédacteur[575]. En outre, l'effet d'une loi d'intérêt privé est restreint

---

572   Ces lois d'une nature privée peuvent avoir pour objet, entre autres : de constituer une personne morale, d'en définir les pouvoirs et privilèges et de la soustraire aux effets nouveaux du droit général; de déroger au droit commun en faveur de certains particuliers en modifiant, par exemple, les effets d'un testament ou d'un contrat.

573   *Compagnie hydraulique de St-François* c. *Continental Heat & Light Co.*, (1907) 16 B.R. 406, confirmé par [1909] A.C. 194; *Price* c. *Compagnie de pulpe de Chicoutimi*, (1906) 30 C.S. 293; *Dutremblay* c. *Lanouette*, (1918) 53 C.S. 6; *Shaughnessy Heights Property Owner's Association* c. *Campbell*, [1951] 2 D.L.R. 62 (B.C. S.C.).

574   *Compagnie pour l'éclairage au gaz de St.Hyacinthe* c. *Compagnie des pouvoirs hydrauliques de St.Hyacinthe*, (1896) 25 R.C.S. 168, 173; *Consumer Gas Co.* c. *Toronto*, [1940] 2 D.L.R. 367 (Ont.S.C.).

575   L'interprétation des lois d'intérêt privé est discutée en détail *infra*, p. 633 et suiv.

aux personnes qui sont parties à la loi : ces textes sont considérés comme des contrats entre le législateur et leur promoteur et, pour ce motif, sont réputés ne pas porter atteinte aux droits de tiers qui n'y seraient pas nommés. En effet, si ceux-ci ne sont pas nommés, on présume que la législature ne les a pas entendus avant d'adopter la loi et qu'elle ne voulait pas porter atteinte à leurs droits.

Le principe de l'effet relatif des lois d'intérêt privé a été codifié dans les lois d'interprétation (loi canadienne, art. 9; loi québécoise, art. 42). Ces textes reproduisent en substance le texte du 25ᵉ paragraphe de l'article 5 de la *Loi d'interprétation de 1849*[576].

Ils ont été appliqués par les tribunaux surtout dans l'interprétation des chartes d'entreprises privées mais d'intérêt public qui, au début de ce siècle ou à la fin du siècle dernier, se faisaient conférer par lois privées certains privilèges et monopoles. Ainsi, le principe de l'effet restreint des lois d'intérêt privé a été invoqué pour préserver les droits d'une municipalité à l'encontre d'une entreprise qui s'était fait attribuer par une loi certains privilèges en matière de distribution de l'électricité[577]. On y a fait aussi appel pour assurer la protection des droits d'une entreprise de services publics à l'encontre d'une loi conférant des pouvoirs à une entreprise concurrente[578].

Sous-section 3 : La force obligatoire de la loi

La loi ne commande pas toujours et, lorsqu'elle le fait, ce n'est pas toujours avec la même autorité. Elle peut suggérer plutôt qu'ordonner. Parfois, elle autorise mais sans obliger. Elle peut être impérative sans toutefois punir de nullité la désobéissance à ses ordres. Et même si elle ordonne à peine de nullité, il peut arriver que l'on puisse renoncer à son application.

---

[576]   *Loi d'interprétation de 1849*, 12 Vict. c. 10.

[577]   *Compagnie pour l'éclairage au gaz de St.Hyacinthe* c. *Compagnie des pouvoirs hydrauliques de St.Hyacinthe*, précité, note 574.

[578]   *St-Paul Electric Light, Heat & Power Co.* c. *Montreal Light, Heat & Power Co.*, (1912) 42 C.S. 289; *Compagnie hydraulique de St-François* c. *Continental Heat & Light Co.*, précité, note 573.

Ces nuances dans la force obligatoire de la loi peuvent être considérées plus aisément si l'on distingue deux problèmes généraux : celui du caractère impératif ou non des dispositions législatives et celui de la renonciation à l'application de la loi.

Paragraphe 1 : Le caractère impératif d'une disposition

La question de savoir si une disposition a un caractère impératif ou bien simplement supplétif, indicatif, permissif ou potestatif se pose principalement, mais non exclusivement, à propos de dispositions législatives de trois types : celles qui réglementent des rapports contractuels, celles qui confèrent des pouvoirs ou des facultés et celles qui prévoient des formalités.

Sous-paragraphe 1 : Les dispositions qui réglementent des actes juridiques

La question de savoir si un acte juridique (notamment un contrat) incompatible avec une disposition législative est nul ou valide est bien étudiée par la doctrine de droit privé, autant en droit civil[579] qu'en common law[580]. Malgré les différences au plan terminologique, l'approche des problèmes est sensiblement la même dans les deux systèmes de droit. Il s'agit essentiellement de diagnostiquer l'intention du législateur : a-t-il voulu édicter une disposition impérative (*mandatory*), dont la violation emporte nullité, ou doit-on tenir que la disposition est simplement supplétive (*indicative* ou *directory*)? Trois hypothèses peuvent être distinguées.

Premièrement, il arrive que la loi énonce expressément que les stipulations qui lui sont contraires sont interdites ou qu'elles sont au

---

579   Sur la distinction entre l'impératif et le supplétif en droit civil : Jean-Louis BAUDOUIN et Pierre-Gabriel JOBIN, *Les obligations*, 5ᵉ éd., Cowansville, Éditions Yvon Blais, 1998, par. 124 et suiv.; Jean PINEAU, Danielle BURMAN et Serge GAUDET, *Théorie des obligations*, 3ᵉ éd., Montréal, Éditions Thémis, 1996, par. 250 et suiv.

580   Sur la notion de contrat contraire à la loi (*Statutory illegality*) en common law, on verra : S.M. WADDAMS, *The Law of Contracts*, 3ᵉ éd., Toronto, Canada Law Books, 1993, p. 565 et suiv.

contraire permises. Par exemple, la *Loi sur la protection du consommateur* du Québec (L.R.Q., c. P-40.1, art. 261) édicte qu'« on ne peut déroger à la présente loi par une convention particulière », tandis que la *Loi sur les normes d'emploi de l'Ontario* (S.R.O. 1990, c. E-14, art. 3) prévoit que « [l]'employeur, l'employé ou l'association d'employeurs ou d'employés ne doit pas se soustraire à une norme d'emploi au moyen d'un contrat ou d'une renonciation. Tout acte de ce genre est nul et sans effet » (traduction). De même, l'article 1102 du *Code civil du Québec* énonce : « Est réputée non écrite toute stipulation de la déclaration de copropriété qui modifie le nombre de voix requis pour prendre une décision prévue au présent chapitre ». La Cour suprême a jugé qu'on ne pouvait validement déroger à une disposition contenue dans une loi qui déclarait que ses dispositions, « et aucunes autres », ne pouvaient s'appliquer aux personnes morales formées sous son autorité[581].

Deuxièmement, si le législateur n'a pas été aussi explicite, le tribunal essayera néanmoins de tirer du texte de la loi des indices formels de sa volonté de permettre ou non la dérogation. Parmi ces indices formels, deux sont souvent invoqués : l'emploi du mot « doit » (en anglais, « *shall* ») et la rédaction en forme prohibitive.

Il est en effet possible de rédiger une même disposition sur un ton plus ou moins impératif et la forme de la rédaction pourra influer sur le jugement porté par un tribunal quant au caractère impératif ou supplétif d'une disposition. Ainsi, on peut écrire : « Avant de procéder à la saisie, le créancier donne avis [...] » ou : « Avant de procéder à la saisie, le créancier doit donner avis [...] » ou encore : « Le créancier ne peut procéder à la saisie qu'après avoir donné avis [...] ».

La présence du terme « doit » (« *shall* ») est souvent invoquée comme indice du caractère impératif d'une disposition[582]. Cette conclusion est en partie fondée sur le texte même des lois d'interprétation qui portent que l'emploi de « doit » implique une « obligation absolue » (*Loi d'interprétation* québécoise, art. 51) ou le caractère impératif (« *imperative* ») de la disposition (*Loi d'interprétation* fédérale, art. 11, version anglaise). Il faudrait se gar-

581 *Colonist Printing & Publishing Co.* c. *Dunsmuir and Vernon*, (1902) 32 R.C.S. 679.
582 *Infra*, note 630.

der cependant d'accorder une importance démesurée à ce qui n'est après tout qu'un indice de volonté parmi d'autres. Le mot « doit » permet de conclure que la prescription en question devait être respectée. Il ne permet toutefois pas de conclure avec certitude que le défaut de se conformer à la prescription entraîne nécessairement la nullité de l'acte[583].

La rédaction en forme prohibitive paraît un indice plus sûr, encore que non absolu[584]. La *Loi d'interprétation* du Québec dispose (art. 41.3) que « [l]es lois prohibitives emportent nullité, quoiqu'elle n'y soit pas prononcée ». Cette directive, inspirée du droit français[585], trouve son pendant en common law[586] et a été invoquée par les tribunaux pour conclure à la nullité d'un contrat[587] tout comme d'un acte non contractuel[588].

On a également jugé que lorsque la violation d'une disposition est sanctionnée par une mesure pénale, on peut inférer le caractère prohibitif de la disposition et, en conséquence, la nullité d'un contrat qui y dérogerait[589].

---

583   *Vita Food Products Inc.* c. *Unus Shipping Co.*, [1939] A.C. 277.

584   Voir, par exemple : *Girard* c. *Véronneau*, [1980] C.A. 534; *Thompson & Sutherland Ltd.* c. *Nova Scotia Trust Co.*, (1971) 19 D.L.R. (3d) 59 (N.S.S.C.).

585   Elle reproduit en substance l'article 9 du titre IV du projet (jamais édicté) du livre préliminaire du *Code civil* français. On trouvera ce texte en annexe à l'ouvrage de Michel SPARER et Wallace SCHWAB, *Rédaction des lois : rendez-vous du droit et de la culture*, Québec, Éditeur officiel, 1980.

586   « Il est bien établi que les contrats conclus à l'encontre de prohibitions législatives sont nuls [...] ». *Brown* c. *Moore*, (1902) 32 R.C.S. 93, 97 (j. Strong) (traduction). Ce principe existait aussi en droit romain : Friedrich Karl von de SAVIGNY, *Traité de droit romain*, Paris, Firmin Didot Frères, 1840, p. 233, ce qui peut expliquer qu'il soit consacré aussi bien en droit civil qu'en common law.

587   *Verdun Auto Exchange Ltd.* c. *Sauvé*, (1925) 63 C.S. 143; *Pauzé* c. *Gauvin*, [1954] R.C.S. 15. La nullité en question est absolue ou simplement relative : *Belgo-Fisher (Canada) Inc.* c. *Lindsay*, [1988] R.J.Q. 1223 (C.A.).

588   *Fraternité des policiers de la C.U.M. Inc.* c. *Ville de Montréal*, [1980] 1 R.C.S. 740; *Nadeau* c. *Pouliot et Roseberry*, (1900) 17 C.S. 184. Voir : Pierre-Gabriel JOBIN, « Les effets du droit pénal ou administratif sur le contrat », (1985) 45 *R. du B.* 655.

589   *Brown* c. *Moore*, précité, note 586; *Major* c. *Canadian Pacific Railway Co.*, (1922) 64 R.C.S. 367; *Milne* c. *Peterson*, [1925] 1 D.L.R. 271 (Alta.S.C.).

À défaut d'indices formels, le juge devra se tourner vers le caractère et l'objet de la loi pour déterminer s'il est possible d'y déroger validement par contrat. On se demandera , en particulier, si la disposition est impérative parce que d'ordre public ou simplement supplétive. La *Loi d'interprétation* du Québec (art. 41.4) et le *Code civil du Québec* (art. 9) interdisent de déroger aux règles ou dispositions qui intéressent l'ordre public.

Ce principe général a été fréquemment appliqué à propos de lois qui réservaient certaines activités aux membres de corps professionnels ou de corps de métier[590]. L'arrêt le plus célèbre sur ce sujet est sans doute celui de la Cour suprême dans l'affaire *Pauzé c. Gauvin*[591]. Infirmant la décision de la Cour d'appel du Québec[592], la Cour jugea que la *Loi des architectes du Québec* (S.R.Q. 1941, c. 272) était une loi d'ordre public et non pas une loi adoptée dans l'intérêt privé des architectes : elle avait pour objet de « procurer des hommes de l'art réellement compétents au public, qui à juste titre requiert que les édifices soient convenablement construits »[593]. Outre le caractère d'ordre public de la loi, la rédaction en forme prohibitive de son article 12 et le fait que la loi prévoyait une pénalité au cas de sa violation furent invoqués pour justifier la conclusion qu'un contrat qui dérogeait au monopole professionnel créé par cette loi était nul.

Plus récemment, la Cour suprême a tenu pour impératives et non simplement supplétives les dispositions des articles 1202a et suiv. du *Code civil du Bas Canada* visant la protection de certains débiteurs. La Cour a jugé que ces dispositions intéressaient de l'ordre public de protection : elles avaient pour objectif la protection de catégories de personnes plus vulnérables et il eût été contraire à cet objectif de tenir pour valide une stipulation contractuelle y dérogeant. En raison de leur pouvoir économique, il eût en effet été trop facile aux créan-

---

590   *Tremblay* c. *Lefebvre*, [1968] C.S. 398; *Rénovations de l'Est Inc.* c. *Messier*, [1972] R.L. 582 (C.P.); *Bowes* c. *Kracauer*, [1976] C.S. 579; *Morais* c. *Araujo*, [1976] C.P. 398. Voir aussi *Girard* c. *Véronneau*, précité, note 584.

591   *Pauzé* c. *Gauvin*, précité, note 587.

592   *Pauzé* c. *Gauvin*, [1953] B.R. 57.

593   *Pauzé* c. *Gauvin*, précité, note 587, 19 (j. Taschereau). Voir aussi : *Biega* c. *Drucker*, [1982] C.A. 181.

ciers d'obtenir que les débiteurs renoncent par contrat à la protection que la loi voulait leur assurer[594].

Dans l'arrêt *Gagné c. La Brique Citadelle Ltd.*[595], la Cour d'appel du Québec a jugé impérative la disposition de l'article 15 de la *Loi des relations ouvrières*[596], qui fixait l'époque pendant laquelle l'une ou l'autre des parties à une convention collective peut donner avis de son intention d'y mettre fin, de la modifier ou d'en négocier une nouvelle. Le juge Pratte souligna que l'esprit de la loi s'opposait à ce qu'on puisse déroger à cette disposition, car cela aurait pu compromettre l'exercice du droit des salariés de changer d'allégeance syndicale, droit accordé dans l'intérêt public.

La Cour d'appel du Québec a également conclu à la nullité d'un engagement pris par un employeur de verser à une personne une certaine somme d'argent pour la dédommager de sa participation à un conseil d'arbitrage à titre de membre proposé par l'employeur[597]. Ce contrat fut jugé contraire à une disposition d'ordre public de la *Loi des différends ouvriers de Québec*[598] qui pourvoyait à la rémunération des membres du conseil d'arbitrage à même les fonds publics.

Sous-paragraphe 2 : Les dispositions qui confèrent des pouvoirs ou des facultés

Lorsqu'une disposition confère un pouvoir ou une faculté, elle est rédigée dans des termes qui, à première vue, paraissent n'impliquer aucune contrainte, aucune obligation quelconque d'exercer le pou-

---

594   *Garcia Transport Ltée c. Cie Trust Royal,* [1992] 2 R.C.S. 499. Sur la notion d'ordre public de protection en droit civil, voir : J.-L. BAUDOUIN et P.-G. JOBIN, *op. cit.,* note 579, par. 135-154; Didier LLUELLES, *Droit québécois des obligations,* vol. 1, Montréal, Éditions Thémis, 1998, par. 2024-2032; J. PINEAU, D. BURMAN et S. GAUDET, *op. cit.,* note 579, par. 167.

595   *Gagné c. La Brique Citadelle Ltd.,* [1955] B.R. 384, infirmant [1954] C.S. 262. Voir aussi, en matière de convention collective : *Alexo Coal Co. c. Livett,* [1948] 2 D.L.R. 34 (Alta. C.A.).

596   *Loi des relations ouvrières,* S.R.Q. 1941, c. 162a.

597   *Henri Vallières Inc. c. Lavoie,* [1955] B.R. 760.

598   *Loi des différends ouvriers de Québec,* S.R.Q. 1941, c. 167, art. 22.

voir ou de se prévaloir de la faculté. Des expressions telles « le Conseil a le pouvoir de » ou « la Commission peut » sont, d'après leur formulation même, purement potestatives. Cela est d'ailleurs confirmé, en ce qui concerne les mots « peut » ou « pourra », par des dispositions des lois d'interprétation[599].

Pourtant, ces dispositions des lois d'interprétation ne sont applicables que dans la mesure où « l'objet, le contexte ou quelque disposition » de la loi ne s'y opposent pas : elles ne valent qu'à titre de présomption. En pratique, il arrivera assez fréquemment que le contexte ou l'objet permettront de conclure que le pouvoir conféré ou la faculté accordée n'est pas absolument discrétionnaire. Il se peut en effet qu'un pouvoir soit assorti d'un devoir d'exercer le pouvoir en question lorsque certaines circonstances sont réunies.

C'est Lord Cairns qui, dans l'arrêt *Julius* c. *Bishop of Oxford*[600], a donné, du problème qui nous intéresse ici, la formulation classique (traduction) :

> « Les termes "il sera permis" ("*it shall be lawful*") [...] ne font que rendre légal ou possible ce qu'autrement on n'aurait pas le droit ou le pouvoir de faire. Ils confèrent une faculté ou un pouvoir, et, par eux-mêmes, ne font rien d'autre que conférer une faculté ou un pouvoir. Mais, de la nature de l'acte autorisé, de l'objet en vue duquel il doit être fait, des conditions dans lesquelles il doit être accompli, de la qualité des personnes en faveur de qui le pouvoir doit être exercé, il peut résulter que ce pouvoir soit assorti d'un devoir et que la personne investie de ce pouvoir soit tenue de l'exercer lorsqu'on lui en fait la demande. Ces termes n'exprimant, selon leur sens courant, qu'une faculté ou une habilitation, il incombe, me semble-t-il, à ceux qui allèguent une obligation d'exercer ce pouvoir d'établir, dans les circonstances de l'espèce, ce qui, selon les principes mentionnés, crée cette obligation. »

On trouve en jurisprudence des affaires où le terme « peut », ou des expressions de même nature, ont été interprétés comme confé-

---

599 Loi québécoise, précitée, note 6, art. 51 : « [...] s'il est dit qu'une chose "pourra" ou "peut" être faite, il est facultatif de l'accomplir ou non ». Loi canadienne, art. 11 : « *The expression "shall" is to be construed as imperative and the expression "may" as permissive* ».

600 *Julius* c. *Bishop of Oxford*, (1880) 5 A.C. 214, 222.

rant une discrétion et d'autres, aussi nombreuses, où ce terme ou des termes analogues ont été interprétés de manière à exclure la possibilité de ne pas exercer le pouvoir en question.

Dans les arrêts où le mot « peut » ou des mots analogues ont été considérés comme potestatifs seulement, des arguments d'ordres très divers sont invoqués : on fera état du sens courant des mots[601], sens qui est confirmé en ce qui concerne le mot « peut » par le texte formel des lois d'interprétation[602]. On invoquera d'ailleurs les lois d'interprétation pour écarter l'autorité de la jurisprudence anglaise qui permet de considérer que le mot « peut » n'exclut pas toujours la présence d'un devoir d'agir[603].

On s'appliquera aussi à souligner que le sens courant du mot « peut » n'est pas écarté, dans les circonstances, par le contexte ou l'objet de la loi[604]. On fera appel à d'autres dispositions de la loi où le législateur emploie « doit » ou « shall » au lieu de « peut » ou « may » pour montrer que c'est volontairement que le « peut » a été employé dans la disposition en cause[605]. L'historique de la disposition pourra fournir un argument[606]; on fera valoir que la loi en cause ne crée aucun droit en faveur d'individus à l'exercice du pouvoir en question et qu'on est en matière « administrative » et non « judiciaire »[607]. On refusera de considérer que le mot « peut » est impératif si cela a pour conséquence de priver d'effet d'autres dispo-

---

601   *Perepelytz* c. *Department of Highways for Ontario*, [1958] R.C.S. 161.

602   *McHugh* c. *Union Bank of Canada*, [1913] A.C. 299; *Smith & Rhuland Ltd.* c. *La Reine*, [1953] 2 R.C.S. 95; *French* c. *Canada Post Corp.*, (1988) 87 N.R. 233 (C.A.F).

603   *D.R. Fraser & Co.* c. *Minister of National Revenue*, [1949] A.C. 24.

604   *Metropolitan Authority* c. *Halifax (City)*, (1992) 118 N.S.R. (2d) 31 (N.S.S.C.).

605   *Baron* c. *Canada*, [1993] 1 R.C.S. 416; *Heare* c. *I.C.B.C.*, (1989) 34 B.C.L.R. (2d) 324 (B.C.C.A.); *Archibald* c. *The King*, (1917) 56 R.C.S. 48; *Smith & Rhuland Ltd.* c. *The Queen*, précité, note 602.

606   *Baron* c. *Canada*, précité, note 605; *D.R. Fraser & Co.* c. *Minister of National Revenue*, précité, note 603; *R.* c. *Potvin*, [1989] 1 R.C.S. 525.

607   *Bulmer* c. *The King*, (1894) 23 R.C.S. 488; *Re Shaughnessy Golf and Country Club*, (1967) 61 D.L.R. (2d) 245 (B.C.S.C.).

sitions de la loi[608] ou si cela est de nature à compromettre l'intérêt public[609].

Dans *Maple Lodge Farms Limited* c. *Gouvernement du Canada*[610], la Cour suprême a jugé qu'en matière de licences d'importation et d'exportation, le ministre responsable exerçait un pouvoir discrétionnaire et que ce pouvoir ne se transformait pas en un pouvoir lié en raison de l'adoption par le ministre de lignes directrices guidant l'exercice de sa discrétion : cette politique ne conférait pas de droits stricts à une licence.

Quels sont les cas où l'on peut dire que le contexte, la matière ou l'objet ont assorti le pouvoir d'un devoir de l'exercer? Il faut d'abord souligner que la définition du mot « peut » dans les lois d'interprétation n'a pas empêché les tribunaux de conclure, dans certains cas, que ce mot ne conférait pas de marge de discrétion au titulaire du pouvoir. La définition étant donnée à titre de simple présomption, elle peut être écartée par les circonstances d'une espèce et si, en définissant le mot « peut », le législateur entendait mettre fin à la controverse autour de ce mot, il faut constater que cette tentative fut un échec[611].

Parmi les arrêts où il a été décidé que le mot « peut » ou des mots analogues impliquaient néanmoins une obligation, un premier groupe est constitué de ceux où le ou les mots en question sont attributifs d'une compétence judiciaire ou quasi judiciaire. Ainsi, on a jugé que la Commission des valeurs mobilières du Québec, qui a le pouvoir de procéder à une révision de ses décisions, a le devoir d'y

---

608   *Thyssen Mining Construction of Canada Ltd.* c. *La Reine*, [1975] C.F. 81; *Electrohome Ltd.* c. *Canada (Sous-ministre du Revenu national, Douanes et Accise)*, [1986] 2 C.F. 344.

609   *Collège des médecins et chirurgiens de la Province de Québec* c. *Pavlides*, (1892) 1 B.R. 405. On pourra voir aussi : *Lapierre* c. *Rodier*, (1892) 1 B.R. 515; *Barrington* c. *Cité de Montréal*, (1895) 7 C.S. 146; *Corporation du village de St-Denis* c. *Benoit*, (1906) 15 B.R. 278; *Darmet* c. *City of Montreal*, (1939) 67 B.R. 69; *Gauthier* c. *Gauthier*, [1963] B.R. 767; *Canada Cement Co.* c. *The King*, [1923] R.C. de l'É. 145.

610   *Maple Lodge Farms Limited* c. *Gouvernement du Canada*, [1982] 2 R.C.S. 2.

611   Sur l'effet de la définition : *Hands* c. *Law Society of Upper Canada*, (1890) 17 O.A.R. 41.

procéder si elle en est dûment requise[612]. Il se peut cependant que le
législateur ait voulu attribuer une discrétion à un juge[613].

Un second groupe de décisions est formé des cas où le tribunal
constate que le pouvoir a été attribué en vue d'assurer la mise en
oeuvre d'un droit. Lorsqu'une personne qui réunit les conditions que
la loi prescrit pour la jouissance du droit se présente devant la personne ou l'organisme chargés de le sanctionner, ceux-ci n'auraient
pas de discrétion à exercer car la loi a conféré un droit strict dont le
titulaire du pouvoir ne peut que constater l'existence ou
l'absence[614]. Ainsi, dans le *Renvoi concernant la Loi des pêches
(1914)*[615], la majorité a jugé que le ministre ne pouvait refuser
d'accorder un permis de pêche à une personne qui remplissait toutes
les conditions objectives prévues dans les textes applicables et ce,
même si la loi disait : « le ministre peut [...] émettre [...] des permis
de pêche [...] ».

Dans l'arrêt *Bridge* c. *La Reine*[616], il fut jugé que le mot « peut »
(« *may* ») ne conférait pas de discrétion à un fonctionnaire municipal
agissant en matière de permis si le contexte montrait que les personnes qui s'adressaient à ce fonctionnaire avaient un droit au permis.
Dans l'affaire *Labour Relations Board of Saskatchewan* c. *La
Reine*[617], enfin, l'article 5 du *Trade Union Act*[618] disposait que : « La
Commission aura le pouvoir d'adopter des ordonnances [...] i)

---

612   *Rosen* c. *Commission des valeurs mobilières du Québec*, [1976] C.P. 270. Voir
      aussi : *Drysdale* c. *Dominion Coal Co.*, (1904) 34 R.C.S. 328; Louis-Philippe
      PIGEON, *Rédaction et interprétation des lois*, 3ᵉ éd., Québec, Les Publications du
      Québec, 1986, p. 65.

613   *Standard Trustco Ltd. (Trustee of)* c. *Standard Trust*, (1996) 129 D.L.R. (4th) 18
      (Ont.C.A.).

614   En matière de droit à une indemnisation : *Riviera Development Corp.* c. *Law
      Society of Saskatchewan*, (1992) 91 D.L.R. (4th) 417 (Sask.C.A.); *Court* c.
      Insurance Corp. of British Columbia, [1995] 5 B.C.L.R. (3d) 321 (B.C.S.C.); *Burke* c.
      Canada Immigration and Employment Commission, (1990) 113 N.R. 73 (C.A.F.).

615   *Renvoi concernant la Loi des pêches (1914)*, [1928] R.C.S. 457, confirmé par
      [1930] 1 D.L.R. 194 (C.P.).

616   *Bridge* c. *La Reine*, [1953] 1 R.C.S. 8.

617   *Labour Relations Board of Saskatchewan* c. *La Reine*, [1956] R.C.S. 82.

618   *Trade Union Act*, R.S.S. 1953, c. 259.

abrogeant ou modifiant toute ordonnance ou toute décision de la Commission » (traduction). Des salariés, en vue d'exercer leur droit de choisir d'autres représentants syndicaux, présentèrent à la Commission une requête en retrait d'accréditation. La Commission refusa d'accéder à cette demande. La Cour suprême jugea que la Commission avait le devoir d'abroger sa décision d'accorder l'accréditation. M. le juge Locke, exposant l'opinion unanime de la Cour, s'exprima ainsi au sujet du texte cité plus haut :

> « Bien que ce texte emprunte une forme permissive, je suis d'avis qu'il imposait à la Commission le devoir d'exercer ce pouvoir lorsqu'elle en fut requise par une partie intéressée et qui avait le droit de présenter la requête. »[619]

Alors que l'opportunité d'exercer un pouvoir de nature réglementaire est généralement laissée à l'appréciation de son titulaire[620], il se peut que cet exercice soit jugé obligatoire lorsque le non-exercice du pouvoir priverait un particulier d'un droit que la loi lui reconnaît[621].

Dans un troisième groupe d'affaires, on déduit le caractère impératif du mot « peut » du contexte, de l'historique législatif[622], de la finalité de la loi[623] ou d'une considération des effets néfastes que produirait une discrétion, effets que le législateur est réputé vouloir éviter[624]; en somme, le tribunal fait appel aux règles générales d'interprétation en vue de déterminer si le législateur a voulu attribuer non seulement un pouvoir, mais aussi un pouvoir qui soit discrétionnaire[625].

---

619   Labour Relations Board of Saskatchewan c. La Reine, précité, note 617, 86 et 87. Voir aussi Herdman c. Minister of National Revenue, (1983) 48 N.R. 144 (C.A.F.).

620   Voir, à titre d'exemple : Marchment & MacKay Ltd. c. Ontario (Securities Commission), (1997) 149 D.L.R. (4th) 354 (Ont.Div.Ct.).

621   Thibodeau-Labbée c. R.P.A.Q., [1991] R.J.Q. 731 (C.A.).

622   Corporation of Point Grey c. Shannon, (1922) 63 R.C.S. 557.

623   Shawinigan Hydro-Electric Co. and Shawinigan Water & Power Co., (1911) 45 R.C.S. 585; Re Buzunis, (1975) 48 D.L.R. (3d) 567 (Alta.C.A.).

624   Cité de Côte Saint-Luc c. Canada Iron Foundries Ltd., [1970] C.A. 62.

625   Voir aussi : Re Pans Social and Recreation Club and City of Dartmouth, (1980) 110 D.L.R. (3d) 17 (N.S.C.A.); Clarkson Co. c. White, (1980) 102 D.L.R. (3d) 403

Sous-paragraphe 3 : Les dispositions qui prévoient des formalités

Les dispositions qui prévoient des formalités, le plus souvent à l'égard d'actes que doivent accomplir des fonctionnaires publics, peuvent être classées en deux catégories : celles qui sont impératives et celles qui n'ont que valeur indicative ou effet de directive.

Les mots « impératif » et « indicatif » ou « directif », tels qu'ils sont employés dans ce contexte, ont deux sens et leur usage est souvent ambigu. On dira que telle formalité est impérative en ce sens qu'il est obligatoire de s'y conformer : elle n'est pas facultative ou supplétive. Dans un second sens, une formalité sera dite « impérative » et non « indicative » ou « directive » si sa violation est sanctionnée de nullité. Comme Pigeon l'a écrit[626], il faut distinguer « entre les impératifs absolus – ceux qu'on ne peut pas négliger sans que l'omission entraîne nullité – et les impératifs moins absolus qui sont des prescriptions à suivre mais dont l'inobservation n'entraîne pas nullité ».

En jurisprudence, la question qui se pose le plus souvent est celle de savoir si la violation d'une disposition obligatoire entraîne la nullité de ce qui a été fait. La question de savoir si on était libre ou non de respecter la formalité (le caractère impératif ou simplement supplétif de la disposition) est rarement soulevée. Lorsqu'elle l'est, on devrait pouvoir y répondre en faisant appel aux mêmes critères que ceux qui s'appliquent pour déterminer si est impérative ou supplétive une disposition qui vise à réglementer des actes juridiques[627].

Ainsi, on portera une attention particulière à la formulation du texte : on pourra tenir compte de la formulation prohibitive de la règle[628] ou encore de l'emploi du terme « doit » (en anglais « *shall* ») qui, d'après les lois d'interprétation, indique une obliga-

(N.S.C.A); *Landreville* c. *La Reine*, [1981] 1 C.F. 15; *R.* c. *Moore*, (1985) 49 O.R. (2d) 1 (Ont.C.A.); *Seaview Land Estates Ltd.* c. *South*, (1981) 124 D.L.R. (3d) 610 (B.C.C.A.).

626   L.-P. PIGEON, *op. cit.*, note 612, p. 70 et 71.

627   *Supra*, p. 287 et suiv.

628   *Rousseau* c. *Pelletier*, (1908) 33 C.S. 355.

tion[629]. À ce sujet cependant, deux remarques sont de mise. D'abord, l'emploi du mot « doit » (ou « *shall* »), s'il fait présumer le caractère impératif d'une disposition[630], ne crée qu'une présomption relative qui peut être écartée[631]. Ensuite, il ne suffit pas qu'une disposition soit impérative (par opposition à « facultative » ou « supplétive ») pour que sa violation entraîne une nullité; il faut que son observation soit imposée à peine de nullité, ou, si l'on préfère, qu'elle soit de rigueur. La présence du mot « doit » ne devrait jamais permettre, à elle seule, de décider si une prescription a été imposée à peine de nullité. L'article 51 de la *Loi d'interprétation* québécoise, comme l'article 11 de la loi canadienne, « établit bien la distinction entre ce qui est facultatif et ce qui ne l'est pas, mais n'édicte pas la nullité de ce qui n'a pas été fait [selon la loi] »[632].

La question la plus souvent débattue en justice est donc celle de savoir si une disposition qui édicte une formalité est « impérative » ou « directive » (en anglais, on opposera les dispositions « *imperative* » ou « *absolute* » à celles qui sont « *directory* ») en vue de décider si la nullité découle d'une inobservation.

La question peut être tranchée par un texte formel qui édicte, par exemple, que l'inobservation d'une formalité même impérative n'entraîne de nullité que si la loi le prévoit ou si un préjudice a été causé[633]. Les tribunaux ont interprété des textes de cette nature d'une manière limitative en distinguant les simples irrégularités de

---

[629] *Commission des liqueurs de Québec* c. *Côté*, (1933) 54 B.R. 215; *Houle* c. *Lessard*, [1962] B.R. 830; *Byrne* c. *Martin*, (1927) 65 C.S. 175; *Village de Rimouski-Est* c. *Cité de Rimouski*, [1976] C.S. 485; *Moodie* c. *Village de Campbell's Bay*, (1924) 30 R. de J. 492; *Chatelle* c. *Lavigne*, [1977] C.P. 189.

[630] *R.* c. *Geortzen*, [1949] 2 W.W.R. 1208 (Man.Co.Ct.); *Re Public Finance Corporation and Edwards Garage Ltd.*, (1957) 22 W.W.R. 312 (Alta.S.C.); *Re Vancouver Island West Teachers' Association*, (1970) 10 D.L.R. (3d) 99 (B.C.C.A.).

[631] *Warner-Quinlan Asphalt Co.* c. *City of Montreal*, (1916) 25 B.R. 147.

[632] *Association catholique des institutrices rurales* c. *Commissaires d'écoles de St-Pascal*, [1948] R.L. 97, 104 (j. Pratte) (B.R.).

[633] En ce sens, voir la *Loi des cités et villes*, L.R.Q., c. C-19, art. 11; le *Code Municipal*, art. 23; voir aussi le *Code de procédure civile*, art. 2 et la *Loi électorale*, L.R.Q., c. E-3.3, art. 471.

forme (« *mere technicalities* ») des vices de forme graves qui ne seraient pas visés par de telles dispositions curatives[634].

À défaut de texte formel, l'intention du législateur de sanctionner
ou non de nullité l'inobservation d'une règle de forme devra être
déduite d'un ensemble de facteurs. À ce sujet, il a été dit
qu'« aucune règle générale ne peut être formulée et que, dans chaque cas d'espèce, on doit considérer l'objet de la loi »[635].

Parmi les facteurs qui paraissent avoir une influence importante
sur la conclusion du juge, trois se distinguent : ceux qui se rapportent
à l'objet de la disposition, ceux qui se fondent sur les inconvénients
tant publics que privés résultant de l'inobservation ou qui résulteraient d'une conclusion de nullité et ceux qui concernent la matière
de la loi.

Les deux premiers facteurs sont sans doute les plus importants,
comme le souligne la juge MacLachlin : « l'objet de la loi ainsi que la
conséquence d'une décision dans un sens ou dans l'autre sont les
considérations les plus importantes pour déterminer si une directive
a un caractère impératif ou directif [...][636] ».

La décision de la Cour d'appel dans l'affaire *Association catholique
des institutrices rurales* c. *Commissaires d'écoles de la municipalité
scolaire de St-Pascal*[637] illustre bien le recours à l'objet de la disposition, compte tenu de celui de la loi. Un conseil d'arbitrage avait

---

634   *Port-Louis* c. *Lafontaine (Village)*, [1991] 1 R.C.S. 326; *Fauteux* c. *Ethier*, (1912)
      47 R.C.S. 185; *Bibeau* c. *Ville de Tracy*, [1969] C.S. 234.

635   *Montreal Street Railway Co.* c. *Normandin*, [1917] A.C. 170, 174 (Sir A. Channel)
      (traduction).

636   *Bande indienne de la rivière Blueberry* c. *Canada (Ministère des affaires
      indiennes et du Nord canadien)*, [1995] 4 R.C.S. 344, 374. Voir également les
      notes du juge Iacobucci dans *P.G. de la Colombie-Britannique* c. *P.G. du Canada*;
      Acte concernant le chemin de fer de l'Île de Vancouver, [1994] 2 R.C.S. 41. Il
      écrit que la détermination de la nature impérative ou directive « repose sur le
      processus normal d'interprétation législative », mais ce processus est marqué
      par « une préoccupation spéciale pour les inconvénients tant publics que privés
      auxquels donnera lieu l'interprétation proposée » (p. 123).

637   *Association catholique des institutrices rurales du district n° 60 Inc.* c.
      Commissaires d'écoles de la municipalité scolaire de St-Pascal, précité, note 632.

rendu une sentence après l'expiration du délai d'un mois qui lui était imparti par l'article 25 de la *Loi des différends ouvriers*[638]. La Cour d'appel jugea, à l'unanimité, que la sentence rendue hors délai n'était pas nulle pour autant. Le juge Pratte fit ressortir que tout différend entre un service public et ses salariés devait être soumis à l'arbitrage : c'était là le seul mode de solution prévu par les diverses lois applicables. Et il ajouta :

« Si la sentence arbitrale que les parties sont obligées de rechercher, et à laquelle elles sont tenues de se soumettre, devait être nulle par cela seul qu'elle aurait été prononcée après l'expiration du délai de 30 jours fixé par l'article 25 du chapitre 167, il en résulterait que, pour une cause à laquelle elles sont complètement étrangères, les parties n'obtiendraient pas le seul remède que le législateur a entendu leur procurer. Un différend dont le législateur a trouvé qu'il intéressait à ce point l'ordre public qu'il a prescrit un moyen spécial pour en amener le règlement, à l'exclusion de tous autres moyens, un tel différend demeurerait sans solution parce que les arbitres auraient manqué de diligence, et les employés seraient sans recours individuels pour faire valoir les droits qu'une sentence tardive leur aurait reconnus. »[639]

Le législateur aurait donc simplement imposé aux arbitres le devoir d'agir avec célérité sans toutefois que l'inobservation de ce délai

---

[638] *Loi des différends ouvriers,* S.R.Q. 1941, c. 167.

[639] *Association catholique des institutrices rurales du district n° 60 Inc.* c. *Commissaires d'écoles de la municipalité scolaire de St-Pascal*, précité, note 632, 105. Il est fréquent que l'on statue que les délais impartis pour rendre une décision ne sont pas de rigueur. Outre les décisions citées à la note qui suit, on verra : *Cyanamid Canada Inc.* c. *Canada (Minister of National Health and Welfare)*, (1993) 148 N.R. 147 (C.A.F.); *McCain Foods Ltd.* c. *National Transportation Agency and Canadian Pacific Ltd.*, (1993) 152 N.R. 166 (C.A.F.); *Smith (J.)* c. *Minister of Employment and Immigration*, (1991) 42 F.T.R. 81 (C.F.); *Sandoz Ltd.* c. *Commissioner of Patents*, (1991) 42 F.T.R. 30 (C.F.); *Stephenville Minor Hockey Assn.* c. *N.A.P.E.*, (1993) 104 D.L.R. (4th) 239 (Nfld.C.A.); *Marshall* c. *Kochanowski*, (1993) 117 Sask. R. 241 (Sask.Q.B.). Si le justiciable souffre un préjudice grave du fait du retard à rendre une décision, on tiendra le délai pour impératif : *Hawrish* c. *Law Society of Saskatchewan*, (1998) 155 D.L.R. (4th) 186 (Sask.Q.B.).

fût sanctionnée de nullité[640]. Prononcer la nullité aurait compromis
la réalisation de l'objectif même poursuivi par le législateur[641].

Les tribunaux porteront une attention particulière au préjudice
causé dans les circonstances par le vice de forme et au préjudice que
causerait une déclaration de nullité[642]. L'arrêt *Montreal Street Railway Co. c. Normandin*[643] est un bon exemple de cette démarche.

Le dénommé Normandin fut blessé au cours d'un trajet à bord
d'un tramway appartenant à la Montreal Street Railway. Il intenta
une action et un jury lui octroya une indemnité de 12 000 dollars. La
compagnie attaqua la validité de ce verdict en invoquant entre autres diverses irrégularités commises dans la constitution de la liste des
jurés. Après de nombreux incidents de procédure, l'affaire fut portée
devant le Conseil privé qui jugea que les irrégularités alléguées
n'avaient pas rendu nul le verdict en faveur de Normandin. Sir Arthur
Channell fit ressortir le fait que la compagnie n'avait pas montré que
les irrégularités lui avaient causé préjudice : il n'y avait pas de raison

---

[640]   Il est souvent jugé que l'inobservation de délais n'entraine pas de nullité : *Air-
Care Ltd.* c. *U.S.W.A.*, [1976] 1 R.C.S. 2; *Hotte* c. *Bombardier Ltée*, [1981] C.A.
376; *Gosselin* c. *General Motors of Canada*, [1982] C.A. 385; *Kennedy* c. *National
Parole Board*, (1992) 47 F.T.R. 55 (C.F.); *Frame* c. *Canada*, (1987) 9 F.T.R. 161
(C.F.); *Canadian Pacific Railway Co.* c. *Allan*, (1901) 19 C.S. 57; *Re Kowaliuk*,
[1934] 1 D.L.R. 678 (Man.C.A.); *Re Greig & Toronto*, [1934] 4 D.L.R. 248
(Ont.S.C.); *Re Carfrae Estates Ltd. and Stavert*, (1977) 13 O.R. (2d) 537 (Ont.H.C.).
Ce n'est cependant pas toujours le cas : *Allard* c. *Commission de la fonction
publique*, [1982] 1 C.F. 432 (C.A.); *Ottawa-Carleton* c. *Canada Employment and
Immigration Commission*, (1986) 69 N.R. 156 (C.A.F.); *Vialoux* c. *Registered
Psychiatric Nurses Association of Manitoba*, (1983) 23 Man. R. (2d) 310
(Man.C.A.); *Fares* c. *Village of Rush Lake*, (1916) 28 D.L.R. 539 (Sask. S.C.); *Re
Candlish and Minister of Social Services*, (1978) 85 D.L.R. (3d) 716 (Sask. Q.B.).

[641]   Dans le même sens : *Anchor Enterprises Ltd.* c. *Ville de Beaconsfield Ltd.*, [1959]
B.R. 365.

[642]   Dans le *Renvoi : Droits linguistiques au Manitoba*, précité, note 47, la Cour écrit,
à la page 741 : « Il est difficile de vérifier le fondement doctrinal de la
distinction entre ce qui est impératif et ce qui est directif. L'"injustice ou [les]
inconvénients généraux graves" [...] semblent servir de fondement à la
distinction appliquée par les tribunaux ».

[643]   *Montreal Street Railway Co.* c. *Normandin,* [1917] A.C. 170.

de croire que le jury, tel qu'il avait été constitué, n'était pas impartial[644].

Par ailleurs, le juge mit en évidence les conséquences dommageables qui résulteraient d'une déclaration de nullité. À ce sujet, il énonça le principe suivant :

> « Lorsque les dispositions d'une loi ont trait à l'accomplissement d'un devoir de caractère public et qu'un jugement de nullité prononcé contre des actes faits à l'encontre de ce devoir entraînerait des inconvénients graves pour les justiciables ou des injustices à l'endroit de personnes qui n'exercent aucun contrôle sur ceux qui sont chargés de ce devoir, sans pour autant promouvoir l'objet principal que visait le législateur, il a été jugé que ces dispositions n'avaient que la valeur de "directives", leur inobservation, quoique passible d'une peine, ne mettant pas en cause la validité des actes accomplis. »[645]

Le législateur n'étant pas censé vouloir que sa loi produise des résultats injustes, on présumera qu'il n'entend pas assortir une disposition d'une sanction de nullité s'il en résulte un mal social ou individuel trop important compte tenu de l'objet de la disposition[646].

---

644   Id., 176. Le fait qu'une irrégularité n'a pas causé de préjudice est un élément important dans la décision quant au caractère « impératif » ou « directif » : *Teel c. Forbes*, [1924] 1 D.L.R. 301 (Alta.S.C.); *Anchor Enterprises Ltd. c. Ville de Beaconsfield*, précité, note 641. On a statué que le défaut de donner un avis préalable n'entraînait pas la nullité d'un acte si ce défaut n'avait pas, dans les circonstances, causé de préjudice : *Calvert c. Salmon*, (1994) 113 D.L.R. (4th) 156 (Ont.C.A.); *M.G.E.U. c. Beacon Hill Lodges Inc.*, (1996) 104 Man. R. (2d) 131 (Man.Q.B.); *Union des pêcheurs des maritimes Inc. c. Poissonnerie Arseneau Fish Market Ltd.*, (1994) 137 N.B.R. (2d) 176 (N.B.Q.B.).

645   *Montreal Street Railway Co. c. Normandin*, précité, note 643, 175 (traduction). Voir aussi : *Jasper Park Chamber of Commerce c. Governor General in Council*, (1982) 44 N.R. 243 (C.A.F.) et *City of Melville c. A.G. of Canada*, (1983) 141 D.L.R. (3d) 191 (C.A.F.).

646   Le préjudice qui découlerait de la nullité a été invoqué dans les affaires suivantes : *Anderson c. Stewart Diotte*, (1922) 62 D.L.R. 98 (N.B.C.A.); *Association catholique des institutrices rurales du district n° 60 Inc. c. Commissaire d'écoles de la municipalité scolaire de St-Pascal*, précité, note 637. L'impossibilité pratique de respecter une exigence de forme peut conduire à la considérer comme non impérative, car décider autrement conduirait à une injustice : *Wapass c. Thunderchild Band Council*, (1998) 139 F.T.R. (4th) 52 (C.F.).

Le troisième facteur qui paraît important est celui de la matière de la loi. En lisant les arrêts, on note, par exemple, une tendance à être plus sévère en matière fiscale où, plus souvent qu'autrement, les dispositions qui créent l'obligation fiscale sont considérées comme devant être respectées rigoureusement à peine de nullité[647]. Il en ira de même à l'égard de lois d'expropriation[648] ou de lois qui dérogent radicalement au droit commun telles celles qui régissent la vente en justice[649] ou qui privent quelqu'un d'un droit fondamental[650]. On a aussi jugé impératives des formalités qui ont pour but de protéger un accusé[651]. La Cour suprême a estimé que la distinction impératif/directif n'avait pas d'application à l'égard d'exigences de forme contenues dans la Constitution : elle a souligné « le tort qui serait causé à la suprématie de la Constitution canadienne si un principe aussi vague était utilisé comme expédient pour l'interpréter »[652].

Dans le cas des lois dont l'administration relève en grande partie de profanes plutôt que de professionnels de l'administration publique[653], on s'attendrait à trouver une certaine indulgence à l'égard des manquements aux règles de procédure. Bien qu'on rencontre parfois cette indulgence[654], on ne peut pas dire qu'elle soit générale

[647] *Town of Trenton* c. *Dyer*, (1895) 24 R.C.S. 474; *City of Toronto* c. *Caston*, (1900) 30 R.C.S. 390; *Rural Municipality of Minto* c. *Morrice*, (1912) 4 D.L.R. 435 (Man.K.B.). Voir cependant : *St. John's School Tax Authority* c. *Luby*, (1994) 111 Nfld. & P.E.I.R. 23 (Nfld.S.C.).

[648] *City of Victoria* c. *Mackay*, (1918) 56 R.C.S. 524; *Costello* c. *Ville de Calgary*, [1983] 1 R.C.S. 14.

[649] *Vallée et Ross Lumber Ltd.* c. *Ruel*, [1950] C.S. 101. Voir cependant *Ville d'Anjou* c. *C.A.C. Realty Ltd.*, [1978] 1 R.C.S. 819.

[650] *Re Candlish and Minister of Social Services*, précité, note 640.

[651] *R.* c. *Beaulieu*, (1917) 26 B.R. 151; *Meunier* c. *La Reine*, [1966] B.R. 94, confirmé par [1966] R.C.S. 399.

[652] *Renvoi : Droits linguistiques au Manitoba*, précité, note 47, 742. Commentaire Sydney B. HORTON, « The Manitoba Language Rights Reference and the Doctrine of Mandatory and Directory Provisions », (1987) 10 *Dal. L.J.* 3 : 195.

[653] On songe en particulier aux lois municipales, scolaires et électorales.

[654] En matière scolaire : *Lacourse* c. *McLellan & DeGraw*, [1929] 3 D.L.R. 73 (Sask.C.A.); en matière électorale : *Jenkins* c. *Brecken*, (1883) 7 R.C.S. 247; en matière de recours civil contre une municipalité : *Montreal Street Railway Co.* c. *Patenaude*, (1907) 16 B.R. 541.

et que le peu d'expérience des personnes chargées des devoirs publics soit ouvertement un facteur important dans les décisions[655].

Paragraphe 2 : La renonciation à l'application de la loi

Il est, en principe, permis à quiconque de renoncer à un droit édicté en sa faveur : *quilibet licet renuntiare juri pro se introducto*[656]. Ce principe général ne s'applique que si la loi a été édictée dans le seul intérêt d'un particulier ou d'une catégorie de particuliers : comme on le verra plus loin[657], il ne saurait permettre de déroger à une loi qui a été adoptée entièrement ou partiellement dans l'intérêt public.

Le Conseil privé a jugé, dans *City of Toronto* c. *Russell*[658], qu'un contribuable avait la faculté de renoncer au droit de recevoir un avis, lors d'une vente pour taxe d'un immeuble lui appartenant, le droit à l'avis ayant été, de l'opinion de la Cour, édicté exclusivement dans l'intérêt du propriétaire. Le tribunal en vint en outre à la conclusion que le propriétaire avait, dans les circonstances, renoncé à recevoir l'avis en question. Cette conclusion ne fut pas fondée sur une renonciation expresse ou écrite, mais simplement déduite du comportement de l'intéressé.

Plus récemment, on a décidé[659] qu'un contribuable pouvait validement renoncer au droit d'en appeler d'une cotisation faite en vue de l'impôt sur le revenu. Cette renonciation avait été exprimée dans un écrit où le contribuable reconnaissait ses obligations envers le fisc. Le juge Collier a écrit : « le droit du contribuable de faire appel de

---

655   Les formalités ont été jugées impératives et sanctionnées de nullité : en matière électorale : *Fauteux* c. *Ethier*, précité, note 634; *Byrne* c. *Martin*, précité, note 629; en matière paroissiale : *Rodier* c. *Curé et marguilliers de Ste-Hélène*, [1944] B.R. 1.

656   *Great Eastern Railway Co.* c. *Goldsmid*, (1884) 9 A.C. 927, 936; P. St.J. LANGAN, *op. cit.*, note 32, p. 328; W.F. CRAIES, *op. cit.*, note 83, p. 269.

657   *Infra*, p. 306.

658   *City of Toronto* c. *Russell*, [1908] A.C. 493.

659   *Smerchanski* c. *Ministre du Revenu national*, [1972] C.F. 227, confirmé par [1974] 1 C.F. 554 (C.A.) et par [1977] 2 R.C.S. 23.

nouvelles cotisations n'est pas un droit d'ordre public, les dispositions relatives à l'appel n'étant pas des dispositions d'ordre public »[660].

Le droit de renoncer à l'application d'une loi n'existe que pour autant que la loi n'est pas d'ordre public et que la faculté de renoncer n'a pas été expressément écartée par le législateur.

On ne peut renoncer à l'application d'une loi d'ordre public[661]. Cette règle vaut aussi bien pour la renonciation qui emprunte une forme contractuelle que pour celle qui se déduirait de l'action ou même de l'inaction d'une personne.

Parmi les lois ou les dispositions d'ordre public, on peut distinguer celles qui sont adoptées exclusivement dans l'intérêt général de la société : il est évident qu'un particulier ne peut renoncer à l'application de telles lois puisqu'elles n'ont pas été édictées en sa faveur[662].

D'autres lois peuvent, à première vue, paraître avoir été édictées exclusivement à l'avantage de certains membres de la société. C'est le cas des diverses lois dites de protection, qui veulent assurer la protection des intérêts de membres de la société jugés, pour une raison ou pour une autre, particulièrement vulnérables. Des lois de ce genre, bien qu'on puisse croire qu'elles sont édictées dans le seul intérêt de ceux qu'elles entendent protéger, ont néanmoins souvent été considérées comme partiellement édictées dans l'intérêt public et, à ce titre, non susceptibles de renonciation[663].

---

660 Id., 248, On pourra voir aussi : *Mutual Life Insurance Co. of New York* c. *Jeannotte-Lamarche*, (1935) 59 B.R. 510 et *Charbonneau* c. *Ampleman*, [1987] R.J.Q. 656 (C.S.).

661 *Code civil du Québec*, art. 8 : « On ne peut renoncer à l'exercice des droits civils que dans la mesure où le permet l'ordre public ».

662 *Quebec Central Co.* c. *Pellerin*, (1903) 12 B.R. 152; *Paradis* c. *Caron*, (1932) 53 B.R. 496; *Yorksie* c. *Chalpin*, [1945] C.S. 88, confirmé par [1946] B.R. 51; *Commission scolaire régionale de Tilly* c. *Allard*, [1976] C.S. 521; *Yorktown Union Hospital Board* c. *Rural Municipality of Fertile Belt*, (1963) 38 D.L.R. (2d) 767 (Sask.Q.B.).

663 Bora LASKIN, « The Protection of Interest by Statute and the Problem of Contracting Out », (1938) 16 *Can. Bar. Rev.* 669.

Ainsi, on a jugé qu'une épouse ne pouvait renoncer aux dispositions de lois visant à lui assurer un soutien financier au cas de divorce[664] ou au cas de décès de son époux[665]. De telles lois ont certes pour objet la protection des intérêts de l'épouse, mais l'intérêt public profite également de mesures qui ont pour objet d'empêcher qu'une personne ne devienne un fardeau pour la société.

Certaines lois visant à assurer la protection des débiteurs ont également été parfois jugées d'ordre public. Dans *Meese* c. *Wright*[666], le juge De Lorimier a décidé que le débiteur ne pouvait renoncer au bénéfice d'insaisissabilité attaché par l'article 598 du Code de procédure aux meubles de ménage : le magistrat considéra en effet que la loi qui frappait ces biens d'insaisissabilité était d'ordre public parce qu'elle était faite dans un but d'humanité et dans l'intérêt général des débiteurs nécessiteux[667].

Dans *Korpan* c. *Supynuk*[668], le juge Taylor a émis l'avis que le *Debt Adjustment Act* de Saskatchewan[669] qui avait pour objet la protection des débiteurs et qui avait été adopté en période de grandes difficultés économiques était une loi qui profitait à l'ensemble de la province et qu'un débiteur ne pouvait renoncer à son application.

En contexte de droit civil, la Cour suprême a statué que si la partie la plus faible à un acte juridique ne pouvait renoncer d'avance à l'application d'une disposition d'ordre public de protection, elle pouvait néanmoins renoncer à faire valoir la nullité relative découlant de l'inobservation de la loi. Cette renonciation n'est toutefois valide que

---

664   *Hyman* c. *Hyman*, [1929] A.C. 601.

665   *Re Rist*, [1939] 2 D.L.R. 644 (Alta.C.A.). Voir aussi *Guardians of the Poor of Salford Union* c. *Dewhurst*, [1926] A.C. 619.

666   *Meese* c. *Wright*, (1924) 62 C.S. 233.

667   Contra : *Falardeau* c. *Trépanier*, (1925) 63 C.S. 349; *Morin* c. *Godbout*, (1937) 75 C.S. 165. L'actuel article 552 du *Code de procédure civile* déclare nulle toute renonciation à l'insaisissabilité qui résulte de ses dispositions.

668   *Korpan* c. *Supynuk*, [1939] 1 W.W.R. 45 (Sask. K.B.).

669   *Debt Adjustment Act*, S.S. 1934-35, c. 88.

« si elle intervient après que la partie, en faveur de laquelle la loi a
été édictée, a acquis le droit qui découle de cette loi[670] ».

Toutes les lois qui visent la protection des parties à un contrat qui
sont réputées plus faibles ne sont cependant pas uniformément jugées d'ordre public : on peut faire état d'arrêts où on a permis de
déroger à des dispositions protégeant les débiteurs[671] ou les co-
contractants des compagnies d'assurance[672].

Dans ces arrêts, on invoque le principe général voulant qu'on
puisse renoncer à une loi qui n'est pas édictée dans l'intérêt public
ou à laquelle on peut déroger sans nuire à l'intérêt public.

En matière de libertés publiques, la faculté de renoncer au
bénéfice de la loi dépendra des droits ou des libertés en cause. Alors
qu'on a jugé que le droit à la protection contre la discrimination en
raison de l'âge ne pouvait faire l'objet de renonciation contractuelle[673], une personne arrêtée ou détenue est libre de renoncer à
son droit à l'avocat[674].

En terminant, il faut souligner que le principe qui précède est
toujours susceptible d'être exclu par une disposition expresse d'un

---

[670]   *Garcia Transport Ltée* c. *Cie Royal Trust*, précité, note 594, 529.

[671]   *Gray Tractor Co.* c. *Van Troyen*, [1925] 1 D.L.R. 718 (Sask.K.B.); *Mutual Life
        Assurance Co.* c. *Levitt*, [1939] 2 D.L.R. 324 (Alta.C.A.); *Martin* c. *Strange*, [1943]
        4 D.L.R. 367 (Alta.C.A.); *Crédit foncier franco-canadien* c. *Edmonton Airport
        Hotel Co.*, (1964) 43 D.L.R. (2d) 174 (Alta.S.C.).

[672]   *Guardian Insurance Co.* c. *Curtis & Harvey Ltd.*, (1920) 29 B.R. 254.

[673]   *Commission ontarienne des droits de la personne* c. *Municipalité d'Etobicoke*,
        [1982] 1 R.C.S. 202; *Winnipeg School Division N° 1* c. *Craton*, précité, note 52.

[674]   *R.* c. *Turpin*, [1989] 1 R.C.S. 1296. Voir : Anne-Marie BOISVERT, « La renonciation
        aux droits constitutionnels », dans Service de la formation permanente, Barreau
        du Québec, *Développements récents en droit criminel*, Cowansville, Éditions
        Yvon Blais, 1989, p. 185 et Alan YOUNG, « "Not Waiving but Drowning" : a
        Look at Waiver and Collective Constitutional Rights in the Criminal Process »,
        (1989) 53 *Sask. L. Rev.* 47.

texte législatif. Les exemples de dispositions expresses excluant la renonciation sont relativement nombreux[675].

---

675   À titre d'exemple : *Loi sur la protection du consommateur*, L.R.Q., c. P-40.1, art. 262; *Loi sur les normes du travail*, L.R.Q., c. N-1.1, art. 93 et 94; *Employment Standards Code*, S.A. 1996, c. E-10, art. 4.

DEUXIÈME PARTIE
LES MÉTHODES D'INTERPRÉTATION

La première partie de cet ouvrage a traité surtout du domaine d'application des règles légales. La seconde porte sur l'interprétation, c'est-à-dire sur le processus par lequel s'établit le sens des règles de droit qui tirent leur source d'un texte législatif.

Avant d'aborder l'étude des divers facteurs qui sont pris en considération par les interprètes des lois, il a paru utile d'exposer brièvement quelques notions fondamentales, dont certaines ont déjà été abordées dans l'introduction générale de l'ouvrage[1], en posant cinq questions au sujet de l'interprétation : Qui interprète ? Qu'est-ce qu'interpréter ? À quelles fins interpréter ? Quand doit-on ou peut-on interpréter? Comment interpréter ?

• *Qui ? Les interprètes de la loi*

Si nous avons raison de définir l'interprétation comme le processus qui a pour objet d'établir le sens des normes ou règles de source législative, il en découle que l'interprétation de la loi est le fait de toutes les personnes que ces normes intéressent, soit qu'elles y cherchent un guide pour leur conduite, soit qu'elles y aient recours pour apprécier leur propre conduite ou celle d'autres personnes[2]. Ainsi, les règlements d'urbanisme sont susceptibles d'être interprétés par le promoteur qui souhaite ériger un immeuble, par son conseiller juridique, notaire ou avocat, par l'Administration qui lui délivre les permis de construire et, éventuellement, par le juge saisi d'une demande de contrôle judiciaire de la décision de l'Administration statuant sur la demande de permis.

---

[1] Sur la nature de l'interprétation, voir les pages 3 et suiv. Sur les fonctions des principes d'interprétation, les pages 48 et suiv.

[2] Sur cette question : Jacques CHEVALLIER, « Les interprètes du droit », dans Paul AMSELEK (dir.), *Interprétation et droit*, Bruxelles, Bruylant, 1995, p. 115.

L'interprétation appartient au quotidien de la vie juridique, encore que l'on sera naturellement porté à l'associer à l'exercice de la fonction judiciaire. Malgré son importance incontestable au plan normatif, l'interprétation par le juge reste, somme toute, exceptionnelle. Elle a par ailleurs tendance à intervenir dans un contexte de controverse sur le sens des règles alors que, dans la vie quotidienne du droit, le sens fait le plus souvent l'objet d'accords entre ceux que les règles intéressent. Sans négliger donc l'interprétation des lois par le juge, il faut savoir résister à la tentation d'envisager la totalité du phénomène de l'interprétation du seul point de vue de l'activité judiciaire.

Parmi tous les interprètes des lois, certains sont investis du pouvoir d'imposer à d'autres leur conception de ce qui constitue le meilleur sens des règles fondées sur la loi. Entre deux particuliers, une controverse sur le sens d'une règle conduit soit à un accord, soit à un désaccord. En cas de désaccord, aucun ne peut juridiquement imposer sa propre interprétation à l'autre. Par contre, les juges et certains membres de l'Administration sont investis juridiquement du pouvoir de statuer d'autorité sur le sens de règles. Entre l'Administration et le juge, les principes du droit administratif en matière de norme de contrôle définissent qui a le pouvoir de statuer en dernier ressort sur une question d'interprétation donnée.

Il y a donc des interprètes qui sont investis du pouvoir public d'interpréter et d'autres qui ne le sont pas. Ces derniers ne peuvent que chercher à convaincre d'autres qu'une interprétation donnée est préférable : ils ne sont pas habilités par le droit à faire prévaloir leur point de vue.

Entre les interprètes qui détiennent un pouvoir d'interprétation et ceux qui en sont dépourvus, il n'y a pas de différence marquée au plan de la méthode d'interprétation, car la méthode de ceux qui détiennent le pouvoir d'interpréter sert tout naturellement de modèle aux autres interprètes. Ainsi, un conseiller juridique consulté sur une question d'interprétation se demandera quel sens le juge ou l'Administration favoriseraient, compte tenu des facteurs dont ces autorités tiendraient compte pour interpréter.

Bien qu'elle n'intervienne que de façon exceptionnelle, l'interprétation par le juge agit ainsi comme modèle de l'interprétation par les autres interprètes, qui doivent suivre aussi la méthode préconisée par le juge, au risque de voir leur interprétation soit écartée, parce que le juge la considère comme erronée, soit, dans le cas de certaines interprétations administratives, cassée parce que le juge la considère déraisonnable.

Parce que la méthode d'interprétation dont il fait état dans la motivation de son jugement agit comme modèle de l'interprétation par les autres interprètes, le juge se trouve en quelque sorte condamné par sa fonction à justifier les choix interprétatifs qu'il fait en se référant aux principes que tout interprète devrait prendre en considération. Le juge doit notamment promouvoir l'idée que la prise en compte des principes d'interprétation reconnus conduit à la solution retenue, même s'il peut être bien conscient du fait que ces principes n'indiquaient pas nettement la façon dont la question soulevée devant lui devait être tranchée.

De façon assez paradoxale, même dans les cas où les principes n'indiquent pas clairement une solution et une seule, le juge doit, par la façon dont il motive son jugement, encourager les autres interprètes à rechercher le meilleur sens des règles en faisant appel aux principes d'interprétation admis.

• *Quoi ? La nature de l'interprétation*

Selon le discours officiel du droit canadien (discours du juge, de la loi et de la doctrine), la conception la plus largement répandue de l'interprétation voit dans celle-ci une opération intellectuelle qui vise la mise au jour du sens véritable des textes législatifs.

Cette conception est très fortement marquée par le positivisme juridique. Dans une perspective positiviste, la loi constitue un acte juridique, c'est-à-dire qu'elle est la « manifestation d'une volonté [...] destinée à produire des effets de droit »[3]. Cette volonté, c'est celle du législateur. La fonction de l'interprétation consiste à mettre au jour le sens que le législateur avait confié au texte afin d'en assurer l'exécution.

3   Paul-André CRÉPEAU (dir.), *Dictionnaire de droit privé et lexique bilingue*, 2e éd., Montréal, Cowansville, Centre de recherche en droit privé et comparé du Québec, Éditions Yvon Blais, 1991, p. 17.

Cette conception de la nature de l'interprétation apparaît discutable à plusieurs points de vue. L'interprétation de la loi me semble plutôt devoir être définie comme l'opération intellectuelle qui, à partir d'un texte législatif, cherche à établir le sens d'une règle de droit ou d'une norme, de façon à ce que cette règle ou norme soit la meilleure possible, compte tenu de l'ensemble des facteurs que l'interprète compétent doit prendre en considération. Selon cette définition, ce qui polarise l'interprétation, c'est le sens des règles et non le sens des textes; ce sens n'est pas donné à l'interprète : il est construit par lui et ce que recherche l'interprète, c'est moins le vrai sens du texte que le meilleur sens de la règle.

– *Sens des textes et sens des règles*

La manière dont les juristes parlent du droit les conduit fréquemment à confondre la règle de droit et le texte qui lui sert de support formel. On dira, par exemple, que le juge a fait application de telle ou telle disposition, alors qu'à l'évidence, il s'agit là d'une façon commode de dire que le juge a appliqué la règle énoncée dans telle ou telle disposition. La disposition peut être lue et être interprétée; seule la règle ou la norme que l'interprète construit à partir du texte peut être appliquée[4].

Tous les textes n'énoncent pas des règles de droit. Que l'on songe, par exemple, à une définition législative : celle-ci sert à préciser un concept juridique ou un terme employé dans l'énoncé d'une règle, mais elle ne constitue pas elle-même une règle. La construction d'une règle peut faire appel à plus d'une disposition. C'est le cas, par exemple, lorsqu'une disposition énonce une conduite interdite alors que la sanction de la contravention à cette disposition est prévue dans une autre disposition. À l'inverse, en contexte de bilinguisme législatif, il y a deux versions linguistiques, deux textes, mais, en principe, une seule règle correspondant à ces deux textes.

---

4   Sur la distinction entre l'énoncé législatif et la norme, on verra notamment : Riccardo GUASTINI, « Interprétation et description de normes », dans P. AMSELEK (dir.), *op. cit.*, note 2, p. 89 et William TWINING et David MIERS, *How to do Things with Rules : a Primer of Interpretation*, 2ᵉ éd., Londres, Weidenfeld and Nicolson, 1982, p. 136 et suiv.

C'est sans doute une évidence, mais il importe d'y insister : l'interprète des lois recherche le sens de règles de droit et non simplement le sens « littéral » des énoncés législatifs. Ce qui l'intéresse, c'est la teneur de la règle ou de la norme, et il l'établit en tenant compte du texte, certes, mais il prend en considération de nombreux autres facteurs. Le texte appartient à l'ordre des moyens; la règle, à celui des fins. Le texte est un élément dans l'élaboration de la règle, sans doute l'élément le plus important, ou en tout cas son point de départ, mais ce serait une erreur de le confondre avec la règle.

La tradition consacre d'ailleurs la distinction entre le sens du texte et le sens de la règle en mettant en opposition la lettre et l'esprit ou encore le texte et l'intention[5].

– L'interprétation : une activité constitutive du sens

Dans le discours des juristes canadiens, l'interprétation des lois apparaît généralement comme une activité déclarative du sens des textes[6]. Avant même qu'une disposition ne soit lue, elle est censée exprimer une proposition normative, une règle : celle que l'auteur a voulu édicter. La règle naît dès l'adoption du texte et la fonction de l'interprétation consiste à la mettre au jour.

Cette conception déclarative de l'interprétation trouve confirmation dans la théorie qui sous-tend la rétroactivité des lois déclaratoires. Puisque ces lois prétendent simplement révéler ce que le législateur estime avoir toujours été le sens véritable d'un texte, il est normal de donner à ces lois un effet qui remonte au jour de la prise

---

5   L'idée que le texte appartient à l'ordre des moyens et que l'objectif de l'interprétation est la détermination de l'intention plutôt que du seul sens des termes a été particulièrement bien exprimée par la juge McLaughlin, dissidente dans *R. c. McIntosh*, [1995] 1 R.C.S. 686, 713 : « La détermination du sens ordinaire des termes, en admettant qu'on puisse le dégager, est un principe secondaire d'interprétation qui vise à déterminer quelle était l'intention du législateur. [...] [C]'est l'intention du législateur et non le "sens ordinaire" des termes qui est concluante ». Ces propos rappellent ceux du juge Archibald dans *Watson c. Maze*, (1899) 15 C.S. 268, 273 : [Traduction] « Le tribunal ne fait pas de philologie; sa fonction n'est pas de trouver le sens des mots, mais de découvrir le sens des lois ». Voir aussi, dans le même sens, les notes du juge Iacobucci, dans *R. c. Money*, Cour suprême du Canada, le 23 avril 1999, par. 26.

6   Voir *supra*, p. 6 et suiv.

d'effet du texte dont le « sens véritable » a été ainsi simplement explicité.

Pour les raisons exposées plus haut[7], la conception selon laquelle l'interprétation est une activité constitutive du sens plutôt que déclarative semble plus près de la réalité. Il y a certes un déjà là du texte, mais, comme Paul Amselek, je crois qu' » il n'y a pas de déjà là du sens indépendamment du sujet qui le construit »[8].

– *Vrai sens et meilleur sens*

Dans la théorie classique de l'interprétation, le sens que recherche le lecteur est celui qui correspond à la volonté de l'auteur. Pour chaque texte, il existerait donc un vrai sens et un seul. Les lois d'interprétation font d'ailleurs référence à cette notion de sens véritable des lois[9].

L'idée qu'il existerait pour chaque texte un seul et vrai sens est étroitement tributaire de la conception selon laquelle l'interprétation constitue une activité déclarative du sens voulu par l'auteur. Dès lors que cette conception est écartée et qu'est reconnue la contribution du lecteur à l'élaboration du sens des règles ou des normes, on est conduit à accepter l'idée qu'un même texte puisse parfois admettre plusieurs interprétations raisonnables.

À mon avis, la question n'est pas de savoir si tel sens est vrai ou s'il est faux, mais plutôt si tel sens est raisonnable ou non et, éventuellement, si, parmi les sens raisonnables, le sens proposé est le meilleur sens, compte tenu de tous les éléments qui peuvent valablement contribuer à orienter le choix de l'interprète[10]. Parmi les éléments

---

7   *Supra*, p. 18 et suiv.

8   Paul AMSELEK, « La teneur indécise du droit », (1992) 26 *R.J.T.* 1, 7.

9   *Loi d'interprétation*, L.R.C. (1985), c. I-21, art. 10 (ci-après citée : « loi canadienne »); *Loi d'interprétation*, L.R.Q., c. I-16, art. 41 (ci-après citée : « loi québécoise »).

10   Pour une critique de la théorie de la vérité-correspondance qui sous-tend la théorie classique de l'interprétation : Luc B. TREMBLAY, « La norme de retenue judiciaire et les "erreurs de droit" en droit administratif : une erreur de droit ? Au-delà du fondationalisme et du scepticisme », (1996) 56 *R. du B.* 141.

qui influent sur le choix du sens, les objectifs recherchés par l'interprète occupent le tout premier rang.

• *À quelles fins interpréter ? Les objectifs de l'interprétation*

Dans la conception classique, la recherche de la volonté du législateur est vue comme l'unique objectif de l'interprétation[11]. Cette conception a pour effet que la recherche de la volonté de l'auteur polarise toute la démarche de l'interprète et a pour effet d'éclipser toutes les autres considérations.

En démocratie, on ne saurait nier l'importance de rechercher la volonté des personnes qui ont, à des titres et à des degrés divers, contribué à l'élaboration et à l'adoption d'un texte législatif. Ces personnes, que l'on désigne de façon collective et figurative par l'expression « le législateur », ont cherché à faire naître dans l'esprit des lecteurs du texte une idée, une règle de droit. L'activité législative comporte effectivement une dimension communicationnelle que l'on ne peut ignorer. Je me rallierai donc volontiers à l'affirmation que la recherche de l'intention du législateur constitue le but principal de l'interprétation[12].

Mais l'interprétation vise également d'autres objectifs. Ainsi, les interprètes accordent du poids aux interprétations judiciaires des textes législatifs, au point que le premier réflexe du praticien est souvent de rechercher ces interprétations avant même d'analyser attentivement le texte à interpréter. On ne peut justifier ce procédé par référence à la recherche de la volonté du législateur puisque les autorités jurisprudentielles étaient inconnues à l'époque de l'adoption de la loi. Des considérations autres que la fidélité à la pensée de l'auteur sont donc à l'oeuvre, des considérations d'équité,

---

11 « La tâche des tribunaux à qui l'on demande d'interpréter la loi consiste à rechercher l'intention du législateur. » *R. c. Multiform Manufacturing Co.*, [1990] 2 R.C.S. 624, 630 (j. Lamer).

12 Au sujet du principe de la non-rétroactivité de la loi, le juge Pratte a écrit qu'il s'agit « seulement d'un guide qui a pour but d'aider à découvrir la véritable intention du Parlement, ce qui est l'objectif principal de l'interprétation des lois ». *R. c. Ali*, [1980] 1 R.C.S. 221, 235.

qui exigent le traitement semblable des cas semblables, et de prévisibilité du droit que favorise l'autorité des précédents.

L'interprète établit la règle de droit à partir du texte en cherchant
certes à refléter au mieux l'intention des auteurs du texte. Il poursuit
cependant d'autres objectifs. Il vise à donner à la règle un contenu
qui permettra l'atteinte des objectifs de la loi et ceux de la disposition interprétée. Il a en outre le souci de construire la règle de façon
à promouvoir la cohérence du droit, en se préoccupant de donner un
sens qui conciliera la règle avec les principes et les autres règles qui
forment le système juridique. Il n'est pas indifférent aux résultats
concrets de l'interprétation : dans la mesure du possible, il cherche à
promouvoir l'équité du droit et son utilité. Il cherche aussi à éviter de
donner à la règle un sens qui tromperait sans raison valable les attentes du lecteur, d'où notamment l'idée que l'intention effectivement exprimée dans le texte doit peser lourd dans la détermination
du sens de la règle. L'interprète prendra aussi en considération
l'historique d'une disposition afin d'y insérer de façon cohérente la
règle qu'il construit. Cette liste des objectifs de l'interprétation ne
saurait, évidemment, qu'être incomplète.

Dans certains cas, ces divers objectifs et les diverses valeurs qu'ils
incarnent peuvent se concilier pour faire apparaître clairement
quelle règle l'interprète compétent devrait retenir ou écarter. Dans
d'autres, on constatera un conflit entre les objectifs, conflit qui exigera un arbitrage entre valeurs divergentes ou opposées. Il faudra
alors trancher.

Mais, l'interprétation se limite-t-elle à ces cas problématiques ?
Certains le prétendent.

• Quand ? L'opportunité de l'interprétation

« Lorsque le texte de la loi est clair et sans ambiguïté, aucune
autre démarche n'est nécessaire pour établir l'intention du législateur. Nul besoin d'une interprétation plus poussée lorsque le législateur a exprimé clairement son intention par les mots qu'il a employés
dans la loi ». C'est en ces termes que le juge en chef du Canada a
exprimé la directive d'interprétation connue sous le nom de « règle

du sens clair des textes » (*Plain Meaning Rule*)[13]. La clarté du texte justifierait d'appliquer celui-ci même si cela conduit à des conséquences absurdes[14].

Dans la tradition de la common law, cette directive d'interprétation, également reçue en droit civil, est rattachée à la « Règle de l'interprétation littérale » (*Literal Rule of Interpretation*), règle qui est discutée plus loin[15]. À ce stade introductif, il convient toutefois de marquer mon profond désaccord avec l'idée que l'interprétation n'est légitime ou opportune qu'en présence d'une obscurité textuelle.

Cette idée repose sur une fausse assimilation du sens de la règle de droit au sens littéral de l'énoncé législatif. La tâche de l'interprète ne consiste pas, à mon avis, à établir le sens des textes : c'est le sens des règles qui l'intéresse, le sens du texte constituant tout au plus le point de départ d'une démarche qui implique toujours la prise en compte d'éléments étrangers au texte. Le sens obvie du texte doit être confronté aux indications fournies par les autres facteurs pertinents à l'interprétation. L'interprète compétent se demandera si la règle construite à partir de ce sens se concilie avec les autres règles et principes du système juridique; si ce sens est de nature à promouvoir les objectifs de la loi et de la disposition interprétée; si ce sens est cohérent avec l'histoire du texte; si les conséquences auxquelles la règle construite à partir du seul sens littéral ne justifient pas d'envisager une autre interprétation, et ainsi de suite.

Le sens littéral fournit tout au plus une hypothèse de départ pour la construction de la règle, hypothèse que la prise en compte des autres éléments pertinents infirmera ou confirmera. Souvent, effectivement, l'examen des autres facteurs pertinents n'indiquera pas de raison valable d'écarter l'hypothèse de départ suggérée par le sens manifeste du texte. Dans ce cas, le sens du texte et le sens de la règle

---

[13]   *R.* c. *Multiform Manufacturing Co.*, précité, note 11, 630 (j. Lamer).

[14]   « Voici la proposition que j'adopterais : lorsqu'une législature adopte un texte législatif qui emploie des termes clairs, non équivoques et susceptibles d'avoir un seul sens, ce texte doit être appliqué, même s'il donne lieu à des résultats rigides ou absurdes ou même contraires à la logique. » *R.* c. *McIntosh*, précité, note 5, 704 (j. Lamer).

[15]   *Infra*, p. 359 et suiv.

de droit se confondent effectivement, mais ce constat est le fruit
d'une démarche qu'on ne peut pas ne pas considérer comme une
démarche d'interprétation.

• Comment ? Les procédés d'interprétation

Si l'interprétation doit être conçue comme une activité constitutive du sens des règles et non simplement déclarative, la création de
sens que cette activité comporte s'effectue dans un cadre méthodologique assez précis. Une grande partie de la formation des juristes
est d'ailleurs consacrée à l'apprentissage des conceptions et des principes qui déterminent ce cadre méthodologique, constitué, pour
l'essentiel, d'idées relatives à la nature de l'interprétation, à la nature
de ses objectifs et aux moyens mis en oeuvre par l'interprète, aux
procédés d'interprétation exprimés sous forme de directives.

On peut concevoir ces directives de diverses manières. Certains y
verront d'abord des guides susceptibles de conduire à l'intention du
législateur, d'autres, plutôt des arguments que l'on peut faire valoir
en faveur ou à l'encontre d'une interprétation donnée. Guides ou
arguments, les directives d'interprétation agissent comme des
contraintes avec lesquelles l'interprète doit compter dans sa démarche d'élaboration du sens des règles[16].

Ces directives, qui se présentent comme des recommandations
plutôt que des commandements, des conseils plutôt que des ordres,
indiquent les facteurs qui peuvent être pris en compte par
l'interprète ainsi que l'importance relative de ces facteurs. En pratique, lorsque l'interprète cherche à déterminer le sens à donner à une
disposition, il abordera la question sous tous les angles que lui suggèrent les diverses directives : quel est le sens courant des termes
employés? La règle construite à partir de ce sens se concilie-t-elle
avec les règles énoncées dans les dispositions voisines? Le sens de la
règle est-il confirmé ou infirmé par la considération des objectifs de

---

[16]   On trouvera une excellente théorie analytique de ces directives d'interprétation
dans François OST et Michel van de KERCHOVE, *Entre la lettre et l'esprit – Les
directives d'interprétation en droit, Bruxelles,* Bruylant, 1989, pp. 19-75. Sur les
fonctions heuristique et rhétorique des principes d'interprétation, se reporter à
l'introduction, p. 48 et suiv.

la disposition à l'étude ? Conduit-il à des résultats raisonnables et équitables? Est-il confirmé par des autorités doctrinales ou jurisprudentielles ? Et ainsi de suite.

L'interprétation suppose donc une approche multifactorielle. Au terme de cette démarche où les diverses directives sont mises en oeuvre, il se peut fort bien que l'interprète conclue qu'il n'y a pas vraiment de problème d'interprétation. Cette conclusion s'impose généralement lorsqu'il y a une grande convergence des résultats de l'emploi des directives; le sens qui se dégage de la première lecture peut être confirmé par la considération des autres dispositions, de la finalité du texte interprété, des précédents jurisprudentiels, et ainsi de suite[17].

Il se peut aussi que les directives mènent à des résultats divergents. Dans ce cas, telle conclusion pourra paraître plus probable qu'une autre ou encore deux conclusions pourront sembler également plausibles :

> « On ne peut, dans de nombreux cas, affirmer péremptoirement qu'une interprétation est bonne et l'autre, mauvaise. Il arrive si souvent que l'interprétation suppose que l'on mette en balance diverses considérations. L'approche choisie peut exercer une influence importante. Si l'on s'attache plutôt à un examen minutieux des termes de la loi, on peut arriver à un résultat différent de celui qu'on obtiendra en prêtant plus d'attention à l'objet de la loi, de manière à adopter le sens des termes examinés le plus en accord avec cet objet. »[18]

---

[17] On peut croire que, dans la majorité des cas où la loi doit être interprétée, les diverses méthodes mènent toutes ou presque toutes à la même conclusion, si bien que, comme le juge Laskin l'a écrit dans une opinion dissidente (*Hill* c. *La Reine*, [1977] 1 R.C.S. 827, 831), quelle que soit la méthode invoquée, cela ne fait aucune différence. S'il s'agit toutefois de cas qui sont portés à l'attention des tribunaux, il est plus probable que l'on rencontre en grand nombre de véritables problèmes d'interprétation, c'est-à-dire des cas où les méthodes admises conduisent à plus d'une conclusion convenablement justifiable : Voir Michel van de KERCHOVE, « La doctrine du sens clair des textes et la jurisprudence de la Cour de cassation de Belgique », dans Michel van de KERCHOVE (dir.), *L'interprétation en droit – Approche pluridisciplinaire*, Bruxelles, Facultés universitaires St-Louis, 1978, p. 13, aux pages 35 et 36.

[18] *Jones* c. *Secretary of State for Social Services*, [1972] 1 All E.R. 145, 149 (Lord Reid) (traduction).

Dans les cas plus difficiles, où deux interprétations sont plus ou moins également justifiables au regard des méthodes admises, il faut que l'interprète tranche. S'il fait néanmoins état d'un point de vue, de directives qui ont justifié sa conclusion, il faut comprendre, comme l'a souligné le juge Laskin[19], que, dans ces cas, ce ne sont pas les directives qui dictent le résultat, mais plutôt le résultat qui fait préférer certaines directives à d'autres[20]. Dans les cas difficiles, aucune directive d'interprétation, même parmi celles qui se parent du titre de règle, ne saurait seule dicter la conclusion[21].

Pour faciliter l'étude des directives d'interprétation, on les regroupe le plus souvent de façon à distinguer diverses approches aux problèmes d'interprétation, divers points de vue, diverses méthodes d'interprétation. Ces regroupements n'ont rien d'absolu et il arrive d'ailleurs souvent qu'on hésite à classer un argument sous une rubrique ou sous une autre.

On a ici retenu une classification qui n'a rien d'original; elle distingue les directives selon qu'elles se rapportent :

- à la formulation du texte interprété : la méthode grammaticale (1);

---

19 *Hill* c. *La Reine*, précité, note 17, 831. Dans cette affaire, le juge Laskin était cependant dissident.

20 John WILLIS, « Statutory Interpretation in a Nutshell », (1938) 16 *R. du B. can.* 1, 11.

21 Au sujet des trois règles d'interprétation classiques du droit anglais (*Literal Rule, Golden Rule, Mischief Rule*), le Rapport sur l'interprétation des lois (*The Interpretation of Statutes*) des Commissions de réforme du droit d'Angleterre et d'Écosse (Londres, H.M.S.O., 1969) contient le paragraphe suivant (n° 29, page 17) : « Ces trois prétendues règles [...] n'ont rien de critiquable pour autant qu'on les considère simplement comme des rubriques commodes auxquelles on peut se référer pour décrire les diverses approches jurisprudentielles des problèmes d'interprétation. Par contre, elles prêtent à la critique dans la mesure où l'on s'en sert pour justifier le sens donné à une disposition. À notre avis, la fonction ultime du tribunal dans l'interprétation, ce n'est pas simplement de décider s'il est tenu d'adopter l'interprétation littérale ou, au contraire, l'interprétation faisant appel à la *Golden Rule* ou à la *Mischief Rule*; c'est plutôt de décider du sens de la disposition, à la lumière, notamment, des termes employés et des considérations générales de politique législative découlant de la *Golden Rule* et de la *Mischief Rule* » (traduction).

- à la cohérence logique de la législation : la méthode systématique et logique (2);

- aux objectifs de la loi : la méthode téléologique (3);

- au contexte historique d'adoption de la loi : la méthode historique (4);

- aux conséquences de l'interprétation : la méthode pragmatique (5); et

- aux diverses interprétations dont le texte a déjà fait l'objet : les autorités (6).

Dans une perspective rhétorique, chacune de ces méthodes est source et fondement d'arguments : les arguments de texte (1); de cohérence (2); de finalité (3); historiques (4); pragmatiques (5); et d'autorité (6).

CHAPITRE 1
LA MÉTHODE GRAMMATICALE OU LES ARGUMENTS DE TEXTE

La méthode grammaticale ou littérale met l'accent sur l'approche textuelle de la pensée du législateur. On doit la distinguer de la règle de l'interprétation littérale. La méthode littérale postule que le texte est un élément important de la communication entre le législateur et ses destinataires et qu'on ne saurait le négliger. La règle de l'interprétation littérale, du moins dans certaines de ses acceptions, postule que le texte est non seulement un élément important du message législatif, mais qu'il en est l'élément le plus important et, s'il est clair, le seul qui devrait être considéré.

On doit donc, pour les besoins de l'analyse, distinguer la méthode grammaticale proprement dite de la règle de l'interprétation littérale.

SECTION 1 : LA MÉTHODE GRAMMATICALE

Pour comprendre l'utilité et les limites de la méthode grammaticale, il est utile d'en étudier les fondements, de passer en revue diverses techniques par lesquelles elle est mise en oeuvre et de considérer quels services on peut en attendre.

Sous-section 1 : Les fondements de la méthode grammaticale

L'interprète qui a recours à la méthode grammaticale d'interprétation se fonde sur un certain nombre de postulats : 1) la loi est une communication entre le législateur et les justiciables; 2) la communication au moyen du langage est possible; 3) le législateur, par le texte législatif, entend transmettre une pensée; 4) le législateur connaît les règles ordinaires du langage; 5) le législateur sait employer le langage de manière à communiquer adéquatement sa pensée.

> « Comme langage humain, le verbe de la loi n'est qu'un instrument, destiné à manifester la pensée de celui qui parle, pour éveiller une pensée adéquate chez ceux à qui il s'adresse. Or, la loi étant le pro-

duit de l'activité consciente et réfléchie de son auteur, non seulement celui-ci a dû se représenter exactement la règle qu'il entendait
établir, mais il doit être supposé également avoir choisi, avec
réflexion et préméditation, les mots qui traduisissent fidèlement sa
pensée et son vouloir. C'est donc à la formule de la loi qu'on doit
s'adresser tout d'abord »[22].

Qui favorise l'approche textuelle présume donc qu'il y a adéqua-
tion entre ce que la loi dit et ce que son auteur a voulu dire : la loi
est censée être bien rédigée. Dans l'arrêt *Commissioners of Income
Tax* c. *Pemsel*, Lord Halsbury a déclaré :

« Je ne crois pas qu'il appartienne au tribunal de supposer que le
Parlement a commis une erreur. Qu'il y ait ou non erreur, je crois
que le tribunal est tenu de supposer que le Parlement est un être
parfait qui ne commet pas d'erreurs. »[23]

On doit certes présumer que le législateur ne commet pas
d'erreurs, mais c'est là une présomption simple. Chacun sait que cet
idéal n'est pas toujours atteint : le texte de la loi peut comporter des
erreurs matérielles flagrantes[24]; il peut être formulé d'une manière
maladroite[25]; la version du texte dans l'une des langues officielles
peut se révéler indiscutablement déficiente[26], et ainsi de suite.

---

22   François GÉNY, *Méthode d'interprétation et sources en droit privé positif*, t. 1,
      2e éd., Paris, L.G.D.J., 1954, p. 277.

23   *Commissioners of Income Tax* c. *Pemsel*, [1891] A.C. 531, 549 (traduction). Cet
      extrait a été cité et approuvé par le juge Spence dans *R.* c. *Scheer Ltd.*, [1974]
      R.C.S. 1046, 1055. Dans l'arrêt *Re Dillon*, [1937] O.R. 114, 176 (Ont.C.A.), le juge
      Riddell a écrit : « Le principe moderne est que le législateur est censé savoir ce
      sur quoi il veut légiférer et avoir de la langue courante une connaissance qui lui
      permet d'exprimer son intention » (traduction). Cet extrait a été cité par le juge
      Pigeon dans *Wellesley Hospital* c. *Lawson*, [1978] 1 R.C.S. 893, 905. On pourra
      voir aussi : Reed DICKERSON, *The Interpretation and Application of Statutes*,
      Boston, Toronto, Little, Brown & Co., 1975, p. 223.

24   Voir *infra*, p. 494 et suiv.

25   « Ce défaut de rédaction ne saurait [...] faire échec à la volonté du
      législateur [...] » : *Gravel* c. *Cité de St-Léonard*, [1978] 1 R.C.S. 660, 666 (j.
      Pigeon).

26   *R.* c. *Popovic et Askov*, [1976] 2 R.C.S. 308.

Malgré tout, il faut, si l'on croit que la communication entre le législateur et le justiciable est possible, présumer que ces cas constituent l'exception plutôt que la règle[27].

La méthode littérale ou grammaticale invite l'interprète à aborder un texte législatif par une étude minutieuse, intelligente et réfléchie de sa formule. Si la première lecture laisse un doute, il faut présumer qu'il se dissipera à la deuxième ou à la troisième lecture. On raconte[28] qu'à l'époque où il enseignait le droit, Felix Frankfurter faisait, en matière d'interprétation des lois, trois recommandations bien importantes à ses étudiants : « Lisez la loi 2) LISEZ LA LOI 3) LISEZ LA LOI ! »[29]

Les exemples jurisprudentiels de recours à la méthode littérale sont légion. L'affaire *Canadian Warehousing Association* c. *La Reine*[30] soulevait l'interprétation du sens que la *Loi relative aux enquêtes sur les coalitions* (S.R.C. 1952, c. 314) donnait du mot « article ». Il était défini ainsi (art. 2a)) : « "Article" désigne un article ou une denrée susceptible de faire l'objet d'échanges ou d'un commerce. »

---

27   La présomption de rédaction adéquate repose sur l'observation des faits. À cet égard, il faut éviter de considérer que les cas soumis aux tribunaux sont représentatifs de la qualité de rédaction des textes législatifs en général. Ce serait comme juger de la santé d'une population à partir de visites aux hôpitaux. Les textes soumis aux tribunaux sont plus susceptibles que la majorité d'être atteints de « maladies du langage » : R. DICKERSON, *op. cit.*, note 23, p. 17.

28   H. FRIENDLY, *Benchmarks*, Chicago, University of Chicago Press, 1967, p. 202.

29   Elmer A. DRIEDGER a, il y a longtemps, souligné combien les avocats ont souvent le tort de conclure trop rapidement que la loi est mal rédigée alors que la rédaction des lois est généralement entourée de beaucoup de soins : « A New Approach to Statutory Interpretation », (1951) 29 *R. du B. can.* 838, 840. Cette propension des praticiens à prendre le texte à la légère est sans doute moins sensible au Québec que dans les provinces de common law, en raison de l'importance, chez nous, du droit écrit. Par ailleurs, la façon dont l'enseignement du droit est conçu (par exemple, l'accent mis sur la jurisprudence et sur les cas où la loi est obscure) n'est pas de nature à inculquer à l'étudiant en droit l'habitude de lire attentivement l'ensemble d'un texte législatif en vue de dissiper les doutes qu'une première lecture a pu laisser.

30   *Canadian Warehousing Association* c. *La Reine*, [1969] R.C.S. 176.

L'association en cause, représentant des entreprises faisant le transport et l'entreposage de meubles, plaidait que la loi en question ne lui était pas applicable, puisque les meubles transportés et entreposés par les entreprises-membres appartenaient à des particuliers et ne faisaient l'objet d'aucun commerce. Le juge Pigeon rejeta cet argument dans les termes suivants :

> « On prétend que la Loi, vu son intention générale, ne s'applique qu'à des produits dans le cours du commerce. Ce qui porte un coup fatal à cet argument, c'est qu'il nous invite à interpréter la définition comme si elle se lisait "faisant" au lieu de "susceptible de faire". Certes, l'interprétation littérale conduit au résultat que la définition embrasse tous les produits imaginables, mais ce n'est pas une raison pour s'écarter du sens clair de la Loi. Si le Parlement avait voulu que seuls les produits qui sont en fait dans le cours du commerce soient considérés comme des articles dans le sens de la définition, on s'attendrait à trouver "faisant" plutôt que "susceptible de faire". Rien ne fondant à écarter cette présomption, il faut penser que la formulation employée visait précisément à assurer que les biens qui ne sont pas en fait dans le cours du commerce soient couverts. »[31]

L'arrêt *Mercure* c. *A. Marquette et Fils*[32] concerne une poursuite contre un syndic en raison d'un manquement à l'obligation d'assurer les bâtiments d'un failli. À cette poursuite, le syndic opposa, entre autres, le défaut de donner avis de la poursuite en conformité de l'article 171 de la *Loi sur la faillite* (S.R.C. 1952, c. 14) :

> « 171. Sauf avec la permission du tribunal, aucune action n'est recevable contre le surintendant, un séquestre officiel ou un syndic relativement à quelque rapport fait ou mesure prise conformément aux dispositions de la présente loi. »

Cet argument, admis en Cour supérieure, fut écarté par la Cour d'appel :

> « la demanderesse ne se plaint pas "d'un rapport fait ou mesure prise conformément aux dispositions de la présente loi". Au contraire, elle reproche au syndic de ne pas avoir pris une mesure formellement requise par cette loi (art. 9(l)), celle de faire assurer les bâtiments de la débitrice contre le risque d'incendie. Il me paraît

---

31   *Id.*, 180 (traduction).
32   *Mercure* c. *A. Marquette et Fils*, [1977] 1 R.C.S. 547.

clair que l'article 171 dont les termes ne prêtent pas à ambiguïté, ne saurait s'appliquer en la présente cause. »[33]

En Cour suprême, le juge De Grandpré, exprimant les motifs de la Cour, se déclara d'accord avec le raisonnement de la Cour d'appel et ajouta :

> « Je n'ajouterai que ceci : l'appelant nous demande de lire l'art. 171 comme si toute action découlant de sa gestion était soumise à la règle de cet article. Plus précisément, il nous demande de conclure que la permission du tribunal est un pré-requis chaque fois qu'un syndic est poursuivi à raison de sa faute, qu'elle soit d'omission ou de commission. Or ce ne sont pas là les mots du législateur. Comme celui-ci a employé une expression beaucoup plus restreinte dans l'art. 171, il n'est pas possible d'en arriver à une conclusion autre que celle de la Cour d'appel. »[34]

Bien que la tradition d'interprétation en droit civil ait été moins marquée de formalisme que celle qui a longtemps prévalu en droit statutaire, les arguments de texte y ont parfaitement droit de cité. La disposition préliminaire du *Code civil du Québec* fait d'ailleurs expressément référence à la nécessité de tenir compte de la lettre de la loi, et la jurisprudence relative au Code comporte de nombreuses illustrations du procédé consistant à retenir ou à rejeter une interprétation en se fondant notamment sur sa compatibilité ou sur son incompatibilité avec la lettre du Code[35].

Sous-section 2 : La mise en oeuvre de la méthode grammaticale

Pour la mise en oeuvre de la méthode grammaticale, on peut faire appel à des directives particulières qui en précisent le mode d'application : 1) il faut donner aux mots le sens qu'ils ont dans la

---

33 *Mercure* c. *A. Marquette et Fils*, [1972] C.A. 574, 577 (j. Salvas).

34 *Mercure* c. *A. Marquette et Fils*, précité, note 32, 551 et 552.

35 *Desgagné* c. *Fabrique de la paroisse de Saint-Philippe d'Arvida*, [1984] 1 R.C.S. 19, 41 (j. Beetz); *M. (M.E.)* c. *L.(P.)*, [1992] 1 R.C.S. 183, 200 (j. Gonthier); *P.(D.)* c. *S.(C.)*, [1993] 4 R.C.S. 141, 177 (j. L'Heureux-Dubé). Voir également : Paul-André CRÉPEAU, « Essai de lecture du message législatif », dans Jean-Louis BAUDOUIN, Jean-Maurice BRISSON, François CHEVRETTE, Pierre-André CÔTÉ, Nicholas KASIRER et Guy LEFEBVRE (dir.), *Mélanges Jean Beetz*, Montréal, Éditions Thémis, 1995, p. 199.

langue courante; 2) il faut donner aux mots le sens qu'ils avaient le jour de l'adoption de la loi; 3) il faut éviter d'ajouter aux termes de la loi ou encore de les priver d'effet.

Paragraphe 1 : Le sens courant

Comme on présume que l'auteur de la loi entend être compris des justiciables, c'est-à-dire de l'ensemble de la population régie par le texte législatif, la loi est réputée être rédigée selon les règles de la langue en usage dans la population.

En particulier, il faut présumer que le législateur entend les mots dans le même sens que le justiciable, que « monsieur tout-le-monde »[36]. Dans la jurisprudence de droit statutaire, les références à ce justiciable type et au sens courant, ordinaire ou usuel des mots sont fréquentes : des voies de fait commises par un agent de police ne seraient pas un « accident » « dans le sens où ce mot est généralement employé dans la province de Québec »[37]; une personne qui projette chez elle des films pornographiques ne les « mettrait » pas « en circulation » selon le sens ordinaire de ces mots[38]; le terme « recommandation » renvoie au fait de conseiller et « ne saurait

---

[36]   En Angleterre, ce justiciable type est parfois appelé « the man on the Clapham omnibus », ce qui peut se traduire librement par « le passager du métro Henri-Bourassa ». L'idée que les termes de la loi ont un sens qui correspond à celui que leur attribue l'usage courant apparaît fort discutable, dans la mesure notamment où l'insertion d'un terme du langage courant dans un texte juridique ne peut pas ne pas modifier, dans une certaine mesure, le sens usuel du terme. Voir : Peter GOODRICH, *Reading the Law*, Oxford, Basil Blackwell, 1986, p. 120 et suiv. Voir également : Lucie LAUZIÈRE, « Le sens ordinaire des mots comme règle d'interprétation », (1987) 28 *C. de D.* 367.

[37]   *Cité de Laflèche c. Greenock*, [1964] B.R. 186, 189.

[38]   *R. c. Rioux*, [1968] B.R. 942.

équivaloir à une décision obligatoire »[39]. L'argument du sens naturel
et courant a également cours en droit civil[40].

Il va sans dire que le justiciable type doit être présumé normalement intelligent et bien informé des faits de la langue. Si on fait
appel à son témoignage, il faut lui communiquer tous les faits :
comment, par exemple, peut-il nous dire si une margarine est un
« produit du poisson » selon le sens courant de ces mots, si on ne lui
signale pas que la margarine en question est faite d'huile de poisson[41]?

Le juge est censé connaître le sens courant des mots[42]. Il est
néanmoins pratique très courante de se référer aux dictionnaires de
langue qui ont pour fonction de rendre compte des usages linguistiques d'une communauté à un moment donné.

Ainsi, s'agissant d'interpréter les mots « solliciter aux fins de la
prostitution », le juge Spence, dans l'arrêt *Hutt* c. *La Reine*, a jugé
tout indiqué de consulter les définitions du dictionnaire :

> « [Y] a-t-il eu sollicitation? Il faut remarquer, comme l'ont fait les
> cours d'instance inférieure, que le mot "sollicite" n'est pas défini au

---

39 *R.* c. *Thomson*, [1992] 1 R.C.S. 385, 399 (j. Cory). Voir aussi : *Bell* c. *La Reine*,
    [1983] 2 R.C.S. 471; *Hills* c. *P.G. du Canada*, [1988] 1 R.C.S. 513; *Strata Plan N°.
    LMS44* c. *RBY Holdings Ltd.*, (1995) 3 B.C.L.R. (3d) 42 (B.C.C.A.); *Shaklee Canada
    Inc.* c. *Canada*, (1996) 191 N.R. 227 (C.A.F.); *New Brunswick (Minister of
    Municipalities, Culture and Housing)* c. *B & B Environmental Services Ltd.*, (1997)
    145 D.L.R. (4th) 271 (C.A.N.B).

40 *Canadian Indemnity Company* c. *Canadian Johns-Manville Company*, [1990] 2
    R.C.S. 549, 574 (j. Gonthier) : « La question soulevée par l'espèce est une
    question d'interprétation et notre Cour doit donner leur sens naturel aux mots
    du Code civil. »

41 *M.F.F. Equities* c. *La Reine*, [1969] 1 R.C. de l'É. 508, confirmé par [1969] R.C.S.
    595 et commenté par Stephen A. SCOTT, « Neither Fish nor Fowl but Good
    Yellow Margarine », (1972) 18 *R. D. McGill* 145.

42 Quant aux très délicates questions de preuve que soulève la détermination du
    sens des mots, on consultera Rupert CROSS, *Statutory Interpretation*, 2e éd. par
    John Bell et George Engle, Londres, Butterworths, 1987, pp. 58-62. Aussi :
    Smith, Kline and French Laboratories Limited c. *P.G. du Canada*, [1983] 1 C.F.
    917 (C.A.) et *R.* c. *Manuel*, (1982) 136 D.L.R. (3d) 302 (Ont.C.A.). La
    détermination du sens d'un mot est-elle question de droit ou de fait? Voir :
    Dentist's Supply Co. of New York c. *Deputy Minister of National Revenue*,
    [1956-60] R.C. de l'É. 450; *P.G. du Canada* c. *Tucker*, [1986] 2 C.F. 329 (C.A.).

Code criminel. Ces cours ont adopté à mon avis une méthode adéquate en recourant aux dictionnaires anglais reconnus pour y trouver la définition de ce mot. Le premier réflexe est de consulter le *Shorter Oxford Dictionary* [...]. »[43]

De même, dans l'affaire *Commission scolaire de Rouyn-Noranda* c. *Lalancette*, s'agissant d'interpréter le mot « cadre », le juge Bernier déclara :

« La Loi ne définit pas le mot "cadre". Il y a donc lieu de lui donner son sens naturel. D'après le *Nouveau Petit Larousse* [...]. »[44]

Procédé largement accepté et employé, le recours aux dictionnaires appelle néanmoins certaines mises en garde[45]. Premièrement, comme les citations précédentes le font voir, le sens du dictionnaire peut être écarté par une définition législative des termes de la loi : ces définitions prévalent en principe[46]. Deuxièmement, il faut s'assurer que le ou les dictionnaires choisis reflètent bien les habitudes linguistiques de la communauté à laquelle s'adresse le texte législatif au moment où il est rédigé. Un dictionnaire français ne rend pas nécessairement compte du sens du mot « roulotte » employé dans un règlement municipal québécois[47]. Il peut être souhaitable de consulter un dictionnaire qui était en usage au moment même où le texte a été édicté, car le sens usuel d'un mot peut se transformer[48].

---

[43]   *Hutt* c. *La Reine*, [1978] 2 R.C.S. 476, 481.

[44]   *Commission scolaire de Rouyn-Noranda* c. *Lalancette*, [1976] C.A. 201, 204. Pour un exemple de ce procédé en droit civil : *Boivin* c. *P.G. du Québec*, [1997] R.J.Q. 1936 (C.S.).

[45]   Peter St.John LANGAN, *Maxwell On The Interpretation of Statutes*, 12ᵉ éd., Londres, Sweet & Maxwell, 1969, pp. 55 et 56; Aaron J. RYND, « Dictionaries and the Interpretation of Words : a Summary of Difficulties », (1991) 29 *Alta. L. Rev.* 712; Anon., « Looking It Up : Dictionaries and Statutory Interpretation », (1994) 107 *Harv. L. Rev.* 1437.

[46]   *Workmen's Compensation Board of New Brunswick* c. *Cullen Stevedoring Co.*, [1971] R.C.S. 49, 52 (j. Pigeon).

[47]   *Dubuc* c. *Cité de Rouyn*, [1973] C.A. 1128. Voir aussi : *R.* c. *Decome*, [1991] R.J.Q. 618 (C.A.).

[48]   Pour interpréter, en 1976, un article du *Code criminel*, le juge Pigeon s'est reporté aux dictionnaires en usage en 1954 : *R.* c. *Popovic et Askov*, précité, note 26, 320.

Troisièmement, il ne faut pas oublier que l'interprète doit rechercher le sens qu'un mot a dans le contexte d'une loi donnée, et non uniquement le sens des dictionnaires. Ceux-ci définissent le sens des mots d'après leur usage dans un certain nombre de contextes récurrents et standards. Les meilleurs ouvrages indiqueront d'ailleurs par une phrase le contexte dans lequel le mot a le sens défini. La gamme des sens définis au dictionnaire est nécessairement limitée et l'interprète doit en tenir compte : on ne répétera jamais assez « à quel point le contexte et le but visé peuvent faire varier le sens d'un mot »[49]. Par exemple, la Cour d'appel a jugé qu'une niveleuse avait été importée « en contrebande » au pays bien qu'elle ait passé la frontière devant le bureau des douanes, en plein jour, à une vitesse de dix milles à l'heure. Bien que les dictionnaires aient défini la « contrebande » comme une « introduction clandestine ou par voie secrète », la Cour a jugé que, dans le contexte de la *Loi sur les douanes*, l'élément de clandestinité n'était pas essentiel[50].

Enfin, l'usage du dictionnaire peut s'avérer bien souvent un exercice relativement stérile soit parce qu'un mot a plusieurs sens courants qui peuvent être applicables, soit parce que la question qui fait problème ne peut être réglée uniquement par référence au sens courant : aucun dictionnaire, par exemple, ne permet de décider assurément si une automobile sans son moteur est un « véhicule automobile ». Ce genre de question fait appel au contexte et à l'objet de la loi, et souvent même exige d'être tranchée d'autorité par l'interprète.

La directive qui renvoie au sens courant des mots comporte implicitement certains aspects négatifs : 1) il ne faut pas donner à un mot un sens que l'usage courant ne lui permet pas d'avoir; 2) il ne faut pas retenir le sens que les mots peuvent avoir dans le langage technique ou scientifique.

---

49 *P.G. de l'Ontario et Viking Houses* c. *Peel*, [1979] 2 R.C.S. 1134, 1145 (j. Laskin).

50 *P.G. du Canada* c. *Riddell et Riddell*, [1973] C.A. 556. Sur la nature relative des définitions du dictionnaire, on verra aussi : *Barreau du Québec* c. *Morin*, [1988] R.J.Q. 2629, 2639 (C.A.).

Felix Frankfurter a écrit : « Si les tribunaux ne se limitent plus au texte, ils sont encore limités par le texte. »[51] On reconnaît au texte de la loi deux fonctions principales : il permet de découvrir l'objet général de la communication législative et il restreint la gamme des sens que l'interprète peut donner à cette communication[52]. La grande plasticité du langage humain fait qu'il est illusoire d'espérer interpréter correctement un texte avec un dictionnaire dans une main et une grammaire dans l'autre. Les mécanismes de la communication sont trop subtils pour se prêter à ce genre d'exercice. Cependant, si les mots sont malléables et flexibles, ils ne sont pas infiniment élastiques. On peut discuter longtemps quant à savoir si une voiture automobile sans son moteur est un « véhicule automobile ». La question de savoir si un livre est un « véhicule automobile » ne devrait pas entraîner de longues controverses[53].

Donner aux mots le sens qu'ils ont dans le langage courant signifie donc aussi (et surtout) donner aux mots un sens qu'ils peuvent avoir dans le langage courant : ne pas leur donner un sens artificiel ou ésotérique[54].

---

[51]   Felix FRANKFURTER, "Some Reflexions on the Reading of Statutes", (1947) 47 *Col. L.Rev.* 527, 543 (traduction).

[52]   R. DICKERSON, *op. cit.*, note 23, p. 63; H. jr. HART et A. SACKS, *The Legal Process : Basic Problems in the Making and Application of Law*, Cambridge, Tentative Edition, 1958, pp. 1411 et 1412.

[53]   Sur l'effet restrictif de la formule légale, voir : R. DICKERSON, *op. cit.*, note 23, pp. 63, 65, et 201; H. jr. HART et A. SACKS, *op.cit.*, note 52, p. 1412; Charles P. CURTIS, « A Better Theory of Legal Interpretation », (1949-50) 3 *Vand. L. Rev.* 407. Cet auteur assimile la législation à une délégation de pouvoirs à l'interprète : les limites de la marge discrétionnaire dont l'interprète dispose correspondent au sens que les mots peuvent véhiculer dans le langage courant : « La formule, du moins dans les documents juridiques, ne détermine pas le sens. Elle délimite le sens. L'interprétation juridique s'intéresse non pas au sens des mots mais seulement à leurs limites » (p. 426, traduction); James A. CORRY, « Administrative Law and the Interpretation of Statutes », (1936) 1 *U. of T. L.J.* 286, 291 et 292 : « Toute loi soigneusement rédigée comporte des limites au-delà desquelles elle ne peut être étendue [...] Les mots peuvent toujours fixer des limites » (traduction); Zechariah CHAFEE Jr., « The Disorderly Conduct of Words », (1941) 41 *Col. L.Rev.* 381, 401 : « l'usage courant peut être comparé aux berges d'une rivière. La Cour doit demeurer entre celles-ci mais elles n'indiquent pas où se trouve le chenal » (traduction).

[54]   *Thomas c. British Columbia (Provincial Approving Officer)*, (1998) 156 D.L.R. (4th) 190 (B.C.C.A.).

Par exemple, le terme « famille » désigne, dans l'un de ses sens courants, selon le *Petit Robert*, « les personnes apparentées vivant sous le même toit ». Dans l'arrêt *Ville de St-Hubert* c. *Riberdy*[55], ce terme, employé dans un règlement municipal de zonage, a été jugé assez élastique pour s'appliquer à une « famille d'accueil » dans le cadre de la *Loi sur les services de santé et les services sociaux* (L.Q. 1971, c. 48). Par contre, dans l'affaire *P.G. de l'Ontario et Viking Houses* c. *Peel*[56], la Cour suprême a estimé que le terme « famille », tel qu'on le trouve à l'article 20(1) de la *Loi sur les jeunes délinquants* (S.R.C. 1970, c. J-3), ne pouvait embrasser, sans dénaturation de son sens, un foyer collectif dont l'organisation et le fonctionnement ne présentaient que de très lointaines analogies avec la famille biologique.

L'effet contraignant de la formulation de la loi se fait sentir même en matière d'interprétation constitutionnelle, bien que les juges y préconisent une méthode d'interprétation souple, non formaliste et qui, en cela, se distinguerait de l'interprétation des textes de loi ordinaires. Ainsi, bien que la *Charte canadienne des droits et libertés* doive recevoir une interprétation large et surtout axée sur les objectifs qu'elle vise, cela ne va pas jusqu'à autoriser l'interprète à faire fi des termes employés dans le texte. Dans le *Renvoi relatif à la Public Service Employee Relations Act (Alb.)*, le juge McIntyre écrit :

> « [B]ien qu'il faille adopter une attitude libérale et pas trop formaliste en matière d'interprétation constitutionnelle, la Charte ne saurait être considérée comme un simple contenant, à même de recevoir n'importe quelle interprétation qu'on pourrait vouloir lui donner. L'interprétation de la Charte, comme celle de tout document constitutionnel, est circonscrite par la formulation, l'historique et la structure du texte constitutionnel, par la tradition constitutionnelle et par l'histoire, les traditions et les philosophies inhérentes de [sic] notre société. »[57]

On ne doit pas, en principe, entendre les mots d'une loi dans un sens autre que le sens courant ou vulgaire; en particulier, on ne doit

55 *Ville de St-Hubert* c. *Riberdy*, [1977] C.S. 409.
56 *P.G. de l'Ontario et Viking Houses* c. *Peel*, précité, note 49.
57 *Renvoi relatif à la Public Service Employee Relations Act (Alb.)*, [1987] 1 R.C.S. 313, 394. Sur les contraintes textuelles en matière constitutionnelle, on verra aussi *R. c. Kalanj*, [1989] 1 R.C.S. 1594.

pas leur donner le sens que leur donnerait un scientifique ou une personne qui, en raison de son occupation, surtout, entendrait certains mots du langage usuel dans des sens secondaires ou techniques.

Ainsi, bien que le terme « avortement thérapeutique » ait eu, selon le *Code criminel*, un sens technique tout à fait spécial, c'est le sens courant et usuel qui a été retenu dans l'arrêt *S.B.L.* c. *Régie de l'assurance-maladie du Québec*[58]. De même, les champignons sont généralement considérés comme des « légumes » au sens courant de ce terme et ils seront ainsi considérés par la cour même si, scientifiquement, les champignons ne sont pas classés parmi les légumes[59].

Ce principe a été fréquemment appliqué en Cour suprême et ceci même à des lois qui traitaient de questions scientifiques :

> « La règle voulant que les lois soient interprétées d'après le sens courant des mots est fermement établie et elle s'applique aux lois portant sur des sujets techniques ou scientifiques [...]. »[60]

Le respect du sens courant n'est toutefois pas une règle absolue : si les circonstances sont telles qu'on puisse conclure que le sens technique ou scientifique est préférable, c'est ce sens qu'il faudra retenir, sous réserve de la preuve de cette signification technique[61]. C'est souvent une question fort délicate que celle de décider si l'on doit retenir le sens courant ou un sens spécialisé. On la tranche à la lumière de divers facteurs. Il s'agit, entre autres, de savoir à quel auditoire la loi est adressée : à l'ensemble de la population ou à une partie restreinte de celle-ci, formant un sous-ensemble linguistique en raison du métier, ou de la profession[62]. Par exemple, le terme « professeur », dans les universités du Québec, a un sens technique : il y désigne les membres du corps enseignant qui font carrière dans l'enseignement et la recherche, et non tous ceux qui font acte

---

58 *S.B.L.* c. *Régie de l'assurance-maladie du Québec*, [1975] C.S. 757.

59 *Re Ontario Mushroom Co.*, (1977) 76 D.L.R. (3d) 431 (Ont.C.A.). Voir aussi : *Deltonic Trading Corp.* c. *M.N.R.*, (1990) 113 N.R. 7 (C.A.F.).

60 *Pfizer Co.* c. *Sous-ministre du Revenu national*, [1977] 1 R.C.S. 456, 460 (j. Pigeon). Voir aussi : *Laboratoire Pentagone Ltée.* c. *Parke, Davis & Co.*, [1968] R.C.S. 307, 310 (j. Pigeon); *Commission hydroélectrique de Québec* c. *Sous-ministre du Revenu national*, [1970] R.C.S. 30, 37 (j. Pigeon, dissident).

61 R. CROSS, *op. cit.*, note 42, pp. 58-62.

62 *Unwin* c. *Hanson*, (1891) 2 Q.B. 115, 119 (Lord Esher).

d'enseigner. On peut supposer que le terme « professeur » dans une charte universitaire doit, de prime abord, être compris dans ce sens étroit alors que, dans une autre loi qui serait adressée à un auditoire plus large (par exemple, le *Code du travail*), il désignerait toutes les personnes qui enseignent, ou qui sont rémunérées pour enseigner[63].

Évidemment, si la loi emploie un terme de l'art qui n'a d'autre sens que le sens technique, c'est ce sens qui prévaudra, car c'est alors au fond le sens technique et spécialisé qui constitue le sens ordinaire[64].

Paragraphe 2 : Le sens au moment de l'adoption

Le principe général veut que l'on se reporte, pour interpréter la loi, au jour de son adoption : puisqu'il s'agit, à partir d'un texte, de reconstituer une pensée, il paraît normal de donner aux mots le sens qu'ils avaient, à l'époque de l'adoption, dans le langage courant, compte tenu également du contexte dans lequel ils ont été énoncés[65].

---

[63] À titre d'exemple d'arrêts où l'on a étudié l'application de certains sens techniques, on verra : *Dominion Bag Co.* v. *The Queen*, (1894) 4 R.C. de l'É. 311; *Dome Oil Co.* c. *Alberta Drilling Co.*, (1916) 52 R.C.S. 561; *Western Minerals Ltd.* c. *Gaumont*, [1953] 1 R.C.S. 345; *Township of Waters* c. *International Nickel Co. of Canada*, [1959] R.C.S. 585; *Northern and Central Gas Corp.* c. *M.N.R.*, (1988) 80 N.R. 383 (C.A.F.). La Cour d'appel fédérale a fait le point sur cette difficile question dans *Olympia Floor and Wall Tile Company* c. *Deputy Minister of National Revenue*, (1983) 49 N.R. 66 (C.A.F.). Dans un brevet d'invention, le mémoire descriptif s'adresse à des experts et doit être lu en conséquence : *Burton Parsons Chemicals Inc.* c. *Hewlett-Packard (Canada) Ltd.*, [1976] 1 R.C.S. 555.

[64] « Il est bien reconnu que les termes techniques et scientifiques qu'on retrouve dans les lois doivent s'interpréter selon leur sens technique ou scientifique » : *Perka* c. *La Reine*, [1984] 2 R.C.S. 232, 264 (j. Dickson).

[65] Nous touchons ici l'une des questions les plus intéressantes posées par l'interprétation et l'application de textes légaux : à quel moment l'interprète doit-il se placer pour interpréter? Quels sont les effets, sur l'interprétation de la loi, des glissements sémantiques ou des changements technologiques ou sociaux? Sur ces questions on pourra voir : F. GÉNY, *op. cit.*, note 22, p. 269 et suiv.; H. jr. HART et A. SACKS, *op. cit.*, note 52 , p. 1211 et suiv.; R. DICKERSON, *op. cit.*, note 23, pp. 76-77 et 125 et suiv. La thèse voulant qu'on doive se reporter à l'époque de l'adoption en vue de reconstituer la « volonté historique » du législateur n'est pas la seule qui se puisse concevoir. On lui

C'est Lord Esher, dans l'affaire *Sharpe* c. *Wakefield*, qui a formulé le principe applicable :

> « [L]es termes d'une loi doivent recevoir l'interprétation qu'ils auraient reçue le lendemain de son adoption, à moins qu'une loi nouvelle ne soit venue consacrer une autre interprétation ou modifier la loi ancienne. » [66]

Cet énoncé a été repris et approuvé par le juge Martland en rendant le jugement de la Cour suprême dans l'arrêt *Bogoch Seed Co.* c. *Canadian Pacific Railway Co.*[67], ainsi que par le juge Dickson dans *Perka* c. *La Reine*[68]. Il signifie plus particulièrement que le sens d'une loi ne devrait pas être modifié ni par la transformation du sens courant et usuel d'un mot ni par un changement dans le contexte global d'énonciation de la loi.

Une loi ne devrait pas se modifier d'elle-même par le seul effet de l'évolution sémantique. On admettra que l'interprète puisse, en s'aidant des ouvrages contemporains à l'adoption d'une loi, tenter de reconstituer le sens ordinaire d'un mot à l'époque de l'adoption[69]. Dans l'arrêt *Wolofsky* c. *Aetna Casualty & Surety Co.*[70], la majorité des juges de la Cour d'appel a accepté de se reporter en 1866 pour interpréter le terme « architecte » tel qu'on le trouve à l'article 2013 C.c.B.C.

---

oppose souvent une conception « objective » du texte de loi qui veut que ce dernier, dès qu'il est énoncé, se détache de son auteur et acquiert une vie autonome si bien que la « volonté du législateur » ne serait plus alors pertinente. Selon cette conception, le juge devrait se placer au jour de l'application et procéder à un « assouplissement des textes » selon les besoins sociaux du moment : Léon RAUCENT, « Droit et linguistique – Une approche du formalisme juridique », (1978) 19 *C. de D.* 575, 585 et suiv.; Arthur LENHOFF, « On Interpretative Theories : A Comparative Study in Legislation », (1948-49) 27 *Tex. L.Rev.* 312, 326; Rosario GENEST, « Comment faut-il interpréter les lois ? », (1942) 2 *R. du B.* 212; Harold C. GUTTERIDGE, *Le droit comparé*, Paris, L.G.D.J., 1953, pp. 144 et 145.

[66]   *Sharpe* c. *Wakefield*, (1889) 22 Q.B.D. 239, 242 (traduction).

[67]   *Bogoch Seed Co.* c. *Canadian Pacific Railway Co.*, [1963] R.C.S. 247.

[68]   *Perka* c. *La Reine*, précité, note 64, pp. 264 et 265.

[69]   Par exemple, on a eu recours aux oeuvres de John Stuart MILL pour interpréter le terme « *direct taxation* » de la *Loi constitutionnelle de 1867* : *Atlantic Smoke Shops Ltd.* c. *Conlon*, [1943] A.C. 550.

[70]   *Wolofsky* c. *Aetna Casualty & Surety Co.*, [1976] C.A. 102.

Le changement du sens d'une loi peut résulter non pas d'une modification du sens courant de ses termes, mais plutôt de modifications du contexte. Ainsi, la loi créant en 1849 le Barreau du Québec a été interprétée en 1915 à la lumière du contexte existant au moment de son adoption, contexte qui excluait, d'après la Cour d'appel, l'admission des personnes de sexe féminin[71]. Résistant aux pressions exercées sur eux pour mettre la loi en accord avec les idées acceptées à l'époque de l'application, la majorité des juges a considéré que leur rôle d'interprètes de la loi les contraignait à faire abstraction du nouveau contexte créé par l'émancipation de la femme et à se reporter plutôt au contexte global existant à l'époque d'adoption de la loi, contexte qui, semble-t-il, écartait indubitablement l'admission des femmes au Barreau[72].

Dans le même ordre d'idées, on a jugé[73] que, si l'absurdité était une raison de s'écarter du sens littéral d'une loi, l'absurdité en question devait, comme élément du contexte global, s'apprécier au jour de l'adoption de la disposition en litige et non à l'époque de son application.

On a aussi statué, en contexte de droit constitutionnel, que les objectifs d'une loi devaient être appréciés en se plaçant à l'époque de son adoption : un texte législatif ne pourrait pas poursuivre des objectifs évolutifs ou changeants selon les époques, car cela contreviendrait aux principes qui régissent l'interprétation des lois et qui

---

[71] *Langstaff* c. *Bar of the Province of Quebec*, (1916) 25 B.R. 11.

[72] Cette affaire est à rapprocher de l'avis donné par la Cour suprême dans la fameuse affaire *Edwards* concernant la nomination au Sénat de personnes de sexe féminin : *Reference as to the meaning of the word « Persons » in section 24 of the British North America. Act, 1867*, [1928] R.C.S. 276. La Cour, interprétant la Constitution comme un texte législatif ordinaire, comprit le mot « personne » de l'article 24 de la *Loi constitutionnelle de 1867* à la lumière du contexte global de 1867. On sait que cet avis ne fut pas celui retenu par le Conseil privé où l'interprétation évolutive d'une loi constitutionnelle fut préconisée : *Edwards* c. *A.G. for Canada*, [1930] A.C. 124. Ce cas d'interprétation créatrice est exceptionnel et s'explique par la nature du document interprété : voir *infra*, p. 347.

[73] *Attorney General* c. *Prince Ernest Augustus of Hanover*, [1957] A.C. 436.

assignent à celle-ci l'objectif de mettre au jour l'intention du législateur historique[74].

Dire que l'interprète doit respecter le sens que la loi avait le jour de son adoption ne signifie nullement que l'effet de la loi ne se fait sentir que sur les faits, matériels ou sociaux, qui existaient lors de son adoption. Il faut distinguer le sens d'un terme de sa portée, distinguer le concept signifié par un terme des choses (qu'on appelle parfois référents) que le concept est susceptible d'englober.

Une loi édictée le 15 janvier 1980 pour s'appliquer aux « automobiles » s'appliquera évidemment même à une automobile construite en 1981 : la loi, dira-t-on, « parle toujours » « et, quel que soit le temps du verbe employé dans une disposition, cette disposition est tenue pour être en vigueur à toutes les époques et dans toutes les circonstances où elle peut s'appliquer »[75]. La directive qui renvoie au sens des mots à l'époque de l'adoption « ne signifie pas [...] que tous les termes de toutes les lois doivent toujours se limiter à leur sens original. On a souvent jugé que des catégories générales contenues dans des lois incluent des choses inconnues au moment de l'adoption de ces lois »[76].

Non seulement la loi s'applique-t-elle à des faits qui n'existaient pas au moment de son adoption : elle peut également régir des phénomènes dont on ne pouvait pas, au moment de la rédaction de la loi, prévoir la survenance. Si son objet le justifie et si sa formulation ne s'y oppose pas, un texte légal peut être appliqué à des inventions survenues après son adoption[77]. Ce fut le cas à l'égard de l'invention de la bicyclette[78], du téléphone[79], du tramway électri-

74 R. c. *Big M Drug Mart Ltd.*, [1985] 1 R.C.S. 295, 334-336 (j. Dickson). Pour un commentaire critique de ce point de vue : Scott G. REQUADT, « Worlds Apart on Words Apart : Re-examining the Doctrine of Shifting Purpose in Statutory Interpretation », (1993) 51 *U.T. Fac. L. Rev.* 331.

75 Loi québécoise, précitée, note 9, art. 49. L'article 10 de la loi canadienne, précitée, note 9, est dans le même sens. Voir *Watson c. États-Unis d'Amérique*, [1981] 2 C.F. 431 (C.A.).

76 *Perka c. La Reine*, précité, note 64, 265 (j. Dickson).

77 Keith A. CHRISTIANSEN, « Technological Change and Statutory Interpretation », (1968) *Wis. L. Rev.* 556.

78 *Taylor c. Goodwin*, (1879) 4 Q.B.D. 228.

que[80], de l'automobile[81], de cables composés de fibres optiques [82]ou encore des progrès dans la culture du colza[83]. Dans chaque cas, il s'agit de savoir, d'une part, si la finalité de la disposition en justifie l'application à la nouvelle invention et, d'autre part, si le texte est rédigé d'une manière suffisamment générale pour que l'interprète puisse y soumettre des cas d'espèce inconnus à l'époque d'adoption.

Dans l'affaire *Lumberland Inc. c. Nineteen Hundred Tower Ltd.*, où il fallait décider si le fournisseur du bois utilisé pour fabriquer les coffrages pour le béton avait droit à un privilège sur l'immeuble construit, la Cour suprême conclut que le fournisseur avait droit au privilège même si la technique de construction en cause n'était pas connue à l'époque de la rédaction du texte. Le juge Beetz formula ainsi l'avis de la Cour sur la question :

> « Lorsque le législateur a édicté la loi Augé (Qué. 1894, c. 46), il ne pouvait évidemment songer à l'utilisation du béton non plus qu'à l'usage de certains matériaux normalement assez durables comme le bois mais qui se détériorent substantiellement par l'usage que l'on en fait pour fabriquer du coffrage. Cependant, la "loi parle toujours" selon que le prescrit l'art. 49 de la *Loi d'interprétation* (S.R.Q. 1964, c. 1). Elle parle d'autant plus facilement lorsque, c'est le cas, sa lettre permet son adaptation aux changements produits par les inventions subséquentes et par l'amélioration des techniques et lorsque cette adaptation est conforme à l'esprit des dispositions qu'il s'agit d'appliquer. » [84]

Le même raisonnement me paraît devoir être appliqué à ce que l'on pourrait appeler les « innovations sociales », par opposition aux innovations technologiques. Par exemple, un règlement de zonage

---

79   *Attorney General* c. *Edison Telephone Company of London*, (1880) 6 Q.B.D. 244.

80   *Bell Telephone Co.* c. *Montreal Street Railway Co.*, (1896) 10 C.S. 162, confirmé par (1897) 6 B.R. 223.

81   *Deneault* c. *Monette*, (1933) 55 B.R. 111; *Gagnon* c. *Paroisse de St-Bernard de Lacolle*, [1947] C.S. 326.

82   *British Columbia Telephone Co.* c. *M.N.R.*, (1992) 46 F.T.R. 94 (C.F.).

83   *Canadian Pacific Railway Co.* c. *McCabe Grain Co.*, (1968) 69 D.L.R. (2d) 313 (B.C.C.A.).

84   *Lumberland Inc.* c. *Nineteen Hundred Tower Ltd.*, [1977] 1 R.C.S. 581, 593. On pourra voir aussi : *Re McIntyre Porcupine Mines Ltd. and Morgan*, (1921) 62 D.L.R. 619 (Ont.C.A.).

traitant « d'établissements d'assistance » a été appliqué à l'innovation sociale que constituent les habitations subventionnées[85]. Un autre règlement de zonage faisant référence au concept de « famille » a été étendu au phénomène nouveau de la famille d'accueil[86]. On a jugé que les termes « pratique de la médecine »[87] et « agriculture »[88] devaient être interprétés de manière à suivre l'évolution sociale et non en se référant à ce à quoi pouvaient se résumer ces activités lors de l'adoption de la loi[89].

Comme cela a été déjà dit, l'objet d'une loi peut s'opposer à ce qu'on l'applique à un nouveau fait technologique ou à une nouvelle pratique sociale. Dans l'arrêt *Bogoch Seed Co.* c. *Canadian Pacific Railway Co.*[90], la Cour suprême a écarté le colza de la définition du terme « grain » tel qu'on le trouvait dans la *Loi sur la passe du Nid de Corbeau* (S.C. 1897, c. 5). D'après la preuve, ce type de grain n'était pas produit commercialement au Canada à l'époque de l'adoption de la loi et ce n'est que beaucoup plus tard (vers 1943) que les progrès dans la technologie agricole ont permis cette production.

La décision de la Cour paraît justifiée par l'objet de la loi en litige : elle prévoyait la conclusion d'un accord entre le Gouvernement du Canada, d'une part, et la Canadian Pacific Railway, d'autre part. En échange de certaines baisses de tarif pour le transport de « grain », la compagnie recevait des subventions de l'État. « L'accord stipulait une réduction des tarifs alors en vigueur sur le grain et la farine, et il me semble, [écrit le juge Martland (à la page 255 (traduction))] que les parties avaient uniquement à l'esprit la réduction des tarifs alors en vigueur à l'égard de ce que les deux parties considéraient, à l'époque, comme étant du grain. » Le contexte contractuel, la vo-

85 *Dupuis* c. *Cité de Sherbrooke*, [1973] C.S. 139.
86 *Ville de St-Hubert* c. *Riberdy*, précité, note 55.
87 *Re Ontario Medical Act*, (1907) 13 O.L.R. 501, 506 et 507 (j. Moss) (Ont.C.A.).
88 *Hill* c. *Lethbridge Municipal District No 25*, (1955) 14 W.W.R. 577 (Alta. S.C.). Voir cependant : *Re Emmanuel Convalescent Foundation*, (1968) 65 D.L.R. (2d) 48 (Ont.C.A.).
89 Voir aussi : *Ackland* c. *Yonge-Esplanade Enterprises Ltd.*, (1993) 95 D.L.R. (4th) 560 (Ont.C.A.); *Vale* c. *Sun Life Assurance Co.*, (1997) 143 D.L.R. (4th) 77 (Ont.C.A.); *Snyder* c. *Montreal Gazette Ltd.*, [1978] C.S. 32.
90 *Bogoch Seed Co.* c. *Canadian Pacific Railway Co.*, précité, note 67.

lonté de ne pas rompre l'équilibre des prestations, paraissent expliquer l'attitude de la Cour dans les circonstances.

Dans d'autres cas, c'est le texte qui peut s'opposer à ce qu'un nouveau fait ou une nouvelle pratique soient régis par une loi ancienne. Par exemple, dans l'arrêt *P.G. de l'Ontario et Viking Houses* c. *Peel*[91], la Cour devait considérer si l'article 20(1) de la *Loi sur les jeunes délinquants* (S.R.C. 1970, c. J-3) permettait à un juge de confier un jeune délinquant à une institution dite « foyer collectif », administrée par Viking Houses, une entreprise commerciale qui exploite plusieurs foyers du genre en Ontario. Parmi les textes interprétés, le suivant est particulièrement pertinent :

> « 20(1) Lorsqu'il a été jugé que l'enfant était un jeune délinquant, le juge peut, à sa discrétion.
>
> [...]
>
> f) faire placer cet enfant dans une famille recommandable comme foyer d'adoption, sous réserve de la surveillance bienveillante d'un agent de surveillance et des ordres futurs de la cour; [...]. »

Les « foyers collectifs » pouvaient-ils être considérés comme des « familles » au sens de ce texte? La Cour suprême a jugé que non. Le juge Laskin, qui écrivit le jugement, ne manqua pas de se montrer sensible au fait que la loi en litige était désuète et avait besoin d'être réformée pour répondre aux exigences de l'aide sociale moderne[92]. Il souligna aussi le fait que le terme « famille » est susceptible d'avoir des sens variés selon le contexte et l'objet[93]. Il nota toutefois que les « foyers collectifs » ne présentaient que peu d'analogie avec la famille traditionnelle, c'est-à-dire un groupe de personnes liées par le sang, le mariage ou l'équivalent, et que le contexte montrait que c'était une famille de ce type que la loi envisageait[94].

Après avoir reproduit les dispositions de la loi qui invitent d'une manière pressante à une interprétation bienveillante de ses dispositions, en considérant l'objet qui est d'assurer le bien de l'enfant, le

---

91 *P.G. de l'Ontario et Viking Houses* c. *Peel*, précité, note 49.
92 *Id.*, 1138.
93 *Id.*, 1145.
94 *Id.*, 1143.

juge Laskin ajouta les paroles suivantes qui paraissent particulièrement éloquentes dans la bouche d'un juge que l'on ne considérait pas généralement comme un partisan de l'interprétation stricte :

> « Je reconnais d'emblée que ces dispositions contiennent des instructions plus impérieuses que les instructions générales de l'art. 11 de la *Loi d'interprétation*, S.R.C. 1970, c. I-23, selon lequel chaque texte législatif est censé réparateur et doit s'interpréter de la façon juste, large ou libérale la plus propre à assurer la réalisation de ses objets. Cela ne signifie pas pour autant que les pouvoirs précis d'un juge d'une cour pour jeunes délinquants peuvent excéder l'interprétation la plus large possible du texte habilitant pour lui permettre de prendre des décisions qui correspondent mieux à l'attitude moderne à l'égard des jeunes délinquants. Les cours ne peuvent convertir leur rôle d'interprète en un rôle de législateur, peu importe à quel point elles reconnaissent la valeur de solutions avancées pour remédier à une loi incomplète. C'est au législateur qu'il revient de combler les lacunes de la loi. »[95]

Dans les circonstances, le tribunal estima donc que le terme « famille », lu dans son contexte, posait, selon l'expression du juge Laskin[96], un « obstacle infranchissable » à l'application d'une loi ancienne à une innovation sociale.

Si le texte est si dépassé qu'aucun effort d'interprétation véritable ne puisse remédier à sa désuétude, l'attitude de principe, conforme à la théorie officielle de l'interprétation, consiste certainement à dire, comme le juge Laskin l'a dit, que le juge doit se résigner à appliquer la loi : c'est au législateur qu'il appartient de la réformer[97]. C'est la conception qui découle normalement des doctrines de la souveraineté du Parlement et du partage des fonctions judiciaire et législative. Ce n'est cependant pas la seule attitude justifiable, si du moins on reconnaît que la fonction judiciaire puisse à l'occasion être créatrice, même lorsqu'il s'agit d'appliquer la loi[98]. Si la loi est muette quant au nouveau phénomène technologique ou social, le juge doit néanmoins juger (*Loi d'interprétation* du Québec, art. 41.2).

---

95   *Id.*, 1139.

96   *Id.*, 1143.

97   Par exemple : *Langstaff* c. *Bar of the Province of Quebec*, précité, note 71.

98   Sur la théorie officielle de l'interprétation et le conflit entre idéologie statique et dynamique de l'interprétation, voir *supra*, p. 13 et suiv.

Si on reconnaît aujourd'hui sans difficulté que le juge exerce en fait un rôle créateur, encore que ce rôle soit forcément limité, chaque juge a sa propre conception de l'ampleur du pouvoir créateur qu'il peut raisonnablement exercer ainsi que des matières qui justifient l'intervention créatrice du Parlement plutôt que la sienne propre. L'arrêt *Harrison* c. *Carswell*[99] illustre les propos qui précèdent.

Cet arrêt pose le problème de l'application d'une loi ancienne, le *Petty Trespasses Act* du Manitoba (R.S.M. 1970, c. P-50), destinée à protéger la propriété privée contre une intrusion illicite, à deux réalités sociales nouvelles, celle des centres commerciaux et celle du piquetage dans le cadre d'un conflit de travail. Sophie Carswell a été inculpée en vertu du *Petty Trespasses Act* pour être entrée illégalement dans un centre commercial. Madame Carswell s'y trouvait pour faire du piquetage devant le magasin d'un des locataires.

Parmi les questions qui se posèrent, se trouve la suivante : la Cour suprême doit-elle laisser la réforme du *Petty Trespasses Act* à la législature ou peut-elle « servir de contrepoids, sans s'en reporter au pouvoir législatif », de manière à introduire dans la loi en question une réserve quant au piquetage légal dans un centre commercial?

Selon l'opinion majoritaire[100], cette réforme doit être laissée au législateur. Sans nier que la Cour puisse faire preuve de créativité, le juge Dickson rappelle (p. 218) que le pouvoir créateur du juge est limité, sans que l'on puisse tracer cette limite d'une manière précise et qui fasse l'unanimité. Il conclut l'exposé de ses motifs ainsi :

> « La jurisprudence anglo-canadienne reconnaît traditionnellement comme une liberté fondamentale le droit de l'individu à la jouissance de ses biens et le droit de ne s'en voir privé, même partiellement, si ce n'est par l'application régulière de la loi. La législature du Manitoba a édicté dans le *Petty Trespasses Act* que quiconque entre illégalement dans un terrain appartenant à une autre per-

99 *Harrison* c. *Carswell*, [1976] 2 R.C.S. 200. Commentaires : S.C. COVAL et J. Clarence SMITH, « The Supreme Court and New Jurisprudence for Canada », (1975) 53 *R. du B. can.* 819; John ULMER, « Picketing in Shopping Centres : The Case of *Harrison* v. *Carswell* », (1975) 13 *Osg. Hall L.J.* 879; J. COLANGELO, « Labour Law : *Harrison* v. *Carswell* », (1976) 34 *U. of T. Fac. L.R.* 236.

100 *Harrison* c. *Carswell*, précité, note 99. Les juges Martland, Judson, Ritchie, Pigeon et De Grandpré ont souscrit aux notes du juge Dickson.

sonne malgré l'interdiction du propriétaire d'y entrer ou d'y passer, est coupable d'une infraction. Si cette loi doit être modifiée, si l'on doit permettre à A d'entrer sur le terrain de B et d'y rester contre la volonté de ce dernier, j'estime qu'il revient à l'institution qui l'a édictée, c'est-à-dire à la législature qui représente le peuple et est constituée pour exprimer sa volonté politique, et non au tribunal, d'apporter la modification voulue. »[101]

Au contraire, le juge Laskin[102] aurait été favorable à l'exercice par la Cour de son pouvoir créateur, en vue d'adapter l'antique doctrine du *trespass* aux exigences de la vie économique et sociale contemporaine. « À mon avis [...] il faut en l'espèce chercher un cadre juridique adapté à des faits sociaux nouveaux. »[103]

L'affaire *Harrison* c. *Carswell* ne nie donc pas le rôle créateur du juge face aux changements technologiques ou sociaux, mais elle montre que tous les juges ne sont pas également, dans toutes les circonstances, disposés à assumer un rôle créateur. Dans cette affaire, la Cour suprême a jugé bon de laisser la réforme du droit au législateur : c'est la solution conforme à la théorie officielle de l'interprétation.

Dans une affaire plus récente[104], la Cour suprême a également décliné l'invitation qui lui était faite de procéder elle-même à la modernisation de certaines dispositions de la *Loi sur le droit d'auteur* pour les accorder à l'évolution technologique dans le domaine de la télédiffusion. La Cour, cela vaut d'être souligné, a justifié son refus de réformer la loi non pas en s'appuyant sur une conception rigide de la séparation des pouvoirs législatifs et judiciaires, mais plutôt en insistant sur le fait que le changement réclamé par l'entreprise de radiodiffusion appelante exigeait une réglementation détaillée des droits de celle-ci, réglementation détaillée que seule la loi pouvait établir.

La théorie classique admet cependant des exceptions dans la mesure où le rôle du juge ne se limite pas à diagnostiquer la pensée du

---

101   *Id.*, 219.
102   *Id.* Les juges Spence et Beetz ont souscrit à l'avis du juge Laskin.
103   *Id.*, 209.
104   *Bishop* c. *Stevens*, [1990] 2 R.C.S. 467.

législateur historique : le juge a aussi comme mission de rendre la justice dans le cas qui lui est soumis. Ainsi, dans l'affaire *Paul c. La Reine*[105], la Cour suprême a préconisé une « interprétation exceptionnelle » visant à éviter qu'une disposition du *Code criminel*, dont l'évolution n'avait pas suivi celle de l'organisation judiciaire au Canada, ne produise des résultats absurdes. Interprétation exceptionnelle, sans doute, puisque dérogatoire à la doctrine officielle de l'interprétation, mais dont on peut tout de même trouver d'assez nombreux exemples[106].

Outre la manière dont chaque juge conçoit sa fonction, un autre facteur paraît déterminant dans l'exercice ou le non-exercice du pouvoir judiciaire de réforme du droit : celui de la nature de la loi en cause.

Un juge hésitera à étendre la portée d'une loi à caractère pénal pour y inclure des activités nouvelles analogues à celles que la loi défend expressément, la politique judiciaire favorisant l'interprétation stricte en matière pénale[107]. Par contre, si le juge a affaire à une loi de caractère fondamental ou organique, rédigée en termes généraux et qui, de par sa nature même, n'est pas susceptible d'être modifiée fréquemment, il pourra se sentir investi d'une plus large mission que si le texte est de caractère administratif et si sa formule est très détaillée.

C'est ainsi que le Conseil privé a pu affirmer que des textes tel celui du *Code civil du Bas Canada*[108] ou celui de la *Loi constitutionnelle de 1867*[109] devraient recevoir une interprétation large et évolu-

105 *Paul c. La Reine*, [1982] 1 R.C.S. 621.
106 On a ainsi « assoupli le sens » de lois anciennes pour tenir mieux compte du contexte contemporain de leur application : *Hills c. P.G. du Canada*, précité, note 39; *Cash c. George Dundas Realty Ltd.*, (1974) 40 D.L.R. (3d) 31 (Ont.C.A.); *Ardekany c. Dominion of Canada General Insurance Co.*, (1987) 32 D.L.R. (4th) 23 (B.C.C.A.).
107 *R. c. Eguiagaray*, [1971] C.A. 653.
108 Voir l'avis de Lord Maugham dans *Laverdure c. Du Tremblay*, [1937] A.C. 666, 677.
109 Le principe de l'interprétation flexible et évolutive de la Constitution canadienne a été maintes fois affirmé : *Edwards c. A.G. for Canada*, précité, note 72, 136 (Lord Sankey) : « L'Acte de l'Amérique du Nord Britannique a

tive, le juge prenant une plus large part à leur adaptation au changement que dans le cas de lois ordinaires.

En droit civil, les tribunaux tiennent évidemment compte de l'intention des personnes qui ont contribué à l'élaboration du texte, comme le démontre, notamment, la référence fréquente aux rapports des codificateurs, mais le juge qui interprète le Code civil ne peut pas avoir pour unique fonction de reconstituer la pensée du législateur historique. Il agit aussi comme le dépositaire d'une longue tradition, tradition qui déborde amplement le texte ou la pensée des personnes qui ont collaboré à son adoption. Il a de ce fait une responsabilité plus grande qu'en droit statutaire dans l'adaptation du droit à une réalité sociale changeante.

La Cour suprême du Canada a effectivement, dans des cas relativement nombreux, accepté d'interpréter le *Code civil du Bas Canada* de façon à l'adapter à la réalité contemporaine[110], mais elle a aussi, à l'occasion, refusé d'accéder aux demandes de réforme qui lui étaient faites, en invoquant en particulier l'incompatibilité de l'innovation réclamée avec les principes du Code[111].

---

planté au Canada un arbre vivant capable de croître et de se développer dans ses limites naturelles » (traduction). *British Coal Corporation* c. *The King*, [1935] A.C. 500, 518 (Lord Sankey); *A.G. for Ontario* c. *A.G. for Canada*, [1947] A.C. 127, 154 (Lord Jowitt). On a plus récemment réaffirmé l'originalité, à cet égard, de l'interprétation constitutionnelle : c'est ce qu'on appelle familièrement la « théorie de l'arbre ». *Law Society of Upper Canada* c. *Skapinker*, [1984] 1 R.C.S. 357.

110   Par exemple : *Banque de Montréal* c. *Ng*, [1989] 2 R.C.S. 429; *Houle* c. *Banque canadienne nationale*, [1990] 3 R.C.S. 122; *Banque de Montréal* c. *Bail Ltée*, [1992] 2 R.C.S. 554. Sur l'interprétation évolutive en droit civil, on verra : John E.C. BRIERLEY et Roderick A. MACDONALD, *Quebec Civil Law – An Introduction to Quebec Private Law*, Toronto, Emond Montgomery, 1993, pp. 144-146.

111   Par exemple : *Lapierre* c. *P.G. du Québec*, [1985] 1 R.C.S. 241; *Laferrière* c. *Lawson*, [1991] 1 R.C.S. 541.

Paragraphe 3 : Présomption contre l'addition ou la suppression des termes

Si la loi est bien rédigée, il faut tenir pour suspecte une interprétation qui conduirait soit à ajouter des termes ou des dispositions, soit à priver d'utilité ou de sens des termes ou des dispositions.

La fonction du juge étant d'interpréter la loi et non de la faire, le principe général veut que le juge doive écarter une interprétation qui l'amènerait à ajouter des termes à la loi : celle-ci est censée être bien rédigée et exprimer complètement ce que le législateur entendait dire : « C'est une chose grave d'introduire dans une loi des mots qui n'y sont pas et sauf nécessité évidente, c'est une chose à éviter ».[112]

Ainsi, dans l'affaire *Terres noires Ltée* c. *Sous-ministre du Revenu de la Province de Québec*, une compagnie prétendait avoir droit à une exemption fiscale à titre de compagnie constituée dans un but d'agriculture au sens de l'article 33 de la *Loi de l'impôt sur les corporations* (S.Q. 1947, c. 33, modifié par S.Q. 1956-57, c. 19, art. 15). Le juge de première instance avait jugé que la compagnie ne pouvait se prévaloir de l'exemption, puisque ses activités n'étaient pas exclusivement consacrées à l'agriculture. Après avoir noté qu'il ne faisait pas de doute que la compagnie avait été constituée dans un but d'agriculture, le juge Tremblay, au nom de la Cour, écrit :

> « Avec respect, je ne suis pas d'accord. Le premier juge n'interprète pas le texte de l'article, il y ajoute une condition, celle que la compagnie ait, en fait, exercé exclusivement le commerce d'agriculture et de cultivateur. Si le législateur avait voulu poser cette condition à l'octroi de l'exemption, il s'en serait expliqué. Je conviens qu'il faut donner un sens restrictif aux dispositions comportant des exemptions de taxe, mais pas au point d'y ajouter une restriction que le texte ne comporte pas. »[113]

Dans *Rosen* c. *La Reine*, le juge McIntyre a écarté une interprétation qui l'aurait conduit à « introduire dans [un] article des termes superflus qui ne sont pas nécessaires pour clarifier quelque ambi-

---

[112]   *Thompson* c. *Goold & Co.*, [1910] A.C. 409, 420 (Lord Mersey) (traduction).

[113]   *Terres noires Ltée* c. *Sous-ministre du Revenu de la Province de Québec*, [1973] C.A. 788, 790.

guïté[114] ». Dans l'arrêt *Banque nationale* c. *Soucisse*[115], une affaire de droit civil, le juge Beetz a écarté une interprétation au motif qu'elle impliquait l'introduction dans le texte d'une distinction que celui-ci ne comportait pas.

La présomption contre l'addition de mots doit être appliquée avec prudence, car la communication légale est, comme toute autre communication, composée de deux éléments, l'exprès (la formule) et l'implicite (le contexte global de l'énonciation). La présomption étudiée insiste uniquement sur l'élément exprès de la communication. Elle dit que le juge qui ajoute des mots légifère, usurpe la fonction du législateur. Or, dans la mesure où le juge ajoute des mots pour rendre explicite ce qui est implicite dans le texte, on ne peut pas dire qu'il s'écarte de sa mission d'interprète. La question, dans les cas d'espèce, n'est donc pas tellement de savoir si le juge peut ajouter ou non des mots, mais si les mots qu'il ajoute ont un autre effet que d'expliciter l'élément implicite de la communication légale[116].

En lisant un texte de loi, on doit en outre présumer que chaque terme, chaque phrase, chaque alinéa, chaque paragraphe ont été rédigés délibérément en vue de produire quelque effet. Le législateur est économe de ses paroles : il ne « parle pas pour ne rien dire ».

Ce principe, appelé principe de l'effet utile, est repris à l'article 41.1 de la *Loi d'interprétation* du Québec. Dans l'arrêt *Subilomar Properties (Dundas) Ltd.* c. *Cloverdale Shopping Center Ltd.*, il a été ainsi énoncé par le juge Spence :

---

114 *Rosen* c. *La Reine*, [1980] 1 R.C.S. 961, 974.

115 *Banque nationale* c. *Soucisse*, [1981] 2 R.C.S. 339, 348 : « on ne doit pas distinguer là où la loi ne distingue pas ». Il s'agit ici de l'application de la maxime *ubi lex non distinguit, nec nos distinguere debemus*. Dans le même sens, toujours en droit civil : *Trust général du Canada* c. *Artisans Coopvie, Société coopérative d'assurance-vie*, [1990] 2 R.C.S. 1185, 1195 (j. Gonthier).

116 On comparera, par exemple, dans l'arrêt *R.* c. *Sommerville*, [1974] R.C.S. 387, l'avis dissident du juge Pigeon pour qui le juge ne doit pas ajouter de restrictions à un texte clair (394 et 395) à l'avis majoritaire, selon lequel l'objet de la loi interprétée justifie qu'on restreigne l'application de l'une de ses dispositions en la lisant comme si elle comportait les mots « en vue du commerce ».

« C'est évidemment un truisme qu'aucune législation, loi ou règlement, ne doit être interprétée de manière que certaines parties en soient considérées comme simplement superflues ou dénuées de sens [...]. »[117]

Le principe de l'effet utile, qui constitue un argument interprétatif extrêmement courant[118], ne se présente toutefois pas comme une règle de caractère absolu : il ne faut pas lui demander plus que ce qu'il peut donner. Il ne fait que formuler une présomption.

Une loi peut en effet comporter des redondances[119], même si on doit présumer qu'elle n'en contient pas. Il y a parfois de bonnes raisons de désigner la même chose par plusieurs termes différents[120], par exemple pour écarter des doutes ou éviter des controverses. Il peut être nécessaire de priver certains mots d'utilité en vue de donner un sens à d'autres mots[121] et il se trouve des arrêts où la question est justement de déterminer s'il faut donner un sens utile à certains

---

117 *Subilomar Properties (Dundas) Ltd.* c. *Cloverdale Shopping Center Ltd.*, [1973] R.C.S. 596, 603.

118 Pour ne citer que des décisions de la Cour suprême depuis 1970 : *R.* c. *Drybones*, [1970] R.C.S. 282, 294 (j. Ritchie); *R.* c. *Steam Tanker « Evgenia Chandris »*, [1977] 2 R.C.S. 97, 108 (j. De Grandpré); *R.* c. *Miller & Cockriell*, (1977) 70 D.L.R. (3d) 324, 344 (j. Ritchie) (C.S.C.); *Gravel* c. *Cité de St-Léonard*, précité, note 25, 666 (j. Pigeon); *Berardinelli* c. *Ontario Housing Corp.*, [1979] 1 R.C.S. 275, 283 (j. Estey); *P.G. de l'Ontario et Viking Houses* c. *Peel*, précité, note 49, 1143 et 1144 (j. Laskin); *Hunt* c. *La Reine*, [1977] 2 R.C.S. 73, 80 (j. Martland); *R.* c. *Barnier*, [1980] 1 R.C.S. 1124, 1135 (j. Estey); *National Freight Consultants Inc.* c. *Motor Transport Board*, [1980] 2 R.C.S. 621, 632 et 633 (j. Estey); *Bergstrom* c. *La Reine*, [1981] 1 R.C.S. 539, 544 (j. McIntyre); *R.* c. *Clement*, [1981] 2 R.C.S. 468, 478 et 479 (j. Estey); *Morguard Properties Ltd.* c. *Ville de Winnipeg*, [1983] 2 R.C.S. 493, 505 et 506 (j. Estey); *Air Canada* c. *Ontario (Régie des alcools)*, [1997] 2 R.C.S. 581, 603 (j. Iacobucci). Le principe de l'effet utile a été appliqué dans l'interprétation de la *Charte canadienne des droits et libertés* : *Law Society of Upper Canada* c. *Skapinker*, précité, note 109, 382 (j. Estey). Il est également invoqué dans l'interprétation du Code civil : *Garcia Transport Ltée* c. *Cie Trust Royal*, précité, note 594, 526 et 527 (j. L'Heureux-Dubé); *Doré* c. *Verdun (Ville)*, [1997] 2 R.C.S. 862, 880 et 881 (j. Gonthier).

119 *R.* c. *Chartrand*, [1994] 2 R.C.S. 864; *Re Estabrooks Pontiac Buick Ltd.*, (1983) 44 N.B.R. (2d) 201 (N.B.C.A.).

120 Dans l'arrêt *Kearney* c. *Oakes*, (1890) 18 R.C.S. 148, 173 (j. Patterson), il a été jugé que dans l'énumération « officier, employé ou serviteur du ministre », les mots « employé » et « serviteur » étaient synonymes.

121 *In Re Income Tax Act (Manitoba)*, [1936] R.C.S. 616.

termes plutôt qu'à d'autres[122]. On peut priver d'effet certains mots pour éviter un résultat absurde[123]. Enfin, il faut se garder de croire que le seul effet possible d'une disposition soit de modifier le droit antérieur : « il se peut fort bien qu'une législature ait édicté une disposition déclaratoire *ex abundanti cautela* »[124], c'est-à-dire pour rappeler une règle préexistante, par simple mesure de précaution. On ne peut donc présumer que toutes les dispositions d'une loi doivent nécessairement, en raison du principe de l'effet utile, être considérées comme apportant des changements dans le droit[125].

Sous-section 3 : Les limites de la méthode grammaticale

L'approche littérale, on ne saurait trop y insister, est fondamentale dans l'interprétation de tout texte, y compris le texte légal. Si le travail de l'interprète consiste, selon la doctrine officielle de l'interprétation, à découvrir la pensée du législateur, l'interprétation doit commencer par l'étude du texte que l'auteur a rédigé pour communiquer ses idées.

L'interprète doit-il cependant s'arrêter là? Sur ce point, je partage l'avis de Lord Denning :

> « Sans aucun doute, la tâche de l'avocat – et du juge – est de découvrir l'intention du législateur. Pour y parvenir, il faut, assurément, partir des termes de la loi, mais non s'en tenir là, comme d'aucuns semblent le penser. »[126]

On doit absolument dépasser le texte, pour deux raisons en particulier. La première, c'est que, comme on l'a vu, l'objectif de l'interprétation ne consiste pas uniquement à découvrir la pensée

---

122   Dans l'arrêt *R. c. Nabis*, [1975] 2 R.C.S. 485, la majorité (le juge Beetz, p. 491) veut donner un effet utile à la mention de certains moyens de communication (« par lettre, télégramme, téléphone, câble, radio [...] »). La dissidence du juge Pigeon (p. 496) met plutôt l'accent sur la nécessité de donner un effet aux mots « ou autrement », qui suivent l'énumération.

123   *Paul* c. *La Reine*, précité, note 105, 664 (j. Lamer).

124   *Wellesley Hospital* c. *Lawson*, précité, note 23, 899 (j. Laskin).

125   Voir *infra*, p. 670.

126   Lord DENNING, *The Discipline of Law*, Londres, Butterworths, 1979, p. 9 (traduction).

historique de l'auteur du texte : l'interprétation poursuit d'autres objectifs et exige donc la prise en considération de facteurs, tels les conséquences de l'interprétation, qui n'ont rien à voir avec la formulation du texte[127]. Deuxièmement, même si l'on devait concevoir l'interprétation comme ayant pour seul objectif la découverte de la pensée du législateur, deux raisons principales justifieraient que l'on ne se limitât pas à la méthode littérale pour découvrir cette pensée. D'abord, à cause de ce que l'on a appelé la « texture ouverte » du langage, la seule approche littérale souvent ne permet pas de dissiper les doutes que soulève l'application d'un texte. Deuxièmement, l'approche littérale ne permet de tenir compte que de la partie expresse de la communication légale : la partie implicite, celle qui se dégage du contexte global de l'énonciation légale, doit également être prise en considération si l'on veut reconstituer la pensée du législateur.

Paragraphe 1 : La « texture ouverte » du langage

Beaucoup de problèmes d'interprétation ne sont pas attribuables à des maladresses de rédaction : on doit les considérer comme causés par une propriété inhérente au langage humain. La plupart des termes qu'utilise la loi ont un sens relativement indéterminé : le langage de la loi aurait une « texture ouverte »[128].

Dire que le langage de la loi a une texture ouverte, c'est simplement reconnaître que les concepts signifiés par la plupart des mots que la loi emploie n'ont pas un contenu précisément délimité. Cela s'applique non seulement aux termes dont le caractère vague est évident et qui sont justement utilisés en raison de cette qualité (par exemple, « tout inculpé a droit d'être jugé dans un délai raisonna-

---

[127] Voir *supra*, p. 313 et suiv.

[128] Sur cette notion de « texture ouverte » du langage, on verra : Glanville L. WILLIAMS, « Language and the Law », (1945) 61 *L.Q.Rev.* 71, 179 et suiv.; Herbert L.A. HART, « Positivism and the Separation of Law and Morals », (1957-58) 71 *Harv. L.Rev.* 593, 607 et suiv.; Herbert L.A. HART, *Le concept de droit*, Bruxelles, Facultés universitaires St-Louis, 1976, p. 155 et suiv.; M. van de KERCHOVE, *loc. cit.*, note 17, 20 et suiv.; R. CROSS, *op. cit.*, note 42, p. 63 et 64.

ble »), mais aussi à la plupart des termes d'une loi dans certaines de leurs applications[129].

Le professeur Hart[130] illustre cette propriété du langage par l'exemple suivant : une règle interdit l'accès d'un parc aux « véhicules ». Cette règle s'applique sans doute à une automobile, mais qu'en est-il d'une bicyclette, de patins à roulettes, d'une voiture-jouet? Pour chaque terme, il y aurait donc un noyau de sens certain entouré d'une frange ou d'une pénombre de cas où le mot n'est pas applicable sans certaines hésitations.

Lorsque se soulève l'application d'une loi à un cas qui se situe dans la marge d'incertitude qui entoure le noyau de sens certain, le recours au sens courant ou usuel du mot n'est d'aucune utilité. Il faut alors, de toute nécessité, chercher ailleurs et, à la limite, l'interprète devra donner un sens à la disposition à défaut de pouvoir lui en trouver un.

Une pelle mécanique est-elle une « pelle » ou un « véhicule automobile » [131]? Un juke-box est-il un « gramophone » [132]? Peut-on dire d'un passager, qui fait dévier la voiture dans laquelle il circule en se jetant sur le volant, qu'il « conduit » cette voiture[133]? Un transformateur sert-il à la « fabrication » de l'électricité[134]? Une outarde gardée en captivité est-elle un « animal de ferme » [135]? Autant de questions qui mènent dans la frange d'incertitude qui entoure presque tous les mots et auxquelles on peut douter que l'usage du dictionnaire puisse donner une réponse entièrement convaincante.

---

129 « Tous les termes sont susceptibles d'occasionner des difficultés d'application. » G.L. WILLIAMS, *loc. cit.*, note 128, 181 (traduction).

130 H.L.A. HART, *loc. cit.*, note 128, 607.

131 *General Supply Co. of Canada* c. *Deputy Minister of National Revenue*, [1954] R.C. de l'É. 340.

132 *Composers, Authors and Publishers Association of Canada* c. *Siegel Distributing Co.*, [1959] R.C.S. 488.

133 *Bélanger* c. *La Reine*, [1970] R.C.S. 567.

134 *Commission hydroélectrique de Québec* c. *Sous-ministre du Revenu national*, précité, note 60.

135 *Dupont* c. *St-Anne de Sorel*, [1976] C.P. 367.

Paragraphe 2 : L'importance du contexte

Les études modernes sur la communication enseignent que celle-ci suppose deux éléments distincts mais indissociables : l'élément exprès (dans le cas de la loi, le texte) et l'élément implicite, c'est-à-dire le contexte qui entoure et colore l'élément explicite[136].

Pour illustrer l'effet du contexte sur la communication, les auteurs ont imaginé plusieurs exemples[137]. Le suivant est emprunté à Ludwig Wittgenstein[138]. La maîtresse de maison dit à la gouvernante : « Enseignez un jeu aux enfants ». La gouvernante qui enseignerait aux enfants à jouer au poker ou à la roulette russe n'aurait, de toute évidence, pas compris le sens du mot « jeu » dans le contexte global dans lequel il a été employé. Imaginons maintenant que l'ordre d'enseigner un jeu ait été donné après souper : monsieur et madame lisent le journal et paraissent incommodés par les cris des enfants. La gouvernante qui, dans ce contexte, enseignerait aux enfants à jouer aux cowboys et aux Indiens n'aurait pas compris le sens de la communication.

Sans aller jusqu'à prétendre que les mots n'ont pas de sens en eux-mêmes[139], on doit admettre cependant que leur sens véritable dépend partiellement du contexte dans lequel ils sont employés[140].

---

[136]   Sur toute cette question, voir R. DICKERSON, *op. cit.*, note 23, p. 103 et suiv.

[137]   Celui qu'a donné F. LIEBER dans son ouvrage *Legal and Political Hermeneutics*, 3ᵉ éd. par W.G. Hammond, 1880, p. 18 est fréquemment cité. Si le maître de maison dit au serviteur : « Va chercher de la viande pour la soupe », celui-ci comprend, en raison du contexte de la communication, qu'il doit se rendre à tel endroit acheter telle quantité de viande, qu'elle doit être de bonne qualité, etc. Voir R. DICKERSON, *op. cit.*, note 23, p. 112 et John M. KERNOCHAN, « Statutory Interpretation : An Outline of Method », (1976-77) 3 *Dal. L.J.* 333, 342.

[138]   Ludwig WITTGENSTEIN, *Philosophical Investigations*, (trad. G.E.M. Anscumbe), 3ᵉ éd., New York, MacMillan, 1968, 33e.

[139]   Ils ont le ou les « sens des dictionnaires » : R. DICKERSON, *op. cit.*, note 23, p. 58 et suiv.

[140]   Le terme « polysémie » désigne cette faculté qu'a un mot de prendre des sens différents en fonction du contexte. Voir Pierre GUIRAUD, *La sémantique*, 8ᵉ éd., Paris, Presses Universitaires de France, 1975, p. 30; M. van de KERCHOVE, *loc. cit.*, note 17, 20 et suiv.; Julius STONE, *Legal System and Lawyers' Reasonings*, Londres, Stevens & Sons, 1964, p. 31 et suiv.

Le dictionnaire ne fait que définir certains sens virtuels que les mots peuvent véhiculer : ce sont des sens potentiels (dont la liste ne saurait jamais être exhaustive) et ce n'est que l'emploi du mot dans un contexte concret qui précisera son sens effectif :

> « Chaque mot a un sens de base et un sens contextuel ; c'est le contexte qui précise le sens [...] tout mot est lié à son contexte dont il tire son sens [...] ».[141]

Certains mots sont plus sensibles que d'autres à l'effet du contexte : le mot « personne » l'est davantage que le mot « encéphalite », mais aucun n'est à l'abri d'une coloration particulière par l'environnement contextuel. Mais de quoi parle-t-on quand on réfère au « contexte global » dans lequel s'insère le texte de loi?

Il s'agit, d'abord, de l'environnement légal d'une disposition, des autres dispositions de la loi, des lois connexes, des autres règles du système juridique. C'est le contexte au sens étroit. Le contexte d'énonciation d'une disposition inclut cela, mais bien davantage : il comprend toutes les idées liées au texte que le législateur peut présumer suffisamment connues des justiciables pour se dispenser d'avoir à les exprimer. Ces idées peuvent être relatives aux circonstances qui ont amené l'énonciation du texte, à l'objet qu'il cherche à accomplir, aux valeurs auxquelles le législateur est attaché, à ses habitudes d'expression, et ainsi de suite. Un texte est lu dans son contexte global lorsque l'interprète se met, comme on dit, « sur la même longueur d'ondes » que le législateur. Une lecture d'une disposition hors contexte peut conduire à des résultats tout à fait absurdes[142].

Parmi les éléments qui constituent le contexte d'une disposition, l'un des plus importants est l'objectif de celle-ci. Quand la gouvernante reçoit l'ordre d'enseigner un « jeu », la raison pour laquelle

---

141   P. GUIRAUD, *op. cit.*, note 140, pp. 30 et 31.

142   « Une disposition législative ne s'interprète pas isolément; pour en déterminer son véritable sens, il faut nécessairement tenir compte de l'objet même de la loi où elle se trouve et de l'ensemble des dispositions qui s'y rattachent. Autrement, l'on risque d'arriver à un résultat absurde. » : *Cloutier* c. *La Reine*, [1979] 2 R.C.S. 709, 719 (j. Pratte). On verra, comme exemple à ne pas suivre, l'affaire *McLaughlin* c. *MacDonald*, [1949] 1 D.L.R. 216 (N.B.C.A.), commentée à la page 367.

l'instruction lui a été donnée constitue l'un des éléments qui vont lui permettre, en faisant certaines suppositions, de préciser le sens du mot « jeu ». On a coutume de dire que c'est du sens des mots que doit se dégager l'objet de la loi : il est non moins vrai, cependant, que c'est en partie par l'objet de la loi qu'on peut établir le sens de ses dispositions[143].

SECTION 2 : LA RÈGLE DE L'INTERPRÉTATION LITTÉRALE

La méthode grammaticale invite l'interprète à prendre en considération la formule légale. La règle de l'interprétation littérale, du moins dans certains de ses énoncés, veut contraindre l'interprète à donner à la formule légale une importance prépondérante allant même jusqu'à exclure, lorsque la formule est claire, la considération de tout élément autre que le texte.

L'étude de la règle de l'interprétation littérale est rendue difficile par le fait, déjà noté par d'autres auteurs[144], que l'on trouve plusieurs formulations de la règle qui n'ont pas tout à fait le même sens. On s'en rendra compte par l'exemple suivant, tiré des motifs du juge Lemieux dans l'affaire *Sweeney* c. *Lovell* :

> « Considérant que lorsqu'une loi est claire, il ne faut pas en éluder la lettre sous prétexte d'en pénétrer l'esprit, et que les règles générales d'interprétation ne sont suivies que lorsque le sens vulgaire ou technique des mots ou des dispositions légales sont obscurs, et qu'on ne peut se prévaloir de l'esprit de la loi contre un texte formel ; [...]. »[145]

On peut dégager de ce texte au moins trois idées principales, qui constituent autant d'énoncés de la règle d'interprétation littérale : 1) si la loi est claire, on ne doit pas l'interpréter ; 2) si le texte est clair, on ne doit pas l'interpréter ; 3) c'est dans le texte que l'on doit re-

---

143 Ceci est aujourd'hui reconnu en doctrine et en jurisprudence. Voir *infra*, p. 475. J.C.E. WOOD, « Statutory Interpretation : Tupper and the Queen », (1968) 6 *Osg. H.L.J.* 92, a bien montré comment une interprétation finaliste (« *purposive* ») est préférable à une approche purement textuelle d'une disposition.

144 R. DICKERSON, *op. cit.*, note 23, pp. 229 et 230.

145 *Sweeney* c. *Lovell*, (1901) 19 C.S. 558, 561.

chercher l'intention. Chacun de ces énoncés apparaît dans la juris-prudence et chacun fait, en doctrine et en jurisprudence, l'objet de controverses dont il convient de faire état.

Sous-section 1 : Premier énoncé : « Si la loi est claire, on ne doit pas l'interpréter »

Cette directive est consacrée par une maxime peu usitée chez nous : *Interpretatio cessat in claris*. Un adage, que le projet de livre préliminaire du *Code civil* français avait repris, lui donne une forme lapidaire : « Quand une loi est claire, il ne faut pas en éluder la lettre, sous prétexte d'en pénétrer l'esprit ».

Très ancienne, cette idée que les lois dont le sens est clair ne doi-vent pas être interprétées apparaît radicalement ambiguë. Qu'entend-on par le mot « loi » ? Vise-t-on le texte de la loi ou la règle que la loi fonde ? Parle-t-on du sens clair des textes ou du sens clair des règles légales ?

Un texte clair se définit comme un texte dont la signification ne fait pas problème : ses termes sont, en contexte, clairs et précis et leur agencement ne crée pas d'ambiguïté. Une règle claire est une règle dont l'application à des faits donnés ne soulève pas de diffi-cultés, soit que ces faits correspondent parfaitement au présupposé de la règle, soit que la détermination des conséquences voulues par la règle n'est pas problématique.

Un texte obscur peut révéler, à l'analyse, une règle claire. À l'inverse, un texte clair peut suggérer une règle dont la teneur est douteuse. Supposons, par exemple, qu'en raison d'une erreur d'impression, le terme « sauf » soit omis du texte suivant : « Il est interdit de monter à bord du train ou d'en descendre [sauf] lorsqu'il est complètement arrêté ». Au plan purement sémantique, le texte tel que publié est clair : il ne comporte ni ambiguïté, ni imprécision. Au plan normatif, la règle que ce texte suggère fait difficulté : il est douteux qu'un législateur raisonnable ait voulu édicter une telle règle. La clarté textuelle ne garantit donc aucunement la clarté nor-mative.

Lorsque c'est la règle de droit qui est claire, l'interprète doit s'y conformer. C'est là une des exigences du principe général de la souveraineté du Parlement. L'interprète ne doit pas, sous prétexte d'interprétation, éluder son devoir de fidélité au droit et à la volonté du législateur. C'est dans ce sens, je crois, que doit être entendue la première formulation de la *Literal Rule*.

On doit noter qu'ainsi comprise, la règle du sens littéral ne cherche pas à écarter la prise en compte de quelque élément que ce soit dans l'interprétation de la loi, ce que cherche à faire la directive correspondant à la deuxième formulation.

Sous-section 2 : Second énoncé : « Si le texte est clair, on ne doit pas l'interpréter »

Cette formulation consacre ce qu'on appelle la « doctrine du sens clair des textes »[146], connue en anglais sous le vocable de « *Plain Meaning Rule* ». Selon cette formulation, l'interprète devrait d'abord lire la disposition à l'étude. Si, à la lecture, la formule paraît répondre clairement aux questions que soulève l'application de la loi, l'interprète devrait arrêter là ses investigations et se contenter d'appliquer la disposition.

On doit au juge Tindal, dans l'affaire *Sussex Peerage*, cette formulation de la *Literal Rule*, qui allait devenir classique :

> « Si les termes de la loi sont en eux-mêmes clairs et sans ambiguïté, il suffit de les prendre dans leur sens naturel et courant. Dans ce cas, ces termes constituent, par eux-mêmes, l'expression la meilleure de l'intention du législateur. »[147]

Les tribunaux ont fréquemment proclamé l'obligation de l'interprète de respecter le sens clair des textes :

---

146 On lira à ce sujet l'article de M. van de KERCHOVE, *loc. cit.*, note 17, 13 et suiv. Aussi : Marcelo DASCAL et Jerzy WROBLEWSKI, « Understanding and Interpretation in Pragmatics and in Law », (1988) 7 *Law and Philosophy* 203.

147 *Sussex Peerage*, (1844) 11 Cl. & Fin. 85, 143; 8 E.R. 1034, 1057 (traduction). Cet extrait a été cité à quelques reprises en Cour suprême : *Dufferin Paving and Crushed Stone Ltd.* c. *Anger*, [1940] R.C.S. 174, 181 (j. Davis); *City of Edmonton* c. *Northwestern Utilities Ltd*, [1961] R.C.S. 392, 403 (j. Locke).

« À mon avis, le libellé de l'article [...] est clair et précis et le rôle des tribunaux est de l'appliquer [...]. »[148]

« Il ne revient pas à cette Cour, ni à toute autre, de réviser par interprétation les politiques du gouvernement [...] lorsqu'elles sont énoncées en termes clairs. »[149]

« Le législateur est présumé vouloir dire ce qu'il exprime. Et il n'y a pas lieu de recourir à l'interprétation lorsqu'un texte est clair [...]. »[150]

« Il importe d'abord de rappeler le principe premier de l'interprétation statutaire : une loi couchée en termes clairs reçoit l'interprétation obvie que ses termes commandent. »[151]

Michel van de Kerchove a distingué trois fonctions remplies par la « doctrine du sens clair des textes » : une fonction de régulation, une fonction de justification et une fonction de dissimulation[152].

La doctrine du sens clair des textes remplit une fonction de régulation en ce sens qu'elle est conçue pour limiter le rôle du juge à l'application automatique de la loi lorsque l'on peut conclure, par la clarté du texte, que la communication légale a réussi. Dans cette hypothèse, le juge doit se contenter d'être, selon l'expression de Montesquieu[153], « la bouche qui prononce les paroles de la loi ».

La règle de l'interprétation littérale, telle qu'elle est ici entendue, aurait pour seconde fonction de persuader l'auditoire du juge de la justesse de la conclusion à laquelle celui-ci veut en arriver. La clarté

---

[148] *Gaysek* c. *La Reine*, [1971] R.C.S. 888, 895 (j. Ritchie).

[149] *Ministre de la Main-d'oeuvre et de l'Immigration* c. *Brooks*, [1974] R.C.S. 850, 864 (j. Laskin).

[150] *Ville de Montréal* c. *ILGWU Center Inc*, [1974] R.C.S. 59, 66 (j. Fauteux).

[151] *Gignac* c. *Commissaires d'écoles pour la municipalité de Ste-Foy*, [1975] C.S. 1156, 1165 (j. Deschênes). On verra aussi : *Swartz Bros.* c. *Wills*, [1935] R.C.S. 628, 629 (j. Duff); *R.* c. *Leblanc*, [1977] C.S.P. 1008, 1012 (j. Frenette). Ce principe vaut aussi en droit civil : *Desgagné* c. *Fabrique de la Paroisse de Saint-Philippe d'Arvida*, précité, note 35.

[152] M. van de KERCHOVE, *loc. cit.*, note 17, 47-50.

[153] Charles de Secondat MONTESQUIEU, *De l'esprit des lois*, vol. 1, Paris, Garnier, 1956, p. 171.

du texte constitue un argument d'autant plus puissant qu'il se prête peu à la discussion, comme lord Sumner l'a jadis noté :

> « On ne peut discuter longtemps quant à savoir si certains mots ont ou non un sens clair (*plain*). On doit les lire et en saisir le sens. La conclusion doit dépendre surtout de l'impression qui se forme dans l'esprit de celui qui doit décider. »[154]

La troisième fonction de la règle de l'interprétation littérale, telle qu'elle est ici comprise, serait de dissimuler le fait de l'interprétation d'un texte en donnant à croire qu'il est possible, dans certains cas, d'en déterminer le sens par la seule considération de ses termes. On peut croire cependant que l'application d'un texte exige toujours qu'il soit interprété, en ce sens que sa signification doit être déduite non seulement de sa formule, mais aussi du contexte global, y compris de son objet, et en relation avec les faits auxquels on veut l'appliquer. En dernière analyse, ce qui compte pour le juriste, ce n'est pas la clarté des textes, mais bien plutôt la clarté des règles. Le texte, qu'il soit clair ou obscur, n'est jamais que le point de départ d'un processus qui conduit à établir la règle.

C'est un truisme de dire que la clarté n'est pas, comme semble l'indiquer la « *Plain Meaning Rule* », une propriété du texte ou de la règle : c'est une propriété d'une impression que le texte ou la règle produit dans l'esprit de celui qui doit décider[155]. Évidemment, si le texte est équivoque, ou vague, il est moins susceptible de provoquer le sentiment de clarté de la règle qu'un texte univoque et précis. Mais le sens du texte et le sens de la règle ne sont pas les seuls facteurs en cause dans l'appréciation de la clarté.

La personnalité de l'interprète est également en cause. On a relevé[156] ce que chacun est à même de constater : ce qui paraît clair à un juge peut ne pas produire la même impression dans l'esprit d'un autre. Tout dépend des questions que l'on pose au texte[157] et du

---

154 *Quebec Railway Light, Heat & Power* c. *Vandry*, [1920] A.C. 662, 672 et 673 (traduction).

155 *Id.*

156 *Hill* c. *La Reine*, précité, note 17, 831 (j. Laskin); Sir William DALE, *Legislative Drafting : A New Approach*, Londres, Butterworths, 1977, p. 296.

157 Chaim PERELMAN a d'ailleurs écrit que « l'impression de clarté peut être l'expression moins d'une bonne compréhension que d'un manque

degré de conviction qu'on exige qu'il produise[158]. Notons cependant que l'appréciation de la clarté d'un texte, si elle a un caractère relatif, n'en est pas pour autant laissée au gré de chacun. Les notions de texte clair et de règle claire constituent des standards qui renvoient au lecteur normal : le sens clair du texte ou de la règle est celui que le lecteur normal jugerait non controversé ou non controversable[159].

Enfin, une loi peut sembler claire dans certaines de ses applications et obscure dans d'autres. On peut juger que l'interdiction d'accès aux véhicules dans le parc est « claire », s'il s'agit d'une automobile, et « obscure », s'il s'agit de patins à roulettes. Peut-on croire que, dans l'hypothèse où la règle doit s'appliquer aux automobiles, elle est « claire en elle-même »? On peut en douter : ne paraît-elle pas claire plutôt parce que, quelque objet qu'on puisse assigner à l'interdiction, celle-ci vise certainement les automobiles[160]? Celui qui affirme la clarté du texte l'aurait déjà interprété, au moins inconsciemment[161], ce qui explique que plusieurs juges puis-

---

d'imagination ». *Logique juridique : nouvelle rhétorique*, 2e éd., Paris, Dalloz, 1979, p. 36.

158   « On se demande comment un texte clair et non ambigu peut avoir donné lieu à des interprétations différentes par tous ces tribunaux » : J.C.E. WOOD, *loc. cit.*, note 143, 105 (traduction).

159   On dit que la beauté est dans l'oeil du spectateur : la beauté constitue une notion relative. Il existe pourtant, à chaque époque, des « canons de la beauté » qui permettent, dans plusieurs cas, une généralisation sûre des jugements portés sur l'apparence de telle et telle personne. On peut penser que les « canons de l'interprétation des lois » jouent, à cet égard, un rôle analogue aux « canons de la beauté ».

160   Lon L. FULLER, « Positivism and Fidelity to Law – A Reply to Professor Hart », (1957-58) 71 *Harv. L.Rev.* 630, 663; Paul WEILER, « Legal Values and Judicial Decision-Making », (1970) 48 *R. du B. can.* 1, 19.

161   M. van de KERCHOVE, *loc. cit.*, note 17, 37 : « La reconnaissance du caractère clair ou obscur d'un texte implique toujours une interprétation au moins implicite de celui-ci; elle ne saurait donc fournir un critère apte à déterminer si une telle interprétation est nécessaire (et légitime) ou non ». Max RADIN, « Statutory Interpretation », (1929-30) *Harv. L.Rev.* 863, 869; F.E. HORACK Jr., « In the Name of Legislative Intention », (1932) 38 *W. Va. L.Q.* 119, 121. C'est également l'opinion que paraît exprimer le juge Laskin dans *Hill c. La Reine*, précité, note 17, 831.

sent attribuer des sens différents à un terme dont ils jugent le sens évident[162]!

Si les termes sont clairs en eux-mêmes, il n'y aurait donc pas lieu de considérer, par exemple : 1) certaines autres parties de la loi comme le titre, le préambule ou les intertitres[163] ; 2) l'objet de la loi[164] ; 3) les principes d'interprétation[165], comme celui de l'effet utile[166] ; 4) les conséquences de l'interprétation [167], et ainsi de suite.

La fonction de persuasion ainsi jouée par la règle de l'interprétation littérale entendue dans ce sens est on ne peut plus évidente : une partie fonde-t-elle ses prétentions sur le préambule, sur l'objet, sur quelque autre principe d'interprétation? Il suffit de lui répondre que ces éléments ne sauraient prévaloir lorsque les termes de la loi ont, en eux-mêmes, un sens évident. Elle sert donc à affaiblir les thèses adverses lorsque celles-ci s'appuient sur des éléments étrangers à la disposition précise à l'étude.

La règle du sens clair des textes ou « *Plain Meaning Rule* » est actuellement au centre de débats plutôt vifs entre juristes cana-

---

162   L'exemple souvent cité est l'affaire *Ellerman Lines Ltd.* c. *Murray*, [1931] A.C. 126. Voir J. WILLIS, *loc. cit.*, note 20, 2; James A. CORRY, « Administrative Law and the Interpretation of Statutes », (1935-36) 1 *U. of T. L.J.* 286, 305.

163   *Supra*, pp. 70, 73 et 80.

164   Par exemple : « Si le sens des termes employés était ambigu, il serait permis de prendre en considération l'intention apparente du Parlement [...] telle qu'on peut la déduire de l'histoire législative ». *Goldhar* c. *The Queen*, [1960] R.C.S. 60, 77 (j. Cartwright) (traduction).

165   Par exemple : « En outre, la *Loi d'interprétation*, qu'on invoque au soutien de ce point de vue, ne peut avoir aucune application lorsque le sens de l'article à interpréter est évident à sa seule lecture. C'est notre devoir de donner son effet au sens évident de l'article ». *Paton* c. *The Queen*, [1968] R.C.S. 341, 356 (j. Judson) (traduction).

166   Par exemple : « Il y a tout d'abord la règle fondamentale selon laquelle on ne doit pas s'écarter du sens littéral à moins qu'il y ait ambiguïté. Par conséquent, ce n'est que lorsqu'il faut faire un choix entre plusieurs interprétations possibles qu'il y a lieu de rechercher une signification qui donne un certain effet à tous les mots de préférence à celle qui en prive complètement quelques-uns ». *R.* c. *Nabis*, précité, note 122, 496 (j. Pigeon).

167   *R.* c. *McIntosh*, précité, note 5, 704 (j. Lamer).

diens[168]. On aurait pu penser que les critiques quasi unanimes de la doctrine à l'égard de cette directive d'interprétation en avaient eu raison, mais quelques arrêts de la Cour suprême du Canada lui ont redonné vie et même vigueur et ont eu des échos dans la jurisprudence des autres tribunaux canadiens[169].

Elmer A. Driedger, notamment, a rejeté la règle du sens clair des textes en préconisant, dans tous les cas, une démarche interprétative qui dépasse le texte. Il a opposé aux trois « règles » classiques (*Literal Rule*, *Mischief Rule* et *Golden Rule*) ce qu'il a appelé le « principe moderne » d'interprétation :

> « Aujourd'hui, il n'y a qu'un seul principe ou solution : il faut lire les termes d'une loi dans leur contexte global en suivant le sens ordinaire et grammatical qui s'harmonise avec l'esprit de la loi, l'objet de la loi et l'intention du législateur. »[170]

Ce passage, fréquemment cité et approuvé par les membres du plus haut tribunal du pays[171], écarte clairement l'idée que l'interprétation peut ne tenir compte que des termes de la loi. Pourtant, de façon pour le moins paradoxale, en même temps que les tribunaux canadiens semblaient dans l'ensemble se rallier aux idées de Driedger, on a assisté à un retour en force de la règle du sens clair des textes.

---

168   Le débat qui a cours actuellement est magnifiquement décrit, illustré et discuté par Ruth SULLIVAN, « Statutory Interpretation in the Supreme Court of Canada », (1998-99) 30 *Ott. L. Rev.* 175. Pour mesurer le fossé qui sépare les points de vue sur ce sujet, on comparera les notes dissidentes de la juge L'Heureux-Dubé dans *2747-3174 Québec Inc.* c. *Québec (Régie des permis d'alcool)*, [1996] 3 R.C.S. 919, 993 et suiv., et celles du juge Esson dans *Haida Nation* c. *British Columbia (Minister of Forests)*, (1998) 45 B.C.L.R. 80, 85 et suiv. (B.C.C.A.).

169   Par exemple : *Sutherland* c. *Canada*, (1997) 208 N.R. 1, 17 (C.A.F.); *Page Estate* c. *Sachs*, [1993] 99 D.L.R. (4th) 209, 212 (Ont.C.A.); *Parlee* c. *New Brunswick (Workers' Compensation Board)*, (1991) 82 D.L.R. 764, 767 (C.A.N.B.).

170   Elmer A. DRIEDGER, *Construction of Statutes*, 2ᵉ éd., Toronto, Butterworths, 1983, p. 87. Cette traduction est extraite de *Rizzo & Rizzo Shoes Ltd. (Re)*, [1998] 1 R.C.S. 27, 41.

171   Parmi de nombreux arrêts, signalons les suivants : *Stubart Investments* c. *La Reine*, [1984] 1 R.C.S. 536 (j. Estey); *R.* c. *Z. (D.A.)*, [1992] 2 R.C.S. 1025, 1042 (j. Lamer); *Québec (Communauté urbaine)* c. *Corp. Notre-Dame de Bon-Secours*, [1994] 3 R.C.S. 3, 17 (j. Gonthier); *R.* c. *Heywood*, [1994] 3 R.C.S. 761, 784 (j. Cory); *Rizzo & Rizzo Shoes Ltd. (Re)*, précité, note 170, 41 (j. Iacobucci).

Dans l'arrêt *R. c. Multiform Manufacturing Co*., le juge Lamer l'a énoncée ainsi :

> « Lorsque le texte de la loi est clair et sans ambiguïté, aucune autre démarche n'est nécessaire pour établir l'intention du législateur. Nul n'est besoin d'une interprétation plus poussée lorsque le législateur a clairement exprimé son intention par les mots qu'il a employés dans la loi. »[172]

On trouve, dans *R. c. McCraw*, les mots qui suivent sous la plume du juge Cory :

> « Il est bien connu qu'on doit donner aux termes contenus dans une loi leur sens ordinaire. Les autres principes d'interprétation n'entrent en jeu que lorsque les termes à définir sont ambigus. »[173]

Dans l'arrêt *R. c. McIntosh* le juge Lamer a réitéré la règle du « *Plain Meaning Rule* »dans les termes suivants :

> « [L]orsqu'une législature adopte un texte législatif qui emploie des termes clairs, non équivoques et susceptibles d'avoir un seul sens, ce texte doit être appliqué même s'il aboutit à des résultats rigides, ou absurdes ou même contraires à la logique. »[174]

Selon certains, une approche qui accorde primauté au texte serait particulièrement indiquée en matière de législation fiscale, en raison du haut degré de technicité des termes employés[175] ou du besoin de prévisibilité du droit qui se manifeste de façon particulière dans ce domaine, besoin qui appelle une certaine mesure de formalisme dans l'interprétation[176].

Les propos tenus par le juge Lamer dans l'arrêt *Multiform* [177] se situent dans le droit fil dans la tradition de formalisme représentée

---

172 *R. c. Multiform Manufacturing Co.*, précité, note 11, 630.

173 *R. c. McCraw*, [1991] 3 R.C.S. 72, 80.

174 *R. c. McIntosh*, précité, note 5, p. 704.

175 C'est la justification avancée par la juge l'Heureux-Dubé dans *2747-3174 Québec Inc. c. Québec (Régie des permis d'alcool)*, précité, note 168, 1011 et suiv.

176 C'est la justification avancée par le juge Major dans *Friesen c. Canada*, [1995] 3 R.C.S. 103, 113.

177 *R. c. Multiform Manufacturing Co.*, précité, note 11.

par les propos du juge Tindal dans le *Sussex Peerage Case*[178]. Selon cette directive, l'interprétation commence par la lecture du texte et doit s'arrêter là en présence d'un texte clair et précis. Seule l'obscurité du sens littéral justifierait d'aller plus loin.

Plusieurs raisons militent à l'encontre de cette version de la *Literal Rule*. D'abord et avant tout, il semble évident qu'aucun interprète compétent au Canada ne suit en pratique une méthode d'interprétation qui consiste à s'en tenir au texte et à exclure la considération des autres facteurs pertinents à l'établissement du sens des règles légales, tels les autres règles, les objectifs de la loi et de la disposition ou les conséquences de l'interprétation retenue.

Deuxièmement, l'appréciation de la clarté du texte suppose toujours une interprétation préalable et la règle du sens clair des textes contribue à masquer ce fait et à présenter comme évident un sens que l'interprète retient sur le fondement de prémisses qui resteront inexprimées. C'est ce que souligne à juste titre la juge L'Heureux-Dubé dans l'arrêt *2747-3174 Québec Inc. c. Québec (Régie des permis d'alcool)* :

> « Selon moi, le principal défaut que présente le procédé dit du « sens ordinaire »[« *Plain Meaning* »] est le suivant : il obscurcit le fait que le soi-disant « sens ordinaire » est fondé sur un ensemble de prémisses sous-jacentes qui se trouvent dissimulées dans le raisonnement juridique. »[179]

Troisièmement, non seulement la règle du sens clair des textes ne correspond absolument pas à la pratique et peut contribuer à dissimuler les motifs de l'interprète, mais elle est aussi éminemment discutable au plan théorique. D'abord, à l'objectif normal de l'interprétation, qui est l'établissement du sens des règles en se référant d'abord à l'intention du législateur, elle substitue la découverte du sens des textes. Or, le sens du texte ne peut jamais être

---

[178] Voir *supra*, note 147 et texte correspondant.

[179] *2747-3174 Quebec Inc. c. Québec (Régie des permis d'alcool)*, précité, note 168, 997. Sur l'opération de (re) construction du sens par le lecteur préalable à tout jugement sur la clarté d'un texte : Paul AMSELEK, « Le droit dans les esprits », dans Paul AMSELEK (dir.), *Controverses autour de l'ontologie du droit*, Paris, Presses universitaires de France, 1989, p. 27, aux pages 35 à 38.

qu'un moyen pour accéder à la règle : on ne peut pas en faire une fin en soi[180].

Ensuite, la règle de l'interprétation littérale me semble tout à fait contraire aux principes fondamentaux de la communication par voie du langage. Rappelons simplement que les études dans le domaine de la sémantique démontrent que les mots du langage n'acquièrent leur sens véritable que lorsqu'ils sont insérés dans un contexte[181]. C'est le contexte (ce qui comprend particulièrement l'objectif de la communication) qui précise le sens des mots et des phrases. Une interprétation qui dissocie la formule légale de son contexte global d'énonciation risque de conduire à des absurdités.

Dans l'arrêt *McLaughlin* c. *MacDonald*, on avait fait la preuve que McLaughlin, propriétaire de l'automobile dans laquelle MacDonald était un passager à titre gratuit, avait attaqué ce dernier au moment où il venait de descendre de voiture. La victime reçut un coup de poing à la figure et tomba au sol, inconsciente. À une action en dommages intentée par la victime, on opposa la disposition suivante du *Motor Vehicle Act* du Nouveau-Brunswick (S.N.-B. 1934, c. 20, art. 52(1)) :

> « Le propriétaire ou le conducteur d'un véhicule automobile n'est pas responsable des dommages [...] résultant des blessures [...] subies par un passager transporté dans le véhicule, ou qui est en train d'y monter ou d'en descendre. » [182]

Le juge de première instance avait écarté l'application de cette disposition en disant : « le coup était volontaire ». En Cour d'appel

---

180   Dans ce sens, on verra les motifs dissidents de la juge McLachlin dans *R.* c. *McIntosh*, précité, note 5, 712 et 713. Je souscris volontiers aux propos du juge Robertson qui, dans des motifs dissidents, a qualifié la règle du sens clair des textes de formaliste et de superficielle : *Canada* c. *Cymerman*, [1996] 2 C.F. 593, 617 (C.A.). On verra aussi, outre les motifs dissidents de la juge McLachlin dans *Bande indienne des Opetchesaht* c. *Canada*, [1997] 2 R.C.S. 119, 152 et 153, la discussion approfondie de cette question par la juge L'Heureux-Dubé, dissidente, dans *2747-3174 Québec Inc.* c. *Québec (Régie des permis d'alcool)*, précité, note 168, 993-1015.

181   *Supra*, p. 355.

182   *McLaughlin* c. *MacDonald*, précité, note 142.

du Nouveau-Brunswick, le juge Hughes exprima (à la p. 226) l'avis suivant :

> « Si l'accident est survenu pendant que le demandeur était dans la voiture, y montait ou en descendait, le défendeur a droit à la protection accordée par la Loi. Mais on fait valoir avec force que le défendeur ne peut être exonéré par la Loi, si le dommage résulte d'un coup qu'il a porté intentionnellement, comme le juge de première instance l'a décidé. Aucune disposition de la Loi ne justifie cette interprétation. Les termes de la Loi sont clairs. Il n'y a pas de choix à faire entre deux sens possibles. La Cour n'a pas le pouvoir d'introduire dans la Loi une exception qui ne s'y trouve pas, même si elle croyait juste de le faire. Les règles d'interprétation ne sont pas douteuses dans une affaire comme celle-ci. Pour interpréter un paragraphe d'une loi, il faut commencer par voir si les termes du paragraphe ont, en eux-mêmes, un sens clair et non ambigu. Si c'est le cas, c'est le sens qu'il faut adopter. [...] Dans l'interprétation d'une loi, on ne doit pas se préoccuper du résultat si le texte est clair. Si la loi produit un résultat que la Cour trouve injuste, il n'appartient pas à la Cour par interprétation de révoquer la loi; le législateur, seul, possède ce pouvoir. »[183]

Ce point de vue fut partagé, du moins en principe, par le juge Leblanc[184], mais ce dernier jugea que la disposition n'était pas applicable aux faits parce que, au moment où elle a été frappée, la victime n'était pas « en train de descendre » de la voiture. Le juge Harrison estima, quant à lui, que la disposition en question n'était destinée à s'appliquer qu'au cas de blessures causées par la conduite du véhicule automobile et qu'elle ne pouvait pas, compte tenu du contexte, exonérer de responsabilité le conducteur qui agresse un passager.

La majorité des juges de la Cour d'appel a donc interprété l'article du *Motor Vehicle Act* de façon à ce que le conducteur qui commet une agression à l'endroit d'un passager à titre gratuit ne soit pas responsable civilement du dommage ainsi causé! Il faut reconnaître que cette décision sort de l'ordinaire et qu'elle représente un cas extrême de littéralisme. Pourtant, ne devrait-on pas mettre en doute

---

183   *Id.*, 226 (traduction).

184   *Id.*, 229.

le bien-fondé d'une méthode d'interprétation qui conduit à des conclusions aussi éloignées du bon sens[185]?

Aujourd'hui, la thèse voulant que l'interprète puisse se restreindre à l'exégèse de la seule formule de la loi et faire abstraction du contexte est répudiée nettement aussi bien par la doctrine[186] que par la jurisprudence.

Déjà, dans l'arrêt *Quebec Railway, Light, Heat & Power* c. *Vandry*[187], Lord Sumner avait noté que, bien des fois, la clarté apparente du texte ne fait que masquer l'obscurité des dispositions que l'on interprète. Le juge Mayrand a plus récemment montré comment un texte, clair s'il est lu isolément, peut devenir obscur en raison d'autres dispositions[188].

Lord Atkinson a déclaré, dans *City of Victoria* c. *Bishop of Vancouver Island*[189] :

« Il faut interpréter les termes d'une loi selon leur sens grammatical ordinaire, à moins que quelque chose dans le contexte, dans l'objet de la loi ou dans les circonstances auxquelles ils se rapportent indique qu'ils sont employés dans un sens spécial différent de leur sens grammatical ordinaire. »

Cela suppose qu'il faut toujours étudier le contexte, l'objet et les circonstances pour déterminer le sens contextuel d'une expression (par opposition au sens « virtuel », au sens « du dictionnaire » ou au sens « grammatical ordinaire »).

---

185 L'excès de littéralisme constitue, pour l'humoriste, un sujet de choix. Voir *R.* c. *Ojibway*, (1965-66) 8 Crim. L.Q. 1317. Il s'agit (est-il nécessaire de le préciser?) d'un pastiche.

186 Ruth SULLIVAN, *Driedger On the Construction of Statutes*, 3ᵉ éd., Toronto, Butterworths, 1994, pp. 3-6; R. CROSS, *op. cit.*, note 42, pp. 44-56; R. DICKERSON, *op. cit.*, note 23, p. 103 et suiv. et p. 229; LAW COMMISSION AND SCOTTISH LAW COMMISSION, *The Interpretation of Statutes*, Londres, H.M.S.O., 1969, pp. 17-19; D. J. Llewelyn DAVIES, « The Interpretation of Statutes in the Light of their Policy by the English Courts », (1935) 35 Col. L.Rev. 519, 527.

187 *Quebec Railway, Light, Heat & Power* c. *Vandry*, précité, note 154, 672.

188 *Cité de Charlesbourg* c. *Roy*, [1975] C.A. 74, 75.

189 *City of Victoria* c. *Bishop of Vancouver Island*, [1921] A.C. 384, 387, traduction tirée de *R.* c. *Sommerville*, précitée, note 116, 395.

Dans *Attorney General* c. *Prince Ernest Augustus of Hanover*[190], la Chambre des Lords a nettement écarté l'idée que la clarté d'un texte puisse s'apprécier *in vitro*, hors contexte. L'affaire posait, entre autres, la question de savoir si l'on peut consulter le préambule d'une loi dans tous les cas ou bien si celui-ci n'est pertinent que lorsque le texte interprété n'est pas « clair »[191]. Sans équivoque, le tribunal affirma que le préambule faisant partie de la loi, il devait dans tous les cas être pris en considération à titre d'élément du contexte.

Le jugement du vicomte Simonds contient des passages particulièrement pertinents :

> « Les termes, surtout les termes généraux, ne peuvent être lus isolément : leur coloration et leur contenu dérivent de leur contexte. C'est pourquoi je crois être justifié et tenu d'examiner chaque terme d'une loi dans son contexte, entendu au sens le plus large, c'est-à-dire comprenant, comme je l'ai déjà indiqué, non seulement les dispositions de la même loi, mais aussi son préambule, l'état antérieur du droit, les autres lois dans la même matière, ainsi que la situation que la loi visait à réformer, telle qu'on peut la déduire des éléments énumérés et par tout autre moyen légitime. »[192]

Il déclare aussi :

> « [N]ul ne devrait prétendre avoir compris une quelconque partie d'une loi ou d'un autre document avant de l'avoir lu dans sa totalité. Aussi longtemps qu'on ne l'a pas fait, on n'est pas autorisé à dire si la loi, ou le document ou une de leurs parties sont clairs et sans ambiguïté. »[193]

Lord Normand, pour sa part, écrit :

> « Pour découvrir l'intention du Parlement, il convient que le tribunal lise la loi dans sa totalité, se renseigne sur son contexte juridique, y compris les lois connexes qui pourraient en éclairer le sens, sur son contexte factuel, comme la situation que l'on voulait réformer et les circonstances que le Parlement avait sous les yeux [...]. C'est repren-

---

190   *Attorney General* c. *Prince Ernest Augustus of Hanover*, précité, note 73.

191   Dans *Ellerman Lines Ltd.* c. *Murray*, précité, note 162, le recours au préambule avait été écarté en raison de la clarté du texte à l'étude.

192   *Attorney General* c. *Prince Ernest Augustus of Hanover*, précité, note 73, 461.

193   *Id.*, 463.

dre un lieu commun rebattu que de dire que les termes considérés hors de leur contexte peuvent être dépourvus de sens ou trompeurs. »[194]

Plus près de nous, il convient de signaler l'arrêt de la Cour suprême dans l'affaire *Rizzo & Rizzo Shoes*[195]. Il s'agissait de trancher la question de savoir si des employés qui avaient perdu leur emploi en raison de la faillite de leur employeur pouvaient réclamer des indemnités de licenciement et de cessation d'emploi aux termes de la *Loi sur les normes d'emploi* de l'Ontario (L.R.O., 1980, c. 137). Le texte de la loi semblait indiquer que ces indemnités n'étaient payables que lorsque la perte d'emploi résultait d'un licenciement par l'employeur. Se fondant exclusivement sur le « sens ordinaire » des mots, la Cour d'appel avait statué que les employés n'ayant pas perdu leur emploi en raison d'un licenciement mais par l'effet de la faillite n'avaient pas droit aux indemnités.

La Cour suprême a infirmé cette décision. Le juge Iacobucci, au nom de la Cour, a fait sienne l'idée exprimée par Driedger que « l'interprétation législative ne peut être fondée sur le seul libellé de la loi[196] ». Il a ajouté :

« Bien que la Cour d'appel ait examiné le sens ordinaire des dispositions en question dans le présent pourvoi, je crois que la cour n'a pas accordé suffisamment d'attention à l'économie de la loi, à son objet ni à l'intention du législateur ; le contexte des mots en cause n'a pas non plus été pris en compte adéquatement. »[197]

---

194   *Id.*, 465. Sur l'importance du contexte et les dangers qu'il y a à n'en pas tenir compte, on verra également : *R.* c. *Judge of the City of London Court*, [1892] 1 Q.B. 273, 290 (Lord Esher); *Re Bidie*, [1948] 2 All E.R. 995, 998 (Lord Greene). On peut certes affirmer que la nécessité d'une interprétation contextuelle est devenue un des leitmotivs de la jurisprudence actuelle : *Garland* c. *Commission canadienne de l'emploi et de l'immigration*, [1985] 2 C.F. 508 (C.A.); *Deputy Minister of National Revenue* c. *GTE Sylvania Canada Limited*, (1986) 64 N.R. 322 (C.A.F.); *Crupi* c. *Commission de l'emploi et de l'immigration du Canada*, [1986] 3 C.F. 3 (C.A.); *Lucas* c. *Canada (Commission d'appel de l'emploi dans la Fonction publique)*, [1987] 3 C.F. 354 (C.A.).

195   *Rizzo & Rizzo Shoes Ltd. (Re)*, précité, note 170.

196   *Id.*, 41.

197   *Id.*

Dans les motifs de la Cour suprême dans l'arrêt *Antosko*, on trouve le passage suivant sous la plume du juge Iacobucci, passage que d'aucuns pourraient considérer comme une version remaniée de la règle du sens clair des textes :

> « Même si les tribunaux doivent examiner un article de la *Loi de l'impôt sur le revenu* à la lumière des autres dispositions de la loi et de son objet [...], ces techniques ne sauraient altérer le résultat lorsque les termes de la Loi sont clairs et nets [...]. »[198]

Cet extrait peut être interprété comme une réaffirmation de la règle du sens clair des textes, en ce sens qu'on peut y voir l'affirmation que le sens clair du texte fiscal doit toujours prévaloir, indépendamment de ce que la prise en considération des objectifs du texte pourrait révéler.

Je ne crois pas que ce soit là la meilleure interprétation de l'extrait en question. À mon avis, la Cour cherche à concilier deux ordres de préoccupations. D'une part, elle veut se démarquer par rapport à la règle du sens clair des textes dans la mesure où celle-ci voudrait exclure la prise en compte d'éléments étrangers au libellé de l'article à interpréter. Même en matière fiscale, et même si le texte peut sembler clair à la première lecture, il y aurait donc lieu, selon la Cour, de suivre le « principe moderne » énoncé par Driedger et de dépasser l'analyse purement textuelle[199].

Par contre, en raison notamment des traditions particulières de rédaction et d'interprétation de la législation fiscale, la Cour veut éviter que la prise en compte d'éléments extérieurs au texte, notamment des objectifs de la loi, ne conduise à introduire trop d'insécurité et d'imprévisibilité dans ce domaine. D'où l'insistance sur le respect du sens clair du texte, sens clair qui devrait toutefois être

---

198   *Canada* c. *Antosko*, [1994] 2 R.C.S. 312, 326 et 327. Dans le même sens : *Duha Printers (Western) Ltd.* c. *Canada*, [1998] 1 R.C.S. 795, 839 (j. Iacobucci).

199   Dans l'affaire *Antosko*, précité, note 198, 326, le juge Iacobucci écrit que le « principe moderne » énoncé par Driedger doit s'appliquer en matière fiscale : « c'est ce principe qui doit prévaloir » écrit-il, en se fondant sur la décision de la Cour suprême dans *Stubart Investments Ltd.* c. *La Reine*, précité, note 171, 578 (j. Estey).

établi en contexte, c'est-à-dire en ayant à l'esprit les autres considérations pertinentes à l'interprétation[200].

En conclusion, on peut dire qu'actuellement il se dégage malgré tout un large consensus à la Cour suprême du Canada autour de l'idée que l'interprétation ne saurait jamais se confiner au texte de la loi, qu'il s'agisse d'établir le sens de la règle légale ou de justifier le sens retenu au terme du processus d'interprétation[201].

Les désaccords paraissent porter non pas tant sur la pertinence des éléments autres que textuels, que sur leur importance relative dans l'interprétation. C'est à cette question de l'importance relative du texte dans la recherche de l'intention du législateur que le troisième énoncé de la *Literal Rule* entend donner réponse.

Sous-section 3 : Troisième énoncé : « C'est dans le texte que l'on doit rechercher l'intention »

Cette troisième formulation de la règle de l'interprétation littérale évoque l'éternel conflit entre la lettre et l'esprit, entre le contenu du message législatif et la forme qu'on lui a donnée, entre l'intention véritable de l'auteur du texte et l'intention qu'on peut lui prêter en lisant le texte.

L'objectif visé par l'interprétation légale ne serait pas, selon la règle de l'interprétation littérale telle qu'elle est ici comprise, de reconstituer à tout prix et par n'importe quel moyen l'intention du législateur : la fonction du juge serait plutôt de suivre la volonté du

---

200   Dans ce sens, voir les notes du juge Cory dans *Alberta (Treasury Branches)* c. *Ministre du revenu national*, [1996] 1 R.C.S. 963, 977 : « Même si l'ambiguïté n'était pas apparente, il importe de signaler qu'il convient toujours d'examiner "l'esprit de la loi, l'objet de la loi et l'intention du législateur" pour déterminer le sens manifeste et ordinaire de la loi en cause ».

201   Malgré l'appui qu'il a donné à la « *Plain Meaning Rule* » dans les affaires *McIntosh* et *Multiform Manufacturing*, précitées, note 5 et 11, le juge Lamer a aussi écrit que le sens des termes de la loi devait être établi « dans le contexte de l'esprit et de l'objet de la loi » (*R.* c. *Z. (D.A.)*, précité, note 171) et que, si « [l]e point de départ de l'interprétation est le sens ordinaire des termes de la loi », il fallait « examiner le sens des mots dans le contexte global de la loi » (*Ontario* c. *Canadien Pacifique Ltée*, [1995] 2 R.C.S. 1031, 1049 et 1050).

Parlement dans la seule mesure où elle est manifeste dans le texte de
la loi. Dans l'arrêt *Toronto Railway Co. c. City of Toronto*, le juge
Sedgewick a écrit : « Il s'agit non pas de l'intention supposée du législateur mais de ce qu'il a dit.[202] »

C'est dans ce contexte qu'il faut comprendre la phrase paradoxale
de Lord Halsbury disant que le rédacteur de la loi pouvait en être le
pire interprète, étant trop porté à suivre l'intention réelle au détriment de l'intention manifestée par le texte[203].

Dans *Black-Clawson International Ltd.* v. *Papierwerke Waldhof-
Ashaffenburg AG.*, Lord Reid a déclaré :

> « Le juge dit souvent qu'il recherche l'intention du législateur, mais
> ce n'est pas tout à fait exact. Il recherche le sens des termes em-
> ployés par le législateur. »[204]

Une fois que l'on admet que c'est là l'objet de l'interprétation, il
n'y a qu'un pas à franchir pour affirmer que c'est dans le texte que
doit être recherchée l'intention : il faudrait s'en tenir « [...] à la règle
fondamentale d'interprétation : rechercher le sens des mots dont le
législateur s'est servi au lieu de spéculer sur ses intentions »[205]. Dans
R. c. Dubois le juge en chef Duff déclarait :

---

[202]   *Toronto Railway Co. c. City of Toronto*, (1906) 37 R.C.S. 430, 435 (traduction).
        On trouvera la même position dans *Steinberg's Ltd. c. Comité paritaire de
        l'alimentation au détail*, [1968] R.C.S. 971, 983 et 984 (j. Pigeon), dans *Henry
        Morgan & Co. c. Guérin*, [1942] C.S. 444, 448 (j. Greenshields) et dans *Brophy* c.
        A.G. of Manitoba, [1895] A.C. 202, 215 et 216 (Lord Herschell).

[203]   *Hilder* c. *Dexter*, [1902] A.C. 474, 477.

[204]   *Black-Clawson International Ltd.* v. *Papierwerke Waldhof-Ashaffenburg A.G.*,
        [1975] 1 All E.R. 810, 814 (traduction). Ce texte est à rapprocher de celui qu'a
        rédigé Lord Simonds dans *Magor and St-Mellons Rural District Council* v.
        Newport Corp, [1952] A.C. 189, 191 : « La proposition générale voulant que le
        tribunal ait le devoir de découvrir l'intention du législateur [...] est tout à fait
        insoutenable. Le tribunal a le devoir d'interpréter les termes employés par le
        législateur » (traduction).

[205]   *Ville de St-Bruno de Montarville* c. *Mount Bruno Association Ltd.*, [1971] R.C.S.
        623, 626 (j. Pigeon). Voir aussi, toujours sous la plume du juge Pigeon : *Rio
        Algom Mines Ltd. c. Ministre du Revenu national*, [1970] R.C.S. 511, 524 et 525;
        R. c. Sommerville, précité, note 116, 394 et 395; *Wellesley Hospital c. Lawson*,
        précité, note 23, 904. Dans le même sens : *Commission de l'industrie de la
        construction c. Commission de transport de la Communauté urbaine de
        Montréal*, [1986] 2 R.C.S. 327.

« Le tribunal a le devoir, dans chaque cas, de rechercher fidèlement l'intention du législateur et de déterminer cette intention par la lecture et l'interprétation des termes choisis par le législateur lui-même pour l'exprimer. »[206]

Le juge devrait respecter l'intention que manifestent les termes de la loi, même s'il a des raisons de croire que ces mots vont au-delà ou en deçà de l'intention véritable du législateur :

« La fonction de la Cour est de donner son effet à l'intention du législateur, manifestée par les termes choisis pour l'exprimer. Quelles que soient les idées qui aient pu inspirer la politique législative, les tribunaux ne peuvent se fonder sur ces idées, même en supposant qu'on puisse les connaître avec certitude, pour étendre la portée des dispositions par lesquelles le législateur a établi les moyens particuliers pour la mise en oeuvre de cette politique. »[207]

Dans *Midland Railway of Canada* c. *Young*, le juge Sedgewick a écrit :

« Nous connaissons beaucoup de cas où le législateur, à n'en pas douter, a voulu dire une chose, mais n'a manifestement pas réussi à la dire. Il ne faut pas la dire à sa place. Le mal ne peut être réparé que par le législateur, non par les tribunaux. »[208]

Dans *Inland Revenue Commissioners* c. *Hinchy*, Lord Reid a énoncé la règle suivante :

« Mais nous pouvons déterminer l'intention du Parlement uniquement en nous fondant sur les termes qu'il a employés dans la Loi ; par conséquent, il s'agit de savoir si ces termes peuvent avoir un sens plus restreint. Si la réponse est non, nous devons les appliquer tels quels, quelque déraisonnable ou injustes que soient les conséquences, et quelle que soit la force de nos soupçons que ce n'était pas là l'intention réelle du Parlement. »[209]

---

206   *R.* c. *Dubois*, [1935] R.C.S. 378, 381 (traduction).

207   *Canadian National Railway Co.* c. *Province of Nova Scotia*, [1928] R.C.S. 106, 120 et 121 (j. Duff).

208   *Midland Railway of Canada* c. *Young*, (1893) 22 R.C.S. 190, 198 (traduction). Dans le même esprit : *Canadian Northern Railway Co.* c. *City of Winnipeg*, (1917) 54 R.C.S. 589, 593 et 594 (j. Fitzpatrick).

209   *Inland Revenue Commissioners* c. *Hinchy*, [1960] A.C. 748, 767, traduction tirée de *R.* c. *Sommerville*, précité , note 116, 395.

Dans *Goldman* c. *La Reine*, le juge McIntyre a formulé le principe suivant :

> « Il est élémentaire de dire que les cours doivent dégager l'intention du législateur et l'appliquer quand elles interprètent les lois. C'est en examinant les mots employés dans la Loi que l'on doit dégager l'intention, car c'est à l'intention exprimée par le législateur qu'il faut donner effet. »[210]

La règle de l'interprétation littérale, telle qu'on la conçoit ici, soulève une question fondamentale : l'objectif de l'interprétation légale est-il de reconstituer l'intention réelle du législateur ou doit-on se contenter simplement d'une intention apparente[211]? Le sens que l'on recherche, est-ce le sens que l'auteur a voulu donner aux termes ou le sens que le lecteur peut raisonnablement en déduire?

La reconstitution de l'intention réelle subjective de l'auteur de la loi est l'objectif principal de l'interprétation légale, comme c'est l'objectif de toute interprétation de texte[212]. Il n'est pas nécessaire de rappeler tous les cas où les tribunaux ont affirmé que leur tâche était de découvrir l'intention du législateur. Dans cette perspective, on a raison de dire que le problème de l'interprète n'est pas de savoir ce que les termes employés signifient, mais ce que leur auteur a voulu signifier en les employant[213].

Le problème cependant, c'est que les moyens de découvrir l'intention réelle du législateur sont limités. En fait, on ne peut la connaître directement : elle ne peut être qu'induite à partir de ses manifestations. À ce sujet, Reed Dickerson a écrit :

> « D'une part, nous nous intéressons au sens voulu par l'auteur pour autant que le processus de communication ne se comprend que si l'on peut attribuer une intention à l'auteur. Par conséquent, le sens

---

210   *Goldman* c. *La Reine*, [1980] 1 R.C.S. 976, 994 et 995.

211   Sur la distinction intention réelle - intention apparente : R. DICKERSON, *op. cit.*, note 23, p. 34 et suiv. et p. 69.

212   Cette intention réelle subjective existe-t-elle vraiment ou n'est-elle qu'une notion conventionnelle? Cela importe peu. Voir *supra*, p. 17 et suiv.

213   « Nous ne recherchons pas ce que veulent dire les termes anglais ordinaires, mais ce que leur fait dire le Congrès ». *Commissioner of Internal Revenue* c. *Acker*, (1958) 361 U.S. 87, 95 (j. Frankfurter) (traduction). Dans le même sens : J. M. KERNOCHAN, *loc. cit.*, note 137, 341.

voulu par l'auteur reste l'objet ultime de la recherche, bien qu'on n'ait encore inventé aucune méthode permettant de connaître directement ce sens. Parce que l'intention subjective de l'auteur ne peut être connue que par induction à partir de l'emploi qu'il fait de signes visibles et parce que la communication par signes sensibles n'est possible que sur le fondement de conventions établies, l'intention subjective réelle ne peut être connue, pour autant qu'elle puisse l'être, que par induction à partir de ces conventions conditionnées par le contexte.»[214]

L'intention du législateur ne peut pas être, comme l'azote, extraite de l'air : elle doit être déduite du texte considéré dans son environnement approprié[215]. Les tribunaux ont donc raison de dire que l'on doit rechercher l'intention dans le texte, à la condition toutefois que cela ne veuille pas dire qu'on doit se limiter à une formule dissociée du contexte.

L'intention apparente, c'est-à-dire le sens que le texte de la loi a pour le lecteur type, se présente donc également comme un objectif de l'interprétation : c'est un objectif non pas ultime, comme l'intention réelle, mais un objectif intermédiaire, à la fois moyen et but. Il faut en effet faire l'hypothèse que l'intention apparente mène à l'intention véritable : à défaut de perception extra-sensorielle, il n'y a pas d'autre possibilité[216]. Par la force des choses, la loi, dès qu'elle est formulée, acquiert une certaine autonomie par rapport à la volonté qui l'a fait naître : la loi peut même se révéler plus sage que son auteur[217]!

L'accent mis par les tribunaux sur l'intention apparente (c'est-à-dire celle que manifeste, à un lecteur type, le texte lu dans son contexte global) se justifie d'autant plus que cela paraît être une condition *sine qua non* de l'efficacité d'un ordre organisé au moyen de normes générales préétablies. On ne doit pas pouvoir opposer au justiciable une intention, quelque authentique qu'elle soit, qu'il

---

214 R. DICKERSON, *op. cit.*, note 23, p. 36 (traduction).

215 *D.A. Schulte Inc.* c. *Gangi*, (1946) 328 U.S. 108, 121 et 122 (j. Frankfurter).

216 R. DICKERSON, *op. cit.*, note 23, pp. 80 et 81.

217 Gustav RADBRUCH, cité par Herbert F. JOLOWICZ, *Lectures on Jurisprudence*, Londres, Athlone Press, 1963, p. 292, note 1; R. DICKERSON, *op. cit.*, note 23, p. 80.

n'avait aucun moyen de déduire du texte considéré dans son contexte d'énonciation[218]. Un tribunal ne peut, dans sa tâche d'interprétation, ajouter à la loi des termes qui n'y sont pas implicites[219]. Il ne devrait pas, même au nom de l'intention véritable (pour autant qu'on puisse la découvrir hors du texte), tromper les attentes qu'un justiciable a pu former en raison de la manière dont le texte est rédigé et du contexte de son énonciation. Cela est vrai même si la solution qui découle du texte lu dans son contexte paraît moins bonne que celle qui résulterait de l'intention supposée : « Plutôt une loi certaine que les conjectures des juges sur les améliorations à lui apporter »[220].

Si j'ai pu paraître jusqu'à maintenant favorable à l'idée que l'on doit rechercher l'intention dans le texte, c'est que je crois tout à fait indiqué d'insister sur l'intention apparente du législateur. Par contre, il faut critiquer cette directive si on y a recours pour dissocier la formule de son contexte et, en particulier, pour exclure la considération des objectifs de la loi comme élément du contexte susceptible d'éclairer le sens de la formule. Pour mieux illustrer le sens de cette distinction, imaginons un exemple.

Me Pierrot, avocat, est dans son bureau. Il veut fumer, mais « il n'a plus de feu ». Il téléphone à un stagiaire et lui dit : « Va me chercher des cigarettes ». Évidemment, il y a un lapsus : l'avocat n'a pas dit ce qu'il voulait dire. Si le stagiaire lui apporte des cigarettes, on ne peut rien lui reprocher. Il n'a fait qu'exécuter l'ordre tel que le destinataire type l'aurait compris dans le contexte de son énonciation. Imaginons maintenant que le stagiaire soit dans le bureau de son patron. Celui-ci sort une cigarette d'un paquet presque plein, la porte à ses lèvres, fouille dans ses poches, ostensiblement à la recherche de

218   J.A. Clarence SMITH, « The Interpretation of Statutes », (1970) 4 *Man L.J.* 212, 214 et 215. L'auteur souligne, avec raison, que la loi ne s'adresse pas aux juges et aux avocats mais aux citoyens : on ne peut exiger d'eux qu'ils aillent fouiller dans les « poubelles du Parlement » à la recherche de l'intention véritable du législateur. Le citoyen a le droit de pouvoir se fier à l'intention que le texte manifeste.

219   *Conseil provincial de la Colombie-Britannique du syndicat des pêcheurs et travailleurs assimilés* c. *B.C. Packers Ltd.*, [1978] 2 R.C.S. 97, 104 (j. Laskin).

220   *Sheddon* c. *Goodrich*, (1803) 8 Ves. Jun. 481, 497, 32 E.R. 441, 447 (Lord Eldon) (traduction).

quelque chose, puis dit au stagiaire : « Va me chercher des cigarettes ». Le contexte, me semble-t-il, est suffisamment riche en indications de volonté pour que le stagiaire comprenne que son patron a commis un lapsus et que c'est, au fond, des allumettes qu'il veut. Que faudrait-il penser d'un stagiaire qui reviendrait avec des cigarettes en disant : « Je savais bien que vous vouliez des allumettes, mais ma fonction ici est d'exécuter les ordres à la lettre, quoi que je puisse penser quant à leur véritable sens »?

La fonction de tout interprète est de découvrir le sens qui se dégage du texte soit expressément, soit implicitement. Si on a pu écrire que les tribunaux n'ajoutent pas des termes à une loi s'ils n'y sont implicites[221], on peut affirmer, a contrario, qu'il est dans la fonction du tribunal d'expliciter ce qui ressort du contexte de la formule légale. Un tribunal ne remplirait pas sa fonction qui dirait : « Nous voyons très bien ce que la loi veut dire, mais la formule n'est pas tout à fait appropriée »[222].

Les mots ne font que traduire l'intention : on ne doit pas en faire une fin en soi[223]. Si, malgré les erreurs matérielles, les maladresses de rédaction ou les faiblesses inhérentes à cet outil qu'est le langage, l'intention ressort clairement, le juge devrait lui donner son effet.

Il se trouve, en jurisprudence, plusieurs affaires qui démontrent que le juge ne doit pas s'arrêter à une exégèse de la seule formule en isolation du contexte qui lui donne son sens, et particulièrement, de l'objet que la loi entend accomplir. La considération du contexte peut justifier qu'on restreigne ou qu'on étende le sens « littéral » d'un terme, c'est-à-dire son sens, abstraction faite du contexte.

---

221 *Conseil provincial de la Colombie-Britannique du syndicat des pêcheurs et travailleurs assimilés* c. *B.C. Packers Ltd.*, précité, note 219, 104 (j. Laskin).

222 C'est là une forme de grève du zèle (*work to rule*). Jerome FRANK, « Words and Music : Some Remarks on Statutory Interpretation », (1947) 47 *Col. L.Rev.* 1259, 1263.

223 « [L]es termes d'une loi ne se limitent pas à [...] leur sens "ordinaire" ou "littéral", mais se modulent pour signifier le sens le plus raisonnable qui puisse se déduire de la finalité et du but visé par l'intermédiaire de la loi [...] Les mots n'ont guère de sens en eux-mêmes. Ils sont porteurs de sens, et non renfermés sur eux-mêmes. L'idée même d'interprétation suppose la prise en considération d'éléments extérieurs aux mots. » *Waugh and Esquimalt Lumber Co.* c. *Pedneault*, [1949] 1 W.W.R. 14, 15 et 16 (B.C.C.A.) (j. O'Halloran) (traduction).

Ainsi, dans *R. c. Sommerville*[224], il s'agissait de savoir si un agriculteur qui avait transporté son propre blé pour ses propres besoins d'une province à une autre pouvait être déclaré coupable d'avoir contrevenu à la disposition suivante de la *Loi sur la commission canadienne du blé* (S.R.C. 1970, c. C-12, art. 33) :

> « Sauf une autorisation prévue par les règlements, nulle personne autre que la Commission ne doit [...]
>
> b) transporter ou faire transporter d'une province à une autre du blé ou des produits du blé possédés par une personne autre que la Commission ; [...]. »

Il était admis que Sommerville n'avait pas de permis et qu'il avait effectivement transporté du blé de Saskatchewan en Alberta. Pourtant, il sera acquitté par le magistrat, et l'acquittement confirmé par les trois degrés d'appel saisis de l'affaire. Le motif? Le texte a été interprété comme n'étant applicable, en raison de l'objet de la *Loi sur la Commission canadienne du blé*, qu'au transport interprovincial de blé qui présenterait un certain caractère commercial.

En Cour d'appel de l'Alberta[225], le juge Johnson fonda sa conclusion, quant à l'objet de la loi, sur le fait que la Cour suprême, dans l'arrêt *Murphy c. Canadian Pacific Railway Co.*[226], avait justifié la constitutionnalité de cette loi par la compétence fédérale en matière d'échanges et de commerce. Il fallait, d'après lui, éviter d'appliquer le texte à un cas qui paraissait excéder sa portée véritable. À cet égard, il proposa le principe d'interprétation suivant :

> « La règle fondamentale d'interprétation des lois dit-on, c'est "que chaque loi doit s'interpréter selon l'intention manifeste ou expresse qui s'y trouve" [*Canadian Wheat Board v. Manitoba Pool Elevators*, (1952) 6 W.W.R. n.s. 23, 36 (C. privé)]. Généralement, le libellé d'un article peut faire voir l'intention mais lorsque ce libellé semble entrer en conflit avec le programme et le but de la loi, il faut tenir compte de l'ensemble de la loi pour voir si l'on ne voulait pas plutôt

---

224   *R. c. Sommerville*, précité, note 116.

225   *R. c. Sommerville*, (1971) 18 D.L.R. (3d) 343.

226   *Murphy* c. *Canadian Pacific Railway Co.*, [1958] R.C.S. 626.

que l'article ait un sens plus restreint que ne le laisserait ressortir l'examen de ce seul article. »[227]

Souscrivant explicitement à ces motifs[228], le juge Martland, rédigeant l'opinion majoritaire en Cour suprême, en vint à la même conclusion que le juge Johnson : la loi visait le commerce du grain et on ne devait pas l'appliquer à un transport qui ne présentait pas de caractère commercial.

La règle suggérée par le juge Johnson fut toutefois sévèrement critiquée par le juge Pigeon, dissident avec son collègue le juge Judson. Parlant de l'extrait cité plus haut, il écrit :

> « Soit dit respectueusement, ce raisonnement est contraire à la règle fondamentale d'interprétation selon laquelle il faut rechercher l'intention dans les termes employés. Il appartient au Parlement, et non pas aux cours, de déterminer l'étendue exacte des restrictions nécessaires ou souhaitables pour la réalisation du programme et du but d'une loi. Il appartient au Parlement, non aux cours, de décider si un certain libellé est en accord avec pareil programme ou but. Je n'ai pu trouver aucun précédent à l'appui de la proposition selon laquelle on peut déroger au sens clair d'un texte législatif s'il paraît aller à l'encontre de son programme ou de son but. Bien sûr, il en va autrement si le texte législatif n'est pas clair. Il est alors tout à fait approprié d'étudier le but et l'intention générale afin de choisir parmi les divers sens possibles celui qui paraît le plus conforme à l'intention générale. Mais lorsque, comme en l'espèce, le sens est clair, tous les précédents montrent qu'il faut adhérer au sens littéral. »[229]

Outre sa dissidence quant à la technique d'interprétation adoptée par le juge Johnson et suivie par la majorité, le juge Pigeon n'était pas convaincu que l'objet de la loi à l'étude était uniquement le commerce des grains et, même si c'était le cas, que cet objet commandait d'interpréter chaque disposition comme n'étant applicable qu'au transport commercial.

---

227   R. c. *Sommerville*, précité, note 225, 345 et 346, traduction tirée de R. c. *Sommerville*, précité, note 116, 394 et 395.
228   R. c. *Sommerville*, précité, note 116, 394.
229   *Id.*, 394 et 395.

Pour les raisons exposées plus haut, il faut applaudir à la démarche suivie par la majorité. L'objectif d'une disposition y paraît considéré comme un élément toujours pertinent à son interprétation et non pas utile seulement au cas où le texte en lui-même ne serait pas clair. Si l'on préfère, l'appréciation de la clarté du texte doit tenir compte de la mesure selon laquelle il paraît promouvoir les objectifs de la loi. Les objectifs de la loi peuvent donc justifier le juge d'ajouter une exception à un texte lorsque celle-ci y est implicite : il ne fait qu'expliciter une restriction découlant du contexte global de la communication légale.

Il paraît intéressant de signaler que l'extrait du jugement du juge Johnson approuvé par la majorité en Cour suprême et critiqué par les dissidents est, à certains égards, semblable à la *Plain Meaning Rule* du droit américain contemporain telle qu'elle a été formulée par le juge Reed dans *United States* v. *American Trucking Associations*[230]. Cette parenté est également perceptible dans l'arrêt rendu par la Cour d'appel de l'Ontario dans l'affaire *Minister of Transport for Ontario* c. *Phoenix Assurance Co.*[231].

Le *Highway Traffic Act* de l'Ontario (R.S.O. 1960, c. 172) disposait, à son article 127(4) (traduction) :

> « L'assureur doit notifier au Directeur la résiliation ou l'expiration de toute police d'assurance automobile à l'égard de laquelle un certificat a été délivré au Directeur en vertu de la présente partie, au moins dix jours avant la prise d'effet de la résiliation ou de l'expiration ; à défaut de cette notification, la police conserve tout son effet. »

Au cours de 1964, la compagnie d'assurance Phoenix émit en faveur d'une dame Hill une police d'assurance-automobile couvrant une voiture de marque Chevrolet. En conformité du *Highway Traffic Act*, la Compagnie a fait tenir au Directeur un certificat prouvant que le véhicule en question était bien assuré. En février 1966, la Compagnie émettait en faveur de Mme Hill un avenant modifiant la police de manière à ce qu'elle couvre désormais une voiture de marque Studebaker. Cette substitution ne fut pas notifiée au Directeur.

---

230 *United States* c. *American Trucking Associations*, (1940) 310 U.S. 534, 543.
231 *Minister of Transport for Ontario* c. *Phoenix Assurance Co.*, (1974) 39 D.L.R. (3d) 481.

Le 8 mai 1966, Mme Hill fut impliquée dans un accident alors qu'elle était au volant de la Chevrolet. Cette voiture, d'après la Compagnie, n'était plus assurée depuis le jour de la prise d'effet de l'avenant opérant substitution de la Studebaker, soit depuis le 22 février 1966. Le ministre des Transports de l'Ontario, subrogé aux créanciers de Mme Hill indemnisés par le Fonds d'indemnisation de victimes d'accident automobile, prétendait au contraire que la police portait toujours sur la Chevrolet faute, pour la Compagnie, d'avoir notifié au Directeur la résiliation ou l'expiration de la police. À ceci, la Compagnie répliqua que l'article 127(4) exigeait la notification de la résiliation ou de l'expiration d'une police, mais non de la substitution d'un nouveau véhicule au véhicule assuré.

En première instance, le juge Thompson favorisa l'interprétation littérale de la disposition, écartant son effet dans les circonstances puisqu'il n'y avait eu ni résiliation, ni expiration de la police. Répondant à l'argument voulant que le terme « résiliation » devait s'appliquer à tout avenant qui modifiait le risque déclaré dans le certificat, il écrivit :

> « Au plan de la logique et du bon sens, on peut dire que le législateur, vu l'objet et la finalité de la loi, a dû vouloir que le propriétaire ou le conducteur ne puisse se soustraire à l'obligation de fournir et de maintenir une garantie de solvabilité par une simple modification de la couverture dans son assurance automobile [...] et qu'on a dû penser à obliger l'assureur à notifier ces modifications.

> Si c'était là l'intention du législateur, et il y a de bonnes raisons de le croire, la question que doit trancher le tribunal est de savoir si le législateur, par les termes employés, a suffisamment exprimé ou manifesté cette intention.

> J'estime qu'il ne l'a pas fait et que la loi comporte sûrement une lacune. Il s'agit d'un exemple patent de *casus omissus* [...]

> Dans l'interprétation des lois, il n'est pas douteux que l'intention du législateur, si évidente soit-elle, doit être mise de côté, dès lors que les termes choisis contraignent à le faire. Le tribunal ne peut donner un coup de pouce à une rédaction déficiente par le législateur; il ne peut y ajouter ni corriger par interprétation ou par invention les

déficiences qui s'y trouvent, car ce serait usurper la fonction du législateur, non interpréter la loi. »[232]

En Cour d'appel, c'est une conception plus libérale du rôle de l'interprète qui l'a emporté. Se référant à l'objet de la disposition qui, à son avis, était d'obliger l'assureur à notifier au Directeur la cessation de couverture d'un véhicule à l'égard duquel un certificat avait été délivré, que la cessation résulte de la résiliation, de l'expiration ou de toute autre cause, le juge Schroeder entreprit de répondre à l'argument voulant que le juge devait se résigner à appliquer un texte clairement déficient :

« Dans l'application de la loi, les tribunaux ont le devoir de découvrir l'intention véritable du législateur et de s'y conformer. Dans tous les cas ordinaires, les tribunaux doivent se contenter d'accepter la lettre de la loi comme la manifestation exclusive et concluante de l'intention véritable du législateur. Les tribunaux doivent, en règle générale, présumer que le législateur a dit ce qu'il voulait dire et a voulu dire ce qu'il a dit. Ce principe général souffre certaines exceptions, qu'il ne faut toutefois admettre qu'avec retenue, car il ne faut pas compromette le caractère certain et uniforme de la loi par une interprétation floue et arbitraire; par contre, il faut prendre garde de ne pas sacrifier l'intention véritable du législateur à la tyrannie des mots.

[...]

Il existe, au-delà du texte de la disposition en cause, une intention véritable et parfaite. [...] Selon moi, il s'agit nettement d'un cas où l'intention véritable et parfaite du législateur a reçu une expression imparfaite. Si l'intention du législateur est jugée déficiente au plan moral, la Cour ne serait pas justifiée de chercher à la corriger pour cette raison, car ce serait s'arroger les pouvoirs du législateur. Mais en l'espèce, ce que l'on pourrait appeler l'intention latente du législateur apparaît d'une manière évidente et la lettre du texte, déficiente au plan logique, peut et doit être rendue parfaite du point de vue logique, afin de faire produire tous ses effets à l'intention du législateur, laquelle apparaît avec évidence malgré l'imperfection ou le caractère incomplet de la formulation. »[233]

---

232   *Minister of Transport for Ontario* c. *Phoenix Assurance Co.*, (1973) 29 D.L.R. (3d) 513, 517 et 518 (traduction).

233   *Minister of Transport for Ontario* c. *Phoenix Assurance Co.*, précité, note 231, 486 et 487 (traduction).

On ne pouvait dire plus clairement qu'il est dans la fonction du tribunal d'expliciter les éléments qui sont implicites dans un texte, et cela, même en dépit des maladresses de rédaction.

Ce jugement fut porté en appel et la Cour suprême l'a confirmé[234], se déclarant d'accord avec la décision de la Cour d'appel selon laquelle la notification était exigée de la Compagnie même dans le cas où il n'y a pas, à strictement parler, résiliation ou expiration d'une police. Malheureusement, la Cour ne s'est pas prononcée sur la légitimité du procédé d'interprétation mis de l'avant par le juge Schroeder.

On ne peut douter que la règle de l'interprétation littérale (*Literal Rule*) soit maintenant en période de déclin, mais sans être complètement écartée. Ce phénomène, qui s'est manifesté en Angleterre[235] et aux États-Unis[236] tout comme chez nous, peut s'expliquer par l'avancement des connaissances concernant les mécanismes de la communication humaine, et la lumière que ces découvertes jettent sur les limites du langage ainsi que sur l'importance du contexte de la loi par opposition à son seul texte.

Dans une perspective historique, la *Literal Rule* peut être envisagée comme une réaction aux excès de liberté pris avec les textes par les juges qui, aux XVe et XVIe siècles, s'autorisaient de la *Mischief Rule* pour assumer des fonctions quasi législatives. Comme l'a écrit le professeur Driedger[237], ce fut d'abord l'esprit et non la lettre (*Mischief Rule*) puis la lettre et non l'esprit (*Literal Rule*). Aujourd'hui, il faut considérer et la lettre et l'esprit.

---

[234] *Minister of Transport for Ontario* c. *Phoenix Assurance Co.*, (1975) 54 D.L.R. (3d) 768.

[235] Lord Diplock le constate pour l'Angleterre dans *Carter* c. *Bradbeer*, [1975] 3 All E.R. 158, 161 (H.L.). Dans son ouvrage *The Discipline of Law* (*op. cit.*, note 126), Lord DENNING a décrit (aux pages 9 à 22), sans aucune prétention à l'objectivité, sa croisade personnelle en faveur d'une interprétation « finaliste » (« *purposive* ») par opposition à l'attitude traditionnelle d'interprétation stricte et littérale.

[236] R. DICKERSON, *op. cit.*, note 23, p. 229 et suiv.

[237] E.A. DRIEDGER, *op. cit.*, note 170, p. 83.

L'accent mis sur la lettre reste important pour les raisons déjà exposées : en insistant sur l'intention apparente plutôt que sur l'intention réelle, il sert de frein à la discrétion judiciaire et protège le justiciable contre des décisions qu'il n'avait aucun moyen de prévoir par la lecture du texte dans son environnement approprié. Quant à l'objet, il donne son sens véritable au texte et on ne saurait jamais l'ignorer sans risquer de compromettre la qualité de la communication légale. La règle de droit doit être établie à partir du texte envisagé dans son contexte global.

François Gény avait déjà, à la fin du siècle dernier, exprimé ce qu'on présente aujourd'hui[238] comme la doctrine « moderne » en matière d'interprétation :

> « [I]l me paraît assez vain d'opposer, [...] l'interprétation *grammaticale* à l'interprétation *logique*. Il est trop clair que l'une et l'autre se complètent nécessairement, et que les déductions rationnelles, suivant les inspirations d'une saine logique, interviendront pour donner son plein développement à la volonté, dont l'expression, grammaticalement analysée, ne peut jamais représenter que le squelette. – Pas plus, il n'y a lieu, ce me semble, de proposer à l'interprète un choix, un peu puéril, entre le *texte* et l'*esprit* de la loi. S'agissant de diagnostiquer une volonté, la recherche d'intention prédomine nécessairement; mais le texte intervient comme manifestation authentique et solennelle de l'esprit, inséparable de celui-ci, qu'il a pour objet de faire apparaître »[239].

---

238 *Id.*, p. 87.
239 F. GÉNY, *op. cit.*, note 22, p. 276.

CHAPITRE 2
LA MÉTHODE SYSTÉMATIQUE ET LOGIQUE OU LES ARGUMENTS DE COHÉRENCE

Comme la méthode grammaticale est fondée sur la présomption de l'aptitude du législateur à transmettre correctement sa pensée par le truchement de la formule légale, la méthode systématique et logique s'appuie sur l'idée que l'auteur de la loi est un être rationnel : la loi, qui manifeste la pensée du législateur rationnel, est donc réputée refléter une pensée cohérente et logique et l'interprète doit préférer le sens d'une disposition qui confirme le postulat de la rationalité du législateur plutôt que celui qui crée des incohérences, des illogismes ou des antinomies dans le droit[1].

Généralement fondée sur la présomption de la rationalité du législateur, la méthode systématique et logique peut également trouver sa justification indépendamment de toute référence à la volonté du législateur historique. Effectivement, la cohérence constitue bien souvent une valeur ajoutée à la loi par l'interprétation elle-même. La personne qui construit le sens des règles juridiques fondées sur la loi doit favoriser un sens qui tend à promouvoir ou à rétablir la cohérence du système juridique. La cohérence est une valeur fondamentale des systèmes juridiques, dont elle contribue à assurer l'autorité, l'accessibilité et l'équité. À titre d'exemple, lorsqu'on interprète une disposition, il convient d'avoir à l'esprit les règles énoncées dans des textes connexes édictés subséquemment, même si, par hypothèse, ces textes n'étaient pas connus du législateur à l'époque de la rédaction[2].

On peut supposer que la rationalité du législateur se manifestera d'abord à l'intérieur même d'un texte législatif donné : la loi

---

[1] François OST, « L'interprétation logique et systématique et le postulat de la rationalité du législateur », dans Michel van de KERCHOVE (dir.), *L'interprétation en droit – Approche pluridisciplinaire*, Bruxelles, Facultés universitaires St-Louis, 1978, p. 97. L'auteur soutient (p. 100) que « ce qui, fondamentalement, polarise l'interprétation de la loi par le juge, c'est le souci de maintenir, ou de restaurer, l'harmonie, la cohérence, la complétude, bref la rationalité du système juridique dans son ensemble ».

[2] Voir *infra*, p. 434.

s'interprète comme un tout, chacun de ses éléments devant être considéré comme s'intégrant logiquement dans le système d'ensemble que la loi forme. On supposera aussi que la cohérence règne entre les règles énoncées dans divers textes législatifs, particulièrement s'ils traitent de matières connexes. À cette cohérence horizontale s'ajoute également une cohérence verticale : chaque texte est censé ne pas contrarier les normes qui lui sont hiérarchiquement supérieures : par exemple, le règlement est réputé conforme à la loi et celle-ci à la Constitution.

SECTION 1 : LA COHÉRENCE DE LA LOI

Oeuvre d'un législateur rationnel et logique, la loi est censée former un système : chaque élément contribue au sens de l'ensemble et l'ensemble, au sens de chacun des éléments[3] : « chaque disposition légale doit être envisagée, relativement aux autres, comme la fraction d'un ensemble complet » (François Gény).

Après avoir considéré diverses applications que la jurisprudence fait du principe général de la cohérence de la loi, on abordera l'étude de certaines questions particulières liées au postulat de la rationalité du législateur.

Sous-section 1 : Le principe général de la cohérence de la loi et ses applications

Le principe de la cohérence et du caractère systématique de la loi a été consacré en jurisprudence depuis très longtemps. Dans l'affaire *Lincoln College*[4], Coke s'exprime ainsi :

> « C'est l'office du bon exégète d'interpréter ensemble tous les éléments d'une loi, et non un élément pris isolément; en effet, nul ne peut comprendre correctement une partie avant d'avoir lu et relu le tout. »[5]

---

3 *Dubois* c. *La Reine*, [1985] 2 R.C.S. 350, 365 (j. Lamer).

4 *Lincoln College*, (1595) 3 Co. Rep. 58b, 59b, 76 E.R. 764.

5 *Id.*, 767 (traduction). « *Nemo enim aliquam partem recte intelligere potest antequam totum iterum atque iterum perlegerit.* » On trouve la même idée

Dans *Grey* c. *Pearson*[6], lord Wensleydale formula ce qui allait être connu sous le nom de « règle d'or » de l'interprétation (*Golden Rule*). Cette règle reconnaît que la nécessité d'harmoniser les diverses parties d'une loi peut justifier qu'on s'écarte du sens courant des mots :

> « J'ai toujours été profondément impressionné par la sagesse de la règle, qui est, je crois, actuellement adoptée par tout le monde, du moins par les tribunaux judiciaires de Westminster Hall, et selon laquelle, en interprétant les testaments, et de fait les lois et tous les documents, il faut adhérer au sens grammatical et ordinaire des mots, à moins que cela n'entraîne quelque absurdité, contradiction ou incompatibilité eu égard au reste du texte : dans ce dernier cas, on peut modifier le sens grammatical et ordinaire des mots de façon à éviter cette absurdité ou incompatibilité, mais uniquement dans cette mesure. »[7]

Dans *City of Victoria* c. *Bishop of Vancouver Island*, Lord Atkinson a également reconnu l'importance du contexte dans l'établissement du sens des mots. Il a écrit :

> « Il faut interpréter les termes d'une loi selon leur sens grammatical ordinaire, à moins que quelque chose dans le contexte, dans l'objet de la loi ou dans les circonstances auxquelles ils se rapportent indique qu'ils sont employés dans un sens spécial différent de leur sens grammatical ordinaire. »[8]

Dans *R.* c. *Assessors of the Town of Sunny Brae*, le juge Kellock, citant un extrait de l'arrêt qui précède, a formulé le principe ainsi :

> « On doit interpréter une loi de manière à éviter, autant que faire se peut, "l'incohérence ou la contradiction entre ses éléments ou ses parties". »[9]

---

exprimée par le Vicomte Simonds dans *Attorney General* c. *Prince Ernest Augustus of Hanover*, [1957] A.C. 436, 463.

6   *Grey* c. *Pearson*, (1857) 6 H.L.C. 61, 106, 10 E.R. 1216, 1234.

7   *Id.*, 106. Traduction tirée de *R.* c. *Sommerville*, [1974] R.C.S. 387, 395 et 396.

8   *City of Victoria* c. *Bishop of Vancouver Island*, [1921] 2 A.C. 384, 387. Traduction tirée de *R.* c. *Sommerville*, précité, note 7, 395.

9   *R.* c. *Assessors of the Town of Sunny Brae*, [1952] 2 R.C.S. 76, 97 (traduction).

Dans *R. c. Nabis* enfin, le juge Beetz rappela que : « [L]'interprète des lois doit tendre à leur intégration en un système cohérent plutôt qu'à leur morcellement et à leur discontinuité. »[10]

La *Loi d'interprétation* du Québec a codifié le principe de la façon suivante :

> « **41.1.** Les dispositions d'une loi s'interprètent les unes par les autres en donnant à chacune le sens qui découle de l'ensemble et qui lui donne effet. »[11]

La préoccupation de cohérence dans l'interprétation se manifeste aussi bien en droit statutaire qu'en droit civil, mais elle prend en droit civil une importance toute particulière. D'une part, l'idée même de code, dans la tradition civiliste, connote les idées de système et de cohérence. D'autre part, le haut niveau d'abstraction généralement choisi pour l'expression du droit tend à accentuer la nécessité, pour l'interprétation de chaque disposition du Code civil, d'avoir à l'esprit les autres dispositions, l'économie générale et les principes fondamentaux. On ne s'étonnera donc pas de constater la fréquence et l'importance des arguments de cohérence dans l'interprétation du Code civil[12].

---

10   *R. c. Nabis,* [1975] 2 R.C.S. 485. Voir aussi les extraits cités par le juge Pratte dans *R. c. Compagnie immobilière B.C.N.,* [1979] 1 R.C.S. 865, 872 ainsi que : *Compo Co. c. Blue Crest Music Inc.,* [1980] 1 R.C.S. 357, 360 (j. Estey); *Yellow Cab Ltd. c. Board of Industrial Relations,* [1980] 2 R.C.S. 761, 768 (j. Ritchie); *MacKeigan c. Hickman,* [1989] 2 R.C.S. 796, 825 (j. McLachlin).

11   *Loi d'interprétation,* L.R.Q., c. I-16 (ci-après citée : « loi québécoise »).

12   Interprétation d'une disposition en tenant compte des autres dispositions du Code : *C.(G.) c. V.-F.(T.),* [1987] 2 R.C.S. 244, 272; *Tremblay c. Daigle,* [1989] 2 R.C.S. 530, 556-559; *Canadian Indemnity Company c. Canadian Johns-Manville Company,* [1990] 2 R.C.S. 549, 594; interprétation d'une disposition à la lumière de l'économie générale du Code (*Caisse populaire des Deux-Rives c. Société mutuelle d'assurance contre l'incendie de la Vallée du Richelieu,* [1990] 2 R.C.S. 995, 1004) ou de l'économie de certaines de ses dispositions (*Chablis Textiles Inc. (Syndic de) c. London Life Insurance Co.,* [1996] 1 R.C.S. 160, 175); interprétation respectueuse des principes du droit civil : *Béliveau St-Jacques c. Fédération des employées et employés de services publics Inc.,* [1996] 2 R.C.S. 345, 409; *Québec (Curateur public) c. Syndicat national des employés de l'Hôpital St-Ferdinand,* [1996] 3 R.C.S. 211, 243.

Que chaque élément de la loi doive être considéré à la lumière de l'ensemble, cela signifie non seulement qu'il faut se référer aux autres parties du dispositif de la loi, mais également à tous les éléments de celle-ci susceptibles d'éclairer le sens de la disposition examinée, c'est-à-dire le titre, le préambule, les sous-titres, les annexes, et ainsi de suite[13]. On a même soutenu que l'interprète pouvait prendre en considération des parties d'une loi qui ne sont pas encore en vigueur au moment où se fait l'interprétation[14].

Le principe de l'interprétation systématique de la loi s'applique même dans les cas où l'un de ses éléments a été ajouté après coup par modification : un texte ajouté par modification doit en principe s'interpréter comme s'il faisait partie du texte où on l'a inséré[15]. Il prend une partie de son sens dans son environnement comme il peut colorer le sens des termes qui y sont déjà. Par exemple, un règlement de zonage qui permet de construire des « résidences privées » dans une zone donnée ne s'oppose pas formellement à la construction d'immeubles d'habitation si chaque appartement est employé comme « résidence privée ». Si le conseil municipal modifie le règlement pour autoriser à construire des « résidences privées et des duplex », l'addition des mots « et des duplex » colore le terme « résidences privées », qui désigne désormais des résidences privées unifamiliales[16]. La modification a implicitement modifié le sens d'un terme qui, explicitement, paraît intouché.

---

13   Voir *supra*, p. 69 et suiv.

14   Dans *l'Affaire des Questions Soumises par le Gouverneur Général en Conseil Relatives à la Proclamation de l'Article 16 de la Loi de 1968-69 Modifiant le Droit Pénal*, [1970] R.C.S. 777, 797 et 798 (j. Ritchie). *Contra : Murphy* c. *Canadian Pacific Railway Co.*, (1956) 1 D.L.R. (2d) 197, 202 (j. Maybank) (Man.Q.B.), confirmé par (1956) 4 D.L.R. (2d) 443 et par [1958] R.C.S. 626.

15   Voir, à ce propos : *Northey* c. *The King*, [1948] R.C.S. 135; *G.T. Campbell & Ass. Ltd.* c. *Hugh Carson Co.*, (1980) 99 D.L.R. (3d) 529 (Ont. C.A.). Il peut cependant arriver qu'une disposition ajoutée par modification soit mal intégrée dans un nouvel environnement, que l'on ait omis de procéder à certaines concordances. Le juge pourra, pour ce motif, refuser de l'interpréter comme faisant un avec son contexte : *Gravel* c. *Cité de St-Léonard*, [1978] 1 R.C.S. 660.

16   *Wilson* c. *Jones*, [1968] R.C.S. 554, commenté par le juge Pigeon dans *M.F.F. Equities* c. *La Reine*, [1969] R.C.S. 595, 598 et 599.

En principe, les tribunaux recourent à l'interprétation systémati-que et logique soit pour préciser le sens d'expressions vagues ou générales, soit pour élucider le sens de termes ambigus, soit pour s'écarter du sens courant d'un terme en raison de contradictions ou d'illogismes qui découlent du respect du sens ordinaire.

Paragraphe 1 : Les expressions générales

Les expressions générales sont particulièrement sensibles à l'influence de leur environnement légal. Premièrement, quelque généraux que soient les termes employés par le législateur, les exi-gences de cohérence et d'harmonie interne du texte pourront justi-fier la restriction de la portée de ces expressions.

Si, par exemple, le législateur confère un pouvoir en termes généraux, pouvoir dont il prend ensuite le soin, par des dispositions spécifiques, de préciser les limites, un interprète pourra se sentir jus-tifié de ne pas entendre l'article général dans toute son ampleur et plutôt d'en limiter le sens en s'inspirant des pouvoirs spécifiques énumérés : *Verba generalia restringuntur ad habilitatem rei vel personae*[17]. Pour éviter l'interprétation limitative, d'ailleurs, les rédacteurs prennent la peine, parfois, d'indiquer que l'on ne doit pas restreindre la portée de la disposition générale en raison des disposi-tions spécifiques qui suivent : « sans limiter la portée de ce qui précède et pour plus de précision [...] ». Les précautions de ce genre peuvent être efficaces, comme certains arrêts l'ont montré[18], mais ce n'est pas toujours le cas[19].

Pour illustrer l'effet restrictif du contexte sur le sens de termes va-gues ou généraux, considérons l'arrêt *City of Sault-Ste-Marie and Danby* c. *Algoma Steel Corp.*[20]. La compagnie intimée y réclamait une exemption fiscale à l'égard d'un chemin de fer qu'elle utilisait

---

17   L'arrêt *Hirsch* c. *Protestant Board of School Commissioners of Montreal*, [1926] R.C.S. 246, illustre bien le procédé d'interprétation limitative d'une disposition générale. Le Conseil privé a cependant modifié cet arrêt : [1928] A.C. 200.

18   *In Re Gray*, (1918) 57 R.C.S. 150; *Baldwin* c. *Pouliot*, [1969] R.C.S. 577.

19   *Motorways (Ontario) Ltd.* c. *La Reine*, [1974] R.C.S. 635.

20   *City of Sault-Ste-Marie and Danby* c. *Algoma Steel Corp.*, [1961] R.C.S. 739.

pour transporter des matériaux sur ses chantiers. Le 4e paragraphe de l'article 37 de l'*Assessment Act* de l'Ontario (R.S.O. 1950, c. 24) accordait une exemption à l'égard des « systèmes de transport ». Bien que le chemin de fer en question fût indubitablement un « système de transport » au sens courant de ce terme, la Cour suprême refusa de reconnaître le droit à l'exemption : celle-ci, de l'avis de la Cour, devait être limitée aux systèmes de transport destinés à l'usage public. Cette conclusion fut fondée sur l'histoire des dispositions en cause et sur le contexte qui montrait que le législateur avait en vue les systèmes, tels les tramways, qui utilisent le domaine public pour servir le public, et non un service de transport privé, situé sur un terrain privé et affecté à un usage privé.

Le sens de termes généraux doit souvent être limité de manière à donner quelque effet à d'autres dispositions. Il est bien connu, par exemple, que chacun des paragraphes des articles 91 et 92 de l'A.A.N.B. (1867) doit recevoir un sens qui permette de donner un effet aux autres[21] :

> « L'expression "les droits civils dans la province" est très large; prise à la lettre, elle englobe une bonne partie des autres catégories de l'art. 92, et aussi une bonne partie des catégories de l'art. 91. Mais on ne peut l'interpréter de cette manière et on doit la considérer comme excluant les cas expressément prévus dans les deux articles, malgré la généralité des termes. »[22]

Pour donner un effet à des dispositions spéciales d'une loi, il faut souvent interpréter une disposition générale comme excluant les cas couverts par les textes spécifiques. Si, par exemple, une disposition porte exemption de taxe sur la machinerie agricole et une autre porte que les tracteurs de ferme ne sont taxables que pour la moitié de leur valeur, il faut comprendre, pour donner quelque objet à la seconde disposition que, dans la première, le terme « machinerie agricole » ne comprend pas le tracteur de ferme. Une disposition habilitante de portée générale pourra être interprétée comme ne

---

[21] « Les deux articles doivent être lus ensemble et les termes de l'un interprétés et, au besoin, modifiés par ceux de l'autre » (traduction). *Citizens' Insurance Co. c. Parsons*, (1881) 7 A.C. 96, 109 (Sir M. Smith).

[22] *John Deere Plow Co. c. Wharton*, [1915] A.C. 330, 340 (Lord Haldane) (traduction).

s'appliquant pas à l'égard de matières relevant d'une disposition habilitante plus spécifique[23].

Une disposition spéciale qui entre en conflit avec une disposition générale sera interprétée comme une exception à la disposition générale : *specialia generalibus derogant.* En cas de conflit, c'est la disposition spécifique qui l'emporte.

On cite souvent, à ce sujet, l'extrait suivant du jugement du juge Romilly dans *Pretty* c. *Solly* :

> « Les règles générales qui s'appliquent aux rapports entre les dispositions spéciales et les dispositions générales d'une loi sont très claires, la seule difficulté se trouve dans leur application. Selon la règle, si une loi contient une disposition spéciale et une disposition générale et que cette dernière, entendue dans son sens le plus large, contrecarre la première, il faut que la disposition spéciale produise ses effets, et la disposition générale doit être considérée comme limitée aux autres parties de la loi auxquelles elle peut s'appliquer convenablement. »[24]

Ainsi, une disposition qui crée une infraction peut s'interpréter comme n'étant pas applicable à des cas visés par une disposition d'incrimination plus spécifique[25]. De même, une disposition d'exemption fiscale peut s'interpréter comme n'étant pas applicable à des cas faisant l'objet d'exemption par une disposition plus spécifique[26].

---

23 *Blanco* c. *Commission des loyers,* [1980] 2 R.C.S. 827; *James Richardson & Sons* c. *Ministre du Revenu national,* [1984] 1 R.C.S. 614; *Syndicat des employés de production du Québec et de l'Acadie* c. *Conseil canadien des relations du travail,* [1984] 2 R.C.S. 412; *Lignes aériennes Canadien Pacifique Ltée* c. *Association canadienne des pilotes de lignes aériennes,* [1993] 3 R.C.S. 724; en matière fiscale : *Schwartz* c. *Canada,* [1996] 1 R.C.S. 255, 293 et 294.

24 *Pretty* c. *Solly,* (1859) 26 Beav. 606, 610, 53 E.R. 1032, 1034 (traduction).

25 *R.* c. *Ship Beatrice,* (1895-97) 5 R.C. de l'É. 9; *Ross* c. *Minister of National Revenue,* [1950] R.C. de l'É. 411.

26 *Canadian National Railways Co.* c. *Town of Capreol,* [1925] R.C.S. 499; *R.* c. *Assessors of the Town of Sunny Brae,* précité, note 9; *Bathurst Paper Ltd.* c. *Ministre des Affaires municipales de la province du Nouveau-Brunswick,* [1972] R.C.S. 471. Dans le même sens, on verra aussi : *Re Young and Glanvilles Ltd.,* (1918) 39 D.L.R. 629 (Alta.C.A.); *Re Van Allen,* [1953] 3 D.L.R. 751 (Ont.C.A.); *R.* c.

LES ARGUMENTS DE COHÉRENCE

Le même raisonnement peut être utilisé pour limiter le sens d'un terme général dans une énumération. Par exemple, l'énumération des termes anglais « *mines, minerals, petroleum, gas, coal and valuable stones* » fournit un contexte qui justifie de croire que le mot « *minerals* » n'est pas employé dans son sens le plus étendu[27].

Parmi les difficultés d'application de la règle voulant que la disposition particulière déroge à la générale, la plus épineuse est celle de la qualification d'une disposition comme générale ou spéciale. Tout dépend en effet du point de vue que l'on adopte[28].

L'effet de l'environnement textuel sur le sens des termes est consacré sous la forme de deux règles ou canons d'interprétation assez usités : *noscitur a sociis* et *ejusdem generis*.

Sous-paragraphe 1 : *Noscitur a sociis*

Le sens d'un terme peut être révélé par son association à d'autres termes : il est connu par ceux auxquels il est associé (*noscitur a sociis*). Ce principe général s'applique le plus souvent à l'interprétation de termes faisant partie d'une énumération. Par exemple, le mot « cor » est équivoque lu isolément. Il ne l'est pas dans la liste « le trombone, le cor et la clarinette »[29].

Township of North York, (1965) 50 D.L.R. (2d) 31 (Ont.C.A.); Re Board of Moosomin School Unit N° 9, (1972) 26 D.L.R. (3d) 510 (Sask.C.A.); Bank of Nova Scotia c. Ken-Don Farms Ltd., (1984) 36 Sask. R. 311 (Sask.Q.B.).

[27] *Western Minerals Ltd.* c. *Gaumont*, [1953] 1 R.C.S. 345, 349 (j. Kerwin) et 354 (j. Kellock). Voir aussi : *L.V.G. Holdings Ltd.* c. *Sous-ministre du Revenu*, [1977] C.P. 303, 308 (j. Filion).

[28] Dans *Greenshields* c. *La Reine*, [1958] R.C.S. 216, deux dispositions étaient en conflit. Le juge Locke (p. 226) estimait que la disposition A était spéciale et B, la générale. Le juge Cartwright (p. 229) estimait plutôt que B était la disposition spéciale et A, la générale.

[29] La règle *noscitur a sociis* est parfois invoquée pour rappeler la règle générale de l'influence de l'environnement textuel sur le sens d'expressions générales : elle ne s'applique donc pas seulement aux énumérations. Par exemple : *R.* c. *Shearwater Co.*, [1934] R.C.S. 197, 206 (j. Duff).

La règle a été invoquée pour décider qu'une maison de jeu n'est pas une « maison de désordre » au sens de l'énumération « maison de désordre, maison mal famée ou maison de prostitution »[30] ou que celui qui achète et vend des terrains ne se livre pas à une exploitation au sens de l'énumération « une industrie, un métier ou une exploitation quelconque »[31]. Dans l'arrêt *Ministre des Affaires municipales du Nouveau-Brunswick c. Canaport Ltd.*[32], le juge Ritchie a interprété l'énumération « la machinerie, le matériel, les appareils et les installations » de manière à exclure des réservoirs extérieurs de carburant : ces réservoirs n'étaient pas des « installations » au sens qu'il fallait donner à ce terme compte tenu du contexte fourni par les mots « machinerie », « matériel » et « appareils ».

La règle *noscitur a sociis* est utile dans la mesure où elle attire l'attention de l'interprète sur le fait qu'un mot peut avoir, en raison du contexte formel, un sens plus restreint que son « sens du dictionnaire ». Il faut cependant prendre soin de ne pas donner à cette règle plus de poids qu'elle ne doit en avoir. L'interprète élabore le sens du texte à partir d'indices nombreux : il est bien possible que l'interprétation limitative suggérée par le contexte textuel immédiat doive être écartée en raison d'autres considérations suggérées par le contexte global de la communication. Bon serviteur, le principe incarné par la maxime *noscitur a sociis* peut s'avérer un mauvais maître. Il faut toujours y avoir recours avec modération et prudence.

Dans l'arrêt *A.G. for British Columbia c. The King*[33], il s'agissait d'interpréter l'énumération « *lands, mines, minerals and royalties* »,

---

30   R. c. *France*, (1898) 7 B.R. 83.

31   *Cartierville c. Compagnie des boulevards de l'île de Montréal*, (1917) 51 C.S. 170.

32   *Ministre des Affaires municipales du Nouveau-Brunswick c. Canaport Ltd.*, [1976] 2 R.C.S. 599, 604. À titre d'illustration, on pourra voir aussi : R. c. *Pedrick*, (1914-22) 21 R.C. de l'É. 14; R. c. *Hill*, (1922) 65 D.L.R. 466 (Sask.C.A.); *Immeubles Fournier Inc. c. Constructions St-Hilaire Ltée*, [1975] 2 R.C.S. 2 (dans cet arrêt, l'application de la règle, prônée par la dissidence, a été écartée par la majorité); *Brossard (Ville) c. Québec (Commission des droits de la personne)*, [1988] 2 R.C.S. 279; R. c. *Twoyoungmen*, [1980] 101 D.L.R. (3d) 598 (Alta.C.A.); R. c. *Goulis*, (1982) 125 D.L.R. (3d) 137 (Ont.C.A.); *Re Estabrooks Pontiac Buick Ltd.*, (1983) 44 N.B.R. (2d) 201 (N.B.C.A.).

33   *A.G. for British Columbia c. The King*, (1922) 63 R.C.S. 622, confirmé par [1924] A.C. 213.

que l'on trouve à l'article 109 de la *Loi constitutionnelle de 1867*. La Cour suprême refusa d'interpréter limitativement le mot « *royalties* » de manière à restreindre son sens à celles des réserves royales qui ont trait aux terres, mines et minéraux. Au sujet de l'application de la règle *noscitur a sociis*, le juge Anglin s'exprima ainsi :

> « Sans diminuer l'importance de la règle d'interprétation invoquée de la part de l'intimé, – *noscitur a sociis* – il faut toujours prendre soin que son application n'aille pas à l'encontre de l'intention véritable de la législature. »[34]

Le même conseil de prudence est également tout à fait valable pour l'autre règle, *ejusdem generis*.

Sous-paragraphe 2 : *Ejusdem generis*

Cette règle est en réalité une application particulière de la règle *noscitur a sociis* au cas d'un terme général venant à la suite de plusieurs termes spécifiques[35]. « La règle *ejusdem generis* signifie que le terme générique ou collectif qui complète une énumération se restreint à des choses de même genre que celles qui sont énumérées, même si, de par sa nature, ce terme générique ou collectif, cette expression générale, est susceptible d'embrasser beaucoup plus. »[36] Par exemple, un avion ne serait pas un « véhicule » au sens de l'énumération « voiture, camionnette, camions et autres véhicules » parce qu'il n'appartient pas à la même catégorie que les véhicules énumérés.

La popularité de cette règle est en grande partie attribuable à la pratique de rédaction, tout à fait caractéristique du style législatif anglais, qui consiste à éviter les termes généraux et abstraits et qui favorise plutôt la description détaillée des objets concrets que l'on

---

34   *A.G. for British Columbia* c. *The King*, précité, note 33, 638 (traduction). Cet extrait a été cité par le juge MacGuigan dans *British Columbia Telephone Co.* c. *M.N.R.*, (1992) 139 N.R. 211, 217 (C.A.F.).

35   Les deux règles sont d'ailleurs souvent utilisées de manière interchangeable en jurisprudence. Par exemple : *Re Lawrence Customs Brokers (1979) Ltd. and the Queen*, (1986) 21 D.L.R. (4th) 462 (Alta.C.A.).

36   *Renault* c. *Bell Asbestos Mines Ltd.*, [1980] C.A. 370, 372 (j. Turgeon).

veut évoquer, et donc leur énumération. Comme on peut craindre qu'une énumération ne soit pas exhaustive, la pratique s'est développée de la compléter d'une expression générale fourre-tout destinée à rattraper les espèces particulières que le rédacteur aurait pu oublier. Compte tenu de cet objet, il paraît normal de restreindre l'extension du concept signifié par l'expression générale à des choses de même catégorie que celles qui sont énumérées.

Les exemples d'application jurisprudentielle de la règle *ejusdem generis* sont nombreux[37]. Dans *Arcand* c. *La Reine*[38], elle a été invoquée pour interpréter les mots « honoraire d'office, droit, rente, revenu ou autre somme d'argent payable à Sa Majesté » de manière à exclure une réclamation de la Couronne fondée sur des dommages résultant d'un accident d'automobile. Dans *Association des consommateurs du Canada* c. *Ministre des Postes*, la règle a servi à interpréter les mots « une association d'entraide mutuelle, une association commerciale, professionnelle ou autre [...] ». Les mots « ou autre » furent interprétés limitativement; la Cour s'exprima ainsi à ce sujet :

> « L'avocat de la requérante considère que la règle d'interprétation communément appelée règle "*ejusdem generis*" est applicable, voire décisive en l'espèce. Cette règle sert à découvrir l'intention véritable du législateur et constitue souvent un guide sûr. En examinant tous les termes de cet alinéa qui décrivent des types précis d'associations, termes ayant tous des significations d'une portée limitée, et particulièrement les expressions "entraide mutuelle, commerciale, professionnelle", nous ne pouvons pas envisager que le législateur avait l'intention, en ajoutant simplement les mots "ou autre" d'englober dans les dispositions de cet alinéa tous les genres d'associations d'êtres humains concevables. Si telle avait été son in-

---

37   *In Re Silver Brothers Ltd.*, [1932] A.C. 514; *Canadian National Railways Co.* c. *Town of Capreol*, précité, note 26; *Bland* c. *Agnew*, [1933] R.C.S. 345; *Grover Knitting Mills Ltd.* c. *Tremblay*, (1936) 60 B.R. 414; *Cité de Saint-Léonard* c. *Di Zazzo*, [1978] C.A. 128; *Shaddock* c. *City of Calgary*, (1960) 23 D.L.R. (2d) 729 (Alta.C.A.); *Warren* c. *Chapman*, [1985] 4 W.W.R. 75 (Man.C.A.); *G.T.E. Sylvania Canada Ltée* c. *La Reine*, [1974] 1 C.F. 726; *Loi sur l'Office national de l'énergie (Can.) (Re)*, [1986] 3 C.F. 275 (C.A.); *Office national de l'énergie (Re)*, [1988] 2 C.F. 196 (C.A.); *Workers Compensation Board of Nova Scotia* c. *O'Quinn*, (1997) 143 D.L.R. (4th) 259 (N.S.C.A.); *Saskatchewan (Human Rights Commission)* c. *Engineering Students' Society*, [1989] 56 D.L.R. (4th) 604 (Sask.C.A.).

38   *Arcand* c. *La Reine*, [1955] R.C.S. 116.

tention, il n'aurait pas été nécessaire d'énumérer plusieurs types précis d'associations. Une expression comme "toute espèce d'association quelle qu'elle soit" aurait suffit. Ou, s'il avait jugé préférable de désigner quelques associations, il aurait suffit d'ajouter une expression telle que "ou toute autre association, similaire aux précédentes ou non" pour rendre l'intention claire. »[39]

Pour que la règle *ejusdem generis* proprement dite soit applicable, certaines conditions doivent être réunies. Premièrement, il faudrait, selon certains arrêts[40], que l'expression générale soit précédée de plusieurs termes spécifiques sinon il n'y aurait pas de *genus* dont on puisse s'autoriser pour limiter la portée de l'expression générale. Cette condition d'application n'est pas uniformément respectée[41] et il y a lieu de croire que le sens d'une expression générale peut être restreint en raison d'un seul terme plus spécifique qui la précède : si ce n'est pas en vertu de la règle *ejusdem generis* proprement dite, on pourra alors sans doute invoquer la règle *noscitur a sociis*. Il est vrai que l'on peut trouver plusieurs arrêts où les tribunaux ont refusé d'appliquer la règle *ejusdem generis* au cas d'une expression générale précédée d'un seul terme spécifique[42]. Dans ces cas, cependant, la décision se fonde sur les principes généraux d'interprétation et non simplement sur le fait qu'un seul terme spécifique précédait le terme général[43].

---

[39]   *Association des consommateurs du Canada* c. *Ministre des Postes,* [1975] C.F. 11, 15 et 16 (C.A.).

[40]   *R.* c. *Tremblay,* (1976) 23 C.C.C. (2d) 179 (Alta.C.A.); *London County Council* c. *Tann,* [1954] 1 All E.R. 389 (Q.B.D.).

[41]   *O'Connor* c. *Minister of National Revenue,* [1943] R.C. de l'É. 168.

[42]   *B.C. Forest Products Ltd.* c. *Ministre du Revenu national,* [1972] R.C.S. 101 : « édifice ou autre structure » : le mot « structure » reçoit un sens large et non analogue à édifice; *Superior Pre-Kast Septic Tanks Ltd.* c. *La Reine,* [1978] 2 R.C.S. 612 : « Bâtiment ou autre structure » : le mot structure reçoit un sens large et non restreint à des structures analogues à un bâtiment. Dans le même sens : *Thinel* c. *Desrosiers,* [1960] B.R. 813, confirmé par [1962] R.C.S. 515; *R.* c. *Poirier,* [1975] C.A. 826; *Re Regional Municipality of Peel,* (1981) 113 D.L.R. (3d) 350 (Ont.C.A.).

[43]   À ce propos, on lira avec intérêt l'opinion du juge Duff dans *Ferguson* c. *MacLean,* [1930] R.C.S. 630; il note que la règle *ejusdem generis* est moins utile lorsqu'un seul terme spécifique précède le terme général parce que, dans ce cas, « le nombre de catégories possibles peut être infiniment grand » (p. 653, traduction).

Comme seconde condition d'application de la règle, il faudrait, selon certains arrêts, que le terme général vienne à la suite des termes spécifiques et non qu'il les précède[44]. Ces décisions ne doivent pas s'interpréter cependant comme écartant la possibilité qu'un terme général soit entendu dans un sens restreint en raison de termes moins généraux qui lui feraient suite : peut-être ne pourrait-on pas invoquer dans ce cas la règle *ejusdem generis* au sens strict, mais le principe général de l'interprétation contextuelle, tel qu'il est consacré dans la règle *noscitur a sociis* en particulier, serait néanmoins applicable[45].

Troisième condition d'application : il faut que les termes spécifiques aient en commun une caractéristique significative, qu'on puisse les considérer comme des espèces d'une catégorie de choses. Sans caractéristique commune, la règle *ejusdem generis* est inapplicable[46]. C'est ce qui fut décidé dans *Assessment Commissioner of the Village of Stouffville* c. *Mennonite Home Association of York County* à l'égard des expressions suivantes que l'on trouvait au paragraphe 12 de l'article 4 de l'*Assessment Act* de l'Ontario (R.S.O. 1960, c. 23) :

> « Les biens-fonds d'une institution de charité constituée en corporation et créée dans le but de secourir les pauvres, de la Société canadienne de la Croix-Rouge, de l'Association ambulancière Saint-Jean, ou de toute institution semblable constituée en corporation et

[44]   *Canadian National Railways Co.* c. *Canada Steamship Lines Ltd.*, [1945] A.C. 204; *L.V.G. Holdings Ltd.* c. *Sous-ministre du Revenu*, précité, note 27. En matière d'interprétation d'une clause hypothécaire type : *Banque nationale de Grèce* c. *Katsikonouris*, [1990] 2 R.C.S. 1029.

[45]   Voir, par exemple, *Motorways (Ontario) Ltd.* c. *La Reine*, précité, note 19. Cela est confirmé implicitement par la pratique qui consiste à insérer, entre une expression générale et des expressions plus particulières qui la suivent, des mots comme « sans restreindre la portée de ce qui précède et pour plus de certitude [...] ».

[46]   *Slaight Communications Inc.* c. *Davidson*, [1989] 1 R.C.S. 1038, 1071 (j. Lamer); *Renault* c. *Bell Asbestos Mines Ltd.*, précité, note 36; *R.* c. *Smith*, [1935] 3 D.L.R. 703 (Sask.C.A.); *Re Board of Moosomin School Unit N° 9*, précité, note 26; *S.S. Marina Ltd.* c. *City of North Vancouver*, (1975) 54 D.L.R. (3d) 13 (B.C.C.A.).

conduite selon des principes philanthropiques et non en vue d'un bénéfice ou d'un gain [...]. »[47]

Il s'agissait en l'occurrence de décider si un foyer pour personnes âgées administré par l'association intimée était exempt de taxes en vertu de cette disposition.

Selon le juge Spence, les mots « toute institution semblable » ne pouvaient être restreints, par application de la règle *ejusdem generis*, à des institutions du même genre que celles qui sont énumérées. Il entérina les paroles du juge d'appel Jessup :

> « À mon avis, les exemptions spécifiées dans l'art. 4(12) ne comprennent pas un genre unique qui doive donner aux termes généraux du paragraphe leur signification. Elles indiquent plutôt trois classes ou sortes distinctes d'institutions. S'il était nécessaire de décrire le genre commun aux diverses exemptions spécifiées au par. 12, on en arriverait à une classe si générale, par exemple, les actes de bienfaisance envers l'humanité, que les exemptions spécifiées deviendraient redondantes. »[48]

et il ajouta :

> « On peut constater bien peu de ressemblance entre la Société canadienne de la Croix-Rouge et l'Association ambulancière Saint-Jean sauf, comme le souligne M. le juge d'appel Jessup, leurs actes de bienfaisance envers l'humanité. Je suis donc d'avis qu'il faut arriver à l'interprétation des mots "ou toute institution semblable constituée en corporation et conduite selon des principes philanthropiques et non en vue d'un bénéfice ou d'un gain" sans le secours de la règle *ejusdem generis*. »[49]

Tout comme la règle *noscitur a sociis*, la règle *ejusdem generis* doit être maniée avec modération et prudence : bien qu'elle puisse souvent constituer un guide sûr pour découvrir l'intention du législateur, c'est loin d'être toujours le cas. On ne compte plus les appels à la

---

47   *Assessment Commissioner of the Village of Stouffville* c. *Mennonite Home Association of York County*, [1973] R.C.S. 189.

48   *Id.*, 194 et 195.

49   *Id.*, 195.

prudence à son sujet émanant des juges eux-mêmes[50]. Dans *Johnston*
c. *Canadian Credit Men's Trust Association*, le juge Duff a écrit :

> « Il s'agit d'une règle pratique d'interprétation qui, appliquée à bon
> escient, aide à élucider l'intention du législateur; toutefois, on ne
> peut nier que, parfois, son application a pour effet de mettre en
> échec cette intention. » [51]

La règle a donc un caractère strictement subsidiaire et elle doit
s'effacer devant une manifestation d'intention contraire. C'est évidemment le cas lorsque le législateur prend la peine de l'écarter en
toutes lettres[52] encore que des textes ayant en apparence pour objet
d'exclure la règle n'aient pas toujours eu cet effet[53].

On peut également opposer à la règle *ejusdem generis* d'autres
principes d'interprétation qui militent en faveur de l'attribution,
dans des circonstances données, d'un sens large et non restreint[54].
Parmi ces principes, on trouve évidemment la règle littérale selon
laquelle il faut donner aux mots, même ceux qui ont un caractère
général, leur sens ordinaire et courant[55].

---

50   *Ferguson* c. *MacLean*, précité, note 43, 653 et 654 (j. Duff); *Commission
      conjointe de l'industrie de la chemise* c. *Biltmore Shirt Co.*, [1954] C.S. 423, 431
      (j. Lippé); *R.* c. *Workmen's Compensation Board*, [1934] 3 D.L.R. 753 (N.B.C.A.);
      King Tp. c. *Marylake Agricultural School & Farm Settlement Association*, [1939]
      1 D.L.R. 263, 265 (j. Middleton) (Ont.C.A.); *Minor* c. *The King*, (1920) 52 D.L.R.
      158 (N.S.S.C.); *R.* c. *Consolidated Bottle Co.*, [1943] O.W.N. 539 (Ont.Co.Ct);
      Eggers c. *B.C. College of Dental Surgeons*, (1966) 56 D.L.R. (2d) 663, 667
      (j. Norris) (B.C.C.A.).

51   *Johnston* c. *Canadian Credit Men's Trust Association*, [1932] R.C.S. 219, 220
      (traduction).

52   *Canadian Pacific Railway Co.* c. *City of Quebec*, (1899) 30 R.C.S. 73; *City of
      Toronto* c. *Ontario Jockey Club*, [1934] R.C.S. 223; *City of Toronto* c. *Frankland*,
      [1939] 3 D.L.R. 262 (Ont.C.A.).

53   *Price Brothers & Co.* c. *Board of Commerce of Canada*, (1920) 60 R.C.S. 625.

54   Par exemple : *P.G. du Canada* c. *Xuan*, [1994] 2 C.F. 348 (C.A.).

55   *Ferguson* c. *MacLean*, précité, note 43, 654 (j. Duff) : « *Prima facie*, les termes
      généraux doivent s'entendre dans leur sens naturel »(traduction). Voir aussi :
      États-Unis d'Amérique c. *Couche*, [1976] 2 C.F. 336 (C.A.).

L'histoire d'une disposition peut servir d'indice de l'intention du
législateur et justifier une interprétation extensive d'un terme
général ajouté par une modification[56]. Le principe de l'effet utile
peut également s'opposer à l'interprétation limitative du terme
général : il faut que ce dernier ait un effet quelconque. Si l'énumération d'objets spécifiques épuise la catégorie, il faut, pour
donner un effet utile au terme général, lui reconnaître un sens large.
Par exemple, si la loi dit : « Si l'objet est détruit par un acte volontaire de l'acheteur, ou par sa négligence ou autrement [...] », on
peut très bien considérer que les termes spécifiques couvrent tous les
cas où l'acheteur participe à la destruction de l'objet et on peut
prétendre que le mot « autrement » ne doit pas être interprété, par
application de la règle *ejusdem generis*, de manière à exclure le cas
de destruction par force majeure : appliquer la règle *ejusdem generis*
serait le priver d'effet[57]. De même, si on applique la règle aux mots
« bâtiments et autres structures » de manière à restreindre le sens du
mot « structure » à celles qui sont analogues à des bâtiments, on
enlève tout effet au terme en question : « si l'on restreint de cette
façon le sens du terme "structure", il perd toute utilité [...] »[58].

La règle *ejusdem generis* doit donc être considérée comme un
guide, un outil dont l'interprète peut user pour déterminer le sens de
la loi. Ce n'est pas une règle qu'on doit respecter absolument. L'arrêt
R. c. Nabis le démontre amplement. La Cour suprême devait interpréter le texte suivant, extrait de l'article 331 du *Code criminel* :

> « (1) Commet une infraction quiconque sciemment, par lettre,
> télégramme, téléphone, câble, radio ou autrement, profère, trans-
> met ou fait recevoir par une personne une menace

---

56   *King Tp.* c. *Marylake Agricultural School & Farm Settlement Association*, précité,
     note 50; *Thinel* c. *Desrosiers*, précité, note 44.

57   *Construction Equipment Co.* c. *Bilida's Transport Ltd.*, (1966) 58 D.L.R. (2d) 674
     (Alta.S.C.).

58   *Superior Pre-Kast Septic Tank Ltd.* c. *La Reine*, précité, note 42, 618
     (j. Martland). Sur l'exclusion de la règle *ejusdem generis* lorsque l'énumération
     de termes spécifiques est jugée exhaustive, on verra : *London County Council* c.
     Tann, précité, note 40; *Re Gravestock and Parkin*, [1944] 1 D.L.R. 417 (Ont.C.A.);
     Grini c. *Grini*, (1969) 5 D.L.R. (3d) 640 (Man.Q.B.); *Re County of Peel and Town
     of Mississauga*, (1971) 17 D.L.R. (3d) 377 (Ont.H.C.); *R. c. Jasper*, [1945] 1 W.W.R.
     49 (Sask.Dist.Ct.).

a)   de causer la mort ou des blessures à quelqu'un, ou [...]. »[59]

Il fallait décider si des menaces proférées de vive voix, face à face et sans intermédiaire, tombaient sous le coup de la disposition ou, plus précisément, si les mots « ou autrement » devaient s'appliquer à des menaces de ce genre. Avant que ce problème ne fût porté devant la Cour suprême, des tribunaux provinciaux l'avaient étudié, certains[60] appliquant la règle *ejusdem generis* de manière à limiter le mot « autrement » à des menaces proférées par des moyens interposés analogues à ceux énumérés, d'autres[61] lui donnant au contraire son sens large de manière à l'appliquer à tout moyen de communication de la menace, y compris la communication faite directement, face à face et de vive voix.

En Cour suprême, l'interprétation restrictive des mots « ou autrement » fut retenue par la majorité. Pour étayer sa conclusion, le juge Beetz fit appel à divers arguments tirés de l'historique de la disposition, de l'économie générale du *Code criminel*, de la règle de l'effet utile appliquée au fait de la mention de modes particuliers de communication de la menace. Bien qu'il eût pu invoquer la règle *ejusdem generis*, il n'en fit rien. Voici comment il s'en justifia :

> « Pour en arriver à la conclusion que l'art. 331 ne vise pas les menaces purement verbales faites face à face, il suffit d'être fidèle à la technique employée par le législateur pour délimiter l'infraction. Il ne paraît pas indispensable cependant d'avoir recours à la règle *ejusdem generis* surtout si, en invoquant cette règle, on devait limiter la prohibition de l'art. 331 à l'usage de moyens ou d'instruments mécaniques, électroniques ou matériels et exclure de sa portée l'emploi de messagers ou d'autres sortes de truchements. Il s'agit là d'une autre question à laquelle nous n'avons pas à répondre dans la présente affaire. »[62]

Quant au juge Pigeon, qui rédigea l'opinion minoritaire, il était d'avis que les mots « ou autrement » devaient recevoir leur sens litté-

---

59   *R.* c. *Nabis*, précité, note 10.

60   *R.* c. *Wallace*, (1970) 74 W.W.R. 763 (B.C.C.A.).

61   *R.* c. *DiLorenzo*, [1972] 1 O.R. 876 (Ont.H.C.).

62   *R.* c. *Nabis*, précité, note 10, 494.

ral et qu'il n'y avait aucune raison de les restreindre. Répondant aux arguments basés sur la règle *ejusdem generis*, il écrivit :

> « Évidemment, la règle *ejusdem generis* existe toujours, mais comme la disposition en cause vise déjà plusieurs modes de transmission orale, je ne vois pas quel pourrait être le genre qui comprendrait tous les mots énumérés, laisserait place à des choses non énumérées et exclurait néanmoins la transmission directe de la voix humaine face à face. »[63]

Donc, bien que la configuration textuelle de la disposition se fût prêtée à l'emploi de la règle *ejusdem generis*, ni la majorité, ni la dissidence, pour des motifs différents, n'y ont eu recours. On ne peut démontrer plus clairement le rôle strictement auxiliaire de cette règle.

Paragraphe 2 : La disposition ambiguë

Lorsqu'une disposition est ambiguë, en ce sens qu'on peut l'entendre dans deux sens différents, l'ambiguïté peut être écartée par la considération des autres dispositions, la règle étant qu'il faut préférer le sens qui s'harmonise le mieux avec le contexte. Les divergences entre les versions anglaise et française représentent une source importante d'ambiguïté. Par exemple, dans l'arrêt *Board of School Commissioners of Greenfield Park* c. *Hôpital général de St-Lambert*[64], il s'agissait d'interpréter l'article 424 de la *Loi de l'instruction publique* (S.R.Q. 1964, c. 235) qui accordait une exemption fiscale aux propriétés d'une « institution ou corporation religieuse de charité ou d'éducation ». Au sens du texte français, une institution laïque n'aurait pas eu droit à l'exemption. Le texte anglais de l'article 424 reconnaissait le droit à l'exemption à une « *religious, charitable or educational institution or corporation* ». En vertu du texte anglais, un hôpital laïc aurait pu se prévaloir de l'exemption. Pour résoudre l'ambiguïté, le juge Taschereau fit appel à une autre disposition de la même loi (art. 239(3)) qui montrait sans équivoque

---

[63]   *Id.*, 496.

[64]   *Board of School Commissioners of Greenfield Park* c. *Hôpital général de St-Lambert*, [1967] B.R. 1.

que la version anglaise de l'article 424 devait être préférée, car elle seule était conciliable avec cette autre disposition[65].

Paragraphe 3 : La disposition claire et précise

La nécessité de rétablir la cohérence interne d'une loi peut justifier un juge de s'écarter d'un texte dont le sens peut paraître clair et précis. La « règle d'or » (*Golden Rule*) reconnaît qu'il peut être légitime de négliger le sens ordinaire et courant d'un mot ou d'une phrase en vue d'assurer la cohérence de l'ensemble.

L'exemple le plus courant de ce procédé est peut-être celui donné par la jurisprudence relative au sens du mot « peut » (*may*) dans une loi : bien que ce mot puisse être lu comme conférant un pouvoir discrétionnaire, il arrive souvent qu'on doive l'entendre comme imposant un devoir[66].

Dans *Sureau* c. *Le Roi*[67], la question à trancher portait sur l'interprétation de l'article 598 C.p.c.

> « Il doit être laissé au débiteur, à son choix :
>
> 12. Les objets énumérés dans la *Loi de la protection des colons* [...]. »

La majorité des juges en Cour d'appel refusa d'appliquer cette disposition à la lettre de manière à en donner le bénéfice même à une personne n'ayant pas la qualité de colon. Le juge Lafontaine s'exprima ainsi :

> « Dans l'application d'une loi, en effet, une règle indiscutable veut que la loi soit d'abord considérée dans son ensemble, et ensuite clause par clause séparément, de façon à donner à chaque clause un sens qui ne soit pas en contradiction avec d'autres clauses et se concilie au contraire avec la loi toute entière. Or, l'interprétation

---

[65] Voir aussi *R.* c. *Compagnie immobilière B.C.N. Ltée*, précité, note 10; *Régie des alcools du Québec* c. *Dubois*, [1964] B.R. 792.

[66] *Supra*, p. 292 et suiv. Voir aussi : *City of Toronto* c. *Outdoor Neon Displays Ltd.*, [1960] R.C.S. 307.

[67] *Sureau* c. *Le Roi*, (1930) 48 B.R. 531.

littérale du paragraphe 12 de façon à donner à toute personne le bénéfice de la *Loi de protection des colons* est inconciliable avec plusieurs dispositions antérieures de l'article 598 et entre autres les paragraphes 5 et 8. Cette interprétation conduit à des anomalies sérieuses et à des conséquences qui froissent le sens commun. Dans ces conditions, le paragraphe 12 pris littéralement et séparément du reste de la loi présente un doute sérieux quant au sens qu'il faut lui donner et il y a lieu d'en faire une juste interprétation afin d'en faire une application qui soit conforme à l'intention du législateur. »[68]

Le juge Rivard fut également favorable à une interprétation limitative du paragraphe 12 :

« Si l'on interprète autrement cette disposition, on met une sorte de contradiction, et aussi un double emploi, dans l'article du Code. Or, je pense qu'une bonne règle est d'interpréter une loi, quand il est possible, de façon à y rétablir autant que possible la logique et l'harmonie; [...]. »[69]

La nécessité de rétablir la cohérence interne de la loi peut amener un tribunal à lire un texte comme si certains mots s'y trouvaient[70] et même à corriger le texte en substituant un mot à un autre[71].

Comme tous les principes d'interprétation des lois, la méthode systématique ne présente aucun caractère absolu. Elle doit être maniée avec précaution : si la logique d'une disposition échappe à un interprète, peut-être doit-on conclure qu'il n'est pas assez perspicace et non que la loi est illogique ou incohérente. Une disposition qui paraît illogique lorsqu'on la considère sous un point de vue donné peut, au contraire, sembler pleine de sens vue dans une autre perspective. Il y a souvent controverse justement parce qu'une « logique » s'oppose à une autre. Par exemple, dans *Hill* c. *La Reine*[72], la Cour suprême a retenu une interprétation de sa loi cons-

---

68   *Id.*, 533.

69   *Id.*, 535.

70   *City of Ottawa* c. *Hunter*, (1900) 31 R.C.S. 7, 10 et 11 (j. Taschereau).

71   « Ou » au lieu de « et » : *R.* c. *Welsh and Iannuzzi (No. 6)*, (1977) 74 D.L.R. (3d) 748 (Ont.C.A.).

72   *Hill* c. *The Queen*, [1977] 1 R.C.S. 827.

titutive qui, en 1960, avait été rejetée par la Cour en raison des « illogismes » (*inconsistencies*) qui en auraient découlé[73].

Dans *R. c. Nabis*[74], le juge Beetz releva des anomalies et des paradoxes qui auraient résulté d'une certaine interprétation de l'article 331 du *Code criminel*, qui traite des menaces de mort ou de blessures. Le juge Beetz prit cependant le soin d'ajouter :

> « Sans doute, de tels paradoxes ne constituent-ils pas en eux-mêmes des arguments décisifs contre la thèse de l'appelante : on risque d'en trouver souvent par suite des nombreux recoupements du *Code criminel*. Mais ils valent cependant d'être pris en considération car l'interprète des lois doit tendre à leur intégration en un système cohérent plutôt qu'à leur morcellement et à leur discontinuité. »

La cohérence et la logique de la loi offrent donc un argument parmi d'autres, dont le poids varie selon les circonstances et, en particulier, selon le caractère de la loi interprétée.

Sous-section 2 : Étude de certaines questions particulières

Trois questions, liées à la présomption de cohérence de la loi, vont retenir ici l'attention : l'interprétation des textes bilingues, le principe d'uniformité d'expression et les arguments dits « logiques ».

Paragraphe 1 : L'interprétation des textes bilingues

Le Constitution canadienne comporte certaines exigences en matière de bilinguisme législatif et certains textes constitutionnels, c'est le cas notamment de la *Charte canadienne des droits et libertés*, comportent aussi deux versions officielles. Dans la mesure où les

---

73   *Goldhar* c. *The Queen*, [1960] R.C.S. 60, 70 (j. Fauteux); *Steinberg's Ltd.* c. *Comité paritaire de l'alimentation au détail*, [1968] R.C.S. 971, 984 (j. Pigeon) : « [...] il est possible que ce qui paraît illogique soit voulu ».

74   *R. c. Nabis*, précité, note 10, 494.

deux versions, française et anglaise, d'un texte législatif font pareillement autorité, l'interprète devra en tenir compte[75].

La rédaction bilingue lui offre certains avantages : bien souvent, le sens qui se dégage d'une version sera confirmé par la lecture de l'autre[76]. Souvent aussi, hélas, il y a divergence entre les deux versions, divergence que l'interprète doit surmonter[77]. Pour le guider, le législateur et les tribunaux ont énoncé certains principes. La démarche à suivre pour résoudre les antinomies découlant de divergences entre les deux versions d'un texte législatif peut être résumée

---

[75] Sur l'impact du bilinguisme de la Charte canadienne des droits et libertés, on verra notamment : J.P. McEVOY, « The Charter as a Bilingual Instrument », (1986) 64 R. du B. can. 155 et R. c. Collins, [1987] 1 R.C.S. 265, 287 et 288 (j. Lamer).

[76] Par exemple : Manning Timber Products Ltd. c. Minister of National Revenue, [1952] 2 R.C.S. 481; R. c. Golden, [1986] 1 R.C.S. 209; Marzetti c. Marzetti, [1994] 2 R.C.S. 765; R. c. Lewis, [1996] 1 R.C.S. 921.

[77] Il n'est pas besoin d'insister sur les difficultés inhérentes à la traduction des textes juridiques. Comment, par exemple, rendre en anglais le sens de mots désignant des institutions juridiques qui n'ont pas d'équivalent exact en common law, comme l'hypothèque ou le nantissement? (Laliberté c. Larue, Trudel et Picher, [1931] R.C.S. 7.) Ou, à l'inverse, comment traduire des expressions anglaises qui ne se comprennent que dans le contexte de la common law? (Sous-ministre du Revenu c. Rainville, [1980] 1 R.C.S. 35.) À ces problèmes, causés par le bijuridisme, s'ajoutent ceux liés à toute traduction de texte. Les problèmes de traduction juridique sont abordés, entre autres, dans un numéro spécial de la revue Méta, 1979, N° 24 ainsi que dans un numéro spécial des Cahiers de droit : (1987) 28 C. de D. 735 et suiv. Quant aux problèmes de l'interprétation dans un contexte bilingue et bijuridique, ils sont traités dans l'ouvrage du regretté Rémi Michael BEAUPRÉ, Interprétation de la législation bilingue, Montréal, Wilson et Lafleur, 1986. On pourra voir aussi, sur le même sujet : John D. HONSBERGER, « Bi-lingualism in Canadian Statutes », (1965) 43 R. du B. can. 314; Reynald BOULT, « Le bilinguisme des lois dans la jurisprudence de la Cour suprême du Canada », (1968-69) 3 Ott. L. Rev. 323; Claude-Armand SHEPPARD, The Law of Languages in Canada, Étude n° 10, Commission royale d'enquête sur le bilinguisme et le biculturalisme, Ottawa, Information Canada, 1971; Michel SPARER, « La stéréophonie législative : facteur de haute infidélité? », (1980) 21 C. de D. 599; Marie LAJOIE, « L'interprétation judiciaire des textes bilingues », (1979) 24 Méta 115; François-Bernard CÔTÉ, « Du langage législatif au Canada ou de la difficulté de parler la même langue avec des mots différents », (1986) 46 R. du B. 302; Robert COUZIN, « What Does It Say In French? », (1985) 33 Can. Tax. J. 300. Sur le bilinguisme juridique dans une perspective plus générale : Roderick A. MACDONALD, « Legal Bilingualism », (1997) 42 R.D. McGill 119.

par la proposition suivante : sauf disposition légale contraire, toute divergence entre les deux versions officielles d'un texte législatif est résolue en dégageant, si c'est possible, le sens qui est commun aux deux versions. Si cela n'est pas possible, ou si le sens commun ainsi dégagé paraît contraire à l'intention du législateur révélée par recours aux règles ordinaires d'interprétation, on doit entendre le texte dans le sens qu'indiquent ces règles. Cette proposition exige quelques explicitations.

Sous-paragraphe 1 : Les principes légiférés de solution des conflits

En droit fédéral, l'article 8 de la *Loi sur les langues officielles* (S.R.C. 1970, c. O-2), avant son abrogation en 1988[78], énonçait cer-

---

[78] La *Loi sur les langues officielles* a été abrogée par une nouvelle *Loi sur les langues officielles*, L.C. 1988, c. 38, art. 110. La nouvelle loi ne comporte pas de dispositions sur l'interprétation des textes bilingues. L'article 8 se lisait ainsi :

« 8(1) – Dans l'interprétation d'un texte législatif, les versions des deux langues officielles font pareillement autorité.

(2) – Pour l'application du paragraphe (1) à l'interprétation d'un texte législatif,

a) lorsqu'on allègue ou lorsqu'il apparaît que les deux versions du texte législatif n'ont pas le même sens, on tiendra compte de ses deux versions afin de donner, sous toutes réserves prévues par l'alinéa c), le même effet au texte législatif en tout lieu du Canada où l'on veut qu'il s'applique, à moins qu'une intention contraire ne soit explicitement ou implicitement évidente;

b) sous toutes réserves prévues à l'alinéa c), lorsque le texte législatif fait mention d'un concept ou d'une chose, la mention sera, dans chacune des deux versions du texte législatif, interprétée comme une mention du concept ou de la chose que signifient indifféremment l'une ou l'autre version du texte législatif;

c) lorsque l'expression d'un concept ou d'une chose, dans l'une des versions du texte législatif, est incompatible avec le système juridique du Canada où l'on veut que ce texte s'applique mais que son expression dans l'autre version du texte est compatible avec ce système ou ces institutions, une mention du concept ou de la chose dans le texte sera, dans la mesure où ce texte s'applique à ce lieu du Canada, interprétée comme une mention du concept ou de la chose, exprimée dans la version qui est compatible avec ce système ou ces institutions; et

d) s'il y a, entre les deux versions du texte législatif, une différence autre que celle mentionnée à l'alinéa c), on donnera la préférence à la version qui,

tains principes d'interprétation applicables aux textes législatifs fédéraux. Comme Reynald Boult l'a écrit[79], l'article 8 ne faisait, dans une large mesure, que consacrer les principes élaborés par les tribunaux canadiens et québécois, en particulier. Son abrogation aura donc pour principal effet de restituer au droit non écrit ce que le législateur lui avait temporairement emprunté. Cette remarque ne vaudrait toutefois pas pour l'alinéa c) qui visait à résoudre certains problèmes de rédaction et d'interprétation de lois applicables dans tout le Canada, c'est-à-dire dans un contexte bijuridique de common law et de droit civil.

Au Québec, on trouve des principes de solution légiférés dans des lois générales ou dans des lois particulières. En 1974, la *Loi sur la langue officielle* (L.Q. 1974, c. 6) avait formulé le principe suivant (art. 2) :

> « En cas de divergence que les règles ordinaires d'interprétation ne permettent pas de résoudre convenablement, le texte français des lois du Québec prévaut sur le texte anglais. »

Cet article fut cependant abrogé par la *Charte de la langue française* (L.Q. 1977, c. 5, art. 224), mais, par suite du jugement de la Cour suprême affirmant les exigences de la Constitution en matière de bilinguisme législatif, la législature québécoise, en même temps qu'elle rétablissait le caractère officiel de la version anglaise des lois, édictait le texte suivant comme modification à l'article 40 de la *Loi d'interprétation* :

> « **40.1** En cas de divergence entre les textes français et anglais, le texte français prévaut. »[80]

Ce texte, dont la validité constitutionnelle était pour le moins douteuse, a été à son tour abrogé en 1993[81], si bien que le droit québécois actuel reconnaît, aux fins de l'interprétation et conformé-

---

selon l'esprit, l'intention et le sens véritables du texte, assure le mieux la réalisation de ses objets. »

[79]   R. BOULT, *loc. cit.*, note 77, 339.

[80]   *Loi d'interprétation,* L.Q. 1979, c. 61, art. 5.

[81]   *Loi modifiant la Charte de la langue française,* L.Q. 1993, c. 40, art. 64.

ment à l'article 7 de la *Charte de la langue française*[82], la pleine égalité des deux versions des textes québécois qui doivent, selon la Constitution, être adoptés et publiés dans les deux langues.

Certaines lois québécoises plus particulières contiennent des dispositions concernant la divergence entre les deux versions de leur texte. Par exemple, le *Code de procédure civile* dispose (art. 3) :

> « Dans le cas de divergence entre les textes français ou anglais de quelque disposition du présent code, le texte qui se rapproche le plus de la loi ancienne doit prévaloir, à moins que la disposition ne modifie la loi ancienne; en ce dernier cas, le texte qui exprime le mieux l'intention de l'article, dégagée d'après les règles ordinaires d'interprétation, doit prévaloir. »[83]

Une telle disposition est conforme aux principes généraux d'interprétation des lois qui veulent qu'une ambiguïté dans une loi de refonte ou de codification soit résolue en donnant préférence au sens conforme au droit antérieur[84].

Sous-paragraphe 2 : La recherche du sens commun

Le principe de la cohérence interne de la loi commande d'interpréter ses diverses parties de manière à faire disparaître les contradictions. Ce principe s'applique tout particulièrement lorsque les deux versions d'un texte législatif paraissent être antinomiques; d'après une jurisprudence ancienne et constante, puisque les deux versions ont le caractère officiel, il faut tenter de les concilier :

---

[82] *Charte de la langue française*, L.R.Q., c. C-11. Le Québec a ainsi renoué, au plan législatif, avec une longue tradition jurisprudentielle voulant que les deux versions des lois soient également prises en compte dans l'interprétation. Ce principe a été notamment suivi dans l'interprétation du *Code civil du Bas Canada* (par exemple : *Banque nationale* c. *Soucisse*, [1981] 2 R.C.S. 339, 349) et la Cour suprême a rappelé qu'il devait aussi être respecté dans l'interprétation du *Code civil du Québec* : *Doré* c. *Verdun (Ville)*, [1997] 2 R.C.S. 862, 878 et 879.

[83] L'article 2714 du Code civil, abrogé en 1977 (L.Q. 1977, c. 5, art. 219) allait dans le même sens. Voir aussi l'article 24 du *Code municipal du Québec*.

[84] *Supra*, p. 67.

« Au cas d'ambiguïté [résultant de la divergence entre les deux versions], lorsqu'il y a quelque possibilité de concilier les deux versions, il faut interpréter l'une grâce à l'autre »[85].

En pratique, concilier les deux versions signifie rechercher le sens qui est commun aux deux versions. Trois types de situations peuvent se présenter. Il peut arriver que les deux versions soient absolument et irréductiblement inconciliables : comme on le verra, il faut alors s'en remettre immédiatement aux autres principes d'interprétation. Ainsi, dans *Klippert* c. *La Reine*[86], les mots « *person who* [...] *has shown a failure to control his sexual impulses* » étaient rendus, en français par « personne [...] qui [...] a manifesté une impuissance à maîtriser ses impulsions sexuelles ». Manifestement, ces deux textes ne pouvaient se concilier et la Cour accorda préférence au texte anglais en faisant appel à l'historique de la disposition.

Dans un second type de situation, une version est ambiguë, c'est-à-dire susceptible de plus d'un sens, et l'autre claire, c'est-à-dire non équivoque. Le sens commun aux deux versions, qu'il faut *a priori* préférer, est celui de la version claire. Par exemple, dans *Tupper* c. *The Queen*[87], le texte anglais de l'article 295(1) du *Code criminel* parlait de « *any instrument for house-breaking* ». Ces mots étaient ambigus, pouvant désigner soit tout instrument susceptible de servir aux effractions, soit tout instrument destiné à servir aux effractions. Si le second sens était retenu, la poursuite devait faire la preuve de circonstances particulières permettant de supposer qu'un instrument, tel par exemple un tournevis, était non seulement susceptible de servir à une effraction, mais également, dans les circonstances, destiné à cette fin. La Cour suprême trancha en citant la version française qui, d'après la Cour, rendait le sens clair : « un instrument pouvant servir aux effractions de maison ». Le sens large fut donc retenu[88].

---

[85] *Canadian Pacific Railway Co.* c. *Robinson*, (1891) 19 R.C.S. 292, 325 (J. Taschereau) (traduction), arrêt infirmé par [1892] A.C. 481.

[86] *Klippert* c. *La Reine,* [1967] R.C.S. 822.

[87] *Tupper and the Queen,* [1967] R.C.S. 589.

[88] Ce raisonnement a été commenté par J.C.E. WOOD, « Statutory Interpretation : "Tupper and the Queen" », (1968) 6 *Osg. Hall L.J.* 92.

Le sens commun est donc, dans ces cas, celui de la version qui ne présente pas d'ambiguïté[89]. Dans un troisième type de situation, l'une des deux versions a un sens plus large que l'autre, elle renvoie à un concept d'une plus grande extension. Le sens commun aux deux versions est alors celui du texte ayant le sens le plus restreint.

Ainsi, dans *Toronto Railway Co. c. The Queen*[90], le français « tramway » a précisé le sens de l'anglais « *railway* », plus large. Dans *R. c. Dubois*[91], le français « chantier public » a limité le sens plus général de l'anglais « *public works* ». Dans *Pollack Ltée c. Comité paritaire du commerce de détail*[92], l'adjectif « *mentioned* » a vu son sens restreint au français « énumérés ». Dans *Pfizer Co. c. Sous-ministre du Revenu national*[93] et dans *Gravel c. Cité de St-Léonard*[94], le juge Pigeon a fait prévaloir le texte le plus restreint, soit, dans les deux cas, le texte français[95].

[89] Comme exemples de recours à la version la plus claire : *Goodyear Tire & Rubber Co. of Canada c. T. Eaton Co.*, [1956] R.C.S. 610; *Kwiatkowsky c. Ministre de l'Emploi et de l'Immigration*, [1982] 2 R.C.S. 856; *Seagrave Construction Inc. c. Bartuccio*, [1952] B.R. 40; *Couture c. Régie des alcools du Québec*, [1963] B.R. 431; *Allaire c. Fonds d'indemnisation des victimes d'accidents d'automobile*, [1973] C.A. 335; *Irwin c. Minister of National Revenue*, [1963] R.C. de l'É. 51; *Olavarria c. Ministre de la Main-d'oeuvre et de l'Immigration*, [1973] C.F. 1035 (C.A.); *Re Wolfe and the Queen*, (1982) 137 D.L.R. (3d) 553 (N.B.Q.B.); *Johnson and Warriner c. A.G. of Canada*, (1998) 145 F.T.R. 108 (C.F.).

[90] *Toronto Railway Co. c. The Queen*, (1896) 25 R.C.S. 24, infirmé par [1896] A.C. 551.

[91] *R. c. Dubois*, [1935] R.C.S. 378. Voir aussi *Salmo Investments Ltd. c. The King*, [1940] R.C.S 263.

[92] *Pollack Ltée c. Comité paritaire du commerce de détail*, [1946] 2 D.L.R. 801 (C.S.C.).

[93] *Pfizer Co. c. Sous-ministre du Revenu national*, [1977] 1 R.C.S. 456, 464 et 465.

[94] *Gravel c. Cité de St-Léonard*, précité, note 15, 669.

[95] On verra aussi : *Re Estabrooks Pontiac Buick Ltd.*, (1982) 40 N.B.R. (2d) 172 (N.B.Q.B.); *Géricon Inc. c. 9005-2150 Québec Inc.*, [1997] R.D.I. 513 (C.A.); *Filion c. Grenier*, [1954] B.R. 158; *Prévost c. Ménard*, (1908) 34 C.S. 31 (C. Rév.); *Immobiliare Canada Ltd. c. Ministre du Revenu du Québec*, [1976] C.P. 67; *J. Aimé Ferland & Fils c. P.G. du Québec*, [1980] C.S. 129; *Bluestein c. Schecter*, [1981] C.S. 477; *Sous-ministre du Revenu National c. Film Technique Ltd.*, [1973] C.F. 75 (C.A.); *Re Black and Decker Manufacturing Co. and the Queen*, (1973) 34 D.L.R. (3d) 308 (Ont.C.A.), infirmé pour d'autres motifs [1975] 1 R.C.S. 411; *Azdo*

Le travail de l'interprète ne devrait cependant jamais être jugé complètement accompli une fois que le sens commun a été établi. Il faut, dans tous les cas, se reporter aux autres dispositions de la loi pour vérifier si ce sens commun est bien compatible avec l'intention du législateur telle qu'on peut la déduire en appliquant les règles ordinaires d'interprétation[96].

Sous-paragraphe 3 : Les règles ordinaires d'interprétation

La recherche du sens commun peut s'avérer vaine, les deux versions étant irréductiblement contraires. Ce cas doit être considéré comme une ambiguïté ordinaire et, à ce titre, résolu grâce aux règles normales d'interprétation.

Si un sens commun peut être établi, rien n'assure non plus que ce sens doive être retenu. En effet, on peut bien avoir affaire à un « conflit de cohérence », la cohérence « verticale » (cohérence des diverses dispositions à l'intérieur d'une même version) s'opposant à la cohérence « horizontale » (la cohérence des deux versions entre elles). Le sens commun étant établi, il reste à savoir si le contexte global de la loi ne s'oppose pas à ce que ce sens soit retenu.

Le principe du sens commun n'a donc aucune valeur absolue, pas plus d'ailleurs que le principe du respect du sens courant et ordinaire des mots : il faut voir s'il n'y a pas quelque chose dans le contexte, dans l'objet de la loi ou dans les circonstances auxquelles ces mots se rapportent qui indique qu'ils sont employés dans un sens autre que le sens commun. Une fois établi le sens commun, « il faut vérifier si

---

c. *Ministre de l'Emploi et de l'Immigration*, [1980] 2 C.F. 645 (C.A.); *Côté* c. *Canada Employment and Immigration Commission*, (1986) 69 N.R. 126 (C.A.F.).

96   S'il faut les interpréter comme indiquant que la découverte du « sens commun », à elle seule, met fin à toute question relative au sens d'une loi, les propos suivants du juge Mahoney dans *Cardinal* c. *La Reine*, [1980] 1 C.F. 149, 153, confirmé par [1980] 2 C.F. 400 (C.A.) et [1982] 1 R.C.S. 508, me paraissent critiquables : « En l'espèce, le recours à la version française règle de façon absolue toute question d'ambiguïté dans le libellé du texte de loi; par conséquent, il est inutile d'examiner les arguments contraires des demandeurs, aussi convaincants qu'ils pourraient être si seule la version anglaise avait force de loi ».

celui-ci semble conciliable avec l'objet et l'économie générale » du texte interprété[97].

Dans *Doré* c. *Verdun (Ville)*, le juge Gonthier a souligné en ces termes la nature relative de l'argument tiré du sens commun aux deux versions :

> « [L]e principe voulant que l'on favorise l'interprétation menant à un sens commun n'est pas absolu. La Cour peut ne pas retenir ce sens s'il paraît contraire à l'intention du législateur au regard des autres principes d'interprétation. » [98]

Dans plusieurs affaires[99], les tribunaux ont préféré soit la version dont la portée était plus large, soit un des sens de la version ambiguë qui n'était pas confirmé par l'autre version : le sens commun n'est qu'un guide parmi d'autres pour découvrir l'intention du législateur. Cela a été affirmé sans équivoque par la Cour suprême dans *R.* c. *Compagnie immobilière B.C.N.*[100].

En simplifiant à l'extrême les éléments du problème fort technique que la Cour devait résoudre dans cet arrêt, on peut le résumer ainsi : le paragraphe 1100(2) des *Règlements de l'impôt sur le revenu* fait état de biens que la version française qualifie de biens « aliénés » et la version anglaise de biens « *disposed of* ». En l'occurrence, les biens avaient été détruits par confusion des qualités de locataire et de propriétaire. Un bien détruit n'est pas vraiment aliéné au sens propre de ce mot, mais on peut dire que quelqu'un qui détruit un bien en a « disposé ».

La Cour d'appel fédérale avait retenu le sens commun aux deux versions, c'est-à-dire, en l'occurrence, le sens plus étroit de la version française. Elle avait appuyé sa conclusion en faveur du sens commun

---

97   *Slaight Communications Inc.* c. *Davidson*, précité, note 46, p. 1071 (j. Lamer).

98   *Doré* c. *Verdun (Ville)*, précité, note 82.

99   *Food Machinery Corporation* c. *Registrar of Trade Marks*, [1946] R.C. de l'É. 266; *Rossmoore Ltd.* c. *Comité conjoint de l'industrie de la chemise*, [1955] B.R. 45; *Juster* c. *La Reine*, [1974] 2 C.F. 398 (C.A.); *Nitrochem Inc.* c. *Deputy Minister of National Revenue*, (1984) 53 N.R. 394 (C.A.F.); *Daycal Publishing Inc.* c. *Canada*, (1990) 103 N.R. 239 (C.A.F.); *R.* c. *Voisine*, (1984) 57 N.B.R. (2d) 38 (N.B.Q.B.).

100 *R.* c. *Compagnie immobilière B.C.N.*, précité, note 10.

sur l'alinéa 8(2) b) de la *Loi sur les langues officielles*, qui s'appliquait à l'époque[101]. La Cour suprême fit cependant prévaloir le sens large du texte anglais. Voici comment le juge Pratte se justifia de ne pas retenir le sens commun :

> « Je ne pense pas que l'al. 8(2) b) de la *Loi sur les langues officielles* soit d'un grand secours à l'intimée. La règle prescrite par cet alinéa n'est qu'un guide parmi plusieurs autres, dont il faut se servir pour rechercher le sens d'une loi qui, "selon l'esprit, l'intention et le sens véritables du texte, assure le mieux la réalisation de ses objets" (al. 8 (2) d)). La règle de l'al. 8 (2) b) n'est pas absolue au point d'automatiquement l'emporter sur tous les autres principes d'interprétation. J'estime donc qu'il ne faut pas retenir la version la plus restrictive si elle va clairement à l'encontre du but de la loi et compromet la réalisation de ses objets au lieu de l'assurer. »[102]

Dans un autre arrêt, *R. c. Jean B.*[103], la Cour suprême a également fait prévaloir le sens plus large du texte anglais du paragraphe 37(3) de la *Loi sur les jeunes délinquants* (S.R.C. 1970, c. J-3) sur le texte français, adoptant les motifs du juge de la Cour supérieure[104] et infirmant la décision de la Cour d'appel sur ce point. Dans *Doré c. Verdun (Ville)*[105], c'est encore la version au sens le plus large qui a prévalu, la Cour la jugeant plus conforme aux objectifs de la disposition à l'étude et estimant en outre que le fait de donner préséance à la version anglaise aurait privé la disposition de tout effet utile.

Dans tous les cas de divergence entre les deux versions, il faut avoir recours aux règles ordinaires d'interprétation pour établir laquelle des versions traduit le mieux l'intention.

Ainsi, même si la loi est censée être bien rédigée, il peut arriver que le contexte montre qu'elle est entachée de vices d'expression, de maladresses de rédaction, d'erreurs matérielles flagrantes. Il n'est pas rare de voir un tribunal justifier la préférence qu'il accorde à l'une

---

[101]   Voir le texte à la note 78.

[102]   *R. c. Compagnie immobilière B.C.N.*, précité, note 10, 871 et 872.

[103]   *R. c. Jean B.*, [1980] 1 R.C.S. 80.

[104]   *R. c. C.*, [1978] C.S. 456.

[105]   *Doré c. Verdun (Ville)*, précité, note 82.

des versions en montrant que l'autre est rédigée d'une manière incorrecte, qu'elle ne respecte pas certaines règles fondamentales de rédaction législative ou qu'elle fait voir des erreurs matérielles évidentes[106]. Aux yeux du droit, les deux versions ont beau être également authentiques, chacun sait que, dans les faits, l'une des versions n'est le plus souvent que la traduction de l'autre. C'est là un fait dont le tribunal ne doit pas tenir compte, en principe, mais que faire lorsque le texte dans une langue paraît n'être que le pâle reflet de l'autre version? En droit, les deux textes sont égaux; en fait, l'un peut sembler « plus égal » que l'autre.

Outre cette technique qui consiste à résoudre l'ambiguïté en discréditant la qualité de l'un des deux textes, les juges pourront utiliser toute la panoplie des principes et méthodes usuels : on accordera la préférence à la version qui s'harmonise le mieux avec les autres dispositions de la loi[107], qui paraît le plus propre à assurer la réalisation de son objet[108], ou à celle qui, à la lumière de l'histoire législative, se révèle l'expression la plus juste de la volonté législative[109] ou constitue sa plus récente expression[110]. On pourra éventuellement recourir aux présomptions d'intention, en dernier ressort, à défaut de pouvoir déterminer l'intention réelle : ainsi, en vertu de ces présomptions, on a fait prévaloir : le texte le plus favorable à

---

[106]   Par exemple, la version française des textes fédéraux a été assez souvent présentée comme sujette à caution : *R. c. Popovic et Askov*, [1976] 2 R.C.S. 308; *R. c. Compagnie immobilière B.C.N.*, précité, note 10; *Sous-ministre du Revenu c. Rainville*, précité, note 77.

[107]   Par exemple : *R. c. Compagnie immobilière B.C.N.*, précité, note 10; *Board of School Commissioners of Greenfield Park c. Hôpital général de St-Lambert*, précité, note 64.

[108]   Par exemple : *Klippert c. La Reine*, précité, note 86; *R. c. Collins*, [1987] 1 R.C.S. 265; *Flota Cubana de Pesca c. Canada*, [1998] 2 C.F. 303 (C.A.); *Beothuk Data Systems Ltd., Division Seawatch c. Dean*, [1998] 1 C.F. 433 (C.A.); *Corporation of Coaticook c. People's Telephone Co.*, (1901) 19 C.S. 535; *Juster c. La Reine*, précité, note 99; *P.G. du Canada c. Piché*, [1981] 2 C.F. 311 (C.A.).

[109]   Par exemple : *R. c. Chartrand*, [1994] 2 R.C.S. 864; *Klippert c. La Reine*, précité, note 10; *Jones et Maheux c. Gamache*, [1969] R.C.S. 119; *Laberge c. Carbonneau*, (1921) 30 B.R. 385; *In Re Bastien*, (1935) 73 C.S. 230.

[110]   *Goguen c. Shannon*, (1989) 50 C.C.C. (3d) 45 (N.B.C.A.); *Nima c. McInnes*, (1989) 32 B.C.L.R. (2d) 197 (B.C.S.C.).

l'accusé[111]; celui qui est le plus respectueux de la liberté[112] ou qui impose à l'individu l'obligation la plus légère[113]; celui qui comporte le moins de changement dans le droit[114]; celui qui se concilie le mieux avec les règles du droit international[115]; celui qui limite la portée d'une exemption fiscale[116]; celui qui consacre le principe de la non-rétroactivité de la loi[117].

Paragraphe 2 : Le principe de l'uniformité d'expression

On recommande aux rédacteurs de textes législatifs de respecter, dans leur travail, le principe de l'uniformité d'expression, c'est-à-dire que chaque terme ne devrait avoir qu'un seul et même sens où qu'il apparaisse dans la loi ou le règlement : la même idée doit être exprimée dans les mêmes termes[118].

À cette règle de rédaction correspond un principe d'interprétation qui veut que l'on doive présumer, dans une loi, que le même terme a partout le même sens[119] :

---

[111]   R. c. Dunn, [1995] 1 R.C.S. 226, 241; Roy c. Davidson, (1899) 15 C.S. 83; R. c. Shaefer, (1919) 28 B.R. 35; Cohen c. La Reine, [1984] C.A. 408; R. c. Woods, (1981) 19 C.R. (3d) 136 (Ont.C.A.). Le recours à l'interprétation favorable à l'accusé est écarté lorsque, malgré des différences de rédaction entre les deux versions, l'intention législative apparaît clairement : P.G. du Canada c. Vallée, [1993] R.J.Q. 2742 (C.A.).

[112]   Mékiès c. Directeur du Centre de détention Parthenais, [1977] C.S. 91, confirmé sub nom. P.G. du Canada c. Mékiès, [1977] C.A. 362.

[113]   In Re Richelieu Oil Ltd., [1950] B.R. 714.

[114]   Lagueux c. Phoenix Assurance Co., (1932) 53 B.R. 396; Cité de Montréal c. A & P Food Stores Ltd., [1949] B.R. 789.

[115]   Milliken & Co. c. Interface Flooring Systems (Canada) Inc., (1994) 69 F.T.R. 39 (C.F.).

[116]   Ville de Montréal c. ILGWU Center Inc., [1974] R.C.S. 59.

[117]   Goodyear Employees Union Ltd. c. Keable, [1967] B.R. 49.

[118]   Louis-Philippe PIGEON, Rédaction et interprétation des lois, 3e éd., Québec, Publications du Québec, 1986, pp. 78-80.

[119]   Edwards c. A.G. for Canada, [1930] A.C. 124, 141; MacMillan c. Brownlee, [1937] R.C.S. 318, 333; Ballantyne c. Edwards, [1939] R.C.S. 409, 411; Freed c. Rioux,

[À] moins que le contexte ne s'y oppose clairement, un mot doit recevoir la même interprétation et le même sens tout au long d'un texte législatif.[120]

Comme règle corollaire, on présumera qu'une variation dans l'expression signifie un changement dans les concepts signifiés : termes différents = sens différents[121].

Le principe de l'uniformité d'expression ne se présente pas comme un guide infaillible. Comme le juge Fauteux l'a exprimé dans *Sommers* c. *The Queen* :

« Cette règle d'interprétation ne constitue qu'une présomption et, de surcroît, une présomption qui n'a guère de poids. »[122]

Dans *Schwartz* c. Canada, le juge La Forest a exprimé la même idée comme suit :

« Selon un principe d'interprétation bien établi, les termes employés par le législateur sont réputés avoir le même sens dans chacune des dispositions d'une même loi [...]. Comme pour tout principe d'interprétation, il ne s'agit pas d'une règle, mais d'une

---

[1964] B.R. 796, 798; *Shore* c. *Silverman*, [1977] C.S. 1044, 1045; *Giffels & Vallet of Canada Ltd.* c. *The King*, [1952] 1 D.L.R. 620, 630 (Ont.H.C.); *Architectural Institute of B.C.* c. *Lee's Design & Engineering Ltd.*, (1979) 96 D.L.R. (3d) 385, 408 (B.C.S.C.).

120   *R.* c. *Thomson*, [1992] 1 R.C.S. 385, 400 (j. Cory).

121   *Edwards* c. *A.G. for Canada*, précité, note 120; *Canadian Pacific Railway Co.* c. *James Bay Railway Co.*, (1905) 36 R.C.S. 42, 77; *Frank* c. *La Reine*, [1978] 1 R.C.S. 95, 101; *Laidlaw* c. *Toronto Métropolitain*, [1978] 2 R.C.S. 736, 747; *Nicholson* c. *Haldimand-Norfolk Regional Board of Commissioners of Police*, [1979] 1 R.C.S. 311, 331; *R.* c. *Barnier*, [1980] 1 R.C.S. 1124, 1135 et 1136; *P.G. du Canada* c. *Riddell and Ridell*, [1973] C.A. 556, 558; *Banque Canadienne Nationale* c. *Mercure*, [1974] C.A. 429, 430; *Commission scolaire de Rouyn-Noranda* c. *Lalancette*, [1976] C.A. 201; *Dorcine* c. *Laval (Ville de)*, J.E. 96-347 (C.A.). En droit civil : *Di Paolo (Syndic de)*, [1998] R.J.Q. 174 (C.S.).

122   *Sommers* c. *The Queen*, [1959] R.C.S. 678, 685 (traduction). Dans le même sens : *Dartmouth* c. *Roman Catholic Episcopal Corp. of Halifax*, [1940] 2 D.L.R. 309, 315 (j. Graham) (N.S.S.C.). S'agissant d'une présomption de peu de poids, il paraît périlleux d'y faire reposer tout le fardeau d'une décision, comme notre Cour d'appel l'a fait dans *R.* c. *Canadian Vickers Ltée*, [1978] R.P. 281 (C.A.Qué.).

présomption qui doit céder le pas lorsqu'il ressort des circonstances que telle n'était pas l'intention du législateur. »[123]

Cette présomption est faible d'abord parce qu'elle présuppose un niveau de qualité dans la rédaction qui, de toute évidence, n'est pas toujours atteint[124]. La rédaction bilingue permet d'ailleurs de se rendre facilement compte du fait que le principe n'est pas toujours respecté [125]. Le sentiment que le texte examiné a été rédigé avec plus ou moins de soin contribuera donc à donner plus ou moins d'autorité au principe[126]. Autre élément qui pourrait jouer : la plus ou moins grande proximité, dans le texte, entre les deux expressions qu'on présume avoir le même sens[127].

Ce n'est pas seulement à l'incompétence ou à la maladresse du rédacteur qu'il faut attribuer la faiblesse de la présomption : elle tient aussi à la nature même de l'instrument qu'il utilise. D'une part, le nombre des termes qu'il peut employer est limité par les usages linguistiques. Pour varier le sens, il doit utiliser les moyens que lui donne la langue, c'est-à-dire qu'il doit compter sur les nuances que le contexte permet d'introduire dans le sens. La présomption est faible, donc, parce qu'elle va à l'encontre du principe voulant que les termes n'aient pas de sens précis lorsqu'ils sont envisagés de façon isolée, mais dérivent leur sens pour partie du contexte; le principe serait donc : même terme + contextes différents = sens différents[128].

---

[123] *Schwartz* c. *Canada*, précité, note 23, 298.

[124] Le juge MacGuigan l'a souligné dans *Société Radio-Canada* c. *S.C.F.P.*, [1987] 3 C.F. 515, 523 et 524 (C.A.).

[125] *R. c. Compagnie immobilière B.C.N.*, précité, note 10; *R. c. Jean B.*, précité, note 103; *Allaire c. Fonds d'indemnisation des victimes d'accidents d'automobile*, précité, note 89.

[126] Par exemple : *Bayview Cemetery Co.* c. *McLean*, [1932] 3 D.L.R. 699, 700 et 701 (j. Hall) (N.S.C.A.).

[127] Par exemple : *Architectural Institute of B.C.* c. *Lee's Design & Engineering Ltd.*, précité, note 119; *R.* c. *Zeolkowski*, [1989] 1 R.C.S. 1378, 1387.

[128] Dans ce sens : *R.* c. *Paré*, [1987] 2 R.C.S. 618, 627; *Cassidy Ltée* c. *Minister of National Revenue*, (1993) 62 F.T.R. 1 (C.F.); *Coca Cola Ltd.* c. *Sous-ministre du Revenu national*, [1984] 1 C.F. 447, 454 (j. Thurlow).

Cette présomption a donc pour principale utilité d'attirer l'attention sur une probabilité de sens : comme dans tous les cas, c'est le contexte global qui devra être pris en considération pour établir le sens véritable :

> « L'importance qu'il faut attacher à la différence de rédaction dépend du contexte dans lequel les termes sont employés. »[129]

Étant donné toutes ces réserves quant à la force de la présomption d'expression uniforme, on ne s'étonnera pas de constater qu'il arrive fréquemment, en jurisprudence, que l'on attribue à un même terme des sens différents[130] ou que l'on considère des termes différents comme des synonymes[131].

Paragraphe 3 : Les arguments logiques

En supposant que l'auteur de la loi est logique, on peut déduire des normes expressément formulées certaines règles implicites qui s'en dégagent logiquement[132].

Un exemple permettra de bien saisir ces raisonnements dits logiques. Un règlement municipal prescrit que les chiens doivent être tenus en laisse lorsqu'ils sont dans un lieu public. Cette règle est-elle opposable au propriétaire d'un guépard apprivoisé?

Trois raisonnements peuvent être tenus. 1) Le guépard doit aussi être tenu en laisse puisque les raisons qui justifient l'application de la

---

[129]   *Re A.G. for Alberta and Gares*, (1976) 67 D.L.R. (3d) 635, 682 (Alta.S.C.) (J. McDonald) (traduction).

[130]   *R. c. Robinson*, [1951] R.C.S. 522; *Sommers c. The Queen*, précité, note 122, 685; *Goldman c. La Reine*, [1980] 1 R.C.S. 976, 999; *In Re Canadian Pacific Railway Co. and Rural Municipality of Lac Pelletier*, [1944] 3 W.W.R. 637, 646 (Sask.C.A.); *Re A. G. for Alberta and Gares*, précité, note 129, 683 et 684.

[131]   *Subilomar Properties (Dundas) Ltd. c. Cloverdale Shopping Center Ltd.*, [1973] R.C.S. 596, 601; *Allaire c. Fonds d'indemnisation des victimes d'accidents d'automobile*, précité, note 89; *Cité de St-Cunégonde de Montréal c. Montreal Water & Power Co.*, (1912) 41 C.S. 500, 504; *Pan American World Airways Inc. c. La Reine*, [1979] 2 C.F. 34, 47.

[132]   À ce sujet, on verra : F. OST, *loc. cit.*, note 1, 120 et suiv.

règle aux chiens (protection des personnes et des biens) justifient également son application au guépard. C'est le raisonnement par analogie, ou, si l'on préfère, l'argument *a pari*. 2) Le guépard doit être tenu en laisse car, présentant plus de risque pour la sécurité des personnes ou des biens, il y a dans son cas plus de raison d'imposer l'usage d'une laisse que dans les cas des chiens. C'est le raisonnement ou l'argument *a fortiori*. 3) Le guépard n'a pas à être tenu en laisse puisque seuls les chiens sont visés par la règle : un guépard n'est pas un chien, et donc il peut gambader en toute liberté. C'est le raisonnement ou l'argument *a contrario*.

Si l'on rencontre, dans la jurisprudence concernant l'interprétation en droit statutaire, des exemples de raisonnement *a pari*[133] ou *a fortiori*[134], ils sont rares en comparaison des cas d'emploi de l'argument *a contrario*, que celui-ci soit présenté sans être identifié formellement ou qu'il soit étiqueté grâce à certains brocards anciens tels *expressum facit cessare tacitum, qui dicit de uno negat de altero*, ou, le plus usité, *expressio unius est exclusio alterius*. La fréquence de l'argument *a contrario* par rapport aux deux autres s'explique, partiellement du moins, par le caractère d'exception du droit statutaire par rapport à la common law ou au droit civil. Droit exceptionnel, donc d'interprétation stricte, le droit statutaire se prête naturellement mieux à des raisonnements *a contrario* qui en limiteront la portée qu'à des raisonnements par analogie ou *a fortiori* qui peuvent avoir pour effet de l'étendre.

En droit civil, il n'y a pas lieu de favoriser une interprétation stricte des textes[135]. Au contraire, l'extension analogique des règles y est

---

[133]   Par exemple : *Rizzo & Rizzo Shoes Ltd. (Re)*, [1998] 1 R.C.S. 27; *Minister of Transport for Ontario* c. *Phoenix Assurance Co.*, (1974) 39 D.L.R. (3d) 481 (Ont.C.A.), confirmé par (1975) 54 D.L.R. (3d) 768 (C.S.C.); *Re Davis*, (1984) 44 Nfld. & P.E.I.R. 314 (Nfld.T.D.).

[134]   Par exemple : *Bergstrom* c. *La Reine*, [1981] 1 R.C.S. 539, 550 (j. McIntyre); *Dame L.* c. *Larue*, [1959] B.R. 549, 554 (j. Montgomery); *Geoffroy* c. *Brunelle*, [1964] B.R. 43.

[135]   Le droit romain admettait l'extension analogique des règles; il y était possible de raisonner *de similibus ad similia*. Ce procédé s'est maintenu dans la tradition civiliste, mais il a été en général écarté en droit anglais, où seules les règles dégagées des précédents jurisprudentiels sont appliquées par analogie à de nouvelles situations. Les « *statutes* », pour leur part, ont été soumis à un

largement pratiquée [136], sauf pour les règles d'exception [137]. Le recours à l'analogie est même préconisé dans la disposition prélimi-naire du *Code civil du Québec* : les règles du Code s'appliquent « en toutes matières auxquelles se rapportent la lettre, l'esprit et l'objet de ses dispositions ». Cette solution est la seule possible au plan fonc-tionnel : un corps de règles qui fait office de droit commun doit pou-voir être étendu par analogie pour donner réponse aux questions que ni le Code, ni les lois particulières n'auraient expressément réglées. L'interprétation stricte, c'est-à-dire non extensive, des règles du droit commun serait un non-sens.

Les exemples de raisonnement *a contrario* sont très abondants en jurisprudence. Parfois, c'est l'adage *expressio unius est exclusio alte-rius* qui est invoqué. Par exemple, si une loi mentionne un élément d'un ensemble et pose à son sujet une règle donnée, on supposera que cette règle ne s'applique pas à l'égard des éléments non men-tionnés : la loi qui permet qu'un groupe soit assigné en justice s'interprète comme n'autorisant pas le groupe à se porter deman-deur[138]; une disposition déclare certains articles d'une loi applica-bles : les autres ne le sont pas[139]; la loi exempte de saisie le cheval du cultivateur et celui du cocher : le cheval du boucher peut donc être

---

principe d'interprétation stricte ou non extensive, au nom de la maxime *statutum contra ius commune stricte interpretandum est*. Pour une étude comparative des sources historiques de l'interprétation stricte en droit anglais et en droit civil : Pierre-André CÔTÉ, « L'interprétation de la loi en droit civil et en droit statutaire : communauté de langue et différences d'accents », (1997) 31 *R.J.T.* 45.

[136]   *Royal Trust Co.* c. *Tucker*, [1982] 1 R.C.S. 250, 268; *Denis-Cossette* c. *Germain*, [1982] 1 R.C.S. 751, 763; *Banque de Montréal* c. *Ng*, [1989] 2 R.C.S. 429, 441; *Caisse populaire des Deux-Rives* c. *Société mutuelle d'assurance contre l'incendie de la Vallée du Richelieu*, précité, note 12, 1026 et 1027; *Gauthier* c. *Beaumont*, [1998] 2 R.C.S. 3, 48. Sur l'extension analogique en droit civil québécois : John E.C. BRIERLEY et Roderick A. MACDONALD, *Quebec Civil Law – An Introduction to Quebec Private Law*, Toronto, Emond Montgomery, 1993, pp. 146 et 147.

[137]   Bien ancré dans la tradition civiliste, le principe de l'interprétation stricte (c'est-à-dire non extensive) des dispositions d'exception est consacré par la maxime *exceptiones strictissimae interpretationis sunt*.

[138]   *I.L.G.W.U.* c. *Rothman*, [1941] R.C.S. 388, 393.

[139]   *Société Gazifère de Hull Inc.* c. *Cité de Hull*, [1968] C.S. 262.

saisi[140]; le texte vise la carrière de pierre : celle de gypse est donc exclue[141].

Souvent, le brocard sera invoqué à l'occasion d'une comparaison entre les dispositions d'une même loi : si l'article A interdit à certaines personnes de participer à une décision alors que l'article B, qui concerne une décision analogue, ne renferme pas semblable interdiction, on pourra présumer que le silence de la loi est voulu et que l'interdiction de siéger n'est pas applicable à l'égard de la décision prévue à l'article B[142]. De même, si l'article A permet d'ordonner la suspension d'une personne soupçonnée d'acte criminel et l'article B de la suspendre sans salaire si elle est trouvée coupable d'acte criminel, on pourra être justifié de conclure que la privation de salaire est possible seulement lorsque la personne a été trouvée coupable et non avant[143].

L'argument *a contrario* peut être employé sans l'aide d'aucun adage, à l'état brut, si l'on peut dire. Par exemple, la possibilité de déléguer des pouvoirs à certaines personnes peut s'interpréter comme excluant la possibilité de déléguer à d'autres[144]. La mention de l'application de certains articles d'une loi peut permettre de conclure que l'application des autres est exclue[145]; une disposition qui permet la confiscation de biens dans certaines circonstances

---

[140] *Lecavalier* c. *Brunelle & Brunelle*, (1908) 33 C.S. 145, 146.

[141] *Canadian Gypsum Co.* c. *Minister of National Revenue*, [1965] 2 R.C. de l'É. 556, 568. Aussi : *Canada (Directeur des enquêtes et recherches en vertu de la Loi relative aux enquêtes sur les coalitions)* c. *Newfoundland Telephone Co.*, [1987] 2 R.C.S. 466. On trouvera d'autres exemples d'application de la maxime *expressio unius* dans les arrêts suivants : *R.* c. *Multiform Manufacturing Co.*, [1990] 2 R.C.S. 624, 631; *Banque Royale du Canada* c. *Sparrow Electric Corp.*, [1997] 1 R.C.S. 411, 477.

[142] Raisonnement tenu par la majorité dans *Law Society of Upper Canada* c. *French*, [1975] 2 R.C.S. 767, 785 et 786. Le juge Laskin aurait pour sa part plutôt raisonné *a fortiori*, p. 773.

[143] *Crease* c. *Board of Commissioners of Police of the Municipality of Metropolitan Toronto*, (1976) 66 D.L.R. (3d) 403, 406 et 407 (Ont.Co.Ct).

[144] *Ramawad* c. *Ministre de la Main-d'oeuvre et de l'Immigration*, [1978] 2 R.C.S. 375, 382.

[145] *Banque de Montréal* c. *Côté*, [1975] C.S. 753.

l'exclut dans les autres[146]. On retrouve l'argument invoqué aussi par comparaison du texte de dispositions de portée analogue d'une même loi[147] et de textes législatifs connexes[148]. Il arrive même qu'on raisonne a *contrario* à partir de lois semblables d'autres États ou d'autres provinces[149].

Si le raisonnement a *contrario*, en particulier sous sa forme *expressio unius est exclusio alterius*, est fréquemment employé, il est également l'un des arguments interprétatifs les plus sujets à caution. Les tribunaux ont, à plusieurs reprises, déclaré qu'il était un instrument peu fiable et, en pratique, c'est, comme nous le verrons, un argument qui est très souvent écarté.

En droit canadien, la dénonciation la plus énergique des dangers d'un emploi irréfléchi de la règle *expressio unius* se trouve dans le jugement du juge Newcombe dans *Turgeon c. Dominion Bank* :

> « La maxime *expressio unius est exclusio alterius* énonce un principe applicable à l'interprétation des lois et des actes instrumentaires, principe sans doute utile lorsqu'il aide à découvrir l'intention; mais, comme on l'a déjà dit, s'il est souvent un auxiliaire précieux, il constitue un maître dangereux. Cela dépend beaucoup du contexte. Il faut voir qu'une règle générale d'interprétation n'est pas toujours présente à l'esprit du rédacteur, qu'il arrive des accidents, qu'il peut y avoir inadvertance, que parfois des termes inutiles sont introduits *ex abundanti cautela*, par solution de facilité, pour donner satisfac-

---

146 *Smith* c. *La Reine*, [1976] 1 C.F. 196, 199. Aussi : *C.B.* c. *La Reine*, [1981] 2 R.C.S. 480, 489 et 490; *Ville de Montréal* c. *Civic Parking Centre Ltd.*, [1981] 2 R.C.S. 541, 559.

147 *Houle* c. *Ville de Coaticook*, [1947] B.R. 539, 546.

148 *Diversified Mining Interests (Canada) Ltd.* c. *Lafontaine*, [1951] B.R. 393, 397; *Beauchamp* c. *Cité d'Outremont*, [1970] C.A. 286, 290; *Commission d'assurance-chômage* c. *Cour provinciale*, [1976] C.A. 744, 745; *R.* c. *Mansour*, [1979] 2 R.C.S. 916, 921; *Jacobs* c. *Office de stabilisation des prix agricoles*, [1982] 1 R.C.S. 125, 141; *Re Estabrooks Pontiac Buick Ltd.*, précité, note 32, 217. Voir cependant : *Bell Canada* c. *Canada (Conseil de la radiodiffusion et des télécommunications canadiennes)*, [1989] 1 R.C.S. 1722, 1756 et *Barreau du Québec* c. *Morin*, [1988] R.J.Q. 2629 (C.A.).

149 *Harrison* c. *Carswell*, [1976] 2 R.C.S. 200, 219; *Morguard Properties Ltd.* c. *Ville de Winnipeg*, [1983] 2 R.C.S. 493, 503 et 504. Voir toutefois : *P.G. de l'Ontario* c. *Fatehi*, [1984] 2 R.C.S. 536, 552.

tion à des demandes pressantes, sans aucune volonté de limiter la disposition générale. C'est pourquoi on ne considère pas cet axiome comme d'application générale. » [150]

Dans *Alliance des professeurs catholiques de Montréal* c. *Labour Relations Board of Quebec*[151], le juge Rinfret a réitéré cette mise en garde en citant l'extrait suivant d'un arrêt anglais :

> « La généralité de la maxime *"Expressum facit cessare tacitum"*, sur laquelle on s'est appuyé, oblige à l'appliquer avec circonspection. Il ne suffit pas que ce qui est exprimé soit une anomalie à l'égard de la règle implicite : il doit être clair qu'on ne peut raisonnablement avoir voulu que l'un et l'autre coexistent. Dans *Colquhoun* v. *Brooks* (19 Q.B.D. 400, à la p. 406), le juge Wills a dit : "Qu'il me soit permis de faire remarquer que la méthode d'interprétation résumée dans la maxime *'Expressio unius exclusio alterius'* est à surveiller attentivement. L'omission de rendre l'"*expressio*' complète est très souvent accidentelle, très souvent due au fait qu'il n'est pas venu à l'esprit du rédacteur que ce qui est supposément exclu méritait une mention spéciale". Le juge Lopes en Cour d'appel (21 Q.B.D. 52, à la p. 65) a dit : "La maxime *'Expressio in unius exclusio alterius'* a été invoquée devant nous. Je souscris à ce qu'en dit le juge Wills dans la Cour d'instance inférieure. C'est souvent un auxiliaire précieux, mais un maître dangereux dans l'interprétation de lois ou de documents. L'exclusion est souvent le résultat d'une inadvertance ou d'un accident, et la maxime ne doit pas être appliquée lorsque, en l'occurrence, il en résulterait une contradiction ou une injustice". » [152]

Le juge Pigeon a, à quelques reprises, exprimé l'avis que la règle *expressio unius* « est loin d'être une règle d'application générale » [153].

---

150   *Turgeon* c. *Dominion Bank*, [1930] R.C.S. 67

151   *Alliance des professeurs catholiques de Montréal* c. *Labour Relations Board of Quebec*, [1953] 2 R.C.S. 140, 154. L'extrait ici reproduit a été cité par le juge Pigeon dans *Murray Bay Motor Co.* c. *Compagnie d'assurance Bélair*, [1975] 1 R.C.S. 68, 74 et 75.

152   *Re Lowe* c. *Darling & Son*, [1906] 2 K.B. 772, 785 (j. Farwell) (traduction).

153   *Congrégation des Frères de l'Instruction chrétienne* c. *Commissaires d'écoles pour la municipalité de Grand'Pré*, [1977] 1 R.C.S. 429, 435. Aussi : *Murray Bay Motor Co.* c. *Compagnie d'assurance Bélair*, précité, note 151, 74; *Alimport* c. *Victoria Transport Ltd.*, [1977] 2 R.C.S. 858, 862. Dans *Jones* c. *P.G. du Nouveau-*

Une revue de la jurisprudence montre en effet que la règle est presque aussi souvent écartée qu'appliquée. En règle générale, d'ailleurs, elle n'est pas applicable lorsqu'un texte particulier ne fait que rappeler, pour un cas spécifique, l'existence d'un principe général : on dira alors que la mention a été faite *ex abundanti cautela*, pour plus de sûreté, et non en vue d'écarter l'application du principe dans tous les cas où on ne le mentionne pas. C'est ce qui se dégage clairement des arrêts de la Cour suprême dans *Alliance des professeurs catholiques de Montréal* c. *Labour Relations Board of Quebec*[154] et dans *A.G. for Quebec* c. *Begin*[155]. Il faudrait donc s'assurer qu'une disposition particulière a le caractère d'une exception avant de pouvoir raisonner *a contrario*[156]. Le juge Pigeon a écrit, dans *J.E. Verreault & Fils* c. *P.G. de la Province de Québec* :

> « [U]n texte affirmatif de portée restreinte n'a pas, en général, pour effet d'écarter l'application d'une règle générale qui existe par ailleurs. »[157]

C'est l'un des moyens les plus courants pour contrer l'application d'un raisonnement *a contrario* que de dire que la mention a été faite pour écarter des doutes, par surcroît de prudence, *ex abundanti cautela*[158].

Brunswick, [1975] 2 R.C.S. 182, 195 et 196, le juge Laskin a écrit, au sujet de cette règle : « Cette maxime, fournit tout au plus un guide d'interprétation, elle n'impose point les conclusions à tirer ». Pour d'autres mises en garde au sujet de l'emploi de cette règle, on verra : *First National Bank* c. *Curry*, (1910) 16 W.L.R. 102, 106 (j. Richards) (Man.C.A.); *Re City of Toronto*, (1918) 43 D.L.R. 49, 58 (Ont.C.A.) (j. Riddell); *R.* c. *Boudreau*, [1924] 3 D.L.R. 75, 78 et 79 (j. Barry) (N.B.C.A.).

154   *Alliance des professeurs catholiques de Montréal* c. *Labour Relations Board of Quebec*, précité, note 151.

155   *A.G. for Quebec* c. *Begin*, [1955] R.C.S. 593.

156   Le raisonnement *a contrario* à partir de dispositions d'exception conduit au même résultat que le principe traditionnel d'interprétation stricte des exceptions : « La maxime *expressio unius est exclusio alterius* signifie que, dans le cas où une loi énonce une exception à une règle générale, toute autre exception est exclue ». *Zeitel* c. *Ellscheid*, [1994] 2 R.C.S. 142, 152 (j. Major).

157   *J.E. Verreault & Fils* c. *P.G. de la Province de Québec*, [1977] 1 R.C.S. 41, 45 et 46.

158   *A.G. for Quebec* c. *Begin*, précité, note 155, 602 et 603 (j. Fauteux); *R.* c. *Commission canadienne des transports*, [1978] 1 R.C.S. 61, 68 (j. Laskin); *Martineau et Butters* c. *Comité de discipline des détenus de l'Institution de*

Le raisonnement *a contrario* n'étant qu'un guide susceptible de mener à la découverte de l'intention, il doit être mis de côté si d'autres indices montrent que les résultats auxquels il conduit sont contraires à l'objet de la loi[159], manifestement absurdes[160] ou qu'ils impliquent des incohérences ou des injustices[161] qu'on ne peut imputer au législateur.

Enfin, le raisonnement *a contrario* doit être mis de côté lorsque le législateur prend la peine de l'exclure en termes formels[162]. Par exemple, on aurait pu prétendre que toutes les règles d'interprétation des lois qui ne sont pas consacrées par les lois d'interprétation sont écartées du fait que la loi ne les mentionne pas. Ce raisonnement a été exclu par une disposition formelle des lois d'interprétation[163].

---

[159] *Matsqui*, [1978] 1 R.C.S. 118, 130 (j. Pigeon). Ce raisonnement est analogue à celui que suggère, pour l'interprétation des contrats, l'article 1430 du *Code civil du Québec* : « La clause destinée à écarter tout doute sur l'application du contrat à un cas particulier ne restreint pas la portée du contrat par ailleurs conçu en termes généraux. »

« Le raisonnement du demandeur repose sur la règle d'interprétation que la mention d'un cas particulier dans une disposition statutaire implique chez le législateur une intention expresse d'exclure un autre cas : *Expressio unius, exclusio alterius*. Ce mode d'interprétation n'est pas absolu. Il doit céder le pas à un autre lorsque son application rigoureuse ne cadre plus avec l'objet même de la législation à interpréter [...] ». *Méthot* c. *Ideal Concrete Products Ltd.*, [1964] C.S. 106, 109 (j. Boucher). Voir aussi : *Jones* c. *P.G. du Nouveau-Brunswick*, précité, note 153; *Desjardins* c. *Bouchard*, [1983] 2 C.F. 641 (C.A.); *Travailleurs unis de l'alimentation* c. *McCaffrey*, [1981] C.A. 406; *Ternette* c. *Solliciteur général du Canada*, [1984] 2 C.F. 486; *Nation Huronne-Wendat (Conseil)* c. *Laveau*, [1987] 3 C.F. 647.

[160] *Congrégation des Frères de l'Instruction chrétienne* c. *Commissaires d'écoles pour la municipalité de Grand'Pré*, précité, note 153, 436 (j. Pigeon); *Lunney* c. *M.H.*, (1984) 33 Alta.L.R. (2d) 40 (Q.B.).

[161] *Nicholson* c. *Haldimand-Norfolk Regional Board of Commissioners of Police*, précité, note 121, 321 et 322 (j. Laskin). Comme autres exemples de refus, de la part de la Cour suprême, de raisonner *a contrario*, en matière de prorogation de délais d'appel, voir : *R.* c. *K.C. Irving Ltd.*, [1976] 2 R.C.S. 366 et *Université de la Saskatchewan* c. *S.C.F.P.*, [1978] 2 R.C.S. 830.

[162] *Baldwin* c. *Pouliot*, précité, note 18.

[163] Loi québécoise, précité, note 11, art. 38 : « Une loi n'est pas soustraite à l'application d'une règle d'interprétation qui lui est applicable, et qui, d'ailleurs, n'est pas incompatible avec la présente loi, parce que celle-ci ne la

C'est l'une des questions les plus délicates de l'interprétation des lois que celle de déterminer si un recours spécifiquement prévu dans un texte législatif a ou non un caractère exclusif : peut-on interpréter la mention d'un recours comme la négation de tout autre?

La question se pose dans des contextes divers. Par exemple, si une municipalité a la faculté d'intenter une poursuite pénale pour faire respecter ses règlements, cela peut-il s'interpréter comme la négation d'autres moyens de mise en oeuvre, comme une action ordinaire pour faire démolir un immeuble non conforme à la réglementation d'urbanisme? La Cour suprême a répondu négativement à cette question dans l'arrêt *City of Montreal* c. *Morgan*[164].

Un particulier peut-il intenter un recours de droit commun (injonction, action en dommages-intérêts) en cas de contravention à une disposition législative si le législateur a prévu, pour la mise en application de celle-ci, des recours publics comme, par exemple, l'action pénale? La réponse à cette question peut varier d'un texte à un autre et il n'est pas possible de formuler à ce sujet des directives plus précises que celles qu'exposa le juge Duff dans *Orpen* c. *Roberts* :

> « [I]l faut étudier l'objet et les dispositions de la loi dans son ensemble en vue de déterminer si la création, au bénéfice de particuliers, de droits susceptibles d'être sanctionnés par voie d'action fait partie de son économie générale, ou si les sanctions prévues par la loi sont destinées à être les seules sanctions susceptibles d'être mises en oeuvre pour garantir à la collectivité le respect du devoir imposé par la loi ou pour indemniser les particuliers qui ont subi un préjudice du fait de l'inexécution de ce devoir. »[165]

C'est donc par l'examen, dans chaque cas, de « l'objet et des dispositions de la loi dans son ensemble » que les tribunaux détermi-

---

contient pas ». Dans le même sens, *Loi d'interprétation* fédérale, L.R.C. (1985), c. I-21 (ci-après citée : « loi canadienne »), art. 3(3).

164   *City of Montreal* c. *Morgan,* (1920) 60 R.C.S. 393. Voir aussi : *A.G. for Ontario* c. *Grabarchuk*, (1976) 67 D.L.R. (3d) 31 (Ont.Div.Ct.).

165   *Orpen* c. *Roberts,* [1925] R.C.S. 364, 370 (traduction). Dans le même sens, on verra le *dictum* de Lord Simonds dans l'arrêt de principe anglais *Cutler* c. *Wandsworth Stadium Ltd.*, [1949] A.C. 398, 407, cité par le juge Pigeon dans *Commission de la capitale nationale* c. *Pugliese*, [1979] 2 R.C.S. 104, 116 et 117.

nent si les recours publics excluent les recours privés[166] ou si, au contraire, rien ne s'oppose à ce que la violation de la loi donne aussi ouverture à des recours privés[167].

Le caractère vague de la directive laisse une marge d'appréciation très large aux tribunaux, ce qui a comme conséquence une grande insécurité juridique, qu'il faut déplorer[168]. En outre, la question se complique en droit canadien du fait que les principes de droit civil et de common law en matière de responsabilité civile sont bien différents : il faudrait donc ici se garder de transposer sans nuance en droit québécois les décisions rendues dans les provinces de common law[169].

Dans l'arrêt *R. c. Saskatchewan Wheat Pool*[170], la Cour suprême a apporté certains éclaircissements sur les conditions dans lesquelles la violation d'une loi peut donner ouverture à un recours en responsabilité civile. Il y est précisé que « [les] conséquences civiles de la violation de la loi doivent être subsumées sous le droit de la

---

166 *Orpen* c. *Roberts*, précité, note 165; *Volkert* c. *Diamond Truck Co.*, [1940] R.C.S. 455; *Toronto-St-Catharines Transport Ltd.* c. *City of Toronto*, [1954] R.C.S. 61; *Direct Lumber Co.* c. *Western Plywood Co.*, [1962] R.C.S. 646; *Transport Oil Ltd.* c. *Imperial Oil Ltd.*, [1935] 2 D.L.R. 500 (Ont.C.A.).

167 *Association des propriétaires des Jardins Taché Inc.* c. *Entreprises Dasken Inc.*, [1974] R.C.S. 2; *Commission de la capitale nationale* c. *Pugliese*, précité, note 165; *Union des vendeurs d'automobiles* c. *Mont Royal Ford Vente Ltée*, [1980] C.S. 712; *Vancouver Machinery Depot Ltd.* c. *United Steel Workers of America*, [1948] 1 D.L.R. 114 (B.C.S.C.).

168 Le rapport sur l'interprétation des lois des commissions de réforme du droit d'Angleterre et d'Écosse (LAW COMMISSION AND SCOTTISH LAW COMMISSION, *The Interpretation of Statutes*, Londres, H.M.S.O., 1969) proposait d'ailleurs que la *Loi d'interprétation* établisse la présomption que la violation d'une obligation découlant d'un statut entraîne la possibilité de recours en responsabilité civile : voir n° 38, p. 23, n° 78, p. 46 et n° 81 c), p. 50. Cette recommandation n'a pas été suivie dans la *Loi d'interprétation* anglaise de 1978 (1978, c. 30).

169 Pour une comparaison du droit civil et de la common law sur ce sujet : Harold NEWMAN, « Breach of Statute as the Basis of Responsability in the Civil Law », (1949) 27 *Can. Bar Rev.* 782. Voir aussi : Pierre-Gabriel JOBIN, « La violation d'une loi ou d'un règlement entraîne-t-elle la responsabilité civile ? », (1984) 44 *R. du B.* 222.

170 *R. c. Saskatchewan Wheat Pool*, [1983] 1 R.C.S. 205.

responsabilité pour négligence »[171]. La violation de la loi ne constitue pas nécessairement en soi une faute ou un tort : il faut voir si elle révèle une conduite négligente, une faute civile.

Une troisième question liée à l'argument *a contrario* est celle de savoir si un recours accordé par une nouvelle loi doit s'interpréter comme excluant les recours ordinaires : le nouveau recours a-t-il un caractère exclusif ?

Pour répondre à cette question, on trouve bien, dans la jurisprudence, quelques directives très générales : il faudrait, en principe, distinguer selon que le nouveau recours concerne une obligation nouvelle créée par la loi accordant le recours en question ou une obligation préexistante[172]. Si la loi crée une nouvelle obligation et prévoit une procédure spéciale pour en assurer la mise en oeuvre, on devrait présumer que ce recours est exclusif alors que, si l'obligation existait déjà, on devrait présumer que le législateur n'a pas voulu écarter la compétence des tribunaux de droit commun à son égard[173]. Il faudrait aussi tenir compte [174] de l'efficacité du recours particulier[175].

Tous ces facteurs peuvent être pris en considération, mais aucun n'a de valeur absolue : ce ne sont que des guides[176]. Comme cela a été énoncé à de nombreuses reprises[177], c'est dans chaque cas

---

[171]   *Id.*, 227.

[172]   Voir l'opinion du juge Willes dans *Wolverhampton New Waterworks Co.* c. *Hawkesford*, (1859) 6 C.B. n.s. 336, 356, 141 E.R. 486, 495.

[173]   Voir l'opinion de Lord Tenterden dans *Doe d. Bishop of Rochester* c. *Bridges*, (1831) 1 B. & Ad. 847, 859, approuvée par Lord Halsbury dans *Pasmore* c. *Oswaldtwistle Urban District Council*, [1898] A.C. 387, 394.

[174]   *Street and Brownlee* c. *Ottawa Valley Power Co.*, [1940] R.C.S. 40.

[175]   *Stewart* c. *Park Manor Motors Ltd.*, (1968) 66 D.L.R. (2d) 143, 148 (j. Schroeder) (Ont. C.A.).

[176]   *Toronto-St-Catharines Transport Ltd.* c. *City of Toronto*, précité, note 166, 76 (j. Estey).

[177]   Par lord Cairns dans *Atkinson* c. *Newcastle and Gateshead Waterworks Co.*, (1877) 2 Ex. D. 441, 448; par Lord MacNaghten dans *Pasmore* c. *Oswaldtwistle Urban District Council*, précité, note 173, 394; par le juge Schroeder dans *Stewart* c. *Park Manor Motors Ltd.*, précité, note 175, 147.

l'intention du législateur, telle qu'on peut la déduire du texte et de l'objet de la loi, qui doit décider si un nouveau recours est ou non exclusif. Sur la question, les tribunaux conservent donc une marge de manoeuvre très grande et pourront façonner une solution selon ce qui leur paraîtra convenable dans chaque cas[178].

SECTION 2 : LA COHÉRENCE DES LOIS ENTRE ELLES

On suppose qu'il règne, entre les divers textes législatifs adoptés par une même autorité, la même harmonie que celle que l'on trouve entre les divers éléments d'une loi : l'ensemble des lois est censé former un tout cohérent. L'interprète doit donc favoriser l'harmonisation des lois entre elles plutôt que leur contradiction, car le sens de la loi qui produit l'harmonie avec les autres lois est réputé représenter plus fidèlement la pensée de son auteur que celui qui produit des antinomies.

Plus concrètement, la présomption de cohérence des lois entre elles se manifeste avec d'autant plus d'intensité que les lois en question portent sur la même matière, sont « *in pari materia* », comme on a l'habitude de dire. D'autre part, il peut apparaître certains conflits

---

[178]   Cas où le recours a été jugé exclusif : *Frame* c. *Smith*, (1987) 2 R.C.S. 99; *Shannon Realties Ltd.* c. *Ville de St-Michel*, [1924] A.C. 185; *Canadian National Railway Co.* c. *Trudeau*, [1962] R.C.S. 398; *Bureau des Gouverneurs du Seneca College of Applied Arts and Technology* c. *Bhadauria*, [1981] 2 R.C.S. 181; *R.* c. *Appleby*, [1981] 2 C.F. 352; *Coldstream* c. *Bellevue*, [1929] 4 D.L.R. 52 (B.C.Co.Ct); *Weaver* c. *Baird*, [1930] 3 D.L.R. 875 (Man.K.B.); *Vanderhelm* c. *Best-Bi Food Ltd.*, (1968) 65 D.L.R. (2d) 537 (B.C.S.C.); *N.B. Architects Association* c. *Architectural Designers & Associates Ltd.*, (1979) 27 N.B.R. (2d) 400 (N.B.Q.B.). Cas où le recours a été jugé non exclusif : *Fort Frances Pulp & Paper Co.* c. *Spanish River Pulp & Paper Mills Ltd.*, [1931] 2 D.L.R. 97 (C.J.C.P.); *Street & Brownlee* c. *Ottawa Valley Power Co.*, précité, note 174; *Duquet* c. *Ville de Sainte-Agathe-des-Monts*, [1977] 2 R.C.S. 1132; *Francon Ltée* c. *C.E.C.M.*, [1979] 1 R.C.S. 891; *Abel Skiver Farm Corp.* c. *Ville de Ste-Foy*, [1983] 1 R.C.S. 403; *Rawluk* c. *Rawluk*, [1990] 1 R.C.S. 70; *Daoust* c. *Master Restaurant Equipment Inc.*, [1982] C.A. 1; *Farwell* c. *Cité de Sherbrooke*, (1903) 24 C.S. 350; *Wiseman* c. *City of Montreal*, (1922) 60 C.S. 284; *Beaulieu* c. *Association des pompiers de Montréal*, [1981] C.S. 419; *Bender* c. *The King*, [1946] R.C. de l'É. 529, confirmé par [1947] R.C.S. 172; *Campbell* c. *Halverson*, (1919) 49 D.L.R. 463 (Sask.C.A.); *Stewart* c. *Park Manor Motors Ltd.*, précité, note 175; *Prefontaine* c. *Board of Regina (East) School Unit N° 20*, (1978) 79 D.L.R. (3d) 477 (Sask.Q.B.).

entre différentes lois, conflits que l'interprète devra résoudre de manière à rétablir l'harmonie.

Sous-section 1 : L'interprétation systématique des lois connexes (*in pari materia*)

Le législateur est censé maintenir, dans l'ensemble des lois qu'il adopte sur un sujet donné, une cohérence à la fois dans la formulation des textes et dans les politiques que ces textes mettent en oeuvre :

> « Lorsqu'il se trouve différentes lois dans une même matière, il faut les considérer et les interpréter ensemble, comme un système, comme s'expliquant l'une par l'autre, même si elles remontent à des époques différentes, même si certaines ont expiré, même si elles ne renvoient pas les unes aux autres. »[179]

La justification première de ce principe, c'est que l'on suppose que, lorsque l'auteur d'une loi élabore celle-ci, il tient compte des lois qui sont alors en vigueur, spécialement de celles qui portent sur la même matière, et qu'il façonne la nouvelle loi de manière à ce qu'elle s'intègre convenablement dans le droit existant à la fois au point de vue de la forme et au point de vue du fond. Cette justification du principe fonde le recours aux lois connexes antérieures à celle interprétée, lois qui forment l'environnement légal dans lequel vient s'insérer la loi nouvelle et qui peuvent servir à en préciser le sens.

Qu'en est-il, cependant, des lois connexes postérieures? Il semble qu'en cas d'ambiguïté réelle dans une loi, on puisse invoquer le contenu[180] ou la forme[181] de lois connexes postérieures. Les lois étant toutes l'oeuvre d'un même auteur, on supposera qu'il y a une certaine uniformité dans l'expression et une certaine constance dans

---

[179]   *R. c. Loxdale*, (1758) 1 Burr. 445, 447, 97 E.R. 394, 395 (Lord Mansfield) (traduction). Le même principe a été énoncé en droit canadien : *Toronto Railway Co.* v. *The Queen*, précité, note 90, 27 (j. Strong), arrêt infirmé par [1896] A.C. 551; *Smith c. National Trust Co.*, (1912) 45 R.C.S. 618, 650 (j. Duff).

[180]   *Municipalité de Goulburn c. Municipalité d'Ottawa-Carleton*, [1980] 1 R.C.S. 496.

[181]   *Hayes c. Mayhood*, [1959] R.C.S. 568.

les politiques, abstraction faite du moment de l'adoption, si bien qu'on pourra s'autoriser d'une loi postérieure pour inférer soit le sens des mots dans une loi antérieure, soit la politique qu'une telle loi poursuit. Le recours à la loi connexe postérieure peut également se justifier en considérant celle-ci comme une interprétation législative de la loi antérieure[182]. On peut enfin fonder la prise en compte des lois subséquentes sur le souci de cohérence de la législation qui doit guider l'interprète : ayant à choisir entre deux façons différentes de construire une règle à partir d'un texte, l'interprète devrait toujours favoriser l'interprétation qui assure l'harmonie entre les divers éléments du système juridique plutôt que celle qui entraîne des antinomies ou des incohérences, cela indépendamment de l'époque à laquelle un élément donné a été introduit dans le système.

Les raisons ici évoquées pour fonder le principe du recours aux lois connexes devraient amener à en exclure l'application lorsque des lois sur le même sujet sont l'oeuvre d'autorités différentes. En particulier, la présomption de cohérence ne joue pas entre lois fédérales et lois provinciales sur le même sujet[183], ou, à tout le moins, elle ne s'appliquerait pas avec la même intensité ni tout à fait pour les mêmes raisons. Comme c'est la communauté d'origine de deux lois qui rend ordinairement leur lecture conjointe éclairante, c'est d'abord aux lois connexes adoptées par le même législateur qu'il faut se reporter.

Cependant, on ne peut, d'une part, attribuer à un législateur provincial l'intention de contredire les lois du Parlement fédéral. Une loi fédérale qui serait contraire à une loi provinciale valide rendrait celle-ci inopérante : en vertu des principes généraux d'interprétation, un tel résultat ne doit pas être favorisé si bien qu'une loi provinciale devra être examinée avec les lois fédérales qui seraient susceptibles, en cas de conflit, de la rendre inopérante. D'autre part, on peut également supposer que le législateur connaissait le droit existant au moment où il a édicté une loi. Ce droit est constitué de la législation aussi bien provinciale que fédérale. Comment alors ignorer totale-

---

182 Voir *infra*, p. 649 et suiv.

183 « Il faut lire ensemble les lois d'un même législateur, mais non les lois de législateurs différents ». *R. c. Axler*, (1917) 40 O.R. 304, 307 (j. Middleton) (Ont.S.C.) (traduction).

ment les lois connexes ou analogues, même adoptées par une autre législature ? Si, par exemple, une province légifère pour la première fois sur une matière qui, depuis longtemps, fait l'objet de lois fédérales, ne peut-on pas raisonnablement supposer, en l'absence d'indication contraire expresse ou implicite, que le législateur provincial emploie les termes dans le même sens que celui que leur donne la législation fédérale[184] ?

En résumé donc, la présomption de cohérence entre lois connexes vaut surtout pour les lois émanant d'un même législateur. Elle s'appliquerait néanmoins entre lois issues de deux législateurs différents dans la mesure où il serait possible d'inférer des circonstances une volonté d'un des auteurs d'imiter la forme ou de tenir compte de la substance de l'autre législation[185].

On peut aussi constater que la jurisprudence a parfois recours, pour interpréter les textes législatifs, à des textes analogues adoptés par d'autres législateurs. Cet exercice, qui tient du droit comparé, a souvent pour objet, au Canada, des textes analogues édictés par différents législateurs provinciaux[186]. On reviendra plus loin sur

---

[184] Pour un cas de loi provinciale visiblement inspirée d'une loi fédérale : *District Registrar of the Land Titles* c. *Canadian Superior Oil of California Ltd.*, [1954] R.C.S. 321, 342-344 (j. Kerwin). Dans l'affaire *R.* c. *Sigouin*, [1994] R.J.Q. 1249 (C.A.), on a interprété le pouvoir d'imposer des peines conféré par le *Code criminel* de façon à éviter qu'il n'entre en conflit avec les principes de la loi québécoise sur l'assurance-automobile. Compte tenu de la multiciplicité et de la diversité des lois provinciales, il semble difficile de présumer la volonté du législateur fédéral de respecter la forme des lois provinciales dans ses propres lois. Seules les circonstances particulières de chaque loi pourront permettre de préciser si c'est le cas.

[185] *Sous-ministre du Revenu du Québec* c. *Université de Montréal*, [1981] C.A. 166; *Droit de la famille – 203*, [1985] C.A. 339. On doit noter les efforts déployés par le législateur fédéral afin de rédiger ses lois de façon à assurer mieux leur cohérence avec la législation des provinces qui lui sert de complément dans les matières de droit privé, et notamment avec le droit civil québécois. En témoigne la *Loi n° 1 visant à harmoniser le droit fédéral avec le droit civil de la province de Québec et modifiant certaines lois pour que chaque version linguistique tienne compte du droit civil et de la common law*, Projet de loi C-50 (1ʳᵉ lecture), 1ʳᵉ session, 36ᵉ législature (Can.).

[186] *Nova* c. *Amoco Canada Petroleum Co.*, [1981] 2 R.C.S. 437, 448; *British Columbia Development Corp.* c. *Friedmann*, [1984] 2 R.C.S. 447, 470. Voir également les arrêts cités à la note 149.

l'argument tiré du droit comparé[187], car il ne relève pas véritablement d'un souci de cohérence à l'intérieur d'un système juridique. Il s'agit en fait plutôt d'une argumentation par l'exemple que l'on peut rapprocher, à certains points de vue, des arguments d'autorité.

En pratique, on a recours aux lois connexes ou analogues soit pour en inférer le sens d'un terme, soit pour mieux préciser l'objet d'une loi. De même qu'on présume que règne dans une loi une certaine uniformité dans l'expression, on fait aussi l'hypothèse que le législateur maintient cette uniformité dans l'ensemble des lois sur une matière donnée. Le même terme est censé avoir le même sens dans toutes les lois connexes. Par exemple, le sens du terme « congédiement » que l'on trouve dans la *Loi de la fonction publique* a pu être inféré du sens de ce même terme dans le *Code du travail*[188], ou encore on a pu faire appel au *Code de la route* pour arrêter le sens du terme « automobile » utilisé dans la *Loi d'indemnisation des victimes d'accident d'automobile*[189]. La *Loi d'interprétation* fédérale (art. 15(2)b)) consacre d'ailleurs ce principe à l'égard des définitions données dans un texte législatif : elles valent en principe pour tous les textes portant sur un domaine identique.

Il faut toutefois utiliser cette présomption avec prudence : ce n'est qu'un guide destiné à faire apparaître l'intention du législateur. Il se peut bien que le texte même d'une loi connexe s'oppose tout à fait à l'importation d'une définition prise dans une autre loi[190]. En outre, le sens d'un mot étant largement tributaire de son contexte, il peut être très dangereux de passer d'une loi à une autre sans faire les adaptations au sens des mots que peut exiger un changement de contexte :

> « Il ne fait pas de doute que, en vue de déterminer le sens d'un terme donné dans une loi, on peut prendre en considération

---

187 *Infra*, p. 698 et suiv.

188 *P.G. de la province de Québec* c. *Devlin*, [1974] C.S. 327.

189 *Simard* c. *Godin*, [1973] C.A. 642. Voir aussi : *C.B.* c. *La Reine*, précité, note 146; *Régie des entreprises de construction* c. *Cheminées Yvon Dumais Inc.*, [1980] C.S. 422; *Carroll* c. *Cudney*, (1965) 48 D.L.R. (2d) 58 (Ont.H.C.); *Brunswick of Canada Ltd.* c. *Hunter*, (1969) 3 D.L.R. (3d) 658 (Sask.Q.B.).

190 *Bell Telephone Co.* c. *Municipalité de la partie ouest du canton de Farnham*, (1931) 51 B.R. 387.

l'emploi de ce terme dans d'autres lois, surtout dans le cas de lois portant sur la même matière, mais il est tout à fait faux de supposer qu'on puisse, parce que deux lois portent sur la même matière, transférer une définition en bloc d'une loi à l'autre. »[191]

Pour cette raison, un tribunal pourra même refuser de prendre en considération l'interprétation d'un terme donnée par la jurisprudence à propos d'autres lois[192].

Il convient de signaler qu'en droit canadien il faut tenir compte, dans l'interprétation des lois, de certains textes qui, en raison de leur caractère très général, sont en quelque sorte « connexes » à un grand nombre de lois. Je songe en particulier au Code civil ou au *Code criminel*. On peut supposer que lorsque le législateur fait usage d'un terme auquel l'un de ces textes fondamentaux donne un sens bien précis, le terme doit être entendu, en principe, dans ce sens[193]. On constate effectivement que les tribunaux se réfèrent bien volontiers à ces textes pour établir le sens des termes employés dans des lois particulières. Il est évidemment possible, toutefois, que le sens donné à un terme dans le droit commun ne soit pas celui qui convienne dans le contexte d'une loi particulière donnée[194].

La formulation d'une loi connexe peut aussi être invoquée pour servir de fondement à un raisonnement *a contrario* : une rédaction

---

[191]   *Miln-Bingham Printing Co.* c. *The King*, [1930] R.C.S. 282, 283 (j. Duff) (traduction). Sur la nécessité de vérifier si la loi invoquée utilise le terme litigieux dans un contexte identique ou analogue : *British Columbia Development Corp.* c. *Friedmann*, précité, note 181, 468; *E.H. Price Limited* c. *La Reine*, [1983] 2 C.F. 841, 852 (C.A.).

[192]   Par exemple : l'opinion du juge Laskin dans *J.W. Mills & Sons* c. *La Reine*, [1971] R.C.S. 63, 70. Voir aussi, à ce sujet, *infra*, p. 689 et suiv.

[193]   Recours au *Code civil* pour définir les mots « domicile » (*Poissant* c. *Commissaires d'écoles de St-Jacques le Mineur*, [1957] C.S. 123); « biens » (*Covertite Ltd.* c. *Fonds d'indemnisation des victimes d'accidents d'automobile*, [1965] C.S. 140) ou « posséder à titre de propriétaire » (*Côté* c. *Verge*, [1964] C.S. 373). Recours au *Code criminel* pour interpréter le mot « fiduciaire » (*Gauthier* c. *Commercial Union Assurance Co.*, [1976] C.A. 687); « vol » (*McNamee* c. *Pancaldi*, [1968] C.S. 630; *Lefebvre* c. *Coutu et Joseph*, [1975] C.P. 205) ou « automobile » (*Marquis* c. *Goupil*, [1972] C.A. 207).

[194]   *Saint-Basile, Village Sud (corporation municipale de)* c. *Ciment Québec Inc.*, [1993] 2 R.C.S. 823.

différente dans des lois concernant le même sujet peut faire présumer une différence de sens. Par exemple, dans l'affaire *Carrières* c. *Richer*[195], où il s'agissait des conditions fixées pour remplir les fonctions de syndic, la Cour opposa la rédaction de la *Loi de l'instruction publique* à propos des syndics (« savoir lire et écrire ») à celle du *Code municipal* à propos des conseillers municipaux (« savoir lire et écrire couramment ») pour conclure que la première loi n'exigeait pas des syndics qu'ils sachent lire et écrire avec facilité. Dans *R.* c. *Kussner*[196], la mention, dans une loi connexe, du fait que celle-ci liait la Couronne a servi de fondement à la conclusion que la loi examinée ne la liait pas.

La présomption de cohérence et d'harmonie entre lois connexes ne s'applique pas uniquement à leur forme : elles sont aussi réputées refléter la volonté d'un législateur logique qui, à l'intérieur de l'ensemble des lois sur une même matière, est censé procéder systématiquement, c'est-à-dire sans contradiction, et donner à des problèmes semblables des solutions semblables.

Une loi connexe peut être utile pour préciser le champ d'application d'un texte. Par exemple, on a jugé[197] que la *Loi d'indemnisation des victimes d'accidents d'automobile* devait s'interpréter comme ne s'appliquant pas à des dommages subis en raison d'un acte criminel perpétré au moyen d'une automobile, en l'occurrence, des voies de fait. Le juge estima que, ce type de dommage étant couvert par la *Loi d'indemnisation des victimes d'actes criminels*, il ne pouvait l'être aussi en vertu de la loi déjà citée.

On présumera aussi que le même problème reçoit la même solution dans toutes les lois qui en traitent. Dans l'arrêt *Municipalité du*

---

195   *Carrières* c. *Richer*, (1920) 57 C.S. 378 (C. Rév.).

196   *R.* c. *Kussner*, [1936] R.C. de l'É. 206. On verra aussi, à titre d'illustration de raisonnements *a contrario* fondés sur la rédaction de lois connexes : *Diversified Mining Interest (Canada) Ltd.* c. *Lafontaine*, précité, note 148; *Bouchard* c. *Racine*, [1956] B.R. 217; *Renvoi relatif aux dépens en vertu de la Loi des convictions sommaires de Québec*, [1962] B.R. 533; *Beauchamp* c. *Cité d'Outremont*, précité, note 148; *Commission d'assurance-chômage* c. *Cour provinciale*, précité, note 148. Voir aussi les autres arrêts cités à la note 148.

197   *Ducharme* c. *Fonds d'indemnisation des victimes d'accidents d'automobile*, [1976] C.S. 172.

INTERPRÉTATION DES LOIS

canton de Goulbourn c. *Municipalité d'Ottawa-Carleton*[198], la majorité des juges de la Cour suprême a étudié des lois connexes à la loi examinée en vue de mettre en évidence la politique suivie en Ontario en matière de régionalisation municipale et de régularisation des actifs des municipalités affectées par la régionalisation[199].

En conclusion, il convient de souligner la nature spéciale des rapports de complémentarité qui existent entre le *Code civil du Québec* et les lois particulières. Le Code constitue le fondement des lois particulières dans les matières dont il traite, comme le rappelle la disposition préliminaire du *Code civil du Québec*. Il peut s'agir de lois édictées par le législateur québécois ou de lois fédérales touchant ces matières (il s'agit principalement, mais non exclusivement, de matières de droit privé) et qui font appel, de façon explicite ou implicite, à des concepts, à des principes ou à des règles du droit commun[200]. Le Code sert non seulement de réservoir conceptuel pour les lois particulières[201], mais il en constitue également le complément normatif[202].

---

198 *Municipalité de Goulbourn* c. *Municipalité d'Ottawa-Carleton*, précité, note 175.

199 On verra aussi : *Descarreaux* c. *Jacques*, [1969] B.R. 1109; *Leclerc* c. *Borne*, [1951] C.S. 212.

200 Sur les fonctions du Code civil en tant que droit commun : Jean-Maurice BRISSON, « Le Code civil, droit commun? », dans Pierre-André CÔTÉ (dir.), *Le nouveau Code civil – interprétation et application*, Les journées Maximilien-Caron 1992, Montréal, Éditions Thémis, 1993, p. 292. Sur les rapports du droit civil et du droit fédéral : Jean-Maurice BRISSON et André MOREL, « Droit fédéral et droit civil : complémentarité et dissociation », (1996) 75 *R. du B. can.* 297.

201 Il faut présumer que la référence à un concept du droit commun doit s'entendre comme une référence au concept défini ou utilisé au Code civil.

202 Nombre d'arrêts, de la Cour suprême notamment, illustrent le recours aux règles du Code civil pour compléter le régime juridique établi par une loi particulière. En matière de computation de délais : *Oznaga* c. *Société d'exploitation des loteries et courses du Québec*, [1981] 2 R.C.S. 113; en matière de subrogation : *Commission des accidents du travail du Québec* c. *Gagnon*, [1981] 2 R.C.S. 676; en matière de prescription : *Abel Skiver Farm Corp.* c. *Ville de Ste-Foy*, précité, note 178 et *Doré* c. *Verdun (Ville)*, précité, note 82; en matière de responsabilité civile : *Béliveau St-Jacques* c. *Fédération des employées et employés de services publics Inc.*, précité, note 13; en matière de

Sous-section 2 : L'harmonisation des lois entre elles et la solution des conflits

Le postulat de la rationalité du législateur mène à faire présumer l'absence de conflit entre les lois. Pourtant, l'abondance de la législation rend inévitable les conflits entre les règles énoncées dans divers textes législatifs, que ces conflits soient apparents seulement ou véritables[203].

Une précision d'ordre terminologique mérite d'être ici apportée. Lorsqu'il est question de conflits de lois, on fait normalement référence à un conflit entre deux normes énoncées dans deux textes différents. C'est bien d'antinomies dont il s'agit, c'est-à-dire d'incompatibilité entre des normes ou des règles, et non pas, à strictement parler, de conflits de textes ou de conflits entre des textes.

Un conflit de textes n'implique pas nécessairement un conflit de règles. La rédaction bilingue conduit parfois à un manque de concordance entre les deux versions linguistiques, mais ces deux versions, par hypothèse, ne peuvent fonder qu'une seule règle et ne peuvent donc entraîner une antinomie. Le fait de souligner que le conflit se situe au plan des règles et non au plan des textes permet de mieux réaliser que l'identification du conflit suppose, comme démarche préalable, que les deux textes soient interprétés en vue de construire les règles. Le diagnostic du conflit présuppose donc une interprétation, dont l'un des objectifs sera d'éviter, si c'est possible, de construire deux règles de façon à ce qu'elles entrent en conflit.

Cela dit, il est souvent plus pratique et certainement plus répandu de parler de conflits entre des textes que de faire référence à des conflits entre des règles énoncées dans deux textes différents. Je ne m'écarterai donc pas de cette façon coutumière de désigner les antinomies, mais le lecteur est prévenu qu'il ne sera question ici que de conflits de règles, et non de simples conflits de textes.

---

preuve : *Québec (Curateur public)* c. *Syndicat national des employés de l'Hôpital St-Ferdinand*, précité, note 12.

[203] Il ne sera pas question ici des conflits entre textes législatifs fédéraux et provinciaux, mais uniquement de conflits dans l'ordre interne fédéral ou provincial.

Les précédents montrent que les tribunaux sont d'une extrême réticence lorsqu'il s'agit de conclure à la contradiction entre deux textes. S'il y a véritablement conflit, il devra être réglé par une hiérarchisation des textes : l'un aura priorité sur l'autre qui devra être réputé inopérant ou, selon le vocabulaire conventionnel, « tacitement abrogé ».

Or, il y a une présomption forte contre l'abrogation tacite d'un texte par un autre : elle ne doit jamais être encouragée[204]. À l'inverse, toute interprétation qui permet d'éviter les conflits de lois doit être favorisée, car on présume qu'elle a plus de chances de refléter la volonté du législateur rationnel[205].

Pour analyser le processus d'harmonisation des lois entre elles et la solution des conflits, il faut d'abord considérer la notion de conflit retenue par les tribunaux, puis voir comment les conflits peuvent être soit résorbés par une interprétation qui réconcilie les textes, soit résolus par hiérarchisation des normes incompatibles. Enfin, les problèmes particuliers posés par les conflits de règlements méritent un traitement à part.

Paragraphe 1 : La notion de conflit de règles

Comme on l'a indiqué, il existe une présomption à l'encontre des conflits de lois et de l'abrogation tacite d'une loi par une autre. Comme le juge Barclay l'a exprimé dans *Duval c. Le Roi* :

> « L'abrogation implicite n'est pas considérée avec faveur. Il est raisonnable de présumer que le législateur n'a pas voulu maintenir en vigueur des dispositions vraiment contradictoires ni, par contre, prendre une mesure aussi importante que l'abrogation sans en exprimer l'intention. Il ne faut pas adopter une telle interprétation à moins qu'elle ne soit inévitable. Toute interprétation raisonnable qui permet d'éviter ce résultat a de bonnes chances d'être conforme à l'intention véritable. »[206]

---

204   *Canadian Westinghouse Co.* c. *Grant*, [1927] R.C.S. 625, 630 (j. Anglin).

205   *Duval* c. *Le Roi*, (1938) 64 B.R. 270, 273 (j. Barclay).

206   *Id.*, 273 (traduction).

Vu cette présomption à l'encontre du conflit de dispositions, on devine que les tribunaux favorisent une notion étroite du conflit de lois, de manière à réduire les cas d'abrogation implicite.

Selon la jurisprudence, deux lois ne sont pas en conflit du simple fait qu'elles s'appliquent à la même matière : il faut que l'application de l'une exclue, explicitement ou implicitement, celle de l'autre.

Deux lois ne sont pas en conflit du simple fait qu'elles s'appliquent à la même matière.

D'après une jurisprudence constante, on ne peut conclure au conflit entre deux lois simplement parce que l'une et l'autre occupent le même champ, traitent de la même matière, s'appliquent au même objet : il est en effet possible que les deux traitements soient entièrement conciliables.

Dans *Toronto Railway Co.* c. *Paget*[207], on alléguait un conflit entre une loi régissant une compagnie de chemin de fer et la loi générale sur les chemins de fer. La loi particulière disposait que le passager qui refuse de payer son passage était passible d'une amende. La loi générale prévoyait pour le même cas une sanction d'expulsion du train. Il était expressément prévu dans la loi générale que la loi spéciale avait priorité en cas de conflit. La Cour suprême jugea cependant qu'il n'y avait pas de conflit entre ces deux lois, c'est-à-dire que la disposition prévoyant l'amende ne pouvait pas s'interpréter comme excluant l'application de l'autre sanction, prévue dans la loi générale, soit l'expulsion. Le juge Anglin déclara :

> « Il ne suffit pas, pour écarter l'application de la loi générale, qu'elle traite du même sujet d'une manière légèrement différente. Il n'y a d'incompatibilité que dans la mesure où les dispositions ne peuvent coexister. »[208]

Dans *City of Ottawa* c. *Town of Eastview*[209], la Cour jugea conciliables les dispositions d'une charte municipale autorisant une corpo-

---

207 *Toronto Railway Co.* c. *Paget,* (1909) 42 R.C.S. 488.

208 *Id.,* 499.

209 *City of Ottawa* c. *Town of Eastview,* [1941] R.C.S. 448.

ration municipale à fixer le prix de l'eau fournie à une autre et celles de la loi municipale générale conférant à l'*Ontario Municipal Board* le pouvoir de modifier le prix ainsi fixé.

Dans *R. c. Williams*[210], la majorité des juges considéra qu'un règlement qui prévoyait le paiement d'une amende au cas d'exportation d'or sans permis du ministre des Finances n'était pas incompatible avec un autre règlement qui prévoyait la confiscation de tout bien exporté sans un permis accordé par une commission administrative : le paiement d'une amende pour violation du règlement A n'excluait pas la confiscation du bien exporté contrairement au règlement B.

Une loi qui confère à une commission scolaire le pouvoir de déterminer l'emplacement des écoles peut se concilier avec une autre qui confère à l'autorité municipale le pouvoir général de prescrire l'usage des sols[211].

Une loi qui prévoit l'indemnisation d'une victime d'accident du travail n'exclut pas l'application d'une autre qui concerne le recours en responsabilité civile contre l'auteur du dommage[212]. Une loi qui reconnaît aux Indiens le droit de chasser pour leur subsistance n'est pas contraire à une autre qui prescrit que l'usage des armes à feu ne doit pas mettre en danger la vie d'autrui[213].

Deux lois portant sur la même matière peuvent donc se compléter plutôt que se contredire. On présumera d'ailleurs qu'elles se complètent puisqu'on évite ainsi l'abrogation tacite de l'une d'entre elles.

---

210   *R. c. Williams,* [1944] R.C.S. 226.

211   *City of Toronto* c. *Trustees of the R.C. Separate Schools of Toronto*, [1926] A.C. 81.

212   *R. c. Bender*, [1947] R.C.S. 172.

213   *Myran* c. *La Reine*, [1976] 2 R.C.S. 137. Voir aussi : *Board of Trustees of the School District N° 61 (Greater Victoria)* c. *Canadian Union of Public Employees*, (1977) 71 D.L.R. (3d) 139 (B.C.S.C.); *Re Greer and Ontario Police Commission*, (1980) 107 D.L.R. (3d) 624 (Ont.Div.Ct.); *Re Hewitson and Hughes*, (1981) 119 D.L.R. (3d) 117 (Ont.H.C.J.).

Deux lois sont en conflit si l'application de l'une exclut, explicitement ou implicitement, celle de l'autre.

Il y a conflit entre deux lois, et éventuellement abrogation tacite de l'une d'elles, « si et seulement si elles sont à ce point incompatibles ou contraires qu'elles ne puissent coexister »[214].

L'impossibilité de coexister peut être manifeste à la seule lecture des deux lois : c'est ce que j'appellerai le conflit explicite. Il se peut aussi qu'il apparaisse que la coexistence des textes, bien que matériellement possible, serait contraire à l'intention du législateur : c'est ce que j'appellerai le conflit implicite[215].

Le cas du conflit explicite ne présente guère de difficultés. Ont été jugées incompatibles : une loi décrétant l'insaisissabilité d'une pension et une autre la déclarant saisissable en partie[216]; une loi établissant à six mois la prescription d'un recours et une autre la fixant à trois mois[217]; une loi autorisant la prorogation de délais soit avant soit après leur expiration et une autre exigeant que la prorogation soit accordée avant l'expiration[218]; une loi qui permet que l'irrecevabilité d'une demande soit invoquée en tout état de cause et une autre qui exige qu'elle le soit *in limine litis*[219]; une loi qui impose pour une infraction une amende d'au plus 100 dollars et une autre qui impose, pour la même infraction, une amende de 1000 dollars au

---

214 *Halsbury's Laws of England*, 3ᵉ éd., vol. 36, p. 466 (traduction). Passage approuvé par le juge Judson dans *Daniels c. White and the Queen*, [1968] R.C.S. 517, 526.

215 Le texte qui suit confirme l'existence des deux types de conflits dont il vient d'être fait état : « La loi antérieure serait abrogée tacitement si elle était totalement incompatible avec une loi postérieure, si la combinaison des deux lois entraînait des conséquences tout à fait absurdes, ou si la loi postérieure épuisait complètement la matière [...] ». *The « India »*, (1864) Br. & L. 221, 224, 167 E.R. 345, 346 (j. Lushington) (traduction).

216 *Dionne c. Biron*, [1970] C.A. 933.

217 *Melançon c. Cité de Grand'Mère*, (1931) 50 B.R. 252.

218 *Massicotte c. Boutin*, [1969] R.C.S. 818.

219 *Guy c. Ville de Hauterive*, [1974] C.S. 354.

moins[220]; une loi qui dénie le droit d'appel dans des circonstances où une autre l'accorde[221].

Le conflit implicite, lui, soulève plus de controverses. Rappelons qu'il s'agit du cas où il serait matériellement possible d'appliquer deux lois, mais où il y a de bonnes raisons de croire que le faire serait contraire à l'intention du législateur.

Il y a conflit implicite, par exemple, si l'application cumulative de deux lois, bien que techniquement possible, mène à des conséquences tellement déraisonnables ou absurdes qu'on puisse croire que le législateur n'a pas voulu une telle application. Ainsi, on a jugé[222] que, bien que rien ne s'opposât techniquement à ce qu'une personne soit indemnisée deux fois à l'égard d'un même dommage, il était « inconcevable » que le législateur ait entendu accorder une double indemnité : il fallait donc choisir entre les deux lois[223].

Un autre cas de conflit implicite, plus fréquent, est celui où l'une des deux dispositions en cause peut s'interpréter comme excluant implicitement l'application de toute autre. Par exemple, une législature confère à une municipalité le pouvoir de régir une activité quelconque : fabrication du pain[224], commerce de lait[225], circulation automobile[226]. Plus tard, la législature adopte une autre loi par laquelle elle édicte des mesures relatives aux mêmes matières. Peut-on voir dans cette nouvelle intervention du législateur la manifestation d'une volonté de retirer aux municipalités le pouvoir de légiférer à l'avenir sur les matières régies par la nouvelle loi provinciale? Dans certaines affaires, on a jugé que l'adoption de la loi provinciale ne

220   *Detner* c. *Commission des liqueurs de Québec*, (1923) 35 B.R. 116.

221   *Canada* c. *Schmidt*, [1987] 1 R.C.S. 500.

222   *Ducharme* c. *Fonds d'indemnisation des victimes d'accidents d'automobile*, précité, note 197.

223   On verra *Paroisse de St-Vincent de Paul* c. *Labranche*, (1927) 65 C.S. 195, où l'intention présumée du législateur de ne pas imposer une double taxe est invoquée pour prononcer le conflit.

224   *Bourassa* c. *Paroisse de St-Barnabé*, (1918) 53 C.S. 198.

225   *Re Vancouver Incorporation Act*, [1946] 1 D.L.R. 638 (B.C.C.A.).

226   *R.* c. *Morin*, (1966) 52 D.L.R. (2d) 644 (B.C.S.C.).

devait pas s'interpréter comme une abrogation complète du pouvoir municipal : celui-ci pouvait continuer à s'exercer à la condition toutefois de ne pas contredire la réglementation provinciale, c'est-à-dire que la municipalité pouvait être plus exigeante, mais non moins exigeante que la province[227].

On a, par contre, aussi décidé que l'intervention du législateur provincial dans un champ jusqu'alors attribué aux municipalités pouvait s'interpréter comme une abrogation totale de tout pouvoir municipal en la matière. Dans *Re Vancouver Incorporation Act*[228], le juge Bird exprima l'avis que le pouvoir qu'avait la ville de Vancouver de contrôler la qualité du lait vendu dans ses limites avait été abrogé implicitement par l'adoption du *Milk Act* qui établissait des normes provinciales de qualité. La *Loi sur le lait* établissant un code exhaustif relatif à la qualité du lait, la ville ne pouvait plus appliquer ses règlements à ce sujet même s'ils étaient plus sévères que la réglementation provinciale.

Toute la question sera donc de déterminer, selon les circonstances de chaque affaire, si l'édiction d'une norme peut s'interpréter comme l'exclusion tacite de toute autre[229]. Pour décider cette question, le juge devra considérer l'objet général de la loi pour voir si le législateur avait ou non l'intention de poser une règle complète en

---

227   Voir les arrêts cités aux notes 224 et 226. Voir aussi l'opinion dissidente du juge Sloan dans l'arrêt *Re Vancouver Incorporation Act*, précité, note 225.

228   *Re Vancouver Incorporation Act*, précité, note 225.

229   Une question identique se pose en droit constitutionnel quant à savoir si une intervention législative fédérale peut s'interpréter comme entraînant exclusion de l'intervention provinciale. On verra, à ce propos, l'opinion dissidente du juge Cartwright dans l'arrêt *O'Grady* c. *Sparling*, [1960] R.C.S. 804, 820 et 821. On peut citer aussi, toujours en matière constitutionnelle, l'extrait suivant des notes du juge Dickson dans une affaire australienne *Ex Parte McLean*, (1930) 43 C.L.R. 472, 483 (Aust.H.C.) (traduction) :

« L'incompatibilité ne réside pas dans la simple coexistence de deux lois susceptibles de faire l'objet d'obéissance simultanée. Elle dépend de l'intention de la législature prépondérante d'exprimer par son texte législatif, complètement, exhaustivement, ou exclusivement les règles qui régiront la conduite ou question particulière sur laquelle son attention se porte. Lorsqu'une loi fédérale révèle semblable intention, il est incompatible avec elle que la loi d'un État régisse la même conduite ou question » (texte cité par la majorité dans *Ross* c. *Registraire des véhicules automobiles*, [1975] 1 R.C.S. 5, 16).

elle-même, exhaustive ou exclusive. Les précédents montrent que les tribunaux n'hésiteront pas à conclure au conflit implicite au nom du caractère exhaustif d'une loi[230], mais, parce qu'elle fait appel à l'intention tacite du législateur, c'est là une question au sujet de laquelle les arrêts font voir qu'il y a place pour de franches divergences d'opinion[231].

Paragraphe 2 : La conciliation des règles

Lorsque deux lois paraissent antinomiques, le juge doit résoudre la contradiction, harmoniser les deux textes. Deux techniques s'offrent alors à lui. Ou bien l'antinomie sera résorbée par l'interprétation des textes de manière à les concilier, ou bien la contradiction sera résolue en établissant la prédominance d'un texte sur l'autre. La différence entre les deux techniques paraît plutôt formelle que réelle. Par exemple, c'est la même chose de déclarer, en cas de conflit entre deux textes dont l'un est général et l'autre spécial, que le général doit s'interpréter comme ne s'appliquant pas aux cas couverts par le spécial ou que le spécial déroge au général. Le résultat est identique et ce sont les mêmes motifs qui inspirent la démarche dans les deux cas.

Puisque l'on présume que le législateur est rationnel et qu'il ne se contredit pas, la règle est qu'en face d'un conflit apparent de deux lois, l'interprète doit s'efforcer de voir si la contradiction ne peut pas être évitée par une conciliation des textes en cause :

> « Lorsque l'on se trouve en présence de deux textes législatifs qui à première vue paraissent entrer en conflit l'un avec l'autre, il faut […] essayer de les réconcilier avant de faire prévaloir le plus récent sur le plus ancien et de lui donner l'effet d'une abrogation implicite totale ou partielle de ce dernier. »[232]

---

230   *Bramston c. Colchester Corp.*, (1856) 6 El. & Bl. 246, 253 (Lord Campbell), 119 E.R. 856, 858; *Crown Bakery Ltd. c. Preferred Accident Ins. Co. of N.Y.*, [1933] 4 D.L.R. 117 126 et 127 (j. Martin) (Sask.C.A.).

231   Voir, par exemple, l'opinion dissidente du juge Rand dans *R. c. Williams*, précité, note 210.

232   *Abel Skiver Farm Corp. c. Ville de Sainte-Foy*, précité, note 175, 441 (j. Beetz).

Le plus souvent, l'interprète conciliera les textes en attribuant à chaque loi un champ d'application distinct de manière à reconnaître l'effet de chacune, mais sans contradiction entre elles. Dans *Gladysz* c. *Gross*[233], les dispositions suivantes paraissaient en conflit : celles du *Pound District Act* qui déclarait que les dommages causés par un animal errant dans un « district de fourrière » étaient à la charge du propriétaire de l'animal et celles du *Trespass Act* qui mettait les dommages à la charge du propriétaire des biens endommagés à moins que celui-ci n'ait érigé une clôture conforme aux exigences de la loi. Pour résoudre la contradiction, le tribunal attribua à chaque loi une aire d'application distincte, le *Trespass Act* étant interprété comme ne s'appliquant pas dans les districts érigés en « *pound district* ».

Dans *Ville de Pointe-Claire* c. *Henry Morgan & Co.*[234], le conflit se présentait entre la *Loi des véhicules automobiles* qui prohibait l'imposition d'une taxe sur les véhicules automobiles et la *Loi sur les cités et villes* qui permettait d'imposer une taxe sur les voitures dont on se sert pour faire la livraison. Le conflit fut réglé en interprétant le mot « voiture » dans la *Loi sur les cités et villes* comme ne comprenant pas les véhicules automobiles visés par la *Loi des véhicules moteurs*[235].

Dans *Insurance Corporation of British Columbia* c. *Heerspink*[236], la Cour suprême a jugé conciliables les dispositions de l'*Insurance Act* de Colombie-Britannique permettant à un assureur de mettre fin à un contrat d'assurance sur simple envoi d'un préavis et les dispositions du *Human Rights Code* de cette même province qui exigent qu'on ne prive pas une personne de services habituellement offerts au public si ce n'est pour une cause raisonnable. Ce résultat fut at-

---

[233] Voir, par exemple, l'opinion dissidente du juge Rand dans *R.* c. *Williams*, précité, note 210.

[234] *Ville de Pointe-Claire* c. *Henry Morgan & Co.*, (1938) 76 C.S. 115.

[235] Dans le même sens : *Guaranteed Pure Milk Co.* c. *Town of St-Pierre*, (1940) 78 C.S. 265. On verra aussi, comme exemple d'interprétation conciliante : *City of Montreal* c. *Scotch Anthracite Coal Co.*, (1937) 75 C.S. 49; *Law Society of British Columbia* c. *Lawrie*, (1988) 18 B.C.L.R. (2d) 247 (B.C.S.C.).

[236] *Insurance Corporation of British Columbia* c. *Heerspink*, [1982] 2 R.C.S. 145.

teint en donnant aux dispositions de l'*Insurance Act* une portée simplement procédurale[237].

Comme il vient d'être indiqué, la conciliation n'est qu'une des
méthodes employées pour résoudre les conflits. Elle est d'ailleurs
relativement exceptionnelle, les tribunaux ayant plutôt coutume de
reconnaître ouvertement le conflit et de le trancher en procédant à
une hiérarchisation (plutôt qu'à une interprétation) des textes antinomiques.

Paragraphe 3 : La hiérarchisation des règles

Le mode ordinaire de solution des conflits de loi, c'est celui qui
consiste à hiérarchiser les textes contradictoires, c'est-à-dire à établir
la primauté d'un texte sur l'autre. Celui qui a priorité s'appliquera au
cas examiné, l'autre n'ayant aucun effet à son égard.

Lorsqu'une loi nouvelle prive ainsi d'effet une loi ancienne, on a
coutume de dire que l'ancienne a été « tacitement abrogée ». J'ai
déjà indiqué les raisons pour lesquelles je suis d'avis que le concept
d'abrogation décrit mal le phénomène qui se produit lorsqu'une loi
en rend une autre inopérante[238].

D'après la doctrine admise, c'est la volonté du législateur qui doit
décider laquelle des deux lois en conflit a priorité. Cette volonté peut
être expressément manifestée. À défaut d'expression formelle, il
faudra la déduire en recourant aux règles ordinaires d'interprétation

---

[237]   Dans cette affaire, on a poussé à la limite les possibilités de l'interprétation
conciliatrice. Le texte litigieux, à notre avis, ne pouvait pas s'interpréter
autrement que comme conférant à l'assureur la faculté de résilier le contrat à
son gré, ce qui n'est pas conciliable avec une règle qui pose que l'on ne peut
résilier que si l'on a des motifs raisonnables de le faire. Sans doute parce qu'il
n'était pas entièrement convaincu qu'il n'y avait pas conflit en l'occurrence, le
juge Lamer, dans une opinion concordante, ajouta, à la page 161 : « Donc, tout
en étant d'accord avec le juge Ritchie que "les deux dispositions législatives en
cause peuvent coexister puisqu'il n'y a pas d'incompatibilité directe entre elles",
j'ajouterai que, eût-il eu incompatibilité, le Code eût dû prévaloir ».

[238]   *Supra*, p. 122. Voir aussi : *Meridian Developments Ltd.* c. *Nu-West Group Ltd.*,
[1984] 4 W.W.R. 97, 105 (Alta.C.A.) et *R.* c. *Greenwood*, [1992] 7 O.R. (3d) 1, 7
(Ont.C.A.).

et, en particulier, à certaines maximes qui sont censées indiquer la volonté présumée du législateur en matière de solution des conflits de lois.

Sous-paragraphe 1 : La solution du conflit par le recours à la volonté expresse du législateur

Conscient de la possibilité de conflits entre les lois qu'il adopte, le législateur a pu formuler expressément des règles de solution qui permettront d'établir la priorité d'une loi sur une autre.

Les formules employées pour hiérarchiser diverses lois entre elles sont familières et variées[239]. On écrira que telle disposition s'applique « nonobstant » ou « malgré » toute disposition contraire si on veut établir sa primauté. À l'inverse, si la primauté d'une autre disposition veut être affirmée, on énoncera la règle « sous réserve » de cette autre disposition. On pourra même consacrer à cette question un article entier établissant que les dispositions d'une loi « prévalent sur les dispositions inconciliables de toute autre loi ».

L'application de textes de cette nature peut soulever des difficultés de deux types. La plus évidente est celle liée à l'identification du conflit : ce peut être une question fort controversée que de savoir si deux textes sont inconciliables ou bien s'ils se complètent. L'existence même d'un conflit soulève des questions d'interprétation qui doivent être réglées avant que la règle de solution du conflit ne soit appliquée.

L'autre problème est celui de savoir à l'égard de quelles lois le législateur a voulu établir la prédominance ou la subordination. Est-il nécessaire, par exemple, de préciser qu'une disposition s'applique malgré les dispositions contraires de toute loi générale ou spéciale?

---

[239] On trouvera des exemples de ces formules et de leur application par les tribunaux dans les arrêts suivants : *R. c. Machacek*, [1961] R.C.S. 163; *Detner c. Commission des liqueurs du Québec*, précité, note 220; *Metal Fabricating and Construction Ltd. (Trustee of) c. Husky Oil Operations Ltd.*, (1998) 153 D.L.R. (4th) 432 (Sask.C.A.); *Bergeron c. Commission de transport de Montréal*, [1956] C.S. 59.

Pigeon a écrit[240] que la rédaction « nonobstant toute disposition inconciliable » ne mettait pas de côté les lois spéciales. La prudence recommande peut-être cette rédaction, plus explicite, mais une telle rédaction n'est nullement nécessaire. Les lois générales étant, en vertu des règles ordinaires, écartées par les lois postérieures, il faut interpréter la formule « nonobstant toute disposition inconciliable » comme s'appliquant aux dispositions d'une loi spéciale antérieure qui, à défaut de disposition expresse, risqueraient d'avoir priorité. Le principe de l'effet utile commande d'interpréter cette disposition comme visant les lois spéciales antérieures[241].

Il n'est pas douteux que les dispositions qui ont en vue la hiérarchisation des lois entre elles visent les lois antérieures : « nonobstant toute autre loi inconciliable » signifie certainement « nonobstant toute loi antérieure inconciliable ». Une telle disposition peut-elle également s'interpréter comme établissant la prédominance d'un texte même à l'égard de lois futures?

À première vue, ces dispositions n'établissent de rapport hiérarchique qu'avec les lois antérieures. Le législateur est souverain et il pourra, dans un texte postérieur, déroger à la loi ancienne sans avoir à le dire expressément ou à employer quelque formule particulière que ce soit : sa volonté devra être déduite de la loi la plus récente, selon les règles ordinaires, et il faut présumer qu'il n'entend pas faire des lois qui seraient dès leur naissance inopérantes en raison d'une clause dérogatoire contenue dans une loi antérieure[242].

---

240   L.-P. PIGEON, *op. cit.*, note 118, pp. 88 et 89.

241   *Doré* c. *Verdun (Ville)*, précité, note 82, 887.

242   *R.* c. *Broughton*, [1951] O.R. 263, 268 (j. Robertson) (Ont.C.A.); *Re Mitchell and Employments Standards Division Department of Labour*, (1977) 78 D.L.R. (3d) 631, 637 (j. Wilson) (Man.Q.B.). Dans un autre arrêt (*R.* c. *Williams*, précité, note 210) le juge Kerwin a émis, à la page 232, un avis contraire. Compte tenu du fait que cette opinion n'est appuyée par aucun motif et qu'elle porte sur des textes d'un caractère très spécial (des règlements édictés en vertu de la *Loi sur les mesures de guerre*), je crois qu'elle ne doit pas être retenue comme règle générale. Une décision en sens contraire, *Pioneer Grain Co.* c. *Kraus*, [1981] 2 C.F. 815, 825 (C.A.), s'explique sans doute par l'interprétation particulière donnée par les tribunaux aux « clauses privatives ».

Toutefois, il peut bien arriver que la loi vise clairement à assurer sa propre préséance même à l'égard de textes postérieurs[243]. Une disposition de ce type soulève cependant la délicate question de la validité constitutionnelle d'une clause par laquelle le législateur imposerait des restrictions formelles à l'expression de sa propre volonté[244].

Même si la loi a prévu la survenance d'un conflit et a expressément disposé à ce sujet, il peut surgir des difficultés. Ces difficultés sont néanmoins beaucoup plus nombreuses lorsqu'il faut s'en remettre à la volonté tacite du législateur.

Sous-paragraphe 2 : La solution du conflit par le recours à la volonté tacite du législateur

À défaut de dispositions expresses sur la hiérarchisation, l'interprète est réduit à rechercher, à l'aide des règles ordinaires d'interprétation, celle des lois que le législateur a entendu faire prédominer.

Pour l'assister dans cette tâche, l'interprète peut s'appuyer sur certains principes : celui de la priorité de la loi postérieure, celui de la préséance de la loi spéciale. Outre que ces principes sont, comme nous le verrons, d'un maniement parfois délicat, ils n'ont aucun caractère absolu : ce ne sont que des outils qui permettent d'établir des conclusions plausibles, mais qui n'assurent pas le résultat. Les tribunaux ont tenu à garder les coudées franches dans ce domaine et, s'ils ont recours aux principes, ils refusent néanmoins de s'y laisser enfermer :

> « Dans l'interprétation des lois et des arrêtés en conseil, les tribunaux ont adopté certaines règles et maximes détaillées, mais il faut éviter de les employer d'une manière qui fait perdre de vue

---

[243] Par exemple : *Re Thompson and Lambton County Board of Education*, (1973) 30 D.L.R. (3d) 32, 38 (j. Van Camp) (Ont.H.C.).

[244] *Ellen Street Estates Ltd.* c. *Minister of Health*, [1934] 1 K.B. 590.

l'objectif fondamental, qui est de découvrir l'intention du Parlement ou du Gouverneur en conseil et de s'y conformer. »[245]

Si deux lois sont véritablement en conflit et que le législateur n'a pas expressément établi la prédominance de l'une d'elles, on peut, pour découvrir la volonté du législateur, faire appel à deux principes qui viennent du droit romain et qui sont exprimés sous forme de maximes latines : le principe de la préséance de la loi postérieure (*leges posteriores priores contrarias abrogant*) et celui de la préséance de la loi spéciale (*generalia specialibus non derogant*).

Le principe de la préséance de la loi postérieure se comprend aisément. On suppose qu'au moment où il édicte une loi, le législateur connaît l'existence et le contenu des lois alors en vigueur. Si, dans la loi nouvelle, il adopte une règle inconciliable avec une règle préexistante, on conclura tout naturellement qu'il a entendu déroger à celle-ci et que sa dernière volonté doit l'emporter. Ainsi, dans l'arrêt *Pouliot* c. *Town of Fraserville*, le juge Brodeur a écrit :

> « Ces deux dispositions sont donc contradictoires [...] et alors la dernière doit prévaloir, vu qu'elle contient la volonté du législateur telle qu'exprimée en dernier lieu. »[246]

L'application de ce principe peut donner lieu à quelques difficultés. Rappelons encore une fois qu'il n'est applicable qu'au cas de lois inconciliables et en l'absence de dispositions expresses de hiérarchisation. Soulignons aussi que, pour juger de la postériorité d'une loi par rapport à une autre, il faut se reporter au jour de la sanction, qui marque le moment de l'expression de la volonté du législateur, et non à celui de l'entrée en vigueur de la loi, lorsque ce dernier est différent du jour de la sanction[247]. Il faudrait également se reporter au jour de la sanction de la loi originaire et non à celui où la loi est

---

[245]   Opinion exprimée au sujet de la maxime *generalia specialibus non derogant* par le juge Kerwin dans *R.* c. *Williams*, précité, note 210, 231 (traduction).

[246]   *Pouliot* c. *Town of Fraserville*, (1916) 54 R.C.S. 310, 326. On verra aussi *Villeneuve* c. *Pageau*, [1956] B.R. 847, 850 (j. Galipeault).

[247]   Voir *supra*, p. 115.

refondue : la loi de refonte ne fait pas office de loi nouvelle[248]. Dans le cas de deux lois sanctionnées le même jour, on a parfois décidé que l'on devait présumer postérieure celle qui porte le numéro d'ordre le plus élevé dans le recueil des lois[249]. Cette présomption m'apparaît, dans le contexte actuel, comme totalement arbitraire et il me semble que l'interprète devrait chercher ailleurs des raisons de préférer l'une ou l'autre des lois en conflit.

En principe donc, la loi postérieure l'emporte. Ce principe comporte une exception lorsque la loi antérieure apparaît être de nature spéciale par rapport à la loi la plus récente. Dans ce cas, la loi générale postérieure est réputée ne pas déroger à la loi spéciale antérieure : *generalia specialibus non derogant*.

Le raisonnement sur lequel on fait reposer cette présomption est le plus souvent présenté ainsi :

« Lorsque le législateur, après avoir considéré une question particulière, édicte des dispositions, on présume qu'une loi générale postérieure n'est pas destinée à remettre en cause les dispositions particulières, à moins que cette intention ne soit manifestée clairement. »[250]

On peut également voir dans la priorité de la loi spéciale antérieure sur la loi générale plus récente une application du principe général de l'effet utile. En accordant préséance à la disposition spéciale, on se trouve à donner effet aux deux lois, à la loi antérieure pour les cas particuliers qu'elle a en vue et à la loi postérieure pour les autres cas. C'est en somme la solution d'économie qui est retenue.

Bien que le Code civil ait, en droit privé, le caractère d'une loi fondamentale, il est bien établi qu'en principe, les dispositions du Code,

---

248 *Winnipeg School Division N° 1* c. *Craton*, [1985] 2 R.C.S. 15; *R.* c. *Williams*, précité, note 210, 234 et 235 (j. Kerwin); *Villeneuve* c. *Pageau*, précité, note 246, 852 (j. Galipeault).

249 *British Columbia Electric Railway Co.* c. *Stewart*, [1913] A.C. 816.

250 Lord Hobhouse dans *Barber* c. *Edger*, [1898] A.C. 748, 754 (traduction). Cet extrait a été cité par Lord Wright dans *City of Montreal* c. *Montreal Industrial Land Co.*, [1932] A.C. 700, 707. Voir aussi les notes du juge Barclay dans *Harrison Brothers Ltd.* c. *Cité de St-Jean*, (1937) 62 B.R. 357, 373.

une loi de portée générale, ne prévalent pas sur celles de lois particulières antérieures[251], à moins, bien sûr, que le législateur ne l'ait
prévu formellement[252].

Si la loi spéciale l'emporte en principe sur la loi générale
lorsqu'elle est antérieure à celle-ci, à plus forte raison aura-t-elle
préséance sur la loi générale si elle lui est postérieure, tant et si bien
qu'on peut affirmer un principe général de prédominance de la loi
spéciale, dont les exemples d'application jurisprudentielle sont très
nombreux. On a, par exemple, jugé qu'une charte municipale déroge
à la loi générale sur les municipalités[253]; qu'une loi applicable à certaines municipalités seulement l'emportait sur une loi applicable à
l'ensemble de ces dernières[254]; qu'une disposition concernant l'appel
sur une matière donnée déroge à un texte applicable à tous les
appels[255]; qu'une loi qui déclare insaisissables certaines pensions
particulières fait exception à des dispositions du *Code de procédure
civile* concernant la saisissabilité des pensions[256].

Le principe de la primauté de la loi spéciale n'est pas applicable,
faut-il le rappeler, si les lois en conflit apparent se révèlent compatibles ou si le législateur a édicté des dispositions expresses concernant
la solution des conflits de lois. Si le principe est applicable, son application est susceptible de soulever des questions très épineuses, en
particulier celle de la qualification d'une disposition comme générale
ou spéciale.

---

251   *Lalonde* c. *Sun Life du Canada, Cie d'assurance-vie*, [1992] 3 R.C.S. 261; *Tolofson*
        c. *Jensen*, [1994] 3 R.C.S. 1022; *Compagnie d'immeubles Yale Ltée* c. *Kirkland
        (Ville de)*, [1996] R.J.Q. 502 (C.Q.).

252   *Doré* c. *Verdun (Ville)*, précité, note 82.

253   *City of Vancouver* c. *Bailey*, (1895) 25 R.C.S. 62; *Cité de Trois-Rivières* c. *Hébert*,
        (1924) 36 B.R. 229; *Ville de Montréal* c. *Godin*, [1975] C.S. 324.

254   *Carey* c. *Charron*, [1966] B.R. 173.

255   *Massicotte* c. *Boutin*, précité, note 218; *A.G. for Alberta* c. *Roskiwich*, [1932]
        R.C.S. 570.

256   *Dionne* c. *Biron*, précité, note 211. Voir aussi : *Family and Children's Services of
        Kings County* c. *T.G.S.C.C.*, (1986) 70 N.S.R. (2d) 213 (N.S.C.A.); *Smith* c. *Frick*,
        (1984) 5 D.L.R. (4th) 574 (B.C.C.A.).

Par exemple, une charte municipale attribue notamment à la municipalité le pouvoir de réglementer le commerce du lait. Une loi provinciale est adoptée qui porte uniquement sur la production laitière. Si on fait l'hypothèse d'un conflit entre les deux lois, laquelle devrait l'emporter[257]? Laquelle est « spéciale »? La loi provinciale, dira-t-on, puisqu'elle ne porte que sur le lait, alors que la charte municipale porte sur l'administration locale en général[258]. Certainement pas, répliquera-t-on : la charte municipale est spéciale, puisqu'elle s'applique uniquement au territoire de la ville, alors que la loi provinciale est d'application générale dans la province[259]. À la vérité, comme l'a écrit dans l'affaire *Vancouver*, le juge Smith :

> « La qualification d'une loi comme loi spéciale (par opposition à une loi générale) est une question qui dépend de l'interprétation des diverses lois à la lumière de toutes les circonstances. »[260]

Aussi ne faut-il pas s'étonner de trouver des arrêts où se manifestent de profondes divergences d'opinions entre les juges quant à ce qui est spécial et ce qui est général[261]. Cela dépend, évidemment, de l'aspect du problème que l'on décide d'envisager!

Comme je l'ai signalé, les principes de préséance de la loi nouvelle ou de la loi spéciale sont tout au plus des guides, des présomptions d'intention du législateur. À plusieurs reprises, les tribunaux ont affirmé qu'il fallait se garder d'un respect aveugle de principes qui ne

---

257 C'est l'un des problèmes qui se posaient dans l'arrêt *Re Vancouver Incorporation Act*, précité, note 225.

258 Ce fut l'avis des juges Smith (*id.*, 643) et Bird (*id.*, 652).

259 C'était la prétention des commerçants de lait dans l'affaire *Vancouver Incorporation Act*, précité, note 225, 642.

260 *Id.*, 643 (traduction).

261 *Greenshields* c. *La Reine*, précité, note 28; *R.* c. *Lincoln Mining Syndicate Ltd.*, [1959] R.C.S. 736; *Donaldson* c. *The Queen*, (1977) 14 O.R. 684 (Ont.H.C.J.). Dans la dernière affaire, une loi fixait la règle de prescription applicable en cas d'accident de la route et une autre celle qui régit les recours contre les fonctionnaires publics. Dans l'hypothèse d'un accident routier causé par un véhicule conduit par un fonctionnaire public, quelle loi devait-on appliquer? Le point de vue que le juge décide de favoriser dans l'appréciation du caractère général ou spécial est évidemment déterminant : *R.* c. *Canadian Broadcasting Corp.*, (1992) 72 C.C.C. (3d) 545 (Ont.Div.Ct.).

doivent pas faire perdre de vue l'objectif premier de l'interprète : découvrir l'intention du législateur. Dans l'arrêt *R. c. Williams*, dont il a déjà été question, on trouve, dans les notes du juge Hudson, le passage suivant :

> « On invoque la maxime *generalia specialibus non derogant* comme une règle susceptible de trancher la question; or, cette maxime n'est pas une règle de droit, mais une règle d'interprétation qui cède devant l'intention du législateur dès lors que l'intention peut raisonnablement se déduire de l'ensemble de la législation pertinente. »[262]

Dans l'affaire *R. c. Lincoln Mining Syndicate Ltd.*[263], le juge Kerwin a de nouveau manifesté son scepticisme à l'égard du secours que l'on peut trouver dans les maximes et a préféré fonder sa décision sur une étude de la finalité des dispositions en conflit en tentant de donner à chacune l'interprétation la plus susceptible de respecter la volonté du législateur[264].

Il est donc tout à fait possible qu'une loi générale ait préséance sur une loi spéciale antérieure si cela paraît conforme à l'intention du législateur telle qu'on peut la déduire par les méthodes usuelles : historique législatif, objet des lois en conflit et ainsi de suite[265]. Par exemple, dans *Winnipeg School Division N°1 c. Craton*[266], on a jugé qu'en cas de conflit entre une charte des droits et une loi spécifique, la charte devait l'emporter à titre de loi fondamentale.

---

262   *R. c. Williams,* précité, note 210, 239 (traduction).

263   *R. c. Lincoln Mining Syndicate Ltd.,* précité, note 261.

264   Dans le même sens, voir l'arrêt du Conseil privé dans *City of Montreal c. Montreal Industrial Land Co.,* précité, note 250.

265   *R. c. Williams,* précité, note 210; *City of Montreal c. Montreal Industrial Land Co.,* précité, note 250; *Collège des pharmaciens de la province de Québec c. Besner,* [1960] C.S. 720; *Reid Newfoundland Co. c. The Queen in the Right of Newfoundland,* (1983) 140 D.L.R. (3d) 553 (Nfld.C.A.). Voir aussi les arrêts cités dans William F. CRAIES, *On Statute Law,* 7e éd. par S.G.G. Edgar, Londres, Sweet & Maxwell, 1971, pp. 381 et 382. Voir également : Lucien LEBLANC et Richard TREMBLAY, « Interprétation des lois – Commentaire », (1982) 42 *R. du B.* 680 et la réponse de Raymond NEPVEU, « Interprétation des lois », (1983) 43 *R. du B.* 107.

266   *Winnipeg School Division N° 1 c. Craton,* précité, note 248. Dans le même sens : *Druken c. Canada,* [1989] 2 C.F. 24 (C.A.).

On ne peut donc que rester sceptique devant des jugements dans lesquels un difficile conflit de lois est tranché par l'application quasi automatique d'une maxime sans qu'à aucun moment le tribunal ne juge bon de faire état de l'objet de l'une ou l'autre des dispositions en conflit ou de ce qu'a pu être la volonté du législateur en les édictant et en les maintenant toutes deux en vigueur[267].

Paragraphe 4 : Les conflits de règlements

Les conflits de règlements ont été peu traités en doctrine et la jurisprudence s'est rarement intéressée à cette question : on présume généralement que les règles de solution de conflits de lois peuvent se transposer sans problème aux conflits de règlements[268].

Deux raisons me paraissent cependant justifier que la question des conflits de règlements soit distinguée de celle des conflits de lois. Premièrement, lorsqu'il s'agit de règlements, la solution du conflit devra être recherchée non seulement dans les termes des règlements eux-mêmes, mais aussi dans ceux des lois habilitantes; dans le cas de lois, sauf le conflit entre lois fédérales et provinciales, on n'a pas besoin de regarder ailleurs que dans les lois elles-mêmes pour déterminer la solution du conflit[269]. Deuxièmement, le conflit de lois se pose lorsque deux normes émanant d'un auteur commun sont contradictoires; le conflit de règlements peut opposer des règles édictées par deux autorités distinctes.

---

[267] On trouvera dans l'arrêt *Dionne* c. *Biron*, précité, note 216, un cas patent d'application mécanique de la maxime *generalia specialibus non derogant*. La conclusion du tribunal est bien discutable. Son raisonnement (exprimé en deux courts paragraphes) n'est guère convaincant : la disposition qualifiée de spéciale par le tribunal aurait tout aussi bien pu être considérée comme générale.

[268] On verra, sur les conflits entre des règlements et d'autres textes législatifs : René DUSSAULT et Louis BORGEAT, *Traité de droit administratif*, 2ᵉ éd., t. 1, Québec, Presses de l'Université Laval, 1984, pp. 519-529.

[269] Sauf évidemment le cas des conflits entre lois fédérales et provinciales, dont il n'est pas ici question. Je ne traiterai pas, non plus, du conflit entre une loi et un règlement. À ce sujet, on pourra consulter : Pierre BLACHE, « Du pouvoir de changer la loi par acte réglementaire statutaire », (1977) 12 *R.J.T.* 371.

Lorsque deux règlements paraissent en conflit[270], l'interprète devrait d'abord porter attention à la ou aux lois habilitantes, non pas en vue de déterminer la validité des règlements en conflit (puisqu'ils sont en conflit, on suppose qu'ils sont tous deux valides), mais pour y déceler une règle de hiérarchisation. La ou les lois habilitantes peuvent en effet contenir des dispositions expresses concernant les conflits : le législateur a pu prévoir que les règlements édictés en vertu de la loi A seront subordonnés à ceux qui s'autorisent de la loi B[271]. Si c'est le cas, il suffit d'appliquer la règle de solution voulue par l'auteur de la ou des lois.

À défaut de disposition expresse, il sera prudent de faire une étude du contenu de la ou des lois habilitantes pour voir si on peut y découvrir une règle implicite de hiérarchisation des règlements[272]. Ainsi, si la loi A donne au ministre de la Voirie le pouvoir de faire les règlements de circulation routière et la loi B au ministre du Travail celui de faire les règlements concernant la circulation sur les chantiers de construction routière, on pourrait être justifié de conclure que les dispositions de la loi B ont rendu celles de la loi A inopérantes en ce qui concerne les chantiers de construction routière. Un règlement qui s'autorise d'une disposition rendue inopérante est nécessairement sans effet, ce qui fait disparaître le conflit.

À défaut de pouvoir tirer des lois habilitantes des principes de solution du conflit, il faut considérer les règlements eux-mêmes. Ici une distinction fondamentale doit être faite selon que les deux règlements inconciliables émanent ou non de la même autorité.

Si les deux règlements en conflit sont l'oeuvre de la même autorité, c'est la volonté de cette autorité qui doit décider lequel a préséance, sous réserve, évidemment, que la ou les lois habilitantes n'aient pas posé à ce sujet de règle précise. Le principe que je viens

---

270   La notion de conflit retenue pour les conflits de lois me paraît pouvoir s'appliquer également aux conflits de règlements.

271   C'était le cas dans l'arrêt *Ménagère Coop* c. *Comité paritaire du commerce de gros et de détail de Rimouski*, [1962] C.S. 164.

272   À titre d'illustration d'une démarche de ce genre : *Union Gas Ltd.* c. *Township of Dawn*, (1977) 76 D.L.R. (3d) 613 (Ont.H.C.) et *Bishop-Beckwith Marsh Body* c. *Wolfville (Town)*, (1996) 135 D.L.R. (4th) 456 (N.S.C.A.).

d'énoncer s'applique même si les deux règlements s'autorisent de deux lois différentes : s'agissant de deux textes valides adoptés par un même auteur, c'est à la volonté de l'auteur qu'il faut s'en remettre[273]. Volonté formellement exprimée dans l'un ou l'autre des règlements ou volonté tacite, éventuellement dégagée selon les principes ordinaires d'interprétation : préséance du règlement le plus récent ou le plus particulier. En somme, si deux règlements en conflit sont issus d'un même auteur, les règles ordinaires d'interprétation sont applicables à la solution du conflit, sous réserve d'un principe de solution contenu implicitement ou explicitement dans la ou les lois habilitantes.

Si les deux règlements contradictoires ne sont pas issus de la même autorité, le problème est tout différent puisqu'il n'est pas alors pertinent de rechercher la volonté de l'un ou l'autre des auteurs : on a affaire à un conflit de compétences et seule la volonté du législateur devrait pouvoir le résoudre. Le règlement du Gouverneur en conseil a-t-il préséance sur celui de telle commission? Le règlement municipal peut-il rendre inopérant un règlement provincial? À ces questions, il sera toujours très difficile de répondre en l'absence de textes formels de solution, à moins que ne s'établissent certains principes du genre de celui que l'on trouve en droit constitutionnel, par exemple (le principe de la prépondérance des lois fédérales sur les lois provinciales).

Je fais ici l'hypothèse que l'étude des lois habilitantes ne permet pas de résoudre le conflit : les dispositions habilitantes ne sont pas contradictoires, donc on ne peut les hiérarchiser à l'aide des principes ordinaires, en faisant, par exemple, prévaloir la loi habilitante spéciale sur la loi habilitante plus générale[274] ou la plus récente sur la plus ancienne[275]. Si c'était le cas, les règlements s'autorisant de la disposition habilitante inopérante seraient eux-mêmes inopérants.

---

273 Par exemple : *R. c. Williams*, précité, note 210.

274 Comme le tribunal l'a fait dans *Union Gas Ltd. c. Township of Dawn*, précité, note 272. Voir aussi : *R. c. Barnaby*, (1986) 68 N.B.R. (2d) 71 (N.B.Q.B.).

275 Comme le propose Pierre BLACHE, dans « Pouvoir réglementaire ou fonctions législatives de l'Administration », dans Raoul BARBE (dir.), *Droit administratif canadien et québécois*, Ottawa, Éditions de l'Université d'Ottawa, 1969, p. 49, à la page 62.

Toutefois, il arrive souvent que les lois habilitantes ne soient aucunement contraires. Par exemple, une loi A autorise le ministre des
Transports à faire des règlements sur la circulation routière et une loi
B autorise le ministre du Travail à faire les règlements sur la sécurité
du travail. Les deux autorités pourraient réglementer la circulation
sur un chantier de construction routière, l'une sous l'aspect de la
sécurité routière, l'autre sous l'aspect de la sécurité du travail. Si ces
deux règlements entrent en conflit, lequel devrait prédominer?

Les règles ordinaires d'interprétation sont peu utiles dans un cas
comme celui-là, car il n'y a pas de conflit entre les lois habilitantes :
comme il le fut indiqué plus haut, le problème qui se pose ici est
analogue à celui que l'on trouvera en droit constitutionnel lorsque
deux autorités légifèrent sur le même objet sous deux aspects : les
deux lois sont valides et, si elles sont en conflit, la loi fédérale est
prépondérante, en vertu de la Constitution.

L'arrêt de la Cour suprême dans *British Columbia Telephone Co. c.
Shaw Cable Systems (B.C.) Ltd.*[276] indique, je crois, la méthode à suivre dans ce cas. Il faut se demander, en ayant recours à une analyse
« pragmatique et fonctionnelle », à quel règlement le législateur
aurait souhaité accorder la priorité. Les indices de la volonté du législateur pourraient être tirés notamment du texte des lois habilitantes,
de leur historique, du niveau d'autorité auquel a été pris le règlement ainsi que du caractère général ou particulier des textes conflic-
tuels.

L'arrêt de la Cour d'appel de la Nouvelle-Écosse dans *Bishop-
Beckwith Marsh Body c. Wolfville (Town)*[277] est, à cet égard, exem-
plaire. La Cour devait décider s'il fallait donner priorité aux
règlements de la municipalité de Wolfville édictés en vertu de la
Planning Act de Nouvelle-Écosse ou aux règlements de protection
des milieux humides édictés par une administration locale, le Bishop-

---

[276]   *British Columbia Telephone Co. c. Show Cable Systems (B.C.) Ltd.*, (1995) 2 R.C.S.
        739. Cette affaire est applicable par analogie seulement, puisqu'elle soulevait
        un conflit de décisions de portée individuelle entre deux organismes
        administratifs de régulation. Les principes mis de l'avant par la Cour devraient,
        à mon avis, s'appliquer sans difficultés à la question du conflit des mesures de
        portée générale.

[277]   *Bishop-Beckwith Marsh Body c. Wolfville (Town)*, précité, note 272.

Beckwith Marsh Body. Les textes étaient en conflit puisque la réglementation d'urbanisme autorisait des usages de certains terrains que la réglementation de protection des milieux humides prohibait.

Le tribunal a abordé la question en termes de recherche de l'intention du législateur de la province quant à savoir lequel des deux régimes de régulation devait avoir la priorité. Il a conclu à la primauté du système de réglementation mis en place par le *Planning Act* en faisant appel à des arguments tirés du libellé des lois habilitantes, de leur historique et en recherchant lequel des deux systèmes de contrôle devait prévaloir, compte tenu des mécanismes prévus dans chacun pour assurer la participation du milieu à leur élaboration et pour permettre un arbitrage du gouvernement en cas de désaccord au niveau local.

SECTION 3 : LA CONFORMITÉ AUX NORMES DE NIVEAU SUPÉRIEUR

Toutes les normes juridiques n'ont pas la même autorité : certaines sont réputées, pour diverses raisons, plus importantes ou plus fondamentales que d'autres.

Dans la rédaction d'un texte législatif, on présume qu'il est tenu compte de ces normes de niveau supérieur et que l'auteur du texte n'entend pas y déroger. Parmi ces normes, il convient de distinguer les principes du droit d'autres normes ayant valeur de simples règles de droit.

Sous-section 1 : La conformité aux principes

La conception du droit qui définit celui-ci comme constitué uniquement de règles formellement édictées par le législateur ou dégagées par le juge est de plus en plus contestée et l'importance jouée par les principes dans la vie juridique est aujourd'hui clairement reconnue en droit positif canadien.

Les principes du droit peuvent, dans certains cas, suppléer à l'absence de règles formelles concernant une question précise[278], mais leur fonction la plus usuelle consiste à orienter l'interprétation, notamment l'interprétation des lois.

Dans *R. c. Tutton*, la juge Wilson, au sujet de l'interprétation d'une disposition du *Code criminel*, a écrit :

> « [J]'estime que le tribunal devrait donner à la disposition en cause l'interprétation la plus conforme non seulement à son texte et à son objet, mais aussi, dans la mesure du possible, celle qui s'accorde le mieux avec les concepts et les principes plus larges du droit. »[279]

Dans *Vidéotron Ltée c. Industries Microlec Produits Électroniques Inc.*[280], le juge Gonthier a fait appel à un « principe fondamental du droit pénal » du Québec dans l'application du *Code de procédure civile* du Québec. Il s'agissait du principe voulant qu'une personne accusée ne soit pas contraignable à témoigner.

En droit statutaire, les principes se traduisent souvent en « présomptions d'intention du législateur » : celui-ci est réputé vouloir se conformer à certains principes tels, en droit transitoire, le principe de la non-rétroactivité de la loi et le principe du maintien des droits acquis.

L'appel fréquent aux principes caractérise par ailleurs l'interprétation en droit civil. La disposition préliminaire du *Code civil du Québec* invite expressément les interprètes du Code à tenir compte des principes généraux du droit, auxquels le Code est censé se conformer. Il convient également de rappeler les paroles souvent citées du juge Beetz dans *Cie Immobilière Viger Ltée c. Lauréat Giguère Inc.* :

---

278   Par exemple, en droit constitutionnel : *Renvoi relatif à la sécession du Québec*, [1998] 2 R.C.S. 217; en droit civil : *Banque de Montréal c. Ng*, précité, note 136.

279   *R. c. Tutton*, [1989] 1 R.C.S. 1392, 1404.

280   *Vidéotron Ltée c. Industries Microlec produits électroniques Inc.*, [1992] 2 R.C.S. 1065, 1078.

« Le *Code civil* ne contient pas tout le droit civil. Il est fondé sur des principes qui n'y sont pas tous exprimés et dont il appartient à la jurisprudence et à la doctrine d'assurer la fécondité. »[281]

Dans l'interprétation jurisprudentielle du Code civil, les références aux principes sont nombreuses. À titre d'exemples : le principe de la relativité des contrats[282]; le principe de la liberté contractuelle[283]; le principe de la bonne foi dans les relations contractuelles[284]; le principe voulant que nul ne puisse tirer profit de sa faute[285]. L'incompatibilité avec les principes du droit civil peut constituer un motif de rejeter une interprétation du Code qui pourrait se justifier sur le seul plan de l'équité[286].

Sous-section 2 : La conformité aux règles de niveau supérieur

L'interprète doit favoriser l'interprétation d'un texte qui permet de le concilier avec les textes qui énoncent des règles de niveau hiérarchique supérieur. On présume que le législateur n'entend pas déroger à ces règles, qu'il s'agisse de règles du droit international (1), de règles qui conditionnent la validité du texte (2) ou de règles énoncées dans certains textes de nature fondamentale (3).

---

[281] *Cie immobilière Viger Ltée* c. *Lauréat Giguère Inc.*, [1977] 2 R.C.S. 67, 76.

[282] *Houle* c. *Banque canadienne nationale*, [1990] 3 R.C.S. 122, 155.

[283] *Chablis Textiles Inc. (Syndic de)* c. *London Life Insurance Co.*, précité, note 12, 175.

[284] *Canadian Indemnity Company* c. *Canadian Johns-Manville Company*, précité, note 12, 605.

[285] *Banque nationale* c. *Soucisse*, [1981] 2 R.C.S. 339, 358.

[286] *Lapierre* c. *P.G. du Québec*, [1985] 1 R.C.S. 241; *Laferrière* c. *Lawson*, [1991] 1 R.C.S. 541. Sur le recours aux principes généraux du droit dans l'interprétation du Code civil, on verra aussi J.E.C. BRIERLEY et R.A. MACDONALD, *op. cit.*, note 136, pp. 128-130.

**Paragraphe 1 : La présomption de conformité au droit
international**

Dans notre régime constitutionnel, il est tout à fait loisible au
Parlement ou à une législature d'édicter des textes législatifs inconciliables avec les engagements internationaux de l'État : une loi n'est
pas nulle du simple fait qu'elle violerait une règle coutumière ou
conventionnelle[287]. Cependant, le législateur est censé ne pas vouloir
légiférer d'une manière inconciliable avec des obligations internationales de l'État. Entre deux sens possibles d'une disposition, il
faut préférer celui qui est conforme à ces engagements. Toutefois,
on ne pourrait refuser d'appliquer un texte formel pour le motif de
son incompatibilité avec un traité ou une règle coutumière de droit
international.

Dans l'arrêt *Daniels* c. *White and the Queen*[288], le juge Pigeon a
énoncé comme suit le principe d'interprétation en question :

> « [I]l s'agit ici d'un cas où il y a lieu d'appliquer la règle
> d'interprétation selon laquelle le Parlement n'est pas censé légiférer
> de manière à violer un traité ou de quelque manière incompatible
> avec la courtoisie internationale ou avec les règles établies du droit
> international. C'est une règle d'application peu fréquente, car si une
> loi ne présente pas d'ambiguïté, il faut respecter ses dispositions,
> même si elles sont contraires au droit international [...]. »

Cet extrait semble suggérer que le recours au droit international
n'est légitime que si le texte de la loi interne présente une difficulté
d'interprétation. Il s'agit là d'une application de la « règle du sens
clair des textes » et l'on trouve effectivement des arrêts pour affirmer que le recours au droit international n'est légitime que si le
texte législatif interprété comporte de véritables difficultés

---

[287] *Arrow River & Tributaries Slide & Boom Co.* c. *Pigeon Timber Co.*, [1932] R.C.S.
495. « Il est constant qu'un traité signé par l'exécutif n'a pas d'effet juridique
sur les droits et obligations à l'intérieur du Canada, s'il n'a pas été mis en
vigueur par une loi adoptée à cet effet. [...] Si, d'après un principe général, les
tribunaux doivent interpréter toutes les autres lois de façon à ne pas entraîner
une violation par le Canada de ses obligations internationales, ce principe ne
saurait s'appliquer de façon à produire un résultat inconstitutionnel. » *Baker* c.
Canada, [1997] 2 C.F. 127, 140 (j. Strayer) (C.A.).

[288] *Daniels* c. *White and the Queen*, précité, note 214, 541 (traduction).

d'interprétation[289]. La Cour suprême a toutefois écarté cette directive, estimant que le droit international, dans la mesure où il constituait un élément du contexte d'adoption de la loi nationale, devait être examiné dans tous les cas au tout début du processus d'interprétation du texte :

> « Dans l'interprétation d'une loi adoptée en vue d'assurer l'exécution d'obligations internationales, il est raisonnable pour un tribunal d'examiner la loi nationale dans le contexte de la loi pertinente afin d'obtenir les éclaircissements voulus. En fait, lorsque le texte de la loi nationale s'y prête, on devrait en outre s'efforcer d'adopter une interprétation qui soit compatible avec les obligations internationales en question. [...] L'assertion de la Cour d'appel que le recours à un traité international n'est permis que dans un cas où la disposition de la loi nationale est ambiguë à première vue est à écarter. »[290]

Jusqu'à l'adoption de la *Charte canadienne des droits et libertés*[291], les exemples d'utilisation du droit international étaient relativement rares en jurisprudence. Signalons l'arrêt de la Cour suprême dans *C.A.P.A.C.* c. *C.T.V. Television Network Ltd.*[292] où une disposition de la *Loi sur le droit d'auteur* (S.R.C. 1952, c. 55, art. 3(1)f)), jugée ambiguë, a été interprétée de manière à la concilier avec l'article 11 bis de la *Convention de Rome* sur le droit d'auteur, article dont la disposition examinée paraissait s'inspirer[293]. Au cours

---

[289] *Capital Cities Communications Inc.* c. *Conseil de la Radio-Télévision canadienne*, [1978] 2 R.C.S. 141, 173; *Schavernoch* c. *Commission des réclamations étrangères*, [1982] 1 R.C.S. 1092, 1098.

[290] *National Corn Growers Assn.* c. *Canada (Tribunal des importations)*, [1990] 2 R.C.S. 1324, 1371 (j. Gonthier). Dans le même sens : *Canada* c. *Seaboard Lumber Sales Co.*, [1995] 3 C.F. 113, 120 (C.A.); *Baker* c. *Canada*, précité, note 287.

[291] « Les diverses sources du droit international des droits de la personne – les déclarations, les pactes, les conventions, les décisions judiciaires et quasi judiciaires des tribunaux internationaux, et les règles coutumières – doivent, à mon avis, être considérées comme des sources pertinentes et persuasives quand il s'agit d'interpréter les dispositions de la Charte » : *Renvoi relatif à la Public Service Employee Relations Act (Alb.)*, [1987] 1 R.C.S. 313, 348.

[292] *C.A.P.A.C.* c. *C.T.V. Television Network Ltd.*, [1968] R.C.S. 676.

[293] On verra aussi : *Re Arrow River & Tributaries Slide & Boom Co.*, [1931] 2 D.L.R. 216 (Ont.C.A.), infirmé pour d'autres motifs, *sub nom. Arrow River & Tributaries Slide & Boom Co.* c. *Pigeon Timber Co.*, précité, note 287.

des dernières années, toutefois, ces exemples se sont multipliés, autre indice de la mondialisation des relations juridiques qui marque notre époque et à laquelle répond la montée du droit international[294].

Il faut noter, en terminant, que le principe d'interprétation conforme au droit international s'applique non seulement à l'égard de traités internationaux proprement dits, mais qu'on pourrait aussi l'invoquer à l'égard d'accords de caractère analogue comme, par exemple, des traités avec les Indiens[295] ou des ententes fiscales fédérales-provinciales mises en oeuvre par règlement[296].

Paragraphe 2 : La présomption de validité

En vertu du principe de l'effet utile, il faut entendre un texte législatif dans le sens qui lui donnera quelque effet plutôt que dans celui où il n'en aurait aucun. L'une des applications de ce principe, c'est qu'il faut, entre deux interprétations possibles d'un texte, préférer celle qui permet d'en affirmer la validité à celle qui le rendrait invalide et donc sans effet[297].

---

[294]   *National Corn Growers Assn.* c. *Canada (Tribunal des importations)*, précité, note 290; *P.G. du Canada* c. *Ward*, [1993] 2 R.C.S. 689; *Thomson* c. *Thomson*, [1994] 3 R.C.S. 551; *Pushpanathan* c. *Canada (Ministre de la Citoyenneté et de l'Immigration)*, [1998] 1 R.C.S. 982. On lira aussi avec intérêt l'arrêt de la Chambre des Lords dans *Litster* c. *Forth Dry Dock & Engineering Ltd.*, [1989] 1 All E.R. 1134 (H.L.). Dans cette affaire, le tribunal a passé outre à ce qu'il reconnaissait être le sens manifeste (*plain*) des mots employés dans un règlement afin de rendre les règles du droit national compatibles avec des directives de la C.E.E.

[295]   *R.* c. *Smith*, précité, note 46.

[296]   C'est l'opinion qu'a exprimée le juge Pigeon dans *Rio Algom Mines Ltd.* c. *Ministre du Revenu National*, [1970] R.C.S. 511, 529. Le juge Pigeon a cependant souligné qu'il n'entendait pas exprimer là une opinion ferme.

[297]   C'est la règle suggérée par la maxime « *ut res magis valeat quam pereat* » (par exemple : *Hirsch* c. *Protestant Board of School Commissioners of Montreal*, précité, note 17, 268, modifié par [1928] A.C. 200) ou « *potius valeat quam pereat* » (par exemple : *Steinberg's Ltd.* c. *Comité paritaire de l'alimentation au détail*, précité, note 73, 987).

C'est le juge Cartwright, dans *McKay* c. *La Reine*, qui a donné la formulation aujourd'hui la plus souvent citée de ce principe :

> « [S]i une disposition législative, adoptée par le Parlement, par une législature ou par un organisme subordonné auquel un pouvoir législatif est délégué, peut être interprétée de façon que son application se limite aux questions relevant de l'organisme qui l'a adoptée, il faut interpréter la disposition en conséquence. »[298]

Ce principe, qui a été développé dans le contexte du partage des compétences entre l'État fédéral et les États provinciaux, s'applique également en cas de conflit apparent entre une loi et la *Charte canadienne des droits et libertés*[299]. Dans *Slaight Communications Inc.* c. *Davidson*, le juge Lamer écrit :

> « [Q]uoique cette Cour ne doive pas ajouter ou retrancher un élément à une disposition législative de façon à la rendre conforme à la Charte, elle ne doit pas par ailleurs interpréter une disposition législative, susceptible de plus d'une interprétation, de façon à la rendre incompatible avec la Charte et, de ce fait, inopérante. »[300]

Toutefois, une loi attentatoire aux droits et libertés garantis par la Charte n'est pas nécessairement pour autant invalide, car l'atteinte peut être justifiée dans le cadre de l'article 1er de la Charte ou, éventuellement, rendue efficace par une disposition de dérogation autorisée par l'article 33. Comme certains juges de la Cour suprême l'ont souligné[301], la présomption de conformité avec la Charte devrait donc s'appliquer en ayant ces considérations à l'esprit.

---

[298] *McKay* c. *La Reine*, [1965] R.C.S. 798, 803. Traduction tirée de *R.* c. *Sommerville*, précité, note 7. Dans *Batary* c. *A.G. for Saskatchewan*, [1965] R.C.S. 465, le juge Cartwright a déclaré (à la p. 477) : « Il ne faut pas, sans motifs sérieux, prêter à la législature l'intention de légiférer au-delà de ses compétences [...] » (traduction).

[299] À ce sujet, voir : Danielle PINARD, « Le principe d'interprétation issu de la présomption de constitutionnalité et la *Charte canadienne des droits et libertés* », (1989-90) 35 *R.D. McGill* 305 et Andrew S. BUTLER, « A Presumption of Statutory Conformity with the *Charter* », (1993-94) 19 *Queen's L.J.* 209.

[300] *Slaight Communications Inc.* c. *Davidson*, précité, note 46. Voir également : *R.* c. *Thompson*, [1990] 2 R.C.S. 1111, 1158; *Symes* c. *Canada*, [1993] 4 R.C.S. 695, 751 et 752; *Ontario* c. *Canadien Pacifique Ltée*, [1995] 2 R.C.S. 1031, 1051.

[301] *Symes* c. *Canada*, précité, note 295, 752 (j. Iacobbucci); *Willick* c. *Willick*, [1994] 3 R.C.S. 670, 679 et 680 (j. Sopinka).

L'interprétation conciliatrice comme technique visant à déterminer l'intention probable du législateur historique doit être distinguée de certaines techniques, abusivement désignées en français par le terme « interprétation », qui ont pour but de corriger, par une véritable réécriture, une règle dont on reconnaît le caractère inconstitutionnel. Ainsi, le plus souvent, la technique de l'« interprétation atténuée » (*reading down*) ou de l'« interprétation large » (*reading up*) ne relèvent pas véritablement de l'interprétation, car on ne se soucie pas vraiment de reconstituer la volonté du législateur[302]. Il s'agit plutôt d'une technique permettant au juge de reconfigurer la règle de droit de manière à en limiter la portée pour éviter de la déclarer invalide en totalité.

La présomption de validité s'applique aussi bien à l'interprétation des lois au regard de la Constitution[303] qu'à celle des règlements au regard des lois habilitantes et des règles de common law relatives à l'excès de pouvoir[304]. Un règlement devrait également s'interpréter en présumant que son auteur n'a pas entendu édicter des règles incompatibles avec celles que contient une loi autre que la loi habili-

---

[302]   Ayant choisi de donner une « interprétation atténuée » à une disposition de la *Loi sur les chemins de fer* (il s'agissait du paragraphe 342(1) établissant une prescription) de façon à limiter sa portée à une matière relevant de la compétence législative du Parlement fédéral, la Cour suprême s'exprime ainsi : « Il se peut que le Parlement n'ait pas eu l'intention de restreindre la disposition sur la prescription aux causes d'action que la loi créait spécifiquement, mais il est possible de donner au par. 341(2) ce sens restreint ». *Clark c. Compagnie des chemins de fer nationaux du Canada*, [1988] 2 R.C.S. 680, 710. Ce passage montre bien que l'« interprétation atténuée » n'est pas à proprement parler une interprétation, car elle se justifie sans référence avec la pensée de l'auteur du texte. Il s'agit moins d'une interprétation que d'une mesure corrective de la loi.

[303]   Par exemple : *Registrar of Motor Vehicles* c. *Canadian American Transfer Ltd.*, [1972] R.C.S. 811, 817 (j. Spence); *R.* c. *Sommerville*, précité, note 7, 393 (j. Martland); *United Association of Journeymen* c. *Administrator* [...], (1981) 34 N.R. 242 (C.A.F.).

[304]   Par exemple : *Bélanger* c. *The King*, (1916) 54 R.C.S. 265, 276 (j. Duff) et 280 (j. Anglin); *Steinberg's Ltd.* c. *Comité paritaire de l'alimentation au détail*, précité, note 73, 975 (j. Martland); *James Doyle (sr.) & Sons* c. *Canada (Ministre des Pêches et Océans)*, [1992] 3 C.F. 128.

tante, car de telles règles sont nulles, en l'absence d'habilitation expresse[305].

La présomption de validité ne peut s'appliquer que si le texte est suffisamment malléable pour se prêter à une interprétation qui le concilierait avec les lois habilitantes ou les règles d'*ultra vires*. Il faut qu'il y ait matière à interprétation :

> « [L]a règle énoncée dans *McKay* c. *La Reine* n'est pas qu'il faut coûte que coûte interpréter un texte législatif de façon à éviter qu'il soit invalide pour excès de pouvoir, mais bien qu'entre deux interprétations possibles, il faut choisir celle qui évite l'invalidité. »[306]

Sur la question de savoir si un texte est ou non susceptible d'être interprété de manière à éviter le conflit avec la Constitution, les arrêts montrent que des divergences d'opinion peuvent surgir[307]. Ce n'est pas sans raison que le juge Sopinka a mis les juges en garde contre une démarche qui, au nom de la présomption de constitutionnalité, risque de l'amener à « se lancer dans une analyse artificielle qui prête au législateur une intention qu'il n'a jamais eue »[308].

Une loi provinciale inconciliable avec une loi fédérale serait non pas invalide, mais inopérante. Le principe de l'effet utile voudrait cependant que l'on prête au législateur l'intention non seulement de ne pas adopter des lois invalides, mais également de n'en pas édicter qui soient sans effet en raison d'un conflit avec une loi fédérale. On

---

305 *Friends of the Oldman River Society* c. *Canada (Ministre des Transports)*, [1992] 1 R.C.S. 3, 38. Bien que la loi et les règlements qui s'en autorisent ne soient pas édictés par les mêmes institutions, bien que ces textes ne soient généralement pas adoptés au même moment et bien qu'il n'y ait pas de motif d'inférer une volonté du législateur de respecter les règles énoncées dans un règlement, il peut être justifié, dans certains cas précis, d'interpréter la loi en tenant compte de la teneur du règlement pris en vertu de ses dispositions : *Hickman Motors Ltd.* c. *Canada*, [1997] 2 R.C.S. 336, 356; *Ontario Hydro* c. *Canada*, [1997] 3 C.F. 565, 574 (C.A.).

306 *Steinberg's Ltd.* c. *Comité paritaire de l'alimentation au détail*, précité, note 73, 983 (j. Pigeon). Voir aussi : *Poirier* c. *Borduas*, [1982] C.A. 22, 24.

307 À ce sujet, outre l'arrêt *Steinberg*, cité à la note 73, on verra *R.* c. *Sommerville*, précité, note 7.

308 *Osborne* c. *Canada (Conseil du trésor)*, [1991] 2 R.C.S. 70, 105.

peut donc parler d'une présomption de « validité opérationnelle » dans le cas des lois provinciales[309].

En terminant, il faut noter que, dans l'interprétation des règlements, on présume non seulement qu'ils respectent les limites fixées par la loi habilitante, mais également qu'il y a cohérence, au point vue de la forme, entre loi et règlement. Un terme employé dans un règlement doit, à moins d'indication contraire, être entendu dans le même sens que celui qu'il a dans la loi habilitante[310]. Ce principe est consacré, pour ce qui est du droit fédéral, à l'article 16 de la *Loi d'interprétation*[311].

Paragraphe 3 : La conformité aux lois fondamentales

Certains textes législatifs, bien que ne faisant pas partie de la Constitution au sens formel, n'en ont pas moins été placés, par le législateur ou par le juge[312], au-dessus de l'ensemble des autres textes législatifs. Parmi ceux-ci, il faut signaler, en droit fédéral, la *Déclaration canadienne des droits* (L.R.C. (1985), App. III), et en droit québécois, la *Charte des droits et libertés de la personne* (L.R.Q., c. C-12).

Tous les textes législatifs fédéraux et provinciaux doivent s'interpréter de manière à se concilier avec ces lois fondamentales (Déclaration, art. 2; Charte, art. 53). De plus, la Déclaration (art. 2) rend inopérante une loi du Canada qui lui serait contraire et qui ne mentionnerait pas qu'elle s'applique nonobstant la Déclaration[313] ,

---

309   « La présomption que les lois provinciales entendent éviter d'entrer en conflit avec les lois fédérales est bien établie. » *Dauphin Plains Credit Union Ltd.* c. *Xyloid Industries Ltd.*, [1980] 1 R.C.S. 1182, 1193 (j. Pigeon).

310   *R.* c. *Compagnie immobilière B.C.N. Ltée*, précité, note 10, 876 (j. Pratte). Pour un cas d'exception, voir : *R.* c. *Royka*, (1980) 52 C.C.C. (2d) 368 (Ont.C.A.).

311   *Francis* c. *Conseil canadien des relations de travail*, [1981] 1 C.F. 225 (C.A.).

312   Même en l'absence d'une disposition qui établit sa prééminence, une charte des droits prévaut sur les autres lois : *Winnipeg School Division N° 1* c. *Craton*, précité, note 248.

313   *R.* c. *Drybones*, [1970] R.C.S. 282.

tandis que la Charte (a. 52) énonce la même règle à l'égard des lois incompatibles avec ses articles 1 à 38.

En droit québécois, on peut mentionner également, à titre de loi fondamentale, la *Charte de la langue française* (L.R.Q., c. C-11). Le législateur québécois, à l'article 40 de la *Loi d'interprétation*, a édicté que « [l]es lois doivent s'interpréter, en cas de doute, de manière à ne pas restreindre le statut du français ». Comme le statut du français est en grande partie fixé par la *Charte de la langue française*, cette loi est ainsi appelée à servir de guide pour l'interprétation de toutes les autres lois.

CHAPITRE 3
LA MÉTHODE TÉLÉOLOGIQUE OU LES ARGUMENTS DE FINALITÉ

La méthode téléologique (du grec *teleos* : but, finalité) est celle qui met l'accent sur les objectifs du texte législatif[1].

Il est difficile d'imaginer une disposition législative qui n'aurait d'autre raison d'être que sa propre énonciation. Pour montrer l'absurdité d'une telle situation, un auteur[2] a imaginé l'exemple suivant : au beau milieu d'un lac est plantée une affiche où l'on ne peut lire que les mots : « Il est interdit d'amarrer des barques à cette affiche ». On peut supposer que chacune des dispositions d'un texte législatif possède une raison d'être, poursuit un objectif et que la réalisation de cet objectif concourt à l'atteinte des objectifs de l'ensemble des dispositions du texte.

Pour désigner l'objectif, la finalité d'une disposition législative, les tribunaux ont souvent recours à l'expression « intention du législateur » : on dira qu'il faut interpréter tel texte de manière à « réaliser l'intention du législateur ». L'usage de cette terminologie est source de confusion car l'expression « intention du législateur » est très ambiguë : en particulier, elle désigne à la fois ce que le législateur a voulu signifier par le texte édicté et ce qu'il a voulu accomplir en l'édictant[3].

Prenons l'exemple, emprunté à H.L.A. Hart, de l'interdiction affichée à l'entrée du parc : « Accès interdit aux véhicules ». Se demander à son sujet quelle est l'intention du législateur, ce peut être tenter de reconstituer la pensée de l'auteur et d'établir plus particulièrement la signification qu'il a voulu donner au terme « véhicule » :

---

[1] Le terme « téléologique », correspondant à l'anglais « *purposive* », est peu usité chez nous. Il a été employé par la Cour suprême dans l'arrêt *P.G. du Québec* c. *Quebec Association of Protestant School Boards*, [1984] 2 R.C.S. 66, 85. Pour rendre l'anglais « *purposive approach* », on trouve également l'expression « analyse fonctionnelle » : *Dubois* c. *La Reine*, [1985] 2 R.C.S. 350, 363.

[2] Gideon GOTTLIEB, *The Logic of Choice*, New York, Macmillan, 1968, p. 111.

[3] Sur cette question : Gerald C. MACCALLUM, « Legislative Intent », (1965-66) 75 *Yale L.J.* 754, 757.

Quel est le sens de ce terme? Quelle est l'extension du concept signifié par ce terme? Désigne-t-il une poussette aussi bien qu'une automobile? Au sujet de la même interdiction, on peut aussi se demander : pourquoi le législateur l'a-t-il édictée? Quelle est la raison de
l'interdiction, la *ratio legis*? Quel but le législateur poursuivait-il?
Questions qui touchent aussi l'intention du législateur, intention ici
entendue comme but poursuivi.

Il est important de distinguer l'intention-sens et l'intention-but,
car ces deux éléments, tout en étant distincts, sont en interaction.
C'est principalement grâce au sens des termes qu'utilise le texte législatif qu'il est possible d'en découvrir l'objet. En retour, l'objet
d'une disposition, à titre d'élément de son contexte, contribue à en
préciser la signification[4].

Dans les pages qui suivent, j'éviterai donc d'utiliser l'expression
« intention du législateur » pour désigner les objectifs que poursuit
ce dernier; le lecteur est cependant prévenu du fait que la jurisprudence, bien qu'elle soit familière avec les concepts d'objectif, de but
ou de finalité de la loi, traduit souvent ces concepts par l'expression
« intention du législateur » ou des expressions équivalentes.

L'idée que l'interprète doive prendre en considération l'objet
d'une disposition législative a été consacrée dès le XVIe siècle dans la
célèbre *Mischief Rule*, elle-même codifiée au milieu du XIXe siècle
dans la première *Loi d'interprétation* canadienne. Après avoir exposé
la *Mischief Rule* et fait état de sa codification, je traiterai de
l'importance relative à accorder à l'objet avant de conclure en décri-
vant les diverses applications jurisprudentielles de la méthode téléologique.

SECTION 1 : LA « RÈGLE DE LA SITUATION À RÉFORMER » (*MISCHIEF RULE*) ET SA CODIFICATION

C'est dans un fameux arrêt de la Cour de l'Échiquier de 1584,
l'affaire *Heydon*, que la méthode que nous appelons téléologique a
reçu sa formulation jurisprudentielle la plus célèbre, formulation qui

---

4   Voir *supra*, p. 656.

a été plus ou moins consacrée plus récemment dans nos lois d'interprétation.

Sous-section 1 : La règle de l'arrêt *Heydon*

Les points de fait et de droit qui furent soulevés dans l'affaire *Heydon*[5] ne présentent de nos jours qu'un intérêt médiocre. On ne retient plus généralement de cet arrêt que l'extrait suivant du rapport qu'en donna Coke :

> « Et ils [les barons de l'Échiquier] résolurent que pour l'interprétation exacte et fidèle de toutes les lois en général, qu'elles soient pénales ou favorables, qu'elles limitent ou étendent la common law, on devait distinguer et prendre en considération quatre choses :
>
> 1° Quel était l'état de la common law avant l'édiction de la loi?
>
> 2° Quel était le mal ou le défaut contre lequel la common law ne prémunissait point?
>
> 3° Quel remède le Parlement a-t-il choisi et retenu pour remédier au mal dont souffrait la collectivité?
>
> 4° Quelle est la vraie raison de ce choix?
>
> Et ainsi l'office de tous les juges est de toujours donner l'interprétation qui supprime le mal et favorise l'action du remède, d'écarter les inventions subtiles et les subterfuges tendant à perpétuer le mal ou favorisant les intérêts particuliers, et de donner force et vigueur au remède selon l'intention véritable des auteurs de la loi et pour le bien public. »[6]

On a noté que, dans cette formulation au ton archaïque de la méthode téléologique, la fonction du droit légiféré est définie de manière très étroite : la loi est conçue par rapport à la common law dont elle n'a pour fonction que de combler les lacunes. Il est intéressant aussi de souligner que cette formulation de la *Mischief Rule* ne semble poser aucune limite au pouvoir du juge une fois qu'il a découvert l'objet de la législation : elle le présente comme un collaborateur du Parlement plutôt que comme un serviteur de celui-ci et

---

5   *Heydon's Case*, (1584) 3 Co. Rep. 7a, 7b, 76 E.R. 637, 638.

6   *Id.*, 7b (traduction).

passe sous silence les contraintes que fait peser le texte de la loi sur l'exercice de la fonction judiciaire.

Bien que les tribunaux aient assez souvent recours à la notion de la « situation à réformer » (*Mischief*)[7], il est assez rare que la formulation qu'on trouve dans l'arrêt *Heydon* soit citée *in extenso* dans les décisions. Cela est attribuable en partie au fait que, dès 1849, la *Mischief Rule* a été codifiée par le législateur canadien et que c'est sous sa forme codifiée qu'elle est de nos jours surtout évoquée.

Sous-section 2 : La codification de la règle de l'arrêt *Heydon*

Le texte de l'article 12 de la *Loi d'interprétation* fédérale et celui de l'article 41 de la *Loi d'interprétation* du Québec consacrent législativement la « règle de la situation à réformer » qui avait été énoncée dans l'arrêt *Heydon*[8].

La disposition de la loi canadienne se lit ainsi :

> « **Art. 12.** Tout texte est censé apporter une solution de droit et s'interprète de la manière la plus équitable et la plus large qui soit compatible avec la réalisation de son objet. »

Quant à la loi québécoise, sa formulation a été modifiée à l'occasion de la réforme du Code civil. Avant le 1er janvier 1994, le texte qui suit s'appliquait :

> « **Art. 41.** Toute disposition d'une loi, qu'elle soit impérative, prohibitive ou pénale, est réputée avoir pour objet de remédier à quelque abus ou de procurer quelque avantage.
>
> Une telle loi reçoit une interprétation large, libérale, qui assure l'accomplissement de son objet et l'exécution de ses prescriptions suivant leurs véritables sens, esprit et fin. »

---

7   Par exemple : *Laidlaw* c. *Toronto métropolitain*, [1978] 2 R.C.S. 736; *Abrahams* c. *P.G. du Canada*, [1983] 1 R.C.S. 2. Bien que la *Mischief Rule* tire sa source de la common law, la Cour suprême, à l'occasion, a suivi la méthode qu'elle fonde pour l'interprétation du Code civil : *M. (M.E.)* c. *L. (P.)*, [1992] 1 R.C.S. 183, 194; *Garcia Transport Ltée* c. *Cie Trust Royal*, [1992] 2 R.C.S. 499, 515.

8   À ce sujet, voir l'avis du juge Locke dans *R.* c. *Robinson*, [1951] R.C.S. 522, 531; [1950] 2 W.W.R. 1265 et dans *Lamb* c. *Benoît Forget and Nadeau*, [1959] R.C.S. 321, 359.

La *Loi sur l'application de la réforme du Code civil*[9] a opéré remplacement du 1er alinéa de l'article 41 par ce qui suit :

> « **Art. 41.** Toute disposition d'une loi est réputée avoir pour objet de reconnaître des droits, d'imposer des obligations ou de favoriser l'exercice des droits, ou encore de remédier à quelque abus ou de procurer quelque avantage. »

Cette modification paraît avoir pour objet de rappeler le rôle joué par la loi dans un système de droit civil. Elle ne s'y limite pas à apporter au droit commun des correctifs de nature à «remédier à quelque abus ou de procurer quelque avantage». En droit privé québécois, des textes tels le Code civil ou le *Code de procédure civile* font bien davantage : ils font partie du droit commun, et, à ce titre, ont aussi pour fonction de « reconnaître des droits, imposer des obligations et favoriser l'exercice des droits ».

L'origine des dispositions qui codifient la *Mischief Rule* peut être retracée jusqu'au paragraphe 28 de l'article 5 de la *Loi d'interprétation* canadienne de 1849 (12 Vict., c. 10) :

> « [E]t tout acte comme susdit, et toutes dispositions et prescriptions d'icelui, seront censés être correctifs, soit que l'objet immédiat dudit acte soit d'ordonner de faire une chose que la législature pourra considérer être dans l'intérêt public, ou d'empêcher qu'on ne fasse une chose qu'elle jugera contraire à cet intérêt, et d'infliger une punition à qui le fera; et il sera en conséquence donné à cet acte une interprétation large et libérale, et qui sera la plus propre à assurer la réalisation de l'objet de l'acte et de ses dispositions et prescriptions, selon leur vrai sens, intention et esprit. »[10]

---

9   *Loi sur l'application de la réforme du Code civil*, L.Q. 1992, c. 57, art. 602.

10 On aura noté que le texte québécois est beaucoup plus proche de la disposition originaire que ne l'est le texte fédéral. Cette situation n'existe que depuis 1968 : avant la refonte de la *Loi d'interprétation* fédérale (S.C. 1967-1968, c. 7), le texte équivalent à l'article 41 (soit l'article 15 des S.R.C. 1952, c. 158) était ainsi rédigé :

> « 15. Toute loi, y compris chacune de ses prescriptions et dispositions, est censée réparatrice, qu'elle ait pour objet immédiat d'ordonner un acte que le Parlement considère d'intérêt public ou d'empêcher ou de punir un acte qu'il juge contraire à cet intérêt, et elle doit donc être interprétée de la façon juste, large et libérale, la plus propre à assurer la réalisation de son objet, conformément à son sens, son intention et son esprit véritables. »

Si l'on s'en remet à la méthode d'interprétation que ces articles recommandent, il y a lieu de se demander à quels abus ils ont pour
objet de remédier afin de les interpréter selon leurs « véritables sens,
esprit et fin ». À cet égard, il semble bien qu'en édictant ces dispositions, le législateur ait voulu réformer deux types d'abus courants
dans les techniques d'interprétation traditionnelles : l'interprétation
abusivement restrictive des lois et leur interprétation abusivement
littérale.

Les articles 12 et 41 visent à faire échec à l'interprétation excessi-
vement restrictive des lois. La common law contient en effet nombre
de principes qui commandent l'interprétation limitative des lois :
interprétation restrictive des lois pénales, des lois fiscales, de celles
qui limitent la liberté, les droits individuels, ou le libre usage de la
propriété, des lois rétroactives, de celles qui dérogent à la common
law, et ainsi de suite [11]. En pratique, on peut presque toujours trouver en common law un motif d'interpréter la loi restrictivement. Notons toutefois que la common law reconnaissait que les lois
« réformatrices », « correctrices », « réparatrices » ou « favorables »
(*beneficial* ou *remedial*) devaient s'interpréter de manière libérale.
En édictant les articles 41 et 12, les législateurs québécois et canadien
paraissent donc avoir voulu faire échec aux divers principes
d'interprétation restrictive des lois en édictant qu'on doit toutes les
considérer comme favorables (*remedial*) et que, à ce titre, elles doivent toutes être interprétées de manière « large et libérale »[12].

Mais le législateur visait, me semble-t-il, un autre objet, voulait
réformer un autre abus : celui d'une interprétation trop attachée à la
lettre de la loi et pas suffisamment soucieuse de son esprit, d'où
l'insistance des articles sur la préférence à donner à l'interprétation
la plus propre à assurer la réalisation ou l'accomplissement du ou des
objets de la loi.

---

[11]   Ces principes sont étudiés plus loin, voir : *infra*, chapitre 4.

[12]   La distinction entre les lois qualifiées de « *penal* » et de « *remedial* » rejoint
celle faite, dans la tradition civiliste et plus particulièrement en droit canonique,
entre les lois odieuses et les lois favorables. On comparera les dispositions de
nos lois d'interprétation avec l'article 10 du Titre V du Projet de Livre
préliminaire du *Code civil* français : « La distinction des lois odieuses et des lois
favorables, faite dans l'objet d'étendre ou de restreindre leurs dispositions, est
abusive ».

En voulant faire d'une pierre deux coups et favoriser à la fois l'interprétation large et libérale des lois et leur interprétation téléologique, le législateur semble avoir négligé le fait que la prise en considération de l'objet d'une disposition peut, bien souvent, amener l'interprète à donner une interprétation limitative ou restrictive à un texte[13] : si les paroles du législateur ont dépassé sa pensée telle qu'on peut la connaître par l'objet poursuivi, la méthode téléologique commandera alors de préférer le sens étroit au sens large. Bien que l'interprétation littérale ait souvent servi à restreindre l'effet des lois, interprétation littérale et restrictive ne sont pas synonymes, pas plus que ne le sont l'interprétation extensive (ou « large et libérale ») et l'interprétation téléologique.

Dans sa tentative d'écarter par voie législative les traditions d'interprétation restrictive et littérale des statuts, le législateur a connu un succès très mitigé. Quant à l'interprétation restrictive, elle a, comme on le verra ultérieurement, la vie dure et si l'on a pu noter dans certains domaines une évolution vers une interprétation, sinon bienveillante, à tout le moins neutre[14], il faut bien constater que les articles 12 et 41 n'ont pas réussi à faire disparaître complètement les diverses règles qui commandent l'interprétation restrictive de certains types de loi[15].

Sans exclure ces règles d'interprétation restrictive, les articles 12 et 41 ont toutefois eu le mérite de leur faire contrepoids : le juge qui a voulu justifier une interprétation large et libérale a pu trouver dans les lois d'interprétation un argument supplémentaire pour fonder sa conclusion. Ainsi, l'article 41 de la *Loi d'interprétation* québécoise a été invoqué pour appuyer une interprétation non restrictive de la *Loi sur la protection du consommateur*[16], de la *Loi d'indemnisation des*

---

13   Par exemple : *R. c. Sommerville*, [1974] R.C.S. 387, où la considération de l'objet d'une loi a justifié une interprétation limitative de l'une de ses dispositions.

14   Par exemple, en matière pénale : *R. c. Robinson*, précité, note 8.

15   Pour un bilan de l'effet de ces directives à l'égard des principes traditionnels commandant une interprétation restrictive des textes : Eric TUCKER, « The Gospel of Statutory Rules of Interpretation Requiring Liberal Interpretation According to St-Peters », (1985) 35 *U. of T. L.J.* 113.

16   *Promotion et Succès Ltée* c. *P.G. de la province de Québec*, [1973] C.A. 949; *Household Finance Corporation of Canada* c. *Jourdain*, [1977] C.P. 426.

victimes d'accidents d'automobile[17] ou de la *Loi des décrets de convention collective*[18], lois dont on pourrait fonder une interprétation restrictive à titre de « dispositions d'exception », dérogeant aux principes de droit civil en matière de liberté contractuelle ou de responsabilité civile.

La codification de la *Mischief Rule* a-t-elle contribué au progrès de la méthode d'interprétation téléologique? Il est indubitable que cette méthode est de plus en plus prônée par les tribunaux, alors que la méthode grammaticale, qu'on lui oppose souvent, paraît être en recul. Cette évolution est sans doute attribuable à de nombreux facteurs : les acquis de la linguistique concernant le rôle et l'importance du contexte dans la communication; l'influence, au Canada, de la pensée doctrinale[19] et jurisprudentielle[20] américaine; au Québec, l'effet d'entraînement du droit civil; une certaine évolution dans les techniques de rédaction des lois; ainsi de suite.

Les articles 12 et 41 ont simplement servi à encourager une évolution favorable à l'interprétation téléologique. Ils n'ont pas eu pour effet d'exclure l'obligation qu'a le juge d'accorder du poids à la formule légale[21]. Ainsi, bien que les tribunaux canadiens aient préconisé l'interprétation téléologique des lois relatives aux droits fondamentaux de la personne, ils ont également, à l'occasion, affirmé que

---

17   *Marquis c. Goupil*, [1972] C.A. 207; *Allaire c. Fonds d'indemnisation des victimes d'accidents d'automobile*, [1973] C.A. 335.

18   *Kucer c. Comité conjoint de l'industrie de la fabrication du métal en feuilles*, [1973] C.A. 341.

19   Par exemple : John M. KERNOCHAN, « Statutory Interpretation : An Outline of Method », (1976-77) 3 *Dal. L.J.* 333.

20   Par exemple. : *Pacific Coast Coin Exchange of Canada Ltd. c. Commission des valeurs mobilières de l'Ontario*, [1978] 2 R.C.S. 112.

21   *Reference Re Certain Titles to Land in Ontario*, (1973) 35 D.L.R. (3d) 10, 21 et 40 (Ont.C.A.). Le juge Pigeon, au sujet d'une disposition semblable de la *Loi d'interprétation* ontarienne (R.S.O. 1970, c. 225, art. 10) a écrit : « Il n'y a rien dans cette disposition qui tende à supplanter la règle selon laquelle l'intention de la législature doit se déduire des mots utilisés » dans *Wellesley Hospital c. Lawson*, [1978] 1 R.C.S. 893, 904.

la référence aux objectifs de ces lois ne pouvait conduire à faire abstraction des termes de la loi ou à la réécrire[22].

Où en est rendu le mouvement favorisant l'interprétation téléologique? Quelle est ou quelle devrait être, aujourd'hui, l'importance accordée aux objectifs de la loi dans son interprétation?

SECTION 2 : L'IMPORTANCE DES OBJECTIFS DANS L'INTERPRÉTATION DES TEXTES LÉGISLATIFS

Le recours aux arguments de finalité emprunte diverses formes dans la jurisprudence et il y exerce diverses fonctions. Tantôt, on invoque les objectifs de la disposition précise à l'étude et tantôt ceux de la loi dans son ensemble[23]. Tantôt, la finalité est considérée comme un élément contextuel permettant de découvrir le sens voulu par l'auteur[24] et tantôt, elle apparaît plutôt comme un argument de dernier ressort, que l'on invoque lorsque l'intention du législateur n'a pas pu être découverte par un effort raisonnable d'interprétation[25]. Il arrive aussi que les objectifs généraux de la loi soient mis de l'avant afin de bien disposer l'auditoire ou le lecteur

---

[22]   *Université de la Colombie-Britannique* c. *B e r g*, [1993] 2 R.C.S. 353, 371 (j. Lamer); *Gould* c. *Yukon Order of Pioneers*, [1996] 1 R.C.S. 571, 601 (j. La Forest).

[23]   L'arrêt *Abrahams* c. *P.G. du Canada* (précité, note 7) est intéressant à cet égard : le juge Wilson invoque successivement la finalité de la disposition précise en litige (qui vise, selon le juge, à éviter la fraude envers la Commission d'assurance-chômage) et les objectifs généraux de la *Loi sur l'assurance-chômage* (qui vise, selon le juge, à procurer des prestations aux chômeurs).

[24]   Dans la perspective positiviste, les objectifs d'une loi se rattachent à la pensée subjective du législateur historique et servent à préciser le sens qu'il entendait donner aux termes de la loi à l'époque de son adoption. Voilà pourquoi l'idée que les objectifs d'une mesure puissent se modifier avec le seul écoulement du temps a été qualifiée d'« incompatible avec les notions fondamentales qui se sont formées dans notre droit au sujet de la nature de l'"intention du législateur". L'objet d'une loi est fonction de l'intention de ceux qui l'ont rédigée et adoptée à l'époque, et non pas d'un facteur variable quelconque. » *R.* c. *Big M Drug Mart Ltd.*, [1985] 1 R.C.S. 295, 335 (j. Dickson).

[25]   Toujours dans l'affaire *Abrahams* (précitée, note 7), les objectifs généraux de la *Loi sur l'assurance-chômage* sont invoqués, à la page 12, à titre d'argument ultime, de dernier ressort, lorsque la loi reste ambiguë malgré les efforts déployés pour la comprendre.

envers un texte législatif et appuyer une interprétation extensive, large et libérale de celui-ci[26].

La pertinence des considérations téléologiques n'est donc pas douteuse. Fait problème cependant l'importance qu'il convient d'accorder aux objectifs de la loi dans son interprétation.

Si l'on fait l'hypothèse que le texte d'une disposition donnée paraît avoir en lui-même un sens clair et que, par ailleurs, ce sens ne paraît pas de nature à assurer la réalisation de l'objet de la disposition, que doit faire l'interprète? Doit-il « torturer » le texte pour lui faire dire ce qui convient à la réalisation du but de la disposition ou bien doit-il, selon l'expression du juge Schroeder de la Cour d'appel de l'Ontario, « sacrifier l'intention du législateur à la tyrannie des mots[27] » ?

On trouve, dans la jurisprudence canadienne, deux attitudes opposées, deux écoles de pensée : celle qui prône la primauté du texte et celle qui enseigne plutôt que l'interprète doit accorder plus d'importance au but poursuivi[28].

La thèse de la primauté du sens littéral est incarnée dans la fameuse *Literal Rule*, dont il a déjà été question[29]. Rappelons qu'en vertu de certaines des formulations de la *Literal Rule*, l'objet d'une disposition ne peut influer sur le sens ou l'application d'un texte qui serait « clair en lui-même ». Ainsi, dans *R. c. Sommerville*, le juge Pigeon écrit :

---

26   Ce procédé rhétorique est fréquemment employé de nos jours en rapport avec ce qu'on peut appeler les « lois de protection », telles les lois sur les droits de la personne dont les tribunaux ont maintes fois souligné les objectifs favorables justifiant une interprétation extensive. Voir *infra*, p. 629 et suiv.

27   *Minister of Transport for Ontario* c. *Phoenix Assurance Co.*, (1974) 39 D.L.R. (3d) 481, 486 (Ont. C.A.) (traduction).

28   La même situation existe en Angleterre. À ce sujet, on lira la description que fait Lord Denning de la controverse concernant le choix entre la méthode littérale (qu'il appelle « *the old grammatical approach* ») et la méthode téléologique (« *the modern purposive approach* »). Lord DENNING, *The Discipline of Law*, Londres, Butterworths, 1979, p. 9 et suiv.

29   *Supra*, p. 357.

« Je n'ai pu trouver aucun précédent à l'appui de la proposition selon laquelle on peut déroger au sens clair d'un texte législatif s'il paraît aller à l'encontre de son programme ou de son but. »[30]

Dans la perspective de la *Literal Rule*, le texte effectivement édicté a plus de poids que l'objet visé :

« Il s'agit non pas de l'intention supposée du législateur, mais de ce qu'il a dit. »[31]

Pourtant, malgré ces affirmations catégoriques, on trouvera dans la jurisprudence des passages tout aussi clairs prônant la primauté du but poursuivi par l'auteur du texte.

Ainsi, on a affirmé à de nombreuses reprises que les objectifs poursuivis par le législateur constituent un élément qui devait être pris en considération dans tous les cas, et non seulement lorsque le texte n'est pas « clair en lui-même »[32]. Dans l'arrêt *Williams* c. *Box*, le juge Idington a déclaré :

« Pour interpréter correctement le sens d'une loi ou autre écrit, il faut comprendre ce qui occupait la pensée de ceux qui l'ont rédigé, et l'objet que le texte était destiné à accomplir. »[33]

Dans *Hirsch* c. *Protestant Board of School Commissioners of Montreal*[34], le juge Anglin a cité, en l'approuvant, le passage suivant du jugement de Lord Blackburn dans *Bradlaugh* c. *Clarke* :

« Les tribunaux doivent interpréter toutes les lois de manière à donner son effet à l'intention exprimée par les termes employés. Cette intention, on ne la découvre pas en considérant ces termes dans l'abstrait, mais en recherchant l'intention exprimée par les termes employés en tenant compte de la matière traitée et de l'objet en vue duquel la Loi paraît avoir été édictée. »[35]

---

30 *R.* c. *Sommerville*, précité, note 13, 395.

31 *Brophy* c. *A.G. of Manitoba*, [1895] A.C. 202, 216 (Lord Herschell) (traduction).

32 À ce sujet, voir *supra*, p. 363 et suiv.

33 *Williams* c. *Box*, (1910) 44 R.C.S. 1, 10 (traduction).

34 *Hirsh* c. *Protestant Board of School Commissioners of Montreal*, [1926] R.C.S. 246, 266, modifié par [1928] A.C. 200.

35 *Bradlaugh* c. *Clarke*, (1883) 8 A.C. 354, 372 (traduction).

Dans *A.G. for Canada* c. *Hallet & Carey Ltd.*, lord Radcliffe écrivit :

> « De l'avis de leurs Seigneuries, il n'y a pas de meilleure façon
> d'aborder l'interprétation de cette loi que de chercher à déterminer
> son objet général et de donner à ses termes leur sens naturel en te-
> nant compte de cet objet. Les tribunaux ont eu recours à de nom-
> breuses règles dites d'interprétation pour interpréter les lois, mais la
> règle première demeure la suivante : toute loi doit s'interpréter se-
> lon son intention manifeste ou expresse. »[36]

Enfin, dans *Toronto Transit Commission* c. *City of Toronto*, le juge
Spence déclare que :

> « [D]ans chaque affaire, le sens de la disposition législative doit être
> déterminé par l'étude non seulement des termes mêmes d'un para-
> graphe mais de l'ensemble de la loi et de son objet. »[37]

Selon les tenants de cette thèse, l'objet d'une loi, le but qu'elle
cherche à accomplir, serait toujours un élément à considérer[38]. En
outre, on trouvera de nombreux jugements où il est affirmé que,
dans la découverte de l'intention du législateur, l'objet poursuivi a
au moins autant d'importance que le texte. Ainsi, dans *City of
Ottawa* c. *Canadian Atlantic Railway Co.*, le juge Taschereau
s'exprime ainsi :

> « Il nous faut donner aux termes de cette charte une interprétation
> raisonnable compte tenu de la matière et de l'objet public que le
> législateur visait [...]. On ne doit pas interpréter une loi de manière
> à faire échec à l'intention claire du législateur [...]. »[39]

Quelques années plus tard, le juge Anglin écrit, dans l'arrêt *Board
of Trustees of Regina Public School District* c. *Board of Trustees of
Gratton Separate School District* :

---

[36]   *A.G. for Canada* c. *Hallet & Carey Ltd.*, [1952] A.C. 427, 449 (traduction).

[37]   *Toronto Transit Commission* c. *City of Toronto*, [1971] R.C.S. 746, 752.

[38]   On verra aussi, dans le même sens : *Old Age Pensions Board of Nova Scotia* c.
Murphy Estate, [1944] 3 D.L.R. 216, 218 (j. Graham) (N.S.S.C.). Dans *McLeod
Savings & Credit Union Ltd.* c. *Perrett*, [1981] 1 R.C.S. 78, 90, le juge Beetz a
écrit : « les tribunaux doivent rejeter toute interprétation mécanique de la Loi
qui va ainsi à l'encontre de son but et de son économie ».

[39]   *City of Ottawa* c. *Canadian Atlantic Railway Co.*, (1903) 33 R.C.S. 376, 381.

> « Seul le "caractère absolument contraignant des termes employés"
> peut justifier une interprétation qui va à l'encontre de ce qui est
> clairement l'objet principal d'une loi. [...] Il serait contraire à une
> saine interprétation de laisser l'emploi d'un terme plus ou moins
> juste faire échec à l'intention du législateur, car on ne doit pas sup-
> poser qu'il a prévu toutes les conséquences pouvant résulter de
> l'emploi d'un terme donné. »[40]

Certains iront même jusqu'à écrire que le rôle du juge est d'abord
de se conformer à ce qui paraît être l'objet de la loi : sa fonction serait de donner aux termes le sens qui convient à l'objet, et non le
sens qui découle de leur seule lecture *in abstracto*. Dans cette perspective, le but poursuivi paraît primer le texte et peut justifier le juge
de « corriger » celui-ci pour mieux réaliser l'objet.

Par exemple, dans l'arrêt *Watson* c. *Maze*[41], une loi prévoyant le
paiement des travaux faits en vue de l'élargissement d'une rue a été
jugée applicable à des travaux d'ouverture de rue. En rendant jugement en Cour supérieure, le juge Archibald invoqua l'objet de la loi
en ces termes :

> « Donc, lorsqu'il apparaît clairement à la lecture de la loi qu'elle est
> destinée à s'appliquer à certains faits, le tribunal modifiera le sens
> ordinaire des termes de manière à permettre à cette intention de
> s'accomplir. »[42]

Il ajouta plus loin, pour répondre à l'objection fondée sur le devoir
du juge de respecter le sens des termes lorsque ceux-ci sont clairs :

> « Le tribunal ne fait pas de philologie : sa fonction n'est pas de
> trouver le sens des mots, mais de découvrir le sens des lois. »[43]

Dans l'arrêt *Bouchard* c. *Geôlier de la prison commune du district
des Trois-Rivières*, le juge Drouin, citant des autorités aussi bien fran-

---

[40] *Board of Trustees of Regina Public School District* c. *Board of Trustees of
Gratton Separate School District,* (1915) 50 R.C.S. 589, 624. Cet extrait a été cité
dans *Dubois* c. *La Reine*, précité, note 1, 363 (j. Lamer).

[41] *Watson* c. *Maze*, (1899) 15 C.S. 268, confirmé en révision par (1900) 17 C.S. 579
(443a), (1917) 52 C.S. 456.

[42] *Id.*, (1899) 272 (traduction).

[43] *Id.*, (1899) 273 (traduction).

çaises qu'anglaises, donna primauté à l'objet sur le texte. Voici comment l'arrêtiste a résumé la pensée du juge sur ce point :

> « Lorsqu'il y a conflit évident entre l'esprit et la lettre de la loi, les tribunaux doivent, par une interprétation logique, s'appliquer à donner effet à l'intention du législateur, en la faisant prévaloir sur des textes incompatibles avec l'objet de la loi. »[44]

Dans l'arrêt *Morris* c. *Structural Steel Co.*, le juge MacDonald, résumant Maxwell, a écrit :

> « Lorsque la formulation d'une loi, d'après son sens ordinaire et son interprétation grammaticale, conduit à une contradiction manifeste avec l'objet apparent de la disposition [...] on peut lui donner une interprétation qui modifie la signification des termes [...] lorsque l'objet principal et l'intention d'une loi sont clairs, il ne faut pas les réduire à néant à cause de la maladresse du rédacteur ou de son ignorance du droit, sous réserve des cas de nécessité et du caractère absolument contraignant des termes employés. »[45]

Allant plus loin, le juge O'Halloran, de la Cour d'appel de la Colombie-Britannique, a écrit :

> « Les termes d'une loi doivent recevoir une interprétation qui favorise la réalisation de son objet, ce qui autorise même à leur donner, si nécessaire, un sens qu'ils n'ont pas ordinairement ou même un sens opposé, si l'objet de la loi l'exige. »[46]

Il convient enfin de citer à nouveau[47] l'extrait du jugement du juge Johnson de la Cour d'appel de l'Alberta dans l'arrêt *R.* c. *Sommerville*, extrait entériné en Cour suprême[48] par la majorité :

> « La règle fondamentale d'interprétation des lois dit-on, c'est "que chaque loi doit s'interpréter selon l'intention manifeste ou expresse qui s'y trouve" (*Canadian Wheat Board* c. *Manitoba Pool Elevators*,

---

[44] *Bouchard* c. *Geôlier de la prison commune du district des Trois-Rivières*, (1917) 52 C.S. 456.

[45] *Morris* c. *Structural Steel Co.*, (1917) 35 D.L.R. 739, 741 et 742 (B.C.C.A.) (traduction).

[46] *R.* c. *McLeod*, (1950) 97 C.C.C. 366, 373 (B.C. C.A.) (traduction).

[47] Voir *supra*, p. 380. Au même sujet, on lira aussi l'extrait du jugement du juge Schroeder cité *supra*, à la p. 384.

[48] *R.* c. *Sommerville*, précité, note 13.

6 W.W.R. n.s., 36). Généralement, le libellé d'un article peut faire voir l'intention mais lorsque ce libellé semble entrer en conflit avec le programme et le but de la loi, il faut tenir compte de l'ensemble de la loi pour voir si l'on ne voulait pas plutôt que l'article ait un sens plus restreint que ne le laisserait ressortir l'examen de ce seul article. »[49]

On se sera rendu compte, en lisant les extraits qui précèdent, que le principe de la primauté du but poursuivi est affirmé avec autant de conviction et parfois même d'excès que celui de la primauté du texte l'est par les partisans de la *Literal Rule*. En fait, on a ici affaire à deux courants de pensée difficiles à réconcilier et qui ont tour à tour dominé dans l'histoire de l'interprétation des lois.

Aux XVIe et XVIIe siècles, l'interprétation téléologique, sous le nom d'« interprétation équitable », a tenu le haut du pavé : la formulation de la *Mischief Rule* donnée dans l'arrêt *Heydon* de 1584 reconnaît au juge un large pouvoir d'adaptation de la loi aux circonstances de chaque cas d'espèce et ne paraît accorder au texte de la loi aucun effet modérateur. Au XVIIIe siècle, diverses doctrines d'interprétation restrictive des lois ont amené une rédaction extrêmement prolixe de celles-ci. Ce phénomène, lié aux doctrines de la souveraineté absolue du Parlement et de la séparation des pouvoirs législatif et judiciaire, va favoriser dès la fin du siècle l'éclosion de la doctrine de l'interprétation littérale, doctrine qui va clairement dominer l'interprétation des lois au XIXe siècle. Au XXe siècle, on assiste à un retour à l'interprétation téléologique; l'interprétation grammaticale subit un certain déclin. Aujourd'hui, le pendule paraît à mi-course entre une interprétation uniquement consciente du texte de la loi et une interprétation attachée exclusivement à l'accomplissement de l'objet. Comme l'écrivait le professeur Driedger :

« Aujourd'hui, il n'y a qu'un principe ou qu'une approche : les termes de la loi doivent être lus dans leur contexte global, selon leur sens grammatical et ordinaire en harmonie avec l'économie générale de la loi, avec son objet et avec l'intention du législateur. »[50]

---

49   *R. c. Sommerville,* (1971) 18 D.L.R. (3d) 343, 345 et 346 (Alta. C.A.).

50   Elmer A. DRIEDGER, *Construction of Statutes,* 2e éd., Toronto, Butterworths, 1983, p. 67 (traduction). Ce passage a été cité et approuvé à de nombreuses reprises par les tribunaux. Voir notamment les références citées *supra,* p. 364, note 171.

Cette solution mitoyenne semble justifiée : une interprétation qui n'insiste que sur le texte doit être rejetée, ne serait-ce que pour le motif que les mots n'ont pas de sens en eux-mêmes. Ce sens découle en partie du contexte de leur utilisation, et l'objet de la loi fait partie intégrante de ce contexte. Ajoutons que si l'interprétation strictement littérale présume beaucoup des possibilités du langage humain, elle surestime aussi la clairvoyance et l'habilité des rédacteurs de textes législatifs. La séparation des pouvoirs ne devrait pas exclure nécessairement la collaboration des pouvoirs. Le rédacteur, qui ne peut prévoir toutes les circonstances où son texte devra s'appliquer, doit pouvoir attendre des tribunaux autre chose que des critiques : il doit pouvoir compter sur leur collaboration dans l'accomplissement du but de la loi. Pour reprendre les paroles de Lord Denning[51], le juge, en raison de la nature particulière de sa fonction, ne peut pas changer le tissu dans lequel la loi est taillée, mais il devrait pouvoir en repasser les faux plis. C'est donc avec raison qu'Alain-François Bisson soutient que toute interprétation est, que l'on en soit conscient ou non, fondamentalement orientée vers les objectifs de la loi[52].

D'un autre côté, on devrait également rejeter une interprétation exclusivement centrée sur les objectifs poursuivis par l'auteur du texte. La Constitution exige que la volonté du Parlement soit exprimée selon certaines formes et le justiciable est en droit d'exiger des tribunaux qu'ils accordent une grande importance au texte, qui est censé être le véhicule privilégié de la pensée du législateur. Il ne faut pas oublier que c'est d'abord dans le texte que l'interprète doit rechercher les objectifs de la loi. En outre, la formule agit comme un frein à la discrétion judiciaire : elle restreint la gamme des sens qu'il est possible de donner à une disposition. Enfin, on a beau connaître le but poursuivi par l'auteur du texte, encore faut-il voir par quels moyens il entendait atteindre ce but. C'est principalement dans la formule employée par l'auteur que l'on peut découvrir des indices quant aux moyens que l'auteur du texte législatif a voulu mettre en oeuvre pour atteindre ses objectifs[53].

---

51   *Seaford Court Estates Ltd.* c. *Asher*, [1949] 2 K.B. 481, 499.

52   Alain-François BISSON, « L'interprétation adéquate des lois », dans Ernest CAPARROS (dir.), *Mélanges Louis-Philippe Pigeon*, Montréal, Wilson et Lafleur, 1989, p. 87.

53   *R.* c. *Philips Electronics Ltd.*, (1981) 30 O.R. (2d) 129, 136 (j. Goodman) (Ont.C.A.).

J'ai posé tantôt la question de savoir si l'interprète doit, en cas de conflit évident entre la formule et l'objet, modifier le texte en vue d'accomplir l'objet ou appliquer quand même le texte malgré ses défauts, quitte à compromettre la réalisation des objectifs de la loi. Les remarques qui précèdent sur l'importance respective de la lettre de la loi et de sa finalité devraient amener à conclure qu'il n'est pas prudent de donner à cette question une réponse catégorique et générale.

Plusieurs facteurs expliquent que, dans les situations concrètes, un juge donnera préséance soit à la lettre, soit à la finalité. Certains de ces facteurs tiennent à la personnalité du juge : par tempérament, par formation ou par conviction, certains juges sont plus portés que d'autres à se tenir près du texte et hésiteront davantage à prendre avec celui-ci des libertés en vue de réaliser l'objet.

D'autres facteurs sont liés aux circonstances de chaque espèce. Si le texte présente une ambiguïté alors que l'objet paraît évident, peu de juges hésiteront à retenir le sens qui convient à l'objet. Par contre, si le texte paraît avoir un sens bien précis alors qu'on se perd en conjectures quant à ce qu'ont pu être les objectifs du législateur en l'édictant, le juge pourra bien, faute de mieux, se rabattre sur le sens littéral[54].

Le style de rédaction peut également avoir une influence sur l'accent mis sur le texte ou la finalité. Une rédaction détaillée est de nature à favoriser l'approche littérale[55] : elle rend souvent l'objet ou les principes de la législation difficiles à découvrir et, le législateur

---

54   Comme il y a des cas où le texte semble « clair » et d'autres où il le paraît moins, ainsi trouve-t-on dans la jurisprudence des cas où l'intention du législateur est présentée comme étant « claire » ou « évidente » (par exemple : *Minister of Transport for Ontario* c. *Phoenix Assurance Co.*, précité, note 27, 487 (j. Schroeder)) et d'autres où la recherche du but est comparée à une expédition dans un labyrinthe où le juge ne peut compter sur aucun fil conducteur (par exemple : *Canadian Northern Railway Co.* c. *The King*, (1922) 64 R.C.S. 264, 271 (j. Duff), confirmé par [1923] A.C. 714). Et comme on peut trouver dans les arrêts des désaccords quant au sens des mots, de même y rencontre-t-on des désaccords portant sur la finalité des dispositions (par exemple : *Klippert* c. *La Reine*, [1967] R.C.S. 822).

55   Ainsi, la législation fiscale, notoirement prolixe, impose une approche interprétative donnant une grande importance à la formulation du texte; voir *infra*, p. 623 et suiv.

ayant supposément pensé à tout, l'interprète peut se sentir justifié de ne penser à rien et d'appliquer le texte à la lettre sans y ajouter ou en retrancher, et sans s'interroger sur son objet. Au contraire, une rédaction en termes généraux peut rendre plus facile la connaissance de la finalité de la loi, de sa structure, de ses principes et elle fait appel pour son application, à une collaboration plus large du juge, cette collaboration accentuant l'importance de l'objet[56].

La matière sur laquelle porte le texte législatif influence aussi l'importance attachée à l'objet. Certaines lois, les lois pénales ou fiscales par exemple, sont dites d'interprétation stricte, c'est-à-dire que les tribunaux ont énoncé à leur sujet ce que l'on peut appeler des « directives de formulation explicite ». Ces directives préviennent le législateur qu'il ne pourra pas compter sur la collaboration des juges pour améliorer la formulation de certains types de textes : le législateur devra définir clairement et explicitement le crime, établir au-delà de tout doute l'imposabilité d'une transaction, et ainsi de suite. Dans ces matières, on s'attend à ce que le juge insiste davantage sur l'élément exprès de la communication légale, c'est-à-dire sur la formule, et qu'il hésite à étendre la portée de celle-ci au nom de la finalité de la loi.

Par contre, « [u]ne interprétation littérale et rigoriste des textes [...], si elle peut être acceptable en droit fiscal, n'a certes pas sa place en matière de droit civil »[57]. Dans la tradition civiliste, l'esprit a toujours eu le pas sur la lettre et les tribunaux n'hésitent pas à s'écarter du texte afin de réaliser l'intention[58]. Dans l'interprétation du *Code*

---

[56]   C'est sans doute pour cette raison que l'on a décidé que l'approche fonctionnelle ou téléologique était celle qui convenait le mieux à l'interprétation de la *Charte canadienne des droits et libertés*. Dans le cas de textes rédigés en termes très généraux et très vagues, il y a effectivement peu à tirer du recours au dictionnaire : *Hunter* c. *Southam Inc.*, [1984] 2 R.C.S. 145, 155-157 (j. Dickson). Le mode de rédaction expliquerait en partie l'importance accordée aux objectifs dans l'interprétation des lois antidiscriminatoires : *Commission ontarienne des droits de la personne et O'Malley* c. *Simpson-Sears Ltd.*, [1985] 2 R.C.S. 536, 547; *Robichaud* c. *Canada (Conseil du Trésor)*, [1987] 2 R.C.S. 84, 89.

[57]   *General Motors Products of Canada Ltd.* c. *Kravitz*, [1979] 1 R.C.S. 790, 813 (j. Pratte).

[58]   Voir, à ce sujet, les notes du juge LeBel dans *Banque de Montréal* c. *Dufour*, [1995] R.J.Q. 1334, 1339 (C.A.).

civil du Bas Canada notamment, les juges de la Cour suprême ont souvent fait référence aux objectifs des dispositions étudiées, qu'il s'agisse de dispositions faisant partie du Code de 1866[59] ou de dispositions plus récentes visant à y introduire de nouvelles institutions en matière de fiducie[60], de protection de débiteurs[61] ou de prestation compensatoire[62].

Enfin, l'importance relative du texte et du but peut dépendre, dans les cas d'espèce, de la conclusion à laquelle le juge a cru bon d'en venir sur le fond du problème qui lui a été soumis. N'oublions pas le rôle argumentatif que jouent les principes d'interprétation des lois. Selon que l'on insiste sur le texte ou sur le but qu'il cherche à accomplir, on peut parfois justifier des conclusions opposées[63]. Toutes choses étant égales par ailleurs, un juge aura tendance à favoriser l'approche littérale ou téléologique selon que l'une ou l'autre lui permet de justifier la solution du problème qui lui semble la plus appropriée dans les circonstances. Dans de tels cas, il faut, comme l'a écrit le juge Laskin[64], chercher les vrais motifs de la décision ailleurs que dans les principes d'interprétation des lois, c'est-à-dire que le choix de la méthode interprétative dépend alors d'un autre choix qui relève, lui, de la politique judiciaire.

SECTION 3 : LES APPLICATIONS DE LA MÉTHODE TÉLÉOLOGIQUE

Le recours à la finalité d'une loi ou de l'une ou l'autre de ses dispositions peut emprunter diverses formes et amener l'interprète à appliquer divers procédés. Parmi ces procédés qui s'autorisent de la

---

[59] À titre d'exemple : *Desgagné c. Fabrique de la Paroisse de St-Philippe d'Arvida*, [1984] 1 R.C.S. 19, 44; *Caisse populaire des Deux Rives c. Société mutuelle d'assurance contre l'incendie de la vallée du Richelieu*, [1990] 2 R.C.S. 995, 1024 et 1025; *Roberge c. Bolduc*, [1991] 1 R.C.S. 374, 402 et 403.

[60] *Royal Trust Co. c. Tucker*, [1982] 1 R.C.S. 250, 275.

[61] *Garcia Transport Ltée c. Cie Trust Royal*, précité, note 7, 515.

[62] *Lacroix c. Valois*, [1990] 2 R.C.S. 1259, 1276 et 1277; *M. (M.E.) c. L. (P.)*, précité, note 7, 194 et 195.

[63] *Jones c. Secretary of State for Social Services*, [1972] 1 All E.R. 145, 149 (Lord Reid) (H.L.).

[64] *Hill c. La Reine*, [1977] 1 R.C.S. 827, 831.

méthode téléologique, on peut distinguer le recours à la finalité pour 1) rectifier des erreurs matérielles manifestes; 2) lever des incertitudes quant au sens d'une disposition; 3) restreindre le sens d'une disposition; 4) étendre le sens d'une disposition.

Sous-section 1 :   Le recours au but pour rectifier des erreurs matérielles manifestes

Il peut se glisser, au moment de la rédaction d'un texte législatif ou au moment de son impression, des erreurs matérielles qui ont pour effet de rendre le texte absurde soit en lui-même, soit dans son rapport avec les autres dispositions et avec sa finalité. Dans ces cas, il est admis que l'on doive accorder plus de poids au but poursuivi par l'auteur qu'à la formulation, manifestement déficiente, du texte législatif.

L'erreur matérielle peut être apparente à la seule lecture du texte en cause. L'exemple est célèbre du décret pris en France en 1917 qui faisait interdiction aux voyageurs « de monter ou de descendre ailleurs que dans les gares [...] et lorsque le train est complètement arrêté » [65]. Lorsqu'il apparaît à la seule lecture du texte applicable que celui-ci est entaché d'une erreur matérielle, le juge peut la corriger, par exemple, en substituant un terme à un autre[66] ou en supprimant un terme[67].

On peut aussi faire apparaître une erreur matérielle en considérant un texte dans ses rapports avec d'autres dispositions et en relation avec l'objet de la loi. Il se glisse assez souvent des erreurs, par exemple, lorsque l'auteur du texte veut mentionner une disposition ou y renvoyer. Une erreur dans la formule de renvoi peut rendre un texte tout à fait incompréhensible. Dans la mesure où il est possible de corriger une erreur de ce type, les tribunaux vont générale-

---

[65]   Cass. Crim. 8 mars 1930, D.P. 1930, 1. 101, note P. Voirin.

[66]   *Industrial Development Bank* c. *Schultz*, (1971) 16 D.L.R. (3d) 581 (Sask.C.A.); *R.* c. *Charterways Transportation Ltd.*, (1981) 123 D.L.R. (3d) 159 (Ont.H.C.).

[67]   *Sale* c. *Wills*, (1972) 22 D.L.R. (3d) 566 (Alta.S.C.).

ment accepter de le faire afin de donner un sens au texte[68]. Ainsi, dans l'arrêt *Morris* c. *Structural Steel Co.*[69], il était question d'une disposition de la *Loi des accidents du travail* qui faisait référence aux « entrepreneurs définis ci-dessous ». Or, il n'y avait pas, dans les articles suivants, de définition du terme « entrepreneur », alors que l'on trouvait cette définition dans les articles précédents. Le tribunal conclut à l'erreur matérielle de rédaction et substitua l'expression « ci-dessus » (*hereinbefore*) à « ci-dessous » (*hereinafter*) de manière à rétablir l'intention manifeste du législateur[70].

L'erreur matérielle peut aussi être révélée par l'examen de l'historique de la disposition. Dans *R.* c. *McIntosh*[71], la dissidence a repéré une telle erreur en examinant des versions antérieures d'une disposition du *Code criminel* concernant la légitime défense et elle aurait accepté de la rectifier. La juge McLachlin a souscrit à l'opinion d'Elmer Driedger voulant que le juge puisse rectifier des erreurs d'expression de la règle « lorsque les trois facteurs suivants sont réunis : (1) une absurdité manifeste, (2) une erreur dont on peut retracer l'origine et (3) une correction évidente »[72]. La majorité, cependant, tout en reconnaissant que la règle suggérée par le texte conduisait à « une certaine absurdité » et sans nier que ce texte ait été affecté d'un vice de rédaction, a choisi de l'appliquer à la lettre. Pour justifier cette décision pour le moins surprenante, le juge Lamer a invoqué notamment le devoir que le juge avait de suivre le sens clair du texte même si cela devait conduire à une absurdité[73] et la nécessité, en matière pénale, de ne pas mettre trop facilement de côté le sens que le texte peut avoir pour le lecteur ordinaire qu'est

---

[68] Dans *Azar and Canada Permanent Mortgage Corp.* c. *City of Sydney*, (1958-59) 15 D.L.R. (2d) 124 (N.S.S.C.), le tribunal a refusé de corriger le texte manifestement erroné d'une mention d'un document.

[69] *Morris* c. *Structural Steel Co.*, précité, note 45.

[70] En matière de correction d'erreurs matérielles dans des dispositions qui en mentionnent d'autres ou qui y renvoient, on verra : *R.* c. *Wolfe*, [1928] 4 D.L.R. 941 (Alta.S.C.); *R.* c. *Donald B. Allen Ltd.*, (1976) 65 D.L.R. (3d) 599 (Ont.H.C.); *R.* c. *Findlay*, (1977) 3 B.C.L.R. 321 (B.C.Prov.Ct.); *Air Canada* c. *Ontario (Minister of Revenue)*, (1996) 133 D.L.R. (4th) 83 (Ont.C.A.).

[71] *R.* c. *McIntosh*, [1995] 1 R.C.S. 686.

[72] *Id.*, 718.

[73] *Id.*, 704.

l'accusé[74]. Notons également que la rectification du texte aurait privé l'accusé d'un moyen de défense que le texte lui accordait, ce que la majorité n'a d'ailleurs pas manqué de souligner[75].

En droit civil, où l'interprétation est traditionnellement beaucoup moins formaliste qu'en droit statutaire, le juge n'hésitera pas à rectifier une expression maladroite. Face à une « erreur technique du législateur », lorsque « [d]onner son sens littéral au texte adopté rendrait son interprétation absurde et le priverait de toute utilité », le juge fera volontiers prévaloir sur le texte l'« intention législative fondamentale »[76].

On doit, en terminant, établir une nette distinction entre l'erreur d'expression de la règle, que le juge acceptera généralement de corriger, de l'erreur de conception de la règle, dont la correction sera généralement laissée au législateur[77].

Sous-section 2 : Le recours au but pour lever des incertitudes quant au sens d'une disposition

C'est sans doute l'usage le plus courant et le moins controversé de la finalité d'un texte que celui qui consiste à s'y référer pour préciser le sens d'un terme vague, pour arrêter un choix entre divers sens possibles ou pour lever toute autre incertitude quant à sa signification.

Il est en effet incontestable qu'on peut, lorsque la formule soulève une difficulté d'interprétation, lorsqu'elle n'est pas claire, se référer à la finalité de la loi ou de la disposition examinée pour choisir celui des sens possibles qui est le plus propre à réaliser cette finalité. Dans *R. c. Sommerville*, le juge Pigeon a, dans sa dissidence, émis l'avis

---

[74]   *Id.*, 707.

[75]   *Id.*, 702.

[76]   Ces expressions sont celles qu'a employées le juge LeBel pour justifier la rectification d'une erreur introduite au *Code de procédure civile* au moment de la réforme du Code civil : *Banque de Montréal* c. *Dufour*, précité, note 58, 1339.

[77]   La réforme d'une règle mal conçue doit, selon la théorie officielle de l'interprétation, être laissée au législateur : *Fortin* c. *Centre communautaire juridique du Nord-Ouest*, [1984] C.A. 662.

qu'on ne pouvait pas s'écarter du sens clair d'un texte en raison d'une contradiction avec son but. Par contre, ajoute-t-il :

> « [I]l en va autrement si le texte législatif n'est pas clair. Il est alors tout à fait approprié d'étudier le but et l'intention générale afin de choisir parmi les divers sens possibles celui qui paraît le plus conforme à l'intention générale. »[78]

Dans *Corporation de l'Hôpital Bellechasse* c. *Pilotte*, le tribunal devait décider si l'Administration avait le pouvoir de donner un effet immédiat à certains règlements, compromettant ainsi l'exécution de contrats en cours concernant les relations entre des médecins et des centres hospitaliers. Pour justifier sa conclusion que la loi conférait le pouvoir de donner un effet immédiat aux règlements, le juge De Grandpré fit appel à l'un des buts de la loi en cause :

> « Comme le dit M. le juge Lajoie, le but visé par la *Loi des hôpitaux* et par les règlements est clairement de "uniformiser et normaliser l'organisation des hôpitaux, leur administration et leurs opérations". Ce but ne serait pas atteint si, à compter de l'entrée en vigueur de l'arrêté en conseil du 1er avril 1969, des dates différentes devaient s'appliquer aux relations contractuelles entre les médecins et les hôpitaux. »[79]

Dans *Hudson* c. *Benallack*, le juge Dickson a fait appel également au but pour interpréter l'article 73 de la *Loi sur la faillite* (S.R.C. 1970, c. B-3) concernant le traitement préférentiel accordé par un débiteur insolvable à l'un de ses créanciers. Il s'agissait de décider si l'article exigeait, pour l'annulation du paiement, la preuve d'une intention frauduleuse de la part du créancier qui bénéficie de la préférence. Pour appuyer sa conclusion que l'intention du créancier n'était pas pertinente, le juge Dickson fit état du but de la loi :

> « La législation sur la faillite a pour objet de garantir le partage des biens du débiteur failli proportionnellement entre tous ses créanciers. L'article 112 de la loi prévoit que, sous réserve des dispositions de la loi, toutes les réclamations établies dans la faillite doivent être acquittées *pari passu*. La loi vise à mettre tous les créanciers sur un pied d'égalité. En général, jusqu'à ce qu'il soit insolvable ou projette de faire un acte de faillite, le débiteur est tout à fait libre

---

[78] R. c. *Sommerville*, précité, note 13, 395. Dans le même sens : *Brophy* c. *A.G. of Manitoba*, précité, note 31, 216 (Lord Herschell).

[79] *Corporation de l'Hôpital Bellechasse* c. *Pilotte*, [1975] 2 R.C.S. 454, 460.

d'administrer ses biens à sa guise et il peut préférer l'un ou l'autre de ses créanciers. Toutefois, dès qu'il devient insolvable, il ne peut plus rien faire qui sorte du cours ordinaire des affaires et ait pour effet de procurer une préférence à un créancier sur les autres. Si un créancier reçoit une préférence sur les autres par suite d'un acte délibéré et frauduleux du débiteur, le principe de l'égalité à la base de la législation sur la faillite est mis en échec. Peu importe donc que le créancier en ait connaissance ou non. »[80]

Dans *Laidlaw* c. *Toronto métropolitain*[81], le texte faisant problème était le suivant, tiré de l'*Expropriation Act* de l'Ontario (S.R.Q. 1970, c. 154) (traduction) :

> « **Art. 18(1).** L'autorité expropriante doit payer à un propriétaire autre qu'un locataire, pour le trouble de jouissance, les frais raisonnables qui sont les conséquences naturelles et raisonnables de l'expropriation, notamment,
>
> a)   lorsque les lieux expropriés incluent la résidence du propriétaire,
>
> [...]
>
> (ii)   une indemnité pour les améliorations dont la valeur n'est pas reflétée dans la valeur marchande du bien-fonds [...]. »

L'appelante avait construit une annexe à sa maison au coût de 26 000$. Cette amélioration, de l'avis de la Commission d'expropriation, n'avait ajouté que 10 000$ à la valeur marchande de la propriété et c'est cette dernière somme qui lui fut accordée. Madame Laidlaw réclama, à titre d'indemnité, la différence entre ce que lui avait coûté l'annexe et la valeur marchande qu'on lui attribuait, en se fondant sur l'article 18(1) a) (ii) précité.

Les prétentions respectives des parties furent résumées ainsi par le juge Spence :

> « L'avocat de l'appelante allègue depuis le début que le sous-alinéa 18(1) a) (ii) doit être interprété de manière à ce que la différence entre le coût de l'annexe, 26 000$, et l'augmentation moindre de la valeur marchande de la propriété, 10 000$, soit incluse dans l'indemnité. L'intimée soutient par contre que dès que l'"amélioration", pour reprendre le terme employé au sous-alinéa, augmente la

---

80   *Hudson* c. *Benallack*, [1976] 2 R.C.S. 168, 175 et 176.

81   *Laidlaw* c. *Toronto métropolitain*, précité, note 7.

valeur marchande, même d'un faible montant, l'article devient inapplicable. »[82]

Autrement dit, fallait-il, pour qu'il y ait lieu à indemnité, que le coût des améliorations ne soit aucunement reflété dans la valeur marchande?

Pour répondre à cette question, le juge Spence jugea opportun de se référer à l'objet de la disposition, au *mischief* qu'elle cherchait à corriger :

> « Tout d'abord, je dois dire que le choix entre les deux interprétations ne peut se fonder uniquement sur les mots employés à l'alinéa [...]. Le sens du verbe "refléter" est à mon avis très imprécis. Pour le comprendre, il faut examiner tous les articles de la loi et, à mon avis, prendre en considération l'historique de la loi et la situation (*mischief*) que le législateur a voulu corriger. »[83]

En vue d'établir la « situation que le législateur a voulu corriger », le juge va recourir au rapport d'une commission d'enquête et en citer, entre autres, l'extrait suivant :

> « E. AMÉLIORATIONS NON RÉALISABLES
>
> Il peut arriver qu'un propriétaire effectue des améliorations sur sa propriété qui ont une valeur particulière à ses yeux, mais que la valeur marchande du terrain ne reflète pas. Suivant le principe qu'il doit être indemnisé de sa perte, le propriétaire devrait recevoir un dédommagement pour les améliorations non réalisables qu'il a effectuées. On cite par exemple le cas d'un tétraplégique qui fait installer des rampes dans sa maison ou celui d'un propriétaire qui construit un abri souterrain. »[84]

Puis le juge d'ajouter un peu plus loin :

> « L'abri souterrain a une valeur pour celui qui craint les raids aériens et les rampes ont une grande valeur pour l'invalide. C'est l'injustice qui consisterait à priver ces personnes de la valeur de leurs amélio-

---

[82]   *Id.*, 742.

[83]   *Id.*, 742 et 743.

[84]   *Id.*, 746 (traduction).

rations en limitant l'indemnité à la valeur marchande, que la législation vise à éviter. »[85]

Et il va en conséquence retenir l'interprétation du mot « reflétée » qui lui semble commandée par les objectifs de la législation, c'est-à-dire d'éviter qu'une personne expropriée ne subisse de préjudice du fait d'une différence entre la valeur marchande de certaines améliorations qu'elle a faites à sa propriété et leur valeur particulière à ses yeux.

On pourrait donner de nombreux autres exemples de cas où les tribunaux ont eu recours au but de la loi pour en fixer le sens lorsque celui-ci présente une incertitude[86]. Ces cas peuvent être distingués de ceux où le texte paraît ne pas présenter de difficulté à sa seule lecture, mais semble aller au-delà de ce qu'exigerait la réalisation de ce qui paraît en être le but. Dans un tel cas, il arrive que les tribunaux interprètent limitativement une disposition en raison de son objet ou de celui du texte législatif dont elle fait partie.

Sous-section 3 : Le recours au but pour restreindre le sens d'une disposition

Les termes généraux d'un texte législatif peuvent voir leur sens restreint en raison de la finalité du texte : *cessante ratione legis, cessat lex ipsa* :

> « Les termes généraux, si étendu soit leur sens, doivent, à moins de motifs impérieux, être restreints aux objets de la Loi. »[87]

---

85   *Id.*, 747.

86   À titre d'exemples supplémentaires : *Canadian Pacific Railway Co.* c. *City of Sudbury*, [1961] R.C.S. 39; *Compagnie des Chemins de fer Nationaux du Canada* c. *Board of Commissioners of Public Utilities*, [1976] 2 R.C.S. 112; *Abrahams* c. *P.G. du Canada*, précité, note 7; *Robichaud* c. *Canada (Conseil du Trésor)*, précité, note 56; *R.* c. *B.(G.)*, [1990] 2 R.C.S. 3; *R.* c. *Z (D.A.)*, [1992] 2 R.C.S. 1025; *A.G. of Canada and Jenkins*, (1995) 123 D.L.R. (4th) 639 (C.A.F.); *Jenkins Bros. Ltd.* c. *Protestant School Board of Greater Montreal*, [1967] B.R. 19; *Southam Inc.* c. *Gauthier*, [1996] R.J.Q. 603 (C.A.); *Winfield Construction Ltd.* c. *B.A. Robinson Co.*, (1996) 134 D.L.R. (4th) 99 (Man.C.A.).

87   *Motel Pierre Inc.* c. *Cité de Saint-Laurent*, [1967] B.R. 239, 240 (traduction).

Dans *McBratney* c. *McBratney*[88], la Cour suprême devait établir le sens de certaines dispositions du *Married Women's Relief Act* de l'Alberta (S.A. 1910, c. 18) qui conférait à une veuve le droit de s'adresser au tribunal si elle recevait de son défunt mari, en cas de succession testamentaire, une somme moindre que celle que lui aurait accordée la loi en cas de succession *ab intestat*, soit, dans les circonstances, la moitié de la succession. La loi prévoyait que le juge saisi de la demande pouvait accorder à la veuve toute somme « jugée juste et équitable dans les circonstances ». La Cour suprême interpréta limitativement ces mots de manière à empêcher un juge d'accorder, sur requête, une somme plus élevée que celle à laquelle la veuve aurait eu droit en cas de succession légale. Cette interprétation restrictive fut justifiée en faisant appel à la finalité de la loi et à la situation qu'elle entendait corriger.

Dans *Canadian Fishing Co.* c. *Smith*[89], la majorité des juges de la Cour suprême interpréta limitativement un article de la *Loi relative aux enquêtes sur les coalitions* (S.R.C. 1952, c. 314, art. 18) qui traitait de la communication de certains éléments de preuve. L'objet de la disposition étant de permettre aux intéressés de se défendre adéquatement contre certaines allégations de violation de la loi, il fut décidé que chaque intéressé ne pouvait recevoir communication que des éléments de preuve pertinents aux allégations le concernant, et ce, malgré un texte donnant apparemment un droit plus étendu.

Dans *Sidmay Ltd.* c. *Wehttam Investments Ltd.*[90], la Cour suprême confirma un arrêt de la Cour d'appel de l'Ontario[91] jugeant qu'une compagnie privée qui n'avait pas, en vertu de sa charte, le droit d'offrir ses actions au public n'était pas régie par le *Loan and Trust Corporations Act* de l'Ontario (R.S.O. 1960, c. 222), bien qu'elle fût comprise dans le sens littéral de la définition de « compagnie de prêt » (*loan corporation*). D'après la Cour, le but de la loi devait être pris en considération pour limiter la portée de la définition, et de la loi elle-même, à ces compagnies qui font commerce de prêter des sommes recueillies dans le public. Au soutien de l'interprétation

---

88   *McBratney* c. *McBratney,* (1919) 59 R.C.S. 550.

89   *Canadian Fishing Co.* c. *Smith,* [1962] R.C.S. 294.

90   *Sidmay Ltd.* c. *Wehttam Investments Ltd.,* [1968] R.C.S. 828.

91   *Sidmay Ltd.* c. *Wehttam Investments Ltd.,* (1967) 61 D.L.R. (2d) 358 (Ont.C.A.).

téléologique retenue, le juge Kelly, dont les motifs furent entérinés
par le juge Cartwright en Cour suprême (à la page 833), invoqua
l'extrait qui suit de *Maxwell On the Interpretation of Statutes* :

> « Lorsque le texte d'une loi, selon son sens ordinaire et selon
> l'interprétation grammaticale, entraîne une contradiction manifeste
> avec le but apparent de la disposition, ou un inconvénient, ou ab-
> surdité, une détresse ou une injustice qui, peut-on présumer, n'ont
> pas été voulus, on peut l'interpréter en modifiant le sens des termes
> et même la structure de la phrase [...] Lorsque l'objet principal et
> l'intention de la loi sont clairs, il ne faut pas les réduire à néant à
> cause de la maladresse du rédacteur ou de son ignorance du droit,
> sous réserve des cas de nécessité et du caractère absolument
> contraignant des termes employés. Les règles de grammaire cèdent
> alors facilement devant celles du sens commun. »[92]

Dans *R. c. Sommerville*[93], une disposition de la *Loi sur la Commission canadienne du blé* (S.R.C. 1970, c. C-12, art. 33) qui exigeait un
permis pour faire le transport de blé d'une province à une autre fut
déclarée inapplicable à un transport fait par un agriculteur pour ses
propres besoins. L'objet de la loi en cause étant, d'après la majorité,
l'exercice d'un contrôle sur le commerce du blé, celle-ci ne devait pas
s'interpréter de manière à s'appliquer à un transport de blé ne
présentant pas de caractère commercial[94].

---

[92]   Peter St. John LANGAN, *Maxwell On the Interpretation of Statutes*, 12ᵉ éd.,
        Londres, Sweet & Maxwell, 1969, p. 236, cité dans *Sidmay Ltd. c. Wehttam
        Investments Ltd.*, précité, note 91.

[93]   *R. c. Sommerville*, précité, note 13.

[94]   On trouvera d'autres exemples d'interprétation restrictive justifiée par la
        finalité du texte dans les arrêts qui suivent : *Workmen's Compensation Board* c.
        Bathurst Co., [1924] R.C.S. 216; *Motel Pierre Inc.* c. *Cité de Saint-Laurent*, précité,
        note 87; *Germain et Frères* c. *Rochette*, [1971] C.A. 551; *Duval-Frémont* c.
        Université Laval, J.E. 96-1342 (C.A.); *Okalta Oils Ltd.* c. *Minister of National
        Revenue*, [1955] R.C. de l'É. 66, confirmé par [1955] R.C.S. 824; *Flavell* c. *Sous-
        ministre M.R.N.*, Douanes et Accise, [1997] 1 C.F. 640; *Waugh and Esquimalt
        Lumber Co.* c. *Pedneault*, [1949] 1 W.W.R. 14 (B.C.C.A.); *Crown Zellerbach
        Canada Ltd.* c. *Provincial Assessors of Comox, Cowichan and Nanaimo*, (1963) 39
        D.L.R. (2d) 370 (B.C.C.A.); *Li* c. *College of Pharmacists of British Columbia*, (1994)
        116 D.L.R. (4th) 606 (B.C.C.A.); *R. c. Clark*, (1973) 35 D.L.R. (3d) 314 (Alta.C.A.);
        Campbell Estate c. *Fang*, (1994) 116 D.L.R. (4th) 443 (Alta.C.A.); *Collings* c. *New
        Brunswick (Minister of Health & Community Services)*, (1996) 165 N.B.R. (2d) 1
        (N.B.C.A.); *Tarel Hotel Ltd.* c. *Saskatchewan Co-operative Financial Services Ltd.*,
        (1995) 118 D.L.R. (4th) 629 (Sask.C.A.).

Sous-section 4 : Le recours au but pour étendre le sens d'une disposition

Pour favoriser l'accomplissement de ce qui paraît être le but d'un texte législatif, le juge peut devoir donner à l'une de ses dispositions un sens plus large que celui qu'elle aurait en ne tenant compte que du sens littéral des mots :

> « Lorsque le sens ordinaire des termes n'est pas à la mesure de tout l'objet poursuivi par le législateur, on peut donner un sens plus étendu aux termes qui se prêtent bien à cette extension. »[95]

Ce procédé d'interprétation est consacré par la maxime *ubi eadem ratio, ibi idem jus*. Ainsi, un article de la *Charte de Montréal* qui prévoyait une exemption de taxe dans le cas d'édifices « rasés » par incendie (*razed to the ground*) a été jugé applicable au cas d'un immeuble entièrement détruit par les flammes mais dont certains pans de murs étaient néanmoins restés debout : le principe que la législation mettait en oeuvre, c'est-à-dire qu'un citoyen ne doit pas être imposé à l'égard d'un immeuble totalement détruit, fut préféré au texte qui, pris dans son sens littéral, n'aurait que rarement trouvé à s'appliquer[96].

Dans *Toronto Transit Commission* c. *City of Toronto*[97], la Cour suprême interpréta extensivement une disposition du paragraphe 9 de l'article 4 de l'*Assessment Act* de l'Ontario (S.R.O. 1960, c. 23) qui rendait imposables les biens d'organismes publics « s'ils sont occupés par un locataire ou un preneur à bail ». Dans l'instance, certains terrains de la Toronto Transit Commission avaient été loués à un promoteur immobilier (Davisville Investment Co.) qui, toutefois, n'y avait fait aucune construction et n'en avait fait usage que pour y faire des sondages. Malgré cela, la Cour jugea que les terrains en question étaient imposables, bien que non « occupés par un locataire » au sens strict de ces mots.

Le juge Spence, qui rendit le jugement de la Cour, après avoir souligné, à la page 752, que « le sens d'une disposition législative doit

---

[95]   *Canadian Fishing Co.* c. *Smith*, précité, note 89, 307 (j. Locke) (traduction).

[96]   *Cité de Montréal* c. *West End Improvement Corp.*, (1941) 70 B.R. 326.

[97]   *Toronto Transit Commission* c. *City of Toronto*, précité, note 37.

être déterminé par l'étude non seulement des termes mêmes d'un paragraphe mais de l'ensemble de la loi et de son objet », s'appliqua à exposer ce qui était, à ses yeux, la raison d'être de la distinction faite, dans la loi, entre les immeubles appartenant à des organismes publics municipaux et déclarés non imposables et ceux des immeubles appartenant à des organismes publics municipaux qui sont néanmoins imposables parce qu'« occupés par un locataire ou un preneur à bail ». Les uns servant présumément à des fins municipales, « leur assujettissement aux taxes irait à l'encontre de l'intention de la loi, alors que les autres, occupés par des locataires, servent à des fins commerciales et il paraît alors normal de les rendre imposables, pour éviter par exemple que les locataires d'immeubles publics ne fassent, en raison de l'exemption fiscale dont ils bénéficieraient, une concurrence déloyale aux autres commerçants ».

« Il semble [écrit le juge Spence à la page 754] que la politique voulue dans la loi ne soit respectée que si les terrains sont assujettis à l'imposition dès qu'ils cessent de servir à des fins municipales pour servir à des fins commerciales. » Dans cette perspective, il semble n'être pas pertinent de savoir si le locataire occupe effectivement l'immeuble loué : dès que celui-ci est distrait de l'usage public, en raison d'un bail, il devient imposable. Voici la conclusion à laquelle en vient le tribunal :

> « Bref, je suis d'avis qu'afin de satisfaire à la politique de l'*Assessment Act*, les mots du par. 9 de l'art. 4 : "sauf s'ils sont occupés par un locataire ou un preneur à bail", doivent être interprétés de manière qu'il n'y ait pas d'exemption et que les terrains soient assujettis à l'évaluation suivant la procédure courante si le locataire ou preneur à bail a un droit d'occupation contractuel, qu'il exerce ou non ce droit en se rendant sur les terrains afin d'y construire des ouvrages ou de les utiliser pour l'exécution de son projet. »[98]

Les mots « occupés par un locataire » ont donc été interprétés, en raison de l'objet de la loi, comme signifiant « loués à un locataire », ce qui constitue sans conteste une extension du sens courant des mots.

---

98   *Id.*, 754.

En s'inspirant notamment des objectifs de la loi, la Cour suprême a, plus récemment, donné une interprétation large à certaines dispositions de la *Loi sur les normes d'emploi* de l'Ontario prévoyant des indemnités de cessation d'emploi. Il s'agissait de décider si ces indemnités devaient être versées dans l'hypothèse où des personnes perdaient leur emploi en raison de la faillite de leur employeur. Les termes de la loi paraissaient suggérer que les indemnités n'étaient payables qu'en cas de licenciement par l'employeur, ce qui n'était pas le cas. Malgré une terminologie restrictive, les dispositions furent jugées applicables compte tenu des objectifs indemnitaires des dispositions en question[99].

Deux des questions les plus délicates posées par l'interprétation des textes législatifs ont trait aux limites que doit respecter le juge dans l'interprétation extensive justifiée par l'objet. Ces questions, qui méritent une attention particulière, sont les suivantes : 1) Au nom de l'objet du texte, le juge doit-il combler les lacunes que celui-ci peut présenter? 2) Jusqu'où le juge doit-il aller pour faire échec aux efforts que ceux à qui le texte s'adresse déploient pour éluder ses effets?

Paragraphe 1 : Les lacunes

L'interprète doit-il combler les lacunes que peut présenter un texte législatif, c'est-à-dire doit-il suppléer à l'omission d'y prévoir certaines situations, certains cas que l'objet d'un texte commanderait logiquement d'y assujettir?

On ne s'étonnera pas de constater qu'il n'est pas possible de tirer de la jurisprudence une réponse générale et catégorique à cette question. De la même manière que l'on ne s'entend pas, en jurisprudence, sur l'importance relative du texte et de la finalité, il y a, quant au comblement des lacunes, deux écoles de pensée, l'une se récla-

---

[99] *Rizzo & Rizzo Shoes Ltd. (Re)*, [1998] 1 R.C.S. 27, 42. Pour d'autres exemples d'interprétation téléologique extensive du sens littéral d'une disposition, on pourra voir : *R. c. Money*, Cour suprême du Canada, le 23 avril 1999, par. 26; *P.G. du Canada c. Xuan*, [1994] 2 C.F. 348 (C.A.); *City of Hamilton c. Children's Aid Society of the City of Hamilton*, [1954] R.C.S. 569; *Ministre du Revenu de l'intérieur c. Litalien*, (1921) 31 B.R. 453; *Adam c. Daniel Roy Limitée*, [1983] 1 R.C.S. 683.

mant de la *Literal Rule* et prônant l'abstention et l'autre, appuyée sur la *Mischief Rule*, qui favoriserait plutôt le comblement des lacunes. Cette situation reflète d'ailleurs parfaitement la tension entre les deux principaux objectifs de l'interprétation juridique : la recherche de la pensée du législateur historique et la recherche d'une solution raisonnable à un problème concret[100].

En Angleterre, la même divergence d'opinions est apparue très clairement dans un célèbre échange de vues entre Lord Denning et Lord Simonds dans *Magor and St. Mellons Rural District Council c. Newport Corp.*

En Cour d'appel, Lord Denning, dissident, avait décrit ainsi la fonction d'un tribunal dans l'interprétation de la loi :

« Nous siégeons ici pour découvrir l'intention du Parlement et des ministres et pour en assurer l'accomplissement; nous y parviendrons mieux en comblant les lacunes et en donnant un sens à la disposition qu'en la soumettant à une analyse destructrice. »[101]

À la Chambre des Lords, Lord Simonds se déclara radicalement opposé à cette façon de voir :

« La proposition générale voulant que le tribunal ait le devoir de découvrir l'intention du législateur [...] est tout à fait insoutenable. Le tribunal a le devoir d'interpréter les termes employés par le législateur [...]. Le tribunal, ayant découvert l'intention du législateur [...] devrait combler les lacunes; il devrait rédiger ce que le législateur a omis de rédiger. Cette proposition [...] est insoutenable. J'y vois une usurpation flagrante de la fonction législative sous le prétexte spécieux de l'interprétation. »[102]

Au Canada, les mêmes points de vue divergents sont formulés, parfois même par le même tribunal, à peu près à la même époque. Ainsi, dans *Reference Re Certain Titles to Land in Ontario*[103], la Cour

---

100 Voir *supra*, p. 13 et suiv.

101 *Magor and St. Mellons Rural District Council c. Newport Corp.*, [1950] 2 All E.R. 1226, 1236 (C.A.) (traduction).

102 *Magor and St. Mellons Rural District Council c. Newport Corp.*, [1952] A.C. 189, 191 (traduction).

103 *Reference Re Certain Titles to Land in Ontario*, précité, note 21.

d'appel de l'Ontario, dans un jugement rendu le 19 mars 1973, exprima le point de vue suivant quant au comblement des lacunes :

> « Dans l'interprétation d'une loi, la fonction du tribunal se limite à l'interprétation des termes employés par le législateur et il n'a pas le pouvoir de combler les lacunes qui peuvent apparaître. Ce serait usurper la fonction du législateur : *Magor and St. Mellons Rural District Council* c. *Newport Corporation*, [1952] A.C. 189. Les observations de Lord Simonds aux pages 190 et 191 sont particulièrement à propos et elles exposent ce qui, à notre avis, constitue la vraie règle d'interprétation applicable en l'espèce. »[104]

Quelque six mois plus tard, la même Cour, par la voix du juge Schroeder, exprime l'avis que lorsque « l'intention véritable et parfaite du législateur a reçu une expression imparfaite [...], la lettre du texte, déficiente au plan logique, peut et doit être rendue parfaite au point de vue logique, afin de faire produire tous ses effets à l'intention du législateur, laquelle apparaît avec évidence [...]. »[105]

Étant donné le partage des opinions concernant la juste fonction d'un tribunal et l'accent qu'il doit mettre sur la lettre de la loi ou sur son esprit, il n'est pas étonnant de constater que l'étude de la jurisprudence révèle tantôt des décisions où le tribunal a accepté de parfaire le texte pour qu'il assure l'accomplissement de l'objet, et d'autres où le juge a refusé de prêter son concours au législateur et de combler les lacunes du texte.

Dans *City of Ottawa* c. *Canadian Atlantic Railway Co.*[106], la Cour suprême devait décider du droit d'une entreprise ferroviaire de traverser certaines rues dans la ville d'Ottawa. La charte de l'entreprise l'autorisait à construire un chemin de fer depuis Vaudreuil jusqu'à un endroit « à Ottawa ou près de cette ville » « en traversant les comtés de Vaudreuil, Prescott et Russell ». La ville prétendait que l'entreprise n'avait pas le pouvoir de pénétrer sur son territoire. À l'appui de cette prétention, elle fit valoir que le comté de Carleton n'était pas

---

104   *Id.*, 30 (traduction). Dans *P.G. de l'Ontario et Viking Houses* c. *Peel*, [1979] 2 R.C.S. 1134, 1139, le juge Laskin a écrit : « C'est au législateur qu'il revient de combler les lacunes de la loi. »

105   *Minister of Transport for Ontario* c. *Phoenix Assurance Co.*, précité, note 27, 487 (traduction).

106   *City of Ottawa* c. *Canadian Atlantic Railway Co.*, précité, note 39.

mentionné parmi ceux que la compagnie était autorisée à traverser. Or, la voie ferrée ne pouvait atteindre Ottawa sans traverser le comté de Carleton. Le juge en chef Taschereau rejeta cet argument dans les termes suivants :

> « Cette prétention ne peut prévaloir. Il faut donner aux termes de la charte une interprétation raisonnable en tenant compte de la matière et de l'objet public que le législateur visait. S'il est nécessaire de traverser le comté de Carleton pour rejoindre le terminus, on doit lire la loi comme si ce comté était compris dans ses termes exprès. On ne doit pas interpréter une loi de manière à faire échec à l'intention du législateur [...]. »[107]

Dans *Garand* c. *Maucotel*, la majorité des juges de la Cour d'appel accepta d'étendre à un régistrateur adjoint le privilège d'insaisissabilité que la loi n'accordait expressément qu'au régistrateur :

> « Il semble à la majorité du tribunal que, dans la saine interprétation des lois, on doit tenir compte en première ligne de l'objet qu'elles ont en vue. »[108]

Dans l'arrêt *Minister of Transport for Ontario* c. *Phoenix Assurance Co.* dont les faits ont été relatés plus haut[109], le juge Thompson, de la High Court de l'Ontario, s'était déclaré impuissant à combler ce qui lui paraissait être une lacune dans la loi :

> « [L]a loi comporte sûrement une lacune. Il s'agit d'un exemple patent de "*casus omissus*" [...]. Dans l'interprétation des lois, il n'est pas douteux que l'intention du législateur, si évidente soit-elle, doit être mise de côté dès lors que les termes choisis contraignent à le faire. Le tribunal ne peut donner un coup de pouce à une rédaction déficiente par le législateur; il ne peut y ajouter ni corriger par interprétation ou par invention les déficiences qui s'y trouvent, car ce serait usurper la fonction du législateur, non interpréter la loi. »[110]

---

[107] *Id.*, 381 (traduction).

[108] *Garand* c. *Maucotel*, (1909) 18 B.R. 325.

[109] *Supra*, p. 382.

[110] *Minister of Transport for Ontario* c. *Phoenix Assurance Co.*, (1973) 29 D.L.R. (3d) 513, 517 et 518 (Ont. H.C.) (traduction).

Ce point de vue restrictif de la fonction judiciaire fut rejeté en Cour d'appel où l'accent fut mis sur l'intention plutôt que sur le texte. La Cour accepta de combler la lacune : l'intention du législateur fut présentée comme « évidente ». Elle avait reçu, de l'avis de la Cour, une formulation déficiente, et c'était le devoir du tribunal de combler la lacune : « la lettre du texte, déficiente au plan logique, peut et doit être rendue parfaite du point de vue logique, afin de faire produire tous ses effets à l'intention du législateur, laquelle apparaît avec évidence, malgré l'imperfection ou le caractère incomplet de la formulation »[111].

Portée en Cour suprême, la décision de la Cour d'appel fut confirmée. La Cour n'exprima cependant pas d'opinion sur les motifs mis de l'avant par la Cour d'appel de l'Ontario[112].

À ces arrêts où le tribunal a conçu sa fonction d'une façon large et a insisté sur le but poursuivi plutôt que sur le texte[113], on peut en opposer d'autres où c'est plutôt la conception littérale qui a prévalu.

Les motifs invoqués à l'appui de ces décisions sont divers. L'argument le plus évident est celui tiré de la *Literal Rule* : lorsque le texte est clair et précis, le juge n'a qu'à l'appliquer; agirait-il autrement qu'il usurperait les fonctions du législateur en ajoutant aux termes de la loi[114]. Cette position appelle deux remarques. D'abord, le juge ne légifère pas s'il n'ajoute aux termes de la loi que pour rendre explicite ce qu'elle comporte déjà implicitement. Le problème ne me paraît donc pas être celui de savoir si le juge peut ou ne peut pas ajouter aux termes de la loi, mais plutôt de savoir si, premièrement, telle idée est suffisamment implicite dans le texte pour justifier le

---

111 *Minister of Transport for Ontario* c. *Phoenix Assurance Co.*, précité, note 27, 487 (j. Schroeder) (traduction).

112 *Minister of Transport for Ontario* c. *Phoenix Assurance Co.*, (1975) 54 D.L.R. (3d) 768 (C.S.C.).

113 Autres exemples de comblement de lacunes : *Cameron* c. *The King*, [1927] 2 D.L.R. 382 (B.C.C.A.); *Adler* c. *George*, [1964] 2 Q.B. 7; *City of Edmonton* c. *Granite Developments Ltd.*, (1982) 131 D.L.R. (3d) 728 (Alta.C.A.); *Boisclair* c. *Guilde des employés de la Cie Toastess Inc.*, [1987] R.J.Q. 807 (C.A.); *Gell* c. *Canadien Pacifique Ltée*, [1988] 2 R.C.S. 271; *Reekie* c. *Messervey*, [1990] 1 R.C.S. 219.

114 Voir, par exemple : *Reference Re Certain Titles to Land in Ontario*, précité, note 21, 30.

juge de lui faire produire ses effets et, deuxièmement, si quelque raison ne s'oppose pas à ce qu'un élément implicite dans la loi soit explicité par le juge. Je songe ici, par exemple, à certaines règles qui exigent du législateur un surcroît de clarté lorsqu'il veut produire certains effets, comme priver quelqu'un d'un droit de propriété, par exemple.

L'autre remarque qui paraît s'imposer est la suivante : la *Literal Rule* laisse entendre que, dès le moment où le juge joue un rôle créateur dans la solution d'un litige et cesse d'être un strict administrateur de la loi, il usurpe les fonctions du législateur. Or, il n'est pas besoin de démontrer que, par la nature même des choses, la fonction judiciaire suppose une part de créativité[115]. Dans le silence de la loi, ou dans son incertitude, le juge doit néanmoins juger, et l'obligation où il est de juger peut exiger de lui qu'il formule des règles qui vont au-delà du strict texte de la loi, mais restent, le plus possible, dans le prolongement de son esprit.

Il se peut que le juge refuse de combler une lacune non pas en raison d'une conception étroite de la fonction judiciaire, mais à cause de principes généraux d'interprétation qui lui commandent, dans certaines matières, d'insister sur une formulation explicite de l'intention législative. Par exemple, on ne se surprendra pas de constater que les tribunaux sont peu enclins à suppléer aux lacunes d'une loi fiscale[116], d'une loi rétroactive[117] ou d'une loi qui porte sévèrement atteinte au droit de propriété[118].

De même, dans *Gagné c. Ville de Kénogami*[119], le tribunal devait interpréter l'article 622 de la *Loi des cités et villes* (S.R.Q. 1941, c. 233), dont le premier paragraphe avait la teneur suivante :

> « **622.** Si une personne prétend s'être infligé, par suite d'un accident, des blessures corporelles, pour lesquelles elle se propose de

---

[115]   Voir *supra*, p. 18 et suiv.

[116]   *R. c. British Columbia Railway Company*, [1981] 2 C.F. 783 (C.A.); *MacMillan Bloedel Ltd.* c. *Minister of National Revenue*, (1991) 38 F.T.R. 58 (C.F.); *Dome Petroleum Ltd.* c. *Saskatchewan*, (1983) 25 Sask.R. 26 (Sask.Q.B.).

[117]   *Re Capital Regional District and Heinrich*, (1982) 130 D.L.R. (3d) 709 (B.C.C.A.).

[118]   *Colet* c. *La Reine*, [1981] 1 R.C.S. 2.

[119]   *Gagné* c. *Ville de Kénogami*, [1952] C.S. 443.

réclamer à la municipalité des dommages-intérêts, elle doit, dans les quinze jours de la date de tel accident, donner ou faire donner un avis écrit au greffier de la municipalité de son intention d'intenter une poursuite, en indiquant en même temps les détails de sa réclamation et l'endroit où elle demeure, faute de quoi la municipalité n'est pas tenue à des dommages-intérêts à raison de tel accident, nonobstant toute disposition de la loi à ce contraire. »

Dans les circonstances, l'action avait été intentée par le conjoint et les enfants de la victime d'un accident d'automobile impliquant un véhicule de la municipalité. La victime était décédée et aucun avis de l'accident n'avait été donné. Le juge conclut cependant que le défaut d'avis n'était pas opposable aux demandeurs. Voici comment il s'exprima au sujet d'une prétendue lacune dans le texte de l'article 622 :

« L'art. 622 de la *Loi des cités et villes* n'est pas d'ordre public. C'est une exception à la règle générale et comme tel il doit être interprété rigoureusement et restrictivement.

Il est possible que l'article soit mal rédigé [...]. Il est possible que le législateur ait voulu dire qu'avant d'exercer contre la municipalité un recours découlant d'un accident, toute personne devra en donner un avis préalable par écrit de 15 jours. Alors, si telle était l'intention du législateur, il était facile de le dire, en blanc et noir, de façon à ce que tout le monde le comprenne. Les statuts de la province doivent s'interpréter libéralement, de façon à ce qu'ils atteignent le but pour lequel ils sont faits, mais cela ne veut pas dire que les tribunaux peuvent légiférer à la place de la législature et lui faire dire ce qu'elle a omis complètement de dire.

Dans sa rédaction actuelle, l'art. 622 de la *Loi des cités et villes* n'oblige certainement pas le conjoint, les ascendants et les descendants d'une personne qui décède en conséquence d'un quasi-délit, à donner un avis par écrit préalable de 15 jours à une municipalité avant d'exercer contre elle le recours de l'art. 1056 C.C. »[120]

Le tribunal a, en somme, appliqué le principe qui interdit d'étendre par raisonnement analogique l'effet d'une disposition d'exception[121].

---

[120] *Id.*, 445 et 446.

[121] Dans le même sens : *Rosalie Securities Ltd.* c. *Municipality of the South Part of South Hull*, [1964] C.S. 358.

Dans l'arrêt *Conseil provincial de la Colombie-Britannique du Syndicat des pêcheurs et des travailleurs assimilés c. B.C. Packers Ltd.*[122], le juge Laskin, prononçant le jugement de la Cour, se déclara impuissant à combler une lacune présentée par le *Code canadien du travail* (S.R.C. 1970, c. L-1). Une modification de 1972 (S.C. 1972, c. 18, art. 1) avait étendu la définition du terme « employé » pour faciliter la syndicalisation des pêcheurs. Toutefois, on avait omis de modifier de manière corrélative la définition du mot « patron ». La Cour refusa de suppléer à cette omission, car cela paraissait interdit par le texte formel de la loi :

> « On a manifestement oublié de modifier la définition de "patron" lorsque l'on a ajouté l'"entrepreneur dépendant" à la définition d'"employé" dans 1972 (Can.), c. 18, mais je ne vois pas comment un tribunal peut ajouter des mots à une loi à moins qu'ils ne soient implicites. »[123]

Dans les circonstances, ajouta le juge Laskin, suppléer aux défauts de la loi aurait supposé que la Cour contredise le texte formel de la loi. En somme, le juge ne se limite pas au texte de la loi : il peut expliciter ce qui y est implicite, mais le texte peut interdire certaines inférences et limiter le pouvoir du juge de remédier aux lacunes que la loi peut présenter.

La question du comblement des lacunes se présente sous un jour particulier en droit civil. Lorsque, dans un ressort de common law, le juge refuse de suppléer à un manque dans une loi, sa décision implique que la situation non visée par la loi tombera dans le domaine du *ius commune*, qu'elle relèvera de la common law. Or, des textes tels le Code civil et le *Code de procédure civile* constituent justement, dans les matières dont ils traitent, des éléments du droit commun québécois. Si l'on devait les interpréter de façon stricte, les situations qu'ils n'ont pas formellement prévues risqueraient de tomber pour ainsi dire dans des « limbes juridiques ». De toute évidence, on attend du juge qui interprète un texte de droit civil qu'il supplée à ses lacunes, soit par une extension analogique des règles qu'il contient[124], soit encore par le recours à des principes induits des dis-

---

122   *Conseil provincial de la Colombie-Britannique du syndicat des pêcheurs et des travailleurs assimilés c. B.C. Packers Ltd.*, [1978] 2 R.C.S. 97.

123   *Id.*, 104.

124   Sur l'extension analogique en droit civil, voir *supra*, p. 423.

positions spécifiques des Codes[125]. La Disposition préliminaire du Code civil invite d'ailleurs les interprètes à appliquer le Code en se référant aux principes généraux du droit et en tenant compte non seulement de la lettre du Code, mais aussi de son esprit et de son objet.

Paragraphe 2 : L'élusion de la loi

L'élusion de la loi désigne un procédé par lequel une personne, qui se trouve ou qui pourrait se trouver dans la situation qu'un texte législatif a pour but de corriger, élude toutefois les effets du texte en se tenant à l'extérieur des limites de son champ d'application. On utilise également le terme « fraude à la loi » pour désigner ce procédé, mais seulement dans les cas où l'élusion est condamnée par les tribunaux.

Dans *Ramsden* c. *Lupton*[126], le juge Grove a écrit que, dans son sens ordinaire, le terme « élusion de la loi » (*evasion*) désignait le fait d'« échapper aux effets correctifs de la loi tout en respectant sa lettre ». Dans un arrêt plus récent, la Cour d'appel de l'Ontario a décrit un cas d'élusion de la manière suivante : « une situation où les parties à une transaction ont cherché à atteindre leurs fins par une méthode qui, bien qu'elle puisse dans ses effets violer l'esprit (de la loi), n'y contrevient cependant pas si l'on considère les termes clairs utilisés pour exprimer les prohibitions qu'elle contient »[127].

Le dilemme auquel les tribunaux sont confrontés lorsqu'on leur présente un cas d'élusion a été clairement exposé par le juge Turner dans *Alexander* c. *Brame* :

> « [I]l n'y a peut-être pas de question juridique plus difficile à trancher que celle de décider quels actes précis seront réputés nuls bien qu'ils ne tombent pas sous le coup d'une prohibition expresse, en tant que contraires à l'esprit de la loi. Il ne fait pas de doute que les tribunaux ont le devoir d'interpréter les lois de manière à supprimer le mal contre lequel elles sont dirigées et de favoriser l'action du remède qu'elles prévoient; mais il y a loin entre interpréter les ter-

---

125   Sur l'importance des principes dans l'interprétation en droit civil, voir *supra*, p. 464.

126   *Ramsden* c. *Lupton*, (1873) 9 Q.B. 17, 32 et 33 (traduction).

127   *Reference Re Certain Titles to Land in Ontario*, précité, note 21, 34 (traduction).

mes d'une loi et étendre son application au-delà de la portée de ses termes. »[128]

Une interprétation pointilleuse des termes employés peut conduire à priver la loi de tout effet. Par contre, une interprétation qui ne tient pas compte des termes est source d'insécurité pour les justiciables et risque de compromettre la primauté du droit[129].

Les questions posées par l'élusion de la loi sont délicates : les juges avouent éprouver des difficultés à distinguer entre l'élusion légitime et qui doit être tolérée, et l'élusion illégitime, la fraude à la loi, qui devrait être réprimée[130]. Aux hésitations des tribunaux correspond l'insécurité des justiciables[131]. Cela semble un phénomène assez normal, malgré tout. En effet, en raison de la nature même du langage humain, les limites du champ d'application d'une loi sont nécessairement relativement floues : la « texture ouverte »[132] du langage le veut ainsi. On pourra distinguer des cas qui sont clairement dans le champ d'application de la loi, d'autres qui en sont clairement exclus[133] et une troisième catégorie formée des cas limites. Or, en matière d'élusion, on a le plus souvent affaire à des cas qui se situent dans la « frange d'incertitude » qui sépare les cas où la loi s'applique certainement de ceux où elle ne s'applique certainement pas.

---

[128]   *Alexander* c. *Brame*, (1855) 7 De G. M. & G. 525, 539, 44 E.R. 205, 210 (traduction).

[129]   On lira, à ce sujet, les motifs de Lord Simon of Glaisdale dans *Ransom* c. *Higgs*, [1974] 1 W.L.R. 1594, 1617 (H.L.).

[130]   *Reference Re Certain Titles to Land in Ontario*, précité, note 21, 37. « Il est difficile d'établir la démarcation entre l'élusion non condamnable d'une loi et l'élusion qui ne sera pas tolérée par les tribunaux » (traduction).

[131]   Cette insécurité est particulièrement ressentie dans le domaine du droit fiscal. C'est par rapport à ce domaine que, dans la jurisprudence et dans la doctrine, les questions d'élusion et de fraude sont le plus souvent discutées. On pourra voir, à ce sujet, l'arrêt de principe *Stubart Investments Ltd.* c. *La Reine*, [1984] 1 R.C.S. 536.

[132]   *Supra*, p. 353.

[133]   Par exemple, une opération qui échappe à l'empire d'une loi parce qu'elle n'en viole ni la lettre, ni l'esprit : *London Loan & Savings Co. of Canada* c. *Meagher*, [1930] R.C.S. 378; *Asconi Building Corp. and Vermette* c. *Vocisano*, [1947] R.C.S. 358.

La tâche du juge peut être facilitée si on a prévu les tentatives d'élusion et rédigé le texte en conséquence[134] mais, le plus souvent, le juge est laissé à lui-même et il doit trancher entre l'élusion tolérable et celle qui ne l'est pas avec le secours tout au plus de quelques principes vagues. Ces principes, à la lumière desquels le juge rendra sa décision, peuvent être regroupés autour de deux idées : 1) toute personne a droit de tenter d'éluder les effets d'un texte législatif; 2) le droit à l'élusion de la loi est limité.

Sous-paragraphe 1 : Le droit à l'élusion

Nous entendons par « droit à l'élusion » le droit que la jurisprudence reconnaît à toute personne d'organiser ses affaires de manière à éviter les effets des textes législatifs qui lui sont préjudiciables, à la condition de le faire par des moyens légaux :

> « Chacun a le droit d'éluder une loi si son intention est de se placer dans une situation où il se trouve hors de la portée de celle-ci. »[135]

Dans *Levene* c. *Commissioners of Inland Revenue*, Lord Sumner a écrit :

> « C'est un truisme juridique de dire que les sujets de Sa Majesté ont la liberté de prendre, s'ils le peuvent, les arrangements voulus pour que leur cas échappe à l'application des lois fiscales. »[136]

La même idée fut reprise par Lord Tomlin dans la cause célèbre *Commissioners of Inland Revenue* c. *Duke of Westminster* :

> « Tout homme a droit d'organiser, s'il le peut, ses affaires de manière à réduire l'impôt prévu par les lois appropriées. S'il y réussit, on ne peut le contraindre à payer un impôt plus élevé, même si le percepteur ou les autres contribuables n'apprécient guère son ingéniosité. »[137]

---

134   Par exemple : *Commission des liqueurs de Québec* c. *Beaven*, (1932) 52 B.R. 192.

135   *Edwards* c. *Hall*, (1855) 6 De G.M. & G. 74, 84, 43 E.R. 1158, 1162 (Lord Cranworth) (traduction).

136   *Levene* c. *Commissioners of Inland Revenue*, [1928] A.C. 217, 227 (traduction).

137   *Commissioners of Inland Revenue* c. *Duke of Westminster*, [1936] A.C. 1, 19 et 20 (traduction).

Par exemple, dans *Maclay* c. *Dixon*, un propriétaire, pour éluder l'application de certains *Rent Acts*, a acheté les meubles de son futur locataire, puis les lui a loués pour une somme comprise dans le loyer. La raison de l'achat des meubles était évidente : les lois dont on voulait éluder l'application ne s'appliquaient pas aux meublés. L'opération fut jugée valide et efficace comme mesure d'élusion des lois en cause. Le juge Scott précisa de plus :

> « Si l'opération réelle n'était pas soumise aux lois, il importe peu du point de vue juridique que les parties l'aient intentionnellement maintenue en dehors du champ d'application des lois. »[138]

Donc, si une opération est valide par ailleurs, le simple fait que les parties l'aient conclue, ou l'aient conclue d'une certaine manière, en vue d'éluder l'application d'une loi, n'atteint pas sa validité. Dans *Reference Re Certain Titles to Land in Ontario*[139], la Cour d'appel de l'Ontario, répondant à des questions posées par le gouvernement ontarien, confirma la validité de certaines opérations immobilières, même dans l'hypothèse où elles auraient été conclues comme élément d'un plan destiné à éluder les dispositions du *Planning Act* de l'Ontario. En matière d'impôt sur le revenu, le fait qu'une transaction ne poursuive pas de « fin commerciale » (*business purpose*) ne constitue pas un motif de la considérer comme inopposable au fisc[140].

Sous-paragraphe 2 : Les limites du droit à l'élusion

Si toute personne peut réclamer le droit de tenter d'échapper aux effets des textes législatifs, les tribunaux, eux, ont le devoir d'assurer le respect des lois et leur application « suivant leurs véritables sens, esprit et fin ». La *Mischief Rule* intime au juge d'écarter les inventions subtiles et les subterfuges tendant à perpétuer le mal que le législateur voulait supprimer.

---

138   *Maclay* c. *Dixon*, [1944] 1 All E.R. 22, 23 (C.A.) (traduction).

139   *Reference Re Certain Titles to Land in Ontario*, précité, note 21.

140   « Il est bien établi, dans la jurisprudence de notre Cour, qu'aucune "fin commerciale" n'est exigée pour qu'une opération soit jugée valide selon la *Loi de l'impôt sur le revenu* et qu'un contribuable peut se prévaloir de la Loi même si l'opération en cause vise seulement à réduire au minimum l'imposition. » *Duha Printers (Western) Ltd.* c. *Canada*, [1998] 1 R.C.S. 795, 839 (j. Iacobucci).

Dans *Gilles* c. *Althouse*[141], le juge Dickson fit état d'une interprétation d'un texte qui aurait permis à une personne de tourner facilement une loi. « Il faut [dit-il] se méfier d'une interprétation qui mènerait à tel résultat. »[142]

Pour prêter main-forte au législateur et empêcher que ses lois ne soient trop facilement tournées, quand ce n'est pas tournées en ridicule, les tribunaux ont distingué entre l'élusion légitime, qui témoigne de l'ingéniosité des rédacteurs d'actes juridiques (*conveyancers*) et l'élusion illégitime ou inefficace, qui constitue une « fraude à la loi » et une « insulte envers le Parlement »[143]. Il paraît évident que, sauf les cas de fraude, la distinction entre le « système ingénieux » et le « subterfuge grossier » est une affaire de degré et que l'appréciation personnelle du juge y joue un rôle prépondérant.

Pour contrer les tentatives d'élusion, les tribunaux vont exiger de toute personne un respect réel et authentique du texte législatif, et non un respect simplement formel, du bout des lèvres.

Ainsi, si la loi ordonne qu'un acte soit accompli, la cour pourra exiger qu'il soit substantiellement, réellement, véritablement accompli, de manière à respecter aussi bien l'esprit de la loi que sa lettre seule. Dans l'arrêt *Lafone* c. *Smith*[144], on a jugé que la personne condamnée à se rétracter à la suite d'une diffamation ne satisfaisait pas réellement à son obligation en faisant publier sa rétractation de telle sorte qu'elle échappe à l'attention de lecteurs ordinaires[145].

---

141   *Gilles* c. *Althouse*, [1976] 1 R.C.S. 353. Sur le devoir de vigilance des tribunaux en matière d'élusion : *R.* c. *422692 Ontario Limited*, (1982) 136 D.L.R. (3d) 378 (Ont.C.A.); *W.T. Ramsay Ltd.* c. *Inland Revenue Commissioners*, [1981] 2 W.L.R. 449 (H.L.).

142   *Gilles* c. *Althouse*, précité, note 141, 356. Voir aussi : *R.* c. *Hasselwander*, [1993] 2 R.C.S. 398; *R.* c. *Money*, précité, note 99, par. 28; *British Columbia (Director of Trade Practices)* c. *Ideal Credit Referral Services Ltd.*, (1997) 145 D.L.R. (4th) 20 (B.C.C.A.).

143   Expressions employées par Lord Eldon dans *Fox* c. *Bishop of Chester*, (1829) 1 Dow. & Clark. 416, 429, 6 E.R. 581, 586.

144   *Lafone* c. *Smith*, (1859) 28 L.J. Ex. 33; 157 E.R. 664.

145   Voir aussi *Crickitt* c. *Kursaal Casino Ltd.*, [1968] 1 W.L.R. 53 (H.L.).

Si, au contraire, une loi prohibe un acte, le juge pourra l'interpréter comme interdisant non seulement l'acte lui-même, mais tout acte substantiellement identique. Lord Cranworth a écrit, dans *Philpott* c. *St. George's Hospital* :

> « La loi prohibitive interdit de faire quelque chose qu'il était auparavant licite de faire. Et s'il est établi qu'on a fait un acte qui est en substance l'acte interdit, je crois que le tribunal est parfaitement justifié de déclarer cet acte nul, non pas parce qu'il contrevient à l'esprit de la loi ou tend à réaliser ce que la loi entendait prohiber, mais parce que, selon l'interprétation exacte de la loi, c'est l'acte, ou l'un des actes, effectivement prohibés. »[146]

Nul ne peut, dit-on, faire indirectement ce que la loi interdit de faire directement[147]. Une loi qui interdit l'importation sans permis de « machines à sous » interdit d'importer une machine à sous privée de l'armature de bois qui lui sert de cabinet[148] : elle n'en demeure pas moins « substantiellement » une machine à sous. De même, on ne peut tourner un texte qui interdit l'importation d'instruments de musique en les important en pièces détachées[149]. Des meubles ne sont pas moins des meubles parce qu'ils sont en forme de « kits » prêts à assembler[150].

S'il s'agit de qualifier des opérations conclues entre particuliers pour déterminer si la loi s'y applique, les tribunaux ne s'arrêtent pas toujours à la qualification que les parties ont voulu leur donner. Pour savoir si un prêt est un prêt, par exemple, le juge pourra accorder plus d'importance au « fond » qu'à la « forme », à la réalité des relations entre les parties qu'à l'apparence qu'elles ont voulu en don-

---

146   *Philpott* c. *St. George's Hospital,* (1857) 6 H.L.C. 338, 349; 10 E.R. 1326, 1330 et 1331.

147   « *Quando aliquid prohibetur, prohibetur et omne per quod devenitur ad illud.* » *Greenshields* c. *La Reine,* [1958] R.C.S. 216, 225 (j. Locke); *Ouellet* c. *Thibault-Morin,* [1976] C.P. 136.

148   *Liebman* c. *The King,* [1948] R.C. de l'É. 161.

149   *R.* c. *Greene,* (1944) 81 C.C.C. 346 (Ont.Co.Ct.).

150   *Commissioners of Customs and Excise* c. *H.G. Kewley Ltd.,* [1965] 1 W.L.R. 786 (C.A.).

ner[151]. Traitant de l'application des lois contre le prêt usuraire, Lord Mansfield a déclaré, dans *Floyer* c. *Edwards*[152], qu'il fallait dans tous les cas « découvrir la nature et la substance de l'opération [...]. Et s'il s'agit vraiment d'un prêt d'argent, l'ingéniosité de l'homme est impuissante à trouver moyen de le faire échapper à l'application de la loi ». En droit fiscal, on retient particulièrement la notion d'opération simulée (en anglais, *sham*) : les juges n'acceptent pas d'être dupés par « des actes faits ou des documents signés dans l'intention de faire croire aux tiers et au tribunal qu'ils créent entre les parties des droits et des obligations différents de ceux (au cas où il y en a) que les parties entendent vraiment créer »[153]. Si l'expression « fraude à la loi » trouve à s'appliquer, le cas des « opérations simulées » est certes l'un de ceux où l'expression est la plus à-propos.

Le caractère plus ou moins grossier, évident, insolent, artificiel du stratagème utilisé pour contourner la loi semble jouer un rôle dans l'appréciation de la légitimité d'une tentative d'élusion : le plan ingénieux et subtil paraît avoir plus de chance d'être toléré que la machination lourde et grosse qui tourne la loi en dérision. Dans *Reference Re Certain Titles to Land in Ontario*[154], la Cour d'appel de l'Ontario a jugé légitimes divers stratagèmes assez sophistiqués imaginés pour tourner les exigences du *Planning Act* en matière de lotissement. La Cour dissimula à peine une certaine admiration pour l'ingéniosité déployée par les conseillers juridiques. Par contre, dans *Re Regional Municipality of Ottawa-Carleton and Township of Marlborough*[155], le juge Lacourcière a jugé qu'un stratagème visant à tourner les mêmes dispositions constituait « une fraude à la loi », et « une façon intolérable de tourner en dérision la loi provinciale en matière d'urbanisme ». Dans les circonstances, les propriétaires de certains terrains, des lotisseurs et l'autorité municipale du Canton s'étaient entendus pour qu'il y ait cession à cette dernière de ban-

151 *Palmolive Manufacturing Co. (Ontario)* c. *The King*, [1933] R.C.S. 131; *Firestone Tire & Rubber Co. of Canada* c. *Commissioner of Income Tax*, [1942] R.C.S. 476.

152 *Floyer* c. *Edwards*, 1774, 1 Cowp. 112, 114 et 115, 98 E.R. 995, 996 (traduction).

153 *Snook* c. *London & West Riding Investments Ltd.*, [1967] 1 All E.R. 518, 528 (Lord Diplock) (traduction).

154 *Reference Re Certain Titles to Land in Ontario*, précité, note 21.

155 *Re Regional Municipality of Ottawa-Carleton and Township of Marlborough*, (1974) 42 D.L.R. (3d) 641 (Ont.H.C.) (traduction).

delettes de terrain mesurant chacune un pied de largeur, créant ainsi plus de 100 lots à bâtir sans que n'intervienne aucun contrôle du lotissement. Le *Planning Act* contenait une exception au contrôle du lotissement dans le cas de terrains acquis par une municipalité. Le fait qu'une autorité publique ait prêté son concours à une opération visant à contourner la loi d'urbanisme a certainement joué un rôle important dans cette décision, autant que le caractère artificiel et contourné de la machination[156].

---

[156]   Comme exemple d'élusion réussie, on verra : *R.* c. *Malloney's Studio Ltd.*, [1979] 2 R.C.S. 326 et *P.G. du Québec* c. *Greenspoon*, [1980] C.A. 587; comme exemple d'élusion ratée, on verra : *Covert* c. *Ministre des Finances de la province de Nouvelle-Écosse*, [1980] 2 R.C.S. 774; *Litster* c. *Forth Dry Dock & Engineering Co.*, [1989] 1 All E.R. 1134 (H.L.); *Bigras* c. *Commission de protection du territoire agricole*, [1987] R.J.Q. 1937 (C.A.); *Comité conjoint de l'industrie de la construction de Québec* c. *Guillemette et Universal Auto Ltd.*, (1940) 78 C.S. 93.

CHAPITRE 4
LA MÉTHODE OU LES ARGUMENTS HISTORIQUES

La communication entre l'auteur du texte législatif et ses lecteurs est constituée de deux éléments, l'exprès, c'est-à-dire la formule, et l'implicite, c'est-à-dire le contexte d'énonciation. Comme le contexte contribue à donner son sens au texte, il est tout à fait indiqué pour l'interprète de chercher à reconstituer les circonstances qui ont pu entourer l'adoption de celui-ci.

Par méthode historique, on entend la méthode d'interprétation qui fait appel à la considération, soit des éléments de fait ou de droit qu'on peut supposer connus du législateur au moment où il a légiféré, soit des textes retraçant la genèse du texte législatif, textes qu'on appelle « travaux préparatoires ».

Dans la mesure où les informations recueillies par la méthode historique font partie du contexte d'énonciation d'un texte législatif, elles sont toujours pertinentes à son interprétation, et non pas seulement dans les cas où le texte n'est pas clair : le jugement concernant la clarté d'une disposition ne doit pas être porté dans l'abstrait, avant d'avoir lu celle-ci dans son contexte et, donc, d'avoir pris en considération l'arrière-plan historique susceptible de donner un juste éclairage au texte[1].

Parmi les démarches qui se rattachent à la méthode historique, il convient de distinguer : 1) le recours aux informations tirées de l'histoire générale; 2) la prise en considération de l'historique du texte législatif; 3) le recours aux travaux préparatoires.

SECTION 1 : L'HISTOIRE GÉNÉRALE

Il est admis que, pour interpréter un texte législatif, on peut, et même on doit, prendre en considération les informations, fournies par l'histoire générale, concernant le contexte historique dans lequel le texte a été édicté et qu'on peut supposer connues de l'auteur à l'époque d'adoption :

---

[1] *Attorney General* c. *Prince Ernest Augustus of Hanover*, [1957] A.C. 436, commenté *supra*, p. 370 et suiv.

« La règle générale applicable à l'interprétation de tout autre document s'applique aussi aux lois : l'interprète doit se mettre à la
place de ceux dont il interprète les paroles de manière à percevoir
ce à quoi ces paroles se rapportent. À cette fin, il peut faire appel à
tous les faits externes ou historiques qui ont mené à l'adoption du
texte et, sur ces faits, il peut consulter les ouvrages et documents
authentiques, ou contemporains ou non. »[2]

Dans *Rookes* c. *Barnard*, Lord Reid a écrit :

« Lorsque nous interprétons une loi du Parlement, nous cherchons à
découvrir l'intention du Parlement. Nous devons découvrir cette intention à partir des termes employés par le Parlement, mais ces termes doivent s'interpréter à la lumière des faits connus du Parlement
au moment de la passation de la loi. »[3]

La jurisprudence canadienne offre de nombreux exemples de mise
en oeuvre de ce principe. Ont été pris en considération, par exemple : la politique tarifaire canadienne et le fait que certains biens
étaient fabriqués au Canada[4]; les pratiques des compagnies ferroviaires en matière d'expropriation[5]; le fait de subventions aux compagnies ferroviaires[6]; des données économiques et politiques
relatives au transport ferroviaire entre les provinces maritimes et le
reste du pays[7]; le contrôle public de l'économie pendant la guerre,
particulièrement celui du commerce des grains[8]; les difficultés économiques issues de la crise des années 30[9]; l'histoire des relations

2   *Canadian Pacific Railway* c. *James Bay Railway*, (1905) 36 R.C.S. 42, 89 et 90
     (J. Nesbitt) (traduction).

3   *Bookes* c. *Barnard*, [1964] A.C. 1129, 1174 (traduction).

4   *Toronto Railway Co.* c. *The Queen*, (1894) 4 R.C. de l'É. 262, confirmé par (1896)
     25 R.C.S. 24 et infirmé par [1896] A.C. 551.

5   *Saskatchewan Land & Homestead Co. and the Trusts and Guarantee Co.* c.
     Calgary & Edmonton Railway Co., (1914) 51 R.C.S. 1.

6   *Canadian Northern Railway Co.* c. *The King*, (1922) 64 R.C.S. 264, confirmé par
     [1923] A.C. 714.

7   *Canadian National Railway Co.* c. *Province of Nova Scotia*, [1928] R.C.S. 106.

8   *Canadian Wheat Board* c. *Nolan*, [1951] R.C.S. 81, infirmé par le Conseil privé,
     sub. nom. : *A.G. for Canada* c. *Hallet & Carey Ltd.*, [1952] A.C. 427.

9   *Ireland* c. *Jacques et Bellemare Inc.*, [1959] C.S. 164.

entre les Indiens du Canada et les Blancs[10]; la situation socio-économique des femmes divorcées[11] ou des enfants de divorcés[12].

La prise en considération de ces éléments est de nature à poser certains problèmes de preuve[13]. Il est admis que le juge fasse appel à ses connaissances personnelles quant à ce qui est de commune renommée[14]. Il peut aussi puiser dans les documents relatant les faits pertinents à la compréhension du texte[15]. Éventuellement, il pourra demander aux parties de présenter une preuve de ces faits.

Parmi les documents susceptibles de jeter de la lumière sur les circonstances entourant l'adoption d'un texte législatif, les rapports de commission d'étude ou d'enquête méritent une attention particulière.

Lorsque l'adoption d'un texte législatif a été précédée d'études menées par une commission qui a fait rapport, il n'est pas contesté que l'on puisse consulter le rapport afin de mettre en lumière les circonstances de fait ou de droit qu'on peut présumer présentes à l'esprit de l'auteur du texte : on pourra invoquer le rapport pour établir la preuve de la situation à réformer (*Mischief*). Dans *Eastman Photographic Materials Co. c. Comptroller General of Patents*, Lord Halsbury a exprimé l'avis qu'un rapport de commission pouvait être consulté par un tribunal; il en a donné la justification suivante :

> « Je crois que, sur le mal ou le défaut auquel la loi entendait remédier, on ne peut trouver de source d'information plus précise que le rapport de cette commission. »[16]

---

10   *R. c. White & Bob*, (1965) 50 D.L.R. (2d) 613 (B.C.C.A.).

11   *Moge* c. *Moge*, [1992] 3 R.C.S. 813.

12   *Willick* c. *Willick*, [1994] 3 R.C.S. 670, 699 et suiv. (j. L'Heureux-Dubé).

13   En témoigne notamment le désaccord entre le juge Sopinka et la juge l'Heureux-Dubé dans *Willick* c. *Willick*, précité, note 12, 679.

14   « Vos Seigneuries ont le droit [...] de prendre connaissance d'office des faits de l'histoire, passée ou contemporaine. » *Monarch Steamship Co.* c. *Karlshamns Oljefabriker (A/B)*, [1949] A.C. 196, 234 (Lord Du Parcq) (traduction).

15   *Read* c. *Bishop of Lincoln*, [1892] A.C. 644, 652-654 (Lord Halsbury).

16   *Eastman Photographic Materials Co.* c. *Comptroller General of Patents*, [1898] A.C. 571, 575 (traduction).

Admissible pour démontrer la situation à réformer, le rapport de commission serait toutefois inadmissible lorsqu'il s'agit d'établir la réforme que l'auteur du texte a entendu apporter. En d'autres mots, on ne pourrait pas faire état des recommandations de la commission : seules ses constatations seraient susceptibles d'être considérées par un tribunal. Cette règle assez surprenante a été invoquée par la Chambre des Lords dans *Assam Railways and Trading Co. c. Commissioners of Inland Revenue*. Lord Wright y écrit, au sujet d'un rapport de commission :

> « Mais en principe, une telle preuve n'est pas recevable lorsqu'elle vise à établir l'intention de la loi, c'est-à-dire son objet ou sa finalité; l'intention du législateur doit être déterminée à partir des termes de la loi, avec le secours des seuls éléments extérieurs auxquels on peut légitimement recourir [...]. Il est clair que les propos d'un ministre du gouvernement qui propose au Parlement une mesure qui finira par devenir une loi sont irrecevables et le rapport des commissaires a une valeur encore moindre comme preuve de l'intention du législateur, puisque leurs recommandations n'ont pas été forcément suivies. »[17]

Quoiqu'on puisse relever plusieurs décisions où elle a été ignorée[18] et que, à ma connaissance, il n'y ait pas de décision récente où elle a été suivie, la règle posée dans *Assam Railways* a été parfois invoquée par les juges canadiens. Ainsi, dans *Gaysek c. La Reine*[19], le juge Ritchie a invoqué l'arrêt *Assam Railways* pour écarter un argument fondé sur le rapport de la Commission royale pour la révision du *Code criminel*. D'après le juge Ritchie, on ne pouvait pas non plus tirer argument du mandat de la commission. Dans un arrêt

---

17   *Assam Railways and Trading Co. c. Commissioners of Inland Revenue*, [1935] A.C. 445, 458 (traduction).

18   *Municipalité de Goulburn c. Municipalité régionale d'Ottawa-Carleton*, [1980] 1 R.C.S. 496; *Municipalité du Canton d'Innisfil c. Municipalité du Canton de Vespra*, [1981] 2 R.C.S. 145; *Morguard Properties Ltd. c. Ville de Winnipeg*, [1983] 2 R.C.S. 493; *New Brunswick Broadcasting Inc. c. Conseil de la radiodiffusion et des télécommunications canadiennes*, [1984] 2 C.F. 410 (C.A.); *Re Maher Shoes Ltd.*, (1968) 65 D.L.R. (2d) 105 (Ont.H.C.); *Crown Zellerbach Canada Ltd. c. The Queen*, (1979) 92 D.L.R. (3d) 459 (B.C.S.C.). Voir aussi *Corporation des pilotes pour le Hâvre de Québec c. Paquet*, (1918) 53 C.S. 220, 222 et (1918) 27 B.R. 409, 412, infirmé par [1920] A.C. 1029.

19   *Gaysek c. La Reine*, [1971] R.C.S. 888, 895.

plus récent, *Laidlaw* c. *Municipalité du Toronto métropolitain*[20], le juge Spence, faisant référence à un rapport de la Commission de réforme du droit de l'Ontario, a écrit :

> « Il est établi qu'on ne peut recourir à ce genre de rapport pour interpréter la loi à la lumière des recommandations qui y sont faites, mais qu'on peut s'en servir pour définir le problème auquel faisait face le législateur et qu'il a voulu corriger par la nouvelle loi. »

Le principe de l'exclusion des rapports pour démontrer l'intention ne s'appliquerait pas lorsque les recommandations sont reprises dans le préambule de la loi de sorte qu'on sait avec certitude que le législateur a voulu les suivre[21]. Toutefois, le principe de l'exclusion serait applicable même dans l'hypothèse où les commissaires ont rédigé un avant-projet de loi qui a été par la suite adopté mot pour mot par le législateur. Même dans un pareil cas, la Chambre des Lords a décidé, par la faible majorité d'un juge (3 contre 2), que les recommandations de la commission ou ses commentaires sur le texte projeté n'étaient pas admissibles[22].

Sur ce point, l'interprétation des lois en droit statutaire se distingue nettement de celle des codes québécois : il a en effet été pratique courante de faire état du rapport des codificateurs du *Code civil du Bas Canada*[23] ou du *Code de procédure civile*[24] non seulement

---

20   *Laidlaw* c. *Toronto métropolitain,* [1978] 2 R.C.S. 736.

21   *Canadian National Railway Co.* c. *Province of Nova Scotia*, précité, note 7, 122 (j. Duff). Voir aussi *Swait* c. *Board of Trustees of the Maritime Transportation Unions*, [1967] B.R. 315, 323 et 324 (j. Brossard).

22   *Black-Clawson International Ltd.* c. *Papierwerke Waldhof-Aschaffenburg A.G.*, [1975] 1 All E.R. 810 (H.L.). *Contra* : *R.* c. *Jeannotte*, [1932] 2 W.W.R. 283 (Sask.C.A.).

23   Maurice TANCELIN en introduction à Frederick Parker WALTON, *Le domaine et l'interprétation du Code civil du Bas-Canada*, Toronto, Butterworths, 1980, p. 17 et suiv., spécialement p. 18, note 77. À titre d'exemple : *Laurentide Motels* c. *Beauport (Ville)*, [1989] 1 R.C.S. 705, 719 (j. Beetz); *Canadian Indemnity Company* c. *Canadian Johns-Manville Company*, [1990] 2 R.C.S. 549, 576 et 577 (j. Gonthier).

24   Outre les arrêts cités par M. TANCELIN, *op. cit.*, note 23, p. 19, note 78, on verra : *Duquet* c. *Ville de Ste-Agathe-des-Monts*, [1977] 2 R.C.S. 1132, 1139 et 1140 (j. Pigeon) et *Vachon* c. *P.G. de la province de Québec*, [1979] 1 R.C.S. 555, 562 (j. Pigeon); *Bisaillon* c. *Keable*, [1983] 2 R.C.S. 60, 101 (j. Beetz); *Sport Maska Inc.* c. *Zittrer*, [1988] 1 R.C.S. 564, 580 (j. L'Heureux-Dubé).

pour faire la lumière sur les circonstances entourant leur adoption, mais aussi, ce qui a été parfois contesté[25], comme l'indice de l'intention du législateur[26]. Pour ce qui concerne le *Code civil du Québec*, bien qu'on ne dispose pas de texte qui soit de la nature d'un rapport des codificateurs, les travaux de l'Office de révision du Code civil en constituent l'équivalent fonctionnel pour la plupart des dispositions du nouveau Code[27] et la Cour suprême s'y est déjà référée à quelques reprises[28]. Quant aux *Commentaires du ministre de la Justice*, ils ne font pas, à proprement parler, partie des travaux préparatoires du code, encore qu'ils soient, dans une large mesure, le reflet de ces travaux. Ils auraient plutôt le caractère d'une doctrine officielle dont le juge devrait tenir compte. « Toutefois, ces commentaires ne constituent pas une autorité absolue. Ils ne lient pas les tribunaux et leur poids pourra varier, notamment, au regard des autres éléments pouvant aider l'interprétation des dispositions du Code. »[29]

La distinction que la jurisprudence de droit statutaire opère entre les parties d'un rapport de commission qui sont admissibles et celles qui ne le sont pas me semble critiquable aux points de vue théorique et pratique. Au point de vue théorique, les arguments invoqués au soutien de la distinction ne sont guère convaincants. S'il est vrai que rien n'assure que le législateur ait entendu donner suite aux recommandations d'une commission, il n'en demeure pas moins que cela est non seulement possible, mais, dans la plupart des cas, probable.

---

25   *Despatie* c. *Tremblay*, [1921] 1 A.C. 702, 711 (Lord Moulton); *Johnson* c. *Laflamme*, (1916) 54 R.C.S. 495, 514 (j. Duff).

26   Dans *Corporation de la Paroisse de St-Vincent-de-Paul* c. *Labranche*, (1927) 65 C.S. 195, 197 et 198, le juge Archambault a cité le rapport des codificateurs du *Code municipal*. Il est intéressant de noter également qu'à deux reprises, la Cour suprême a fait référence au rapport des codificateurs du projet de *Code criminel* anglais de 1878 dont notre premier *Code criminel* s'est inspiré : *R.* c. *Vasil*, [1981] 1 R.C.S. 469, 487; *Bergstrom* c. *La Reine*, [1981] 1 R.C.S. 539, 550.

27   Les *Commentaires du ministre de la Justice* précisent les sources des dispositions du nouveau Code et les rapports de l'O.R.C.C. y sont mentionnés pour la très grande majorité des articles du Code.

28   *C. (G.)* c. *V.-F. (T.)*, [1987] 2 R.C.S. 244, 271; *Houle* c. *Banque canadienne nationale*, [1990] 3 R.C.S. 122, 141.

29   *Doré* c. *Verdun (Ville de)*, [1997] 2 R.C.S. 862, 873 (j. Gonthier). Sur les *Commentaires du ministre de la Justice*, voir : Daniel JUTRAS, « Le ministre et le Code – Essai sur les Commentaires », dans *Mélanges Paul-André Crépeau*, Cowansville, Éditions Yvon Blais, 1997, p. 451.

Le degré de probabilité variera d'un cas à l'autre et sera particulièrement élevé lorsque la commission aura proposé un avant-projet, ensuite édicté par le législateur. L'interprétation de textes repose nécessairement sur des probabilités de sens : un indice de volonté, tout en n'étant qu'un indice, qu'un guide, n'est pas pour autant dépourvu de toute utilité.

On plaidera aussi que les recommandations d'une commission ou ses commentaires sur un avant-projet concernent ce que l'on a voulu dire ou faire, non pas ce qui a effectivement été dit. Or, les tribunaux doivent préférer ce que l'on a effectivement dit à ce qu'on a pu vouloir dire. À ceci il faut répondre que les recommandations d'une commission ne doivent pas servir à contester un texte dont le sens, dégagé en tenant compte du contexte global, paraît clair. Par contre, au cas de réelle difficulté d'interprétation, il est malaisé de comprendre pourquoi l'interprète devrait se passer des lumières qu'un comité d'experts peut jeter sur la solution du problème. À ce propos, le juge Tremblay de la Cour d'appel du Québec a écrit :

« [L]es explications des codificateurs [du *Code de procédure civile*] peuvent aider à interpréter une disposition obscure du Code, mais elles ne sauraient prévaloir à l'encontre d'un texte clair [...]. »[30]

On invoquera aussi, à l'appui de la règle de l'exclusion, l'économie de moyens qui résulte de son application : en réduisant les dimensions du champ d'investigation du tribunal, on simplifie le débat, on allège le processus judiciaire, on n'a qu'un seul document à interpréter et non pas deux, et ainsi de suite. Cependant, l'économie est bien mince dans la mesure où les rapports sont de toute façon admissibles pour montrer la « situation à réformer » (*mischief*) : on peut craindre que l'énergie économisée par l'exclusion des recommandations sera dépensée à tracer la démarcation, dans un rapport, entre ce qui concerne la situation de fait ou de droit existante au moment de l'adoption du texte et ce qui est du domaine de la réforme (*remedy*) à apporter à cette situation.

Au point de vue strictement pratique, il peut souvent s'avérer très difficile, sinon tout à fait impossible, de distinguer nettement le *mischief* du *remedy* : dans l'identification de la situation à réformer, la réforme se trouve souvent en germe. La difficulté de distinguer,

---

30 *Descarreaux c. Jacques*, [1969] B.R. 1109, 1112.

dans un rapport, la constatation des faits et l'opinion quant à la solution des problèmes identifiés est amplement illustrée par la lecture de l'arrêt *Laidlaw* c. *Toronto métropolitain*[31]. Le juge Spence, après avoir rappelé « qu'on ne peut recourir [à un rapport] pour interpréter la loi à la lumière des recommandations qui y sont faites »[32], poursuit en citant un extrait de rapport où une commission propose de résoudre un problème en modifiant la loi d'une certaine manière[33]. Et le juge Spence d'ajouter qu'à son avis la législature a procédé de la façon proposée par la commission. De deux choses l'une : ou bien la Cour n'a pas respecté la règle excluant la considération des recommandations ou bien elle n'a pas su faire la distinction entre les constatations et les recommandations.

Quelle que soit l'interprétation donnée à cet arrêt, il constitue sans doute le meilleur argument en faveur de l'abandon de la règle de l'exclusion des recommandations de commission d'enquête, d'étude, de réforme, de révision ou de codification. Comme l'a souligné le juge Lambert[34], son maintien paraît incompatible avec la tendance qui se dessine actuellement à la Cour suprême en matière de recours à des documents extrinsèques, tendance qui consiste à gérer l'utilisation de ces documents en modulant le poids qu'il convient de leur attribuer selon les circonstances plutôt qu'en recourant à des règles d'admissibilité reposant sur des distinctions quelque peu byzantines.

SECTION 2 : L'HISTORIQUE DU TEXTE LÉGISLATIF

C'est une pratique tout à fait courante que de se référer, pour l'interprétation d'un texte législatif, au texte qu'il a remplacé, abrogé ou modifié, ou à celui dont il s'est inspiré, et de faire en quelque sorte la genèse du texte à l'étude. Cette démarche paraît justifiée dans la mesure où le droit législatif qui existait au moment de l'adoption d'un texte fait partie du contexte d'énonciation de celui-ci et est susceptible d'en rendre plus évident le sens véritable :

---

31   *Laidlaw* c. *Toronto métropolitain,* précité, note 20.

32   *Id.,* 743.

33   *Id.,* 744.

34   *Lui* c. *West Granville Manor Ltd.,* [1987] 4 W.W.R. 49, 70 (j. Lambert) (B.C.C.A.).

« L'historique d'une législation peut servir à l'interpréter parce que les textes antérieurs sont de nature à jeter de la lumière sur l'intention qu'avait le législateur en les abrogeant, les modifiant, les remplaçant ou y ajoutant. »[35]

Dans *City of Vancouver* c. *B.C. Telephone Co.*, le juge Rand a écrit :

« Il est indubitable que nous pouvons considérer l'historique d'une loi en vue de déterminer le sens qu'elle a aujourd'hui [...]. »[36]

Par contre, il a été dit à quelques reprises[37] que l'historique d'un texte législatif ne devait pas affecter le sens d'un texte « clair en lui-même ». Si l'on admet, cependant, que la législation antérieure fait partie du contexte d'énonciation d'un texte législatif et que le sens d'une phrase doit être établi en tenant compte de son contexte d'énonciation, on doit conclure que l'historique d'une législation constitue toujours un élément pertinent à son interprétation : il faudrait donc lire un texte à la lumière de la législation antérieure avant de porter un jugement sur sa clarté[38].

Les exemples de recours à l'historique législatif sont légion dans la jurisprudence, qu'il s'agisse de considérer les versions antérieures du texte étudié[39] ou les textes que le texte étudié a remplacés[40] ou

---

35   *Gravel* c. *Cité de St-Léonard*, [1978] 1 R.C.S. 660, 667 (j. Pigeon).

36   *City of Vancouver* c. *B.C. Telephone Co.*, [1951] R.C.S. 3, 8 (traduction).

37   *Canadian Pacific Railway Co.* c. *The King*, (1906) 38 R.C.S. 137, 142 (j. Davies) et 147 (j. Duff); *Ouellette* c. *Canadian Pacific Railway Co.*, [1925] A.C. 569, 575 (Lord Shaw); *A.M. Smith & Company* c. *La Reine*, [1981] 1 C.F. 167, 175 (j. Walsh).

38   Voir *supra*, p. 369.

39   Par exemple : *Brotherhoods of Railway Employees* c. *New York Central Railway Co.*, [1958] R.C.S. 519; *R.* c. *Loblaw Groceterias Co. (Manitoba)*, [1961] R.C.S. 138; *City of Sault Ste-Marie and Danby* c. *Algoma Steel Corp.*, [1961] R.C.S. 739; *R.* c. *Sheer Ltd.*, [1974] R.C.S. 1046; *R.* c. *Noble*, [1978] 1 R.C.S. 632; *Gravel* c. *Cité de St-Léonard*, précité, note 35; *R.* c. *Ancio*, [1984] 1 R.C.S. 225; *Hills* c. *P.G. du Canada*, [1988] 1 R.C.S. 513; *P.G. de la province de Québec* c. *Léo Bernard Ltée*, [1975] C.A. 68.

40   Par exemple, les lois que le *Code criminel* a remplacées : *R.* c. *Nabis*, [1975] 2 R.C.S. 485; *R.* c. *Popovic et Askov*, [1976] 2 R.C.S. 308. Voir aussi *Sidmay Ltd.* c. *Wehttam Investments Ltd.*, (1967) 61 D.L.R. (2d) 358 (Ont.C.A.), confirmé par [1968] R.C.S. 828.

même, le cas échéant, les textes de législation étrangère dont l'auteur a pu s'inspirer, quand il ne les a pas copiés mot à mot[41].

En droit civil, et plus particulièrement dans l'interprétation du Code civil, la méthode historique se révèle absolument fondamentale. Au-delà des textes (qui, le plus souvent, n'énoncent pas de nouvelles règles, mais ne constituent que l'expression nouvelle de règles plus anciennes), c'est toute une tradition que l'on interprète, une tradition qui, à travers l'ancien droit français, pousse des racines jusque dans le droit romain[42]. L'examen de la jurisprudence de la Cour suprême témoigne amplement de l'importance accordée à la description et à l'analyse des sources historiques des règles et des notions de droit civil que la Cour interprète[43].

L'un des principaux problèmes suscités par le recours à l'historique d'un texte législatif est celui de savoir quelles conclusions il est possible de tirer du fait de la modification d'une loi ou d'un règlement : peut-on déduire d'un changement dans le texte une modification de la règle qu'il énonce?

En common law, une modification dans la formulation d'un texte législatif est réputée avoir été faite de propos délibéré en vue d'introduire un changement de règle. En d'autres termes, on présume que le législateur, en modifiant la loi, n'a pas voulu simplement en améliorer la formulation, mais a plutôt entendu modifier la norme que le texte énonce :

---

41 Par exemple : *Hudson* c. *Benallack*, [1976] 2 R.C.S. 168; *United Trust Co.* c. *Dominion Store Ltd.*, [1977] 2 R.C.S. 915; *Commerce & Industry Insurance Co.* c. *West End Investment Co.*, [1977] 2 R.C.S. 1036; *Berardinelli* c. *Ontario Housing Corp.*, [1979] 1 R.C.S. 275; *Hills* c. *P.G. du Canada*, précité, note 39.

42 Pour des références à cette tradition civiliste à laquelle appartient le droit civil québécois : *Houle* c. *Banque canadienne nationale*, précité, note 28, 158; *Québec (Curateur public)* c. *Syndicat national des employés de l'Hôpital St-Ferdinand*, [1996] 3 R.C.S. 211, 230.

43 Voici quelques exemples : *Lejeune* c. *Cumis Insurance Society Inc.*, [1989] 2 R.C.S. 1048, 1057 et suiv.; *Canadian Indemnity Company* c. *Canadian Johns-Manville Company*, précité, note 23, 576 et suiv.; *Augustus* c. *Gosset*, [1996] 3 R.C.S. 268, 285 et suiv.; *Gauthier* c. *Beaumont*, [1998] 2 R.C.S. 3, 37 et suiv. Voir aussi : Madeleine CANTIN-CUMYN, « Le recours à l'ancien Code pour interpréter le nouveau », dans Pierre-André CÔTÉ (dir.), *Le nouveau Code civil – Interprétation et application*, coll. « Les journées Maximilien-Caron 1992 », Montréal, Éditions Thémis, 1993, p. 161.

« Dans l'interprétation de lois dont la formulation a été modifiée, il existe une présomption, quoique peut-être faible, voulant que le législateur ait probablement voulu modifier le sens de la loi. »[44]

Cette présomption s'appuie sur l'observation des faits : la plupart des modifications législatives n'ont pas un objet simplement esthétique. À défaut d'indices contraires, on présumera donc que ce qui est vrai dans la grande majorité des cas l'est aussi dans le cas examiné. On fera reposer également la présomption sur la règle de l'effet utile : on supposera que, si le législateur a pris la peine de modifier le texte, c'est qu'il voulait changer quelque chose au fond, et non seulement améliorer la formulation.

On trouvera en jurisprudence plusieurs exemples d'arguments fondés sur le fait de la modification examinée[45]. Ces arguments ne sauraient cependant être à eux seuls déterminants :

« La présomption qu'un changement d'intention résulte d'une modification du texte n'est jamais décisive. »[46]

En effet, tous les changements de texte n'ont pas pour objet la modification du droit et l'examen des circonstances entourant la modification peut repousser la présomption. Il est, par exemple, évident que la présomption ne s'appliquerait pas à une modification

44   *Re Holton*, [1952] O.W.N. 741 (j. Long) (Ont.Sur.Ct.). Dans *D.R. Fraser & Co.* c. *Minister of National Revenue*, [1949] A.C. 24, 33, Lord MacMillan a énoncé la même présomption, d'une façon cependant moins claire : « Lorsqu'une loi modificative change le texte de la loi principale, on doit présumer que la modification a été faite délibérément » (traduction).

45   *R.* c. *Loblaw Groceterias Co. (Manitoba)*, précité, note 39, 142 (j. Kerwin); *Klippert* c. *La Reine*, [1967] R.C.S. 822, 834 (j. Fauteux); *Marcotte* c. *Sous-procureur général du Canada*, [1976] 1 R.C.S. 108, 114 et 115 (j. Dickson); *Berardinelli* c. *Ontario Housing Corp.*, précité, note 41, 283 (j. Estey); *Langille* c. *Banque Toronto-Dominion*, [1982] 1 R.C.S. 34, 37 et 38 (j. Martland); *Freed* c. *Rioux*, [1964] B.R. 796, 800 (j. Hyde); *P.G. de la province de Québec* c. *Léo Bernard Ltée*, précité, note 39, 71 (j. Bélanger); *Shaw, Savill and Albion Co.* c. *Electric Reduction Sales Co.*, [1951] C.S. 51, 52 (j. Collins); *Re Witchekan Lake Farms Ltd.*, (1975) 50 D.L.R. (3d) 314, 315 et 316 (j. Culliton) (Sask.C.A.). Dans toutes ces affaires, on a référé à une modification législative intervenue antérieurement aux faits qui ont donné lieu au litige. En ce qui concerne les modifications postérieures à ces faits, voir *infra*, p. 666 et suiv.

46   *Galt* c. *Robert*, [1933] R.C.S. 516, 526 (j. Rinfret). Voir aussi *Morch* c. *Minister of National Revenue*, [1949] R.C. de l'É. 327, 338 (j. Thorson).

apportée à l'occasion d'une refonte générale : les lois refondues doivent s'interpréter comme une simple reformulation du droit antérieur[47]. De même, la présomption s'appliquerait difficilement à la refonte d'une loi particulière sans compromettre tout à fait l'effort déployé pour mettre cette loi à jour[48].

Outre le cas de lois qui se présentent formellement comme lois de refonte, d'autres circonstances peuvent justifier de considérer une modification comme n'atteignant pas le sens d'une loi. Le législateur a pu supprimer des mots parce qu'il les jugeait superflus[49]; il a pu ajouter des termes pour écarter un doute, pour préciser le sens[50]; il a pu modifier le texte simplement pour lui donner une formulation plus soignée, ce qui constitue, en soi, un effet utile[51].

Sans doute pour faciliter l'amélioration de la formulation de ses textes législatifs, le Parlement fédéral a édicté, dans la *Loi d'interprétation*, le texte suivant :

> « **Art. 45(2).** La modification d'un texte ne constitue pas ni n'implique une déclaration portant que les règles de droit du texte étaient différentes de celles de sa version modifiée ou que le Parlement, ou toute autre autorité qui l'a édicté, les considérait comme telles. »

Il est à noter que cette disposition n'interdit pas de tirer argument de la modification d'un texte législatif; elle ne fait que supprimer la présomption de common law voulant qu'une modification du texte

---

47   *Supra*, p. 67.

48   *Ouellette c. Canadian Pacific Railway Co.*, précité, note 37, 575 (Lord Shaw); *Paton c. The Queen*, [1968] R.C.S. 341, 354 (j. Judson).

49   *Canadian Pacific Railway Co. c. The King*, précité, note 37, 143 (j. Davies); *Re Ontario Voters' Lists Act, West York*, (1908) 15 O.L.R. 303, 305 (j. Moss) (Ont.C.A.); *Paton c. The Queen*, précité, note 48, 355 (j. Judson).

50   *Hope c. Minister of National Revenue*, [1929] R.C. de l'É. 158, 163 (j. Audette); *Couvreurs R.B. Inc. c. Potvin*, [1976] C.S. 1698 (j. Lévesque). Au sujet des lois interprétatives, *infra*, p. 649 et suiv.

51   *Re Milliken and Metropolitan Corporation of Greater Winnipeg*, (1967) 60 D.L.R. (2d) 637, 640 (j. Guy) (Man.C.A.); *Bitumar Inc. c. Canada*, (1987) 78 N.R. 18, 25 (j. Thurlow) (C.A.F.).

soit réputée modifier le sens[52]. En pratique, cette disposition a eu un effet assez limité. Bien qu'on l'ait parfois invoquée pour contrer un argument fondé sur la modification d'un texte législatif[53], elle a été dans certains cas simplement méconnue[54] ou déclarée inapplicable[55]. En somme, le législateur fédéral a réduit la force de la présomption, mais il ne l'a pas exclue totalement, comme quoi il n'est pas facile de supprimer une présomption qui découle de l'observation des faits : « Chassez le naturel, il revient au galop » !

SECTION 3 : LES TRAVAUX PRÉPARATOIRES

On entend ici par « travaux préparatoires » ce que les Anglo-Saxons appellent l'histoire législative ou parlementaire d'une loi, c'est-à-dire l'ensemble des textes pertinents à l'élaboration de la loi[56].

Cela comprend aussi bien ce qui s'est dit à propos du projet de loi (c'est-à-dire les débats en chambre, les interventions en comité ou en commission) que ce qui s'est fait à son sujet (c'est-à-dire, en particulier, les modifications qu'il a pu subir).

---

52   *Bathurst Paper Ltd.* c. *Ministre des Affaires municipales de la province du Nouveau-Brunswick*, [1972] R.C.S. 471, 476 (j. Laskin).

53   Par exemple : *Morch* c. *Minister of National Revenue*, précité, note 46, 338 (j. Thorson).

54   *Klippert* c. *La Reine*, précité, note 45; *Marcotte* c. *Sous-procureur général du Canada*, précité, note 45; *Re Witchekan Lake Farms Ltd.*, précité, note 45.

55   *City of London* c. *City of St.Thomas*, [1958] R.C.S. 249 (N.B. : la Cour interprétait une disposition similaire de la *Loi d'interprétation* ontarienne); *Rozon* c. *La Reine*, [1974] C.A. 348.

56   En droit statutaire, on distingue les moyens internes d'interprétation (*intrinsic evidence*) et les moyens externes d'interprétation (*extrinsic evidence*). Les moyens externes regroupent tous ceux qui sont étrangers au libellé même du texte interprété et comprennent donc, entre autres, les lois connexes, les lois antérieures et les travaux préparatoires. Ces derniers sont désignés par les termes « *legislative history* » ou « *parliamentary history* ». Certains considèrent comme faisant partie de la « *legislative history* » les rapports de commission d'enquête ou de réforme du droit qui ont inspiré l'adoption de la loi. Il ne sera cependant pas question ici de l'admissibilité de ces rapports, qui a été traitée *supra*, p. 523 et suiv.

Jusqu'au début des années 80, il était relativement bien établi dans la jurisprudence canadienne que le recours aux travaux préparatoires n'était pas admissible comme preuve de l'intention du législateur devant les tribunaux. À l'heure actuelle, cependant, la règle d'exclusion des travaux préparatoires est à toutes fins utiles abandonnée et la Cour suprême a commencé à baliser l'utilisation que l'on peut faire des informations tirées de l'historique parlementaire de la loi. Avant d'étudier l'état actuel du droit sur la question (3), il n'est pas sans intérêt de considérer les origines historiques de la règle d'exclusion (1) et d'en examiner les fondements (2).

Sous-section 1 : L'origine de la règle de l'exclusion des travaux préparatoires

On s'accorde pour faire remonter l'origine de la règle de l'exclusion des travaux préparatoires comme preuve judiciaire de l'intention du législateur à un arrêt de 1769, *Millar* c. *Taylor*, dans lequel le juge Willes, au sujet de la prise en considération, comme moyen de preuve, d'une modification subie par un projet de loi, énonce la règle suivante :

> « La signification d'une loi doit être déduite de sa formulation au moment où elle a été édictée, et non pas de l'histoire des transformations qu'elle a subies à la chambre dont elle émane. Cette histoire, ni l'autre chambre ni le Souverain ne la connaissent. »[57]

L'idée qu'il fallait exclure le recours aux travaux préparatoires devant les tribunaux allait être particulièrement bien reçue au XIXe siècle, époque dominée, dans l'interprétation, par l'insistance sur la forme donnée à la volonté du Parlement, insistance incarnée par la *Literal Rule*. C'est dans ce contexte qu'il faut replacer le mot surprenant de Lord Halsbury[58] disant que la personne la moins indiquée pour interpréter une loi est celle qui fut responsable de sa rédaction, car elle peut être trop portée à confondre ce qu'elle avait l'intention de faire avec l'effet des termes qu'elle a en fait employés. Si l'on doit écarter l'opinion du rédacteur, *a fortiori* doit-on exclure celle des parlementaires.

---

[57]   *Miller* c. *Taylor*, (1769) 4 Burr. 2303, 2332, 98 E.R. 201, 217 (traduction).

[58]   *Hilder* c. *Dexter*, [1902] A.C. 474, 477.

Aujourd'hui, la règle d'exclusion des travaux préparatoires, abandonnée aux États-Unis, se maintient en Angleterre, mais sous une
forme atténuée [59]. Au Canada, on la trouve énoncée et appliquée en
Cour suprême dans l'affaire *Gosselin* c. *The King*. Le juge en chef
Taschereau s'exprime ainsi au sujet du recours aux débats parlementaires :

> « Le recours à ces travaux a toujours été écarté par nos prédéces-
> seurs au sein de la Cour et, lorsque l'avocat dans la cause a com-
> mencé à lire dans le *Hansard du Canada* les remarques faites au
> Parlement lors des discussions sur la loi [...], je ne me suis pas senti
> justifié de mettre de côté la règle ainsi établie, quoique, personnel-
> lement, je serais disposé à admettre que le recours à ces travaux
> pourrait parfois être utile dans les cas où la loi est ambiguë. » [60]

Respectée à regret par certains juges[61] et simplement méconnue
par d'autres[62], la règle de l'exclusion des travaux préparatoires fut
également l'occasion de discussions doctrinales assez vives. Au début
des années 50, la fameuse affaire *Nolan*[63] allait donner l'occasion à
plusieurs auteurs de faire valoir leur point de vue soit en faveur de
l'abolition de la règle[64], soit en faveur de son maintien[65].

Quoique l'offensive doctrinale en faveur de l'abandon de la règle
de l'exclusion ait eu certains échos favorables dans la jurispru-

---

59   Voir : *Pepper* c. *Hart*, [1992] 3 W.L.R. 1032 (H.L.).

60   *Gosselin* c. *The King,* (1903) 33 R.C.S. 255, 264 (traduction).

61   *Infra*, p. 539, note 77.

62   *Infra*, p. 539, note 79.

63   *A.G. for Canada* c. *Hallet & Carey Ltd.*, [1952] A.C. 427, infirmant *Canadian
      Wheat Board* c. *Nolan,* [1951] R.C.S. 81.

64   David G. KILGOUR, « The Rule Against the Use of Legislative History : "Canon of
      Construction or Counsel of Caution?" », (1952) 30 *R. du B. can.* 769; David G.
      KILGOUR, « The Use of Legislative History », (1952) 30 *R. du B. can.* 1087;
      Kenneth Culp DAVIS, « Legislative History and the Wheat Board Case », (1953)
      31 *R. du B. can.* 1; James B. MILNER, « The Use of Legislative History », (1953) 31
      R. du B. can. 228.

65   James A. CORRY, « The Use of Legislative History in the Interpretation of
      Statutes », (1954) 32 *R. du B. can.* 624; John T. McQUARRIE, « The Use of
      Legislative History », (1952) 30 *R. du B. can.* 958.

dence[66], si la règle devait être modifiée, il revenait à la Cour suprême de le faire. Or, dans l'affaire du *Reader's Digest*[67], cette dernière consacra sans équivoque le maintien de l'attitude traditionnelle.

L'affaire portait sur l'admissibilité en preuve, dans une affaire où l'on contestait la validité constitutionnelle d'une loi, d'informations relatives aux discours prononcés au Parlement (en l'espèce, la présentation par le ministre des Finances d'un projet de modification de la *Loi sur la taxe d'accise*) et au déroulement des débats (le fait que le projet de loi n'avait subi aucun amendement, ni à la Chambre des communes, ni au Sénat). La compagnie Sélection du Reader's Digest (Canada) Limitée contestait la validité d'une loi modifiant la *Loi sur la taxe d'accise* parce que, d'après l'entreprise, cette loi, sous le couvert d'une loi fiscale, était en réalité une loi qui visait à favoriser une partie de l'industrie de l'édition au détriment d'une autre, et que, dans son essence, cette loi était relative à la propriété et aux droits civils dans la province de Québec. En Cour supérieure, l'avocat de l'entreprise chercha à faire admettre diverses preuves tirées des travaux préparatoires. À chaque fois (il y eut 24 tentatives), le juge accueillit les objections du Procureur général du Canada à l'admissibilité de cette preuve. Ce sont ces 24 jugements interlocutoires qui furent portés en appel. La Cour d'appel, à la majorité[68], fit droit aux arguments de la compagnie plaidant que, si le recours aux travaux préparatoires est exclu lorsqu'il s'agit simplement d'interpréter une loi, il doit en être autrement lorsque la validité constitutionnelle d'une loi est en cause : il faut alors faire montre de plus de latitude afin, en particulier, de démasquer la législation déguisée et, au-delà de la forme que le législateur a donnée à son texte, d'en atteindre la véritable substance.

La décision de la Cour d'appel fut cependant infirmée en Cour suprême où, à l'unanimité, il fut déclaré que le recours aux travaux préparatoires n'est pas admissible même lorsque c'est la validité constitutionnelle d'une loi qui est en cause. La Cour, implicitement, se trouvait donc à confirmer l'application de la règle de l'exclusion

---

66   *Mountain Park Coals Ltd.* c. *Minister of National Revenue*, [1952] R.C. de l'É. 560, 565 (j. Thorson).

67   *A.G. of Canada* c. *Reader's Digest Association (Canada) Ltd.*, [1961] R.C.S. 775.

68   *Reader's Digest Association (Canada) Ltd.* c. *A.G. of Canada*, [1961] B.R. 118.

lorsqu'il s'agit simplement d'interpréter une loi. Le juge Cartwright écrit :

> « À mon avis, le savant juge en chef de la Cour supérieure a eu raison de rejeter les éléments de preuve qui font l'objet du présent appel. On a concédé, et les autorités l'établissent clairement, que le discours prononcé par le ministre pour présenter le projet de loi serait inadmissible si on l'invoquait pour justifier l'interprétation de la loi telle qu'elle a finalement été édictée. Je ne puis concevoir aucune différence de principe qui donne une justification suffisante pour le juger admissible dans le cas où, les termes de la loi étant clairs, on cherche à démontrer que le Parlement a empiété sur une compétence exclusive de la législature provinciale. »[69]

La règle de l'exclusion implicitement confirmée dans cette affaire fut énoncée et appliquée par les tribunaux des provinces par la suite[70]. Quant à la Cour suprême, on y a réaffirmé le principe de l'exclusion à quelques reprises[71] et, dans les décisions plus récentes où elle a manifesté la volonté de libéraliser les règles d'admissibilité des preuves extrinsèques dans les affaires portant sur la constitutionnalité d'une loi, certains de ses juges ont pris la peine d'indiquer que cette libéralisation ne valait pas lorsque seule l'interprétation de la loi faisait problème[72].

Cette volonté de limiter au champ du droit constitutionnel le recours aux travaux préparatoires ne semblait toutefois pas rallier l'unanimité à la Cour suprême et, dans sa jurisprudence récente[73], la

---

[69] *A.G. of Canada* c. *Reader's Digest Association (Canada) Ltd.*, précité, note 67, 792 (traduction).

[70] *Avco Finance Ltd.* c. *Panneton*, [1976] C.A. 697; *Gignac* c. *Commissaires d'écoles pour la municipalité de Ste-Foy*, [1975] C.S. 1156; *N.B. Liquor Corp.* c. *Canadian Union of Public Employees*, (1978) 21 N.B.R. (2d) 441 (N.B.C.A.); *Jean* c. *Pétroles Irving Inc.*, [1974] C.A. 279. Il est à noter que ce dernier arrêt concernait une loi modifiant le Code civil. Voir : Sylvio NORMAND, « Les travaux préparatoires et l'interprétation du Code civil du Québec », (1986) 27 *C. de D.* 347.

[71] *R.* c. *Popovic et Askov*, précité, note 40, 318 (j. Pigeon); *Fonds d'indemnisation des victimes d'accidents d'automobile* c. *Gagné*, [1977] 1 R.C.S. 785, 792 (j. Pigeon).

[72] *Renvoi relatif à la Loi anti-inflation*, [1976] 2 R.C.S. 373, 387 (j. Laskin) et 470 (j. Beetz); *Renvoi relatif à la Loi de 1979 sur la location résidentielle*, [1981] 1 R.C.S. 714, 723 (j. Dickson).

[73] *Infra*, p. 548 et suiv.

Cour a ouvert la voie à une utilisation plus large, encore que prudente, des travaux préparatoires dans l'interprétation des lois.

Sous-section 2 :   Les fondements de la règle de l'exclusion des travaux préparatoires

Il n'est sans doute pas de règle relative à l'interprétation de nos
lois qui ait été plus étudiée, discutée ou critiquée dans la doctrine
canadienne[74]. Les opinions à son sujet ont été, dans le passé, très
partagées et il faut reconnaître, à la suite de C.K. Allen[75], qu'il ne
manque pas d'arguments pour justifier l'une ou l'autre des thèses en
présence. D'ailleurs, même dans les pays qui, comme les États-Unis et
la France, admettent le recours aux travaux préparatoires, la pratique
reste controversée et les excès auxquels elle paraît inévitablement
mener ont été déplorés[76].

---

[74]   Outre les articles de Kilgour, Davis et Corry cités *supra*, notes 64 et 65, on verra :
Bora LASKIN, « The Protection of Interests by Statute and the Problem of
"Contracting Out" », (1938) 16 *R. du B. can.* 669, 699 (contre la règle); Louis-
Philippe PIGEON, « L'élaboration des lois »,(1945) 5 *R. du B.* 365, 369 (pour);
John M. KERNOCHAN, « Statutory Interpretation : An Outline of Method »,
(1976-77) 3 *Dal. L.J.* 333, 351 (contre); Alain-François BISSON, « Préambules et
déclarations de motifs ou d'objets », (1980) 40 *R. du B.* 58, 63 (neutre); Michel
KRAUSS, « Interprétation des lois – histoire législative – "La queue qui remue le
chien" », (1980) 58 *R. du B. can.* 756 (neutre); W.H. CHARLES, « Extrinsic
Evidence and Statutory Interpretation : Judicial Discretion in Context », (1983) 7
Dal. L.J. 7 (contre); Peter W. HOGG, « Legislative History in Constitutional
Cases », dans Robert J. SHARPE (dir.), *Charter Litigation*, Toronto, Butterworths,
1987, p. 131 (contre); Gordon BALE, « Parliamentary Debates and Statutory
Interpretation : Switching on the Light or Rummaging in the Ashcans of the
Legislative Process », (1995) 74 *R. du B. can.* 1 (contre); Stéphane BEAULAC,
« Parliamentary Debates in Statutory Interpretation : A Question of
Admissibility or of Weight ? », (1998) 43 *R.D. McGill* 287 (contre).

[75]   Carleton Kemp ALLEN, *Law in the Making*, 7e éd., Oxford, Clarendon Press,
1964, p. 494.

[76]   Aux États-Unis : Robert H. JACKSON, « The Meaning of Statutes : What
Congress Says or What the Court Says », (1948) 34 *A.B.A.J.* 535; Reed
DICKERSON, *The Interpretation and Application of Statutes*, Boston/Toronto,
Little, Brown & Co., 1975, chap. 10, p. 137 et suiv. En France : François GÉNY,
Méthode d'interprétation et sources en droit privé positif, 2e éd., Paris, L.G.D.J.,
1954, p. 293 et suiv.; Henri CAPITANT, « L'interprétation des lois d'après les
travaux préparatoires », D.H. 1935 Chron. 77.

Dans la jurisprudence canadienne, la règle de l'exclusion est aujourd'hui remise en cause, et on perçoit dans les arrêts que tous les juges ne sont pas entièrement convaincus de l'opportunité d'écarter ce genre de preuve. Le rejet de la règle emprunte diverses formes. Il peut être exprès, le juge déclarant que, personnellement, il aurait été favorable à la consultation du *Journal des débats* au cas d'obscurité du texte[77] ou déplorant le fait que la règle traditionnelle l'empêche d'avoir accès à ces informations[78]. D'autre part, il n'est plus rare de trouver des arrêts où la règle d'exclusion est tout à fait méconnue et où les travaux préparatoires sont consultés et cités[79]. Des arrêts de la Cour suprême de plus en plus nombreux préconisent d'ailleurs une utilisation prudente des débats parlementaires[80].

Est-il nécessaire d'insister beaucoup sur les raisons qui justifient le recours aux travaux préparatoires? Si l'on admet que le premier objectif de l'interprétation des lois est la restitution de la pensée de l'auteur de la loi, il faut, il me semble, concéder que, même si aucun des membres des chambres délibérantes ne peut prétendre parler au nom du « législateur », il existe un lien logique entre les faits et gestes des parlementaires et la loi qui est le produit de leur activité. L'étude des travaux préparatoires peut jeter de la lumière sur le contexte d'adoption de la loi. À tout le moins dans les cas où la loi présente de l'incertitude, ne conviendrait-il pas de permettre au juge de prendre connaissance de l'histoire parlementaire? Si cela est pertinent à sa tâche d'interprète et susceptible de l'aider, pour quels motifs l'écarter?

---

[77] *Gosselin* c. *The King,* précité, note 60, 264 (j. Taschereau).

[78] *Association des architectes de la province de Québec* c. *Paradis,* (1915) 48 C.S. 220, 225 (j. Bruneau) et *Canada Motor Co.* c. *Buisson,* (1922) 60 C.S. 416, 418 et 419 (j. Bruneau).

[79] *Quebec, Montreal and Southern Railway Co.* c. *The King,* (1916) 53 R.C.S. 275, 293 (j. Brodeur); *Corporation des pilotes pour le Hâvre de Québec* c. *Paquet,* précité, note 18 (B.R.), 411 et 413 (j. Archambeault); *R.* c. *Lupovitch,* [1938] C.S. 207, 209 et 210 (j. Marin); *Collège des optométristes et opticiens de la province de Québec* c. *Butler's Ltd.,* [1960] C.S. 611, 616 (j. Michaud); *In Re Pressault :* *Bank of Montreal,* [1966] C.S. 206, 210 (j. Martel); *R.* c. *Shand,* (1977) 30 C.C.C. (2d) 23, 29 et 30 (j. Arnup) (Ont.C.A.); *R.* c. *Paul,* (1978) 39 C.C.C. (2d) 129, 131 (j. Jessup) (Ont.C.A.). Voir aussi les arrêts cités aux notes 110 et 111.

[80] *Infra,* p. 552 et suiv.

Les motifs que l'on invoque pour expliquer ou justifier l'établissement et le maintien de la règle d'exclusion des travaux préparatoires peuvent être regroupés en motifs historiques, théoriques et pratiques.

Motifs historiques : l'établissement de la règle d'exclusion aurait été favorisé, sinon causé, par le fait qu'entre 1628 et 1908, il était officiellement interdit de faire rapport des délibérations de la Chambre des Communes en Angleterre. Ce régime avait été instauré par la chambre pour garantir la liberté de parole de ses membres[81]. On ne doit donc pas s'étonner que se soit développée une règle de preuve voulant que des informations obtenues au mépris de cette interdiction ne soient pas admissibles devant les tribunaux. Cette interdiction de publication étant levée, comment expliquer la survie de l'exclusion des travaux préparatoires? D'autres raisons ont pris le relais des motifs historiques.

Motifs théoriques : parmi les motifs que je qualifie de théoriques ou formels, on peut ranger ceux qui se rapportent à la conception du Parlement comme entité juridique distincte de ses membres et des organes qui le composent. La loi exprimerait une « volonté abstraite », n'ayant qu'un lointain rapport avec la volonté du ministre qui en a proposé l'adoption, des députés ou sénateurs qui l'ont votée et du Souverain qui lui a donné sa sanction :

> « Il faut se rappeler que l'objet ou la finalité d'une loi [...] sont le fait d'une entité incorporelle, la législature, et que, de façon générale, les discours de ses membres auraient peu de valeur probante. »[82]

Dans l'affaire *Reader's Digest*, le juge Choquette écrivit :

> « Il ne faut pas confondre l'intention du Parlement avec l'intention des membres du cabinet ou l'intention du proposant d'un projet de loi. »[83]

---

[81] D.G. KILGOUR, « The Rule Against the Use of Legislative History : "Canon of Construction or Counsel of Caution ? », *loc. cit.*, note 64, 784; L.-P. PIGEON, *loc. cit.*, note 74, 368.

[82] *A.G. for Alberta* c. *A.G. for Canada*, [1939] A.C. 117, 131 (Lord Maugham) (traduction).

[83] *Reader's Digest Association (Canada) Ltd.* c. *A.G. of Canada*, précité, note 68, 135.

En Cour suprême, le juge Cartwright fit écho à cet argument, comparant le Parlement à une corporation qui ne saurait avoir d'autre intention que celle qu'exprime formellement le texte de loi[84].

Un autre argument formel, qui rejoint le premier, insiste sur l'autonomie du texte de loi. La rédaction d'une loi pourrait être comparée à la conclusion d'un acte juridique solennel : une fois que la volonté des parties a été consignée par écrit, elle seule fait foi[85]. Dès lors, et l'on retrouve les principes qui fondent la « règle de l'interprétation littérale » (*Literal Rule*) : peu importe ce que l'on a pu vouloir dire, ce que le juge doit rechercher, c'est ce que le Parlement a effectivement exprimé par la formule légale. On tient que cette application au texte législatif du principe de l'autonomie de l'écrit favorise la sécurité juridique :

> « À mon sens, il est plutôt heureux que nous ne puissions pas avoir recours aux travaux préparatoires pour interpréter nos lois.
>
> En premier lieu, il semble désirable que les citoyens puissent se fier au texte comme il est décrété et que leurs droits ne dépendent pas de l'interprétation d'une masse complexe de travaux préparatoires plus ou moins accessibles. »[86]

Mais, pourrait-on objecter, si le citoyen a droit de se fier au texte lorsque celui-ci présente un sens relativement certain, quelle sécurité lui assure un texte dont le sens est obscur? On ne trompe donc aucune attente de sens en consultant alors les travaux préparatoires. Ne vaut-il pas mieux dans un pareil cas rechercher l'intention des parlementaires plutôt que de s'en remettre à la discrétion judiciaire? Cette solution n'est-elle pas plus en accord avec le régime démocratique

---

[84] *A.G. of Canada* c. *Reader's Digest Association (Canada) Ltd.*, précité, note 67, 793. Voir aussi D.G. KILGOUR, « The Rule Against the Use of Legislative History : "Canon of Construction or Counsel of Caution ?" », *loc. cit.*, note 64, 781 et 782.

[85] On aurait donc transposé à l'interprétation des lois une règle de preuve (*parol evidence rule*) conçue pour les écrits privés. À ce sujet, D.G. KILGOUR, « The Rule Against the Use of Legislative History : "Canon of Construction or Counsel of Caution ?" », *loc. cit.*, note 64, 787. Voir F. GÉNY, *op. cit.*, note 76, p. 297; H. CAPITANT, loc. cit., note 76, 79. Le *Code civil du Québec* prévoit une règle analogue, en son article 2863 : « Les parties à un acte juridique constaté par un écrit ne peuvent, par témoignage, le contredire ou en changer les termes, à moins qu'il n'y ait un commencement de preuve ».

[86] L.-P. PIGEON, *loc. cit.*, note 74, 369 et 370.

qui est le nôtre? À ceci, on opposera les inconvénients pratiques de la consultation des débats.

Motifs pratiques : de nos jours, ce sont le plus souvent des motifs pratiques qui sont allégués pour justifier l'exclusion des travaux préparatoires. Par exemple, dans *Beswick* c. *Beswick*, Lord Reid a ainsi expliqué sa position :

> « Lorsque nous interprétons une loi du Parlement, nous recherchons l'intention du législateur et il est tout à fait juste de dire que nous devons déduire cette intention des termes de la loi [...]. Pour des raisons purement pratiques, nous ne permettons pas la citation des débats parlementaires : cela augmenterait beaucoup le temps et les frais qu'exige la préparation d'un procès soulevant une question d'interprétation d'une loi si les avocats devaient lire les débats dans le *Hansard*; souvent, il leur serait même impossible de consulter à tout le moins les vieux comptes-rendus des débats des comités spéciaux de la Chambre des Communes. En outre, dans la plupart des cas, une telle recherche, à supposer qu'elle soit possible, ne donnerait pas les moindres lumières sur la question soumise au tribunal. »[87]

Ces motifs pratiques ont été particulièrement étudiés par les commissions de réforme du droit d'Angleterre et d'Écosse[88] qui ont distingué trois aspects du problème : la pertinence des travaux préparatoires, leur fiabilité et leur accessibilité.

Même si l'on reconnaît que la consultation des travaux préparatoires puisse à l'occasion jeter quelque lumière sur l'intention du législateur, rares sont les cas où l'on peut trouver dans les débats des informations directement pertinentes à la signification d'une disposition donnée. On y trouvera plutôt des éléments permettant de préciser le but poursuivi par les auteurs. Or, il est le plus souvent relativement aisé de dégager d'un texte, lu dans son contexte, le ou les buts visés par ses auteurs.

Dans l'hypothèse où la consultation des travaux préparatoires livrerait des informations vraiment pertinentes, il se posera le problème de la fiabilité de ces informations. Le caractère des débats

---

87   *Beswick* c. *Beswick*, [1968] A.C. 58, 73 et 74 (traduction).

88   LAW COMMISSION AND SCOTTISH LAW COMMISSION, *The Interpretation of Statutes*, Londres, H.M.S.O., 1969.

parlementaires, les objectifs poursuivis par les intervenants ne garantiraient aucunement la fiabilité des informations qu'on peut y glaner. Parlant de l'expérience française, Henri Capitant a écrit qu'» il est étonnant que, malgré les leçons de l'expérience, les auteurs et les tribunaux continuent à chercher des éclaircissements là où règne la confusion »[89]. L'expérience canadienne offre aussi des exemples patents de cas où les deux parties à une controverse ont pu trouver dans les travaux préparatoires des arguments qui se sont en pratique réciproquement annulés[90]. Dans le *Renvoi relatif à la Loi de 1979 sur la location résidentielle*[91], le juge Dickson a exprimé l'avis que, pour la découverte de l'objet d'une loi, « en général, les discours prononcés devant le corps législatif au moment de son adoption sont irrecevables vu leur faible valeur probante ».

Reste la question de l'accessibilité. Il paraît évident que l'exclusion des travaux préparatoires est de nature à alléger le travail des avocats. Au contraire, un système où les travaux sont admis peut, assez facilement, semble-t-il, donner lieu à des abus. Aux États-Unis, ces abus ont été fustigés sur un ton humoristique. Des avocats américains, a-t-on écrit[92], en sont venus à « faire les poubelles du processus législatif » à la recherche du moindre indice de l'intention législative. Et l'on a pu dire, à la blague, que « dans les seuls cas où les travaux préparatoires ne sont pas clairs a-t-on recours au texte de la loi »[93].

Si l'on compare les avantages du recours aux travaux préparatoires en termes d'informations pertinentes et probantes avec le coût que comporte l'accès à cette information, plusieurs concluent que les coûts excèdent largement les avantages et qu'il vaut mieux, à tout prendre, se passer, dans certains cas, d'une information utile que de s'imposer une recherche fastidieuse dans tous les cas.

[89] H. CAPITANT, *loc. cit.*, note 76, 79.

[90] Voir le débat autour de l'affaire *Nolan*, appelée aussi l'affaire de la *Commission du blé*, précitée, note 63; voir aussi le débat autour du statut de la *Déclaration canadienne des droits* : M. KRAUSS, *loc. cit.*, note 74.

[91] *Renvoi relatif à la Loi de 1979 sur la location résidentielle*, précité, note 72, 721.

[92] Charles P. CURTIS, « A Better Theory of Legal Interpretation », (1950) 3 *Vand. L.R.* 407, 411.

[93] Felix F. FRANKFURTER, « Some Reflections on the Reading of Statutes », (1947) 47 *Col. L.R.* 527, 543.

Il y a plusieurs années, Theodore Plucknett écrivait que la règle de
l'exclusion des travaux préparatoires était « posée par les juges avec
l'énergie qui convient à l'expression d'un principe se recommandant
si peu par lui-même »[94]. On voit cependant que les motifs allégués
pour justifier la règle traditionnelle ne manquent pas. Les raisons
sont nombreuses, mais sont-elles, ensemble, convaincantes? De nos
jours, de moins en moins de personnes répondraient à cette question
par l'affirmative.

Sous-section 3 : L'état actuel du droit

Paragraphe 1 : Le recours extrajudiciaire aux travaux préparatoires

La règle de l'exclusion du recours aux travaux préparatoires interdit aux plaideurs ou aux juges de les prendre en considération pour
élucider directement l'intention du législateur lorsque le sens ou la
portée d'une loi sont en cause. Elle ne s'oppose cependant pas à ce
qu'en dehors du prétoire les justiciables, leurs conseillers juridiques
ou les auteurs de doctrine consultent le *Journal des débats* ou tiennent compte d'amendements subis par un projet de loi.

Rien n'empêche non plus un plaideur de faire siennes les explications données par le ministre responsable d'un projet de loi, à la
condition évidemment de ne pas citer ses sources! Lord Denning a
même tourné la règle de l'exclusion en citant un extrait
d'explications données au Parlement, explications cependant repro-
duites par le professeur Wade : « On ne nous a pas encore interdit
[d'ajouter Denning] de lire les ouvrages des professeurs de droit »[95].

---

[94]   Theodore F.T. PLUCKNETT, « L'interprétation des lois (statuts) », dans
       Introduction à l'étude du droit comparé – Recueil d'études en l'honneur
       d'Edouard Lambert, vol. 1, Paris, L.G.D.J., 1938, p. 434, à la page 448.

[95]   *R. c. Local Commissioners for Administration*, [1979] 2 All E.R. 881, 898 (Q.B.D.)
       (traduction). Pourrait-on citer en preuve un discours prononcé au Parlement et
       reproduit dans les journaux quotidiens? Tous les juges ne voient pas avec
       autant d'indulgence que Lord Denning les subterfuges employés pour
       contourner la règle. Voir : *Reader's Digest Association (Canada) Ltd.* c. *A.G. of
       Canada*, précité, note 68, 132 et 136 (j. Choquette); *Société Asbestos Ltée* c.

Paragraphe 2 : Les notes explicatives

Doit-on exclure la considération des notes explicatives qui se trouvent au regard des dispositions des projets de loi et qui en exposent soit l'objet, soit le contenu? Il n'est pas rare que nos tribunaux aient cité ces textes[96] ou se soient prononcés en faveur de leur considération[97], mais leur admissibilité a été mise en doute. Dans *R. c. Popovic et Askov*, le juge Pigeon, au sujet des notes explicatives, a écrit :

> « [J]e ne pense pas que dans l'interprétation on puisse tenir compte de ces notes plus que de n'importe quel autre élément de l'historique parlementaire de la loi. »[98]

Dans *Fonds d'indemnisation des victimes d'accidents d'automobile c. Gagné*, le juge Pigeon est revenu sur le sujet et a été plus catégorique :

> « Dans son mémoire comme à l'audition, l'avocat du Fonds a prétendu faire état des notes explicatives qui accompagnaient le projet de loi déposé à l'Assemblée législative. Ces notes sont des documents parlementaires auxquels doit s'appliquer la règle d'exclusion énoncée dans *Le Procureur général du Canada c. Sélection du Reader's Digest (Canada) Ltée.* »[99]

Société nationale de l'amiante, [1980] C.S. 331, 343 (j. Deschênes), arrêt confirmé par [1981] C.A. 43.

[96] *Chambre des Notaires du Québec c. Haltrecht*, [1992] R.J.Q. 947, 951 (C.A.); *General Motors of Canada Ltd. c. Commission scolaire régionale des Deux-Montagnes*, [1976] C.A. 352, 358 (j. Ouimet) et 364 (j. Montgomery); *Tremblay c. Hôpital Chicoutimi Inc.*, [1976] C.A. 236, 237 et 238 (j. Rinfret); *Lapointe c. Commissaires d'école pour la municipalité de Neufchatel*, [1967] C.S. 339, 346 (j. Vézina); *In re Singer Ventilation and Air Conditioning Ltd. : Margles c. Canadian Imperial Bank of Commerce*, [1970] C.S. 476, 478 et 479 (j. O'Connor); *Harris c. Cité de Verdun et C.T.C.U.M.*, [1979] C.S. 690, 692 (j. Greenberg); *In re : Reed et Franco et Banque Royale du Canada*, [1980] C.S. 391, 399 (j. O'Connor).

[97] *Trudeau c. P.G. de la province de Québec*, [1972] C.S. 317, 323 (j. Bisson); *In Re Beauchesne*, (1944-45) 26 C.B.R. 119, 123 (j. Gallant) (Sask.Dist.Ct.). Au sujet de la considération des « notes techniques » en matière fiscale : Chantal JACQUIER, « Des notes techniques en harmonie avec la Loi », (1987) 35 *Can. Tax J.* 1384.

[98] *R. c. Popovic et Askov*, précité, note 40, 318.

[99] *Fonds d'indemnisation des victimes d'accidents d'automobile c. Gagné*, précité, note 71, 792.

Lord Denning a également, en *obiter*, indiqué que les notes explicatives n'étaient pas admissibles à titre de preuve de l'intention du législateur[100].

À mon avis, les tribunaux devraient admettre les notes explicatives d'un projet de loi de la même façon et pour le même motif qu'ils acceptent de tenir compte de l'opinion de la doctrine : une note explicative devrait être considérée comme l'expression d'une opinion sur les sujets dont elle traite, le juge restant toujours libre de lui reconnaître l'autorité qui convient aux circonstances[101]. Si le texte paraît clair, les notes auront peu de poids. Si le texte présente des obscurités, les notes pourront indiquer une interprétation plausible ou confirmer celle que le juge aura déduite par d'autres moyens. Les objections d'ordre pratique que l'on adresse au recours aux travaux préparatoires en général ne valent pour ainsi dire pas lorsque les notes explicatives sont en cause : elles sont généralement brèves, d'accès facile, elles s'avèrent souvent pertinentes et on a moins de raison de mettre en doute leur fiabilité que celle d'autres éléments des travaux préparatoires.

À l'heure où la Cour suprême fait une utilisation croissante des débats législatifs dans l'interprétation des lois, il est difficile de justifier l'exclusion de la prise en considération des notes explicatives. Il faut faire confiance au juge pour leur attribuer le poids que commandent les circonstances.

Paragraphe 3 : Le recours aux travaux préparatoires en matière constitutionnelle

L'application de la règle de l'exclusion est, depuis plusieurs années, écartée dans les affaires portant sur la validité constitutionnelle des textes législatifs : lorsque la constitutionnalité d'une loi est en jeu et non simplement son interprétation, les tribunaux recourent aux travaux préparatoires, soit pour interpréter la Constitution elle-

---

100 *Escoigne Properties Ltd.* c. *Inland Revenue Commissioners*, [1958] 1 All E.R. 406, 414.

101 *Hébert* c. *Marx*, [1988] R.J.Q. 2185 (C.S.).

même, soit pour procéder à la qualification constitutionnelle de la loi contestée[102].

La Constitution s'interprète en tenant compte notamment des discussions qui ont entouré son élaboration de même que des transformations que son texte a subies au cours du processus d'élaboration[103].

Les travaux préparatoires des textes dont la constitutionnalité est contestée peuvent également être consultés, non pas en vue d'interpréter les textes, mais afin d'en apprécier la validité, soit au regard des règles du partage des compétences[104], soit en rapport avec la Charte des droits[105].

Dans le *Renvoi relatif à la Loi de 1979 sur la location résidentielle*[106], la Cour suprême a voulu éviter de poser des règles inflexibles en matière de travaux préparatoires et a préféré se réserver la discrétion de décider de l'admissibilité des preuves extrinsèques cas par cas, en tenant compte des questions soulevées par la demande et de la nature de la preuve extrinsèque présentée. Soulignons que le juge Dickson a exprimé l'avis que, en thèse générale, on doit, même en matière constitutionnelle, écarter la considération des discours prononcés en chambre, car ils seraient « irrecevables vu leur faible

---

102   Sur l'admissibilité des preuves extrinsèques en droit constitutionnel, on verra : P.W. HOGG, *loc. cit.*, note 74; Frederick VAUGHAN, « The Use of History in Canadian Constitutional Adjudication », (1989) 12 *Dal. L.J.* 59; Vincent C. MACDONALD, « Constitutional Interpretation and Extrinsic Evidence », (1939) 17 *R. du B. can.* 77.

103   *Renvoi : Résolution pour modifier la Constitution*, [1981] 1 R.C.S. 753; *Renvoi : Opposition à une résolution pour modifier la Constitution*, [1982] 2 R.C.S. 793; *Renvoi : Droits linguistiques au Manitoba*, [1985] 1 R.C.S. 721; *Dubois c. La Reine*, [1985] 2 R.C.S. 350; *Renvoi sur la Motor Vehicle Act (C.-B.)*, [1985] 2 R.C.S. 486; *R. c. Mercure*, [1988] 1 R.C.S. 234; *États-Unis d'Amérique c. Cotroni*, [1989] 1 R.C.S. 1469.

104   *Renvoi relatif à la Loi anti-inflation*, précité, note 72; *Renvoi concernant la Loi de 1979 sur la location résidentielle*, précité, note 72; *Schneider c. La Reine*, [1982] 2 R.C.S. 112; *Renvoi concernant le Upper Churchill Falls Water Reversion Act*, [1984] 1 R.C.S. 297; *Bell Canada c. Québec (C.S.S.T.)*, [1988] 1 R.C.S. 749.

105   *R. c. Edwards Books*, [1986] 2 R.C.S. 713; *A.F.P.C. c. Canada*, [1987] 1 R.C.S. 424; *R. c. Whyte*, [1988] 2 R.C.S. 3.

106   *Renvoi relatif à la Loi de 1979 sur la location résidentielle*, précité, note 72.

valeur probante »[107]. On comparera cette opinion à celle de la majorité des juges de notre Cour d'appel dans *Société Asbestos Ltée* c. *Société nationale de l'amiante*[108], qui a considéré que de tels discours pouvaient être admis en preuve lorsque la validité constitutionnelle d'une loi est contestée. Dans des arrêts subséquents, la Cour suprême a d'ailleurs fait référence à des propos tenus en chambre ou à des déclarations qui y ont été faites[109]. La nature de ces éléments justifierait, à mon avis, qu'on les considère avec précaution, mais non qu'on les exclue totalement. Cette solution est d'ailleurs celle qui est en train de se dessiner pour l'interprétation des lois en dehors de tout contexte constitutionnel.

Paragraphe 4 : Le recours aux travaux préparatoires pour interpréter la loi

Au cours des 20 dernières années, le droit concernant l'utilisation judiciaire des travaux préparatoires a considérablement évolué. En 1982, lors de la parution de la première édition de cet ouvrage, la situation était relativement claire : les travaux préparatoires étaient exclus. En 1990, dans la seconde édition de cet ouvrage, j'écrivais qu'« [e]n théorie et en principe, les travaux préparatoires ne sont pas admissibles lorsqu'il s'agit, en dehors de tout contexte constitutionnel, d'interpréter une disposition précise d'un texte législatif. Toutefois, ce principe apparaît à ce point miné par les dérogations et grugé par les exceptions qu'on peut se demander s'il n'est pas, en pratique, en voie d'extinction ».

Au moment où paraît la présente édition, on peut dire que la règle d'exclusion des travaux préparatoires a vécu. Il aura donc fallu près de 20 années pour passer d'un régime d'exclusion de l'historique parlementaire à une situation d'acceptation généralisée de son utilisation, du moins à la Cour suprême du Canada.

La remise en question de la règle s'est d'abord manifestée de façon discrète : il arrivait fréquemment que la règle soit tout sim-

---

107   *Id.*, 721.

108   *Société Asbestos Ltée* c. *Société nationale de l'amiante*, précité, note 95.

109   *R.* c. *Edwards Books* et *A.F.P.C.* c. *Canada*, précités, note 105.

plement ignorée par le tribunal[110]. Ces dérogations auraient eu sans doute moins de poids si elles ne s'étaient trouvées, à l'occasion, dans des arrêts de la Cour suprême du Canada[111].

Puis, le mouvement de remise en question s'est accéléré et les tribunaux ont clairement manifesté leur volonté d'écarter la règle d'exclusion, si bien qu'à l'heure actuelle, la question n'est plus de savoir si, mais bien comment on peut recourir aux travaux préparatoires. La jurisprudence fait voir, à ce sujet, deux approches, l'une qui cherche à jalonner l'usage de l'historique parlementaire en termes d'admissibilité et l'autre, favorisée par la Cour suprême, qui aborde la question plutôt en termes d'autorité ou de poids.

Sous-paragraphe 1 : L'approche en termes d'admissibilité restreinte

Une fois qu'il est reconnu que l'on peut recourir aux travaux préparatoires, il faut baliser cette utilisation de façon à donner au juge accès à des informations utiles sans pour autant contraindre indûment son pouvoir d'interprétation et sans tromper la confiance légitime que les justiciables sont justifiés de mettre dans le respect, par le juge, du libellé de la loi.

---

110 Outre les décisions citées à la note 79, on verra : *In re Canadian Vinyl Industries Inc.* c. *Textilwerke Gebruder Hoon*, [1978] C.S. 473, 479 (j. O'Connor); *Commission du salaire minimum* c. *Université du Québec à Montréal*, [1980] C.S. 698, 702 (j. Turmel); *Belcourt Inc.* c. *Kirkland (Ville de)*, J.E. 90-91 (C.S.); *Edmonton Liquid Gas Ltd.* c. *M.N.R.*, (1985) 56 N.R. 321, 332 (C.A.F.); *Canada Post Corp.* c. *Canadian Union of Postal Workers*, (1988) 82 N.R. 249, 256 et 257 (C.A.F.); *Tschritter* c. *Alberta (Children Guardian)*, (1989) 57 D.L.R. (4th) 579 (Alta.C.A.); *Neill* c. *Director of Calgary Remand Centre*, [1991] 2 W.W.R. 352 (Alta.C.A.); *P.G. du Québec* c. *G.G. Construction et location Inc.*, [1995] R.J.Q. 1308 (C.A.). On consulte également les travaux préparatoires des lois habilitantes en vue d'apprécier la validité de règlements : *New Brunswick Broadcasting Inc.* c. *Conseil de la radiodiffusion et des télécommunications canadiennes*, précité, note 18; *Re Heppner and Minister of the Environment for Alberta*, (1978) 80 D.L.R. (3d) 112 (Alta.C.A.).

111 *R.* c. *Vasil*, précité, note 26, 487 (j. Lamer), commentaire de Graham PARKER, (1982) 60 *R. du B. can.* 502; *Paul* c. *La Reine*, [1982] 1 R.C.S. 621, 635, 653 et 660 (j. Lamer); *R.* c. *Mailloux*, [1988] 2 R.C.S. 1029, 1042 (j. Lamer); *R.* c. *Sullivan*, [1991] 1 R.C.S. 489, 503 (j. Lamer).

Pour concilier ces diverses préoccupations, une première voie a consisté à mettre de l'avant une directive d'admissibilité des travaux préparatoires à des fins restreintes. Selon cette approche, l'historique parlementaire serait admissible aux fins, non pas d'établir directement le sens d'une disposition précise, mais de cerner le contexte d'adoption de la loi et la situation qu'elle voulait corriger, le « *mischief* ».

Cette distinction est ancienne et s'inspire de celle qui est faite traditionnellement quant à l'admissibilité des rapports de commissions d'étude ou d'enquête[112]. Dans l'arrêt *Toronto Railway Co. c. The Queen*[113], le juge avait exprimé l'idée que si l'on ne pouvait recourir aux travaux préparatoires pour déceler directement l'intention du législateur, il était néanmoins permis de les consulter pour s'informer du contexte historique dans lequel le Parlement se trouvait au moment de l'adoption de la loi[114]. Dans un arrêt de la Cour suprême, *Lyons c. La Reine*[115], le juge Estey a repris la distinction en question.

Cette affaire portait sur la légalité de l'écoute électronique pratiquée chez un particulier grâce à l'introduction à son insu dans son domicile pour y installer les appareils d'écoute. Les policiers s'étant introduits dans le domicile de façon clandestine, donc en violation de la loi, pouvait-on dire que l'interception avait été « faite légalement » au sens de l'article 178.16 du *Code criminel*? La majorité jugea pour l'affirmative : l'autorisation de procéder à l'interception comportait, selon elle, une autorisation implicite de pénétrer de façon subreptice dans des résidences pour y installer les appareils d'écoute. Pour asseoir cette conclusion, le juge Estey, pour la majorité, eut recours aux travaux préparatoires pour montrer que le Parlement était informé des techniques d'écoute électronique et que ses membres savaient fort bien que ces techniques peuvent exiger, pour être employées de façon efficace, qu'on pénètre clandestinement dans des résidences pour procéder à l'installation des appareils d'écoute.

---

112   Voir *supra*, p. 523.

113   *Toronto Railway Co. c. The Queen*, précité, note 4, 262.

114   *Id.*, 270. Voir aussi : *R. c. Bishop of Oxford*, (1879) 48 L.J.Q.B. 609, 640 (j. Bramwell).

115   *Lyons c. La Reine*, [1984] 2 R.C.S. 633.

Citant le *Renvoi concernant la Loi anti-inflation*[116] (une affaire constitutionnelle, il faut le noter) comme précédent justifiant le recours aux preuves extrinsèques, le juge Estey exposa ainsi la distinction entre l'usage légitime et illégitime des travaux préparatoires :

> « Les tribunaux tiennent compte de ces documents non pas pour déterminer l'interprétation à donner aux termes employés par le législateur, mais seulement pour déterminer les buts du législateur et les maux avec lesquels il était alors aux prises. »[117]

La directive d'admissibilité aux fins restreintes d'établir le contexte et la situation à réformer a été suivie dans plusieurs arrêts de la Cour fédérale du Canada. Selon le juge Heald,

> « La jurisprudence récente établit clairement que les tribunaux ont le droit de s'aider des débats de la Chambre des Communes pour vérifier quel "désordre" ou "malaise" une disposition législative particulière avait pour objet de corriger. »[118]

On trouve également quelques rares décisions des tribunaux des provinces qui admettent les travaux préparatoires pour la seule fin d'établir le « *mischief* »[119].

Cette exception à la règle d'exclusion des travaux préparatoires signifiait, à terme, l'abandon total de cette règle, car il est en effet extrêmement difficile en pratique de distinguer les cas où un élément de preuve extrinsèque est utilisé « pour interpréter la loi » des cas où on y a recours seulement pour établir « le contexte » d'adoption de la loi. On pouvait entrevoir le moment où l'on aurait cessé de discuter de l'admissibilité de ces éléments et où le débat se déplacerait vers le poids ou l'autorité qu'il convient de leur accorder

---

[116] *Renvoi relatif à la Loi anti-inflation*, précité, note 72.

[117] *Lyons* c. *La Reine*, précité, note 115, 684.

[118] *P.G. du Canada* c. *Young*, [1989] 3 C.F. 647, 657 (C.A.). On verra, dans le même sens : *Lor-Wes Contracting Ltd.* c. *La Reine*, [1986] 1 C.F. 346 (C.A.); *Thomson* c. *Canada*, [1988] 3 C.F. 108 (C.A.); *Jager Industries Inc.* c. *Minister of National Revenue*, (1992) 137 N.R. 66 (C.A.F.).

[119] *Xerox Canada Inc.* c. *Neary*, (1984) 43 C.P.C. 274 (Ont.Prov.Ct.); *R.* c. *Giftcraft Ltd.*, (1984) 13 C.C.C. (3d) 192 (Ont.H.C.); *Wall & Redekop Corp.* c. *C.J.A., 27 Locs.*, [1989] 1 W.W.R. 183 (B.C.C.A.); *Brine Estate* c. *Robert Caines Ltd.*, (1992) 86 D.L.R. (4th) 502 (Nfld.C.A.).

dans les décisions. C'est dans cette voie que veut aller la Cour suprême.

Sous-paragraphe 2 : L'approche en termes de poids ou d'autorité

Après quelques hésitations, illustrées notamment par les motifs du
juge Cory dans l'affaire *R. c. Heywood*[120], la Cour suprême s'est
maintenant engagée résolument dans la voie de l'utilisation prudente des travaux préparatoires[121]. Des quelques arrêts rendus sur le
sujet, il est possible de dégager une orientation assez nette de la
Cour, orientation que l'on peut résumer comme suit : les travaux
préparatoires sont admissibles sans restrictions pour interpréter la loi
(1), mais ils doivent être utilisés avec prudence (2), de façon complémentaire (3) et en tenant compte de la clarté des renseignement
qu'ils contiennent (4).

Alinéa 1 :   L'admissibilité sans restrictions des travaux préparatoires

Dans l'interprétation des lois, l'historique parlementaire pertinent
peut être consulté par le juge, sans restrictions ni quant aux circonstances où cette consultation est permise, ni quant aux fins pour lesquelles elle peut être faite. Non seulement l'examen des travaux
préparatoires est-il permis, mais il serait, de l'avis du juge Iacobucci,
« tout à fait approprié »[122].

Il est significatif que la Cour suprême n'ait pas retenu une approche de cette question en termes d'admissibilité restreinte, écartant
ainsi le courant auquel avait donné impulsion l'affaire *Lyons c. La
Reine*[123] ainsi que la solution retenue en droit anglais dans l'arrêt

---

120   *R. c. Heywood,* [1994] 3 R.C.S. 761, 787-789.

121   *Construction Gilles Paquette Ltée* c. *Entreprises Végo Ltée,* [1997] 2 R.C.S. 299,
      311 (j. Gonthier); *Doré* c. *Verdun (Ville de),* précité, note 29, 883-885
      (j. Gonthier); *Rizzo & Rizzo Shoes Ltd. (Re),* [1998] 1 R.C.S. 27, 45 et 46
      (j. Iacobucci); *R. c. Gladue,* C.S.C., n° 26300, 23 avril 1999, par. 45-47 (jj. Cory et
      Iacobucci).

122   *Rizzo & Rizzo Shoes Ltd. (Re),* précité, note 121, 45.

123   *Lyons* c. *La Reine,* précité, note 115.

Pepper c. *Hart*[124], solution qui repose, elle aussi, sur des critères d'admissibilité restreinte.

Cette approche en termes de poids plutôt que d'admissibilité, unanimement préconisée par la doctrine contemporaine, permet de faire l'économie de débats souvent stériles sur des questions d'admissibilité et donne au tribunal accès à des informations qui lui permettront de rendre une décision plus éclairée, tout en le laissant libre de reconnaître le poids approprié à ces informations. La porte est donc ouverte, mais le juge doit garder la poignée bien en main, car la prudence s'impose.

Alinéa 2 : L'exigence de prudence dans l'utilisation des travaux préparatoires

Si les travaux préparatoires sont admissibles sans restrictions, « ils sont à lire avec prudence, car ils ne constituent pas toujours une source fidèle de l'intention du législateur »[125]. Pour cette raison, ils ne peuvent « jouer qu'un rôle limité en matière d'interprétation législative »[126].

La prudence dont doivent faire preuve les tribunaux constitue la condition nécessaire de la préservation de leur pouvoir d'interprétation. Tout en se ménageant un accès à des informations qui peuvent être utiles, les tribunaux, avec raison, veulent éviter de se trouver indûment contraints par les propos tenus par un membre du Parlement.

Alinéa 3 : L'utilisation complémentaire des travaux préparatoires

Les informations fournies par les travaux préparatoires devraient jouer un rôle complémentaire par rapport aux indices de l'intention législative dégagés du texte de la disposition analysée dans le contexte de la loi dans son ensemble.

---

124   *Pepper* c. *Hart*, précité, note 59.

125   *Doré* c. *Verdun (Ville de)*, précité, note 29, 885 (j. Gonthier).

126   *Rizzo & Rizzo Shoes Ltd. (Re)*, précité, note 121, 46 (j. Iacobucci).

Ainsi, ces informations sont jugées particulièrement utiles lorsqu'elles viennent confirmer le sens qui se dégage du texte à la lumière des méthodes d'interprétation usuelles[127]. Elles permettent alors de fonder un argument surabondant, c'est-à-dire utile pour étayer le sens, mais non indispensable. On note d'ailleurs que les travaux préparatoires apparaissent vers la fin de la motivation des décisions de la Cour suprême, alors que le sens retenu a été préalablement établi sur la base d'une argumentation solide tirée des principes d'interprétation usuels.

À l'inverse, les renseignements extraits des travaux préparatoires ne devraient pas avoir beaucoup de poids lorsqu'ils contredisent le sens qui se dégage du texte lorsqu'il est lu à la lumière de son juste contexte selon les principes usuels d'interprétation. Dans l'arrêt *R. c. Gladue*[128], où les juges Cory et Iacobucci ont fait référence à des déclarations faites au Parlement pour interpréter l'alinéa 718.2e) du *Code criminel*, ils se sont exprimés ainsi :

> « Même s'il est clair que ces déclarations ne sont pas concluantes quant au sens et à l'objet de l'al. 718.2e), elles sont néanmoins utiles, particulièrement dans la mesure où elles corroborent et ne contredisent pas le sens et l'objet qu'on peut inférer du libellé de la disposition dans le contexte de la partie XXIII. »[129]

En attribuant aux travaux préparatoires un rôle strictement complémentaire, la Cour se montre sensible à des préoccupations de prévisibilité du droit : il ne faudrait pas que le recours aux travaux

---

127   Les travaux préparatoires se révèlent particulièrement utiles lorsqu'ils « comportent une confirmation de la justesse d'une interprétation donnée » : *Construction Gilles Paquette Ltée c. Entreprises Végo Ltée*, précité, note 121, 311 (j. Gonthier). Dans le même sens : *Doré c. Verdun (Ville de)*, précité, note 29, 885 (j. Gonthier); *Finlay c. Canada (Ministre des Finances)*, [1993] 1 R.C.S. 1080, 1111 (j. McLachlin). L'utilisation des travaux préparatoires à des fins confirmatives est consacrée dans le droit international relatif à l'interprétation des traités : *Convention de Vienne sur le droit des traités*, R.T.Can. 1980 n° 37, art. 32. Il est permis de consulter les travaux préparatoires d'une convention internationale afin d'interpréter la loi de mise en oeuvre : *Fothergill c. Monarch Airlines*, [1980] 3 W.L.R. 209 (H.L.); *Gatoil International Inc. c. Arkwright-Boston Manufacturers Mutual Insurance Co.*, [1985] A.C. 255 (H.L.); *P.G. du Canada c. Ward*, [1993] 2 R.C.S. 689; *Thomson c. Thomson*, [1994] 3 R.C.S. 551.

128   *R. c. Gladue*, précité, note 121.

129   *Id.*, par. 45.

préparatoires serve à justifier de ne pas appliquer une règle claire, trompant ainsi la confiance que le lecteur doit pouvoir mettre dans le libellé du texte interprété à la lumière de son juste contexte.

Alinéa 4 : La clarté des travaux préparatoires

Le poids des travaux préparatoires devrait être fonction de la clarté des informations que l'on peut en tirer quant à l'intention législative. Dans les deux affaires de droit civil où le juge Gonthier a eu recours aux travaux préparatoires, il a tenu à souligner que les textes consultés faisaient apparaître clairement l'intention législative[130].

Dans le même ordre d'idées, il conviendrait d'établir une certaine hiérarchie dans les éléments des travaux préparatoires utilisés. Par exemple, les amendements apportés collectivement par le Parlement à un projet de loi devraient généralement fournir un indice plus clair de l'intention législative qu'une réponse individuelle plus ou moins improvisée donnée en séance de commission ou de comité parlementaire.

L'ouverture manifestée actuellement par la Cour suprême envers l'utilisation des travaux préparatoires constitue certainement une évolution marquante du droit relatif à l'interprétation des lois au Canada, sans doute le changement le plus significatif qu'a connu ce domaine du droit au cours des 20 dernières années. L'avenir permettra de préciser davantage les conditions d'utilisation des travaux préparatoires en général et des débats parlementaires en particulier. Il est cependant douteux que les orientations générales tracées par la Cour soient, à brève échéance, remises en question.

---

130 *Construction Gilles Paquette Ltée* c. *Entreprises Végo Ltée*, précité, note 121, 311 : « En l'espèce, les débats parlementaires font état d'une lecture claire et non controversée de la part du législateur et comportent une confirmation de la justesse de l'interprétation donnée ». *Doré* c. *Verdun (Ville de)*, précité, note 29, 885 : « En l'espèce, les travaux préparatoires mentionnent à plusieurs reprises la portée de l'art. 2930 C.c.Q. et expriment même une unanimité d'intention chez les législateurs. »

CHAPITRE 5
L'INTERPRÉTATION OU LES ARGUMENTS PRAGMATIQUES

On entend ici par interprétation pragmatique cette méthode d'interprétation qui repose sur la considération des effets de la loi ou encore des effets d'une interprétation donnée de celle-ci.

L'interprétation en droit, on l'a vu[1], ne se conçoit pas comme animée du seul but de reconstituer la pensée dont le texte fournit le support matériel : souvent interprétation opérative, qui conduit à une action, elle se montre sensible aux conséquences, favorables ou non, de l'application du texte. Le devoir de fidélité à l'intention du législateur n'exclut pas, en effet, toute sensibilité aux exigences du juste et du raisonnable dans les cas d'espèce. Double allégeance de l'interprète, rétroaction de l'application sur l'interprétation, arbitrage entre les idées du passé et l'action du présent[2].

Parler d'effets favorables ou défavorables d'une loi, c'est poser un jugement de valeur. L'interprétation pragmatique renvoie ainsi au contexte de valeurs, au contexte axiologique d'adoption et d'application de la loi. Dès son adoption, le texte législatif s'intègre à un système juridique formé de l'ensemble des normes préexistantes; cette intégration au système que forment, en particulier, les autres textes législatifs est de nature à influer sur le sens de la loi nouvelle. Le contexte dans lequel le texte nouveau s'inscrit n'est cependant pas constitué uniquement de règles au sens strict, qu'elles soient légiférées ou jurisprudentielles : la nouvelle loi est aussi susceptible de voir son sens modelé par les principes juridiques dont le système est porteur (par exemple, le principe de la non-rétroactivité de la loi) ainsi

---

[1] *Supra*, p. 20 et suiv.

[2] On trouvera dans *Re Estabrooks Pontiac Buick Ltd.*, (1983) 44 N.B.R. (2d) 201, 210-216 (N.B.C.A.), sous la plume du juge La Forest, des passages fort éclairants concernant les exigences parfois contradictoires du principe de la souveraineté du Parlement, d'une part, et des divers principes de protection de la liberté et de la propriété individuelles qui guident les jugements de valeur quant à ce qu'il faut considérer comme un effet juste et raisonnable de la loi. Le juge La Forest le souligne : « il y a autre chose dans notre Constitution que le principe de la souveraineté parlementaire. On y trouve aussi des principes d'inspiration libérale qui placent le juge en position d'arbitre entre l'État et le citoyen. » (p. 211).

que par les valeurs qui dominent dans la société à un moment donné (par exemple, la conception du juste et de l'injuste, du raisonnable et du déraisonnable).

Ces principes et ces valeurs, ce système de valeurs, trouvent leur place dans le processus d'interprétation des textes législatifs sous la forme de présomptions d'intention du législateur : on prête à celui-ci l'intention de respecter les valeurs et de ne pas déroger aux principes de la société à laquelle il s'adresse. On supposera, par exemple, que le « bon législateur », le « législateur raisonnable » ne peut pas, sauf s'il en manifeste clairement l'intention, vouloir que la loi produise des effets déraisonnables ou manifestement injustes. Cette référence obligée à la volonté présumée du législateur constitue une exigence du positivisme juridique. Puisque, selon la théorie positiviste de l'interprétation, celle-ci devrait avoir pour seul objectif la recherche de la volonté législative, la prise en compte des conséquences d'une interprétation donnée doit reposer sur l'idée que le législateur a eu en vue la conséquence en question et qu'il a voulu, effectivement ou par présomption, qu'elle se produise ou qu'elle soit évitée.

Ce chapitre est donc, dans une large mesure, consacré à l'étude de ces diverses « présomptions d'intention » du législateur. On ne traitera toutefois ici que de ces présomptions d'intention du législateur qui présentent un caractère politique, par opposition à d'autres, étudiées plus haut, qui n'ont qu'une justification purement technique, par exemple, celle qui fait présumer que le législateur ne légifère pas sans vouloir produire un effet.

Comme d'autres principes d'interprétation des lois, les présomptions d'intention du législateur dont il sera ici question exercent, dans le processus interprétatif, deux fonctions distinctes : une fonction heuristique et une fonction argumentative.

Les présomptions d'intention sont censées conduire à la « véritable » signification du texte législatif. En fait, elles jouent un rôle aussi bien dans la reconstitution de la pensée véritable de l'auteur du texte (c'est-à-dire dans l'interprétation *stricto sensu*) que dans l'application de la loi lorsque cette pensée ne peut être reconstituée ou lorsque l'application conduit à des résultats qu'il est impossible de rattacher à la volonté du législateur raisonnable et équitable (c'est-à-dire dans l'application des textes réfractaires à une interprétation *stricto sensu*).

Les présomptions d'intention du législateur, dans une certaine mesure, font partie du contexte d'énonciation des textes législatifs en ce sens qu'elles représentent des idées qu'on peut supposer présentes à l'esprit de l'auteur du texte et que ce dernier a dû présumer suffisamment connues de son auditoire pour se justifier de n'en pas parler. Ainsi, au sujet du principe qui veut qu'un fardeau fiscal soit imposé dans des termes clairs, le juge Duff, dans l'affaire *Township of Cornwall* c. *Ottawa and New York Railway Co.*, a écrit :

> « Cette règle est tellement bien établie et connue qu'on est justifié de lire toute loi fiscale en présumant que la rédaction en a tenu compte. »[3]

Ainsi envisagées, les présomptions d'intention traduisent l'image que l'on se fait des préférences politiques du législateur. À ce titre, elles font implicitement partie du message législatif et elles sont de nature à conduire à l'intention véritable de l'auteur du texte[4].

Dans beaucoup de cas, cependant, l'emploi des présomptions n'entretient qu'un bien faible rapport avec ce que l'on peut supposer être l'intention véritable de l'auteur du texte. Les présomptions sont en effet utilisées par les juges pour faire porter par le législateur la responsabilité des choix que l'application de la loi exige. Si, d'une part, l'on admet qu'il y a des cas où l'intention du législateur ne peut être découverte, soit en raison du silence de la loi, soit en raison de son obscurité, et qu'il y a aussi des cas où le juge doit tempérer la rigueur de la loi, et si, d'autre part, le rôle du juge doit être, dans tous les cas, de restituer l'intention du législateur, il devient alors inévitable, grâce au mécanisme de transfert que constituent les présomptions d'intention, d'attribuer au législateur la paternité des choix politiques auxquels le juge doit procéder en cas d'insuffisance

---

3   *Township of Cornwall* c. *Ottawa and New York Railway Co.*, (1916) 52 R.C.S. 466, 505 (traduction), confirmé par [1917] A.C. 399.

4   Reed DICKERSON, *The Interpretation and Application of Statutes*, Boston, Little, Brown, 1975, p. 105 et suiv.; LAW COMMISSION AND SCOTTISH LAW COMMISSION, *The Interpretation of Statutes*, Londres, H.M.S.O., 1969, n° 34, p. 21; Felix F. FRANKFURTER, « Some Reflections on the Reading of Statutes », (1947) 47 *Col. L.R.* 527, 539 : « *Statutes cannot be read intelligently if the eye is closed to considerations evidenced* [...] *in the known temper of legislative opinion* ».

ou d'incertitude du texte, ou encore lorsque le texte conduit à des résultats manifestement anormaux.

Ainsi conçues, les présomptions d'intention se présentent comme énonçant non pas des règles d'interprétation des lois, mais des règles d'application des lois, qui n'entrent en jeu que si la loi n'est pas claire ou n'est pas suffisamment claire, c'est-à-dire lorsqu'un effort honnête d'interprétation au sens strict n'a pas donné de résultat satisfaisant. Elles expriment donc des lignes de conduite (*policies*) suivies par les tribunaux lorsque l'application d'une loi les oblige à suppléer à ses carences[5]. Les tribunaux disent au rédacteur : « Si vous ne vous exprimez pas d'une manière suffisamment claire, nous allons appliquer la loi de telle ou telle manière ».

Comme il y a des degrés dans le sentiment de clarté qu'un texte peut faire naître, de même y a-t-il des degrés dans l'intensité des présomptions d'intention. C'est une chose de dire que telle solution sera retenue si le texte n'est pas clair (par exemple, le sens qui favorise l'accusé si la loi pénale présente une véritable ambiguïté) et c'en est une autre de dire que telle solution ne sera pas retenue à moins d'un texte très clair à cet effet. Dans le premier cas, nous avons affaire à ce qu'on peut appeler une présomption simple : elle n'exige pas du rédacteur du texte des précautions particulières, mais elle le prévient que si sa pensée ne peut être dégagée par un effort honnête et raisonnable d'interprétation, telle solution sera retenue[6]. Dans le second cas, il s'agit de ce qu'on peut appeler une présomption renforcée, quoique susceptible d'être écartée par une rédaction d'un niveau de clarté supérieur à la normale[7]. Ces présomptions exprimeraient donc ainsi des principes de caractère quasi constitutionnel qui

---

5   R. DICKERSON, *op. cit.*, note 4, p. 210; John M. KERNOCHAN, « Statutory Interpretation : An Outline of Method », (1976-77) 3 *Dal. L.J.* 333, 363; H. Jr. HART et A. SACKS, *The Legal Process : Basic Problems in the Making and Application of Law*, Cambridge, Tentative Edition, 1958, p. 1240. Ces derniers auteurs qualifient ces présomptions de « directives de formulation claire » (*Policies of clear statement*).

6   Par exemple, le principe de l'interprétation favorable à l'accusé en matière pénale se présente sous forme d'une présomption simple. Voir *infra*, p. 598.

7   La présomption de la non-rétroactivité de la loi appartient à cette catégorie, alors que la présomption de respect des droits acquis est une présomption simple.

imposent au législateur un effort particulier dans la formulation de textes ayant certains effets[8].

Les présomptions d'intention du législateur jouent également un rôle de premier plan dans l'argumentation d'une décision interprétative. « Le but de toute argumentation, a-t-on écrit[9], est de provoquer ou d'accroître l'adhésion des esprits aux thèses qu'on présente à leur assentiment. » Lorsqu'il recourt aux présomptions d'intention en vue de convaincre son auditoire, le juge ou l'avocat tente, en faisant état de principes admis et de valeurs partagées par les personnes qu'il veut persuader, de montrer que telle solution est préférable à une autre parce qu'elle est la plus conforme à ces principes ou la plus susceptible de préserver ces valeurs. Les présomptions constituent donc des points de départ de l'argumentation, des idées sur le juste et l'injuste, sur le raisonnable et le déraisonnable, sur les grands principes que doit respecter l'organisation sociale (liberté individuelle, libre usage de la propriété privée, et ainsi de suite). Le plus souvent, les présomptions sont invoquées pour écarter une thèse interprétative dont on souligne les conséquences néfastes. Telle interprétation a des conséquences déraisonnables, elle met en cause la liberté individuelle, la sécurité des opérations : on doit donc lui préférer telle autre thèse qui n'a pas ces effets.

Parce qu'elles sont étroitement liées aux valeurs dominantes d'une société à un moment donné de son évolution, il paraît normal que les présomptions d'intention soient touchées dans leur force et éventuellement dans leur existence même par le passage du temps et l'évolution des conceptions qui l'accompagne. Ainsi, une interprétation qui aurait conduit à des effets jugés raisonnables au XIXe siècle pourra paraître inacceptable au XXe. De même, les préoccupations collectives qui sont celles du législateur contemporain ne manquent pas de réduire le poids de présomptions qui, comme celle qui assure le respect du libre usage de la propriété privée, sont nées à une époque où d'autres préoccupations étaient dominantes.

---

[8] J. M. KERNOCHAN, *loc. cit.*, note 5, 365. Sur la nature constitutionnelle des présomptions d'intention : *Re Estabrooks Pontiac Buick Ltd.*, précité, note 2, 211 (j. La Forest).

[9] Chaïm PERELMAN et Lucie OLBRECHTS-TYTECA, *Traité de l'argumentation : la nouvelle rhétorique*, 3e éd., Bruxelles, Éditions de l'Université de Bruxelles, 1976, p. 59.

On remarque d'ailleurs qu'il peut se produire un très important décalage entre le moment où une valeur connaît un déclin dans la société et celui où ce déclin se manifeste dans la jurisprudence. Jusqu'à ce que l'ajustement se fasse (cela peut exiger plusieurs décennies), les valeurs qui sont en régression seront invoquées par les juges alors qu'il y a tout lieu de croire qu'elles n'étaient pas à l'esprit du législateur : elles ont alors valeur de règles quasi constitutionnelles à effet nettement conservateur[10].

Pour rendre compte de l'interprétation pragmatique en droit positif canadien, on regroupera les directives d'interprétation selon qu'elles se rapportent aux idées de raison et de justice (1), aux droits et libertés de la personne (2), au caractère favorable (*remedial*) de la loi (3) et aux idées d'uniformité (4) et de stabilité du droit (5).

SECTION 1 : LA RAISON ET LA JUSTICE

On représente Thémis, déesse de la Justice, portant à la main une balance et, sur les yeux, un bandeau, symbole de l'indifférence à toute considération autre que légale. La justice devrait être insensible en particulier aux conséquences qui découlent de l'application impartiale de la loi : *dura lex, sed lex*. Heureusement que les juges sont humains, comme Lord Reid l'a fait remarquer[11], et qu'ils montrent une grande réticence à donner à la loi un sens qui mènerait à des résultats concrets manifestement déraisonnables ou inéquitables. Cette réticence se traduit, au moment de la justification de la décision, en présomption d'intention du législateur : on présume qu'il n'entend pas faire des lois dont l'application conduirait à des conséquences contraires à la raison ou à la justice.

---

10   Ce phénomène s'est produit, par exemple, dans l'interprétation de la réglementation d'urbanisme, par le recours à la présomption du respect de la propriété : voir *infra*, p. 610. Il a également été noté par R. DICKERSON (*op. cit.*, note 4, p. 207) au sujet de la présomption contre la modification de la common law ainsi que par John WILLIS, « Statute Interpretation in a Nutshell », (1938) 16 *R. du B. can.* 1, 17, au sujet des présomptions contre la limitation de la compétence des tribunaux et contre l'imposition d'une charge fiscale.

11   Lord REID, « The Judge as Law Maker », (1972) 12 *J.S.P.T.L. n.s.* 22, 24.

Après avoir fait état des formulations jurisprudentielles de cette présomption, nous en étudierons les fondements et considérerons les limites à son champ d'application.

Sous-section 1 : Les formulations jurisprudentielles de la présomption

La présomption favorisant l'interprétation la plus raisonnable et la plus équitable emprunte, dans la jurisprudence, des formulations très diverses. En fait, on s'aperçoit que cette présomption se ramène à une méthode d'interprétation des lois à la lumière de leurs effets ou de leurs conséquences. Maxwell résume ainsi la doctrine admise sur le sujet :

> « Avant d'adopter une des interprétations suggérées d'un passage qui se prête à plusieurs, il importe de considérer quels en seraient les effets ou conséquences, car ce sont souvent ces effets ou conséquences qui indiquent la vraie signification des mots. Il y a des résultats que le législateur est présumé ne pas avoir eu l'intention de rechercher. On doit donc éviter toute interprétation qui aboutit à l'un d'eux. »[12]

Dans une perspective d'argumentation, la présomption évoque ce que l'on a appelé l'argument pragmatique[13] (*consequentialist*, chez certains auteurs anglais[14]) c'est-à-dire celui qui tend à faire accepter une thèse interprétative en montrant soit les conséquences néfastes qu'elle permet d'éviter[15], soit les effets heureux qu'elle est de nature à produire.

Dans la jurisprudence, la présomption apparaît avec une force variable. Sous sa forme la moins insistante, elle exprime simplement

---

[12]   Peter St. John LANGAN, *Maxwell On the Interpretation of Statutes*, 12ᵉ éd., Londres, Sweet & Maxwell, 1969, p. 105, passage cité par le juge Martland, dissident, dans le *Renvoi relatif à la Loi de 1968-69 modifiant le droit pénal*, [1970] R.C.S. 777, 793.

[13]   C. PERELMAN et L. OLBRECHTS-TYTECA, *op. cit.*, note 9, pp. 357 et 364.

[14]   Neil MacCORMICK, *Legal Reasoning and Legal Theory*, Oxford, Clarendon Press, 1978, p. 129 et suiv.

[15]   On parlera d'argument « *ab inconvenienti* ».

qu'entre deux interprétations, dont l'une conduit à des conséquences déraisonnables ou inéquitables et l'autre non, il faut préférer cette dernière. Par exemple, dans *Vandekerckhove* c. *Township of Middleton*, le juge Cartwright a énoncé le principe sous la forme suivante :

« Selon une jurisprudence bien établie, lorsque les termes employés par le législateur peuvent recevoir deux interprétations, dont l'une conduirait à une injustice ou à une absurdité manifeste, les tribunaux présument que le législateur n'a pu vouloir un tel résultat. »[16]

Dans *Gartside* c. *Inland Revenue Commissioners*, Lord Reid a ainsi exprimé la présomption :

« Il convient toujours d'interpréter un terme ambigu [...] en fonction du caractère raisonnable des conséquences découlant de l'interprétation donnée. »[17]

La présomption est donc présentée comme présomption simple seulement, applicable lorsque le sens ou la portée du texte sont douteux[18]. Dans d'autres circonstances, elle sera formulée comme une présomption renforcée, c'est-à-dire qu'il faudrait que le législateur s'exprimât d'une manière particulièrement claire pour que le juge puisse retenir le sens qui mène aux conséquences indésirables. Ainsi, dans *Bradshaw* c. *Foreign Mission Board of the Baptist Convention of the Maritime Provinces*[19], il s'agissait de savoir si un justiciable pouvait être privé d'un recours judiciaire en raison du remplacement d'un juge. Le juge en chef Strong, qualifiant d'« incommode et injuste » un tel résultat, formula la présomption de la manière suivante) :

« L'intention d'édicter une loi qui conduirait à un tel manque de justice ne doit pas être attribuée au législateur, à moins de termes très

16 *Vandekerckhove* c. *Township of Middleton*, [1962] R.C.S. 75, 78 et 79 (traduction).

17 *Gartside* c. *Inland Revenue Commissioners*, [1968] A.C. 553, 612 (traduction).

18 Voir *Shannon Realties Ltd.* c. *Ville de St-Michel*, [1924] A.C. 185, 192 et 193 (Lord Shaw); *Canadian Fishing Co.* c. *Smith*, [1962] R.C.S. 294, 307 (j. Locke).

19 *Bradshaw* c. *Foreign Mission Board of the Baptist Convention of the Maritime Provinces*, (1895) 24 R.C.S. 351.

formels et seulement s'il est impossible de donner un autre sens aux termes employés. »[20]

Plus récemment, dans *Commerce and Industry Insurance Co. c. West End Investment Co.*[21], une certaine interprétation aurait conduit à priver un assuré du bénéfice de sa police pour la seule raison que, n'étant pas propriétaire de l'objet détruit, son intérêt dans celui-ci n'avait pas été décrit dans la police. Au sujet de ce résultat, le juge Pigeon s'est exprimé de la sorte :

> « Pour admettre une telle interprétation de la loi, il faudrait que l'intention du législateur d'imposer un résultat aussi inéquitable soit absolument manifeste [...]. »[22]

Une troisième formulation de la présomption se situe, en termes d'intensité, quelque part entre les deux premières. Il s'agit de celle qui consiste à dire que l'on ne doit donner à une loi un sens susceptible de mener à des conséquences qui heurtent la raison ou la justice que si le texte est inflexible au point de contraindre à une telle interprétation. Par exemple, dans *Cadieux c. Montreal Gas Co.*[23], il fallait interpréter la loi constitutive d'une compagnie fournissant le service de gaz naturel, en vue de déterminer si le texte permettait, en cas de défaut d'un client d'acquitter ses comptes à l'égard de la fourniture de gaz à un immeuble, d'interrompre le service pour tous les immeubles appartenant au même propriétaire. Le juge Girouard souligna les conséquences, qu'il qualifia d'absurdes, d'une réponse favorable à la thèse de la compagnie et il ajouta :

---

[20]   *Id.*, 354 (traduction).

[21]   *Commerce & Industry Insurance Co. c. West End Investment Co.*, [1977] 2 R.C.S. 1036.

[22]   *Id.*, 1045. Pour d'autres énoncés analogues, on verra : *Kent c. The King*, [1924] R.C.S. 388, 390 (j. Idington); *Smith c. Minister of Finance*, [1925] R.C.S. 405, 411 (j. Idington), arrêt infirmé par [1927] A.C. 193; *Canadian Bank of Commerce c. McAvity & Sons*, [1959] R.C.S. 478, 482 (j. Rand); *Re Estabrooks Pontiac Buick Ltd.*, précité, note 2, 210 (j. La Forest).

[23]   *Cadieux c. Montreal Gas Co.*, (1898) 28 R.C.S. 382, infirmé par [1899] A.C. 589. Le Conseil privé conclut que les conséquences de l'application stricte de la loi n'étaient pas déraisonnables et que, même si elles l'étaient, cela regardait le législateur et non la Cour.

> « Il faut éviter ces conséquences si une interprétation raisonnable des lois nous permet de le faire. »[24]

Dans le même esprit, le juge Idington, dans *Reid* c. *Collister*, a écrit, au sujet d'une conclusion à laquelle l'une des parties voulait l'amener :

> « Je ne puis croire que le législateur ait jamais voulu vraiment produire des résultats aussi manifestement absurdes et injustes et il faut les éviter si le texte se prête à une interprétation plus raisonnable. »[25]

Dans *Berardinelli* c. *Ontario Housing Corporation*[26], le juge Estey, faisant référence aux inconvénients pratiques d'une interprétation, affirma :

> « [C]'est l'interprétation la plus pratique et la plus efficace (*workable and practical*) qu'il faut retenir lorsque les termes utilisés par le législateur le permettent [...]. »[27]

Le juge La Forest a exprimé ainsi le principe :

> « Si un tribunal se trouve dans une situation où la disposition législative dont il est saisi peut être interprétée de plus d'une façon, et qu'une interprétation donnée conduirait à une absurdité ou à une injustice flagrante [...], il est bien établi qu'il adoptera celle qui ne produit pas ce résultat, même si les mots employés militeraient fortement en faveur de l'autre interprétation [...]. »[28]

Les concepts d'injuste et de déraisonnable sont manifestement très flous et ils admettent divers niveaux d'intensité : une solution

---

24   *Id.*, 387 (traduction).

25   *Reid* c. *Collister*, (1919) 59 R.C.S. 275, 277 (traduction).

26   *Berardinelli* c. *Ontario Housing Corp.*, [1979] 1 R.C.S. 275.

27   *Id.*, 284. Pour d'autres énoncés analogues, on verra : *Fasken* c. *Minister of National Revenue*, [1948] R.C. de l'É. 580, 607 (j. Thorson); *Jay-Zee Food Products Ltd.* c. *Deputy Minister of National Revenue*, [1966] R.C. de l'É. 307, 309 (j. Gibson); *McNair* c. *Collins*, (1912) 6 D.L.R. 510, 518 (j. Riddell) (Ont.D.C.); *G.T. Campbell & Associates Ltd.* c. *Hugh Carson Co.*, (1980) 99 D.L.R. (3d) 529, 539 (j. Houlden) (Ont.D.C.); *Pinner* c. *Everett*, [1969] 3 All E.R. 257, 258 et 259 (Lord Reid) (H.L.).

28   *Boma Manufacturing Ltd.* c. *Banque Canadienne Impériale de Commerce*, [1996] 3 R.C.S. 727, 781.

peut être plus équitable qu'une autre, une interprétation peut conduire à des effets plus ou moins raisonnables. Comme il s'agit ici de l'interprétation d'un texte en fonction des effets que le législateur juste et rationnel ne peut pas avoir recherchés, le vocabulaire employé par la jurisprudence pour qualifier ces effets présente une variété extrême.

Bien sûr, les termes de « justice » et de « raison » y figurent en bonne place : des résultats seront qualifiés de « déraisonnables »[29], d'« injustes »[30], d'« inéquitables »[31], une interprétation sera présentée comme menant à des « injustices »[32], qualifiées de « graves »[33] ou de « manifestes »[34]. Parfois, on soulignera que telle interprétation mène à des résultats « injustes et déraisonnables »[35], « manifestement injustes et déraisonnables »[36], « absurdes et impensables »[37] ou « contraires à l'équité et au bon sens »[38], ou encore qu'elle est de nature à entraîner des « difficultés considérables »[39]. Sera en principe écartée une interprétation qui « conduit à des distinctions qui sont à la fois arbitraires et irrationnelles », produisant un « résultat étrange » qui « choque le bon sens »[40].

---

[29]   *Gill* c. *Donald Humberstone & Co.*, [1963] 1 W.L.R. 929, 934 (Lord Reid) (H.L.).

[30]   *Bradshaw* c. *Foreign Mission Board of the Baptist Convention of the Maritime Provinces*, précité, note 19, 354 (j. Strong).

[31]   *Canadian Bank of Commerce* c. *McAvity & Sons*, précité, note 22, 482 (j. Rand); *Commerce & Industry Insurance Co.* c. *West End Investment Co.*, précité, note 21, 1045 (j. Pigeon).

[32]   *City of Victoria* c. *Mackay*, (1918) 56 R.C.S. 524, 526 (j. Fitzpatrick).

[33]   *Booth* c. *The King*, (1915) 51 R.C.S. 20, 37 (j. Anglin).

[34]   *Smith* c. *Rural Municipality of Vermillion Hills*, (1914) 49 R.C.S. 563, 573 (j. Duff), confirmé par [1916] 2 A.C. 569.

[35]   *Filiatrault* c. *Yaffe*, [1953] B.R. 462, 464 (j. Barclay); *G.T. Campbell & Associates Ltd.* c. *Hugh Carson Co.*, précité, note 27, 539 (j. Houlden).

[36]   *Reid* c. *Collister*, précité, note 25, 277 (j. Idington).

[37]   *Barreau du Québec* c. *Morin*, [1988] R.J.Q. 2629, 2641 (j. Chevalier) (C.A.).

[38]   *Colombie-Britannique* c. *Henfrey Samson Bélair Ltd.*, [1989] 2 R.C.S. 24, 33 (j. McLachlin).

[39]   *R.* c. *T. (V.)*, [1992] 1 R.C.S. 749, 768 (j. L'Heureux-Dubé).

[40]   *R.* c. *Paré*, [1987] 2 R.C.S. 618, 631 (j. Wilson).

D'autres qualificatifs sont également utilisés pour décrire ces conséquences que ne peut avoir voulues le législateur. On rencontre les épithètes « absurde »[41], « anormal »[42], « intolérable »[43], « inconcevable »[44] ou « difficile à concevoir »[45]; « curieux »[46], « surprenant »[47], « étrange »[48], « bizarre »[49]ou « renversant »[50]. Est présentée comme préférable l'interprétation susceptible d'éviter « l'incertitude, les frictions ou la confusion »[51]ou celle qui paraît « la plus pratique et la plus efficace »[52].

Les tribunaux feront l'hypothèse que le législateur n'entend pas exiger le respect d'un texte au cas d'impossibilité pratique de le

41   *Cadieux* c. *Montreal Gas Co.*, précité, note 23; *City of Saskatoon* c. *Shaw*, [1945] R.C.S. 42, 51 (j. Rand); *Morgentaler* c. *La Reine*, [1976] 1 R.C.S. 616, 675 (j. Dickson); *McNair* c. *Collins*, précité, note 27, 518 (j. Riddell); *Re Parkanski*, (1966) 56 D.L.R. (2d) 475, 479 (j. Johnson) (Sask.Q.B.). Voir aussi *Sureau* c. *Le Roi*, (1930) 48 B.R. 531, 533, où le juge en chef Lafontaine écarte une interprétation « qui conduit à des anomalies sérieuses et à des conséquences qui froissent le sens commun ».

42   *Fasken* c. *Minister of National Revenue*, précité, note 27, 607 (j. Thorson); *Jay-Zee Food Products Ltd.* c. *Deputy Minister of National Revenue*, précité, note 27, 308 (j. Gibson).

43   *Kent* c. *The King*, précité, note 22, 391 (j. Idington).

44   *Trans-Canada Insurance Co.* c. *Winter*, [1935] R.C.S. 184, 190 (j. Hughes); *Ducharme* c. *Fonds d'indemnisation des victimes d'accidents d'automobile*, [1976] C.S. 172, 174 (j. O'Connor).

45   *Smith* c. *Minister of Finance*, précité, note 22, 409 (j. Mignault).

46   *McNair* c. *Collins*, précité, note 27, 518 (j. Riddell).

47   *LeBlanc* c. *Ville de Transcona*, [1974] R.C.S. 1261, 1270 (j. Spence).

48   *Smith* c. *Minister of Finance*, précité, note 22, 408 (j. Mignault).

49   *Commission de la santé et de la sécurité du travail* c. *Acibec (La Rose) Inc.*, [1988] R.J.Q. 80, 84 (j. Rothman) (C.A.).

50   *Vandekerckhove* c. *Township of Middleton*, précité, note 16, 78 (j. Cartwright).

51   *Shannon Realties Ltd.* c. *Ville de St-Michel*, précité, note 18, 192 et 193 (Lord Shaw). Voir aussi : *R.* c. *Lewis*, [1996] 1 R.C.S. 921, 958 (j. Iacobucci) : « L'interprétation proposée par les appelants créerait des incertitudes nombreuses et complexes, ce qui, à mon avis, n'était pas l'intention du législateur fédéral. »

52   *Berardinelli* c. *Ontario Housing Corp.*, précité, note 26, 284 (j. Estey).

faire : le brocard « *lex non cogit ad impossibilia* » consacre ce principe de bon sens et d'équité[53].

Les arguments pragmatiques, courants en droit statutaire, le sont tout autant dans l'interprétation en droit civil. Ainsi ont-ils été invoqués pour rejeter une interprétation qui aurait conduit à une « règle d'application incertaine, de nature à encourager les litiges et à rendre leur solution difficile »[54], qui « entraînerait des conséquences illogiques »[55], qui « vide la Loi de son sens et rend inefficace la protection » qu'elle cherche à assurer[56] ou encore qui rendrait l'interprétation d'un texte « absurde ou le priverait de toute utilité »[57].

Pour éviter de donner à une loi des résultats absurdes, il serait même permis de s'écarter d'un texte clair : ce serait d'ailleurs le seul cas où, selon la doctrine littéraliste classique, on serait justifié de ne pas suivre un texte dont le sens paraît évident :

> « [O]n ne doit s'écarter du sens littéral qu'en cas d'ambiguïté ou d'absurdité. »[58]

Dans *Grey* c. *Pearson*[59], Lord Wensleydale exprimait une règle qui allait connaître une fortune remarquable sous le vocable de « règle d'or » (*Golden Rule*) de l'interprétation :

> « J'ai toujours été profondément impressionné par la sagesse de la règle, qui est, je crois, actuellement adoptée par tout le monde, du moins par les tribunaux judiciaires de Westminster Hall, et selon la-

---

53   *Anchor Enterprises Ltd.* c. *Ville de Beaconsfield Ltd.*, [1959] B.R. 365; *Boisclair* c. *Denis*, [1966] B.R. 33; *R. ex. rel. Davis* c. *James*, (1957) 7 D.L.R. (2d) 75 (Ont.C.A.).

54   *Desgagné* c. *Fabrique de la Paroisse de St-Philippe d'Arvida*, [1984] 1 R.C.S. 19, 43 (j. Beetz).

55   *Houle* c. *Banque canadienne nationale*, [1990] 3 R.C.S. 122, 179 (j. L'Heureux-Dubé).

56   *Lalonde* c. *Sun Life du Canada, Cie d'assurance-vie*, [1992] 3 R.C.S. 261 (j. Gonthier).

57   *Banque de Montréal* c. *Dufour*, [1995] R.J.Q. 1334, 1339 (j. LeBel) (C.A.).

58   *Wellesley Hospital* c. *Lawson*, [1978] 1 R.C.S. 893, 902 (j. Pigeon).

59   *Grey* c. *Pearson*, (1857) 6 H.L.C. 61, 106; 10 E.R. 1216, 1234.

quelle, en interprétant les testaments, et bien sûr les lois et tous les actes, il faut s'en tenir au sens grammatical et ordinaire des mots, à moins que cela n'entraîne quelque absurdité, contradiction ou incompatibilité, eu égard au reste du texte; dans ce dernier cas, on peut modifier le sens grammatical et ordinaire des mots de façon à éviter cette absurdité ou incompatibilité, mais uniquement dans cette mesure. »[60]

Nos juges ont cité cette règle[61] et l'ont paraphrasée, comme par exemple le juge Davies dans *Grand Trunk Pacific Railway Co. c. Dearborn*[62] :

« Lorsque les termes d'une loi sont clairs et dépourvus d'ambiguïté, je ne peux admettre que les tribunaux aient le droit de la modifier pratiquement, soit en retranchant des mots, soit en apportant des restrictions, à moins que le sens grammatical et ordinaire du texte édicté conduise à quelque absurdité, ou à quelque incompatibilité ou contradiction avec les autres dispositions de la loi et, en ce cas, seulement dans la mesure nécessaire pour éviter cette absurdité, incompatibilité ou contradiction. »[63]

Dans *Hill c. La Reine*, le juge Pigeon a exprimé l'avis suivant :

« [S]auf en cas d'ambiguïté, il faut toujours s'en tenir au sens littéral des mots malgré les inconséquences qui peuvent en résulter sauf si l'on aboutit à une absurdité [...]. »[64]

---

60   *Id.*, 1234, traduction puisée à *Wellesley Hospital c. Lawson,* précité, note 58, 902 et 903.

61   Par exemple : *Commissioner of Patents c. Winthrop Chemical Co.*, [1948] R.C.S. 46, 54 et 55 (j. Rand). On trouvera d'autres exemples de recours aux conséquences absurdes pour justifier de mettre de côté le sens littéral dans *Dubois c. La Reine*, [1985] 2 R.C.S. 350, 363 et 364 (j. Lamer); *Re Vabalis*, (1984) 2 D.L.R. (4th) 382 (Ont.C.A.).

62   *Grand Trunk Pacific Railway Co. c. Dearborn*, (1919) 58 R.C.S. 315.

63   Traduction puisée à *Wellesley Hospital c. Lawson,* précité, note 58, 902. Voir aussi *Comité paritaire des métiers de la construction c. Champoux*, [1953] C.S. 131, 134 (j. Lafontaine).

64   *Hill c. La Reine*, [1977] 1 R.C.S. 827.

Dans *Paul* c. *La Reine*[65], le juge Lamer, procédant à ce qu'il a appelé une « interprétation exceptionnelle » d'une disposition du *Code criminel*, a, de son propre aveu, dû faire violence au texte afin d'éviter des résultats absurdes. Il écrit :

> « Les tribunaux ont toujours été réticents à donner aux lois une interprétation exceptionnelle. Les décisions publiées sur le sujet l'illustrent bien. Mais cette réticence n'a pas empêché les tribunaux de s'écarter des règles ordinaires d'interprétation si, par leur emploi, le droit devait devenir ce que M. Bumble de Dickens disait qu'il pouvait parfois être, un "âne, un idiot". »[66]

Plus récemment, le juge Iacobucci a affirmé que « [s]elon un principe bien établi en matière d'interprétation législative, le législateur ne peut avoir voulu des conséquences absurdes »[67].

Que faut-il entendre par une « absurdité » au sens où le terme est utilisé dans la « règle d'or »? La revue des arrêts permet de dégager plusieurs sens. On qualifiera d'absurde une interprétation qui mène à des conséquences ridicules ou futiles. On songe à l'exemple donné par Mazeaud[68] de cette règle qui interdisait aux passagers d'un train d'en descendre ou d'y monter « lorsque le train est complètement arrêté »[69]. Dans *R.* c. *Liggets-Findlay Drug Stores Ltd.*[70], un règlement municipal imposait la fermeture à 20 heures des établissements commerciaux. L'avocat du défendeur prétendait que ce règlement n'interdisait pas à un établissement de réouvrir ses portes quelques instants après l'heure de fermeture réglementaire. Cet argument fut évidemment rejeté :

> « Je crois [dit le juge Stuart][71], que seul un avocat – je veux dire un homme rompu aux subtilités techniques du droit comme un juge ou

---

65   *Paul* c. *La Reine,* [1982] 1 R.C.S. 621.

66   *Id.,* 662.

67   *Rizzo & Rizzo Shoes Ltd. (Re),* [1998] 1 R.C.S. 27, 43.

68   Henri, Léon et Jean MAZEAUD, *Leçons de droit civil,* 3ᵉ éd., t. 1, Paris, Montchrestien, 1965, p. 127.

69   Voir aussi l'exemple cité par R. DICKERSON, *op. cit.,* note 4, p. 231, note 43.

70   *R.* c. *Liggets-Findlay Drug Stores Ltd.,* [1919] 3 W.W.R. 1025 (Alta.C.A.).

71   *Id.,* 1025 et 1026 (traduction).

un avocat – peut penser à donner ce sens au règlement. Chacun sait ce que signifie fermer un établissement à 20 heures. Le sens des termes est si évident qu'il élimine tout doute. La règle, bien sûr, veut que l'on respecte, en général, le sens grammatical, sous cette réserve que, s'il mène à une absurdité ou à un non-sens, il faut chercher à donner au texte une signification sensée, à moins qu'il ne soit absolument contraignant. »[72]

Dans *McNair* c. *Collins*[73], on se demandait si une loi qui autorise les municipalités à faire des règlements concernant les chiens errants devait s'interpréter de manière à limiter la compétence municipale aux seuls chiens se trouvant dans les « rues et autres lieux publics ». Le juge Riddell, dans un jugement plein de truculence, tenta de tourner en ridicule l'interprétation proposée :

> « Le résultat d'une telle interprétation serait inquiétant. Un chien pourrait, sans être un chien errant, rôder impunément à plusieurs milles de son maître et de la maison de celui-ci, aller par monts et par vaux, traverser prairies et vergers [...] et toujours, tant qu'il se tiendrait à l'écart des rues et places publiques, il ne serait pas errant. Le poursuivrait-t-on sur la route, il n'aurait, s'il est astucieux, qu'à franchir la clôture pour cesser aussitôt d'être errant [...] Un chien parcourant la campagne serait tantôt errant, tantôt non errant, selon qu'il croiserait une route ou franchirait une clôture.
>
> Le législateur, sans doute, avait le pouvoir de produire un résultat aussi curieux; mais avant de retenir une interprétation menant à une telle absurdité, il faut s'assurer que c'est bien ce que le législateur a voulu. »[74]

---

[72]   Comparer : *Lee* c. *Knapp*, [1967] 2 Q.B. 442.

[73]   *McNair* c. *Collins,* précité, note 27.

[74]   *Id.,* 518 (traduction). Cet extrait répond parfaitement à la définition donnée à l'« argumentation par le ridicule » qui consiste « à admettre momentanément une thèse opposée à celle que l'on veut défendre, à développer ses conséquences, à montrer leur incompatibilité avec ce à quoi l'on croit par ailleurs, et à prétendre passer de là à la vérité de la thèse que l'on soutient ». C. PERELMAN et L. OLBRECHTS-TYTECA, *op. cit.,* note 9, p. 278. On verra, comme autre exemple de cette technique discursive, *Smith* c. *Minister of Finance,* précité, note 22, où le juge Mignault, en particulier, tente de tourner en ridicule la prétention que la *Loi de l'impôt sur le revenu* s'applique aux malfaiteurs de manière, par exemple, à les obliger à tenir des comptes relativement aux revenus tirés de leurs méfaits.

Selon une seconde acception, absurde est synonyme d'extrêmement déraisonnable ou inéquitable ou, si l'on préfère, il désigne un résultat qu'il est impossible de rattacher à la volonté d'un législateur raisonnable et équitable[75]. Par exemple, on a jugé « absurde » qu'une loi autorise une compagnie de gaz à interrompre le service à l'égard de tous les immeubles qui appartiennent à une même personne, lorsque cette personne n'a omis d'acquitter ses comptes qu'à l'égard de l'un d'entre eux[76]. Dans *R. c. Quon*[77], le juge Taschereau invoqua la « règle d'or » afin d'éviter de conclure qu'une personne pouvait être condamnée deux fois pour le même acte :

> « [L]e Parlement n'a jamais eu en vue un résultat aussi déraisonnable et choquant. Les termes s'interprètent, en principe, selon leur sens courant, à moins qu'il n'en découle une absurdité manifeste. S'ils conduisent à une absurdité, on peut modifier le sens des termes de manière à l'éviter. »[78]

Dans *Re Sigsworth*[79], le juge a refusé une interprétation qui aurait permis à un meurtrier d'hériter des biens de sa victime : la loi successorale qui aurait eu ce résultat fut déclarée sujette à une exception implicite excluant la possibilité d'hériter dans un cas semblable[80].

Dans un troisième sens, absurde signifie illogique, incohérent, incompatible avec d'autres dispositions ou avec l'objet de la loi. Par exemple, il a été jugé absurde de traiter différemment deux person-

---

[75] François OST, « L'interprétation logique et systématique et le postulat de la rationalité du législateur », dans Michel van de KERCHOVE (dir.), *L'interprétation en droit-Approche pluridisciplinaire*, Bruxelles, Facultés universitaires Saint-Louis, 1978, p. 139, citant N. Bobbio : « L'on met sous le nom d'absurde toutes les interprétations qui s'opposent à l'image du bon législateur ».

[76] *Cadieux c. Montreal Gas Co.*, précité, note 23, 387 (j. Girouard). Voir aussi : *R. c. Chaulk*, [1989] 1 R.C.S. 369; *Goodman c. Criminal Injuries Compensation Board*, [1981] 2 W.W.R. 749 (Man.C.A.); *Marathon Realty Co. c. Regina (City)*, (1990) 64 D.L.R. (4th) 241 (Sask.C.A.).

[77] *R. c. Quon*, [1948] R.C.S. 508.

[78] *Id.*, 517 (traduction).

[79] *Re Sigsworth*, [1935] Ch. 89.

[80] Voir également l'opinion dissidente du juge Rand dans *City of Saskatoon c. Shaw*, précité, note 41, 49 et suiv.

nes[81] ou deux produits[82] entre lesquels on ne pouvait établir de distinction justifiée logiquement. Dans *City of Quebec* c. *United Typewriter Co.*, le juge Mignault a qualifié d'absurde la prétention de l'appelante qu'un droit d'action qui, d'après la loi, ne peut naître que six mois après le fait dommageable soit néanmoins soumis aux dispositions de la même loi qui établissent le délai de prescription des droits d'action à six mois à compter du fait dommageable :

> « [S]i l'appelante a raison, la naissance du droit d'action coïnciderait avec l'expiration de la période de prescription, et le droit d'action serait mort-né. Cela suffit pour disposer du plaidoyer de prescription. »[83]

La *Loi sur les normes d'emploi* de l'Ontario prévoit le versement de certaines indemnités en cas de perte d'un emploi. Dans l'arrêt *Rizzo & Rizzo Shoes Ltd. (Re)*[84], la Cour suprême devait décider si ces indemnités devaient être versées lorsque la fin de l'emploi est attribuable à la faillite de l'employeur. Le texte de la loi favorisait une interprétation qui limitait le versement des indemnités au cas où l'employeur licencie ses employés, ce qui n'est pas le cas lorsque c'est la faillite qui occasionne la rupture du lien d'emploi. Malgré ce que pouvait suggérer le texte, la Cour a statué que la loi s'appliquait en cas de faillite. Au nombre des raisons avancées au soutien de cette conclusion, on trouve la suivante, sous la plume du juge Iacobucci :

> « Le juge de première instance a noté à juste titre que, si les dispositions relatives à l'indemnité de licenciement et à l'indemnité de cessation d'emploi de la *LNE* ne s'appliquent pas en cas de faillite, les employés qui auraient eu la "chance" d'être congédiés la veille de la faillite auraient droit à ces indemnités, alors que ceux qui perdraient leur emploi le jour où la faillite devient définitive n'y auraient pas droit. À mon avis, l'absurdité de cette conséquence est particulièrement évidente dans les milieux syndiqués où les mises à pied se font selon l'ancienneté. Plus un employé a de l'ancienneté, plus il a investi dans l'entreprise de l'employeur et plus son droit à une indemnité de licenciement et à une indemnité de cessation d'emploi est

---

81 *Re Parkanski*, précité, note 41, 479 (j. Johnson).

82 *Jay-Zee Food Products Ltd.* c. *Deputy Minister of National Revenue*, précité, note 27, 308 et 309 (j. Gibson).

83 *City of Quebec* c. *United Typewriter Co.*, (1921) 62 R.C.S. 241, 252.

84 *Rizzo & Rizzo Shoes Ltd. (Re)*, précité, note 67.

fondé. Pourtant, c'est le personnel ayant le plus d'ancienneté qui risque de travailler jusqu'au moment de la faillite et de perdre ainsi le droit d'obtenir ces indemnités.

Si l'interprétation que la Cour d'appel a donnée des dispositions relatives à l'indemnité de licenciement et de [sic] l'indemnité de cessation d'emploi est correcte, il serait acceptable d'établir une distinction entre les employés en se fondant simplement sur la date de leur congédiement. Il me semble qu'un tel résultat priverait arbitrairement certains employés d'un moyen de faire face au bouleversement économique causé par le chômage. De cette façon, les protections de la *LNE* seraient limitées plutôt que d'être étendues, ce qui irait à l'encontre de l'objectif que voulait atteindre le législateur. À mon avis, c'est un résultat déraisonnable. »[85]

Même si la référence à l'absurdité des conséquences paraît être un motif assez fréquent de rejeter l'interprétation que suggère une approche purement littérale de la loi, il est assez facile de trouver dans la jurisprudence des passages qui tendent à contraindre le juge à appliquer un texte « clair » même s'il mène à une absurdité : ce n'est là qu'une application de la règle du sens clair des textes (*Plain Meaning Rule*).

Par exemple, dans *R. c. Judge of the City of London Court*[86], Lord Esher a énoncé la règle suivante :

« Si les termes de la loi sont clairs, vous devrez les appliquer même s'ils mènent à une absurdité manifeste. La Cour n'a pas à décider si la législature a commis une absurdité. »[87]

Dans *R. c. McIntosh*, la majorité, tout en reconnaissant que le respect du sens littéral conduisait à certaines absurdités, a affirmé que c'était son devoir d'appliquer malgré tout le texte clair de la loi. Voici comment s'est exprimé le juge Lamer :

---

[85] *Id.,* 43 et 44.

[86] *R. c. Judge of the City of London Court,* [1892] 1 Q.B. 273.

[87] *Id.,* 290. Traduction puisée à *R. c. Sommerville,* [1974] R.C.S. 387, 396. Cet extrait fut aussi cité par le juge Locke dans *City of Vancouver c. B.C. Telephone Co.,* [1951] R.C.S. 3, 15. Pour une étude de la controverse entourant la *Golden Rule* : James Alexander CORRY, « Administrative Law and the Interpretation of Statutes », (1936) 1 *U. of T. L.J.* 286, 299 et suiv.; voir aussi E. Russell HOPKINS, « The Literal Canon and the Golden Rule », (1937) 15 *R. du B. can.* 689.

« [L]orsqu'une législature adopte un texte législatif qui emploie des termes clairs, non équivoques et susceptibles d'avoir un seul sens, ce texte doit être appliqué même s'il donne lieu à des résultats rigides ou absurdes ou même contraires à la logique [...] Le fait qu'une disposition aboutit à des résultats absurdes n'est pas, à mon avis, suffisant pour affirmer qu'elle est ambiguë et procéder ensuite à une analyse d'interprétation globale. [...] En conséquence, ce n'est que lorsqu'un texte est ambigu, et peut donc raisonnablement donner lieu à deux interprétations, que les résultats absurdes susceptibles de découler de l'une de ces interprétations justifieront de la rejeter et de préférer l'autre. »[88]

Cet extrait s'inspire de la « règle du sens clair des textes » (*Plain Meaning Rule*), discutée plus haut[89]. L'idée que le juge ait le devoir de faire produire à la loi des effets absurdes pour le motif que le texte de celle-ci ne comporte pas d'obscurité terminologique ou syntaxique est éminemment discutable. Comme la juge McLachlin le souligne dans des motifs dissidents, l'objectif ultime de l'interprétation ne consiste pas à établir le sens ordinaire des textes,

---

[88]   *R. c. McIntosh*, [1995] 1 R.C.S. 686. Pour une critique du point de vue de la majorité et, plus largement, de la *Plain Meaning Rule* : Ruth SULLIVAN, « Statutory Interpretation in the Supreme Court of Canada », (1998-99) 30 *Ott. L. Rev.* 175, 186-211. Dans *McIntosh*, la majorité a opté pour l'application littérale d'une disposition du Code criminel en matière de légitime défense, disposition qu'une analyse historique convaincante révélait affectée d'une erreur matérielle évidente. Tout en reconnaissant que le respect du sens littéral impliquait « certaines absurdités », la majorité l'a malgré tout appliqué à la lettre, dans le dessein, semble-t-il, d'inciter le Parlement à corriger le texte. Ce faisant, la majorité retenait aussi le sens le plus favorable à l'accusé. Le principe énoncé dans cet arrêt a été suivi notamment dans *Goodswimmer* c. *P.G. du Canada*, [1995] 2 C.F. 389 (C.A.) et critiqué notamment dans *Athwal* c. *Canada (Ministre de la Citoyenneté et de l'Immigration)*, [1998] 1 C.F. 489 (C.A.). Il est à noter que le juge Iacobucci, qui a souscrit aux motifs du juge Lamer dans *McIntosh*, a rédigé les motifs unanimes de la Cour dans l'arrêt *Rizzo & Rizzo Shoes Ltd.* (Re), précité, note 67, lequel peut être vu comme une rejet de l'idée que le « sens clair » d'un texte doive prévaloir sur le sens de la règle que suggère une analyse contextuelle qui prend en compte, notamment, les conséquences de l'interprétation.

[89]   *Supra*, p. 359 et suiv.

mais à dégager l'intention du législateur, c'est-à-dire à établir le sens des règles de droit que le Parlement a voulu promulguer[90].

Le texte, qu'il soit clair ou obscur, ne saurait jamais être que le point de départ du processus d'interprétation : seule l'intention ou la norme peuvent en constituer l'aboutissement. D'ailleurs, une règle qui paraît conduire à une conséquence absurde ne saurait être jugée claire, car il y a certainement lieu de douter qu'elle puisse constituer le juste reflet de la pensée du législateur[91].

Plutôt que de chercher à circonscrire la référence à l'absurdité par des règles d'admissibilité (admissibilité si le texte est obscur et inadmissibilité si le texte est clair), les tribunaux ont généralement tendance à aborder cette question en termes de poids qu'il convient d'accorder aux préoccupations pragmatiques. Si la prise en considération des conséquences de l'interprétation est généralement vue comme bien fondée, l'influence que l'on peut attribuer à des facteurs de cette nature dans l'établissement du meilleur sens des règles de droit est nécessairement limitée.

Sous-section 2 : Les fondements et les limites de la présomption

Que l'interprétation des textes législatifs soit conçue comme visant la restitution de la pensée réelle de l'auteur ou comme une oeuvre qui met à contribution le pouvoir créateur de l'interprète, il paraît tout à fait légitime de prendre en considération les conséquences qui

---

90   « La détermination du sens ordinaire des mots, en admettant qu'on puisse le dégager, est un principe secondaire d'interprétation qui vise à déterminer quelle était l'intention du législateur. » *R. c. McIntosh*, précité, note 88, 713.

91   Aux obscurités de source sémantique, causées par l'ambiguïté ou l'imprécision du texte, on peut opposer les obscurités pragmatiques ou normatives. Dans le cas d'incertitude de source pragmatique, l'hésitation provient de l'absence de correspondance entre la solution juridique qu'offre le texte et celle que la raison ou la justice exigent dans un cas particulier. Dans *Boisclair c. Guilde des employés de la Cie Toastess Inc.*, [1987] R.J.Q. 807 (C.A.), le juge LeBel écrit, à la page 812 : « L'on admettra volontiers qu'une disposition claire doit recevoir son application. Cependant, encore faut-il intégrer un texte législatif dans l'ensemble du schéma juridique dont il fait partie et en évaluer les conséquences. Ici, de prime abord, la conséquence pratique du raisonnement de la guilde heurte. »

découlent d'une interprétation donnée. Au sujet de la méthode
d'interprétation suggérée par la *Golden Rule*, Salmond écrit :

> « La justification de cette méthode d'interprétation est double :
> d'une part, elle est de nature à accomplir l'intention du législateur;
> d'autre part, elle écarte les résultats absurdes, injustes ou immoraux
> et sauvegarde les principes généraux du droit. »[92]

La prise en considération des conséquences d'une interprétation
est de nature à conduire à l'intention réelle de l'auteur. Les idées
généralement admises dans la société sur ce qui est manifestement
injuste, déraisonnable ou absurde font partie du contexte axiologique d'énonciation d'un texte législatif. Si, à la première lecture, un
texte paraît conduire à des résultats manifestement déraisonnables
ou inéquitables, il peut y avoir là raison de croire que l'auteur n'a pas
dit tout à fait ce qu'il voulait dire[93]. Si, par exemple, un employeur
demande au préposé à l'entretien ménager de brûler le contenu des
corbeilles à papier, que doit faire ce dernier s'il trouve, dans l'une
d'entre elles, un billet de cent dollars? Il peut décider de le brûler,
invoquant la clarté de l'ordre et son obligation d'exécuter les ordres.
Mais qui voudrait à son service une personne qui obéit à la fois si
bien et si mal?

Le juge doit aborder la loi sans prévention. « Cependant, lire une
loi sans prévention ne signifie pas nécessairement écarter une
prévention normale pour les destinataires de la loi. Si le législateur a

---

92   John William SALMOND, *Jurisprudence*, 11ᵉ éd. par Glanville Williams, Londres,
      Sweet & Maxwell, 1957, p. 158 (traduction).

93   « Il faut considérer la loi dans son ensemble et l'interpréter comme un
      ensemble, en donnant aux termes leur sens ordinaire, à moins qu'en appliquant
      ainsi le texte on aboutisse à une contradiction, à une absurdité ou à un
      inconvénient si grave que la Cour soit convaincue que le législateur n'a pu avoir
      l'intention de les employer dans leur sens ordinaire », *River Wear
      Commissioners c. Adamson*, (1877) 2 A.C. 743, 764-765 (Lord Blackburn)
      (traduction). Voir aussi à titre d'exemple : *Fasken c. Minister of National
      Revenue*, précité, note 27, 607 (j. Thorson); *R. c. Hess*, [1949] 1 W.W.R. 577, 580
      (j. O'Halloran) (B.C.C.A.) : « Nous savons que l'objet ou l'intention du Parlement
      n'est pas de produire des résultats absurdes. On ne peut présumer que le
      Parlement agit de manière déraisonnable ou absurde. Si les termes employés
      dans une loi semblent conduire à un tel résultat, c'est là une bonne raison de
      conclure que le Parlement n'a pas voulu qu'on leur donne le sens qui mène à ce
      résultat » (traduction).

tenu compte de cette prévention, elle peut constituer simplement un élément du contexte approprié »[94]. La prise en considération des conséquences se présente donc comme une technique permettant de reconstituer indirectement la pensée réelle du législateur[95]. C'est pour cette raison qu'on a pu conclure qu'« en réalité, on découvre par un examen plus approfondi que la règle d'or (*Golden Rule*) constitue une forme moins explicite de la règle de la situation à réformer (*Mischief Rule*) »[96].

Il peut aussi se présenter des cas où il est impossible de restituer la volonté réelle du législateur. Si la loi « n'est pas claire » et que l'interprète ne peut trouver un sens raisonnablement certain, la présomption le justifie de donner le sens le plus équitable et le plus raisonnable. En ce cas, elle lui permet aussi de faire porter au législateur la responsabilité du choix que l'obscurité du texte l'a contraint d'opérer.

Quoique légitime, la méthode pragmatique d'interprétation n'est pas sans comporter de graves dangers : elle peut se prêter à des abus, d'où la nécessité de fixer les limites de son champ d'application[97]. Quelle importance le juge devrait-il donner à cet élément dans sa décision[98] ? Nous touchons ici à l'une des questions les plus délicates

---

[94] R. DICKERSON, *op. cit.*, note 4, p. 219 (traduction). Voir aussi J.M. KERNOCHAN, *loc. cit.*, note 5, 358.

[95] Roscoe POUND, « Spurious Interpretation », (1907) 7 *Col. L. Rev.* 379, 381, 382.

[96] LAW COMMISSION AND SCOTTISH LAW COMMISSION, *op. cit.*, note 4, p. 19, note 32.

[97] On trouvera dans l'arrêt *Stock* c. *Frank Jones (Tipton) Ltd.*, [1978] 1 W.L.R. 231, 236 et 237 (H.L.), sous la plume de Lord Simon of Glaisdale, un catalogue en huit points des motifs de se méfier de la méthode pragmatique d'interprétation.

[98] Dans *Anderson* c. *Municipality of South Vancouver*, (1911) 45 R.C.S. 425, 444 le juge Duff a écrit : « Dans l'examen d'une disposition législative dont le sens est douteux, il est assurément permis de considérer les conséquences respectives des interprétations rivales, telles que ces conséquences, peut-on supposer, ont été présentes à l'esprit du législateur au moment d'édicter la loi. C'est une toute autre chose que de dire que les conséquences réelles d'une interprétation donnée dans un cas d'espèce sont nécessairement déterminantes ou même pertinentes » (traduction).

de la philosophie du droit, soit celle des relations entre le droit et la morale.

La fonction du juge, a-t-on écrit, est de rendre la justice selon le droit (*Justice according to Law*)[99]. « Le ministère du juge est d'appliquer les lois avec discernement et fidélité », pouvait-on lire dans le Projet de Livre préliminaire du Code Napoléon[100]. Lorsque la solution équitable et raisonnable coïncide avec celle qui découle du sens des termes employés par le législateur, on ne se pose pas de question quant à l'importance qu'il faut accorder aux conséquences de l'application de la loi. C'est lorsque la solution qui paraît imposée par le texte et celle que semble réclamer la justice sont divergentes qu'un choix s'impose, un choix entre l'ordre et la justice, entre la fidélité et le discernement.

Quels sont les facteurs qui peuvent intervenir dans ce choix? Il est possible d'en identifier de deux ordres : ceux qui tiennent à la conception que chaque juge se fait de sa fonction et ceux qui ont trait aux circonstances particulières à chaque espèce.

Tous les juges ne conçoivent pas de la même manière leur fonction, les rapports de celle-ci avec celle du législateur de même que la part qu'ils doivent faire, dans leur décision, aux considérations d'ordre moral[101]. Les uns pourront insister sur le fait que la fonction d'un tribunal est simplement d'appliquer la loi, sans égard aux conséquences : en attachant trop d'importance à celles-ci, le juge usurperait les fonctions du législateur. Dans l'affaire *Mohindar Singh* c. *The*

---

99   « Dans un système juridique développé, le juge qui tranche un litige cherche, en premier lieu, à réaliser la justice dans une affaire particulière et, en second lieu, à la réaliser en conformité du droit, c'est-à-dire pour des motifs et selon une procédure prescrits ou prévus par le droit. » Roscoe POUND, « The Theory of Judicial Decision », (1924) 7 *R. du B. can.* 443, 444 (traduction).

100   Titre V, art. 1er.

101   Pour une typologie des conceptions qui s'affrontent : Paul WEILER, « Two Models of Judicial Decision-Making », (1968) 46 *R. du B. can.* 406. Voir aussi : Lon L. FULLER, « The Case of the Speluncean Explorers », (1948-49) 62 *Harv. L. Rev.* 616.

King[102], Lord Greene a exposé ce point de vue de la manière qui suit :

> « Leurs Seigneuries [...] savent combien il importe d'éviter, autant que les termes et le contexte le permettent raisonnablement, une interprétation qui aboutirait à des résultats anormaux ou manifestement déraisonnables. Par contre, s'il est souhaitable d'éviter ces résultats, cela ne doit pas conduire à donner aux termes employés un sens qu'ils ne peuvent raisonnablement recevoir. Si le législateur a employé des termes qui mènent à de tels résultats, la Cour a le devoir d'appliquer le texte. La fonction de la Cour est d'interpréter, non de légiférer. »[103]

Plus récemment, l'obligation du juge d'appliquer la loi comme il la trouve a été réaffirmée en Cour d'appel du Québec :

> « Selon la maxime ancienne, il n'y a pas lieu d'interpréter une loi dont le texte est clair. Que son application conformément à ses termes clairs puisse entraîner des résultats inéquitables, cela ne concerne pas les tribunaux, mais le législateur. »[104]

De même en Cour d'appel fédérale :

> « Je conçois pleinement que les conséquences peuvent paraître dures mais [...] notre devoir consiste à interpréter la loi comme nous la concevons et nous devons laisser à d'autres le soin de la rédiger de manière à ce que sa mise en oeuvre n'ait pas pour effet de créer une injustice. »[105]

En insistant ainsi sur la nécessité de laisser la législation au législateur, même si c'est au prix d'injustices dans certains cas d'espèce, les tribunaux évoquent implicitement les valeurs d'ordre et de sécurité qui fondent la théorie classique de la séparation et de la spécialisa-

---

102 *Mohindar Singh* c. *The King*, [1950] A.C. 345, 356 (traduction).

103 Dans le même sens : *Canadian Performing Right Society Ltd.* c. *Famous Players Canadian Corporation*, [1929] A.C. 456, 460 (Lord Warrington).

104 *Mussens Ltd.* c. *Verhaaf*, [1971] C.A. 27, 29 (j. Hyde) (traduction).

105 *Manitoba Fisheries Ltd.* c. *La Reine*, [1978] 1 C.F. 485, 497 (j. Urie), décision infirmée cependant en Cour suprême ([1979] 1 R.C.S. 101) où un moyen d'éviter l'injustice fut trouvé. On verra un point de vue analogue exprimé dans *Bayliner Marine Corp.* c. *Doral Boats Ltd.*, [1986] 3 C.F. 346.

tion des fonctions législative et juridictionnelle[106]. Dans cette perspective, un accent excessif sur les conséquences d'une interprétation
donnée est conçu comme susceptible d'engendrer l'insécurité en
raison de l'imprévisibilité de décisions judiciaires fondées, non pas sur
une norme générale, mais sur l'idée que chaque juge se fera du juste
et du raisonnable[107].

Même si les arguments pragmatiques et notamment l'appel à
l'équité ont leur place dans l'interprétation en droit civil, et même si
le rôle du juge y a traditionnellement été conçu de façon plus large
que dans la tradition de common law, il n'en demeure pas moins
qu'il faut, là aussi, tracer quelque part la ligne entre ce qui relève de
l'interprétation du droit et ce qui appartient à sa création. Ainsi,
quoique l'équité puisse inspirer l'interprétation de la loi et servir de
source pour suppléer à ses lacunes, le juge Chouinard a écrit, en
contexte de droit civil, que « l'équité en soi n'est pas source
d'obligation. Il faut se baser sur le droit positif »[108]. Le désir de
remédier à des injustices ne devrait pas conduire le juge à
« dénaturer les règles qui gouvernent la naissance des contrats »[109].
Et bien que le juge puisse être conscient de certaines lacunes de la
loi, « [c]'est, bien évidemment, au législateur qu'il appartient
d'adopter les lois qui servent le mieux les objectifs qu'il s'est fixé
pour promouvoir l'intérêt public »[110].

Un juge peut donc se justifier en droit de rendre une décision dont
il considère les conséquences déraisonnables ou inéquitables en invoquant l'obligation qu'il a de respecter la loi et de s'en tenir rigoureusement à sa fonction d'interprète de celle-ci. Mais ce

---

[106] Paul WEILER, « Legal Values and Judicial Decision-Making », (1970) 48 *R. du B.
       can.* 1.

[107] R. POUND, *loc. cit.*, note 95, 379; E.R. HOPKINS, *loc. cit.*, note 87. La doctrine de
       la séparation des pouvoirs viserait donc à conforter la thèse « que nous ne
       sommes pas à la merci des hommes mais à l'abri des institutions, plus ou moins
       impersonnelles ». Chaim PERELMAN, *Logique juridique : nouvelle rhétorique*, 2ᵉ
       éd., Paris, Dalloz, 1979, p. 24.

[108] *Lapierre* c. *P.G. du Québec*, [1985] 1 R.C.S. 241, 246 (j. Chouinard).

[109] *Beaudoin-Daigneault* c. *Richard*, [1984] 1 R.C.S. 2, 17 (j. Lamer).

[110] *Garcia Transport Ltée* c. *Cie Trust Royal*, [1992] 2 R.C.S. 499, 532 (j. L'Heureux-
       Dubé).

comportement n'est pas le seul qui soit justifiable en regard des principes d'interprétation admis. Il est des juges qui conçoivent leur fonction d'une manière plus large et qui sont sensibles aux inconvénients, pour le système judiciaire et pour les justiciables, de décisions clairement déraisonnables ou inéquitables, plus qu'aux inconvénients que comporte la reconnaissance d'un certain pouvoir juridictionnel de pratiquer une « interprétation corrective »[111], ou selon l'expression de Lord Denning, de « repasser les faux plis » dont le tissu de la loi peut être marqué[112].

« Entre deux principes antagonistes – l'autorité du texte écrit et les exigences du raisonnable en droit – il est nécessaire, mais souvent très difficile, de préserver un équilibre délicat »[113]. Et souvent, il faut choisir entre ces valeurs. Comme on l'a vu, quelque choix que le juge fasse, il trouvera des principes d'interprétation pour le justifier. La *Literal Rule* appuie la conception restrictive de la fonction juridictionnelle tandis que la *Golden Rule* peut être citée à l'appui d'une attitude plus interventionniste[114]. Comme on l'a noté[115], le choix

---

111 L'expression est du juge d'appel Houlden dans *G.T. Campbell & Associates Ltd.* c. *Hugh Carson Co.*, précité, note 27, 538.

112 *Seaford Court Estates Ltd.* c. *Asher*, [1949] 2 K.B. 481, 499; Lord Denning a de nouveau exposé la thèse « activiste » dans *Notham* c. *Barnet London Borough Council*, [1978] 1 W.L.R. 220, 228.

113 Carleton Kemp ALLEN, *Law in the Making*, 7ᵉ éd., Oxford, Clarendon Press, 1964, p. 492 (traduction).

114 Par exemple : *R.* c. *Quon*, précité, note 77. Comparer la thèse majoritaire fondée sur la *Golden Rule* (les juges Estey, Taschereau et Kellock) de la thèse dissidente du juge Kerwin où la *Literal Rule* est invoquée.

115 « La *Literal Rule* et la *Golden Rule* ne sont pas vraiment des règles de droit, car elles s'opposent l'une à l'autre. L'une fait peu de cas de l'absurdité, l'autre en tient compte. Ce ne sont donc pas des règles arrêtées qui lient le tribunal, mais plutôt des modes d'approche; et c'est le tempérament du juge qui détermine laquelle sera retenue dans une espèce. » Glanville L. WILLIAMS, *Learning the Law*, 10ᵉ éd., Londres, Stevens & Sons, 1978, p. 92 (traduction). Dans le même sens : D. Neil MACCORMICK, « The Motivation of Judgments in the Common Law », dans Chaim PERELMAN et Paul FORIERS (dir.), *La motivation des décisions de justice*, Bruxelles, Bruylant, 1978, aux pages 167 et 193.

entre les deux est susceptible de dépendre en grande partie de ce qu'on pourrait appeler le « tempérament » du juge[116].

D'autres facteurs que le caractère du juge influent sur l'importance accordée aux arguments tirés des conséquences d'une application donnée du texte législatif. Parmi ceux-ci, on peut distinguer le degré de clarté ou de flexibilité du texte, le degré de gravité du caractère déraisonnable ou injuste des conséquences et la solution que le juge croit convenable de justifier dans les circonstances.

La considération des conséquences est susceptible de jouer un rôle plus grand dans le cas d'un texte obscur ou vague que dans celui d'un texte clair et précis malgré le fait qu'il puisse conduire à certains résultats regrettables[117]. Le sentiment que tel résultat a réellement été voulu par le législateur pourra amener le juge à fermer les yeux sur les inconvénients qui découlent de l'application de la loi. Ces inconvénients sont alors considérés comme le coût normal qui doit être payé lorsque le législateur choisit d'établir une règle générale : celle-ci, sans doute adéquate pour la majorité des cas, peut produire des résultats inéquitables dans certains cas marginaux[118].

Dans l'affaire *City of Saskatoon* c. *Shaw*[119], une partie plaidait que l'application du *Dependants Relief Act de Saskatchewan* (R.S.S. 1940, c. 111) dans les circonstances conduisait à des absurdités en ce qu'une veuve se trouvait à recevoir, pour sa subsistance, une somme

---

116 Le concept de clarté, central pour l'application de la *Literal Rule*, laisse place également à l'introduction de considérations d'ordre pragmatique : lorsque la loi paraît mener à des résultats inéquitables ou déraisonnables, un juge pourra bien dire qu'il faudrait un texte « beaucoup plus clair » pour justifier de retenir l'interprétation qui conduit à ces conséquences. Et ce jugement sur la clarté du texte est, pour ainsi dire, impossible à mettre en cause, comme nous l'avons vu *supra*, p. 361.

117 *Directeur de la protection de l'enfance* c. *Y*, [1981] 1 R.C.S. 625. Lorsque le texte est clair et précis, on pourra y voir un motif de l'appliquer à la lettre, malgré les injustices qui peuvent en découler : *Baladine Inc.* c. *Canada*, (1990) 103 N.R. 239, 240 (j. MacGuigan) (C.A.F.).

118 R. DICKERSON, *op. cit.*, note 4, p. 232. On verra aussi : *Rosen* c. *La Reine*, [1980] 1 R.C.S. 961, 975 (j. McIntyre).

119 *City of Saskatoon* c. *Shaw*, précité, note 41.

d'argent beaucoup trop élevée eu égard à ses besoins. Cet argument fut écarté ainsi par le juge Hudson :

> « Il se peut que la loi [le *Dependant's Relief Act*] produise parfois des résultats déraisonnables, spécialement dans le cas de successions importantes, mais des lois de ce genre conduisent inévitablement à certaines applications déraisonnables ou inéquitables. Le législateur a sans doute édicté la loi en fonction du cas type et il ne semble pas que, dans un tel cas type en Saskatchewan, la présente loi produirait la moindre difficulté indue [...]. »[120]

Dans *Zeitel* c. *Ellscheid*[121], l'application rigoureuse de dispositions relatives à la vente d'un immeuble pour non-paiement de taxes municipales avait pour effet de déposséder une personne de sa propriété, alors que cette personne, en raison d'une erreur dans ses titres, n'avait pas été avisée de la vente. Malgré tout, la majorité, s'appuyant sur la nature très explicite des dispositions de la loi ainsi que sur la nécessité d'assurer la valeur du titre de celui qui se porte adjudicataire lors d'une vente pour taxes, conclut que la loi devait s'appliquer dans toute sa rigueur :

> « La reconnaissance des rôles légitimes du législateur et des tribunaux exige que ces derniers donnent effet au sens ordinaire des mots d'une loi dûment adoptée. Les tribunaux n'ont pas compétence pour modifier un régime législatif soigneusement conçu simplement parce qu'ils désapprouvent le résultat qu'une loi engendre dans un cas donné. »[122]

Comme l'a écrit le juge Pigeon :

> « Le simple fait que le résultat paraisse anormal n'est pas une justification suffisante pour s'écarter du sens clair. La raison en est que ce qui peut paraître anormal ou contradictoire à un certain juge, peut être précisément ce que le législateur a voulu ».[123]

---

120 *Id.*, 48 (traduction).

121 *Zeitel* c. *Ellscheid*, [1994] 2 R.C.S. 142.

122 *Id.*, 152.

123 *Wellesley Hospital* c. *Lawson*, précité, note 58, 902.

Dans *Piggott* c. *Le Roi*[124], le juge Idington, après avoir qualifié d'« absurde » et de « barbare » la disposition de la *Loi sur la Cour de l'Échiquier* qui limitait la responsabilité extracontractuelle de la Couronne fédérale aux dommages causés « sur un chantier public », se déclara contraint à regret par les « termes clairs » (« *plain language* ») de rejeter une demande en réparation de dommages causés par l'emploi de dynamite sur un chantier public alors que le préjudice avait été subi hors des limites de ce chantier.

Outre la clarté et la précision du texte, qui peuvent convaincre le juge que le résultat, bien que regrettable, a réellement été voulu par le législateur, un second facteur peut agir, soit le degré de la gravité des inconvénients découlant de l'application du texte. Comme l'a souligné Reed Dickerson[125], la présomption contre l'absurdité est forte alors que les présomptions contre l'injustice ou l'irraisonnabilité sont habituellement plus faibles, car ce sont des concepts qui comportent des degrés. On peut faire l'hypothèse donc que plus les inconvénients d'une application du texte sont jugés graves, plus la considération des conséquences est susceptible d'avoir du poids dans la décision.

Enfin, il ne faut pas négliger le fait que les principes d'interprétation des lois exercent une fonction argumentative : ils sont invoqués dans la mesure où l'orateur les juge susceptibles d'amener l'auditoire à partager ses vues sur la solution du cas d'espèce examiné. La thèse qu'un juge entend adopter influera donc sur l'importance qu'il attachera aux arguments pragmatiques ou fondés sur les conséquences[126].

---

[124] *Piggott* c. *Le Roi,* (1916) 53 R.C.S. 626, 631.

[125] R. DICKERSON, *op. cit.*, note 4, p. 232.

[126] On ne peut expliquer autrement que par des considérations liées au résultat recherché par le juge dans un cas d'espèce certaines contradictions flagrantes observables dans la jurisprudence sur la question du poids que l'on peut accorder à des arguments pragmatiques. Ainsi, le juge Lamer écarte, dans l'affaire *R.* c. *McIntosh*, précité, note 88, la *Golden Rule* dont il s'était pourtant réclamé, quelques années plus tôt, dans l'affaire *Paul* c. *La Reine*, précitée, note 65. À titre d'illustration supplémentaire, on comparera, par exemple, dans le *Renvoi relatif à la Loi de 1968-69 modifiant le droit pénal*, [1970] R.C.S. 777, les notes du juge Martland (pp. 785-795) à celles du juge Laskin (pp. 799-803). Voir aussi l'opinion dissidente du juge Taschereau dans *Bradshaw* c. *Foreign*

SECTION 2 : LES DROITS ET LIBERTÉS DE LA PERSONNE

Les tribunaux interprètent de manière limitative les lois qui portent atteinte aux droits et aux libertés de la personne. Comme l'écrit Maxwell, « les lois qui empiètent sur les droits du citoyen en ce qui concerne sa personne ou ses biens doivent, comme les lois pénales, faire l'objet d'une interprétation stricte. C'est une règle reconnue qu'elles doivent être interprétées, si possible, de manière à respecter de tels droits et, en cas d'ambiguïté, il faut retenir l'interprétation qui favorise la liberté de l'individu »[127].

Une précision d'ordre terminologique doit être ici apportée. L'interprétation limitative dont il est question est, en common law, désignée indistinctement par les termes « interprétation stricte » et « interprétation restrictive ». Dans la tradition civiliste, toutefois, ces deux termes font référence à deux notions distinctes[128]. Lorsque, par exemple, il est dit que les exceptions sont d'interprétation stricte, cela signifie non pas qu'il faut les entendre dans leur sens le plus restreint, mais qu'il ne faut pas les étendre à des cas non formellement prévus. Ces cas doivent être régis par l'application extensive de la disposition qui exprime le principe et non par l'extension analogique de celle qui prévoit l'exception. Strict est donc ici synonyme de non extensif. Quant au terme « restrictif », il se rapporte au choix qu'il faut parfois faire entre le sens large et le sens étroit d'un terme ou d'une disposition.

Historiquement, l'opposition entre l'interprétation étroite et l'interprétation large tire sa source du droit canonique. Les lois qu'on disait « odieuses » devaient s'interpréter de façon restrictive et les lois favorables, de façon amplifiante : *odia restringi, et favores convenit ampliari*. Une loi odieuse devant s'interpréter de façon restrictive, elle devait aussi, *a fortiori*, s'interpréter de façon stricte, c'est-à-dire non extensive.

Mission Board of the Baptist Convention of the Maritime Provinces, précité, note 19, 355.

[127] P. St. J. LANGAN, *op. cit.*, note 12, 251. Cet extrait a été cité par le juge Ritchie dans *Colet c. La Reine*, [1981] 1 R.C.S. 2, 10.

[128] Sur cette question : Pierre-André CÔTÉ, « L'interprétation de la loi en droit civil et en droit statutaire : communauté de langue et différences d'accents », (1997) 31 *R.J.T.* 45, 69-74.

La loi d'interprétation restrictive se trouve donc à être nécessairement aussi d'interprétation stricte. En common law, où l'idée même d'une interprétation extensive des *statutes* était généralement exclue, l'expression « interprétation restrictive » (*strict construction*) en est venue à désigner à la fois l'interprétation qui favorise le sens le plus étroit et celle qui n'étend pas la portée d'un texte. Ainsi, les lois pénales sont soumises 1) à une interprétation stricte, en ce sens que leur portée ne sera pas étendue par analogie à des situations non formellement prévues; et, 2) à une interprétation restrictive, en ce sens qu'en cas de doute, la préférence va au sens le plus étroit du texte créateur d'une infraction.

Compte tenu de ce flottement terminologique et de la pratique, le terme « interprétation restrictive » sera ici utilisé, sauf indication contraire, pour désigner indifféremment l'interprétation non extensive des textes et leur interprétation restrictive, au sens propre du mot.

La révolution anglaise de 1688, en consacrant la souveraineté du Parlement, avait écarté l'idée, énoncée dans la célèbre affaire *Bonham*[129], que les tribunaux pouvaient déclarer nulle une loi du Parlement pour la raison qu'elle empiéterait sur les droits reconnus par la common law[130]. Cette idée réapparut cependant bientôt sous la forme atténuée d'un principe d'interprétation des lois qui portent atteinte à la vie, à la liberté ou à la propriété du sujet de Sa Majesté[131].

On a pu écrire que cette présomption de respect des droits et libertés du citoyen constituait une sorte de charte jurisprudentielle des droits[132]. À ce propos, le professeur Willis, dans un article classique[133], a fait remarquer que cette présomption (en fait, il s'agit

129 *Dr. Bonhan's Case*, 8 Co. Rep. 113b; 77 E.R. 646.

130 Theodore F.T. PLUCKNETT, « L'interprétation des lois (statuts) », dans *Introduction à l'étude du droit comparé (Recueil d'études en l'honneur d'Édouard Lambert)*, vol. 1, Paris, L.G.D.J., 1938, p. 434, à la page 446.

131 J.A. CORRY, *loc. cit.*, note 87.

132 J. WILLIS, *loc. cit.*, note 10, 17.

133 *Id.*

d'une famille de présomptions) devait, au moment où elle a été conçue, c'est-à-dire vers la fin du XVIIe siècle, refléter l'intention véritable du législateur de l'époque. La perspective individualiste qu'elle incarne, l'accent qu'elle met sur les valeurs de liberté et de propriété permettent de croire qu'elle correspond aux idées dominantes aux XVIIIe et XIXe siècles.

Au XXe siècle cependant, ces mêmes valeurs, tout en conservant une importance certaine, ont dû être sacrifiées pour répondre à des besoins collectifs. Si certains juges ont continué, dans les lois dites sociales, à faire usage de la présomption favorisant la liberté individuelle et la libre jouissance des biens, ils l'ont fait moins pour respecter la volonté véritable du législateur que pour lui résister, au nom des valeurs traditionnelles[134]. Par exemple, si, en 1999, un juge interprète limitativement un règlement d'urbanisme au nom de la protection de la propriété, il est difficile de croire que cette attitude reflète une volonté de respecter l'intention véritable de la municipalité : la présomption s'est transformée, de moyen de découverte de l'intention, en moyen de contrôle de l'intention.

Certaines présomptions relatives aux droits et libertés du citoyen ont été utilisées dans le passé par certains juges pour résister à une évolution de la législation vers la satisfaction des besoins collectifs[135]. Plusieurs signes indiquent cependant que cette attitude est en voie de changer. On peut noter, par exemple, que des présomptions se sont affaiblies : du statut de présomptions renforcées (c'est-à-dire applicables *a priori*), elles ont maintenant celui de présomptions simples (c'est-à-dire applicables uniquement dans l'hypothèse d'une difficulté réelle d'interprétation)[136]. Dans le domaine de l'urbanisme,

---

[134] Dans ce sens : Bora LASKIN, « Interpretation of Statutes – Industrial Standards Act », (1937) 15 *R. du B. can.* 660.

[135] D. J. Llewelyn DAVIES, « The Interpretation of Statutes in the Light of their Policy by the English Courts », (1935) 35 *Col. L.R.* 519; W.I. JENNINGS, « Courts and Administrative Law », (1936) 49 *Harv. L. Rev.* 426; Bora LASKIN, « The Protection of Interest by Statute and the Problem of "Contracting Out" », (1938) 16 *R. du B. can.* 669. Dans *Re Estabrooks Pontiac Buick Ltd.*, précité, note 2, le juge La Forest met en garde, à la page 234, contre une interprétation restrictive des lois visant à « redistribuer des droits et des ressources ».

[136] Par exemple : le principe d'interprétation limitative des lois pénales, *infra*, p. 598.

on a de plus en plus d'exemples d'interprétation non pas limitative, au nom de la protection de la propriété, mais extensive, en raison des buts d'intérêt public que poursuit la réglementation publique de l'usage des sols[137]. On assiste actuellement à l'émergence de nouvelles directives d'interprétation favorisant une interprétation large de textes visant à protéger les membres de groupes traditionnellement défavorisés[138].

Cette évolution répond sans doute aux voeux que le législateur forme depuis 1849[139], que toutes ses lois reçoivent « une interprétation large, libérale, qui assure l'accomplissement de leur objet et l'exécution de leurs prescriptions suivant leurs véritables sens, esprit et fin »[140]. Ces dispositions sont-elles conciliables avec la survie des divers principes d'interprétation favorables à la protection des droits et des libertés du citoyen? On peut le croire, dans la mesure où les principes en question ne sont mis en oeuvre que si, en premier lieu, la recherche de l'intention véritable du législateur ne produit pas de résultat relativement certain quant aux « sens, esprit et fin » d'une disposition[141].

Pour étudier cette « charte jurisprudentielle des droits »[142], je vais, dans un premier temps, exposer le principe général d'interprétation

---

137   Voir *infra*, p. 610 et suiv.

138   *Infra*, p. 631.

139   *Loi d'interprétation de la province du Canada*, (1849) 12 Vict., c. 10, art. 5, par. 28.

140   *Loi d'interprétation* du Québec, L.R.Q., c. I-16, art. 41 (ci-après citée : « loi québécoise »). Dans le même sens, *Loi d'interprétation* fédérale, L.R.C. (1985), c. I-21, art. 12 (ci-après citée : « loi canadienne »).

141   Au sujet du conflit entre les diverses directives d'interprétation restrictive au nom de la protection des droits individuels et celles qui prescrivent une interprétation large au nom des objectifs d'intérêt public que poursuivent les textes législatifs, on verra : Eric TUCKER, « The Gospel of Statutory Rules of Interpretation Requiring Liberal Interpretation According to St-Peters », (1985) 35 *U. of T.L.J.* 113.

142   Tous les éléments de celle-ci ne seront pas étudiés ici. Certains font l'objet de développements ailleurs. C'est le cas, par exemple, des principes de maintien des droits acquis et de la non-rétroactivité des lois. D'autres, comme l'exigence d'état d'esprit blâmable (*mens rea*) en droit pénal ou comme les règles de justice naturelle du droit administratif constituent des règles de fond dont

favorable aux droits et libertés, puis considérer des applications particulières de ce principe aux lois pénales, aux lois fiscales et aux lois qui limitent la libre jouissance des biens.

Sous-section 1 : Le principe général d'interprétation favorable aux droits et libertés

Il est de principe qu'une loi qui porte atteinte aux droits et libertés reconnus à l'individu par le droit commun doit s'interpréter restrictivement et qu'en cas de difficulté réelle d'interprétation, cette loi doit être appliquée par le juge de manière à favoriser l'exercice de ces droits et libertés.

Le principe comporte deux aspects : il commande, premièrement, l'interprétation stricte des lois, en ce sens que les tribunaux exigeront, pour reconnaître l'atteinte aux droits et libertés individuels, un respect rigoureux des conditions prescrites par la loi[143]. Deuxièmement, le principe donne une directive applicable lorsqu'une loi présente un doute véritable quant à son sens ou à sa portée : ce doute devrait être tranché en faveur des droits et libertés individuels[144].

L'argument qui invite au respect des droits et libertés est fréquemment invoqué de concert avec celui qui incite à l'interprétation limitative des lois qui dérogent au droit commun. Pour justifier l'interprétation qu'il retient, le juge parlera du respect des « droits

---

l'étude déborde le cadre du présent ouvrage. Enfin, l'étude des droits et libertés garantis par les diverses chartes des droits ressortit au droit des libertés publiques.

[143] Par exemple : *Costello c. Ville de Calgary*, [1983] 1 R.C.S. 14; *Beatty and Mackie c. Kozak*, [1958] R.C.S. 177, confirmant (1957) 7 D.L.R. (2d) 88 (Sask.C.A.); *Juneau c. Juneau*, [1950] B.R. 375.

[144] Par exemple : *Marcotte c. Sous-procureur général du Canada*, [1976] 1 R.C.S. 108.

en common law »[145] ou de « dérogation au droit commun »[146]. Les deux arguments se confortent donc mutuellement.

C'est lorsque la liberté de mouvement du citoyen est atteinte que les tribunaux se sentent justifiés au plus haut point d'exiger du législateur qu'il manifeste clairement son intention d'ainsi entraver la liberté fondamentale d'aller et de venir. Dans l'arrêt *R. c. Biron*[147], où le droit de résister à une arrestation était en cause, le juge Laskin, dissident, a énoncé un principe qui aurait sans nul doute fait l'unanimité parmi des collègues. Le juge en chef de la Cour suprême fit état d'un « principe social, juridique et même politique sur lequel notre droit criminel est fondé, c'est-à-dire le droit d'un individu à vivre en paix, à être libre de contrainte de nature privée ou publique, sauf dispositions contraires de la loi. Et c'est seulement dans la mesure où de pareilles dispositions existent qu'une personne peut être détenue ou qu'on peut supprimer sa liberté de mouvement »[148].

En règle générale donc, les lois qui ont pour effet de limiter la liberté de mouvement du citoyen s'interprètent, en cas de doute réel, en faveur de la liberté. Ainsi, une loi qui établit la durée d'une incarcération est soumise à ce principe, comme l'a énoncé le juge Dickson dans *Marcotte c. Sous-procureur général du Canada* :

> « Il n'est pas nécessaire d'insister sur l'importance de la clarté et de la certitude lorsque la liberté est en jeu. Il n'est pas besoin de précédent pour soutenir qu'en présence de réelles ambiguïtés ou de doutes sérieux dans l'interprétation et l'application d'une loi visant la liberté d'un individu, l'application de la loi devrait alors être favorable à la personne contre laquelle on veut exécuter ses dispositions.

---

145   *Laidlaw c. Toronto métropolitain*, [1978] 2 R.C.S. 736, 748 (j. Spence); *Basarabas c. La Reine*, [1982] 2 R.C.S. 730, 741 (j. Dickson). Concernant le droit d'un accusé de présenter un plaidoyer d'autrefois acquit, droit reconnu en common law, le juge Dickson a écrit : « Point n'est besoin de citer de précédents pour appuyer la proposition qu'il ne faut pas considérer que les droits reconnus par la common law ont été retirés ou modifiés par une loi à moins que cette intention n'ait été exprimée en des termes clairs ou par déduction nécessaire ». *R. c. Riddle*, [1980] 1 R.C.S. 380, 390.

146   *Comité paritaire de l'industrie de la boîte de carton de la province de Québec c. Canada Manufacturing Co.*, [1951] B.R. 537, 541 (j. St-Jacques).

147   *R. c. Biron*, [1976] 2 R.C.S. 56.

148   *Id.*, 64.

Si quelqu'un doit être incarcéré, il devrait au moins savoir qu'une loi du Parlement le requiert en des termes explicites, et non pas, tout au plus, par voie de conséquence. »[149]

C'est aussi en faveur de la liberté de mouvement qu'ont été interprétées des lois concernant l'internement d'aliénés mentaux[150], l'immigration[151], la déportation[152] ou l'extradition[153]. Également, le respect de la liberté du citoyen a été invoqué pour restreindre la portée d'une loi susceptible de limiter l'efficacité du recours en *habeas corpus*[154], d'une loi concernant la contrainte par corps[155], d'une loi qui permet d'imposer un examen médical[156] ou d'infliger à des enfants un châtiment corporel[157].

On a interprété restrictivement les lois qui portaient atteinte aux droits individuels en posant des limites au droit d'agir en justice[158].

Les tribunaux ont aussi montré le souci de préserver la liberté de chacun d'exercer une profession ou de se livrer à un commerce : les textes (il s'agit le plus souvent de règlements municipaux) qui prétendent restreindre les libertés professionnelles ou commerciales

149 Marcotte c. *Sous-procureur général du Canada*, précité, note 144, 115.

150 *Beatty and Mackie* c. *Kozak*, précité, note 143.

151 *Shin Shim* c. *Le Roi*, [1938] R.C.S. 378.

152 *Regimbald* c. *Chong Chow*, (1925) 38 B.R. 440.

153 *Mékiès* c. *Directeur du Centre de détention de Parthenais*, [1977] C.S. 91, confirmé par la Cour d'appel, *sub. nom.* : *P.G. du Canada* c. *Mékiès*, [1977] C.A. 362.

154 *Diemer* c. *Le May*, [1958] B.R. 637.

155 *Juneau* c. *Juneau*, précité, note 143.

156 *Mutual Life Insurance Co. of New York* c. *Lefebvre*, [1942] B.R. 266; *Juteau* c. *Commission des affaires sociales*, [1987] R.J.Q. 1610 (C.S.).

157 *Ogg-Moss* c. *La Reine*, [1984] 2 R.C.S. 173.

158 Par exemple, lois de prescription : *City of Quebec* c. *United Typewriter Co.*, précité, note 83; *Méthot* c. *Commission de Transport de Montréal*, [1972] R.C.S. 387; *Berardinelli* c. *Ontario Housing Corp.*, précité, note 26; *Succession Ordon* c. *Grail*, [1998] 3 R.C.S. 437; une disposition limitant la responsabilité civile d'un transporteur : *Compagnie Montreal Trust* c. *Lignes Aériennes Canadien Pacifique Ltée*, [1977] 2 R.C.S. 793.

sont interprétés restrictivement, en faveur de la liberté. Dans l'arrêt *Ville de Prince George* c. *Payne*, où il s'agissait d'apprécier la légalité d'une décision municipale de refuser un permis d'exploitation, décision fondée sur des considérations de moralité publique, le juge Dickson énonça le principe général qui suit :

« Le droit ordinaire de l'individu d'exploiter un commerce et d'utiliser ses biens librement ne peut lui être enlevé que par une loi formelle ou par voie d'interprétation nécessaire. »[159]

Plusieurs années auparavant, le juge Jean de la Cour supérieure avait, dans *Ville de St-Jean* c. *Barrière*, justifié l'interprétation restrictive de la *Loi des cités et villes* de la manière suivante :

« La *Loi des cités et villes* qui permet de restreindre les endroits dans la localité où l'on peut exercer son commerce ou son industrie, est une loi d'exception, car en règle générale tout citoyen a le droit d'exercer librement son commerce, son industrie ou son métier. Il est de doctrine et de jurisprudence constantes que ces lois doivent être interprétées restrictivement. »[160]

Les tribunaux ont constamment invoqué le respect de la liberté comme motif d'interprétation restrictive de textes qui voulaient contrôler des activités commerciales, industrielles ou professionnelles[161]. Liée à ces libertés, la liberté contractuelle, elle aussi, a été mentionnée comme valeur justifiant une interprétation limitative des lois la restreignant[162].

---

159   *Ville de Prince George* c. *Payne*, [1978] 1 R.C.S. 458, 463.

160   *Ville de St-Jean* c. *Barrière*, [1954] R.L. n.s. 499 , 506 et 507 (C.S.Qué.).

161   *Rasconi* c. *Cité de Montréal*, (1896) 10 C.S. 278; *Excel Enterprises Ltée* c. *Ville de Montréal*, [1966] R.P. 385 (C.S.Qué.); *Ministre des Transports et Communications de la province de Québec* c. *Levasseur Construction Inc.*, [1969] C.S. 293; *R.* c. *Chambers*, [1948] 2 W.W.R. 246 (Man.C.A.); *Re Associated Commercial Protectors Ltd. and Mason*, (1971) 16 D.L.R. (3d) 478 (Man.C.A.); *Re Commercial Taxi*, [1951] 1 D.L.R. 342 (Alta.S.C.); *R.* c. *Jacobson*, (1957) 6 D.L.R. (2d) 758 (N.B.Co.Ct); *Re Prince Edward Island Retail Gazoline Dealers Association*, (1982) 128 D.L.R. 141 (P.E.I.S.C.); *Greater Niagara Transit Commission* c. *Matson*, (1977) 78 D.L.R.(3d) 265 (Ont.H.C.J.).

162   *Paré* c. *McDuff*, [1942] B.R. 581, 584 (j. Archambeault); *Comité paritaire de l'industrie de la boîte de carton de la province de Québec* c. *Canada Manufacturing Co.*, précité, note 146, 541 (j. St-Jacques); *Corporation de l'Hôpital Bellechasse* c. *Pilotte*, [1975] 2 R.C.S. 454, 460 (extrait du jugement du

Parmi les droits du citoyen auxquels, d'après la jurisprudence, le législateur ne peut porter atteinte qu'en s'en exprimant clairement, la place d'honneur revient, bien sûr, au droit de propriété, spécialement de propriété immobilière. Par exemple, dans l'affaire *Colet* c. *La Reine*[163], il s'agissait de décider dans quelle mesure un mandat de saisie d'arme à feu délivré en vertu du premier paragraphe de l'article 105 du *Code criminel* permettait de pénétrer sur la propriété d'un accusé et d'y perquisitionner. Le juge Ritchie, qui rendit le jugement de la Cour, nota que le pourvoi soulevait « la question très importante de savoir si l'on peut porter atteinte aux droits de propriété d'une personne autrement qu'en vertu d'un pouvoir spécifique prévu par la loi »[164] et il rappela le vieux principe de common law selon lequel « la maison de chacun est pour lui son château »[165]. Puis, pour appuyer sa conclusion que le pouvoir de procéder à la saisie n'impliquait pas celui de perquisitionner le foyer d'un individu, il ajouta :

> « [J]'estime qu'une disposition de la loi qui autorise les policiers à pénétrer sur la propriété d'autrui sans invitation ni permission constitue un empiètement sur les droits que la common law reconnaît au propriétaire. En cas d'ambiguïté, cette disposition doit recevoir une interprétation stricte qui favorise les droits que la common law reconnaît au propriétaire. »[166]

Dans *Laidlaw* c. *Toronto Métropolitain*[167], la Cour suprême refusa d'interpréter l'*Expropriation Act* d'Ontario de manière à priver un propriétaire d'une indemnité pour certains aménagements spéciaux faits dans sa demeure : « Une loi corrective ne devrait pas être interprétée, advenant une ambiguïté, de manière à priver un

---

juge Montgomery de la Cour d'appel du Québec); *Mount Royal Carpet and Furniture Inc.* c. *Petrillo*, [1965] C.S. 157, 158 (j. Mitchell); *Great West Life Assurance Co.* c. *Codère*, [1971] C.S. 541, 544 (j. Fortin).

163 *Colet* c. *La Reine*, précité, note 127.

164 *Id.*, 8.

165 *Semayne's Case*, 5 Co. Rep. 91 a; 77 E.R. 194 (K.B.).

166 *Colet* c. *La Reine*, précité, note 127, 10.

167 *Laidlaw* c. *Toronto Métropolitain*, [1978] 2 R.C.S. 736.

individu de ses droits en common law, à moins d'une disposition expresse [...]. »[168]

Les droits de la défense font également l'objet d'une protection jurisprudentielle. Dans la célèbre affaire *Alliance des professeurs catholiques de Montréal* c. *Labour Relations Board of Quebec*[169], le juge Rinfret a déclaré :

> « Le principe que nul ne doit être condamné ou privé de ses droits sans être entendu, et surtout sans avoir même reçu avis que ses droits seraient mis en jeu est d'une équité universelle et ce n'est pas le silence de la loi qui devrait être invoqué pour en priver quelqu'un. À mon avis, il ne faudrait rien moins qu'une déclaration expresse du législateur pour mettre de côté cette exigence qui s'applique à tous les tribunaux et à tous les corps appelés à rendre une décision qui aurait pour effet d'annuler un droit possédé par un individu. »

Plus récemment, à l'occasion de l'arrêt *R.* c. *Noble*[170], le juge Ritchie a rappelé que des dispositions qui limitent les droits normaux d'un accusé « doivent être interprétées strictement et, si elles sont ambiguës, elles doivent l'être en faveur de l'accusé ».

Le souci légitime que manifestent les tribunaux de préserver les droits et les libertés reconnus au citoyen par le droit commun ne devrait cependant pas leur faire oublier leur mission d'appliquer la loi. Comme le rappelait bien justement le juge Deschênes dans l'affaire *Kucer* c. *Comité conjoint de l'industrie de la fabrication du métal en feuilles*[171], il ne faut pas, parce qu'une loi déroge au droit commun et à la liberté des contrats, en restreindre indûment la portée, risquer de l'étouffer et même de la priver de tout effet. L'article 41 de la *Loi d'interprétation*, précise le magistrat, impose aux tribunaux le devoir de donner à chaque loi « une interprétation large, libérale qui assure l'accomplissement de son objet et

---

168   *Id.*, 748 (j. Spence).

169   *Alliance des professeurs catholiques de Montréal* c. *Labour Relations Board of Quebec*, [1953] 2 R.C.S. 140, 154.

170   *R.* c. *Noble*, [1978] 1 R.C.S. 632, 638.

171   *Kucer* c. *Comité conjoint de l'industrie de la fabrication du métal en feuilles*, [1973] C.A. 341, 343.

l'exécution de ses prescriptions suivant leurs véritables sens, esprit et fin ». L'article 12 de la loi canadienne d'interprétation va d'ailleurs dans le même sens.

Est-il possible de concilier ces directives légales qui paraissent commander l'interprétation libérale de toutes les lois et le principe qui milite en faveur de l'interprétation restrictive de certaines au nom des droits et libertés de l'individu? On peut le croire, si l'on accepte de transposer ici le principe que nos tribunaux ont élaboré pour l'interprétation des lois pénales[172]. Selon ce principe, le juge doit toujours, dans un premier temps, rechercher loyalement l'intention du législateur. Si, après un effort loyal d'interprétation, le juge se trouve néanmoins « en présence de réelles ambiguïtés ou de doutes sérieux dans l'interprétation et l'application d'une loi »[173] alors, mais alors seulement, peut-il considérer d'appliquer la loi de manière à ne pas porter atteinte aux droits et libertés du citoyen[174].

À ce sujet, Lord Radcliffe a bien exposé, dans *A.G. for Canada* c. *Hallet & Carey Ltd.*, la méthode à suivre :

> « Il est juste de dire que selon un principe général bien connu, les lois qui empiètent sur les droits du citoyen en ce qui concerne sa personne ou ses biens sont d'interprétation "stricte". On peut montrer que la plupart des lois réalisent, d'une façon ou d'une autre, un tel empiètement, et le principe général signifie seulement que, devant un texte dont le sens est incertain ou ambigu, la Cour peut légitimement préférer l'interprétation qui ne porte pas atteinte aux droits privés. »[175]

---

172 *Infra*, p. 598 et suiv.

173 *Marcotte* c. *Sous-procureur général du Canada*, précité, note 144, 115 (J. Dickson).

174 Pour un exemple d'une attitude s'inspirant de ce principe : *Jassby* c. *City of Westmount*, [1945] C.S. 189 (J. Tyndale).

175 *A.G. for Canada* c. *Hallet & Carey Ltd.*, [1952] A.C. 427, 450 (traduction).

Sous-section 2 : Les lois pénales

Les lois pénales, c'est-à-dire celles qui prévoient des infractions et des peines, s'interprètent restrictivement[176]. On veut dire par là que si, dans la détermination de leur sens ou de leur portée, il surgit une difficulté réelle, une difficulté que le recours aux règles ordinaires d'interprétation ne permet pas de surmonter d'une façon satisfaisante, alors on est justifié de préférer l'interprétation la plus favorable à celui qui serait susceptible d'être trouvé coupable d'infraction.

Dans *Cité de Montréal* c. *Bélec*[177], la Cour suprême jugea que la *Loi concernant les différends entre employeurs et employés des services publics municipaux* (S.Q. 1921, c. 46), tout en interdisant à un employeur de congédier des employés en raison de leur appartenance à un syndicat, ne prohibait pas la simple menace de congédiement. Pour appuyer l'interprétation restrictive de la disposition, le juge Lamont s'exprima comme suit :

> « Comme un employeur qui déclare ou cause un lock-out en violation de cet article est passible d'une peine, il faut interpréter le texte strictement et restreindre son application aux cas qui tombent clairement sous le coup du texte tel qu'il est formulé. »[178]

Le principe de l'interprétation restrictive des lois pénales fut également invoqué en Cour suprême dans *Winnipeg Film Society* c. *Webster*[179]. La société en cause regroupait des cinéphiles qui, moyennant une contribution annuelle, avaient la possibilité de vi-

---

[176] En règle générale, la qualification d'une loi comme loi pénale ne soulève pas de difficultés. Toutefois, certaines lois (on peut songer, par exemple, aux lois visant à assurer la protection des consommateurs) font appel, pour leur application, aussi bien à des sanctions civiles qu'à des sanctions pénales. Se pose alors le problème des principes qui doivent gouverner l'interprétation de ces lois. Lorsque le juge est saisi d'une action pénale fondée sur de telles lois, doit-il les interpréter de façon large à titre de lois « favorables » ou doit-il plutôt en limiter la portée en raison de la sanction pénale qui est réclamée? La question divise les tribunaux. On comparera *P.G. du Québec* c. *Banque de Nouvelle-Écosse*, [1986] R.J.Q. 1546 (C.A.) et *Office de la protection du consommateur* c. *139561 Canada Ltée*, J.E. 91-1511 (C.S.).

[177] *Cité de Montréal* c. *Bélec,* [1927] R.C.S. 535.

[178] *Id.,* 538 (traduction).

[179] *Winnipeg Film Society* c. *Webster,* [1964] R.C.S. 280.

sionner des films lors de projections organisées par la société. La question posée était celle de savoir si une telle représentation, donnée un dimanche ailleurs que dans une église, violait le premier paragraphe de l'article 6 de la *Loi sur le dimanche* (S.R.C. 1952, c. 171) qui interdisait, le dimanche, « d'organiser un spectacle [...] excepté dans une église, lorsqu'une contribution [y][180] est exigée de façon directe ou indirecte [...] ». Le juge Ritchie, qui rendit le jugement de la Cour, fit remarquer que les termes employés permettaient de prétendre qu'il n'y avait infraction que dans la mesure où la contribution était exigée sur les lieux mêmes de la représentation, ce qui n'était pas le cas en l'espèce. Puis, après avoir souligné que le texte était à tout le moins ambigu, il ajouta :

> « Si les deux interprétations étaient toutes deux justifiables, le caractère pénal de la loi permettrait à l'appelante de bénéficier de l'interprétation qui lui est le plus favorable. »[181]

Et la Cour conclut à l'innocence de la société.

Dans *Turcotte* c. *La Reine*[182], le juge Pigeon, dissident, a rappelé que « c'est un principe fondamental que les dispositions pénales s'interprètent restrictivement »[183] et dans *Paul* c. *La Reine*, le juge Lamer a écrit que « lorsque l'on interprète une loi pénale, la règle est que si l'analyse révèle une véritable ambiguïté, celle-ci doit être résolue en donnant à la loi le sens le plus favorable aux personnes susceptibles d'encourir une peine »[184].

---

180   Le pronom « y » a été ajouté à la version officielle française pour rendre compte de la version anglaise interprétée dans les circonstances : « *to provide* [...] *any performance* [...] *at which any fee is charged* [...] ».

181   *Winnipeg Film Society* c. *Webster*, précité, note 179, 286 (traduction).

182   *Turcotte* c. *La Reine*, [1970] R.C.S. 843.

183   *Id.*, 857. Pour d'autres énoncés du principe d'interprétation restrictive des lois pénales, on verra : *R.* c. *Mansour*, [1979] 2 R.C.S. 916; *R.* c. *McLaughlin*, [1980] 2 R.C.S. 331; *R.* c. *Dunn*, [1995] 1 R.C.S. 226; *Mercier* c. *Régie des alcools du Québec*, [1963] B.R. 955; *P.G. de la province de Québec* c. *General Motors Acceptance Corp. of Canada*, [1979] C.A. 244; *R.* c. *Murdock et Murdock Ltée*, [1971] C.S. 164.

184   *Paul* c. *La Reine*, précité, note 65, 633.

Le principe de l'interprétation restrictive des lois pénales implique que toute décision d'imposer une peine doit être autorisée par un texte qui le prévoit clairement soit par disposition expresse, soit d'une manière nécessairement implicite. Cela vaut pour une décision individuelle ou réglementaire. La décision d'un juge d'imposer une peine doit être autorisée par la loi[185]. Dans l'affaire *In re Richard*, par exemple, la Cour suprême a jugé que l'autorisation d'imposer une peine « de 50$ au moins » ne devait pas s'interpréter comme permettant d'imposer une peine supérieure à cette somme car, comme l'écrit le juge Duff :

> « Le pouvoir d'imposer des amendes sans limitation quant à la somme [...] est clairement un pouvoir qui, n'étant pas conféré expressément, ne peut être considéré comme conféré que s'il est clairement et nécessairement impliqué par les termes employés. »[186]

On ne doit pas non plus étendre par interprétation une disposition à caractère pénal : elle est d'interprétation stricte, c'est-à-dire non extensive[187]. Le principe de l'interprétation stricte est également applicable aux lois qui attribuent les pouvoirs réglementaires : de telles lois doivent s'interpréter comme ne permettant pas de créer des dispositions pénales, sauf mention expresse ou autorisation nécessairement implicite[188].

Nul ne songerait à contester l'opportunité d'un principe qui incite le juge à favoriser l'accusé lorsque la loi présente un doute sérieux ou une difficulté réelle d'interprétation. Encore faut-il, cependant, que l'interprète s'assure qu'un tel doute ou une telle difficulté existe

---

185   « Il a toujours été reconnu qu'une infraction pénale n'existe pas par inférence; si l'autorité publique veut créer un délit, elle doit s'en exprimer clairement; l'on ne peut présumer de son intention de le faire ». *Blouin* c. *Longtin*, [1979] 1 R.C.S. 577, 583 (j. Pratte). Si l'intention de créer une infraction doit apparaître clairement, elle n'aurait pas à être formellement exprimée : *R.* c. *Van Wezel*, (1973) 31 D.L.R. (3d) 344 (Alta.C.A.).

186   *In re Richard*, (1907) 38 R.C.S. 394, 409 (traduction).

187   *Communauté urbaine de Montréal* c. *Commission de la santé et de la sécurité du travail*, [1987] R.J.Q. 272 (C.A.).

188   *Cusano* c. *Paroisse de Ste-Madeleine de Rigaud*, [1976] C.S. 427; René DUSSAULT et Louis BORGEAT, *Traité de droit administratif*, 2e éd., t. 1, Québec, Presses de l'Université Laval, 1984, pp. 574-577.

bien. Le principe de l'interprétation favorable à l'accusé n'entre pas en jeu à la moindre difficulté : on doit se heurter à une incertitude réelle.

Historiquement, la règle de l'interprétation restrictive des lois pénales a pu paraître justifiée par la nécessité dans laquelle se sont trouvés les juges de faire contrepoids à une législation pénale extrêmement sévère. Maxwell signale qu'une personne qui coupait un cerisier dans un verger ou que l'on avait vue, pendant un mois, en compagnie des gitans pouvait, pour ces raisons, encourir la peine de mort[189]. L'interprétation restrictive des lois pénales s'avérait donc souvent synonyme d'interprétation « *in favorem vitae* ». Le XIXe siècle vit la législation pénale s'adoucir, la peine de mort cesser d'être la principale sanction pénale pour les crimes graves. Cela eut pour effet d'affaiblir l'intensité de la présomption, la faisant passer du rang de présomption renforcée à celui de présomption simple[190].

Déjà, au début de ce siècle-ci, le juge Lyman Duff, alors membre de la Cour suprême de la Colombie-Britannique, notait que « la règle d'interprétation stricte dans son application aux lois pénales a été beaucoup assouplie [...] »[191]. Au Canada, d'ailleurs, le maintien intégral de la règle de l'interprétation restrictive allait nettement à l'encontre du principe de l'interprétation large et conforme à l'objet formulé par le législateur dans ses lois d'interprétation[192].

---

189   P. St.J. LANGAN, *op. cit.*, note 12, p. 238.

190   Livingston HALL, « Strict or Liberal Construction of Penal Statutes », (1934-35) 48 *Harv. L.Rev.* 748, 749 et 752. Sur l'interprétation des lois pénales, on verra aussi : André JODOUIN, « L'interprétation par le juge des lois pénales », (1978) 13 *R.J.T.* 49; Stephen KLOEPFER, « The Status of Strict Construction in Canadian Criminal Law », (1983) 15 *Ott. L.Rev.* 553.

191   *McGregor c. Canadian Consolidated Mines Ltd.*, (1906) 12 B.C.R. 116, 117 (B.C. S.C.) (traduction).

192   L'article 41 de la *Loi d'interprétation* québécoise commande l'interprétation large et libérale de toutes les lois, sans distinctions. L'actuel article 12 de la *Loi d'interprétation* fédérale est dans le même sens, quoique d'une manière moins explicite que le texte antérieur à 1967, l'article 15 de la *Loi d'interprétation* de 1952 (S.R.C. 1952, c. 158), qui se lisait comme suit :

« Toute loi, y compris chacune de ses prescriptions et dispositions, est censée réparatrice, qu'elle ait pour objet immédiat d'ordonner un acte que le Parlement considère d'intérêt public ou d'empêcher ou de punir un acte qu'il

On assista donc à une évolution jurisprudentielle qui précisa le rôle subsidiaire du principe de l'interprétation favorable à l'accusé[193] et ce mouvement fut consacré par la Cour suprême dans *R. c. Robinson*[194].

L'affaire mettait en cause l'interprétation d'une partie de l'article 575(c) du *Code criminel* (article ajouté par S.C. 1947, c. 55, art. 18), dont voici la teneur :

> « Une personne ne doit être reconnue repris de justice que si le juge ou le jury, selon le cas, constate, sur preuve,
>
> a)   que, depuis l'âge de dix-huit ans, elle a, au moins trois fois antérieurement à la condamnation du délit imputé dans l'acte d'accusation, été déclarée coupable d'un acte criminel pour lequel elle était passible d'au moins cinq ans d'emprisonnement (qu'une telle condamnation antérieure ait eu lieu avant ou après l'entrée en vigueur de la présente Partie) et qu'elle mène continûment une vie criminelle [...]. »

Une personne reconnue repris de justice pouvait être condamnée à une peine de détention préventive. En l'espèce, la décision dépendait du sens à donner à l'expression « acte criminel pour lequel elle était passible d'au moins cinq ans d'emprisonnement ». Ou bien ces termes désignaient (c'est le sens retenu par la Cour d'appel de la

---

juge contraire à cet intérêt, et elle doit donc être interprétée de la façon juste, large et libérale, la plus propre à assurer la réalisation de son objet, conformément à son sens, à son intention et son esprit véritable ».

Ces dispositions reproduisent en substance le paragraphe 28 de l'article 5 de la *Loi d'interprétation de la province du Canada*, (1849) 12 Vict., c. 10 :

« Le préambule de tout acte comme susdit sera censé former partie dudit acte, dans le but d'expliquer l'objet et les fins pour et à l'égard desquels il a été fait; et tout acte comme susdit, et toutes dispositions et prescriptions d'icelui seront censés être correctifs, soit que l'objet immédiat dudit acte soit d'ordonner de faire une chose que la législature pourra considérer être dans l'intérêt public, ou d'empêcher qu'on ne fasse une chose qu'elle jugera contraire à cet intérêt, et d'infliger une punition à qui la fera; et il sera en conséquence donné à cet acte une interprétation large et libérale, et qui sera la plus propre à assurer la réalisation de l'objet de l'acte et de ses dispositions et prescriptions, selon leur vrai sens, intention et esprit. »

193   *R. c. Krakowec*, [1932] R.C.S. 134, 142 (j. Rinfret); *Jassby c. City of Westmount*, précité, note 174.

194   *R. c. Robinson*, [1951] R.C.S. 522.

Colombie-Britannique[195]) un acte criminel pour lequel la loi prévoit, comme peine minimale obligatoire, un emprisonnement de cinq ans. À l'époque, le *Code criminel* ne comptait qu'un acte criminel dans cette catégorie, soit le crime d'arrêter le courrier dans le but de le voler ou de le fouiller (art. 449). Ou bien ces termes désignaient (c'est le sens retenu en Cour suprême) un acte criminel pour lequel la loi prévoit une peine maximale de cinq ans ou plus. À l'époque, le *Code criminel* comptait quelque 180 actes criminels de cette catégorie.

La Cour d'appel de la Colombie-Britannique avait retenu le sens le plus étroit et donc le plus favorable à l'accusé. Outre les arguments de texte dont il n'est pas nécessaire de faire état ici, la Cour s'appuya sur le principe général qui veut qu'en matière pénale, ce soit au législateur à définir clairement les crimes et que le juge ne doive pas suppléer aux lacunes du texte : le doute doit profiter à l'accusé. Notons que l'effet pratique de la décision était de limiter les peines de détention préventive au cas de personnes qui, depuis l'âge de 18 ans, avaient, au moins à trois reprises, été trouvées coupables de l'acte criminel prévu à l'article 449 du Code, soit le crime d'arrêter le courrier en vue de le voler ou de le fouiller.

Il est douteux que cette interprétation ait reflété l'intention véritable du législateur et la Cour suprême la rejeta, la qualifiant de « clairement inconcevable »[196] puisqu'elle menait à priver les dispositions examinées de presque tout leur effet pratique[197] et qu'il était « inconcevable »[198] que les dispositions aient été adoptées en ayant en vue la catégorie très étroite de criminels à laquelle la décision de la Cour d'appel limitait leurs effets.

Pour répondre à l'argument que les lois pénales doivent être interprétées, dans le doute, en faveur de l'accusé, les juges Fauteux et Locke firent tous deux état de l'article 15 de la *Loi d'interprétation*

---

195   *R. c. Robinson*, [1950] 2 W.W.R. 1265 (B.C.C.A.).

196   *R. c. Robinson*, précité, note 194, 527 (j. Fauteux).

197   *Id.*, 536 (j. Cartwright).

198   *Id.*, 533 (j. Locke).

fédérale de l'époque[199] pour conclure que la règle de common law avait été expressément écartée par le législateur. On se souviendra que cet article 15 commande d'interpréter de manière « juste, large et libérale » les dispositions de toute loi. Le juge Fauteux s'exprima ainsi :

> « Au Canada, l'article 15 de la *Loi d'interprétation* clôt d'emblée toute discussion sur le sujet. Ce texte, en vertu de l'article 2 [de la même loi], s'applique au *Code criminel* et les termes "ou d'empêcher ou de punir un acte qu'il juge contraire à cet intérêt [sc. l'intérêt public]" qu'on trouve dans l'article 15 établissent claire-ment que ses dispositions s'appliquent aux dispositions tant pénales que civiles de toute loi fédérale, à moins d'incompatibilité ou de textes les déclarant inapplicables. »[200]

L'opinion des juges Fauteux et Locke pourrait s'interpréter comme impliquant l'exclusion totale du principe de l'interprétation favora-ble à l'accusé qui vient de la common law, car l'article 15, sur lequel ils s'appuient, ne paraît lui réserver aucune place dans les déci-sions[201]. Pourtant, telle ne doit pas être la conclusion à retenir, car il est possible de concilier l'application de l'article 15 avec le maintien de la règle d'interprétation restrictive des lois pénales. Cette position de compromis fut proposée par le juge Cartwright dans les termes suivants :

> « À mon avis, si les termes d'une disposition dont on dit qu'elle prévoit une infraction nouvelle sont ambigus, l'ambiguïté doit être résolue en faveur de la liberté du sujet, mais on ne peut apprécier l'ambiguïté qu'après avoir fait jouer les règles d'interprétation. »[202]

Le juge Cartwright se trouvait à concilier les principes opposés (celui de l'article 15 et la règle de common law) en les hiérarchisant,

---

199   Texte correspondant à l'actuel article 12. On en trouvera le texte *supra*, p. 479, note 10.

200   *R. c. Robinson*, précité, note 194.

201   Il faut noter que l'article 12 de la *Loi d'interprétation* fédérale actuelle, précitée, note 140, ne s'applique pas aussi explicitement aux lois pénales. Cependant, selon ses termes, il est applicable à « tout texte », ce qui comprend normalement les textes de caractère pénal.

202   *R. c. Robinson*, précité, note 194, 536 (traduction).

suivant en cela la voie déjà tracée par la jurisprudence anglaise telle que la résume Maxwell :

> « Lorsqu'un terme équivoque ou une phrase ambiguë laisse subsister un doute raisonnable que les règles d'interprétation ne permettent pas de lever, il faut accorder le bénéfice du doute au citoyen à l'encontre du législateur qui ne s'est pas exprimé clairement. »[203]

Le principe de l'interprétation restrictive des lois pénales n'aurait donc pas été complètement écarté par l'effet des lois d'interprétation : il est simplement passé au second plan, n'étant applicable que si l'effort d'interprétation impartiale commandé par l'article 12 de la loi canadienne d'interprétation et l'article 41 de la loi québécoise laisse subsister un doute raisonnable quant au sens ou à la portée du texte.

Dans *R. c. Hasselwander*, le juge Cory résume en ces termes la situation actuelle :

> « C'est en accordant un rôle subsidiaire à la règle de l'interprétation restrictive des lois pénales qu'on a réglé le conflit apparent qui existait entre l'interprétation restrictive d'une loi pénale et l'interprétation fondée sur l'apport d'une solution de droit qu'exige l'article 12 de la *Loi d'interprétation*. [...]
>
> La règle de l'interprétation restrictive devient donc applicable seulement lorsque les tentatives d'interprétation neutre proposées à l'article 12 de la *Loi d'interprétation* laissent subsister un doute raisonnable quant au sens ou à la portée du texte de la loi. [C]ela signifie que, même dans le cas des lois pénales, il faut rechercher la véritable intention du législateur et appliquer le sens qui correspond à ses objets ».[204]

---

[203] P. ST.J. LANGAN, *op. cit.*, note 12, p. 246, passage cité par le juge Cartwright dans *Bélanger c. La Reine*, [1970] R.C.S. 567, 573.

[204] *R. c. Hasselwander*, [1993] 2 R.C.S. 398, 412 et 413.

C'est sous cette forme que le principe paraît maintenant formulé par les tribunaux tant canadiens[205] qu'anglais[206]. Cela signifie donc que, même en matière pénale, il est indiqué de rechercher l'intention véritable du législateur et de retenir le sens qui permet d'atteindre l'objet que vise ce dernier[207], même si cela exige la correction d'erreurs matérielles[208].

Comme l'application du principe de l'interprétation restrictive des lois pénales dépend de l'opinion qu'un juge se forme sur la clarté ou l'obscurité du texte à interpréter, il ne faut pas s'étonner de constater qu'un même texte puisse paraître obscur à certains et clair à d'autres, avec pour résultat qu'un juge pourra invoquer le principe

---

[205] *Paul* c. *La Reine*, précité, note 65, 633 (j. Lamer); *Abbas* c. *La Reine*, [1984] 2 R.C.S. 526, 528 (j. Lamer); *R.* c. *Paré*, précité, note 40, 630 (j. Wilson); *R.* c. *McIntosh*, précité, note 88, 701 et 702; *R.* c. *Godevarov, Popovic et Askov*, (1974) 16 C.C.C. (2d) 238, 247 (Ont.C.A.), confirmé par [1976] 2 R.C.S. 308; *Commission de la santé et de la sécurité du travail* c. *Acibec (La Rose) Inc.*, précité, note 47; *Infotique Tyra Inc.* c. *Commission des valeurs mobilières du Québec*, [1994] R.J.Q. 2188 (C.A.); *R.* c. *Budget Car Rentals (Toronto) Ltd.*, (1981) 121 D.L.R. (3d) 111 (Ont.C.A.); *Lawson* c. *Registrar of Motor Vehicles*, (1974) 38 D.L.R. (3d) 353, 355 (Man.Q.B.); *R.* c. *Church of Scientology of Toronto*, (1975) 4 O.R. (2d) 707, 712 (Ont.Co.Ct.); *Re A.G. for Alberta and Gares*, (1976) 67 D.L.R. (3d) 635, 688 et suiv. (Alta.S.C.); *R.* c. *Johnston*, (1977) 37 C.R. n.s. 234 (N.W.T.C.A.), confirmé par [1978] 2 R.C.S. 391; *R.* c. *Philips Electronics Ltd.*, (1981) 116 D.L.R. (3d) 298 (Ont.C.A.), confirmé par [1981] 2 R.C.S. 264; *R.* c. *Goulis*, (1982) 125 D.L.R. (3d) 137 (Ont.C.A.).

[206] *Bowers* c. *Gloucester Corporation*, [1963] 1 Q.B. 881, 886 et 887; *Director of Public Prosecutions* c. *Ottewell*, [1968] 3 W.L.R. 621, 627 (H.L.).

[207] *R.* c. *McCraw*, [1991] 3 R.C.S. 72; *R.* c. *Chartrand*, [1994] 2 R.C.S. 864; *R.* c. *Hasselwander*, précité, note 204; *R.* c. *Leroux*, [1974] C.A. 151; *R.* c. *Nittolo*, [1978] C.A. 146; *R.* c. *McIntosh*, [1984] 4 W.W.R. 734 (Man.C.A.); *Collège des optométristes et opticiens de la province de Québec* c. *Butler's Ltd.*, [1960] C.S. 611; *Barreau de Trois-Rivières* c. *Kinraeco Ltée*, [1964] C.S. 38; *Biron* c. *Larocque et Madore Co.*, [1976] C.S.P. 1022; *Office de la construction du Québec* c. *Brière*, [1977] C.S. 121.

[208] *R.* c. *Paul*, (1978) 39 C.C.C. (2d) 129 (Ont.C.A.); *R.* c. *Charterways Transportation Ltd.*, (1981) 123 D.L.R. (3d) 159 (Ont.H.C.), confirmé par la Cour d'appel, *sub nom.* : *R.* c. *Lorne Wilson Transportation Ltd.*, (1983) 138 D.L.R. (3d) 690 (Ont.C.A.).

alors qu'un autre, dans les mêmes circonstances, n'en tiendra pas compte[209].

Sous-section 3 : Les lois qui limitent la libre jouissance des biens

« La jurisprudence anglo-canadienne reconnaît traditionnellement comme une liberté fondamentale le droit de l'individu à la jouissance de ses biens, et le droit de ne s'en voir privé, même partiellement, si ce n'est par l'application régulière de la loi. »[210] À ce droit correspond un principe d'interprétation des lois qui veut que les restrictions au droit de jouir librement des biens soient interprétées d'une manière rigoureuse et restrictive.

Interprétation rigoureuse : les conditions posées par la loi pour que la jouissance des biens puisse être restreinte doivent être respectées strictement[211]. Interprétation restrictive : si, dans l'interprétation d'une loi qui porte atteinte au droit de jouir librement de ses biens, il surgit une réelle difficulté, un juge peut être justifié de préférer le sens qui limite les effets de la loi et permet donc la libre jouissance des biens.

Ce principe trouve application en particulier à l'égard de lois qui ont l'effet d'exproprier ou de confisquer des biens : les tribunaux exigent du législateur qui veut opérer une expropriation sans indemnité ou une confiscation qu'il s'exprime très clairement à cet effet. On cite souvent à ce propos, les paroles de Lord Atherson dans *A.G. c. De Keyser's Royal Hotel Ltd.* :

> « La règle admise d'interprétation des lois est qu' il ne faut pas interpréter une loi de manière à déposséder une personne de ses

---

209 On comparera, à titre d'exemples, les opinions majoritaire et minoritaire dans *Bélanger* c. *La Reine*, précité, note 203, ainsi que dans *Turcotte* c. *La Reine*, précité, note 182.

210 *Harrison* c. *Carswell*, [1976] 2 R.C.S. 200, 219 (j. Dickson).

211 *Costello et Dickhoff* c. *Ville de Calgary*, précité, note 143; *Syndics de l'Église luthérienne évangélique St. Peter d'Ottawa* c. *Conseil municipal de la ville et de la municipalité d'Ottawa*, [1982] 2 R.C.S. 616; *Riopelle* c. *City of Montreal*, (1911) 44 R.C.S. 579; *Ville de Boucherville* c. *Jaybalt Corp.*, [1966] C.S. 611.

biens sans indemnité, à moins que ses termes ne l'exigent clairement. »[212]

Dans *Colonial Sugar Refining Co.* c. *Melbourne Harbour Trust
Commissioners*, Lord Warrington a écrit :

> « [I]l ne faut pas décider qu'une loi enlève les droits privés de pro-
> priété à moins que cette intention ne soit exprimée en termes clairs
> et non ambigus. »[213]

Ce principe est d'ailleurs énoncé par l'article 952 du *Code civil du
Québec* :

> « Le propriétaire ne peut être contraint de céder sa propriété, si ce
> n'est par voie d'expropriation faite suivant la loi pour une cause
> d'utilité publique et moyennant une juste et préalable indemnité. »

L'idée que le législateur n'est pas censé vouloir priver quelqu'un
d'un bien sans indemnité peut, en pratique, conduire un tribunal à
l'une des deux conclusions suivantes : soit que la loi n'a pas l'effet

---

212 *A.G.* c. *De Keyser's Royal Hotel Ltd.*, [1920] A.C. 508, 542 (traduction). Cet extrait
a été maintes fois cité, entre autres, dans *Manitoba Fisheries Ltd.* c. *La Reine*,
précité, note 105. Voir aussi *Régie des transports en commun de la région de
Toronto* c. *Dell Holdings Ltd.*, [1997] 1 R.C.S. 32. Le juge Cory souligne (pp. 44 et
45) que si les dispositions qui autorisent l'expropriation doivent être
interprétées de façon restrictive en ce qu'elles comportent une atteinte grave à
un droit, les dispositions qui prévoient le paiement de l'indemnité doivent être
interprétées de façon large et libérale, car ces dispositions ont une fonction
« réparatrice » (*remedial*).

213 *Colonial Sugar Refining Co.* c. *Melbourne Harbour Trust Commissioners*, [1920]
A.C. 342. Dans *Husky Oil Operations Ltd.* c. *Ministre du Revenu national*, [1995]
3 R.C.S. 453, 553, le juge Iacobucci, dissident, a exprimé le principe suivant : « En
cas d'ambiguïté, les tribunaux doivent se fonder sur le principe d'interprétation
des lois selon lequel il faut donner une interprétation restrictive aux lois qui
visent à réaliser le paiement des dettes d'une personne sur les biens d'une autre
personne. »

d'opérer dépossession[214], soit que le citoyen doit recevoir une indemnité en raison de la dépossession dont il est victime[215].

Le principe s'applique aux lois qui confèrent des pouvoirs à
l'Administration : celles-ci ne doivent pas s'interpréter comme autorisant une expropriation sans indemnité à moins que cela n'apparaisse
clairement[216].

Le principe de l'interprétation restrictive des lois qui limitent la libre jouissance des biens a été fréquemment invoqué à l'égard de la
réglementation de l'usage des sols ou, si l'on préfère, de la réglementation d'urbanisme. Dans *City of Montreal* c. *Morgan*[217], le juge
Anglin affirmait que « les règlements qui restreignent la propriété
doivent, tout comme les lois pénales, s'interpréter strictement ». Plus
récemment, le juge Rivard, dans *Cité de Sherbrooke* c. *King Street
Shopping Centre Ltd.* a écrit :

> « Un règlement de zonage entrave toujours le libre exercice du
> droit de propriété. Les municipalités qui possèdent ce pouvoir doi-
> vent l'exercer en des termes clairs et précis qu'il faut interpréter res-
> trictivement. Lorsque l'intérêt public, le bien commun commande
> l'autorité municipale à intervenir dans l'exercice des droits privés,
> cette dernière adopte des mesures d'exception dont l'application
> doit être ramenée aux termes exacts dans lesquels elle s'est ex-
> primée. »[218]

---

214 Par exemple : *Blackwoods Ltd. and the Manitoba Brewing and Malting Co.* c.
     Canadian Northern Railway Co., (1910) 44 R.C.S. 92; *Abell* c. *County of York*,
     (1921) 61 R.C.S. 345; *P.G. de Colombie-Britannique* c. *Parklane Private Hospital
     Ltd.*, [1975] 2 R.C.S. 47; *Re Estabrooks Pontiac Buick Ltd.*, précité, note 2.

215 Par exemple : *Imperial Oil Ltd.* c. *La Reine*, [1974] R.C.S. 623; *Manitoba Fisheries
     Ltd.* c. *La Reine*, précité, note 105 (R.C.S.); *Casimiro Resource Corp.* c. *A.G. for
     British Columbia*, (1991) 80 D.L.R. (4th) 1 (B.C.C.A.). Le contexte peut justifier
     qu'aucune indemnité ne soit payable : *Bertram S. Miller Ltd.* c. *La Reine*, [1986]
     3 C.F. 291 (C.A.).

216 *Leahy* c. *Town of North Sydney*, (1906) 37 R.C.S. 464; *B.C. Electric Railway Co.* c.
     Public Utilities Commission of B.C., [1960] R.C.S. 837; *Imperial Oil Ltd.* c. *La
     Reine*, précité, note 215.

217 *City of Montreal* c. *Morgan*, (1920) 60 R.C.S. 393, 404 (traduction).

218 *Cité de Sherbrooke* c. *King Street Shopping Centre Ltd.*, [1963] B.R. 340, 343.

Toutefois, cette attitude traditionnelle en matière de réglementation d'urbanisme, tout à fait en accord avec les principes de laissez-faire qui prédominaient au XIXe siècle, est actuellement remise en cause au nom de l'intérêt public à l'organisation plus rationnelle de la vie urbaine. C'est ainsi que l'on peut dénoter un certain affaiblissement du principe d'interprétation limitative des mesures d'urbanisme. Ce mouvement, issu surtout de décisions ontariennes[219], influe sur la jurisprudence de la Cour suprême. Ainsi, dans *Bayshore Shopping Centre Ltd. c. Township of Nepean*[220], le juge Spence a fait état des courants jurisprudentiels contradictoires en ce qui concerne l'attitude philosophique à adopter en matière de règlements d'urbanisme : attitude restrictive parce qu'ils limitent le libre usage de la propriété (courant traditionnel) et attitude libérale parce qu'ils visent à protéger la collectivité et à promouvoir l'intérêt public (courant novateur). Constatant cette contradiction, le juge résolut d'aborder « la question de l'interprétation et de l'application du règlement sans essayer de considérer ses dispositions soit restrictivement soit libéralement ».

Si, dans cette affaire, l'interprétation restrictive a fait place à l'interprétation neutre, dans *Soo Mill & Lumber Co. c. Ville de Sault Sainte-Marie*[221], c'est l'interprétation large qui a été prônée pour le *Planning Act* d'Ontario et les règlements de mise en oeuvre qu'il autorise[222].

Dans l'affaire *Leiriao c. Val-Bélair (Ville)*[223], la majorité a préféré donner son « plein sens » à une disposition relative au pouvoir d'une municipalité de constituer des réserves foncières par voie d'expropriation plutôt que d'interpréter restrictivement cette disposition, comme proposait de le faire la dissidence.

---

219   Par exemple : *Re Bruce and City of Toronto*, [1971] 3 O.R. 62 (Ont.C.A.); *Galway & Cavendish (United Townships) c. Windover*, (1996) 130 D.L.R. (4th) 710 (Ont.div.Ct.).

220   *Bayshore Shopping Centre Ltd. c. Township of Nepean*, [1972] R.C.S. 755.

221   *Soo Mill & Lumber Co. c. Ville de Sault Sainte-Marie*, [1975] 2 R.C.S. 78.

222   *Id.*, 83.

223   *Leiriao c. Val-Bélair (Ville)*, [1991] 3 R.C.S. 349.

On assiste donc à une évolution qui traduit un certain renversement des valeurs. Cette évolution se produit d'une façon inégale et tous les juges n'y sont pas également favorables[224], mais on peut croire qu'on est en présence d'un mouvement destiné à s'accentuer.

Les motifs du juge Forget, de la Cour d'appel du Québec, dans *Ville de Mascouche* c. *Thiffault,* illustrent clairement le revirement qui est en train de s'opérer :

> « Je débute cette analyse par la dernière proposition de la juge de première instance relative à l'interprétation restrictive du règlement de zonage. Cette opinion est assez répandue; toutefois, avec respects, j'ai beaucoup de difficulté à en concevoir le fondement.
>
> À l'époque du libéralisme économique du 19ᵉ siècle, le droit de propriété était conçu comme un droit absolu. Les choses ont bien évolué depuis; les notions d'intérêt commun, de développement harmonieux, de qualité de la vie et d'environnement – alors inconnues – sont maintenant au centre des préoccupations des citoyens et font l'objet d'une abondante législation et réglementation publique. [...]
>
> Les tenants de l'interprétation restrictive semblent opposer le droit de propriété d'un individu à celui d'un organisme désincarné et lointain, alors que le zonage est édicté au profit de tous et chacun des divers propriétaires d'une zone et l'usage illégal par l'un s'exerce généralement au détriment du droit des autres.
>
> À titre d'analogie, on peut souligner qu'en matière fiscale, on avait répété depuis toujours que les lois et les règlements devaient être interprétés de façon restrictive. La Cour suprême [dans l'arrêt *Québec (Communauté urbaine)* c. *Corp. Notre-Dame de Bon-Secours*[225]] est venue mettre fin à cette prétention en statuant qu'en cette matière, comme en toutes autres, on devait rechercher l'intention du législateur. Je ne vois vraiment pas pourquoi on ne devrait pas suivre le même cheminement en matière de règlement municipal de zonage. »[226]

---

[224] Par exemple : *Village of Renforth* c. *Bowes*, (1975) 10 N.B.R. (2d) 191, 197 (j. Stevenson) (N.B.Q.B.). Voir aussi *Re Rockcliffe Park Realty Ltd.*, (1976) 62 D.L.R. (3d) 17 (Ont.C.A.); *R.* c. *Bennett*, (1994) 126 N.S.R. (2d) 350 (N.S.S.C.).

[225] *Québec (Communauté urbaine)* c. *Corp. Notre-Dame de Bon-Secours*, [1994] 3 R.C.S. 3.

[226] *Ville de Mascouche* c. *Thiffault,* J.E. 96-1097 (C.A.), pp. 5 et 6 du texte intégral.

En matière de protection du patrimoine, la Cour suprême a prôné une philosophie d'interprétation qui cherche à maintenir un juste équilibre entre l'intérêt de la collectivité à la préservation de son héritage bâti et l'intérêt des particuliers à la libre jouissance de leurs biens[227]. La protection de l'environnement constitue également une préoccupation de plus en plus largement partagée par les citoyens et elle peut exiger des restrictions au droit de propriété qui seront vues comme parfaitement légitimes[228].

En terminant, il faut rappeler que le principe d'interprétation restrictive des lois qui restreignent la libre jouissance des biens ne doit pas dispenser le juge qui examine un tel texte d'essayer, honnêtement, d'en saisir le sens et la portée : ce n'est qu'en présence d'un doute réel quant à l'intention du législateur que le principe peut recevoir application. Dans *Wilson* c. *Jones*[229], affaire portant sur un règlement de zonage, le juge Spence a insisté sur la nécessité de lire l'ensemble du texte avant d'appliquer le principe de l'interprétation restrictive :

> « [U]n règlement qui limite l'usage du sol doit être interprété restrictivement et tout doute sur l'interdiction par un règlement de la construction d'un bâtiment déterminé doit être résolu en faveur de l'usage projeté. Toutefois, ces principes ne trouvent application que si, à la lecture du règlement dans son ensemble, il y a une ambiguïté ou une difficulté d'interprétation. »[230]

Les paroles de Lord Radcliffe, dans *A.G. for Canada* c. *Hallet & Carey Ltd.*, doivent être ici rappelées :

---

227   *Syndics de l'Église luthérienne évangélique St. Peter d'Ottawa* c. *Conseil municipal de la ville et de la municipalité d'Ottawa*, précité, note 211, commentaire E. TUCKER, *loc. cit.*, note 141.

228   *Municipalité régionale du Comté d'Abitibi* c. *Ibitiba Ltée*, [1993] R.J.Q. 1061 (C.A.).

229   *Wilson* c. *Jones*, [1968] R.C.S. 554, 559 (traduction).

230   Dans le même sens : *Village de Beaulieu* c. *Brique Citadelle Ltée*, [1971] C.S. 181, 186 (j. Côté). Aussi : *Association des propriétaires des Jardins Taché Inc.* c. *Entreprises Dasken Inc.*, [1974] R.C.S. 2, 13 (j. Pigeon).

« [D]evant un texte dont le sens est incertain ou ambigu, la Cour peut légitimement préférer l'interprétation qui ne porte pas atteinte aux droits privés. »[231]

Sous-section 4 : Les lois fiscales

En matière fiscale, la tendance dominante a traditionnellement favorisé une interprétation à la fois littérale et restrictive. Cependant, aujourd'hui, il semble acquis que les lois fiscales doivent être interprétées de la même manière que les autres lois, mais appliquées, en cas de doute raisonnable, de manière à favoriser le contribuable.

Paragraphe 1 : La doctrine traditionnelle dominante

L'attitude dominante en jurisprudence allait dans le sens d'une d'interprétation littérale et favorable au contribuable[232]. Interprétation littérale : dans la recherche de l'intention du législateur en matière fiscale, le texte de loi a joué un rôle prépondérant et quasi exclusif, au détriment du contexte et, particulièrement, des objectifs de la loi. Interprétation restrictive ou favorable au contribuable : les tribunaux ont fait porter au législateur le fardeau d'une formulation claire des textes de nature fiscale, le doute profitant au contribuable.

C'est l'approche strictement littérale qui a dominé dans le passé en matière fiscale : le contexte et les objectifs de la mesure en cause étaient quasiment totalement mis de côté. Cette méthode est bien illustrée par l'extrait qui suit des notes du juge Thorson dans *Fasken* c. *Minister of National Revenue* :

« On a affirmé à de nombreuses reprises qu'une loi fiscale telle que la Loi de l'impôt de guerre sur le revenu doit s'interpréter restrictivement. Ceci ne veut pas dire que les règles s'appliquant à l'interprétation d'une telle loi sont différentes dans leur principe de celles qui s'appliquent aux autres lois. Ceci veut simplement dire que lorsqu'il interprète une loi fiscale, un tribunal ne doit pas supposer

---

231   *A.G. for Canada* c. *Hallet & Carey Ltd.*, précité, note 175, 450 (traduction).

232   L'affaire *R.* c. *Crabbs*, [1934] R.C.S. 523, donne un très bon échantillon de la jurisprudence prônant l'interprétation littérale et restrictive des lois fiscales.

qu'il existe en vertu de cette loi d'autre obligation fiscale que celle qu'elle a clairement imposée en termes exprès. Ce principe fondamental d'interprétation d'une loi de ce genre n'a jamais été mieux exprimé que par Lord Cairns dans l'arrêt *Partington* c. *Le Procureur général* (1869), 4 E. & I. App. 100, à la page 122 :

> "Le principe qui gouverne selon moi l'application de toute loi fiscale est le suivant : si la personne que l'on cherche à imposer tombe sous le coup de la lettre de la loi, elle doit l'être, quelque sévère qu'en puisse être le résultat aux yeux du magistrat. D'autre part, si la Couronne, qui tente de recouvrer l'impôt, ne peut démontrer que le contribuable est assujetti à la lettre de la loi, celui-ci est exonéré, même s'il semble évident que, dans l'esprit de la loi, il pourrait sembler en être autrement. En d'autres termes, si l'on peut admettre ce que l'on peut appeler une interprétation raisonnable de n'importe quelle loi, il est certain qu'une telle interprétation ne peut être admise lorsqu'il s'agit d'une loi fiscale, où il faut s'en tenir seulement au texte de la loi".

et par Lord Halsbury dans l'arrêt *Tennant* c. *Smith*, [1892] A.C. 150, à la page 154 :

> "lorsqu'il s'agit d'une loi fiscale, je pense qu'il n'est pas possible de présumer que la loi reflète une certaine intention ou qu'elle vise un but particulier, ni de faire plus que lever l'impôt que prévoit cette loi. Divers arrêts citent ce principe d'interprétation des lois fiscales de différentes manières, mais je pense qu'on peut tous les ramener à celui-ci : dans la mesure où l'on n'a pas le droit de présumer qu'une loi fiscale reflète une intention d'obtenir un résultat autre que celui qu'elle a exprimé en indiquant tels ou tels objets dont elle entend faire l'objet de l'imposition, il faut rechercher si un impôt est expressément prévu".

Les arrêts qui portent sur des lois fiscales se ramènent donc tous à la question de savoir si les termes de la loi permettent d'imposer l'impôt en question.

C'est donc la lettre de la loi et non son esprit présumé ou supposé qui importe. L'intention du législateur de créer un impôt doit découler uniquement des termes qu'il a expressément employés et de rien d'autre. »[233]

---

[233] *Fasken* c. *Minister of National Revenue*, précité, note 27, 588 et 589, traduction tirée de *Caloil Inc.* c. *La Reine*, [1972] 2 C.F. 1217, 1223 et 1224. On trouvera un

Quelques années auparavant, le juge Duff, dans *Shaw* c. *Minister of National Revenue*, exprimait ainsi un point de vue analogue :

> « Dans l'interprétation et l'application d'une loi fiscale, nous n'avons pas à nous demander ce que le rédacteur a pu vouloir dire ni à suivre l'impression laissée par un examen superficiel de la disposition à appliquer. Il nous faut analyser cette disposition de manière stricte et, dans le cas d'une définition comme celle qui nous occupe, ne l'appliquer qu'aux cas auxquels elle s'étend d'une manière claire et indubitable, selon une interprétation stricte. »[234]

En pratique, le plus souvent, l'interprétation strictement littérale a eu l'effet de favoriser le contribuable : c'était au fisc à démontrer qu'un texte imposait la charge fiscale[235]. De plus, une démarche strictement littérale est de nature à faciliter les manoeuvres d'élusion de l'impôt[236]. Par contre, comme l'approche littérale est neutre en ce sens qu'elle ne favorise en principe ni le fisc ni le contribuable, elle a assez souvent été invoquée même au détriment du contribuable[237].

On a souvent justifié l'interprétation littérale des lois fiscales au nom de la sécurité juridique qu'est censée procurer l'approche strictement grammaticale : le domaine fiscal est, par excellence, celui où l'on planifie, d'où la nécessité d'une prévisibilité plus grande des règles de droit et, donc, d'une méthode susceptible d'écarter le plus possible les incertitudes[238]. Quelle que soit la valeur de cette justifi-

---

autre dictum célèbre dans le même sens dans *Cape Brandy Syndicate* c. *Inland Revenue Commisioners*, [1921] 1 K.B. 64, 71.

[234]   *Shaw* c. *MInister of National Revenue*, [1939] R.C.S. 338, 342 (traduction).

[235]   Par exemple : *Grinnell* c. *The Queen*, (1888) 16 R.C.S. 119; *City of Ottawa* c. *Egan*, [1923] R.C.S. 304; *Connell* c. *Minister of National Revenue*, [1946] R.C. de l'É. 562.

[236]   Par exemple : *Commissioners of Inland Revenue* c. *Duke of Westminster*, [1935] A.C. 1 (H.L.). Voir *supra*, p. 513 et suiv.

[237]   Par exemple : *Versailles Sweets Ltd.* c. *A.G. of Canada*, [1924] R.C.S. 466; *R.* c. *Consolidated Lithographing Manufacturing Co.*, [1934] R.C.S. 298; *Thos. Jackson & Sons* c. *Municipal Commissioner*, [1936] R.C.S. 616. Voir aussi Robert BERTRAND, Alice DESJARDINS et René HURTUBISE, *Les mécanismes de législation, d'administration et d'interprétation de la fiscalité fédérale*, Montréal, Centre de recherche en droit public, 1967, p. 334.

[238]   Donald J. JOHNSTON, « The Taxpayer and Fiscal Legislation », (1961-62) 8 *R.D. McGill* 126.

cation, l'interprétation littérale des lois fiscales est certainement l'une des causes principales de la prolixité de ces lois. L'autre cause, c'est le principe de l'interprétation restrictive.

Les lois fiscales ont traditionnellement été interprétées de manière restrictive en ce sens que, dans le doute, la tendance a été de limiter les effets de la loi et donc de favoriser le contribuable. Les tribunaux ont énoncé la règle sous deux formes principales : 1) « une loi fiscale doit exprimer avec une clarté raisonnable l'intention de créer l'impôt »[239]; 2) « le contribuable [a] droit, en cas de doute raisonnable, à l'interprétation qui lui est la plus favorable »[240].

L'interprétation restrictive des lois fiscales a été justifiée surtout par le caractère de ces textes :

> « Une loi fiscale doit toujours s'interpréter strictement, contre le fisc, puisqu'elle pose des restrictions à la jouissance des biens. »[241]

Applicables aux lois proprement dites, les principes d'interprétation que je viens d'énoncer le sont également aux règlements[242]. De plus, en matière réglementaire, les tribunaux ont exigé que le pouvoir d'établir l'impôt soit conféré en termes clairs :

> « Pour qu'un impôt municipal ou scolaire soit validement créé, il faut toujours deux conditions – l'habilitation législative à créer cet impôt et l'exercice approprié de ce pouvoir par la corporation municipale ou scolaire, selon le cas. Il faut établir clairement à la fois l'existence du pouvoir et son exercice efficace, le contribuable ayant

---

239   *In re Fleet Estate, Minister of National Revenue* c. *Royal Trust Co.*, [1949] R.C.S. 727, 744 (j. Rand) (traduction). Aussi : *Kent* c. *The King*, précité, note 22, 396 (j. Duff).

240   *Montreal Light, Heat & Power Consolidated* c. *City of Westmount*, [1926] R.C.S. 515 (j. Anglin).

241   *Canadian Northern Railway Co.* c. *The King*, (1922) 64 R.C.S. 264, 275 (j. Brodeur) (traduction). Pour une vision plus noire encore de la législation fiscale, voir *Courey* c. *A.G. for the Province of Quebec*, [1949] C.S. 421, 425 et 426 (j. Collins).

242   Par exemple : *Gagnon* c. *Cité de Chicoutimi*, [1974] C.S. 187.

droit, en cas de doute raisonnable, à l'interprétation qui lui est la plus favorable. »[243]

Si les dispositions qui imposent une charge fiscale doivent être interprétées en faveur du contribuable en cas de doute raisonnable, on tenait traditionnellement que les dispositions qui portent exemption ou déduction devaient s'interpréter restrictivement, au détriment du contribuable : c'était à lui qu'il incombait de démontrer qu'il avait clairement droit à l'exemption ou à la déduction :

> « Il est de règle que le fardeau des taxes doit être également supporté par tous et qu'il appartient à celui qui réclame le bénéfice exceptionnel d'une exemption d'établir que, par un texte clair et non équivoque, l'autorité législative compétente lui a indubitablement accordé l'exemption réclamée. »[244]

Les principes d'interprétation qui viennent d'être décrits constituent ce qu'on peut qualifier d'« attitude traditionnelle dominante ». Un autre courant jurisprudentiel, moins affirmé, prône depuis longtemps une interprétation des lois fiscales qui ne se distinguerait en rien de l'interprétation des autres lois. Selon cette tendance, les lois fiscales devraient donc s'interpréter de la même manière que les autres lois, c'est-à-dire avec les mêmes règles et sans parti pris contre le fisc.

---

[243]   *Montreal Light, Heat & Power Consolidated* c. *City of Westmount*, précité, note 240, 519 (traduction). Aussi : *Ville de Montréal* c. *Civic Parking Center Ltd.*, [1981] 2 R.C.S. 541; *R.* c. *National Fish Co.*, [1931] R.C. de l'É. 75.

[244]   *Ville de Montréal* c. *ILGWU Center Inc.*, [1974] R.C.S. 59, 65 (j. Fauteux). On verra aussi : *Wylie* c. *City of Montreal*, (1885) 12 R.C.S. 384, 386; *Assessment Commissioner of the Village of Stouffville* c. *Mennonite Home Association of York County*, [1973] R.C.S. 189, 194; *Gustavson Drilling (1964) Ltd.* c. *Ministre du Revenu national*, [1977] 1 R.C.S. 271, 277; *Falconbridge Nickel Mines Ltd.* c. *Ministre du Revenu national*, [1971] C.F. 471, 477; *Re Extendicare Ltd. and Borough of North York*, (1980) 105 D.L.R. (3d) 127 (Ont.C.A.); *Dome Petroleum Ltd.* c. *Saskatchewan*, (1984) 30 Sask. R. 229 (Sask.C.A.). Cette directive d'interprétation restrictive ne permettait pas d'écarter un texte d'exemption clairement applicable : *Banque Royale du Canada* c. *Sous-ministre du Revenu national pour les douanes et l'accise*, [1981] 2 R.C.S. 139. L'arrêt *Québec (Communauté urbaine)* c. *Corp. Notre-Dame de Bon-Secours*, précité, note 225, a remis en question cette présomption d'interprétation favorable au fisc des dispositions d'exemption : voir *infra*, p. 626.

Paragraphe 2 : La doctrine minoritaire

Dans *A.G. c. Carlton Bank*, le juge en chef Lord Russell s'est élevé
contre l'application aux lois fiscales de règles d'interprétation particulières :

> « Au cours des débats, les deux parties ont invoqué de prétendues
> règles spéciales d'interprétation applicables aux lois fiscales. Pour
> ma part, je n'accepte pas cette idée. Je ne vois pas pourquoi il fau-
> drait appliquer des règles spéciales d'interprétation à une loi quel-
> conque et je ne connais pas d'autorités établissant qu'une loi fiscale
> doit s'interpréter d'une manière différente de toute autre loi. À
> mon avis, le devoir du tribunal est le même dans tous les cas, en ma-
> tière fiscale comme en toute autre matière : donner son effet à
> l'intention du législateur, telle qu'on peut la déduire des termes
> employés en tenant compte du contexte par rapport auquel ils sont
> employés. Certes, le tribunal doit vérifier l'assiette prévue par la loi,
> mais, cela fait, le tribunal ne peut restreindre ou atténuer l'effet de
> la loi sous des prétextes d'une charge trop lourde, des besoins du
> commerce, etc. Les tribunaux doivent donner leur effet aux termes
> employés par le législateur. »[245]

Dans *R. c. Algoma Central Railway Co.*[246], le juge Taschereau a fait
écho à l'extrait qui précède dans les termes suivants :

> « Je voudrais d'abord traiter de l'argument, souvent repris par les
> intimés, qu'une loi fiscale est d'interprétation stricte. Je ne vois pas
> comment on peut prétendre qu'une loi fiscale doit s'interpréter
> d'une manière différente d'une autre loi. *Attorney General* c. *Carl-
> ton Bank*. La *Loi d'interprétation* dispose expressément :
>
> > "tout acte, ainsi que chacune de ses dispositions ou prescrip-
> > tions, est censé passé dans le but de remédier à quelque abus
> > (*remedial*) [...] il y sera en conséquence donné une interpréta-
> > tion large et libérale, et qui sera la plus propre à assurer la réali-
> > sation de l'objet de l'acte et de ses dispositions et prescriptions,
> > selon leur sens, intention et esprit véritables."(S.R.C. 1886, c. 1,
> > art. 7, par. (56)). »[247]

---

245   *A.G. c. Carlton Bank*, [1899] 2 Q.B. 158, 164 (traduction).

246   *R. c. Algoma Central Railway Co.*, (1902) 32 R.C.S. 277, 282 (traduction),
      confirmé par [1903] A.C. 478.

247   Ce texte a son équivalent actuel dans la *Loi d'interprétation* canadienne,
      précitée, note 140, (art. 12) et québécoise, précitée, note 140, (art. 41). Pour des

Dans *Cartwright* c. *City of Toronto*[248], le juge Duff, faisant référence à certains extraits du jugement du Conseil privé dans *City of Toronto* c. *Russell*[249], fit le commentaire suivant :

> « Ces extraits ont pour effet, à mon avis, de démontrer la fausseté de l'idée, fondée, semble-t-il, sur quelques décisions de la Cour, que les lois de ce genre [sc. les lois fiscales] sont soumises à quelque règle spéciale d'interprétation, qui paraît découler de la présomption que toutes ces lois sont monstrueuses *prima facie*. L'arrêt du Comité judiciaire établit que les dispositions particulières de ces lois doivent s'interpréter selon la règle ordinaire, c'est-à-dire en tenant raisonnablement compte de leur objet manifeste tel qu'il résulte de l'ensemble du texte. »[250]

Paragraphe 3 : La doctrine contemporaine

Aujourd'hui, les lois fiscales doivent-elles s'interpréter « comme toutes les autres lois » ou bien doit-on continuer de les interpréter littéralement ou restrictivement? Plusieurs raisons militent en faveur d'une remise en question de l'interprétation littérale et restrictive. L'approche exclusivement littérale est en déclin comme méthode d'interprétation : on réalise mieux aujourd'hui que les mots n'ont leur vrai sens que considérés en contexte, compte tenu donc, notamment, des objectifs du texte[251]. D'ailleurs, on ne peut plus dire,

---

arguments qui font appel au texte des lois d'interprétation, voir : *Palmolive Manufacturing Co. (Ontario)* c. *The King*, [1933] R.C.S. 131, 139; *R.* c. *Robitaille*, (1909) 12 R.C. de l'É. 264, 269; *R.* c. *Pedrick*, (1914-22) 21 R.C. de l'É. 14, 19; *Bifrost* c. *Houghton*, (1918) 39 D.L.R. 650, 655 (Man.C.A.). Toutefois, il a été dit, à quelques reprises, que ces textes n'excluaient pas la nécessité de la clarté dans les lois qui imposent un fardeau fiscal : *R.* c. *J.C. Ayer Co.*, (1875-87) 1 R.C. de l'É. 232, 271; *Foss Lumber Co.* c. *The King*, (1912) 47 R.C.S. 130, 140; *Wanklyn* c. *Minister of National Revenue*, [1953] 2 R.C.S. 58, 73.

248　*Cartwright* c. *City of Toronto*, (1914) 50 R.C.S. 215.

249　*City of Toronto* c. *Russell*, [1908] A.C. 493.

250　*Cartwright* c. *City of Toronto*, précité, note 248, 219 (traduction). La règle formulée par le juge Duff a été appliquée dans *Palmolive Manufacturing Co. (Ontario)* c. *The King*, précité, note 247, 139 et dans *Langdon* c. *Holtyrex Gold Mines Ltd.*, [1937] R.C.S. 334, 340.

251　Voir *supra*, p. 355 et suiv.

aujourd'hui comme on l'a dit jadis[252], que les lois fiscales n'ont
d'autre objet que la perception de revenus : elles sont devenues un
moyen courant d'intervention sociale et économique. À l'ère de
l'État Providence, on ne peut plus considérer l'impôt d'une manière
aussi négative qu'autrefois :

> « [I]l faut voir dans le fisc une exigence de la vie en société et de la
> justice distributive. Il semble donc que la technique d'interprétation
> littérale des lois fiscales ait perdu sa raison d'être, car si elle conve-
> nait au temps du laissez-faire, elle s'accorde mal avec la conception
> moderne de l'impôt. »[253]

Dans l'affaire *Québec (Communauté urbaine)* c. *Corp. Notre-Dame
de Bon-Secours*[254], le juge Gonthier, au nom de la Cour, a énoncé les
principes qui devraient gouverner aujourd'hui l'interprétation de la
législation fiscale. Ces principes se ramènent à trois propositions :
1) « [l]'interprétation des lois fiscales devrait obéir aux règles ordinaires d'interprétation »; 2) le choix entre le sens large et le sens étroit
des textes doit être guidé non par des présomptions favorables au
fisc ou au contribuable, mais par référence au but qui sous-tend la
disposition à interpréter; 3) « [s]eul un doute raisonnable et non dis-
sipé par le recours aux règles ordinaires d'interprétation sera résolu
par le recours à la présomption résiduelle en faveur du contribuable ».

252 « Nul doute que les lois fiscales doivent être interprétées de manière à
     accomplir le plus efficacement possible l'intention du législateur, qui est
     simplement d'assurer la perception d'un revenu ». *R.* c. *J.C. Ayer Co.*, précité,
     note 247, 271 (j. Ritchie) (traduction).

253 R. BERTRAND, A. DESJARDINS et R. HURTUBISE, *op. cit.*, note 237, p. 333;
     Dauphin Plains Credit Union Ltd. c. *Xyloid Industries Ltd.*, [1980] 1 R.C.S. 1182,
     1215 (j. Estey, dissident).

254 *Québec (Communauté urbaine)* c. *Corp. Notre-Dame de Bon-Secours*, précité,
     note 225, 20.

Sous-paragraphe 1 : Application des règles ordinaires d'interprétation

Il est généralement admis dans la jurisprudence moderne [255] que les lois fiscales doivent s'interpréter, non pas de manière strictement littérale, mais selon les règles ordinaires, comme toutes les autres lois : l'objectif doit être la découverte de l'intention du législateur par l'étude de la formule dans son contexte d'énonciation. Cela suppose, en particulier, que l'objet de la disposition en cause doit être pris en considération. Dans l'arrêt *Stubart Investments Ltd.* c. *La Reine*[256], considéré comme l'arrêt de principe sur cette question, le juge Estey a souscrit à la « règle moderne » d'interprétation qu'Elmer A. Driedger avait formulée dans la deuxième édition de son traité sur l'interprétation des lois :

> « Bien que les remarques de E.A. Driedger dans son ouvrage *Construction of Statutes* ne visent pas uniquement les lois fiscales, il y énonce la règle moderne de façon brève :
>
>> "Aujourd'hui, il n'y a qu'un seul principe ou solution : il faut lire les termes de la loi dans leur contexte global en suivant le sens ordinaire et grammatical qui s'harmonise avec l'esprit de la loi, l'objet de la loi et l'intention du législateur". »[257]

Cet énoncé de la « règle moderne » a été par la suite cité à quelques reprises en matière fiscale à la Cour suprême[258].

---

[255] Les notes du juge Dickson, dissident, dans *Covert* c. *Ministre des Finances de la Province de Nouvelle-Écosse*, [1980] 2 R.C.S. 774, 806-808, sont bien représentatives de l'attitude moderne qui considère que « les lois fiscales ne constituent pas une catégorie à part » en ce qui a trait à leur interprétation. On verra aussi : *Morguard Properties Ltd.* c. *Ville de Winnipeg*, [1983] 2 R.C.S. 493; *R.* c. *Golden*, [1986] 1 R.C.S. 209; *R.* c. *Taylor*, [1984] 1 C.F. 948; *S.Bracken* c. *M.N.R.*, [1984] C.T.C. 2922 (C.C.I.), commentaire Thomas E. MCDONNELL, (1984) 32 *Can. Tax. J.* 1125.

[256] *Stubart Investments Ltd.* c. *La Reine*, [1984] 1 R.C.S. 536.

[257] *Id.*, 578, citant Elmer A. DRIEDGER, *Construction of Statutes,* 2ᵉ éd., Toronto, Butterworths, 1983, p. 87.

[258] *Canada* c. *Antosko*, [1994] 2 R.C.S. 312, 326 (j. Iacobucci); *Friesen* c. *Canada*, [1995] 3 R.C.S. 103, 113 (j. Major); *Alberta (Treasury Branches)* c. *M.R.N.*, [1996] 1 R.C.S. 963, 975 (j. Cory).

Plusieurs années avant l'affaire *Stubart*, le mouvement favorisant une interprétation de la législation fiscale qui tienne compte des objectifs était déjà amorcé. Par exemple, dans *City of Ottawa* c. *Royal Trust Co.*[259], le juge Judson mit en opposition la tradition jurisprudentielle d'interprétation littérale et restrictive des lois fiscales, représentée par le jugement de la Cour suprême dans *R.* c. *Crabbs*[260], et la tendance qui prône l'interprétation des lois fiscales selon les mêmes méthodes que pour les autres lois, tendance illustrée par le juge Duff dans *Cartwright* c. *City of Toronto*[261]. Puis, le juge Judson d'ajouter :

> « Je ne crois pas que les deux courants jurisprudentiels disent exactement la même chose. La diversité apparente fait ressortir la nécessité d'insister sur le problème envisagé par le législateur et sur les moyens choisis pour le régler [...]. »[262]

En somme, il fallait appliquer, comme on le ferait pour d'autres lois, la « règle de la situation à réformer » (*Mischief Rule*).

La prise en compte des objectifs de la législation fiscale reflète un changement dans le rôle social de la fiscalité. Dans l'arrêt *Stubart*, le juge Estey déclare :

> « [L]e rôle des lois fiscales a changé dans la société et l'application de l'interprétation stricte a diminué. Aujourd'hui, les tribunaux appliquent à cette loi la règle du sens ordinaire, mais en tenant compte du fond, de sorte que si l'activité du contribuable relève de l'esprit de la disposition fiscale, il sera assujetti à l'impôt. »[263]

Un juge qui interprète une loi fiscale est donc tenu, comme les lois d'interprétation l'y invitent, de lui donner, si possible, un sens qui permette la réalisation de son objet manifeste : la jurisprudence offre de nombreux exemples d'utilisation de la méthode téléologique même en matière fiscale et même si cela défavorise le contribua-

---

259   *City of Ottawa* c. *Royal Trust Co.*, [1964] R.C.S. 526.

260   *R.* c. *Crabbs*, précité, note 232.

261   *Cartwright* c. *City of Toronto*, précité, note 248, 219.

262   *City of Ottawa* c. *Royal Trust Co.*, précité, note 259, 534.

263   *Stubart Investments Ltd.* c. *La Reine*, précité, note 256, 578.

ble[264]. En outre, la règle qui impose de retenir le sens d'un mot qui s'harmonise le plus avec le reste de la loi s'applique aussi en matière fiscale, comme l'a souligné la Cour suprême[265].

Si l'on s'entend généralement pour dire que l'interprétation fiscale doit faire place à la prise en compte des finalités de la disposition à l'étude, il y a actuellement une controverse quant au poids que l'on devrait reconnaître aux arguments tirés de la prise en compte des objectifs[266]. Si l'on doit choisir entre le sens de la règle suggéré par le sens ordinaire des mots et le sens de la règle qui assurerait mieux la réalisation de ses objectifs, que doit-on faire?

Il est malaisé de rendre compte brièvement de l'état actuel du droit sur cette question, d'autant plus que derrière ce choix d'apparence très technique se profilent des conflits d'intérêts pécuniaires irréductibles[267]. Il me paraît néanmoins possible de dégager de la jurisprudence actuelle de la Cour suprême deux principes. Premièrement, le fait que le sens littéral soit clair, c'est-à-dire exempt d'ambiguïtés ou d'imprécisions, ne constitue pas un motif valable d'ignorer les objectifs de la disposition : ceux-ci doivent toujours être envisagés, à titre d'éléments contextuels. Deuxièmement, dans

---

264 *R. c. Fraser Co.*, [1931] R.C.S. 490; *Okalta Oils Ltd.* c. *Minister of National Revenue*, [1955] R.C. de l'É. 66, confirmé par [1955] R.C.S. 824; *Jay-Zee Food Products Ltd.* c. *Deputy Minister of National Revenue*, précité, note 27; *Viking Food Products Ltd.* c. *Ministre du Revenu National*, [1967] 2 R.C. de l'É. 11; *Falconbridge Nickel Mines Ltd.* c. *Ministre du Revenu national*, précité, note 244; *Caloil Inc.* c. *La Reine*, précité, note 233; *EGG Canada Ltd.* c. *Canada*, [1987] 2 C.F. 415.

265 *R. c. Compagnie immobilière B.C.N.*, [1979] 1 R.C.S. 865.

266 Voir notamment : J.E.(Ted) FULCHER, « The Income Tax Act, the Rules of Interpretation and Tax Avoidance. Purpose vs. Plain Meaning : Which, When and Why? », (1995) 74 *R. du B. can.* 563; Karen SHARLOW, « The Interpretation of Tax Legislation and the Rule of Law : Rejoinder », (1996) 75 *R. du B. can.* 151; Stephen W. BOWMAN, « Interpretation of Tax Legislation : The Evolution of Purposive Analysis », (1995) 43 *Rev. fisc. can.* 1167; Kerry HARNISH, « Interpreting the *Income Tax Act* : Purpose v. Plain Meaning and the Effect of Uncertainty in the Tax Law », (1997) 35 *Alta. L. Rev.* 687.

267 Puisque la législation fiscale a pour principal objectif la perception de revenus, une méthode d'interprétation centrée sur ses objectifs aura tendance à jouer en faveur du fisc, alors que la prévalence du sens littéral aura tendance à favoriser plutôt le contribuable.

l'établissement du sens de la règle fiscale, les arguments tirés des objectifs d'une disposition pourront jouir d'un poids déterminant lorsque le sens littéral est obscur; par contre, leur poids pourra être sensiblement réduit en présence d'un texte dont le sens littéral, analysé à la lumière du contexte, paraît clair (*plain*).

Ces deux principes sont, à certaines nuances près, reflétés dans les motifs du jugement de la Cour dans *Canada* c. *Antosko* :

> « Même si les tribunaux doivent examiner un article de la *Loi de l'impôt sur le revenu* à la lumière des autres dispositions de la Loi et de son objet, et qu'ils doivent analyser une opération donnée en fonction de la réalité économique et commerciale, ces techniques ne sauraient altérer le résultat lorsque les termes de la Loi sont clairs et nets [...]. »[268]

On doit comprendre de cet extrait que lorsque le sens littéral d'une disposition fiscale reste clair et précis alors qu'il est replacé dans le contexte de la loi, le juge devrait généralement accorder primauté à ce sens sur le sens suggéré par la prise en compte des objectifs. L'importance accordée aux arguments textuels dans l'établissement du sens des règles fiscales est critiquée notamment parce qu'elle est contraire au principe de la prévalence de l'esprit sur la lettre, prévalence affirmée par les lois d'interprétation. On lui reproche aussi d'être inconciliable avec le principe voulant que l'interprétation des lois fiscales obéisse aux mêmes règles que les autres lois[269].

La directive affirmant la primauté du texte repose sur des arguments de deux ordres, principalement. D'abord, le mode de rédaction souvent très détaillé de cette législation contribue tout naturellement à accentuer l'importance relative du texte aux yeux du contribuable et de ses conseillers, puis, éventuellement, aux yeux de l'interprète officiel qu'est le juge. Ensuite, certains craignent que la

---

268   *Canada* c. *Antosko*, précité, note 258, 326 et 327 (j. Iacobucci). Dans le même sens : *Duha Printers (Western) Ltd.* c. *Canada*, [1998] 1 R.C.S. 795, 839 (j. Iacobucci). Sur la nécessité, en matière fiscale, d'aller au-delà du texte de la disposition, même si les termes employés peuvent, à première vue, présenter un sens clair et précis, voir les notes du juge Cory dans *Alberta (Treasury Branches)* c. *M.R.N.*, précité, note 258, 977.

269   R. SULLIVAN, *loc. cit.*, note 88, 209 et 210.

possibilité largement offerte d'écarter le sens littéral du texte au profit du sens jugé le plus apte à promouvoir les objectifs de la loi n'introduise trop d'insécurité dans un domaine du droit où, quotidiennement, des décisions de planification sont prises sur le fondement du libellé des dispositions[270].

Sous-paragraphe 2 : Absence de présomption d'interprétation stricte

Comme on l'a vu plus haut, on distinguait traditionnellement les dispositions fiscales selon qu'elles avaient un effet d'imposition ou un effet d'exemption ou de déduction. Lorsqu'on avait à choisir entre un sens étroit et un sens large, les dispositions d'imposition s'interprétaient contre le fisc et les dispositions d'exemption ou de déduction, contre le contribuable.

Il ressort des notes du juge Gonthier dans l'affaire *Québec (Communauté urbaine) c. Corp. Notre-Dame de Bon-Secours*[271] qu'il faut aborder la législation fiscale sans préventions soit en faveur du fisc, soit en faveur du contribuable. Si l'on doit choisir entre le sens étroit

---

270 Ces deux arguments sont exprimés, sous forme de commentaire de l'arrêt *Antosko*, par Peter W. HOGG et Joanne E. MAGEE, *Principles of Canadian Income Tax Law*, Scarborough, Carswell, 1995, pp. 453 et 454 (traduction tirée de *Friesen* c. *Canada*, précité, note 258, 114) : « La *Loi de l'impôt sur le revenu* serait empreinte d'une incertitude intolérable si le libellé clair d'une disposition détaillée de la loi était nuancé par des exceptions tacites tirées de la conception qu'un tribunal a de l'objet de la disposition. [L'arrêt *Antosko*] ne fait que reconnaître que « l'objet » ne peut jouer qu'un rôle limité dans l'interprétation d'une loi aussi précise et détaillée que la *Loi de l'impôt sur le revenu*. [...] C n'est que lorsque le libellé de la loi engendre un certain doute ou une certa ambiguïté quant à son application aux faits, qu'il est utile de recourir à l' d'une disposition ». Cet extrait a été cité avec approbation par le juge dans *Friesen* c. *Canada*, précité, note 258, 114 et par le juge Cory dans (*Treasury Branches*) c. *M.R.N.*, précité, note 258, 977. La dernière phr citation, qui limite l'utilité de l'objet aux cas où le sens du texte est d saurait, à mon avis, être acceptée, car elle pose le problème du recc en termes d'admissibilité ou de pertinence alors qu'il n rationnellement envisagé qu'en termes de poids ou d'autorit p. 366 et suiv., mes commentaires sur la « règle du sens clair des

271 *Québec (Communauté urbaine)* c. *Corp. Notre-Dame de B* note 225.

l'une disposition fiscale, on ne doit pas se demander
avorise le fisc ou le contribuable, mais plutôt lequel
.... réalisation des objectifs de la disposition :

> « Qu'une disposition législative reçoive une interprétation stricte ou
> libérale sera déterminé par le but qui la sous-tend, qu'on aura iden-
> tifié à la lumière du contexte de la loi, de l'objet de celle-ci et de
> l'intention du législateur; c'est l'approche téléologique;
>
> Que l'approche téléologique favorise le contribuable ou le fisc
> dépendra uniquement de la disposition législative en cause et non
> de l'existence de présomptions préétablies [...]. »[272]

Ce passage signifie, notamment, que l'interprétation des dispositions d'exemption ou de déduction n'a plus, comme c'était le cas
encore récemment[273], à être guidée par une présomption favorable
au fisc. L'interprétation d'une disposition d'exemption ou de déduction doit être faite en cherchant à lui donner son plein sens, en accord avec les objectifs recherchés par le législateur[274]. Si cette
recherche du sens au moyen des principes usuels d'interprétation
laisse subsister un doute sérieux, la disposition d'exemption ou de
déduction, tout comme la disposition d'imposition, sera interprétée
en faveur du contribuable.

Sous-paragraphe 3 : La présomption résiduelle en faveur du contribuable

Même si elle obéit aux règles ordinaires d'interprétation, la loi fiscale doit être appliquée en faveur du contribuable lorsque le recours
à ces règles laisse subsister un doute raisonnable. Si la règle
d'interprétation strictement littérale s'est en grande partie es-
tompée, celle qui commande, dans le doute, de préférer la thèse du

---

272 *Id.*, 20.

273 Voir *supra*, la note 244 et le texte correspondant.

'74 Comme le souligne le juge Gonthier dans l'affaire *Notre-Dame de Bon-Secours*,
     précitée, note 226, à la page 18, « rien n'empêche qu'une politique générale de
     levée de fonds soit assujettie à une politique secondaire d'exemption des
     oeuvres sociales. Il s'agit là de deux buts légitimes qui expriment également
     l'intention du législateur et, à ce titre, on voit difficilement pourquoi l'un
     devrait primer l'autre ».

contribuable est toujours applicable. Elle a été invoquée par le juge Estey dans les termes suivants :

> « Il est de droit élémentaire que, dans le domaine de l'impôt, le contribuable n'est pas assujetti au paiement d'impôt à moins que l'opération en cause ne tombe clairement dans le champ d'imposition établi par la loi et les règlements applicables. Lorsque, par exemple, le Parlement a omis quelque expression essentielle à l'assujettissement du contribuable à l'impôt, les cours ont depuis longtemps appliqué le principe que le percepteur ne peut, en pareil cas, recouvrer les impôts réclamés. Il ne fait aucun doute que ce principe se fonde sur le simple raisonnement que le Parlement, en établissant le mécanisme qui permet de recouvrer de la collectivité le coût du gouvernement, doit avoir eu l'intention de recouvrer d'un contribuable particulier sa part de ce coût seulement lorsque la loi fiscale définit clairement cette part. »[275]

Le même principe a aussi été invoqué par les cours d'appel des provinces ces dernières années[276].

Le doute dont le contribuable peut bénéficier doit être « raisonnable »[277] : la loi fiscale doit être « raisonnablement claire »[278]. Ne serait pas raisonnable un doute que l'interprète n'a pas essayé de dissiper grâce aux règles ordinaires d'interprétation : le premier devoir de l'interprète est de rechercher le sens et ce n'est

---

275 *Great Atlantic & Pacific Tea Co.* c. *La Reine*, [1980] 1 R.C.S. 670, 681 et 682. Voir également : *Simpson-Sears Ltd.* c. *Secrétaire provincial du Nouveau-Brunswick*, [1978] 2 R.C.S. 869, 895 (j. Ritchie); *Morguard Properties Ltd.* c. *Ville de Winnipeg*, précité, note 255, 507-509 (j. Estey); *Johns-Manville Canada Inc.* c. *La Reine*, [1985] 2 R.C.S. 46, 72 (j. Estey).

276 *Aluminium du Canada Ltée* c. *Cité de Shawinigan*, [1970] C.A. 847; *P.G. du Québec* c. *Stonehouse*, [1975] C.A. 302; *Chibougamau Lumber Ltée* c. *Sous-ministre du revenu du Québec*, [1976] C.A. 166; *Ville d'Anjou* c. *Trans-Northern Pipeline Co.*, [1984] C.A. 7; *Re Odette*, (1965) 51 D.L.R. (2d) 688 (Ont. C.A.); *Re Director of Assessment and Harvard Realty Ltd.*, (1980) 106 D.L.R. (3d) 739 (N.S.C.A.); *Re MacMillan Bloedel Ltd. and Assessors of Area 07*, (1984) 1 D.L.R. (4th) 663 (B.C.C.A.).

277 *Montreal Light, Heat & Power Consolidated* c. *City of Westmount*, précité, note 240, 519 (j. Anglin).

278 *In re Fleet Estate, Minister of National Revenue* c. *Royal Trust Co.*, précité, note 239, 744 (j. Rand); *Wanklyn* c. *Minister of National Revenue*, précité, note 247, 73 (j. Cartwright).

qu'à défaut de pouvoir arriver à un résultat raisonnablement certain
que l'on peut choisir de retenir celui, de plusieurs sens possibles, qui
favorise le contribuable[279]. La présomption de l'interprétation favorable au contribuable se présente donc aujourd'hui comme une
présomption simple, à caractère subsidiaire. Dans *Simpson-Sears Ltd.
c. Secrétaire provincial du Nouveau-Brunswick*[280], le juge Ritchie a
cité l'extrait suivant d'un arrêt anglais exprimant clairement le caractère subsidiaire du principe de l'interprétation favorable au
contribuable :

> « Les avocats sont enclins à utiliser l'adjectif "pénal" pour décrire les
> conséquences rigoureuses d'une disposition imposant une taxe, mais
> si la signification de la disposition est raisonnablement claire, les tri-
> bunaux ne peuvent en atténuer la rigueur. Par contre, si la disposi-
> tion est susceptible de deux interprétations, les tribunaux
> préféreront l'interprétation la plus favorable au sujet. Si la disposi-
> tion est si obscure qu'aucune signification raisonnablement claire ne
> s'en dégage, les tribunaux ne pourront lui reconnaître aucun ef-
> fet. »[281]

Plus récemment, le juge Gonthier a ainsi énoncé le caractère subsidiaire de la présomption favorable au contribuable, présomption
qui s'applique, rappelons-le, même aux dispositions prévoyant des
exemptions ou des déductions :

> « Seul un doute raisonnable et non dissipé par les règles ordinaires
> d'interprétation sera résolu par le recours à la présomption rési-
> duelle en faveur du contribuable. »[282]

---

279 R. c. *Assessors of Edmundston*, [1941] 3 D.L.R. 61, 63 et 64 (j. Baxter) (N.B.C.A.);
     Constructions Penan Ltée c. *Cité de Hull*, [1975] C.A. 394, 396 (j. Kaufman); *Re
     Regional Assessment Commissioners and Xerox of Canada Ltd.*, (1980) 106 D.L.R.
     (3d) 147, 149 (j. Linden) (Ont.H.C.), confirmé par (1981) 115 D.L.R. (3d) 428 (Ont.
     C.A.) et infirmé par [1981] 2 R.C.S. 137; *Re Gossner and Regional Assessment
     Commissioner*, (1983) 148 D.L.R. (3d) 643 (Ont.Div.Ct.).

280 *Simpson-Sears Ltd.* c. *Secrétaire provincial du Nouveau-Brunswick*, précité,
     note 275, 895 (traduction).

281 *Inland Revenue Commissioners* c. *Ross and Coulter*, [1948] 1 All E.R. 616, 625.

282 *Québec (Communauté urbaine)* c. *Corp. Notre-Dame de Bon-Secours*, précité,
     note 225, 20.

SECTION 3 : LES LOIS FAVORABLES (*REMEDIAL*)

En common law, la tradition consacre une distinction entre les lois pénales (*penal*) et lois rémédiatrices (*remedial*) : les premières s'interprètent restrictivement et les secondes, extensivement[283]. Cette classification correspond à celle que l'on trouve dans la tradition civiliste entre les lois odieuses, d'interprétation restrictive, et les lois favorables, d'interprétation large[284].

On se rappellera que le législateur, dans les lois d'interprétation, a édicté que toutes les lois devaient être considérées comme rémédiatrices et, en tant que telles, recevoir une interprétation large et libérale[285]. Cette directive d'interprétation large a été peu suivie par les tribunaux. Comme on vient de le voir dans les pages précédentes, les directives d'interprétation restrictive au nom de la protection des droits et libertés de la personne se sont largement maintenues malgré les prescriptions des lois d'interprétation favorisant l'interprétation extensive.

Au cours des dernières années, toutefois, on a vu apparaître, ici et là, dans la jurisprudence, des directives d'interprétation large de certains types de lois que j'appellerai « favorables » pour rendre l'anglais « *remedial* ». Ces directives d'interprétation en émergence, on peut les regrouper en trois catégories, selon qu'elles touchent la protection des droits et libertés de la personne, la protection contre les abus de l'État et la protection des membres de groupes défavorisés.

Les tribunaux ayant interprété restrictivement les lois attentatoires aux droits et libertés de la personne, il est logique qu'ils interprètent

---

283 Le terme « *remedial* » tire vraisemblablement son origine de la *Mischief Rule* selon laquelle le rôle des *statutes* consiste à remédier à des lacunes de la common law. On trouve aussi le terme « *beneficial* » pour désigner les lois qui sont d'interprétation large.

284 Au sujet de cette distinction, voir : François OST et Michel van de KERCHOVE, *Entre la lettre et l'esprit – Les directives d'interprétation en droit*, Bruxelles, Bruylant, 1989, pp. 73 et 74. Il y a tout lieu de penser que la distinction *penal statute/remedial statute* en common law est issue de la distinction loi odieuse/loi favorable du droit canonique : P.-A. CÔTÉ, *loc. cit.*, note 128, 81.

285 Voir *supra*, p. 478 et suiv.

généreusement les textes qui ont pour objet la protection de ces mêmes droits et libertés. Effectivement, il s'est développé, au cours des dernières années, une directive d'interprétation large et libérale des lois, à caractère constitutionnel ou non, qui visent à garantir les droits et libertés de la personne.

Pour ce qui est de la *Charte canadienne des droits et libertés*, il est devenu banal d'affirmer qu'elle ne s'interprète pas de façon « étroite et formaliste »[286], mais bien plutôt de façon « libérale » (« *generous* »)[287]. Cette directive vaut également pour les autres textes garantissant les droits et libertés de la personne. Dans *Compagnie des chemins de fer nationaux du Canada c. Canada (Commission canadienne des droits de la personne)*[288], où il s'agissait d'interpréter la *Loi canadienne sur les droits de la personne*[289], le juge Dickson rappelle « ce guide qu'offre la *Loi d'interprétation* fédérale lorsqu'elle précise que les textes de loi sont censés être réparateurs et doivent s'interpréter de la façon juste, large et libérale la plus propre à assurer la réalisation de leurs objets »[290]. La directive favorisant l'interprétation large de la législation sur les droits de la personne n'autorise toutefois pas les tribunaux ou les commissions administratives à « faire abstraction des termes restrictifs de la loi ni autrement contourner l'intention du législateur »[291].

Les lois qui cherchent à protéger les personnes contre les abus de l'action étatique ont aussi été considérées comme des lois favorables sujettes à une directive d'interprétation large. Ce motif n'est sans doute pas étranger à l'interprétation généreuse des chartes des

286   Termes employés par le juge Estey dans *Law Society of Upper Canada* c. *Skapinker*, [1984] 1 R.C.S. 357, 366.

287   Terme employé par le juge Dickson dans *R. c. Big M. Drug Mart Ltd.*, [1985] 1 R.C.S. 295, 344.

288   *Compagnie des chemins de fer nationaux du Canada* c. *Canada (Commission canadienne des droits de la personne)*, [1987] 1 R.C.S. 1114.

289   *Loi canadienne sur les droits de la personne*, L.R.C. (1985), c. H-6.

290   *Compagnie des chemins de fer nationaux du Canada* c. *Canada (Commission canadienne des droits de la personne)*, précité, note 288, 1134. On verra aussi : *Robichaud* c. *Canada (Conseil du Trésor)*, [1987] 2 R.C.S. 84, 90 (j. La Forest);

291   *Université de la Colombie-Britannique* c. *Berg*, [1993] 2 R.C.S. 353, 371(j. Lamer).

droits. En outre, dans *British Columbia Development Corporation* c. *Friedman*[292], le juge Dickson a qualifié de « *remedial* » l'*Ombudsman Act* de la Colombie-Britannique, et, à ce titre, il l'a déclaré sujet à l'interprétation « large et libérale » prescrite par la *Loi d'interprétation* de cette province. Dans l'arrêt *Régie des transports en commun de la région de Toronto* c. *Dell Holdings Ltd.*[293], les dispositions de la *Expropriations Act* de l'Ontario relatives au versement de l'indemnité ont été déclarées d'interprétation large et libérale à titre de mesures réparatrices (*remedial*).

On voit enfin se développer, de nos jours, des directives d'interprétation généreuse des textes visant à attribuer ou à reconnaître des droits ou des avantages à des personnes qui appartiennent à des groupes défavorisés. Ces directives sont plus ou moins à l'État Providence ce que sont les directives de protection des droits individuels à l'État libéral.

Ainsi, la Cour suprême a appliqué une directive d'interprétation libérale à la *Loi sur l'assurance-chômage*[294]. Dans *Canadien Pacifique Ltée* c. *P.G. du Canada*[295], le juge La Forest écrit qu'« une loi ayant pour objet la sécurité sociale doit être interprétée de manière à atteindre ce but. Il ne s'agit pas d'une loi fiscale ». L'interprétation libérale de cette même loi a été préconisée par la juge Wilson dans *Abrahams* c. *P.G. du Canada*[296] ainsi que par la juge L'Heureux-Dubé dans *Hills* c. *P.G. du Canada*[297].

Dans *Finlay* c. *Canada (Ministre des Finances)*[298], la juge McLachlin, en dissidence, a énoncé un principe général d'interprétation selon

---

292 *British Columbia Development Corp.* c. *Friedman,* [1984] 2 R.C.S. 447, 458.

293 *Régie des transports en commun de la région de Toronto* c. *Dell Holdings Ltd.,* précité, note 212, 45.

294 *Loi sur l'assurance-chômage,* L.R.C. (1985), c. U-1.

295 *Canadien Pacifique Ltée* c. *P.G. du Canada,* [1986] 1 R.C.S. 678, 689.

296 *Abrahams* c. *P.G. du Canada,* [1983] 1 R.C.S. 2, 10.

297 *Hills* c. *P.G. du Canada,* [1988] 1 R.C.S. 513, 537. Voir également *P.G. du Canada* c. *Xuan,* [1994] 2 C.F. 348 (C.A.).

298 *Finlay* c. *Canada (Ministre des Finances),* [1993] 1 R.C.S. 1080, 1113.

lequel « un tribunal, face à des termes généraux ou à des interprétations contradictoires résultant d'ambiguïtés dans un texte législatif, doit adopter l'interprétation la plus propre à assurer une assistance publique convenable ». Le juge Iacobucci a, pour sa part, invoqué un principe d'interprétation large de la *Loi sur les normes d'emploi* de l'Ontario : à titre de « loi qui confère des avantages » (*benefits-conferring legislation*), « elle doit être interprétée de façon libérale et généreuse. Tout doute découlant de l'ambiguïté des textes doit être interprété en faveur du demandeur (*claimant*) »[299].

Une directive d'interprétation libérale s'applique également aux textes qui garantissent les droits des autochtones. Dans *Nowegijick* c. *La Reine*, le juge Dickson a affirmé que « les traités et les lois visant les Indiens doivent recevoir une interprétation libérale et toute ambiguïté doit profiter aux Indiens »[300]. Le juge Dickson a réitéré ce principe dans *Simon* c. *La Reine*[301] et cette directive a été souvent réaffirmée depuis[302]. Elle ne va toutefois pas jusqu'à autoriser le tribunal à retenir l'interprétation favorable aux autochtones lorsque

[299] *Rizzo & Rizzo Shoes Ltd. (Re)*, précité, note 67, 47. Voir également, en matière de normes du travail : *Helping Hands Agency Ltd.* c. *British Columbia (Director of Employment Standards)*, (1996) 131 D.L.R. (4th) 336 (B.C.C.A.). En matière d'indemnisation des lésions professionnelles : *Chaput* c. *Montréal*, (S.T.C.U.M.), [1992] R.J.Q. 1774 (C.A.). Sur l'interprétation large de la *Loi sur l'assurance automobile du Québec* : *Langlois* c. *Dagenais*, [1992] R.R.A. 489 (C.A.); *Lemay* c. *Productions Pram inc.*, [1992] R.J.Q. 1738 (C.A.) et Daniel GARDNER, « La *Loi sur l'assurance automobile* : loi d'interprétation libérale? », (1992) 33 *C. de D.* 485. Si la notion d'accident d'automobile est entendue de façon large par les tribunaux de l'ordre judiciaire, l'appréciation du lien de causalité, qui relève d'un tribunal administratif, est faite de façon plutôt stricte : Robert TÉTRAULT, « L'appréciation du lien de causalité entre le préjudice corporel et le fait accidentel dans le cadre de la *Loi sur l'assurance-automobile* », (1998-99) 28 *R.D.U.S.* 245.

[300] *Nowegijick* c. *La Reine*, [1983] 1 R.C.S. 29, 36.

[301] *Simon* c. *La Reine*, [1985] 2 R.C.S. 387.

[302] Voir notamment : *Mitchell* c. *Bande indienne Peguis*, [1990] 2 R.C.S. 85, 143 (j. La Forest) : « il est clair que dans l'interprétation d'une loi relative aux Indiens, et particulièrement de la *Loi sur les Indiens*, il convient d'interpréter de façon large les dispositions qui visent à maintenir les droits des Indiens et d'interpréter de façon restrictive les dispositions visant à les restreindre ou à les abroger ». Aussi : *R.* c. *Sioui*, [1990] 1 R.C.S. 1025, 1035 (j. Lamer); *Bande indienne des Opetchesaht* c. *Canada*, [1997] 2 R.C.S. 119, 153 (j. McLachlin).

celle-ci paraît inconciliable avec les politiques que la loi tente de promouvoir[303].

SECTION 4 : L'UNIFORMITÉ DU DROIT

Les tribunaux considèrent l'uniformité du droit comme une valeur juridique importante : le fait qu'une disposition présente un caractère d'exception peut entraîner son interprétation et son application stricte. En cas de doute, un juge peut être justifié d'appliquer la règle générale plutôt que l'exception.

Le juge Gonthier a donné une juste expression du principe dont il est ici question lorsqu'il a écrit que « lorsque le législateur prévoit une règle générale et énumère certaines exceptions, ces dernières doivent être considérées comme exhaustives et dès lors interprétées de façon stricte »[304]. On aura noté qu'il est ici question de ne pas étendre une disposition d'exception et non pas de l'interpréter de la façon la plus étroite possible[305]. En effet, les motifs qui ont conduit le législateur à énoncer des règles d'exception sont aussi dignes de respect que ceux qui justifient les règles générales. Le principe est donc que les exceptions ne doivent pas être étendues : dans le doute, on doit favoriser l'application de la règle générale plutôt que celle de l'exception.

Le principe voulant que les dispositions d'exception s'interprètent et s'appliquent de façon non extensive est souvent invoqué à l'égard de dispositions d'une loi qui apportent des dérogations aux principes que celle-ci énonce. Par exemple, on a fréquemment affirmé que l'on devait interpréter de façon limitative ou étroite les dispositions des

---

303 Voir les motifs du juge La Forest dans *Mitchell* c. *Bande indienne Peguis*, précité, note 302, 143, motifs cités avec approbation par le juge Iacobucci dans *R.* c. *Lewis*, précité, note 51, 953.

304 *Québec (Communauté urbaine)* c. *Corp. Notre-Dame de Bon-Secours*, précité, note 225, 18.

305 C'est, je crois, ce qu'a voulu signifier le juge Gonthier lorsqu'il a écrit, en contexte de droit civil : « Bien que les exceptions ne doivent pas, généralement, devenir plus importantes que les règles générales, il n'est pas nécessaire de les restreindre au point de les vider de leur sens normal. » *Canadian Indemnity Company* c. *Canadian Johns-Manville Company*, [1990] 2 R.C.S. 549, 574.

lois antidiscriminatoires qui, par dérogation aux dispositions générales de la loi, autorisent certaines distinctions lorsqu'elles sont faites à des fins que la loi spécifie[306].

Il semblerait que les tribunaux québécois soient davantage portés que leurs homologues des provinces de common law à justifier leurs décisions en faisant appel au caractère d'exception d'une disposition d'une loi par rapport à une autre disposition de celle-ci[307].

Cette différence serait, selon toute vraisemblance, attribuable à l'influence, dans l'interprétation des statuts au Québec, des techniques d'interprétation civilistes. Dans la tradition civiliste, qui admet l'extension analogique d'une disposition à des cas qu'elle ne vise pas formellement, la distinction entre la règle générale et l'exception est fondamentale au point de vue de l'interprétation, car elle détermine l'interprétation extensive ou stricte d'une disposition[308]. Formés à cette technique, les juges québécois la transposent en droit statutaire. Celui-ci peut cependant être envisagé lui-même comme un droit d'exception par rapport au droit commun : dans cette perspective, une exception dans un texte statutaire peut être interprétée d'une manière extensive si elle tend à rétablir les règles de droit commun que le texte avait écartées[309].

306   *Bhinder* c. *Compagnie des chemins de fer nationaux du Canada*, [1985] 2 R.C.S. 561, 567 et 589; *Brossard (Ville)* c. *Québec (Commission des droits de la personne)*, [1988] 2 R.C.S. 279, 307; *Zurich Insurance Co.* c. *Ontario (Commission des droits de la personne)*, [1992] 2 R.C.S. 321, 339; *Dickason* c. *Université de l'Alberta*, [1992] 2 R.C.S. 1103, 1124.

307   Par exemple : *Commissaires d'Écoles pour la Municipalité scolaire de Saint-Gervais* c. *Bélanger*, [1969] B.R. 27, infirmé par [1970] R.C.S. 948; *Ville de Touraine* c. *Commission scolaire Champlain*, [1979] C.A. 401; *Campisi* c. *P.G. du Québec*, [1977] C.S. 1067; *Lefebvre* c. *Coutu et Joseph*, [1975] C.P. 205; *Conseil scolaire de l'Île de Montréal* c. *Ville St-Pierre*, [1982] C.A. 469; *Québec (Sous-ministre du Revenu)* c. *Bergeron*, [1994] R.J.Q. 2552 (C.S.); *Labbé* c. *Laflamme*, [1997] R.J.Q. 1054 (C.S.).

308   Par exemple *Hennessy* c. *Kermath*, [1965] B.R. 621; *Collège Laval de St-Vincent-de-Paul* c. *Commission scolaire Les Écores*, [1976] C.A. 544.

309   *Ministre des Transports et Communications de la province de Québec* c. *Levasseur Construction Inc.*, précité, note 161, 299 et 300; *Dupuis* c. *Cité de Sherbrooke*, [1973] C.S. 139, 141; *Centre de psychologie préventive et de développement humain G.S.M. Inc.* c. *Imprimerie populaire Ltée*, [1997] R.R.A. 376, 381 (C.S.). Voir aussi : Alain-François BISSON, « L'interprétation adéquate

Une disposition peut être interprétée de façon étroite à titre d'exception à des règles posées dans une autre loi de portée plus générale. Par exemple, dans *P.G. du Québec* c. *Devlin*[310], le tribunal a interprété limitativement certaines dispositions de la *Loi de la fonction publique* en raison de leur caractère dérogatoire par rapport au *Code du travail*[311].

Une disposition peut également s'interpréter restrictivement parce qu'elle déroge aux règles ou aux principes qu'énoncent la common law ou le droit civil[312]. Ainsi comprise, la règle de l'interprétation restrictive des dispositions d'exception se confond avec celle qui exige que les modifications au droit commun, common law ou droit civil, soient formulées avec clarté[313]. Elle se confond aussi avec le principe qui exige un texte clairement formulé pour priver quelqu'un des droits et libertés que le droit commun lui reconnaît : droit d'agir devant les tribunaux[314] droit d'être indemnisé de dommages[315], liberté professionnelle[316], et ainsi de suite.

---

des lois », dans Ernest CAPARROS (dir.), *Mélanges Louis-Philippe Pigeon*, Montréal, Wilson et Lafleur, 1989, p. 87, aux pages 96-99.

310   *P.G. du Québec* c. *Devlin*, [1974] C.S. 327.

311   Dans le même sens : *Bordeleau* c. *Cité de Joliette*, (1939) 66 B.R. 257.

312   *City of Quebec* c. *United Typewriter Co.*, précité, note 83; *Mingarelli* c. *Montreal Tramways Co.*, [1959] R.C.S. 43; *Clarkson Co.* c. *Ace Lumber Ltd.*, [1963] R.C.S. 110; *A.G. of Canada* c. *Mandigo*, [1965] B.R. 259; *Joint Committee of the Men's and Boys' Clothing Industries for the Province of Quebec* c. *H. & J. Pants Contractors Co. and Fellig*, [1972] C.A. 388; *Commission scolaire de Rouyn-Noranda* c. *Lalancette*, [1976] C.A. 201; *General Motors Acceptance Corporation of Canada* c. *Boucher*, [1979] C.A. 250; *Trempe* c. *Dow Chemical of Canada Ltd.*, [1980] C.A. 571; *Corpex (1977) Inc.* c. *Brisk Corporation*, [1980] C.S. 1; *Mercure, Béliveau et Associés et Compagnie Montréal Trust* c. *Gaz Métropolitain Inc.*, [1980] C.S. 471.

313   Voir *infra*, p. 639 et suiv.

314   *Giguère* c. *Samson*, [1971] C.A. 713.

315   *Lévesque* c. *Ministre de la Voirie*, [1975] C.A. 227.

316   *Pauzé* c. *Gauvin*, [1954] R.C.S. 15, 18 (j. Taschereau); *Laporte* c. *Collège des pharmaciens de la province de Québec*, [1976] 1 R.C.S. 101, 102 (j. De Grandpré); *Corporation professionnelle des médecins du Québec* c. *Larivière*, [1984] C.A. 365.

Enfin, sont aussi d'interprétation restrictive les lois d'intérêt local ou privé obtenues par leurs promoteurs qui se font concéder des régimes juridiques dérogatoires[317]. On applique d'ailleurs parfois à ces lois la règle voulant qu'un texte s'interprète au détriment de celui qui l'a rédigé : « *contra proferentem* »[318]. Notons toutefois qu'il n'y a pas lieu d'interpréter restrictivement un texte qui confère clairement un régime juridique exorbitant du droit commun[319].

SECTION 5 : LA STABILITÉ DU DROIT

L'auteur des textes législatifs est réputé être informé des règles et principes du droit existant et on lui impute l'intention de ne pas vouloir y déroger sans nécessité : c'est une règle bien établie que le législateur n'est pas censé vouloir produire des changements d'importance dans le droit au-delà de ces modifications qu'il édicte expressément ou par implication nécessaire.

Pour cette raison, outre qu'ils appliquent à l'interprétation des textes législatifs une présomption de stabilité, les tribunaux verront dans le fait qu'une loi introduit un changement important ou brusque dans le droit un motif d'interprétation stricte.

Sous-section 1 : La présomption de stabilité du droit

S'il se présente un doute dans l'interprétation d'une loi, un juge peut être justifié, toutes choses étant égales par ailleurs, de préférer le sens qui assure la continuité avec le droit existant à celui qui sup-

---

317 *Compagnie pour l'éclairage au gaz de St-Hyacinthe* c. *Compagnie des pouvoirs hydrauliques de St-Hyacinthe*, (1896) 25 R.C.S. 168; *City of Ottawa* c. *Royal Trust Co.*, précité, note 259, 540 (j. Spence, dissident); *Shaughnessy Heights Property Owners' Association* c. *Campbell and Campbell*, [1951] 2 D.L.R. 62 (B.C.S.C.).

318 *Compagnie pour l'éclairage au gaz de St-Hyacinthe* c. *Compagnie des pouvoirs hydrauliques de St-Hyacinthe*, précité, note 317, 174. Ce serait là un argument faible : *B.C. Electric Railway Co.* c. *Pribble*, [1926] A.C. 466, 474 (Lord Sumner).

319 *Kelly Gagnon et Quigley* c. *Saint-John River Power Co.*, [1931] R.C.S. 349, 355 (j. Newcombe).

pose une rupture avec celui-ci[320]. Le juge Cory, s'exprimant au nom de la majorité dans *Rawluk* c. *Rawluk*, a écrit :

> « Il est banal mais juste d'affirmer qu'en règle générale le législateur est présumé ne pas s'écarter du droit existant [traduction] "sans exprimer de façon incontestablement claire son intention de le faire" (*Goodyear Tire & Rubber co. of Canada* v. *T. Eaton Co.*, [1956] R.C.S. 610, à la p. 614). »[321]

Cette présomption est d'autant plus forte que le changement paraît important : l'auteur du texte étant censé connaître le droit existant[322], il est peu vraisemblable qu'il ait voulu y introduire, sans le dire, des changements importants.

La jurisprudence donne au principe d'interprétation dont il est ici question des formulations très variées. Dans son extension la plus grande, il signifierait que le droit n'est pas modifié au-delà de ce que la loi énonce de façon explicite :

> « [O]n ne doit pas présumer qu'une loi modifie le droit au-delà de ce qu'elle déclare expressément. »[323]

Il y aurait donc une « présomption contre toute modification implicite du droit » en vertu de laquelle « on ne peut présumer que le Parlement a l'intention de déroger au droit existant plus qu'il ne le déclare expressément »[324].

Dans *Minet* c. *Leman*, le maître des rôles Romilly a posé le principe de la façon suivante :

> « Les termes généraux de la loi ne doivent pas être interprétés de façon à modifier l'économie antérieure du droit à moins que l'on ne

---

320 En ce sens : *George Wimpey & Co.* c. *British Overseas Airways Corp.*, [1955] A.C. 169, 191 (Lord Reid).

321 *Rawluk* c. *Rawluk*, [1990] 1 R.C.S. 70, 90.

322 *Walker* c. *The King*, [1939] R.C.S. 214, 219 et 220 (j. Duff).

323 *Wellesley Hospital* c. *Lawson*, précité, note 58, 904 (j. Pigeon).

324 *R.* c. *Drybones*, [1970] R.C.S. 282, 305 (j. Pigeon, dissident).

puisse attacher à ces termes aucun sens ou signification compatibles avec l'intention de garder intacte l'économie existante »[325].

Une autre formulation du principe en limite le champ d'application aux seuls changements qui sont d'importance. Dans *Cité de Lévis* c. *Bégin*, le juge Rinfret a fait sien l'énoncé du principe qui se trouve dans Maxwell[326], énoncé plus tard repris par le juge Fauteux dans *Nadeau et Bernard* c. *Gareau*[327] :

> « Une législature n'est pas présumée avoir l'intention d'apporter des modifications fondamentales à la loi au-delà de ce qu'elle déclare explicitement, soit en termes exprès ou nécessairement implicites ou, en d'autres mots, au-delà du cadre et de l'objet immédiat de la loi nouvelle. »[328]

C'est sous cette forme que le principe a été le plus souvent appliqué par les tribunaux[329]. On aura noté que certains énoncés de la directive favorisant le maintien du droit antérieur exigent une mention expresse pour que celui-ci soit écarté alors que d'autres n'exigent qu'une manifestation claire de la volonté du législateur, sans que cette intention n'ait à être formellement exprimée. C'est la seconde formulation qu'il faut retenir : la suppression du droit antérieur n'a pas à être expressément prévue. Il suffit que l'intention du législateur dans ce sens apparaisse de façon claire[330].

---

325   *Miret* c. *Leman,* (1855) 20 Beav. 269, 278; 52 E.R. 606, 610 (traduction puisée à *Wellesley Hospital* c. *Lawson,* précité, note 58).

326   *Cité de Lévis* c. *Bégin,* [1926] R.C.S. 65, 70.

327   *Nadeau et Bernard* c. *Gareau,* [1967] R.C.S. 209, 218.

328   On trouvera des énoncés analogues à celui du juge Fauteux dans *Goodyear Tire & Rubber Co. of Canada* c. *T. Eaton Co.,* [1956] R.C.S. 610, 613 et 614 et dans *Goldhar* c. *The Queen,* [1960] R.C.S. 60, 65.

329   Par exemple : *Sommers* c. *The Queen,* [1959] R.C.S. 678, 683 (j. Fauteux); *City of Sault Ste-Marie and Danby* c. *Algoma Steel Corp.,* [1961] R.C.S. 739, 749 (j. Martland); *Batary* c. *A.G. for Saskatchewan,* [1965] R.C.S. 465, 476 (j. Cartwright); *Langstaff* c. *Bar of the Province of Quebec,* (1916) 25 B.R. 11, 17 (j. Pelletier); *Desmarais et Leblanc* c. *Théberge et Daudelin,* [1973] C.S. 638, 644 (j. Vallerand).

330   *Gendron* c. *Syndicat des approvisionnements et des services de l'Alliance de la fonction publique du Canada, section locale 50057,* [1990] 1 R.C.S. 1298, 1317.

L'intention de maintenir ou d'écarter le droit antérieur peut, dans certaines circonstances, se déduire de la nature exhaustive ou non du régime législatif mis en place par le législateur. Si le tribunal estime que le législateur a entendu établir des règles exhaustives dans une matière donnée, la conclusion que le droit antérieur relatif à cette matière est écarté s'imposera d'elle-même[331]. Si, par contre, la loi interprétée n'a pas de prétention à l'exhaustivité, le tribunal pourra plus facilement admettre la survie du droit antérieur[332].

On trouvera également la présomption de stabilité du droit énoncée par rapport aux principes généraux ou fondamentaux du droit. On supposera que le législateur n'entend pas y déroger à moins qu'il n'en manifeste clairement l'intention :

> « [I]l ne faut pas présumer que le législateur dérogerait aux principes généraux du droit sans manifester de façon absolument claire son intention de le faire. »[333]

Ainsi formulé, le principe a été appliqué en particulier à des textes qui auraient dérogé aux principes généraux du droit judiciaire[334], de la responsabilité civile[335], ou de l'enregistrement des droits réels[336].

Souvent aussi, le principe de stabilité sera énoncé non pas par rapport à la modification du droit en général, mais avec celle du droit commun, c'est-à-dire le droit civil ou la common law :

---

[331] *Id.*, 1317 et 1318. Aussi : *Re Zaidan Group Ltd. and City of London*, (1990) 71 O.R. (2d) 65, 69 (Ont.C.A.).

[332] *Vidéotron Ltée* c. *Industries Mirolec produits électroniques Inc.*, [1992] 2 R.C.S. 1065, 1080. Aussi : *Zurich Indemnity Co. of Canada* c. *Libman*, [1997] R.J.Q. 657 (C.S.).

[333] *Rickart* c. *La Reine*, [1970] R.C.S. 1022, 1032 (j. Fauteux, dissident).

[334] *Robillard* c. *Commission hydro électrique de Québec*, [1954] R.C.S. 695, 702 (j. Rinfret).

[335] *City of Vancouver* c. *Burchill*, [1932] R.C.S. 620, 624 (j. Rinfret); *Wellesley Hospital* c. *Lawson*, précité, note 58, 905 (j. Pigeon); *Grand Trunk Railway Co. of Canada* c. *Poulin*, (1918) 27 B.R. 141, 146 (j. Archambeault).

[336] *United Trust Co.* c. *Dominion Stores Ltd.*, [1977] 2 R.C.S. 915, 952 (j. Spence); voir aussi *Roy Caisses enregistreuses Ltée* c. *Majianesi*, [1977] C.A. 569, 575 (j. Paré, dissident).

« Une règle fondamentale est que les statuts doivent être interprétés, autant que possible, en harmonie avec le droit commun. Le
législateur n'est pas présumé avoir voulu modifier le droit commun
au-delà de ce qu'il en déclare expressément. »[337]

Dans *Cotroni* c. *Commission de police du Québec*, le juge Pigeon a
posé le principe dans les termes suivants :

« Un principe de common law n'est pas écarté par une loi qui n'en
parle pas. »[338]

Ces termes ont été repris par le juge Beetz dans *Société Radio-
Canada* c. *Commission de police du Québec*[339]. Une autre manière de
formuler le principe consiste à dire que le législateur n'est pas censé
vouloir l'extinction ou la modification de droits sanctionnés par le
droit commun (les *common law rights*) : on interprétera donc la loi
de manière à les maintenir intacts[340].

La présomption de stabilité du droit a trouvé à s'appliquer d'une
manière particulière aux modifications apportées à la compétence
des tribunaux : « les juridictions devant être certaines »[341], les tribu-

---

[337]   *Banque Canadienne Nationale* c. *Carette*, [1931] R.C.S. 33, 42 (j. Rinfret). Voir
aussi : *Lamontagne* c. *Quebec Railway, Light, Heat & Power Co.*, (1915) 50 R.C.S.
423.

[338]   *Cotroni* c. *Commission de police du Québec*, [1978] 1 R.C.S. 1048, 1057.

[339]   *Société Radio-Canada* c. *Commission de police du Québec*, [1979] 2 R.C.S. 618,
644. Voir aussi *Montreal Tramways Co.* c. *Savignac*, (1918) 27 B.R. 246, 255
(j. Carroll), confirmé par [1920] A.C. 408 et *Bisaillon* c. *Keable*, [1983] 2 R.C.S. 60,
102-103 (j. Beetz).

[340]   *Gordon* c. *Hebblewhite*, [1927] R.C.S. 29, 32 (j. Anglin); *Prentice* c. *City of Sault
Ste-Marie*, [1928] R.C.S. 309, 317 (j. Anglin); *Upper Ottawa Improvement Co.* c.
Hydro-Electric Power Commission of Ontario, [1961] R.C.S. 486, 501 (j. Locke);
B.G. Linton Construction Ltd. c. *Compagnie des Chemins de fer nationaux du
Canada*, [1975] 2 R.C.S. 678, 710 (j. Spence, dissident); *Bhatnager* c. *Canada
(Ministre de l'Emploi et de l'Immigration)*, [1990] 2 R.C.S. 217, 228 (j. Sopinka);
voir aussi les arrêts cités à la note 145. La disposition de l'article 10 de la *Loi
d'interprétation* du Québec de 1868 qui avait pour effet de rendre inopérante,
sauf mention contraire, toute disposition législative contraire à celles du *Code
civil du Bas Canada* ou du *Code de procédure civile* du Bas Canada a été
abrogée : *Loi portant abrogation des lois et dispositions législatives omises lors
des refontes de 1888, 1909, 1925, 1941 et 1964*, L.Q. 1985, c. 37, art. 1.

[341]   *Cité de Montréal* c. *A & P Food Stores Ltd.*, [1949] B.R. 789, 801 (j. Marchand).

naux ont exigé du législateur un surcroît de clarté pour les modifier. En l'absence d'un texte clair, on présume que la compétence n'est pas modifiée :

> « Il est de principe, et bien nécessaire, que les attributions de juridiction, par la puissance qu'elles donnent sur les personnes et sur leurs droits, doivent être expresses et ne pas être laissées aux doutes de déduction et d'interprétation. »[342]

La présomption s'appliquera avec d'autant plus de force lorsque la modification a pour effet de limiter la compétence d'une cour supérieure :

> « La règle générale est bien établie : la compétence des cours supérieures n'est pas limitée, sauf en termes exprès ou par implication nécessaire. »[343]

En effet, « le droit du citoyen de s'adresser aux tribunaux de droit commun est la règle générale et toute restriction à l'exercice de ce droit constitue une exception et doit s'interpréter strictement »[344]. Les tribunaux ont exigé du législateur des textes « clairs comme de l'eau de roche »[345] pour admettre l'exclusion du pouvoir de surveillance de la Cour. Les clauses privatives de juridiction ont été interprétées d'une manière extrêmement restrictive[346] et c'est seulement lorsque les tribunaux les ont jugées absolument claires qu'ils ont accepté de leur donner leur plein effet[347].

---

[342] *Cité de Montréal* c. *Be-St Realties Corp.*, [1948] B.R. 81, 93 (j. Marchand). Voir aussi *Canadian National Railway Co.* c. *Lewis*, [1930] R.C. de l'É. 145, 150 (j. Audette).

[343] *Albon* c. *Pyke*, (1842) 4 Man. & G. 421, 424; 134 E.R. 172, 174 (j. Tindal) (traduction).

[344] *Association des policiers de la Cité de Giffard* c. *Cité de Giffard*, [1968] B.R. 863, 867 (j. Tremblay).

[345] *Syndicat national des travailleurs de la pulpe et du papier de La Tuque Inc.* c. *C.R.O.*, [1958] B.R. 1, 24 (j. Hyde, dissident) (traduction).

[346] Par exemple : *Alliance des professeurs catholiques de Montréal* c. *Labour Relations Board of Quebec*, précité, note 169; *Toronto Newspaper Guild* c. *Globe Printing Co.*, [1953] 2 R.C.S. 18.

[347] Par exemple : *Sanders* c. *La Reine*, [1970] R.C.S. 109; *Succession Woodward* c. *Ministre des Finances*, [1973] R.C.S. 120.

Il faut, à cet égard, établir une nette distinction entre l'hypothèse où la loi supprime une partie de la compétence d'une cour supérieure et celle où elle attribue une partie de cette compétence à un tribunal inférieur, sans supprimer la compétence de la cour supérieure :

> « Sous réserve de considérations constitutionnelles, si une loi, interprétée dans son contexte et selon son sens ordinaire, confère clairement à un tribunal inférieur une compétence dont une cour supérieure jouit en common law, sans priver cette dernière de sa compétence, cette loi doit avoir effet. »[348]

La présomption de stabilité du droit est probablement la plus décriée des présomptions interprétatives. Elle incarne un principe conservateur selon lequel tout changement dans le droit doit faire l'objet d'une démonstration. Vers la fin du siècle dernier, Sir Frederick Pollock fustigeait ainsi la résistance aux innovations législatives dont faisaient preuve nombre de juges :

> « Il existe toute une science de l'interprétation, mieux connue des juges et des rédacteurs de lois que la plupart des membres de la législature elle-même. Certaines des règles ne s'expliquent guère, sinon par l'idée que le Parlement modifie généralement le droit dans un sens regrettable et que le rôle du juge consiste à limiter le plus possible les dégâts résultant de ces interventions. »[349]

Il ne fait pas de doute que le principe de stabilité du droit se soit prêté dans le passé et se prêtera encore à des abus : il peut être utilisé pour priver la loi nouvelle des effets que le législateur a voulus. S'il faut un texte clair pour modifier le droit, la marge de manoeuvre du juge est large puisque le concept de clarté est bien subjectif. Pourtant, dans certains de ses aspects, la présomption de stabilité du droit semble justifiée. Par exemple, il est raisonnable de supposer que l'auteur d'une loi n'entend pas produire des changements fondamentaux dans le droit sans le dire clairement : cette règle repose sur l'observation des pratiques législatives et elle évite que le système juridique ne soit bouleversé par inadvertance. Il paraît également

---

[348] *Chrysler Canada Ltd.* c. *Canada)*, [1992] 2 R.C.S. 394 (j. Gonthier).

[349] Frederick POLLOCK, *Essays on Jurisprudence,* Londres, Macmillan & Co., 1882, p. 85 (traduction).

raisonnable de présumer que l'auteur d'un texte législatif est averti de l'existence de certains principes généraux du droit et qu'il légifère en les respectant, sauf indication contraire. Le juge encourage par là la cohérence du système juridique[350].

Par contre, présumer que le législateur contemporain n'entend pas déroger au droit commun paraît excessif : à une époque d'intense activité législative justifiée, en partie, par les lacunes du droit commun, cette présomption n'a, pour reprendre les paroles de Lord Simon, de fondement ni constitutionnel, ni juridique, ni pragmatique[351]. C'est un vestige de la vieille méfiance envers le droit statutaire, méfiance qui n'a pas sa raison d'être de nos jours.

Sous-section 2 : L'interprétation stricte ou restrictive des lois dérogatoires au droit commun et des lois rétroactives

Le fait qu'une loi déroge au droit commun ou qu'elle opère un changement rétroactif du droit peut justifier son interprétation stricte ou restrictive.

Paragraphe 1 : L'interprétation stricte des lois dérogatoires au droit commun

Le fait qu'une loi apporte une dérogation au droit commun est considéré comme une raison valable de l'interpréter strictement, c'est-à-dire rigoureusement, à la lettre et sans aller au-delà du texte.

Ce principe a été appliqué, par exemple, dans *Sauvageau* c. *The King*[352], aux dispositions de la *Loi de la protection des eaux navigables* (S.R.C. 1927, c. 140), qui imposaient au propriétaire du navire, au capitaine, ainsi qu'à la personne qui était en charge au moment d'un

---

350   En ce sens : H. jr. HART et A. SACKS, *The Judicial Process*, Cambridge, Tentative Edition, 1958, p. 1240. Sur la promotion de la cohérence avec les principes du droit comme objectif de l'interprétation, voir *supra*, p. 463 et suiv.

351   *Maunsell* c. *Olins*, [1975] 1 All E.R. 16, 28 (H.L.).

352   *Sauvageau* c. *The King*, [1950] R.C.S. 664.

sinistre une nouvelle obligation, inconnue du droit commun, soit celle de dégager à leurs frais le chenal obstrué par un navire échoué ou qui a sombré. Cette obligation existait même si le naufrage n'était pas dû à la négligence des personnes auxquelles la loi imposait l'obligation. Au sujet de la condamnation dont firent l'objet certaines des parties en cause, le juge Taschereau fit la remarque suivante :

> « La condamnation ne repose nullement sur la négligence des appelants, qui d'ailleurs n'est pas alléguée, et l'on voit apparaître immédiatement avec cette *Loi de la protection des eaux navigables* une dérogation aux principes du droit commun. C'est dire qu'elle doit être interprétée strictement en faveur de ceux sur qui repose l'obligation nouvelle qui a été créée, et que la partie qui l'invoque doit démontrer que toutes les conditions nécessaires à son application ont été remplies. »[353]

De même, dans *Clarkson Co. c. Ace Lumber Ltd.*[354], la Cour suprême refusa de donner une interprétation large et évolutive à une disposition du *Mechanics' Lien Act* de l'Ontario (R.S.O. 1960, c. 233) : le juge Ritchie, au nom de la Cour, se déclara d'accord avec les notes du juge d'appel Kelly qui avait justifié l'interprétation stricte de la loi examinée par le fait que le privilège ouvrier étant une institution de droit écrit, inconnue en common law, la loi qui l'instituait opérait donc abrogation de la common law en la matière : il fallait l'interpréter d'une manière stricte lorsqu'il s'agissait de décider si une personne qui réclame un privilège est l'une de celles auxquelles la loi en accorde[355].

La règle de l'interprétation stricte des lois dérogatoires au droit commun renvoie à l'opposition common law et statute law. Historiquement, la common law a été le droit commun et la statute law, le droit d'exception[356] : donc, sauf si elle reproduisait des règles de common law, la statute law devait, comme toute exception, s'interpréter strictement. Au Québec, cette attitude a été traduite

---

353   *Id.*, 684.

354   *Clarkson Co. c. Ace Lumber Ltd.*, [1963] R.C.S. 110.

355   *Id.*, 114.

356   Voir *supra*, p. 46.

par l'opposition droit civil – droit statutaire et on retrouve l'idée qu'« en matière de droit statutaire, une interprétation stricte doit être donnée au texte »[357].

Il est très douteux que cette règle ait encore sa place aujourd'hui parmi les principes admis d'interprétation des lois[358]. Comme guide pour conduire à l'intention véritable du législateur, elle n'est d'aucune utilité : si un texte peut être envisagé comme une dérogation au droit commun et à ce titre interprété strictement, il peut aussi être interprété largement parce qu'il remédie à une lacune du droit commun[359]. Comme argument susceptible de justifier une interprétation, elle tend à perdre sa force de persuasion dans la mesure où, les bases socio-économiques de la common law s'estompant, l'idéologie libérale qu'il véhicule est remise en question : ceux qui l'utilisent peuvent paraître mener une lutte d'arrière-garde au nom de principes d'organisation sociale qui sont contestés. L'interprétation restrictive des lois sociales s'est faite souvent au nom du maintien de l'intégrité du droit commun[360].

---

[357] *Aluminium Alpha Inc.* c. *Archambault*, [1978] C.S. 1128, 1130 (j. Deslandes).

[358] Les critiques qui lui sont adressées ne datent pas d'hier. Voir le classique Roscoe POUND, « Common Law and Legislation », (1907-08) 21 *Harv. L.R.* 383. Aussi : Jefferson B. FORDHAM et J. Russell LEACH, « Interpretation of Statutes in Derogation of the Common Law », (1949-50) 3 *Vand. L. Rev.* 438; R. DICKERSON, *op. cit.*, note 4, p. 206 et suiv.

[359] C'est la *Mischief Rule* codifiée par le législateur. Voir *supra*, p. 476. Pour illustrer l'état de perplexité où nous jette la compétition entre la règle d'interprétation stricte des lois exorbitantes du droit commun et la règle d'interprétation large des lois réformatrices, on verra *General Motors Acceptance Corporation of Canada* c. *Boucher*, [1979] C.A. 250, 254 où le juge Lajoie déclare : « La Loi de protection du consommateur est exorbitante du droit commun et pour y déroger elle doit le faire d'une façon claire, quoique j'incline à croire qu'entre le consommateur et le commerçant, étant voulue remédiatrice, elle doit recevoir une interprétation large et libérale. » Voir aussi : *Maunsell* c. *Olins*, précité, note 351, 28 (Lord Simon) (H.L.). En contexte de droit civil, on pourra voir *Garcia Transport Ltée* c. *Cie Trust Royal*, précité, note 110, 518. La juge L'Heureux-Dubé insiste sur l'interprétation large que doivent recevoir les articles 1202a et suiv. C.c.B.C. en raison de leur nature rémédiatrice.

[360] Par exemple : *Paré* c. *McDuff*, précité, note 162, 584 et 585 (j. Archambeault) : « Il ne faut pas perdre de vue que la législation sociale qui a inspiré la *Loi des salaires raisonnables*, déroge à la loi civile et à la loi commune concernant la sainteté et la liberté des contrats [...] cette loi d'exception doit être appliquée strictement [...] ».

Aujourd'hui, la magistrature paraît accepter davantage la nécessité des réformes du droit exigées par les conditions sociales et économiques actuelles[361]. À ce propos, dans l'affaire *Bakery and
Confectionery Workers International Union of America* c. *White
Lunch Ltd.*[362], qui impliquait l'interprétation de dispositions du *Labour Relations Act* de la Colombie-Britannique (R.S.B.C. 1960, c. 205),
l'intimé arguait que cette loi devait s'interpréter strictement à titre
de loi dérogatoire aux *common law rights* et l'appelant prétendait
au contraire qu'il fallait l'interpréter libéralement à titre de loi
réformatrice. Le juge Hall, au nom de la Cour, déclara désuète en la
matière la règle de l'interprétation stricte :

> « Indépendamment du bien-fondé que pouvaient avoir les argu-
> ments de l'intimée dans les premières années du droit du travail, il
> me semble qu'au stade actuel du développement industriel il faut
> reconnaître qu'une loi qui vise la paix sociale et encourage le
> règlement rapide des différends entre salariés et patrons est
> d'intérêt public et profite aux salariés et aux patrons, qu'il ne faut
> pas la réduire à une interprétation minimale ou étroite à l'encontre
> de la volonté exprimée par les législatures, qui, en édictant ces lois,
> savaient que les droits reconnus par la common law (*common law
> rights*) étaient modifiés à cause du développement industriel et du
> travail de masse qui rendaient illusoire le prétendu droit de l'indivi-
> du de négocier individuellement avec l'entreprise qui l'emploie au
> milieu du vingtième siècle. »[363]

Il y a lieu de croire qu'on peut tenir un raisonnement analogue au
sujet de toutes les lois dites « sociales » et que, par conséquent, on
doit éviter désormais de les interpréter strictement pour le motif
qu'elles dérogent au droit commun[364]. Ainsi qu'on l'a vu plus
haut[365], ces lois s'interprètent de façon large, en raison de leur nature favorable (*remedial*).

---

361 En ce sens : J.M. KERNOCHAN, *loc. cit.*, note 5, 364.

362 *Bakery and Confectionery Workers International Union of America* c. *White
Lunch Ltd.*, [1966] R.C.S. 282.

363 *Id.*, 292 et 293 (traduction).

364 Dans ce sens : *Desmeules* c. *Hydro-Québec*, [1987] R.J.Q. 428, 429
(j. Vaillancourt) (C.S.); *Gareau Auto Inc.* c. *Banque canadienne impériale de
commerce*, [1989] R.J.Q. 1091, 1095 (j. Chevalier) (C.A.).

365 *Supra*, p. 631.

Paragraphe 2 : L'interprétation restrictive des lois rétroactives

On ne s'étonnera pas de ce que les tribunaux, qui ont montré une certaine résistance aux changements législatifs, appliquent restrictivement les modifications qui ont un effet rétroactif[366]. Le principe général est que la loi rétroactive est d'interprétation restrictive, c'est-à-dire que, dans le doute, on est justifié de choisir le sens qui limite le plus les effets rétroactifs d'une loi : « il ne faut pas donner à un article une portée rétroactive plus considérable que celle que la législature a manifestement voulu lui donner »[367].

Ce principe a trouvé à s'appliquer à quelques reprises devant nos tribunaux[368]. Dans *Kent* c. *The King*, où la Cour devait interpréter une loi fiscale rétroactive, il a été exprimé comme suit par le juge Duff :

> « [L]orsqu'une disposition, reconnue comme rétroactive, est rédigée en des termes qui laissent subsister un doute sur sa portée et que, selon une interprétation, elle impose rétroactivement une obligation nouvelle tandis que, selon une autre interprétation également acceptable, elle n'impose pas un pareil fardeau, c'est cette dernière interprétation qu'il faut préférer. »[369]

Notons que le principe de l'interprétation restrictive des lois rétroactives ne s'appliquerait qu'au cas de doute sur le sens ou la

---

[366]   Le concept de rétroactivité auquel je réfère ici est celui que retient traditionnellement la jurisprudence, c'est-à-dire le sens large comprenant l'effet dans le passé et l'atteinte aux effets à venir de droits acquis dans le passé. À ce sujet, voir *supra*, p. 135.

[367]   *Reid* c. *Reid*, (1886) 31 Ch. D. 402, 409 (j. Bowen) (traduction), extrait cité par le juge Pigeon (dissident) dans *Gustavson Drilling (1964) Ltd.* c. *Ministre du Revenu national*, précité, note 244, 288. On trouvera une formulation analogue du principe dans l'arrêt *Succession Agnew* c. *La Reine*, [1978] 2 C.F. 776, 781 (j. Heald) (C.A.).

[368]   *Dwyer* c. *Town of Port Arthur*, (1893) 22 R.C.S. 241; *Schmidt and Froese* c. *Ritz and Widmeyer*, (1901) 31 R.C.S. 602; *Re Capital Regional District and Heinrich*, (1982) 130 D.L.R. (3d) 709 (B.C.C.A.); *Hornby Island Trust Committee* c. *Stormwell*, (1989) 53 D.L.R. (4th) 435 (B.C.C.A.); *Granduc Mines Ltd.* c. *The Queen*, (1979) 94 D.L.R. (3d) 175 (B.C.S.C.); *Prytula* c. *Prytula*, (1981) 116 D.L.R. (3d) 474 (Ont.H.C.); *Iscar Ltd.* c. *Carl Hertel GmbH*, [1988] 1 C.F. 569.

[369]   *Kent* c. *The King*, précité, note 22, 397 (traduction).

portée de la loi. Ce doute doit être raisonnable, c'est-à-dire qu'il doit être d'une nature telle qu'un effort raisonnable d'interprétation selon les règles ordinaires n'a pas permis de faire apparaître assez clairement l'intention du législateur.

CHAPITRE 6
LES AUTORITÉS

Les autorités auxquelles recourent les juristes canadiens dans l'interprétation des lois peuvent être regroupées en deux catégories. Le procédé le plus fréquent consiste à faire état des interprétations qu'a déjà reçues le texte à l'étude, interprétations par la doctrine, par la jurisprudence, par l'Administration ou par l'auteur même du texte, le législateur (1). En outre, il est admis que l'on puisse invoquer des sources de droit étrangères dans l'interprétation des lois et faire ainsi appel au droit comparé (2).

SECTION 1 : L'AUTORITÉ DES INTERPRÉTATIONS ANTÉRIEURES

On peut faire appel, pour établir la portée d'un texte, aux interprétations qu'ont pu déjà lui donner certaines institutions ou certaines personnes. Ces interprétations seront invoquées principalement comme autorités plus ou moins contraignantes, mais il arrive aussi qu'on en fasse état à titre d'élément du contexte d'énonciation du texte législatif.

On envisagera successivement l'autorité des interprétations législative, jurisprudentielle, administrative et doctrinale.

Sous-section 1 : L'interprétation législative

Ejus est interpretari cujus est condere : c'est à l'auteur de la loi qu'il revient d'en être l'interprète. Ainsi les juristes du Moyen-Âge exprimaient-ils l'idée que le concepteur de la loi était mieux qualifié que quiconque pour en préciser le sens et la portée.

Cette idée, dont le procédé du référé législatif institué lors de la Révolution s'est inspiré, ne préside plus depuis longtemps au partage des tâches entre les principaux organes de l'État. C'est au pouvoir judiciaire qu'il revient en principe d'interpréter la loi en dernier ressort. À l'idéal d'un texte interprété par son auteur, on a opposé celui de l'interprétation faite par une personne tout à fait indépendante de ce dernier et qui n'entretiendrait avec celui-ci que le rapport autorisé par la formule de la loi.

C'est Lord Halsbury qui, ayant à interpréter un texte à la rédaction duquel il avait participé, déclara que « la personne la moins indiquée pour interpréter une loi est celle qui est responsable de sa rédaction. Elle est beaucoup trop portée à confondre ce qu'elle avait l'intention de faire avec l'effet des termes qu'elle a employés en fait »[1].

La compétence des tribunaux en matière d'interprétation des textes législatifs est aujourd'hui bien établie. Elle n'exclut cependant pas que la loi soit interprétée par d'autres. Tous ceux qui ont affaire à la loi peuvent être amenés à en préciser le sens pour leurs propres besoins. Et les tribunaux pourront, dans l'accomplissement de leur tâche d'interprètes ultimes, tenir compte de ces interprétations sans, bien sûr, être tenus de s'y conformer.

Ainsi, l'Administration publique doit constamment interpréter la loi en vue de l'appliquer. Le pouvoir judiciaire, bien qu'il ne soit pas lié par cette interprétation, pourra, dans certaines circonstances, y attacher du poids[2].

La fonction législative exige également des rédacteurs qu'ils arrêtent, pour leurs propres besoins, une interprétation du droit existant. Comment proposer des lois nouvelles sans se prononcer, au moins implicitement, sur l'état du droit? S'il est généralement admis que l'on peut déceler dans le comportement du législateur certains indices quant à la conception qu'il se fait du droit qu'il réforme, la controverse règne quant à l'existence même d'une telle manifestation d'opinion législative dans les cas d'espèce et quant à la valeur que les tribunaux doivent accorder à ces interprétations législatives implicites.

En outre, il peut arriver que le Parlement légifère pour expliciter une loi dont l'interprétation est sujette à controverses. Quelle autorité les tribunaux devront-ils reconnaître à de semblables intrusions dans leur propre champ de compétence et quels seront les effets de cette loi interprétative? Les pages qui suivent entendent aborder ces problèmes et répondre à ces questions en distinguant selon que l'interprétation législative est expresse ou implicite.

---

1   *Hilder c. Dexter*, [1902] A.C. 474, 477 (traduction).

2   Voir *infra*, p. 690 et suiv.

Paragraphe 1 : L'interprétation législative expresse : la loi déclaratoire

La Constitution ne s'oppose pas formellement à ce que le législateur exerce, à l'occasion, le pouvoir d'interpréter ses propres lois, pouvoir normalement dévolu à l'ordre judiciaire[3]. On qualifie de déclaratoires (ou d'interprétatives, dans la tradition du droit civil) les lois ayant pour objet « de dissiper les doutes qui existent quant à la common law ou quant au sens ou à la portée d'une loi quelconque »[4].

La loi déclaratoire, aussi appelée loi d'interprétation authentique, soulève des problèmes de deux ordres : à quoi reconnaître le caractère déclaratoire d'une loi? Quel est l'effet de la loi déclaratoire?

Sous-paragraphe 1 : La détermination du caractère déclaratoire

Si le législateur a entendu donner un caractère déclaratoire à la loi, il peut l'avoir exprimé formellement. À défaut, le tribunal pourra néanmoins conclure, quoique avec une certaine réticence, que la loi examinée n'a pas d'autre objet que d'expliciter le droit antérieur.

Alinéa 1 : La loi expressément déclaratoire

La jurisprudence n'exige du législateur aucune formule sacramentelle pour consacrer la nature déclaratoire d'une loi.

Il peut simplement indiquer, comme on le voit souvent en droit québécois, que « telle disposition est déclaratoire ». Une autre formule consiste à employer à la fois et successivement les temps présent et passé pour l'expression de la règle :

---

[3] *Drewery* c. *Century City Development Ltd. (No 2)*, (1975) 52 D.L.R. (3d) 515 (Ont.H.C.) et la jurisprudence citée. Voir également : *Stackhouse* c. *The King*, [1941] 3 D.L.R. 284 (C.S.C.); *Cusson* c. *Robidoux*, [1977] 1 R.C.S. 650; *Gravel* c. *Cité de St-Léonard*, [1978] 1 R.C.S. 660.

[4] William F. CRAIES, *On Statute Law*, 7e éd. par S.G.G. Edgar, Londres, Sweet & Maxwell, 1971, p. 58 (traduction).

« Le juge doyen, au sens du présent article, désigne et a toujours désigné [...]. »[5]

Notons que l'emploi du seul présent ne saurait suffire à conférer à la loi un caractère interprétatif :

« Nulle disposition légale n'est déclaratoire ou n'a d'effet rétroactif pour la raison seule qu'elle est énoncée au présent du verbe. »[6]

La nature interprétative de la loi peut être également déduite d'autres indices formels comme la mention, dans le préambule, de la nécessité d'écarter les doutes qu'a pu faire naître une décision judiciaire récente[7]. De même, le caractère interprétatif peut être reflété par le recours à une expression telle « la dite loi doit s'interpréter [...] » (the said Act shall be construed [...]) qui marque bien la volonté du législateur de procéder lui-même à l'interprétation de la loi[8].

L'absence de disposition formelle permettant d'affirmer la nature déclaratoire d'une loi ne suffit cependant pas à exclure cette conclusion : de façon générale, la jurisprudence[9] reconnaît en effet qu'une loi puisse être implicitement interprétative.

---

5   *Loi modifiant l'article 92 de la Loi des tribunaux judiciaires*, S.Q. 1938, c. 72, art. 1, texte considéré comme interprétatif par la Cour suprême : *Stackhouse* c. *The King*, précité, note 3. Voir également : *Healy* c. *P.G. du Québec*, [1987] 1 R.C.S. 158; *Ivey* c. *The King*, (1939) 66 B.R. 37; *Drewery* c. *Century City Developments Ltd. (No 2)*, précité, note 3 et *Western Minerals Ltd.* c. *Gaumont*, [1953] 1 R.C.S. 345.

6   *Loi d'interprétation* du Québec, L.R.Q., c. I-16, art. 50 (ci-après citée : « loi québécoise).

7   *Western Minerals Ltd.* c. *Gaumont*, précité, note 5, 368.

8   *Mortgage Corporation of Nova Scotia* c. *Walsh*, [1925] 1 D.L.R. 665 (N.S.S.C.); *Corporation de Maddington Falls* c. *Faucher*, (1910) 19 B.R. 357; *Cité de Trois-Rivières* c. *Hébert*, (1924) 36 B.R. 229.

9   Voir les décisions citées à la note 12. *Contra* : *Park* c. *Long*, (1907) 7 W.L.R. 309 (Sask.S.C.). En droit anglais : W.F. CRAIES, *op. cit.*, note 4, p. 146.

Alinéa 2 : La loi implicitement déclaratoire

Il s'agit ici d'étudier les traits qui permettent d'identifier la loi que Roubier appelle « loi d'interprétation par nature » par opposition aux lois interprétatives « par détermination de la loi »[10].

Ainsi que cet auteur le suggère, l'interprète pourrait s'autoriser des circonstances de l'adoption de la loi ainsi que de son contenu pour en apprécier le caractère déclaratoire. Deux traits principaux permettraient, selon lui, d'en arriver avec un degré quelconque de certitude à conclure au caractère déclaratoire d'une loi : elle « intervient sur un point où la règle de droit est incertaine ou controversée » et elle « consacre une solution qui aurait pu être adoptée par la seule jurisprudence »[11].

La jurisprudence canadienne offre plusieurs exemples de lois qui ont été considérées comme implicitement déclaratoires[12]. Par contre, les propos du juge Pigeon dans *Gravel* c. *Cité de St-Léonard*[13] peuvent s'interpréter comme signifiant que les tribunaux ne doivent pas accorder un caractère déclaratoire à une loi à moins que le législateur ne lui ait formellement conféré un tel caractère.

Les décisions où on a reconnu un caractère déclaratoire à une loi en l'absence d'indice formel ne permettent pas d'élaborer une quelconque théorie des critères d'identification des lois implicitement

---

10 Paul ROUBIER, *Le droit transitoire (conflit des lois dans le temps)*, 2ᵉ éd., Paris, Dalloz et Sirey, 1960, p. 249 et suiv.

11 *Id.*, pp. 254 et 259.

12 *A.G. of Canada* c. *City of Sydney*, (1913) 9 D.L.R. 282 (N.S.S.C.); *Hope* c. *Minister of National Revenue*, [1929] R.C. de l'É., 158; *R.* c. *Continental Air Photo Ltd.*, [1962] R.C. de l'É. 461; *Robin Hood Flour Mills Ltd.* c. *Fuller Bakeries Ltd.*, (1963) 40 D.L.R. (2d) 207 (Man.Q.B.); *Re Redmond and Rothschild*, (1971) 15 D.L.R. (3d) 538 (Ont.C.A.); *Cowieson* c. *Atkinson*, (1975) 52 D.L.R. (3d) 401 (Man.C.A.); *Girard* c. *Danis*, [1975] C.S. 813; *Blain* c. *Brouillard*, [1954] B.R. 535; *Couvreurs R.B. Inc.* c. *Potvin*, [1976] C.S. 1698. L'arrêt *Healy* c. *P.G. du Québec*, précité, note 5, est intéressant à ce sujet. On y a décidé qu'on devait considérer comme implicitement déclaratoire, en raison du contexte de son adoption, une modification à une disposition explicitement déclaratoire.

13 *Gravel* c. *Cité de St-Léonard*, précité, note 3. On reviendra plus loin sur cet arrêt, *infra*, p. 658.

déclaratoires applicable au Canada. Le juge se contente habituellement d'affirmer qu'une loi postérieure à celle qu'il interprète a pour
but d'expliciter celle-ci[14].

L'affaire *Couvreurs R.B. Inc. c. Potvin*[15] permettra d'illustrer cette
affirmation. Le juge avait à interpréter le second paragraphe de
l'article 2 de la *Loi des établissements industriels et commerciaux*
(S.R.Q. 1964, c. 150) ainsi rédigé :

> « Les mots "chef d'établissement" ou "patron" signifient et com-
> prennent toute personne qui, pour son propre compte, ou comme
> gérant, surveillant, contremaître ou agent d'une autre personne,
> raison sociale, compagnie ou corporation, a charge d'un établisse-
> ment industriel et y emploie des ouvriers. »

Le juge devait décider de la possibilité de considérer une personne
morale comme un « chef d'établissement » ou « patron » au sens de
la loi. Le libellé de l'article 2(2) pouvait porter à controverse sur cette
question puisque le mot « personne », lorsqu'il apparaît pour la dernière fois dans l'article, désigne uniquement les personnes physiques.
De ce fait, on pouvait inférer que le mot « personne » avait le même
sens lors de sa première occurrence dans l'article et que, dès lors, une
personne morale n'était pas susceptible d'être considérée comme un
« patron » au sens de la loi.

Cette question avait, semble-t-il, commencé à soulever des difficultés devant les tribunaux lorsque, en 1975, le législateur substitua
au texte déjà cité le suivant :

> « L'expression "chef d'établissement" ou "patron" comprend toute
> personne, société ou corporation qui a charge de la totalité ou
> d'une partie d'un établissement industriel ou commercial, soit pour
> son propre compte, soit pour le compte d'une autre personne, so-
> ciété ou corporation, en qualité d'entrepreneur, de sous-traitant, de
> gérant, de surveillant, de contremaître, d'agent ou autrement. »[16]

---

14   À titre d'exemple : *Argos Films c. Ciné 360 Inc.*, [1991] R.J.Q. 1602, 1606
      (j. Brossard) (C.A.).

15   *Couvreurs R.B. Inc. c. Potvin*, précité, note 12.

16   *Loi modifiant la Loi des établissements industriels et commerciaux*, L.Q. 1975, c.
      49, art. 1.

Ce nouveau texte n'était pas applicable au litige puisque les faits qui y avaient donné naissance étaient antérieurs à l'entrée en vigueur de la loi modificative. À l'argument présenté par la défense à l'effet que la modification avait un caractère réformateur et qu'on pouvait en déduire que les personnes morales n'étaient pas auparavant visées par l'article 2(2), le juge de la Cour supérieure répondit simplement :

> « L'amendement apporté à cette disposition [art. 2] ne change pas l'état du droit mais le précise. »[17]

Le laconisme de cette conclusion est tout à fait typique du style des décisions judiciaires canadiennes sur le sujet. Dans les circonstances de l'affaire, les critères identifiés par Roubier étaient tous deux présents : le sens du mot « personne » prêtait à controverse et la solution apportée par le législateur aurait pu être proposée par le juge seul. On ne peut que regretter qu'il soit difficile sinon impossible de dégager de la jurisprudence quelques indices qui guideraient l'interprète dans la détermination du caractère déclaratoire de la loi lorsque le législateur ne s'est pas exprimé formellement.

À défaut de critères jurisprudentiels, ne pourrait-on pas se laisser guider par certaines présomptions? Encore ici, l'interprète se trouve démuni, non pas cette fois en raison du vide jurisprudentiel, mais en raison d'une abondance relative de présomptions menant à des conclusions opposées.

Le premier principe auquel on peut songer est celui de l'effet utile qui veut que l'interprète accorde sa préférence à l'interprétation qui donne un quelconque effet à l'intervention du législateur plutôt qu'à celle qui impliquerait que celui-ci a « parlé pour ne rien dire ». Ce premier principe pourrait justifier qu'on présume qu'une loi nouvelle ou qu'une modification à une loi existante apporte un changement dans le droit et n'a donc pas simplement un effet déclaratoire.

Ce principe de l'effet utile, appliqué soit à une loi nouvelle soit à une modification législative, a une valeur persuasive assez limitée

---

17   *Couvreurs R.B. Inc.* c. *Potvin*, précité, note 12; C.S. Drummond, n° 405-05-000439-75, 11 novembre 1976, j. Lévesque, p. 12. Comparer : *R.* c. *Canadian Vickers Ltée*, [1978] R.P. 281 (C.A.Qué.).

comme j'aurai l'occasion de le démontrer plus complètement plus loin. La loi (l'article 45(2) de la loi canadienne d'interprétation) et la jurisprudence[18] concourent à réduire le poids de cette présomption sinon à la supprimer complètement.

Ainsi, dans l'affaire *Wellesley Hospital* c. *Lawson*[19], le jugement de la Cour d'appel de l'Ontario porté devant la Cour suprême était fondé, entre autres, sur le désir de donner un quelconque effet à la loi et d'éviter de lui reconnaître un effet simplement déclaratif. Le juge Laskin se déclara en désaccord avec cette façon d'aborder le problème :

> « Sous-jacente aux opinions, tant du juge de première instance que de la Cour d'appel, sur la portée de l'art. 59 se trouve la proposition que cet article doit être considéré comme ayant apporté des modifications à la common law ou à l'état du droit antérieur; il ne pourrait être considéré comme une simple déclaration de non-responsabilité civile, parce que cela n'ajouterait rien ou (selon le juge Dubin) substantiellement rien. [...]
>
> En l'espèce, je ne souscris pas à cette façon de voir. Il se peut fort bien qu'une législature ait édicté une disposition déclaratoire *ex abundanti cautela*. »[20]

La présomption de l'effet utile est d'ailleurs combattue par une autre présomption selon laquelle le législateur ne veut pas apporter plus de changement dans le droit que ce qui est exprimé clairement. Cette seconde présomption est diamétralement opposée à la première, puisqu'elle incite l'interprète à préférer l'interprétation qui ne modifie pas le droit à celle qui y apporte un changement[21].

Un troisième principe d'interprétation peut être invoqué, soit celui de la non-rétroactivité des lois. Comme nous le verrons plus loin, la loi déclaratoire est, de par sa nature même, rétroactive. Ce résultat devant être évité dans la mesure du possible, c'est à juste titre que le

---

18   Voir *infra*, p. 670.

19   *Wellesley Hospital* c. *Lawson*, [1978] 1 R.C.S. 893.

20   *Id.*, 898 et 899.

21   Cette seconde présomption est opposée à la première par le juge Pigeon dans la même affaire *Wellesley Hospital* c. *Lawson*, *id.*, 903 et 904.

juge Pigeon a écrit que, si la législature avait le pouvoir d'édicter des lois déclaratoires, on ne pouvait présumer qu'une loi était déclaratoire[22]. Lorsque le législateur adopte une loi déclaratoire, il se substitue en quelque sorte au juge. Ce procédé présente un caractère exceptionnel et, à ce titre, on ne peut présumer que le Parlement a entendu y recourir.

Ces trois principes d'interprétation, dans la mesure où ils sont contradictoires, offrent peu de secours à l'interprète qui cherche à déterminer si un texte est déclaratoire ou réformateur.

La jurisprudence fournit d'ailleurs de nombreux exemples de juges se déclarant incapables de déterminer si une loi nouvelle, spécialement une modification, précise ou modifie le droit antérieur. Deux décisions en droit québécois permettent d'illustrer cette perplexité.

L'affaire *Asch Ltd.* c. *Cour du Recorder de la Cité de Lachine*[23] concerne un règlement prohibant la construction et l'usage des « tableaux-affiches » dans une partie d'une municipalité. Postérieurement à la naissance du litige, une loi est adoptée qui répète les interdictions contenues dans le règlement. Doit-on voir dans cette loi nouvelle une confirmation des pouvoirs exercés par la Cité ou une déclaration législative que ces pouvoirs n'existaient pas avant l'adoption de la loi?

Quatre juges de la Cour d'appel vont considérer la pertinence et l'effet de la loi postérieure. Le juge St-Jacques est le seul à estimer que la loi de 1933 ne peut en aucune manière être pertinente pour trancher le litige engagé quant au sens de la Charte municipale en 1929[24].

Le juge Dorion considère que la loi de 1933 n'a fait qu'expliciter le pouvoir que la Cité avait de limiter sa prohibition des « tableaux-

---

22 *Gravel* c. *Cité de St-Léonard*, précité, note 3, 667. Voir également : *McKim* c. *Pollard*, [1939] 4 D.L.R. 486 (Ont.S.C.).

23 *Asch Ltd.* c. *Cour du Recorder de la Cité de Lachine*, (1936) 61 B.R. 185.

24 *Id.*, 190 et 191.

affiches » à certaines parties de la municipalité seulement[25]. Le juge Létourneau pense au contraire que la loi de 1933 a ajouté un pouvoir qui n'était pas déjà détenu par la Cité et qu'on peut en conclure que le règlement édicté en vertu du texte antérieur l'avait été sans droit[26].

Quant au juge Barclay, il se déclare incapable de tirer quelque argument que ce soit de l'adoption de la loi postérieure :

> « Il faut décider en fonction des pouvoirs de la Cité à l'époque où l'action a été intentée. Ce que sont devenus ces pouvoirs depuis l'adoption de la loi de 1933 est une autre question. Si, à prime abord, on peut interpréter cette loi comme conférant à la Cité un pouvoir qu'elle ne possédait pas, je ne crois pas qu'il en soit nécessairement ainsi. Le Conseil a pu demander à la législature d'adopter une loi attribuant spécifiquement des droits qu'elle possédait déjà, pour plus de précision et de certitude, et le fait que la loi spéciale ait été adoptée par la même législature qui avait adopté la loi générale ne signifie pas nécessairement que la législature estimait qu'un tel pouvoir n'existait pas déjà. »[27]

Plus récemment, le juge Pigeon, dans l'affaire *Gravel* c. *Cité de St-Léonard*[28], a fait état de l'impossibilité de décider si une loi modifiant la *Loi de la Commission municipale* avait un caractère déclaratoire ou réformateur.

Sommairement, l'affaire soulevait l'applicabilité, à un contrat de services professionnels, du second alinéa de l'article 25 de la *Loi de la Commission municipale* ainsi rédigé :

> « Toute convention quelconque consentie par une municipalité engageant son crédit doit, pour lier cette municipalité, être approuvée par la Commission, sauf une convention concernant des actes d'administration ordinaire en raison de laquelle convention les

---

25   *Id.*, 188.

26   *Id.*, 197 et 198.

27   *Id.*, 192 (traduction).

28   *Gravel* c. *Cité de St-Léonard*, précité, note 3.

dépenses encourues doivent être payées entièrement à même les revenus de l'année courante. »[29]

Plus précisément, il s'agissait de décider si les termes « engageant son crédit » devaient, compte tenu du contexte, être limités aux engagements ayant le caractère d'un emprunt, comme la Cour d'appel l'avait décidé dans l'affaire *Ville de Sept-Îles* c. *Trépanier*[30].

Le contrat, en l'occurrence, avait été conclu en vertu de résolutions adoptées en 1953 et 1957. La loi en vigueur à l'époque était donc applicable au litige. Or, une loi de 1965, donc postérieure à l'arrêt *Trépanier*, avait ajouté à la fin du second alinéa de l'article 25 les mots suivants : « sauf s'il s'agit d'une convention qui l'oblige au paiement d'honoraires pour services professionnels [...] »[31].

Devait-on considérer cette modification comme une confirmation du bien-fondé de l'arrêt *Trépanier*, et donc comme une disposition déclaratoire, ou devait-on plutôt estimer que le législateur avait voulu par là modifier le droit?

Voici comment le juge Pigeon exprime sa perplexité devant le caractère de la modification :

> « Dans le présent cas, du reste, comment pourrait-on avec quelque certitude, tirer de la modification de 1965 la conclusion que le législateur tenait pour bien-fondé l'arrêt *Trépanier*? Ne peut-on pas penser au contraire que tout en trouvant le résultat souhaitable, il redoutait qu'il ne fût pas conforme au texte de la loi? Tout ce que l'on peut affirmer, c'est que le législateur voulait que tel fût le sens du texte, soit qu'il sentît le besoin d'en limiter la portée ou qu'il voulût éviter toute controverse à l'avenir. »[32]

La difficulté de déterminer si une loi nouvelle précise ou modifie le droit existant se comprend non seulement en l'absence de critères généralement acceptés pour reconnaître les lois interprétatives par

---

29 *Loi de la Commission municipale*, S.R.Q. 1941, c. 207, art. 25.

30 *Ville de Sept-Îles* c. *Trépanier*, [1962] B.R. 956. Cette affaire impliquait également un contrat de services professionnels.

31 *Loi modifiant la Loi de la Commission municipale*, L.Q. 1965, c. 55, art. 6.

32 *Gravel* c. *Cité de St-Léonard*, précité, note 3, 668.

nature et de présomptions fermement établies, mais aussi en raison de la nature même des circonstances dans lesquelles la question se pose. Pour pouvoir déterminer, en l'absence d'indices formels, si une loi nouvelle a un caractère déclaratoire ou réformateur, il faut la comparer au droit antérieur et voir si elle l'explicite ou le modifie. Or, si on a recours à une loi postérieure pour interpréter le droit ancien, c'est parce que ce dernier est obscur. Cette obscurité du droit antérieur se répercute nécessairement sur la qualification que l'on fera du caractère déclaratoire ou non de la loi postérieure. Ce n'est pas être cynique que de constater que le juge aura tendance à considérer la loi nouvelle comme de droit nouveau ou simplement déclaratoire selon que celle-ci infirmera ou confirmera l'idée qu'il s'est fait du sens de la loi antérieure[33].

Cette ambiguïté explique sans doute que les tribunaux puissent renoncer à considérer comme déclaratoire une modification postérieure d'une loi en raison de l'impossibilité où ils se trouvent d'en tirer quelque argument[34].

Un juge de la Cour d'appel du Québec a avancé l'idée que, lorsque le nouveau *Code civil du Québec* met fin à une controverse concernant une disposition du droit antérieur, le juge devrait retenir la solution choisie par le législateur dans le droit nouveau[35]. Cette directive, dans la mesure où elle revient à donner un effet déclaratoire (et donc rétroactif) au *Code civil du Québec* chaque fois qu'il tranche un débat qui avait cours sous le droit antérieur, est contestable. Il est vrai que, de façon générale, lorsque le législateur

---

33   L'arrêt *R. c. Hasselwander*, [1993] 2 R.C.S. 398, constitue une illustration parfaite d'un désaccord sur le sens d'une règle qui se réfléchit sur la qualification que chaque juge fait de la portée de la modification subséquente du texte interprété. Le juge Major raisonne *a contrario* à partir d'une modification, invoquant le principe de l'effet utile (p. 406) alors que le juge Cory (pp. 417 et 418) estime que la modification a simplement clarifié le droit.

34   *Asch Ltd. c. Cour du Recorder de la Cité de Lachine*, précité, note 23, 192 (j. Barclay); *Luscar Coals Ltd. c. Minister of National Revenue*, [1949] R.C. de l'É. 83, 90; *Port Dalhousie c. Lincoln*, [1931] 1 D.L.R. 340, 345 (Ont.S.C.).

35   *Ville de Sainte-Anne-des-Plaines c. Tremblay*, [1993] R.J.Q. 1392, 1401 (j. Nichols) (C.A.). Sur l'utilisation du droit civil nouveau pour interpréter l'ancien, on verra : Pierre-André CÔTÉ et Daniel JUTRAS, *Le droit transitoire civil – Sources annotées*, Cowansville, Éditions Yvon Blais, 1994, pp. 2.053-2.055(1).

intervient sur une question controversée et adopte une solution que le juge aurait pu lui-même retenir, on trouve réunis les critères qui, selon Roubier, caractérisent la loi d'interprétation par nature[36].

Toutefois, lorsque le législateur intervient, non pas de façon ponctuelle pour mettre fin à une controverse, mais dans le cadre d'une réforme d'ensemble du Code civil, il est difficile de conclure à sa volonté de donner un effet rétroactif à toutes les dispositions qui interviennent dans une matière qui faisait l'objet de désaccords jurisprudentiels ou doctrinaux. Compte tenu que la *Loi sur l'application de la réforme du Code civil* énonce le principe de la non-rétroactivité de la loi nouvelle[37], principe que cette loi n'écarte que dans un nombre précis de cas, ce serait, à mon avis, une erreur que de donner au nouveau droit un effet déclaratoire et donc rétroactif en l'absence de disposition formelle prévoyant la rétroactivité.

Cela n'interdit cependant pas, comme la Cour suprême l'a fait à de nombreuses reprises[38], de tenir compte des dispositions du nouveau droit dans l'interprétation de l'ancien et d'y trouver éventuellement confirmation de l'interprétation préalablement établie[39]. Le recours au nouveau droit civil pour interpréter l'ancien est facilité par le recours aux *Commentaires du ministre de la Justice* qui, le plus souvent, précisent si les dispositions nouvelles sont ou non de droit nouveau[40].

---

[36] Voir *supra*, p. 653 et suiv.

[37] *Loi sur l'application de la réforme du Code civil*, L.Q. 1992, c. 57, art. 2.

[38] *Chablis Textiles Inc. (Syndic de)* c. *London Life Insurance Co.*, [1996] 1 R.C.S. 160, 167; *Béliveau St-Jacques* c. *Fédération des employées et employés de services publics Inc.*, [1996] 2 R.C.S. 345, 405; *Augustus* c. *Gosset*, [1996] 3 R.C.S. 268, 302; *Québec (Curateur public)* c. *Syndicat national des employés de l'hôpital St-Ferdinand*, [1996] 3 R.C.S. 211, 264.

[39] Le juge peut prendre connaissance du droit civil nouveau, mais il ne peut l'appliquer à des faits accomplis, sauf si le législateur a conféré formellement au texte un effet rétroactif : *Bond Architects and Engineers Ltd.* c. *Compagnie de cautionnement Alta*, [1994] R.J.Q. 1603 (C.S.); *Godin* c. *Groupe Commerce, compagnie d'assurances*, [1996] R.R.A. 119 (C.S.).

[40] À titre d'exemple d'un raisonnement *a contrario* fondé sur le contenu du nouveau Code : *Papin* c. *Éthier*, [1995] R.J.Q. 1795, 1807 (j. Chabot) (C.S.). L'affirmation contenue dans GOUVERNEMENT DU QUÉBEC, *Commentaires du*

En terminant l'étude des indices qui permettent d'identifier la loi implicitement déclaratoire, il convient de souligner que les dispositions de certaines lois sont réputées ne pas introduire de changement dans le droit. Ainsi, les lois de refonte ne sont pas censées être de droit nouveau : les commissions de refonte peuvent apporter des modifications aux textes refondus, mais ces modifications sont censées n'être que de pure forme.

Il en résulte que si, en thèse générale, on ne peut présumer qu'une loi nouvelle ne modifie pas le droit, il en va autrement dans le cas de lois adoptées simplement en vue de refondre le droit existant. Il est arrivé qu'un juge trouve dans une loi refondue confirmation de son interprétation d'une loi antérieure à la refonte. Dans l'affaire *Canadian Pacific Railway* c. *Carruthers*[41], le juge Davies fit état d'une clarification apportée lors de la refonte des lois de 1906 au texte qui faisait l'objet du litige. La version refondue du texte était postérieure au litige et ne pouvait donc s'y appliquer. Le juge mentionna néanmoins le texte nouveau, estimant que les réviseurs avaient « modifié le texte de manière à rendre explicite »[42] le sens qu'il estimait être celui voulu par le Parlement.

Lorsque le législateur ne modifie que l'une des versions linguistiques d'un texte législatif, il y a lieu de présumer que la modification vise à clarifier le droit antérieur plutôt qu'à le réformer. Cette modification serait donc en principe applicable à des faits antérieurs à son entrée en vigueur.

Doit-on considérer les lois refondues comme des lois déclaratoires au sens où ce terme a été défini plus haut? Il me semble que non. Elles ne visent pas à écarter un doute quant à l'état du droit antérieur; elles ont effet plutôt à titre de refonte que d'interprétation des lois antérieures. D'ailleurs, la *Loi sur la refonte des lois et des*

---

ministre de la Justice, Québec, Publications du Québec, 1993, qu'une disposition du Code est de droit nouveau ne s'impose pas au juge, qui peut estimer qu'elle ne reflète pas l'effet véritable de la loi nouvelle : *Salcito-DiGennaro* c. *Salcito*, [1996] R.D.I. 348, 354 (j. Côté) (C.S.).

41   *Canadian Pacific Railway* c. *Carruthers*, (1907) 39 R.C.S. 251.

42   *Id.*, 252 (traduction). Voir également : *Trans-Canada Insurance Co.* c. *Winter*, [1935] R.C.S. 184. Voir toutefois *Gaysek* c. *La Reine*, [1971] R.C.S. 888, 894, 895 et 902.

règlements du Québec exclut formellement que la loi refondue puisse avoir une portée rétroactive, portée qu'ont normalement les lois déclaratoires[43].

Sous-paragraphe 2 : L'effet de la loi déclaratoire

L'intérêt de distinguer la loi déclaratoire des autres réside dans l'effet rétroactif qu'on leur reconnaît généralement. En principe, la loi déclaratoire a effet à compter de la prise d'effet de la loi dont le sens est explicité :

« Lorsqu'une loi est de par sa nature déclaratoire, la présomption contre l'interprétation rétroactive n'est pas applicable. »[44]

Une telle loi s'applique non seulement à des faits survenus avant son adoption, mais aussi aux causes pendantes, même en appel :

« À mon avis, le passage suivant de "*Craies On Statute Law*" exprime correctement l'état du droit à condition que l'expression "causes pendantes" soit comprise comme incluant les actions où, bien que le jugement ait été rendu, un appel est pendant au jour de l'entrée en vigueur de la loi déclaratoire :

"Les lois de ce genre [c'est-à-dire les lois déclaratoires], comme un jugement, tranchent les litiges similaires pendants au moment du jugement, mais n'emportent pas réouverture des affaires décidées". »[45]

Cet extrait de *Craies On Statute Law* suggère que la loi déclaratoire s'assimile à une décision de justice. Cette analogie permet d'expliquer le caractère rétroactif de la loi déclaratoire :

« [L]a loi d'interprétation ne fait pas partie de la législation, mais de la jurisprudence; le législateur, qui veut fixer quel est le sens du

---

[43] *Loi sur la refonte des lois et des règlements du Québec*, L.R.Q., c. R-3, art. 10.

[44] W.F. CRAIES, *op. cit.*, note 4, p. 395 (traduction).

[45] *Western Minerals Ltd.* c. *Gaumont*, précité, note 5, 370 (j. Cartwright) (traduction). Les décisions passées en chose jugée sont à l'abri du changement introduit par la loi déclaratoire : *Chambre des notaires du Québec* c. *Haltrecht*, [1992] R.J.Q. 947, 953 (C.A.). Il en serait de même, au Québec, des affaires terminées par transaction (C.c.Q., art. 2633).

droit existant, se place sur le même terrain que le juge et prétend jouer un rôle analogue au sien. Nous avons ainsi la clef des difficultés : la loi d'interprétation rétroagit, tout comme rétroagirait un changement de jurisprudence. »[46]

L'assimilation de la loi déclaratoire à un jugement se retrouve dans l'extrait suivant des notes du juge Pigeon dans *Gravel* c. *Cité de St-Léonard* :

« En s'abstenant de donner au texte nouveau l'effet rétroactif ou déclaratoire, le législateur évite de se prononcer sur l'état antérieur du droit et laisse aux tribunaux le soin de le faire. »[47]

Puisque la loi déclaratoire a un effet rétroactif, il importe peu de distinguer selon qu'elle a été adoptée après ou avant les faits ayant donné naissance au litige : elle s'y appliquera de toute façon. Il en va autrement lorsque la loi contient une interprétation législative implicite.

Paragraphe 2 : L'interprétation législative implicite : l'opinion du Parlement

La loi déclaratoire ou interprétative nous montre le législateur se saisissant du pouvoir judiciaire et procédant, à la place du juge, d'une manière qui ne souffre pas de discussion, à l'interprétation de ses propres lois.

Cette interprétation par voie d'autorité n'est toutefois pas la seule dont l'action législative puisse témoigner. En effet, comme tous ceux qui ont affaire à la loi, le législateur doit interpréter celle-ci pour ses propres besoins, en tant que législateur plutôt que juge. Pour légiférer, il doit se faire une idée du sens et de la portée du droit existant. Le comportement du législateur peut donc révéler à l'interprète la conception du droit existant qui est à la base de l'action législative.

On peut donc, en matière d'interprétation des lois par le législateur, distinguer la volonté du Parlement, qui se manifeste dans la loi

46 P. ROUBIER, *op. cit.*, note 10, p. 248.
47 *Gravel* c. *Cité de St-Léonard*, précité, note 3, 667.

déclaratoire, de l'opinion du Parlement que révèle une loi qui n'a ni explicitement ni implicitement de caractère déclaratoire.

Certaines dispositions de la loi canadienne d'interprétation font écho à cette distinction entre volonté et opinion du législateur :

> « **45.** (1) L'abrogation, en tout ou en partie, d'un texte ne constitue pas ni n'implique une déclaration [volonté] portant que le texte était auparavant en vigueur ou que le Parlement, ou toute autre autorité qui l'a édicté, le considérait [opinion] comme tel.
>
> (2) La modification d'un texte ne constitue pas ni n'implique une déclaration [volonté] portant que les règles de droit du texte étaient différentes de celles de sa version modifiée ou que le Parlement, ou toute autre autorité qui l'a édicté, les considérait [opinion] comme telles. »

Dans les lignes qui suivent, on examinera les manifestations possibles de l'opinion du Parlement ainsi que la valeur de cette opinion dans l'interprétation des lois.

Sous-paragraphe 1 : Les manifestations de l'opinion du Parlement

L'opinion du Parlement quant au sens ou à la portée d'une loi peut, d'après la jurisprudence, se manifester de deux façons principales. Soit que cette opinion puisse se déduire du contenu d'une loi postérieure à celle interprétée, soit qu'elle puisse être révélée par le fait de la réadoption de la loi interprétée[48].

---

[48]   Une troisième manifestation de l'opinion du législateur peut être identifiée. Lorsque le législateur a négligé de réagir à l'interprétation donnée à un texte par les tribunaux, son comportement peut s'interpréter comme un acquiescement à l'interprétation donnée par le juge : *Falk Bros. Industries Ltd. c. Elance Steel Fabricating Co.*, [1989] 2 R.C.S. 778, 783. Ce genre d'argument est rarement invoqué dans l'interprétation des lois au Canada.

Alinéa 1 :   La loi postérieure à la loi interprétée

Le recours à une loi postérieure dans l'interprétation fait l'objet de controverses aussi bien en droit anglais[49] et américain[50] qu'en droit canadien, comme nous le verrons. Le problème se pose différemment selon que la loi postérieure fait ou non partie de l'historique législatif subséquent.

i)   L'historique législatif subséquent

Définition

Par l'historique législatif subséquent, j'entends toute modification subie par la disposition interprétée postérieurement au jour où l'on doit se reporter pour l'interpréter, que cette modification prenne la forme d'un ajout, d'un remplacement ou d'une abrogation.

Cet historique s'oppose à l'historique législatif antérieur, c'est-à-dire aux interventions législatives qui ont conduit à l'adoption du texte interprété. Il est généralement admis que l'on peut, pour interpréter une loi, se référer à l'historique législatif antérieur : ce procédé permet à l'interprète de situer la loi dans son contexte historique, de saisir l'état du droit existant au moment de l'adoption de la loi interprétée et d'y trouver des éléments susceptibles d'éclairer le sens de celle-ci :

> « L'historique d'une législation peut servir à l'interpréter parce que les textes antérieurs sont de nature à jeter de la lumière sur l'intention qu'avait le législateur en les abrogeant, les modifiant, les remplaçant ou y ajoutant. »[51]

---

49   Peter St.John LANGAN, *Maxwell On the Interpretation of Statutes*, 12ᵉ éd., Londres, Sweet & Maxwell, 1969, p. 69; W.F. CRAIES, *op. cit.*, note 4, p. 146.

50   John M. KERNOCHAN, « Statutory Interpretation : An Outline of Method », (1976-77) 3 *Dal. L.J.* 333, 360; J. SUTHERLAND, *Statutes and Statutory Construction*, 4ᵉ éd. par D.C. Sands, vol. 2A, Chicago, Callaghan, 1972, n° 49:11, p. 265.

51   *Gravel* c. *Cité de St-Léonard*, précité, note 3, 667 (j. Pigeon).

L'historique législatif subséquent, lui, n'est pas connu de ceux qui ont voté la loi interprétée : il peut donc difficilement donner quelque information directe sur leur intention.

Avant d'aller plus loin, il convient de distinguer selon que la disposition postérieure est applicable au litige ou non, car ce fait est déterminant quant à l'effet de la disposition postérieure. Un exemple jurisprudentiel fera ressortir l'intérêt de la distinction[52].

Le 12 décembre 1950, un conseil municipal édicte un règlement de zonage restreignant l'usage des terrains situés dans une zone « pour des résidences privées et l'usage de ces terrains pour des activités artisanales, commerciales ou industrielles est prohibé »[53].

Le 5 juin 1951, le conseil modifie le règlement en ajoutant, après les mots « des résidences privées », les mots « ou des duplex »[54].

Imaginons une demande de permis de construire un immeuble à appartements présentée le 1er février 1951, soit avant la modification. Un juge ayant à apprécier le droit au permis devra, en principe, se référer au sens des mots « résidences privées » le 1er février 1951. La modification du 5 juin n'est pas applicable au litige parce qu'elle lui est postérieure. Une partie pourrait-elle en tirer quelque argument quant au sens antérieur du règlement? C'est cette question qui fera l'objet des développements qui suivent.

Imaginons, au contraire, que la demande de permis ait été présentée le 1er février 1952, soit après la modification. Dans ce cas, le juge devra tenir compte de la modification puisqu'elle est applicable au litige et, quelle qu'ait pu être l'intention du législateur de 1950 quant au sens des mots « résidences privées », cette intention n'est pas seule pertinente. La modification fait corps avec le règle-

---

52   *Wilson* c. *Jones*, [1968] R.C.S. 554. Sur cette distinction, voir *M.F.F. Equities* c. *La Reine*, [1969] R.C.S. 595, 598.

53   *Wilson* c. *Jones*, précité, note 52, 556 (traduction).

54   *Id.*

ment modifié et colore inévitablement pour l'avenir le sens des termes qu'il pouvait contenir[55].

En pratique, le problème de l'admissibilité de l'historique législatif
subséquent se soulève donc lorsqu'une loi est modifiée postérieurement aux faits qui ont donné lieu à un litige. Quels enseignements
peut-on tirer, dans ces circonstances, de l'évolution ultérieure de la
législation? Quelles sont les objections possibles à ce procédé
d'interprétation? Voilà les questions auxquelles on tentera maintenant de répondre.

L'utilité du recours à l'historique législatif subséquent

Le recours à l'historique législatif subséquent est fondé sur l'idée
que le législateur, lorsqu'il modifie une loi, entend produire un effet.
Ainsi, l'abrogation d'une loi pourra faire présumer que celle-ci était
en vigueur. De même, la modification d'une loi en vue d'y ajouter un
élément permet de présumer que l'élément n'y était pas déjà. Penser
autrement serait conclure à l'inutilité de l'intervention du législateur[56].

L'affaire *Grinnell* c. *The Queen*[57] illustre bien ce genre de raisonnement. Grinnell procède, en 1884, à l'importation de pièces de
bronze sur lesquelles il acquitte des droits de douane sur la base du
tarif applicable à des « objets de bronze manufacturés ». Les pièces,
une fois assemblées, au Canada, constituent un gicleur automatique
dont Grinnell est l'inventeur. Si ce dernier avait importé le gicleur
tout assemblé plutôt qu'en pièces détachées, les droits de douane
auraient été plus élevés.

La question posée au tribunal est de savoir si, lorsqu'un objet est
importé au Canada en pièces détachées, les droits applicables sont

---

55   *M.F.F. Equities* c. *La Reine*, précité, note 52, 599.

56   *D.R. Fraser & Co.* c. *Minister of National Revenue*, [1949] A.C. 24. Pour un
     exemple de ce type de raisonnement en rapport avec une modification
     introduite par le *Code civil du Québec* : *Ringuette* c. *2421-0049 Québec Inc.*,
     [1996] R.R.A. 651 (C.S.).

57   *Grinnell* c. *The Queen,* (1888) 16 R.C.S. 119.

ceux qui seraient applicables au produit assemblé ou bien si l'on doit faire abstraction de la destination éventuelle des pièces.

En 1885, l'*Acte des douanes* est modifié de manière à prévoir expressément l'imposition des pièces au taux applicable au produit fini[58]. La modification ne saurait régir directement l'importation faite par Grinnell puisqu'elle est postérieure aux faits qui ont donné lieu au litige.

Néanmoins, le juge Ritchie va tirer argument de la modification pour conclure que, jusqu'à son adoption, on ne pouvait taxer les pièces au taux du produit fini. Après avoir cité la loi modificative, il s'exprime ainsi :

« L'argumentation de la Couronne tend à donner à cet article un effet rétroactif, alors que, loin d'indiquer un effet rétroactif, il peut raisonnablement s'interpréter comme une indication que, jusqu'à son adoption, il n'y avait pas de justification à l'imposition sur les pièces détachées de droits proportionnels à ceux imposés sur le produit fini.[...] L'édiction de cette disposition semble être une déclaration législative que, jusqu'à l'adoption de ces lois 48-49 Vict. et 49 Vict., la loi ne justifiait l'imposition de droits sur les pièces importées d'articles manufacturés par référence à la valeur du produit fini. »[59]

Les objections au recours à l'historique législatif subséquent

Les objections au recours à l'historique législatif subséquent sont de trois types : 1) les enseignements de l'historique législatif subséquent seraient ambigus; 2) la loi canadienne d'interprétation interdit d'y recourir; 3) le recours à la loi subséquente donnerait à celle-ci un effet rétroactif non justifié.

58 *Acte des douanes,* 48-49 Vict., c. 61, art. 11.

59 *Grinnell* c. *The Queen,* précité, note 57, 143 (traduction). Le même genre de raisonnement a été repris d'une manière plus subtile dans *City of Montreal* c. *Cantin,* (1904) 35 R.C.S. 223, 227, confirmé par [1906] A.C. 241. Voir également le jugement du juge Létourneau dans *Asch Ltd.* c. *Cour du Recorder de la Cité de Lachine,* précité, note 23 et l'arrêt *Canton de Magog* c. *Maheu,* [1980] C.S. 1036.

1) L'ambiguïté de l'historique législatif subséquent

Le plus souvent, l'autorité de l'histoire législative postérieure repose sur ce qu'on appelle le principe de l'effet utile, qui veut que l'on présume qu'une intervention du législateur a pour objectif d'effectuer un changement dans les règles de droit. L'historique législatif subséquent ne pourra, en règle générale, aider l'interprète que dans la mesure où il pourra s'appuyer sur le principe de l'effet utile.

Or, ce principe est explicitement écarté en droit fédéral, dans la mesure où il s'agit d'historique législatif subséquent, par les paragraphes (1) et (2) de l'article 45 de la loi canadienne d'interprétation[60]. Même en l'absence de ces textes, il est arrivé à des juges de souligner qu'un changement du texte d'une loi ne permet pas d'inférer d'une manière certaine la volonté du législateur de changer le fond du droit[61].

Ainsi, le juge Laskin de la Cour suprême a eu à apprécier la portée d'une modification du *Code canadien du travail* ainsi rédigée :

> « Aux fins de la *Loi sur la Cour fédérale*, ni un conseil d'arbitrage, ni un arbitre nommé en application d'une convention collective n'est un office, commission ou autre tribunal fédéral au sens où l'entend cette loi. »[62]

Il est arrivé à la conclusion que le conseil d'arbitrage qui a rendu la décision faisant l'objet du litige n'était pas un « office, commission ou autre tribunal fédéral ». Pour ainsi conclure, il avait fait abstraction du texte de la modification ci-haut, car les faits ayant donné lieu au litige étaient antérieurs à la date de la modification.

L'adoption postérieure de cette modification allait-elle changer sa conclusion? Voici comment il exprime sur ce point l'opinion de la Cour :

---

60   Voir le texte, p. 665.

61   *Morch* c. *Minister of National Revenue*, [1949] R.C. de l'É. 327, 338 (j. Thorson).

62   *Loi modifiant le Code canadien du travail*, S.C. 1972, c. 18, art.1, édictant l'article 156(3) du Code.

> « Ma conviction du bien-fondé de cette opinion reste inébranlable devant la modification subséquente du *Code canadien du travail* auquel a été intégrée la *Loi sur les relations industrielles et sur les enquêtes visant les différends du travail* dans le c. L-1 des S.R.C. 1970. L'article 156 par. 3 de 1972 (CAN.) c. 18 stipule que "[...]". Cette modification règle d'avance tout litige sur la question mais on ne peut l'interpréter comme une assertion par le Parlement que, sans elle, une situation différente existait. »[63]

La modification a-t-elle changé le droit existant ou bien l'a-t-elle simplement explicité? L'ambiguïté de l'historique législatif subséquent nous renvoie à la controverse évoquée plus haut sur le caractère déclaratoire ou non des lois[64].

2) L'interdiction législative d'y recourir

Il s'agit ici de la loi canadienne d'interprétation dont l'article 45 contient trois paragraphes particulièrement pertinents. Les paragraphes (1) et (2) ont déjà été cités[65]. Quant au troisième paragraphe, il est ainsi formulé :

> « **45.** (3) L'abrogation ou la modification, en tout ou en partie, d'un texte ne constitue pas ni n'implique une déclaration sur l'état antérieur du droit. »

Il est intéressant de rappeler que ces trois dispositions ont été inscrites dans la loi canadienne d'interprétation le 16 mai 1890, soit moins de deux ans après le jugement de la Cour suprême dans l'affaire *Grinnell* dont il vient d'être question[66]. La loi québécoise d'interprétation, pour sa part, ne contient pas de dispositions analogues tandis que les autres provinces ont, au contraire, légiféré dans le même sens que le Parlement fédéral.

Il est à noter que ces dispositions, de prime abord, n'interdisent pas à l'interprète de voir dans l'abrogation ou la modification d'un

---

[63] *Association des employés de Radio et de Télévision du Canada c. Société Radio-Canada*, [1975] 1 R.C.S. 118, 134 et 135.

[64] Voir *supra*, p. 657 et suiv.

[65] *Supra*, p. 665.

[66] *Acte modifiant l'acte d'interprétation*, 1890, 53 Vict., c. 7, art. 1.

texte législatif une manifestation de l'opinion du Parlement, si les circonstances le justifient[67]. Le seul effet de ces textes est de faire disparaître toute présomption à cet égard[68].

Pourtant, les tribunaux, spécialement les juges de la Cour de l'Échiquier puis de la Cour fédérale, y ont vu l'expression d'une règle beaucoup plus générale et absolue. D'abord reçus avec une certaine réticence[69], les textes en question vont être interprétés par le juge Thorson comme excluant tout recours à une loi postérieure, sauf si celle-ci a un caractère déclaratoire[70]. L'opinion du juge Thorson a été reprise par le juge Walsh de la Cour fédérale :

[67] La version anglaise des textes en question est plus explicite à ce sujet. L'article 45(2) se lit comme suit : « The amendment [...] shall not be deemed [...] ». Le texte de l'article 17 de l'Interpretation Act de l'Ontario (R.S.O. c. 225) invoqué dans Homex Realty and Development Co. c. Village of Wyoming, [1980] 2 R.C.S. 1011, 1024, va beaucoup plus loin (traduction) : « L'abrogation ou la modification d'une loi est réputée ne pas constituer ni impliquer une déclaration quelconque sur l'état antérieur du droit ». En effet, il fait davantage qu'écarter une présomption : il établit une présomption contraire. Cet article ne paraît pas cependant avoir exclu totalement la prise en considération de l'historique législatif postérieur. Voir : Re Falconbridge Nickel Mines Ltd., (1980) 100 D.L.R. (3d) 570, 573 (j. Galligan) (Ont.H.C.) et Re Falconbridge Nickel Mines Ltd., (1981) 121 D.L.R. (3d) 403, 407 (j. Thorson) (Ont.C.A.).

[68] Bathurst Paper Ltd. c. Ministre des Affaires municipales de la province du Nouveau-Brunswick, [1972] R.C.S. 471. Le juge Laskin, interprétant une disposition similaire à l'article 45(2), déclare : « À mon avis, l'art. 13 [de l'Interpretation Act du Nouveau-Brunswick] ne fait qu'empêcher une cour de tirer, du fait qu'il y a eu modification du texte législatif, une conclusion conforme à la déclaration visée. Il ne l'empêche pas d'examiner la modification comme antécédent législatif ayant une influence sur l'interprétation du texte modifié. » (p. 476) Voir également, par analogie, les arrêts cités infra, à la note 94.

[69] Dominion Bag Co. c. The Queen, (1894) 4 R.C. de l'É. 311, 316.

[70] Morch c. Minister of National Revenue, précité, note 61; Mountain Park Coals Ltd. c. Minister of National Revenue, [1952] R.C. de l'É. 560; R. c. Specialties Distributors Ltd., [1954] R.C. de l'É. 535; Home Oil Company c. Minister of National Revenue, [1954] R.C. de l'É. 622, infirmé par [1955] R.C.S. 733.

> « [I]l n'est pas permis d'interpréter une loi à laquelle s'applique la *Loi d'interprétation* par rapport à une loi postérieure à moins que cette dernière ne précise la façon d'interpréter l'ancienne loi. »[71]

Ces arrêts donnent aux dispositions de l'article 45 une portée que leur formulation ne saurait justifier. Premièrement, les textes n'interdisent pas de voir dans une modification une manifestation d'opinion du Parlement : ils ne font qu'écarter toute présomption à ce sujet (« *shall not be deemed* »). Il pourrait très bien arriver que le contexte d'une modification, ou même la formulation de la loi modificative, le préambule par exemple, fasse voir une volonté de changer le droit.

Deuxièmement, l'interprétation de la Cour de l'Échiquier puis de la Cour fédérale va trop loin en ce que les textes ne visent pas les indices qu'on pourrait tirer du contenu des lois postérieures en général, mais uniquement ceux qu'on pourrait déduire du fait de l'abrogation ou de la modification d'un texte législatif.

Les textes en question ont été appliqués par le juge Kerwin de la Cour suprême dans un contexte qui me paraît respecter davantage leur rédaction et leur objet. Parlant d'une modification de la *Loi de l'impôt de guerre sur le revenu*, le juge s'exprime ainsi :

> « Cette modification n'est pas applicable, car c'est au titre de l'année 1940 que l'appelant est cotisé, mais on tire argument de la modification pour établir l'intention d'effectuer un changement. Les paragraphes 2 et 3 de l'article 21 de la *Loi d'interprétation* S.R.C. 1927 c. 1 montrent que ce n'est pas le cas. »[72]

Les textes sont appliqués par le juge Kerwin pour supprimer toute présomption que l'on pourrait tirer du simple fait de la modification

---

[71] *Canadien Pacifique Ltée* c. *La Reine*, [1976] 2 C.F. 563, 590. On comparera avec *R.* c. *Taylor*, [1984] 1 C.F. 948, où le juge Cattanach a, aux pages 962 et 963, tiré argument de l'historique législatif subséquent.

[72] *Thomson* c. *Minister of National Revenue*, [1946] R.C.S. 209, 214 (traduction). Voir également : *Re Wensel and Wensel*, (1977) 72 D.L.R. (3d) 1 (Alta.C.A.).

ou de l'abrogation d'un texte législatif. Cela devrait être leur seul effet[73].

3) L'effet rétroactif

L'idée que le recours à l'historique législatif subséquent enfreindrait le principe de la non-rétroactivité des lois a été mise de l'avant par le juge Pigeon dans deux arrêts de la Cour suprême. Revêtue de la double autorité de ce spécialiste de l'interprétation des lois et de la plus haute Cour du pays, cette objection mérite qu'on s'y attarde[74].

L'affaire *M.F.F. Equities Ltd.* c. *The Queen*[75] concerne l'interprétation de l'annexe III de la *Loi sur la taxe d'accise;* il s'agit de savoir si une margarine dont le principal ingrédient est l'huile de poisson constitue un « produit comestible de poisson » et est, à ce titre, exempte de la taxe de vente.

Le juge Cattanach de la Cour de l'Échiquier avait décidé que, selon le sens courant des mots (*common understanding of words*), on ne pouvait pas dire que la margarine en question fût un produit de poisson. En Cour suprême, le juge Pigeon approuva :

> « À mon avis, le juge de première instance [...] était tout à fait justifié de conclure que, selon le sens courant, la margarine n'était pas un produit de poisson. »[76]

---

[73]   Dans *Rizzo & Rizzo Shoes Ltd. (Re)*, [1998] 1 R.C.S. 27, 50, le juge Iacobucci a invoqué l'article 17 de la *Loi d'interprétation* de l'Ontario, qui est l'équivalent de l'article 45(3) de la loi canadienne, pour justifier de ne pas accorder de poids à une modification subséquente de la loi interprétée : « je précise que la modification apportée subséquemment à la loi n'a eu aucune incidence sur la solution apportée au présent pourvoi ».

[74]   On verra aussi *Robichaud* c. *Canada (Conseil du trésor)*, [1987] 2 R.C.S. 84, où le juge La Forest, aux pages 96 et 97, rejette un argument fondé sur l'historique législatif subséquent en soulignant que la disposition postérieure n'était pas rétroactive et qu'on ne devait donc pas en tenir compte.

[75]   *M.F.F. Equities Ltd.* c. *La Reine*, précité, note 52.

[76]   *Id.*, 598 (traduction).

Cette conclusion eut suffi à trancher le litige en faveur de la Couronne. Cependant le juge Pigeon poursuivit en exposant un argument présenté par l'intimée. Cet argument faisait état d'une modification postérieure aux faits ayant donné lieu au litige. La modification avait pour effet de remplacer l'annexe examinée par un nouveau texte contenant explicitement l'article « Oléomargarine et margarine pour consommation dans la Province de Terre-Neuve ».

Ayant noté que les faits en litige s'étaient déroulés en 1963 et 1964, le juge Pigeon ajouta :

> « En l'absence de toute disposition déclaratoire, la loi de 1966 ne saurait avoir d'effet rétroactif et cette modification postérieure ne peut *en aucune manière* influer sur l'interprétation de l'annexe telle qu'elle était rédigée au moment pertinent. »[77]

Les circonstances de l'arrêt *Gravel* c. *Cité de St-Léonard* ont été relatées plus haut[78]. L'arrêt soulevait la pertinence d'une modification de 1965, postérieure aux faits de 1953 et 1957 ayant donné lieu au litige.

Quant à la possibilité de recourir à la modification, voici ce qu'écrit le juge Pigeon :

> « Que faut-il dire maintenant de la loi de 1965 (13-14 Éliz. II, c. 55) dont l'article 6 a inséré au second alinéa de l'article 25 : "sauf s'il s'agit d'une convention qui l'oblige au paiement d'honoraires pour services professionnels [...]". À mon avis, *il n'y a lieu d'en tenir compte d'aucune manière* et cela suivant le principe de non-rétroactivité.
>
> Quand une loi ne s'applique pas à un litige parce qu'elle est postérieure aux faits qui y ont donné naissance, on ne saurait en tirer aucune conclusion : *M.F.F. Equities* c. *La Reine* (aux pages 598-599). L'historique d'une législation peut servir à l'interpréter parce que les textes antérieurs sont de nature à jeter de la lumière sur l'intention qu'avait le législateur en les abrogeant, les modifiant, les remplaçant ou y ajoutant.

---

[77]   *Id.*, 599 (traduction) (mes italiques). Le juge Pigeon a réitéré ce point de vue dans *Latreille* c. *Vallée*, [1975] 1 R.C.S. 171, 176.

[78]   *Supra*, p. 658.

La situation est toute autre lorsque l'on est en présence d'une loi subséquente aux faits qui ont donné lieu au litige. La décision sur le sens de la législation antérieure est alors du ressort exclusif des tribunaux. En s'abstenant de donner au texte nouveau l'effet rétroactif ou déclaratoire, le législateur évite de se prononcer sur l'état antérieur du droit et laisse aux tribunaux le soin de le faire. »[79]

Faut-il considérer que ces deux décisions ont pour effet d'exclure tout recours à l'histoire législative postérieure en dehors des cas de lois déclaratoires ou rétroactives? On pourrait être porté à le croire compte tenu du caractère catégorique des termes employés : « il n'y a lieu d'en tenir compte d'aucune manière [...] », « on ne saurait en tirer aucune conclusion ». Pourtant, si l'on considère le fondement de ces affirmations, soit le principe de la non-rétroactivité des lois, il ne saurait justifier une exclusion absolue du recours à l'histoire législative postérieure.

En effet, il y aurait accroc au principe de non-rétroactivité si l'opinion exprimée par le Parlement dans la loi postérieure s'imposait à l'interprète d'une manière absolue. Dans ce cas, on pourrait justement affirmer que la loi postérieure tranche d'autorité la question en litige et produit un effet rétroactif.

Si le juge Pigeon, comme on peut le penser, a simplement voulu dire que l'opinion exprimée par le Parlement dans une loi postérieure aux faits ayant donné lieu à un litige ne saurait lier l'interprète sauf les cas de loi rétroactive ou déclaratoire, on ne peut que souscrire à cet avis.

Si, au contraire, ces jugements disent que l'interprète ne saurait, sans enfreindre le principe de non-rétroactivité des lois, prendre en considération l'opinion du Parlement, ou si l'on préfère, l'opinion des légistes lorsque celle-ci est exprimée postérieurement aux faits ayant donné lieu au litige, il faut dire que cette conclusion n'est pas justifiée. Un juge qui tient compte de l'opinion exprimée en 1980 par un auteur de doctrine ne saurait pécher contre le principe de la non-rétroactivité parce que les faits ayant donné lieu au litige qui lui est soumis se sont déroulés en 1979. L'opinion du Parlement, à moins

---

[79]   *Gravel* c. *Cité de St-Léonard*, précité, note 3, 667 (mes italiques).

qu'elle ne soit formulée dans une loi déclaratoire, ne saurait lier le juge et donc avoir un effet rétroactif.

La portée de ces décisions paraît ambiguë : l'ampleur des termes employés semble exclure tout recours à l'opinion du Parlement manifestée dans l'historique législatif subséquent alors que la justification mise de l'avant permet de croire que le recours à la loi subséquente n'est interdit que dans la mesure où le juge y abdiquerait son pouvoir de décision et donnerait ainsi un effet rétroactif à la loi postérieure.

Dans l'arrêt *Homex Realty and Development Co.* c. *Village of Wyoming*[80], la Cour suprême a refusé de prendre en considération une modification postérieure du texte qu'elle devait interpréter. Citant l'article 17 de l'*Interpretation Act* de l'Ontario (R.S.O. 1970, c. 225), le juge Estey ajoute :

> « Bien sûr les tribunaux ne sont concernés que par l'état des droits des parties en vertu de la loi telle qu'elle existait au moment de l'adoption du règlement et, par conséquent, l'interprétation du par. 29(3), tel qu'il existait alors, n'est pas touchée par une mesure législative subséquente. »[81]

Cette affirmation est certes catégorique, mais on serait davantage convaincu si le même juge, dans *Morguard Properties Ltd.* c. *Ville de Winnipeg*, n'avait pas lui-même cédé à la tentation de tirer argument de l'historique législatif subséquent[82] et si, dans *Ville de Montréal* c. *Civic Parking Center Ltd.*, on ne trouvait aussi, sous la plume du juge Chouinard, cette fois, une référence à une législation postérieure pour confirmer l'interprétation retenue par la Cour[83].

Que dire en conclusion sur le recours à l'historique législatif subséquent sinon que la question de son admissibilité reste fort controversée en droit positif canadien et que les opinions judiciaires sur le sujet paraissent varier au gré des circonstances. À mon avis,

---

80   *Homex Realty and Development Co.* c. *Village of Wyoming*, précité, note 67.

81   *Id.*, 1024.

82   *Morguard Properties Ltd.* c. *Ville de Winnipeg*, [1983] 2 R.C.S. 493, 507.

83   *Ville de Montréal* c. *Civic Parking Center Ltd.*, [1981] 2 R.C.S. 541, 560.

l'historique subséquent est un élément dont on devrait pouvoir tenir compte, ne serait-ce que pour mieux analyser en contexte la disposition à interpréter. Dans la mesure, aussi, où l'historique subséquent permet de connaître l'opinion des rédacteurs, il peut être utile, mais son utilité se révélera la plupart du temps extrêmement limitée compte tenu de la difficulté, lorsque le sens de la loi antérieure est douteux, de qualifier la loi nouvelle de déclaratoire ou de réformatrice. Cette difficulté fait que l'historique législatif subséquent donne le plus souvent des armes aux deux parties, constituant ainsi un argument réversible et donc généralement faible.

ii) Les autres lois postérieures

Il s'agit ici de se demander si l'interprète d'une loi peut avoir recours à l'opinion du législateur manifestée dans une loi postérieure à celle interprétée dans l'hypothèse où cette loi ne fait pas partie de l'historique législatif subséquent.

Cela peut se produire lorsque, par exemple, le législateur adopte une loi qui contient une expression que l'on retrouve dans une loi antérieure. Comme il existe une présomption de cohérence des lois portant sur la même matière, on pourra inférer le sens de l'expression dans la loi antérieure du sens qu'elle a dans la loi postérieure.

Le recours aux lois postérieures ne faisant pas partie de l'histoire législative postérieure, il ne peut être écarté sur le fondement de l'article 45 de la loi canadienne d'interprétation. Cependant, comme dans le cas de l'historique législatif subséquent, on trouve des réserves concernant l'ambiguïté possible des enseignements de la loi postérieure et la violation possible du principe de la non-rétroactivité des lois lorsque la loi postérieure à laquelle on fait appel a été adoptée après la survenance des faits qui ont donné lieu au litige.

La question du recours à une loi postérieure a fait l'objet de plusieurs décisions en droit anglais où la règle paraît être la suivante : bien qu'il « ne soit pas strictement permis d'interpréter une loi en faisant appel au contenu de lois postérieures », il arrive « parfois que la prise en considération du contenu des lois postérieures puisse jeter quelque lumière sur le sens de la loi»[84].

Dans l'affaire *Cape Brandy Syndicate* c. *Inland Revenue Commissioners*, Lord Sterndale a ainsi formulé la règle applicable en droit anglais :

> « Je crois que l'arrêt *Attorney General* c. *Clarkson* a clairement établi que l'on peut considérer les lois postérieures dans la même matière pour arrêter l'interprétation à donner d'une loi antérieure lorsque cette loi est ambiguë. »[85]

Le juge Thorson a exprimé l'avis que le droit canadien différait du droit anglais sur la question[86]. Les décisions de la Cour suprême ne confirment cependant pas ce point de vue.

Dans l'affaire *Hayes* c. *Mayhood*[87], le juge Martland fit appel à une loi postérieure en vue de préciser le sens de l'article 14 du *Devolution of Real Property Act* de l'Alberta (R.S.A., 1955, c. 83). Ce faisant, il prit soin de souligner que l'article examiné était ambigu et que la loi postérieure portait sur une matière connexe[88].

Plus récemment, dans l'arrêt *Canton de Goulbourn* c. *Municipalité régionale d'Ottawa-Carleton*[89], la majorité[90] a eu recours à des lois subséquentes pour faire ressortir la politique législative suivie, en Ontario, en matière de régionalisation municipale et pour mettre en évidence l'évolution des techniques de rédaction employées pour la mise en oeuvre de certains éléments de cette politique. Le juge Estey eut le souci de noter que la considération de lois postérieures

---

84   W.F. CRAIES, *op. cit.*, note 4, p. 146 (traduction).

85   *Cape Brandy Syndicate* c. *Inland Revenue Commissioners*, [1921] 2 K.B. 403, 414.

86   *Morch* c. *Minister of National Revenue*, précité, note 61, 338.

87   *Hayes* c. *Mayhood*, [1959] R.C.S. 568.

88   *Id.*, 576.

89   *Canton de Goulbourn* c. *Municipalité régionale d'Ottawa-Carleton*, [1980] 1 R.C.S. 496.

90   Les juges Dickson, Estey et McIntyre. Sur l'admissibilité des lois postérieures, le juges Beetz et Pratte furent dissidents.

« n'était que d'une utilité marginale » et qu'elle était admissible, dans les circonstances, parce que la loi examinée présentait une ambiguïté réelle et que les lois postérieures étaient connexes[91].

De plus, le juge Estey fit remarquer que les lois postérieures qu'il s'agissait de considérer n'avaient ni modifié ni abrogé la loi examinée : il écartait ainsi l'autorité des arrêts qui concernent le recours à l'historique législatif subséquent.

Enfin, dans l'arrêt *Miller* c. *La Reine*[92], les motifs du juge Ritchie montrent qu'il invoque le contenu de lois postérieures à la *Déclaration canadienne des droits* pour interpréter celle-ci. Notons cependant que, dans ce dernier arrêt, l'admissibilité du recours aux lois postérieures ne paraît pas avoir été soulevée.

Ces arrêts paraissent donc permettre de soutenir que, même en matière fédérale, contrairement à ce que des juges de la Cour de l'Échiquier ont pu affirmer[93], lorsque la loi examinée présente une réelle ambiguïté, il est permis de prendre en considération le contenu de lois postérieures portant sur des questions connexes. *A priori*, en effet, on ne peut voir de raison de ne pas tenir compte de l'opinion du Parlement manifestée dans les lois postérieures non déclaratoires sous réserve, toutefois, de l'appréciation, dans chaque cas, du poids qu'il faut accorder à cette opinion.

Alinéa 2 :   La réadoption de la loi interprétée

Si l'opinion du Parlement peut être révélée par la modification d'une loi, les tribunaux peuvent aussi la déduire du fait que le légis-

---

91   *Canton de Goulbourn* c. *Municipalité régionale d'Ottawa-Carleton*, précité, note 89, 515.

92   *Miller* c. *La Reine*, [1977] 2 R.C.S. 680. Sur les inconvénients d'interpréter la *Déclaration canadienne des droits* en se référant aux lois postérieures, voir les commentaires suivants : Katherine LIPPEL, « In the Light of the Recent Supreme Court Judgement : Regina v. Miller and Cockriell (1977) 70 D.L.R. (3d) 324 », (1977) 12 *R.J.T.* 355; G.J. BRANDT, « Comment – Miller and Cockriell v. The Queen », (1977) 55 *R. du B. can.* 705.

93   *Supra*, p. 672.

lateur a laissé passer l'occasion de modifier une loi ayant fait l'objet d'une interprétation par les tribunaux :

> « Lorsque certains termes d'une loi ont fait l'objet d'une interprétation par l'une des cours supérieures et que le législateur reprend ces termes sans modification dans une loi postérieure, on doit présumer que le législateur les a employés selon le sens qu'une Cour compétente leur a attribué. »[94]

La common law suppose donc que le législateur, lorsqu'il réadopte sans changement substantiel un texte qui a reçu une interprétation d'une cour supérieure, manifeste par là l'opinion que la décision judiciaire était juste et est réputé partager cette interprétation.

Cette présomption repose sur certaines présuppositions assez audacieuses quant au processus législatif moderne. Elle ne saurait s'appliquer qu'en supposant, ce qui peut être loin de la réalité, que le législateur ou les légistes ont connaissance de toutes les décisions des tribunaux supérieurs qui ont interprété les lois qui sont réadoptées. Cela étant très improbable[95], il faudrait sans doute admettre que le poids de la présomption peut varier selon le niveau hiérarchique du tribunal et selon le fait que la décision a été publiée ou non.

La présomption suppose également que la reproduction du texte interprété par les tribunaux doit s'interpréter comme un assentiment du législateur (ou des légistes) à l'interprétation jurisprudentielle parce que le Parlement a laissé passer une occasion de manifester sa réprobation pour cette interprétation.

---

[94] *Ex parte Campbell; in re Cathcart*, (1870) 5 Ch. App. 703, 706 (j. James) (traduction), cité par le juge Cartwright, *Fagnan c. Ure and Hume and Rumble Ltd.*, [1958] R.C.S. 377, 382. Voir également : *MacLaren c. Caldwell*, (1882) 8 R.C.S. 435, 448; *Street and Brownlee c. Ottawa Valley Power Co.*, [1940] R.C.S. 40, 47; *Clay c. The King*, [1952] 1 R.C.S. 170, 208; *Domtar Newsprint Ltd. c. Donnacona*, [1981] C.A. 489, 496.

[95] Déjà, au début du siècle, le juge Duff affirmait que cette présomption faisait violence aux faits (*Corporation du Comté d'Arthabaska c. Corporation de Chester-Est*, (1922) 63 R.C.S. 49, 56) et que « Chacun sait que les lois sont souvent refondues et réadoptées sans examen attentif, par le législateur ou par le rédacteur, des décisions que les tribunaux ont pu rendre sur l'interprétation des termes employés ». *National Trust Co. c. Miller*, (1912) 46 R.C.S. 45, 70 (traduction).

Or, la non-modification du texte peut s'expliquer par nombre de raisons, politiques ou techniques, qui n'ont rien à voir avec une approbation quelconque de l'interprétation jurisprudentielle. On ne peut, notamment, l'appliquer à des lois de refonte : compte tenu des objectifs limités des refontes et des pouvoirs restreints des personnes qui en sont chargées, on voit difficilement comment la non-modification d'un texte dans le cadre d'une refonte peut être vue comme un acquiescement à l'interprétation judiciaire antérieure.

Les difficultés d'application de cette directive d'interprétation expliquent sans doute l'intervention du législateur fédéral visant à l'exclure. L'article 45(4) de la *Loi d'interprétation* fédérale est ainsi rédigé :

> « La nouvelle édiction d'un texte, ou sa révision, refonte, codification ou modification, n'a pas valeur de confirmation de l'interprétation donnée, par décision judiciaire ou autrement, des termes du texte ou de termes analogues. »[96]

Le Québec, au contraire de la plupart des autres provinces canadiennes, n'a pas légiféré dans ce sens.

Il est fermement établi en jurisprudence que le texte de l'article 45(4), tout comme les textes semblables des législations provinciales, n'a pour seul effet que de faire disparaître la présomption de common law : il n'interdit pas de voir dans la réadoption d'une loi un assentiment à l'interprétation jurisprudentielle lorsque les circonstances le justifient[97]. Compte tenu de cette jurisprudence, on peut s'interroger sur l'utilité pratique réelle d'une disposition de ce genre.

---

[96] *Loi d'interprétation*, L.R.C. (1985), c. I-21, art. 45(4) (ci-après citée : « loi canadienne »). Notons que la version anglaise se lit en partie : « *A re-enactment* [...] *shall not be deemed to be* [...] *an adoption of the construction* [...] ».

[97] *Canadian Pacific Railway Co.* c. *Albin*, (1919) 59 R.C.S. 151, 166; *Orpen* c. *Roberts*, [1925] R.C.S. 364, 374; *Canadian Wheat Board* c. *Nolan*, [1951] R.C.S. 81, 102, infirmé par le Conseil privé *sub. nom. : A.G. for Canada* c. *Hallet & Carey Ltd.*, [1952] A.C. 427; *Studer* c. *Cowper*, [1951] R.C.S. 450, 454; *Canadian Acceptance Corp.* c. *Fisher*, [1958] R.C.S. 546, 554; *Mann* c. *The Queen*, [1966] R.C.S. 238, 245 et 246. Voir cependant : *Gingras* c. *General Motors Products of Canada Ltd.*, [1976] 1 R.C.S. 426, 437. La disposition aurait donc simplement « neutralisé » la présomption de consécration législative de l'interprétation judiciaire : *Brule* c. *Plummer*, [1979] 2 R.C.S. 343, 359 (j. Laskin).

**Sous-paragraphe 2 :   L'autorité de l'interprétation législative
implicite**

S'il est admis que le comportement du Parlement dans une loi
postérieure peut révéler la conception qu'il se fait du droit antérieur,
il reste à s'interroger sur l'autorité de cette interprétation implicite.
Compte tenu du principe de la souveraineté du Parlement, il peut
paraître curieux de mettre en cause l'autorité du Parlement
d'interpréter ses propres lois. Pourtant, l'interprétation des lois est
d'abord de la compétence des tribunaux :

> « La compétence du législateur n'est pas d'interpréter, mais de
> légiférer et son opinion, lorsqu'elle n'est pas exprimée sous forme
> de loi comme le serait une disposition déclaratoire, ne lie pas les tri-
> bunaux, dont la fonction est d'interpréter les lois telles qu'elles ont
> été édictées. »[98]

Le pouvoir judiciaire d'interpréter la loi n'est pas écarté à moins
que le législateur n'en ait manifesté clairement l'intention en donnant à la loi un caractère déclaratoire. En paraphrasant les paroles du
juge Pigeon, on peut affirmer que lorsque le législateur s'abstient
« de donner au texte nouveau l'effet rétroactif ou déclaratoire », il
« évite de se prononcer [de façon péremptoire] sur l'état du droit et
laisse aux tribunaux le soin de le faire »[99].

Les tribunaux anglais ont, à quelques reprises, exprimé l'idée qu'ils
n'étaient pas liés par une loi non déclaratoire :

> « [L]a loi postérieure, si elle repose sur une interprétation erronée
> de la loi antérieure, ne peut modifier celle-ci. »[100]

> « [L]es croyances ou les suppositions de ceux qui rédigent les lois ne
> sauraient faire loi. »[101]

---

[98]   *Russell* c. *Ledsam*, (1845) 14 M. & W. 574, 589; 153 E.R. 604, 610 (Parke B.)
(traduction).

[99]   *Gravel* c. *Cité de St-Léonard*, précité, note 3, 667.

[100]   *Cape Brandy Syndicate* c. *Inland Revenue Commissioners*, [1921] 2 K.B. 403, 414
(Lord Sterndale) (C.A.) (traduction).

[101]   *Kirkness* c. *John Hudson & Co.*, [1955] A.C. 696, 714 (Victomte Simonds). Dans la
jurisprudence concernant l'interprétation des lois, les rédacteurs n'ont pas la
belle part : on ne les mentionne habituellement que pour faire état de leurs

Ces passages montrent que le juge ne se sent pas lié par l'interprétation de la loi ancienne que révèle la loi nouvelle et qu'il se reconnaît compétent pour la juger erronée. Elle vaut donc non pas en tant que source formelle de droit, mais en tant que raison écrite, à valeur simplement persuasive.

Cela étant admis, le poids de l'interprétation législative implicite dépendra en dernier ressort de l'autorité que les circonstances et l'interprète voudront bien lui prêter. Dans un système où l'opinion de l'Administration et celle de la doctrine sont prises en considération par le juge, la reconnaissance de l'expertise des rédacteurs et le souci de la cohérence de la législation devraient faire en sorte que la conception du droit existant qui transpire de la loi nouvelle ne soit écartée qu'après mûre réflexion.

Sous-section 2 : L'interprétation jurisprudentielle

C'est pratique courante que de se référer, pour l'interprétation d'un texte législatif, au sens qu'un juge, dans le passé, a pu donner à ce texte ou à un texte identique ou semblable. Cette pratique paraît se justifier soit parce que l'interprétation judiciaire peut être considérée comme faisant partie du contexte d'énonciation d'une loi, soit parce que la décision judiciaire exerce sur le juge une autorité contraignante ou non.

Paragraphe 1 : L'interprétation jurisprudentielle comme élément du contexte

Les tribunaux font l'hypothèse que le législateur est informé des décisions judiciaires rendues avant l'adoption de la loi : celles-ci peuvent donc être considérées comme faisant partie du contexte d'énonciation du texte législatif et, à ce titre, elles peuvent être pertinentes à son interprétation.

Si, par exemple, le législateur, intervenant pour la première fois dans une matière jusque-là régie par des décisions judiciaires seule-

---

erreurs, de leurs négligences (*supra*, p. 681) ou de leurs « croyances ou suppositions » !

ment, utilise un terme auquel les tribunaux ont donné, dans le contexte, un sens bien précis, on supposera que ce sens était connu et que le législateur n'a pas voulu s'en écarter :

> « Lorsque, dans une loi du Parlement, on trouve un mot que les tribunaux ont déjà interprété, il y a lieu de présumer qu'il est pris dans ce sens-là. »[102]

D'une manière plus large, l'examen des décisions judiciaires peut être de nature à expliquer l'objet d'une intervention du législateur et ainsi constituer un élément important de l'historique d'un texte législatif[103]. En effet, une modification législative peut s'expliquer par la volonté de faire échec à une interprétation jurisprudentielle[104], de la consacrer par un texte[105] ou encore d'en tirer les conséquences[106].

---

[102] *North British Railway* c. *Budhill Coal & Sandstone*, [1910] A.C. 116, 127 (Lord Loreburn) (traduction), extrait cité par le juge Pigeon dans *Howarth* c. *Commission nationale des libérations conditionnelles*, [1976] 1 R.C.S. 453, 473. Voir aussi *Atco Ltd.* c. *Calgary Power Ltd.*, [1982] 2 R.C.S. 557, où le juge Estey, après avoir rappelé le principe, ajoute, à la page 580 : « Toutefois, cette règle générale a peu ou pas d'application si l'objet de la loi est distinct ou si l'économie de la loi est sensiblement différente ».

[103] Par exemple : *Composers, Authors and Publishers Association of Canada Ltd.* c. *Western Fair Association*, [1951] R.C.S. 596.

[104] Par exemple : *Clarkson* c. *McMaster & Co.*, (1896) 25 R.C.S. 96; *Breakey* c. *Township of Metgermette North*, (1921) 61 R.C.S. 237; *D.R. Fraser & Co.* c. *Minister of National Revenue*, [1947] R.C.S. 157, confirmé par précité, note 56.

[105] Par exemple : *Blain* c. *Brouillard*, précité, note 12. L'interprétation jurisprudentielle d'un texte peut également être consacrée par la réadoption de ce texte sans modification aucune : *R.* c. *Lincoln Mining Syndicate Ltd.*, [1959] R.C.S. 736, 747. Cette hypothèse est étudiée *supra*, p. 680 et suiv.

[106] Par exemple : *Compagnie des Chemins de fer Nationaux du Canada* c. *Board of Commissioners of Public Utilities*, [1976] 2 R.C.S. 112, 134 (j. Beetz); *Sous-ministre du Revenu* c. *Rainville*, [1980] 1 R.C.S. 35, 40 (j. Pigeon). On verra aussi, à titre d'exemple de cas où le tribunal a tenu compte, dans l'historique législatif, d'une décision d'un organisme quasi judiciaire : *City of Edmonton* c. *Northwestern Utilities Ltd.*, [1961] R.C.S. 392, 395 et 396 (j. Locke). Voir toutefois *National Freight Consultants Inc.* c. *Motor Transport Board*, [1980] 2 R.C.S. 621, 630 (j. Estey).

Lorsque l'auteur d'un texte a puisé son inspiration dans une législation étrangère, on pourra la plupart du temps[107] supposer qu'il était alors au courant du sens que les tribunaux étrangers avaient donné au texte sur lequel il a pris modèle. C'est donc un principe largement admis que, dans l'interprétation d'un texte législatif, on peut prendre en considération l'interprétation donnée au texte qui a pu servir de modèle au législateur[108]. Cependant, une telle méthode présente de nombreux dangers : elle ne peut être suivie aveuglément, car un changement dans la formulation[109], un changement dans le contexte[110] ou encore une variation et de formulation et de contexte[111] peuvent rendre cette jurisprudence inapplicable à la nouvelle loi.

Paragraphe 2 : L'interprétation jurisprudentielle comme argument d'autorité

Lorsqu'une interprétation jurisprudentielle est invoquée devant un tribunal, elle peut l'être à titre de précédent qui fait autorité ou à titre de guide dont pourra s'inspirer le juge pour découvrir la solution du problème qui lui est posé.

En thèse générale, les tribunaux ne font aucune distinction, en matière d'autorité des précédents, entre la décision portant sur

---

107   Pas toujours cependant : *Nadarajan Chettiar* c. *Walauwa Mahatmee*, [1950] A.C. 481, 492 (j. Beaumont).

108   *St-Lawrence Bridge Co.* c. *Lewis*, (1920) 60 R.C.S. 565; *City of London* c. *Holeproof Hosiery Company of Canada*, [1933] R.C.S. 349; *Re Tod*, [1934] R.C.S. 230; *Hudson* c. *Benallack*, [1976] 2 R.C.S. 168; *Canadien Pacifique Ltée* c. *P.G. du Canada*, [1986] 1 R.C.S. 678; *Lesage* c. *Collège des médecins et chirurgiens de la Province de Québec*, (1936) 60 B.R. 1; *Sawyer-Massey Co.* c. *Weder*, (1912) 6 D.L.R. 305 (Man.C.A.); *Polar Aerated Water Works* c. *Winnikoff*, (1922) 62 D.L.R. 403 (Alta.S.C.).

109   *R.* c. *Minor*, (1920) 52 D.L.R. 158 (N.S.C.A.).

110   *Moore* c. *Jackson*, (1892) 22 R.C.S. 210; *A.G. for Ontario* c. *Perry*, [1934] A.C. 477; *Armstrong* c. *Estate Duty Commissioner*, [1937] A.C. 885; *Caisse populaire des Deux-Rives* c. *Société mutuelle d'assurance contre l'incendie de la Vallée du Richelieu*, [1990] 2 R.C.S. 995, 1023 (j. L'Heureux-Dubé).

111   *Robinson* c. *Canadian Pacific Railway Co.*, [1892] A.C. 481; *Pantel* c. *Air Canada*, [1975] 1 R.C.S. 472.

l'interprétation d'un texte législatif et celle qui intervient en droit non écrit. L'interprétation donnée à un texte législatif peut donc avoir valeur de précédent, aux mêmes conditions et sous les mêmes réserves que s'il s'agissait de toute autre décision[112].

La question de l'autorité du précédent au Québec est complexe[113] et, dans la doctrine québécoise de droit civil, le poids normatif qu'il conviendrait d'accorder aux précédents est controversé[114]. Si, faisant abstraction des désaccords théoriques, on observe le comportement effectif des plaideurs et des juges québécois en ce qui a trait à l'utilisation des autorités jurisprudentielles, on ne peut pas percevoir de différences significatives entre le recours aux autorités jurispru-dentielles selon qu'il s'agit d'interpréter le Code civil, par exemple, ou une loi particulière de droit statutaire. Dans l'un et l'autre des domaines, les décisions judiciaires antérieures sont abondamment citées par le plaideur et il suffit d'ouvrir un recueil de jurisprudence pour constater que les juges leur accordent un poids considérable, en droit civil tout autant qu'en droit statutaire[115].

Quant à la Cour suprême, dans l'interprétation du *Code civil du Bas Canada* ou du *Code de procédure civile*, elle a toujours fait grand

---

112 Par exemple : *Harrison* c. *Carswell*, [1976] 2 R.C.S. 200. Aussi : *Goodrich* c. *Paisner*, [1957] A.C. 65, 88 (Lord Reid); *Close* c. *Steel Co. of Wales*, [1962] A.C. 367, 393 et 394 (Lord Morton); *Carter* c. *Bradbeer*, [1975] 3 All E.R. 158, 161 (Lord Diplock) (H.L.); Rupert CROSS, *Precedent in English Law*, Oxford, Clarendon Press, 1977, p. 171 et suiv.; Louis-Philippe PIGEON, « Valeur et portée des interprétations jurisprudentielles », dans Ernest CAPARROS (dir.), *Mélanges Louis-Philippe Pigeon*, Montréal, Wilson et Lafleur, 1989, p. 41.

113 Pour une synthèse récente : Albert MAYRAND, « L'autorité du précédent au Québec », (1994) 28 *R.J.T.* 771.

114 John E.C. BRIERLEY et Roderick A. MACDONALD, *Quebec Civil Law – An Introduction to Quebec Private Law*, Toronto, Emond Montgomery, 1993, 121-125; Sylvie PARENT, *La doctrine et l'interprétation du Code civil*, Montréal, Éditions Thémis, 1997, pp. 175-180. Sur la question spécifique du recours à la jurisprudence née sous le *Code civil du Bas Canada* pour interpréter le *Code civil du Québec* : Albert MAYRAND, « Le recours aux précédents comme moyen d'interprétation du nouveau Code civil », dans Pierre-André CÔTÉ (dir.), *Le nouveau Code civil – Interprétation et application*, Les journées Maximilien-Caron 1992, Montréal, Éditions Thémis, 1993, p. 253.

115 À titre d'exemple, en droit civil : *Droit de la famille – 1544*, [1992] R.J.Q. 617 (C.A.).

cas de la jurisprudence, l'analysant tantôt grâce à des notions qui se rattachent à la tradition civiliste telle la notion de « jurisprudence constante »[116], et tantôt à la lumière de notions de common law comme celles d'« *obiter dictum* »[117] ou de « *ratio decidendi* »[118].

Certaines raisons militeraient en faveur d'un assouplissement de la règle de respect des précédents lorsque l'interprétation d'un texte est en cause. D'abord, on peut craindre qu'une technique conçue pour donner une certaine stabilité à un droit non écrit n'ait pour résultat, lorsqu'on la transpose en droit écrit, d'y introduire une excessive rigidité. D'autre part, le recours systématique aux précédents dans l'interprétation des lois peut entrer en conflit avec le devoir qui incombe à tout interprète de rechercher dans le texte même l'intention véritable du législateur : le justiciable n'est-il pas en droit d'attendre du juge qu'il accorde autant d'importance à la volonté législative qu'à une jurisprudence antérieure, qui peut être erronée[119]?

Comme le soulignait fort justement Lord Evershed[120], l'application du *stare decisis* en droit écrit risque d'ériger un écran entre le juge et le texte même de la loi et d'amener les tribunaux à interpréter leurs

---

116 Exemple : *Hôpital Notre-Dame* c. *Patry*, [1975] 2 R.C.S. 388, 401; *Rubis* c. *Gray Rocks Inn Ltd.*, [1982] 1 R.C.S. 452, 460. Selon Alain-François Bisson, la notion de « jurisprudence constante » peut désigner non seulement « la solution constamment donnée au regard de certains faits eux-mêmes constants », mais aussi (surtout si elle émane d'une juridiction supérieure) « une seule décision, si elle est convaincue et convaincante ». Il ajoute, ce avec quoi on ne peut qu'être d'accord, qu'« en toute hypothèse, c'est la raison qui doit faire autorité et non l'autorité faire raison ». Alain-François BISSON, « Nouveau Code civil et jalons pour l'interprétation : traditions et transitions », (1992) 23 *R.D.U.S.* 1, 24.

117 Par exemple : *Denis-Cossette* c. *Germain*, [1982] 1 R.C.S. 751, 776.

118 Par exemple : *Air Canada* c. *McDonnell Douglas Corporation*, [1989] 1 R.C.S. 1554, 1570.

119 J. M. KERNOCHAN, *op. cit.*, note 50, 358 et 359; *R.* c. *Thompson*, [1931] 2 D.L.R. 282, 285 (j. Dennistoun) (Man.C.A.) : « La doctrine du *stare decisis* n'oblige pas un tribunal à perpétuer l'erreur » (traduction); *Lefebvre* c. *Commission des affaires sociales*, [1991] R.J.Q. 1864, 1877 (j. Baudouin) (C.A.) : « [u]ne erreur maintes fois répétée ne suffit jamais à créer la vérité ».

120 *Wright* c. *Walford*, [1955] 1 Q.B. 363, 374 et 375.

propres interprétations de la loi plutôt que les termes de celle-ci[121]. Ce danger guette particulièrement les interprètes du droit civil, où « la jurisprudence ne [...] saurait concurrencer [la loi], ni se substituer à elle comme mode normal et premier d'élaboration du droit »[122].

Le poids relatif que l'on reconnaît à un précédent varie en fonction de paramètres qu'il ne saurait être question d'étudier ici, si ce n'est pour évoquer le rapprochement que plusieurs ont observé entre les pratiques des juristes de common law et de droit civil sur cette question[123]. Il y a lieu cependant d'insister sur la prudence qui s'impose lorsque l'on se réfère, pour interpréter un texte, à un précédent portant sur un texte différent, fut-il compris dans la même loi. Comme le sens d'un terme dépend en partie du contexte où il se trouve, et comme les tribunaux sont influencés dans la détermination du sens d'un terme par les circonstances particulières d'application du texte, on court toujours un risque à transposer le sens donné par un juge à un terme employé dans un contexte donné, à une autre loi où le contexte et les circonstances peuvent justifier un sens différent.

Le recours inconsidéré à la jurisprudence, critiqué par la doctrine[124], a également fait l'objet de nombreuses mises en garde par les tribunaux :

> « L'interprétation donnée à certains mots dans une affaire ne préjuge pas de leur interprétation dans un autre contexte. »[125]

---

121 L'arrêt *R* c. *Vasil*, [1981] 1 R.C.S. 469, peut être cité comme exemple d'instance où la Cour suprême a préféré remonter directement au texte de la loi plutôt que de se limiter à en interpréter ses propres interprétations.

122 Alain-François BISSON, « Caractéristiques et méthodes du droit civil », dans Louise BÉLANGER-HARDY et Alice GRENON (dir.), *Éléments de common law et aperçu comparatif du droit civil québécois*, Toronto, Carswell, 1997, p. 153, à la page 161.

123 Voir, notamment : H. Patrick GLENN, « The Common Law in Canada », (1995) 74 *R. du B. can.* 261, 268-271 et Alison HARVISON YOUNG, « Stare Decisis – Quebec Court of Appeal – Authority v. Persuasiveness », (1993) 72 *R. du B. can.* 91.

124 Moffatt HANCOCK, « Fallacy of the Transplanted Category », (1959) 37 *R. du B. can.* 535; John WILLIS, « Statute Interpretation in a Nutshell », (1938) 16 *R. du B. can.* 1, 6.

125 *Butterley* c. *New Hucknall Colliery Co.*, [1910] A.C. 381, 383 (Lord Halsbury) (traduction).

Le juge Duff a écrit, dans *Lanston Monotype Machine Co. c. Northern Publishing Co.*[126] :

> « Comme l'a signalé Sir George Jessel, dans *Hack c. London Provident Building Society*, ((1883) 23 Ch. D. 103, à la p. 112), il est toujours dangereux d'interpréter les termes d'une loi en se référant à l'interprétation donnée de termes similaires employés dans une autre loi portant sur une matière différente. »[127]

Sous réserve donc des précautions qui s'imposent, il est permis, pour interpréter un texte, de prendre en considération l'interprétation jurisprudentielle qu'a pu recevoir un texte similaire trouvé ailleurs dans la même loi[128] ou dans des lois connexes.

Sous-section 3 : L'interprétation administrative

La montée de l'Administration constitue l'une des caractéristiques principales de l'évolution du droit contemporain. Dans l'exécution de ses tâches, l'Administration se trouve amenée à interpréter expressément ou implicitement des textes législatifs. Expressément, par exemple, lorsqu'elle rédige une note explicative ou un bulletin d'interprétation; implicitement, lorsqu'elle édicte un règlement, accorde un permis, rédige un contrat. Se pose alors la question de l'autorité que doivent reconnaître à l'interprétation administrative le juge et, par conséquent, les justiciables.

L'interprétation administrative ne saurait en principe exercer sur l'interprétation judiciaire une autorité contraignante. Cependant, lorsqu'il y a matière à interprétation, il est admis que le juge puisse tenir compte de l'interprétation administrative.

---

[126] *Lanston Monotype Machine Co. c. Northern Publishing Co.,* (1922) 63 R.C.S. 482.

[127] *Id.,* 497 (traduction). Voir aussi : *R. c. Kelly,* [1992] 2 R.C.S. 170, 189 (j. Cory); *A.G. of British Columbia c. Ostrum,* [1904] A.C. 144, 148 (Lord MacNaghten); *Adamson c. Melbourne & Metropolitan Board of Works,* [1929] A.C. 142, 147 (j. Anglin); *Re C.N.R. & City of Ottawa,* [1924] 4 D.L.R. 1217, 1221 (j. Middleton) (Ont.C.A.), confirmé par [1925] R.C.S. 494; *R. c. Seilke,* [1930] 3 D.L.R. 630, 631 (j. Robson) (Man.C.A.); *Winnipeg c. Brian Investments Ltd.,* [1953] 1 D.L.R. 270, 278 (j. Coyne) (Man. C.A.).

[128] Par exemple : *Upper Canada College c. Smith,* (1921) 61 R.C.S. 413, 440 (j. Anglin).

Paragraphe 1 : Le caractère non contraignant de l'interprétation administrative

Il n'est pas douteux qu'en règle générale le juge n'est pas lié par l'interprétation que l'Administration a pu donner au texte d'une loi ou d'un règlement : c'est en principe au juge qu'il revient d'interpréter la loi et, sauf circonstances particulières[129], l'interprétation administrative ne peut exercer sur l'interprétation judiciaire aucune autorité contraignante.

Ainsi que le rappelait le juge Walsh à propos d'un bulletin d'interprétation rédigé par le ministère fédéral du Revenu :

> « Il ne fait aucun doute que c'est la Cour qui doit interpréter la loi et non des décisions administratives. »[130]

Dans l'arrêt *Stickel* c. *Ministre du Revenu national*, toujours au sujet d'un bulletin d'information rédigé au ministère fédéral du Revenu, le juge Cattanach a souligné que ce document « n'est pas une loi » et que le sous-ministre responsable de sa rédaction « n'a pas le pouvoir de légiférer dans les domaines qui lui sont confiés. »[131]

Doit-on en conclure qu'en aucune circonstance le juge ne doit tenir compte de l'interprétation administrative? Même si la lecture de certains arrêts pourrait porter à le penser[132], la jurisprudence dominante admet que l'interprétation administrative peut être utile au juge, en particulier lorsque la loi présente un doute et que l'interprétation administrative a le caractère d'une pratique interprétative :

---

[129] Par exemple, le cas où la loi donne le pouvoir à l'Administration de faire des règlements pour préciser le sens de termes qu'elle contient ou décrète que les règlements édictés sous son empire sont censés en faire partie. Voir *Britt* c. *Buckinghamshire County Council*, [1963] 2 All E.R. 175 (C.A.).

[130] *Canadien Pacifique Ltée* c. *La Reine*, précité, note 71, 590.

[131] *Stickel* c. *Ministre du Revenu national*, [1972] C.F. 672, 684.

[132] Par exemple : *Simard* c. *Godin*, [1973] C.A. 642, 644 : « Elle [la Cour] n'attache aucune importance à l'interprétation qu'ont pu donner à la *Loi de l'indemnisation* le pouvoir exécutif et les assureurs. C'est au pouvoir judiciaire que le législateur confère le pouvoir d'interpréter ses lois ». Voir aussi : *Lefebvre* c. *Fonds d'indemnisation des victimes d'accidents d'automobile*, [1973] C.A. 801.

« L'ambiguïté dans un texte de la nature de cet arrêté en conseil nous autorise, selon la pratique établie par les tribunaux britanniques et américains, à chercher le secours de toute interprétation administrative établie, dont l'effet est clair et indubitable, afin de découvrir l'intention probable des auteurs de la loi. »[133]

Paragraphe 2 : La prise en considération de l'interprétation administrative

La tâche du juge étant de rechercher par les moyens légaux l'intention du législateur, il est normal que l'interprétation administrative joue un rôle de second plan dans le processus interprétatif : elle ne fait évidemment pas partie du texte interprété, ni d'ailleurs du contexte d'élaboration de celui-ci, sauf les rares cas où l'on pourra supposer qu'une interprétation administrative donnée était connue du législateur et que ce dernier en a tenu compte au moment d'adopter le texte[134].

Ce n'est donc généralement que dans l'hypothèse où un effort raisonnable d'interprétation laisse subsister un doute sur l'intention du législateur que le juge devrait recourir à l'interprétation administrative comme l'un des éléments susceptibles de le conduire à une bonne interprétation.

Deux motifs principaux justifient la prise en considération de l'interprétation administrative : l'argument d'autorité et l'argument de stabilité[135].

En raison de la nature même des fonctions qu'elle est appelée à exercer, l'Administration développe une connaissance particulière-

---

[133] *Paulson* c. *The King*, (1916) 52 R.C.S. 317, 336 (j. Duff) (traduction), arrêt confirmé par [1921] 1 A.C. 271.

[134] Par exemple, on a pu argumenter que le législateur, informé de l'interprétation administrative courante d'un texte, a entendu la consacrer en réadoptant ce texte sans modification : *Commissioners of Income Tax* c. *Pemsel*, [1891] A.C. 531, 590 et 591 (Lord MacNaghten). Aussi : *Booth* c. *The King*, (1915) 51 R.C.S. 20, 30 et 31 (j. Duff) et *Harel* c. *Sous-ministre du Revenu de la province de Québec*, [1978] 1 R.C.S. 851, 859 et 860 (j. De Grandpré).

[135] J.M. KERNOCHAN, *loc. cit.*, note 50, pp. 359 et 360.

ment approfondie de certains textes législatifs : en accordant du poids à l'opinion administrative, le tribunal reconnaît simplement cette expertise réelle ou présumée. D'ailleurs, il arrive qu'un même organisme soit appelé à interpréter les textes qu'il a lui-même rédigés : on a alors affaire à une interprétation authentique qui mérite considération.

L'argument d'autorité tiré de l'interprétation administrative n'a jamais autant de force de persuasion que lorsqu'il est invoqué contre l'Administration, que le juge met ainsi en contradiction avec elle-même. Un juge, par contre, hésitera à invoquer cet argument contre un particulier, de manière à faire profiter l'Administration d'arguments tirés de son propre comportement.

Certains juges toutefois ne sont prêts à reconnaître une autorité à l'interprétation administrative que si l'on peut faire état non pas d'une interprétation isolée, mais d'un véritable usage interprétatif[136]. Dans cette perspective, seul donc l'argument de stabilité justifierait la prise en considération de l'interprétation administrative.

C'est un principe largement admis que lorsque deux interprétations d'un texte sont susceptibles d'être retenues, les tribunaux hésiteront à rejeter celle qui a été consacrée par l'usage :

> « Si une loi se prête raisonnablement à l'interprétation qui en a été donnée par l'usage, les tribunaux ne s'en écarteront pas. »[137]

La raison de ce principe est évidente : un usage interprétatif fait naître des attentes qui ne peuvent être trompées sans entraîner des préjudices parfois graves. Il faut donc un motif valable pour rejeter un usage interprétatif qui n'est pas contraire au texte.

Les exemples de recours à l'interprétation administrative sont relativement nombreux dans la jurisprudence canadienne. Ainsi, il est

---

136 Par exemple : *Boutilier* c. *Cape Breton Development Corp.*, (1973) 34 D.L.R. (3d) 374, 393 (j. Gillis) (N.S.S.C.).

137 *In re Sudbury Branch of the Canadian Pacific Railway*, (1905) 36 R.C.S. 42, 90 (j. Nesbitt) (traduction). Voir aussi : *Mitchell* c. *City of Montreal*, [1963] C.S. 73, 75 (j. Smith). Aussi : P. ST.J. LANGAN, *op. cit.*, note 49, p. 56 et suiv.; W.F. CRAIES, *op. cit.*, note 4, p. 150 et suiv.

arrivé que l'on fasse référence, pour interpréter une loi, à des règlements faits sous son autorité ou sous celle d'une autre loi[138]. Dans ce cas, comme dans tous les autres, la prise en considération de l'interprétation administrative ne préjuge en rien du poids que le juge doit lui donner[139].

Dans *Spooner Oils Ltd. c. Turner Valley Gas Conservation Board*[140], le juge Duff, pour interpréter une disposition réglementaire, a tenu pour pertinent l'usage interprétatif qui ressortait des clauses d'un bail type rédigé par l'Administration[141]. Dans *Bayshore Shopping Centre Ltd. c. Township of Nepean*[142], le juge Spence, pour étayer sa conclusion qu'un règlement de zonage autorisait la construction d'un centre commercial, a fait état de l'interprétation qu'en ont donnée, en pratique, le conseil municipal et l'inspecteur de construction. Faisant référence à Maxwell[143], il énonça comme principe qu'il « peut être tenu compte du comportement de ceux qui sont responsables de la création d'une disposition pour déterminer le sens qu'ils prêtaient à cette disposition »[144].

---

138 *Universal Fur Dressers & Dyers Ltd.* c. *The Queen*, [1956] R.C.S. 632, 634; *R.* c. *K.C. Irving Ltd.*, [1976] 2 R.C.S. 366, 370; *Tétreault-Gadoury* c. *Canada (Commission de l'Emploi et de l'Immigration)*, [1991] 2 R.C.S. 22, 33; *Falconbridge Nickel Mines Ltd.* c. *Ministre du Revenu national*, [1971] C.F. 471, 484 et 485; *Abrahams* c. *P.G. du Canada*, [1983] 1 R.C.S. 2, 8. Cette pratique a cependant été aussi contestée (*Stephens* c. *Cuckfield Rural District Council*, [1960] 2 All E.R. 716, 718 (C.A.)) et même écartée (*Re Geisha Garden Ltd.*, (1960) 127 C.C.C. 30, 34 (B.C.S.C.)). On a déduit du fait que l'Administration ait approuvé des règlements son opinion que ces règlements étaient validement édictés : *Canadien Pacifique Ltée* c. *Bande indienne de Matsqui*, [1995] 1 R.C.S. 3, 37 (j. Lamer); *Barreau du Québec* c. *Morin*, [1988] R.J.Q. 2629, 2638 (j. Chevalier) (C.A.).

139 *Booth* c. *The King*, précité, note 134, 31 (j. Duff).

140 *Spooner Oils Ltd.* c. *Turner Valley Gas Conservation Board*, [1933] R.C.S. 629.

141 *Id.*, 642. Voir aussi : *R.* c. *Walker*, [1970] R.C.S. 649, 677 (j. Pigeon, dissident en partie).

142 *Bayshore Shopping Centre Ltd.* c. *Township of Nepean*, [1972] R.C.S. 755.

143 P. St.J. LANGAN, *op. cit.*, note 49, p. 264.

144 *Id.*, 767. On verra aussi : *Barreau du Québec* c. *Morin*, précité, note 138, 2638.

Dans *Harel* c. *Sous-ministre du Revenu du Québec*[145], le juge De Grandpré a exprimé son accord avec le principe, souvent invoqué à l'égard des pratiques interprétatives de l'Administration fiscale[146], que lorsque le sens d'une disposition fiscale est douteux, le juge peut l'interpréter en tenant compte du sens que l'usage administratif de nombreuses années en a donné. Après avoir fait état d'une pratique administrative de 14 ans, le juge De Grandpré conclut :

> « [J]e n'affirme pas que l'interprétation administrative puisse aller à l'encontre d'un texte législatif clair, mais dans une situation comme celle que je viens d'esquisser, cette interprétation a une valeur certaine et, en cas de doute sur le sens de la législation, devient un facteur important. »[147]

La pratique administrative ne peut évidemment contredire un texte clair[148].

Sous-section 4 : L'interprétation doctrinale

Traditionnellement, l'opinion de la doctrine a joué un rôle réduit dans l'interprétation du droit statutaire. En cela, les techniques d'interprétation de common law se distinguaient nettement des

---

[145]   *Harel* c. *Sous-ministre du Revenu du Québec*, précité, note 134.

[146]   *Gilhooly* c. *Minister of National Revenue*, [1945] R.C. de l'É. 141; *D.R. Fraser & Co.* c. *Minister of National Revenue*, [1946] 2 D.L.R. 107 (C. de L'É.), confirmé par précité, note 104 et par précité, note 56; *Re Commissioner of the Social Services Tax Act* c. *Con-Force Pacific Ltd.*, (1970) 12 D.L.R. (3d) 490 (B.C.C.A.). Voir également : *Smith* c. *Minister of Finance*, [1925] R.C.S. 405, 412, infirmé par [1927] A.C. 193.

[147]   *Harel* c. *Sous-ministre du Revenu du Québec*, précité, note 134, 860. Sur le recours aux bulletins d'interprétation, aux notes techniques et autres textes de même nature en matière fiscale, on verra aussi : *Bryden* c. *Commission de l'Emploi et de l'Immigration*, [1982] 1 R.C.S. 443, 450; *Nowegijick* c. *La Reine*, [1983] 1 R.C.S. 29, 37; *Mattabi Mines Ltd.* c. *Ontario (Ministre du Revenu)*, [1988] 2 R.C.S. 175, 189; *Canada* c. *Antosko*, [1994] 2 R.C.S. 312, 330; *Vaillancourt* c. *Sous-ministre M.R.N.*, [1991] 3 C.F. 663, 674 (C.A.).

[148]   *Payne* c. *Canada (Commission de la Fonction publique)*, [1988] 2 C.F. 384, 388 (j. Reed); *Vaillancourt* c. *Sous-ministre M.R.N.*, précité, note 147, 679 (j. Décary).

techniques civilistes, qui, on le sait, font largement appel à la doctrine[149].

La facture même des textes statutaires n'invite pas, comme celle du Code civil par exemple, au commentaire doctrinal. L'importance accordée à la doctrine en droit civil reflète également le rôle particulier joué par l'université dans l'élaboration de ce système de droit et dans sa transmission, rôle qui a justifié un auteur d'écrire qu'« en droit civil, la doctrine est en quelque sorte une compagne naturelle du système »[150]. L'insistance traditionnelle, en common law, sur l'approche littérale de la recherche du sens a sans doute eu tendance à reléguer au second plan l'opinion des auteurs. Ajoutons à cela la pratique suivie par la Chambre des Lords de ne pas citer les oeuvres d'auteurs vivants[151], pratique maintenant abandonnée[152].

De nos jours cependant, les tribunaux réservent, en droit statutaire, une plus large place dans leurs jugements à l'opinion doctrinale. De plus en plus nombreuses sont les décisions de la Cour suprême où cette opinion a été prise en considération pour l'interprétation d'une loi[153]. Le juge Laskin a déjà préconisé que les juges accordent autant d'importance aux opinions doctrinales qu'à

---

149   Sur le rôle de la doctrine dans l'interprétation en droit civil, on verra notamment : J.E.C. BRIERLEY et R.A. MACDONALD, *op. cit.*, note 114, pp. 125-128; Serge GAUDET, « La doctrine et le Code civil du Québec », dans P.-A. CÔTÉ (dir.), *op. cit.*, note 114, p. 223; Sylvio NORMAND, « Une analyse quantitative de la doctrine en droit civil québécois », (1982) 23 *C. de D.* 1009.

150   A.-F. BISSON, *loc. cit.*, note 122, 162.

151   David VANEK, « Citing Textbooks as Authority in England », (1971) 19 *Chitt. L.J.* 302.

152   Lord REID, « The Judge as Law Maker », (1972) 12 *J.S.P.T.L.* n.s. 22.

153   Par exemple : *Commissioner of Patents* c. *Winthrop Chemical Co.*, [1948] R.C.S. 46, 50; *Hudson* c. *Benallack*, précité, note 108, 174 et 175; *Pacific Coast Coin Exchange of Canada Ltd.* c. *Commission des valeurs mobilières de l'Ontario*, [1978] 2 R.C.S. 112, 127; *Ministre du Revenu national* c. *Shofar Investment Corporation*, [1980] 1 R.C.S. 350, 355. En matière d'interprétation de la *Charte canadienne des droits et libertés*, on peut sans doute affirmer que la doctrine constitue l'un des principaux recours du juge.

celles exposées dans les décisions judiciaires n'ayant pas valeur de précédent contraignant[154].

En droit civil, non seulement la Cour suprême fait-elle largement état des divers points de vue exprimés par les auteurs sur les questions dont elle est saisie, mais il lui arrive d'invoquer la doctrine avant même la jurisprudence, ce qui témoigne nettement du poids que l'on y attache[155]. Pour l'interprétation du *Code civil du Québec* et de la *Loi sur l'application de la réforme du Code civil*[156], les *Commentaires du ministre de la Justice* font office de « doctrine officielle »[157]. Ces commentaires, s'ils peuvent être utiles « pour cerner l'intention du législateur, particulièrement lorsque le texte de l'article prête à différentes interprétations [...], ne constituent pas une autorité absolue. Ils ne lient pas les tribunaux et leur poids pourra varier, notamment, au regard des autres éléments pouvant aider l'interprétation des dispositions du Code civil »[158].

Évidemment, l'opinion de la doctrine ne saurait prévaloir à l'encontre d'un texte clair, mais, s'il y a matière à interprétation, l'interprétation doctrinale pourra valoir à titre d'autorité non contraignante pour indiquer une solution raisonnable ou confirmer l'interprétation à laquelle le juge en arrive. Une doctrine établie pourra également constituer l'indice d'un usage interprétatif qu'on ne saurait rejeter sans motif valable.

---

154   Bora LASKIN, « The Institutional Character of the Judge », (1972) 7 *Isr. L. Rev.* 329, 344 et 345.

155   *Houle* c. *Banque canadienne nationale*, [1990] 3 R.C.S. 122, 159 et suiv.; *Roberge* c. *Bolduc*, [1991] 1 R.C.S. 374, 405 et suiv.; *Lapointe* c. *Hôpital Le Gardeur*, [1992] 1 R.C.S. 351, 361 et suiv.

156   *Loi sur l'application de la réforme du Code civil*, L.Q. 1992, c. 57.

157   Voir : Daniel JUTRAS, « Le ministre et le Code – Essai sur les Commentaires », dans *Mélanges Paul-André Crépeau*, Cowansville, Éditions Yvon Blais, 1997, 451.

158   *Doré* c. *Verdun (Ville de)*, [1997] 2 R.C.S. 862, 873 (j. Gonthier). Pour un exemple de cas où le juge écarte les *Commentaires* au nom du respect dû au texte : *Dionne (Syndic de)*, [1998] R.J.Q. 124 (C.S.). Pour un exemple de cas où le tribunal, avec raison, retient l'interprétation proposée par les *Commentaires* plutôt que celle découlant du texte déficient de la loi d'application : *Bélanger* c. *Banque Royale du Canada*, [1995] R.J.Q. 2836 (C.A.).

SECTION 2 : LE RECOURS AU DROIT COMPARÉ

Face à une difficulté d'interprétation, il est de plus en plus fréquent, spécialement à la Cour suprême du Canada[159], de voir le juge se tourner vers des sources étrangères, soit pour faire l'inventaire des diverses solutions apportées dans d'autres ressorts au problème soumis au tribunal, soit pour servir plus directement à justifier le sens retenu par un argument d'analogie ou par un argument *a contrario*[160].

Dans la mesure où le juge, spécialement le juge d'appel, doit choisir entre plusieurs interprétations valables d'un même texte, il peut lui être précieux de savoir comment le législateur ou le juge d'autres ressorts, confrontés à des difficultés analogues, ont abordé le problème qui lui est soumis et comment ils l'ont résolu. La méthode comparative met alors à la disposition du juge l'expérience d'autres États et, dans la motivation du jugement, elle sert à enrichir la compréhension du problème étudié et à mieux appuyer la solution retenue[161].

On observe aussi que les tribunaux font référence au droit d'autres ressorts dans une perspective davantage argumentative qu'informative. Ainsi, on peut constater que, pour justifier le sens donné à un texte précis, il arrive que l'on cite en exemple les solutions retenues dans des lois adoptées par d'autres législateurs. Cet

---

[159]   Sur la question générale de la place grandissante des sources étrangères en droit canadien, en particulier dans la motivation des jugements à la Cour suprême du Canada : H. Patrick GLENN, « Persuasive Authority », (1986-87) 32 *R.D. McGill* 261.

[160]   Un auteur a mis en opposition la « fonction informative » du droit comparé, lorsque le tribunal se réfère à l'expérience étrangère pour mieux éclairer les choix à effectuer, et sa « fonction interprétative » lorsque le tribunal fait appel au droit étranger en vue, par exemple, d'y effectuer un emprunt justifié par la similitude des règles : Reynald BOULT, « Aspect des rapports entre le droit civil et la "common law" dans la jurisprudence de la Cour suprême du Canada », (1975) 53 *R. du B. can.* 738.

[161]   À titre d'exemples d'une utilisation du droit étranger à titre d'éclairage contextuel : *Tremblay* c. *Daigle*, [1989] 2 R.C.S. 530, 565 et suiv.; *Banque de Montréal* c. *Ng*, [1989] 2 R.C.S. 429, 437 et 443; *Caisse populaire des Deux-Rives* c. *Société mutuelle d'assurance contre l'incendie de la Vallée du Richelieu*, précité, note 110, 1016 et suiv.

argument a souvent pour fondement, au Canada, des textes analogues édictés par différents législateurs provinciaux[162].

Si l'on peut prendre la législation d'un autre ressort pour exemple, elle peut également servir de contre-exemple et fonder un raisonnement *a contrario* sur le modèle qui suit : lorsqu'un législateur a voulu édicter la règle X, voici comment il a procédé (on donne alors ici un exemple tiré d'un texte d'un autre ressort). Le législateur dont le texte est à l'étude n'ayant pas procédé de cette façon, on peut en déduire qu'il n'a pas entendu poser la règle en question[163].

La référence au droit étranger prend aussi souvent la forme d'une référence à la jurisprudence d'un autre ressort portant sur un texte semblable à celui que le tribunal interprète. Il n'est pas rare de trouver, à l'occasion de l'interprétation de textes législatifs canadiens, des références à la jurisprudence anglaise[164], française[165] ou américaine[166] ou encore, dans le cas d'une loi d'une province, à la jurisprudence portant sur l'interprétation d'une loi semblable d'une autre province[167].

---

162   *Nova* c. *Amoco Canada Petroleum Co.*, [1981] 2 R.C.S. 437, 448; *British Columbia Development Corp.* c. *Friedmann*, [1984] 2 R.C.S. 447, 470; *Clarke* c. *Clarke*, [1990] 2 R.C.S. 795, 818; *CAIMAW* c. *Paccar of Canada Ltd.*, [1989] 2 R.C.S. 983, 1011 et 1012.

163   *Harrison* c. *Carswell*, précité, note 112, 219; *Morguard Properties Ltd.* c. *Ville de Winnipeg*, précité, note 82, 503 et 504; *Bishop* c. *Stevens*, [1990] 2 R.C.S. 467, 481 et 482; *Leiriao* c. *Val-Bélair (Ville)*, [1991] 3 R.C.S. 349, 376. Voir toutefois : *P.G. de l'Ontario* c. *Fatehi*, [1984] 2 R.C.S. 536, 552.

164   Par exemple : *Lamb* c. *Benoît, Forget and Nadeau*, [1959] R.C.S. 321, 358-361 (j. Locke).

165   *Montreal Tramways Co.* c. *Girard*, (1920) 61 R.C.S. 12, 15 et suiv. (j. Anglin), 25 (j. Brodeur), 26 (j. Mignault).

166   Par exemple : *B.C. Electric Railway Co.* c. *Public Utilities Commission of B.C.*, [1960] R.C.S. 837, 844 (j. Locke); *Pacific Coast Coin Exchange of Canada Ltd.* c. *Commission des valeurs mobilières de l'Ontario*, précité, note 153, 127 (j. De Granpré).

167   Par exemple : *Janzen* c. *Platy Enterprises Ltd.*, [1989] 1 R.C.S. 1252, 1277 et 1278 (j. Dickson); *Commerce & Industry Insurance Co.* c. *West End Investment Co.*, [1977] 2 R.C.S. 1036, 1043 et 1044 (j. Pigeon); *Giguère* c. *Couture*, [1970] C.A. 212, 218 et 223 (j. Rivard).

Il convient, en terminant, de souligner la large place réservée aux sources étrangères dans l'interprétation du Code civil[168]. Les autorités les plus souvent citées sont, pour des raisons de communauté de tradition et de langue, puisées surtout en droit français. La doctrine française, en particulier, est fréquemment citée[169], sans que le juge sente la nécessité de justifier ce procédé tant il paraît naturel. La jurisprudence française est plus rarement invoquée[170]. Signalons, d'autre part, que la Cour suprême hésite de moins en moins, lorsqu'il s'agit d'interpréter le Code civil, à faire état des solutions retenues dans des ressorts de common law, étant bien entendu que ce procédé d'interprétation, qui peut être très éclairant, doit néanmoins

---

[168]   Cette ouverture de l'interprétation du Code civil sur le droit des autres ressorts de droit civil a fait dire à un auteur que le Québec fait doublement l'expérience de la mixité du droit au sens où non seulement s'y côtoient les traditions de droit civil et de common law, mais aussi où la mixité « existe à l'intérieur de la tradition de droit civil, car le Québec ne s'est jamais coupé dans la construction de son droit civil des autres juridictions de droit civil, et dans ces liens, qui se trouvent reflétés dans la pratique quotidienne des plaidoiries et des jugements, on voit l'implantation d'une certaine idée d'un *ius commune*, cette communauté de concepts et d'idées qui permet la communication juridique même d'un continent à l'autre ». H. Patrick GLENN, « Droit comparé et droit québécois », (1990) 24 *R.J.T.* 339, 348. On verra aussi, du même auteur, une étude rétrospective et prospective du recours au droit comparé dans l'interprétation du Code civil : H. Patrick GLENN, « Le droit comparé et l'interprétation du Code civil du Québec », dans P.-A. CÔTÉ (dir.), *op. cit.*, note 114, p. 175.

[169]   Au sujet des rapports entre droit québécois et celui de l'ancienne métropole : H. Patrick GLENN (dir.), *Droit québécois et droit français : Communauté, autonomie, concordance*, Cowansville, Éditions Yvon Blais, 1993, notamment la contribution de Pierre-Gabriel JOBIN, « L'influence de la doctrine française sur le droit civil québécois : le rapprochement et l'éloignement de deux continents », p. 91.

[170]   Exemple : *Banque nationale* c. *Soucisse*, [1981] 2 R.C.S. 339, 351. Le juge Beetz y écrit : « on nous a référés à une jurisprudence française et belge assez importante. Cette jurisprudence est d'un poids considérable car le droit napoléonien qu'elle applique est le même que le nôtre ».

être employé avec toute la prudence qu'exige le respect des principes et de l'économie générale du droit civil québécois[171].

---

[171] Sur l'intérêt d'être sensible aux riches perspectives de recherche que peut ouvrir le droit comparé sans tomber dans le piège des transpositions inconsidérées de concepts ou de règles, on verra les notes du juge Gonthier ainsi que les autorités qu'il cite dans *Farber* c. *Cie Trust Royal*, [1997] 1 R.C.S. 846, 861-863. Voir aussi : *Lawson* c. *Laferrière*, [1991] 1 R.C.S. 541, 601; *Augustus* c. *Gosset*, précité, note 58, 288; Sylvio NORMAND, « Un thème dominant de la pensée juridique traditionnelle au Québec : La sauvegarde de l'intégrité du droit civil », (1986-87) 32 *R.D. McGill* 559.

LOI D'INTERPRÉTATION (CANADA)
L.R.C. (1985), c. I-21

LOI D'INTERPRÉTATION (QUÉBEC)
L.R.Q., c. I-16

CHAPTER I-21

An Act respecting the interpretation of statutes and regulations

SHORT TITLE

Short title

1. This Act may be cited as the *Interpretation Act.*

R.S., c. I-23, s. 1.

INTERPRETATION

Definitions

2. (1) In this Act,

"Act"

"Act" means an Act of Parliament;

"enact" *Version anglaise seulement*

"enact" includes to issue, make or establish;

"enactment"

"enactment" means an Act or regulation or any portion of an Act or regulation;

"public officer"

"public officer" includes any person in the public service of Canada who is authorized by or under an enactment to do or enforce the doing of an act or thing or to exercise a power, or on whom a duty is imposed by or under an enactment;

"regulation"

"regulation" includes an order, regulation, rule, rule of court, form, tariff of costs or fees, letters patent, commission, warrant, proclamation, by-law, resolution or other instrument issued, made or established

   (a) in the execution of a power conferred by or under the authority of an Act, or

   (b) by or under the authority of the Governor in Council;

"repeal" *Version anglaise seulement*

"repeal" includes revoke or cancel.

CHAPITRE I-21

Loi concernant l'interprétation des lois et des règlements

TITRE ABRÉGÉ

1. *Loi d'interprétation*, L.R.C. (1905), c. I-23, art. 1.

Titre abrégé

DÉFINITIONS ET INTERPRÉTATION

2. (1) Les définitions qui suivent s'appliquent à la présente loi.

Définitions

« fonctionnaire public » Agent de l'administration publique fédérale dont les pouvoirs ou obligations sont prévus par un texte.

« fonctionnaire public »

« loi » Loi fédérale.

« loi »

« règlement » Règlement proprement dit, décret, ordonnance, proclamation, arrêté, règle judiciaire ou autre, règlement administratif, formulaire, tarif de droits, de frais ou d'honoraires, lettres patentes, commission, mandat, résolution ou autre acte pris :

« règlement »

a) soit dans l'exercice d'un pouvoir conféré sous le régime d'une loi fédérale ;

b) soit par le gouverneur en conseil ou sous son autorité.

« texte » Tout ou partie d'une loi ou d'un règlement.

« texte »

(2) Pour l'application de la présente loi, la cessation d'effet d'un texte, par remplacement, caducité ou autrement, vaut abrogation.

Cessation d'effet

L.R.C. (1985), c. I-21, art. 2 ; 1993, c. 34, art. 88.

Expired and replaced enactments

(2) For the purposes of this Act, an enactment that has been replaced, has expired, lapsed or has otherwise ceased to have effect is deemed to have been repealed.

R.S., 1985, c. I-21, s. 2; 1993, c. 34, s. 88.

APPLICATION

Application

3. (1) Every provision of this Act applies, unless a contrary intention appears, to every enactment, whether enacted before or after the commencement of this Act.

Application to this Act

(2) The provisions of this Act apply to the interpretation of this Act.

Rules of construction not excluded

(3) Nothing in this Act excludes the application to an enactment of a rule of construction applicable to that enactment and not inconsistent with this Act.

R.S., c. I-23, s. 3.

ENACTING CLAUSE OF ACTS

Enacting clause

4. (1) The enacting clause of an Act may be in the following form:

"Her Majesty, by and with the advice and consent of the Senate and House of Commons of Canada, enacts as follows:".

Order of clauses

(2) The enacting clause of an Act shall follow the preamble, if any, and the various provisions within the purview or body of the Act shall follow in a concise and enunciative form.

R.S., c. I-23, s. 4.

OPERATION

Royal Assent

Royal assent

5. (1) The Clerk of the Parliaments shall endorse on every Act, immediately after its title, the day, month and year when the Act

CHAMP D'APPLICATION

3. (1) Sauf indication contraire, la présente loi s'applique à tous les textes, indépendamment de leur date d'édiction.

Ensemble des textes

(2) La présente loi s'applique à sa propre interprétation.

Présente loi

(3) Sauf incompatibilité avec la présente loi, toute règle d'interprétation utile peut s'appliquer à un texte.

Autres règles d'interprétation

S.R.C. 1970, c. I-23, art. 3.

FORMULE D'ÉDICTION

4. (1) La formule d'édiction des lois peut être ainsi conçue :

Présentation

« Sa Majesté, sur l'avis et avec le consentement du Sénat et de la Chambre des communes du Canada, édicte : ».

(2) En cas de préambule, la formule d'édiction s'y rattache ; viennent ensuite, en énoncés succincts, les articles du dispositif.

Disposition

S.R.C. 1970, c. I-23, art. 4.

EFFET

Sanction royale

5. (1) Le greffier des Parlements inscrit sur chaque loi, immédiatement après son titre, la

Inscription de la date

was assented to in Her Majesty's name and the endorsement shall be a part of the Act.

Date of commencement

(2) If no date of commencement is provided for in an Act, the date of commencement of that Act is the date of assent to the Act.

Commencement provision

(3) Where an Act contains a provision that the Act or any portion thereof is to come into force on a day later than the date of assent to the Act, that provision is deemed to have come into force on the date of assent to the Act.

Commencement when no date fixed

(4) Where an Act provides that certain provisions thereof are to come or are deemed to have come into force on a day other than the date of assent to the Act, the remaining provisions of the Act are deemed to have come into force on the date of assent to the Act.

R.S., c. I-23, s. 5.

Day Fixed for Commencement or Repeal

Operation when date fixed for commencement or repeal

6. (1) Where an enactment is expressed to come into force on a particular day, it shall be construed as coming into force on the expiration of the previous day, and where an enactment is expressed to expire, lapse or otherwise cease to have effect on a particular day, it shall be construed as ceasing to have effect on the commencement of the following day.

When no date fixed

(2) Every enactment that is not expressed to come into force on a particular day shall be construed as coming into force

(a) in the case of an Act, on the expiration of the day immediately before the day the Act was assented to in Her Majesty's name; and

(b) in the case of a regulation, on the expiration of the day immediately before

date de sa sanction au nom de Sa Majesté. L'inscription fait partie de la loi.

(2) Sauf disposition contraire y figurant, la date d'entrée en vigueur d'une loi est celle de sa sanction.

Entrée en vigueur

(3) Entre en vigueur à la date de la sanction d'une loi la disposition de cette loi qui prévoit pour l'entrée en vigueur de celle-ci ou de telle de ses dispositions une date ultérieure à celle de la sanction.

Report de l'entrée en vigueur

(4) Lorsqu'une loi prévoit pour l'entrée en vigueur de certaines de ses dispositions une date antérieure ou postérieure à celle de la sanction, ses autres dispositions entrent en vigueur à la date de la sanction.

Absence d'indication de date

S.R.C. 1970, c. I-23, art. 5.

Prise et cessation d'effet

6. (1) Un texte prend effet à zéro heure à la date fixée pour son entrée en vigueur ; si la date de cessation d'effet est prévue, le texte cesse d'avoir effet à vingt-quatre heures à cette date.

Cas où la date est fixée

(2) En l'absence d'indication de date d'entrée en vigueur, un texte prend effet :

Absence d'indication de date

a) s'il s'agit d'une loi, à zéro heure à la date de sa sanction au nom de Sa Majesté ;

b) s'il s'agit d'un règlement non soustrait à l'application du paragraphe 5 (1) de la

the day the regulation was registered pursuant to section 6 of the Statutory Instruments Act or, if the regulation is of a class that is exempted from the application of subsection 5(1) of that Act, on the expiration of the day immediately before the day the regulation was made.

Judicial notice

(3) Judicial notice shall be taken of a day for the coming into force of an enactment that is fixed by a regulation that has been published in the Canada Gazette.

R.S., 1985, c. I-21, s. 6; 1992, c. 1, s. 87.

Regulation Prior to Commencement

Preliminary proceedings

7. Where an enactment is not in force and it contains provisions conferring power to make regulations or do any other thing, that power may, for the purpose of making the enactment effective on its commencement, be exercised at any time before its commencement, but a regulation so made or a thing so done has no effect until the commencement of the enactment, except in so far as may be necessary to make the enactment effective on its commencement.

R.S., c. I-23, s. 7.

Territorial Operation

Territorial operation

8. (1) Every enactment applies to the whole of Canada, unless a contrary intention is expressed in the enactment.

Amending enactment

(2) Where an enactment that does not apply to the whole of Canada is amended, no provision in the amending enactment applies to any part of Canada to which the amended enactment does not apply, unless it is provided in the amending enactment that it applies to that part of Canada or to the whole of Canada.

Loi sur les textes réglementaires, à zéro heure à la date de l'enregistrement prévu à l'article 6 de cette loi, et, s'il s'agit d'un règlement soustrait à cette application, à zéro heure à la date de sa prise.

(3) La date d'entrée en vigueur d'un texte fixée par règlement publié dans la Gazette du Canada est admise d'office.

Admission d'office

L.R.C. (1985), c. I-21, art. 6 ; 1992, c. 1, art. 87.

Règlement antérieur à l'entrée en vigueur

7. Le pouvoir d'agir, notamment de prendre un règlement, peut s'exercer avant l'entrée en vigueur du texte habilitant ; dans l'intervalle, il n'est toutefois opérant que dans la mesure nécessaire pour permettre au texte de produire ses effets dès l'entrée en vigueur.

Mesures préliminaires

S.R.C. 1970, c. I-23, art. 7.

Portée territoriale

8. (1) Sauf disposition contraire y figurant, un texte s'applique à l'ensemble du pays.

Règle générale

(2) Le texte modifiant un texte d'application limitée à certaines parties du Canada ne s'applique à une autre partie du Canada ou à l'ensemble du pays que si l'extension y est expressément prévue.

Texte modificatif

Exclusive economic zone of Canada

(2.1) Every enactment that applies in respect of exploring or exploiting, conserving or managing natural resources, whether living or non-living, applies, in addition to its application to Canada, to the exclusive economic zone of Canada, unless a contrary intention is expressed in the enactment.

Continental shelf of Canada

(2.2) Every enactment that applies in respect of exploring or exploiting natural resources that are

(a) mineral or other non-living resources of the seabed or subsoil, or

(b) living organisms belonging to sedentary species, that is to say, organisms that, at the harvestable stage, either are immobile on or under the seabed or are unable to move except in constant physical contact with the seabed or subsoil applies, in addition to its application to Canada, to the continental shelf of Canada, unless a contrary intention is expressed in the enactment.

Extra-territorial operation

(3) Every Act now in force enacted prior to December 11, 1931 that expressly or by necessary or reasonable implication was intended, as to the whole or any part thereof, to have extra-territorial operation shall be construed as if, at the date of its enactment, the Parliament of Canada had full power to make laws having extra-territorial operation as provided by the Statute of Westminster, 1931.

R.S., 1985, c. I-21, s. 8; 1996, c. 31, s. 86.

(2.1) Le texte applicable, au Canada, à l'exploration et à l'exploitation, la conservation et la gestion des ressources naturelles biologiques ou non biologiques s'applique également, à moins que le contexte n'exprime une intention différente, à la zone économique exclusive du Canada.

Zone économique exclusive du Canada

(2.2) S'applique également au plateau continental du Canada, à moins que le contexte n'exprime une intention différente, le texte applicable, au Canada, à l'exploration et à l'exploitation :

Plateau continental du Canada

a) des ressources minérales et autres ressources naturelles non biologiques des fonds marins et de leur sous-sol ;

b) des organismes vivants qui appartiennent aux espèces sédentaires, c'est-à-dire les organismes qui, au stade où ils peuvent être pêchés, sont soit immobiles sur le fond ou au-dessous du fond, soit incapables de se déplacer autrement qu'en restant constamment en contact avec le fond ou le sous-sol.

(3) Dans le cas de lois fédérales encore en vigueur, édictées avant le 11 décembre 1931 et dont la portée extra-territoriale était, en tout ou en partie, expressément prévue ou susceptible de se déduire logiquement de leur objet, le Parlement est réputé avoir été investi, à la date de leur édiction, du pouvoir conféré par le Statut de Westminster de 1931 de faire des lois à portée extra-territoriale.

Extra-territorialité

L.R.C. (1985), c. I-21, art. 8 ; 1996, c. 31, art. 86.

RULES OF CONSTRUCTION

Private Acts

Provisions in private
Acts

9. No provision in a private Act affects the rights of any person, except astherein mentioned or referred to.

R.S., c. I-23, s. 9.

Law Always Speaking

Law always speaking

10. The law shall be considered as always speaking, and where a matter or thing is expressed in the present tense, it shall be applied to the circumstances as they arise, so that effect may be given to the enactment according to its true spirit, intent and meaning.

R.S., c. I-23, s. 10.

Imperative and Permissive Construction

"Shall" and "may"

11. The expression "shall" is to be construed as imperative and the expression "may" as permissive.

R.S., c. I-23, s. 28.

Enactments Remedial

Enactments deemed
remedial

12. Every enactment is deemed remedial, and shall be given such fair, large and liberal construction and interpretation as best ensures the attainment of its objects.

R.S., c. I-23, s. 11.

RÈGLES D'INTERPRÉTATION

Lois d'intérêt privé

9. Les lois d'intérêt privé n'ont d'effet sur les droits subjectifs que dans la mesure qui y est prévue.

Effets

S.R.C. 1970, c. I-23, art. 9.

Permanence de la règle de droit

10. La règle de droit a vocation permanente ; exprimée dans un texte au présent intemporel, elle s'applique à la situation du moment de façon que le texte produise ses effets selon son esprit, son sens et son objet.

Principe général

S.R.C. 1970, c. I-23, art. 10.

Obligation et pouvoirs

11. L'obligation s'exprime essentiellement par l'indicatif présent du verbe porteur de sens principal et, à l'occasion, par des verbes ou expressions comportant cette notion. L'octroi de pouvoirs, de droits, d'autorisations ou de facultés s'exprime essentiellement par le verbe « pouvoir » et, à l'occasion, par des expressions comportant ces notions.

Expression des notions

S.R.C. 1970, c. I-23, art. 28.

Solution de droit

12. Tout texte est censé apporter une solution de droit et s'interprète de la manière la plus équitable et la plus large qui soit compatible avec la réalisation de son objet.

Principe et interprétation

S.R.C. 1970, c. I-23, art. 11.

Preambles and Marginal Notes

Preamble

13. The preamble of an enactment shall be read as a part of the enactment intended to assist in explaining its purport and object.

R.S., c. I-23, s. 12.

Marginal notes and historical references

14. Marginal notes and references to former enactments that appear after the end of a section or other division in an enactment form no part of the enactment, but are inserted for convenience of reference only.

R.S., c. I-23, s. 13.

Application of Interpretation Provisions

Application of definitions and interpretation rules

15. (1) Definitions or rules of interpretation in an enactment apply to all the provisions of the enactment, including the provisions that contain those definitions or rules of interpretation.

Interpretation sections subject to exceptions

(2) Where an enactment contains an interpretation section or provision, it shall be read and construed

(a) as being applicable only if a contrary intention does not appear; and

(b) as being applicable to all other enactments relating to the same subject-matter unless a contrary intention appears.

R.S., c. I-23, s. 14.

Words in regulations

16. Where an enactment confers power to make regulations, expressions used in the regulations have the same respective meanings as in the enactment conferring the power.

R.S., c. I-23, s. 15.

Préambules et notes marginales

13. Le préambule fait partie du texte et en constitue l'exposé des motifs.   Préambule

S.R.C. 1970, c. I-23, art. 12.

14. Les notes marginales ainsi que les mentions de textes antérieurs apparaissant à la fin des articles ou autres éléments du texte ne font pas partie de celui-ci, n'y figurant qu'à titre de repère ou d'information.   Notes marginales

S.R.C. 1970, c. I-23, art. 13.

Dispositions interprétatives

15. (1) Les définitions ou les règles d'interprétation d'un texte s'appliquent tant aux dispositions où elles figurent qu'au reste du texte.   Application

(2) Les dispositions définitoires ou interprétatives d'un texte :   Restriction

a) n'ont d'application qu'à défaut d'indication contraire ;

b) s'appliquent, sauf indication contraire, aux autres textes portant sur un domaine identique.

S.R.C. 1970, c. I-23, art. 14.

16. Les termes figurant dans les règlements d'application d'un texte ont le même sens que dans celui-ci.   Terminologie des règlements

S.R.C. 1970, c. I-23, art. 15.

Her Majesty

Her Majesty not
bound or affected
unless stated

17. No enactment is binding on Her Majesty
or affects Her Majesty or Her Majesty's rights
or prerogatives in any manner, except as
mentioned or referred to in the enactment.

R.S., c. I-23, s. 16.

Proclamations

Proclamation

18. (1) Where an enactment authorizes the
issue of a proclamation, the proclamation shall
be understood to be a proclamation of the
Governor in Council.

Proclamation to be
issued on advice

(2) Where the Governor General is
authorized to issue a proclamation, the
proclamation shall be understood to be a
proclamation issued under an order of the
Governor in Council, but it is not necessary to
mention in the proclamation that it is issued
under such an order.

Effective day of
proclamations

(3) A proclamation that is issued under an
order of the Governor in Council may purport
to have been issued on the day of the order or
on any subsequent day and, if so, takes effect
on that day.

(4) *Repealed.*

R.S., 1985, c. I-21, s. 18; 1992, c. 1, s. 88.

Oaths

Administration of
oaths

19. (1) Where, by an enactment or by a rule
of the Senate or House of Commons, evidence
under oath is authorized or required to be
taken, or an oath is authorized or directed to
be made, taken or administered, the oath may
be administered, and a certificate of its having
been made, taken or administered may be
given by

Sa Majesté

17. Sauf indication contraire y figurant, nul texte ne lie Sa Majesté ni n'a d'effet sur ses droits et prérogatives.

Non-obligation, sauf indication contraire

S.R.C. 1970, c. I-23, art. 16.

Proclamations

18. (1) Les proclamations dont la prise est autorisée par un texte émanent du gouverneur en conseil.

Auteur

(2) Les proclamations que le gouverneur général est autorisé à prendre sont considérées comme prises au titre d'un décret du gouverneur en conseil ; toutefois il n'est pas obligatoire, dans ces proclamations, de faire état de leur rattachement au décret.

Prise sur décret

(3) La date de la prise d'une proclamation sur décret du gouverneur en conseil peut être considérée comme celle du décret même ou comme toute date ultérieure ; le cas échéant, la proclamation prend effet à la date ainsi considérée.

Date de prise d'effet

(4) *Abrogé.*

L.R.C. (1985), c. I-21, art. 18 ; 1992, c. 1, art. 88.

Serments

19. (1) Dans les cas de dépositions sous serment ou de prestations de serment prévues par un texte ou par une règle du Sénat ou de la Chambre des communes, peuvent faire prêter le serment et en donner attestation :

Prestation

(a) any person authorized by the enactment or rule to take the evidence; or

(b) a judge of any court, a notary public, a justice of the peace or a commissioner for taking affidavits, having authority or jurisdiction within the place where the oath is administered.

Where justice of peace empowered

(2) Where power is conferred on a justice of the peace to administer an oath or solemn affirmation or to take an affidavit or declaration, the power may be exercised by a notary public or a commissioner for taking oaths.

R.S., c. I-23, s. 18.

Reports to Parliament

Reports to Parliament

20. Where an Act requires a report or other document to be laid before Parliament and, in compliance with the Act, a particular report or document has been laid before Parliament at a session thereof, nothing in the Act shall be construed as requiring the same report or document to be laid before Parliament at any subsequent session.

R.S., c. I-23, s. 19.

Corporations

Powers vested in corporations

21. (1) Words establishing a corporation shall be construed

(a) as vesting in the corporation power to sue and be sued, to contract and be contracted with by its corporate name, to have a common seal and to alter or change it at pleasure, to have perpetual succession, to acquire and hold personal property for the purposes for which the

a) les personnes autorisées par le texte ou la règle à recevoir les dépositions ;

b) les juges, notaires, juges de paix ou commissaires aux serments compétents dans le ressort où s'effectue la prestation.

(2) Le pouvoir conféré à un juge de paix de faire prêter serment ou de recevoir des déclarations ou affirmations solennelles, ou des affidavits, peut être exercé par un notaire ou un commissaire aux serments.

Exercice des pouvoirs d'un juge de paix

S.R.C. 1970, c. I-23, art. 18.

Rapports au Parlement

20. Une loi imposant le dépôt d'un rapport ou autre document au Parlement n'a pas pour effet d'obliger à ce dépôt au cours de plus d'une session.

Dépôt unique

S.R.C. 1970, c. I-23, art. 19.

Personnes morales

21. (1) La disposition constitutive d'une personne morale comporte :

Pouvoirs

a) l'attribution du pouvoir d'ester en justice, de contracter sous sa dénomination, d'avoir un sceau et de le modifier, d'avoir succession perpétuelle, d'acquérir et de détenir des biens meubles dans l'exercice de ses activités et de les aliéner ;

corporation is established and to alienate that property at pleasure;

(b) in the case of a corporation having a name consisting of an English and a French form or a combined English and French form, as vesting in the corporation power to use either the English or the French form of its name or both forms and to show on its seal both the English and French forms of its name or have two seals, one showing the English and the other showing the French form of its name;

(c) as vesting in a majority of the members of the corporation the power to bind the others by their acts; and

(d) as exempting from personal liability for its debts, obligations or acts individual members of the corporation who do not contravene the provisions of the enactment establishing the corporation.

Corporate name (2) Where an enactment establishes a corporation and in each of the English and French versions of the enactment the name of the corporation is in the form only of the language of that version, the name of the corporation shall consist of the form of its name in each of the versions of the enactment.

Banking business (3) No corporation is deemed to be authorized to carry on the business of banking unless that power is expressly conferred on it by the enactment establishing the corporation.

R.S., c. I-23, s. 20.

Majority and Quorum

Majorities **22.** (1) Where an enactment requires or authorizes more than two persons to do an act or thing, a majority of them may do it.

b) l'attribution, dans le cas où sa dénomination comporte un libellé français et un libellé anglais, ou une combinaison des deux, de la faculté de faire usage de l'un ou l'autre, ou des deux, et d'avoir soit un sceau portant l'empreinte des deux, soit un sceau distinct pour chacun d'eux ;

c) l'attribution à la majorité de ses membres du pouvoir de lier les autres par leurs actes ;

d) l'exonération de toute responsabilité personnelle à l'égard de ses dettes, obligations ou actes pour ceux de ses membres qui ne contreviennent pas à son texte constitutif.

(2) La dénomination d'une personne morale constituée par un texte se compose de son libellé français et de son libellé anglais même si elle ne figure dans chaque version du texte que selon le libellé correspondant à la langue de celle-ci.

Dénomination bilingue

(3) Une personne morale ne peut se livrer au commerce de banque que si son texte constitutif le prévoit expressément.

Commerce de banque

S.R.C. 1970, c. I-23, art. 20.

Majorité et quorum

22. (1) La majorité d'un groupe de plus de deux personnes peut accomplir les actes ressortissant aux pouvoirs ou obligations du groupe.

Majorité

Quorum of board, court, commission, etc.

(2) Where an enactment establishes a board, court, commission or other body consisting of three or more members, in this section called an "association",

(a) at a meeting of the association, a number of members of the association equal to,

(i)   if the number of members provided for by the enactment is a fixed number, at least one-half of the number of members, and

(ii) if the number of members provided for by the enactment is not a fixed number but is within a range having a maximum or minimum, at least one-half of the number of members in office if that number is within the range,

constitutes a quorum;

(b) an act or thing done by a majority of the members of the association present at a meeting, if the members present constitute a quorum, is deemed to have been done by the association; and

(c) a vacancy in the membership of the association does not invalidate the constitution of the association or impair the right of the members in office to act, if the number of members in office is not less than a quorum.

R.S., c. I-23, s. 21.

Appointment, Retirement and Powers of Officers

Public officers hold office during pleasure

23. (1) Every public officer appointed by or under the authority of an enactment or otherwise is deemed to have been appointed to hold office during pleasure only, unless it is otherwise expressed in the enactment, commission or instrument of appointment.

(2) Les dispositions suivantes s'appliquent à tout organisme – tribunal, office, conseil, commission, bureau ou autre – d'au moins trois membres constitué par un texte :

    a) selon que le texte attribue à l'organisme un effectif fixe ou variable, le quorum est constitué par la moitié de l'effectif ou par la moitié du nombre de membres en fonctions, pourvu que celui-ci soit au moins égal au minimum possible de l'effectif ;

    b) tout acte accompli par la majorité des membres de l'organisme présents à une réunion, pourvu que le quorum soit atteint, vaut acte de l'organisme ;

    c) une vacance au sein de l'organisme ne fait pas obstacle à son existence ni n'entrave son fonctionnement, pourvu que le nombre de membres en fonctions ne soit pas inférieur au quorum.

S.R.C. 1970, c. I-23, art. 21.

Nominations, cessation des fonctions et pouvoirs

23. (1) Indépendamment de leur mode de nomination et sauf disposition contraire du texte ou autre acte prévoyant celle-ci, les fonctionnaires publics sont réputés avoir été nommés à titre amovible.

Effective day of appointments

(2) Where an appointment is made by instrument under the Great Seal, the instrument may purport to have been issued on or after the day its issue was authorized, and the day on which it so purports to have been issued is deemed to be the day on which the appointment takes effect.

Appointment or engagement otherwise than under Great Seal

(3) Where there is authority in an enactment to appoint a person to a position or to engage the services of a person, otherwise than by instrument under the Great Seal, the instrument of appointment or engagement may be expressed to be effective on or after the day on which that person commenced the performance of the duties of the position or commenced the performance of the services, and the day on which it is so expressed to be effective, unless that day is more than sixty days before the day on which the instrument is issued, is deemed to be the day on which the appointment or engagement takes effect.

Remuneration

(4) Where a person is appointed to an office, the appointing authority may fix, vary or terminate that person's remuneration.

Commencement of appointments or retirements

(5) Where a person is appointed to an office effective on a specified day, or where the appointment of a person is terminated effective on a specified day, the appointment or termination is deemed to have been effected immediately on the expiration of the previous day.

R.S., c. I-23, s. 22.

Implied powers respecting public officers

24. (1) Words authorizing the appointment of a public officer to hold office during pleasure include, in the discretion of the authority in whom the power of appointment is vested, the power to

(2) La date de la prise d'un acte de nomination revêtu du grand sceau peut être considérée comme celle de l'autorisation de la prise de l'acte ou une date ultérieure, la nomination prenant effet à la date ainsi considérée.

Actes de nomination revêtus du grand sceau

(3) Les actes portant nomination à un poste ou louage de services et dont un texte prévoit qu'ils n'ont pas à être revêtus du grand sceau peuvent fixer, pour leur date de prise d'effet, celle de l'entrée en fonctions du titulaire du poste ou du début de la prestation des services, ou une date ultérieure ; la date ainsi fixée est, sauf si elle précède de plus de soixante jours la date de prise de l'acte, celle de la prise d'effet de la nomination ou du louage.

Autres actes de nomination

(4) L'autorité investie du pouvoir de nomination peut fixer ou modifier la rémunération de la personne nommée ou y mettre fin.

Rémunération

(5) La nomination ou la cessation de fonctions qui sont prévues pour une date déterminée prennent effet à zéro heure à cette date.

Entrée en fonctions ou cessation de fonctions

S.R.C. 1970, c. I-23, art. 22.

24. (1) Le pouvoir de nomination d'un fonctionnaire public à titre amovible comporte pour l'autorité qui en est investie les autres pouvoirs suivants :

Pouvoirs implicites des fonctionnaires publics

(a) terminate the appointment or remove or suspend the public officer;

(b) re-appoint or reinstate the public officer; and

(c) appoint another person in the stead of, or to act in the stead of, the public officer.

Power to act for ministers

(2) Words directing or empowering a minister of the Crown to do an act or thing, regardless of whether the act or thing is administrative, legislative or judicial, or otherwise applying to that minister as the holder of the office, include

(a)   a minister acting for that minister or, if the office is vacant, a minister designated to act in the office by or under the authority of an order in council;

(b)   the successors of that minister in the office;

(c)   his or their deputy; and

(d)   notwithstanding paragraph (c), a person appointed to serve, in the department or ministry of state over which the minister presides, in a capacity appropriate to the doing of the act or thing, or to the words so applying.

Restriction as to public servants

(3) Nothing in paragraph (2)(c) or (d) shall be construed as authorizing the exercise of any authority conferred on a minister to make a regulation as defined in the Statutory Instruments Act.

Successors to and deputy of public officer

(4) Words directing or empowering any public officer, other than a minister of the Crown, to do any act or thing, or otherwise applying to the public officer by his name of

a) celui de mettre fin à ses fonctions, de le révoquer ou de le suspendre ;

b) celui de le nommer de nouveau ou de le réintégrer dans ses fonctions ;

c) celui de nommer un remplaçant ou une autre personne chargée d'agir à sa place.

(2) La mention d'un ministre par son titre ou dans le cadre de ses attributions, que celles-ci soient d'ordre administratif, législatif ou judiciaire, vaut mention : **Exercice des pouvoirs ministériels**

a) de tout ministre agissant en son nom ou, en cas de vacance de la charge, du ministre investi de sa charge en application d'un décret ;

b) de ses successeurs à la charge ;

c) de son délégué ou de celui des personnes visées aux alinéas a) et b) ;

d) indépendamment de l'alinéa c), de toute personne ayant, dans le ministère ou département d'État en cause, la compétence voulue.

(3) Les alinéas (2)c) ou d) n'ont toutefois pas pour effet d'autoriser l'exercice du pouvoir de prendre des règlements au sens de la Loi sur les textes réglementaires. **Restriction relative aux fonctionnaires**

(4) La mention d'un fonctionnaire public par son titre ou dans le cadre de ses attributions vaut mention de ses successeurs à la charge et de son ou leurs délégués ou adjoints. **Successeurs et délégué d'un fonctionnaire public**

office, include his successors in the office and his or their deputy.

Powers of holder of public office

(5) Where a power is conferred or a duty imposed on the holder of an office, the power may be exercised and the duty shall be performed by the person for the time being charged with the execution of the powers and duties of the office.

R.S., 1985, c. I-21, s. 24; 1992, c. 1, s. 89.

Evidence

Documentary evidence

25. (1) Where an enactment provides that a document is evidence of a fact without anything in the context to indicate that the document is conclusive evidence, then, in any judicial proceedings, the document is admissible in evidence and the fact is deemed to be established in the absence of any evidence to the contrary.

Queen's Printer

(2) Every copy of an enactment having printed thereon what purports to be the name or title of the Queen's Printer and Controller of Stationery or the Queen's Printer is deemed to be a copy purporting to be printed by the Queen's Printer for Canada.

R.S., c. I-23, s. 24.

Computation of Time

Time limits and holidays

26. Where the time limited for the doing of a thing expires or falls on a holiday, the thing may be done on the day next following that is not a holiday.

R.S., c. I-23, s. 25.

Clear days

27. (1) Where there is a reference to a number of clear days or "at least" a number of days between two events, in calculating that

(5) Les attributions attachées à une charge peuvent être exercées par son titulaire effectivement en poste.

L.R.C. (1985), c. I-21, art. 24 ; 1992, c. 1, art. 89.

Pouvoirs du titulaire d'une charge publique

Preuve

25. (1) Fait foi de son contenu en justice sauf preuve contraire le document dont un texte prévoit qu'il établit l'existence d'un fait sans toutefois préciser qu'il l'établit de façon concluante.

Preuve documentaire

(2) La mention du nom ou du titre de l'imprimeur de la Reine et contrôleur de la papeterie ou de l'imprimeur de la Reine, portée sur les exemplaires d'un texte, est réputée être la mention de l'imprimeur de la Reine pour le Canada.

Imprimeur de la Reine

S.R.C. 1970, c. I-23, art. 24.

Calcul des délais

26. Le délai qui expirerait normalement un jour férié est prorogé jusqu'au premier jour non férié suivant.

Jours fériés

S.R.C. 1970, c. I-23, art. 25.

27. (1) Si le délai est exprimé en jours francs ou en un nombre minimal de jours entre deux événements, les jours où les événements surviennent ne comptent pas.

Jours francs

number of days the days on which the events happen are excluded.

Not clear days

(2) Where there is a reference to a number of days, not expressed to be clear days, between two events, in calculating that number of days the day on which the first event happens is excluded and the day on which the second event happens is included.

Beginning and ending of prescribed periods

(3) Where a time is expressed to begin or end at, on or with a specified day, or to continue to or until a specified day, the time includes that day.

After specified day

(4) Where a time is expressed to begin after or to be from a specified day, the time does not include that day.

Within a time

(5) Where anything is to be done within a time after, from, of or before a specified day, the time does not include that day.

R.S., c. I-23, s. 25.

Calculation of a period of months after or before a specified day

28. Where there is a reference to a period of time consisting of a number of months after or before a specified day, the period is calculated by

(a) counting forward or backward from the specified day the number of months, without including the month in which that day falls;

(b) excluding the specified day; and

(c) including in the last month counted under paragraph (a) the day that has the same calendar number as the specified day or, if that month has no day with that number, the last day of that month.

R.S., c. I-23, s. 25.

(2) Si le délai est exprimé en jours entre deux événements, sans qu'il soit précisé qu'il s'agit de jours francs, seul compte le jour où survient le second événement.

Délais non francs

(3) Si le délai doit commencer ou se terminer un jour déterminé ou courir jusqu'à un jour déterminé, ce jour compte.

Début et fin d'un délai

(4) Si le délai suit un jour déterminé, ce jour ne compte pas.

Délai suivant un jour déterminé

(5) Lorsqu'un acte doit être accompli dans un délai qui suit ou précède un jour déterminé, ce jour ne compte pas.

Acte à accomplir dans un délai

S.R.C. 1970, c. I-23, art. 25.

28. Si le délai est exprimé en nombre de mois précédant ou suivant un jour déterminé, les règles suivantes s'appliquent :

Délai exprimé en mois

a) le nombre de mois se calcule, dans un sens ou dans l'autre, exclusion faite du mois où tombe le jour déterminé ;

b) le jour déterminé ne compte pas ;

c) le jour qui, dans le dernier mois obtenu selon l'alinéa a), porte le même quantième que le jour déterminé compte; à défaut de quantième identique, c'est le dernier jour de ce mois qui compte.

S.R.C. 1970, c. I-23, art. 25.

Time of the day

29. Where there is a reference to time expressed as a specified time of the day, the time is taken to mean standard time.

R.S., c. I-23, s. 25.

Time when specified age attained

30. A person is deemed not to have attained a specified number of years of age until the commencement of the anniversary, of the same number, of the day of that person's birth.

R.S., c. I-23, s. 25.

Miscellaneous Rules

Reference to provincial court judge, etc.

31. (1) Where anything is required or authorized to be done by or before a judge, provincial court judge, justice of the peace or any functionary or officer, it shall be done by or before one whose jurisdiction or powers extend to the place where the thing is to be done.

Ancillary powers

(2) Where power is given to a person, officer or functionary to do or enforce the doing of any act or thing, all such powers as are necessary to enable them person, officer or functionary to do or enforce the doing of the act or thing are deemed to be also given.

Powers to be exercised as required

(3) Where a power is conferred or a duty imposed, the power may be exercised and the duty shall be performed from time to time as occasion requires.

Power to repeal

(4) Where a power is conferred to make regulations, the power shall be construed as including a power, exercisable in the same manner and subject to the same consent and conditions, if any, to repeal, amend or vary the regulations and make others.

R.S., 1985, c. I-21, s. 31; R.S., 1985, c. 27 (1st Supp.), s. 203.

29. La mention d'une heure est celle de l'heure normale.

Heure

S.R.C. 1970, c. I-23, art. 25.

30. En cas de mention d'un âge, il faut entendre le nombre d'années atteint à l'anniversaire correspondant, à zéro heure.

Mention de l'âge

S.R.C. 1970, c. I-23, art. 25.

Divers

31. (1) Les actes auxquels sont tenus ou autorisés soit des juges, juges de la cour provinciale, juges de paix, fonctionnaires ou agents, soit quiconque devant eux, ne peuvent être accomplis que par ou devant ceux dans le ressort desquels se trouve le lieu de l'accomplissement.

Ressort

(2) Le pouvoir donné à quiconque, notamment à un agent ou fonctionnaire, de prendre des mesures ou de les faire exécuter comporte les pouvoirs nécessaires à l'exercice de celui-ci.

Pouvoirs complémentaires

(3) Les pouvoirs conférés peuvent s'exercer, et les obligations imposées sont à exécuter, en tant que de besoin.

Modalités d'exercice des pouvoirs

(4) Le pouvoir de prendre des règlements comporte celui de les modifier, abroger ou remplacer, ou d'en prendre d'autres, les conditions d'exercice de ce second pouvoir restant les mêmes que celles de l'exercice du premier.

Pouvoir réglementaire

L.R.C. (1985), c. I-21, art. 31 ; L.R.C. (1985), c. 27 (1er suppl.), art. 203.

Forms

32. Where a form is prescribed, deviations from that form, not affecting the substance or calculated to mislead, do not invalidate the form used.

R.S., c. I-23, s. 26.

Gender

33. (1) Words importing female persons include male persons and corporations and words importing male persons include female persons and corporations.

Number

(2) Words in the singular include the plural, and words in the plural include the singular.

Parts of speech and grammatical forms

(3) Where a word is defined, other parts of speech and grammatical forms of the same word have corresponding meanings.

R.S., 1985, c. I-21, s. 33; 1992, c. 1, s. 90.

Offences

Indictable and summary conviction offences

34. (1) Where an enactment creates an offence,

(a) the offence is deemed to be an indictable offence if the enactment provides that the offender may be prosecuted for the offence by indictment;

(b) the offence is deemed to be one for which the offender is punishable on summary conviction if there is nothing in the context to indicate that the offence is an indictable offence; and

(c) if the offence is one for which the offender may be prosecuted by indictment or for which the offender is punishable on summary conviction, no person shall be considered to have been convicted of an indictable offence by

32. L'emploi de formulaires, modèles ou imprimés se présentant différemment de la présentation prescrite n'a pas pour effet de les invalider, à condition que les différences ne portent pas sur le fond ni ne visent à induire en erreur.

Formulaires

S.R.C. 1970, c. I-23, art. 26.

33. (1) Le masculin ou le féminin s'applique, le cas échéant, aux personnes physiques de l'un ou l'autre sexe et aux personnes morales.

Genre grammatical

(2) Le pluriel ou le singulier s'appliquent, le cas échéant, à l'unité et à la pluralité.

Nombre grammatical

(3) Les termes de la même famille qu'un terme défini ont un sens correspondant.

Famille de mots

L.R.C. (1985), c. I-21, art. 33 ; 1992, c. 1, art. 90.

Infractions

34. (1) Les règles suivantes s'appliquent à l'interprétation d'un texte créant une infraction :

Mise en accusation ou procédure sommaire

a) l'infraction est réputée un acte criminel si le texte prévoit que le contrevenant peut être poursuivi par mise en accusation ;

b) en l'absence d'indication sur la nature de l'infraction, celle-ci est réputée punissable sur déclaration de culpabilité par procédure sommaire ;

c) s'il est prévu que l'infraction est punissable sur déclaration de culpabilité soit par mise en accusation soit par procédure sommaire, la personne déclarée coupable de l'infraction par procédure sommaire n'est pas censée

reason only of having been convicted of the offence on summary conviction.

Criminal Code to apply

(2) All the provisions of the Criminal Code relating to indictable offences apply to indictable offences created by an enactment, and all the provisions of that Code relating to summary conviction offences apply to all other offences created by an enactment, except to the extent that the enactment otherwise provides.

Documents similarly construed

(3) In a commission, proclamation, warrant or other document relating to criminal law or procedure in criminal matters,

(a) a reference to an offence for which the offender may be prosecuted by indictment shall be construed as a reference to an indictable offence; and

(b) a reference to any other offence shall be construed as a reference to an offence for which the offender is punishable on summary conviction.

R.S., c. I-23, s. 27.

Powers to Enter Dwelling-houses to Carry out Arrests

Authorization to enter dwelling-house

34.1 Any person who may issue a warrant to arrest or apprehend a person under any Act of Parliament, other than the Criminal Code, has the same powers, subject to the same terms and conditions, as a judge or justice has under the Criminal Code

(a) to authorize the entry into a dwelling-house described in the warrant for the purpose of arresting or apprehending the person, if the person issuing the warrant is satisfied by information on oath that there are reasonable grounds to believe that the person is or will be present in the dwelling-house; and

avoir été condamnée pour un acte criminel.

(2) Sauf disposition contraire du texte créant l'infraction, les dispositions du Code criminel relatives aux actes criminels s'appliquent aux actes criminels prévus par un texte et celles qui portent sur les infractions punissables sur déclaration de culpabilité par procédure sommaire s'appliquent à toutes les autres infractions créées par le texte.

Application du Code criminel

(3) Dans tout document, notamment commission, proclamation ou mandat, relatif au droit pénal ou à la procédure pénale :

Application aux documents

a) la mention d'une infraction punissable sur déclaration de culpabilité par mise en accusation équivaut à celle d'un acte criminel ;

b) la mention de toute autre infraction équivaut à celle d'une infraction punissable sur déclaration de culpabilité par procédure sommaire.

S.R.C. 1970, c. I-23, art. 27.

Entrée dans une maison d'habitation pour arrestation

34.1 Toute personne habilitée à délivrer un mandat pour l'arrestation d'une personne en vertu d'une autre loi fédérale que le Code criminel est investie, avec les mêmes réserves, des pouvoirs que le Code criminel confère aux juges ou juges de paix pour autoriser quiconque est chargé de l'exécution du mandat :

Autorisation de pénétrer dans une maison d'habitation

a) à pénétrer dans une maison d'habitation désignée en vue de l'arrestation, si elle est convaincue, sur la foi d'une dénonciation sous serment, qu'il existe des motifs raisonnables de croire que la personne à arrêter s'y trouve ou s'y trouvera ;

(b) to authorize the entry into the dwelling-house without prior announcement if the requirement of subsection 529.4(1) of the Criminal Code is met.

1997, c. 39, s. 4.

DEFINITIONS

General definitions

35. (1) In every enactment,

"Act"

"Act", as meaning an Act of a legislature, includes an ordinance of the Yukon Territory or of the Northwest Territories;

"bank"

"bank" means a bank to which the Bank Act applies;

"British Commonwealth" or "British Commonwealth of Nations"

"British Commonwealth" or "British Commonwealth of Nations" has the same meaning as "Commonwealth";

"broadcasting"

"broadcasting" means any radiocommunication in which the transmissions are intended for direct reception by the general public;

"Canada"

"Canada", for greater certainty, includes the internal waters of Canada and the territorial sea of Canada;

"Canadian waters"

"Canadian waters" includes the territorial sea of Canada and the internal waters of Canada;

"Clerk of the Privy Council" or "Clerk of the Queen's Privy Council"

"Clerk of the Privy Council" or "Clerk of the Queen's Privy Council" means the Clerk of the Privy Council and Secretary to the Cabinet;

"commencement"
Version anglaise seulement

"commencement", when used with reference to an enactment, means the time at which the enactment comes into force;

b) à ne pas prévenir au préalable, pourvu que l'exigence posée au paragraphe 529.4(1) du Code criminel soit remplie.

L.C. 1997, c. 39, art. 4.

DÉFINITIONS

35. (1) Les définitions qui suivent s'appliquent à tous les textes.

Définitions d'application générale

« agent diplomatique ou consulaire » Sont compris parmi les agents diplomatiques ou consulaires les ambassadeurs, envoyés, ministres, chargés d'affaires, conseillers, secrétaires, attachés, les consuls généraux, consuls, vice-consuls et leurs suppléants, les suppléants des agents consulaires, les hauts-commissaires et délégués permanents et leurs suppléants.

« agent diplomatique ou consulaire »

« banque » Banque à laquelle s'applique la Loi sur les banques.

« banque »

« Canada » Il est entendu que les eaux intérieures et la mer territoriale du Canada font partie du territoire de celui-ci.

« Canada »

« caution » ou « cautionnement » L'emploi de « caution », de « cautionnement » ou de termes de sens analogue implique que la garantie correspondante est suffisante et que, sauf disposition expresse contraire, il suffit d'une seule personne pour la fournir.

« caution » ou « cautionnement »

« Commonwealth », « Commonwealth britannique », « Commonwealth des nations » ou « Commonwealth des nations britanniques » Association des pays figurant à l'annexe.

« Commonwealth », « Commonwealth britannique », « Commonwealth des nations » ou « Commonwealth des nations britanniques »

« Commonwealth et dépendances » Les pays du Commonwealth et leurs colonies ou possessions, ainsi que les États ou territoires placés

« Commonwealth et dépendances »

"Commonwealth" or
"Commonwealth of
Nations"

"Commonwealth" or "Commonwealth of Nations" means the association of countries named in the schedule;

"Commonwealth and
Dependent
Territories"

"Commonwealth and Dependent Territories" means the several Commonwealth countries and their colonies, possessions, dependencies, protectorates, protected states, condominiums and trust territories;

"contiguous zone"

"contiguous zone",

(a) in relation to Canada, means the contiguous zone of Canada as determined under the Oceans Act, and

(b) in relation to any other state, means the contiguous zone of the other state as determined in accordance with international law and the domestic laws of that other state;

"continental shelf"

"continental shelf",

(a) in relation to Canada, means the continental shelf of Canada as determined under the Oceans Act, and

(b) in relation to any other state, means the continental shelf of the other state as determined in accordance with international law and the domestic laws of that other state;

"contravene"

"contravene" includes fail to comply with;

"corporation"

"corporation" does not include a partnership that is considered to be a separate legal entity under provincial law;

"county"

"county" includes two or more counties united for purposes to which the enactment relates;

"county court" [Repealed, 1990, c. 17, s. 26]

sous leur protectorat, leur condominium, leur tutelle ou, d'une façon générale, leur dépendance.

« comté » Peut s'entendre de plusieurs comtés réunis pour les besoins de l'application d'un texte.   « comté »

« contravention » Est assimilé à la contravention le défaut de se conformer à un texte.   « contravention »

« cour de comté » *Abrogée*, 1990, c. 17, art. 26.

« Cour fédérale » La Cour fédérale du Canada.   « Cour fédérale »

« déclaration solennelle » Déclaration faite aux termes de l'article 41 de la *Loi sur la preuve au Canada*.   « déclaration solennelle »

« deux juges de paix » Au moins deux titulaires de cette fonction réunis ou agissant ensemble.   « deux juges de paix »

« eaux canadiennes » Notamment la mer territoriale et les eaux intérieures du Canada.   « eaux canadiennes »

« eaux intérieures »   « eaux intérieures »
a) S'agissant du Canada, les eaux intérieures délimitées en conformité avec la Loi sur les océans, y compris leur fond ou leur lit, ainsi que leur sous-sol et l'espace aérien correspondant ;
b) s'agissant de tout autre État, les eaux situées en deçà de la ligne de base de la mer territoriale de cet État.

« écrit » Mots pouvant être lus, quel que soit leur mode de présentation ou de reproduction, notamment impression, dactylographie, peinture, gravure, lithographie ou photographie.   « écrit »

"diplomatic or
consular officer"

"diplomatic or consular officer" includes an ambassador, envoy, minister, chargé d'affaires, counsellor, secretary, attachÈ, consul-general, consul, vice-consul, pro-consul, consular agent, acting consul-general, acting consul, acting vice-consul, acting consular agent, high commissioner, permanent delegate, adviser, acting high commissioner, and acting permanent delegate;

"exclusive economic
zone"

"exclusive economic zone",

(a) in relation to Canada, means the exclusive economic zone of Canada as determined under the Oceans Act and includes the seabed and subsoil below that zone, and

(b) in relation to any other state, means the exclusive economic zone of the other state as determined in accordance with international law and the domestic laws of that other state;

"Federal Court"

"Federal Court" means the Federal Court of Canada;

"Federal Court-
Appeal Division" or
"Federal Court of
Appeal"

"Federal Court-Appeal Division" or "Federal Court of Appeal" means that division of the Federal Court of Canada called the Federal Court-Appeal Division or referred to as the Court of Appeal or Federal Court of Appeal by the Federal Court Act;

"Federal Court-Trial
Division"

"Federal Court-Trial Division" means that division of the Federal Court of Canada so named by the Federal Court Act;

"Governor",
"Governor General"
or "Governor of
Canada"

"Governor", "Governor General" or "Governor of Canada" means the Governor General of Canada or other chief executive officer or administrator carrying on the Government of Canada on behalf and in the name of the Sovereign, by whatever title that officer is designated;

La présente définition s'applique à tout terme de sens analogue.

« États-Unis » Les États-Unis d'Amérique.

« États-Unis »

« force de réserve » S'entend au sens de la Loi sur la défense nationale.

« force de réserve »

« force régulière » S'entend au sens de la Loi sur la défense nationale.

« force régulière »

« gouverneur », « gouverneur du Canada » ou « gouverneur général » Le gouverneur général du Canada ou tout administrateur ou autre fonctionnaire de premier rang chargé du gouvernement du Canada au nom du souverain, quel que soit son titre.

« gouverneur », « gouverneur du Canada » ou « gouverneur général »

« gouverneur en conseil » ou « gouverneur général en conseil » Le gouverneur général du Canada agissant sur l'avis ou sur l'avis et avec le consentement du Conseil privé de la Reine pour le Canada ou conjointement avec celui-ci.

« gouverneur en conseil » ou « gouverneur général en conseil »

« grand sceau » Le grand sceau du Canada.

« grand sceau »

« greffier du Conseil privé » ou « greffier du Conseil privé de la Reine » Le greffier du Conseil privé et secrétaire du Cabinet.

« greffier du Conseil privé » ou « greffier du Conseil privé de la Reine »

« heure locale » L'heure observée au lieu considéré pour la détermination des heures ouvrables.

« heure locale »

« heure normale » Sauf disposition contraire d'une proclamation du gouverneur en conseil destinée à s'appliquer à tout ou partie d'une province, s'entend :

« heure normale »

a) à Terre-Neuve, de l'heure normale de Terre-Neuve, en retard de trois heures et demie sur l'heure de Greenwich ;

"Governor General in Council" or "Governor in Council"

"Governor General in Council" or "Governor in Council" means the Governor General of Canada acting by and with the advice of, or by and with the advice and consent of, or in conjunction with the Queen's Privy Council for Canada;

"Great Seal"

"Great Seal" means the Great Seal of Canada;

"Her Majesty", "His Majesty", "the Queen", "the King" or "the Crown"

"Her Majesty", "His Majesty", "the Queen", "the King" or "the Crown" means the Sovereign of the United Kingdom, Canada and Her other Realms and Territories, and Head of the Commonwealth;

"Her Majesty's Realms and Territories"

"Her Majesty's Realms and Territories" means all realms and territories under the sovereignty of Her Majesty;

"herein" Version anglaise seulement

"herein" used in any section shall be understood to relate to the whole enactment, and not to that section only;

"holiday"

"holiday" means any of the following days, namely, Sunday; New Year's Day; Good Friday; Easter Monday; Christmas Day; the birthday or the day fixed by proclamation for the celebration of the birthday of the reigning Sovereign; Victoria Day; Canada Day; the first Monday in September, designated Labour Day; Remembrance Day; any day appointed by proclamation to be observed as a day of general prayer or mourning or day of public rejoicing or thanksgiving; and any of the following additional days, namely,

(a) in any province, any day appointed by proclamation of the lieutenant governor of the province to be observed as a public holiday or as a day of general prayer or mourning or day of public rejoicing or thanksgiving within the province, and any day that is a non-

b) en Nouvelle-Écosse, au Nouveau-Brunswick, dans l'Île-du-Prince-Édouard, dans les régions du Québec situées à l'est du soixante-troisième méridien de longitude ouest et dans les régions des Territoires du Nord-Ouest situées à l'est du soixante-huitième méridien de longitude ouest, de l'heure normale de l'Atlantique, en retard de quatre heures sur l'heure de Greenwich ;

c) dans les régions du Québec situées à l'ouest du soixante-troisième méridien de longitude ouest, dans les régions de l'Ontario situées entre les soixante-huitième et quatre-vingt-dixième méridiens de longitude ouest, dans l'île Southampton et les îles voisines, et dans les régions des Territoires du Nord-Ouest situées entre les soixante-huitième et quatre-vingt-cinquième méridiens de longitude ouest, de l'heure normale de l'Est, en retard de cinq heures sur l'heure de Greenwich ;

d) dans les régions de l'Ontario situées à l'ouest du quatre-vingt-dixième méridien de longitude ouest, au Manitoba, et dans les régions des Territoires du Nord-Ouest, sauf l'île Southampton et les îles voisines, situées entre les quatre-vingt-cinquième et cent deuxième méridiens de longitude ouest, de l'heure normale du Centre, en retard de six heures sur l'heure de Greenwich ;

e) en Saskatchewan, en Alberta et dans les régions des Territoires du Nord-Ouest situées à l'ouest du cent deuxième méridien de longitude ouest, de l'heure normale des Rocheuses, en retard de sept heures sur l'heure de Greenwich ;

juridical day by virtue of an Act of the legislature of the province, and

(b) in any city, town, municipality or other organized district, any day appointed to be observed as a civic holiday by resolution of the council or other authority charged with the administration of the civic or municipal affairs of the city, town, municipality or district;

"internal waters",

(a) in relation to Canada, means the internal waters of Canada as determined under the Oceans Act and includes the airspace above and the bed and subsoil below those waters, and

(b) in relation to any other state, means the waters on the landward side of the baselines of the territorial sea of the other state;

"legislative assembly", "legislative council" or "legislature" includes the Lieutenant Governor in Council and the Legislative Assembly of the Northwest Territories, as constituted before September 1, 1905, the Commissioner in Council of the Yukon Territory, and the Commissioner in Council of the Northwest Territories;

"lieutenant governor" means the lieutenant governor or other chief executive officer or administrator carrying on the government of the province indicated by the enactment, by whatever title that officer is designated, and, in relation to the Yukon Territory or the Northwest Territories, means the Commissioner thereof;

f) en Colombie-Britannique, de l'heure normale du Pacifique, en retard de huit heures sur l'heure de Greenwich ;

g) dans le territoire du Yukon, de l'heure normale du Yukon, en retard de neuf heures sur l'heure de Greenwich.

« jour férié » Outre les dimanches, le 1er janvier, le vendredi saint, le lundi de Pâques, le jour de Noël, l'anniversaire du souverain régnant ou le jour fixé par proclamation pour sa célébration, la fête de Victoria, la fête du Canada, le premier lundi de septembre, désigné comme fête du Travail, le 11 novembre ou jour du Souvenir, tout jour fixé par proclamation comme jour de prière ou de deuil national ou jour de réjouissances ou d'action de grâces publiques : « jour férié »

a) pour chaque province, tout jour fixé par proclamation du lieutenant-gouverneur comme jour férié légal ou comme jour de prière ou de deuil général ou jour de réjouissances ou d'action de grâces publiques, et tout jour qui est un jour non juridique au sens d'une loi provinciale ;

b) pour chaque collectivité locale - ville, municipalité ou autre circonscription administrative -, tout jour fixé comme jour férié local par résolution du conseil ou autre autorité chargée de l'administration de la collectivité.

« juridiction supérieure » ou « cour supérieure » Outre la Cour suprême du Canada et la Cour fédérale : « juridiction supérieure » ou « cour supérieure »

a) la Cour suprême de l'Île-du-Prince-Édouard ou de Terre-Neuve ;

a.1) la Cour d'appel de l'Ontario et la Cour de l'Ontario (Division générale) ;

"lieutenant governor
in council"

"lieutenant governor in council" means the lieutenant governor acting by and with the advice of, or by and with the advice and consent of, or in conjunction with the executive council of the province indicated by the enactment and, in relation to the Yukon Territory or the Northwest Territories, means the Commissioner thereof;

"local time"

"local time", in relation to any place, means the time observed in that place for the regulation of business hours;

"military"

"military" shall be construed as relating to all or any part of the Canadian Forces;

"month"

"month" means a calendar month;

"oath" and "sworn"

"oath" includes a solemn affirmation or declaration when the context applies to any person by whom and to any case in which a solemn affirmation or declaration may be made instead of an oath, and in the same cases the expression "sworn" includes the expression "affirmed" or "declared";

"Parliament"

"Parliament" means the Parliament of Canada;

"person"

"person", or any word or expression descriptive of a person, includes a corporation;

"proclamation"

"proclamation" means a proclamation under the Great Seal;

"province"

"province" means a province of Canada, and includes the Yukon Territory and the Northwest Territories;

"radio" or
"radiocommunication
"

"radio" or "radiocommunication" means any transmission, emission or reception of signs, signals, writing, images, sounds or intelligence of any nature by means of electromagnetic

b) la Cour d'appel et la Cour supérieure du Québec ;

c) la Cour d'appel et la Cour du Banc de la Reine du Nouveau-Brunswick, du Manitoba, de la Saskatchewan ou de l'Alberta ;

d) la Cour d'appel et la Cour suprême de la Nouvelle-Écosse et de la Colombie-Britannique ;

e) la Cour suprême du territoire du Yukon ou des Territoires du Nord-Ouest.

« législature », « assemblée législative » ou « conseil législatif » Y sont assimilés l'ensemble composé du lieutenant-gouverneur en conseil et de l'Assemblée législative des Territoires du Nord-Ouest, en leur état avant le 1er septembre 1905, le commissaire en conseil du territoire du Yukon et le commissaire en conseil des Territoires du Nord-Ouest.

« lieutenant-gouverneur » Le lieutenant-gouverneur d'une province ou tout administrateur ou autre fonctionnaire de premier rang chargé du gouvernement de la province, quel que soit son titre, ainsi que le commissaire du territoire du Yukon ou celui des Territoires du Nord-Ouest.

« lieutenant-gouverneur en conseil » Le lieutenant-gouverneur d'une province agissant sur l'avis ou sur l'avis et avec le consentement du conseil exécutif de la province ou conjointement avec celui-ci, ainsi que le commissaire du territoire du Yukon ou celui des Territoires du Nord-Ouest.

« loi provinciale » Y est assimilée une ordonnance du territoire du Yukon ou des Territoires du Nord-Ouest.

Marginal notes:

« législature », « assemblée législative » ou « conseil législatif »

« lieutenant-gouverneur »

« lieutenant-gouverneur en conseil »

« loi provinciale »

waves of frequencies lower than 3 000 GHz propagated in space without artificial guide;

"regular force" "regular force" means the component of the Canadian Forces that is referred to in the National Defence Act as the regular force;

"reserve force" "reserve force" means the component of the Canadian Forces that is referred to in the National Defence Act as the reserve force;

"security" and "sureties" "security" means sufficient security, and "sureties" means sufficient sureties, and when those words are used one person is sufficient therefor, unless otherwise expressly required;

"standard time" "standard time", except as otherwise provided by any proclamation of the Governor in Council that may be issued for the purposes of this definition in relation to any province or territory or any part thereof, means

(a) in relation to the Province of Newfoundland, Newfoundland standard time, being three hours and thirty minutes behind Greenwich time,

(b) in relation to the Provinces of Nova Scotia, New Brunswick and Prince Edward Island, those parts of the Province of Quebec lying east of the sixty-third meridian of west longitude, and those parts of the Northwest Territories lying east of the sixty-eighth meridian of west longitude, Atlantic standard time, being four hours behind Greenwich time,

(c) in relation to those parts of the Province of Quebec lying west of the sixty-third meridian of west longitude, those parts of the Province of Ontario lying between the sixty-eighth and the ninetieth meridians of west longitude, Southampton Island and the islands adjacent to Southampton Island, and

« mer territoriale »

« mer territoriale »

a) S'agissant du Canada, la mer territoriale délimitée en conformité avec la Loi sur les océans, y compris les fonds marins et leur sous-sol, ainsi que l'espace aérien correspondant ;

b) s'agissant de tout autre État, la mer territoriale de cet État, délimitée en conformité avec le droit international et le droit interne de ce même État.

« militaire » S'applique à tout ou partie des Forces canadiennes.

« militaire »

« mois » Mois de l'année civile.

« mois »

« Parlement » Le Parlement du Canada.

« Parlement »

« personne » Personne physique ou morale ; l'une et l'autre notions sont visées dans des formulations générales, impersonnelles ou comportant des pronoms ou adjectifs indéfinis.

« personne »

« personne morale » Entité dotée de la personnalité morale, à l'exclusion d'une société de personnes à laquelle le droit provincial reconnaît cette personnalité.

« personne morale »

« plateau continental »

« plateau continental »

a) S'agissant du Canada, le plateau continental délimité en conformité avec la Loi sur les océans ;

b) s'agissant de tout autre État, le plateau continental de cet État, délimité en conformité avec le droit international et le droit interne de ce même État.

« proclamation » Proclamation sous le grand sceau.

« proclamation »

that part of the Northwest Territories lying between the sixty-eighth and the eighty-fifth meridians of west longitude, eastern standard time, being five hours behind Greenwich time,

(d) in relation to that part of the Province of Ontario lying west of the ninetieth meridian of west longitude, the Province of Manitoba, and that part of the Northwest Territories, except Southampton Island and the islands adjacent to Southampton Island, lying between the eighty-fifth and the one hundred and second meridians of west longitude, central standard time, being six hours behind Greenwich time,

(e) in relation to the Province of Saskatchewan, the Province of Alberta, and that part of the Northwest Territories lying west of the one hundred and second meridian of west longitude, mountain standard time, being seven hours behind Greenwich time,

(f) in relation to the Province of British Columbia, Pacific standard time, being eight hours behind Greenwich time, and

(g) in relation to the Yukon Territory, Yukon standard time, being nine hours behind Greenwich time;

"statutory declaration"

"statutory declaration" means a solemn declaration made pursuant to section 41 of the Canada Evidence Act;

"superior court"

"superior court" means

(a) in the Province of Prince Edward Island or Newfoundland, the Supreme Court,

(a.1) in the Province of Ontario, the Court of Appeal for Ontario and the Ontario Court (General Division),

« province » Province du Canada, ainsi que le territoire du Yukon et les Territoires du Nord-Ouest.

« province »

« radiocommunication » ou « radio » Toute transmission, émission ou réception de signes, de signaux, d'écrits, d'images, de sons ou de renseignements de toute nature, au moyen d'ondes électromagnétiques de fréquences inférieures à 3 000 GHz transmises dans l'espace sans guide artificiel.

« radiocommunication » ou « radio »

« radiodiffusion » Toute radiocommunication dont les émissions sont destinées à être reçues directement par le public en général.

« radiodiffusion »

« royaumes et territoires de Sa Majesté » Tous les royaumes et territoires placés sous la souveraineté de Sa Majesté.

« royaumes et territoires de Sa Majesté »

« Royaume-Uni » Le Royaume-Uni de Grande-Bretagne et d'Irlande du Nord.

« Royaume-Uni »

« Sa Majesté », « la Reine », « le Roi » ou « la Couronne » Le souverain du Royaume-Uni, du Canada et de Ses autres royaumes et territoires, et chef du Commonwealth.

« Sa Majesté », « la Reine », « le Roi » ou « la Couronne »

« Section d'appel de la Cour fédérale » ou « Cour d'appel fédérale » S'entend au sens de la Loi sur la Cour fédérale.

« Section d'appel de la Cour fédérale » ou « Cour d'appel fédérale »

« Section de première instance de la Cour fédérale » S'entend au sens de la Loi sur la Cour fédérale.

« Section de première instance de la Cour fédérale »

« serment » Ont valeur de serment la déclaration ou l'affirmation solennelle dans les cas où il est prévu qu'elles peuvent en tenir lieu et où l'intéressé a la faculté de les y substituer ; les formulations comportant les verbes « déclarer » ou « affirmer » équivalent dès lors à celles qui comportent l'expression « sous serment ».

« serment »

(b) in the Province of Quebec, the Court of Appeal and the Superior Court in and for the Province,

(c) in the Province of New Brunswick, Manitoba, Saskatchewan or Alberta, the Court of Appeal for the Province and the Court of Queen's Bench for the Province,

(d) in the Provinces of Nova Scotia and British Columbia, the Court of Appeal and the Supreme Court of the Province, and

(e) in the Yukon Territory or the Northwest Territories, the Supreme Court thereof,

and includes the Supreme Court of Canada and the Federal Court;

"telecommunications" "telecommunications" means the emission, transmission or reception of signs, signals, writing, images, sounds or intelligence of any nature by any wire, cable, radio, optical or other electromagnetic system, or by any similar technical system;

"territorial sea" "territorial sea",

(a) in relation to Canada, means the territorial sea of Canada as determined under the Oceans Act and includes the airspace above and the seabed and subsoil below that sea, and

(b) in relation to any other state, means the territorial sea of the other stat as determined in accordance with international law and the domestic laws of that other state;

"territory" "territory" means the Yukon Territory, the Northwest Territories and, after section 3 of the Nunavut Act comes into force, Nunavut;

"two justices" "two justices" means two or more justices of the peace, assembled or acting together;

« **télécommunication** » La transmission, l'émission ou la réception de signes, signaux, écrits, images, sons ou renseignements de toute nature soit par système électromagnétique, notamment par fil, câble ou système radio ou optique, soit par tout procédé technique semblable.

« télécommunication »

« **territoires** » S'entend du territoire du Yukon, des Territoires du Nord-Ouest et, après l'entrée en vigueur de l'article 3 de la Loi sur le Nunavut, du Nunavut.

« territoires »

« **zone contiguë** »

a) S'agissant du Canada, la zone contiguë délimitée en conformité avec la Loi sur les océans ;

b) s'agissant de tout autre État, la zone contiguë de cet État, délimitée en conformité avec le droit international et le droit interne de ce même État.

« zone contiguë »

« **zone économique exclusive** »

a) S'agissant du Canada, la zone économique exclusive délimitée en conformité avec la Loi sur les océans, y compris les fonds marins et leur sous-sol ;

b) s'agissant de tout autre État, la zone économique exclusive de cet État, délimitée en conformité avec le droit international et le droit interne de ce même État.

« zone économique exclusive »

(2) Le gouverneur en conseil peut, par décret, reconnaître l'acquisition ou la perte, par un pays, de la qualité de membre du Commonwealth et, selon le cas, inscrire ce pays à l'annexe ou l'en radier.

Modification de l'annexe

L.R.C. (1985), c. I-21, art. 35 ; L.R.C. (1985), c. 11 (1er suppl.), art. 2; c. 27 (2e suppl.), art. 10 ; 1990, c. 17, art. 26 ; 1992, c. 1, art. 91, c. 47, art. 79, c. 51, art. 56;

"United Kingdom"

"United Kingdom" means the United Kingdom of Great Britain and Northern Ireland;

"United States"

"United States" means the United States of America;

"writing"

"writing", or any term of like import, includes words printed, typewritten, painted, engraved, lithographed, photographed or represented or reproduced by any mode of representing or reproducing words in visible form.

Governor in Council may amend schedule

(2) The Governor in Council may, by order, amend the schedule by adding thereto the name of any country recognized by the order to be a member of the Commonwealth or deleting therefrom the name of any country recognized by the order to be no longer a member of the Commonwealth.

R.S., 1985, c. I-21, s. 35; R.S., 1985, c. 11 (1st Supp.), s. 2, c. 27 (2nd Supp.), s. 10; 1990, c. 17, s. 26; 1992, c. 1, s. 91, c. 47, s. 79, c. 51, s. 56; 1993, c. 38, s. 87; 1995, c. 39, s. 174; 1996, c. 31, s. 87.

Construction of "telegraph"

36. The expression "telegraph" and its derivatives, in an enactment or in an Act of the legislature of any province enacted before that province became part of Canada on any subject that is within the legislative powers of Parliament, are deemed not to include the word "telephone" or its derivatives.

R.S., c. I-23, s. 29.

Construction of "year"

37. (1) The expression "year" means any period of twelve consecutive months, except that a reference

(a) to a "calendar year" means a period of twelve consecutive months commencing on January 1;

(b) to a "financial year" or "fiscal year" means, in relation to money provided by

1993, c. 38, art. 87 ; 1995, c. 39, art. 174 ; 1996, c. 31, art. 87.

36. Le terme télégraphe et ses dérivés employés, à propos d'un domaine ressortissant à la compétence législative du Parlement, dans un texte ou dans des lois provinciales antérieures à l'incorporation de la province au Canada ne sont pas censés s'appliquer au terme téléphone ou à ses dérivés.

Télégraphe et téléphone

S.R.C. 1970, c. I-23, art. 29.

37. (1) La notion d'année s'entend de toute période de douze mois, compte tenu des dispositions suivantes :

Notion d'année

a) « année civile » s'entend de l'année commençant le 1er janvier ;

b) « exercice » s'entend, en ce qui a trait aux crédits votés par le Parlement, au

Parliament, or the Consolidated Revenue Fund, or the accounts, taxes or finances of Canada, the period beginning on April 1 in one calendar year and ending on March 31 in the next calendar year; and

(c) by number to a Dominical year means the period of twelve consecutive months commencing on January 1 of that Dominical year.

Governor in Council may define year

(2) Where in an enactment relating to the affairs of Parliament or the Government of Canada there is a reference to a period of a year without anything in the context to indicate beyond doubt whether a financial or fiscal year, any period of twelve consecutive months or a period of twelve consecutive months commencing on January 1 is intended, the Governor in Council may prescribe which of those periods of twelve consecutive months shall constitute a year for the purposes of the enactment.

R.S., c. I-23, ss. 28, 31.

Common names

38. The name commonly applied to any country, place, body, corporation, society, officer, functionary, person, party or thing means the country, place, body, corporation, society, officer, functionary, person, party or thing towhich the name is commonly applied, although the name is not the formal or extended designation thereof.

R.S., c. I-23, s. 30.

Affirmative and negative resolutions

39. (1) In every Act,

(a) the expression "subject to affirmative resolution of Parliament", when used in relation to any regulation, means that the regulation shall be laid before

Trésor, aux comptes et aux finances du Canada ou aux impôts fédéraux, de la période commençant le 1er avril et se terminant le 31 mars de l'année suivante ;

c) la mention d'un millésime s'applique à l'année civile correspondante.

(2) Le gouverneur en conseil peut préciser la notion d'année pour l'application des textes relatifs au Parlement ou au gouvernement fédéral et où figure cette notion sans que le contexte permette de déterminer en toute certitude s'il s'agit de l'année civile, de l'exercice ou d'une période quelconque de douze mois. *Précision de la notion*

S.R.C. 1970, c. I-23, art. 28 et 31.

38. La désignation courante d'une personne, d'un groupe, d'une fonction, d'un lieu, d'un pays, d'un objet ou autre entité équivaut à la désignation officielle ou intégrale. *Langage courant*

S.R.C. 1970, c. I-23, art. 30.

39. (1) Dans les lois, l'emploi des expressions ci-après, à propos d'un règlement, comporte les implications suivantes : *Résolutions de ratification ou de rejet*

a) « sous réserve de résolution de ratification du Parlement » : le règlement est à déposer devant le Parlement dans les quinze jours suivant sa prise ou, si le

Parliament within fifteen days after it is made or, if Parliament is not then sitting, on any of the first fifteen days next thereafter that Parliament is sitting and shall not come into force unless and until it is affirmed by a resolution of both Houses of Parliament introduced and passed in accordance with the rules of those Houses;

(b) the expression "subject to affirmative resolution of the House of Commons", when used in relation to any regulation, means that the regulation shall be laid before the House of Commons within fifteen days after it is made or, if the House is not then sitting, on any of the first fifteen days next thereafter that the House is sitting and shall not come into force unless and until it is affirmed by a resolution of the House of Commons introduced and passed in accordance with the rules of that House;

(c) the expression "subject to negative resolution of Parliament", when used in relation to any regulation, means that the regulation shall be laid before Parliament within fifteen days after it is made or, if Parliament is not then sitting, on any of the first fifteen days next thereafter that Parliament is sitting and may be annulled by a resolution of both Houses of Parliament introduced and passed in accordance with the rules of those Houses; and

(d) the expression "subject to negative resolution of the House of Commons", when used in relation to any regulation, means that the regulation shall be laid before the House of Commons within fifteen days after it is made or, if the House is not then sitting, on any of the

Parlement ne siège pas, dans les quinze
premiers jours de séance ultérieurs, et
son entrée en vigueur est subordonnée à
sa ratification par résolution des deux
chambres　　présentée　et　　adoptée
conformément aux règles de celles-ci ;

b) « sous　réserve　de　résolution　de
ratification　de　la　Chambre　des
communes » : le règlement est à déposer
devant la Chambre des communes dans
les quinze jours suivant sa prise ou, si la
chambre ne siège pas, dans les quinze
premiers jours de séance ultérieurs, et
son entrée en vigueur est subordonnée à
sa　ratification　par　résolution　de　la
chambre　　présentée　et　　adoptée
conformément aux règles de celle-ci ;

c) « sous réserve de résolution de rejet du
Parlement » : le règlement est à déposer
devant le Parlement dans les quinze jours
suivant sa prise ou, si le Parlement ne
siège pas, dans les quinze premiers jours
de séance ultérieurs, et son annulation
peut être prononcée par résolution des
deux chambres présentée et adoptée
conformément aux règles de celles-ci ;

d) « sous réserve de résolution de rejet de la
Chambre des communes » : le règlement
est à déposer devant la Chambre des
communes dans les quinze jours suivant
sa prise ou, si la chambre ne siège pas,
dans les quinze premiers jours de séance
ultérieurs, et son annulation peut être

first fifteen days next thereafter that the House is sitting and may be annulled by a resolution of the House of Commons introduced and passed in accordance with the rules of that House.

ffect of negative resolution

(2) Where a regulation is annulled by a resolution of Parliament or of the House of Commons, it is deemed to have been revoked on the day the resolution is passed and any law that was revoked or amended by the making of that regulation is deemed to be revived on the day the resolution is passed, but the validity of any action taken or not taken in compliance with a regulation so deemed to have been revoked shall not be affected by the resolution.

R.S., c. 29 (2nd Supp.), s. 1.

REFERENCES AND CITATIONS

Citation of enactment

40. (1) In an enactment or document,

(a) an Act may be cited by reference to its chapter number in the Revised Statutes, by reference to its chapter number in the volume of Acts for the year or regnal year in which it was enacted or by reference to its long title or short title, with or without reference to its chapter number; and

(b) a regulation may be cited by reference to its long title or short title, by reference to the Act under which it was made or by reference to the number or designation under which it was registered by the Clerk of the Privy Council.

prononcée par résolution de la chambre présentée et adoptée conformément aux règles de celle-ci.

(2) Le règlement annulé par résolution du Parlement ou de la Chambre des communes est réputé abrogé à la date d'adoption de la résolution ; dès lors toute règle de droit qu'il abrogeait ou modifiait est réputée rétablie à cette date, sans que s'en trouve toutefois atteinte la validité d'actes ou omissions conformes au règlement.

Effet d'une résolution de rejet

S.R.C. 1970, c. 29 (2e suppl.), art. 1.

MENTIONS ET RENVOIS

40. (1) Dans les textes ou des documents quelconques :

Désignation des textes

a) les lois peuvent être désignées par le numéro de chapitre qui leur est donné dans le recueil des lois révisées ou dans le recueil des lois de l'année ou de l'année du règne où elles ont été édictées, ou par leur titre intégral ou abrégé, avec ou sans mention de leur numéro de chapitre;

b) les règlements peuvent être désignés par leur titre intégral ou abrégé, par la mention de leur loi habilitante ou par leur numéro ou autre indication d'enregistrement auprès du greffier du Conseil privé.

Citation includes amendment

(2) A citation of or reference to an enactment is deemed to be a citation of or reference to the enactment as amended.

R.S., c. I-23, s. 32.

Reference to two or more parts, etc.

41. (1) A reference in an enactment by number or letter to two or more parts, divisions, sections, subsections, paragraphs, subparagraphs, clauses, subclauses, schedules, appendices or forms shall be read as including the number or letter first mentioned and the number or letter last mentioned.

Reference in enactments to parts, etc.

(2) A reference in an enactment to a part, division, section, schedule, appendix or form shall be read as a reference to a part, division, section, schedule, appendix or form of the enactment in which the reference occurs.

Reference in enactment to subsections, etc.

(3) A reference in an enactment to a subsection, paragraph, subparagraph, clause or subclause shall be read as a reference to a subsection, paragraph, subparagraph, clause or subclause of the section, subsection, paragraph, subparagraph or clause, as the case may be, in which the reference occurs.

Reference to regulations

(4) A reference in an enactment to regulations shall be read as a reference to regulations made under the enactment in which the reference occurs.

Reference to another enactment

(5) A reference in an enactment by number or letter to any section, subsection, paragraph, subparagraph, clause, subclause or other division or line of another enactment shall be read as a reference to the section, subsection, paragraph, subparagraph, clause, subclause or other division or line of such other enactment as printed by authority of law.

R.S., c. I-23, s. 33.

(2) Les renvois à un texte ou ses mentions sont réputés se rapporter à sa version éventuellement modifiée.

S.R.C. 1970, c. I-23, art. 32.

Modifications

41. (1) Dans un texte, le renvoi par désignation numérique ou littérale à un passage formé de plusieurs éléments – parties, sections, articles, paragraphes, alinéas, sous-alinéas, divisions, subdivisions, annexes, appendices, formulaires, modèles ou imprimés – vise aussi les premier et dernier de ceux-ci.

Renvois à plusieurs éléments d'un texte

(2) Dans un texte, le renvoi à un des éléments suivants : partie, section, article, annexe, appendice, formulaire, modèle ou imprimé constitue un renvoi à un élément du texte même.

Renvoi aux éléments du même texte

(3) Dans un texte, le renvoi à un élément de l'article – paragraphe, alinéa, sous-alinéa, division ou subdivision – constitue, selon le cas, un renvoi à un paragraphe de l'article mîme ou à une sous-unité de l'élément immédiatement supérieur.

Renvoi aux éléments de l'article

(4) Dans un texte, le renvoi aux règlements, ou l'emploi d'un terme de la même famille que le mot « règlement », constitue un renvoi aux règlements d'application du texte.

Renvoi aux règlements

(5) Dans un texte, le renvoi à un élément - notamment par désignation numérique ou littérale d'un article ou de ses sous-unités ou d'une ligne - d'un autre texte constitue un renvoi à un élément de la version imprimée légale de ce texte.

Renvoi à un autre texte

S.R.C. 1970, c. I-23, art. 33.

REPEAL AND AMENDMENT

Power of repeal or amendment reserved

42. (1) Every Act shall be so construed as to reserve to Parliament the power of repealing or amending it, and of revoking, restricting or modifying any power, privilege or advantage thereby vested in or granted to any person.

Amendment or repeal at same session

(2) An Act may be amended or repealed by an Act passed in the same session of Parliament.

Amendment part of enactment

(3) An amending enactment, as far as consistent with the tenor thereof, shall be construed as part of the enactment that it amends.

R.S., c. I-23, s. 34.

Effect of repeal

43. Where an enactment is repealed in whole or in part, the repeal does not

    (a) revive any enactment or anything not in force or existing at the time when the repeal takes effect,

    (b) affect the previous operation of the enactment so repealed or anything duly done or suffered thereunder,

    (c) affect any right, privilege, obligation or liability acquired, accrued, accruing or incurred under the enactment so repealed,

    (d) affect any offence committed against or contravention of the provisions of the enactment so repealed, or any punishment, penalty or forfeiture incurred under the enactment so repealed, or

    (e) affect any investigation, legal proceeding or remedy in respect of any right, privilege, obligation or liability referred

ABROGATION ET MODIFICATION

42. (1) Il est entendu que le Parlement peut toujours abroger ou modifier toute loi et annuler ou modifier tous pouvoirs, droits ou avantages attribués par cette loi.

Pouvoir d'abrogation ou de modification

(2) Une loi peut être modifiée ou abrogée par une autre loi adoptée au cours de la même session du Parlement.

Interaction en cours de session

(3) Le texte modificatif, dans la mesure compatible avec sa teneur, fait partie du texte modifié.

Incorporation des modifications

S.R.C. 1970, c. I-23, art. 34.

43. L'abrogation, en tout ou en partie, n'a pas pour conséquence :

Effet de l'abrogation

a) de rétablir des textes ou autres règles de droit non en vigueur lors de sa prise d'effet ;

b) de porter atteinte à l'application antérieure du texte abrogé ou aux mesures régulièrement prises sous son régime ;

c) de porter atteinte aux droits ou avantages acquis, aux obligations contractées ou aux responsabilités encourues sous le régime du texte abrogé ;

d) d'empêcher la poursuite des infractions au texte abrogé ou l'application des sanctions – peines, pénalités ou confiscations– encourues aux termes de celui-ci ;

e) d'influer sur les enquêtes, procédures judiciaires ou recours relatifs aux droits, obligations, avantages, responsabilités

to in paragraph (c) or in respect of any punishment, penalty or forfeiture referred to in paragraph (d), and an investigation, legal proceeding or remedy as described in paragraph (e) may be instituted, continued or enforced, and the punishment, penalty or forfeiture may be imposed as if the enactment had not been so repealed.

R.S., c. I-23, s. 35.

Repeal and substitution

44. Where an enactment, in this section called the "former enactment", is repealed and another enactment, in this section called the "new enactment", is substituted therefor,

(a) every person acting under the former enactment shall continue to act, as if appointed under the new enactment, until another person is appointed in the stead of that person;

(b) every bond and security given by a person appointed under the former enactment remains in force, and all books, papers, forms and things made or used under the former enactment shall continue to be used as before the repeal in so far as they are consistent with the new enactment;

(c) every proceeding taken under the former enactment shall be taken up and continued under and in conformity with the new enactment in so far as it may be done consistently with the new enactment;

(d) the procedure established by the new enactment shall be followed as far as it can be adapted thereto

(i) in the recovery or enforcement of fines, penalties and forfeitures

ou sanctions mentionnés aux alinéas c) et
d).

Les enquêtes, procédures ou recours visés à
l'alinéa e) peuvent être engagés et se poursuivre, et les sanctions infligées, comme si le texte
n'avait pas été abrogé.

S.R.C. 1970, c. I-23, art. 35.

44. En cas d'abrogation et de remplacement,
les règles suivantes s'appliquent :

Abrogation et
remplacement

a) les titulaires des postes pourvus sous le
régime du texte antérieur restent en
place comme s'ils avaient été nommés
sous celui du nouveau texte, jusqu'à la
nomination de leurs successeurs ;

b) les cautions ou autres garanties fournies
par le titulaire d'un poste pourvu sous le
régime du texte antérieur gardent leur
validité, l'application des mesures prises
et l'utilisation des livres, imprimés ou
autres documents employés conformément à ce texte se poursuivant, sauf
incompatibilité avec le nouveau texte,
comme avant l'abrogation ;

c) les procédures engagées sous le régime
du texte antérieur se poursuivent
conformément au nouveau texte, dans la
mesure de leur compatibilité avec celui-ci;

d) la procédure établie par le nouveau texte
doit être suivie, dans la mesure où
l'adaptation en est possible :

(i) pour le recouvrement des amendes
ou pénalités et l'exécution des

imposed under the former enactment,

(ii) in the enforcement of rights, existing or accruing under the former enactment, and

(iii) in a proceeding in relation to matters that have happened before the repeal;

(e) when any punishment, penalty or forfeiture is reduced or mitigated by the new enactment, the punishment, penalty or forfeiture if imposed or adjudged after the repeal shall be reduced or mitigated accordingly;

(f) except to the extent that the provisions of the new enactment are not in substance the same as those of the former enactment, the new enactment shall not be held to operate as new law, but shall be construed and have effect as a consolidation and as declaratory of the law as contained in the former enactment;

(g) all regulations made under the repealed enactment remain in force and are deemed to have been made under the new enactment, in so far as they are not inconsistent with the new enactment, until they are repealed or others made in their stead; and

(h) any reference in an unrepealed enactment to the former enactment shall, with respect to a subsequent transaction, matter or thing, be read and construed as a reference to the provisions of the new enactment relating to the same subject-matter as the former enactment, but where there are no provisions in the new enactment relating to the same subject-matter, the former

confiscations imposées sous le régime du texte antérieur,

(ii)   pour l'exercice des droits acquis sous le régime du texte antérieur,

(iii)   dans toute affaire se rapportant à des faits survenus avant l'abrogation;

e) les sanctions dont l'allégement est prévu par le nouveau texte sont, après l'abrogation, réduites en conséquence ;

f) sauf dans la mesure où les deux textes diffèrent au fond, le nouveau texte n'est pas réputé de droit nouveau, sa teneur étant censée constituer une refonte et une clarification des règles de droit du texte antérieur ;

g) les règlements d'application du texte antérieur demeurent en vigueur et sont réputés pris en application du nouveau texte, dans la mesure de leur compatibilité avec celui-ci, jusqu'à abrogation ou remplacement ;

h) le renvoi, dans un autre texte, au texte abrogé, à propos de faits ultérieurs, équivaut à un renvoi aux dispositions correspondantes du nouveau texte ; toutefois, à défaut de telles dispositions, le texte abrogé est considéré comme étant encore en vigueur dans la mesure nécessaire pour donner effet à l'autre texte.

S.R.C. 1970, c. I-23, art. 36.

enactment shall be read as unrepealed in so far as is necessary to maintain or give effect to the unrepealed enactment.

R.S., c. I-23, s. 36.

Repeal does not imply enactment was in force

45. (1) The repeal of an enactment in whole or in part shall not be deemed to be or to involve a declaration that the enactment was previously in force or was considered by Parliament or other body or person by whom the enactment was enacted to have been previously in force.

Amendment does not imply change in law

(2) The amendment of an enactment shall not be deemed to be or to involve a declaration that the law under that enactment was or was considered by Parliament or other body or person by whom the enactment was enacted to have been different from the law as it is under the enactment as amended.

Repeal does not declare previous law

(3) The repeal or amendment of an enactment in whole or in part shall not be deemed to be or to involve any declaration as to the previous state of the law.

Judicial construction not adopted

(4) A re-enactment, revision, consolidation or amendment of an enactment shall not be deemed to be or to involve an adoption of the construction that has by judicial decision or otherwise been placed on the language used in the enactment or on similar language.

R.S., c. I-23, s. 37.

DEMISE OF CROWN

Effect of demise

46. (1) Where there is a demise of the Crown,

(a) the demise does not affect the holding of any office under the Crown in right of Canada; and

(b) it is not necessary by reason of the demise that the holder of any such office

45. (1) L'abrogation, en tout ou en partie, d'un texte ne constitue pas ni n'implique une déclaration portant que le texte était auparavant en vigueur ou que le Parlement, ou toute autre autorité qui l'a édicté, le considérait comme tel.

Absence de présomption d'entrée en vigueur

(2) La modification d'un texte ne constitue pas ni n'implique une déclaration portant que les règles de droit du texte étaient différentes de celles de sa version modifiée ou que le Parlement, ou toute autre autorité qui l'a édicté, les considérait comme telles.

Absence de présomption de droit nouveau

(3) L'abrogation ou la modification, en tout ou en partie, d'un texte ne constitue pas ni n'implique une déclaration sur l'état antérieur du droit.

Absence de déclaration sur l'état antérieur du droit

(4) La nouvelle édiction d'un texte, ou sa révision, refonte, codification ou modification, n'a pas valeur de confirmation de l'interprétation donnée, par décision judiciaire ou autrement, des termes du texte ou de termes analogues.

Absence de confirmation de l'interprétation judiciaire

S.R.C. 1970, c. I-23, art. 37.

DÉVOLUTION DE LA COURONNE

46. (1) La dévolution de la Couronne n'a pas pour effet :

Absence d'effet

a) de porter atteinte à l'occupation d'une charge publique fédérale ;

b) d'obliger à nommer de nouveau le titulaire d'une telle charge ou de lui

again be appointed thereto or, having taken an oath of office or allegiance before the demise, again take that oath.

Continuation of proceedings

(2) No writ, action or other process or proceeding, civil or criminal, in or issuing out of any court established by an Act is, by reason of a demise of the Crown, determined, abated, discontinued or affected, but every such writ, action, process or proceeding remains in full force and may be enforced, carried on or otherwise proceeded with or completed as though there had been no such demise.

R.S., c. I-23, s. 38.

LOI D'INTERPRÉTATION (CANADA) 777

imposer la prestation d'un nouveau serment professionnel ou d'allégeance.

(2) La dévolution de la Couronne n'a pour effet, ni au civil ni au pénal, de porter atteinte aux actes émanant des tribunaux constitués par une loi ou d'interrompre les procédures engagées devant eux, ni d'y mettre fin, ces actes demeurant valides et exécutoires et ces procédures pouvant être menées à leur terme sans solution de continuité.

Procédures judiciaires

S.R.C. 1970, c. I-23, art. 38.

SCHEDULE
(Section 35)

Antigua and Barbuda	Maldives
Australia	Malta
The Bahamas	Mauritius
Bangladesh	Nauru
Barbados	New Zealand
Belize	Nigeria
Botswana	Pakistan
Brunei Darussalam	Papua New Guinea
Canada	St. Christopher and
Cyprus	Nevis
Dominica	St. Lucia
Fiji	St. Vincent and the
Gambia	Grenadines
Ghana	Seychelles
Grenada	Sierra Leone
Guyana	Singapore
India	Solomon Islands
Jamaica	South Africa
Kenya	Sri Lanka
Kiribati	Swaziland
Lesotho	Tanzania
Malawi	Tonga
Malaysia	Trinidad and Tobago
	Tuvalu
	Uganda
	United Kingdom
	Vanuatu
	Western Samoa
	Zambia
	Zimbabwe

R.S., 1985, c. I-21, Sch.; SOR/86-532; SOR/93-140; SOR/95-366.

ANNEXE
(article 35)

Afrique du Sud	Maldives
Antigua et Barbuda	Malte
Australie	Maurice
Bahamas	Nauru
Bangladesh	Nigeria
Barbade	Nouvelle-Zélande
Belize	Ouganda
Botswana	Pakistan
Brunéi Darussalam	Papouasie-Nouvelle-Guinée
Canada	Royaume-Uni
Chypre	Saint-Christophe-et-Nevis
Dominique	Sainte-Lucie
Fidji	Saint-Vincent-et-Grenadines
Gambie	Samoa occidental
Ghana	Seychelles
Grenade	Sierra Leone
Guyane	Singapour
Îles Salomon	Sri Lanka
Inde	Swaziland
Jamaïque	Tanzanie
Kenya	Tonga
Kiribati	Trinité et Tobago
Lesotho	Tuvalu
Malaisie	Vanuatu
Malawi	Zambie
	Zimbabwe

L.R.C. (1985), c. I-21, ann. ; DORS/86-532 ; DORS/93-140 ; DORS/95-366.

CHAPTER I-16

INTERPRETATION ACT

Application.

1. This Act shall apply to every statute of the Parliament of Québec, unless and in so far as such application be inconsistent with the object, the context, or any of the provisions of such statute.

R. S. 1964, c. 1, s. 1; 1982, c. 62, s. 148.

DIVISION I

Repealed, 1982, c. 62, s. 149.

2-3. *Repealed.*

1982, c. 62, s. 149.

DIVISION II

COMING INTO FORCE OF AN ACT

4. *Repealed.*

1982, c. 62, s. 151.

Coming into force.

5. Unless otherwise provided by law, an Act comes into force on the thirtieth day after its sanction.

R. S. 1964, c. 1, s. 5; 1982, c. 62, s. 152.

DIVISION III

DISALLOWANCE

Effect of disallowance.

6. Every statute shall cease to have force and effect from the day on which it is announced, either by proclamation or by speech or by message to the National Assembly, that such statute has been disallowed within the year following the receipt by the Governor-General

CHAPITRE I-16

LOI D'INTERPRÉTATION

1. Cette loi s'applique à toute loi du Parlement du Québec, à moins que l'objet, le contexte ou quelque disposition de cette loi ne s'y oppose.

Application de la loi.

S.R.Q. 1964, c. 1, art. 1; 1982, c. 62, art. 148.

SECTION I

Abrogée, L.Q. 1982, c. 62, art. 149.

2-3. *Abrogées.*

L.Q. 1982, c. 62, art. 149.

SECTION II

ENTRÉE EN VIGUEUR D'UNE LOI

4. *Abrogée.*

L.Q. 1982, c. 62, art. 151.

5. Une loi entre en vigueur le trentième jour qui suit celui de sa sanction, à moins que la loi n'y pourvoie autrement.

Entrée en vigueur d'une loi.

S.R.Q. 1964, c. 1, art. 5; 1968, c. 23, art. 8; 1982, c. 62, art. 152.

SECTION III

DU DÉSAVEU

6. Une loi cesse d'être exécutoire à compter du jour où il est annoncé, soit par proclamation, soit par discours ou message adressé à l'Assemblée nationale, que cette loi a été désavouée, dans l'année qui a suivi la réception, par

Effet du désaveu.

of the authentic copy which has been sent to
him.

R. S. 1964, c. 1, s. 6; 1968, c. 9, s. 58.

DIVISION IV

AMENDMENT OR REPEAL

Amendments at same session.

7. Any statute may be amended, altered or
repealed by any other statute passed in the
same session.

R. S. 1964, c. 1, s. 7.

Effect of repeal.

8. When any provisions of a statute are
repealed and others substituted therefor, the
provisions repealed remain in force until the
provisions substituted become executory under
the repealing statute.

R.S. 1964, c. 1, s. 8.

Repeal of repealing enactment.

9. When a legislative enactment which
repeals another is itself repealed, the legislative enactment first repealed does not come
again into force, unless Parliament expresses
such intention.

R. S. 1964, c. 1, s. 9; 1982, c. 62, s. 153.

Interpretation.

10. The repeal, replacement or amendment
of a legislative enactment contained in a
revised statute implies and has always implied
the repeal, replacement or amendment of the
legislative enactment which it reproduces.

R.S. 1964, c. 1, s. 10.

Power to repeal or to modify.

11. Every statute is considered as reserving to
Parliament, whenever required by public
interest, the power of repealing it, and also of
revoking, restricting or modifying any power,

le gouverneur général, de la copie authentique qui lui en avait été transmise.

S.R.Q. 1964, c. 1, art. 6; 1968, c. 9, art. 58.

SECTION IV

DES MODIFICATIONS ET ABROGATIONS

7. Une loi peut être modifiée ou abrogée par une autre loi passée dans la même session.

Modification à une même session.

S.R.Q. 964, c. 1, art. 7.

8. Lorsque quelques-unes des dispositions d'une loi sont abrogées et que d'autres leur sont substituées, les dispositions abrogées demeurent en vigueur jusqu'à ce que les dispositions substituées viennent en vigueur, suivant la loi d'abrogation.

Effet des abrogations.

S.R.Q. 1964, c. 1, art. 8.

9. Quand une disposition législative qui en abroge une autre est elle-même abrogée, la première disposition abrogée ne reprend vigueur que si le Parlement en a exprimé l'intention.

Rappel d'abrogation.

S.R.Q. 1964, c. 1, art. 9; 1982, c. 62, art. 153.

10. L'abrogation, le remplacement ou la modification d'une disposition législative contenue dans une loi refondue comporte et a toujours comporté l'abrogation, le remplacement ou la modification de la disposition législative qu'elle reproduit.

Interprétation.

S.R.Q. 1964, c. 1, art. 10.

11. Une loi est censée réserver au Parlement, lorsque le bien public l'exige, le pouvoir de l'abroger, et également de révoquer, restrein-

Pouvoir d'abroger ou de modifier.

privilege or advantage thereby vested in any person.

R. S. 1964, c. 1, s. 11; 1982, c. 62, s. 154.

Acquired rights, not affected by repeal.

12. The repeal of an act or of regulations made under its authority shall not affect rights acquired, infringements committed, penalties incurred or proceedings instituted; and the acquired rights may be exercised, the infringements prosecuted, the penalties imposed and the proceedings continued, notwithstanding such repeal.

R.S. 1964, c. 1, s. 12.

Effect of replacement, consolidation.

13. When any legislative provision is replaced or consolidated, office-holders shall continue to act as if they had been appointed under the new provisions; corporations constituted shall continue in existence and shall be governed by the new provisions; proceedings instituted shall be continued, infringements committed shall be prosecuted and prescriptions begun shall be completed under such provisions in so far as they are applicable.

Regulations in force.

Regulations or other instruments made under the replaced or consolidated provision remain in force to the extent that they are consistent with the new provisions; the instruments remaining in force are deemed to have been made under the new provisions.

R. S. 1964, c. 1, s. 13; 1986, c. 22, s. 30.

LOI D'INTERPRÉTATION (QUÉBEC) 785

dre ou modifier tout pouvoir, privilège ou avantage que cette loi confère à une personne.

S.R.Q. 1964, c. 1, art. 11; 1982, c. 62, art. 154.

12. L'abrogation d'une loi ou de règlements faits sous son autorité n'affecte pas les droits acquis, les infractions commises, les peines encourues et les procédures intentées; les droits acquis peuvent être exercés, les infractions poursuivies, les peines imposées et les procédures continuées, nonobstant l'abrogation.

Droits acquis, non affectés par abrogation.

S.R.Q. 1964, c. 1, art. 12.

13. Quand une disposition législative est remplacée ou refondue, les titulaires d'offices continuent d'agir comme s'ils avaient été nommés sous les dispositions nouvelles; les corporations formées conservent leur existence et sont régies par les dispositions nouvelles; les procédures intentées sont continuées, les infractions commises sont poursuivies et les prescriptions commencées sont achevées sous ces mêmes dispositions en tant qu'elles sont applicables.

Effet d'un remplacement ou d'une refonte.

Les règlements ou autres textes édictés en application de la disposition remplacée ou refondue demeurent en vigueur dans la mesure où ils sont compatibles avec les dispositions nouvelles; les textes ainsi maintenus en vigueur sont réputés avoir été édictés en vertu de ces dernières.

Règlements continués en vigueur.

S.R.Q. 1964, c. 1, art. 13; 1986, c. 22, art. 30.

DIVISION V

PRINTING AND DISTRIBUTION OF THE STATUTES

14-16. *Repealed.*

1982, c. 62, s. 155.

Marginal notes.

17. The marginal notes shall give the year and chapter of the legislative enactment which the text amends or repeals or to which it refers.

R. S. 1964, c. 1, s. 17.

Reserved acts.

18. Statutes reserved and afterwards assented to by the Governor-General in Council shall be published in the Gazette officielle du Québec, and afterwards printed in the first annual compilation of the statutes which is printed after the signification of such assent.

R. S. 1964, c. 1, s. 18; 1968, c. 8, s. 3.

Publication.

19. After the thirty-first of December 1952, notwithstanding any other legislative provision inconsistent herewith, the obligation imposed by an act to publish in the statutes a document of any kind whatsoever, shall be carried out exclusively by its publication in the Gazette officielle du Québec.

R. S. 1964, c. 1, s. 19.

20-21. *Repealed.*

1982, c. 62, s. 155.

Orders-in-council sent to Québec Official Publisher.

22. The clerk of the Conseil exécutif shall supply the Québec Official Publisher, as occasion requires, with copies of all orders-in-council made under the provisions of this act.

R. S. 1964, c. 1, s. 22; 1968, c. 23, s. 8; 1969, c. 26, s. 2; 1977, c. 5, s. 14.

SECTION V

DE L'IMPRESSION ET DE LA DISTRIBUTION DES LOIS

14-16. *Abrogées.*

L.Q. 1982, c. 62, art. 155.

17. Les notes marginales doivent indiquer l'année et le chapitre des dispositions législatives que le texte modifie ou abroge ou auxquelles il se réfère.

Notes marginales.

S.R.Q. 1964, c. 1, art. 17.

18. Les lois réservées et ensuite sanctionnées par le gouverneur général en conseil, sont publiées dans la Gazette officielle du Québec, et sont imprimées plus tard dans le premier recueil annuel des lois qui est imprimé après la signification de la sanction.

Lois réservées.

S.R.Q. 1964, c. 1, art. 18; 1968, c. 8, art. 3; 1968, c. 23, art. 8.

19. Après le trente et un décembre 1952, nonobstant toute autre disposition législative inconciliable avec la présente, l'obligation imposée par une loi de publier dans les lois un document, de quelque nature qu'il soit, s'exécutera exclusivement par sa publication dans la *Gazette officielle du Québec.*

Publication.

S.R.Q. 1964, c. 1, art. 19; 1968, c. 23, art. 8.

20-21. *Abrogées.*

L.Q. 1982, c. 62, art. 155.

22. Le greffier du Conseil exécutif est tenu de fournir à l'Éditeur officiel du Québec, selon que les circonstances l'exigent, copie de tous

Arrêtés fournis à l'Éditeur officiel du Québec.

23-27. *Repealed.*

1982, c. 62, s. 155.

DIVISION VI

Repealed, 1982, c. 62, s. 155.

28-36. *Repealed.*

1982, c. 62, s. 155.

DIVISION VII

Repealed, 1982, c. 62, s 155.

37. *Repealed.*

1982, c. 62, s. 155.

DIVISION VIII

DECLARATORY AND INTERPRETATIVE
PROVISIONS

Application of rules
of construction.

38. No statute shall be taken out of any rule of construction applicable thereto, and which is otherwise not inconsistent with this Act, because this Act does not reproduce such rule.

R. S. 1964, c. 1, s. 38.

Statutes deemed
public.

Cognizance.

39. Every statute shall be public unless declared to be private.

Everyone is bound to take cognizance of public statutes, but private statutes must be pleaded.

R. S. 1964, c. 1, s. 39.

les arrêtés en conseil adoptés en vertu des dispositions de la présente loi.

S.R.Q. 1964, c. 1, art. 22; 1968, c. 23, art. 8; 1969, c. 26, art. 2.

23-27. *Abrogées.*

L.Q. 1982, c. 62, art. 155.

SECTION VI

Abrogé.

L.Q. 1982, c. 62, art. 155.

28-36. *Abrogées.*

L.Q. 1982, c. 62, art. 155.

SECTION VII

Abrogé.

L.Q. 1982, c. 62, art. 155.

37. *Abrogée.*

L.Q. 1982, c. 62, art. 155.

SECTION VIII

DISPOSITIONS DÉCLARATOIRES ET INTERPRÉTATIVES

38. Une loi n'est pas soustraite à l'application d'une règle d'interprétation qui lui est applicable, et qui, d'ailleurs, n'est pas incompatible avec la présente loi, parce que celle-ci ne la contient pas.

Application des règles d'interprétation.

S.R.Q. 1964, c. 1, art. 38.

39. Une loi est publique, à moins qu'elle n'ait été déclarée privée.

Lois publiques.

Preamble.

40. The preamble of every statute shall form part thereof, and assist in explaining its purport and object.

Construction.

In case of doubt, the construction placed on any act shall be such as not to impinge on the status of the French language.

R. S. 1964, c. 1, s. 40; 1977, c. 5, s. 213.

40.1. *Repealed.*

1993, c. 40, s. 64.

Presumed object.

41. Every provision of an Act is deemed to be enacted for the recognition of rights, the imposition of obligations or the furtherance of the exercise of rights, or for the remedying of some injustice or the securing of some benefit.

Liberal construction.

Such statute shall receive such fair, large and liberal construction as will ensure the attainment of its object and the carrying out of its provisions, according to their true intent, meaning and spirit.

R. S. 1964, c. 1, s. 41; 1992, c. 57, s. 602.

Interpretation.

41.1. The provisions of an Act are construed by one another, ascribing to each provision the meaning which results from the whole Act and which gives effect to the provision.

1992, c. 57, s. 603.

Obligation to adjudicate.

41.2. A judge cannot refuse to adjudicate under pretext of the silence, obscurity or insufficiency of the law.

1992, c. 57, s. 603.

Toute personne est tenue de prendre connaissance des lois publiques, mais les lois privées doivent être plaidées.

Connaissance d'office.

S.R.Q. 1964, c. 1, art. 39.

40. Le préambule d'une loi en fait partie et sert à en expliquer l'objet et la portée.

Préambule.

Les lois doivent s'interpréter, en cas de doute, de manière à ne pas restreindre le statut du français.

Interprétation.

S.R.Q. 1964, c. 1, art. 40; 1977, c. 5, art. 213.

40.1. *Abrogée.*

L.Q. 1993, c. 40, art. 64.

41. Toute disposition d'une loi est réputée avoir pour objet de reconnaître des droits, d'imposer des obligations ou de favoriser l'exercice des droits, ou encore de remédier à quelque abus ou de procurer quelque avantage.

Objet présumé.

Une telle loi reçoit une interprétation large, libérale, qui assure l'accomplissement de son objet et l'exécution de ses prescriptions suivant leurs véritables sens, esprit et fin.

Interprétation libérale.

S.R.Q. 1964, c. 1, art. 41; 1992, c. 57, art. 602.

41.1. Les dispositions d'une loi s'interprètent les unes par les autres en donnant à chacune le sens qui résulte de l'ensemble et qui lui donne effet.

Effet d'une loi.

L.Q. 1992, c. 57, art. 603.

41.2. Le juge ne peut refuser de juger sous prétexte du silence, de l'obscurité ou de l'insuffisance de la loi.

Devoir du juge.

L.Q. 1992, c. 57, art. 603.

Nullity.

41.3. Prohibitive laws entail nullity, even if nullity is not pronounced therein.

1992, c. 57, s. 603.

Private agreement.

41.4. No one may by private agreement validly contravene the laws of public order.

1992, c. 57, s. 603.

Rights of Crown.

42. No statute shall affect the rights of the Crown, unless they are specially included.

Rights of third parties.

Similarly, no statute of a local and private nature shall affect the rights of third parties, unless specially mentioned therein.

R. S. 1964, c. 1, s. 42.

Reference to a section.

43. Any reference, in any act of these Revised Statutes, to a section, without mentioning the chapter of which such section forms part, shall be a reference to a section of the said act.

R. S. 1964, c. 1, s. 43.

Reference to a series of sections.

44. Every series of sections of an act to which any legislative enactment refers, shall include the sections the numbers of which serve to indicate the beginning and the end of such series.

R. S. 1964, c. 1, s. 44.

Acts of validation and of interpretation.

45. No provision in any act of Québec shall nullify any act passed for the purpose of confirming and making valid, legalizing or interpreting any act, statute or law, deed or instrument whatever.

R.S. 1964, c. 1, s. 45.

41.3. Les lois prohibitives emportent nullité quoiqu'elle n'y soit pas prononcée.

Lois prohibitives.

L.Q. 1992, c. 57, art. 603.

41.4. On ne peut déroger par des conventions particulières aux lois qui intéressent l'ordre public.

Loi d'ordre public.

L.Q. 1992, c. 57, art. 603.

42. Nulle loi n'a d'effet sur les droits de la couronne, à moins qu'ils n'y soient expressément compris.

Droits de la couronne.

De même, nulle loi d'une nature locale et privée n'a d'effet sur les droits des tiers, à moins qu'ils n'y soient spécialement mentionnés.

Droits des tiers.

S.R.Q. 1964, c. 1, art. 42.

43. Tout renvoi, dans une loi des présentes Lois refondues, à un article, sans mention du chapitre dont cet article fait partie, est un renvoi à un article de ladite loi.

Renvoi à un article.

S.R.Q. 1964, c. 1, art. 43.

44. Toute série d'articles de loi à laquelle une disposition législative se réfère comprend les articles dont les numéros servent à déterminer le commencement et la fin de cette série.

Renvoi à une série d'articles.

S.R.Q. 1964, c. 1, art. 44.

45. Nulle disposition d'une loi du Québec n'infirme les lois passées à l'effet de confirmer, valider, légaliser ou interpréter des statuts ou lois, actes ou documents quelconques.

Lois de validation et d'interprétation.

S.R.Q. 1964, c. 1, art. 45.

Abbreviated
reference.

46. Any abbreviated form of reference to a statute shall be sufficient if intelligible; and no particular form of words shall be required.

R. S. 1964, c. 1, s. 46.

Forms.

47. Any form designated in any act by a figure shall mean the corresponding form in any annex to such act.

R. S. 1964, c. 1, s. 47.

Use of forms.

48. The strict use of the forms enacted by statutes to ensure the execution of their provisions shall not be required on pain of nullity, if the deviations therefrom do not affect the meaning.

R.S. 1964, c. 1, s. 48.

Tense of verb.

49. The law is ever commanding; and whatever be the tense of the verb or verbs contained in a provision, such provision shall be deemed to be in force at all times and under all circumstances to which it may apply.

R. S. 1964, c. 1, s. 49.

Present tense.

50. No provision of law shall be declaratory or have a retroactive effect, by reason alone of its being enacted in the present tense.

R. S. 1964, c. 1, s. 50.

"shall", "must",
"may".

51. Whenever it is provided that a thing "shall" be done or "must" be done, the obligation is imperative; but if it is provided that a thing "may" be done, its accomplishment is permissive.

R. S. 1964, c. 1, s. 51.

Delays expiring on
holidays.

52. If the delay fixed for any proceeding or for the doing of anything expire on a non-juridical day, such delay shall be extended until the next following juridical day.

46. Toute formule abrégée de renvoi à une loi est suffisante si elle est intelligible; et nulle formule particulière n'est de rigueur.

Renvois abrégés.

S.R.Q. 1964, c. 1, art. 46.

47. Toute formule désignée dans une loi par un chiffre s'entend de la formule correspondante des annexes de cette loi.

Formules.

S.R.Q. 1964, c. 1, art. 47.

48. L'emploi rigoureux des formules édictées par une loi pour assurer l'exécution de ses dispositions, n'est pas prescrit, à peine de nullité, si les variantes n'en affectent pas le sens.

Emploi des formules.

S.R.Q. 1964, c. 1, art. 48.

49. La loi parle toujours; et, quel que soit le temps du verbe employé dans une disposition, cette disposition est tenue pour être en vigueur à toutes les époques et dans toutes les circonstances où elle peut s'appliquer.

Temps du verbe.

S.R.Q. 1964, c. 1, art. 49.

50. Nulle disposition légale n'est déclaratoire ou n'a d'effet rétroactif pour la raison seule qu'elle est énoncée au présent du verbe.

Temps présent.

S.R.Q. 1964, c. 1, art. 50.

51. Chaque fois qu'il est prescrit qu'une chose sera faite ou doit être faite, l'obligation de l'accomplir est absolue; mais s'il est dit qu'une chose « pourra » ou « peut » être faite, il est facultatif de l'accomplir ou non.

« Sera », « pourra », « peut ».

S.R.Q. 1964, c. 1, art. 51.

52. Si le délai fixé pour une procédure ou pour l'accomplissement d'une chose expire un jour férié, ce délai est prolongé jusqu'au jour non férié suivant.

Délai expirant un jour férié.

Delay expiring on Saturday.

If the delay fixed for the registration of a document at the registry office expire on a Saturday, such delay shall be extended until the next following juridical day.

R. S. 1964, c. 1, s. 52; 1970, c. 4, s. 1.

Gender.

53. The masculine gender shall include both sexes, unless the contrary intention is evident by the context.

R. S. 1964, c. 1, s. 53.

Number.

54. The singular number shall extend to more than one person or more than one thing of the same sort, whenever the context admits of such extension. The plural number can apply to one person only or to one thing only if the context so permits.

R. S. 1964, c. 1, s. 54; 1992, c. 57, s. 604.

Removal from office.

55. The right of appointment to an employment or office shall involve that of removal therefrom.

Appointments.

Whenever an act or any provision of an act comes into force at a date subsequent to its sanction, appointments to an employment or to an office thereunder may validly be made within the thirty days preceding the date of such coming into force, to take effect on such date, and the regulations contemplated therein may validly be made and published before such date.

Appointments.

However as to an act or any provision of an act coming into force by proclamation, such appointments may be made only as from the date of such proclamation.

Resignation.

The resignation of any civil servant or employee may be validly accepted by the Minister of the Crown who presides over the

Si le délai fixé pour l'enregistrement d'un document au bureau d'enregistrement expire un samedi, ce délai est prolongé jusqu'au jour non férié suivant.

Délai expirant un samedi.

S.R.Q. 1964, c. 1, art. 52; 1970, c. 4, art. 1.

53. Le genre masculin comprend les deux sexes, à moins que le contexte n'indique le contraire.

Genre.

S.R.Q. 1964, c. 1, art. 53.

54. Le nombre singulier s'étend à plusieurs personnes ou à plusieurs choses de même espèce, chaque fois que le contexte se prête à cette extension. Le nombre pluriel peut ne s'appliquer qu'à une seule personne ou qu'à un seul objet si le contexte s'y prête.

Nombre.

S.R.Q. 1964, c. 1, art. 54; 1992, c. 57, art. 604.

55. Le droit de nomination à un emploi ou fonction comporte celui de destitution.

Destitution.

Lorsqu'une loi ou quelque disposition d'une loi entre en vigueur à une date postérieure à sa sanction, les nominations à un emploi ou à une fonction qui en découle peuvent valablement être faites dans les trente jours qui précèdent la date de cette entrée en vigueur, pour prendre effet à cette date, et les règlements qui y sont prévus peuvent valablement être faits et publiés avant cette date.

Nominations.

Toutefois, s'il s'agit d'une loi ou de quelque disposition d'une loi entrant en vigueur par suite d'une proclamation, ces nominations ne peuvent se faire qu'à compter de la date de cette proclamation.

Nominations.

La démission de tout fonctionnaire ou employé peut valablement être acceptée par le

Démission.

Department to which the said civil servant or employee belongs.

R. S. 1964, c. 1, s. 55; 1968, c. 8, s. 13.

Jurisdiction.

56. (1) When anything is ordered to be done by or before a judge, magistrate, functionary or public officer, one is understood whose powers or jurisdiction extend to the place where such thing is to be done.

Powers of successors and deputies.

(2) The duties imposed, and the powers conferred, upon an officer or public functionary in his official capacity, shall pass to his successor and belong to his deputy, in so far as they are compatible with the office of the latter.

R. S. 1964, c. 1, s. 56.

Implied powers.

57. The authority given to do a thing shall carry with it all the powers necessary for that purpose.

R. S. 1964, c. 1, s. 57.

Solemn affirmation.

58. That which is expressed by an oath may be expressed by way of a solemn affirmation; any form of oath prescribed by an Act or a regulation shall be adapted accordingly.

Oaths.

Unless otherwise specially provided, whenever an oath is ordered to be taken or administered, such oath shall be administered and the certificate of its having been taken shall be given by any judge, magistrate or commissioner authorized for that purpose, having jurisdiction in the place where the oath is taken, or by any notary.

R. S. 1964, c. 1, s. 58; 1986, c. 95, s. 172.

Powers of majority.

59. When an act is to be performed by more than two persons, it may be validly done by the

ministre de la couronne qui préside le ministère dont relève ce fonctionnaire ou employé.

S.R.Q. 1964, c. 1, art. 55; 1968, c. 8, art. 13.

56. 1. Lorsqu'il est ordonné qu'une chose doit être faite par ou devant un juge, magistrat, fonctionnaire ou officier public, on doit entendre celui dont les pouvoirs ou la juridiction s'étendent au lieu où cette chose doit être faite.

Juridiction.

2. Les devoirs imposés et les pouvoirs conférés à un officier ou fonctionnaire public, sous son nom officiel, passent à son successeur et s'étendent à son adjoint, en tant qu'ils sont compatibles avec la charge de ce dernier.

Pouvoirs des successeurs et adjoints.

S.R.Q. 1964, c. 1, art. 56; 1974, c. 11, art. 49.

57. L'autorisation de faire une chose comporte tous les pouvoirs nécessaires à cette fin.

Pouvoirs ancillaires.

S.R.Q. 1964, c. 1, art. 57.

58. L'expression du serment peut se faire au moyen de toute affirmation solennelle; toute formule de prestation de serment prévue par une loi ou un règlement est adaptée pour en permettre l'expression.

Affirmation solennelle.

À moins de dispositions spéciales, lorsqu'il est prescrit de prêter ou de recevoir un serment, ce serment est reçu, et le certificat de sa prestation est donné par tout juge, tout magistrat, ou tout commissaire autorisé à cet effet, ayant juridiction dans le lieu où le serment est prêté, ou par un notaire.

Prestation du serment.

S.R.Q. 1964, c. 1, art. 58; 1986, c. 95, art. 172.

59. Lorsqu'un acte doit être accompli par plus de deux personnes, il peut l'être valable-

Pouvoir de la majorité.

majority of them, unless otherwise specially provided.

R. S. 1964, c. 1, s. 59.

60. A body constituted under an Act of Parliament, whether having corporate existence or not, and consisting of a determined number of members, shall not be dissolved on account of one or more vacancies occurring among its members through death, resignation or otherwise.

R. S. 1964, c. 1, s. 60; 1982, c. 62, s. 156.

61. In any statute, unless otherwise specially provided,

(1) The words "His Majesty", "Her Majesty", "the King", "the Sovereign", "the Queen", "the Crown", mean the Sovereign of the United Kingdom, Canada and His or Her other Realms and Territories, and Head of the Commonwealth;

(2) The words "Governor-General" mean the Governor-General of Canada, or the person administering the Government of Canada; and the words "*Lieutenant-Governor*"; "Lieutenant-Governor", the Lieutenant-Governor of Québec, or the person administering the Gouvernement du Québec;

(3) The words "Governor-General in Council" mean the Governor-General or person administering the Government, acting with the advice of the Queen's Privy Council for Canada; and the words "Lieutenant-Governor in Council", the Lieutenant-Governor or person administering the Government, acting with the advice of the Conseil exécutif du Québec;

ment par la majorité de ces personnes, sauf les cas particuliers d'exception.

S.R.Q. 1964, c. 1, art. 59.

60. Un organisme constitué en vertu d'une loi du Parlement, avec ou sans le statut d'une corporation, et composé d'un nombre déterminé de membres, n'est pas dissout par suite d'une ou de plusieurs vacances survenues parmi ses membres par décès, démission ou autrement.

Vacance au sein d'un organisme.

S.R.Q. 1964, c. 1, art. 60; 1982, c. 62, art. 156.

61. Dans toute loi, à moins qu'il n'existe des dispositions particulières à ce contraires :

Définitions :

1° Les mots « Sa Majesté », « roi », « souverain », « reine », « couronne », signifient le souverain du Royaume-Uni, du Canada et de ses autres royaumes et territoires, et chef du Commonwealth;

« Sa Majesté »;

2° Les mots « gouverneur général » signifient le gouverneur général du Canada, ou la personne administrant le gouvernement du Canada; et les mots « lieutenant-gouverneur », le lieutenant-gouverneur du Québec, ou la personne administrant le gouvernement du Québec;

« gouverneur gén. », « lieutenant-gouverneur »;

3° Les mots « gouverneur général en conseil » signifient le gouverneur général ou la personne administrant le gouvernement, agissant de l'avis du Conseil privé de la reine pour le Canada; et les mots « lieutenant-gouverneur en conseil », le lieutenant-gouverneur ou la personne administrant le gouvernement, agissant de l'avis du Conseil exécutif du Québec;

« gouverneur gén. en conseil », « lieutenant-gouverneur en conseil »;

4° Les mots « Royaume-Uni » signifient le Royaume-Uni de la Grande-Bretagne et d'Irlande; les mots « États-Unis », les États-Unis

« Royaume-Uni », « États-Unis », « Canada »;

"United Kingdom",
"United States",
"Dominion",
"Canada";

(4) The words "United Kingdom" mean the United Kingdom of Great Britain and Ireland the words "United States", the United States of America; the words "Dominion" and "Canada", the Dominion of Canada;

"Union";

(5) The words "the Union" mean the union of the Provinces effected under the British North America Act, 1867, and subsequent Acts;

"Lower Canada";

(6) The words "Lower Canada" mean that part of Canada which heretofore constituted the Province of Lower Canada, and mean now the Province of Québec;

"Province",
"provincial";

(7) The word "Province", when used alone, means the Province of Québec; and the qualification "provincial", added to the word "act", "statute" or "law" means an act, statute or law of Québec;

"Federal Parliament",
"Legislature",
Parliament";

(8) The words "Federal Parliament" mean the Parliament of Canada; the word "Legislature" or "Parliament" means the Parliament of Québec;

"session";

(9) The word "session" means a session of the Parliament, and includes both the day of its opening and the day of its prorogation;

"Federal Act",
"Federal statutes",
"law";

(10) The words "Federal Acts" or "Federal statutes" mean the laws passed by the Parliament of Canada; the words "Act", "statute" and "law", "Act", "statute", whenever used without qualification, mean the Acts, statutes or laws of Parliament;

(11) *Paragraph repealed*;

"Government";

(12) The words "Government" or "Executive Government" mean the Lieutenant-Governor and the Conseil exécutif du Québec;

d'Amérique; les mots « la Puissance » et
« Canada », signifient la Puissance du Canada;

5° Les mots « l'Union » signifient l'union des
provinces effectuée en vertu de l'Acte de l'Amérique Britannique du Nord, 1867, et des lois
subséquentes; « *Union* »;

6° Les mots « Bas-Canada » signifient cette
partie du Canada qui formait ci-devant la province du Bas-Canada, et signifient maintenant
le Québec; « *Bas-Canada* »;

7° Le mot « province » employé seul, signifie
la province de Québec; et le qualificatif
« provincial » ajouté aux mots « acte »,
« statut » ou « loi », signifie un acte, un statut
ou une loi du Québec; « *province* »,
« *provincial* »;

8° Les mots « Parlement fédéral » signifient
le Parlement du Canada; les mots
« Législature » ou « Parlement » signifient le
Parlement du Québec; « *Parlement fédéral* »,
« *Législature* » ou
« *Parlement* »;

9° Le mot « session » signifie une session du
Parlement et comprend le jour de son ouverture et celui de sa prorogation; « *session* »;

10° Les mots « actes fédéraux » ou « statuts
fédéraux » signifient les lois passées par le Parlement du Canada; les mots « acte », « statut »
ou « loi », partout où ils sont employés sans
qualificatif, s'entendent des actes, statuts et
lois du Parlement; « *actes fédéraux* »,
« *statuts fédéraux* »,
« *acte* », « *statut* »,
« *loi* »;

11° [*Disposition abrogée.*]

12° Les mots « gouvernement » ou
« gouvernement exécutif » signifient le lieutenant-gouverneur et le Conseil exécutif du
Québec; « *gouvernement* »;

804

"law officer";

(13) The words "the law officer" or "the law officer of the Crown" mean the Minister of Justice of Québec;

Department, public officer;

(14) Words designating a department or public officer refer to the department or officer of like name for Québec;

"magistrate";

(15) The word "magistrate" means a justice of the peace;

"person";

(16) The word "person" includes natural or legal persons, their heirs or legal representatives, unless inconsistent with the statute or with special circumstances of the case;

Name of a country, of a legal person, of an officer;

(17) The name commonly given to a country, place, body, legal person, partnership, officer, functionary, person, party or thing designates and means the country, place, body, legal person, partnership, officer, functionary, person, party or thing thus named, without further description being necessary;

"Great Seal";

(18) The words "Great Seal" mean the Great Seal of Québec;

"commission";

(19) The word "commission", whenever it refers to a commission issued by the Lieutenant-Governor under any statute or order-in-council, means a commission under the Great Seal, running in the Queen's name;

"proclamation";

(20) The word "proclamation" means a proclamation under the Great Seal;

"writing", *"manuscript"*;

(21) The words "writing", "manuscript", and terms of like import, include what is printed, painted, engraved, lithographed or otherwise traced or copied;

13° Les mots « officier en loi » ou « officier en loi de la couronne » signifient le ministre de la Justice du Québec;

« officier en loi »;

14° Les mots désignant un ministère ou un officier public se rapportent au ministère ou à l'officier de la même dénomination pour le Québec;

Ministère, officier public;

15° Le mot « magistrat » signifie juge de paix;

« magistrat »;

16° Le mot « personne » comprend les personnes physiques ou morales, leurs héritiers ou représentants légaux, à moins que la loi ou les circonstances particulières du cas ne s'y opposent;

« personne »;

17° Le nom communément donné à un pays, un lieu, un organisme, une personne morale, une société, un officier, un fonctionnaire, une personne, une partie ou une chose, désigne et signifie le pays, le lieu, l'organisme, la personne morale, la société, l'officier, le fonctionnaire, la personne, la partie ou la chose même, ainsi dénommé, sans qu'il soit besoin de plus ample description;

Nom d'un pays, d'une personne morale, d'un officier;

18° Les mots « grand sceau » signifient le grand sceau du Québec;

« grand sceau »;

19° Le mot « commission », chaque fois qu'il se rapporte à une commission émise par le lieutenant-gouverneur en vertu d'une loi ou d'un arrêté en conseil, signifie une commission sous le grand sceau, formulée au nom de la reine;

« commission »;

20° Le mot « proclamation » signifie proclamation sous le grand sceau;

« proclamation »;

21° Les mots « écriture », « écrit » et autres ayant la même signification, comprennent ce qui est imprimé, peint, gravé, lithographié ou autrement tracé ou copié;

« écriture », « écrit »;

(22) *Paragraph repealed;*

"holidays";

(23) By holidays are understood the following days:

(a)   Sundays;

(b)   1 January;

(c)   Good Friday;

(d)   Easter Monday;

(e)   24 June, the National Holiday;

(f)   1 July, the anniversary of Confederation, or 2 July when 1 July is a Sunday;

(g)   The first Monday of September, Labour Day;

(g.1) The second Monday of October;

(h)   25 December;

(i)   The day fixed by proclamation of the Governor-General for the celebration of the birthday of the Sovereign;

(j)   Any other day fixed by proclamation of the Government as a public holiday or as a day of thanksgiving;

"month";

(24) The word "month" means a calendar month;

"now, next";

(25) The words "now" and "next" apply to the time when the Act becomes executory;

(26) *Paragraph repealed;*

"Bankruptcy";

(27) "Bankruptcy" means the condition of a trader who has discontinued his payments;

"centin";

(28) The word "centin", used in the French version of the laws of Québec, means the coin called "cent" in the laws of Canada and in the English version of the laws of Québec;

22° [*Disposition abrogée.*]

23° Les mots « jour de fête » et « jour férié » désignent :

« jour de fête »,
« jour férié »;

a)   les dimanches;

b)   le 1er janvier;

c)   le Vendredi saint;

d)   le lundi de Pâques;

e)   le 24 juin, jour de la fête nationale;

f)   le 1er juillet, anniversaire de la Confédération, ou le 2 juillet si le 1er tombe un dimanche;

g)   le premier lundi de septembre, fête du Travail;

g.1) le deuxième lundi d'octobre;

h)   le 25 décembre;

i)   le jour fixé par proclamation du gouverneur général pour marquer l'anniversaire du Souverain;

j)   tout autre jour fixé par proclamation du gouvernement comme jour de fête publique ou d'action de grâces;

24° Le mot « mois » signifie un mois de calendrier;

« mois »;

25° Les mots « maintenant » et « prochain » se rapportent au temps de la mise en vigueur de la loi;

« maintenant »,
« prochain »;

26° [*Disposition abrogée.*]

27° La « faillite » est l'état d'un commerçant qui a cessé ses paiements;

« faillite »;

28° Le mot « centin » employé dans la version française des lois du Québec signifie la pièce de monnaie appelée « cent » dans les lois du Canada et dans la version anglaise des lois du Québec;

« centin »;

(29) *Paragraph repealed*;

R. S. 1964, c. 1, s. 61 (*part*); 1965 (1st sess.), c. 16, s. 21; 1966-67, c. 14, s. 1; 1977, c.5, s. 14; 1978, c. 5, s. 12; 1980, c. 39, s. 62; 1981, c. 14, s. 33; 1981, c. 23, s. 19; 1982, c. 62, s. 157; 1984, c. 46, s. 20; 1986, c. 95, s.173; 1990, c. 4, s. 527; 1992, c. 57, s. 605.

References.

62. Any reference to an Act of Parliament assented to from and after 1 January 1969 shall be sufficient if it indicates the calendar year during which such Act was assented to and the number of the bill which introduced it or the chapter number assigned to it in the annual compilation of the statutes.

References.

Any reference to an Act of Parliament assented to before 1 January 1969 shall be sufficient if it indicates, in addition to the chapter number assigned to it in the volume of statutes published for each session by the Québec Official Publisher, the calendar year or years during which the session of the Parliament during which the Act was assented to was held, and if several sessions were held during one calendar year, by adding the ordinal designation of the session concerned for such calendar year, in accordance with the last column of the table reproduced as Schedule A.

1968, c. 8, s. 14; 1968, c. 23, s. 8; 1982, c. 62, s. 158.

63. (*This section ceased to have effect on 17 April 1987*).

1982, c. 21, s. 1; U. K., 1982, c. 11, Sch. B, Part I, s. 33.

29° [Disposition abrogée.]

S.R.Q. 1964, c. 1, art. 61 (partie); 1965 (1re sess.), c. 16, art. 21; 1966-67, c. 14, art. 1; 1968, c. 9, art. 90; 1978, c. 5, art. 12; 1980, c. 39, art. 62; 1981, c. 23, art. 19; 1982, c. 62, art. 157; 1984, c. 46, art. 20; 1986, c. 95, art. 173; 1990, c. 4, art. 527; 1992, c. 57, art. 605.

62. Un renvoi à une loi du Parlement sanctionnée à compter du 1er janvier 1969 est suffisant s'il indique l'année civile au cours de laquelle la loi est sanctionnée ainsi que le numéro du projet de loi qui l'a introduite ou le numéro du chapitre qui lui est attribué dans le recueil annuel des lois.

Renvoi.

Un renvoi à une loi du Parlement sanctionnée avant le 1er janvier 1969 est suffisant s'il indique, outre le numéro de chapitre qui lui est attribué dans le volume des lois qui a été publié pour chaque session par l'Éditeur officiel du Québec, l'année ou les années civiles au cours desquelles s'est tenue la session du Parlement durant laquelle la loi a été sanctionnée, et si plusieurs sessions ont été tenues au cours d'une année civile, en ajoutant la désignation ordinale de la session dont il s'agit pour cette année civile, conformément à la dernière colonne du tableau reproduit à l'annexe ART.

Renvoi.

S.Q. 1968, c. 8, art. 14; 1968, c. 23, art. 8; 1982, c. 62, art. 158.

63. [*Cette disposition a cessé d'avoir effet le 17 avril 1987.*]

L.Q. 1982, c. 21, art. 1; 1982, R.-U., c. 11, annexe B, partie I, art. 33.

TEXTES TRADUITS

Page 32

Union Gas Co. of Canada c. *Township of South Cayuga,* [1952] O.W.N. 201 (Ont. Co. Ct.) 203 (j. Kinnear).

Regulations passed under statutory authority are subject to the same rules of interpretation as the statute itself.

Page 50

Cutler c. *Wandsworth Stadium,* [1949] A.C. 398, 410 (Lord du Parcq).

It must be recognized, however, that the courts have laid down, not indeed rigid rules, but principles which have been found to afford some guidance when it is sought to ascertain the intention of Parliament.

Page 52

Karl N. LLEWELLYN, "Remarks on the Theory of Appellate Decision and the Rules or Canons About How Statutes Are to Be Construed", (1949-50) 3 *Vand. L. Rev.* 395, 401.

[...] there are two opposing canons on almost every point [...] Every lawyer must be familiar with them all: they are still needed tools of argument.

Page 61

Bank of England c. *Vagliano Brothers,* [1891] A.C. 107, 144 et 145, (Lord Hershell).

My Lords, [...] I cannot bring myself to think that this is the proper way to deal with such a statute as the Bills of Exchange

Act, which was intended to be a code of the law relating to negotiable instruments. I think the proper course is in the first instance to examine the language of the statute and to ask what is its natural meaning, uninfluenced by any considerations derived from the previous state of the law, and not to start with inquiring how the law previously stood, and then, assuming that it was probably intended to leave it unaltered, to see if the words of the enactment will bear an interpretation in conformity with this view [...]" I am of course far from asserting that resort may never be had to the previous state of the law for the purpose of aiding in the construction of the provisions of the code. If, for example, a provision be of doubtful import, such resort would be perfectly legitimate [...]. What, however, I am venturing to insist upon is, that the first step taken should be to interpret the language of the statute, and that an appeal to earlier decisions can only be justified on some special ground.

Page 68

License Commissioners of Frontenac c. County of Frontenac, (1887) 14 O.R. 741 (Ont. Ch.) 745 (j. Boyd).

The effect of the revision, though in form repealing the Acts consolidated, is really to preserve them in unbroken continuity.

Page 71

Attorney General c. Prince Ernest Augustus of Hanover, [1957] A.C 436, 463 (Vicomte Simonds).

[...] no one should profess to understand any part of a statute or of any other document before he had read the whole of it. Until he has done so he is not entitled to say that it or any part of it is clear and unambiguous.

Page 72

Re Boaler, [1915] 1 K.B. 21, 40 et 41 (j. Scrutton).

I agree that the Court should give less importance to the title than to the enacting part, and less to the short title than to the full title, for the short title being a label, accuracy may be sacrificed to brevity; but I do not understand on what principle of construction I am not to look at the words of the Act itself, to help me to understand its scope in order to interpret the words Parliament has used by the circumstances in respect of which they were legislating.

Page 74

Midland Railway of Canada c. *Young,* (1893) 22 R.C.S. 190, 200 (j. Sedgewick).

I am conversant with the principle that the preamble of an act cannot govern its enacting part; that although a particular mischief or inconvenience may be recited in a preamble the enacting clauses may extend beyond it; but at the same time it may be legitimately consulted for the purpose of keeping the effect of the act within its real scope, and generally to ascertain the legislative intent. It is a good means to find out its meaning and is, as it were, a key to the understanding of it.

Page 74

Attorney General c. *Prince Ernest Augustus of Hanover,* [1957] A.C. 436, 474 (Lord Somervell).

The words "unambiguous" must mean unambiguous in their context.

Page 75

Attorney General c. *Prince Ernest Augustus of Hanover,* [1957] A.C. 437, 467 (Lord Normand).

The preamble is not, however, of the same weight as an aid to construction of a section of the Act as are other relevant enacting words to be found elsewhere in the Act [...].

Page 76

Lord Halsbury, *Laws of England,* Londres, Butterworths, 1907, p. CCXVI.

> The more words there are, the more words are there about which doubts may be entertained.

Page 81

United Buildings Corp. c. *City of Vancouver,* [1915] A.C. 345, 351 (Lord Sumner).

> That the titles, which a statute prefixes to parts of the Act, may be looked at as aids to the interpretation of the language of such parts is well settled, but the assistance to be derived from such consideration varies very much".

Page 81

Director of Public Prosecutions c. *Schildkamp,* [1971] A.C. 1, 28 (Lord Upjohn).

> Whether the cross-heading is no more than a pointer or label or is helpful in assisting to construe, or even in some cases to control, the meaning or ambit of those sections must necessarily depend on the circumstances of each case, and I do not think it is possible to lay down any rules.

Page 82

R. c. *Battista,* (1913) 9 D.L.R. 138 (C.A. Québec) 141 (j. Archambeault).

> The enactment itself should be read and not the sense or meaning given to it by the clerk or employee who saw to the publication of the statute.

Page 82

Association des architectes de la province de Québec c. Ruddick, (1935) 59 B.R. 72, 76 (j. Hall).

[...] this interpretation would seem to be confirmed by the marginal note in the French version, [...].

Page 83

Norman S. MARSH, "The Interpretation of Statutes", (1966-67) 9 *J.S.P.T.L.* (N.S.) 416, 421.

We would ourselves be in favour of their inclusion in the matters which may be considered in construing a statute, always remembering that the weight which is attached to the different levels of context must remain a question for judicial assessment.

Page 84

R. c. Alaska Pine and Cellulose Ltd., [1960] R.C.S. 686, 691 et 692 (j. Cartwright).

In construing the clause it is my opinion that we should have regard to the punctuation [...] The *ratio decidendi* of those cases which held that punctuation in a Statute ought not to be regarded was that statutes as engrossed on the original roll did not contain punctuation marks. We were informed by counsel that in British Columbia statutes are presented to the Legislature for passing and are passed punctuated as they appear in the copies printed by the Queen's Printer; consequently the foundation of the earlier decisions has been removed.

Page 87

Attorney General c. Lamplough, (1878) 3 Ex. D. 214, 229 (Lord Brett).

[...] a schedule in an Act of Parliament is a mere question of drafting – a mere question of words. The schedule is as much a part of the statute, and is as much an enactment as any other part.

Page 88

C.A.P.A.C. c. Canadian Television Network Ltd., [1968] R.C.S. 676, 682
(j. Pigeon).

> Once it is ascertained that interpretation has to be resorted to,
> the intention must be gathered from the statute as a whole and
> this certainly includes the Schedule that is referred to in the body
> of the Act and is printed with it.

Page 96

Wilson c. Albert, (1943) 3 D.L.R. 129 (Alta. C.A.) 133 (j. Ewing).

> If a new statute incorporates a section from a former statute
> then that section becomes a part of the new statute and is not
> affected by the repeal or alteration of the former statute.

Page 96

Harrison Brothers Ltd. c. Cité de St-Jean, (1937) 62 B.R. 357, 373 et
374 (j. Barclay).

> [...] where a statute is incorporated by reference into a second
> statute, the repeal of the first statute by a third does not affect
> the second.

Page 98

McKenzie c. Jackson, (1898) 31 N.S.R. 70 (N.S.C.A.) 76 (j. Henry).

> The effect of the reference in the one act to the other was just
> the same as if, instead of the adoption of the provisions of the
> one being made by reference to it in the other, these provisions
> had been enacted in the other in the usual way. In either case,
> the adopted provisions are a part of the act adopting them, and
> no addition to such provisions by an amendment to the act from
> which they are taken can make such addition a part of the other
> act.

Page 107

Déchène c. City of Montreal, [1894] A.C. 640, 645 (Lord Watson).

The section appears to their Lordships to be essentially a procedure clause, and to be, in substance, a re-enactment of sect. 3 of
the Code of Civil Procedure. Its language is not calculated to
suggest that a claimant may bring an action for recovery of land
after the period of limitation has run if he can shew that the last
day or days of that period were non-juridical and that his claim is
preferred upon the first juridical day after its expiry.

Page 108

Hamel c. Leduc, (1899) 29 R.C.S. 178, 180 (j. Strong).

If we were not to apply sub-section twenty-seven in the case before us we should be establishing a construction which would
render this clause of the "Interpretation Act" useless and inapplicable in every case in which an Act of Parliament required some
Act to be done within a prescribed number of days, and we
should thus reduce this useful rule of statutory interpretation to
a nullity.

Page 126

Kay c. Goodwin, (1830) 6 Bing. 576, 582 et 583; 130 E.R. 1403, 1405
(j. Tindal).

I take the effect of repealing a statute to be, to obliterate it as
completely from the records of the parliament as if it had never
passed; [...].

Page 126

Surtees c. Ellison, 9 B. & C. 750, 752; 109 E.R. 278, 279 (Lord
Tenterden).

[...] when an Act of Parliament is repealed, it must be considered
(except as to transactions past and closed) as if it had never ex-
isted.

Page 151

Nadeau c. *Cook,* [1948] 2 D.L.R. 783 (Alta. S.C.) 785 (j. Ford).

The rule seems clear enough, but it is the application in respect of the particular statute that is often difficult.

Page 157

Re Athlumney, [1898] 2 Q.B. 547, 551 et 552 (j. Wright).

Perhaps no rule of construction is more firmly established than this – that a retrospective operation is not to be given to a statute so as to impair an existing right or obligation, otherwise than as regards matter of procedure, unless that effect cannot be avoided without doing violence to the language of the enactment. If the enactment is expressed in language which is fairly capable of either interpretation, it ought to be construed as prospective only.

Page 158

William F. CRAIES, *On Statute Law,* 7ᵉ éd. par S.G.G. Edgar, Londres, Sweet and Maxwell, 1971, p. 387.

A statute is to be deemed to be retrospective, which takes away or impairs any vested right acquired under existing laws, or creates a new obligation, or imposes a new duty, or attaches a new disability in respect to transactions or considerations already past.

Page 173

R. c. *Inhabitants of St-Mary, Whitechappel,* [1848] 12 Q.B. 120, 127 (Lord Denman).

[...] (a statute) [...] is not properly called a retrospective statute because a part of the requisites for its action is drawn from time antecedent to its passing.

Page 174

Paton c. *The Queen,* [1968] R.C.S. 341, 353 (j. Judson).

The purpose of the habitual criminal legislation is not to create a
new offence nor to increase the penalties for offences with respect to which sentences have already been imposed. The purpose
is crime prevention. The habitual criminal is not imprisoned for
doing something, but rather for being something. The finding is
simply a declaration of his status as an habitual criminal which is
a matter determined in part by reference to his past record.

Page 184

Paton c. *The Queen,* [1968] R.C.S. 341, 358 (j. Pigeon).

[...] this presumption is not a rule of law but a rule of construction only.

Page 187

Pardo c. *Bingham,* (1868-69) L.R. 4 Ch. App. 735, 740 (Lord
Hatherley).

Now, in the very case of *Moon v. Durden,* Baron *Parke* did not
consider it an invariable rule that a statute could not be retrospective unless so expressed in the very terms of the section
which had to be construed, and said that the question in each
case was, whether the Legislature had sufficiently expressed an
intention. In fact, we must look to the general scope and purview of the statute, and at the remedy sought to be applied, and
consider what was the former state of the law, and what it was
that the Legislature contemplated.

Page 187

Paton c. *The Queen,* [1968] R.C.S. 341, 358 (j. Pigeon).

It must be stressed that, in Canada, this presumption is not a rule
of law but a rule of construction only. There is therefore no requirement that the intention to displace it be explicit. It is suffi-

cient that the wording of the enactment be such as not to leave
it open fairly to any other construction.

Page 189

Upper Canada College c. *Smith,* (1921) 61 R.C.S. 413, 419 (j. Duff).

[...] that intention may be manifested by express language or
may be ascertained from the necessary implications of the provisions of the statute, or the subject matter of the legislation or
the circumstances in which it was passed may be of such a character as in themselves to rebut the presumption that it is intended only to be prospective in its operation.

Page 197

Spooner Oils Ltd. c. *Turner Valley Gas Conservation Board,* [1933]
R.C.S. 629, 638 (j. Duff).

A legislative enactment is not to be read as prejudicially affecting
accrued rights, or "an existing status" *(Main* v. *Stark* (1)), unless
the language in which it is expressed requires such a construction. The rule is described by Coke as a "law of Parliament" (2
Inst. 292), meaning, no doubt, that it is a rule based on the practice of Parliament; the underlying assumption being that, when
Parliament; intends prejudicially to affect such rights or such a
status, is declares its intention expressly, unless, at all events, that
intention is plainly manifested by unavoidable inference.

Page 203

Abbott c. *Minister of Lands,* [1895] A.C. 425, 431 (Lord Hershell).

It has been very common in the case of repealing statutes to save
all rights accrued. If it were held that the effect of this was to
leave it open to any one who could have taken advantage of any
of the repealed enactments still to take advantage of them, the
result would be very far-reaching.

It may be, as Windeyer J. observes, that the power to take advantage of an enactment may without impropriety be termed a

"right". But the question is whether it is a"right accrued" within the meaning of the enactment which has to be construed.

Their Lordships think not, and they are confirmed in this opinion by the fact that the words relied on are found in conjunction with the words "obligations incurred or imposed." They think that the mere right (assuming it to be properly so called) existing in the members of the community or any class of them to take advantage of an enactment, without any act done by an individual towards availing himself of that right, cannot properly be deemed a "right accrued" within the meaning of the enactment.

Page 205

Re Owners, Strata Plan VR 29, (1979) 91 D.L.R. (3d) 528 (B.C.S.C.) 534 et 535 (j. Trainor).

It is not an easy task to determine when sufficient has been done in a particular case to change abstract or potential rights into acquired rights.

Page 205

Free Lanka Insurance Co. c. *Ranasinghe,* [1964] A.C. 541, 552 (Lord Evershed).

The distinction between what is and what is not "a right" must often be one of great fineness.

Page 206

Director of Public Works c. *Ho Po Sang,* [1961] A.C. 901, 922 (Lord Morris).

It may be, therefore, that under some repealed enactment a right has been given but that in respect of it some investigation or legal proceeding is necessary. The right is then unaffected and preserved. It will be preserved even if a process of quantification is necessary. But there is a manifest distinction between an investigation in respect of a right and an investigation which is to decide whether some right should or should not be given. Upon a repeal the former is preserved by the Interpretation Act. The latter is not.

Page 222

Gardner c. *Lucas,* (1878) 3 A.C. 582, 603 (Lord Blackburn).

[...] it is perfectly settled that if the Legislature intended to frame a new procedure, that instead of proceeding in this form or that, you should proceed in another and a different way; clearly there bygone transaction are to be sued for and enforced according to the new form of procedure. Alterations in the form of procedure are always retrospective, unless there is some good reason or other why they should not be.

Page 226

McLean c. *Leth,* [1950] 2 D.L.R. 238 (B.C.C.A.) 244 (j. Robertson).

[...] I have found no case in which wrong procedure before the statute was held to be cured retroactively without most express language.

Page 227

De Roussy c. *Nesbitt,* (1920) 53 D.L.R. 514, 516 (j. Harvey).

[...] the question to be considered is not simply whether the enactment is one affecting procedure but whether it affects procedure *only* and does not affect substantial rights of the parties.

Page 228

Upper Canada College c. *Smith,* (1921) 61 R.C.S. 413, 425 (j. Duff).

[...] fall within the category of statutes relating to procedure only [...].

Page 228

Upper Canada College c. *Smith,* (1921) 61 R.C.S. 413, 418 (j. Duff).

The plaintiff's right at the time of the passing of the Act was a valuable right, a right capable of being appraised in money; after the passing of the Act it became, if the defendant's construction is the right one, deprived of all value.

Page 229

Upper Canada College c. *Smith,* (1921) 61 R.C.S. 413, 442 et 443 (j. Anglin).

"Procedure" in the exception to the rule of construction under consideration is used in a more restricted sense. It has to do with the method of prosecuting a right of action which exists, not with the taking away of such right of action.

[...]

The taking away of a right of action is more than mere procedure and a statute which has that effect is *prima facie* within the general rule and not within the exception.

Page 236

Howard Smith Paper Mills Ltd. c. *The Queen,* [1957] R.C.S. 403, 420 (j. Cartwright).

While s. 41 makes a revolutionary change in the law of evidence, it creates no offence, it takes away no defence, it does not render criminal any course of conduct which was not already so declared before its enactment, it does not alter the character or legal effect of any transaction already entered into; it deals with a matter of evidence only and, in my opinion, the learned trial Judge was right in holding that it applied to the trial of the charge before him.

Page 252

A.G. for Ontario c. *Reciprocal Insurers,* [1924] A.C. 328, 344 et 345 (j. Duff).

> Their Lordships find nothing in the language of the statute which necessarily gives to its enactments an extraterritorial effect [...] the terms of the statute as a whole are, in their Lordships' judgment, capable of receiving a meaning according to which its provisions, whether enabling or prohibitive, apply only to persons and acts within the territorial jurisdiction of the Province. In their opinion it ought to be interpreted in consonance with the presumption which imputes to the Legislature an intention of limiting the direct operation of its enactments to such persons and acts.

Page 263

Joseph CHITTY, *A Treatise on the law of the prerogatives of the Crown and the relatives duties and rights of the subject,* Londres, Butterworths, 1820, pp. 382 et 383.

> The general rule clearly is, that though the King may avail himself of the provisions of any Acts of Parliament, he is not bound by such as do not particularly and expressly mention him [...].

> But Acts of Parliament which would divest or abridge the King of his prerogatives, his interests or his remedies, in the slightest degree, do not in general extend to, or bind the King, unless there be express words to that effect.

Page 264

Province of Bombay c. *City of Bombay,* [1947] A.C. 58, 61 (Lord du Parcq).

> The general principle to be applied in considering whether or not the Crown is bound by general words in a statute is not in doubt. The maxim of the law in early times was that no statute bound the Crown unless the Crown was expressly named therein, [...].

Page 264

A.G. c. Donaldson, (1842) 10 M. & W. 117, 123 et 124; 152 E.R. 406, 408 et 409 (j. Alderson).

It is a well-established rule, generally speaking, in the construction of acts of Parliament, that the king is not included unless there be words to that effect; for it is inferred prima facie that the law made by the crown, with the assent of Lords and Commons, is made for subjects and not for the crown [...].

Page 264

Ex p. Postmaster General, In Re Bonham, (1879) 10 Ch. D. 585, 601 (j. Jessel).

[...] if it is intended to make a clear and strong alteration of the law, you expect to find clear and strong words to effect that alteration.

Page 266

Matthew BACON, *A New Abridgment of the Law,* 7ᵉ éd., vol. 6 par C.E. Dodd, Londres, A. Strahan, 1832, p. 462.

Herein a general rule hath been laid down and established viz. that where an act of parliament is made for the public good, the advancement of religion and justice, and to prevent injury and wrong, the king shall be bound by such act, though not particularly named therein.

Page 266

Province of Bombay c. *City of Bombay,* [1947] A.C. 58, 61 (Lord du Parcq).

But the rule so laid down is subject to at least one exception. The Crown may be bound, as has often been said, "by necessary implication." If, that is to say, it is manifest from the very terms of the statute, that it was the intention of the legislature that the Crown should be bound, then the result is the same as if the Crown had been expressly named.

Page 266

Province of Bombay c. *City of Bombay,* [1947] A.C. 58, 63 (Lord du Parcq).

> If it can be affirmed that, at the time when the statute was passed and received the royal sanction, it was apparent from its terms that its beneficent purpose must be wholly frustrated unless the Crown were bound, [...].

Page 267

Gartland Steamship Co. and Lablanc c. *The Queen,* [1960] R.C.S. 315, 345 (j. Locke).

> The fact that liability may not be imposed upon the Crown, except by legislation in which the Sovereign is named, or that any of the other prerogative rights are not to be taken as extinguished unless the intention to do so is made manifest by naming the Crown, does not mean that the extent of the liability of a subject may be extended in a case of a claim by the Crown beyond the limit of the liability effectively declared by law.

Page 290

Brown c. *Moore,* (1902) 32 R.C.S. 93, 97 (j. Strong).

> It is settled law that contracts entered into in the face of statutory prohibition are void.

Page 293

Julius c. *Bishop of Oxford,* (1880) 5 App. Cas. 214, 222 (Lord Cairns).

> The words "it shall be lawful" are not equivocal. They are plain and unambiguous. They are words merely making that legal and possible which there would otherwise be no right or authority to do. They confer a faculty or power, and they do not of themselves do more than confer a faculty or power. But there may be something in the nature of the thing empowered to be done, something in the object for which it is to be done, something in the conditions under which it is to be done, something in the

title of the person or persons for whose benefit the power is to be exercised, which may couple the power with a duty, and make it the duty of the person in whom the power is reposed to exercise that power when called upon to do so.

And the words "it shall be lawful" being according to their natural meaning permissive or enabling words only, it lies upon those, as it seems to me, who contend that an obligation exists to exercise this power to show in the circumstances of the case something which, according to the principles I have mentioned, creates this obligation.

Page 297

Labour Relations Board of Saskatchewan c. *The Queen,* [1956] R.C.S. 82, 86 et 87 (j. Locke).

While this language is permissive in form, it imposed, in my opinion, a duty upon the Board to exercise this power when called upon to do so by a party interested and having the right to make the application.

Page 303

Montreal Street Railway Co. c. *Normandin,* [1917] A.C. 170, 175 (j. Channell).

When the provisions of a statute relate to the performance of a public duty and the case in such that to hold null and void acts done in neglect of this duty would work serious general inconvenience, or injustice to persons who have no control over those entrusted with the duty, and at the same time would not promote the main object of the Legislature, it has been the practice to hold such provisions to be directory only, the neglect of them, though punishable, not affecting the validity of the acts done.

Page 321

Jones c. *Secretary of State for Social Services,* [1972] 1 All E.R. 145, 149 (Lord Reid).

> In very many cases it cannot be said positively that one construction is right and the other wrong. Construction so often depends on weighing one consideration against another. Much may depend on one's approach. If more attention is paid to meticulous examination of the language used in the statute the result may be different from that reached by paying more attention to the apparent object of the statute so as to adopt that meaning of the words under consideration which best accord with it.

Page 322

LAW COMMISSION AND SCOTTISH LAW COMMISSION, *The Interpretation of Statutes,* Londres, H.M.S.O., 1969, p. 17.

> The three so-called rules which have been described above do not call for criticism if they are to be regarded simply as convenient headings by reference to which the different approaches of the courts to problems of interpretation may be described. They are less satisfactory, when they, [...] are used to justify the meaning given to a provision. In our view, the ultimate function of a court in the interpretative process is not simply to decide whether it is bound to follow a literal interpretation on the one hand or to adopt on the other an interpretation reached in the light of the golden or mischief rules. It is rather to decide the meaning of the provision, taking into account, among other matters, the light which the actual language used, and the broader aspects of legislative policy arrived at by the golden and mischief rules, throw on that meaning.

Page 326

Commissioners of Income Tax c. *Pemsel,* [1891] A.C. 531, 549 (Lord Halsbury).

> But I do not think it is competent to any Court to proceed upon the assumption that the legislature has made a mistake. Whatever the real fact may be, I think a Court of Law is bound to pro-

ceed upon the assumption that the legislature is an ideal person that does not make mistakes.

Page 326

Re Dillon, [1937] O.R. 114 (Ont. C.A.) 176 (j. Riddell).

The modern principle is to credit the legislators with knowing what they intend to enact into law, and with a knowledge of the English language which enabled them to express their meaning.

Page 328

Canadian Warehousing Association c. *La Reine,* [1969] R.C.S. 176, 180 (j. Pigeon).

It is contended that the general intention of the Act is that it shall apply only to commodities in the stream of commerce. The fatal weakness of this argument is that it really invites us to construe the definition as if it read "that is" instead of "that may be". It is true that the result of the literal reading is that the definition embraces every conceivable commodity but it is no reason for departing from the clear meaning of the Act. If Parliament had intended that commodities that are actually in the stream of commerce only would be articles within the meaning of the definition, we would expect to find the word "is" instead of "may be". There is no basis for not presuming that the wording used was intended precisely to make it certain that commodities not actually in the stream of commerce would be covered.

Page 334

Felix FRANFURTER, "Some Reflections on the Reading of Statutes", (1947) 47 *Col. L. Rev.* 527, 543.

While courts are no longer confined to the language, they are still confined by it.

Page 334

Charles P. CURTIS, "A Better Theory of Interpretation", (1949-50) 3
Vand. L. Rev. 407, 426.

> Language, at any rate in legal documents, does not fix meaning.
> It circumscribes meaning. Legal interpretation is concerned, not
> with the meaning of words, but only with their boundaries.

Page 334

James A. CORRY, "Administrative Law and the Interpretation of
Statutes", (1935-36) 1 *U. of T.L.J.* 286, 291 et 292.

> Every carefully drawn statute has limits beyond which it cannot
> be extended [...] Words can always set limits.

Page 334

Zechariah CHAFEE Jr., "The Disorderly Conduct of Words", (1941) 41
Col. L. Rev. 381, 401.

> Common usage resembles the banks of a river. The court must
> keep within it, but it doesn't tell where the proper channel lies.

Page 338

Sharpe c. *Wakefield*, (1889) 22 Q.B.D. 239, 242 (Lord Esher).

> [...] the words of a statute must be construed as they would have
> been the day after the statute was passed, unless some subse-
> quent statute has declared that some other construction is to be
> adopted or has altered the previous statute.

Page 342

Bogoch Seed Co. c. *Canadian Pacific Railway Co.*, [1963] R.C.S. 247,
255 (j. Martland).

> The agreement was dealing with a reduction in the existing rates
> on grain and flour and it seems to me that the parties contem-

plated, [...] the effecting of a reduction in rates then applicable on what both parties, at that time, regarded as being grain.

Page 347

Edwards c. *A.G. for Canada,* [1930] A.C. 124, 136 (Lord Sankey).

The British North America Act planted in Canada a living tree capable of growth and expansion within its natural limits.

Page 349

Thompson c. *Goold & Co.,* [1910] A.C. 409, 420 (Lord Mersey).

It is a strong thing to read into an Act of Parliament words which are not there, and in the absence of clear necessity it is a wrong thing to do.

Page 352

Lord DENNING, *The Discipline of Law,* Londres, Butterworths, 1979, p. 9.

Beyond doubt the task of the lawyer – and of the judge – is to find out the intention of Parliament. In doing this, you must, of course, start with the words used in the statute: but not end with them – as some people seem to think.

Page 353

Glanville WILLIAMS, "Language and the Law", (1945) 61 *Law Q. Rev.* 71, 181.

[...] all words are capable of occasionning difficulty in their application.

Page 359

Sussex Peerage Case, (1844) 11 Cl. & F. 85, 143; 8 E.R. 1034, 1057 (j. Tindal).

If the words of the statute are in themselves precise and unambiguous, then no more can be necessary than to expound those words in their natural and ordinary sense. The words themselves alone do, in such case, best declare the intention of the lawgiver.

Page 361

Quebec Railway, Light, Heat & Power c. *Vandry,* [1920] A.C. 662, 672 et 673 (Lord Sumner).

Whether particular words are plain or not is rarely susceptible of much argument. They must be read and passed upon. The conclusion must largely depend on the impression formed by the mind that has to decide.

Page 362

J.C.E. Wood, "Statutory Interpretation: Tupper and the Queen", (1968) 6 *Ogsoode Hall L.J.* 92, 105.

[...] one might wonder how language which was clear and unambiguous could have been interpreted by so many different courts in different ways.

Page 363

Goldhar c. *The Queen,* [1960] R.C.S. 60, 77 (j. Cartwright).

If the meaning of the words used were ambiguous it would be proper to consider the apparent intention of Parliament [...] as appearing from the history of the legislation.

Page 363

Paton c. *The Queen,* [1968] R.C.S. 341, 356 (j. Judson).

Further, the *Interpretation Act,* which is appealed to in support of this view, cannot possibly apply when the meaning of the section to be interpreted is plain on its face. Our task is to give effect to the plain meaning of the section.

Page 367

Motor Vehicle Act du Nouveau-Brunswick, S.N.-B. 1934, c. 20, a. 52(1).

52. — (1) [...] the owner or driver of a motor vehicle [...] shall not be liable for any loss or damage resulting from bodily injury to [...] any person being carried in or upon or entering or getting on or alighting from such motor vehicle.

Page 368

McLaughlin c. *MacDonald,* [1949] 1 D.L.R. 216 (N.B.C.A.) 226 (j. Hughes).

If the accident happened while the plaintiff was in the car or getting in or getting out thereof the defendant has the benefit of the protection given by the Act. But it is strongly urged that the defendant cannot be relieved of liability by the Act if the damage was the result of a blow that was intentionally delivered by himself, as found by the learned trial Judge. There is no provision in the Act to warrant such an interpretation. The words used in the statute are plain. It is not a case of choice between two possible meanings. There is no power in the Court to incorporate into the section an exception which is not there, even if the Court should think it just to do so. The rules of construction are not uncertain in such a case as this. The first duty in interpreting a paragraph of a statute is to see if the words of the paragraph have a precise and unambiguous meaning in themselves. If they have, then that meaning must be adopted. [...] In interpreting a statute we are not concerned with the result if the language used is plain. If the statute produces a result which the Court may think unjust, it is not within the power of a Court to revoke the statute by interpretation; that power is in the Legislature alone.

Page 369

City of Victoria c. *Bishop of Vancouver Island,* [1921] 2 A.C. 384, 387 (Lord Atkinson).

In the construction of statutes their words must be interpreted in their ordinary grammatical sense, unless there be something in the context, or in the object of the statute in which they occur, or in the circumstances with reference to which they are used, to show that they were used in a special sense different from their ordinary grammatical sense.

Page 370

Attorney General c. *Prince Ernest Augustus of Hanover,* [1957] A.C. 436, 461 (Vicomte Simonds).

Words, and particularly general words, cannot be read in isolation: their colour and content are derived from their context. So it is that I conceive it to be my right and duty to examine every word of a statute in its context, and I use "context" in its widest sense, which I have already indicated as including not only other enacting provisions of the same statute, but its preamble, the existing state of the law, other statutes in pari materia, and the mischief which I can, by those and other legitimate means, discern the statute was intended to remedy.

Page 370

Attorney General c. *Prince Ernest Augustus of Hanover,* [1957] A.C. 436, 463 (Vicomte Simonds).

No one should profess to understand any part of a statute or of any other document before he had read the whole of it. Until he has done so he is not entitled to say that it or any part of it is clear and unambiguous.

Page 370

Attorney General c. *Prince Ernest Augustus of Hanover,* [1957] A.C. 436, 465 (Lord Normand).

In order to discover the intention of Parliament it is proper that the court should read the whole Act, inform itself of the legal context of the Act, including Acts so related to it that they may throw light upon its meaning, and of the factual context, such as the mischief to be remedied, and those circumstances which parliament had in view, [...]. It is the merest commonplace to say that words abstracted from context may be meaningless or misleading.

Page 374

Toronto Railway Co. c. *City of Toronto,* (1906) 37 R.C.S. 430, 435 (J. Sedgewick).

The question is not what may be supposed to have been intended, but what has been said.

Page 374

Black-Clawson International Ltd. v. *Papierwerke Waldhof-Ashaffenburg A.G.,* [1975] 1 All E.R. 810 (H.L.) 815 (Lord Reid).

We often say that we are looking for the intention of Parliament, but that is not quite accurate. We are seeking the meaning of the words which Parliament used.

Page 374

Magor and St. Mellons Rural District Council c. *Newport Corp.,* [1952] A.C. 189, 191 (Lord Simonds).

[...] the general proposition that it is the duty of the court to find out the intention of Parliament [...] cannot by any means be supported. The duty of the court is to interpret the words that the legislature has used [...].

Page 375

R. c. Dubois, [1935] R.C.S. 378, 381 (j. Duff).

> The duty of the court in every case is loyally to endeavour to as-
> certain the intention of the legislature; and to ascertain that in-
> tention by reading and interpreting the language which the leg-
> islature itself has selected for the purpose of expressing it.

Page 375

Canadian National Railway Co. c. Province of Nova Scotia, [1928]
R.C.S. 106, 120 et 121 (j. Duff).

> The function of this court is to give effect to the intention of the
> legislature, as disclosed by the language selected for the expres-
> sion of that intention. Whatever views may have inspired the
> policy of a statute, it is no part of the function of a court of law
> to enlarge, by reference to such views, even if they could be
> known with certainty, the scope of the operative parts of the en-
> actment in which the legislature has set forth the particular
> means by which its policy is to be carried into effect.

Page 375

Midland Railway c. Young, (1893) 22 R.C.S. 190, 198 (j. Sedgewick).

> We know of many cases where legislatures without doubt in-
> tended to say one thing but signally failed to say it. We should
> not say it for them. The misfortune is curable by the legislatures
> only, not by the courts.

Page 375

Inland Revenue Commissioners c. Hinchy, [1960] A.C. 748, 767 (Lord
Reid).

> But we can only take the intention of Parliament from the words
> which they have used in the Act, and therefore the question is
> whether these words are capable of a more limited construction.
> If not, then we must apply them as they stand, however unrea-

sonable or unjust the consequences, and however strongly we may suspect that this was not the real intention of parliament.

Page 376

Commissioner of Internal Revenue c. *Acker,* (1958) 361 U.S. 87, 95 (j. Frankfurter).

Our problem is not what do ordinary English words mean, but what did Congress mean them to mean.

Page 376

R. DICKERSON, « The Diseases of Legislative Language », (1964) 1 *Harv. J. Legis* 5, 36.

On the one hand, we are interested in the intended meaning of the author in the sense that the process of communication makes no sense unless some intention can be attributed to him. Intended meaning, therefore, remains the ultimate object of search even though no method has yet been devised by which this meaning can be directly known. Because the author's subjective intent is knowable only through inferences drawn from his use of external signs, and because communication through external signs is possible only by virtue of established conventions, actual subjective intent is knowable, if at all, only by inference from those conventions as conditioned by context.

Page 378

Sheddon c. *Goodrich,* [1803] 8 Ves. 481, 497; 32 E.R. 441, 447 (Lord Eldon).

[...] it is better the law should be certain, than that every Judge should speculate upon improvements in it.

Page 379

Waugh and Esquimalt Lumber Co. c. Pedneault, [1949] 1 W.W.R. 14
(B.C.C.A.) 15 et 16 (j. O'Halloran).

> [...] words in an Act of the Legislature are not restricted to [...]
> their "ordinary" or "literal" meaning, but are extended flexibly
> to include the most reasonable meaning which can be extracted
> from the purpose and object of what is sought to be accom-
> plished by the statute. [...] Words mean little in themselves. They
> are vehicles of meaning, and not self-contained things. The very
> concept of interpretation connotes the introduction of elements
> extrinsic to the words themselves.

Page 380

R. c. Sommerville, (1971) 18 D.L.R. (3d) 343 (Alta. C.A.) 345 et 346
(j. Johnson).

> What is said to be the paramount rule for the interpretation of
> statutes is "that every statute is to be expounded according to its
> manifest or expressed intention" *(A.-G. Can. et al.,* v. *Nolan and
> Hallet & Carey Ltd.,* [1952] 3 D.L.R. 433 at p. 446, 6 W.W.R. (N.S.)
> 23, [1952] A.C. 427). Generally, that intention can be gleaned
> from the words of the section but when that wording appears to
> be at odds with the scheme and purpose of the Act, the legisla-
> tion must be looked at to see if the section was not intended to
> have a more restricted interpretation than the reading of the
> section alone would indicate.

Page 382

Highway Traffic Act de l'Ontario, S.R.O. 1960, c. 172, art. 127(4).

> (4) Every insurer shall notify the Registrar of the cancellation or
> expiry of any motor vehicle liability policy for which a certificate
> has been issued to the Registrar under this Part, at least ten days
> before the effective date of the cancellation or expiry, and, in
> the absence of such notice of cancellation or expiry, the policy
> remains in full force and effect.

Page 383

Minister of Transport for Ontario c. *Phoenix Assurance Co. Ltd.,*
(1973) 29 D.L.R. (3d) 513 (Ont. S.C.) 517 et 518 (j. Thompson).

While as a matter of logic and good sense it might be said that
the Legislature, having regard to the purpose and intent of the
legislation, must have intended that an owner or driver should
not escape the obligation of providing or maintaining financial
responsibility by a mere alteration of vehicle coverage in his
automobile insurance policy, regardless of how it may have been
accomplished and that it must have been contemplated that the
insurer should give notice accordingly.

If such was the intention of the Legislature, and there is a good
deal of merit in that contention, the issue with which the Court is
now faced is the question as to whether or not the Legislature
has, by the language it has employed, adequately expressed or
given effect to such intention.

My conclusion is that it has not; and that there is definitely an
hiatus in the statute. To me it is a clear case of *casus omissus.*

[...]

The intention of the legislature, however obvious it may be,
must, no doubt, in the construction of statutes, be defeated
where the language it has chosen compels to that result. The
Courts cannot aid the legislators' defective phrasing of an Act;
we cannot add and mend by construction or make-up deficien-
cies which are left there. To do so would not be to interpret but
to usurp legislative functions.

Page 384

Minister of Transport for Ontario c. *Phoenix Assurance Co. Ltd.,*
(1974) 39 D.L.R. (3d) 481 (Ont. C.A.) 486 (j. Schroeder).

In applying the provisions of enacted law the duty of the Court is
to discover and to act upon the true intention of the Legislature.
In all ordinary cases the Courts must be content to accept the letter of the law as the exclusive and conclusive evidence of the
true intention of the legislators. The Court must, in general, assume that the Legislature has said what it meant and meant

what it has said. To this general principle there are exceptions which must, however, be sparingly applied since certainty and uniformity of the law should not be sacrificed by loose and arbitrary construction, while on the other hand care must be exercised to ensure that the true intent of the law-givers is not sacrificed to the tyranny of language.

Page 384

Minister of Transport for Ontario c. *Phoenix Assurance Co. Ltd.,* (1974) 39 D.L.R. (3d) 481 (Ont. C.A.) 487 (j. Schroeder).

[...] There is a genuine and perfect intention lying behind the text of the enactment in question. [...] It is plain to my mind that this is a case in which the true and perfect intention of the legislative body has received imperfect expression. If the intention of the Legislature is deemed to be defective on ethical grounds the Court would not be warranted in attempting to correct it on such grounds, for to do so would be to arrogate to itself legislative powers. But here what may be called the dormant or latent intention of the Legislature plainly appears, and the logically defective letter of the enacted law may and should be made logically perfect so as to give effect to the legislative intention which is clearly evident despite the imperfection or incompleteness of the language in which the enactment is couched.

Page 388

Lincoln College, [1595] 3 Co. Rep. 58b, 59b; 76 E.R. 764, 767 (j. Coke).

[...] the office of a good expositor of an Act of Parliament is to make construction on all the parts together, and not of one part only by itself; *nemo enim aliquam partem recte intelligere possit, antequam totum iterum atque iterum perlegerit* [...].

Page 389

Grey c. *Pearson,* (1857) 6 H.L.C. 61, 106; 10 E.R. 1216, 1234 (Lord Wensleydale).

I have been long and deeply impressed with the wisdom of the rule, now, I believe, universally adopted, at least in the Courts of

Law in Westminster Hall, that in construing wills and indeed statutes, and all written instruments, the grammatical and ordinary sense of the words is to be adhered to, unless that would lead to some absurdity, or some repugnance or inconsistency with the rest of the instrument, in which case the grammatical and ordinary sense of the words may be modified, so as to avoid that absurdity and inconsistency, but no farther.

Page 389

City of Victoria c. *Bishop of Vancouver Island,* [1921] 2 A.C. 384, 387 (Lord Atkinson).

In the construction of statutes their words must be interpreted in their ordinary grammatical sense, unless there be something in the context, or in the object of the statute in which they occur, or in the circumstances with reference to which they are used, to show that they were used in a special sense different from their ordinary grammatical sense.

Page 389

R. c. *Assessor of the Town of Sunny Brae,* [1952] 2 R.C.S. 76, 97 (j. Kellock).

A statute is to be construed, if at all possible, "so that there may be no repugnancy or inconsistency between its portions or members [.]"

Page 393

Citizens Insurance Company of Canada c. *Parsons* (1881-82) 7 A.C. 96, 109 (Sir M. Smith).

[...] the two sections must be read together, and the language of one interpreted, and, where necessary, modified, by that of the other.

Page 393

John Deere Plow Company Limited c. *Wharton*, [1915] A.C. 330, 340 (j. Romilly).

> The expression "civil rights in the Province" is a very wide one extending, if interpreted literally, to much of the field of the other heads of s. 92 and also to much of the field of s. 91. But the expression cannot be so interpreted, and it must be regarded as excluding cases expressly dealt with elsewhere in the two sections, notwithstanding the generality of the words.

Pretty c. *Solly*, [1859] 26 Beav. 606, 610; 53 E.R. 1032, 1034 (j. Romilly).

> The general rules which are applicable to particular and general enactments in statutes are very clear, the only difficulty is in their application. The rule is, that wherever there is a particular enactment and a general enactment in the same statute, and the latter, taken in its most comprehensive sense, would overrule the former, the particular enactment must be operative, and the general enactment must be taken to affect only the other parts of the statute to which it may properly apply.

Page 397

A.G. for British Columbia c. *The King*, (1922) 63 R.C.S. 622, 638 (j. Anglin).

> Without belittling the rule of construction invoked on behalf of the respondent – *noscitur a sociis* – care must always be taken that its application does not defeat the true intention of the legislature.

Page 399

Ferguson c. *MacLean*, [1930] R.C.S. 630, 653 (j. Duff).

> [...] the possible number of categories may be indefinitely great.

Page 400

Assessment Act de l'Ontario, S.R.O. 1960, c. 23, art. 4(12).

12. Land of an incorporated charitable institution organized for the relief of the poor, The Canadian Red Cross Society, St John Ambulance Association, or any similar incorporated institution conducted on philanthropic principles and not for the purpose of profit or gain [...].

Page 402

Johnston c. *Canadian Credit Men's Trust Association,* [1932] R.C.S. 219, 220 (j. Duff).

The rule is a working rule of construction which, properly applied, is of assistance in elucidating the intention of the legislature; although there is too much reason to think that sometimes the result of applying it has been to override that intention.

Page 402

Ferguson c. *MacLean,* [1930] R.C.S. 630, 654 (j. Duff).

Prima facie, general words are to be given their natural meaning.

Page 413

Canadian Pacific Railway Co. c. *Robinson,* (1891) 19 R.C.S. 292, 325 (j. Taschereau).

In the case of ambiguity, where there is any possibility to reconcile the two, one must be interpreted by the other.

Page 420

Sommers c. *La Reine,* [1959] R.C.S. 678, 685 (j. Fauteux).

This rule of interpretation is only tantamount to a presumption, and furthermore, a presumption which is not of much weight.

Page 422

Re A.G. for Alberta and Gares, (1976) 67 D.L.R. (3d) 635 (Alta. S.C.) 682 (j. MacDonald).

> Whether any significance is to be attached to the difference in the wording must be determined from the context in which the words are used.

Page 426

Turgeon c. *Dominion Bank,* [1930] R.C.S. 67, 70 et 71 (j. Newcombe).

> The maxim, *expressio unius est exclusio alterius,* enunciates a principle which has its application in the construction of statutes and written instruments, and no doubt it has its uses when it aids to discover the intention; but, as has been said, while it is often a valuable servant, it is a dangerous master to follow. Much depends upon the context. One has to realize that a general rule of interpretation is not always in the mind of a draughtsman; that accidents occur; that there may be inadvertence, that sometimes unnecessary expressions are introduced, *ex abundanti cautela,* by way of least resistance, to satisfy an insistent interest, without any thought of limiting the general provision; and so the axiom is held not to be of universal application.

Page 427

Alliance des professeurs catholiques de Montréal c. *Labour Relations Board,* [1953] 2 R.C.S. 140, 154 (j. Rinfret).

> The generality of the maxim *'Expressum facit cessare tacitum'* which was relied on, renders caution necessary in its application. It is not enough that the express and the tacit are merely incongruous; it must be clear that they cannot reasonably be intended to co-exist. In Colquhoun v. Brooks (19 Q.B.D. 400 at p. 406) Wills J. says: 'May observe that the method of construction summarised in the maxim "Expressio unius exclusio alterius" is one that certainly requires to be watched [...]. The failure to make the "expressio" complete very often arises from accident, very often from the fact that it never struck the draftsman that the thing supposed to be excluded needed specific mention of any kind'.

Lopes L.J. in the Court of Appeal (21 Q..B.D. 52 at p. 65) says: 'The maxim "Expressio in unius exclusio 0 alterius" has been pressed upon us. I agree with what is said in the Court below by Wills J. about this maxim. It is often a valuable servant, but a dangerous master to follow in the construction of statutes or documents. The exclusio if often the result of inadvertence or accident, and the maxim ought not to be applied, when its application, having regard to the subject-matter to which it is to be applied, leads to inconsistency or injustice'.

Page 430

Orpen c. *Roberts,* [1925] R.C.S. 364, 370 (j. Duff).

But the object and provisions of the statute as a whole must be examined with a view to determining whether it is a part of the scheme of the legislation to create, for the benefit of individuals, rights enforceable by action; or whether the remedies provided by the statute are intended to be the sole remedies available by way of guarantees to the public for the observance of the statutory duty, or by way of compensation to individuals who have suffered by reason of the non-performance of that duty.

Page 434

R. c. *Loxdale,* (1758) 1 Burr. 445, 447; 97 E.R. 394, 395 (Lord Mansfield)

Where there are different statutes in pari materia though made at different times, or even expired, and not referring to each other, they shall be taken and construed together, as one system and as explanatory of each other.

Page 435

R. c. *Axler,* (1917) 40 O.R. 304 (Ont. S.C.) 307 (j. Middleton).

The Acts of one Legislature may be read together, but not the Acts of separate legislative bodies.

Page 437

Miln-Bingham Printing Co. c. *The King,* [1930] R.C.S. 282, 283 (j. Duff).

No doubt, for the purpose of ascertaining the meaning of any given word in a statute, the usage of that word in other statutes may be looked at, especially if the other statutes happen to be *in pari materia,* but it is altogether a fallacy to suppose that because two statutes are in *pari materia,* a definition clause in one can be bodily transferred to the other.

Page 442

Duval c. Le Roi, (1938) 64 B.R. 270, 273 (j. Barclay).

Repeal by implication is not favoured. It is a reasonable presumption that the Legislature did not intend to keep really contradictory enactments on the statute book or, on the other hand, to effect so important a measure as the repeal of a law without expressing an intention to do so. Such an interpretation, therefore, is not to be adopted unless it be inevitable. Any reasonable construction which offers an escape from it, is more likely to be in consonance with the real intention.

Page 443

Toronto Railway Co. c. *Paget,* (1909) 42 R.C.S. 488, 499 (j. Anglin).

It is not enough to exclude the application of the general Act that it deals somewhat differently with the same subject-matter. It is not "inconsistent" unless the two provisions cannot stand together.

Page 445

Halsbury's Laws of England, 3ᵉ éd., vol. 36, p. 466.

[...] one provision repeals another by implication if, but only if, it is so inconsistent with or repugnant to that other that the two are incapable of standing together.

Page 445

The « India », (1864) B.R. & L. 221, 224; 167 E.R. 345, 346 (j. Lushington).

The prior statute would I conceive be repealed by implication, if its provisions were wholly incompatible with a subsequent one, or if the two statutes together would lead to wholly absurd consequences, or if the entire subject-matter were taken away by the subsequent statute.

Page 447

Ex Parte McLean, (1930) 43 C.L.R. 472 (Aust. H.C.) 483 (j. Dixon).

The inconsistency does not lie in the mere coexistence of two laws which are susceptible of simultaneous obedience. It depends upon the intention of the paramount Legislature to express by its enactment, completely, exhaustively, or exclusively, what shall be the law governing the particular conduct or matter to which its attention is directed.

Page 454

R. c. Williams, [1944] R.C.S. 226, 231 (j. Kerwin).

In construing statutes and orders in council, the courts have, from time to time, adopted particularized rules and maxims but these must not be used in such a manner as to lose sight of the fundamental object, which is to ascertain and give effect to the intention of Parliament and the Governor in Council.

Page 455

Barber c. Edger, [1898] A.C. 748, 754 (Lord Hobhouse).

When the Legislature has given its attention to a separate subject, and made provision for it, the presumption is that a subsequent general enactment is not intended to interfere with the special provision unless it manifests that intention very clearly.

Page 457

Re Vancouver Incorporation Act, [1946] 1 D.L.R. 638 (B.C. C.A.) 643 (j. Smith)

> [...] but that the question of what is, and what is not, special legislation (as opposed to general legislation) is itself a matter of construction of the various statutes in the light of all the circumstances.

Page 458

R. c. *Williams,* [1944] R.C.S. 226, 239 (j. Hudson).

> The maxim *generalia specialibus non derogant* is relied on as a rule which should dispose of the question, but the maxim is not a rule of law, but a rule of construction and bows to the intention of the legislature, if such intention can reasonably be gathered from all of the relevant legislation.

Page 466

Daniels c. *White and The Queen,* [1968] R.C.S. 517, 541 (j. Pigeon).

> [...] this is a case for the application of the rule of construction that Parliament is not presumed to legislate in breach of a treaty or in any manner inconsistent with the comity of nations and the established rules of international law. It is a rule that is not often applied, because if a statute is unambiguous, its provisions must be followed even if they are contrary to international law [...].

Page 469

McKay c. *La Reine,* [1965] R.C.S. 798, 803 et 804 (j. Cartwright).

> [...] if an enactment, whether of Parliament or of a legislature or of a subordinate body to which legislative power is delegated, is capable of receiving a meaning according to which its operation is restricted to matters within the power of the enacting body it shall be interpreted accordingly.

Page 469

Batary c. *A.G. for Saskatchewan,* [1965] R.C.S. 465, 477 (j. Cartwright).

[...] the intention to legislate outside its allotted field is not lightly to be imputed to the legislature [...].

Page 477

Heydon's Case, (1584) 3 Co. Rep. 7a, 7b; 76 E.R. 637, 638.

And it was resolved by them, that for the sure and true *(a)* interpretation of all statutes in general (be they penal (B) or beneficial, restrictive or enlarging of the common law,) four things are to be discerned and considered: –

(b) 1st. What was the common law before the making of the Act.

(c) 2nd. What was the mischief and defect for which the common law did not provide.

3rd. What remedy the Parliament hath resolved and appointed to cure the disease of the commonwealth.

And, 4th. The true reason of the remedy; and then the office of all the Judges is always to make such *(d)* construction as shall suppress the mischief, and advance the remedy, and to suppress subtle inventions and evasions for continuance of the mischief, and *pro privato commodo,* and to add force and life to the cure and remedy, according to the true intent of the makers of the Act, *pro bono publico.*

Page 485

Brophy c. *A.G. of Manitoba,* [1895] A.C. 202, 216 (Lord Hershell).

The question is, not what may be supposed to have been intended, but what has been said.

Page 485

Williams c. *Box,* (1910) 44 R.C.S. 1, 10 (j. Idington).

If we would interpret correctly the meaning of any statute or other writing we must understand what those framing it were about, and the purpose it was intended to execute.

Page 485

Bradlaugh c. *Clarke,* (1883) 8 A.C. 354, 372 (Lord Blackburn).

All statutes are to be construed by the Courts so as to give effect to the intention which is expressed by the words used in the statute. But that is not to be discovered by considering those words in the abstract, but by inquiring what is the intention expressed by those words used in a statute with reference to the subject matter and for the object with which that statute was made; it being a question to be determined by the Court, and a very important one, what was the object for which it appears that the statute was made.

Page 486

A.G. for Canada c. *Hallet & Carey Ltd.,* [1952] A.C. 427, 449 (Lord Radcliffe).

In their Lordships' view there is no better way of approachingg the interpretation of this Act than to endeavour to appreciate the general object that it serves and to give its words their natural meaning in the light of that object. There are many so-called rules of construction that courts of law have resorted to in their interpretation of statutes, but the paramount rule remains that every statute is to be expounded according to its manifest or expressed intention.

Page 486

City of Ottawa c. *Canadian Atlantic Railway Co.,* (1902-03) 33 R.C.S. 376, 381 (j. Taschereau).

> We must give to the words in that charter a reasonable interpretation with reference to the subject matter and the public object that the legislative authority had in view. [...] A statute must not be construed so as to defeat the clear intention of Parliament [...].

Page 487

Board of Trustees of Regina Public School District c. *Board of Trustees of Gratton Separate School District,* (1915) 50 R.C.S. 589, 624 (j. Anglin).

> Only "absolute intractability of the language used" can justify a construction which defeats what is clearly the main object of a statute.
>
> [...]
>
> It would be contrary to sound construction to permit the use of a term not altogether apt to defeat the intention of the legislature, which must not be assumed to have foreseen every result that may accrue from the use of a particular word.

Page 487

Watson c. *Maze,* (1899) 15 C.S. 268, 272 (j. Archibald).

> When, therefore, it appears clear on the face of a statute, that it intended to govern and provide for a particular state of facts, the Court will so modify the ordinary meaning of words as to permit such intention to have effect.

Page 487

Watson c. *Maze,* (1899) 15 C.S. 268, 273 (j. Archibald).

> The duty of the Court is not philological; it is not to find the meaning of words; it is to find the meaning of statutes.

Page 488

Morris c. *Structural Steel Co.,* (1917) 35 D.L.R. 739 (B.C.C.A.) 741, 742 (j. MacDonald).

> [...] where the language of the statute, in its ordinary meaning and grammatical construction, leads to a manifest contradiction of the apparent purpose of the enactment, [...] a construction may be put upon it which modifies the meaning of the words, [...] where the main object and intention of the statute are clear, it must not be reduced to a nullity by the draftsman's unskilfulness or ignorance of the law except in cases of necessity of the absolute intractability of the language used.

Page 488

R. c. *McLeod,* (1950) 97 C.C.C. 366 (B.C.C.A.) 373 (j. O'Halloran).

> Words in a statute must be construed in furtherance of the purpose of the statute to the extent if necessary of giving them a meaning they do not ordinarily receive, or even an opposite meaning, if the statutory purpose should so demand.

Page 488

R. c. *Sommerville,* (1971) 18 D.L.R. (3d) 343, 345 et 346 (Alta. C.A.) (j. Johnson).

> What is said to be the paramount rule for the interpretation of statutes is "that every statute is to be expounded according; to its manifest or expressed intention" (*A.G. Can. et al. v. Nolan and Hallet & Carey Ltd.,* [1952] 3 D.L.R. 433 at p. 446, 6 W.W.R. (N.S.) 23, [1952] A.C. 427). Generally, that intention can be gleaned from the words of the section but when that wording appears to be at odds with the scheme and purpose of the Act, the legislation must be looked at to see if the section was not intended to have a more restricted interpretation than the reading of the section alone would indicate.

Page 489

Elmer A. DRIEDGER, *The Construction of Statutes*, Butterworths, Toronto, 1974, p. 67.

To-day there is only one principle or approach, namely, the words of an Act are to be read in their entire context in their grammatical and ordinary sense harmoniously with the scheme of the Act, the object of the Act and the intention of Parliament.

Page 500

Motel Pierre Inc. c. *Cité de Saint-Laurent,* [1967] B.R. 239, 240.

General words, however broad, in the absence of compelling reasons to the contrary, must be limited to the objects of Act.

Page 502

Peter St.John LANGAN, *Maxwell on the Interpretation of Statutes,* 12ᵉ éd., Londres, Sweet and Maxwell, 1969, p. 228.

Where the language of a statute, in its ordinary meaning and grammatical construction, leads to a manifest contradiction of the apparent purpose of the enactment, or to some inconvenience or absurdity, hardship or injustice, presumably not intended, a construction may be put upon it which modifies the meaning of the words, and even the structure of the sentence [...] Where the main object and intention of a statute are clear, it must not be reduced to a nullity by the draftsman's unskilfulness or ignorance of the law, except in a case of necessity, or the absolute intractability of the language used. The rules of grammar yield readily in such cases to those of common sense.

Page 503

Canadian Fishing Co. c. *Smith,* [1962] R.C.S. 294, 307 (j. Locke).

Where the usual meaning of the language falls short of the whole object of the legislature, a more extended meaning may be attributed to the words if they are fairly susceptible of it.

Page 506

Magor and St. Mellons Rural District Council c. *Newport Co.,* [1950] 2 All E.R. 1226, 1236 (Lord Denning).

We sit here to find out the intention of Parliament and of Ministers and carry it out, and we do this better by filling in the gaps and making sense of the enactment than by opening it up to destructive analysis.

Page 506

Magor and St. Mellons Rural District Council c. *Newport Co.,* [1952] A.C. 189, 191 (Lord Simonds).

[...] the general proposition that it is the duty of the court to find out the intention of Parliament [...] cannot by any means be supported. The duty of the court is to interpret the words that the legislature has used; [...] The court, having discovered the intention of Parliament [...] must proceed to fill in the gaps. What the legislature has not written, the court must write. This proposition, [...] cannot be supported. It appears to me to be a naked usurpation of the legislative function under the thin disguise of interpretation.

Page 507

Reference Re Certain Titles to Land in Ontario, (1973) 35 D.L.R. (3d) 10, 30 (Ont. C.A.).

In the construction of a statute the duty of the Court is limited to interpreting the words used by the Legislature and it has no power to fill in any gaps disclosed. To do so would be to usurp the function of the Legislature: *Magor and St. Mellons Rural District Council v. Newport Corporation,* [1952] A.C. 189. The observations of Lord Simmonds at pp. 190-1 are especially apposite and lay down what is in our view, the true rule of construction applicable here.

Page 507

Minister of Transport for Ontario c. *Phoenix Assurance Co.*, (1974) 39 D.L.R. (3d) 481 (Ont. C.A.) 487 (j. Schroeder).

> [...] the true and perfect intention of the legislative body has received imperfect expression. [...] and the logically defective letter of the enacted law may and should be made logically perfect so as to give effect to the legislative intention which is clearly evident [...].

Page 508

City of Ottawa c. *Canada Atlantic Railway Co.*, (1903) 33 R.C.S. 376, 381 (j. Taschereau).

> But that contention cannot prevail. We must give to the words in that charter a reasonable interpretation with reference to the subject matter and the public object that the legislative authority had in view. If necessary to pass through the County of Carleton to reach its terminus, the statute must be read as if that County was included in express words. A statute must not be construed so as to defeat the clear intention of Parliament [...].

Page 508

Minister of Transport for Ontario c. *Phoenix Assurance Co.*, (1973) 29 D.L.R. (3d) 513 (Ont. H.C.) 517 et 518 (j. Thompson).

> [...] there is definitely an hiatus in the statute. To me it is a clear case of *casus omissus*.
>
> [...]
>
> The intention of the Legislature, however obvious it may be, must, no doubt, in the construction of statutes, be defeated where the language it has chosen compels to that result. The Courts cannot aid the legislators' defective phrasing of an Act; we cannot add and mend by construction or make-up deficiencies which are left there. To do so would not be to interpret but to usurp legislative functions.

Page 509

Minister of Transport for Ontario c. *Phoenix Assurance Co.,* (1974) 39 D.L.R. (3d) 481 (Ont. C.A.) 487 (j. Schroeder).

> [...] the logically defective letter of the enacted law may and should be made logically perfect so as to give effect to the legislative intention which is clearly evident despite the imperfection or incompleteness of the language in which the enactment is couched.

Page 513

Ramsden c. *Lupton,* (1873) L.R. 9 Q.B. 17, 32 et 33 (j. Grove).

> [...] it is getting away from the remedial operation of the statute while complying with the words of the statute [...].

Page 513

Reference Re Certain Titles to Land in Ontario, (1973) 35 D.L.R. (3d) 10, 34 (Ont. C.A.).

> [...] a situation in which the parties to a transaction have sought to effect their purpose by a method which, while it may in the result offend against the policy of the [Act] nevertheless does not contravene it having regard to the clear words in which the prohibitions of the [Act] are couched.

Page 513

Alexander c. *Brame,* (1855) 7 De G.M. & G. 525, 539 ; 44 E.R. 205, 210 (j. Turner).

> There is, perhaps, no question in the law more difficult to be determined than the question what particular acts, not expressly prohibited, shall be deemed to be void, as being against the policy of a statute. It is no doubt the duty of the Courts so to construe statutes, as to suppress the mischief against which they are directed, and to advance the remedy which they were intended to provide; but it is one thing to construe the words of a statute,

and another to extend its operation beyond what the words of it express.

Page 513

Reference Re Certain Titles to Land in Ontario, (1973) 35 D.L.R. (3d) 10 (Ont.C.A.) 37.

It is difficult to draw the line between a non-censurable evasion of a statute and an avoidance of a statute which will not be countenanced by the Courts.

Page 515

Edwards c. *Hall,* (1855) 6 De G.M. & G. 74, 84; 43 E.R. 1158, 1162 (Lord Cranworth).

[...] anyone has a right to evade a statute if his meaning is to place himself in such a situation as not to come within its purview.

Page 515

Levene c. *Inland Revenue Commissioners,* [1928] A.C. 217, 227 (Lord Sumner).

It is trite law that His Majesty's subjects are free, if they can, to make their own arrangements, so that their cases may fall outside the scope of the taxing Acts.

Page 515

Commissioners of Inland Revenue c. *Duke of Westminster,* [1936] A.C. 1, 19 et 20 (Lord Tomlin).

Every man is entitled if he can to order his affairs so as that the tax attaching under the appropriate Acts is less than it otherwise would be. If he succeeds in ordering them so as to secure this result, then, however unappreciative the Commissioners of Inland Revenue or his fellow taxpayers may be of his ingenuity, he cannot be compelled to pay an increased tax.

Page 516

MacLay c. *Dixon,* [1944] 1 All E.R. 22 (C.A.) 23 (j. Scott).

> If the actual transaction was not within the Acts, it made no legal difference that the parties had intentionally kept it out of the Acts.

Page 518

Philpott c. *St. Georges Hospital,* (1857) 6 H.L. Cas. 338, 349; 10 E.R. 1826, 1330 et 1331 (Lord Cranworth).

> Prohibitory statutes prevent you from doing something which formerly it was lawful for you to do. And whenever you can find that anything done that is substantially that which is prohibited, I think it is perfectly open to the Court to say that that is void, not because it comes within the spirit of the statute, or tends to effect the object which the statute meant to prohibit, but because by reason of the true construction of the statute it is the thing, or one of the things, actually prohibited.

Page 519

Floyer c. *Edwards,* (1774) 1 Cowp. 112, 114 et 115; 98 E.R. 995, 996 (Lord Mansfield).

> [...] we must get at the nature and substance of the transaction: and where the real truth is a loan of money, the wit of man cannot find a shift to take it out of the statute.

Page 519

Snook c. *London & West Riding Investments, Limited,* [1967] 1 All E.R. 518 (H.L.) 528 (Lord Diplock).

> [...] acts done or documents executed [...] which are intended [...] to give to third parties or to the court the appearance of creating between the parties legal rights and obligations different from the actual legal rights and obligations (if any) which the parties intend to create.

Page 519

Re Regional Municipality of Ottawa-Carleton and Township of Marlborough, (1974) 42 D.L.R. (3d) 641 (Ont. H.C.) 652 (j. Lacourcière).

[...] a fraud on the law, and an insult to the planning legislation of this Province which cannot be tolerated.

Page 522

Canadian Pacific Railway c. James Bay Railway, (1905) 36 R.C.S. 42, 89 et 90 (j. Nesbitt).

The general rule which is applicable to the construction of all other documents is equally applicable to statutes and the interpreter should so far put himself in the position of those whose words he is interpreting as to be able to see what those words related to. He may call to his aid all those external or historical facts which are necessary for this purpose and which led to the enactment and for those he may consult contemporary or other authentic words and writings.

Page 522

Rookes c. Barnard, [1964] A.C. 1129, 1174 (Lord Reid).

In construing an Act of Parliament we are attempting to find the intention of Parliament. We must find that intention from the words which Parliament has used, but these words must be construed in the light of the facts known to Parliament when the Act was passed.

Page 523

Monarch Steamship Co. c. Karlshamms Oljefabriker (A/B), [1949] A.C. 196, 234 (Lord DuParcq).

Your Lordships are entitled [...] to take judicial notice of the facts of history, whether past or contemporaneous with ourselves.

Page 523

Eastman Photographic Materials Co. c. *Comptroller-General of Patents Designs, and Trademarks*, [1898] A.C. 571, 575 (Lord Halsbury).

> My Lords, I think no more accurate source of information as to what was the evil or defect which the Act of Parliament now under construction was intended to remedy could be imagined than the report of that commission.

Page 524

Assam Railways and Trading Co. c. *Commissioners of Inland Revenue*, [1935] A.C. 445, 458 (Lord Wright).

> But on principle no such evidence for the purpose of showing the intention, that is the purpose or object, of an Act is admissible; the intention of the Legislature must be ascertained from the words of the statute with such extraneous assistance as is legitimate:
>
> [...]
>
> It is clear that the language of a Minister of the Crown in proposing in Parliament a measure which eventually becomes law is inadmissible and the Report of Commissioners is even more removed from value as evidence of intention, because it does not follow that their recommendations were accepted.

Page 529

City of Vancouver c. *B. C. Telephone Co.*, [1951] R.C.S. 3, 8 (j. Rand).

> That we may look at the history of legislation to ascertain its present meaning is undoubted.

Page 531

Re Holton, [1952] O.W.N. 741 (Ont.Sur.Ct.) 743 (j. Long).

> In interpreting the meaning of statutes where the wording of an Act has been changed there is a presumption, though possibly a

weak one, that probably the Legislature intended to change the meaning of the Act.

Page 531

D.R. Fraser & Co. c. *Minister of National Revenue,* [1949] A.C. 24, 33 (Lord MacMillan).

When an amending Act alters the language of the principal statute, the alteration must be taken to have been made deliberately.

Page 534

Miller c. *Taylor,* (1769) 4 Burr. 2303, 2332; 98 E.R. 201, 217 (j. Willes).

The sense and meaning of an Act of Parliament must be collected from what it says when passed into a law; and not from the history of changes it underwent in the house where it took its rise. That history is not known to the other house, or to the Sovereign.

Page 535

Gosselin c. *The King,* (1903) 33 R.C.S. 255, 264 (j. Taschereau).

Such a reference has always been refused by my predecessors in this court and, when counsel in this case began to read from the Canadian Hansard the remarks made in Parliament when the Canada Evidence Act in question was under discussion, I did not feel justified in departing from the rule so laid down, though, personally, I would not be unwilling, in cases of ambiguity in statutes, to concede that such a reference might sometimes be useful.

Page 537

A.G. of Canada c. *The Reader's Digest Association (Canada) Ltd.,* [1961] R.C.S. 775, 792 (j. Cartwright).

In my opinion the learned Chief Justice of the Superior Court was right in rejecting the evidence which is the subject-matter of this appeal. It was conceded and is clear on the authorities that the statement of the Minister in introducing the bill would be inadmissible in aid of the interpretation of the statute as finally passed into a law. I can discern no difference in principle to afford a sufficient reason for holding it to be admissible where, the words of the statute being plain, it is sought to show that Parliament was encroaching upon a field committed exclusively to the provincial legislature.

Page 540

A.G. for Alberta c. *A.G. for Canada,* [1939] A.C. 117, 131 (Lord Maugham).

It must be remembered that the object or purpose of the Act, in so far as it does not plainly appear from its terms and its probable effect, is that of an incorporeal entity, namely, the Legislature, and, generally speaking, the speeches of individuals would have little evidential weight.

Page 542

Beswick c. *Beswick,* [1968] A.C. 58, 73 et 74 (Lord Reid).

In construing any Act of Parliament we are seeking the intention of Parliament and it is quite true that we must deduce that intention from the words of the Act. [...] For purely practical reasons we do not permit debates in either House to be cited: it would add greatly to the time and expense involved in preparing cases involving the construction of a statute if counsel were expected to read all the debates in Hansard, and it would often be impracticable for counsel to get access to at least the older reports of debates in Select Committees of the House of Commons; moreover, in a very large proportion of cases such a search, even if practicable, would throw no light on the question before the court.

Page 544

R. c. *Local Commissioners for Administration,* [1979] 2 All E.R. 881 (Q.B.D.) 898 (Lord Denning).

> And we have not yet been told that we may not look at the writings of the teachers of law.

Page 559

Township of Cornwall c. *Ottawa and New York Railway Co.,* (1916) 52 R.C.S. 466, 505 (j. Duff).

> The rule is so well settled and so well known that it is right to read every taxing Act on the assumption that it has been framed in view of the rule.

Page 563

Peter St.John LANGAN, *Maxwell on the Interpretation of Statutes,* 12ᵉ éd., Londres, Sweet and Maxwell, 1969, p. 105.

> Before adopting any proposed construction of a passage suscep-tible of more than one meaning, it is important to consider the effects or consequences which would result from it, for they of-ten point out the real meaning of the words. There are certain objects which the legislature is presumed not to intend, and a construction which would lead to any of them is therefore to be avoided.

Page 564

Vandekerckhove c. *Township of Middleton,* [1962] R.C.S. 75, 78 et 79 (j. Cartwright).

> There is ample authority for the proposition that when the lan-guage used by the legislature admits of two constructions one of which would lead to obvious injustice or absurdity the courts act on the view that such a result could not have been intended.

Page 564

Gartside c. *Inland Revenue Commissioners,* [1968] A.C. 553, 612 (Lord Reid).

It is always proper to construe an ambiguous word or phrase [...] in light of the reasonableness of the consequences which follow from giving it a particular construction.

Page 564

Bradshaw c. *Foreign Mission Board,* (1895) 24 R.C.S. 351, 354 (j. Strong).

An intention to enact a law leading to such a failure of justice ought not to be attributed to the legislature except on the strongest expressions and only in the absence of a possibility of giving any other meaning to the language used.

Page 566

Cadieux c. *Montreal Gas Co.,* (1898) 28 R.C.S. 382, 387 (j. Girouard).

These results must be avoided if a reasonable construction of the statutes would permit us to do so.

Page 566

Reid c. *Collister,* (1919) 59 R.C.S. 275, 277 (j. Idington).

I cannot think the legislature ever in fact desired to produce such grossly unjust and absurd results and they should be averted if a more reasonable construction is open to us.

Page 569

Grey c. *Pearson,* (1857) 6 H.L.C. 61, 106; 10 E.R. 1216, 1234 (Lord Wensleydale).

I have been long and deeply impressed with the wisdom of the rule, now, I believe, universally adopted, at least in the Courts of Law in Westminster Hall, that in construing wills and indeed statutes, and all written instruments, the grammatical and ordinary sense of the words is to be adhered to, unless that would lead to some absurdity, or some repugnance or inconsistency with the rest of the instrument, in which case the grammatical and ordinary sense of the words may be modified, so as to avoid that absurdity and inconsistency, but no farther.

Page 570

Grand Trunk Pacific Railway Co. c. *Dearborn,* (1919) 58 R.C.S. 315, 320 et 321 (j. Davies).

I cannot admit the right of the courts where the language of a statute is plain and unambiguous to practically amend such statute either by eliminating words or inserting limiting words unless the grammatical and ordinary sense of the words as enacted leads to some absurdity or some repugnance or inconsistency with the rest of the enactment, and in those cases only to the extent of avoiding that absurdity, repugnance and inconsistency.

Page 571

R. c. *Liggets-Findlay Drug Stores Ltd.,* (1919) 3 W.W.R. 1025 (Alta.C.A.) 1025 et 1026 (j. Stuart).

I think no one but a lawyer – I mean a person trained in legal technicalities such as a Judge or a lawyer – would ever think of imputing such a meaning to the by-law. Everyone knows what is meant by closing a shop at 10 o'clock P.M. The meaning conveyed by the words used is too obvious for doubt. The rule, of course, is that the grammatical sense must in general be adhered to but with this limitation that if it leads to an absurdity or to something meaningless an effort must be made to give some sensible meaning unless the language is absolutely intractable.

Page 572

McNair c. *Collins,* (1912) 6 D.L.R. 510 (Ont. C.A.) 518 (j. Riddell).

The result of such an interpretation would be alarming. A dog would not be at large and might roam with impunity miles away from his master's home and his master, traverse hill and dale, meadow and orchard – and still, so long as he kept off street and public place, he would not be "running at large." Being pursued on the road, he would, if he were a wise dog, dodge through the fence upon a farm and forthwith cease to be running at large. A dog traversing the country would alternately be, and not be, running at large, as he crossed the road or got through the fences.

The Legislature, no doubt, had the power to effect such a curious result: but, before an interpretation resulting in such an absurdity be adopted, we should be sure that this is their meaning.

Page 573

R. c. *Quon,* [1948] R.C.S. 508, 517 (j. Taschereau).

Parliament never contemplated such an unreasonable and shocking result. Words are primarily to be construed in their popular sense unless such a construction would lead to a manifest absurdity. If they lead to an absurdity, the words may be modified so as to avoid it.

Page 575

R. c. *Judge of the City of London Court,* (1892) 1 Q.B. 273, 290 (Lord Esher).

If the words of an Act are clear, you must follow them, even though they lead to a manifest absurdity. The Court has nothing to do with the question whether the legislature has committed an absurdity.

Page 578

John William SALMOND, *Jurisprudence,* 11e éd., Londres, Sweet and Maxwell, 1957, p. 158.

The justification for this method of interpretation is twofold: that it is likely to effectuate the intention of the legislature, and that it avoids absurd, unjust or immoral results and preserves the broad principles of the law.

Page 578

Reed DICKERSON, *The Interpretation and Application of Statutes,* Boston, Little, Brown and Co., 1975, p. 219.

> However, reading a statute without bias does not necessarily mean ignoring a bias normal to the legislative audience itself. If the legislature took it into account, it may simply be an element of proper context.

Page 579

LAW COMMISSION AND SCOTTISH LAW COMMISSION, *The Interpretation of Statutes,* Londres, H.M.S.O. 1969, n° 32, p. 19.

> In fact the golden rule on closer examination turns out to be a less explicit form of the mischief rule.

Page 578

River Wear Commissioners c. Adamson, [1877] 2 A.C. 743, 764 et 765 (Lord Blackburn).

> [...] we are to take the whole statute together, and construe it all together, giving the words their ordinary signification, unless when so applied they produce an inconsistency, or an absurdity or inconvenience so great as to convince the Court 'that the intention could not have been to use them in their ordinary signification [...].

Page 578

R. c. Hess, [1949] 1 W.W.R. 577 (B.C.C.A.) 580 (j. O'Halloran).

> But we know that the purpose or intent of Parliament is not to produce absurd results. Parliament cannot be presumed to act unreasonably or absurdly.

> If words employed in a statute seem to achieve that result it is a strong ground for concluding that Parliament did not intend the words should be construed in the sense which brings that about.

Page 579

Anderson c. *Municipality of South Vancouver,* (1911) 45 R.C.S. 425, 444 (j. Duff).

> Now, when considering a legislative provision of doubtful meaning, the respective consequences of rival constructions as these consequences may be supposed to have presented to the legislature in passing the enactment may, of course, properly be looked at; but that is a very different thing from saying that the actual consequences of a given construction in a particular case are necessarily conclusive or even relevant.

Page 580

Roscoe POUND, "The Theory of Judicial Decision", (1924) 2 *Can. Bar. Rev.* 443.

> In a developed legal system when a judge decides a cause he seeks, first, to attain justice in that particular cause, and second, to attain it in accordance with law – that is, on grounds and by a process prescribed in or provided by law.

Page 581

Mohindar Singh c. *The King,* [1950] A.C. 345, 356 (Lord Greene).

> Their Lordships [...] fully appreciate the importance of avoiding, so far as the words and context fairly and reasonably permit, a construction which would lead to anomalous or patently unreasonable results. On the other hand, it is to be remembered that the desirability of avoiding such results must not be allowed to give to the language used a meaning which it cannot fairly and reasonably bear. If the legislature has used language which leads to such results it is for the courts to give effect to it. The function of the court is interpretation, not legislation.

Page 581

Mussens Ltd. c. *Verhaaf,* [1971] C.A. 27, 29 (j. Hyde).

It is an established maxim that a law which speaks clearly, [...] requires no interpretation. The fact that the result of its application according to its clear terms may result in inequities, is not a matter in my view for the Courts but a matter for consideration by the Legislature.

Page 583

Sir Carleton Kemp ALLEN, *Law in the Making,* 7ᵉ éd., Oxford, Clarendon Press, 1964, p. 492.

Between two antagonistic principles – the authority of the printed word and the dictates of legal reasonableness – it is necessary, but often very difficult, to preserve a nice balance.

Page 583

Glanville WILLIAMS, *Learning the Law,* 10ᵉ éd., Londres, Stevens and Sons, 1978, p. 92.

The literal rule and the golden rule are not really two rules of law, for they are in flat opposition to each other. The one disregards absurdity, the other does not. They are, therefore, not fixed rules binding on the court, but rather modes of approach; and it depends on the temperament of the judge which is adopted in any particular case.

Page 585

City of Saskatoon c. *Shaw,* [1945] R.C.S. 42, 48 et 49 (j. Hudson).

It may be that the statute will sometimes produce unreasonable results, particularly in the case of large estates, but in enactments of this character unreasonable or unfair instances are bound to occur. The Legislature was, no doubt, legislating with an eye to the average case, and it does not appear that in such an average case in the Province of Saskatchewan the present statute would create any undue hardship, [...].

Page 587

Peter St.John LANGAN, *Maxwell on the Interpretation of Statutes*, 12ᵉ éd., Londres, Sweet and Maxwell, 1969, pp. 251 et 252.

Statutes which encroach on the rights of the subject, whether as regards person or property, are subject to a strict construction in the same way as penal Acts. It is a recognised rule that they should be interpreted, if possible, so as to respect such rights, and if there is any ambiguity the construction which is in favour of the freedom of the individual should be adopted.

Page 597

A.G. for Canada c. *Hallet & Carey Ltd.*, [1952] A.C. 427, 450 (Lord Radcliffe).

It is fair to say that there is a well-known general principle that statutes which encroach upon the rights of the subject, whether as regards person or property, are subject to a "strict" construction. Most statutes can be shown to achieve such an encroachment in some form or another, and the general principle means no more than that, where the import of some enactment is inconclusive or ambiguous, the court may properly lean in favour of an interpretation that leaves private rights undisturbed.

Page 598

Cité de Montréal c. *Bélec*, [1927] R.C.S. 535, 538 (j. Lamont).

As an employer who declares or is the cause of a lockout in contravention of the section is liable to a penalty for so doing, the section must be strictly construed and must be limited in its application to such matters as clearly come within the language used.

Page 599

Winnipeg Film Society c. *Webster,* [1964] R.C.S. 280, 286 (j. Ritchie).

[...] if the two interpretations could both be sustained, the penal character of the statute would entitle the appellant to the benefit of the construction more favourable to it.

Page 600

In Re Richard, (1907) 38 R.C.S. 394, 409 (j. Duff).

The power to impose fines unlimited in amount [...] is clearly a power which, not being conferred expressly, can only be held to be conferred at all if plainly and necessarily implied in the language used.

Page 601

McGregor c. *Canadian Consolidated Mines Ltd.,* (1906) 12 B.C.R. 116, 117 (j. Duff).

The rule of strict construction, as applied to penal statutes, has been much relaxed (in recent years).

Page 604

R. c. *Robinson,* [1951] R.C.S. 522, 529 (j. Fauteux).

In Canada, section 15 of the *Interpretation Act* disposes of all discussion in the premises. This section, by force of section 2, extends and applies to the Criminal Code and the following words in section 15 "or to prevent or punish the doing of anything which it deems contrary to the public good" make it clear that its provisions embrace penal as well as civil statutory provisions in any Canadian statute except if there is inconsistency or a declaration of inapplicability.

Page 604

R. c. *Robinson,* [1951] R.C.S. 522, 536 (j. Cartwright).

In my opinion if the words of an enactment which is relied upon as creating a new offence are ambiguous, the ambiguity must be resolved in favour of the liberty of the subject, but whether or not such ambiguity exists is to be determined after calling in aid the rules of construction.

Page 605

Peter St.John LANGAN, *Maxwell on the Interpretation of Statutes,* 12ᵉ éd., Londres, Sweet and Maxwell, 1969, p. 244.

Where an equivocal word or ambiguous sentence leaves a reasonable doubt of its meaning which the canons of interpretation fail to solve, the benefit of the doubt should be given to the subject and against the Legislature which has failed to explain itself.

Page 607

A.G. c. *De Keyser's Royal Hotel Ltd.,* [1920] A.C. 508, 542 (Lord Atherson).

The recognized rule for the construction of statutes is that, unless the words of the statute clearly so demand, a statute is not to be construed so as to take away the property of a subject without compensation.

Page 608

Colonial Sugar Refining Company c. *Melbourne Harbour Trust Commissioner,* [1927] A.C. 343, 359 (Lord Warrington).

[...] a statute should not be held to take away private rights of property without compensation unless the intention to do so is expressed in clear and unambiguous terms.

Page 609

City of Montreal c. *Morgan,* (1920) 60 R.C.S. 393, 404 (j. Anglin).

[...] by-laws in restraint of rights of property as well as penal by-laws should be strictly construed.

Page 612

Wilson c. *Jones,* [1968] R.C.S. 554, 559 (j. Spence).

[...] a by-law restricting the use of land must be strictly construed and that any doubt as to the application of the by-law to prevent the erection of a specific building should be resolved in favour of such proposed use. No authority need be cited for each of these propositions. These principles, however, need only be applied when upon the reading of the whole by-law there is an ambiguity or difficulty of construction.

Page 613

A.G. for Canada c. *Hallet & Carey Limited,* [1952] A.C. 427, 450 (Lord Radcliffe).

[...] where the import of some enactment is inconclusive or ambiguous, the court may properly lean in favour of an interpretation that leaves private rights undisturbed.

Page 614

Fasken c. *Minister of National Revenue,* [1948] R.C. de l'É. 580, 588 et 589 (j. Thorson).

It has been said on numerous occasions that a taxing Act such as the Income War Tax Act must be construed strictly. This does not mean that the rules for the construction of such an Act are different in principle from those applicable to other statutory enactments. All that is meant is that in construing a taxing Act the Court ought not to assume any tax liability under it other than that which it has clearly imposed in express terms. Nowhere has this fundamental principle of construction of such an Act been better expressed than by Lord Cairns in *Partingdon v. Attorney-General.*

> As I understand the principle of all fiscal legislation, it is this: If the person sought to be taxed comes within the letter of the law he must be taxed, however great the hardship may appear to the judicial mind to be. On the other hand, if the Crown, seeking to recover the tax cannot bring the subject within the letter of the law, the subject is free, however apparently within the spirit of the law the case might otherwise appear to be. In other words, if there be admissible, in any statute, what is called an equitable construction, certainly such a construction is not admissible in a taxing statute, where you can simply adhere to the words of the statute.

and by Lord Halsbury in *Tennant v. Smith:*

> In a taxing Act it is impossible, I believe, to assume any intention, any governing purpose in the Act, to do more than take such tax as the statute imposes. In various cases the principle of construction of a taxing Act has been referred to in various forms, but I believe they may be all reduced to this, that inasmuch as you have no right to assume that there is any governing object which a taxing Act is intended to attain other than that which it has expressed by making such and such objects the intended subject for taxation, you must see whether a tax is expressly imposed.

> Cases, therefore, under the Taxing Acts always resolve themselves into a question whether or not the words of the Act have reached the alleged subject of taxation.

> It is the letter of the law, and not its assumed or supposed spirit, that governs. The intention of the legislature to impose a tax must be gathered only from the words by which it has been expressed, and not otherwise.

Page 615

Shaw c. Minister of National Revenue, [1939] R.C.S. 338, 342 (j. Duff).

> It is no part of our duty in construing and applying a taxing statute to ask ourselves what might have been in the draughtsman's mind or to accept the impression received from a casual inspec-

tion of the enactment to be applied. It is our duty to analyse such enactments with strictness and, in the case of a definition such as this, to apply it only to those cases which plainly and indubitably fall within it when strictly read.

Page 616

In Re Fleet Estate Minister of National Revenue c. *Royal Trust Co.,* [1949] R.C.S. 727, 744 (j. Rand).

A taxing statute must make reasonably clear the intention to impose the tax [...].

Page 616

Montreal L. H. & P. Cons. c. City of *Westmount,* [1926] R.C.S. 515, 519 (j. Anglin).

[...] the taxpayer (is) entitled to the construction most beneficial to him in the case of reasonable doubt.

Page 616

Canadian Northern Railway Co. c. *The King,* (1922) 64 R.C.S. 264, 275 (j. Brodeur).

A law imposing taxation should always be construed strictly against the taxing authorities, since it restricts the public in the enjoyment of its property.

Page 616

Montreal L.H. & P. Cons. c. *City of Westmount,* [1926] R.C.S. 515, 519 (j. Anglin).

To the valid imposition of a municipal or school tax there are always two requisites – statutory power to impose the tax and the due exercise of such power by the municipality or school corporation, as the case may be. Both the existence of the power and its efficient exercise must be clearly established, the taxpayer being entitled to the construction most beneficial to him in the case of reasonable doubt.

Page 618

A.G. c. Carlton Bank, [1899] 2 Q.B. 158, 164 (Lord Russell).

In the course of argument reference was made on both sides to supposed special canons of construction applicable to Revenue Acts. For my part I do not accept that suggestion. I see no reason why special canons of construction should be applied to any Act of Parliament, and I know of no authority for saying that a taxing Act is to be construed differently from any other Act. The duty of the Court is, in my opinion, in all cases the same, whether the Act to be construed relates to taxation or to any other subject, namely to give effect to the intention of the Legislature as that intention is to be gathered from the language employed having regard to the context in connection with which it is employed. The Court must no doubt ascertain the subject matter to which the particular tax is by the statute intended to be applied, but when once that is ascertained, it is not open to the Court to narrow or whittle down the operation of the Act by seeming considerations of hardship or of business convenience or the like. Courts have to give effect to what the Legislature has said.

Page 618

R. c. Algoma Central Railway Co., (1902) 32 R.C.S. 227, 283 (j. Taschereau).

I may at once refer to the often repeated assertion relied upon by the respondents that a taxing Act must be construed strictly. Now, I do not see how it is possible to contend that a taxing Act is to be construed differently from any other Act. *Attorney General v. Carlton Bank.* The Interpretation Act expressly decrees that

Every Act and every provision or enactment thereof (including Acts imposing taxes), shall be deemed remedial and shall accordingly receive such fair, large and liberal construction and interpretation as will best insure the attainment of the object of the Act and of such provision or enactment according to its true intent, meaning and spirit.

Page 619

Cartwright c. *City of Toronto,* (1914) 50 R.C.S. 215, 219 (j. Duff).

The effect of these passages, in my judgment, is to explore the notion which appears to have been founded on some decisions of this court, that statutes of this character are subject to some special canon of construction based, apparently, upon the presumption that all such statutes are *prima facie* monstruous. The effect of the judgment of the Judicial Committee is that particular provisions in such statutes must be construed according to the usual rule, that is to say, with reasonable regard to the manifest object of them as disclosed by the enactment as a whole.

Page 620

R. c. *J.C. Ayer Co.,* (1875-87) 1 R.C. de l'É. 232, 271 (j. Ritchie).

No doubt revenue laws are to be construed as will most effectually accomplish the intention of the legislature in passing them, which simply is to secure the collection of the revenue.

Page 622

City of Ottawa c. *Royal Trust Co.,* [1964] R.C.S. 526, 534 (j. Judson).

I do not think that these two lines of authority are saying exactly the same thing. The apparent diversity does suggest the need for emphasis on the problem before the legislature and the means adopted to solve it, [...].

Page 628

Inland Revenue Commissioners c. *Ross and Coulter,* [1948] 1 All E.R. 616, 625 (Lord Thankerton).

[...] counsel are apt to use the adjective "penals" in describing the harsh consequences of a taxing provision, but, if the meaning of the provision is reasonably clear, the courts have no jurisdiction to mitigate such harshness. On the other hand, if the provision is reasonably capable of two alternative meanings, the courts will prefer the meaning more favourable to the subject. If the provision is so wanting in clarity that no meaning is reasonably clear, the courts will be unable to regard it as of any effect.

Page 637

Minet c. *Leman*, (1855) 20 Beav. 269, 278; 52 E.R. 606, 610 (j. Romilly).

[...] the general words of the Act are not to be so construed as to alter the previous policy of the law, unless no sense or meaning can be applied to those words consistently with the intention of preserving the existing policy untouched [...].

Page 641

Albon c. *Pyke*, (1842) 4 M. & G. 421, 424; 134 E.R. 172, 174 (j. Tindal).

The general rule undoubtedly is, that the jurisdiction of the superior courts is not taken away, except by express words or necessary implication.

Page 642

Frederick POLLOCK, *Essays in Jurisprudence and Ethics,* Londres, MacMillan et Co., 1882, p. 85.

There is a whole science of interpretation better known to judges and parliamentary draftsmen than to most members of the Legislature itself. Some of its rules cannot well be accounted for except on the theory that Parliament generally changes the law for the worse, and that the business of the judges is to keep the mischief of its interference within the narrowest possible bounds.

Page 646

Bakery and Confectioners Workers Union c. *White Lunch Ltd.,* [1966] R.C.S. 282, 292 et 293 (j. Hall).

Whatever merit the arguments of the respondent had at the beginning of labour relations legislation, it seems to me that in the stage of industrial development now existing it must be accepted that legislation to achieve industrial peace and to provide a forum for the quick determination of labour management disputes is legislation in the public interest, beneficial to employee and employer and not something to be whittled to a minimum or narrow interpretation in the face of the expressed will of legislatures which, in enacting such legislation, were aware that common law rights were being altered because of industrial development and mass employment which rendered illusory the so-called right of the individual to bargain individually with the corporate employer of the mid-twentieth century.

Page 647

Kent c. *The King,* [1924] R.C.S. 338, 397 (j. Duff).

[...] where an enactment, admittedly retrospective, is expressed in language which leaves the scope of it open to doubt, and according to one construction it imposes retrospectively a new liability, while upon another at least equally admissible, it imposes no such burden, the latter construction is that which ought to be preferred.

Page 650

Hilder c. *Dexter,* [1902] A.C. 474, 477 (Lord Halsbury).

[...] in construing a statute I believe the worst person to construe it is the person who is responsible for its drafting. He is very much disposed to confuse what he intended to do with the effect of the language which in fact has been employed.

Page 651

William F. CRAIES, *On Statute Law*, 7ᵉ éd. par S.G.G. Edgar, Londres, Sweet and Maxwell, 1971, p. 58.

[...] an Act to remove doubts existing as to the common law, or the meaning or effect of any statute.

Page 658

Asch Limited c. *Cour du Recorder de la Cité de Lachine,* (1936) 61 B.R. 185, 192 (j. Barclay).

> This case must be decided on the powers of the City at the time the action was taken. What its powers may be since the passing of the special Act in 1933 is another question. While at first view it may appear that the new special Act should be interpreted as granting to the City some Power which it did not hitherto have, I do not think that that is necessarily so. The Council may have applied to the Legislature for an Act giving them specifically rights which they already had under the law as it existed, for greater precision or surety, and the fact that the same Legislature passed this special Act as passed the general Act does not necessarily mean that the Legislature was of the opinion that no such powers already existed.

Page 663

William F. CRAIES, *On Statute Law,* 7ᵉ éd. par S.G.G. Edgar, Londres, Sweet and Maxwell, 1971, p. 395.

> Where an Act is in its nature declaratory, the presumption against construing it retrospectively is inapplicable.

Page 663

Western Minerals Limited c. *Gaumont,* [1953] 1 R.C.S. 345, 370 (j. Cartwright).

> In my opinion the law is correctly stated in the following passage in Craies on Statute Law, [...] provided the words "cases pending" are understood as including actions in which, while judgment has been given, an appeal from such judgment is pending at the date of the declaratory act coming into force:
>
> > Acts of this kind, (i.e., declaratory acts), like judgments, decide like cases pending when the judgments are given, but do not re-open decided cases.

Page 667

Wilson c. *Jones,* [1968] R.C.S. 554, 556.

[...] for private residences and the use of such land for trade, business, commercial or industrial activity is prohibited.

Page 669

Grinnell c. *The Queen,* (1890) 16 R.C.S. 119, 143 (j. Ritchie).

What is now desired to be accomplished seems to me an endeavor to give a retroactive operation to this section which, instead of showing a retroactive operation, may fairly be said to indicate that until this clause was enacted there was no justification for the imposition of duties on parts of articles proportionate to the finished article, [...] This enactment would seem to be a legislative declaration that, until the passing of these acts of 48-49 Vic., and 49 Vic., there was no law to justify the imposition of duty on imported parts of manufactured articles in reference to the value of the finished article.

Page 673

Thomson c. *Minister of National Revenue,* [1946] R.C.S. 209, 214 (j. Kerwin).

This amendment does not, of course, govern, since it is the year 1940 in respect of which the appellant is assessed, but it is argued that the amendment shows that a change was intended to be made. That this is not the case appears by subsections 2 and 3 of section 21 of the *Interpretation Act,* R.S.C. 1927, chapter 1:–[...].

Page 674

M.F.F. Equities Limited c. *The Queen,* [1969] R.C.S. 595, 598 (j. Pigeon).

In my view, the trial judge [...] was fully justified in reaching the conclusion that according to the common understanding margarine was not a product of fish, [...].

Page 675

M.F.F. Equities Limited c. *The Queen,* [1969] R.C.S. 595, 599
(j. Pigeon).

In the absence of any declaratory provisions, the 1966 statute
cannot have any retrospective operation and the construction of
the schedule as it stood at the material time can, in no way, be
affected by the later amendment.

Page 678

William F. CRAIES, *On Statute Law*, 7ᵉ éd. par S.G.G. Edgar, Londres,
Sweet and Maxwell, 1971, p. 146.

It is not strictly permissible to interpret a statute by reference to
what has been done in subsequent statutes; but sometimes light
may be thrown upon the meaning of an Act by taking into consideration enactments contained in subsequent Acts.

Page 679

Cape Brandy Syndicate c. *Inland Revenue Commissioners*, [1921] 2
K.B. 403, 414 (Lord Sterndale).

I think it is clearly established in *Attorney-General* v. *Clarkson*(1)
that subsequent legislation on the same subject may be looked
to in order to see what is the proper construction to be put upon
an earlier Act where that earlier Act is ambiguous.

Note omise.

Page 681

Ex parte Campbell; in re Cathcart, (1870) 5 Ch. App. 703, 706
(j. James).

Where once certain words in an Act of Parliament have received
a judicial construction in one of the Superior Courts, and the
Legislature has repeated them without any alteration in a subsequent statute, I conceive that the Legislature must be taken to
have used them according to the meaning which a Court of
competent jurisdiction has given to them.

Page 681

National Trust Co. c. *Miller,* (1912) 46 R.C.S. 45, 70 (j. Duff).

Every one knows that statutes are often consolidated and reen-
acted without careful reference by the legislature, or by the
draughtsman of the statutes, to decisions which the courts may
have given upon the construction of the words employed.

Page 683

Russell c. *Ledsam,* (1845) 14 M. & W. 574, 589; 153 E.R. 604, 610
(j. Parke).

But the province of the Legislature is not to construe, but to enact; and their opinion, not expressed in the form of law as a declaratory provision would be, is not binding on Courts, whose
duty is to expound the statutes they have enacted.

Page 683

Cape Brandy Syndicate c. *Inland Revenue Commissioners,* [1921] 2
K.B. 403, 414 (Lord Sterndale).

I quite agree that subsequent legislation, if it proceed upon an
erroneous construction of previous legislation, cannot alter that
previous legislation [...].

Page 683

Kirkness c. *John Hudson & Co.,* [1955] A.C. 696, 714 (Vicomte
Simonds).

[...] the beliefs or assumptions of those who frame Acts of Parliament cannot make the law.

Page 685

North British Railway c. *Budhill Coal & Sandstone Company,* [1910] A.C. 116, 127 (Lord Loreburn).

When an Act of Parliament uses a word which has received a judicial construction it presumably uses it in the same sense.

Page 688

R. c. *Thompson,* [1931] 2 D.L.R. 282 (Man. C.A.) 285 (j. Dennistoun).

The doctrine of *stare decisis* does not compel a Court to perpetuate error.

Page 689

Butterley c. *New Hucknall Colliery Co.,* [1910] A.C. 381, 383 (Lord Halsbury).

[...] the "construction placed upon particular words in one instance does not necessarily prejudice their construction when in a different setting".

Page 690

Lanston Monotype Machine Co. c. *Northern Publishing Co.,* (1922) 63 R.C.S. 482, 497 (j. Duff).

[...] it is always dangerous, as Sir George Jessel in *Hack v. London Provident Building Society* pointed out, to construe the words of one statute by reference to the interpretation which has been placed upon words bearing a general similarity to them in another statute dealing with a different subject matter.

Page 692

Paulson c. *The King,* (1916) 52 R.C.S. 317, 336 (j. Duff).

Ambiguity in such instruments as this order-in-council entitles us by the settled practice of the British and American courts to seek the assistance of any settled administrative interpretation which is clear and unmistakable in its effects for arriving at the more probable intention of the authors of the law.

Page 693

In Re Sudbury Branch Line C.P.R., (1915) 36 R.C.S. 42, 90 (j. Nesbitt).

[...] if an Act be fairly susceptible of the construction put upon, it *by usage,* the courts will not disturb that construction.

TABLE DES LOIS CITÉES

Loi d'interprétation (Canada)
L.R.C. (1985), c. I-21

Les chiffres renvoient aux numéros des pages

ARTICLES	PAGES
Art. 2	123, 133
Art. 2(1)	33, 76, 104
Art. 2(2)	129, 133
Art. 3(1)	33, 45, 104, 105, 128
Art. 3(3)	45, 127, 430
Art. 4	33
Art. 5	33
Art. 5(2)	116
Art. 5(3)	118
Art. 6(1)	117
Art. 6(2)	117
Art. 7	114, 149, 150
Art. 8	255, 261
Art. 9	33, 287
Art. 10	10, 92, 316, 340
Art. 11	105, 289, 293, 299
Art. 12	44, 478, 480, 481, 590, 597, 601, 604, 605, 618
Art. 13	72
Art. 14	81, 86
Art. 15(2)	104
Art. 15(2)a)	77
Art. 15(2)b)	77

ARTICLES	PAGES
Art. 40	103
Art. 40(2)	96, 97, 119
Art. 41	103
Art. 42(1)	125, 212
Art. 42(2)	119
Art. 43	127, 129, 132, 149, 150, 164, 198
Art. 43a)	127
Art. 43b)	175
Art. 43c)	127, 176, 207
Art. 43d)	176, 179
Art. 43e)	179, 206
Art. 44	129, 149, 150, 179
Art. 44a)	130
Art. 44c)	133, 223
Art. 44d)	133, 151, 223
Art. 44e)	177
Art. 44f)	130
Art. 44g)	132
Art. 44h)	97, 99, 102
Art. 45	673, 678
Art. 45(1)	665, 670, 671
Art. 45(2)	532, 656, 670, 671, 672
Art. 45(3)	671, 674
Art. 45(4)	44, 682

Loi d'interprétation (Québec)
L.R.Q., c. I-16

ARTICLES	PAGES
Art. 1	33, 34, 45, 105, 128
Art. 5	34, 116, 125
Art. 6	125
Art. 7	119
Art. 8	125
Art. 9	124, 127
Art. 11	125, 212
Art. 12	33, 34, 124, 127, 132, 134, 148, 149, 150, 151, 176, 179, 197, 208
Art. 13	34, 129, 131, 132, 133, 149, 150, 176, 223, 134, 235
Art. 38	45, 127, 429
Art. 39	285, 286
Art. 40	72, 473
Art. 41	10, 40, 44, 47, 58, 59, 102, 316, 478, 479, 480, 481, 482, 590, 596, 601, 605, 618
Art. 41.1	350, 390
Art. 41.2	11, 344
Art. 41.3	58, 290
Art. 41.4	291
Art. 42	287
Art. 43	103
Art. 44	103
Art. 46	103
Art. 47	103
Art. 48	86, 88
Art. 49	92, 340, 341

TABLE DE LA JURISPRUDENCE

A

A.G. for Ontario c. *A.G. for Canada*, [1947] A.C. 127 348

A.G. for Ontario c. *Grabarchuk*, (1976) 67 D.L.R. (3d)
31 (Ont.Div.Ct.) 430

A.G. for Ontario c. *Perry*, [1934] A.C. 477 686

A.G. for Québec c. *Begin*, [1955] R.C.S. 593............................... 428

A.G. of British Columbia c. *Ostrum*, [1904] A.C. 144............................ 690

A.G. of Canada and Jenkins, (1995) 123 D.L.R. (4th)
639 (C.A.F.).. 500

A.G. of Canada c. *City of Sydney*, (1915) 49 R.C.S. 148 229

A.G. of Canada c. *City of Sydney*, (1913) 9 D.L.R. 282
(N.S.S.C.)... 653

A.G. of Canada c. *Jackson*, [1946] R.C.S. 489...............................80, 81

A.G. of Canada c. *Jackson*, [1945] 2 D.L.R. 438
(N.B.S.C.) 80, 81

A.G. of Canada c. *Mandigo*, [1965] B.R. 259............................. 635

A.G. of Canada c. *McWilliams*, (1924) 36 B.R. 449.............................. 176

A.G. of Canada c. *Murray*, (1968) 70 D.L.R. (2d) 52
(N.S.S.C.)... 205

A.G. of Canada c. *Reader's Digest Association
(Canada) Ltd.*, [1961] R.C.S. 775 ....536, 541

A.G. of Canada c. *Reader's Digest Association
(Canada) Ltd.*,[1961] B.R. 118....................................536, 537, 540, 544

A.G. of Nova Scotia c. *Davis*, [1937] 3 D.L.R. 673
(N.S.S.C.).. 84, 225

A.G. of Ontario c. *Reciprocal Insurers*, [1924] A.C. 328...................... 252

AGT Ltd. c. *Canadian Radio-Television and
Telecommunications Commission*, (1995) 178 N.R.
378 (C.A.F.).. 104

A.M. Smith & Company c. *La Reine*, [1981] 1 C.F. 167.......................... 529

Abbas c. *La Reine*, [1984] 2 R.C.S. 526................................ 14, 606

Abbott c. *Minister for Land*, [1895] A.C. 425 ....202, 203

D

E

H

N

O

T

W

BIBLIOGRAPHIE CHOISIE

Monographies

ALLEN, C.K., *Law in the Making*, 7ᵉ éd., Oxford, Clarendon Press, 1964.

AMSELEK, P. (dir.), *Interprétation et droit*, Bruxelles, Bruylant, 1995.

BACON, M., *A New Abridgment of the Law*, 6ᵉ éd., Dublin, White, 1793, Prerogative, E. 5.

BAUDOUIN, J.-L. et P.-G. JOBIN, *Les obligations*, 5ᵉ éd., Cowansville, Éditions Yvon Blais, 1998.

BERTRAND, R., A. DESJARDINS et R. HURTUBISE, *Les mécanismes de législation, d'administration et d'interprétation de la fiscalité fédérale*, Montréal, Centre de recherche en droit public, 1967.

BONNEAU, T., *La Cour de cassation et l'application de la loi dans le temps*, Paris, Presses universitaires de France, 1990.

BRIERLEY, J.E.C. et R.A. MACDONALD, *Quebec Civil Law – An Introduction to Quebec Private Law*, Toronto, Emond Montgomery, 1993.

BROSSARD, J., *Les pouvoirs extérieurs du Québec*, Montréal, P.U.M., 1967.

CHEVRETTE, F. et H. MARX, *Droit constitutionnel*, Montréal, P.U.M., 1982.

CHITTY, J., *Prerogatives of the Crown*, Londres, Butterworths, 1820.

CÔTÉ, P.-A. et D. JUTRAS, *Le droit transitoire civil — Sources annotées*, Cowansville, Éditions Yvon Blais, 1994.

CRAIES, W.F., *On Statute Law*, 7ᵉ éd. par Edgar, S.G.G., Londres, Sweet & Maxwell, 1971.

CRÉPEAU, P.-A. (dir.), *Dictionnaire de droit privé et lexiques bilingues*, 2ᵉ éd., Montréal/Cowansville, Centre de recherche en droit public et comparé du Québec/Éditions Yvon Blais, 1991.

CROSS, R., *Statutory Interpretation,* 2ᵉ éd. par Belle, J. et G. Engle, Londres, Butterworths, 1987.

DALE, W., *Legislative Drafting : a New Approach,* Londres, Butterworths, 1977.

DEKEUWER-DEFOSSEZ, F., *Les dispositions transitoires dans la législation civile contemporaine,* Paris, L.G.D.J., 1977.

DENNING, L., *The Discipline of Law,* Londres, Butterworths, 1979.

DICKERSON, R., *The Interpretation and Application of Statutes,* Boston/Toronto, Little, Brown & Co., 1975.

DRIEDGER, E.A., *Construction of Statutes,* 2ᵉ éd., Toronto, Butterworths, 1983.

DUPLESSIS, Y. et J. HÉTU, *La loi sur l'aménagement et l'urbanisme,* Montréal, Chambre des notaires du Québec, 1991.

DUSSAULT, R. et L. BORGEAT, *Traité de droit administratif,* 2ᵉ éd., t.1, Québec, Presses de l'Université Laval, 1984.

DWORKIN, R., *L'empire du droit,* Paris, Presses universitaires de France, 1994.

DWORKIN, R., *A Matter of Principle,* Cambridge, Harvard University Press, 1985.

ESKRIDGE, W.N., Jr., *Dynamic Statutory Interpretation,* Cambridge, Harvard University Press, 1994.

FISH, S., *Is There a Text in This Class ? : The Authority of Interpretive Communities,* Cambridge, Harvard University Press, 1980.

FRIENDLY, H., *Benchmarks,* Chicago, University of Chicago Press, 1967.

GADAMER, H.-G., *Vérité et méthode – Les grandes lignes d'une herméneutique philosophique,* Paris, Éditions du Seuil, 1976.

GARANT, P., *Droit administratif,* 4ᵉ éd., Cowansville, Éditions Yvon Blais, 1996.

GÉNY, F., *Méthode d'interprétation et sources en droit privé positif*, t. 1, 2ᵉ éd., Paris, L.G.D.J., 1954.

GHESTIN, J. et G. GOUBEAUX, *Traité de droit civil : Introduction générale*, 4ᵉ éd., Paris, L.G.D.J., 1994.

GIROUX, L., *Aspects juridiques du règlement de zonage au Québec*, Québec, Presses de l'Université Laval, 1984.

GLENN, P.H. (dir.), *Droit québécois et droit français : Communauté, autonomie, concordance*, Cowansville, Éditions Yvon Blais, 1993.

GOODRICH, P., *Reading the Law : a critical interpretation to legal method and techniques*, Oxford, Basil Blackwell, 1986.

GOTTLIEB, G., *The Logic of Choice*, New York, MacMillan, 1968.

GOUVERNEMENT DU QUÉBEC, *Commentaires du Ministre de la Justice — le Code civil du Québec*, Québec, Publications du Québec, 1993.

GUIRAUD, P., *La sémantique*, 8ᵉ éd., Paris, Presses universitaires de France, 1975.

GUTTERIDGE, H.C., *Le droit comparé*, Paris, L.G.D.J., 1953.

HART, H.L.A., *Le concept de droit*, Bruxelles, Facultés universitaires Saint-Louis, 1976.

HART, H.L.A., *The Concept of Law*, Oxford, Clarendon Press, 1961.

HART, H.jr. et A. SACKS, *The Judicial Process*, Cambridge, Tentative Edition, 1958.

HART, H.jr. et A. SACKS, *The Legal Process : Basic Problems in the Making and Application of Law*, Cambridge, Tentative Edition, 1958.

HÉRON, J., *Principe du droit transitoire*, Paris, Dalloz, 1996.

HÉTU, J., Y. DUPLESSIS et D. PACKENHAM, *Droit municipal — Principes généraux et contentieux*, Montréal, Hébert Denault, 1998.

HOGG, P.W., *Constitutional Law of Canada*, 4ᵉ éd., Toronto, Carswell, 1997.

HOGG, P.W. et J.E. MAGEE, *Principles of Canadian Income Tax Law*, Scarborough, Carswell, 1995.

HUTCHISON, A.C., *Dwelling on the Threshold : a critical essay on modern legal thought*, Toronto, Carswell, 1988.

KLINCK, D.R., *The Word of Law, Approaches to Legal Discourse*, Ottawa, Carleton, University Press, 1992.

LANGAN, P.St.J., *Maxwell On the Interpretation of Statutes*, 12ᵉ éd., Londres, Sweet & Maxwell, 1969.

LANGELIER, F., *Cours de droit civil*, t. 1, Wilson et Lafleur, 1905.

LAW COMMISSION AND SCOTTISH LAW COMMISSION, *The Interpretation of Statutes*, Londres, H.M.S.O., 1969.

L'HEUREUX, J., *Droit municipal québécois*, t. 2, Montréal, Sorej, 1981.

LIEBER, F., *Legal and Political Hermeneutics*, 3ᵉ éd. par Hammond, W.G., 1880.

LLUELLES, D., *Droit québécois des obligations*, vol. 1, Montréal, Éditions Thémis, 1998.

MACCORMICK, N., *Legal Reasoning and Legal Theory*, Oxford, Clarendon Press, 1978.

MACCORMICK, D.N. et R.S. SUMMERS (dir.), *Interpreting Statutes : a Comparative Study*, Dartmouth, Aldershot, 1991.

MAXWELL, P.B., *Maxwell on the Interpretation of Statutes*, 9ᵉ éd. par Jackson, G., Londres, Sweet & Maxwell, 1946.

MAZEAUD, H., L. et J., *Leçons de droit civil*, 4ᵉ éd., t. 1, Paris, Montchrestien, 1967.

MAZEAUD, H., L. et J., *Leçons de droit civil*, 3ᵉ éd., t. 1, Paris, Montchrestien, 1965.

McNAIRN, H.H., *Governmental and Intergovernmental Immunity in Australia and Canada*, University of Toronto Press, 1977.

MIGNAULT, P.B., *Droit civil canadien*, t. 1, Montréal, Théoret, 1895.

MONTESQUIEU, C. de S., *De l'esprit des lois*, vol. 1, Paris, Garnier, 1956.

OST, F. et M. van de KERCHOVE, *Entre la lettre et l'esprit – Les directives d'interprétation en droit*, Bruxelles, Bruylant, 1989.

OST, F. et M. van de KERCHOVE, *Jalons pour une théorie critique du droit*, Bruxelles, Publications des Facultés universitaires Saint-Louis, 1987.

PARENT, S., *La doctrine et l'interprétation du Code civil*, Montréal, Éditions Thémis, 1997.

PARKER WALTON, F., *Le domaine de l'interprétation du Code civil du Bas-Canada*, Toronto, Butterworths, 1980.

PERELMAN, C., *Logique juridique : nouvelle rhétorique*, 2ᵉ éd., Paris, Dalloz, 1979.

PERELMAN, C. et L. OLBRECHTS-TYTECA, *Traité de l'argumentation : la nouvelle rhétorique*, 3ᵉ éd., Bruxelles, Éditions de l'Université de Bruxelles, 1976.

PIGEON, L.-P., *Rédaction et interprétation des lois*, 3ᵉ éd., Québec, Publications du Québec, 1986.

PINEAU, J., D. BURMAN et S. GAUDET, *Théorie des obligations*, 3ᵉ éd., Montréal, Éditions Thémis, 1996.

POLLOCK, F., *Essays on Jurisprudence*, Londres, Macmillan & Co., 1882.

RADBRUCH, G., cité par JOLOWICZ, H.F., *Lectures on Jurisprudence*, Londres, Athlone Press, 1963.

RICOEUR, P., *Interpretation Theory ; Discourse and the Surplus of Meaning*, Forth Worth, Texas Christian University Press, 1976.

ROUBIER, P., *Le droit transitoire (conflit des lois dans le temps)*, 2ᵉ éd., Paris, Dalloz et Sirey, 1960.

SALMOND, J.W., *Jurisprudence*, 11ᵉ éd. par Williams, G., Londres, Sweet & Maxwell, 1957.

SEARLE, J.R., *Les actes de langage. Essai de philosophie du langage*, trad. H. Panchard, Paris, Hermann, 1972.

SHEPPARD, C.-A., *The Law of Languages in Canada*, Étude n° 10, Commission royale d'enquête sur le bilinguisme et le biculturalisme, Ottawa, Information Canada, 1971.

SIMON, D., *L'interprétation judiciaire des traités d'organisations internationales*, Paris, Pédone, 1981.

SPARER, M. et W. SCHWAB, *Rédaction des lois : rendez-vous du droit et de la culture*, Québec, Éditeur officiel, 1980.

STONE, J., *Legal System and Lawyers' Reasonings*, Londres, Stevens & Sons, 1964.

SULLIVAN, R., *Driedger On the Construction of Statutes*, 3ᵉ éd., Toronto, Butterworths, 1994.

SUTHERLAND, J., *Statutes and Statutory Construction*, 4ᵉ éd., D.C. Sands, Chicago, Callaghan, 1975.

THOMASSET, C. et D. BOURCIER (dir.), *Interpréter le droit : le sens, l'interprète et la machine*, Bruxelles, Bruylant, 1996.

TIMSIT, G., *Les noms de la loi*, Paris, Presses universitaires de France, 1991.

TREMBLAY, A., *Les compétences législatives au Canada*, Ottawa, Éditions de l'Université d'Ottawa, 1967.

TREMBLAY, R., *L'entrée en vigueur des lois — Principes et techniques*, Cowansville, Éditions Yvon Blais, 1997.

TRUDEL, G., *Traité de droit civil du Québec*, Montréal, Wilson et Lafleur, 1942.

TWINING, W. et D. MIERS, *How to do Things with Rules : a primer of interpretation*, 2ᵉ éd., Londres, Weidenfeld and Nicolson, 1982.

Van de KERCHOVE, M., *L'interprétation en droit – Approche pluridisciplinaire*, Bruxelles, Facultés universitaires Saint-Louis, 1978.

VON de SAVIGNY, F.K., *Traité de droit romain*, Paris, Firmin Didet Frères, 1840.

WILLIAMS, G.L., *Learning the Law*, 10ᵉ éd., Londres, Stevens & Sons, 1978.

WITTGENSTEIN, L., *Philosophical Investigations*, trad. G.E.M. Anscrumbe, 3ᵉ éd., New York, MacMillan, 1968.

—, *Preparation of Legislation (The) – Report of a Committee Appointed by the Lord President of the Council*, Londres, H.M.S.O., 1975.

Articles de revue et articles de recueil

ABELLA, R.S., « Public Policy and the Judicial Role », (1989) 34 *R.D. McGill* 1021.

AMSELEK, P., « La teneur indécise du droit », (1991) 107 *Rev. dr. publ.* 1199.

AMSELEK, P., « La teneur indécise du droit », (1992) 26 *R.J.T.* 1.

AMSELEK, P., « Le droit dans les esprits », dans AMSELEK, P. et C. GRZEGORCZYK (dir.), *Controverses autour de l'ontologie du droit*, Paris, Presses universitaires de France, 1989, p. 44.

ANON, « Looking It Up : Dictionaries and Statutory Interpretation », (1994) 107 *Harv. L. Rev.* 1437.

BACH, E.L., « Contribution à l'étude du problème de l'application des lois dans le temps », (1969) *Rev. trim. dr. civ.* 405.

BALE, G., « Parliamentary Debates and Statutory Interpretation : Switching on the Light or Rummaging in the Ashcans of Legislative Process », (1995) 74 *R. du B. can.* 1.

BEAULAC, S., « Parliamentary Debates in Statutory Interpretation : A Question of Admissibility or of Weight ? », (1998) 43 *R.D. McGill* 287.

BIRON, P., « L'effet dans le temps des lois sur la preuve », (1987) 47 *R. du B.* 365.

BISSON, A.-F., « Caractéristiques et méthodes du droit civil », dans HARDY- BÉLANGER, L. et A. GRENON (dir.), *Éléments de common law et aperçu comparatif du droit civil québécois*, Toronto, Carswell, 1997, p. 153.

BISSON, A.-F., « L'interprétation adéquate des lois », dans CAPARROS, E. (dir.), *Mélanges Louis-Philippe Pigeon*, Montréal, Wilson et Lafleur, 1989, p. 87.

BISSON, A.-F., « L'interaction des techniques de rédaction et des techniques d'interprétation des lois », (1980) 21 *C. de D.* 511.

BISSON, A.-F., « Nouveau Code civil et jalons pour l'interprétation : traditions et transitions », (1992) 23 *R.D.U.S.* 1.

BISSON, A.-F., « Préambules et déclarations de motifs ou d'objets », (1980) 40 *R. du B.* 58.

BLACHE, P., « Du pouvoir de changer la loi par acte réglementaire statutaire », (1977) 12 *R.J.T.* 371.

BLACHE, P., « Pouvoir réglementaire ou fonctions législatives de l'Administration », dans BARBE, R. (dir.), *Droit administratif canadien et québécois*, Ottawa, Éditions de l'Université d'Ottawa, 1969, p. 49.

BOISVERT, A.-M., « La renonciation aux droits constitutionnels », dans Service de la formation permanente du Barreau du Québec, Barreau du Québec, *Développements récents en droit criminel*, Cowansville, Éditions Yvon Blais, 1989, p. 185.

BOULT, R., « Aspect des rapports entre le droit civil et la "common law" dans la jurisprudence de la Cour suprême du Canada », (1975) 53 *R. du B. can.* 738.

BOULT, R., « Le bilinguisme des lois dans la jurisprudence de la Cour suprême du Canada », (1968) 3 *Ott. L.Rev.* 323.

BOWMAN, S.W., « Interpretation of Tax Legislation : The Evolution of Purposive Analysis », (1995) 43 *Rev. fisc. can.* 1167.

BRANDT, G.J., « Comment – Miller and Cockriell v. The Queen », (1977) 55 *R. du B. can.* 705.

BRISSON, J.-M., « Le Code civil, droit commun? », dans CÔTÉ, P.-A. (dir.), *Le nouveau Code civil – interprétation et application*, Les journées Maximilien-Caron (1992), Montréal, Éditions Thémis, 1993, p. 292.

BRISSON, J.-M. et A. MOREL, « Droit fédéral et droit civil : complémentarité et dissociation », (1996) 75 *R. du B. can.* 297.

BURNS, G.L., « Law as Hermeneutics : a Response to professor Dworkin », dans MITCHELL, W.J.T. (dir.), *The Politics of Interpretation*, Chicago, University of Chicago Press, 1983.

BUTLER, A.S., « A Presumption of Statutory Conformity with the Charter », (1993-94) 19 *Queen's L.J.* 209.

CAPITANT, H., « L'interprétation des lois d'après les travaux préparatoires », D.H. 1935 Chron. 77.

CARIGNAN, P., « De l'exégèse et de la création dans l'interprétation judiciaire des lois constitutionnelles », (1986) 20 *R.J.T.* 27.

CHAFEE, Z., « The Disorderly Conduct of Words », (1941) 41 *Col. L. Rev.* 381.

CHAMBERLAND, L., « L'absence de mise en vigueur des dispositions de la *Loi sur la protection du consommateur* qui excluent certains champs de l'application de la loi », (1982-83) 13 *R.D.U.S.* 411.

CHARLES, W. H., « Extrinsic Evidence and Statutory Interpretation : Judicial Discretion in Context », (1983) 7 *Dal. L. J.* 7.

CHEVALLIER, J., « Les interprètes du droit », dans AMSELEK, P. (dir.), *Interprétation et droit*, Bruxelles, Bruylant, 1995, p. 115.

CHEVRETTE, F., « La protection lors de l'arrestation, la détention et la protection contre l'incrimination rétroactive », dans BEAUDOIN, G.-A. et E. RATUSHNY (dir.), *Charte canadienne des droits et libertés*, 2ᵉ éd., Montréal, Wilson et Lafleur, 1989, p. 441.

CHRISTIANSEN, K.A., « Technological Change and Statutory Interpretation », (1968) *Wis. L. Rev.* 556.

COLANGELO, J., « Labour law : *Harrison* v. *Carswell* », (1976) 34 *U. of T. Fac. L. R.* 236.

COOMBE, R.J., « 'Same as it Ever Was' : Rethinking Statutory Interpretation », (1989) 34 *R.D. McGill* 603.

CORRY, J.A., « Administrative Law and the Interpretation of Statutes », (1936) 1 *U. of T. L.J.* 286.

CORRY, J.A., « The Use of Legislative History in the Interpretation of Statutes », (1954) 32 *R. du B. can.* 624.

CÔTÉ, F.B., « Du langage législatif au Canada ou de la difficulté de parler la même langue avec des mots différents », (1986) 46 *R. du B.* 302.

CÔTÉ, P.-A., « Contribution à la théorie de la rétroactivité des lois », (1989) 68 *R. du B. can.* 60.

CÔTÉ, P.-A., « La crise du droit transitoire canadien », dans CAPARROS, E. (dir.), *Mélanges Louis-Philippe Pigeon,* Montréal, Wilson et Lafleur, 1989, p. 177.

CÔTÉ, P.-A., « La détermination du domaine du droit civil en matière de responsabilité civile de l'Administration québécoise – commentaire de l'arrêt Laurentide Motels », (1994) 28 *R.J.T.* 411.

CÔTÉ, P.-A., « La position temporelle des faits juridiques et l'application de la loi dans le temps », (1988) 22 *R.J.T.* 207.

CÔTÉ, P.-A., « L'application dans le temps des lois de pure procédure », (1989) 49 *R. du B.* 625.

CÔTÉ, P.-A., « Le juge et les droits acquis en droit public canadien », (1989) 30 *C. de D.* 359.

CÔTÉ, P.-A., « L'interprétation de la loi en droit civil et en droit statutaire : communauté de langue et différences d'accents », (1997) 31 *R.J.T.* 45.

COUZIN, R., « What Does It Say In French? », (1985) 33 *Can. Tax. J.* 300.

CRÉPEAU, P.-A., « Essai de lecture du message législatif », dans BAUDOUIN, J.-L., J.-M. BRISSON, F. CHEVRETTE, P.-A. CÔTÉ, N. KASIRER et G. LEFEBVRE (dir.), *Mélanges Jean Beetz*, Montréal, Éditions Thémis, 1995, p. 199.

CURTIS, C.P., « A Better Theory of Legal Interpretation », (1949-50) 3 *Vand. L. Rev.* 407.

D'AMATO, A., « Can Legislatures Constrain Judicial Interpretation of Statutes », (1989) 75 *Virg L. Rev.* 561.

DAVIES, D.J.L., « The Interpretation of Statutes in the Light of their Policy by the English Courts », (1935) 35 *Col. L.R.* 519.

DAVIS, K.C., « Legislative History and the Wheat Board Case », (1953) 31 *R. du B. can.* 1.

DESCHÊNES, J., « Le rôle législatif du pouvoir judiciaire », (1974) 5 *R.D.U.S.* 1.

DESJARDINS, J. et J. LEGAULT, « L'incorporation par renvoi dans l'exercice du pouvoir réglementaire à l'échelon fédéral », (1991) 70 *R. du B. can.* 245.

DRIEDGER, E.A., « A New Approach to Statutory Interpretation », (1951) 29 *R. du B. can.* 838.

DRIEDGER, E.A., « Subordinate Legislation », (1960) 38 *R. du B. can.* 1.

DRIEDGER, E.A., « The Retrospective Operation of Statutes », dans CORRY, J.A., F.C.

CRONKITE et E.F. WHITMORE (dir.), *Legal Essays in Honour of Arthur Moxon*, Toronto, University of Toronto Press, 1953, p. 3.

DRIEDGER, E.A., « Statutes : the Mischievous Literal Golden Rule », (1978) 59 *R. du B. can.* 780.

DRIEDGER, E.A., « Statutes : Retroactive Retrospective Reflections », (1978) 56 *R. du B. can.* 264.

DUSSAULT, R. et G. PELLETIER, « Le professionnel fonctionnaire face aux mécanismes d'inspection professionnelle et de discipline institués par le Code des professions », (1977) 37 *R. du B.* 2.

EDINGER, E., « Territorial Limitations of Provincial Powers », (1982) 14 *Ott. L. Rev.* 57.

ESKRIDGE, W.N., Jr. et FRICKEY, P.P., « Statutory Interpretation as Practical Reasoning », (1990) 42 *Stan. L. Rev.* 321.

FISS, O.M., « Objectivity and Interpretation », (1982) 34 *Stan. L. Rev.*
739.

FORDHAM, J.B. et J.R. LEACH, « Interpretation of Statutes in
Derogation of the Common Law », (1949-50) 3 *Vand. L. Rev.* 438.

FRANCON, P., « Des dispositions transitoires dans la législation civile
française », dans *Propos sur la rédaction des lois*, Québec, Conseil
de la langue française, 1979, p. 150.

FRANK, J., « Words and Music : Some Remarks on Statutory
Interpretation », (1947) 47 *Col. L. Rev.* 1259.

FRANKFURTER, F., « Some Reflexions on the Reading of Statutes »,
(1947) 47 *Col. L. Rev.* 527.

FULCHER, J.E., « The Income Tax Act, the Rules of Interpretation and
Tax Avoidance. Purpose vs. Plain Meaning : Which, When and
Why? », (1995) 74 *R. du B. can.* 563.

FULLER, L.L., « The Case of the Speluncean Explorers », (1948-49) 62
Harv. L. Rev. 616.

FULLER, L.L., « Positivism and Fidelity to Law – a Reply to Professor
Hart », (1957-58) 71 *Harv. L. Rev.* 630.

GARANT, P., « Contribution à l'étude du statut juridique de
l'administration gouvernementale », (1972) 50 *R. du B. can.* 50.

GAUDET, S., « La doctrine et le Code civil du Québec », dans CÔTÉ, P.-
A. (dir.), *Le nouveau Code civil – Interprétation et application*,
Montréal, Éditions Thémis, 1993, p. 223.

GENEST, R., « Comment faut-il interpréter les lois? », (1942) 2 *R. du B.*
212.

GIBSON, D., « Judges as Legislators : Not Whether But How », (1986-
87) 25 *Alta. L. Rev.* 249.

GLENN, P.H., « Droit comparé et droit québécois », (1990) 24 *R.J.T.*
339.

GLENN, P.H., « Le droit comparé et l'interprétation du Code civil du Québec », dans CÔTÉ, P.-A. (dir.), *Le nouveau Code civil – Interprétation et application*, Montréal, Éditions Thémis, 1993, p. 175.

GLENN, P.H., « Persuasive Authority », (1986-87) 32 *R.D. McGill* 261.

GLENN, P.H., « The Common Law in Canada », (1995) 74 *R. du B. can.* 261.

GOLDSTEIN, G., « L'expérience canadienne en matière d'uniformisation, d'harmonisation et de coordination des droits », (1998) 32 *R.J.T.* 235.

GUASTINI, R., « Interprétation et description de normes », dans AMSELEK, P. (dir.), *Interprétation et droit*, Bruxelles, Bruylant, 1995.

GUY, M., « Le droit transitoire civil », (1982) *C.P. du N.* 191.

HALL, L., « Strict or Liberal Construction of Penal Statutes », (1934-35) 48 *Harv. L. Rev.* 748.

HANCOCK, M., « Fallacy of the Transplanted Category », (1959) 37 *R. du B. can.* 535.

HARNISCH, K., « Interpretating the *Income Tax Act* : Purpose v. Plain Meaning and the Effect of Uncertainty in the Law », (1997) 35 *Alta. L. Rev.* 687.

HART, H.L.A., « Positivism and the Separation of Law and Morals (1957-58) 71 *Harv. L. Rev.* 593.

HARVISON YOUNG, A., « Stare decisis – Quebec Court of Appeal – Authority v. Persuasiveness : Lefebvre c. Commission des affaires sociales », (1993) 72 *R. du B. can.* 91.

HERBERT, J., « The Conflict of Laws and Judicial Perspectives on Federalism : A Principled Defense of Tolofson v. Jensen », (1998) 56 *U. of T. Fac. Law Rev.* 73.

HÉRON, J., « Étude structurale de l'application de la loi dans le temps », (1985) 84 *Rev. trim. dr. civ.* 277.

HOGG, P.W., « Legislative History in Constitutional Cases », dans SHARPE, R.J. (dir.), *Charter Litigation*, Toronto, Butterworths, 1987, p. 131.

HONSBERGER, J.D., « Bi-lingualism in Canadian Statutes », (1965) 43 *R. du B. can.* 314.

HOPKINS, E.R., « The Literal Canon and the Golden Rule », (1937) 15 *R. du B. can.* 689.

HORACK, F.E., « In the Name of Legislative Intention », (1932) 38 *W. Virg.L.Q.* 119.

HORTON, S.B., « The Manitoba Language Rights Reference and the Doctrine of Mandatory and Directory Provisions », (1987) 10 *Dal. L.J.* 3 :195.

JACKSON, R.H., « The Meaning of Statutes : What Congress Says or What the Court Says », (1948) 34 *A.B.A.J.* 535.

JACQUIER, C., « Des notes techniques en harmonie avec la Loi », (1987) 35 *Can. Tax J.* 1384.

JENNINGS, W.I., « Courts and Administrative Law », (1936) 49 *Harv. L. Rev.* 426.

JOBIN, P.-G., « La violation d'une loi ou d'un règlement entraîne-t-elle la responsabilité civile? », (1984) 44 *R. du B.* 222.

JOBIN, P.-G., « Les effets du droit pénal ou administratif sur le contrat », (1985) 45 *R. du B.* 655.

JOBIN, P.-G., « L'influence de la doctrine française sur le droit civil québécois : le rapprochement et l'éloignement de deux continents », dans GLENN, H.P. (dir.), *Droit québécois et droit français : Communauté, autonomie, concordance*, Cowansville, Éditions Yvon Blais, 1993, p. 91.

JOBIN-LABERGE, O., « L'effet immédiat de la loi en matière de preuve et de procédure : quelle est l'intention du législateur? », (1955) *R. du B.* 3.

JODOUIN, A., « L'interprétation par le juge des lois pénales », (1978) 13 *R.J.T.* 49.

JOHNSTON, D.J., « The Taxpayer and Fiscal Legislation », (1961-62) 8 *R.D. McGill* 126.

JUTRAS, D., « Le ministre et le Code – Essai sur les Commentaires », dans *Mélanges Paul-André Crépeau*, Cowansville, Éditions Yvon Blais, 1997, p. 451.

KENNEDY, D., « The Turn to Interpretation », (1985) 58 *S. Cal. L. Rev.* 251.

KERNOCHAN, J.M., « Statutory Interpretation : An Outline of Method », (1976-77) 3 *Dal. L.J.* 333.

KILGOUR, D.G., « The Rule Against the Use of Legislative History : "Canon of Construction or Counsel of Caution?" », (1952) 30 *R. du B. can.* 769.

KILGOUR, D.G., « The Use of Legislative History », (1952) 30 *R. du B. can.* 1087.

KLOEPFER, S., « The Status of Strict Construction in Canadian Criminal Law », (1983) 15 *Ott. L. Rev.* 553.

KRAUSS, M., « Réflexions sur la rétroactivité des lois », (1983) 14 *R.G.D.* 287.

KRAUSS, M., « Interprétation des lois – Histoire législative – "La queue qui remue le chien" », (1980) 58 *R. du B. can.* 756.

KRYGIER, M., « The Traditionality of Statutes », (1988) 1 *Ratio Juris.* 21.

LAJOIE, M., « L'interprétation judiciaire des textes bilingues », (1979) 24 *Méta* 115.

LANDRY, R., « L'application de la loi dans le temps », dans *Travaux du troisième Colloque international de droit comparé*, Montréal, Wilson et Lafleur, 1966, p. 6.

LASKIN, B., « Interpretation of Statutes – Industrial Standards Act », (1937) 15 *R. du B. can.* 660.

LASKIN, B., « The Institutional Character of the Judge », (1972) 7 *Isr. L. Rev.* 329.

LASKIN, B., « The Protection of Interest by Statute and the Problem of "Contracting out" », (1938) 16 *R. du B. can.* 669.

LAUZIÈRE, L., « Le sens ordinaire des mots comme règle d'interprétation », (1987) 28 *C. de D.* 367.

LEBLANC, L. et R. TREMBLAY, « Interprétation des lois – Commentaires », (1982) 42 *R. du B.* 680.

LENHOFF, A., « On Interpretative Theories : a Comparative Study in Legislation », (1948-49) 27 *Tex. L. Rev.* 312.

LÉTOURNEAU, S., « L'autorité d'un jugement prononçant l'inconstitutionnalité d'une loi », (1989) 23 *R.J.T.* 173.

L'HEUREUX, J., « Du projet de loi No 39, de la loi des Douze Tables, de la mise en vigueur et de la publication des Lois », (1979) 39 *R. du B.* 961.

LIPPEL, K., « In the Light of the Recent Supreme Court Jugement : Regina v. Miller and Cockriell, (1977) 70 D.L.R. (3d) 324 », (1977) 12 *R.J.T.* 355.

LONGTIN, M.-J., « Les incidences de la réforme du Code civil sur la législation », dans Services de la formation permanente, Barreau du Québec, *La réforme du Code civil, cinq ans plus tard*, Cowansville, Éditions Yvon Blais, 1998, p. 1.

MACCALLUM, G.C., Jr., « Legislative Intent », (1965-66) 75 *Yale L. J.* 754.

MacCORMICK, D.N., « The Motivation of Judgements in the Common Law », dans PERELMAN, C. et P. FORIERS (dir.), *La motivation des décisions de justice*, Bruxelles, Bruylant, 1978, p. 167.

MACDONALD, R.A., « Legal Bilingualism », (1997) 42 *R.D. McGill* 119.

MACDONALD, R.A., « On the Administration of Statutes », (1987) 12 *Q.L.J.* 488.

MacDONALD, V.C., « Constitutional Interpretation and Extrinsic Evidence », (1939) 17 *R. du B. can.* 77.

MACLAUGHLAN, H.W., « Approaches to Interpretation in Administrative Law », (1987-88) 1 *C.J.A.L.P.* 293.

MACLAUGHLAN, H.W., « Judicial Review of Administrative Interpretation of Law : How Much Formalism Can We Reasonably Bear? », (1986) 36 *U.T.L.J.* 343.

MAYRAND, A., « L'autorité du précédent au Québec », (1994) 28 *R.J.T.* 771.

MAYRAND, A., « Le recours aux précédents comme moyen d'interprétation du nouveau Code civil », dans CÔTÉ, P.-A. (dir.), *Le nouveau Code civil – Interprétation et application*, Montréal, Éditions Thémis, 1993, p. 253.

McEVOY, J.P., « The Charter as a Bilingual Instrument », (1986) 64 *R. du B. can.* 155.

McQUARRIE, J.T., « The Use of Legislative History », (1952) 30 *R. du B. can.* 958.

MIERS, D., « Legal Theory and the Interpretation of Statutes », dans TWINING, W. (dir.), *Legal Theory and Common Law*, Oxford, Basil Blackwell, 1986.

MILNER, J.B., « The Use of Legislative History », (1953) 31 *R. du B. can.* 228.

MOORE, M.S., « The Interpretive Turn in Modern Theory : a Turn for the Worse ? », (1989) 41 *Stan. L. Rev.* 871.

MOORE, M.S., « The Semantics of Judging », (1981) 54 *So. Cal. L. Rev.* 151.

NADEAU, D., « Le remplacement d'une disposition législative : une abrogation méconnue? », (1987) 18 *R.G.D.* 377.

NEPVEU, R., « Interprétation des lois », (1983) 43 *R. du B.* 107.

NEWMAN, H., « Breach of Statute as the Basis of Responsability in the Civil Law », (1949) 27 *R. du B. can.* 782.

NORMAND, S., « Un thème dominant de la pensée juridique traditionnelle au Québec : La sauvegarde de l'intégrité du droit civil », (1986-87) 32 *R.D. McGill* 559.

NORMAND, S., « Les travaux préparatoires et l'interprétation du Code civil du Québec », (1986) 27 *C. de D.* 347.

NORMAND, S., « Une analyse qualitative de la doctrine en droit civil québécois », (1982) 23 *C. de D.* 1009.

OST, F., « L'interprétation logique et systématique et le postulat de la rationalité du législateur », dans Van de KERCHOVE, M. (dir.), *L'interprétation en droit – Approche pluridisciplinaire*, Bruxelles, Facultés universitaires Saint-Louis, 1978, p. 97.

OST, F. et M. Van de KERCHOVE, « Le jeu de l'interprétation en droit. Contribution à l'étude du langage juridique », (1982) 27 *Arch. Phil. Dr.* 395.

PARKER, G., « *R. c. Vasil* – commentaire », (1982) 60 *R. du B. can.* 502.

PIGEON, L.-P., « L'élaboration des lois », (1945) 5 *R. du B.* 365.

PIGEON, L.-P., « The Human Element in the Judicial Process », (1970) 8 *Alta. L.R.*. 301.

PIGEON, L.-P., « Valeur et portée des interprétations jurisprudentielles », dans CAPARROS, E. (dir.), *Mélanges Louis-Philippe Pigeon*, Montréal, Wilson et Lafleur, 1989, p. 41.

PINARD, D., « Le principe d'interprétation issu de la présomption de constitutionnalité et la *Charte canadienne des droits et libertés* », (1989-90) 35 *R.D. McGill* 305.

PINARD, D., « Le langage et l'interprétation du droit : au masculin seulement? », dans DUMONT, H. (dir.), *Femmes et droit — 50 ans de vie commune... et tout un avenir*, Les journées Maximilien-Caron (1991), Montréal, Éditions Thémis, 1993, p. 199.

PLUCKNETT, T.F.T., « L'interprétation des lois (statuts) », dans *Introduction à l'étude du droit comparé – Recueil d'études en l'honneur d'Édouard Lambert*, Paris, L.G.D.J., 1938, p. 434.

POUND, R., « Common Law and Legislation », (1907-08) 21 *Harv. L. Rev.* 383.

POUND, R., « Spurious Interpretation », (1907) 7 *Col. L. Rev.* 379.

POUND, R., « The Theory of Judicial Decision », (1924) 7 *R. du B. can.* 443.

RADIN, M., « Statutory Interpretation », (1929-30) 43 *Harv. L. Rev.* 863.

RAUCENT, L., « Droit et linguistique – Une approche du formalisme juridique », (1978) 19 *C. de D.* 575.

REID, L., « The Judge as Law Maker », (1972) 12 *J.S.P.T.L.n.s.* 22.

REQUADT, S.G., « Worlds Apart : on Words Apart : Re-examining the Doctrine of Shifting Purpose in Statutory Interpretation », (1993) 51 *U. T. Fac. L. Rev.* 331.

RYND, A.J., « Dictionaries and the Interpretation of Words : a Summary of Difficulties », (1991) 29 *Alta. L. Rev.* 712.

SCOTT, S.A., « Neither Fish nor Fowl but Good Yellow Margarine », (1972) 18 *R.D. McGill* 145.

SHARLOW, K., « The Interpretation of Tax Legislation and the Rule of Law : Rejoinder », (1996) 75 *R. du B. can.* 151.

SLATTERY, B., « Law's Meaning », (1996) 34 *Osg. Hall L.J.* 553.

SMITH, J.A.C., « The Interpretation of Statutes », (1970) 4 *Man. L. J.* 212.

SOLUM, L.B., « On the Indeterminacy Crisis : Critiquing Critical Dogma », (1987) 54 *U. Chi. L. Rev.* 462.

SPARER, M., « La stéréophonie législative : facteur de haute infidélité? », (1980) 21 *C. de D.* 599.

STONE, C.D., « Colloquium on Legal Reasoning and Legal Interpretation », (1985) 4 *L. and Phil.* 143.

STREET, H., « The Effect of Statutes Upon the Rights and Liabilities of the Crown », (1947-48) 7 *U. of T. L. J.* 357.

SULLIVAN, R.E., « Interpreting the Territorial Limitations on the Provinces », (1985) 7 *Supreme Court L. Rev.* 511.

SULLIVAN, R., « Statutory Interpretation in the Supreme Court of Canada », (1998-99) 30 *Ott. L. Rev.* 175.

SWAN, J., « Federalism and the Conflict of Laws », (1995) 46 *So. Carolina L. Rev.* 923.

SWAN, J., « The Canadian Constitution, Federalism, and the Conflict of Laws », (1985) 63 *R. du B. can.* 271.

TREMBLAY, L.B., « La norme de retenue judiciaire et les "erreurs de droit" en droit administratif : une erreur de droit ? Au-delà du fondationalisme et du scepticisme », (1996) 56 *R. du B.* 141.

TUCKER, E., « The Gospel of Statutory Rules of Interpretation Requiring Liberal Interpretation According to St.-Peters », (1985) 35 *U. of T.L.J.* 113.

ULMER, J., « Picketing in Shopping Centres; the Case of Harrison v. Carswell », (1975) 13 *Osg. Hall L.J.* 879.

Van de KERCHOVE, M., « La doctrine du sens clair des textes et la jurisprudence de la Cour de cassation de Belgique », dans Van de KERCHOVE, M. (dir.), *L'interprétation en droit – Approche pluridisciplinaire*, Bruxelles, Facultés universitaires Saint-Louis, 1978, p. 13.

Van de KERCHOVE, M., « La théorie des actes de langage et la théorie de l'interprétation juridique », dans AMSELEK, P. (dir.), *Théorie des actes de langage, éthique et droit*, Paris, Presses universitaires de France, 1986, p. 211.

VANEK, D., « Citing Textbooks as Authority in England », (1971) 19 *Chitt. L.J.* 302.

VAUGHAN, F., « The Use of History in Canadian Constitutional Adjudication », (1989) 12 *Dal. L.J.* 59.

WEILER, P., « Legal Values and Judicial Decision-Making », (1970) 48 *R. du B. can.* 1.

WEILER, P., « Two Models of Judicial Decision-Making », (1968) 46 *R. du B. can.* 406.

WILLIAMS, G.L., « Language and the Law », (1945) 61 *L. Q. Rev.* 71; (1946) 62 *L. Q. Rev.* 387.

WILLIS, J., « Statute Interpretation in a Nutshell », (1938) 16 *R. du B. can.* 1.

WOOD, J.C.E., « Statutory Interpretation : "Tupper and the Queen" », (1968) 6 *Osg. Hall L.J.* 92.

WROBLEWSKI, J., « An Outline of a General Theory of Legal Interpretation and Constitutional Interpretation », (1987) *Acta Universitatis Lodziensis – Folia juridica* 32.

WROBLEWSKI, J., « L'interprétation en droit : théorie et idéologie », dans ARNAUD, A.-J. (dir.), *Dictionnaire encyclopédique de théorie et de sociologie du droit*, 2ᵉ éd., Paris, L.G.D.J., 1993.

WROBLEWSKI, J., « L'interprétation en droit : théorie et idéologie », (1972) 17 *Arch. Philo. Dr.* 51.

YALDEN, R., « Deference and Coherence in Administrative Law : Rethinking Statutory Interpretation », (1988) 46 *U. T. Fac. L. Rev.* 136

YOUNG, A., « "Not Waiving but Drowning", a Look at Waiver and Collective Constitutional Rights in the Criminal Process », (1989) 53 *Sask. L. Rev.* 47.

—, « Symposium : Law and Litterature », (1982) 60 *Tex. L. Rev.* 373.

INDEX ANALYTIQUE
Les chiffres renvoient aux numéros des pages